Heinrich Heidegger/Hugo Ott (Hrsg.) ST. BLASIEN

ST. BLASIEN

Festschrift aus Anlaß des 200jährigen Bestehens der Kloster- und Pfarrkirche

im Auftrag der Kath. Pfarrgemeinde St. Blasien
herausgegeben von
Heinrich Heidegger und Hugo Ott

Verlag Schnell & Steiner München · Zürich

CIP-Kurztitelaufnahme der Deutschen Bibliothek

[Sankt Blasien]
St. Blasien : Festschr. aus Anlass d. 200jährigen
Bestehens d. Kloster- u. Pfarrkirche / im Auftr.
d. Kath. Pfarrgemeinde St. Blasien hrsg. von
Heinrich Heidegger u. Hugo Ott. – München; Zürich :
Schnell und Steiner, 1983.
ISBN 3-7954-0445-2

NE: Heidegger, Heinrich [Hrsg.] HST

Titelbild: Kupferstich von St. Blasien von Peter Mayer
als Erinnerungsgabe für Gäste bei der Einweihung
der Kloster- und Pfarrkirche am 21. September 1783

Gesamtherstellung: Erhardi Druck GmbH, Regensburg

ISBN 3-7954-0445-2

INHALT

Verzeichnis der Mitarbeiter

Pater Dr. Josef Adamek, SJ, Kolleg St. Blasien, 7822 St. Blasien
Pfarrer Dr. theol. K. F. Becker, Luisenstr., 7822 St. Blasien
Rektor Hermann Brommer, Stockbrunnenstr. 4, 7801 Merdingen
Prof. Dr. Alfons Deissler, Reinhold-Schneider-Str. 5, 7800 Freiburg
Prof. Drs. Wolfram Fischer, Gelfertstr. 13, 1000 Berlin 33
Pfarrer Heinrich Heidegger, Am Kurgarten 13, 7822 St. Blasien
Franz Hilger, Krozingerstr. 27, 7801 Pfaffenweiler
Dr. Hubert Houben, Via Torricelli 14, I-73041 Carmiano (Lecce) Italien
Dr. Wolfgang Irtenkauf, An der Lehmgrube 35, 7257 Ditzingen
Pater Joseph Isele, Rheinstraße 37, 7890 Waldshut-Tiengen 1
Prof. Dr. Hermann Jakobs, Hist. Seminar der Universität Heidelberg, 6900 Heidelberg
Prof. Dr. Joseph Lenzenweger, Franz-Josefs-Kai 29, A-1010 Wien
Rudolf Morath, Wörthstr. 1, 7900 Ulm/Donau
Prof. DDr. Wolfgang Müller, Spitzackerstr. 7, 7800 Freiburg
Prof. Dr. Hugo Ott, von Schnewlinstr. 5, 7802 Merzhausen
Oberkonservator Dr. Peter Schmidt-Thomé, Butzenhofstr. 61, 7800 Freiburg
Rektor Anton Siklos, Todtmooser Str. 26, 7822 St. Blasien
Dekan Martin Steim, Remigirusweg 6, 7239 Epfendorf
Direktor i. R. Bernhard Steinert, Jägerhaushaldenweg 6, 7822 St. Blasien
Orgelsachverständiger und Oberlehrer Bernd Sulzmann, Carl-Hermann-Jaeger-Str. 4, 7637 Ettenheim
Konrad Sutter, Waldeckstr. 3, 7890 Waldshut-Tiengen 1
Prof. Dr. Heinfried Wischermann, Urbanstr. 1, 7800 Freiburg
Konservator Dr. Hans Jakob Wörner, Im Rohrkopf 62, 7844 Neuenburg a. Rh.
Prof. Dr. Joachim Wollasch, Sonderforschungsbereich 7 „Mittelalterforschung" an der Universität Münster, 4400 Münster

Abkürzungsverzeichnis

Allgemein

Abb.	Abbildung	fol.	folio	Mitt.	Mitteilungen
Abt.	Abteilung	GA	Gemeindearchiv	N. F.	Neue Folge
Anm.	Anmerkung	gest.	gestorben	Nr.	Nummer
Aufl.	Auflage	fl.	Gulden	St., S(te)	Sankt, Saint(e)
Ausst. Kat.	Ausstellungskatalog	Hs., Hss.	Handschrift(en)	S.	Seite
Bd., Bde.	Band, Bände	hl., Hl.	heilig, Heiliger	s.	siehe
ders.	derselbe	Hrsg.	Herausgeber	SS	Scriptores
Diss.	Dissertation	Jb.	Jahrbuch	StA	Staatsarchiv
Fasz.	Faszirkel	Jg.	Jahrgang	vgl.	vergleiche
f., ff.	folgende	Jh.	Jahrhundert	Zs.	Zeitschrift

Häufige Literatur, Zeitschriften, Sammelwerke

Alemann. Jb.	Alemannisches Jahrbuch
Bad. Heimat	Badische Heimat
Car.	Carinthia
DA	Deutsches Archiv für die Geschichte des Mittelalters
EAF	Erzbischöfliches Archiv Freiburg
FDA	Freiburger Diözesan Archiv
HNS	Martin Gerbert, Historia silvae nigrae ordinis Sancti Bendicti coloniae. St. Blasien I (1783) II. und III. (1788)
LThK	Lexikon für Theologie und Kirche. Freiburg 1957 ff., 2. Aufl.
MGH	Monumenta Germaniae Historica
MGSS	Monumenta Germania Historica Scriptores
MIÖG	Mitteilungen des Instituts für österreichische Geschichtsforschung, Graz–Köln 1880 ff.
Mone	Franz Mone, Quellensammlung zur badischen Landesgeschichte, Karlsruhe 1867
Müller	Wolfgang Müller, Briefe und Akten des Fürstabtes Martin II. Gerbert von St. Blasien 1764–1793). Karslruhe 1957 und 1962 (2 Bde.)
NDB	Neue Deutsche Biographie, Berlin 1953 ff.
PfA	Pfarrarchiv
Pfeilschifter	Georg Pfeilschifter, Korrespondenz des Fürstabtes Martin II. Gerbert von St. Blasien. Karlsruhe 1931 und 1934 (2 Bde.)
St. Paul Hs	Stift St. Paul in Kärnten, Nachfolgekloster von St. Blasien. Handschriftenabteilung
Schmieder	Ludwig Schmieder, Das Benediktinerkloster St. Blasien. Eine baugeschichtliche Studie. Augsburg 1929.
UB St. Blasien	Urkundenbuch St. Blasien (in Vorbereitung), bearbeitet von Hugo Ott unter Mitarbeit von J. W. Braun
ZGO	Zeitschrift für die Geschichte des Oberrheins.
ZKTh	Zeitschrift für Katholische Theologie. Wien 1877 ff.

VORWORT

Es ist derzeit modern, Jubiläen zu feiern; und manch einer meint, daß dies ein Ausdruck von Nostalgie ist, um von der Gegenwart und ihren Problemen abzulenken. Doch bewahrheitet es sich immer wieder aufs neue: Wenn wir von der Geschichte Abstand nehmen und nicht mehr wagen, in die Vergangenheit zu sehen, dann haben wir auch keine Zukunft zu erwarten und können die Probleme der Gegenwart erst recht nicht mehr angehen.

Uns geht es in St. Blasien auch nicht darum, mit der 200-Jahrfeier der Weihe der Kuppelkirche einen günstigen Termin zu bekommen, um die ehemalige Kloster- und jetzige Pfarrkirche im alten, bisher nie gesehenen Glanz neu erstehen zu lassen. Schon bei der großen Feier der Kirchweihe vom 21. bis 28. September 1783 war ein grundlegender Gedanke dies: Das Staunen über den Kuppelbau im Schwarzwald ließ den Gedanken an den Menschen nicht zurücktreten. So konnte Pater Leodegar Schmid von Böttstein aus dem Kloster Muri in der 2. Predigt zur Feier der Kirchweihe sagen: „Die Mauern dieses heiligen Tempels erheben sich von dem köstlichsten Steine, seine Grundfeste und Säulengänge sind Meisterstücke der Kunst, der feinste Marmor bekleidet seine prächtigen Wände, und die größten Künstler Deutschlands und Frankreichs erschöpfen hier ihren erfinderischen Geist, um an diesem unsterblichen Werke Martins des II. den letzten Versuch ihrer Geschicklichkeit zu verewigen . . . Doch was die Zierde St. Blasiens über alles erhebt, ist die Weisheit und Heiligkeit seiner ehemaligen Bewohner, die sich in den jetzigen Zeiten so glücklich erneuert, und selbes so billig zum Haus der Ehre und Gegenstand der allgemeinen Hochachtung machet."

Die Jahresfeier der Kirchweihe läßt uns zurückschauen – und so wagen wir den Versuch, in diesem Band die Geschichte St. Blasiens sichtbar werden zu lassen. Es übersteigt die Kraft eines einzelnen, eine durchgehende Geschichte zu schreiben; die Beiträge greifen wichtige Zeiten heraus und einzelne Persönlichkeiten, um damit einen Überblick auf das Ganze zu geben, was sich in diesem Schwarzwaldkloster und den Menschen dieser Gemeinde ereignet hat. Das überaus reiche Schaffen des Klosters wird zudem in einer das Festjahr begleitenden Ausstellung vor Augen geführt; die Bilddokumentation, die als erweiterter Katalog zur Ausstellung vom „Verein Historische Ausstellung Kloster St. Blasien e. V." herausgegeben wird, wird ein übriges festhalten über die Ausstellung hinaus, was an kulturellen Werten durch ein Kloster in einer abgeschiedenen Gegend geschaffen worden ist.

Mancher wundert sich darüber, daß die katholische Pfarrgemeinde St. Blasien dieses Buch veranlaßt; doch wird dies einsichtig, wenn einem klar ist, daß die Kuppelkirche vom ersten Tag ihrer Benützung als Gotteshaus am 8. November 1781 auch als Pfarrkirche diente und sich die Gemeinde vor dem Blasiusaltar in der Rotunde zum Gottesdienst versammelte. Zudem ist die Pfarrgemeinde die älteste Institution, die, vom Kloster geschaffen, das Kloster selber überlebt hat; schon im Jahre 1084 wurde für die Gläubigen des Orts und der weiteren Umgebung, des „Zwing und Bann", eine eigene Kirche gebaut und geweiht zu Ehren des hl. Papstes und Martyrers Stephanus I., dessen Fest am 2. August begangen worden ist. Diese Kirche wurde im 17. Jahrhundert abgebrochen; erst im 18. Jahrhundert wird aus der Stephanusgemeinde – vielleicht im Zusammenhang mit dem Bau der Kuppelkirche – eine Blasiusgemeinde, und damit wird St. Blasius nicht nur der Orts-, sondern auch der Kirchenpatron. Daher weiß sich die heutige Gemeinde verpflichtet, zusammen mit dem Kolleg, diese reiche Tradition – jeder auf seine Weise – lebendig zu erhalten.

Daraus ergibt sich, daß in diesem Band nicht nur die Geschichte des Klosters St. Blasien in seinen Höhen und Tiefen zu Wort kommt; die Darstellung der nachklösterlichen Geschicke der Gemeinde erhält ebenso ihre Bedeutung und ihren Platz, auch wenn vielleicht mancher Wunsch hier offen geblieben ist und manches hätte deutlicher gesagt werden können. Doch bleibt zu hoffen, daß durch dieses Festjahr 1983 neue Kräfte geweckt werden können, die noch weiten, vielfach dunklen und unbetretenen Pfade der Geschichte zu gehen; hoffnungsvolle Ansätze, die in diesem Band nicht mehr berücksichtigt werden konnten, versprechen etwas mehr Licht insbesondere in die dunklen Anfänge des Klosters zu bringen. Dem aufmerksamen Leser wird auch auffallen, daß ab und zu verschiedene Meinungen zu einem Thema oder einer Person geäußert werden; es kommt eben auf den Standort an, von wo man die Sache bzw. die Person anschaut.

Als Herausgeber danke ich vor allem dem Mitherausgeber, Herrn Professor Dr. Hugo Ott, für seine Mitarbeit und die reichen Ratschläge von den ersten Stunden, als der Gedanke an eine Festschrift entstand; ebenso gilt der Dank den Autoren, die diesem Band ihre Beiträge zur Verfügung gestellt haben, denn sie stehen seit vielen Jahren in einer herzlichen Beziehung zu St. Blasien. Für die gute Zusammenarbeit und das ergänzende Mitwirken durch den Verein »Historische Ausstellung Kloster St. Blasien e. V.« sei diesem und vor allem seinem Vorsitzenden, Herrn Dr. Johannes Gut, herzlich gedankt. Ohne die Verdienste der genannten Personen schmälern zu wollen, möchte ich Herrn Dr. Hugo Schnell, der am 29. Dezember 1981 verstorben ist, nennen. Nicht nur als Verleger hatte er an St. Blasien durch die Herausgabe des Kirchenführers und des »Großen Kunstführers« ein lebhaftes Interesse, sondern er wußte sich, obwohl im bayrischen Barock und vor allem der Wieskirche beheimatet, doch diesem Bau und der ganzen Klostergeschichte sehr verbunden. Als guter Freund St. Blasiens hatte er die Renovation der siebziger Jahre begleitet und wertvolle Hinweise und Ratschläge geben können, obwohl manches gerade in liturgischer Hinsicht nicht zum Zug gekommen ist, so wie er und andere Fachleute es gewünscht hatten. Bis in die letzten Wochen und Tage vor seinem Sterben interessierte ihn lebhaft das Entstehen dieses Buches, so daß es uns eine innere Verpflichtung ist, es in seinem Verlag erscheinen zu lassen.

In einer Zeit, in der Zuschüsse für solche Werke nur noch schwer zu bekommen sind, danken wir besonders dem Erzb. Ordinariat Freiburg, dem Landkreis Waldshut, der Stadtgemeinde St. Blasien, den Firmen Rothmaier, St. Blasien, Mahr in Aachen, Maier in Bonndorf und der Bezirkssparkasse St. Blasien für die erhaltenen finanziellen Unterstützungen wie auch jenen Spendern, die nicht genannt sein wollen. Den Herren des Verlages Schnell & Steiner, die im Geist der beiden Gründer die Arbeit fortsetzen, sei für die Gestaltung und Ausstattung des Bandes herzlich gedankt. Herrn Ernst Köhler, St. Blasien, danke ich sehr für das Mitlesen der Satzfahnen.

Das Festjahr 1983 möge sich nicht bloß durch äußere Aktivitäten und besondere Veranstaltungen hervorheben, sondern uns allen helfen, jenen Quellgrund zu entdecken, aus dem die Menschen, seit sie in diesem Tal zu leben begonnen hatten, immer geschöpft haben:

»In Gott ist die Quelle des Lebens,
in seinem Licht schauen wir das Licht«
(vgl. Ps. 36,10)

St. Blasien, den 1. September 1982 *Heinrich Heidegger,* Pfarrer

I. ST. BLASIENS FRÜHGESCHICHTE

Heinrich Heidegger

Das Jahr 983 – Ein Einblick in die Geschichtsschreibung des Klosters St. Blasien

Am 11. November 1781 feierte der Konvent des Klosters St. Blasien mit seinem Fürstabt Martin II. Gerbert an dessen Namenstag den ersten feierlichen Gottesdienst in der neuerbauten Klosterkirche, nachdem der Fürstabt drei Tage zuvor die Kirche benediziert hatte. Der Chorraum mit dem gedoppelten Hochaltar und dem Chorgestühl war nahezu fertiggestellt; das Gerüst war zwei Monate zuvor aus der Rotunde entfernt worden, die beiden Kanzelaltäre vor den Halbsäulen und zwei weitere Nebenaltäre waren so weit hergerichtet, daß an ihnen die Patres zelebrieren konnten; der Pfarrgottesdienst konnte nach der Benediktion in der Rotunde gehalten werden, obwohl die restlichen Bauarbeiten sich bis in den Sommer 1783 hinzogen.[1] So konnte der Fürstabt erst im Juni 1783 dem zuständigen Bischof von Konstanz, Maximilian Kardinal von Rodt, *(Abb. 3)* die Bitte um die Weihe der Kirche vortragen; man hatte nach einigem Briefwechsel als Termin für die Weihe den 21. September 1783 vorgesehen[2], was dann auch an diesem Tag geschehen konnte. Waren es äußere Umstände, die die lange Zeitdauer zwischen dem ersten Gottesdienst und der Kirchweihe ausmachten, so war es für Martin Gerbert zugleich ein glücklicher Umstand, weil er mit dem Fest der Kirchweihe auch das Jubiläum der Erhebung der Albzelle zur Abtei gemäß dem Diplom Ottos II. verbinden konnte.[3]

Wir könnten also 1983 eigentlich die Tausendjahrfeier der Abtei St. Blasien begehen; doch was im Überschwang der damaligen Zeit nicht gesehen wurde und auch z. T. nicht gesehen werden wollte[4], sieht sich heute anders an. Hans Wibel und die Forscher nach ihm haben die Unechtheit des Diploms so überzeugend nachgewiesen, daß der Gedanke an eine Tausendjahrfeier gar nicht erst aufkommen konnte.[5]

Indes bleibt das Jahr 983 ein wichtiger Termin, allein weil das – unechte – Diplom nicht nur auf die Kaiser Otto I. und Otto II. verweist, sondern auch auf Reginbert und mit ihm auf das jahrzehntelange Bemühen des jungen Klosters um die Loslösung vom Mutterkloster Rheinau und die Freiheit gegenüber dem Bistum Basel. Die Frage nach der Echtheit des Diploms braucht nach dem jetzigen Stand der Forschung nicht weiter untersucht werden; es bleibt allerdings die Frage, warum es in den späteren Jahrhunderten so wichtig war, immer wieder auf die frühe Zeit des Klosters und seinen Gründer Reginbert zurückzugehen. Hermann Jakobs schreibt: »Quellenmangel und Widersprüche in den Traditionen stellen unseren Bemühungen, über die Anfänge monastischer Gemeinschaften Klarheit zu gewinnen, nicht selten die größten Schwierigkeiten entgegen. St. Blasien ist dafür ein extremes Beispiel. Dabei wissen wir nicht einmal mit Sicherheit, ob es die Quellen, die uns so sehr fehlen, überhaupt gegeben hat, ob also allein der verheerende Klosterbrand von 1322 die Schwierigkeiten verschuldet hat, vor der die Forschung heute steht; denn es wird sich zeigen, daß schon um das Jahr 1100 die ›Geschichtsbilder‹ von den Anfängen St. Blasiens kontrovers waren.«[6]

Der folgende Beitrag möchte somit etwas Licht bringen und Einblick geben in die Geschichtsschreibung St. Blasiens; der Einblick läßt einen gewissen Überblick auf das Ganze zu und wird zu den speziellen Fragen wie z.B. der Arbeit der sanktblasianischen Gelehrtenakademie in den Anmerkungen verweisen.

1. Das Geschichtswerk des liber constructionis monasterii ad S. Blasium

Unter diesem Titel gibt es ein eigenartiges Buch, das bei den Historikern keinen großen Anklang findet, das aber doch durch die ganze Klostergeschichte seine Wirkung hatte. Es ist uns heute zugänglich in der »Quellensammlung zur badischen Landesgeschichte« von F. J. Mone, der es als einer der wenigen recht positiv beurteilt.[7] In einer guten Einleitung und in vielen Anmerkungen geht Mone auf die verschiedenen Verfasser des Buches ein. Martin Gerbert nannte, wohl wissend, daß es mehrere Verfasser sind, den Endredaktor einfach den anonymus; ein uns unbekannter Mönch hatte im 14. Jahrhundert die verschiedenen Quellen, Berichte und Erzählungen aus den vergangenen vier Jahrhunderten des Klosters zusammengefaßt.[8]

Mone erkennt bereits die Eigenart dieser Schrift; ihm fällt nicht nur auf, daß der Titel ursprünglich hieß: relatio sive narratio de prima habitatione etc; auch das Wort constructio will nicht in erster Linie auf eine Baugeschichte hinweisen, sondern eher ein »Sittenspiegel«, eine Beispielsammlung von religiösen und frommen Männern des Klosters sein; es ist auch möglich, meinte Mone, daß der Endredaktor nur Bausteine für einen künftigen Geschichtsschreiber zusammentragen wollte; als dritte Möglichkeit nennt Mone das Werk eine Art Regelbuch, in welches die »Hausvorschriften und Gewohnheiten des Klosters eingetragen waren«; im ganzen reiht Mone das Buch in die »mystische« Richtung der Geschichtsbücher ein.

Es ist ein großes Verdienst Mones, daß er bei der Herausgabe des liber constructionis auch die Bearbeitung durch die sanktblasianischen Patres Marquardt Herrgott (1694–1762) *(Abb. 4)* und Stanislaus Wülberz (1695–1755) und anderer berücksichtigt; die beiden waren nicht nur die ersten kritischen Leser auf Grund ihrer Ausbildung, auf die wir im nächsten Kapitel eingehen werden; Marquardt Herrgott bemerkt auch eine innere Verbindung zur Benedikts-Vita im 2. Buch des »Dialogs« des Papstes Gregor des Großen[9]. Emmanuel Jungclausen nennt den »Dialog« in seinem Kern historisch, wobei aber nicht die historische Wahrheit über das Leben des hl. Benedikt das Buch ausmacht, sondern dieses will hinleiten zur Erfassung einer kontemplativen Wahrheit.[10] In dieser Sicht wird man auch den liber constructionis verstehen müssen, auch wenn er nicht in der Dichte wie der Dialog des Gregor d. Gr. geschrieben ist; es liegt aber wohl in der Absicht des anonymus, den Mönchen seiner Zeit zu helfen, aus den Geschichten der Gründerzeit zu ihrem Selbstverständnis zu kommen.

Das Werk hatte eine große Autorität im Kloster St. Blasien und weit darüber hinaus. Mone geht am Schluß seiner Einleitung eigens darauf ein und weist hin, daß der liber constructionis die einzige Quelle für die Mystik im Benediktinerorden am Oberrhein ist und auch ein wichtiges Glied in der langen Reihe der mystischen Schriften vom Anfang des 13. bis zum Anfang des 16. Jahrhunderts.

Abt Caspar I. Molitor (1541–1571) entdeckt in seiner Zeit ein neues Interesse an der Geschichte des Klosters. »Wir haben auch oft und mannigmahl von jungen und alten gehört, daß sie sich solcher Beschreibung des Anfangs und der vergangenen Sachen, somit sie beschrieben seyen, höchlich verlangt und zum höchsten begehrt haben« – so schreibt Caspar I. in der Einleitung seines »Liber originum«, zu deutsch: »Der angang und auffgang des würdigen Gotzhauses St. Blasien« im Jahre 1555. Vermutlich ist die Handschrift, die heute im St. Paul aufbewahrt wird, das Original des Werkes[11]. Caspar I. benützt als erster den liber constructionis als Quelle für die Geschichte des Klosters; er kennt auch die Chronik des Mönches Otto von St. Blasien, den Nekrolog des Klosters, der kurz nach 1100 geschrieben worden ist[12]; Caspar I. sucht bereits nach historisch einwandfreien Ergebnissen, so weit das in seiner Zeit möglich war. Das Inhaltsverzeichnis des liber originum gibt zunächst ein Register der Stifter und Wohltäter des Klosters und dann eines der Äbte, wobei er nach den Stiftern den seinerzeitigen Stand der Stiftungen beschreibt; so beschreibt er nach Reginbert auf S. 9b bis 10b das Züricher Amt mit den Besitzungen des Klosters um Sellenbüren.[13]

Caspar I. verbleibt noch auf der Linie des liber constructionis; er will erzieherisch auf den Leser einwirken und die Geschichte seines Klosters verherrlichen „zu lieb und andacht, jungen und alten, einem ganzen und gemeinen Convent zu libe und zu gefallen selbst zu unterstehen, den anfang dieses Gottshauses bis auf unsere Zeit zu beschreiben".[14]

Die historische Schule des 18. Jahrhunderts wird dann erstmals an der Autorität des liber constructionis rütteln; so führen die historischen Ungereimtheiten, die im 14. Jahrhundert vom Endredaktor nicht gesehen wurden, nun in dieser Zeit zu heftigen Auseinandersetzungen; man beschäftigt sich mit Fragen, ob es zwei Reginberte und zwei Beringer gegeben habe, ob es vielleicht zwei Zellen waren, an welchem Ort die erste Niederlassung der Mönche gestanden haben möge; das Wenigste dieser fleißigen Arbeiten wurde veröffentlicht; die Mönche befruchteten sich gegenseitig mit ihren Arbeiten; so hatte Hugo Schmidfeld, der 1713 in St. Blasien geboren wurde und ins heimatliche Kloster als Mönch eingetreten war († 1785 in St. Blasien), sich eingehend mit diesen Fragen beschäftigt[15]

Diese wenigen Bemerkungen mögen darauf hinweisen, den liber constructionis wie auch den liber originum in ihrem geistlichen Reichtum sehen zu lernen; diese Bücher waren für die Mönche am Ort von unschätzbarem Wert als Hilfe für ihr kontemplatives Leben. In diesem Sinn haben die beiden Werke ihren bleibenden Wert, weil es dann nicht in erster Linie um historische Fakten geht, sondern um jene geistlichen Wahrheiten, die in den Erzählungen aufleuchten; wird dies allerdings übersehen und in ihnen eine Gründungsgeschichte im modernen Sinn erwartet, werden diese Bücher total verkannt und in ihrem Wert mißachtet.

2. St. Blasien im 8. Jahrhundert – Wunschbild oder Wirklichkeit?

Der Einfluß des Manlius

Im Kirchenführer »St. Blasien / Schwarzwald«[16] wurde bis zur 22. Auflage 1977 auf der ersten Seite erklärt: »Die Anfänge der Abtei reichen mindestens bis in die frühkarolingische Zeit, ins 8. Jahrhundert, zurück. Wenn auch die Gründungszeit sich aus den schriftlichen Quellen nicht ganz erhellen läßt, so ergibt sich doch, daß spätestens in dieser Zeit Einsiedler sich im Albtal niederließen«. P. Schleich SJ, der Verfasser des »Kirchenführers«, kannte sehr wohl die Hinweise in den verschiedenen Büchern, die diese Vermutungen bis heute weitergeben.[17]

Martin Gerbert schreibt an vielen Stellen von einem Manlius, der in seiner Geschichte der Diözese Konstanz »ein Jahrbuch der ersten Brüder dieses Orts« anführt, »von welchem zwar jetzt keine Spur mehr vorhanden, das aber von einem dortigen Bischof namens Erenfried, Mönch zu Reichenau, schon vor mehr als tausend, und folglich mehr als hundert Jahre, ehe unsere Zelle an der Albe (Cella ad Albam) in den rheinauischen Urkunden vorkömmt, geschrieben worden seyn«[18]; er schreibt weiter, Ehrenfried habe schon um 750 von Reichenau aus dieses Tal mit Mönchen besiedelt und habe als Mönch und Bischof den Einsiedlern die Benediktusregel gegeben.

Wer war dieser Manlius? Manlius ist der latinisierte Name von Dr. Jakob Mennel, der um 1460 in Bregenz geboren wurde.[19] Er studierte in Tübingen und erwarb den Magistergrad, nach weiteren Studien in Freiburg wird er dort zunächst Notar und ab 1496 Bürger und Stadtschreiber. Im Jahre 1500 gibt er diese Stelle auf und wird Kanzler der Heitersheimer Johanniter. Bedeutend wird für ihn der Reichstag zu Freiburg im Jahre 1498, wo er als Protokollant zu den Verhandlungen hinzugezogen wird. Damals wird er mit Kaiser Maximilian bekannt geworden sein, denn wenig später tritt er als Historiograph in die Dienste des österreichischen Kaiserhauses.[20] Als solcher versucht er nun, die Ideen Maximilians zu verwirklichen, das Geschlecht der Habsburger bis in die Anfänge der Menschheit zurückzuverfolgen. Es geht Manlius nicht um Phantastereien oder gar um Fälschungen, sondern es zeigt sich – ähnlich wie im liber constructionis – noch ein Stück mittelalterlicher Geschichtsschreibung: »in einfachen linearen Verhältnissen das wahre Wesen der Dinge zu suchen«.[21] Mit seiner Geschichte der Diözese Konstanz hatte sich Manlius offensichtlich einen Namen gemacht; sie gilt lange Zeit als Standardwerk, obwohl sie mehr eine Beschreibung der Diözese ist; Manlius geht nur eingangs auf die Vorgeschichte der Diözese ein und beschreibt die bisherige Entwicklung. Gerbert hatte ein eigentümliches Verhältnis zu Manlius; einerseits geht er den Urkunden nach und erforscht die Klosterarchive; und doch verfällt er immer wieder in die alte Methode, ungeprüft die alten »Traditionen« zu übernehmen; vor allem erliegt er in den mehr volkstümlichen Darstellungen dieser »Versuchung«, wenn es gilt, nach dem Brauch seiner Zeit für St. Blasien ein möglichst hohes Alter »nachzuweisen«; da kann er unbedenklich Manlius zitieren, wie das obige Beispiel zeigt und schreibt in diesem Stil: „Es erfreut sich Rheinau über unser Glück gleichwie wir über dem vom Kloster Ochsenhausen, welches dermalen unter den Lichtern des Schwäbischen Kreises als eines von den ersten leuchtet, und dem wir Glück und Fortgang in den Wissenschaften wünschen.«[22]

Der Wirkung der Mabillon – Schule auf St. Blasien.

Die geistigen Strömungen des 17. Jahrhunderts beeinflussen auch die historische Wissenschaft, indem man sich nicht mehr begnügt mit erbaulichen Sätzen, sondern einen streng historischen Nachweis verlangt, wenn es um die Gründung eines Klosters oder dergl. geht. Der Anstoß für die neue Methode der historischen Forschung kam aus Frankreich und ist mit dem Namen der Mauriner und vor allem der Person des Pater Jean Mabillon (1632–1707) aufs engste verknüpft. Die französischen Benediktiner hatten sich zur Kongregation St. Mauritius zusammengeschlossen und werden deshalb »Mauriner« genannt. Tarisse, der erste Generalobere der neuen Kongregation, sorgte im 17. Jahrhundert nicht nur für den rechten Ordensgeist getreu der Ordensregel; gerade nach dieser Regel will er den Mönch nach seinem Talent und seinen Neigungen arbeiten lassen. Er läßt die Geschichte des Ordens erforschen und zwar nicht nach den üblichen erbaulichen Gesichtspunkten, sondern anhand der Urkunden, die es in den Archiven zu sichten und auszuwerten gilt. Pater Jean Mabillon bringt in St. Germain bei Paris diese Forschertätigkeit auf eine solche Höhe, daß er zum Wegbereiter für die neue Methode in der historischen Forschung wird. Er durchforstet die Klosterarchive in Frankreich, in der Schweiz und auch in Süddeutschland und macht sich auf diese Weise bekannt. Der weitsichtige Abt Blasius III. Bender von St. Blasien (1721–1727) schickt deshalb die beiden jungen Patres Marquardt Herrgott und Stanislaus Wülberz nach St. Germain, damit sie dort in die neue Arbeitsmethode eingeführt werden.[22a] Gall Heer zeigt sehr gut auf, wie durch diese beiden Gelehrten die Mabillon-Schule über St. Blasien im süddeutschen und schweizerischen Raum Fuß faßte; Heer geht so weit, Martin Gerbert, der im Jahre 1759 dorthin reist und im Archiv arbeitet, im Blick auf seinen Plan, eine Germania sacra, eine Kirchengeschichte Deutschlands zu schreiben, geradezu den »Mabillon Deutschlands« nennt.[23]

Joseph Bader, der im 19. Jahrhundert mit seiner Arbeit[24] aufs neue das Interesse an der Geschichte St. Blasiens weckte, beschreibt ausführlich die sanktblasianischen Wissenschaftler im 18. Jahrhundert. Er weiß um die große literarische Tätigkeit Marquardt Herrgotts und kennt den Sammlerfleiß von Stanislaus Wülberz, von dem keine Schrift gedruckt wurde, dessen Arbeit aber wohl 25 Bände umfassen dürfte. Es muß ein guter Teamgeist im Kloster geherrscht haben, denn Wülberz bietet mit seinem Sammeln der Urkunden und Kopien die Grundlage für das reiche Schaffen Marquardt Herrgotts und vor allem von Martin Gerbert, der auch die Arbeit von Stanislaus Wülberz würdigt. Wülberz weiß um die Umständlichkeit des Abschreibens von Urkunden und entwickelt ein Verfahren, von den Originalen Abdrücke des Protokolls und des Eschatokolls mittels Durchschlagpapier, das mit Nußöl getränkt war, herzustellen.[25] Marquardt Herrgott hatte durch seine 20jährige Tätigkeit in Wien reichlich Gelegenheit zu seiner Geschichte über das Haus Habsburg und die anderen Werke, wie er sich auch später in der Propstei Krozingen bemühte mit Hilfe der Vorarbeiten von Wülberz eine Geschichte St. Blasiens und der Diözese Konstanz zu schreiben. Aber er kommt über die Vorarbeiten nicht hinaus, doch sind seine handschriftlichen Notizen bis heute eine begehrte Fundgrube für das historische Arbeiten über St. Blasien.[26] Wie oben schon erwähnt, sieht und liest er mit kritischen Augen den liber constructionis und beruft sich nicht einfach auf die früheren Schriftsteller wie Manlius, Bucelinus (1599–1681) oder Jakob Merck, der 1627 ebenfalls eine Geschichte der Diözese Konstanz schrieb.[27]

Martin Gerbert baut auf diesen Arbeiten auf und erhält durch seine Reisen nach St. Germain und viele Klöster in Süddeutschland und durch die Schweiz gute Einblicke in die vorhandene Literatur und den Urkundenbestand; so erstellt er im Kloster Reichenau eine Liste der vorhandenen Urkunden und Handschriften, da die dortige Bibliothek seit langem nicht mehr fachgerecht betreut worden war.[28] Gerbert kennt also aus seinen eigenen Quellenstudien die Verbindung St. Blasiens mit dem Inselkloster; er weiß, daß im ältesten Totenverzeichnis der Reichenau, das er auf 815 datiert, nichts von St. Blasien erwähnt wird.[29] Konrad Beyerle bezeichnet das Verbrüderungsbuch mit seiner Totenliste und dem liturgischen Gedenken als die »wichtigste Quelle zur Klostergeschichte in karolingischer Zeit«; und die neueren Forschungen von Karl Schmid und Joachim Wollasch bestätigen dies nur; Karl Schmid setzt als Datum die Jahre 823/24.[30] Martin Gerbert verweist allerdings noch auf einen Gebetsverbrüderungsvertrag, der aber wohl erst zwischen 1086 und 1090 zu datieren ist. Dieser Vertrag, der auch die Hirsauer Verbrüderung genannt wird,[31] umfaßt im Unterschied zum früheren, einst weltumspannenden Verbrüderungsvertrag vor allem die Reformklöster während des Investiturstreites, unter denen ja St. Blasien einen besonderen Raum einnimmt.

Die enge Verbindung St. Blasiens mit dem Inselkloster im letzten Drittel des 11. Jahrhundert geht wohl nicht nur auf rein klösterlichen Einfluß zurück, sondern ist durch die vielfältigen Beziehungen der Reformklöster zu verstehen. Die Familien der Klostergründer und der Vögte waren nicht nur durch die gemeinsamen Interessen an der Reform der Kirche und der Klöster miteinander verbunden; es waren ja auch politische Absichten bestimmend, auf die wir in diesem Zusammenhang nicht einzugehen haben. Wenn Helmut Maurer schreibt: »Die Familie des Reichenauer Abtes Ekkehard, die Grafen von Nellenburg, gehörten zum engsten Umgang Rudolfs von Rheinfelden«[32], kann man ahnen, wie vielfältig diese Beziehungen waren; waren diese Bande nur durch die zeitbedingten Probleme entstanden oder rührten sie vielleicht doch bis hin zur Gründungsphase der jeweiligen Klöster, in unserem Zusammenhang zur Gründungsphase von St. Blasien? Martin Gerbert sucht in seiner HNS aufzuzeigen, daß der Hinweis des Manlius auf die ersten Einsiedler im 8. Jahrhundert durchaus eine Bedeutung haben und man dies nicht einfacht abtun könne.[33] Er verweist auf die allgemeine Lage jener Zeit, in »welchem bei uns das Status und die kirchliche Hierarchie erblüht, und ein neues Licht ergoß sich darauf in unsere Wälder.« Eddo, der Nachfolger Pirmins und späterer Bischof von Straßburg, erneuert von dort das Kloster Ettenheimmünster; und wenn dort solches möglich gewesen ist, warum soll nicht auch Ähnliches bei uns geschehen sein? Und Gerbert kommt auf die alten Erzählungen zurück, wonach schon Flüchtlinge beim Hunneneinfall im 5. Jahrhundert in die Einöden des Schwarzwaldes geflüchtet seien.[34]

Martin Gerbert beruft sich auf die Diözesangeschichte des Manlius, der wiederum auf das St. Galler Nekrologium hinweist, wonach Ehrenfried oder Arnfried, Abt des Klosters Reichenau und Bischof von Konstanz, eine Chronik des Klosters St. Blasien geschrieben habe. Dieser Abtbischof stand der Diözese Konstanz von 736 bis 746 vor; Konrad Beyerle zweifelt daran, daß er zuvor Mönch in der Reichenau gewesen sei; »das ist gleichwohl sehr unwahrscheinlich und muß als ein Versuch aus den Zeiten der werdenden Exemtion des Klosters vom Bistum gedeutet werden, jene nicht zu bestreitende Personalunion von Bistum und Abtei in milderem Licht erscheinen zu lassen.«[35] Ehrenfried / Arnfried hatte nach Beyerle zwei Klöster gegründet: Niederaltaich und Pfäfers in Graubünden. »Die große Zahl der verstorbenen Brüder aus dem 8. Jahrhundert, deren Namen uns in der ältesten Totenliste der Reichenau erhalten sind, läßt im übrigen die Gründungstätigkeit der Reichenau wohl möglich erscheinen.«[36]

Gerbert weiß um die mangelnde Quellenlage, daß nirgendwo in den alten Dokumenten diese angebliche Chronik des Ehrenfried / Arnfried erwähnt wird; deswegen schreibt er auch, »diese Nennung muß als Vermutung angenommen werden, da nun einmal das Kloster im 9. Jahrhundert die Reliquien und das Patrozinium, im 10. Jahrhundert schließlich den Namen St. Blasien, erhalten hat, früher aber cella alba, die weiße Zelle, genannt wurde. Da nun Manlius andauernd die Chronik seit dem 8., 9. und 10. Jahrhundert zitiert, kann auch deswegen die Kontinuität der Chronik angenommen werden . . . Das verhält sich richtig, auch wenn diese Chronik von einem St. Blasier Mönch geschrieben bzw. abgeschrieben worden ist.«[37]

Die Auseinandersetzung von Mauritius Hohenbaum van der Meer mit Martin Gerbert

Diese Darstellung der Vorgeschichte des Klosters St. Blasien erregte sehr bald den Argwohn der Historiker außerhalb St. Blasiens, vor allem im Kloster Rheinau, das sich immer als Mutterkloster St. Blasiens ausgab und diesen Ruhm für sich beanspruchte. In Pater Mauritius Hohenbaum van der Meer (1718–1795) hatte das Kloster einen Historiker gefunden, der zwar erst mit 40 Jahren als Archivar auf die Historie als Wissenschaft stieß, sich aber als Mabillon-Schüler rasch in die kritische Methode einarbeitete.[38] Mit Martin Gerbert war er, wie auch mit Zurlauben und anderen, in regem freundschaftlichem Briefwechsel.[39] Die Geschichte seines Klosters Rheinau wie auch deren Gründung, die Albzelle, war ihm ein Herzensanliegen.

In der »Historica diplomatica« veröffentlicht van der Meer seine Geschichte Rheinaus, in der er auf die Ausführungen Gerberts und die Abhandlungen aus der Gelehrtenakademie einging. Was ihn an seinem Freund Martin Gerbert erregte, war dessen Unbekümmertheit, mit welcher er Manlius zitiert und trotz der »Vermutung« als historische Quelle benutzt. In seiner 3. Reflexio geht er auf das Alter der Albzelle ein: »Die Albzelle ist von Sigemar begründet und zugleich Rheinau übergeben worden; eine ältere Existenz (der Albzelle) anzunehmen bleibt Vermutung.«[40]

Diese These erhärtet er durch folgende Betrachtung: Die sichere Existenz der Albzelle ergibt sich aus dem Dokument der Übergabe an Rheinau; er verweist dabei zum Vergleich auf die Gründung und Übergabe des Klosters Ochsenhausen an St. Blasien; es wäre doch seltsam, schreibt van der Meer, wenn ein jüngeres Kloster plötzlich ein älteres sich einverleiben würde. Rheinau war ja schon 778 gegründet, erfährt aber einen baldigen Niedergang wegen Streitigkeiten in der Gründerfamilie; erst der Enkel des Gründers, Wolfenus, erneuert das Kloster um 856 und gilt seitdem als 2. Gründer. Wolfenus bestätigt in diesen Jahren die Einverleibung der Albzelle mit dem Kloster Rheinau und tritt dann selbst ins Kloster ein und wird dessen 2. Abt von 858 bis 878.[41] Bereits auf der Synode von Aachen im Jahre 817 war unter dem Einfluß des Kaisers Ludwig des Frommen die Benediktinerregel für alle Klöster im fränkischen Reiche verbindlich geworden; auf dieser Synode wurde es auch den Abteien ermöglicht, kleinere Niederlassungen zu gründen, die »Zellen« genannt und mindestens sechs Mönche umfassen mußten.[42] Aus diesem Grund ist es für van der Meer recht seltsam, daß eine neue Zelle wie die Albzelle das ältere, größere Kloster einverleibt habe. Van der Meer kennt wie die anderen auch die mittelalterlichen Schriftsteller aus dem Kloster St. Blasien wie Bernold, Frowin, Otto und weiß, daß sie nichts von dieser Vorgeschichte im 8. Jahrhundert erwähnen; er weiß, daß erst im 14. Jahrhundert die Erzählungen über die frühen Einsiedler und Flüchtlinge auftauchen; sie sind ihm aber keine Zeugen für eine historische Wahrheit, weil sie ja auch sonst wundersame Geschichten erzählen.

So geht van der Meer der Diözesangeschichte des Manlius nach, findet heraus, daß die Bischofsliste nicht zum Nekrologium gehört, sondern sich auf getrennten Seiten befindet; auch fällt ihm auf, daß gerade dort nicht Ehrenfried als Chronist für St. Blasien genannt wird, wie eben Manlius behauptet. Van der Meer verfolgt diese Eigentümlichkeit und entdeckt schließlich, daß Pistorius, der die Manlius-Schrift herausgibt, auch deren Titel festlegt: »Chronik des Konstanzer Episkopates, begonnen von Doktor Jakob Manlius, später in aller Einfachheit aber vergrößert von einem anderen trefflichen Mann«. Und van der Meer vergleicht verschiedene Handschriften aus den Klosterarchiven und kommt zu folgendem Ergebnis: Manlius verwendet einen alten Codex, in welchem neben verschiedenen Schriften des Hermann Contractus, des Konstanzer Berthold, des St. Blasianer Bernold die erste und die letzte Schrift über St. Blasien handelt; die darin enthaltene Chronik wird dem Mönch Aszetius zugeschrieben, was auch in verschiedenen Handschriften von Muri und Engelberg zu lesen ist. Aus diesem Umstand, daß die erste und die letzte Schrift über St. Blasien handelt, hat Manlius wohl das Ganze »Chronik St. Blasiens« genannt. Und van der Meer sieht seine These bestätigt durch den Vergleich mit einer Reichenauer Handschrift, die offenbar vieles aus der erwähnten zitiert und diese als Quelle angibt »aus der Chronik St. Blasiens«. »So ist also jetzt die Chronik St. Blasiens auf mühselige Weise gefunden worden«.[43] Van der Meer geht an dieser Stelle noch kurz auf Bucelinus (1599–1681) ein, der als Novizenmeister von St. Trudpert eine Geschichte des dortigen Klosters beschreibt und u. a. behauptet, St. Blasien habe die Benediktinerregel von St. Trudpert erhalten, was gänzlich aus der Luft gegriffen ist und Bucelinus in den Augen van der Meers ganz und gar als Historiker unglaubwürdig macht.

Alles in allem wird man van der Meer Recht geben müssen, daß es eine bloße Vermutung ist und es keinerlei Beweise gibt, daß vor der Gründung der Albzelle durch Sigemar schon eine Einsiedelei in dieser Gegend bestanden habe, auf welcher sich dann die Albzelle aufgebaut habe; die Kritik an den alten Erzählungen, die Martin Gerbert seltsamerweise dem Manlius gegenüber unterläßt, erweist sich aber als notwendig, um erfundene Erzählungen von der historischen Wirklichkeit zu unterscheiden.

Ein weiterer Punkt in der Auseinandersetzung Gerberts mit van der Meer war die Frage nach dem Ort der Albzelle und damit verbunden die Frage, ob es eine oder mehrere »Albzellen« gab, ob also die Cella alba mit dem Kloster St. Blasien identisch ist. Die Auseinandersetzung ist festgehalten in mehreren Briefen und den darauffolgenden Werken bei beiden.[44] Die St. Blasianer gingen mit Gerbert von einer Cella alba aus, die vielleicht auch bei Unteralpfen oder Tiefenstein gelegen haben könnte; Reginbert habe dann hier »als erster zu wohnen begonnen«, wie es im Diplom Ottos II. heißt; Gerbert unterscheidet demnach die »Cella alba (Sigemari) Rhenaugiensis« von der späteren »Cella alba Reginberti«, aus der dann mehr oder weniger unabhängig von der älteren Cella alba das Kloster St. Blasien entstanden ist. Van der Meer dagegen behauptet gerade wegen der übertragenen Blasiusreliquien die Identität der Cella alba des Sigemar mit dem späteren Kloster St. Blasien und führt zur Unterstützung seiner These eine Handschrift aus dem 11. Jahrhundert an, die an die Tradition von 858 erinnert; hier heißt es: »Alba Cella, quae nunc dicitur St. Blasii, propria fuit cuisdam nobilis viri Sigimar . . .«[45]; van der Meer führt an dieser Stelle noch die »Acta fundationis« des Klosters Muri an, in denen diese Identität vorausgesetzt wird. Schon im Jahre 1778 pflichtet Hugo Schmidfeld – wohl in Kenntnis der Briefe – van der Meer bei.[46] Van der Meer ist sich seiner Sache sicher, nachdem er von Gerbert dessen Manuskript für die HNS im Jahre 1781 erhalten hatte mit der Bitte um eine unparteiische Zensur und schreibt nach dem Lesen desselben an Zapf, daß seine Ausführungen über die Cella alba »ihren Effect schon gemachet, und ist der gnädigste Fürst (Gerbert) sehr bescheiden in seinem historischen Werke de Nigra Silva, welches er mir in Manuscripto ad revidendum zugeschicket.«[47]

Jahre später geht Gerbert in HNS III nochmals auf diese Darstellung van der Meers ein[48], ist aber nun doch sehr vorsichtig geworden mit seiner Hypothese.

In der nachfolgenden Literatur nimmt diese Auseinandersetzung einen relativ großen Platz ein[49] und ist heute wohl beendet, indem man allgemein an der Identität der Cella alba des Sigemar mit dem Kloster St. Blasien festhält.

3. St. Blasien und Rheinau

Die Verbindung von St. Blasien und Rheinau erstreckt sich nicht nur auf die Zeit der Gründung der Albzelle und das 10. Jahrhundert. Solange man das Diplom Otto's II. für echt hielt, war die Ablösung der Albzelle bzw. des neuen Klosters St. Blasien vom Mutterkloster Rheinau eine klare Sache; und Martin Gerbert feierte mit der Einweihung der neuen Kirche im Jahre 1783 zugleich auch die 800-Jahr-Feier der Selbständigkeit St. Blasiens durch die Erhebung zur Abtei. Nun hat Hans Wibel[50] schon 1905 angewiesen, daß diese Urkunde vom Jahr 983 an der Wende des 11./12. Jahrhunderts gefälscht worden ist; und damit rückt auch die Loslösung St. Blasiens von Rheinau in ein neues Licht – oder anders gesagt: die Verbindung von St. Blasien und Rheinau muß neu und tiefer gesehen werden. Die Beziehungen St. Blasiens zu Rheinau sind mannigfaltig und gehen tiefer als man bisher annahm; Martin Gerbert versucht zwar, sie zu verniedlichen, wie auch die Rheinauer andererseits gerne etwas übertreiben.

Eine erste Beziehung ergibt sich zunächst aus der Gründung und Übergabe der Albzelle an Rheinau durch Sigemar. Dieser Adlige Sigemar und sein Sohn Liuther schenken mit Zustimmung des Herrn Wolvene, des Schutzvogtes von Rheinau, an dieses Kloster die »cella que dicitur Alba, que sita est in pago Alpigowe, ad stabiliendum inibi servitium sancte Marie« – »die sogenannte Albzelle, im Albgau gelegen, damit dieses daraus eine Stätte der Marienverehrung machen möge«. Gerbert geht mit G. Meyer von Knonau von der Abfassung der Urkunde aus und legt die Gründung in das Jahr 858; als Datum wird in der Urkunde das 1. Jahr des Papstes Nikolaus genannt, der am 24. April 858 zum Papst geweiht wurde.[51] Van der Meer legt dagegen die Gründung schon in das Jahr 856; im Gnadenbrief des Königs Ludwig wird »ausdrücklich die Zelle an der Alb, nebst anderen Gütern in dem Alpegau dem Gotteshause Rheinau bestätiget. Obwohl das eigentliche Jahr dieser Vergabung nicht bekannt ist, so weiset doch die Ordnung der Urkunden in der uralten und bewährten Abschrift (in Anmerkung: Chartularium ejusdem saeculi), daß dieselbe nicht vor der Zeit jener Urkunden, welche in der nämlichen Abschrift vorgehen, hat geschehen können. Es kann mit bestem Fug das 856. Jahr bestimmt werden, da Wolfen zu Rheinau wieder zum Vorschein kömmt, gleich darauf aber den Namen eines Schutzherrn ablegt und nimmer annimmt.«[52]

Diese Verbindung der jungen Gründung mit dem Mutterkloster vertieft sich durch die Übertragung der Blasiusreliquien, die Wolfenus um 855 aus Rom nach Rheinau gebracht hatte. Die Verehrung des hl. Blasius und die Übertragung der Reliquie in die Albzelle hängt wohl mit dem Leben des hl. Fintan zusammen, der dem Kloster Rheinau wie auch der Albzelle das geistliche Fundament gab.[53]

Fintan Birchler schrieb 1793 eine Vita des hl. Fintan, in welcher er nach der Lebensgeschichte des Heiligen »andächtige Betrachtungen« anschloß.[54] Die Vita fußt auf älteren Beschreibungen, wo es heißt: „Dorthin, d.i. die Zelle an der Alb auf dem Schwarzwalde, wurden von Zeit zu Zeit einige aus unseren Brüdern ausgesetzt, damit sie das Lob Gottes unter genauer Regelzucht Tag und Nacht vollbrächten. Diese ausgesetzten Mitbrüder im Guten zu stärken und mit dem Mutterkloster enger zu verbinden, haben unsere Väter sich entschlossen, den kostbarsten Schatz, den wir damals hatten, mit ihnen zu teilen. Dieser teure Schatz bestand in den Reliquien des hl. Blasius; von diesen wollten sie das Haupt für sich behalten, das heilige Armbein aber in die Zelle an der Alb vergeben.«[55] Birchler fährt in der Lebensbeschreibung weiter, wie Fintan sich in einer Zelle in der Nähe des Klosters einmauern ließ mit dem Gelübde, diese nie mehr zu verlassen; doch jetzt wollte er allzugerne selbst die Reliquie des hl. Blasius nach der Albzelle bringen; ob er diese dann im Traum oder in Wirklichkeit dorthin gebracht hat, darüber gehen die Meinungen der Fintan-Verehrer auseinander; man darf aber wohl mit Birchler annehmen, daß Fintan für eine Weile von seinem Gelübde dispensiert wurde; »Fintan sei eine geraume Zeit mit Erlaubnis des Abtes in der Albzelle verblieben, bis er mit Worten und Beispielen seine Mitbrüder hinlänglich erleuchtet, sattsam gestärkt und die Regelzucht auf festen Fuß gesetzet habe.«[56] *(Abb. 2)*.

Über die folgende Zeit, vor allem über die erste Hälfte des 10. Jahrhunderts, weisen die Urkunden, sowohl die älteren wie auch die jüngeren, nur wenig aus; so ist heute nicht mehr auszumachen, ob bei den Einfällen der Ungarn auch die Albzelle zerstört worden ist; wohl waren auch damals die kriegerischen Zeiten nicht sehr förderlich für ein geistliches Leben; es scheint, daß die Albzelle eine Weile verlassen worden war, denn später wird es von Reginbert heißen, daß er »als erster hier zu wohnen begonnen hat.«[57] Bei dieser Erörterung entzündeten sich die oben behandelten Streitgespräche der sanktblasianischen Frühgeschichte, die aber zu keinem befriedigenden Ergebnis gekommen waren.

Um einen Schritt in diesen dunklen Fragen weiterzukommen, mußte von einem anderen Ansatz das Problem neu aufgegriffen werden; angeregt durch Hans Wibel und den Nachweis der Unechtheit des Diploms vom Jahr 983 war die Frage entstanden, was wohl das Bewegende war, im späten 11. Jahrhundert und anfangs des 12. Jahrhunderts den Blick so sehr auf die frühe Geschichte des Klosters St. Blasien zu richten.

Hermann Jakobs schreibt lapidar: »Über den Gang der Ereignisse, die St. Blasien von Rheinau unabhängig machten, wissen wir buchstäblich nichts.«[58] Wie schon angedeutet, gibt der liber constructionis in dieser Frage nichts her und nennt auch Rheinau nicht mehr, und andere Urkunden sind nicht vorhanden. Nur im Jahre 1049 taucht nochmals in einer Urkunde Heinrichs III. eine Bestätigung auf, daß die Cella alba im Albgau zu Rheinau gehört[59], was aber lediglich eine Wiederholung der vorgelegten Urkunde Ludwigs des Deutschen vom Jahr 858 ist.

Diese Unklarheiten rühren nicht nur, wie schon oben erwähnt[60], von einem Mangel an Quellen her, sondern der wichtigste Grund liegt wohl darin, daß »die im 11. Jahrhundert aufstrebende cella s. Blasii zwei Traditionselemente in sich trug: das Erbe der von Rheinau wohl verteidigten Blasius – cella Alba und das – rechtlich von St. Blasien nun in den Vordergrund gespielte – Erbe der Reginbertstiftung«.[61] Mit diesem Stichwort Reginbertstiftung deuten wir schon das nächste Kapitel an; doch zuvor gilt es die Loslösung von Rheinau zu betrachten, wobei uns Heinrich Büttner mit seinem Aufsatz »St. Blasien und das Bistum Basel im 11./12. Jahrhundert«[62] wertvolle Anstöße gibt, die von Hugo Ott und Hermann Jakobs bestätigt und weiter verarbeitet werden.

Im 11. Jahrhundert findet das Bistum Basel großes Interesse am Schwarzwald; es erhält u. a. das Recht auf Silberbergwerke im Wiesental und kommt auf diese Weise auch territorial in den Umkreis des Klosters St. Blasien. Bischof Dietrich von Basel (1040 bis ca. 1056) stand mit St. Blasien in sehr enger Verbindung und schenkte dem Kloster eine Hufe in Haltingen, ein erster Besitz des Klosters außerhalb des »Zwing und Bann«. Büttner schließt aus dem Datum der Gedächtnisfeier für Bischof Dietrich am 29. Dezember, dem gleichen Tag, an dem auch für den fundator Reginbert das Totengedächtnis gehalten wurde, auf eine besonders innige Beziehung von Basel zu St. Blasien[63]; auch fällt Büttner auf, daß dieses Gedächtnis feierlich gehalten wurde wie auch das für Rudolf von Rheinfelden; «dieses kann nur darauf zurückgehen, daß er an dem Entstehen des Klosters fördernd und Rückhalt bietend beteiligt war, so daß er sich dadurch so starke Ansprüche auf das neue Kloster erwarb, wie sie nach den Anschauungen der damaligen Zeit eigenkirchliche Rechte zu begründen vermochten. Bei einem solchen Ablauf der Geschehnisse ist zugleich eine Erklärung dafür gefunden, weshalb das Bistum Basel später keine Urkunde über seine Rechte an St. Blasien besaß. Diese waren nicht durch königliche Verleihung entstanden, sondern erwachsen aus der Beteiligung des Basler Bischofs Dietrich an dem Werden eines eigenständigen Klosters im Albtal.«[64]

Jakobs unterstreicht diese Verbindung noch dadurch, daß er eine verwandtschaftliche Beziehung zwischen Bischof Dietrich und der Familie der Rheinfelder sieht, was man allerdings noch genauer erforschen müßte; aber dies ist mit eine Erklärung für die gemeinsamen Interessen beider an St. Blasien zu jener Zeit. So vollzog sich die Loslösung St. Blasiens von Rheinau wohl sehr unauffällig und friedlich; Bischof Dietrich hätte kaum einem von Rheinau abhängigem Kloster ein Geschenk gemacht; andererseits bestätigt die Urkunde von 1049 noch die Abhängigkeit St. Blasiens von Rheinau. Hugo Ott schreibt zusammenfassend: «Der Prozeß der Loslösung von Rheinau, den wir nach der Quellenlage zwischen 1050–1060 sich vollenden sehen, beinhaltet zugleich das Hineinwachsen des Klosters in eine eigentümliche Stellung zum Basler Bistum.«[65]

Rheinau wird um diese Zeit durch Heinrich IV. an den Bischof von Konstanz vergeben, was aber im Jahr 1067 wieder rückgängig gemacht wurde[66]; wichtig ist bei diesem Vorgang, daß St. Blasien hierbei nicht mehr erwähnt wird, sondern ihm wird in der wichtigen Urkunde Heinrichs IV. vom Jahre 1065 ein geschlossener Bereich im Schwarzwald bestätigt und die Immunität verliehen. Auch wird 1064 in Abt Werner außerhalb der Lokaltradition ein Abt genannt, weil dieser bei der Kirchweihe in Schaffhausen gegenwärtig war.[67]

Dies alles bringt es mit sich, daß wir heute nur noch sehr schwer die Eigenart St. Blasiens fassen können. »Dabei ist St. Blasien, in einer verfassungsrechtlichen und geistigen Umbruchszeit ausgestaltet, kein Reichskloster im alten Sinne mehr, aber auch noch kein typisches Dynastenkloster, wie sie im 11. Jahrhundert im eigenständigen Rechtsbereich des Hochadels entstanden. In Fortsetzung der Rechtsgrundlagen, die St. Blasien von Rheinau übernahm, und unter dem Einfluß der eigenkirchenrechtlichen Ansprüche des Basler Bischofs entwickelte sich die Rechtsstellung der Abtei. Es ist dies eine Rechtslage, die sich nicht ganz klar fassen läßt, eben weil sie in langdauerndem Prozeß sich aus den verschiedensten Voraussetzungen formte.«[68]

Der Königsschutz des Privilegs vom Jahre 1065 wurde von Rudolf von Rheinfelden wahrgenommen, der praktisch St. Blasien zu einer Art herzoglich-königlichem Hauskloster machte. Durch den Ausbruch des Investiturstreites und der Königserhebung Rudolfs 1076/77 hörte das friedliche Nebeneinander von Rheinfelden und Basel im politischen Bereich auf, was aber beide nicht hinderte, im religiösen Bereich hinsichtlich der Klosterreform der gleichen Meinung zu sein.[69]

In diesem Zusammenhang ist noch nachzutragen, daß das Immunitätsprivileg von 1065 noch nicht das Recht auf freie Vogtswahl beinhaltet; dies erreichte St. Blasien erst unter Abt Rusten (1108–1125) mit der Urkunde von Heinrich V. vom Jahr 1122; Rusten machte dann auch sogleich – gegen den Widerstand von Basel – »von seinem Recht der freien Vogtswahl durch die Wahl des Zähringer Konrad Gebrauch, der unmittelbar hernach von Heinrich V. mit dem Banne beliehen wurde.«[70] Der Streit zwischen Basel und St. Blasien endete erst, als mit dem Prior Adalbero im Jahr 1133 ein Blasianer Mönch Bischof von Basel wird; Hermann Jakobs fragt, ohne eine Antwort geben zu können: war diese Bischofswahl ein Akt der Versöhnung oder geschah sie auf königlichen Druck? Der Streit bricht nochmals auf – nach Adalberos Tod – und fand dann endlich 1141 einen Abschluß dadurch, daß St. Blasien vier stattliche Höfe als Abfindung zu zahlen bereit war, was nur deutlich macht, wie gut fundiert die Basler Rechte in St. Blasien gewesen sein müssen.[71]

4. Wer war Reginbert?

Die Geschichtsschreibung des Klosters führt uns immer wieder auf das Jahr 983. Wenn heute als gesichert gesagt werden kann: »DH 154 (d.i. das Immunitätsprivileg Heinrichs IV. von 1065) gilt als eine entscheidende Verfassungsurkunde für das Schwarzwaldkloster«[72], so weiß Hugo Ott doch um das weiterbestehende Dunkel der Geschichte der Albzelle vor dem Jahr 1065[73]; und wenn er am Ergebnis der Forschungen Hans Wibels festhält, daß die Urkunde von 1065 als Vorlage für die sanktblasianische Fälschung des Diploms Ottos II. gedient habe,[74] dann wird deutlich, weshalb erst von diesem Standort aus es möglich geworden ist, mehr Licht in die dunklen Anfänge St. Blasiens zu bringen. Mehr oder weniger hat man im 11. und 12. Jahrhundert den damaligen Besitzstand des Klosters, sein hohes Ansehen und seinen Reichtum bereits in die Anfänge des Klosters zurückversetzt; es ging darum, den Besitzstand zu wahren und auch gegen tatsächliche oder vermeintliche Ansprüche von Rheinau und Basel zu verteidigen. Wollasch formuliert – mit eigenen Worten – »überscharf«: »die Urkunden eines Reformklosters sind Quellen, die nicht das Wachsen einer Mönchsgemeinschaft von ihren geistigen Wurzeln zu geschichtsmächtiger Bedeutung beobachten lassen, sondern erst die Situation bezeichnen, in der ein solches Kloster die erreichte Höhe mit Rechtsinstrumenten zu einer Verfassung erstarren machte.«[75]

So geht es in diesem letzten Problemkreis um die Frage, wer Reginbert gewesen sein mag; und diese Erörterung mag wiederum einen guten Einblick in die Geschichte der Geschichtsschreibung St. Blasiens geben.

Von den obigen Darlegungen ausgehend, brauchen wir uns nicht zu wundern, daß Reginbert bei den mittelalterlichen Schriftstellern als ein Ritter ihrer Zeit, also des 12. oder 13. Jahrhunderts, vorgestellt wird, ein Ritter mit Rüstung und Wappen, auch wenn Reginbert sicherlich nicht in seiner Lebenszeit so gelebt und gewirkt hat. Als Ritter mußte er ja im Besitz einer Burg sein; so nennt ihn der liber constructionis Herr von »Seldenbüren«, wobei Gerbert schon in der HNS bemerkt, daß dies ein Zusatz von zweiter Hand sei.[76] Joseph Bader geht gleich einen Schritt weiter und will wissen, daß Reginbert für seine Treue von Otto dem Großen das kaiserliche oder Reichsgut Sellenbüren erworben habe.[77] Nun – in Sellenbüren bei Zürich stand auf dem Opfengupf eine Burg, die als Vorburg zur Ütliburg aber erst um 1050 entstanden sein mag;[78] die Herren von Sellenbüren darf man als einen Zweig der Regensberger Familie ansehen; doch über Reginbert sagt Kläui ganz eindeutig: »Dagegen wird man den Gründer von St. Blasien im 10. Jahrhundert aus der Familie streichen müssen«; und die Besitzungen, die Reginbert nach der Tradition dem neuen Kloster vermacht habe, fährt Kläui fort, »dürften auf eine Schenkung Heinrichs von Sellenbüren um 1092 zurückgehen.«[79]

Ähnlich verhält es sich mit dem Wappen des Reginbert. Georgi hatte 1912 beim Wiederaufbau des Domes in einem Gemälde über dem Chorbogen die Übergabe der Güter an das Kloster durch Reginbert dargestellt: Reginbert in ritterlichem Gewand vor dem Bischof kniend; auf dem Rittergewand sieht man deutlich das Wappen des Reginbert: ein schwarzer Bär auf goldenem Grund.[80] Georgi hatte sich bei dieser Darstellung einfach an die Tradition gehalten, obwohl er hätte damals schon wissen können, daß »Wappen im 2. Viertel des 12. Jahrhunderts entstanden sind.«[81] Mone hatte ja auch schon im letzten Jahrhundert diese alte Tradition aufgegriffen und von da aus Rückschlüsse auf die Herkunft Reginberts gezogen: nicht nur weil er in den sächsischen Annalen genannt wird[82], sondern weil er eben die sächsischen Farben im Wappen führte, hielt er ihn für einen geborenen Sachsen.[83] Joseph Bader wiederum erklärt das Wappen Reginberts auf seine Weise: die Herren von Berau und die von Sellenbüren führen das gleiche Wappen: schwarzer Bär auf goldenem Grund; und ähnlich auch die Nellenburger, die schon damals ein einflußreiches Geschlecht waren; also folgert Bader: Reginbert sei als Freiherr von Berau mit dem Grafen Eberhard von Nellenburg nach Sachsen gezogen, habe dort am Hof und im Heer Ottos d. Gr. gedient und habe dann wie auch die Nellenburger und andere Geschlechter aus Dankbarkeit die Farben des sächsischen Kaiserhauses angenommen.[84] Auch wenn Bader aus dem falschen Ansatz falsche Folgerungen zieht, hat er vielleicht doch unbewußt eine richtige Spur verfolgt, wenn er aus dem bisher Gesagten folgert: »Ein Gottfried von Berau, wohl der letzte seines Stammes, vermachte am Beginn des 12. Jahrhunderts an St. Blasien sein ganzes Erbe und wurde Mönch daselbst, wohl nicht ohne besondere Beziehung seiner Familie zu diesem Kloster.«[85]

Auch wenn wir heute die Meinungen Mones und Baders und anderer nicht mehr annehmen können, so sind doch diese alten Traditionen nicht belanglos; sie können sehr hilfreich werden, wenn wir die Geschichte der großen Adelsfamilien jener Zeit untersuchen. Doch auch hier gibt es nur ein schrittweises Vorgehen und manchmal muß man sogar wie Kläui zugeben, zeitweise auf einem Holzweg gegangen zu sein;[86] möchte man z. B. in Reginbert ein Glied der Rheinauer Stifterfamilie sehen – er muß ja in Rheinau ein wohl angesehener Mann gewesen sein –, wird man mit Kläui zu beachten haben, daß die Güter der Sellenbürener, die um 1092 in den Besitz St. Blasiens kamen, um 1025/30 dem Grafen Werner von »Kyburg« durch Konfiskation abgenommen und an die Vorfahren der Regensberger übergeben worden sind.[87] Damit ist nach Kläui und einer mündlichen Auskunft von Eberhard Dobler das nachmalige Regensberger und Sellenbürener Hausgut zur Zeit des Reginbert (im 10. Jahrhundert) im Besitz der udalrichinger Grafen von Bregenz-Winterthur, die aber mit der Rheinauer Stifterfamilie nicht identisch sind. Ein versuchter Ansatz auf dem Weg über die Erforschung der Familien dieser alten Geschlechter hat nach Auskunft Eberhard Doblers bis jetzt zu keinem brauchbaren Ergebnis geführt.[88]

Martin Gerbert geht in der HNS[89] auf die Problematik des Reginbert ein, weil er um die Unstimmigkeiten zwischen dem Diplom Ottos II. von 983 und dem liber construcitonis weiß; im Diplom heißt es: Reginbert hat als erster hier zu wohnen begonnen; und im liber constructionis weiß der Chronist zu berichten, daß Reginbert mit Erlaubnis des Kaisers zu den Brüdern, den Bewohnern des Ortes, der St. Blasien genannt wird, gegangen ist, die er in großer Niedergeschlagenheit wegen der zerstörten Kirche vorfand, daß er ihnen sein Hab und Gut schenkte und um das Ordenskleid bat. Gerbert weist an dieser Stelle die Meinung Mabillons zurück, der Reginbert mit einem Rambert von Einsiedeln gleichsetzen möchte.[90] In der Anmerkung zu HNS III,16 erklärt Gerbert, daß man den Satz »als erster hier zu wohnen begann« so verstehen müsse, er habe die zerstörte Zelle wieder auferbaut. Reginbert war nach der Tradition um 945 oder 948 in die Albzelle gekommen.[91] Nach der Errichtung des Priorates ging Reginbert – nach diesen Quellen – an den Hof Otto's d. Gr., wo ihn der Kaiser empfing und seiner Bitte entsprach, indem er »die neuerbaute Zelle mit ihrer Umgegend dem heiligen Blasius zu freiem Eigentum übergab und dem frommen Einsiedler, welcher sich zuerst daselbst niedergelassen, wie all seinen Brüdern und Nachfolgern zu ewigem Besitz überließ.«[92] Die Bestätigung hatte Reginbert nicht mehr erlebt; er starb kurz nach der Begegnung mit dem Kaiser am 13. Dezember 963.

Die Frage, ob es einen oder zwei Reginberte gegeben hat, ist bereits oben kurz angeschnitten worden und braucht nicht mehr weiter erörtert zu werden; sie ist lediglich von historischem Interesse, wenn es darum geht, die Arbeit der sanktblasianischen Gelehrtenakademie zu beschreiben.

Eine neue Variante in der Darstellung über Reginbert bringt Mauritius Hohenbaum van der Meer, indem er darauf hinweist, daß in der fraglichen Zeit des 10. Jahrhunderts nach der Liste der Rheinauischen Mönche im Nekrolog von St. Gallen ein Mönch namens Reginbert in Rheinau lebte; dasselbe gilt übrigens auch für Beringer: in St. Blasien hieß – nach der Tradition – der 1. Prior und Abt Beringer und im Kloster Rheinau lebte zur selben Zeit ein Mönch Beringer. Van der Meer vermutet, daß sich die Albzelle schon bald nach der Zerstörung Rheinaus durch die Ungarn oder ein wenig später im gegenseitigen Einverständnis von Rheinau gelöst hat, »daß einige Jahre nach der Zerstörung der Rheinauische Reginbert sich dorthin begeben; daß er der Erste gewesen, welcher nach dem Zerfalle allda zu wohnen angefangen; daß er einige Brüder gesammelt, und sodann die Heiligtümer des hl. Blasius, die er dem Untergang entrissen, in die neuerbaute Zelle versetzet habe; daß endlich unter Begünstigung des heiligen Conrad, welcher an beiden Orten zu Rheinau und in der Zelle, Bischof und Verwalter war, die Zelle zu einem Kloster erwachsen sei mit der Bewilligung der Rheinauischen Brüder, welche ihre Rechte und Freiheiten mitgeteilet haben.«[93] Mit Mabillon hält er das Jahr 962 für das Todesjahr Reginberts.[94] Enderle geht, wissend um die unsichere Quellenlage, mit van der Meer einig, daß Reginbert aus Rheinau stammen könnte, will sich aber auf ein bestimmtes Datum der Lösung der Albzelle von Rheinau nicht festlegen.[95]

Der Vollständigkeit halber sei noch H. Buisson angeführt, dem wir die einzigen Fotografien der alten Klosterkirche vor dem Brand 1874 verdanken; er meint, daß Reginbert Eremit wurde,

»wahrscheinlich zu Remetschwiel, welches früher Reginberts- Reimberts-weil hieß und von ihm den Namen hat.«[96]

Wir können als Ergebnis festhalten: die Einzelheiten vom Leben Reginberts dürfen nicht als gesichert angesehen werden; es sind Erzählungen zur religiösen Erbauung der Mönche, die ihren eigenen tiefen Sinn haben und nicht einen Anspruch auf Historizität im heutigen Sinn haben wollen. Aber andererseits steht auch ohne Zweifel, daß Reginbert nicht eine erfundene Gestalt der Klostergeschichte ist, sondern eine Persönlichkeit gewesen sein muß, die die klösterliche Gemeinschaft noch lange geistig und religiös befruchtet hat.

Doch auch hier gilt es nüchtern zu sein und die Reginbert beigefügten Titel wie »sanctus«, »venerabilis« im rechten Licht zu sehen. Im Diplom Heinrichs IV. vom Jahr 1065 – DH 154 – wird Reginbert zum ersten Mal sanctus – heilig – genannt und diese Beifügung bleibt auch in den Nachurkunden. Im Nekrolog des Klosters, das kurz nach 1100 entstanden ist,[97] wird Reginbert nur als fundator loci istius bezeichnet, was für Wollasch mit ein Grund war, die Echtheit von DH 154 in Zweifel zu ziehen und seine Entstehung in das 12. Jahrhundert zu verlegen, weil ja auch ein Reginbertkult erst im 12. Jahrhundert nachzuweisen ist.[98]

Es ist auffallend, daß Basel mit einem gefälschten Diplom Konrads II. (1024–1039) auf das Jahr 1025, das allerdings vom Königshof Heinrichs V. als Fälschung erkannt worden war, Ansprüche auf St. Blasien anmeldet und durchzusetzen versucht;[99] in diesem unechten Diplom wird Reginbert fidelis regis laicus genannt. Die Fälschung bestand nach Büttner und Jakobs darin, daß das Diplom zeigen wollte, der König habe über St. Blasien zugunsten Basels verfügt; »in Wirklichkeit konnte Basel nicht auf Grund königlicher Verleihung, sondern lediglich als Wohltäter gegenüber der aufstrebenden Stiftung zu Herrschaftsansprüchen gekommen sein.«[100] Wollasch meint, daß sich St. Blasien erst im Streit mit Basel auf einen Heiligen als seinen Stifter beruft, während dann Basel den laicus Reginbert gegen den Heiligen der Klostertradition stellt, was ja kein Widerspruch zu sein braucht, da ja auch Laien als Heilige verehrt werden. Hier geht es aber nicht um eine sittliche und religiöse Wertung des Reginbert, sondern ganz einfach darum, daß »sich aus beiden Auffassungen rechtliche Konsequenzen ableiten« lassen; Jakobs erklärt als für die Reformzeit typisch, daß hier das »Eigenkirchenrecht ausschließlich Gott und dem Klosterheiligen«, d.i. St. Blasius, zuerkannt wird; St. Blasien will also sagen, »das ihm gesetzte Recht beruhe auf der Stiftung eines Heiligen, der – ohne Erbe gestorben – alles auf Gott und den hl. Blasius gestellt habe«; demgegenüber gibt Basel zu bedenken, daß Reginbert als Laie und Königsmann »die Freiheit des Klosters nicht schon als Heiliger garantiere, sondern sie mit Hilfe des Königs fixiert habe«; Jakobs schließt den Gedanken ab mit dem Hinweis: »Die 1120 aktuell gewordene Frage, ob der Basler Bischof die Äbte von St. Blasien investieren dürfe, ist auch vor diesem Hintergrund zu sehen.«[101]

Dieser Rechtsstreit nötigt uns, die Verehrung des Reginbert sehr nüchtern zu sehen und vor allem nicht vom heutigen Standpunkt aus zu betrachten. War im ersten Jahrtausend die Verehrung eines Heiligen durch die Ortstradition möglich, wird mit der Heiligsprechung des Bischofs Ulrich von Augsburg durch den Papst im Jahr 993 ein neuer Weg beschritten. Durch die Kanonisation, d.h. die Heiligsprechung, wird der Heilige in feierlicher Weise in das Verzeichnis (canon) der Heiligen eingetragen, was bedeutet, daß mit diesem endgültigen Urteil des Papstes gesagt wird, der betreffende Mensch ist der Verklärung im Himmel teilhaftig und darf überall und in jeder Form des amtlichen Gottesdienstes verehrt werden. Natürlich ist dieser neue Weg nicht der einzige geblieben und wollte es wohl auch nicht sein; er wollte lediglich ein kleiner Damm sein gegen eine mögliche Ausuferung der Heiligenverehrung und zugleich die Volksfrömmigkeit und die Lokaltraditionen in das Gesamte der Kirche einbinden. Und so gehen diese auch heute noch ihre eigenen Wege, was auch gut ist; in diesem Sinn wird ein Papst Johannes XXIII. von vielen als Heiliger verehrt – auch ohne Heiligsprechungsprozeß. So wurde auch Reginbert nie heiliggesprochen, hat aber als Stifter des Klosters stets große Verehrung in der klösterlichen Gemeinschaft erfahren. Und doch machen die Mönche hier im Kloster einen Unterschied zwischen dem „seligen" Reginbert und den Heiligen aus der Klostergemeinschaft, wie z. B. Luitfried, Rupert, Werner von Wiblingen, Adelhelm und Frowin von Engelberg, Berthold von Garsten, Burkhart von Ochsenhausen[102] oder gar dem Patron des Klosters, dem hl. Bischof Blasius. So steht auf dem Sarkophag mit den Gebeinen des Reginbert »venerabilis« und nicht »sanctus«, »verehrenswürdig«, nicht »heilig«; auch Gerbert gebraucht m. W. in den HNS nie »sanctus Reginbertus« im religiösen Sinn, sondern nur im Zusammenhang mit jenen Urkunden, in denen Reginbert sanctus genannt wird.[103]

Dieser kurze Einblick in die Geschichtsschreibung des Klosters St. Blasien mag deutlich machen, wie mühselig es ist, etwas Licht in die dunklen Anfänge St. Blasien zu bringen; es ging hierbei nicht um ein Abwägen des besseren Weges aus der Vielzahl derer, die bereits gegangen worden sind, sondern mutig den Weg weiterzuschreiten, den die neuere Forschung zu gehen bereit ist: die differenzierte Betrachtungsweise der Urkunden und Dokumente des 11. und 12. Jahrhunderts wird auch künftig der mühselige Weg bleiben, die Anfänge des Klosters St. Blasien zu beleuchten.

Anmerkungen

1 Diarium des Klosters St. Blasien, von P. Roman Kuon et alii. 1781–87 S. 6 ff. St. Paul Hs. 88/6 Nachträge.

2 Brief vom Martin Gerbert an Maximilian Kardinal von Rodt vom 12. Juni 1781. GLA Karlsruhe Nr. 99/336. Das Fest der Kirchweihe ist beschrieben im Buch »Feyerlichkeit des in dem fürstlichen Stift St. Blasien auf dem Schwarzwald eingeweihten neuen Tempel«. St. Gallen 1784.

3 Text in HNS III, 15; bei Trudpert Neugart, Codex diplomaticus Alemanniae. St. Blasien 1791. S. 626. Der Text wird auch im St. Blasier Urkundenbuch stehen, das von Hugo Ott herausgegeben und derzeit von J. W. Braun bearbeitet wird; ich verweise auf die dort angegebene Literatur.

4 Vgl. die Auseinandersetzungen Martin Gerberts mit seinem ehemaligen Beamten, dem Hofrat von Granicher. Vgl. Ursmar Engelmann, Martin Gerbert. In: Erbe und Auftrag 1970. 46. Jh. S. 355. Georg Pfeilschifter, 1. Bd. S. 524, 538,3 und weitere Stellen.

5 Hans Wibel, Das Diplom Otto's II. für St. Blasien. In: Neues Archiv der Gesellschaft für ältere deutsche Geschichtskunde. 30. Bd. Hannover 1905 S. 152 ff.

6 Hermann Jakobs, Der Adel in der Klosterreform von St. Blasien. Köln 1968 S. 9.

7 Karlsruhe 1867. Bd. 4. S. 76 ff.

8 Ich beziehe mich auf Mone's Einleitung; eine neue Ausgabe des liber constructionis mit den heutigen Methoden zur Auseinanderlegung der verschiedenen Quellenschichten dürfte wohl auch neue Aufschlüsse über das mittelalterliche St. Blasien geben.

9 Vgl. Mone a. a. O. S. 86. Anmerkung zum 1. Buch, Kap. 18.

10 Emmanuel Jungclausen, Benedikt. Regensburg 1980.

11 St. Paul, HS Nr. 98. J. W. Braun in einem Brief vom 19. 12. 1979: »Der liber originum ist im Verhältnis zum GLA Exemplar 65/490 eher die Urschrift.«

12 Hubert Houben, Das Fragment des Necrologs von St. Blasien. in: Frühmittelalterliche Studien. Jahrbuch des Instituts für Frühmittelalterforschung der Universtität Münster 14. Bd. 1980. S. 274–298 und Bildtafeln. Ders., St. Blasianer Handschriften des 11. und 12. Jahrhunderts. München 1979.

13 Ich halte mich an die heutige Schreibweise; im liber constructionis II, 1 heißt es »Seldenbüren«; Stanislaus Wülberz schreibt einmal Sellenbüren und dann wieder Seldenbüren.

14 Einleitung S. 3/4.

15 Hugo Schmidfeld, Conspectus diatribae de duobus Reginbertis, fundatoribus monasterii S. Blasii. 1747. St. Paul HS 25/2. Vgl. dazu Stanislaus Wülberz, Breves notitiae Abbatiae S. Blasii in nigra silva. 1736 S. 1 ff. Hs 185/2. ders., Incrementa Monasterii S. Blasii 1738 S. 17. Hs 188. Zum ganzen: Joseph Bader, Das ehemalige Kloster St. Blasien auf dem Schwarzwald und seine Gelehrtenakademie. Separatdruck aus dem FDA VIII. Bd. Freiburg 1874. Georg Weise, Der Bericht des sog. liber constructionis über die ältesten Kirchenbauten in St. Blasien. ZGO N. F. XXVI. S. 865 ff. Mone, a. a. O. Bd. I S. 79; Bd. IV, 133. Vgl. Gerbert, HNS I, 236 f. Franz Hilger, Die Gelehrten des Klosters St. Blasien (in diesem Band).

16 Schnell & Steiner, München 1951. Nr. 555. 22. Aufl. 1977; 23. Aufl. 1979.

17 Beispiele einer langen Reihe der Sekundärliteratur: Arnold Walloscheck, Zeugen aus benediktinischer Zeit. St. Ottilien 1979 S. 79. Rudolf Metz, Geologische Landeskunde des Hotzenwaldes. Lahr 1980. S. 639 ff.

18 Vgl. Anm. 2 – das dort angegebene Buch zur Kirchweihe 1783, S. 639 ff. S. XXIX; Martin Gerbert, HNS I, 72 f., 142; ders. Reisen durch Alemannien usw. Ulm 1767 in der Übersetzung von Johann Ludwig Köhler S. 262. Marquardt Herrgott kennt natürlich auch Manlius, steht aber seinen Ansichten kritischer gegenüber; vgl. Monasticon St. Blasianum 1738. S. 11 in: St. Paul Hs 196. Dieser Hinweis möge für viele andere stehen.

19 Alphons Lhotsky, Dr. Jakob Mennel. in: Alemannia 1936. Heft 1/2 S. 1 ff. Volkmar Thiele, Die Stadtschreiber von Freiburg im Mittelalter. Freiburg 1973. Franz Kreuter, Geschichte der K. K. Vorderösterreichische Staaten. St. Blasien. 1790 2. Bd. S. 187 Anm. 2a.
20 V. Thiele, a. a. O. S. 104.
21 A. Lhotski a. a. O. S. 12.
22 Martin Gerbert, Reisen a. a. O. S. 200.
22a Offenbar bestand schon eine Tradition im Kloster St. Blasien, begabte Mönche zum Studium nach auswärts zu schikken. Rudolf Morath fand erst kürzlich – nach Fertigstellung dieser Arbeit – im Archiv des Klosters Neresheim eine Doktorarbeit der beiden St. Blasianischen Mönche Placidus Ulrich und Roman Sedlmayr über »Kaufen und Verkaufen«, eingereicht bei der Jesuitenuniversität Dillingen im Jahre 1700. Vgl. den Kupferstich *Abb. 5/6* vom Deckblatt der gedruckten Arbeit.
23 Gall Heer, Johannes Mabillon und die Schweizer Benediktiner. St. Gallen 1938. S. 372.
24 Joseph Bader a. a. O. S. 62 ff.
25 Gall Heer, a. a. O. S. 397.
26 St. Paul Hs 195 a, b; 196, 197 a, b.
27 Vgl. Anm. 18 Monasticon. a. a. O. S. 11 ff.
28 Martin Gerbert, Reisen a. a. O. S. 256. Vgl. Helmut Maurer (Hrsg.), Die Abtei Reichenau. Sigmaringen 1964. S. 161 f.
29 Martin Gerbert, Reisen, a. a. O. S. 250.
30 Konrad Beyerle, (Hrsg.) Die Kultur der Reichenau 1925. S. 1107 ff. Vgl. hierzu Karl Schmid, Bemerkungen zum Konstanzer Klerus der Karolingerzeit. Mit einem Hinweis auf religiöse Bruderschaften in seinem Umkreis. In: FDA 1980 (100. Bd.) S. 26 ff., Ebda. Joachim Wollasch, Zu den Anfängen liturgischen Gedenkens an Personen und Personengruppen in den Bodenseeklöstern. S. 59 ff. mit der dort angegebenen Literatur.
31 Konrad Beyerle, a. a. O. S. 311.
32 Helmut Maurer, a. a. O. S. 155.
33 HNS I. S. 72.
34 Ebda. S. 75.
35 Konrad Beyerle, a. a. O. S. 59
36 Ebda. S. 60
37 HNS I, 72 f. Franz Kreuter a. a. O. (Anm. 19) 1. Bd. S. 187 Anm. a.
38 Johann Georg Mayer, Leben und Schriften des Pater Mauritius Hohenbaum van der Meer. In: FDA 1877, 11. Bd. S. 1–34. Vgl. Rheinau. Gedenkschrift zur 1200-Jahr-Feier. Hrsg. Gemeinderat Rheinau 1978. S. 77.
39 Personenindex in: G. Pfeilschifter und W. Müller.
40 Veröffentlicht in: Zapf, Monumenta anecdota. Augsburg 1785. 1. Bd. S. 223. Die 3. Reflexio beginnt S. 531.
41 Mauritius Hohenbaum van der Meer, Kurze Geschichte der Tausendjährigen Stiftung des freyeximierten Gotteshauses Rheinau. Donaueschingen. 1778. S. 29.
42 HNS I, 140.
43 a. a. O. S. 535 (3. Reflexio).
44 Georg Pfeilschifter, II. Bd. (1934) Nr. 921, 924, 1198 mit Anmerkungen; HNS I, 187, 226; van der Meer, a. a. O. 4. Reflexio S. 536 ff.
45 Codex Diplomatikus a. a. O. S. 434 f. mit Anmerkungen.
46 Georg Pfeilschifter a. a. O. Nr. 921. Anm. 8.
47 Ders. a. a. O. Nr. 1198, Anm. 3
48 HNS III, S. 16 (1788)
49 Joseph Enderle, Studien über den Besitz des Klosters St. Blasien von seinen Anfängen bis ins 14. Jahrhundert. Freiburg 1909. S. 9 Anm. 1 mit der dort angegebenen Literatur; vgl. Hermann Jakobs a. a. O. S. 30.
50 Vgl. Anm. 5.
51 HNS I, 140. Der Text der Urkunde in HNS III, 2, in Faksimile; ebenso: Das Cartular von Rheinau. Hrsg. von G. Meyer von Knonau. In: Quellen zur Schweizer Geschichte. III. b, 1883. Nr. 5 mit Anmerkungen. UB St. Blasien Nr. 1 mit der dort angegebenen Literatur.
52 Siehe Anm. 41 ebda. S. 23 mit Anmerkung 23. Der Text der erwähnten Urkunde von König Ludwig vom 12. 4. 858 ebenfalls im Cartular a. a. O. Nr. 10.
53 Obwohl die Reliquien schon um 855 nach Rheinau kamen, erscheint Blasius als Schutzheiliger für Rheinau erst 996. Vgl. Cartular a. a. O. Nr. 29. Vgl. Hermann Jakobs, Die Anfänge der Blasius-Verehrung in Deutschland, in diesem Band.
54 Fintan Birchler, Der hl. Fintan, ein Muster der christlichen Vollkommenheit in andächtigen Betrachtungen. 1793 (ohne Ortsangabe).
55 Ebda. S. 105 f.
56 Ebda. S. 109, Fußnote 1.
57 Diplom Otto II vom Jahr 983. Vgl. Anm. 3.
58 a. a. O. S. 45.
59 Vgl. Anm. 46. Das Cartular von Rheinau Nr. 31
60 Vgl. S. 2 f. und Anm. 6.
61 Hermann Jakobs, a. a. O. S. 34.
62 In: Zeitschrift für Schweizerische Kirchengeschichte 44 (1950) S. 138–148.
63 Heinrich Büttner, ebda. S. 141. Dem widerspricht Hubert Houben in: St. Blasianer Handschriften des 11. und 12. Jahrhunderts. München 1979 S. 163. Anm. 345.
64 Ders. ebda. S. 141.

65 Studien zur Geschichte des Klosters St. Blasien im hohen und späten Mittelalter. Stuttgart 1963. S. 44, Anm. 4
66 Vgl. Anm. 45. Das Cartular von Rheinau Nr. 32.
67 Hermann Jakobs, a. a. O. S. 30.
68 Heinrich Büttner, a. a. O. S. 142
69 Ders. ebda. S. 143.
70 Hugo Ott, a. a. O. S. 44, vgl. auch H. Büttner a. a. O. S. 147. Der Text der Urkunde steht im UB St. Blasien Nr. 31 und 34.
71 Hermann Jakobs a. a. O. S. 21.
72 Hugo Ott, Das Immunitätsprivileg Heinrichs IV für St. Blasien vom Jahr 1065. In: ZGO 73. (1964) S. 414. Franz Kreutter a. a. O. (Anm. 19) 1. Bd. S. 525 f, Anm. a.
73 Ebda. S. 430.
74 Ebda. S. 414.
75 Joachim Wollasch, Muri und St. Blasien. Perspektiven schwäbischen Mönchtums in der Reform. In: DA 17 (1961) S. 426.
76 Vgl. Anm. 13. HNS I, 177. Liber constructionis II, 1.
77 Joseph Bader, a. a. O. S. 14 Anm. 1 (vgl. Anm. 15).
78 Paul Kläui, Hochmittelalterliche Adelsherrschaften im Zürichgau. In: Mitteilungen der antiquarischen Gesellschaft in Zürich. Bd. 40. Heft 2. 124. Neujahrsblatt. Zürich 1960. S. 28.
79 Ebda. S. 29 und Anm. 1.
80 Vgl. die Darstellung der Wappen im liber originum (vgl. Anm. 11); Stanislaus Wülberz, Incrementa . . . (vgl. Anm. 15; HNS I, 178).
81 Wappenfibel. Handbuch der Heraldik. Herausgegeben von »Herold«, bearbeitet von Herolds Ausschuß der deutschen Wappenrolle. Neustadt an der Aisch. 1967. S. 22.
82 Annalista Saxo MGSS. VI 625.
83 a. a. O. (vgl. Anm. 7) S. 88 und die betr. Anmerkungen
84 a. a. O. (vgl. Anm. 15) S. 14, Anm. 1.
85 Ebda. S. 14, Anm. 1.
86 a. a. O. (vgl. Anm. 78) S. 29.
87 Ebda. S. 37.
88 Eberhard Dobler, Udalrichingisches Erbe im Hegau. In: Hegau 31 (1974) S. 53 ff. vgl. Karl Christian Sachs, Vom Herkommen des Edelfreien von Tengen. In: Küssnachter Jahresblätter 1974. S. 5 ff. Neues, noch nicht völlig ausgewertetes Quellenmaterial könnte nach Mitteilung von Prof. Dr. Karl Schmid, Freiburg, neue Kenntnisse zu diesem Fragekomplex erbringen.
89 HNS I. 177.
90 Vgl. Hugo Ott, a. a. O. (Anm. 72). S. 414, Anm. 8.
91 Liber concructionis II, 1–6. vgl. die Auseinandersetzung S. 13.
92 Freie Übersetzung des Diploms Ottos II. von 983 nach Joseph Bader a. a. O. S. 13.
93 Vgl. Anm. 41: »Kurze Geschichte . . .« S. 45; ausführlicher behandelt van der Meer das Thema in seinen Reflexiones a. a. O. (Anm. 40) S. 539.
94 Ebda. S. 45.
95 Josef Enderle a. a. O. (Anm. 49) S. 7, Anm. 3.
96 A. Buisson, St. Blasien im Schwarzwald. Freiburg 1907, S. 142.
97 Hubert Houben, a. a. O. (vgl. Anm. 12) S. 298. Tafel XI; ders. St. Blasier Handschriften S. 31 ff.
98 Joachim Wollasch, a. a. O. (Anm. 75) S. 442 und Hugo Ott, a. a. O. (Anm. 72) S. 145 und 417 als Erwiderung, ebenso auch Hermann Jakobs, a. a. O. (Anm. 6) S. 24.
99 Der Text steht in HNS III, 15 und UB St. Blasien Nr. 4. Die Urkunde Heinrichs V. vom Jahre 1125, in welcher er dem Kloster St. Blasien gegen die Ansprüche Basels die libertas, besonders die freie Wahl des Vogts bestätigt, steht in UB St. Blasien Nr. 34; vgl. die dort angegebene Literatur.
100 Hermann Jakobs, a. a. O. S. 22.
101 Ders. a. a. O. S. 24.
102 Vgl. Anm. 2: Das Buch über die Kirchweihe von 1783, S. XXXI und S. 8.
103 DH 154 – Diplom Heinrichs IV von 1065 und die betr. Nachurkunden.

II. DAS KLOSTER ST. BLASIEN IM MITTELALTER

Hermann Jakobs

Die Anfänge der Blasiusverehrung in Deutschland*

Es gibt viele Blasius-/Bläsiberge, -kapellen, -kirchen in Deutschland[1], jedoch nur ein St. Blasien; und die älteste Nachricht über diesen Punkt auf der Welt ist eine Notiz über die Translation von Blasiusreliquien. Um das Jahr 855 hatten sie die Mönche des Klosters Rheinau aus Rom erhalten; sie brachten einen Teil von ihnen »in vicinum saltum«, in eine benachbarte Waldschlucht, wo sie eine »cella« unterhielten, die nach ihrer Lage im Albtal benannt war[2]. Aus dieser Rheinauer Zelle ist die Abtei St. Blasien hervorgegangen. Ungeachtet der für uns nicht ganz durchschaubaren Rechtsbindungen des 9./10. Jahrhunderts, ist die Kontinuität zwischen der »cella Alba« und der »cella s. Blasii«, die 1064[3] unter der Leitung eines Abtes stand, unbestritten[4]. Der Abt Martin, der 1050 auf der Lateransynode Leos IX. als »abbas s. Blasii« unterzeichnete[5], ist kein Vorgänger des ersten uns sicher bekannten Abtes Werner von St. Blasien. Dem Hl. Blasius verlieh König Heinrich IV. im Jahre 1065 Immunität[6]. Blasius ist nun Besitzer des Klosters und des in seinem Namen ausgebauten Landes. Seine Herrschaft ist Mittlerstellung zwischen dem privaten Recht der Rechtsgemeinschaft am Ort, für das der Abt als Vermögensverwalter des Heiligen eintritt, und dem öffentlichen Recht der universalen Kirche. Die Herrenstellung ist festgeworden im Namen St. Blasien[7] *(Abb. 8)*.

Unser Wissen über Frömmigkeitsgeschichte wird zu einem Gutteil aus den verschlungenen Kanälen der historischen Patrozinienkunde gespeist[8]. Patrozinien gründen sich auf den Glauben von der Gemeinschaft der Heiligen und der Fortdauer ihrer Liebe zu Orten, Ständen, Gemeinschaften und Personen[9]. Die alte Kirche verehrte ihre Martyrer an deren Grab. Seit dem 2. Jahrhundert wird es Brauch, sie auf die Altäre zu erheben; und seit dem 6. Jahrhundert mag man das eucharistische Opfer nicht mehr über Altären feiern, die keine Reliquien enthalten. Damit ist das weite Feld der Invention, Multiplikation (durch Teilung wie durch Berührung) und Translation von Heiligen im Mittelalter eröffnet[10]. Ausbreitung und Formen der frühen Blasiusverehrung sind noch nicht hinreichend untersucht[11]. Die vorgelegte Sammlung verdankt vieles dem Zufall[12]. Das Problem, daß mehrere Heilige des Namens Blasius zu unterscheiden sind[13], kann ausgeklammert werden.

Seit wann Blasiusreliquien[14] in Rom verehrt wurden, wissen wir nicht; viele Heilige des Ostens sind in den Wirren des Bilderstreits im 8. Jahrhundert nach Westen geflüchtet worden. Im Hochmittelalter gab es in Rom 5 Blasiuskirchen (S. Biagio). Im 17. Jahrhundert verzeichnen die Acta Sanctorum eine ganze Reihe von Blasiuskirchen in Italien, dabei noch nicht die von Monte Cassino, das wohl schon im 10. Jahrhundert dem Heiligen viele Kirchen oder Altäre geweiht hatte[15]. Mindestens ebenso alt dürfte das Blasiuskloster in Nepi sein, das der Äbtissin von St. Cyriacus und Nicolaus in Rom unterstand[16]. Translationen von Rom aus über die Alpen sind uns nur

* Vortrag, den ich am 9. September 1979 bei der Verleihung des Fürstabt-Gerbert-Preises gehalten habe. Der Vortrag ist für den Druck gestrafft und um die auf den Tag wie auf Patrozinienkunde im allgemeinen bezogenen Rahmenteile gekürzt worden. Ich erneuere indessen lebhaft den Ausdruck meines Dankes gegenüber der Stadt St. Blasien.

zwei bekannt: Der Abt Wolvenus von Rheinau soll „den Leichnam“ des Heiligen von Leo IV. erhalten haben. Das war – wie erwähnt – vor 855. Für das Jahr 852 spricht, daß damals in Prüm in der Eifel ein Altar u.a. Blasiuspartikel aufgenommen haben soll[17]. Sodann brachte der Bischof Meinwerk von Paderborn im Jahre 1014 die Hirnschale des Martyrers aus Rom mit[18]. Damit stehen wir vor der Frage, ob sich die rund 20 Blasiustitel, die dann im Verlauf des 11. Jahrhunderts in den Grenzen des mittelalterlichen deutschen Reiches auftauchen, auf Rheinau-St. Blasien und Paderborn beziehen lassen. Nur in wenigen Fällen (Eichstätt[19], Quedlinburg 1021[20], S. Maximin in Trier 1072[21]) bleibt die Zuordnung unsicher, sonst lassen sich deutlich Gruppen bilden, die allerdings nie nach Paderborn weisen.

Die patroziniengeschichtlichen Befunde weisen eindeutig auf den Blasiusaltar in der Kathedrale von Toul als das Zentrum einer neuen Blasiusverehrung. Der Altar ist zum Jahre 994 zuerst bezeugt[22], und die Titel bei Moyenmoutier 1025[23], in St. Arnulf in Metz vor 1049[24], im elsässischen Kloster Altdorf vor 1054[25], dann im französisch-burgundischen S. Bénigne in Dijon vor 1065[26] und im Kloster Gorze bei Metz 1077[27] markieren die Grundschicht der Kultausbreitung von Toul aus. Vielleicht stammt auch die 992 in Halberstadt bezeugte Blasiuspartikel neben einer Stephanus-Blutreliquie aus Lothringen[28]. Seinen Auftrieb erhielt der Blasiuskult aber durch den berühmtesten der deutschen Reformpäpste, mit denen der Kaiser Heinrich III. die Kirchenreform in Rom selber einleitete, nämlich durch Leo IX. (1049–1054), der zuvor Bischof von Toul war. Leider wissen wir nicht, woher die seit dem späten 10. Jahrhundert in Toul bezeugten Blasiusreliquien stammten, aber zeitlich lassen sich die Anfänge der Verehrung sehr gut begreifen. Sie fallen nämlich in die Regierung Ottos II. oder Ottos III. und damit in eine kulturgeschichtliche Phase, in der die Einflüsse aus dem byzantinischen Osten in den Westen sehr intensiv waren. Die Kaiserin Theophanu, Gemahlin Ottos II. und Mutter Ottos III., hat das Kloster des Hl. Arztes und Martyrers Pantaleon in Köln zu ihrer Grablege bestimmt[29]. Ihr verdankt das Abendland aber auch die erste Welle einer Nikolausverehrung, die also nahezu 100 Jahre vor der Translation des Heiligen aus Myra nach Bari (1087) liegt[30]. Das Hauskloster der ezzonischen Pfalzgrafen bei Rhein, St. Nikolaus in Brauweiler bei Köln, hält diese Zusammenhänge eindeutig in seinem Patrozinium fest, das geradezu genealogisch erklärbar wird, insofern eine Schwester Ottos III. den Pfalzgrafen Ezzo geheiratet hatte[31]. Aus der Kölner Kirche und vielleicht sogar aus der Verwandtschaft der Ezzonen stammten aber auch die Bischöfe Gerhard († 994) und Hermann von Toul († 1026)[32]. Der ottonische Hofkreis um Theophanu ist sicherlich selber das Medium der Verehrung griechischer Heiliger gewesen. Ob auch eine Blasiustranslation aus Konstantinopel stattgefunden hat, müssen wir offenlassen; sie ist ja auch weder für Nikolaus noch für Pantaleon bezeugt. Deshalb dürfte für unsere Zusammenhänge ins Gewicht fallen, daß das Kloster Rheinau erstmals zum Jahre 995 in einer Urkunde des Kaisers Otto III. mit dem Blasiuspatrozinium bezeichnet wird[33].

Wie das Touler Blasiuspatrozinium weist ein weiteres, nämlich dasjenige am Braunschweiger Dom, auf hochpolitische adelsgeschichtliche Zusammenhänge der frühen Salierzeit hin. Mit seiner Hilfe gelingt auch der Brückenschlag von Toul nach Rheinau oder St. Blasien. Allerdings können hier unmöglich die komplizierten Genealogien entwickelt werden, mit denen sich eine Reihe von Adelshäusern verbinden lassen, die sich dann auch gleichsam in der Vorliebe für bestimmte Heilige (Nikolaus kommt hinzu) und weiterhin in besonderer Offenheit für die aktuellen Probleme der Kirchenreform in der Frühzeit der Salier treffen[34]. Zunächst der Befund[35]: Um das Jahr 1030 tauchen in Braunschweig drei Heiligenkulte auf, die auf den schwäbisch-bayrischen Raum zurückweisen: St. Magnus (aus Füssen), St. Ulrich (aus Augsburg) und St. Blasius[36]. Stifterin ist in Braunschweig eine Gertrud, deren Verwandtschaft mit der Familie Leos IX. (Haus Egisheim) wie mit den Vorfahren der Rheinfeldener, die wenig später St. Blasien protegierten, sicher ist. Von hier aus läßt sich die „Problematik“ dann bei den Billungern[37], bei Ezzonen[38] und Nordheimern[39] und schließlich bei den Welfen weiterverfolgen. Heinrich der Löwe hat gelegentlich seiner Fahrt ins Heilige Land 1172/73 dann erneut Blasiusreliquien aus Konstantinopel nach Braunschweig bringen lassen[40].

Nach Toul und Braunschweig ist im 11. Jahrhundert noch Admont zu einem neuen Zentrum der Blasiusverehrung geworden. Hier durchschauen wir die Anfänge und die persönlichen Voraussetzungen mit aller Klarheit. Schrittmacher waren drei von Jugend auf befreundete, im Investiturstreit als Bischöfe berühmt gewordene Parteigänger des Papstes Gregor VII. gegen Heinrich IV.: der Schwabe Gebhard, Erzbischof von Salzburg, der Sachse Altmann, Schüler Meinwerks von Paderborn, Bischof von Passau, und der Bayer Adalbero, Bischof von Würzburg[41]. Vor allem durch die Stiftung Gebhards in Admont 1074[42], aber auch über die Klöster Lambach[43], Kremsmünster[44] und Göttweig[45] ist der hl. Blasius recht eigentlich erst in Österreich bekannt, hernach dann zu einem Volksheiligen geworden. In zeitlicher Parallele mit der Klosterreform von St. Blasien fand der Blasiuskult im süddeutschen Raum größte Ausbreitung.

Die »Anfänge der Blasiusverehrung in Deutschland« sind damit im wesentlichen lokalisiert: Translation von Rom nach Rheinau in karolingischer Zeit – spätottonische Belebung des Kultes vom Hof aus unter byzantinischem Einfluß, aber vielleicht unter Rückgriff auf die Rheinauer oder Sanblasianer Reliquien. Teile von ihnen dürften um 990 nach Toul gelangt sein. Leo IX. schenkt dem Heiligen besondere Verehrung, und daran orientiert sich schwäbischer Adel, der St. Blasien selber, Braunschweig und Admont zu Strahlungszentren der Verehrung macht. Paderborn schließt sich mit einer eigenen Translation aus Rom an die spätottonische Verehrung an.

Der Reliquienarmut des Abendlandes hat die Eroberung Konstantinopels auf dem vierten Kreuzzug im Jahre 1204 ein Ende gesetzt[46], freilich auf eine sehr unrühmliche Weise. Blasiusreliquien hat in Konstantinopel, im Kloster Kalojohannes, zuletzt ein Mönch Antonius aus Nowgorod gesehen, das war im Jahre 1200[47]. Beutegut der Plünderung des Jahres 1204 dürften die Reliquien in Brügge, Paris, Soissons, Corbie und Clairvaux sein[48]. Die italienischen, deutschen und französischen Radien der Blasiusverehrung lassen sich also allem Anschein nach zeitlich schichten und mit einiger Sicherheit nach der Herkunft der Reliquien abgrenzen.

Es bleibt nunmehr die Frage zu erörtern, wer der hl. Blasius in der Frühzeit seiner Verehrung eigentlich war. Dafür braucht die Legende des wahrscheinlich um das Jahr 316 gemarterten Bischofs von Sebaste (dem heutigen Siwas weit hinten in der Türkei) nicht erzählt zu werden[49]. Sein Kult war in Orient und Okzident „frühzeitig" verbreitet, und seine Anrufung in einer Mainzer Litanei des 9. Jahrhunderts[50] liegt vermutlich auf dieser Linie. Aber von den Martyrologien der Karolingerzeit zum Volksheiligen des Spätmittelalters, oder auch vom Patron der Einöde im Albtal zum Nothelfer von Vierzehnheiligen, spannen sich weite Bögen der Geschichte. Gewiß geht es immer um den Bischof von Sebaste, aber mehr noch um den Glauben an ihn, der selber Geschichte geworden ist. Deshalb kümmert es die Historiker heute auch wenig, ob die Reliquien und Wunder der Heiligen »echt«, die Legenden historisch »wahr« sind. Sie sind durchaus Realien, weil sie den Menschen etwas bedeutet haben[51].

Die älteste Aufzeichnung der Passio des hl. Blasius findet sich im Codex 664 der Stiftsbibliothek Admont aus dem letzten Viertel des 11. Jahrhunderts[52]. Selbstverständlich waren ältere Fassungen im Umlauf, wir haben ihre Spuren in Verzeichnissen, z. B. aus St. Gallen im 10.[53] und aus Lothringen im 11. Jahrhundert[54]. Das besondere Officium, für das der ottonische Königshof Interesse zeigen mußte, wurde wie für Nikolaus so auch für Blasius nachweislich von einem zu seiner Zeit berühmten Musiker und Liturgiker eingerichtet, Reginold von Eichstätt, der 989 gestorben ist[55]. Diese Indizien und noch die ältesten Reliquiare zeigen den Blasiuskult auch kunstgeschichtlich auf der Höhe der Zeit. Nicht erhalten ist ein Kreuz aus dem Kloster Einsiedeln aus der Zeit um die Jahrtausendwende[56], das u. a. auch Blasiuspartikel geborgen hatte. Berühmt ist hingegen das Reliquienkästchen, das der Goldschmied Roger von Helmarshausen für das Paderborner Kloster Abdinghof um 1100 angefertigt hat und das für die Heiligen Felix und Blasius bestimmt ist[57], also mit Sicherheit auch für die 1014 von Meinwerk transferierte Hirnschale oder einen Teil von ihr. Der etwa gleich alte berühmte Goldarm aus dem Welfenschatz[58] zählt zu den ältesten Reliquiaren, die die Reliquie selber darstellen wollen, also dem Bedürfnis nachgeben, sie sichtbar zu machen. Die von Heinrich dem Löwen transferierten Teile wurden dann später in einer Monstranz direkt gezeigt[59]. Dem 11. Jahrhundert und nicht früher gehören durchweg auch die ältesten bildlichen Szenen aus Heiligenlegenden an. In Rom selber ist Blasius unter den Vorreitern. Die Heilung des Knaben, der die Fischgräte verschluckt hat, und die Szene, in der der Wolf das einer armen Frau geraubte Schwein zurückbringt, sollen in der Unterkirche von S. Clemente dargestellt sein[60]. Das zentrale Motiv der Blasiuslegende, der Rückzug des Heiligen in die Bergeinsamkeit, wo er selber den wilden Tieren hilft, sie schützt und heilt, aber auch bändigt, steht sicherlich im Hintergrund der Translation ins Albtal im 9. Jahrhundert. Der zum Heiligen aufspringende Hirsch zeugt für die Macht des Heiligen[61]. Er wird seit dem frühen 15. Jahrhundert im Wappenschild der Sanblasianer Äbte geführt[62]. In der Ostkirche stand wohl der hl. Arzt im Vordergrund der Verehrung, und es ist kaum ein Zufall, daß der Bischof Bruno von Toul, der spätere Papst Leo IX., Heilung von schwerer Krankheit vor dem Blasiusaltar suchte. Die Lebensbeschreibung des Papstes[63] hat die Szene der Heilung, in der Blasius von seinem Altar herabsteigt, geradezu dramatisch ausgestaltet. In Italien läßt sich ein gewisser Vorrang des Patroziniums bei Spitälern und Armenhäusern, auch die Verbindung mit Brotspenden beobachten[64]. Oberdeutschen Ursprungs, vielleicht schon des 13. Jahrhunderts, ist jedoch die Formierung der Gruppe der 14 Nothelfer, denen man als Mittler und Fürsprecher am Throne Gottes ein besonderes Privileg der Gebetserhörung zutraute[65]. Blasius hatte von Anfang an das Zeug, Nothelfer in den Sorgen und Nöten des Alltags von Groß und Klein, des Leibes wie der Seele zu werden. Das eigentliche Feld der Volkskunde, auf dem sich Blasius als Arzt für mancherlei Leiden, als Patron vieler Stände und Berufe, als Wetterheiliger und Schützer der Tiere bewegt – am Ende als Patron der Bläser und Hornisten und als Helfer der Blasenkranken[66] –, ist das Spätmittelalter. Uns Abendländlern kommt der Brief des Patriarchen von Jerusalem und der Bischöfe des Hl. Landes, die um das Jahr 1146/47 die Hilfe des Westens gegen die muselmanische Übermacht erflehten[67], beinahe schon anachronistisch vor, wenn er vom hl. Blasius wie von den Kriegsheiligen Georg, Theodor und Demetrius den Sieg erhofft. Heinrich der Löwe scheint seine Blasiusgläubigkeit jedoch noch an diesen Siegbringer gehängt zu haben; denn Blasius wurde dem Welfen als Palladium vorangetragen[68] wie dem Kaiser das Michaelsbanner und die Hl. Lanze.

Die Heiligen bleiben also in der Gemeinschaft der Heiligen immer auch Partei[69]. Nicht zuletzt deshalb vermögen die Sublimate der Heiligenverehrung den Historikern immer Neues zu sagen[70].

Anmerkungen

1 Für den Südwesten vgl. G. Hoffmann, Kirchenheilige in Württemberg, Stuttgart 1932; Hermann Tüchle, Dedicationes Constantienses. Kirch- und Altarweihen im Bistum Konstanz bis zum Jahre 1250, Freiburg 1949.

2 Vita Findani, ed. O. Holder-Egger, MGH SS XV 1, 505. Über Rheinau vgl. Regesta pontificum Romanorum: Germania Pontificia II, 2 (Helvetia Pontificia), congessit Albertus Brackmann, Berolini 1927, S. 21 ff.

3 Quellen zur Schweizer Geschichte. Bd. III 1: F. L. Baumann, Das Kloster Allerheiligen in Schaffhausen, Basel 1881, S. 140.

4 Hermann Jakobs, Der Adel in der Klosterreform von St. Blasien, Köln–Graz 1968, S. 27 ff.

5 Jaffé–Löwenfeld, Regesta pontificum Romanorum I, Lipsiae 1885, Nr. 4219; MGH SS IV 508; vgl. Hans-Georg Krause, Über den Verfasser der Vita Leonis papae in: Deutsches Archiv 32 (1976) 77–85; Jakobs (wie Anm. 4) S. 231 über den unsicher bezeugten Abt Beringer, um 1050.

6 MGH Die Urkunden Heinrichs IV. Bearb. von D. von Gladiss und A. Gawlik (1941–1978) Nr. 154.

7 Solche Herrschaft des Heiligen spiegelt sich auch sonst bis heute in vielen Ortsnamen, teilweise auch unter dem Herrentitel: »Dammerkirch« ist die Kirche der domna Maria, »Dampierre«, »Domremy« sind Orte der Herren Petrus und Remigius. Vgl. Heinrich Fichtenau, Zum Reliquienwesen im früheren Mittelalter, in: Mitteilungen des Instituts für österreichische Geschichtsforschung 60 (1952) 60–89, hier insbes. S. 67.

8 Wilhelm Deinhardt, Patrozinienkunde, in: Historisches Jahrbuch 56 (1936) 174–207; Mathias Zender, Räume und Schichten mittelalterlicher Heiligenverehrung und ihre Bedeutung für die Volkskunde, Düsseldorf 1959. 2. Aufl. Köln 1973.

9 J. B. Lehner/W. Düring in: LThK ^{2}VIII 187 ff.
10 F. Lakner/B. Kötting in: LThK ^{2}VIII 1217 ff.
11 Am besten: W. A. Neumann, Der Reliquienschatz des Hauses Braunschweig-Lüneburg, Wien 1891.
12 Und einiges mehr Herrn Joachim Dahlhaus, meinem Assistenten am Fränkisch-Pfälzischen Institut im Historischen Seminar der Universität Heidelberg. Als Doktorand über ein Leo IX. betreffendes Thema steuerte er selbstlos die Belege bei, die ihm bekannt waren.
13 R. Janin in: Dictionnaire d'histoire et de géographie ecclésiastique IX 69; LThK ^{2}II 524 f.
14 Zum Folgenden Neumann (wie Anm. 11) S. 343 ff.
15 Die Chronik von Montecàssino. Hrsg. von H. Hoffmann, MGH SS XXXIV; s. das Register unter Barbulano, Farneto, S. Joh. de Caria, Limata, Muccla, Muscosi, Pica, Sabucu.
16 Regesta pontificum Romanorum: Italia Pontificia II, congessit Paulus Fridolinus Kehr, Berolini 1907, S. 177.
17 Notae Prumienses, ed. F. Baethgen, MGH SS XXX 2, 766.
18 Vita Meinwerci episcopi Patherbrunnensis c. 24, recogn. T. Tenckhoff (MGH SS rerum Germanicarum) Hannoverae 1921, S. 29 f.; vgl. S. 70; Regesta imperii II 5: Papstregesten. Bearb. v. Harald Zimmermann, Wien–Köln–Graz 1969, Nr. 1137.
19 Anonymus Haserensis de episcopis Eichstetensibus, ed. L. Bethmann, MGH SS VII 262.
20 Annales Quedlinburgenses, ed. G. H. Pertz, MGH SS III 87.
21 Notae dedicationum s. Maximini Treverensis, ed. H. V. Sauerland, MGH SS XV 2, 1271.
22 Widrici Vita s. Gerardi episcopi Tullensis c. 22, ed. G. Waitz, MGH SS IV 503; zum Autor vgl. H.-G. Krause (wie Anm. 5) S. 55 f.; Jacques Choux, La cathédrale de Toul avant le XIIIe siècle, in: Annales de l'Est, 5e sér. 6 (Nancy 1955) S. 119.
23 Augustin Calmet, Histoire ecclésiastique et civile de Lorraine. T. II, Nancy 1728, Preuves col. LXV; Nouv. éd. T. III, Nancy 1748, Preuves col. CCXVI; über die Quelle (Jean de Bayon, 1326) vgl. Neithard Bulst, Untersuchungen zu den Klosterreformen Wilhelms von Dijon (962–1031), Bonn 1973, S. 103 Anm. 130; Léon Jérôme, Etudes d'histoire bénédictine. L'abbaye de Moyenmoutier de l'ordre de s. Benoit, en Lorraine. T. I, Paris 1902, S. 215 n. 3, nach einem »ancien martyrologe de Moyenmoutier«. Über weitere Blasiuskirchen im Raum Moyenmoutier vgl. Paul Marichal, Dictionnaire topographique du département des Vosges, Paris 1941, S. LXXXV; über die vom Bischof Hermann von Toul (1019–1026) geweihte Kirche vgl. S. 381.
24 Dedicationes ecclesiae s. Arnulfi, ed. H. Cardauns, MGH SS XXIV 547[24]: »de capite s. Blasii martiris« (Hauptaltar); S. 548[18] (Krypta); ältere Überlieferung: Ms. 245 der Metzer Stadtbibliothek. R. S. Bour, Die Benediktiner-Abtei S. Arnulf vor den Metzer Stadtmauern. Eine archäologische Untersuchung, in: Jahrbuch der Gesellschaft für lothringische Geschichte und Altertumskunde 20 (1908) S. 20–108.
25 Notitiae Altorfenses, ed. O. Holder-Egger, MGH SS XV 2, 992 f.; vgl. Regesta pontificum Romanorum: Germania Pontificia III, congessit Albertus Brackmann, Berolini 1935, S. 26.
26 Chartes et documents de Saint-Bénigne de Dijon, publ. par Georges Chevrier, Maurice Chaume. T. II (Dijon 1943) S. 114 Nr. 335: Der Primicerius Udo von Toul schenkte einen Arm des hl. Blasius. Udo ist bis 1065 als Primicerius belegt: vgl. A. Calmet (wie Anm. 23) I Preuves col. 454; ^{2}II Preuves col. CCCXXIV.
27 Notae Gorzienses, ed. G. Waitz, MGH SS XV 2, 976.
28 Gesta episcoporum Halberstadensium, ed. L. Weiland, MGH SS XXIII 87; Urkundenbuch des Hochstifts Halberstadt, Hrsg. von Schmidt, Stuttgart 1883, S. 42 Nr. 56.
29 Hermann Jakobs, St. Pantaleon und der Griechenmarkt in Köln, in: Annalen des Hist. Vereins für den Niederrhein 164 (1962) 5 ff.; Hans Joachim Kracht, Geschichte der Benediktinerabtei St. Pantaleon zu Köln 965–1250, Siegburg 1975.
30 Karl Meisen, Nikolauskult und Nikolausbrauch im Abendlande, Düsseldorf 1931.
31 Jakobs (wie Anm. 4) S. 230 f.; Ursula Lewald, Die Ezzonen, in: Rheinische Vierteljahrsblätter 43 (1979) 120–168.
32 Benno Morret, Stand und Herkunft der Bischöfe von Metz, Toul und Verdun im Mittelalter, Diss. Bonn 1911, S. 59, 61.
33 MGH Die Urkunden Ottos III., ed. Th. Sickel, Hannover 1893, Nr. 176; Böhmer-Uhlirz, Regesta imperii II 3, Graz-Köln 1956, Nr. 1150.
34 Jakobs (wie Anm. 4) Kap. II: Die »Öhninger«. – Zum derzeitigen Forschungsstand: Hans Dobbertin, Neues über Ida von Elsdorf, in: Braunschweigisches Jahrbuch 53 (1972) 49–66; ders., Berichtigungen zum Fragenkreis um Ida von Elsdorf, eb. 55 (1974) 224 f.; ders., Ekbert von Elsdorf war ein Babenberger, eb. 61 (1980) 143–150; A. Wolf, Wer war Kuno von Öhningen? in: Deutsches Archiv 36 (1980) 25–83; Eduard Hlawitschka, Wer waren Kuno und Richlind von Öhningen? in: Neue Folge 89 (1980) S. 1–49.
35 Neumann (wie Anm. 1) insbes. S. 8–13, 19 ff., dazu die Anmerkungen 5 und 6, S. 344 ff.
36 Weihe des Hauptaltars von St. Blasius in Dankwarderode durch den Bischof Godehard von Hildesheim (1022–1038): Notae dedicationum s. Blasii Brunswicensis, ed. H. Bresslau, MGH SS XXX 2, 769.
37 Tituli Luneburgenses c. 1.2, ed. L. Weigand, MGH SS XXIII 398 (Krypta und Klosterkirche 1048, 1055).
38 Friedrich Wilhelm Oediger, Die Regesten der Erzbischöfe von Köln im Mittelalter. Bd. 1, Bonn 1954–1961, Nr. 826, 983; Walter Bader, Die Benediktinerabtei Brauweiler bei Köln, Berlin 1937, S. 247.
39 Die mittelalterlichen Kirchen- und Altarpatrozinien Niedersachsens, begonnen von Edgar Hennecke. Hrsg. von Hans-Walter Krumwiede. Göttingen 1960, S. 163.
40 Krumwiede S. 83 über Dankwarderode in Braunschweig; Jakobs (wie Anm. 4) S. 204 ff.
41 Adalbert Krause, Das Dreigestirn. Altmann, Gebhard und Adalbero, in: Der hl. Altmann. Festschrift zur 900-Jahrfeier 1965, Göttweig 1965, S. 39–47; Wilhelm Felix Zedinck, Altmanns Lebenslauf, eb. S. 119–128. – Egon Boshof, Bischof Altmann, St. Nikola und die Kanonikerreform, in: Tradition und Entwicklung. Gedenkschrift für Johann Riederer. Passau 1981, S. 317–345. – Vita S. Adalberonis, ed. I. Schmale-Ott (Quellen u. Forschungen zur Gesch. des Bistums Würzburg 8, 1954).
42 Vita Gebehardi, ed. W. Wattenbach, MGH SS XI 25; Regesta pontificum Romanorum: Germania Pontificia I, congessit

Albertus Brackmann, Berolini 1911, S. 88 ff.; H. Jakobs, Die Hirsauer, Köln–Graz 1961, S. 60, 69 ff.; W. Steinböck, Die Gründung des benediktinischen Reformklosters Admont, in: Studien und Mitteilungen zur Geschichte des Benediktinerordens und seiner Zweige 84 (1973) 52–81.

43 Germania Pontificia I 208; Jakobs (wie Anm. 4) S. 134 ff.

44 Bernardi Cremifanensis Historiae, ed. G. Waitz, MGH SS XXV 670[20], 674[5]; Germania Pontificia I 210 ff.

45 Vita Altmanni episcopi Pataviensis c. 27, ed. W. Wattenbach, MGH SS XII 237; Germania Pontificia I 234 ff.; Jakobs (wie Anm. 4) S. 114 ff.

46 Ottonis de S. Blasio chronica c. 49, ed. A. Hofmeister (MGH SS rerum Germanicarum, Hannoverae et Lipsiae 1912) S. 81.

47 Neumann (wie Anm. 11) S. 346.

48 Neumann S. 347.

49 Vgl. Anm. 13; Neumann S. 12; Hiltgart L. Keller, Reclams Lexikon der Heiligen und der biblischen Gestalten. Legende und Darstellung in der bildenden Kunst. 2. Aufl. Stuttgart 1968, S. 75 f.

50 Stephan Alexander Würdtwein, Commentatio historico-liturgica de stationibus ecclesiae Moguntinae, Mogunt. 1782, S. 45.

51 Das Mittelalter hatte ein anderes Verständnis davon als wir heute, wenn es den Nachweis der »Echtheit« etwa durch Erscheinung, Wunder und Gottesurteil erwartete. Es muß unserer Rationalität auch dort, wo es zweifelte und wo es – wie der Abt Guibert von Nogent um 1100 – eine wissenschaftliche Hagiologie zu begründen versuchte, als hilflos erscheinen; vgl. K. Guth, Guibert von Nogent und die hochmittelalterliche Kritik an der Reliquienverehrung, Ottobeuren 1970.

52 Karl Forstner, Das mittellateinische Alexisgedicht und die zwei folgenden Gedichte im Admonter Codex 664, in: Mittellateinisches Jahrbuch 5 (1968) S. 43; Bibliotheca Hagiographica Latina I (Bruxelles 1898/99) 204 f. Nr. 1370–1380. – Auf einer Bilderseite zum Februar des Martyrologs im Cod. hist. fol. 415 der Württemb. Landesbibliothek, Blatt 25^r, findet sich das Martyrium bildlich dargestellt; Herkunft aus Zwiefalten, vor 1147: Carl Löffler, Schwäbische Buchmalerei in romanischer Zeit, Augsburg 1928, S. 49.

53 E. Munding, Das Verzeichnis der St. Galler Heiligenleben und ihrer Handschriften in Cod. Sangall. N° 566, Leipzig 1918. S. 5.

54 Hermannus Hagen, Catalogus codicum Bernensium (Bibliotheca Bongarsiana), Bernae 1874, S. 18; Heinrich Tritz, Die hagiographischen Quellen zur Geschichte Papst Leos IX., in: Studi Gregoriani 4, Roma 1952, S. 191–364; S. 195 über den heute verlorenen Quaternio des Cod. 24 der Burgerbibl. (11. Jh.), der nach Ausweis des Inhaltsverzeichnisses (14. Jh.) eine »Passio S. Blasii« enthielt. Tritz denkt an lothringische Provenienz.

55 Anonymus Haserensis (wie Anm. 19) MGH SS VII 257.

56 E. A. Stückelberg, Geschichte der Reliquien in der Schweiz I (Zürich 1902) S. 13 Nr. 69.

57 Alois Fuchs, Die Tragaltäre des Rogerus in Paderborn, Paderborn 1916.

58 Neumann (wie Anm. 11) S. 322 ff.

59 Neumann S. 288 ff.

60 Neumann S. 13 f. Mir ist es nicht gelungen, das Bild unter den erhaltenen Fresken zu bestimmen. – Nicht eingesehen: Elizabeth Bruening Lewis, The Iconography of St. Blaise. Diss. Ph.-D., Georgetown University (Washington D. C.) 1975 (Univ. Microf. Intern.).

61 Vgl. H. Günther, Psychologie der Legende, Freiburg 1949, S. 182.

62 Konrad Sutter, Siegel und Wappen der Benediktinerabtei St. Blasien, in: Heimat am Hochrhein, Heft 1977, 58 ff.; vgl. S. 60. (vgl. in diesem Band S. 96)

63 Vita Leonis IX, I 14, ed. J. M. Watterich, Pontificum Romanorum Vitae I (Leipzig 1862) S. 145 f.

64 Neumann (wie Anm. 11) S. 344.

65 G. Schreiber, Privilegia Sanctorum, in: Zeitschr. der Savigny-Stiftung für Rechtsgeschichte, Kanonist. Abt. 74 (1957) 332; ders., in: LThK ^{2}VII 1050 f.

66 J. Vincke, Volkskundliche Voraussetzungen der Patrozinienkunde, in: Historisches Jahrbuch 72 (1953) 68.

67 Monumenta Corbeiensia, ed. Ph. Jaffé, Berolini 1864, S. 65.

68 Wie Anm. 58.

69 Der Bischof Meinwerk gestattet Bewohnern eines Dorfes nicht, bei den mitgebrachten Reliquien zu schwören. Er holt den hl. Blasius aus Abdinghof herbei, und vier der Schwörenden erblinden, den anderen vertrocknet die Schwurhand; Vita Meinwerci c. 135 (wie Anm. 18) S. 70.

70 Vgl. außer den vielfach gen. Arbeiten von Fichtenau und Zender (in der 2. Aufl. mit reichen Literaturnachträgen bis 1972) u. a. H. Chr. Heinarth, Die Heiligen und das Recht, in: Das Rechtswahrzeichen. Hrsg. von K.-S. Bader, Heft 1 (1938); H. Keller, »Adelsheiliger« und Pauper Christi in Ekkeberts Vita S. Haimeradi, in: Adel u. Kirche. Gerd Tellenbach zum 65. Geb., Freiburg–Basel–Wien 1968, S. 307–324; ders., Ekkeberts Vita Haimeradi, in: Archiv für Kulturgeschichte 54 (1972) 26–63; R. Folz, Zur Frage der heiligen Könige, in: Deutsches Archiv 14 (1958) 317–344; J. Petersohn, Saint Denis – Westminster – Aachen, eb. 31 (1975) 420–454; Fr. Graus, Sozialgeschichtliche Aspekte der Hagiographie der Merowingerzeit in: Mönchtum, Episkopat und Adel zur Gründungszeit des Klosters Reichenau (Vorträge und Forschungen Bd. 20. Sigmaringen 1974).

Joachim Wollasch

Der Kalender Bernolds von St. Blasien

Weil sich Bernold selbst nach 1085, wohl 1086, in seinem Brief an den Dompropst Adalbert von Speyer als *ultimus fratrum de sancto Blasio* bezeichnet hat[1], ist von diesem berühmten Geschichtsschreiber auch im Rahmen dieser Festschrift zu schreiben. Daß er mit *ultimus fratrum* nicht den jüngsteingetretenen, letzten Mönch von St. Blasien meinte, sondern eine Devotionsformel im Sinn des letzten, unwürdigsten aller Brüder gebrauchte, belegen seine nicht seltenen Selbstbezeichnungen wie *Bernoldus, solo nomine presbyter, non moribus*[2] oder *presbyter indignus*[3].

Wohl wissen wir noch immer wenig aus seinem Leben[4], so daß er aufgrund seiner drei als sicher angesehenen aufeinandergefolgten Aufenthalte in Konstanz, St. Blasien und im Allerheiligenkloster zu Schaffhausen in der Literatur nicht nur als Bernold von St. Blasien, sondern auch als Bernold von Konstanz, eigenartigerweise, soweit zu sehen, nicht als Bernold von Schaffhausen geführt wird[5]. Unabhängig davon, wo sonst noch der vielgereiste Bernold geweilt hat, erlaubt doch gerade ein Zeugnis des Schaffhauser Klosters, dem er seine Chronik zugedacht hat[6], und in dem er am 16. September 1100 gestorben ist[7], ihn trotzdem als einen Mönch von St. Blasien anzusehen. Denn in dem während des 13. Jahrhunderts ins Deutsche übersetzten Buch der Stifter des Allerheiligenklosters zu Schaffhausen ist die Rede davon, daß *ain us genomenlicher guoter moinch von dem klouster sancti blasii, der hiess Bernoldus,* nach Schaffhausen gekommen sei, *dem wart dort von Gotte kunt getan, das er hie ze Schafhusen sin ende soelte nemen*[8]. War Bernold in der Konstanzer Domschule ausgebildet worden[9], so war demnach St. Blasien das Kloster, in dem er – fundamentales factum seines Lebens – die mönchischen Gelübde abgelegt hat, während er mit dem Hirsauer Mönch Gebhard, dem späteren Bischof von Konstanz, und mit anderen Klerikern 1084 die Priesterweihe durch den päpstlichen Legaten, den Kardinalbischof Odo von Ostia, den späteren Papst Urban II., dazu *potestatem ad suscipiendos penitentes* empfing[10]. Bernolds Selbstbezeichnung als *ultimus fratrum de sancto Blasio* und das Schaffhauser Zeugnis des *moinch von dem klouster sancti Blasii, der hiess Bernoldus* zusammengesehen verlangen, Bernold als Mönch von St. Blasien zu sehen, auch wenn es dann keineswegs leichter fällt, seinen Wechsel nach dem Allerheiligenkloster in Schaffhausen zu verstehen.

Gewiß sind die Möglichkeiten, mehr und Genaueres über Bernolds Leben zu erfahren, noch nicht erschöpft. Dies erweisen die Untersuchungen von Johanne Autenrieth, die, Bernolds Hand in Konstanzer und anderen Handschriften feststellend und verfolgend, schon 1956 gezeigt hat, wie man in der Beobachtung der Arbeitsweise Bernolds sein Leben weiter aufhellen könnte[11]. I. S. Robinson ist auf diesem Weg bereits weitergekommen[12]. Dennoch bleibt hier vom Spezialisten der Paläographie und Codicologie noch viel zu tun. Hat die Erforschung des Scriptoriums von St. Blasien durch H. Houben[13] unter all ihren willkommenen Informationen keine neuen Einsichten in das Leben und Wirken Bernolds eröffnet, so steht eine paläographisch-codicologische Untersuchung der aus Schaffhausen überlieferten Handschriften auf etwaige Einträge Bernolds hin bis heute aus[14].

Ausgangspunkt nicht nur solcher Forschungen wäre das Autograph der Chronik Bernolds. Aus Pertz' Ausgabe der Chronik im 5. Band der Scriptores in den Monumenta Germaniae Historica entnimmt der Benutzer, daß Bernold seiner Chronik ein »Necrologium« vorangestellt hat[15]. Und im vergangenen Jahrzehnt wurde in einer Dissertation die Meinung vertreten, Bernold habe das »Obituar, mit dem sich die Forschung nie beschäftigt hat«, geschaffen, »das ganz offenkundig nur die ihm persönlich wichtigen Daten enthält«[16]. Träfe dies zu, so dürften wir trotz Bernolds Herkunft als Priestersohn[17] aus diesen »Notae Necrologicae« Aufschluß über Bernolds Verwandtschaft und Bekanntenkreis, gewiß auch über die geistlichen Gemeinschaften, in denen er gelebt hat, erwarten. Denn da in ein Necrolog die Personen hineingenommen wurden, derer eine Gemeinschaft oder eine Person, die das Necrolog benutzte, in der Liturgie gedenken wollte, spiegeln Necrologien das Beziehungsnetz der es verwendenden Gemeinschaft oder Person wider[18].

Im Blick auf das »Necrologium« vor Bernolds Chronik ist freilich festzustellen, daß Necrologien überwiegend so überliefert sind, daß sie einem Sakramentar oder einem Pontificale vorgebunden oder im Zusammenhang eines Kapiteloffiziumsbuches erscheinen[19]. Sehr viel seltener findet sich ein Heiligenfestkalender mit Toteneinträgen einer Chronik vorangestellt. Was für Bernold festzustellen ist, gilt auch für den Chronisten Abt Hugo von Flavigny, der wohl bald nach Bernold gestorben ist[20]. Wahrscheinlich haben auch andere Geschichtsschreiber ihrer Chronik einen Kalender mit necrologischen Notizen vorangeschickt[21]. Dies trifft nicht zu für den Heiligenfestkalender mit Toteneinträgen, den der Geschichtsschreiber von Monte Cassino, Leo Marsicanus, zu seinem persönlichen Gebrauch in der Liturgie angelegt hat[22]. Es erscheint notwendig, aus Form und Inhalt und Standort des Kalenders Bernolds in der Handschrift seiner Chronik die Funktion zu erkennen, die Bernold dem Kalender zugedacht hat, bevor wir diesen als Necrologium oder Obituar zum Zweck persönlicher Verwendung in der Liturgie beanspruchen[23].

Sieht man von den Blättern ab, die der Codex latinus monacensis 432, der das Autograph der Chronik Bernolds enthält, bei der Neubindung um 1400 aufnahm[24], so geht dem Kalender in der Handschrift eine Seite mit liturgischen Notizen voraus, Texte zur Zeitberechnung folgen ihm, danach ein Papstkatalog, bevor die Chronik einsetzt. An diese schließen sich, nicht mehr von Bernolds Hand, neumierte Hymnentexte und computistische Oster- und Intervalltafeln an[25]. Der Codex umfaßte ursprünglich 81 Blätter. Der Kalender ist nicht erst nachträglich der Chronikhandschrift Bernolds vorgebunden worden. Vielmehr gehörte er ursprünglich zu Bernolds Handschrift und wurde – bis auf drei deutlich erkennbar spätere Nachträge – wie die Chronik von Bernold selbst geschrieben[26].

Bevor auf den Kalender näher einzugehen ist, sei daran erinnert, daß er seit dem 18. Jahrhundert bis heute dreimal, von A. F. Oefele in den Rerum Boicarum Scriptores[27], von G. H. Pertz in der Scriptoresreihe der MGH[28] und von F. L. Baumann im ersten Band der Necrologia Germaniae in der Abteilung Antiquitates der MGH[29] ediert worden ist, jedoch bis heute nie vollständig[30]. Die erwähnte Arbeit R. Kuithans gibt erstmals sämtliche Einträge des Kalenders wieder[31].

Bernold hat in seinem Autograph vor Beginn der Chronik der Zeitberechnung größten Raum eingeräumt. Der Kalender selbst, auf fol. 1^v bis 7^r eingetragen, enthält die vielfältigsten computistischen Angaben, die Sonnen- und Mondtage eines jeden Monats, die goldenen Zahlen der einzelnen Tage, die Lunarbuchstaben, die Bernold aus dem ihm vertrauten Beda, De temporum ratione, schon kennen konnte[32], die Sonntagsbuchstaben, die Regularen der einzelnen Monate und unter den Monatseinträgen drei bis acht Zeilen lange Texte mit Anleitungen zur Festberechnung und zum Mondkalender, am linken Rand des Blattes sogar die Markierungen des frühest- und spätestmöglichen Oster- und Pfingstdatums. Schließlich fehlen auch nicht die dies aegyptiaci[33]. In dieses aus reicher Tradition geschaffene computistische Gerüst stellte Bernold seine Einträge der Herren-, Marien- und Heiligenfeste des Jahres, dazu necrologische und historische Einträge, denen wiederum astronomisch-computistische Notizen wie Angaben zu den Tierkreiszeichen und zu Anfang und Ende der Schaltmonate des Mondzyklus beigefügt wurden und – als Unicum – zum 18. Juli der Eintrag: *Hinc usque in NONAS SEPTEMBRIS sanguis non minuatur*[34].

Aber auch im Anschluß an den Kalender, von fol. 7^v^ bis 9^v^, füllte Bernold die Blätter mit computistischen Tabellen, Berechnungen und Erläuterungen, für die er sich auch auf Hermann den Lahmen, dem er für die Chronik bekanntlich viel verdankte, berief[35]. Bernold legte demnach größten Wert auf eine solide chronologische Grundlage seiner Chronik, der auch der Kalender zugeordnet wurde. Den ausführlichen Erörterungen der Zeitberechnung fügte er, bevor er auf fol. 12^v^ mit der Chronik einsetzte, von fol. 10^r^ bis 12^r^ den *CATALOGUS S. ROMANORUM PONTIFICUM* bei, der zwar wiederum ein Gerüst für die Zeitberechnung bildete, jedoch, wie noch festzustellen sein wird, für Bernold mehr als ein chronologisches Element bedeutete. Unübersehbar jedenfalls erscheint im Blick auf Kalender und Chronik des Clm 432 das Gewicht, das Bernold auf die Kunst der Zeitberechnung legte.

Die Festeinträge Bernolds in seinen Kalender bieten nicht die Möglichkeiten, den Kalender und die Handschrift einem bestimmten Entstehungsort zuzuordnen, wie dies so oft dank der Propria eines Festkalenders gelingt. Zwar mögen die hohen Marienfeste des Kalenders dem Patrozinium der Konstanzer Bischofskirche entsprechen, an der sich Bernold aufhielt, die Feste des hl. Blasius[36] und des hl. Vincentius[37] dem Patrozinium des Klosters, in das Bernold eingetreten ist, und das Allerheiligenfest[38] dem Patrozinium des Schaffhauser Klosters, in dem Bernold sein Leben beschlossen hat. Einer solch vordergründigen Schlußfolgerung läuft zuwider, daß spezifisch Konstanzer, St. Blasianer oder Schaffhauser Festeinträge (– mit Ausnahme des Allerheiligentages –) weder durch Auszeichnungsschrift, noch durch Farbe oder Vermerk einer Oktavfeier von Bernold bezeichnet worden sind. Ausgezeichnet hat er Herren- und Marienfeste, einige, nicht alle Apostelfeste, die Festtage Johannes d. T., des hl. Laurentius, des Erzengels Michael, des Papstes Gregors d. Gr., Allerheiligen-, Martins- und Nikolaustag. Jegliche Kirchweih- und Dedikationsfeste, die eine bestimmte örtliche Zuordnung erleichterten, fehlen in Bernolds Kalender. Und wenn auch Reichenauer oder St. Galler Heilige (z. B. Pirmin und Othmar) begegnen[39], so erlaubt die Festfolge des Kalenders keineswegs den Rückschluß auf einen bestimmten Herkunftsort, sondern allenfalls – ohne damit einer Analyse der Heiligenfesteinträge im Rahmen der Kalender-Edition vorzugreifen – die Feststellung, daß er süddeutschen Charakter mit dem einen oder anderen von Bernold selbst gesetzten Akzent trägt[40] *(Abb. 9)*.

Die in den necrologischen Kalendereinträgen von Bernold berücksichtigten Bischöfe sind alle berühmt und kehren in Bernolds Chronik sämtlich wieder: neben dem aus der Konstanzer Domschule hervorgegangenen Bischof Gebhard II. von Konstanz, der im ausgehenden 10. Jahrhundert das bischöfliche Eigenkloster Petershausen gegründet hat[41], Erzbischof Poppo von Trier (1016–1047), der eine zeitlang die Regentschaft im Herzogtum Schwaben ausgeübt hat[42], solche Bischöfe, denen Bernold Zeitgenosse war: Kardinalbischof Petrus Damiani von Ostia, dessen Schriften in Bernolds Werken gerühmt werden[43], dessen Todeseintrag in der Chronik um einen Tag von dem im Kalender angegebenen Datum abweicht und interlinear ergänzt wurde[44], vom selben Kardinalbistum Ostia den aus Regensburg stammenden Cluniacenserbischof Gerald, *iam dudum Deo vivus, mundo crucifixus*[45], der zu den Reformern gerechnete Bischof Rainald von Como, den Bernold als *Gregorii papae adiutor studiosissimus*[46] schätzte, Anselm II. von Lucca, den Bernold neben Gregor VII. zu den Heiligen zählte und ihm deshalb im Kalender einen Heiligenfesteintrag *Depositio beati Anshelmi Lucensis episcopi*[47] widmete – auch Anselm von Lucca Mönchsbischof; und der auf gregorianischer Seite exponierte Erzbischof Gebhard von Salzburg (1060–1088)[48].

Diesen sieben Bischofseinträgen stehen in Bernolds Kalender nur drei Äbteeinträge gegenüber, auch sie auf berühmte Persönlichkeiten der Investiturstreitzeit bezogen: Abt Bernhard von S. Victor de Marseille, der päpstliche Legat, der Abt Wilhelm in Hirsau an Cluny orientierte[49],

Abt Wilhelm von Hirsau und dessen Nachfolger im Salvator- und Allerheiligenkloster zu Schaffhausen, Abt Sigfrid[50]. Auch von diesen Äbten ist in Bernolds Werken, zumindest in seiner Chronik berichtet[51].

Zahlreicher fallen die Herrschereinträge in Bernolds Kalender aus: von den Karolingern Karl d. Gr.[52], Ludwig d. Fr.[53] und Arnulf, dessen Todestag, obwohl der Eintrag zur Anlageschicht des Kalenders gehört, in der Chronik von Bernold erst interlinear nachgetragen wurde[54], aus dem 10. und 11. Jahrhundert Heinrich I., bemerkenswerterweise nachgetragen, Otto I., Heinrich II., Konrad II., Heinrich III. und Rudolf von Rheinfelden mit dem bezeichnenden Zusatz *s. Petri miles migrauit ad dominum*[55].

Die Papsteinträge des Kalenders lassen sich nicht einfach denen der Herrscher aufrechnend gegenüberstellen. Denn außer den sieben necrologischen Einträgen, bezogen auf *Evarestus papa passus est (!) IIII. a sancto Petro* vom beginnenden 2. Jahrhundert[56] und aus dem 11. Jahrhundert auf Clemens II.[57], Leo IX.[58], Viktor II.[59], Stephan IX.[60], Alexander II.[61] und Gregor VII., den Bernold mit dem Eintrag *Depositio Gregorii papae VII. a beato Petro CLVIIII*[62] als Heiligen auszeichnete[63], finden sich zahlreiche Päpste in den Heiligenfesteinträgen wieder, von 18 nachgetragenen Heiligenfesteinträgen 16 Einträge, die heiligen Päpsten gelten, dazu die Kommemoration der *Ordinatio* Gregors VII. zum 30. V. 1073[64]. Angesichts Bernolds »Hochachtung vor der Autorität der Päpste« als »Schlüssel zu B(ernold)s Werken«[65] wird es niemanden verwundern, wenn die Papsteinträge für Bernold eine eigene Dimension darstellen. Dies gilt umso mehr, als Bernold auf den Blättern 10ʳ bis 12ʳ, die bei der Anlage des Codex freigeblieben waren, den Papstkatalog möglicherweise nach der Vorlage im Schlettstädter Codex 13 nachgetragen hat[66]. Vergleicht man, was Bernold bis in die Zählung der Papstreihe, in Kalender, Papstkatalog, Chronik und seinen anderen Werken, besonders im Micrologus, an Nachrichten über die einzelnen Päpste festgehalten hat, so finden sich neben Übereinstimmungen Unterschiede, die auf dauernde Bearbeitung gerade der Aussagen über die Päpste hinweisen[67]. Im Papstkatalog hat er die als heilig verehrten Päpste in der Regel durch einen Strich über dem Namen eigens gekennzeichnet, damit sicherlich die von ihm selbst im 43. Kapitel des Micrologus zitierte Verfügung Gregors VII. ernstnehmend, der auf die mit *plenum officium* ausgezeichnete Feier der Festtage heiliger Päpste, besonders der Märtyrer unter ihnen, gedrängt hat[68].

Nur vier Kleriker- und Mönchseinträge gehören dem Anlagebestand des Kalenders Bernolds an, erkennbar an der dunkelbraun-schwärzlichen Tinte und an der leuchtend lachsroten Tinte der Rubrizierungen[69]: noch nicht identifiziert der *Oudalricus clericus* zum 27. IV., umso berühmter Beda (Venerabilis) (26. V.), dem sich Bernold so verpflichtet sah, wie aus drei Stellen der Chronik hervorgeht[70]. Unbekannt blieb wiederum der Mönch *Uualto* zum 3. VI., der nicht in den Kalender einging, weil er Mönch gerade dieses oder jenes Klosters – Petershausen vielleicht, in dessen Necrolog zum selben Tag an erster Stelle des Tageseintrags ein Walto vermerkt ist[71] – gewesen ist, sondern weil ihn Bernold als einen *uere monachus*[72], als einen in Wahrheit als Mönch lebenden Mann bewundert hat. Ebenfalls unidentifiziert blieb bis jetzt *Othere monachus* zum 30. VIII.[73]. 14 Kleriker- und Mönchseinträge hat Bernold seinem Kalender nachträglich eingefügt, acht davon bis jetzt nicht identifiziert. Bei den unbekannt Gebliebenen begegnet wieder ein *uere monachus: Gerunch* zum 28. II., ein *monachus uere saeculo peregrinus: Pilgerin* zum 23. VI. sowie eine *Richinza soror*[74]. Offensichtlich galt als Maßstab für Bernolds Eintragungen verstorbener Mönche und Kleriker in den Kalender deren geistliche Qualifikation.

Ob diese Aussage so gehalten werden kann, läßt sich überprüfen, wenn man die Kalendereinträge der bekannten Kleriker und Mönche ansieht. Da ist an erster Stelle Berthold von der Reichenau, der Schüler Hermanns des Lahmen und für Bernolds Werk maßgebende Autor zu nennen, von dem Bernold im Kalender vermerkte: *Bertoldus doctor egregius requieuit in pace*[75]. Bei dem zum 15. III. eingetragenen *Bernhardus monachus* könnte es sich um Bernolds Lehrer in Konstanz, Bernhard von Hildesheim, handeln, wenn nicht der am gleichen Tag verstorbene Petershausener Mönch und Lehrer, *Bernhardus sapiens,* gemeint war[76]. Ebenfalls als *doctor egregius* hat Bernold Hermann den Lahmen selbst zu seinem Todestag (24. IX.) in den Kalender eingetragen, während er ihn in der Chronik einmal *egregius calculator* – im Zusammenhang mit einer Sonnenfinsternis von 1093 – bezeichnete[77] und damit kundtat, daß er Hermann nicht nur als Chronisten, sondern auch als Computisten etwas verdankte. *Giselbertus religiosissimus presbiter et monachus* fand Bernolds Interesse auch deswegen, weil er als Gesandter Rudolfs von Rheinfelden zum Papst in der Lombardei gestorben war[78]. Im Kalender steht zum 15. X., seinem Todestag, nur: *Gisilbertus presbyter discessit.* Ähnlich verhält es sich mit dem Eintrag *Frater Kadalaus obiit* zum 10. XI. Er hatte sich, wie Bernold zu 1076 mitteilte, zur Vergebung seiner Sünden vom Papst nach Oppenheim als päpstlicher Legat senden lassen und ist *suscepto monachi habitu* gestorben[79]. *Presbyter et uere monachus* wurde auch der zum 3. XII. nachgetragene Adelbert genannt, der von Bernold in der Chronik zum Todesdatum als *facto verboque disertus* bezeichnet wurde[80], sodaß man erwägen kann, ob der Konstanzer gleichnamige Domscholaster aus dem Briefwechsel *De damnatione scismaticorum* gemeint sei[81] oder der Konstanzer Weltpriester Adilbertus, von dem das Schaffhauser Buch der Stifter später berichtete, er sei unter Abt Sigfrid nach Schaffhausen gekommen und im Kreuzgang in dem Grab beigesetzt worden, das danach auch Bernold aufnahm[82], wenn es sich nicht überhaupt um eine und dieselbe Person handelt.

Dafür, daß Bernold entweder als Gelehrte oder Legaten berühmte Kleriker und Mönche oder solche, die einfach durch ihre Vorbildlichkeit beeindruckten, in den Kalender aufnahm – gleich, welchem Kloster sie als Professen oder welcher geistlichen Gemeinschaft sie als Kleriker angehörten –, spricht auch, daß er die von ihm in Kalender und Chronik erwähnten Mönchsbischöfe durch Formulierungen hervorhob, die den theologischen Sinn ihres Mönchtums unterstreichen: so beim Einsiedler und Kardinalbischof Petrus Damiani: *iam dudum mundo crucifixus migravit ad Dominum*[83]; beim Nachfolger des Petrus Damiani im Kardinalbistum Ostia, dem Cluniacensermönch Gerald, nicht etwa mit einem Hinweis auf die Professherkunft aus Cluny oder auf die ursprüngliche Stellung als Domscholaster in Regensburg, sondern mit den Worten *revera monachus, scientia scripturarum insignis, et moribus praedecessori suo non impar*[84]. Und zum Todestag Geralds steht vor diesem wieder: *iam dudum Deo vivus, mundo crucifixus*[85] ... *iam dudum mundo crucifixus migravit ad Dominum* finden wir schließlich wieder zum Todestag des von Bernold als heilig verehrten Mönchsbischofs Anselm II. von Lucca[85]. Nimmt man hinzu, daß Bernold von einem bis heute nicht identifizierten Laien, dessen Todestag, den 25. IX., er im Kalender vermerkte, festhielt: *Hugo religiosissimus coniugatus obiit,* so wird man an die Bemerkungen der Chronik Bernolds zum Jahr 1091 erinnert, *Set et ipsi coniugati nichilominus religiose vivere ... non cessaverunt* ...[87], wo er vom religiösen Aufbruch und vom gemeinsamen Leben *ad formam primitivae aeclesiae*[88] handelte. Offensichtlich verzeichnete Bernold in Kalender und Chronik gleicherweise Kleriker, Mönche und Bischöfe ohne Ansehen ihrer Herkunft oder Gemeinschaftszugehörigkeit dann, wenn sie in der Investiturstreitzeit als Vorbilder religiöser Erneuerung oder als getreue Helfer des Papsttums gelten konnten.

Läßt sich diese Folgerung aufrechterhalten, wenn man die Laieneinträge in Bernolds Kalender mit im Blick hat? Von *Hugo religiosissimus coniugatus* war die Rede. Ebenfalls zur Anlageschicht des Kalenders zählt der Eintrag des Grafen Pobbo zum 11. VII. aus der Familie der Grafen von Berg, die sich um das schwäbische Reformkloster Zwiefalten verdient gemacht haben, der im Zwiefaltener Necrolog zum selben Tag an 3. Stelle der Einträge als *Bobbo com. de Berge, pater Hainrici senioris comitis de Berge* begegnet[89]. Wellmer, in seiner erwähnten Dissertation über das Persönliche Memento im deutschen Mittelalter, ist auch, wie R. Kuithan feststellen konnte, entgangen, daß noch zur Anlageschicht des Kalenders Bernolds der Eintrag *Heremannus ex marchione monachus obiit* zum 26. IV. zu rechnen ist[90]. Es handelt sich um Hermann von Baden, der seine Familie und herrschaftliche Stellung aufgab und in Cluny *angelicam vitam perfectissime arripiens*[91]. Hermanns Vater, Herzog Berthold I. von Kärnten, wurde zum 6. XI. in Bernolds Kalender als verstorben nachgetragen, während er in der Chronik als *piae memoriae dux* und *ex parte Roudolfi* (von Rheinfelden) gekennzeichnet erscheint[92]. Zur Anlageschicht des Kalenders gehören mehrere Einträge von Laien, die bisher nicht identifiziert werden konnten: Kraft zum 3. II., Imma zum 4. VI., nach Bernolds Chroniknachricht im Jahr 1049 verstorben[93]. Bernold hatte diese Nachricht nicht von Hermann dem Lahmen übernehmen können. Wenn sie Wellmer für Bernolds Mutter hielt, obwohl er Bernold für das Jahr 1072 als »kaum zwanzigjährig« bezeichnete, so fehlen dafür jegliche Belege[94]. Und sollten die zum 1. X. in der Anlageschicht verzeichneten Brüder *Amezo et Fridericus* und die zum 18. XII. als verstorben gemeldete *Reginlindis* Verwandte Bernolds gewesen sein, so hätte Bernold anders, als man es von anderen Kalendern kennt, nichts unternommen, diese Namenseinträge als Verwandteneinträge zu kennzeichnen.

Innerhalb der Nachträge treffen wir auf *Beatrix comitissa* (18. IV.), wahrscheinlich Gattin des Markgrafen Bonifaz von Tuszien, nach dessen Tod Gottfrieds des Bärtigen, also Heinrich IV. gegenüber auf der anderen Seite und zu Gregors VII. Vertrauten zählend[95]; auf Kaiserin Agnes, die bei der Besprechung der Herrschereinträge hätte genannt werden können, und deren Leben und Wirken den Reformern in Mönchtum und Papsttum Eingang im Deutschen Reich geöffnet hat[96]; Herzog Berthold von Alemannien, den Sohn Rudolfs von Rheinfelden, dessen *fidelitas sancti Petri* Bernold in seiner Chronik ausdrücklich vermerkte[97]; Gräfin Adelheid von Turin, Schwiegermutter Heinrichs IV. und Rudolfs von Rheinfelden[98]. Neben diesen hochgestellten Persönlichkeiten, die man dem der gregorianischen Reform zugewendeten Adel einordnet, finden sich in Bernolds Kalendernachträgen zahlreiche noch nicht identifizierte Laien: die schiffbrüchigen 115 Jerusalempilger, von denen *Uuiderolt* und *Marcuart* namentlich erwähnt werden[99]. Ein St. Blasianer Converse Marquard hatte nach dem Zeugnis des St. Blasianer Liber constructionis einen Verwandten, der mit dem Schiff auf der Fahrt nach dem Hl. Land unterging. Er könnte Bernold informiert haben[100]. *Diethalm* (10. III.), *Marcuuart* (1. III.), *Chuono de Cella* (1. IV.), für den schon gewagte Identifizierungsvorschläge gemacht wurden[101], *Reginlindis* (18. V.), *Marchuart adolescens* (9. IX.); in mehreren Necrologien bezeugt *Gebino* (29. IX.), der in Petershausen altbekannte Wohltäter Gebino von Pfrungen[102]; ob der erwähnte *Chuono de Cella* (1. IV.) und *Hezel laicus* (19. X.) mit Gebinos Vater Kuno und Bruder Wezil identisch sind, wird zunächst durch keinen Quellenhinweis gestützt. Unidentifiziert blieben *Amezo et Fridericus frater eius* (1. XI.) und *Reginlindis* (18. XII.). Ohne Nennung von Personennamen steht zum 9. VI. *Magna cedes facta est apud Saxones.* Gemeint ist die in der Chronik zum 9. VI. 1075 erwähnte Schlacht an der Unstrut, bei der *innumerabilis multitudo ... utrimque ceciderunt*[103].

Sollten sich hinter den noch nicht identifizierten Laien im Kalender Verwandte Bernolds verbergen, so hätte er sie als solche nicht gekennzeichnet. Welche Laien er eintrug, erkennt man an den schon identifizierten, die zu jener Gruppe schwäbischer Adelsfamilien gehörten, deren Vertreter Bernold in der Chronik als *milites sancti Petri,* als Gefolgschaft des Papstes vorstellt[104]. Die Bezeichnung als *milites sancti Petri,* die sich steigern ließ – Hezelo, der Reichenauer Vogt und einer der Gründer von St. Georgen im Schwarzwald, heißt bei Bernold *fidelissimus miles sancti Petri* – wurde variiert, z. B. *in causa sancti Petri studiosissimus*[105]. Daran sehen wir, daß die geistlich-monastisch-religiöse Vorbildlichkeit, die Bernold für Einträge von Klerikern, Mönchen und Bischöfen in den Kalender als Kriterium voraussetzte, im Blick auf die in Bernolds Kalender eingegangenen Laien ihre Entsprechung in treuer Gefolgschaft und ritterlichem Einsatz für die Sache des Papsttums besaß.

Es fällt schon nach diesen Feststellungen schwer, die Toteneinträge in Bernolds Kalender als ein Necrolog anzusehen, das sein persönliches Gedenken in der Liturgie widerspiegelte. Wo, in welcher Kirche, an welchem Altar, in welcher der geistlichen Gemeinschaften, in denen sich Bernold während seiner aufeinanderfolgenden Lebensphasen aufhielt, wäre dieses Gedenken verwirklicht worden? Wie zu sehen war, ließ Bernold im Heiligenfestkalender keinerlei liturgische Standortbestimmung erkennen. Dies verhielt sich sowohl bei Hugo von Flavigny als auch bei Leo von Ostia anders[106]. Und die necrologischen Einträge im Kalender geben zwar die Maßstäbe zu erkennen, die Bernold auch den von ihm positiv beurteilten Personeneinträgen in der Chronik zugrundegelegt hat – bis in Formulierungen hinein reicht die Gemeinsamkeit von Kalender und Chronik –, aber sie zeigen nicht einmal andeutungsweise Bernolds Standorte in seiner Verwandtschaft oder einer der geistlichen Gemeinschaften, in denen er gelebt hat. Aus St. Blasien, als dessen *ultimus fratrum* er sich selbst bezeichnet hat, fehlen nicht nur andere *fratres,* wie wir sie etwa aus dem St. Blasianer Necrologfragment kennen[107], sondern sogar der um St. Blasiens Reform ausgesprochen verdiente Abt Giselbertus (1068–1086), in dessen Abbatiat Bernolds conversio gefallen sein dürfte, kommt im Kalender nicht vor, obwohl Bernold in der Chronik zum 10. Oktober 1086 berichtete: *Reverentissimus abbas de cella s. Blasii nomine Gisilbertus* (mit einem Strich überstrichen) *migrauit ad dominum VI. id. octob. cui venerabilis Vto* (mit einem Strich überstrichen) *eiusdem monasterii prior in abbatiam successit*[108]. Sollte der Kalender vorläufig Notizen aufnehmen, die in die Chronik übernommen werden und später vielleicht auch im Kalender aus der Chronik vervollständigt werden sollten, dann könnte uns ein solches Fehlen kaum verwundern. Sollte aber der Kalender Bernold die tägliche Praxis persönlichen Gedenkens in der Liturgie ermöglichen, dann wäre eine solche Lücke, zugleich mit anderen, erstaunlich. Nahezu unverständlich müßte es dann erscheinen, daß der papsttreue Bernold im ausgehenden 11. Jahrhundert nicht nur eine stattliche Reihe deutscher Kaiser und Könige in den Kalender aufgenommen, sondern sie noch auf karolingische Zeit zurückverlängert hat[109]. Wie wollte man etwa die nachträgliche Hineinnahme König Heinrichs I. in das persönliche liturgische Gedenken Bernolds erklären? Dagegen bedürfte es keiner eigenen Erklärung, wenn die Herrschereinträge, zusammen mit allen computistischen Angaben Bernolds, mit jenen in der Chronik zusammengesehen werden. Und nicht seine eigene ordinatio oder andere Stationen seines Lebens, sondern die ordinatio P. Gregors VII. hat er, wie schon zu erwähnen war, in den Kalender inseriert.

Wie der Kalender Bernolds dessen persönliches liturgisches Gedenken hätte spiegeln können, wenn er diese Funktion für Bernold gehabt hätte, zeigen nicht allein die Kalender Hugos von Flavigny, der das Fest der hl. Regina in Alise-Ste.-Reine nahe Flavigny vermerkte und Gedenkverpflichtungen seines Konvents für Karolingerherrscher auf sich nahm, als er aus seinem Kloster vertrieben wurde[110], und Leos von Ostia, dessen Einträge mit solchen in Necrologien aus Monte Cassino durchaus korrespondieren und in liturgischem, weniger historiographischem handschriftlichem Context stehen[111]. Vielmehr geben uns die Zusätze, die Bernolds Kalender dort, wo er mit der Chronik abgeschrieben wurde, nämlich für das Kloster Gengenbach erhielt, zu erkennen, wie liturgisch standortbezogene Einträge sich von historiographischen, auch wenn diese in liturgische Praxis überführt werden konnten, abhoben[112]. Auch persönliches liturgisches Gedenken bedurfte ja der Bindung an einen kirchlichen Ort, wenn diese auch im Lauf eines Lebens mehrfach wechseln konnte. Man kennt ja Necrologien, welche die Wanderschaft einer geistlichen Laufbahn mitgemacht und dem wandernden Geistlichen zum persönlichen liturgischen Gedenken gedient haben[113].

Mit diesen Überlegungen rühren wir im Blick auf den Kalender Bernolds an eine bisher nicht gestellte Frage, von deren Beantwortung es wesentlich abhängen dürfte, ob die bis dahin gegebene Einschätzung des Kalenders vom handschriftlichen Überlieferungsbefund gestützt oder nicht gestützt wird. Nachdem bisher von Inhalt und Form der Kalendereinträge die Rede war, sind nun zwei elementare Fragen aufzuwerfen: diejenige nach der Datierung der Anlage- und der Nachtragseinschreibungen Bernolds in den Kalender und die andere, ob es im Entstehen der Handschrift clm 432 Querverbindungen im Wachsen des Kalenders und im Wachsen der Chronik gab.

Hatte H. Wellmer ohne Angabe von Gründen als Zeitpunkt der Anlage des Kalenders 1072 genannt,[114] vielleicht, weil Pertz zu Recht den Eintrag des Petrus Damiani († 21. II. 1072) als zur Anlage gehörig und jenen P. Alexanders II. († 21. IV. 1073) als Nachtrag markiert hatte[115], so vermochte R. Kuithan darzutun, daß der Toteneintrag des Markgrafen Hermann von Baden († 26. IV. 1074) in der Tinte der Anlageschicht des Kalenders geschrieben ist, daß die Feststellung eines terminus ante quem für die Kalenderanlage nicht gelingen kann, weil Bernold längst verstorbene Personen wie den hl. Columban oder König Heinrich I. erst nachträglich – in einer Tinte der Nachträge – in den Kalender eingefügt hat[116], und daß 1074 als terminus post quem für die Anlage des Kalenders genau mit Georgine Tangls Beobachtung übereinstimmt, die Chronik sei – unbeschadet der Nachträge, z. T. auf Rasur – bis 1074 in einem Schrifttypus (mit Schwankungen seit 1054) durchgeschrieben worden, und „die Schrift, die mit 1074 Schluß: Heremannus marchio, verbunden mit Tintenwechsel, einsetzt, ist von der bisherigen sehr verschieden, so daß man auf eine längere Unterbrechung schließen möchte“[117]. Der letzte datierbare Nachtrag im Kalender betrifft den Tod des Abtes Sigfrid von Schaffhausen im Jahr 1096[118].

Zu der nach dem Datierungsproblem zweiten Frage nach Querverbindungen zwischen dem Wachsen des Kalenders und demjenigen der Chronik gibt es interessante Hinweise, die sich bei genauer paläographischer Untersuchung von Kalender und Chronik, etwa im Zusammenhang mit der geplanten Neuedition der Chronik[119], gewiß vervollständigen und verfeinern ließen. Für die Funktion, die der Kalender besaß, kommt ihnen Bedeutung zu. War schon darauf zu verweisen, daß in den Kalender nachträglich Personen eingetragen wurden, die Jahrhunderte vor Bernold gestorben waren[120], so ist jetzt hinzuzufügen, daß Imma, innerhalb des Anlagebestandes zum 4. IV. im Kalender eingetragen, in der Chronik zum Jahr 1049 als Nachtrag erscheint[121]. Kaiser Arnulf erhielt zu seinem Todesjahr 900 in der Chronik nachträglich seinen Todestag übergeschrieben, obwohl dieser doch schon im Anlagebestand des Kalenders festgehalten war[122]. Noch mehrmals fügte Bernold das aus dem Anlagebestand des Kalenders zu gewinnende Tagesdatum seinen chronikalischen Todesnachrichten nachträglich zwischen den Zeilen zu, so etwa auch im Blick auf Suidger von Bamberg – P. Clemens II.[123] und auf Kardinalbischof Petrus Damiani von Ostia[124]. Bei den Nachträgen des Kalenders konnte es vorkommen, daß sich ihre Tagesdaten von jenen, die den entsprechenden Einträgen in der Chronik interlinear nachgetragen wurden, unterschieden, so immerhin im Blick auf die Ordination Papst Gregors VII.[125], dessen Spitzenstellung im Gesamtwerk Bernolds unbestritten ist.

Daraus und aus dem, was schon zu Bernolds Papsteinträgen in Kalender, Papstkatalog und Chronik zu erwähnen war, darf gefolgert werden, daß Bernold die Kalendereinträge in mehreren Fällen für die Redaktion der Chronik zu deren Vervollständigung und Verfeinerung benutzt hat[126], bezeichnenderweise für die Zeit bis 1072. Als er später seine Chronik gleichzeitig mit den von ihm berichteten Ereignissen fortführte, war er auf den Kalender weniger angewiesen und konnte seine Daten bis zum Tagesdatum ohne das kalendarische Zwischenstadium unmittelbar in die Chronik eingehen lassen. Für die Zeit von 1073 an brachte es die aktuelle Arbeit des Chronisten mit sich, daß Unsicherheiten oder Irrtümer in Datumsangaben, soweit sie auftauchten, im Vergleich von Kalender und Chronik, deutlich hervortraten.

E. Freise hat in seiner Studie über kalendarische und annalistische Grundformen der Memoria[127], nicht allein im Hinblick auf Bernold, dargestellt, wie Kalender und Annalen sowohl der liturgischen wie der historiographischen *memoria* dienen konnten. Dies gilt auch für jedes wie immer geartete computistische Gerüst eines Kalenders. Aber auch, wenn man sich die Grenzen zwischen liturgischer und historiographischer *memoria* fließend vorstellt, würde eine Notiz wie jene Bernolds über den Aderlaß in der Sommerzeit[128] einer Verwendung in der liturgischen Gedenkpraxis weniger als einem Notizkalender zuzuordnen sein. Und wenn Bernold in Kalender und Chronik die *magna cedes . . . apud Saxones* zum 9. VI. 1075 an der Unstrut vermerkte, so konnte sich dieser Vermerk ebenso für liturgische wie für historiographische *memoria* eignen. Aber im Vergleich mit Necrologien würde man, wäre der Vermerk für die liturgische Gedenkpraxis in den Kalender eingegangen, erwarten, daß nicht nur die *innumerabilis multitudo* der Gefallenen, sondern auch – wenigstens einige – Namen genannt worden wären[129].

Hätte der Kalender in erster Linie die Daten für das persönliche liturgische Gedenken des Priestermönches Bernold aufnehmen sollen, dann hätten wir ihm Neues oder Genaueres über die jeweilige Standortgebundenheit Bernolds und über seinen Lebenslauf ablesen können. Daß dies nicht gelang, war zu sehen. Andererseits ergaben sich handfeste Anzeichen für einen überwiegenden Einsatz des Kalenders für das computistisch-historiographische Werk Bernolds. Dieses erhielt jedoch, wenn nicht alles täuscht, gerade für die Zeit, in der Bernold gleichzeitig mit den wiedergegebenen Ereignissen berichtete, eine deutliche Assoziation zu liturgischem Gedenken, da die Chronik wie einen roten Faden Todesfälle mit dem genauen Tagesdatum aneinanderreiht, Todesfälle von Persönlichkeiten, die von Bernold, zusammen mit der Angabe des Todestages, eine Würdigung in der Perspektive des überzeugten Kirchen- und Klosterreformers und Gregorianers empfingen.

So wenig aus gutem Grund der Kalender neue Aufschlüsse über die Vita Bernolds herzugeben vermag, so könnten doch die Beobachtungen und Überlegungen zu Inhalt, Form, codicologischem Zusammenhang und der Funktion des Kalenders als Schrittfolge auf einem Weg aufgefaßt werden, den Johanne Autenrieth eröffnet und I. S. Robinson weiterverfolgt hat, nämlich die Arbeitsweise Bernolds zu erforschen, an dieser Stelle seinen Kalender einbeziehend.

Ein Mann, der, wie Bernold, im Investiturstreit trotz seiner Herkunft als Priestersohn vom päpstlichen Legaten die Priesterweihe und Sondervollmacht zur Rekonziliation Büßender erhielt, der nach gelehrter, offenbar selbständiger Arbeit in der Konstanzer Domschule auf Reisen ging und Kontakte mit Gregorianern von Bayern bis in die Vogesen knüpfte, als Mönch im Kloster eintrat – war Gregors VII. Tod für ihn ein Schlüsselerlebnis gewesen? –, dabei seine Chronikhandschrift mitbrachte, weiterführte und mit ihr nach dem Allerheiligenkloster Schaffhausen weiterzog, sein Werk auch dort fortführen konnte und es vor dem Tod eben diesem Kloster übergeben hat, besaß in den Augen der Zeitgenossen gewiß hohe Autorität. Anders ließe sich seine kontinuierliche selbständige schriftstellerische Arbeit von Ort zu Ort für die Zeit nach seinem Klostereintritt schwer erklären. Für seine Autorität spricht auch die Tatsache, daß Kalender und Chronik an mehreren Orten abgeschrieben wurden, sein Micrologus sogar noch weiter als seine Streitschriften, mindestens in 46 Abschriften bis nach Ungarn und England verbreitet wurde[130]. Freilich scheint es, daß dieses geistliche Gelehrtenleben mit seiner örtlichen Instabilität und den Durchschnitt mönchischen Alltags verlassenden Qualität mit Einsamkeit verbunden war.

So wenig die Heiligenfest- und Necrologeinträge im Kalender auf eine Einbettung Bernolds in einer bestimmten natürlichen oder geistlichen Gemeinschaft hinwiesen, so schwach sind die Spuren dafür, daß sich das liturgische Gedenken an Bernold erhalten hat. Auch wenn man in Rechnung stellt, daß in St. Blasien nur Bruchstücke eines Necrologs auf uns kamen[131], während aus Allerheiligen / Schaffhausen, Hirsau und St. Georgen im Schwarzwald die Necrologien bis heute als verloren gelten müssen, deutet wenig auf ein in die Breite wirkendes Weiterleben Bernolds in der liturgischen Memoria der süd- und südwestdeutschen Reformklöster hin. Zwar gab noch Fürstabt Martin Gerbert von St. Blasien Bernolds Todesdatum aus *fastibus nostris domesticis* mit dem 16. IX. 1100 an[132], in seiner Historia nigrae silvae freilich mit dem Jahr 1101[133]. Aber ob der im Zwiefaltener Kapitelsnecrolog zum 17. IX. an erster Stelle genannte *Bernolt presbyter*[134] den Geschichtsschreiber Bernold meint, bleibt ebenso unsicher wie die zum selben Tag an erster Stelle vorgenommene Nennung eines Bernoldus im Necrolog von Hermetschwil[135] im Blick auf den Chronisten. Allein in dem Kloster, in dem er starb, und dem er seine Chronik hinterließ, wurde von ihm noch im 13. Jahrhundert in der Übersetzung des Buches der Stifter nicht nur die schon zitierte Formulierung *ain us genomenlicher guoter moinch von dem klouster sancti Blasii, der hiess Bernoldus*[136] überliefert. Es steht da auch: *Und do er erst her kam, do wart er siech und nam ain hailiges ende und wart zuo dem saeligen Adilberchto gelait in ain grap, das lit in dem cruitzegange, da man uss dem muinster gat, by der tuir zer lynggen hant, da ligent die zwene hailigen* [!] *man bi ain ander in ainem grabe*[137].

Daß Bernold, der bis in die heutige Wissenschaft als »Historiker, Polemiker, Kanonist und Liturgiker«[138], vor allem als Verfasser einer Weltchronik, weiterlebt, in das allein noch in deutscher Übersetzung des 13. Jahrhunderts erhaltene Buch der Stifter des Allerheiligenklosters einging, deutet nochmals auf die Autorität des Autors, der dem Kloster seine Chronik übergab, das in dieser Übergabe einen Stiftungsakt sah. Von daher kam es dazu, daß im Text des Schaffhausener Buches der Stifter das Gedenken an das Sterben und Begräbnis Bernolds zusammen mit jenem an einen anderen gelehrten Mönch aufbewahrt wurde, und daß Bernold in diesem Schaffhausener Zeugnis zwar nicht zu seinem Todestag, aber doch mit genauer topographischer Angabe seines Grabes als *us genomenlicher guoter moinch von dem klouster sancti Blasii* und als *hailiger man* in Erinnerung gehalten wurde. Sozusagen an der Nahtstelle zwischen liturgischer und historiographischer *memoria* scheint dieses Zeugnis ebenso wie Bernolds Kalender im Autograph seiner Chronik selbst weniger in der Praxis liturgischen Gedenkens beheimatet zu sein – so fehlt das Datum des Todestages! –, sondern mehr dem Entstehen einer Aussage geschichtlicher Erinnerung gedient haben zu sollen.

Anmerkungen

1 MGH, Lib. de lite II, S. 95.
2 Ebd., S. 89, 104, 107, 109, 112, 142, 150.
3 Ebd., S. 105, 146.
4 Vgl. zuletzt W. Hartmann, Bernold von Konstanz, in: Lexikon des Mittelalters 1, München-Zürich 1980, Sp. 2007 f., und R. Kuithan, Zu den Notae Necrologicae Bernoldi (masch. Schr. Münster 1982). Es handelt sich dabei um eine vom Verfasser betreute Schriftliche Hausarbeit im Rahmen der Ersten Staatsprüfung für das Lehramt für die Sekundarstufe II.
5 Z. B. W. Hartmann (wie Anm. 4).
6 *HAE SUNT CRONICA BERNOLDI, QUAE CONTRADIDIT MONASTERIO DOMNI SALVATORIS* (MGH SS 5, S. 400).
7 S. u. S. 41.
8 Das Buch der Stifter des Klosters Allerheiligen, hg. von K. Schib (Beilage zum Jahresbericht 1933/34 der Kantonsschule Schaffhausen) Aarau 1934, S. 14.
9 Vgl. die grundlegende Untersuchung von Johanne Autenrieth, Die Domschule von Konstanz zur Zeit des Investiturstreits. Die wissenschaftliche Arbeitsweise Bernolds von Konstanz und zweier Kleriker dargestellt auf Grund von Handschriftenstudien (Forschungen zur Kirchen- und Geistesgeschichte NF III) Stuttgart 1956, dies., Artikel Bernold in NDB 2 (1955), Sp. 127 f., Artikel Bernold in LThK² (1958), Sp. 259, dies., Bernold von Konstanz und die erweiterte 74-Titelsammlung (DA 14, 1958) S. 375–394, dies., Die kanonistischen Handschriften der Dombibliothek Konstanz (Kirchenrechtliche Texte im Bodenseegebiet. Mittelalterliche Überlieferung in Konstanz, auf der Reichenau und in St. Gallen = Vorträge und Forschungen, hg. vom Konstanzer Arbeitskreis für mittelalterliche Geschichte, Sonderband 18) Sigmaringen 1975, S. 5–21.
10 Bernoldi Chronicon ad a. 1084 (MGH SS 5, S. 441, dazu weiterführende Beobachtungen von R. Kuithan (wie Anm. 4) S. 64 ff.
11 Johanne Autenrieth, Die Domschule (wie Anm. 9).
12 I. S. Robinson, Zur Arbeitsweise Bernolds von Konstanz und seines Kreises. Untersuchungen zum Schlettstädter Codex 13 (DA 34, 1978) S. 51–122, ders., Bernold von St. Blasien, in: Verfasserlexikon, Die Deutsche Literatur des Mittelalters, hg. v. W. Stammler, u. K. Langosch, 2. Aufl., hg. v. K. Ruh zusammen mit G. Keil, W. Schröder, B. Wachinger, F. J. Worstbrock 1, Berlin ²1978, Sp. 795–798, vgl. auch dens., Die Chronik Hermanns von Reichenau und die Reichenauer Kaiserchronik (DA 36, 1980) S. 84–136.
13 Vgl. H. Houben, St. Blasianer Handschriften des 11. und 12. Jahrhunderts (Münchener Beiträge zur Mediävistik und Renaissance-Forschung 30) München 1979, dens., Das Fragment des Necrologs von St. Blasien (Hs. Wien, ÖNB Cod. lat. 9, fol. I–IV). Facsimile, Einleitung und Register (Taf. V–XII und Farbtafel) (Frühmittelalterliche Studien 14, 1980) S. 274–298. Vgl. den Beitrag in diesem Band.
14 Vgl. Scriptoria medii aevi Helvetica VI, Schreibschulen der Diözese Konstanz. Kloster Allerheiligen in Schaffhausen, hg. v. A. Bruckner, Genf 1952, dazu R. Kuithan (wie Anm. 4) S. 82f.
15 MGH SS 5, S. 391.
16 H. Wellmer, Persönliches Memento im deutschen Mittelalter (Monographien zur Geschichte des Mittelalters 5) Stuttgart 1973, S. 100ff.; vgl. auch I. S. Robinson, Art. Bernold, in: Verfasserlexikon (wie Anm. 12) Sp. 797 »Ein Nekrolog«.
17 MGH Lib. de lite II, S. 12.
18 J. Wollasch, Mönchtum des Mittelalters zwischen Kirche und Welt (Münstersche Mittelalter-Schriften 7) München 1973, S. 53–135.

19 Vgl. Die Totenbücher von Merseburg und Magdeburg. Anhang: Register zum Totenbuch von Lüneburg, hg. v. G. Althoff u. J. Wollasch (MGH Libri memoriales et necrologia, Nova Series 2 (im Druck) und J. L. Lemaître, Liber capituli. Le »livre du chapître« des origines au XVIe siècle. L'exemple français, in: Memoria. Der geschichtliche Zeugniswert des liturgischen Gedenkens im Mittelalter, hg. v. K. Schmid u. J. Wollasch (Münstersche Mittelalter-Schriften 39) (im Druck).

20 Darüber zuletzt mit weiterführenden Beobachtungen U. Winzer, Studien zum Kalender Hugos von Flavigny (masch. Schr.) Münster 1979, S. 52. Es handelt sich um eine vom Verfasser betreute Hausarbeit im Rahmen der 1. Philologischen Staatsprüfung.

21 Vgl. E. Freise, Kalendarische und annalistische Grundformen der Memoria, in: Memoria. Der geschichtliche Zeugniswert des liturgischen Gedenkens im Mittelalter, hg. v. K. Schmid u. J. Wollasch (Münstersche Mittelalter-Schriften 39) (im Druck).

22 H. Hoffmann, Der Kalender des Leo Marsicanus (DA 21, 1965) S. 82–149, dazu H. Dormeier, Montecassino und die Laien im 11. und 12. Jahrhundert (MGH Schriften 27) Stuttgart 1979, S. 125 f.; zu den liturgischen Teilen des Cod. Borg. lat. 211 vgl. die Handschriftenbeschreibung von P. Salmon, Les manuscrits liturgiques latins de la Bibliothèque Vaticane IV (Studie Test, Z 67), Città del Vaticano 1971, S. 81, Nr. 242.

23 Dieser Frage ist unter meiner Anleitung R. Kuithan (wie Anm. 4) nachgegangen.

24 R. Kuithan (wie Anm. 4) S. 16 ff.

25 R. Kuithan (wie Anm. 4) S. 21 ff.

26 R. Kuithan (wie Anm. 4) bes. S. 76; Nicht mehr von Bernold: *Clara Uinkelhamm obiit XL nono* zum 2. X., *Constantis et Alexandri* zum 5. X. und *Fidis uirginis et martyris* zum 6. X.

27 Spicilegium lectionum variarum in Hermanni Contracti et Bernoldi Constantiensis Continuatoris ejus chronica, hg. v. A. F. Oefele (Rerum Boicarum Scriptores I) Augsburg 1763, S. 642–653.

28 MGH SS 5, Hannover 1844, ND Stuttgart–New York 1963, S. 391 ff.

29 Notae necrologicae Bernoldi, hg. v. F. L. Baumann in: MGH Necrologia I, Berlin 1888, S. 657–659.

30 R. Kuithan (wie Anm. 4) S. 9 ff.

31 Die Edition des Kalenders, die jene von Pertz und Baumann ersetzen soll, befindet sich in Vorbereitung.

32 R. Kuithan (wie Anm. 4) bes. S. 26 ff.

33 Ebd. S. 28.

34 Clm 432, fol. 4^{v}. Dieser Eintrag fehlt in MGH SS 5, S. 392 und in MGH Necrol. I, S. 658.

35 MGH SS 5, S. 393.

36 Clm 432, fol. 2^{r} zum 3. II.

37 Clm 432, fol. 1^{v} zum 22. I.

38 Clm 432, fol. 6^{v} zum 1. XI.

39 Pirmin zum 3. XI.: clm 432, fol. 6^{v}; ebd. Othmar zum 16. XI.

40 Zum südwestdeutschen Charakter gehören Einträge wie diejenigen Oswalds (5. VIII., clm 432, fol. 5^{r}), der hl. Afra (7. VIII., ebd.), Genesius' (25. VIII., ebd.), der hl. Verena (1. IX., clm 432, fol. 5^{v}), Magnus' (6. IX., ebd.), Emmerams (22. IX., ebd.) und vieler anderer, zu den Akzentuierungen Bernolds die *Depositio beati Anshelmi Lucensis episcopi* (18. III., clm 432, fol. 2^{v}), die *Depositio Gregorii papae VII. a beato P*(etro) *CL VIIII* (25. V., clm 432, fol. 3^{v}) oder *Or-Ordinatio Gregorii papae VII. Anno dominicae incarnationis* MLXXIII° (30. V., clm 432, fol. 3^{v}). Mit diesen Feststellungen soll einer Analyse der Heiligenfesteinträge in keiner Weise vorgegriffen sein.

41 Zum 27. VIII. (MGH SS 5, S. 392), vgl. Bernoldi Chronicon ad a. 979 und ad a. 995 (MGH SS 5, S. 423), Literaturhinweise bei R. Kuithan (wie Anm. 4) S. 102.

42 Zum 15. VI. (MGH SS 5, S. 392), dazu R. Kuithan (wie Anm. 4) S. 103 f.

43 Zum 21. II. (MGH SS 5, S. 392), zu den Rühmungen durch Bernold vgl. R. Kuithan (wie Anm. 4) S. 104 ff.

44 Bernoldi Chronicon ad a. 1072 (MGH SS 5, S. 429).

45 Zum 6. XII. (MGH SS 5, S. 393), die zitierte Formulierung in der Chronik ad a. 1077 (ebd. S. 435).

46 Zum 27. I. (MGH SS 5, S. 391), die zitierte Formulierung in der Chronik ad a. 1084 (ebd. S. 439), vgl. dazu R. Kuithan (wie Anm. 4) S. 107 f.

47 S. o. Anm. 40 und R. Kuithan (wie Anm. 4) S. 108 ff., Bernoldi Chronicon ad a. 1086 (MGH SS 5, S. 444), dazu R. Kuithan (wie Anm. 4) S. 109.

48 Zum 15. VI. (MGH SS 5, S. 392), Bernoldi Chronicon ad a. 1088 (ebd. S. 448).

49 Zum 20. VII. (MGH SS 5, S. 392), Bernoldi Chronicon ad a. 1079 (ebd. S. 436).

50 Zum 5. VII. (MGH SS 5, S. 392), Bernoldi Chronicon ad a. 1091 (ebd. S. 451) und zum 28. X. (ebd. S. 392), Bernoldi Chronicon ad a. 1096 (ebd. S. 464).

51 Vgl. R. Kuithan (wie Anm. 4) S. 112–116.

52 Zum 28. I. (MGH SS 5, S. 391), Bernoldi Chronicon ad a. 814 (ebd. S. 419).

53 Zum 20. VI. (MGH SS 5, S. 392), Bernoldi Chronicon ad a. 840 (ebd. S. 420).

54 Zum 8. XIII. (MGH SS 5, S. 393), clm 432, fol. 45^{v}. Darauf machte zuerst R. Kuithan (wie Anm. 4) S. 127 aufmerksam.

55 Zum 2. VII., zum 7. V., zum 23. I., zum 13. VII., zum 4. VI., zum 5. X. und zum 15. X. (MGH SS 5, S. 392).

56 Zum 27. X. (clm 432, fol. 6^{r}).

57 Zum 9. X. (MGH SS 5, S. 392).

58 Zum 19. IV. (MGH SS 5, S. 392).

59 Zum 28. VII. (MGH SS 5, S. 392).

60 Zum 29. III. (MGH SS 5, S. 391).

61 Zum 21. IV. (MGH SS 5, S. 392).

62 S. o. Anm. 40.

63 Dreimal begegnen in Bernolds Kalender Heiligenfeste mit dem Begriff *Depositio: Depositio Waltpurgae virginis* zum 25. II. (MGH SS, S. 391), *Depositio beati Anshelmi Luccensis episcopi* zum 18. III. (MGH SS 5, S. 391) und *Depositio Gregorii papae VII. a beato Petro CLVIIII* (MGH SS 5, S. 392).
64 Zusammenstellung dieser Nachträge bei R. KUITHAN (wie Anm. 4) S. 147, den *Ordinatio*-Eintrag s. o. Anm. 40.
65 I. S. ROBINSON, Bernold von St. Blasien (wie Anm. 12) Sp. 797.
66 Vgl. I. S. ROBINSON. Zur Arbeitsweise (wie Anm. 12) S. 65 ff.
67 Vgl. R. KUITHAN (wie Anm. 4) S. 153–159. Dies bezeugen auch die Lücken in Bernolds kalendarischen Nennungen der Päpste aus dem 11. Jahrhundert.
68 MIGNE, PL 151, col. 1010.
69 Vgl. R. KUITHAN (wie Anm. 4) bes. S. 74.
70 Dazu R. KUITHAN (wie Anm. 4) S. 121 f.
71 MGH Necrol. I, S. 671.
72 MGH SS 5, S.392.
73 MGH SS 5, S. 392.
74 *Richinza soror* zum 13. VIII. (MGH SS 5, S. 392).
75 MGH SS 5, S. 391, Bernoldi Chronicon ad a. 1088 (ebd. S. 447).
76 Dazu R. KUITHAN (wie Anm. 4) S. 118 f.
77 MGH SS 5, S. 392, Bernoldi Chronicon ad a. 1093 (ebd. S. 457).
78 Bernoldi Chronicon ad a. 1080 (MGH SS 5, S. 436 f.).
79 Bernoldi Chronicon ad a. 1076 (MGH SS 5, S. 433): *Frater Kadalaus ex seculari milicia conversus, ad Opinheimense colloquium legationem papae detulit quam eidem multum egrotanti papa in remissionem omnium peccatorum imposuit. Expleta igitur legatione, frater Kadalaus suscepto monachi habitu, sub euangelica perfectione requievit in pace.*
80 MGH SS 5, S. 392, Bernoldi Chronicon ad a. 1079 (ebd. S. 436).
81 R. KUITHAN (wie Anm. 4) S. 126 spricht sich für eine Identifizierung mit dem gleichnamigen Konstanzer Domscholaster aus.
82 Auch diese von R. Kuithan a. a. O. nicht ausgeschlossene Identifizierung bleibt zu überprüfen.
83 Bernoldi Chronicon ad a. 1072 (MGH SS 5, S. 429).
84 Ebd.
85 Bernoldi Chronicon ad a. 1077 (MGH SS 5, S. 435).
86 Ebd. ad a. 1086, S. 444.
87 Ebd. ad a. 1091, S. 453.
88 Ebd.
89 MGH Necrol. I. S. 255. Auf diese Beziehung hat erstmals O. REGENBOGEN, Bernold von Hochdorf (Beiträge zur Geschichte des Investiturstreites I) Friedrichshafen 1935, S. 11 ff. aufmerksam gemacht.
90 R. KUITHAN (wie Anm. 4) S. 74 f.
91 Bernoldi Chronicon ad a. 1074 (MGH SS 5, S. 430). vgl. ebd. ad a. 1091, S. 453. Das in der Chronik und das im Kalender angegebene Todesdatum sind um einen Tag auseinander.
92 Ebd. ad a. 1078, S. 435.
93 MGH SS 5, S. 391 und 392, Bernoldi Chronicon ad a. 1049 (MGH SS 5, S. 426).
94 Darauf wies R. KUITHAN (wie Anm. 4) S. 141 hin.
95 Vgl. R. KUITHAN (wie Anm. 4) S. 132 f.
96 Vgl. MARIE-LUISE BULST-THIELE, Kaiserin Agnes (Beiträge zur Kulturgeschichte des Mittelalters und der Renaissance 52) Leipzig–Berlin 1933, ND Hildesheim 1972, S. 94 ff. Auf diesem Gebiet würde allein schon ein Itinerar der Kaiserin, das ihre Nameneinträge in Verbrüderungsbüchern mitberücksichtigte, ein Stück weiterführen.
97 Bernoldi Chronicon ad a. 1090 (MGH SS 5, S. 450).
98 Zum 19. XII. (MGH SS 5, S. 393) und Bernoldi Chronicon ad a. 1091 (ebd. S. 453), dazu R. KUITHAN (wie Anm. 4) S. 137.
99 Zum 17. II. (MGH SS 5, S. 391).
100 Der liber constructionis monasterii ad s. Blasium (Quellensammlung der badischen Landesgeschichte, hg. v. F. J. MONE, 4, 1 Karlsruhe 1867, S. 95. Darauf ist R. KUITHAN (wie Anm. 4) S. 138 aufmerksam geworden.
101 Dazu R. KUITHAN (wie Anm. 4) S. 139 f.
102 MGH Necrol. I, S. 675. Die Chronik des Klosters Petershausen II, 20 f., hg. u. übersetzt von O. FEGER (Schwäbische Chroniken der Stauferzeit 3) Lindau–Konstanz 1956, S. 100 ff.
103 Bernoldi Chronicon ad a. 1075 (MGH SS 5, S. 431).
104 Vgl. schon H.-J. WOLLASCH, Die Anfänge des Klosters St. Georgen im Schwarzwald (Forschungen zur oberrheinischen Landesgeschichte XIV) Freiburg i. Br. 1964, S. 78 f.
105 Z. B. Bernoldi Chronicon ad a. 1093 (MGH SS 5, S. 457) im Blick auf Erzbischof Anselm von Mailand, ähnlich ad a. 1091, ebd. S. 452 im Blick auf Bischof Altmann von Passau und öfters; vgl. auch H.-J. WOLLASCH (wie Anm. 104) S. 79 Anm. 32.
106 Zu Hugo v. Flavigny U. WINZER (wie Anm. 20), zu Leo Marsicanus H. HOFFMANN und H. DORMEIER (wie Anm. 22).
107 Vgl. H. HOUBEN, Das Fragment des Necrologs (wie Anm. 13).
108 Clm 432, fol. 65r.
109 Wenn H. WELLMER (wie Anm. 16) S. 101 f. demgegenüber im Blick auf die (von ihm nicht zutreffend abgegrenzte) Anlageschicht des Kalenders einen jungen Bernold zu sehen glaubte, in dessen »politischem Bewußtsein« »das Königtum noch eine vorzügliche Rolle einnahm«, während Bernold später erst der »kuriale Parteigänger und unnachsichtige Hasser des von Heinrich IV. verkörperten traditionellen Königtums« geworden sei, so widerspricht dem allein schon die

Tatsache, daß Bernold den Todestag Arnulfs in der Chronik nachgetragen und den Eintrag Heinrichs I. nachträglich dem Kalender eingefügt hat.

110 U. WINZER (wie Anm. 20) S. 135.

111 P. Salmon (wie Anm. 22).

112 Zu den Gengenbacher Kalendernachträgen siehe MGH SS 5, S 393, Anm. e, wo die Nachträge jedoch weder vollständig noch nach Heiligenfest- und Necrologeinträgen unterschieden wiedergegeben wurden.

113 Vgl. J. WOLLASCH (wie Anm. 18) S. 67 f. mit Anm. 208.

114 H. WELLMER (wie Anm. 16) S. 100.

115 MGH SS 5, S. 385 Anm. 7.

116 R. KUITHAN (wie Anm. 4) S. 75.

117 W. WATTENBACH – R. HOLTZMANN – J.F. SCHMALE, Deutschlands Geschichtsquellen im Mittelalter, Die Zeit der Sachsen und Salier 2, Köln–Graz 1967, S. 523.

118 Zum 28. X. (MGH SS 5, S. 392), Bernoldi Chronicon ad a. 1096 (MGH SS 5, S. 464) dazu R. KUITHAN (wie Anm. 4) S. 74.

119 Von I.S. Robinson, vgl. auch R. KUITHAN (wie Anm. 4) S. 75 und E. FREISE (wie Anm. 21).

120 S. o. S. 40.

121 Bernoldi Chronicon ad a. 1049 (MGH SS 5, S. 426) vgl. auch oben S. 38.

122 Bernoldi Chronicon ad a. 900 (MGH SS 5, S. 421) vgl. auch oben Anm. 54.

123 Ebd. ad a. 1047, S. 426.

124 Ebd. ad a. 1072, S. 429, vgl. oben S. 35.

125 Im Kalender, ebd. S. 392, zum 30. V., Bernoldi Chronicon ad a. 1073, S. 430, vgl. clm 432, fol. 53 v.

126 Anders H. WELLMER (wie Anm. 16) S. 100, der S. 103 eine »ursprünglich unverkennbare reichskirchliche Orientierung durch die Nachträge des Obituars weitgehend verwischt« sah, ohne auf die nachträglichen Zufügungen Bernolds in Kalender und Chronik im Zusammenhang einzugehen.

127 Wie Anm. 21.

128 S. o. S. 35 mit Anm. 34.

129 Aus vielen Beispielen sei nur das Merseburger Totenbuch zitiert, das zum 28. VI. vermerkt: *Thietmarus archiepiscopus Zacharias episcopus Vdo episcopus et alii multi ab Vngariis occisi sunt* (E. DÜMMLER, Das alte Merseburger Todtenbuch, in: Neue Mittheilungen aus d. Gebiet histor. antiquar. Forschungen 11, 1867) S. 236, vgl. ebd. S. 237 zum 11. VII., 16. VII., S. 238 zum 26. VII., bes. zum 30. VII., zum 3. VIII., S. 240 zum 26. VIII., zum 1. IX., zum 5. IX., zum 7. IX.

130 R. KUITHAN (wie Anm. 4) S. 81.

131 H. HOUBEN, Das Fragment (wie Anm. 13).

132 M. GERBERT, Observationes in Bertholdi seu Bernoldi Constantiensis presbyteri opuscula ex eius scriptis collectae et illustratae, in: Germaniae sacrae prodromus II hg. v. A. USSERMANN, St. Blasien, 1792, S. XVIII, dazu R. KUITHAN (wie Anm. 4) S. 71, Anm. 180.

133 M. GERBERT, HNS I, St. Blasien 1783, S. 240.

134 MGH Necrol. I, S. 260.

135 Das Nekrologium des Klosters Hermetschwil (Aargauer Urkunden, Elfter Teil: Die Urkunden des Klosterarchivs Hermetschwil, bearb. v. P. KLÄUI, Aarau 1946, S. 180. R. KUITHAN (wie Anm. 4) S. 72 wies auf die beiden Necrologeinträge hin.

136 S. o. S. 33 mit Anm. 8.

127 Das Buch der Stifter (wie Anm. 8) S. 14 f.

138 I.S. ROBINSON, Bernold v. St. Blasien (wie Anm. 12) Sp. 795.

Hubert Houben

Bibliothek und Skriptorium des Klosters St. Blasien im hohen Mittelalter

Johanne Autenrieth zum 15. 5. 1983

Claustrum sine armario sicut castrum sine armanentario.[1] (Ein Kloster ohne Bibliothek ist wie eine Burg ohne Waffenkammer.) Dieser Ausspruch eines mittelalterlichen Mönchs beleuchtet die Bedeutung, die man damals der Bibliothek im Kloster zuwies.

Im Kapitel 48 der Benediktsregel wird im Zusammenhang mit der Pflicht zur *lectio divina* vorgeschrieben, daß die Mönche sich in der Fastenzeit in besonderem Maße der Lektüre zu widmen hätten, und im einzelnen heißt es dort: *In quibus diebus quadragesimae accipiant omnes singulos codices de bibliotheca, quos per ordinem ex integro legant.*[2] (An diesen Tagen der Fastenzeit sollen sie ein Buch aus der Bibliothek erhalten und es der Reihe nach ganz lesen.) Es wird also vorausgesetzt, daß eine monastische Gemeinschaft, die nach der Norm des hl. Benedikt lebte, über einen gewissen Bestand von Büchern verfügte und ihre Mitglieder lesen konnten.[3]

Der St. Galler Klosterplan, der als der Idealentwurf eines mittelalterlichen Benediktinerklosters gilt, sah eine Schreibstube (*sedes scribentium*) und eine Bibliothek (*bibliotheca*) vor.[4]

Es ist also anzunehmen, daß auch die Benediktinerabtei St. Blasien, die zum Jahre 1083 vom Chronisten Bernold von Konstanz / St. Blasien als eines der bedeutendsten Klöster *in regno Teutonicorum* bezeichnet wird,[5] über eine Bibliothek und Schreibstube verfügte.

Wer heute den Ort St. Blasien im südlichen Schwarzwald besucht, wird jedoch vergeblich nach Spuren der mittelalterlichen Bibliothek der einstmals so bedeutenden Benediktinerabtei Ausschau halten. Ein ungünstiges Schicksal hat einen Großteil der ältesten Handschriften vernichtet und die wenigen, welche vor der Zerstörung bewahrt blieben, in alle Winde verstreut. Die Geschichte der alten Klosterbibliothek ist reich an schweren Schicksalsschlägen: Beim ersten großen Klosterbrand im Jahre 1322 fast vollständig vernichtet, in den Wirren der Bauernkriege 1525 schwer verwüstet, wurde sie im Jahre 1768 erneut ein Raub der Flammen. Die Klosterbrände von 1874 und 1977 konnten der alten St. Blasier Bibliothek nichts mehr anhaben, da sie nach der Auflösung des Klosters (1806) zusammen mit einem Teil des Konvents im Jahre 1809 in St. Paul im Lavanttal (Kärnten) eine neue Heimat gefunden hatte.[6]

Ist es also vergebliche Mühe nach Bibliothek und Skriptorium des Blasiusklosters im hohen Mittelalter zu fragen? Oder lassen sich doch noch einzelne Überreste ausfindig machen, die durch glückliche Umstände die Katastrophen von 1322, 1525 und 1768 unversehrt überstanden haben? Eine Antwort auf diese Fragen war lange Zeit unmöglich, da eine systematische Sichtung und Untersuchung der St. Blasier Handschriften des hohen Mittelalters fehlte. Erschwert wurde die Situation dadurch, daß man Codices, deren Herkunftsort zweifelhaft war, unbegründet dem Skriptorium des Schwarzwaldklosters zuschrieb. Das bekannteste Beispiel ist der sogenannte St. Blasien-Psalter, eine südwestdeutsche Handschrift des 13. Jahrhunderts, die zu Unrecht als Produkt des St. Blasier Skriptoriums beansprucht und zum Ausgangspunkt der Rekonstruktion einer angeblichen »Black Forest School« gemacht wurde.[7]

Durch eine umfassende Untersuchung der für St. Blasien beanspruchten Handschriften des 11. und 12. Jahrhunderts gelang es jedoch unlängst, das nicht genügend gesicherte oder fremde Schriftgut auszuscheiden.[8] Was übrig blieb, war wenig; angesichts der erwähnten Brandkatastrophen kein Wunder! Die älteste, tatsächlich in St. Blasien geschriebene Handschrift, die uns erhalten ist, stammt aus der Zeit des Abtes Uto (1086–1100); sie enthält den Kommentar des hl. Hieronymus zum Matthäus-Evangelium, ferner einen diesem Kirchenvater im Mittelalter zugeschriebenen Markus-Kommentar, weiter eine *Vita S. Hieronymi* und eine wahrscheinlich von einem St. Blasier Mönch verfaßte Liste der Schriften des hl. Hieronymus (Hs. St. Paul i. L. 18/1, alt: 25. 4. 14).[9]

Nach 1102/1114 und vor 1126, also wahrscheinlich unter Abt Rusten (1108–1125), wurde im Kloster St. Blasien ein Totenbuch angelegt, von dem nur noch ein Fragment erhalten ist; es handelt sich um zwei Doppelblätter, welche als Spiegelblätter einer Plinius-Handschrift dienten, die 1278 aus St. Blasien ausgeliehen wurde und spätestens seit dem 17. Jahrhundert in Wien aufbewahrt wird (Hs. Wien, ÖNB Cod. lat. 9, fol. I–IV).[10]

Eine andere Handschrift ist ebenfalls deshalb nicht zugrunde gegangen, weil sie frühzeitig das Blasiuskloster verließ: Abt Rusten ließ für die St. Blasier Filialkirche im Nachbardorf Bernau ein prächtiges Missale herstellen, welches bis 1687 dort blieb und dann *antiquitatis causa* in die Bibliothek von St. Blasien überführt wurde (Hs. St. Paul 60/1, alt: 25. 3. 17).[11]

Das kostbarste Stück, das sich aus der alten St. Blasier Bibliothek erhalten hat, ist das sogenannte Sakramentar von St. Paul (Hs. St. Paul i. L. 20/1, alt: XXIX/2, Kasette 2): Diese Prachthandschrift wurde um das Jahr 1000 im Skriptorium der Bodenseeabtei Reichenau angefertigt. Wie sie nach St. Blasien kam, ist nicht bekannt. Im 12. Jahrhundert war sie jedenfalls dort in Gebrauch, was nachgetragene Meßtexte für den hl. Blasius bezeugen.[12]

An nicht-liturgischen Handschriften haben sich also nur ein Hieronymus- und ein Plinius-Codex (Hs. St. Paul i. L. 18/1; Hs. Wien, ÖNB Cod. lat. 9–10) erhalten. Über Umfang und Zusammensetzung der mittelalterlichen St. Blasier Bibliothek lassen sich somit wie im Falle des anderen südwestdeutschen Reformzentrums Hirsau nur Vermutungen anstellen.[13] Bekanntlich trug die monastische Reformbewegung des 11. Jahrhunderts auch zur Vergrößerung der Bücherbestände der Klöster bei.[14] Wahrscheinlich hat St. Blasien, eines der bedeutenden Zentren dieser Bewegung,[15] keine Ausnahme gemacht.

Indirekte Nachrichten über die St. Blasier Bibliothek haben wir aus der zweiten Hälfte des 12. Jahrhunderts: Damals verfaßte der St. Blasier Abt Werner II. (1170–1178) eine Art Handbuch zur Predigtvorbereitung.[16] Abt Werner benutzte für seine Anleitung zur Bibelexegese, die den Klerikern die Abfassung von Predigten erleichtern sollte, vor allem eine um 1150 von Zacharias von Besançon verfaßte Evangelienkonkordanz.[17] Für seine *deflorationes* schöpfte der St. Blasier Abt weiter aus den Werken *De Sacramentis* des Hugo von St. Victor,[18] *Speculum Ecclesiae* des Honorius Augustodunensis[19] und den *sermones* des Gottfried Babion.[20] Obwohl sich kein St. Blasier Exemplar dieser Schriften erhalten hat,[21] ist nicht auszuschließen, daß Abt Werner diese Werke in der Bibliothek von St. Blasien zur Verfügung hatte, als er gegen Ende seines Abbatiats das erwähnte Handbuch verfaßte.

Wie stand es nun um das Skriptorium, die Schreibstube des Schwarzwaldklosters im hohen Mittelalter? Die unter Abt Uto entstandene Hieronymus-Handschrift (Hs. St. Paul i. L. 18/1) zeigt, daß das Kloster bereits gegen Ende des 11. Jahrhunderts über Schreiber von beachtlichem Niveau verfügte.[22] Daß St. Blasien unter Abt Rusten in der Lage war, die kleine Filialkirche von Bernau mit einem prächtigen, mit Initialen und Miniaturen geschmückten Missale (Hs. St. Paul i. L. 60/1)[23] auszustatten, spricht ebenfalls für die Annahme, daß das Blasiuskloster ein Skriptorium besaß, welches dem anderer südwestdeutscher Reformzentren wie Hirsau oder Allerheiligen in Schaffhausen[24] nicht nachstand.

Die wenigen direkt aus St. Blasien überlieferten Schriftzeugnisse reichen jedoch allein nicht aus, um ein präzises Bild des St. Blasier Schriftwesens zu gewinnen. Erst durch die Heranziehung anderer, nicht unmittelbar aus dem Schwarzwaldkloster auf uns gekommener Handschriften nimmt das mittelalterliche Skriptorium von St. Blasien deutlichere Konturen an. Aus dem ehemaligen St. Blasier Priorat Ochsenhausen (Lkr. Biberach) hat sich ein geschlossener Bestand von zwanzig Codices erhalten, welche teilweise sicher, teilweise höchstwahrscheinlich im 12. Jahrhundert in St. Blasien geschrieben wurden.[25] Die heute überwiegend im böhmischen Königswart (Kynžvart, CSSR) befindlichen Handschriften[26] enthalten vorwiegend monastische und homiletische Texte,[27] darunter die *Consuetudines Fructuarienses* (Hs. Kynžvart 52, alt: 20. G. 6; Hs. Kynžvart 78, alt: 20. K. 24)[28] und die *Consuetudines Hirsaugienses* (Hs. Kynžvart 58, alt: 20. G. 24).[29]

In diese, primär auf den Klosteralltag ausgerichteten Handschriften sind gelegentlich auch kleinere poetische Texte eingetragen. So finden sich neben zwei mittellateinischen auch zwei mittelhochdeutsche Lieder: Ein Legendar-Band (Hs. Kynvart 40, alt: 20. D. 22/I, fol. 167ᴿ) enthält die Sequenz über Pythagoras und die Musik aus der sogenannten Cambridger Liedersammlung,[30] eine Consuetudines-Handschrift (Hs. Kynžvart 52, alt: 20. G. 6, fol. 119ᵛ) die *Versus de nummo* aus den Carmina Burana[31] und ein Codex mit Gregors d. Gr. *Moralia in Iob* (Hs. Straßburg, Bibl. nat. et univ. 1, fol. 74ᵛ u. 154ᵛ – 155ᴿ) das mittelhochdeutsche Ezzo-Lied und das sogenannte alemannische *Memento mori.*[32] Wahrscheinlich in St. Blasien entstanden ist ein Text über die Erwerbung und Prüfung der großen St. Blasier Heilig-Kreuz-Reliquie (Hs. Kynžvart 40, alt: 20. D. 22/I, fol. 165ᴿ–166ᵛ); es handelt sich vermutlich um eine frühe Abschrift einer Teilquelle des für die St. Blasier Klostergeschichte wichtigen *Liber constructionis.*[33]

Neben kleinen, schmucklosen Gebrauchshandschriften stehen größerformatige, mit teilweise farbig ausgemalten Ranken-Initialen geschmückte Bände wie die Augustinus-Codices Kynžvart 93 und 94 (alt: 25. C. 7/I und II) und die *Moralia in Iob* Gregors d. Gr. (Hs. Straßburg, Bibl. nat. et univ. 1).[34] Die zahlreichen Vorsatz- und Spiegelblätter aus liturgischen Fragmenten des 12. und 13. Jahrhunderts lassen den Schluß zu, daß in Ochsenhausen alte liturgische Handschriften beim Neubinden der Codices in der frühen Neuzeit zerschnitten und als Makulatur verwendet wurden. Ähnliches scheint in St. Blasien der Fall gewesen zu sein, wie die unten im Anhang besprochenen Bruchstücke zeigen.

Die Handschriften, die in St. Blasien für das im 12. Jahrhundert kleine, etwa 4 bis 10 Konventualen zählende Priorat Ochsenhausen hergestellt wurden, zeugen, ebenso wie die wenigen Codices und Fragmente, welche unmittelbar aus der Bibliothek von St. Blasien überliefert sind, von der Leistungsfähigkeit des St. Blasianer Skriptoriums im hohen Mittelalter und lassen den Verlust der fast gesamten hochmittelalterlichen Bibliothek des Schwarzwaldklosters um so bedauerlicher erscheinen.

Liturgische Handschriftenfragmente aus St. Blasien

Auf ein zwei Blätter umfassendes Missalfragment des 12. Jahrhunderts aus St. Blasien, welches in der Badischen Landesbibliothek in Karlsruhe aufbewahrt wird (Hs. St. Blasien 120), wurde unlängst hingewiesen.[35] Die Aufschrift *Zinßrodell in die herrschaft Blumnegkh de Anno 1563* (fol. 2ᴿ) zeigt, daß es seine Erhaltung dem Umstand verdankt, daß es lange Zeit als Hülle eines Zinsrodels der Herrschaft Blumegg (Lkr. Waldshut) diente, welche 1432 vorübergehend und 1457 endgültig in den Besitz des Klosters St. Blasien gelangte.[36]

Ein anderes, bisher kaum beachtetes liturgisches Fragment befindet sich im Generallandesarchiv in Karlsruhe und bildet den Einband eines Urbars des St. Blasier Priorats Bürgeln (GLA Karlsruhe, Abt. 66 Berainsammlung Nr. 1475).[37] Das an den Außenseiten stark abgegriffene Doppelblatt (Binio) trägt auf der Vorderseite die Aufschrift *Bürgler Urbarium*. Da das Format des Urbars (26,0 × 18,5 cm) kleiner ist als das des als Einband benutzten Doppelblattes (29,5 × 21,5 cm), wurde dieses am oberen Rand umgeknickt. Das vordere Einbandblatt wurde seitlich beschnitten, so daß es jetzt nur noch 18,5 cm breit ist, während das hintere nur eingeknickt wurde und am Außenrand noch die Zirkelstichlöcher (Prickings) erkennen läßt, welche den mittelalterlichen Schreibern als Hilfsmittel für die Liniierung dienten. Der Schriftraum beträgt 22,5 × 14,5 cm zu je 25 Zeilen.

Die Schrift steht auf der Grenze zwischen später karolingischer und früher gotischer Minuskel[38]; sie deutet auf das ausgehende 12. Jahrhundert. Die Schäfte des Minuskel »a« stehen fast aufrecht, der Bauch des »h« ist gebrochen und reicht gelegentlich unter die Zeile; bei »n« und »m« ist die Brechung meist durchgeführt, das »o« ist manchmal annähernd schrägoval wie in der Spätzeit der karolingischen Minuskel, manchmal bereits gebrochen wie in der gotischen Schrift. Rundes »S« taucht gelegentlich am Wortende auf, für den Großbuchstaben »M« findet sich auch die runde Form»ω«DieTinte ist dunkelbraun; die Überschriften, die meist in Majuskeln ausgeführt sind, sind ebenso wie die Initialen mit roter Tinte hervorgehoben.

Der Text des Fragments besteht aus Evangelien und Lesungen, was darauf schließen läßt, daß das Doppelblatt aus einem Lektionar[39] stammt. Auf der Außenseite des vorderen Blattes sind nur noch die beiden oberen, eingeknickten Zeilen deutlich lesbar. Sie lauten: *hereditas sancta nepotes eorum. Et in testamentis stetit semen eorum et filii eorum propter eos usque in eternum manent* (Sir. 44,12–13). In der 6./7. Zeile ist nur noch die Überschrift *Secundum Mattheum* lesbar. Sie bezieht sich auf das folgende Matthäus-Evangelium, dessen Schluß noch in der ersten Zeile der Innenseite des Blattes lesbar ist: *et adoraverunt eum dicentes: Vere filius dei es* (Matth. 14,33). Es folgt in roten Majuskeln die Überschrift *In n(atalicio) s(ancti) Chiliani et aliorum* (8. Juli), dann die *L(ectio): Sancti per fidem, R(esponsio): In n(atalicio) pl(urimorum) m(artyrum), E(vangelium): Ecce ego, R(esponsio): In n(atalicio) pl(urimorum) m(artyrum).* Diese Initien beziehen sich wohl auf ein Commune Sanctorum, in dem diese Texte standen. Es folgen die Überschrift: *In n(atalicio) septem fratrum* (10. Juli) und der Text der Lesung, der den Rest der Seite ausfüllt: *Lectio libri sapientie: Mulierem fortem . . .* (Prov. 31,10–25).

Die Vorderseite (Innenseite) des hinteren Blattes *(s. Abb. 10)* enthält das Ende eines Johannes-Evangeliums (Joan. 12,25–26), sowie die Initien der Lesung, des Evangeliums und der dazugehörigen Responsionen zu den Festen des hl. Tiburtius (11. August), des hl. Hippolyth (13. August), sowie zur Vigil des Festes Mariä Himmelfahrt (14. August) nach den Initien der Lesung und der dazugehörigen Responsio den Text des Lukas-Evangeliums (Luc. 11,27–32).

Die Daten der Feste (vorderes Blatt: 8. und 10. Juli, hinteres Blatt: 11., 13. und 14. August) und die Textverluste zeigen, daß das erhaltene Doppelblatt ursprünglich Teil einer umfangreicheren Lage war.

Ein weiteres, aus St. Blasien stammendes liturgisches Fragment bildet das Einzelblatt Hs. Karlsruhe, Badische Landesbibliothek St. Blasien 121. Es enthält Text und Melodie des *Exsultet* der Ostervigil. Da es seiner Schrift nach bereits deutlich ins 13. Jahrhundert gehört, überschreitet es den zeitlichen Rahmen der vorliegenden Studie und wird hier nur am Rande erwähnt. Bei der noch ausstehenden Erforschung des spätmittelalterlichen Schriftwesens in St. Blasien können sicher noch weitere Fragmente aus liturgischen Handschriften entdeckt werden.

Zitierte Archivalien und Handschriften

Karlsruhe, Badische Landesbibliothek
St. Blasien 120
St. Blasien 121
Karlsruhe, Generallandesarchiv, Abt. 66 Berainsammlung Nr. 1475

Kynžvart (Königswart), Schloßbibliothek
40 (20. D. 22 / 1) 78 (20. K. 24)
44 (20. E. 12) 93 (25. C. 7 / I)
52 (20. G. 6) 94 (25. C. 7 / II)
58 (20. G. 24)
München Bayerische Staatsbibliothek
Clm 6251
Clm 9545

St. Paul im Lavanttal (Kärnten), Stiftsbibl.
18 / 1 (25. 4. 14)
20 / 1 (XXIX / 2, Kass. 2)
60 / 1 (25. 3. 17)
Strasbourg, Bibliothèque nat. et univ. ms. 1
Wien, Österreichische Nationalbibliothek
Cod. lat. 9, fol. I–IV
Cod. lat. 9–10

Anmerkungen

1 Vgl. T. Leccisotti, Montecassino, Montecassino [5]1967, S. 246; M. Fuiano, Libri, scrittorii e biblioteche nell'alto medioevo, Neapel 1973, S. 50; O. Mazal, Die Salzburger Dom- und Klosterbibliothek in karolingischer Zeit, in: Codices manuscripti 3 (1977) S. 44–64, ebd. S. 44.

2 Benedicti Regula, hg. v. R. Hanslik, Wien [2]1977 (Corpus scriptorum ecclesiasticorum latinorum, 75), S. 129.

3 Vgl. auch den Ausstellungskatalog: XV Centenario della nascita di S. Benedetto 480–1980. »Ora et labora«. Testimonianze benedettine nella Biblioteca Apostolica Vaticana, Vatikanstadt 1980.

4 H. Reinhardt, Der St. Galler Klosterplan. Mit Beiträgen von D. Schwarz, J. Duft u. H. Beßler, St. Gallen 1952 (= 92. Neujahrsblatt, hg. vom Historischen Verein des Kantons St. Gallen) mit Faksimile; vgl. auch J. Duft, Mittelalterliche Schreiber. Bilder, Anekdoten und Sprüche aus der Stiftsbibliothek St. Gallen, St. Gallen 1964, S. 9–11.

5 Bernoldi Chronicon, ed. G. H. Pertz, MGH SS 5 (1844), S. 439: *Eo autem tempore in regno Teutonicorum tria monasteria cum suis cellulis, regularibus disciplinis instituta egregie pollebant: quippe coenobium sancti Blasii in Nigra Silva et sancti Aurelii, quod Hirsaugia dicitur, et sancti Salvatoris, quod Scefhusin, id est navium domus, dicitur.*

6 Vgl. H. Houben, St. Blasianer Handschriften des 11. und 12. Jahrhunderts, unter besonderer Berücksichtigung der Ochsenhauser Klosterbibliothek, München 1979 (Münchener Beiträge zur Mediävistik und Renaissance-Forschung 30), S. 18–22.

7 H. Bober, The St. Blasian Psalter, New York 1963 (Rare Books Monographs Series 3); entschieden gegen St. Blasien als Entstehungsort des Psalters: W. Irtenkauf, Über die Herkunft des sogenannten St. Blasien Psalters, in: Bibliothek und Wissenschaft 1 (1964) S. 23–49; ders., Noch einmal: Über die Herkunft des sogenannten St. Blasien Psalters, in: Bibliothek und Wissenschaft 2 (1965) S. 59–84; H. Houben, St. Blasianer Handschriften (wie Anm. 6) S. 69 f.; R. Kroos, Notizen zum »St. Blasien-Psalter«, in: Die Zeit der Staufer. Geschichte – Kunst – Kultur. Katalog der Ausstellung 1977, hg. v. R. Hausherr u. C. Väterlein, Bd. 5: Supplement: Vorträge und Forschungen, Stuttgart 1979, S. 353–387; W. Irtenkauf (Rez.): H. Houben, St. Blasianer Handschriften (wie Anm. 6), in: Codices manuscripti 5 (1979) S. 121 f., ebd. S. 122. – Nicht berücksichtigt sind die Ergebnisse der hier zitierten neueren Forschungen bei A. v. Euw – J. M. Plotzek, Die Handschriften der Sammlung Ludwig, Bd. 1, Köln 1979, wo im Anschluß an Bober weiter vom »Psalter aus St. Blasien« (S. 321) gesprochen wird.

8 H. Houben, St. Blasianer Handschriften (wie Anm. 6) S. 44–70.

9 Ebd. S. 24–31.

10 Ebd. S. 31–38; ders., Das Fragment des Necrologs von St. Blasien (Hs. Wien, ÖNB Cod. lat. 9, fol. I–IV). Facsimile, Einleitung und Register. Bestandteil des Quellenwerkes »Societas et Fraternitas«, in: Frühmittelalterliche Studien 14 (1980) S. 274–298 mit Taf. V–XII u. Farbtafel.

11 H. Houben, St. Blasianer Handschriften (wie Anm. 6) S. 39–43; S. v. Borries-Schulten, Eine Schmuckhandschrift aus Cella Sancti Petri de Monte in der Bayerischen Staatsbibliothek, in: Münchener Jahrbuch der bildenden Kunst, 3. Folge Bd. 25 (1974) S. 27–46, erwähnt (ebd. S. 46 Anm. 71) die Verwandtschaft der Knollenranken-Initialen im Bernauer Missale mit solchen vergleichbarer Handschriften südwestdeutscher Klöster und weist besonders auf den wahrscheinlich aus St. Peter im Schwarzwald stammenden Clm 6251 hin. – Zu einem Blatt aus einem Sakramenter (»Südwestdeutschland oder Schweiz, 3. Drittel des 12. Jahrhunderts«) mit einer ähnlichen Rankeninitiale vgl. A. v. Euw – J. Plotzek, Die Handschriften der Sammlung Ludwig, Bd. 1 (wie Anm. 7), V 3, S. 231 f. mit Farbfaksimile der Rectoseite auf S. 233 u. Schwarzweißfaksimile der Recto- und Versoseite ebd. Abb. 153–154.

12 A. v. Euw, Das Sakramentar von St. Paul, in: Die Abtei Reichenau. Neue Beiträge zur Geschichte und Kultur des Inselklosters, hg. v. H. Maurer, Sigmaringen 1974) (Bodenseebibliothek 20) S. 363–387; H. Houben, St. Blasianer Handschriften (wie Anm. 6) S. 43 f. – Ein Officium des hl. Blasius in dem aus Oberalteich stammenden Clm 9545 (fol. 76^{v}) war der Anlaß, St. Blasier Herkunft dieser Handschrift zu vermuten: Mittelalterliche Bibliothekskataloge Deutschlands und der Schweiz, Bd. 4: Bistümer Passau, Regensburg, Freising, Würzburg, hg. v. B. Bischoff. Teil 1: Bistümer Passau u. Regensburg, bearb. v. C. Ineichen-Eder, München 1977, S. 71. Der Codex enthält die Paulus-Briefe, den dazugehörigen Kommentar des Sedulius Scottus und die kanonischen Briefe; er »stammt aus dem Westen und wurde im 10. Jahrhundert geschrieben« (ebd.). Da das Blasius-Officium »noch vor der Gründungszeit von Oberaltaich« (um 1100) geschrieben wurde, sei »,wenigstens die Wahrscheinlichkeit gegeben, daß die Handschrift aus dem Kloster St. Blasien nach Oberaltaich kam« (ebd.). Als Begründung wird die Annahme von M .Hartig, Die niederbayerischen Stifte, München 1939, S. 70, angeführt, Oberaltaich sei von St. Blasier Mönchen besiedelt worden; diese Vermutung ist jedoch unbegründet: vgl. F. Prinz, Die innere Entwicklung: Staat, Gesellschaft, Kirche, Wirtschaft, in: Handbuch der bayerischen Geschichte, Bd. 1, hg. v. M. Spindler, München 1968, S. 270–426, ebd. S. 385, u. J. Hemmerle, Die Benediktinerklöster in Bayern, Augsburg 1970, (Germania Bendictina 2), S. 201. Schrift und Text des Blasius-Officiums auf fol. 76^{v} des Clm 9545 geben keinen Hinweis auf eine mögliche Entstehung in St. Blasien.

13 Die Hirsauer Bibliothek ist fast vollständig zugrunde gegangen: vgl. W. Irtenkauf, Hirsau. Geschichte und Kultur, Lindau – Konstanz 1959, 3. Aufl. Sigmaringen 1980 (Thorbecke Kunstbücherei 7), S. 30 f.

14 R. Kottje, Klosterbibliotheken und monastische Kultur in der zweiten Hälfte des XI. Jahrhunderts, in: Zeitschrift für Kirchengeschichte 80 (1969) S. 145–162; I. J. Miscoll-Reckert, Kloster Petershausen als bischöflich-konstanzisches Eigenkloster. Studien über das Verhältnis zu Bischof, Adel und Reform vom 10. bis 12. Jahrhundert, Sigmaringen 1973 (Forschungen zur oberrheinischen Landesgeschichte 24; = Konstanzer Geschichts- und Rechtsquellen 18), S. 163–169; allgemein: B. Bischoff, Paläographie des römischen Altertums und des abendländischen Mittelalters, Berlin 1979 (Grundlagen der Germanistik 24), S. 267 f.

15 Vgl. H. Jakobs, Der Adel in der Klosterreform von St. Blasien, Köln–Graz 1968 (Kölner Historische Abhandlungen 16).

16 Wernerie Abbatis S. Blasii Deflorationes SS. Patrum, in: Migne, P. L. 157, col. 721–1256; vgl. P. Glorieux, Les *Defloration* de Werner de Saint Blaise, in: Mélanges Joseph de Ghellinck, Gembloux 1951, S. 699–721; die Vermutung (ebd. S. 715), das Werk sei »entre 1170 et 1174« entstanden, beruht auf der Annahme, Werner habe die *Defloriationes* während seines Abbiats, das Glorieux in die Zeit zwischen 1170 und dem 27. Mai 1174 datiert (ebd. S. 714), verfaßt; die *Annales necrologici* (ed. F. L. Baumann, MGH Necrologia 1, Berlin 1888, S. 329) berichten jedoch, Abt Werner II. von St. Blasien sei am 27. Mai 1178 (*nicht* 1174!) gestorben. Will man also der Annahme von Glorieux folgen, die *Deflorationes* seines während des Abbatiats Werner II. entstanden, so muß man den möglichen Entstehungszeitraum auf 1170–27. Mai 1178 erweitern.

17 Migne, P. L. 186, col. 11–620. – Ausführliche Nachweise der von Werner benutzten Quellen finden sich bei P. Glorieux, Les *Deflorationes* de Werner de Saint-Blaise (wie Anm. 16), S. 708–713.

18 Migne, P. L. 176, col. 173–618.

19 Migne, P. L. 172, col. 807–1108.

20 Migne, P. L. 171, col. 343–965.

21 Lediglich aus der alten Ochsenhauser Klosterbibliothek hat sich eine Handschrift des 13. Jh. erhalten, die den *Speculum Ecclesiae* des Honorius Augustodunensis enthält: Hs. Kynžvart 44 (alt: 20. E. 12); vgl. F. Čáda, Rukopisy knihovny státního zámku v Kynžvartě. Codices manu scripti bibliothecae castelli Kynžvart in Bohemia Occidentali, Prag 1965 (Československá akademie věd, komise pro soupis a studium rukopisů. Soupisy rukopisů svazek 3), S. 71.

22 Vgl. H. Houben, St. Blasianer Handschriften (wie Anm. 6), Taf. 1–3, S. 197–199.

23 Ebd. Taf. 5, S. 201.

24 Zum Skriptorium von Schaffhausen vgl. A. Bruckner, Scriptoria medii aevi helvetica, Bd. 6: Kloster Allerheiligen in Schaffhausen, Genf 1952.

25 Vgl. H. Houben, St. Blasianer Handschriften (wie Anm. 6) S. 81–156. – Der ebd. S. 109 u. 145 im Anschluß an H. Tüchle, Ein Hildegard- und ein Bernhardbrief aus der ehemaligen Ochsenhauser Klosterbibliothek, in: Studien und Mitteilungen OSB 79 (1968) S. 17–22 als »sonst nirgends überlieferter Anhang« zur *Historia hierosolymitana* des Robertus Monachus bezeichnete Text (Hs. Kynžvart 69, alt: 20. H. 39, fol. 82RV) ist ein häufig zusammen mit der *Historia hierosolymitana* überliefertes Brieffragment: vgl. H. Hagenmeyer, Epistulae et chartae ad historiam primi belli sacri spectantes quae supersunt aevo aequales ac genuinae. Die Kreuzzugsbriefe aus den Jahren 1080–1100. Eine Quellensammlung zur Geschichte des ersten Kreuzzugs, Innsbruck 1901, S. 68 f. u. S. 146–149 (ohne Erwähnung der Kynžvarter Handschrift).

26 Sie gelangte im Jahre 1825 größtenteils auf das Metternichsche Schloß Königswart in Böhmen (Kynžvart, ČSSR): vgl. H. Houben, St. Blasianer Handschriften (wie Anm. 6), S. 77 f.; ebd. S. 78 ist angegeben, P. Rath sei der »Nachfolger« des Königswarter Bibliothekars Heinrich Schiel gewesen; P. Rath war jedoch von 1844 bis zu seinem Tode (1887) Kustos und Direktor der Sammlungen von Schloß Königswart; H. Schiel war dort Bibliothekar und erstellte 1845–1853 einen achtbändigen Katalog der Schloßbibliothek: vgl. H. Rokyta, P. Paulus Johann Baptist Rath OSB aus Seitenstetten (1807–1887), Erzieher im Hause Metternich, Direktor der Sammlungen auf Schloß Königswart in Böhmen, in: Studien und Mitteilungen OSB 90 (1979) S. 356–419, ebd. S. 388 u. 391.

27 Vgl. die Übersicht bei H. Houben, St. Blasianer Handschriften (wie Anm. 6), S. 149.

28 Zur handschriftlichen Überlieferung der *Consuetudines Fructuarienses* vgl. K. Hallinger, Herkunft und Überlieferung der *Consuetudo Sigiberti*, in: Zeitschrift der Savigny-Stiftung für Rechtsgeschichte, Kanonistische Abteilung 56 (1970) S. 194–242; zu den Kynžvarter Handschriften 52 und 78 vgl. ebd. S. 209 f. u. 212.

29 Vgl. H. Houben, St. Blasianer Handschriften (wie Anm. 6), S. 104 ff.

30 Carmina Cantabrigensia Nr. 12, ed. K. Strecker, Berlin 1926, MGH SS rer. germ. in us. scholarum 40, S. 36–38; der Text der Kynžvarter Handschrift ist an vielen Stellen verderbt (s. H. Houben, St. Blasianer Handschriften, wie Anm. 6, S. 91 f.) und ist vermutlich vom Schreiber nicht mehr verstanden worden.

31 Carmina Burana Nr. 11: s. H. Houben, St. Blasianer Handschriften (wie Anm. 6), S. 103 ff.

32 Vgl. R. Schützeichel, Das alemannische Memento mori. Das Gedicht und der geistig-historische Hintergrund, Tübingen 1962; H. Houben, St. Blasianer Handschriften (wie Anm .6) S. 141 ff. u. S. 147 bes. Anm. 301.

33 H. Houben, St. Blasianer Handschriften (wie Anm. 6), S. 169–172.

34 Ebd. S. 135–137 und 141–143; Abbildungen: ebd. Taf. 1–20, S. 197–209.

35 Ebd. S. 48 f.

36 Vgl. H. Ott, Die Klostergrundherrschaft St. Blasien im Mittelalter. Beiträge zur Besitzgeschichte, Stuttgart 1969 (Arbeiten zum Historischen Atlas von Südwestdeutschland 4), S. 26.

37 Ebd. S. 8: »Pergamentbuch mit 43 Blättern in ein altes Missaleblatt gebunden, . . .« – Für Hilfen bei der Analyse der hier behandelten liturgischen Fragmente danke ich Herrn. Dr. Winfrid Hagenmaier (Freiburg i. Br.).

38 Zur paläographischen Terminologie vgl. B. Bischoff, Paläographie (wie Anm. 14), S. 163 ff.

39 Zur liturgischen Terminologie vgl. V. Fiala – W. Irtenkauf, Versuch einer liturgischen Nomenklatur, in: Zur Katalogisierung mittelalterlicher und neuerer Handschriften, hg. v. C. Köttelwesch, Frankfurt/M. 1963 (Zeitschrift für Bibliothekswesen und Bibliographie, Sonderheft), S. 105–137.

Josef Lenzenweger

Berthold von Garsten, Mönch von St. Blasien

Das ehemalige Benediktinerkloster St. Blasien – bereits im 10. Jhdt. gegründet – entfaltete eine große Strahlungskraft, deren sich wohl wenige Bewohner der heutigen Kurstadt bewußt sind. Besonders denkt natürlich die Abtei St. Paul im Lavanttal (Kärnten/Österreich), wohin die Mönche von St. Blasien nach der Säkularisation, dank der großzügigen Aufnahme durch Kaiser Franz I. von Österreich, übersiedelt sind, an ihr ursprüngliches Kloster. Viele wertvolle Handschriften sind heute noch ein kostbarer Schatz der dortigen Bibliothek, der sorgfältig gehütet wird.

Zu diesen gehört u. a. ein Manuskript, aus der 2. Hälfte des 14. Jahrhunderts, in dem eine »relatio sive narratio de prima inhabitatione huius solitudinis et edificatione huius monasterii« (= Bericht bzw. Erzählung über die erste Besiedlung dieser Einöde und die Erbauung dieses Klosters) enthalten ist. Darin wird berichtet, daß Luitgard, die Gemahlin eines Grafen Adalbert, um 1120 dem Kloster St. Blasien große Schenkungen gemacht hat. Von diesem Grafen heißt es, daß er aus einer der vornehmsten Familien Noricums, nämlich aus der der Grafen von Windberg-Bogen, stammte. Von späterer Hand wurde das Wort Windberg durch »Wirtemberg« ersetzt[1]. In den Annales Suevicorum, die Martin Crusius 1595 in Frankfurt publiziert hat, ist nun allerdings nach einer zur Vorsicht mahnenden Bemerkung davon die Rede, daß aus diesem Geschlecht der Würtemberg auch ein Berthold stamme, der mit einer Adelheid, Gräfin von Lechsmund, verheiratet gewesen sei[2]. Nach dem Tode dieser Adelheid sei nun, so kombinierten spätere Schriftsteller, Berthold ins Kloster St. Blasien eingetreten[3].

Wahr ist jedoch nur folgendes: der spätere Abt von Garsten, heute Bezirk Steyr/Land, Oberösterreich, ist tatsächlich in St. Blasien eingetreten, und zwar, wie wir annehmen können, wegen der dort herrschenden strengen Observanz, auf die wir gleich noch zurückkommen werden. Über sein Leben sind wir durch eine in der Zeit zwischen 1173 und 1182 abgefaßte Vita verhältnismäßig gut informiert. Ihr Quellenwert ist durch Vergleiche mit anderen zeitgenössischen Nachrichten zum Teil überprüfbar und erweist sich im Rahmen der zeitgenössischen Literatur als durchaus glaubwürdig, wenn auch natürlich der Mirakelteil von der übertriebenen Wundergläubigkeit der damaligen Zeit geprägt wurde[4]. Die Zeit ihrer Abfassung ergibt sich aus der im Prolog erhaltenen Widmung für den Brudersohn des Heiligen, den Abt Ulrich III. von Kremsmünster, der während der Niederschrift noch dem genannten Stift vorstand. Nach der Resignation des Abtes Alram war er von Garsten nach Kremsmünster postuliert worden (1173) und starb am 9. Juni 1182 vor Akkon im hl. Lande, wo er offenbar am Kreuzzug von Barbastro teilnahm[5]. Die im angegebenen Zeitraum von einem Mönch des Klosters Garsten, der Berthold nur mehr vom Hörensagen kannte, verfaßte Lebensbeschreibung reichte bis Kapitel XL. Spätere Ergänzungen, deren 10 erkannt werden können, reichen ab dem Ende des 12. Jh. bis in die Mitte des 14. Jh., erzählen aber nichts mehr, woraus ein Zusammenhang mit St. Blasien erkannt werden könnte.

Über die Herkunft Bertholds wissen wir nicht allzuviel. Das paßt genau in die Art der Biographien von damals. Der Heilige war erst dann bedeutsam, wenn er als solcher erkannt wurde. Wir können ähnliches bei der Lebensbeschreibung seiner Zeitgenossen, z. B. des Peter Venerabilis von Cluny, beobachten[6].

Wir hören nur einiges über Bertholds Verwandte. Von seinen Eltern erfahren wir allerdings nichts. Sein Bruder jedoch, dessen Name Hugo im erhaltenen Garstner Traditionskodex angegeben ist[7], wird auch im Kapitel VIII der Vita erwähnt: er war verheiratet, und seine Witwe, deren Namen wir wieder nicht mehr kennen, widmete nach dem Tode ihres Ehegatten das Gut Kiblitz (heute Gerichtsbezirk Ravelsbach, Viertel unter dem Manhartsberg, N.Ö.; das Gut scheint dem Verfall preisgegeben) und einen Weinberg zu Thern (Dorf und Ortsgemeinde im Gerichtsbezirk Hollabrunn, Viertel unter dem Manhartsberg, N.Ö., heute Ortschaft Ober- und Niederthern) für ihr eigenes sowie ihres verstorbenen Ehegatten und der beiderseits verstorbenen Eltern Seelenheil[7]. Es wird uns in der Vita außerdem von zwei Neffen und einer Nichte berichtet. Berthold, der eine Neffe, war ein unruhiger und dem Wankelmut preisgegebener junger Mann. Die Mutter brachte ihn ins Kloster nach Garsten, doch hier hatte der Onkel-Abt seine Plage mit ihm. Der junge Mann nahm sich, im Vertrauen auf seine nahe Verwandtschaft, etliches heraus. Darum schickte ihn Abt Berthold zur Besserung in das Stift Göttweig ob der Donau, von woher er selber gekommen war. Doch der Neffe mußte auch dort des Hauses verwiesen werden und nahm sich schließlich als Vagabund selber das Leben (Kapitel VIII).

Besser stand es mit dem anderen Neffen mit Namen Ulrich. Er zeigte zwar zunächst eine besonders große Anhänglichkeit an seine Mutter, als diese ihn dem Kloster Garsten übergeben hatte, erwies sich aber bald als besonders regeltreu und gehorsam (Kapitel XIII), fühlte sich am Grabe seines Onkels von einem Fußleiden geheilt (XXIX) und stieg im Kloster Garsten zum Amte eines Priors empor[8]. Wie wir schon erwähnten, wurde er 1173 Abt in Kremsmünster (Prolog und Kapitel XXIX).

Die Schwester der beiden hieß Gertrud. Sie widmete noch in der Zeit, als ihr Bruder Prior in Garsten war, eine halbe Hube zu Thern, ebenfalls an das Kloster Garsten. Sie tat dies mit der ausdrücklichen Begründung: »ob amorem sancti Perhtoldi«, also aus Liebe zum hl. Berthold, ihrem Onkel.

In der Tatsache, daß die bekannten Widmungen seiner Verwandten von Besitzungen im Viertel unter dem Manhartsberg erfolgten, können wir wohl einen Hinweis auf die mögliche Heimat Bertholds sehen. Dieser wird durch eine Bemerkung im Kapitel XIV der Vita noch bestärkt. Es heißt dort nämlich, daß er gelegentlich eines Besuches bei einem »nobilis de Rachez, cognatus huius sancti patris«, gewesen sei. Es handelt sich offenbar um Konrad den Älteren von Raabs (heute Stadt im Gerichtsbezirk Waidhofen a.d. Thaya, Viertel ober dem Manhartsberg). Dessen Sohn, Konrad der Jüngere, nannte sich schon comes[9] und wurde von Herzog Leopold IV. (1177–1194) aus dem Geschlechte der Babenberger als »cognatus meus bzw. noster« (= mein, bzw. unser Verwandter) bezeichnet[10]. Damit können wir Berthold vielleicht in jene Gruppe einordnen, die mit den Babenbergern in unser Land gekommen ist.

Berthold fühlte sich offenbar zum Ordensstand berufen. In der damaligen Situation dachte er an ein Kloster nach der Regel des hl. Benedikt, in dem jedes Haus auch seiner eigenen »consuetudo« folgte. Um eine zeitgemäße Erneuerung der Klöster nach der Regel des hl. Benedikt hatten sich immer wieder gewisse Zentren bemüht. So z. B. Cluny und Gorze. Von Cluny war St. Benigne in Dijon besiedelt worden[11]. Der »ordo Cluniacensis« griff von hier auf die Abtei Fruttuaria (heute S. Benigno Canavese) bei Ivrea im Aostatal über[12]. Das Kloster St. Blasien im Schwarzwald war zwar schon im 10. Jahrhundert besiedelt worden – um 1072 war u. a. durch den späteren Abt Utto, einen Grafen von Kyburg (1086–1106), der Liber Ordinarius Wiberti abbatis[13] nach St. Blasien im Schwarzwald verbracht worden. Dieser Brauchtext erlangte dann im Schwarzwaldkloster unbedingte Geltung. Er war freilich durch den zwischen 1085–1091 ausgearbeiteten »Ordo s. Benigni Divionis« zu den »Consuetudines Fructuarienses und San-Blasianae« weitergeführt worden, die um bzw. nach 1090 in St. Blasien entstanden sind. Im sogenannten L-Text, der heute im Stift Göttweig aufbewahrt wird, ist uns von einer Hand des beginnenden 12. Jahrhunderts der wertvolle Inhalt noch erhalten[14]. Dieser befindet sich, von einer Hand der zweiten Hälfte des 12. Jahrhunderts geschrieben, auch unter den ehemaligen Beständen des Klosters Garsten, heute in der öffentlichen Studienbibliothek zu Linz, unter Nr. (rot) 313 verwahrt, sowie in zwei aus dem 18. Jahrhundert stammenden Handschriften des Klosters St. Blasien, heute im Stift St. Paul hinterlegt[15].

Berthold nahm es mit der in seiner Regel und Consuetudo vorgeschriebenen »conversio morum« sehr ernst. Mit welch innerer Begeisterung und aufrichtiger Liebe er daran hing, vermag man aus der Tatsache zu erkennen, daß ihm im Kloster bald verantwortungsvolle Ämter übertragen wurden. Dem »armarius« (Kap. III), heute würden wir ihn als Bibliothekar bezeichnen, war nämlich die Obsorge für die Chorbücher und Missalien anvertraut. Er hatte die Tischleser zu bestellen und die Lesung sowie die Responsorien der Brüder zu überwachen. Seine Aufgabe war es auch, die Totenroteln zu verfassen. Außerdem mußte er das Abschreiben und Binden der Bücher besorgen lassen. Es war vorgesehen, daß er am Montag in der ersten Fastenwoche die einschlägigen Bücher in den Kapitelsaal zu bringen hatte und nach Lesung der einschlägigen Stelle im Kapitel 49 der Regel des hl. Benedikt und einer Ansprache des Abtes die Lektüre an die Brüder verteilt[16].

Außerdem versah Berthold in St. Blasien das Amt eines »prior claustralis« (Kap. III). Damals hieß er Kleinprior, heute würden wir ihn Subprior nennen. Damit war er der ständige Stellvertreter des Großpriors, nämlich des Mönches Hartmann geworden, der zuvor schon Propst des durch Bischof Altmann von Passau (1065–1091) gegründeten Augustiner-Chorherren-Stiftes St. Nikola in Passau gewesen war[17].

Von St. Blasien aus wurde 1094 Göttweig ob der Donau mit Benediktinern besiedelt. Dort waren zunächst durch den schon genannten Bischof Altmann von Passau Regularkanoniker angesiedelt worden[18]. Sie wurden dem Zuge der Zeit entsprechend, da man auch mit ihrer Lebensführung nicht ganz einverstanden war, durch Mönche nach der Regel des hl. Benedikt abgelöst. Als neuer Abt für Göttweig wurde der eben erwähnte Prior Hartmann von St. Blasien bestellt. Er verließ sein Stammkloster am gleichen 11. September 1094, an dem der Neubau des Gotteshauses in St. Blasien begonnen wurde[19]. Zum Prior in Göttweig wurde nunmehr der Mönch Wirnto (= Bernhard) bestellt[20], der sich ebenfalls als Mann der Reform erwies.

In Garsten an der Enns (heute Bez. Steyr-Land, Oberösterreich), war ebenfalls durch die Vermittlung des Bischofs Altmann durch Otakar II., Markgrafen von Steiermark (ca. 1080–1122), auf Grund des Eigenkirchenrechts ein Kollegiatstift eingerichtet worden[21]. Der Kirchherr war jedoch mit seinen Kanonikern nicht zufrieden gewesen u. a. deswegen, weil einige von ihnen beim Baden in der am Stift vorbeifließenden Enns ertrunken waren. Als er für seine an einem 10. Oktober um 1104 verstorbene Ehegattin Elisabeth, Tochter des Babenberger Markgrafen Leopold II. (1075–1096), also eine Schwester des hl. Markgrafen Leopold III. (1096–1136), in gewohnter Weise einen Jahrtag feiern ließ, machte er den Weltpriester-Kanonikern von Garsten, die seine Hörigen waren, seinen unwiderrufbaren Entschluß kund, daß er das von ihm gegründete Gotteshaus in eine Niederlassung von Mönchen nach der Regel des hl. Benedikt umzuwandeln gesonnen sei. Die Stiftsherren waren zwar für eine solche Änderung nicht begeistert, mußten sich aber fügen.

Es kam nun alles darauf an, ob es gelang, einen tüchtigen Oberen für die neue Gemeinschaft zu finden. Die Niederlassung sollte zuerst unter der Leitung eines Priors stehen, der vom Abte von Göttweig abhängig war. Durch die Vermittlung seines schon erwähnten Schwagers konnte Markgraf Otakar erreichen, daß Abt Hartmann von Göttweig seinen tüchtigen Prior Wirnt nach Garsten abordnete (Kap. II). So wurde 1107 der »ordo monachorum« in Garsten eingeführt[22].

Diese Veränderung in Garsten hatte für das Leben Bertholds in St. Blasien eine einschneidende Folge. Er wurde nämlich jetzt von St. Blasien nach Göttweig als Nachfolger Wirnts und damit als Großprior berufen (Kap. II). Da Abt Hartmann gleichzeitig auch für St. Lambrecht in der Steiermark zuständig war, fiel dem Göttweiger Prior eine besonders einflußreiche Rolle zu, die er ganz im Sinne der Blasianer-Obödienz nutzen konnte. Von der Pflege des geistigen Lebens bis zur Sorge für das körperliche Wohlbefinden der Mönche reichte seine Verantwortung. Die Verkettung zwischen dem Schicksal Wirnts und Bertholds dauerte an. Am 29. Oktober 1108 verstarb nämlich Abt Berengar vom Kloster Vornbach am Inn (in der Nähe von Passau in Niederbayern)[23]. Dieser war der Jung-Gorzer-Richtung zugehörig gewesen[24]. Die Mönche von Vornbach wählten nun Wirnto, den Prior von Garsten, der, wie gesagt, auf die Gewohnheiten von St. Blasien, welche der Cluniazenser-Richtung zugehörten, eingeschworen war[25]. Es mag 1109 geworden sein, bis Wirnt an seinen neuen Wirkungsort Vornbach gezogen ist.

So war das junge Priorat Garsten verwaist. Die gemeinsame Wahl der Mönchsgemeinde und des Eigenkirchenherrn Otakar fiel nunmehr auf Berthold, damals Großprior von Göttweig. Es mag noch einige Zeit vergangen sein, bis man dem Abte Hartmann die Zustimmung zu dieser Maßnahme abringen konnte und der Erwählte wirklich nach Garsten gekommen ist. Inzwischen erfolgte allerdings durch die Erhebung zur Abtei die Verselbständigung des Klosters Garsten. Spätestens um 1111 waltete Berthold schon seines Amtes in Garsten[26]. Bertholds Wirksamkeit am neuen Ort war natürlich durch die Regel des hl. Benedikt geprägt. Sie verlangte von einem Abt, daß er ein keuscher, nüchterner und milder Mann sei, der bereit zu sein habe, mehr vorzusehen als vorzustehen[27]. Darum müsse er alles, was gut und heilig ist, mehr durch die Tat als durch Worte aufzeigen[28]. So waren seine Bemühungen ganz auf das »servitium divinum« (Kap. III) ausgerichtet. Wir lernen ihn als einen Mann des Gebetes kennen. Die Vita rühmt, vielleicht etwas übertreibend von ihm, daß er Tag und Nacht darin verbrachte (z. B. Kap. IV, IX und XII). Er versenkte seinen Geist immer wieder auch in die Betrachtung (Kap. XXI) und legte großen Wert auf das pünktliche Erscheinen beim Chorgebet (Kap. III). Täglich feierte er mit großer Andacht die hl. Messe (Kap. VI und XII, bzw. Kap. XIX). Auch auf Reisen unterließ er sie nicht (Kap. XXXV). Wenn er von Beichtleuten bestürmt wurde, verschob er sie bis in die Mittagsstunde (Kap. XI).

Sein Vertrauen auf Gottes Güte war groß; so z. B., als eine Überschwemmung das Kloster bedrohte (Kap. IX), als für Gäste keine Fische zur Verfügung standen (Kap. XI), als ein Konverse schwer krank darniederlag (Kap. XV). Was seine Heiligenverehrung anbelangte, war er wiederum typischer Vertreter der Richtung Fruttuaria-Cluny. Der Mutter Gottes[29] weihte er das unter ihm erbaute Gotteshaus des Klosters (Kap. XXXVII), das neben der Pfarrkirche, die unter dem Patrozinium Johannes des Täufers und Stephans des Erzmärtyrers stand, erbaut worden war[30]. Ein eigenes Oratorium zu Ehren des hl. Petrus diente ihm zur hl. Messe, zur Abnahme der Beichte und zur geistlichen Betrachtung. An dieser Stätte sprach er aus Ehrfurcht kein profanes Wort (Kap. XII, XIII und XIX).

Eine straffe und doch elastische Tageseinteilung war auch die Voraussetzung für die ständige Erweiterung seines Wissens (Kap. VIII), das er durch eifrige Lektüre zu vertiefen suchte (Kap. IV). Er wollte seine Kenntnisse nicht ängstlich für sich behalten, darum griff er zur Feder und schrieb (Kap. IV). Freilich ist uns kein Schriftstück aus seiner Hand erhalten. Er bewährte sich u. a. auch als vorzüglicher Redner (Kap. VIII).

Seinen eigenen Leib unterwarf er einer harten Zucht. Besonders das Fasten beobachtete er rigoros (Kap. III.). Darum gewährte er seinem Bruder »Esel« auch nicht allzuviel Schlaf (Kap. IV). Von den Geschenken, die man ihm übergab, verwendete er nichts für sich selbst (Kap. VI). Er trug überhaupt kein Geld bei sich (Kap. XXXV). Durch diese Lebensweise versuchte er, die Losung seines Mönchvaters Benedikt »ora et labora« zu verwirklichen. Er wurde dabei weder tugendstolz noch rechthaberisch, keineswegs verwechselte er Starrheit mit Geradlinigkeit und

Härte mit zurückhaltender Liebe. So war er ein wirklicher Vater seiner Mönche und konnte sich mit Takt und Klugheit, reifem Verständnis und Einfühlungsvermögen bald die Zuneigung und Verehrung seiner Mitbrüder sichern.

Das war vielleicht gar nicht so leicht, denn er fand im Kloster zwei ganz verschieden geartete Gruppen vor. Die Stammannschaft der Benediktiner war unter Wirnt nach Garsten gekommen und fand sich jenen ehemaligen Kanonikern gegenüber, die, wie wir schon gehört haben, von ihrem Eigenkirchherren Otakar in den Mönchstand gezwungen worden waren (Kap. II). Berthold meisterte diese Aufgabe in vorbildlicher Weise. Den Sprecher der widerspenstigen ehemaligen Stiftsherren Eberhard machte er zu seinem Kaplan, und zwar gleich nach seinem Eintreffen in Garsten. Er wollte ihn sogar als Nachfolger sehen (Kap. III, XVII und XIX).

Seine imponierende Art, mit Menschen umzugehen, der gute Ruf seines Klosters, all dies half zusammen, daß sich in Garsten bald genug Männer einfanden, die bereit waren, Gott nach der Regel des hl. Benedikt und den Gewohnheiten von Fruttuaria zu dienen.

Da Berthold stets auch den bei ihm Hilfe und Rat Suchenden zur Verfügung stehen wollte, unternahm er sogar ausgedehnte und für die damalige Zeit wohl beschwerliche Reisen. Er mußte darum auch denen, die mit ihm die Last der Verantwortung trugen, viel Selbständigkeit einräumen. Wir wissen, daß ihn mit dem Prior ein besonders herzliches Verhältnis verband (Kap. IV). Er sah darauf, daß die Klosteroffizialen die Ordensregel nicht vernachlässigten. Darum zog er den Kämmerer zur Rechenschaft, als dieser einen Mann von der Klosterpforte abweisen ließ, (Kap. V) und handelte in ähnlicher Weise gegenüber dem Klosterbäcker (Kap. V).

An Feiertagen erhielt der Konvent Fische (ansonsten wurde ein strenges Fasten beobachtet, das alle Fleischspeisen vermied und nur vegetarische Kost zuließ). An einem Jakobitag (25. Juli) – dieser galt damals als Feiertag – fehlte den Mönchen die erwünschte Abwechlung bei der Kost. Es gab keine Fische. Daher machten sie ihrem Abt beim Kapitel lebhafte Vorwürfe. Es gab sogar Lärmszenen. Was tat Berthold? Er warf sich ihnen zu Füßen und bat sie um Verzeihung (Kap. IX). Doch trotz seiner Demut und Herzensgüte kannte er keine Milde für ordenswidriges Verhalten und andere Unzulänglichkeiten.

Die Rodung und Urbarmachung der Umgebung von Garsten, an der mittleren Enns und im Steyrtal bis in die Gegend südlich des Großen Nock waren die Voraussetzung für den Ausbau der Seelsorge in diesem Gebiete, in denen die Orte Molln und Gaflenz die äußersten Grenzbezirke waren[31].

Eine Reihe von »pueri claustrales« wurden im Kloster erzogen und zu Mönchen herangebildet. Außer ihnen, den Priestermönchen und den Konversen neuer und alter Ordnung treffen wir auch Diener im Hause, die dem Abt in besonderer Weise zugeordnet waren. Siboto war z. B. beim Sterben dabei (Kap. XV), Adalbert wußte nach Bertholds Tode noch viele Einzelheiten über seinen Herrn zu erzählen (Kap. XXIII), und Hiltibold berichtete unter Tränen dem Biographen aus dem Leben des von ihm hochverehrten Abtes (Kap. XVI). Berthold war also auch groß vor seinen Kammerdienern. Im übrigen besaß er dem Körper nach ebenfalls eine imponierende Gestalt; er war etwa 1,90 m groß[32].

Es ist also nicht zu verwundern, daß unter seiner Stabführung das Kloster mächtig aufblühte. Es war so imstande, an andere Klöster Reformäbte abzustellen. Ulrich wurde 1123 oder etwas früher Abt von St. Lambrecht in der heutigen Steiermark (Kap. II). Ein anderer Mönch gleichen Namens wird dankbar als der 1. Abt des neu gegründeten Klosters Gleink bei Steyr erwähnt (Kap. I). Der eigene Neffe, wiederum ein Ulrich, wurde, wie schon erwähnt, Abt von Kremsmünster (Prolog, Kap. XIII und XXIX).

Die Tätigkeit des Abtes Berthold erstreckte sich über den Konvent hinaus, wie wir schon erwähnten. Er war eben infolge seiner festen inneren Haltung in der Lage, anderen zu helfen. So war er ein geschätzter Beichtvater, der auf die Anliegen derer, die ihm ihr Vertrauen schenkten, einzugehen wußte (Kap. IV, VI und XII). Bezeichnend für die religiösen Verhältnisse und

Kenntnisse von damals ist, daß er den Beichtkindern das »Vater Unser« so lange vorsagte, bis sie es wiedergeben konnten (Kap. VI). An Gästen fehlte es im Konvent nie. Er handelte ihnen gegenüber stets nach der Regel des hl. Benedikt »venit hospes, venit Christus«[33]. Für alle war der Tisch reichlich gedeckt (Kap. III und XI).

Manchmal entschloß er sich selbst zu weiten Reisen, zu denen er andere Mönche mitnahm. Besonders in das Waldviertel begab er sich wiederholt. Er regte durch seinen Besuch in Pernegg, nördlich von Horn, den dortigen Besitzer zu einer Änderung des Lebenswandels und offensichtlich seinen Sohn zur Gründung der Klöster Pernegg (Prämonstratenser-Chorfrauen) und Geras (Prämonstratenser-Chorherren) an (Kap. XXXIV)[34]. Er besuchte den Grafen von Raabs, mit dem er sogar verwandt war (Kap. XIV) und tröstete Adelheid, die eben zur Witwe gewordene Frau Ernsts von Hohenberg, auf ihrer Burg Wildberg ob Messern (Kap. XXXV).

Bertholds Regierung fiel in die Zeit des gerade abklingenden Investiturstreits. Wie wir wissen, war dieser durch das Wormser Konkordat mit dem eben notwendigen Kompromiß beendet worden. Zuvor stellte der Abt von Garsten durch die Aufnahme des vor Kaiser Heinrich V. flüchtigen Konrads I. von Abensberg, Erzbischofs von Salzburg (1106–1147), seine gregorianisch ausgerichtete Gesinnung unter Beweis (Kap. I). Auf der gleichen Seite stand Markgraf Otakar II. von der Steiermark. Berthold genoß aber auch die verwandtschaftliche Zuneigung des Ausgleich suchenden Markgrafen Leopold III. von Österreich (1096–1136) und das Wohlwollen des »Pfaffenkönigs« Konrad III. (1138–1152) (Kap. XXXIX)[35]. Wir sehen also Berthold in guter Beziehung zu den Mächtigen dieser Welt. Trotzdem war er nie hochmütig oder gar präpotent. So hielt er es bis zu seinem Tode. Dieser trat während der Nacht vom 27. zum 28. Juli 1142 im Beisein seiner Mönche ein, von denen er sich in ergreifender Weise verabschiedete (Kap. XVII). Die Erinnerung an ihn lebt bis in die Gegenwart fort.

Das sichtbarste Zeichen dafür ist seine Ruhestätte, die sich ursprünglich als Hochgrab in der Mitte der Klosterkirche vor dem Kreuzaltar und Lettner befunden hat. Sein Hochgrab blieb dort bis zur Erbauung der herrlichen Barockkirche, dann wurde sein Grab an die Seite gerückt. Es befindet sich in der ersten Seitenkapelle rechts, die Berthold selber geweiht ist, und wird noch immer verehrt und besucht *(Abb. 11)*.

Die Fortschreibung seiner Vita in zehn Absätzen ist ein weiterer wertvoller Hinweis, die Feier seines Festes bis in unsere Tage beachtenswert.

Selbst in St. Blasien erinnerte man sich noch im Zeitalter der innerkirchlichen Erneuerung und des Barock an den großen Sohn und feierte sein Fest »sub ritu solemni«[36]. In jenem Supplementum, das dem Missale der Benediktinerkongregation von St. Vito und Hydulph zu St. Vanne in Verdun, ca. 1780 beigebunden wurde – die Benützung erfolgte offenbar in St. Blasien – finden wir ebenfalls ein Meßformular zu Ehren des hl. Berthold, dessen Introitus mit den Worten »Quis dabit« beginnt. Nach der Übersiedlung des Blasianer Konventes in das Land Kärnten wurde, wie zuvor im Stammkloster, der Bertholdtag als »festum III. cl.« und als »Officium decani« weitergeführt[37].

Die Verwendung des Namens Berthold für Taufe und Profeß begegnet häufig. Daß es sich dabei um den Abt von Garsten gehandelt hat, dürfen wir bei den Professen von St. Blasien bzw. St. Paul annehmen: Beneduc, Profeß 1681, † 1699; Schwann, Profeß 1700, † 1732; Pachner, Profeß 1736, † 1760; Rottler, Profeß 1772, Fürstabt zu St. Blasien 1801, Übersiedlung nach St. Paul 1809, † 1826; Urschitz, Profeß 1816, gest. 1873; Closs, Profeß 1904, gest. 1910; Rainer, Eintritt und Austritt 1936, und Schlechta, Profeß 1947, noch am Leben[38].

Als Heiliger fand Berthold zweimal seitens der kirchlichen Autorität eine offizielle Anerkennung: schon ca. 1236 erreichte Abt Ulrich I. von Garsten (1233–1239) beim Passauer Bischof Rudiger von Radeck (1232–1250) eine bischöfliche Kanonisation. Diese erfolgte vom Schloß Ebelsberg aus, und zwar unter Verwendung einer Formel, wie sie auch die Kurie bei solchen Fällen, allerdings in einer etwas ausgedehnteren Weise, anwandte[39]. Der kanonisierende Bischof war freilich später in Gegensatz zur Kurie geraten, da er auf Seiten Kaiser Friedrichs II. (1212–1250) stand und mit diesem nach dem 1. Konzil von Lyon (1245) dem Kirchenbann verfiel[40]. Außerdem hatte Papst Gregor IX. (1227–1241) mit der Veröffentlichung der Dekretaliensammlung des Raymund von Peñafort im Jahre 1234 das Kanonisationsrecht endgültig an sich gezogen, nachdem schon Papst Alexander III. (1159–1181) durch die Dekretale »Audivimus« gegenüber der Kirche von Schweden dieses Recht für sich in Anspruch genommen hatte[41]. Vielleicht mag gerade dieser Umstand erklären, warum die Garstner dann später nicht mehr den Mut hatten, ihren Abt als offiziell kanonisiert auszugeben. Die Bedeutung der Urkunde von 1236 war ihnen vielleicht auch zu wenig bewußt. Noch Franz Xaver Pritz in seinem Büchlein »Erinnerung an das 700-jährige Jubelfest des Seligen Berthold, 1. Abtes zu Garsten« im Jahre 1842 vermutete, die Heiligsprechung sei in der Zeit der Avignonenser Päpste erfolgt[42]. Dafür läßt sich aber kein Nachweis erbringen[43].

Nach dem Wiedererstehen des katholischen Lebens und den Stürmen der Reformation versuchten die Garstner ihre Angelegenheit Berthold wiederholt zu klären. Es war nämlich außerdem am 5. Juli 1634 die Apostolische Konstitution »Coelestis Jerusalem cives« erschienen, durch die Papst Urban VIII. (1623–1644) die gesamte Gesetzesmaterie auf Grund der vorhergehenden Dekrete der Inquisition vom 13. März 1625[44] und der Ritenkongregation vom 8. April 1628[45] sich zu ordnen bemühte. Heilige, deren Kult bereits hundert Jahre zuvor »ab immemorabili tempore« geübt wurde, sollten weiterhin verehrt werden dürfen[46]. Für die Beurteilung des Kultes wurde besonderer Wert gelegt auf die Erhaltung des Grabes, Errichtung von Altären, Aufstellung von Statuen und Bildern, Widmung von Glocken und sonstigen Kultgegenständen, Verwendung als Tauf- und Profeßname, Erweisung öffentlichen Kultes in Messe und Offizium, sowie die Verleihung von Ablässen. Der verdienstvolle Archivar und Bibliothekar des Klosters Seraphin Kirchmayr[47] ging nun daran, mit vieler Mühe und immer neuen Ansätzen die »Documenta seu testimonia cultus« für Berthold zusammenzutragen[48].

Auf Grund dieser Vorstudien wandte sich am 16. März 1638 der damalige Abt Anton II. Spindler von Hofegg (1614–1642)[49] mit der Bitte um Einführung des Bertholdfestes in der ganzen Diözese Passau an den dortigen Bischof Erzherzog Leopold Wilhelm (1625–1662)[50]. Dieser widmete sich jedoch mehr seinen Aufgaben als Feldherr seines Onkels, Kaiser Ferdinand II. (1618–1637)[51]. Am 23. d. M. ließ er durch seinen Weihbischof Johann Kaspar Stredele von Montani und Wiesberg[52] eine in einem sehr freundlichen Ton gehaltene dilatorische Antwort geben. Vor Genehmigung der Bitte, die man gerne gewähren würde, müsse die päpstliche Lizenz dazu erlangt werden. Es sei notwendig, sich an den päpstlichen Nuntius zu wenden[53].

Der Abt unterschrieb also ein entsprechendes Schreiben an den Vertreter des Papstes in Wien, Bischof Malatesta Baglione[54]. Dieses enthielt drei Bitten, deren Erfüllung nun in Rom erwirkt werden möge: 1. Bestätigung des Bertholdfestes durch die Ritenkongregation, 2. Gewährung eines Ablasses, 3. Genehmigung zur weiteren Benützung des Jahrhunderte alten Offiziums[55].

Er ließ durch seinen Prior, den juridisch besonders gebildeten Sebastian Rodtmayr[56], das Schreiben persönlich in Wien überreichen. Gerade diese Höflichkeit war verhängnisvoll. Der Nuntius gab nämlich seine Antwort sofort mündlich, und zwar sehr dezidiert. Man müsse sich deswegen gar nicht nach Rom wenden, da ja eine »veneratio publica« seit Jahrhunderten gegeben sei, der Bischof könne in so einem Falle aus eigener Vollmacht Anordnungen treffen. Eine schriftliche Antwort erging jedoch nicht[57]. Mit dieser Auskunft kam man jedoch in Passau nicht weiter. Es fehlte eben die päpstliche Lizenz! Der Nuntius selbst sah sich offenbar nicht veranlaßt, nach Rom einen Bericht oder eine Anfrage zu richten[58]. So blieb alles beim alten. Natürlich feierte man das Fest im Juli zu Garsten weiterhin in gewohnter Festlichkeit.

Nach glücklicher Abwendung der Türkengefahr (1683) nahm der neue Abt, Anselm Angerer (1683–1715)[59], wiederum einen Anlauf. Er bat den Passauer Bischof um Aufnahme des Festes ins Proprium Passaviense und überhaupt in den Heiligenkalender. Das Anliegen trug er gleichzeitig dem damaligen Weihbischof Johannes Maximus Steiner von Steinfelden[60] mit der Bitte um Unterstützung vor[61]. Es vergingen Monate ohne Antwort. So nahm sich der Abt am 17. August 1684 heraus, nochmals zu schreiben, diesmal allerdings nur an den Weihbischof, der sich nun tatsächlich nach 11 Tagen rührte. Es begann aber wieder der gleiche circulus wie 1642. Freundlich wie stets waren die Passauer bereit, den vorgebrachten Wünschen zu entsprechen, falls für Berthold der Nachweis einer feierlichen Kanonisation durch den Apostolischen Stuhl erbracht werde[62]. Dazu waren aber die Garstner nicht in der Lage.

Ein Jahrhundert später machte Abt Maurus Gordon, der letzte Abt von Garsten (1763–1783)[62a], bei seinem Diözesanbischof Kardinal Leopold Ernst Graf von Firmian (1763–1783)[63] einen neuerlichen Vorstoß. Er bat, das Fest des hl. Berthold auf die ganze Diözese oder zumindest auf die Klöster dieses Sprengels »sub ritu duplici minori« auszudehnen, legte eine Reihe von Dokumentenabschriften bei und verwies auf einen Präjudizfall aus der jüngsten Zeit, nämlich auf das Fest der hl. Hemma, das der Bischof von Gurk 1745 auf seine ganze Diözese ausgedehnt hatte[64]. Als besonderes Motiv gab er an, »es möge auf diese Weise durch die Fürbitte Bertholds das Vaterland von allen drohenden Gefahren bewahrt und diesem die wahre, allein-selig-machende Religion erhalten bleiben«[65].

Dem Geistlichen Rat Johann B. Theobald Donegger vom bischöflichen Konsistorium in Passau[66] wurde eine entsprechende Untersuchung und Berichterstattung aufgetragen. Nach Garsten ging bereits am 15. Juli eine Zwischenerledigung ebenfalls dilatorischen Charakters, in der es hieß, man müsse »in diesen heiklen und kritischen Zeiten« mit aller Vorsicht und Behutsamkeit vorgehen[67]. Am 5. September wurde das entsprechende Gutachten bekanntgegeben. Es plädierte für Ablehnung des Ansuchens aus folgenden Gründen:

1) Es ist nicht ratsam, die erbetene Maßnahme zu verfügen, weil auf diese Weise die große Öffentlichkeit aufmerksam gemacht werde; dadurch könnten dann weitere Untersuchungen angestellt werden und es könnte dabei aufkommen, aus welchen Gründen (drohende geistliche und zeitliche Übel!) sie erbeten wurde.

2) Es ist unerlaubt, da die römischen Bestimmungen der Päpste Pius V., Urbans VIII. und Innozenz XII. dagegen sprechen[68].

Als dem Passauer Kardinal dieses Gutachten vorgelegt wurde, zeigte er sich ebenso vom Geiste der Aufklärung angesteckt[69]. Er schrieb daher eigenhändig auf den Akt die für ihn bezeichnende Bemerkung: »Bey gegenwertigen Zeitumständen leichtet die Unthuenlichkeit, Gefährlichkeit und erstaunliche Unbescheidenheit des Abbten und Convents hervor, die diesen indiscret-unbesohnenen Mönchen wohl zu erkehnen gegeben werden müßte«[70].

So verlief auch der letzte Ansatz der Garstner Mönche im Sande.

Nach der Auflösung des Benediktinerklosters Garsten am 1. Mai 1787[71] und dem Absterben der letzten Mönche ging die Betreuung der Pfarrei Garsten an Weltpriester über. Die Erinnerung an Berthold versiegte aber nicht. Im Jahre 1842 wurde die 700-Jahr-Feier besonders würdig begangen. 60 000 Gläubige erschienen dazu, von denen 45 000 die heilige Kommunion empfingen[72].

Als 1883 das Linzer Diözesan-Proprium neu geordnet wurde, beauftragte der Bischof den gewissenhaften bis skrupulösen P. Franz Hochegger SJ[73] mit dessen Abfassung und Formulierung der Eingabe nach Rom.

Durch seinen Geburtsort in der Umgebung von Steyr hatte P. Hochegger offenbar eine Ahnung davon, daß eine offizielle Kanonisation Bertholds nie erfolgt sei. Deshalb gab er ihn nur als Seligen ein, während er von den beiden anderen, Altmann[74] und Adalbero, weniger wußte und sie daher kurzerhand als Heilige bezeichnete[75].

Einen besonderen Auftrieb erhielt das alljährlich am Sonntag nach dem Todestag begangene Fest durch die Einführung der Prozession, zu der bis zu seinem Tod Bischof Franz Maria Doppelbauer (1887–1908) alljährlich erschienen ist[76].

Im Kriegsjahr 1942, während der nationalsozialistischen Herrschaft, war es nicht möglich, eine größere Feierlichkeit anläßlich der 800. Wiederkehr des Todestages zu begehen[77]. Diese wurde erst 1946 nachgeholt, da sich an diesem Tage zum ersten Mal nach dem Zusammenbruch des Nationalsozialismus die Äbte der österreichischen Benediktinerkongregation unter dem Vorsitz ihres über den Tod hinaus imponierenden Abtpräses Theodor Springer von Seitenstetten (gest. 26. März 1958) zusammenfinden konnten. Sie gedachten gemeinsam mit der Bevölkerung von Garsten auch besonders des Umstandes, daß sich genau am Berthold-Tag des Jahres 1945 die russischen Besatzungstruppen rechts der Enns auf die Landesgrenze zurückgezogen haben und damit die Pfarre und pol. Gemeinde Garsten der amerikanischen Okkupationszone voll angegliedert wurde.

Abt Springer, der aus Behamberg bei Steyr stammte[78] und in seiner Jugend mit den Eltern jedes Jahr an das Berthold-Grab gepilgert war, übernahm es, im Jahre 1951 für die österr. Benediktinerkongregation in Rom den Antrag zur Aufnahme eines Kultanerkennungsprozesses zu stellen, der nach 20-jähriger Dauer in einem sehr genauen Verfahren mit der »Confirmatio cultus« endete[79].

Die beiden Benediktinerklöster Garsten und St. Blasien gingen im Zeichen der Aufklärung und des Staatskirchentums unter. Das eine wurde schließlich in eine Strafanstalt verwandelt, das andere von den Jesuiten übernommen, die dort das berühmte Gymnasium errichtet haben.

Wäre es nicht an der Zeit, sich auch in St. Blasien des großen Sohnes Berthold wieder zu erinnern? Schon der hl. Petrus Canisius hat doch in seinen »Institutiones Christianae pietatis seu parvus Catechismus catholicorum«, p. 13, den hl. Berthold bereits 1583 in sein Calendarium aufgenommen. Neben dem Bürgermeisterssohn aus Nymwegen war Jakob Gretser, Professor in Ingolstadt, einer der berühmtesten Jesuiten aus der Zeit der innerkirchlichen Erneuerung[80]. Er hat bereits 1617 in Ingolstadt die Vita Bertholdi in erster Auflage herausgebracht[81]. Ein Jahr danach erschien die gleiche Lebensbeschreibung im Band VII (Juli) des Sammelwerkes: »De probatis Sanctorum vitis« zu Köln, p. 322–332. Dabei handelt es sich praktisch um eine 3. Ausgabe des bereits (1570/75) in 6 Bänden und 1576/81 in 7 Bänden) erschienenen Werkes »De probatis Sanctorum historiis«, für das u. a. Petrus Canisius seinem Freund Lorenz Sur aus dem Kartäuserorden Material geliefert hat[82]. P. Matthäus Rader SJ[83] veröffentlichte als Band 4 der ursprünglich nur 3 Bände umfassenden »Bavaria Sancta« 1628 eine »Bavaria pia«, die auf den Seiten 87–91 eine allerdings stark gekürzte Lebensbeschreibung Bertholds bringt.

Vollends aber wird die Einschätzung Bertholds durch die Jesuiten dadurch bezeugt, daß seine Vita in die von den Bollandisten herausgegebene Reihe der Acta Sanctorum, die im tom. VI für den Kalendermonat Juli (1728 in Antwerpen erschienen) als pp. 475–494 die Vita enthält. Als Bearbeiter dieser Lebensbeschreibung erscheint Guillaume Cuypers SJ[84].

Vorbemerkung

Die Darlegungen dieses Aufsatzes beruhen weithin auf Erkenntnissen, die ich bereits in meinem Buch »Berthold, Abt von Garsten« (= Forschungen zur Geschichte Oberösterreichs, hrsg. O.Ö.Landesarchiv, Bd. 5, Linz 1958) veröffentlicht habe. Es ist selbstverständlich, daß neue Forschungen auf diesem Gebiet mitberücksichtigt wurden. Im genannten Werk ist auch auf Seite 225–270 die Vita Bertholdi veröffentlicht, auf die ich mich im folgenden immer nur dadurch beziehe, daß ich im Text selber das entsprechende Kapitel angebe.

Ebenso werden die Kapitel der Regula Sancti Benedicti nur als solche zitiert. Es wurden dabei deren Ausgaben von Rudolf Hanslik, Vindobonae[2] 1977 (= Corpus Scriptorum ecclesiasticorum Latinorum, vol. 75), Heinrich Koenders, Westmalle bei Antwerpen 1947, Anselm Lentini, Monte Cassino 1947, Philibert Schmitz, Maredsous 1945, Cuthbertus Butler, Freiburg i. Br. 1935[3], berücksichtigt.

Anmerkungen

1 f. 33r – v
2 Dodecas II, Liber III, pars I, Cap. X, p. 92
3 Seraphim Kirchmayr, Garstnerische Chronik (Handschrift aus dem Jahre 1658 im Stiftsarchiv Göttweig), f. 18v – 19v; ihm folgen u. a. Hieronymus Pez, Scriptores rerum Austriacarum, t. II (1. Aufl. 1725 in Leipzig, 2. Aufl. 1743 in Wien), p. 81 und 83, sowie Johann Georg Adam Hoheneck, Genealogisch-historische Beschreibung, Bd. I, Passau 1727, S. 130, und die anderen Garstner Haushistoriker wie Leopold Till – Ernest Koch, Catalogus ex libro vitae, continens nomina et merita abbatum et religiosorum Garstensium, quos mors sub sua signa coëgit, Bd. I, Handschr. ex 1752–1817 (heute Stiftsbibliothek Kremsmünster), p. 6; der St. Blasianer Haushistoriker Stanislaus Wülberz in seiner 1753 überarbeiteten Epitome omnium rerum, quae ad notitiam domesticam monasterii s. Blasii facere possunt usque ad 1749 (Handschrift ex 1753 in der Stiftsbibliothek Einsiedeln), p. 54.
4 S. Eberhard Damm, Zur Rolle des Wunders in der Heiligkeitskonzeption des Mittelalters, in: Archiv für Kulturgeschichte 57 (1975), S. 300–344.
5 S. Bernhard Pösinger, Die Rechtsstellung des Klosters Kremsmünster, in: Archiv für Geschichte der Diözese Linz 3 (1906) S. 102–133; Monasticon Metropolis Salzburgensis antiquae, ed. Pirmin Lindner, Salzburg 1908, S. 293, Nr. 230f, sowie Carl Erdmann, Die Entstehung des Kreuzzuggedankens, Berlin 1955, S. 124–127.
6 S. die beiden Viten, abgedr. in Migne, Patres Latini, t. 189, Petit Montrouge 1854, c. 17 et 27; vgl. M. David Knowles, Peter the Venerable, in: Bulletin of the John Rylands Library Manchester 39 (1956[5]), 1, p. 135, und Jean Leclercq, Pierre le Venerable (= Figures monastiques, t. 6), St. Wandrille 1946, p. 3
7 Stiftsarchiv Garsten (heute verwahrt im O.Ö.Landesarchiv), Hs. 1, f. 31v (abgedr. Urkundenbuch des Landes ob der Enns I, Linz 1852, S. 159, Nr. 116)
8 Ebd., f. 53r (abgedr. ebd., S. 190, Nr. 215), Bernardus Noricus, Reinschrift des Abtkataloges (abgedr. in Monumenta Germaniae, Scriptores t. XXV, Hannoverae 1880, p. 671), sowie Willibrord Neumüller, Berthold von Garsten, Kremsmünsterer Beitrag zur Geschichte seiner Verehrung, in: 94. Jahresbericht des Obergymnasiums der Benediktiner zu Kremsmünster, 1951, S. 8
9 Wie wir aus einer anderen Eintragung im Traditionskodex, f. 5r (abgedr., ebd., S. 121, Nr. 9) entnehmen können.
10 Wiederum Traditionskodex, f. 17v (abgedr. ebd., S. 128, Nr. 14), bzw. die beiden verunechteten Urkunden Nr. 13 und 14 aus dem Stiftsarchiv Garsten (abgedr. Urkundenbuch des Landes ob der Enns, Bd. II, Linz 1856, S. 433, Nr. 297, und S. 351, Nr. 243, bzw. Babenberger Urkundenbuch Bd. I, Wien 1950, S. 69, Nr. 52, und S. 65, Nr. 48), vgl. dazu [Gerhard] Knapp, 900 Jahre Siedlungsraum 50 Jahre Stadt Raabs a.d. Thaya, Raabs 1976, S. 21, Karl Lechner, Geschichte der Besiedlung und der ältesten Herrschaftsverteilung, in: Heimatbuch des Bezirkes Horn, Bd. I, Horn 1933, S. 295, bzw. ders., Die Grafschaft Raabs, in: Jahrbuch des Vereines für Landeskunde von Niederösterreich, N.F. 21 (1928), S. 77–111.
11 S. Kassius Hallinger, Gorze-Kluny, Bd. I (= Studia Anselmiana, Fasc. 22/23, Rom 1950) und Philibert Schmitz, Geschichte des Benediktiner Ordens, Bd. I, dt. Übers. v. Ludwig Räber, Einsiedeln 1947, S. 158.
12 S. Romuald Bauerreiß, Die Siegburger Klosterreform in Regensburg, in: Studien und Mitteilungen zur Geschichte des Benediktinerordens und seiner Zweige 82 (1972), S. 335, Hans Heinrich Kaminsky, Zur Gründung von Fruttuaria durch den Abt Wilhelm von Dijon, in: Zeitschrift für Kirchengeschichte 77 (1966), S. 238–267, sowie Hallinger, a.a.O., bes. S. 502, und Schmitz, a.a.O., S. 168.
13 Es handelt sich um die von Abt Wibert von Fruttuaria (1080–1090) verfaßte »consuetudo« seines Klosters.
14 Der Codex lag 1716/22 im Stift Lambach; Bruno Albers benützte ihn dort noch 1911, danach verschwand er und geriet in die Hände des Münchner Antiquars Wolf Weinmüller, der Bedenken trug, dieses wertvolle Stück nach Amerika zu verkaufen; er bot es daher Abt Albert Fuchs von Göttweig an, der es auf dem Tauschwege 1929 erwarb; den darin befindlichen L-Text entdeckte 1961 Prof. Dr. Kurt Holter, durch den nun der verdienstvolle Herausgeber des Corpus Consuetudinum Monasticarum, Prof. Dr.Dr.h.c. Kassius Hallinger, von der Existenz des lang gesuchten Manuskripts erfuhr (s. Kassius Hallinger, Die Herkunft und Überlieferung des Consuetudo Sigiberti, in: Zeitschrift der Savigny-Stiftung für Rechtsgeschichte 87 (1970), Kanonistische Abteilung 56, S. 207–209).
15 S. den ganzen Artikel von Hallinger, a.a.O., S. 194–242.
16 Hallinger, Gorze-Kluny, S. 952f, und Schmitz, a.a.O., Bd. V, Einsiedeln 1949, S. 98.
17 S. Karl Rehberger, Altmann und die Chorherren, in: Der heilige Altmann, Bischof von Passau (= Festschrift zur 900-Jahr-Feier), St. Pölten 1965, bes. S. 28
18 S. Vita Altmanni (prior) (hsg. v. Josef Oswald, St. Altmanns Leben und Wirken nach der Göttweiger Überlieferung, Kap. 29, in: Festschrift zur 900-Jahr-Feier, S. 155)
19 Bernoldi Chronicon (abgedr. Monumenta Germaniae, Script. V, Hannoverae 1850, p. 460, und Martin Gerbert, Historia Nigrae Silvae OSB. coloniae, 1. Bd., St. Blasien 1783, p. 254)
20 Vita Wirntonis (niedergeschrieben um 1200, abgedr. Monumenta Germaniae, Script. t. XV, Hannoverae 1888, c. 1128, und Migne, Patres Latini, t. 194, Petit Montrouge 1855, c. 1428)
21 Diese Stiftung war durch einen Tausch zwischen der steirischen Eigenkirche Behamberg (-Weistrach) b. Steyr und der bischöflich-passauischen Eigenkirche Garsten möglich geworden (s. Traditionskodex, f. 3r, abgedr. ebd., p. 118; s. Josef Lenzenweger, Die Entwicklung des Pfarrnetzes der Benediktinerabtei Garsten, maschingeschr. theol. Dissertation, Wien 1940, S. 8–11, 13–21, 74 f)
22 In den Annales Mellicenses (abgedr. Monumenta Germaniae, Script., t. IX, Hannoverae 1859, p. 50) ist von einer Hand des ausgehenden 12. Jh. zu diesem Jahre eine entsprechende Notiz eingefügt; das auf den Melker Annalen fußende Chronicon Garstense hatte ursprünglich auf f. 2r (abgedr. ebd., p. 568) eine gleiche Eintragung, diese Stelle wurde jedoch später radiert und von einer Hand des 14. Jh. wurde anstelle der Wortes »monachorum« »canonicorum« eingesetzt; die Admonter Annalen (ebd., p. 577), die zwischen 1200 und 1205 zu datieren sind, bringen diese Veränderung allerdings zum Jahre 1108

23 Vita Wirntonis (abgedr. ebd., p. 1128, und Migne, ebd., c. 142 s); sowie das aus dem 12. Jh. stammende Nekrologium von St. Florian (abgedr. Monumenta Germaniae, Necrologia, t. IV, Berolini 1920, p. 272) und das auf das 14. Jh. zurückgehende Asbacher Nekrologium (abgedr. ebd., p. 99)

24 Hallinger, a.a.O., S. 380 f

25 S. den späteren Bericht Wirntos (abgedr. Urkunden und Regesten zur Geschichte des Benediktinerstiftes Göttweig Bd. I (= Fontes rerum Austriacarum, II. Reihe, Bd. 51), S. 36 f, Nr. 19, und Urkundenbuch des Landes ob der Enns, Bd. I, S. 780

26 Das um 1180 abgefaßte Chronicon Garstense (s. a.a.O.) sowie die Admonter Annalen (s. a.a.O.) und eine aus dem 13. Jh. stammende Eintragung in den Melker Annalen, f. 42r (abgedr. ebd., p. 501) geben übereinstimmend 1111 an, so daß die aus der Zeit vor 1236 stammende Interpolation 1 zu Kap. XVII der Vita, die das Jahr 1110 vermerkt, nicht so viel Gewicht besitzt.

27 Regula, Kap. 64

28 Ebd., Kap. 2

29 S. zahlreiche Widmungen an das Kloster Garsten »ad altare s. Marie« im Traditions-Kodex

30 Lenzenweger, Entwicklung des Pfarrnetzes, S. 88a

31 Lenzenweger, ebd., S. 71–279, und Godfried Edmund Friess, Geschichte des Benedictinerstiftes Garsten, in: Studien und Mitteilungen des Benediktinerordens 1 (1880), 2, bes. S. 103

32 Anläßlich der 1677 VI 4 durchgeführten Exhumierung wurden seine Gebeine auf den Boden gelegt und der ganze Körper mit Kreide umschrieben; es konnte festgestellt werden, daß er in der Länge »6 ganze werth Schueh« messe (so berichtet uns Anselm Angerer in seinem zeitgenössischen Tagebuch, das heute im Stadtarchiv Steyr verwahrt wird; er setzte an den Schluß seiner Ausführungen eine 8 cm lange Linie, von der er angab, daß sie, 24 mal genommen, die wahre Körpergröße Bertholds, also 1,92 m, ergebe)

33 Regula, Kap. 53

34 Alphons Žak, Zur Gründungsgeschichte der Prämonstratenserstifte Geras-Pernegg, in: Blätter des Vereins für Landeskunde von Niederösterreich 25 (1891), S. 3–51, vgl. Ambros J. Pfiffig, Die Abtei Geras: 1180–1980, in: Geraser Hefte 2 (1980), S. 2–5

35 S. die Riedmark-Schenkung (Or.Urk., Stiftsarchiv Garsten, Urk.Nr. 6, abgedr. Urkundenbuch des Landes ob der Enns II, S. 204 f, Nr. 138, und Traditionskodex, f. 13r–14r, abgedr. a.a.O. I, S. 132 f, Nr. 19)

36 Wülberz, a.a.O., p. 131

37 S. Directorium perpetuum des Klosters St. Blasien bzw. St. Paul für die Jahre 1795, 1796, 1799, 1800, 1806, 1807, 1815, 1818, 1845, 1869 und 1883

38 Angaben zu St. Paul auf Grund der freundlichen Mitteilung v. H. Prälat Mag. Bruno Raber, Abt von St. Paul

39 16. Juli (das Jahr ist nicht angegeben und kann nur erschlossen werden) (Abschrift aus dem 14. Jh., erhalten in Perg. Kod. 289 der Öffentlichen Studienbibliothek Linz [früher Stiftsbibliothek Garsten], f. 74v; ferner im Sammelband 882 der Stiftsbibliothek Göttweig aus dem 15. Jh., f. 1v, und koll. Abschrift aus 1782 in den Passauer Akten, Fasz. 76 des Ordinariatsarchivs Linz)

40 S. Karl Schrödl, Passavia sacra, Geschichte des Bistums Passau bis zur Säkularisation des Fürstenthums Passau, Passau 1879, S. 195 f

41 S. Josef Lenzenweger, Entwicklung der päpstlichen Kanonisation unter besonderer Berücksichtigung der österreichischen Heiligen, in: Leiturgia, Koinonia, Diakonia, Festschrift König, Wien-Freiburg-Basel 1980, S. 309–324

42 Linz 1853, S. 7

43 Weder im »Schedario Garampi« noch in den einschlägigen Veröffentlichungen, die sich mit den Suppliken-, Avignonenser-, Vatikan- bzw. Lateran-Registern befassen (z. B. Acta Salzburgo – Aquilejensia, I/1. und 2. Lfg., hrsg. v. Alois Lang, Graz 1903–1906), noch in den »Lettres communes du Pape Jean XXII« (hrsg. v. [Guillaume] Mollat Paris 1904/47) bzw. »Les registres de Benoît XII, Lettres communes (Paris 1903/31), noch »Lettres closes et patentes interessant les pays autres que la France« (Paris 1913/50), beide hrsg. v. [J]ean [M]arie Vidal, noch in den bisher erschienenen 4 Bänden des Repertorium Germanicum (Bd. I bearb. v. Emil Göller, Berlin 1916, Bd. II, bearb. v. Gerd Tellenbach, Berlin 1933/38, Bd. III, bearb. v. Ulrich Kühne, Berlin 1935, Bd. IV, bearb. v. Karl August Fink-Sabine Weiß, Berlin 1943/79, ist davon eine Spur zu finden. Ich habe selbst für die Pontifikate Klemens VI. (1342–1352), Innozenz VI. (1352–1362), Urban V. (1362–1370), Gregor XI. (1370–1378), die Reg.Suppl. 1–46, sowie Reg.Av. 2–24, 53–120, 149, 150, 153–204, 214, 221–224, 238, 242, 250 und 257, sowie App. III und Reg.Vat. 58–79, 81, 83, 123, 127 f, 136 f, 238, 248, 250–260, 263–287 durchgearbeitet (s. Acta Pataviensia Austriaca I, Wien 1974), jedoch keine Spur entdeckt. Auch bei Justus Fontanini, Codex constitutionum, quas summi pontifices ediderunt in solemni canonizatione sanctorum a Johanne XV. ad Benedictum XIII. sive ab anno 993 ad a.d. 1729, Romae 1729, ist für diesen Zeitabschnitt keine einschlägige Bulle zu finden.

44 Abgedr. Magnum Bullarium, t. VII., Lyon 1873, p. 83 s

45 Abgedr. Decreta authentica Congregationis Sacrorum Rituum, t. I, Rom 1898, p. 117 s, n. 460

46 Abgedr. Magnum Bullarium, l.c., p. 196–198

47 geb. 1595 zu Rottenmann in der Steiermark, evangelisch getauft, Studium der Jurisprudenz in Jena, trat in Köln zur katholischen Kirche über und wandte sich auf Rat eines Karmeliters dem Ordensstand im Stifte Garsten zu, wo er 1627 eintrat; wirkte hier u. a. als Novizenmeister, Subprior und Prior vortrefflich im Geiste der innerkirchlichen Erneuerung, † 1660 VIII 28 (s. Ernest Koch, Biographien oder kurze Lebensbeschreibungen aller bekannten Ordensmänner, besonders der im Rufe der Seligkeit abgeschiedenen, die wissentlich jemals in dem oberösterreichischen Stift Gärsten gelebt haben; nebst einer Vorrede von dem Zustande Gärstens, ehe als die Benediktiner hier ankamen, wie auch von den gottseligen Stiftern alda. Handschrift ex 1803 im Stiftsarchiv Garsten [jetzt O.Ö.Landesarchiv Linz], Hs. 76, S. 55–59 sowie 195 f)

48 Hs. ex 1635, heute Stiftsbibliothek Göttweig

49 geb. Arnsberg bei Kipfenberg, Kreis Eichstätt, Profeß in Melk 1607, Administrator und Abt in Garsten 1613 bzw. 1615, Abt bei den Schotten in Wien 1642, gest. 1648 XI 11 (Lindner, Monasticon Metropolis Salzburgensis antiquae, Supplementum, Bregenz 1913, S. 15, Nr. 150, Cölestin Roman Rapf, Das Schottenstift [= Wiener Geschichtsbücher, hsg. v. Peter Pötschner, Bd. 13], Wien–Hamburg 1974, S. 44–46, 107, Franz Xaver Pritz, Geschichte der ehemaligen Benediktinerklöster Garsten und Gleink, Steyr 1841, S. 61–67, sowie Koch, a.a.O., S. 183–186)

50 Vidimierte Abschrift aus dem Jahre 1685 (Ordinariatsarchiv Linz)

51 Er hat nach seinem Onkel, Erzherzog Leopold, das Hochstift übernommen, im Laufe der Zeit auch noch die Bistümer Straßburg, Olmütz, Breslau und auf dem Papier Halberstadt kumuliert, bis er 1662 verstarb, ohne jemals höhere Weihen empfangen zu haben (s. Hierarchia catholica medii et recentioris aevi, vol. IV, ed. Patricius Gauchat, Monasterii 1935, p. 93, 201, 264, 265 et 373)

52 Geb. ca. 1590 in Wien, Weihbischof seit 1631, gest. 1642 XII 28 Olmütz (Hierarchia catholica, l.c., p. 304 et 379, Krick, a.a.O., S. 210, und Schrödl, a.a.O., S. 354)

53 Vidimierte Abschrift aus dem Jahr 1685 (Ordinariatsarchiv Linz)

54 Auch Baglioni geschrieben; 1634–1639 am Kaiserhof, gest. 1648 als Bischof von Assisi (Hierarchia catholica, l.c., p. 97 u. 281, sowie Ludwig v. Pastor, Geschichte der Päpste, Bd. XIII/1, Freiburg i. Br. 1939[8], S. 475–485)

55 Zwei Entwürfe dieses Schreibens sind im sog. Göttweiger Sammelband 882 (Stiftsarchiv Göttweig) erhalten, die aus der Hand des späteren Abtes Anselm Angerer stammen dürften.

56 Geb. 1589 XII 24 Passau, Studium in Wien (Dr. iuris), 1629 feierliche Profeß, sofort Kirchenrechts-Professor an der Universität Salzburg, 1632 Prior, gest. 1640 V 2 (s. Ägydius Kolb, Präsidium und Professorenkollegium der Benediktiner-Universität Salzburg 1617–1743, in: Mitteilungen der Gesellschaft für Salzburger Landeskunde 102 (1962), S. 134, Koch, a.a.O, S. 197)

57 Diese Nachricht ist uns erhalten aus dem PS jenes Schreibens, das Abt Anselm Angerer am 1684 IV 22 an den Passauer Weihbischof richtete (Ordinariatsarchiv Linz)

58 Die Korrespondenz des Nuntius mit dem Staatssekretariat bzw. dem Sekretariat des Papstnepoten Francesco Barberini ist noch im Vatikanischen Archiv, Fondo Barberini lat 6986 (lettere, avvisi etc.) und 7008 (Chiffren und Dechiffren) erhalten; ein Register dazu ist in Nunziatura Germania, t. 134, vorhanden; darin ist keinerlei Niederschlag der gesuchten Korrespondenz zu finden (wie mir seinerzeit freundlicherweise der nunmehrige Universitätsprofessor Dr. Konrad Repgen, Bonn, nach genauer Durchsicht der Bestände mitteilte); die voll. 9–12 der Nunziature diverse enden schon 1637; in den Sitzungsberichten, die ab 1638 V 11 beginnen, und in den noch erhaltenen Originaleingängen der Ritenkongregation, die ich in deren Archiv einsehen konnte, ist davon ebenfalls keine Spur, wie ich feststellen mußte.

59 geb. 1647 III 31 zu Steyr, Eintritt Garsten 1665, Priester 1672 XI 7, gest. 1715 IV 29 C; Lindner, a.a.O., S. 281, Nr. 3081, sowie Pritz, a.a.O., S. 71–83, und Koch, a.a.O., S. 224, 230–235

60 Geb. 1610, Weihbischof 1682, gest. 1692 X 15 (Hierarchia catholica medii et recentioris aevi, t. V, edd. Remigius Ritzler – Pirmin Sefrin, Patavii 1952, p. 352, und Krick, ebd., S. 210)

61 Originalschreiben (Ord.Archiv Linz)

62 Original (ebd.)

62[a] geb. 1726 XI 24 zu Weyer a. d. Enns, Eintritt Garsten 1746, Priester 1750, Abt 1764 I 12, gest. 1786 XII 12 (s. Lindner, a. a. O., S. 251, Nr. 3086)

63 Geb. 1708, Bischof von Seckau 1739, von Passau 1763, gest. 1783 III 18 (Hierarchia catholica, t. VI edd. Remigius Ritzler – Pirmin Sefrin, Patavii 1958, p. 27, 329 s., 371 et 416, Krick, a.a.O., S. 90 u. 210 und Schrödl, a.a.O., S. 381–384)

64 S. Sacra Congregatio Rituum, Sectio Historica, Gurcensis, Confirmationis cultus ab immorabili tempore praestiti Servae Dei Hemmae Commitissae viduae fundatricis ecclesiae Gurcensis Positio (Città del Vaticano 1937), p. XXVIII s et 132 s

65 Kurz vor Veröffentlichung des Toleranzpatentes (1782 X 15)

66 Geb. 1738 Linz, Theologieprofessor u. Geistlicher Rats-Assessor 1773, Seminarregens u. frequentierender Geistl. Rat 1774, Pfarrer zu Thyrnau 1786, Pfarrer zu Passau-Ilzstadt 1790, gest. 1810 III 22 Passau (freundliche Mitteilung von H. Dr. H. W. Wurster, Archiv des Bistums Passau sowie Franz Xaver Eggersdorfer, Die philosophisch-theologische Hochschule Passau, München 1933, S. 155, 187, 190, 204 u. 212)

67 Konzept (Ord.Archiv Linz)

68 Konzept (ebd.)

69 Obwohl er am Collegium Germanicum-Hungaricum in Rom von den Jesuiten erzogen worden war (s. Andreas Steinhuber, Geschichte des Kollegium Germanikum – Hungarikum in Rom, Bd. II [Freiburg i. Br.[2] 1895], S. 279)

70 Original (Ord.Archiv Linz)

71 S. Rudolf Hittmair, Der josephinische Klostersturm im Lande ob der Enns (Freiburg i. Br. 1907), S. 303–310, und Pritz, a.a.O., S. 91 f

72 S. Pritz, Erinnerungen, S. 14–18

73 Geb. zu Dietach bei Steyr 1825, Profeß 1861, damals am Freinberg in Linz, auf den er nach einem kurzen Zwischenaufenthalt in Innsbruck 1889–90 wieder zurückkehrte; gest. 1913 II 13 Linz (Georg Russinger, 1. Ergänzungsband zum Generalschematismus, Linz 1916, S. 315, und Wolfgang Dannerbauer, Hundertjähriger Generalschematismus des geistlichen Personalstandes Linz, Linz 1887, S. 602, und freundliche Mitteilung v. P. P. Anton Pinzger, Provinzarchivar, Wien)

74 S. Josef Lenzenweger, Der Kult Altmanns von Passau, in: Festschrift zur 900-Jahr-Feier, S. 129–141, bes. 135

75 Original und Konzept des Schreibens (Ord.Archiv Linz); Dekret abgedruckt in: Theologisch-praktische Quartalschrift 36 (1883), S. 982

76 Original und Konzept (Ordinariatsarchiv Linz)

77 Von der römischen Pönitentiarie war aus diesem Anlaß ein vollkommener Ablaß durch den Bischof erbeten worden; dieses Ansuchen wurde jedoch »negative« beschieden, weil wieder einmal keine offizielle Kanonisation nachgewiesen werden konnte! (Schriftverkehr Ord.Archiv Linz)

78 Geb. 1885 V 19 (Johann); Profeß in Seitenstetten 1909 nach Studium zu St. Anselmo in Rom, Abt 1920 (s. Ägyd Decker,

Abt Theodor Springer, ein Lebensbild, in: Bote aus Seitenstetten, 33, S. 9–33, und [Benedikt Wagner], Nachruf, in: Bote 37/38, S. 17–21)

79 Positio super casu excepto. Linciensis. Confirmationis cultus ab immorabili tempore praestiti Servo Dei Bertholdo primo Abbati monasterii Garstensis OSB sancto nuncupato († 1142) (= Sacra Rituum Congregatio Sectio Historica Nr. 125) Città del Vaticano 1964.

80 Geb. 1562 III 27 zu Markdorf a. Bodensee, gest. 1625 I 29 (s. Hubert Becher, Die Jesuiten, München 1951, S. 232 f, 237 und 241, James Brodrick, Petrus Canisius [übersetzt von Karl Telch], Bd. I, Wien 1950, S. 401, Bernhard Duhr, Geschichte der Jesuiten in den Ländern deutscher Zunge, Bd. I, Freiburg i. Br. 1907, S. 626, 669–671, Bd. II/1, 1913, S. 533 f, u. II/2, 1913, S. 370, 391 und 514, sowie Carlos Sommervogel, Bibliothèque de la Compagnie de Jésus, Ier partie, t. III, Bruxelles-Paris 1892, c. 1743–1809, spec. 1798, n. 204)

81 Die zweite Auflage erschien erst lange nach seinem Tode 1743 in Regensburg.

82 Canisius und Sur haben zusammen bei Andreas Herll in Köln gewohnt. Sur stammte aus Lübeck (s. Rudolf Schenda, Die protestantisch-katholische Legendenpolemik im 16. Jht., in: Archiv für Kulturgeschichte 52 [1970] 1 S, 44 u. 46, Brodrick a.a.O., Bd. I, S. 31 und 41, und Bd., II, S. 447, Paul Holt, Laurentius Surius und die kirchliche Erneuerung im 16. Jahrhundert, in: Jahrbuch des kölnischen Geschichtsvereines 6/7 [1925], S. 52–84; Karl Schellhass, Deutsche und kuriale Gelehrte im Dienste der Gegenreformation (1572–1585) in: Quellen und Forschungen aus italienischen Archiven und Bibliotheken 14 [1911], 1, S. 287 u. 314)

83 Geb. 1561 Innichen, Eintritt bei S.J. 1581, gest. 1634 XII 22 München (Duhr, a.a.O., Bd. I, S. 185, 341, 351, Bd. II/1, S. 509, 520, 703, Bd. II/2, 184, 370, 376, 406, 417–419, u. Sommervogel, 1.c., t. VI, Bruxelles–Paris 1895, c. 1373–1382, spec. 1379, n. 24

84 Geb. 1686 V 1, eingetreten 1704 VII 31, Mitarbeiter der Bollandisten seit 1724, gest. 1741 II 2 (s. Sommervogel, a.a.O., II, Bruxelles–Paris 1891, p. 1752)

1 Luftaufnahme von St. Blasien und dem nördlichen Teil des „Zwing und Bann" (Freigegeb. vom Regierungspräsidium Freiburg Nr. 38/1366-6)

2 Übertragung der Blasiusreliquie von Rheinau in die Albzelle. Relief vom Steinsarkophag des hl. Fintan in Rheinau

3 Porträt des Konstanzer Fürstbischofs Maximilian Christoph von Rodt, der 1783 den Dom von St. Blasien weihte. Kupferstich von Peter Mayer, 1777

4 Pater Marquardt Herrgott (1694–1762). Ölgemälde im Besitz von Dr. Dux, Freiburg

5/6 Titelblatt der Doktorarbeit der Patres Placidus Ulrich und Romanus Sedlmayr aus St. Blasien mit Widmung an U. L. Frau von Todtmoos und Ansicht des Klosters St. Blasien, 1700

EMPTIO
ET
VENDITIO
AD LEGEM DEI ET HUMANAM
FORMATA
IN ALMA, CATHOLICA, AC EPISCOPALI
UNIVERSITATE DILINGANA
AVCTORE AC PRÆSIDE
P. MELCHIORE FRIDERICH
SOCIETATIS JESU SS. CANONUM PRO-
FESSORE ORDINARIO
A Reverendis, Religiosis, & Doctissimis DD.
P. PLACIDO ULRICI
ET
P. ROMANO SEDLMAYR
Ordinis S. BENEDICTI
In Antiquissimo & Celeberrimo S. Blasij in Sylva Hercy-
F. F. nia Cœnobio Professis Neresheim:
PUBLICE PROPUGNATA
Die XXV. Octobris Anno M. DCC.
Cum Facultate Superiorum.
DILINGÆ,
Typis JOANNIS CASPARI BENCARD,
Bibliopolæ Academici.

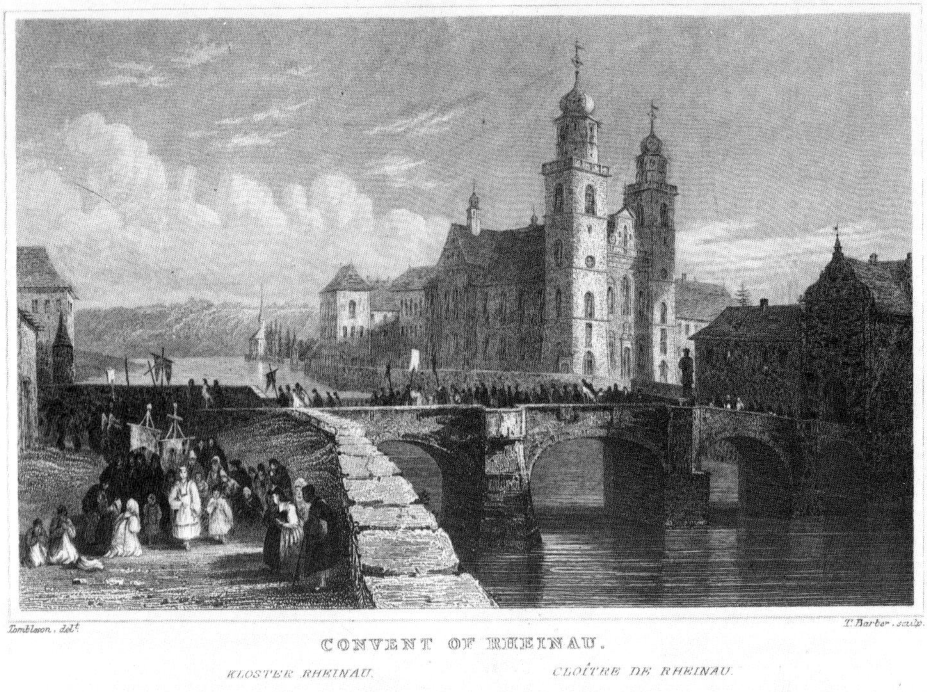

7 Convent von Rheinau. Stich von T. Barber

8 Statue des hl. Blasius am Blasiusbrunnen, 1714

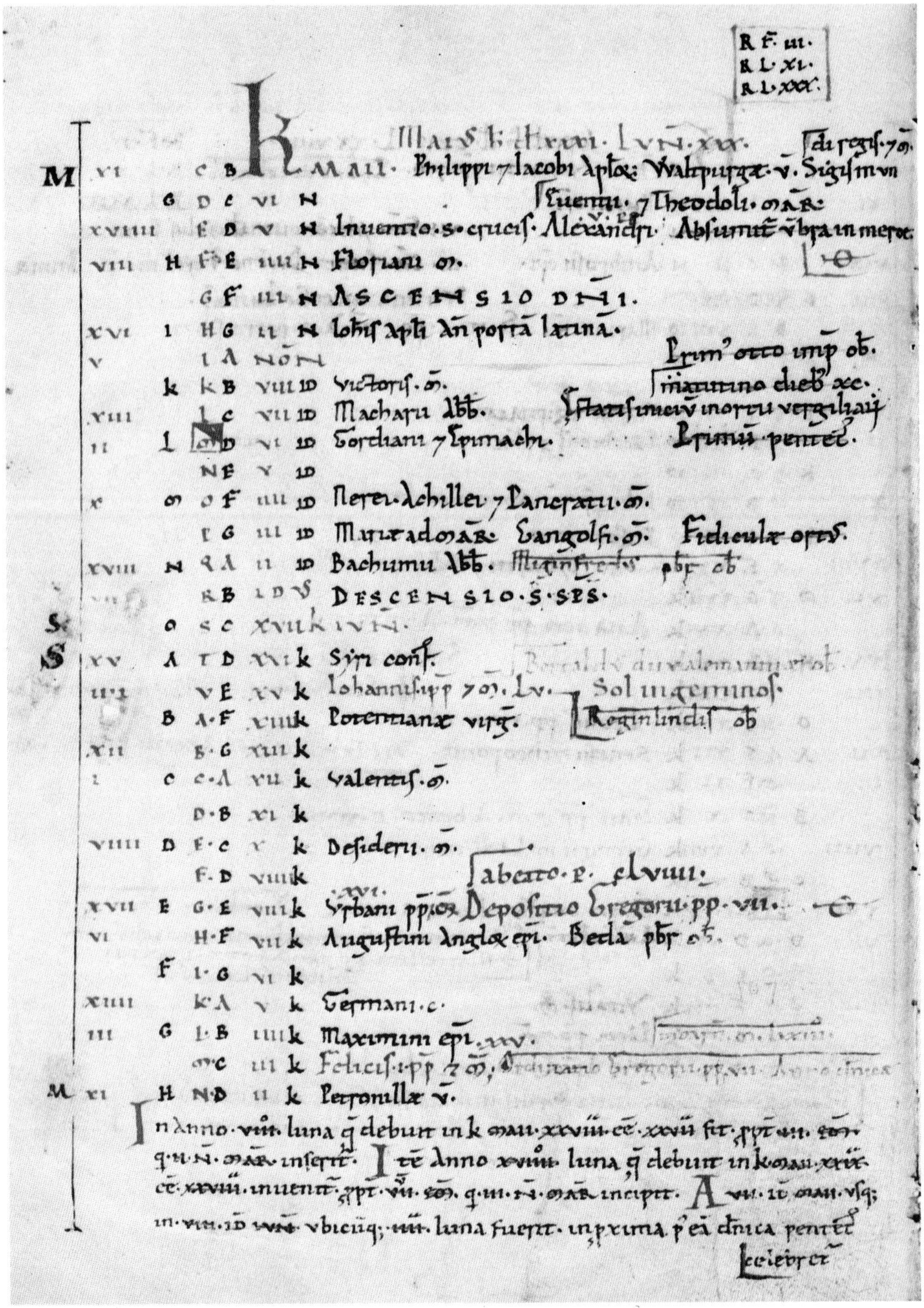

9 Seite aus dem Kalender-Nekrolog Bernolds von St. Blasien (Bayer. Staatsbibliothek München, clm 432 fol. 3v)

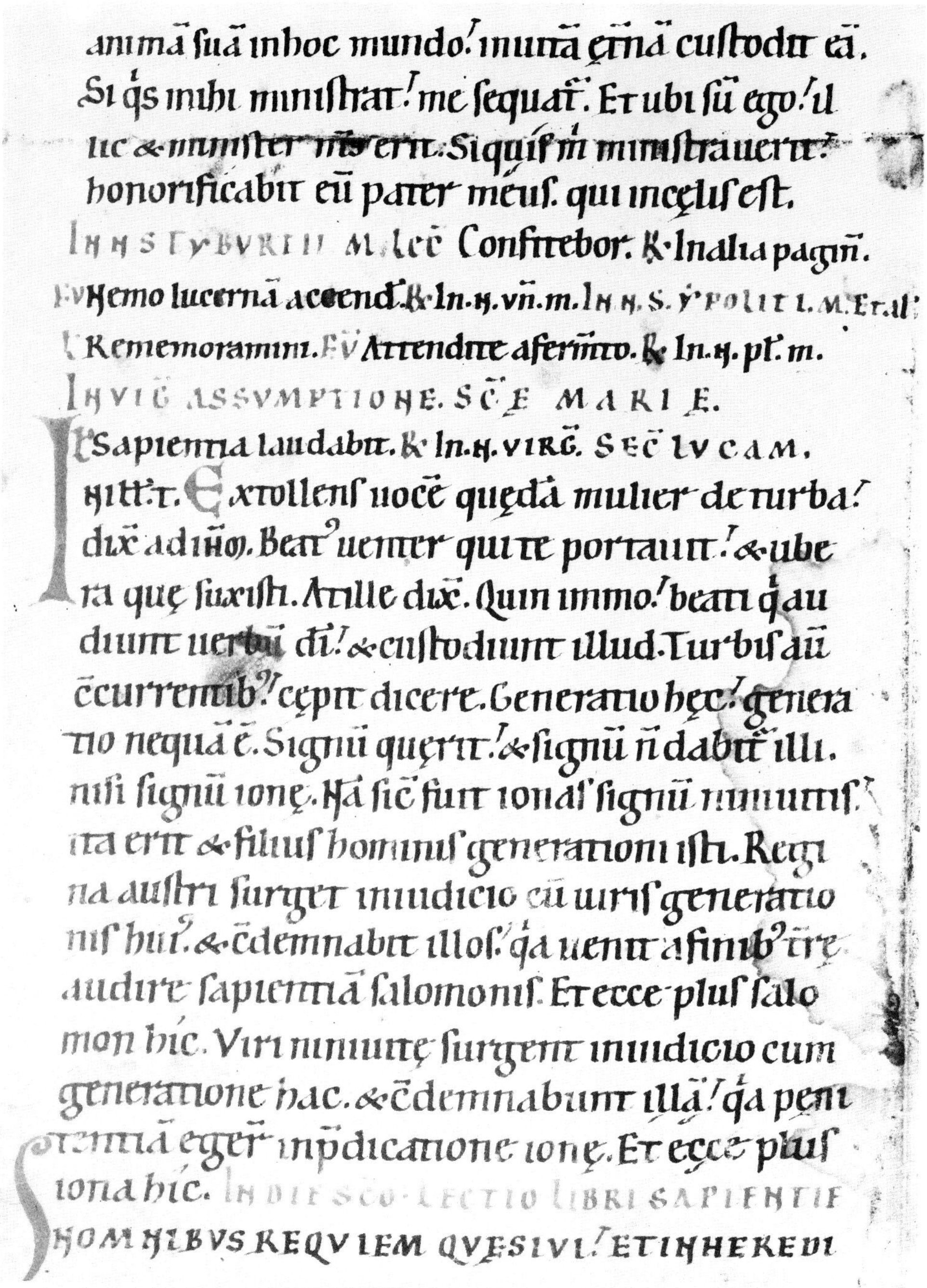
anima sua in hoc mundo, in uitam eternam custodit eam.
Si quis mihi ministrat, me sequatur. Et ubi sum ego, il
lic et minister meus erit. Si quis mihi ministrauerit,
honorificabit eum pater meus, qui in celis est.
IN N S TIBVRTII M. Lect. Confitebor. R. In alia pagina.
EV Nemo lucernam accendit. R. In N. VII. M. IN N. S. YPOLITI M. Epl.
Rememoramini. EV Attendite a fermento. R. In N. pl. m.
IN VIG ASSVMPTIONE SCE MARIE.
L Sapientia laudabit. R. In N. VIRG. SEC LVCAM.
IN ILL T. Extollens uocem quedam mulier de turba,
dixit ad ihesum. Beatus uenter qui te portauit, et ube
ra que suxisti. At ille dixit. Quin immo beati qui au
diunt uerbum dei, et custodiunt illud. Turbis autem
concurrentibus, cepit dicere. Generatio hec, genera
tio nequam est. Signum querit, et signum non dabitur illi.
nisi signum ione. Nam sicut fuit ionas signum niniuitis,
ita erit et filius hominis generationi isti. Regi
na austri surget in iudicio cum uiris generatio
nis huius, et condemnabit illos, quia uenit a finibus terre
audire sapientiam salomonis. Et ecce plus salo
mon hic. Viri niniuite surgent in iudicio cum
generatione hac, et condemnabunt illam, quia peni
tentiam egerunt in predicatione ione. Et ecce plus
iona hic. IN DIE SCO. LECTIO LIBRI SAPIENTIE
IN OMNIBVS REQVIEM QVESIVI, ET IN HEREDI

10 Innenseite des hinteren Umschlagblattes (Generallandesarchiv Karlsruhe Abt. 66, Bereinsammlung Nr. 1475)

11 Berthold-Statue vom Garstener Hochaltar von Marian Rittinger 1685

Hugo Ott

Benediktinisches Mönchtum im Alltag

Zur mittelalterlichen Wirtschaftsgeschichte von St. Blasien

Unter dem Alltag eines Benediktinerklosters soll hier nicht der Tagesablauf in einer Kommunität verstanden werden, der Rhythmus von Gebet, Arbeit, Muße und Gespräch – so wichtig diese Elemente für das gemeinschaftliche Leben einer geistlichen Gemeinschaft immer schon waren –, vielmehr wird mit dieser Bezeichnung gefaßt eher die nüchterne wirtschaftliche Seite der Mönchsgemeinschaft, die ja nicht nur mit dem Lebensnotwendigen versorgt werden mußte, die darüber hinaus in einer längerfristigen Perspektive Überschüsse zu erwirtschaften hatte, aus denen, modern ausgedrückt, ein vielfältiges Investitionsprogramm ermöglicht werden konnte – etwa in baulicher Hinsicht oder zum weiteren Erwerb landwirtschaftlich nutzbarer Flächen.

Wer je den aus der Karolingerzeit stammenden St. Galler Klosterplan betrachtet hat, weiß, daß ein Benediktinerkonvent auf wirtschaftliche Autarkie angelegt war, auch wenn er diese wirtschaftliche Unabhängigkeit vielleicht nicht immer vollkommen erreichte; d.h. daß landwirtschaftliche und handwerkliche Betriebe im Klosterbereich vorhanden waren, daß Gemüse- und Obstgarten, Kräuter- und Arzneigarten, Spital und Apotheke ebenso dazugehörten wie der Weinkeller und die Vorratsspeicher. Auch die frühen Skizzen der sanktblasianischen Klosteranlage zeigen ein ähnliches Bild, selbst wenn die klimatischen und naturräumlichen Bedingungen des hohen Schwarzwaldes dem Klosterort hinsichtlich seiner wirtschaftlichen Möglichkeiten klare Grenzen setzten. Jedes mittelalterliche Kloster war ein wirtschaftliches Unternehmen, das in das seinerzeitige Ordnungsgefüge eingebunden war, und diese Struktur bedeutete: in erster Linie hatte, wiederum modern umschrieben, das Kloster mit den Produktionsfaktoren Boden und Arbeit zu tun und zwar in der Position von Herrschaft. Denn mit Grund-Herrschaft bezeichnet man das System der agrarischen Produktion seit dem frühen Mittelalter, und das meint: eine Herrschaft, die ausgeübt wurde über den Grund und Boden und zugleich über die Menschen, die auf diesem der Herrschaft unterworfenen Boden saßen und ihn nach den Richtlinien der Grundherren bebauten. Dabei ist natürlich zu berücksichtigen, in welcher Weise und bis zu welchem Grad die Mönche selbst unmittelbar in die bäuerliche Arbeit einbezogen waren. Denn: ursprünglich lag der *Regula sancti Benedicti* neben der Einfachheit, Armut und Weltabgeschiedenheit auch die Handarbeit, der *labor manuum,* ausgedrückt in der Eigenwirtschaft des Klosters, zugrunde. Freilich: diese monastische Komponente hatte sich in vielen Fällen verflüchtigt, wurde jedoch in den späteren Reformansätzen immer wieder aufgenommen und belebt, und führte sogar zur Ausgründung von besonderen Zweigen des benediktinischen Mönchtums, wie z.B. der Zisterzienser, die dann im 12. Jahrhundert auch in unserer Region wieder ganz Ernst machten mit der körperlichen Arbeit. Wir werden noch sehen, welchen Stellenwert dieser ökonomische Faktor im frühen St. Blasien hatte.

Wie immer die Frühgeschichte St. Blasiens verlaufen sein mag – daß die Anfänge im dunkeln liegen und vor allem unbekannt ist, auf welche Weise die ersten Mönche Fuß gefaßt und sich end-

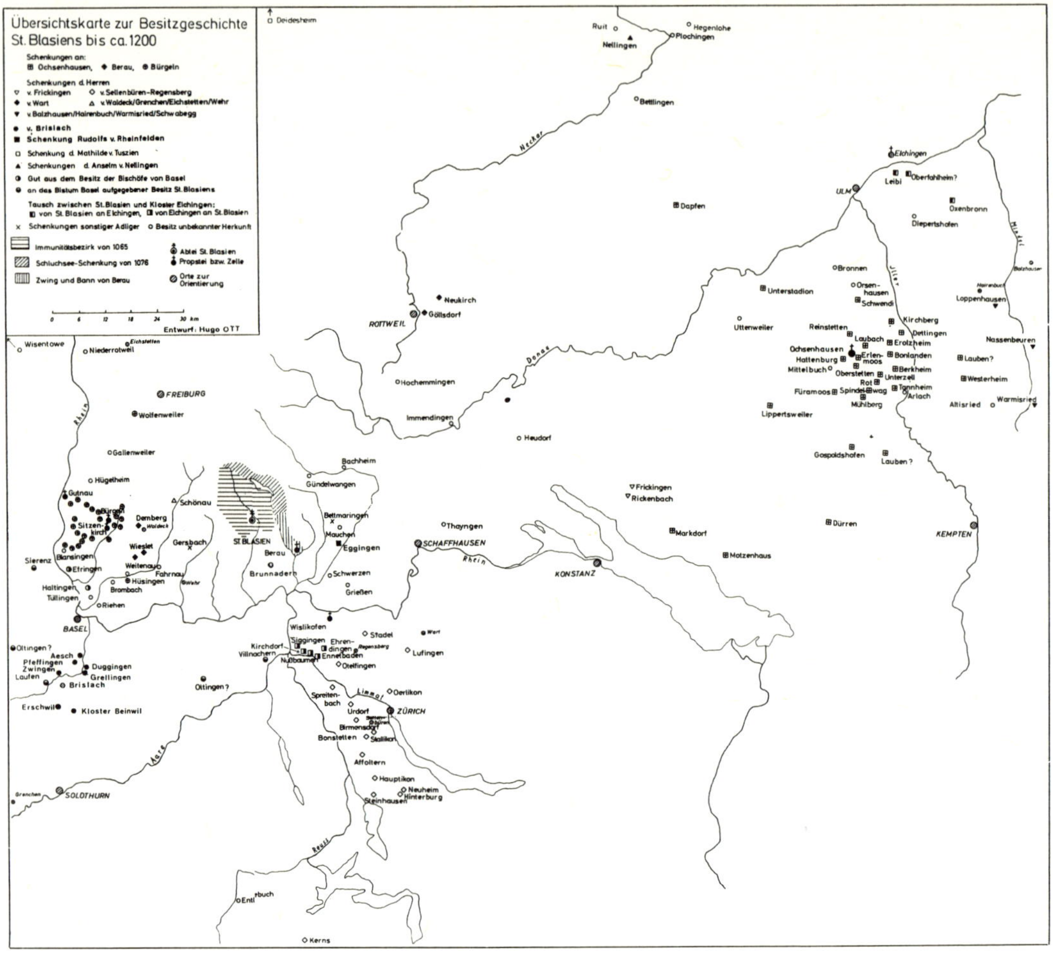

Karte 1

gültig im oberen Albtal behauptet haben –, wirtschaftliche Fragen begleiteten von Beginn an die Benediktiner der *cella Alba,* und zwar ganz handfeste Probleme, die mit Rodung, mit Wegebau, mit der Beherrschung der Naturgewalten, kurz mit der Erschließung des noch weithin nicht kolonisierten südlichen Schwarzwaldes zusammenhingen. Vermutlich blieb solch kultivatorische Tätigkeit auf einen recht kleinen Raum beschränkt, und aller Wahrscheinlichkeit nach konnte die kleine Schar der Mönche, die Mitte des 9. Jahrhunderts von Rheinau aus *in vicinum saltum,* in den benachbarten Bergwald, kamen, ohne das Mutterkloster Rheinau wirtschaftlich nicht existieren, blieb also geraume Zeit auf die Wirtschaftskraft von Rheinau verwiesen.

Nehmen wir an – und dies wohl mit sehr hoher Wahrscheinlichkeit –, daß es eine Kontinuität der *cella Alba* (9. Jahrhundert) mit ihrem Blasius-Patrozinium (ebenfalls seit dem 9. Jahrhundert) und dem nachmaligen St. Blasien (Beginn 11. Jahrhundert) gegeben hat, dann wird der Prozeß der Loslösung St. Blasiens von Rheinau, der spätestens 1030 beendet war, mit Sicherheit auch unter einem ökonomischen Aspekt gesehen werden müssen: ein selbständiges Kloster St. Blasien mußte über eine ausreichende wirtschaftliche Grundlage verfügen können. Wie groß auch immer eine solche Basis sein mochte, sie konnte nur durch Zuweisungen Dritter an das Kloster ermöglicht werden, durch Schenkungen, die einmal den vorhandenen Kernbereich selbst

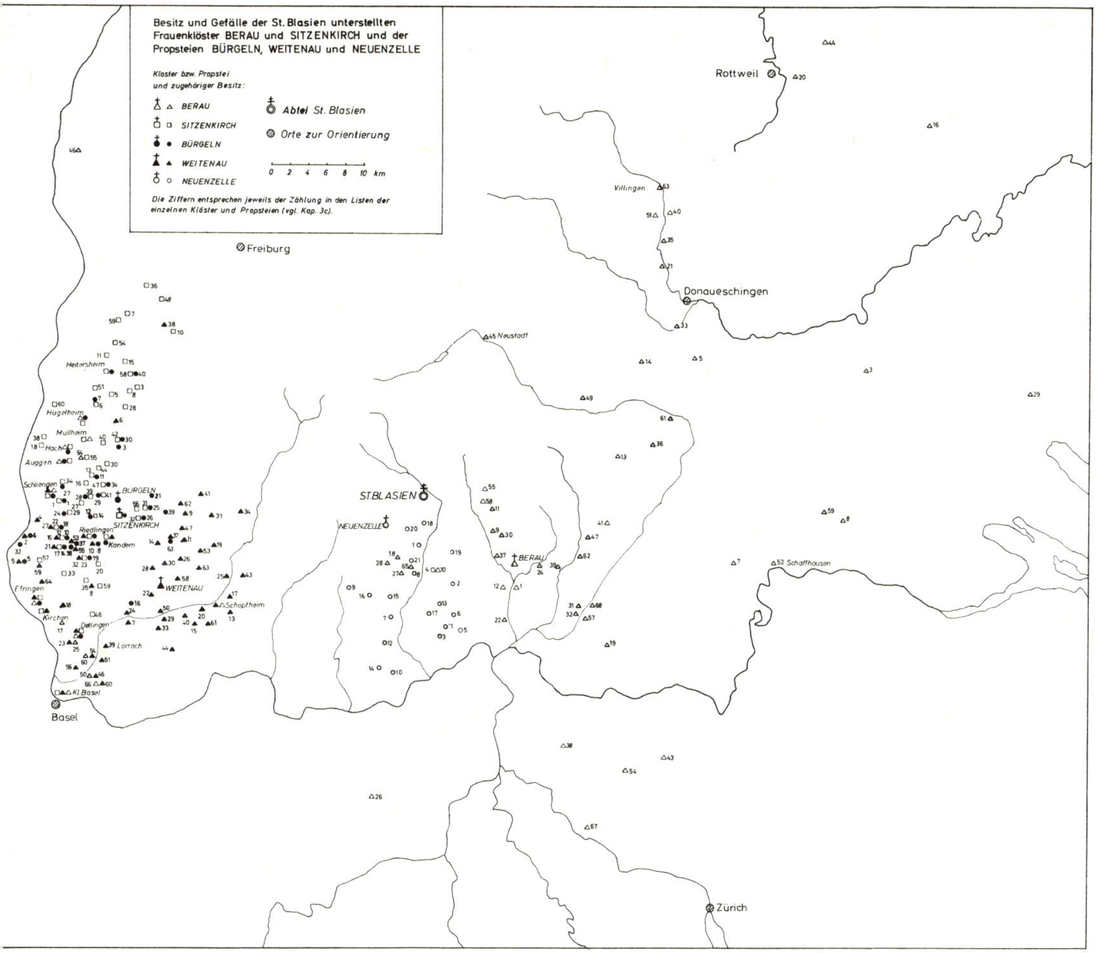

Karte 2

stabilisierten und unmittelbar anreicherten und damit vergrößerten, die aber zum anderen dem Kloster Besitz im Altsiedelland vermittelten. Diese Schenker, die das sogenannte Ausstattungs- oder Dotationsgut einbrachten, entstammten dem Hochadel und der Kirche, ja sogar aus Kreisen mit Königsnähe. Dabei durchdrangen sich Schenkungen und Privilegierungen, die das junge Kloster in eine ganz spezifische Stellung hinaufhoben. Als St. Blasien 1065 vom jungen König Heinrich IV. eine Schutzurkunde erhielt, wodurch für den engeren Klosterbereich, dem später sogenannten Zwing und Bann, ein besonderer rechtlicher Charakter, nämlich eine Art Unabhängigkeit von weltlichen Gewalten gewährleistet wurde, war bereits ein wesentlicher Schritt zur herausragenden Stellung getan: St. Blasien ist damals zwar kein Königskloster geworden, hatte aber eine gewisse Königsnähe gewonnen und eine ganz spezifische Rechtsstellung erlangt. Es war um die Mitte des 11. Jahrhunderts ein Rodungskloster, dem Förderung zuteil wurde einerseits von der hochadligen Sippe der Herzöge von Rheinfelden und dem Hochadel aus dem Umkreis dieser herzoglichen Familie, andererseits vom Bischof von Basel, die das ursprüngliche Ausstattungsgut spürbar vermehrten. Insgesamt hat sich in den folgenden Jahrzehnten nach 1060 eine eigenartige Spannungssituation ergeben: der Bischof von Basel vermochte mit seinen herrschaftlichen Ansprüchen sich nie voll durchzusetzen, weil Herzog Rudolf von Rheinfelden das Kloster St. Blasi-

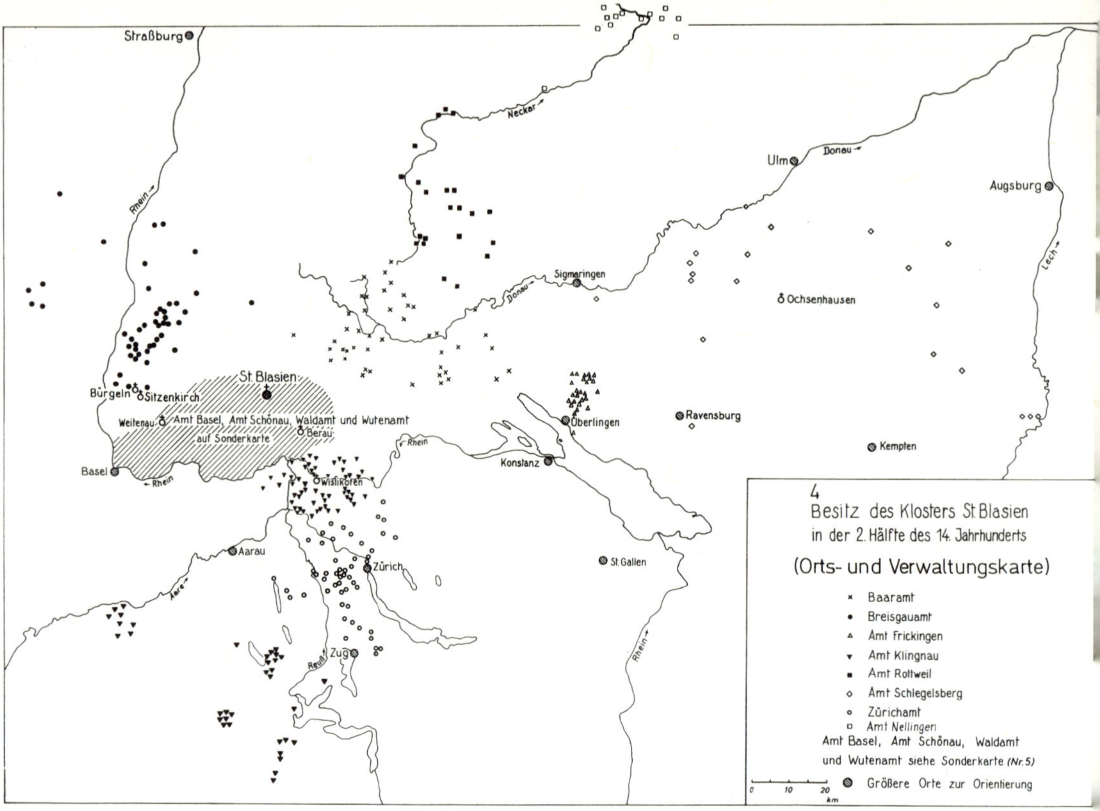

Karte 3

en, das zur Grablege für seine zweite Gemahlin und seinen Sohn wurde, abschirmte. Durch Vermittlung Herzogs Rudolfs entstanden für St. Blasien enge Beziehungen zur Kaiserinwitwe Agnes, der Gemahlin Heinrichs III., die wiederum starke Impulse für die Einführung der monastischen Reform gab. Nicht zuletzt die Reform wirkte sich auf die wirtschaftlichen Verhältnisse in St. Blasien aus.

Man hat St. Blasien in dieser Zeit als ein dem Hochadel zugeordnetes Kloster bezeichnet, dies gilt auch in dem Sinn, daß dieses Reformzentrum Zufluchtsort recht zahlreicher Angehöriger des Adels geworden ist, die als Mönche und als Konversen (als Laienbrüder) in St. Blasien eintraten und das benediktinische Grundanliegen von *ora et labora*, bete und arbeite, in einer ganz spezifischen Weise verwirklichten. Damit fassen wir einen bestimmten Ausschnitt des sanktblasianischen Alltags des 11. und beginnenden 12. Jahrhunderts, den ich ein klein wenig vertiefen möchte: Die Mönchsgemeinschaft von St. Blasien, der lebenden und verstorbenen Mönche, war mit vielen deutschen und außerdeutschen Klöstern in einer Gebetsverbrüderung verbunden, die auf dem Totengedächtnis beruhte. In dieses Gedächtnis wurden auch die dem Kloster nahestehenden Laien einbezogen, deren Andenken im Gebet je nach der Stellung zum Kloster gestaltet wurde. Zwar besitzen wir nur Bruchstücke der Totenlisten, der sogenannten Nekrologien, aber diese Fragmente lassen erkennen, wie groß der Kreis der in der Gebetsgemeinschaft verbundenen Menschen war. Es wurde fast ohne Unterlaß hier in St. Blasien gebetet. Die Historiker hat in den letzten Jahren besonders auch die Frage interessiert, für wen in den führenden Benediktinerklöstern gebetet wurde. Man hat in den einschlägigen Untersuchungen herausgearbeitet, daß in St. Blasien vorwiegend für den Reformadel gebetet wurde – etwa im Unterschied zu den typischen Reichsklöstern, deren Gebetsintention dem König und der königlichen Reichspolitik gegolten hat. Den *zweiten Teil* der benediktinischen Grundregel, die Arbeit, haben diese Mönche im St. Blasien des 11. und 12. Jahrhunderts gleichfalls in einer ganz spezifischen Weise realisiert: der Ausbau des weithin noch unerschlossenen Schwarzwaldes, nicht nur in unmittelbarer Klosternähe, beruht auf der Arbeit dieser frühen Konvente. So haben wir beispielsweise noch aus späteren Quellen den Hinweis, daß der Hof Schluchsee und der Hof Höchenschwand ehemals Mönchshöfe gewesen waren, also von den Mönchen selbst bewirtschaftet worden sind. Im Lichte solcher Aussagen muß dem Bericht des sogenannten Liber constructionis, einer relativ späten Quelle, Glauben geschenkt werden, in dem festgehalten wird, daß gerade die aus dem Adel stammenden Laienbrüder sich nach der niedrigsten Arbeit gedrängt hätten und als Schweinehirten, als Viehhirten, als Arbeiter in der Bäckerei und in der Klosterküche für die klösterliche Gemeinschaft tätig waren. Ohne diesen selbstlosen Einsatz, dessen Ausmaß und Schwierigkeitsgrad man sich unschwer vorstellen kann, wäre der Landesausbau binnen weniger Jahrzehnte nicht möglich gewesen, wäre die Stabilisierung des einmal gerodeten und besiedelten Landes nicht gelungen. Freilich gehörten zu dieser Rodungs- und Siedlungsarbeit von Anfang an auch die bäuerlichen Menschen, die als Hörige des Klosters mitgeschenkt worden sind und aus deren Nachkommenschaft sich St. Blasien wie alle anderen geistlichen und weltlichen Herrschaftsträger des Mittelalters eine Grundherrschaft aufbaute.

Im Zusammenwirken von Mönchen und Hörigen, den Hintersassen oder Gotteshausleuten, wie sie später genannt worden sind, ist in dieser Zeit des 11. und 12. Jahrhunderts die wirtschaftliche Grundlage verfestigt worden, sicher zunächst bei einem starken Übergewicht der klösterlichen Initiativen. Eine zentrale Funktion für den Ausbau der sanktblasianisch-klösterlichen Grundherrschaft kam der Erweiterung des Immunitätsbezirks nach 1065 bis ca. um 1100 zu. Auf Karte 1, in der übersichtsweise die Besitzentwicklung St. Blasiens bis 1200 festgehalten ist, kann unschwer ersehen werden, wie sich der unmittelbare Herrschaftsbereich von St. Blasien aus drei nahtlos ineinander übergehenden Teilen zusammensetzt: a) die Immunitätsschenkung von 1065, b) das Gebiet um den Schluchsee, das durch Schenkung von seiten einer sehr interessanten hochadligen Gruppe um 1070 an das Kloster St. Blasien gelangte, und schließlich c) der Zwing und Bann des Frauenklosters Berau, das freilich erst gegen Ende des 11. Jahrhunderts in diesen St. Blasien benachbarten Ort verlegt worden ist. Denn noch für 1082 ist in St. Blasien selbst ein sogenanntes Doppelkloster bezeugt, d.h. daß Mönche und Nonnen in je eigener Klausur in einem Doppelkloster lebten. Wie lange dieses sanktblasianische Doppelkloster bestand, ist nicht bekannt. Die Verlegung des Nonnenkonventes hängt einmal zusammen mit den Reformvorstellungen, zum andern aber auch mit im einzelnen noch nicht geklärten Schenkungen, die es erst möglich machten, daß um 1100 der Nonnenkonvent nach Berau übertragen worden ist, das sehr rasch dank reicher Dotationen und dank hochadliger Zusammensetzung Mittelpunkt einer selbständigen Reformbewegung geworden ist.

Wir können uns nur schwer vorstellen, welche Reformimpulse in der 2. Hälfte des 11. Jahrhunderts von St. Blasien ausgingen und wie in Wechselwirkung dazu der Einflußbereich St. Blasiens innerhalb von wenigen Jahrzehnten – auch in der Besitzlandschaft deutlich abzulesen – gewachsen ist. Das Schwarzwaldkloster trat in immer neue Verbindungen mit adligen Schenkerfamilien, die aus der Reformbegeisterung heraus in den Strahlkreis St. Blasiens gerieten.

Besonders über die sogenannten Priorate und Frauenklöster, die St. Blasien unterstellt waren, knüpfte das Kloster ein klar aufgebautes Netz. Die auf der 2. Karte festgehaltenen Besitzungen der St. Blasien unterstellten Frauenklöster Berau und Sitzenkirch und der Propsteien bzw. Priorate Bürgeln, Weitenau und Neuenzelle vermitteln davon einen Eindruck. Wir erkennen, daß vor allem in der Oberrheinebene nördlich von Basel bis in den Breisgau hinein eine ungemein große Verdichtung des Besitzes bestand – also im Altsiedelland. Dabei enthält diese Karte nicht mehr die Vielfalt der ursprünglich vorhandenen, St. Blasien zugeordneten Priorate. Wir müssen ein weiteres Mal auf die 1. Karte verweisen, weil dort im Iller-Lech-Gebiet mit dem Priorat Ochsenhausen, das dann im ausgehenden 14. Jahrhundert selbständige Abtei wurde und aus dem sankt-

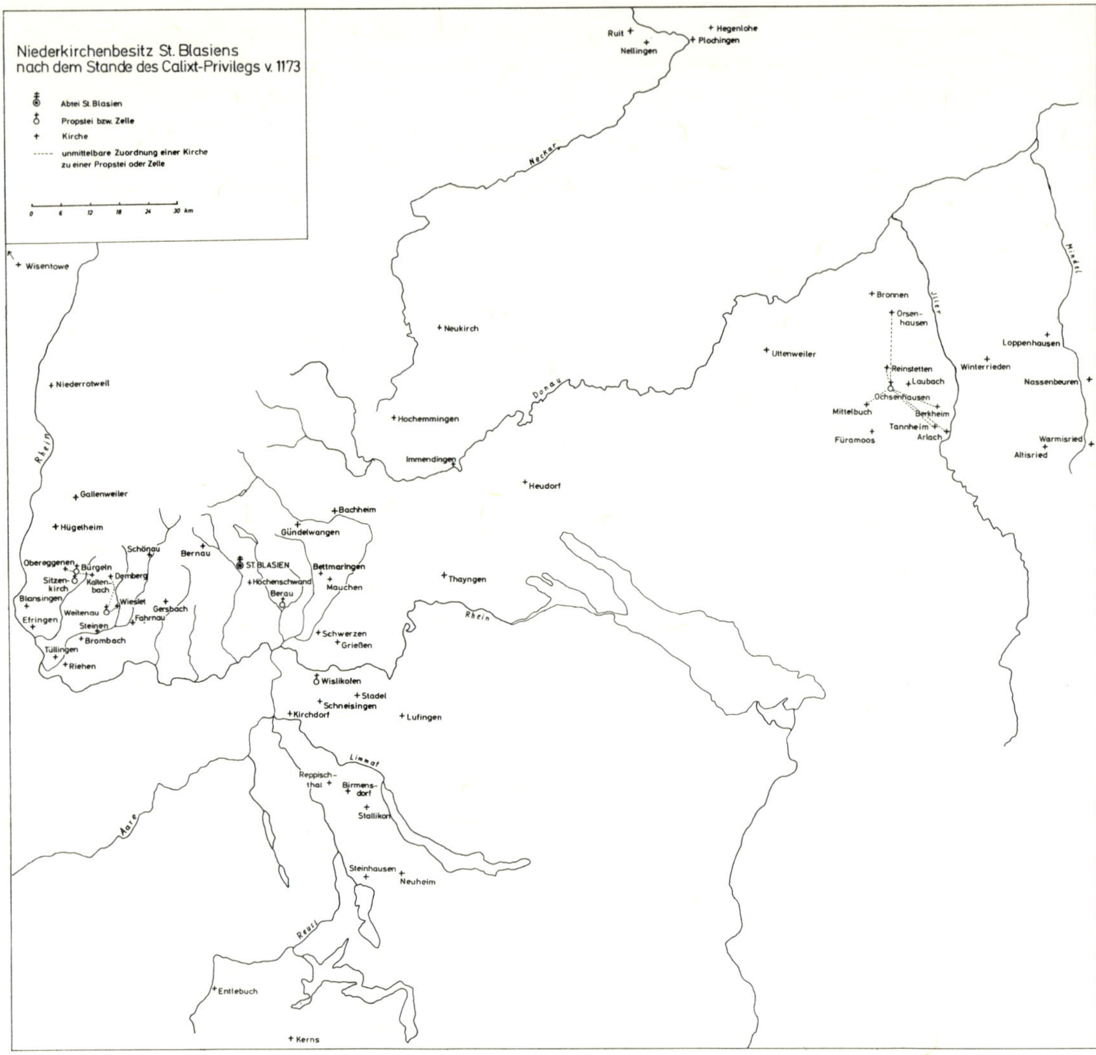

Karte 4

blasianischen Einflußbereich ausschied, ein besonders wichtiger Stützpunkt St. Blasiens entstanden war.

Das Kloster St. Blasien hatte also, wie aus den beiden ersten Karten bereits deutlich ersehen werden kann, aufgrund seiner starken Ausstrahlung sehr früh ein weit gestreutes Besitzbild aufzuweisen. Überwiegend beruhte dieser Besitz auf adliger Herkunft – es war Schenkungsgut. Die einzelnen Schenkergruppen sind durch entsprechende Zeichen vermerkt. Auch hier eine große Vielfalt! Diese für die deutschen Reformklöster durchaus untypische Besitzstruktur erforderte bald ein brauchbares Verwaltungsinstrumentarium, wollte das Kloster seine Wirtschaft im Griff behalten. Die Mönchsgemeinschaft von St. Blasien hat schon früh, etwa ab 1200 haben wir genauere Hinweise, ein derartiges Instrumentarium entwickelt und damit vorbildliche Arbeit geleistet. Es muß also bereits im 12. Jahrhundert und dann vor allem im 13. Jahrhundert, über Mönchsgenerationen hinweg, ein immenses know-how zur meisterlichen Bewältigung der permanenten Verwaltung einer immer riesiger werdenden und immer schwerer zu überschauenden Grundherrschaft angesammelt worden sein.

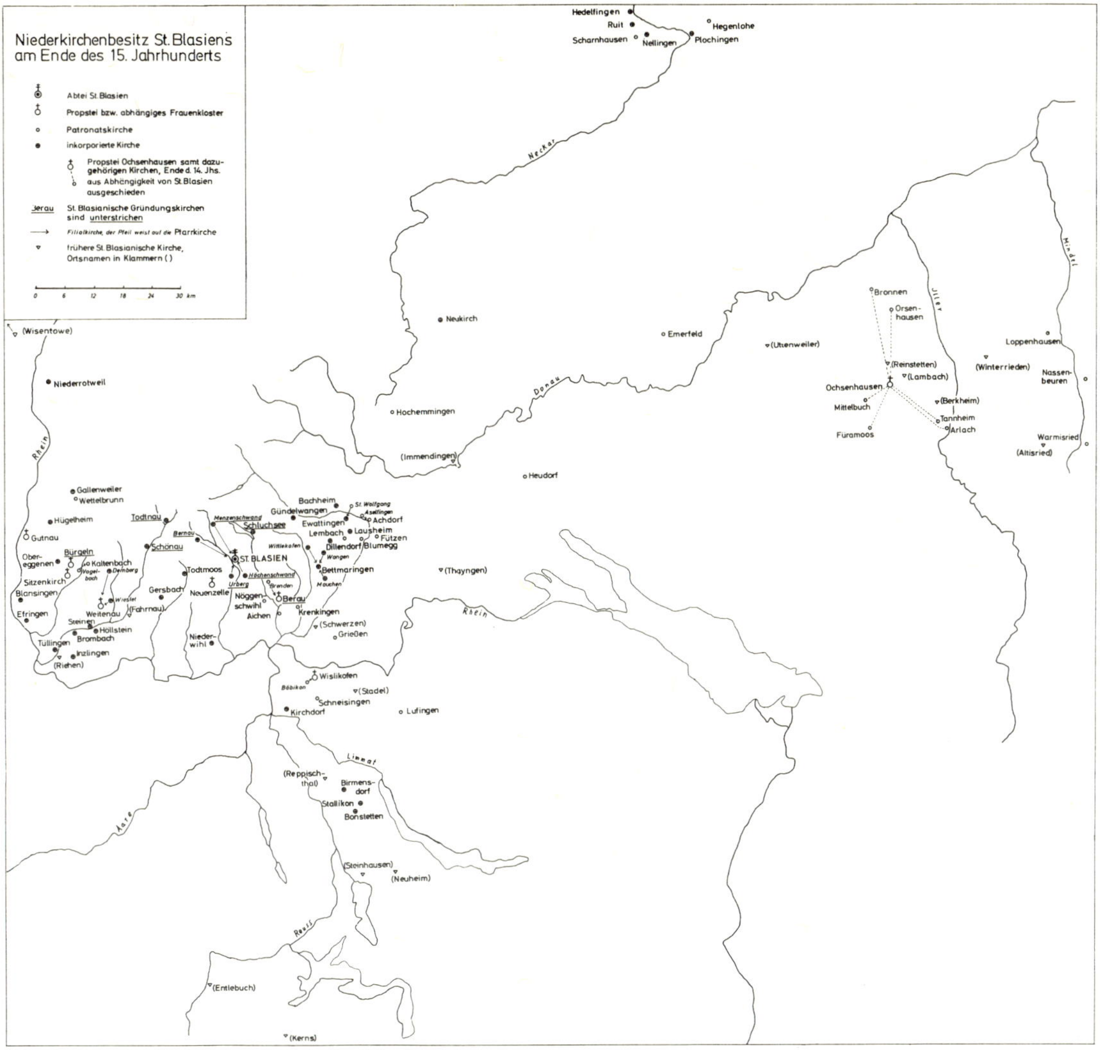

Karte 5

Zugespitzt gesagt: Der Klosteralltag in St. Blasien ist seit dem ausgehenden 12. Jahrhundert mehr und mehr bestimmt gewesen durch die Anforderungen, die Klosterwirtschaft und Klosterherrschaft stellten. Die Benediktiner St. Blasiens hatten jetzt gewissermaßen einen Funktionswandel hinter sich gebracht. Die Zeiten der Bruderhöfe, der sogenannten Eigenwirtschaft, als die Mönche selbst Hand anlegten oder zumindest vor Ort die landwirtschaftliche Arbeit beeinflußten bzw. kontrollierten, waren endgültig vorbei, spätestens als seit der Mitte des 13. Jahrhunderts die Grundherrschaft St. Blasien in ihrer weiten Ausdehnung und Verzweigung – man suche ein vergleichbares Kloster mit derartiger Größe! – gänzlich auf die Verwaltung und auf den Einzug der Renten und Abgaben eingestellt war, als alles daran gesetzt wurde, das reibungslose Funktionieren überall draußen auf den sanktblasianischen Besitzungen zu gewährleisten. Solches zu ermöglichen, war angesichts der Verkehrsverbindungen und der Nachrichtenübermittlung kein leichtes Unterfangen und erklärt sich letztlich nur aus einem ausgeklügelten Kontrollsystem. An die ehemalige klösterliche Eigenwirtschaft, die im 11. Jahrhundert im Zusammenhang mit der Reformbewegung im Kerngebiet von St. Blasien in Blüte stand, blieb nur noch eine recht vage Erinnerung: der Schluchseehof, der Hof in Faulenfürst u. a. werden als Beispiele in den späteren Berichten genannt. Diese seien einstmals Mönchhöfe oder Bruderhöfe gewesen. Und in den Rechtsaufzeichnungen des 14. Jahrhunderts begegnet uns hin und wieder, daß der Abt oder der Propst von Bürgeln oder von Weitenau sich den einen oder anderen besonders zentralen Hof vorbehalten, ihn nicht mit einem bäuerlichen Hintersassen, einem Meier zu besetzen, sondern ihn unmittelbar durch einen Mönch betreiben zu lassen. Wie wir wissen, war dies nur ein allgemeiner Rechtsvorbehalt, der in dieser Zeit nie mehr realisiert worden ist.

Das Kloster und seine Teilgrundherrschaften – eben die Propsteien und Frauenkonvente – hatten längst die Möglichkeiten genutzt, über ein System von bäuerlicher Leihe den umfangreichen Besitz produktiv bearbeiten zu lassen. Dabei zeigten sich die Mönche von St. Blasien äußerst flexibel: je nach naturräumlicher Konstellation wurden die Bestimmungen in den Leiheverträgen gefaßt. Es gab ja erhebliche Unterschiede: ob ein Hof im fruchtbaren Breisgau, im Bodenseeraum, im mittleren Neckargebiet auf den Fildern oder in unwirtlicheren Gegenden wie des Schwarzwaldes, der Baar oder des voralpinen Raumes der nördlichen Schweiz lag; es mußten die Regelungen für weinbautreibende Grundholden des Klosters anders gefaßt werden als dort, wo Weidewirtschaft, Milchverwertung, Waldnutzung oder überwiegend Getreidebau vorlagen. In der Tat bietet die sanktblasianische Grundherrschaft die ganze Bandbreite der landwirtschaftlichen Produktion des Mittelalters, auf ihrer Palette waren sehr nuancierte Farben aufgetragen, z. B. auch der Gartenbau in der Nähe von Städten – also spezialisierte Kultur!

Kehren wir nach diesen allgemein gehaltenen Betrachtungen wieder an den Klosterort St. Blasien zurück, der ja die Zentrale für die gesamte Verwaltung gewesen ist, an dem sozusagen alle Fäden zusammenliefen. Zwar blieb der Tagesablauf im Kloster durch die festen Zeiten des Gebetes und des liturgischen Geschehens geprägt, aber das Klosterleben wurde immer deutlicher durch die ökonomischen Erfordernisse beeinflußt: St. Blasien wurde immer stärker zur Koordinierungsstelle für die Rechts- und Verwaltungsgeschäfte und Vorgänge draußen in den weit oder gar sehr weit entlegenen Besitzungen. Es galt dabei, nicht nur das Bestehende zu erhalten, es vielmehr zu vermehren bzw. durch Tauschgeschäfte, durch Verkäufe und Ankäufe zu verbessern.

Wir können feststellen, daß diese klösterliche Besitzpolitik gerade im 13. Jahrhundert klare Konturen erhält, und wir wissen auch ziemlich genau Bescheid darüber, wie Abt und Konvent des Klosters St. Blasien im 13. und noch stärker im 14. Jahrhundert über sogenannte Geschäftsträger, die eine unterschiedliche Stellung zum Kloster einnahmen, die zahlreichen Rechtsgeschäfte erledigen ließen. Immer waren es rechtskundige, geschulte Leute, die in den meisten Fällen den Magister-Titel hatten, also ein Universitätsstudium absolviert hatten. Damit hatte ein dezentrales Element in den Klosteralltag Eingang gefunden: die Geschäftsträger erhielten zwar die generellen Anweisungen, sie wirkten aber vor Ort, z. B. im Züricher Raum, im Basler Gebiet, im Freiburger Raum, am Bodensee oder sonstwo, bauten sich allmählich auch festere Stützpunkte auf, von denen aus sie das Interessengebiet beobachten konnten.

Und in diesem Zusammenhang muß die Entwicklung der sogenannten Außenämter gesehen werden, die im 13. Jahrhundert vonstatten ging, als diese Außenämter allmählich aufgebaut wurden, sich konturierten und mit zuverlässigen Klosterbeamten besetzt wurden. Damit war zugleich für tüchtige Gotteshausleute, wie die abhängigen Hintersassen bezeichnet worden sind, eine Aufstiegsmöglichkeit geschaffen worden: von den Haupthöfen, den Meierhöfen, den Ding- und Fronhöfen (es gab recht unterschiedliche Bezeichnungen) ging die Entfaltung von großräumigen Amtsbezirken mit einem jeweils festen Zentrum bis zur eindeutigen Abgrenzung der Außenämter. Gerade die Entwicklung der sogenannten Ämterverfassung ist eine spezifisch sanktblasianische Leistung gewesen, die ihresgleichen in der damaligen Zeit sucht.

Zentrale und dezentrale Elemente gaben, wie gesagt, der Klosterverwaltung St. Blasiens das Gepräge. Am Klosterort waren alle wichtigen Verwaltungsämter vereinigt, und Abt, Großkeller, Kustos, Kämmerer, Prior und Siechenmeister hatten ihre besonderen Verwaltungsfunktionen wahrzunehmen. Diese so zentralisierte Verwaltung trug dezentrale Züge. Durch die Einführung der Ämterverfassung und der damit gegebenen mehr oder weniger selbständigen Stellung der Amtleute, Pröpste und Prokuratoren war ein ausgeglichenes Verwaltungssystem geschaffen worden, das der Grundherrschaft St. Blasien adäquat war.

Die Entstehungsgeschichte der einzelnen Ämter kann in diesem Rahmen nicht detailliert dargestellt werden. Auch fluktuierte die Gesamtzahl der Außenämter immer ein wenig.

Die Fülle der Klosterämter in differenzierter Form wird erstmals sichtbar in der Anlage der großen Generalurbare des 14. Jahrhunderts, auf die weiter unten noch einzugehen sein wird. Hier wird zum ersten Mal deutlich, wie stark die Klostergrundherrschaft St. Blasien zu einer verwalteten Rentengrundherrschaft geworden ist.

Die Gesamturbare des 14. Jahrhunderts bieten in erster Linie ein Grundschema der sanktblasianischen Ämterverfassung, sie werden aber an Genauigkeit und Vollständigkeit der Angaben von dem sogenannten Papstzehntrodel für St. Blasien aus den Jahren 1366 und 1372 übertroffen, der eine erstrangige Quelle für die Verwaltungs- und Wirtschaftsgeschichte des Klosters darstellt. Nach seinen Angaben war die Klostergrundherrschaft in 13 Außenämter gegliedert:

1)	Officium silve	= Waldamt
2)	Officium an der Wůta	= Wutenamt
3)	Officium Bare	= Baaramt
4)	Officium Rotwil	= Amt Rottweil
5)	Officium in Schoenow	= Amt Schönau
6)	Officium Brisgaugye	= Breisgauamt
7)	Officium Alsatie	= Elsaßamt
8)	Officium Basileae	= Baselamt
9)	Officium Thuricense	= Zürichamt
10)	Officium in Clignow	= Amt Klingnau
11)	Officium in Nallingen	= Amt Nellingen
12)	Officium camere et Schlegelsberg	= Kammer- oder Schlegelsbergamt
13)	Officium in Frikingen	= Amt Frickingen.

Karte 3 soll zweierlei verdeutlichen: einmal den Überblick über den Gesamtbesitz des Klosters in der 2. Hälfte des 14. Jahrhunderts, zum andern die Gliederung des Besitzes nach den einzelnen Ämtern. Da die Klosterbesitzungen in den Ämtern Basel, Schönau, Wald und Wuten so stark verdichtet waren, konnten sie auf dieser Karte nicht verzeichnet werden, sind vielmehr auf Spezialkarten fixiert. Auch der elsässische Besitz und seine Zuordnung zu einem Elsaß-Amt ist offengehalten, da ein solches Amt sicher nur vorübergehend war und der geringe Besitz im Elsaß vom Breisgau-Propst mitverwaltet worden ist.

Die Aufgaben der Prokuratoren, Pröpste und Amtleute bestand in der Verwaltung des Grundbesitzes, in der Überwachung der Meierhöfe, die als unterste Verwaltungsinstanzen das tragende Gerüst eines Amtes darstellten, in der Besorgung der Abgabenerhebung, in wirtschaftlichen Funktionen: z.B. genaue Überwachung des Weinbaus mit mehrmaligen Inspektionen während des Wirtschaftsjahres; dazu in der Wahrnehmung der gerichtsherrlichen Stellung, wie diese in den Dinghofrechten näher umschrieben ist. Je nach persönlichem Zuschnitt des einzelnen Prokurators kam dazu noch eine stärkere Heranziehung zur Geschäftsführung des Klosters. Diese Amtleute vertraten häufig als Beauftragte des Abtes und des Konventes von St. Blasien die Interessen des Klosters – vor allem beim Abschluß von Käufen, Tauschgeschäften und ähnlichen den Klosterbesitz betreffenden Rechtsakten.

Ein gewissermaßen krönender Abschluß dieser Entwicklung ist in der Anlage eines Gesamt- oder Generalurbars um die Mitte des 14. Jahrhunderts erreicht worden. Unter einem Urbar verstehen wir ein Verzeichnis sämtlicher Besitzungen, Rechte und Einkünfte des Klosters. Diesem

Gesamturbar sind Einzelaufzeichnungen vorausgegangen – für einzelne Ämter oder für Teile von Ämtern. Wir müssen uns demnach einen länger dauernden Vorgang denken, der etwa seit der Wende vom 13. zum 14. Jahrhundert eingesetzt hat. Entsprechend dem hohen Stand der Kanzlei-Kultur in St. Blasien weisen diese in die Urbar-Tradition gehörenden Verzeichnisse eine sehr rationale Durchbildung auf. Ehe alle Besitz- und Rechtstitel des Klosters systematisch zusammengestellt werden konnten, mußte erst die Erhebung an Ort und Stelle erfolgen: das Kloster bestimmte in der Regel eine Gruppe von Sachverständigen, die dann zusammen mit den kundigen Bauern bis ins kleinste Detail hinein die sanktblasianischen Rechte verzeichneten, die Größe der Grundstücke in der Flur, im Bereich der Wiesen, der Waldungen, der Weinberge usw. notierten, die Höhe der Abgaben vermerkten – und nicht zuletzt die Art und Weise der Leiherechte der bäuerlichen Hintersassen aufschrieben. Wir haben sauberste Verwaltungsarbeit vor uns – Aufzeichnungen, denen mühselige und langwierige Erhebungen draußen vor Ort vorausgegangen sind, aufgrund derer minutiös große und kleine Einkünfte festgehalten wurden, wo die Namen der Inhaber von Leihegut notiert wurden, wo Besitzerwechsel nachgetragen worden ist, wo lateinische Ausdrücke durch Überschreiben der deutschen Termini erklärt worden sind usw. usw.

Der Besitz des Klosters hatte sich bis in die Mitte des 14. Jahrhunderts ganz beträchtlich vermehrt, wobei eine planmäßige Erwerbspolitik festzustellen ist: es gab Äbte, vor allem in der Zeit nach 1296, die gewaltige Summen in den Kauf ertragreicher Höfe gesteckt haben – besonders in den guten Zonen wie im Breisgau, im fruchtbaren Gebiet der Nordschweiz, im Bodenseeraum: Getreide und Weinbau waren dabei die hauptsächlichen Zielgebiete – diese Besitzvermehrung, wozu auch der Erwerb von Hausbesitz in den wichtigsten Städten wie Basel, Zürich, Freiburg, Rottweil, Villingen, Esslingen usw. gehörte, zwang zu geordneter Kontrolle: das war Inhalt klösterlichen Alltags. Ungezählte Einzelakte waren Tag für Tag zu setzen, damit der gewaltige Apparat in Gang gehalten werden konnte. Und das Kloster hatte es dabei immer mit Partnern zu tun, die gleichberechtigt, bevorrechtigt oder nachgeordnet waren – besonders mit der klösterlichen Untertanenschaft: viele Hunderte, die den gewaltigen Grundbesitz bebauten, die die Spezialkulturen wie Wein, Hanf, Milchprodukte erzeugten, die für die Verteilung und Vermarktung sorgten, die die städtischen Häuser und die landwirtschaftlichen Betriebsgebäude in Stand hielten, die für den Bau der Straßen, Wege und Stege zu sorgen hatten, kurz: die zur Aufbringung des klösterlichen Bruttosozialproduktes verantwortlich waren. Die Untertanenschaft mußte jedoch auch geschützt werden – Gerichtsherrschaft mußte ausgeübt werden – der herrschaftliche Kontakt zwischen Kloster und Grundholden war vielseitig, komplex und permanent.

Und gerade diese Beziehungen zwischen Kloster als Träger der Herrschaft und den Gotteshausleuten als Untertanen hatten sich in dieser Zeit gewandelt: Das Kloster stand einer selbstbewußter gewordenen Untertanenschaft gegenüber, die ihre Rechte und Pflichten den Rechten und Pflichten des Klosters gegenüberstellte. Im Zusammenhang mit den Aufzeichnungen der Besitzrechte und der Abgabenverpflichtungen kam es auch in vielen Fällen zur schriftlichen Fixierung dieser beiderseitigen Rechtsbeziehungen: bäuerliche Weistümer heißen solche Dokumente. Damit ist ausgedrückt, daß sie auf dem gewiesenen Recht beruhen, auf Recht, das die kundigen Bauern als immer schon geltendes mündlich überliefert hatten und auf den Gerichtstagen, wenn es zur Verlesung kam, bestätigten. Das Kloster, in der Gestalt des Abtes, war Gerichtsherr. Und die sogenannte Kemenate in St. Blasien, der Wohnsitz des Abtes, war auch oberste Instanz, wenn von den unteren Gerichten nach St. Blasien appelliert wurde, wenn es also um Berufungsfälle ging. Rechtsstreitigkeiten vielfältiger Art gehörten ganz stark zum Alltag des Klosters. Auch Streitigkeiten, die über den eigenen Rechtsbereich hinausgingen. Oft mußte das bischöfliche Gericht als Schiedsstelle in Anspruch genommen werden. Ein konkretes Beispiel möge veranschaulichen, wie ein solcher Rechtsstreit ausgesehen hat. Es steht für viele ähnliche Vorgänge. Da besaß St. Blasien auch einen stattlichen Meierhof in Heudorf – der Ort findet sich auf den Karten etwas nördlich des Bodensees – ein alter Besitz, Mittelpunkt eines alten Herrenhofverbandes:

Dieser Besitz lag freilich in der Interessensphäre des Zisterzienserklosters Salem. 1270 wurde vor dem bischöflichen Gericht in Konstanz ein lange Jahre schwelender Streit zwischen Salem und St. Blasien um das Eigentum einer bestimmten Hufe, eines bäuerlichen Hofes also, entschieden: das Gericht ließ die Zeugen beider Klöster ausführlich vortragen. Aus dem umfangreichen Vernehmungsprotokoll erfahren wir folgendes: Ca. 6 Jahre zuvor, also 1264 habe sich St. Blasien unrechtmäßig in den Besitz dieser Hufe gebracht, die um 1258 von Salem für einen recht erheblichen Geldbetrag erworben worden sei. Die Zeugen, die Salem auftreten ließ, vermochten eine Vorgeschichte dieser Hufe bis zu Beginn des 13. Jahrhunderts aufzurollen. Demgegenüber konnte St. Blasien durch seine Zeugen nachweisen, daß der Abt von St. Blasien sich in den vergangenen 6 Jahren dreimal um einen Vergleichstermin bemüht habe, jedesmal nach Heudorf geritten sei, wo freilich der Abt von Salem, immer durch unaufschiebbare Geschäfte entschuldigt, nicht anzutreffen war. Seinen Eigentumsanspruch formulierte St. Blasien folgendermaßen: Es hätten drei Schwestern in Heudorf gelebt, deren eine die Hufe samt anderem Besitz dem Kloster geschenkt habe (eine Urkunde darüber vermochten die Sanktblasianer nicht vorzulegen); die Herren von Hewen, die die Vogtei über diesen Besitz ausübten, hätten anläßlich der Vorbereitung eines Kreuzzuges das Vogtrecht verpfändet, um vom Erlös ein Schlachtroß, Schild und Harnisch zu kaufen; bei dieser Verpfändung sei eine Unordnung in die Eigentumsfrage gelangt; von diesem Rechtsanspruch aus unternahmen die Sanktblasianer 1264 eine konzertierte Aktion gegen die Salemer: zur Zeit der Heuernte rückte ein Aufgebot von Bauern, die als sanktblasianische Hintersassen zur Genüge im Heudorfer Raum saßen, zusammen mit Leuten der Herren von Hewen gegen die Salemer Bauern und Mönche vor. Sie kaperten zwei vollbeladene Heuwagen samt Ochsengespannen, beim Handgemenge wurde ein Salemer Mönch verletzt *usque ad effusionem sanguinis,* also blutig verletzt – ein sanktblasianischer Zeuge konkretisierte und schwächte ab: Der Mönch sei mit dem Finger unter ein Wagenrad gekommen. Der Konstanzer Offizial, der bischöfliche Richter also, fällte ein salomonisches Urteil: Salem solle im Besitz bleiben; wer Eigentümer sei, könne nicht entschieden werden, müsse also offenbleiben. Derartige, mehr zufällig überlieferte Vorfälle können ein gutes Licht auf den alltäglichen Problembereich eines hoch- und spätmittelalterlichen Klosters werfen: es mußte beständig die wirtschaftliche Grundlage gesichert und ausgebaut werden. Es mußte dafür Sorge getragen werden, daß der Boden bearbeitet wurde und daß die Früchte der Erde eingeholt werden konnten.

Und welche Probleme hatte St. Blasien, das halt arg weit hoch lag, nicht leicht erreichbar war, besonders in harten Wintern zu leiden hatte, häufig von schweren Unwettern heimgesucht wurde, mit der Versorgung der Klostergemeinschaft: da waren die Weinfuhren aus dem Breisgau über die Hochrhein-Albstrecke zu organisieren (die Leute des Waldamtes hatten diese Fuhren zu leisten) – der Transport des in den Meierhöfen und Amtsstellen gesammelten Getreides zu den nächsten städtischen Märkten mußte gewährleistet sein und vieles mehr. Wir wissen, daß darüber hinaus auch das mächtige und reiche St. Blasien häufig nicht frei von finanziellen Sorgen war: Höfe – und nicht die schlechtesten, wie drunten im fruchtbaren Breisgau – mußten verpfändet werden (ihre Einlösung konnte dann meist durch spezielle Wohltäter erfolgen), Brandkatastrophen wie die von 1322 stellten schier unlösbare Probleme. Gleichwohl hatten die Äbte überwiegend eine glückliche Hand. Wir wissen, daß viel in den Erwerb von Boden investiert wurde. Das Budget des Klosters ist uns aus der 2. Hälfte des 14. Jahrhunderts einigermaßen genau bekannt. Im Schnitt beliefen sich die Einkünfte auf 600 Mark Silber – es gab auch fettere Jahre, wie z. B. 1366, wo die Ernteerträge außerordentlich gut gewesen sein müssen, da St. Blasien gegen 1200 bis 1400 Mark Silber Einkünfte hatte – eine gewaltige Summe –, freilich mußten für einen stattlichen Hof im Breisgau etwa 230 Mark Silber, also ein gutes Drittel des durchschnittlichen jährlichen Budgets aufgewendet werden.

Über all dem bisher Vorgetragenen, den wirtschaftlichen und rechtlichen Fragen der sanktblasischen Grundherrschaft, könnte leicht vergessen werden, daß St. Blasien immer *geistlicher*

Grundherr war, d.h. daß die pastoralen, die seelsorgerlichen Probleme für die Abtei nicht am Rande lagen.

Man wird nicht fehlgehen in der Vermutung, daß mit der Erschließung des inneren Kernbereiches, der nur durch die Ansiedlung einer größeren Zahl abhängiger Grundholden bewerkstelligt werden konnte, auch die Errichtung von Pfarreien parallel ging: sehr frühe Nachrichten haben wir für die Kirchen in Höchenschwand, Schluchsee, Menzenschwand, Bernau und Urberg, die wohl um 1100 oder wenig später gebaut wurden und von Anfang an als sogenannte Eigenkirchen des Klosters auch von den Mönchen aus St. Blasien seelsorgerlich betreut wurden – wie für die am Klosterort angesiedelten Laien schon bald eine pfarrliche Zuständigkeit herausgebildet worden ist in der Pfarrkirche St. Stephan zu St. Blasien.

Das Kerngebiet der Klostergrundherrschaft ist neben den sonstigen herrschaftlichen Faktoren gerade in kirchlicher Hinsicht geschlossen von St. Blasien versorgt worden, denn vom hinteren Wiesental her, wo bereits 1113 mit der Pfarrei Schönau (ein weit gedehnter Sprengel!) St. Blasien die pfarrlichen Rechte zugefallen sind, verknüpfte das Kloster das Pfarreiennetz über die Gründung der Pfarrei Todtnau (1288) mit den oben angeführten Schwarzwaldpfarreien. Und Todtnau wurde dank des Silberreichtums, den die Bergleute dort schürften, zu einer wohldotierten und einträglichen Pfründe. Die noch verbliebene Lücke wurde schließlich durch die Unterstellung der Pfarrei Todtmoos unter St. Blasien endgültig geschlossen.

Wie die Karten 4, 5 verdeutlichen, verfügte St. Blasien über einen sehr ausgedehnten Niederkirchenbesitz, der eigentlich die Binnenstruktur der Grundherrschaft ausmachte. Kein Wunder! War doch angesichts der engen, eigentlich schwer zu trennenden Verbindung von Kirche und Welt in mittelalterlicher Zeit das Element „Kirche" und „Kirchenbesitz" von großer Wichtigkeit. Übrigens: welche Rolle St. Blasien bei der baulichen Gestaltung der Kirchen und bei der künstlerischen Ausgestaltung der Kirchenräume spielte, ist noch nicht untersucht – wenigstens nicht im Zusammenhang. Wie es überhaupt noch der näheren Überprüfung bedarf, in welcher Weise St. Blasien in künstlerischer Hinsicht in den Grundherrschaftsbereich ausstrahlte. Daß das Kloster dabei eine bedeutende Stellung eingenommen hat, kann mit Sicherheit gesagt werden. Seelsorgerliche Tätigkeit gehörte also zum Klosteralltag. Ja, man kann sogar behaupten, daß in den späteren Jahrhunderten sich häufig die Schwerpunkte der mönchischen Aktivität aus dem Kloster selbst hinaus verlagerten in die weite Grundherrschaft.

Lassen wir einige Quellen sprechen, die dies veranschaulichen. Z.B. wird im 16. Jahrhundert zu St. Stephan in St. Blasien vermerkt: »Ein pfarr zu sanct Blasyenn. So versiht ainer diße pfarr aus dem convent, welcher zum taugelichest darzu ist, mit Meß lesen und predigen und allen Sacramenten zu administrieren, der hat allain davon, was im das jarzyttbuch zugibt – auch die accidentalia des altars und das viert opffer thailt er mit ainem custer zum halben thail.« Entsprechend sind die Einträge für die als Filialen von St. Stephan ausgewiesenen Kirchen Höchenschwand, Bernau, Urberg und Schluchsee. In diesem Zusammenhang sei aus einer weiteren Quelle des 16. Jahrhunderts zitiert, die mit der Reformtätigkeit von Abt Caspar II. (1571–1596) in Verbindung steht, der 1573 neue Statuten erließ, in denen das klösterliche Leben geregelt worden ist. Dort heißt es hinsichtlich der Wahrnehmung des Gottesdienstes in Schluchsee, Höchenschwand, Urberg, Neuenzell, Bernau und Menzenschwand: »Es soll auch jeder des convents, so genn Schluchse, Hechenschwand, Urberg, Nüwenzell, Bernouw unnd Menzenschwandt zu pfarrherrn verordnett, fleissigkhlich fürsehung thun, so baldt er den gottsdienst verricht unnd ain zimliche imbis zu Schluchse, Bernouw unnd Menzenschwandt genomen, unverzogenlich sich wider uff den weg mache, damit das er inn die vesper bei rechter zytt khome. Die andern aber sollen gleich nach verrichtung göttlicher ämpter sich widerum inn das gozhaus verfügen, damit sy den imbiß erraichen mügenn. Welcher aber semlichs underliße oder versaumpte, derselbig soll für disch gesezt, mit der kerckher pfrundt gespyst oder nach gestalzami der sachen gar in den kerckher gelegt werden.« Die Androhung solch harter Strafen ist aus den Reformabsichten des Abtes Caspar zu erklären, wie überhaupt in jenen Jahren der sogenannten Gegenreformation wieder die strengere Richtung mönchischen Lebens in St. Blasien Eingang gefunden hat.

Wir sind durch die Visitationsberichte sehr genau, ja detailliert, unterrichtet darüber, wie Verfassung und klösterliches Leben sich darstellten. Z. B. aus einem Visitationsprotokoll von 1591: Damals befanden sich in St. Blasien selbst 11 Priestermönche, sechs Professen, von denen zwei studienhalber in Dillingen weilten, und acht Novizen, während in den Pfarreien und Propsteien draußen 25 Priestermönche mehr oder weniger dauerhaft ansässig waren. Dies veranschaulicht wohl am besten, daß das Kloster eher dezentral als zentral ausgerichtet war: die Schwerpunkte lagen, zumindest unter dem personellen Gesichtspunkt, eindeutig außerhalb des Klosterortes. Und von den 11 in St. Blasien wohnenden Priestermönchen waren vier zur Seelsorge in den benachbarten Pfarreien eingesetzt. Bei der außerklösterlichen Tätigkeit durchdrangen sich und vermischten sich pastorale und administrative Elemente: Die Patres repräsentierten das Kloster, nahmen von Fall zu Fall auch hoheitliche Aufgaben wahr und was sonst an Arbeiten anfallen mochte. Ja, manche Propsteien, z. B. Krozingen, wurden zu Keimzellen eines fast eigenständigen klösterlichen Lebens – zwar mit St. Blasien verbunden, aber mit eigener Akzentsetzung.

Es ist im Rahmen dieses Überblicks, der sich den klösterlichen Alltag als Hauptgegenstand der Beschreibung gesetzt hat, natürlich nicht möglich, weiteren Verästelungen nachzugehen und auch die Entwicklung in den späteren Jahrhunderten nachzuzeichnen. Der Schwerpunkt lag auf der mittelalterlichen Zeit, auf der Geschichte der Besitzentwicklung, auf der Herausbildung der klösterlichen Grundherrschaft. Vieles muß offenbleiben, gewiß. Doch dürften die Grundzüge herausgearbeitet worden sein.

Literatur

Hugo Ott, Studien zur Geschichte des Klosters St. Blasien im hohen und späten Mittelalter. Stuttgart 1963.

Hugo Ott, Die Benediktinerabtei St. Blasien in den Reformbestrebungen seit 1567, besonders unter Abt Kaspar II. (1571–1596), FDA 84, 1964, 142–197.

Hugo Ott, Die Klostergrundherrschaft St. Blasiens im Mittelalter. Beiträge zur Besitzgeschichte. Stuttgart 1969.

Hugo Ott, St. Blasien, in: Germania Benedictina V. Augsburg 1975, 146 ff.

III. ZWISCHEN MITTELALTER UND NEUZEIT

Wolfgang Irtenkauf

ABT MARTIN (I.) Meister – Eine Lebensskizze

Die Familie Meister (Maister) bildete in Fützen eine Art Dorfpatriziat[1]. Martin Meister (oder wie er mit einem anderen Familiennamen hieß: Müller) hatte zu seiner Zeit Namensvettern, die ihm nicht verwandtschaftlich verbunden waren: so Andreas Molitor (Müller)[2] aus Fützen und den später geborenen Robert Meister[3], beide ohne erkennbare Blutsbezüge zu unserem Martin Meister.

Meister wurde in der 2. Hälfte des 16. Jahrhunderts Mönch in St. Blasien, zu einer Zeit, in der nach jahrhundertelangem Verharren in einer »provinziellen Position«[4] z. B. durch die planmäßig betriebene Ausweitung des geistigen Horizonts dieser Zustand langsam seinem Ende entgegenging. Als Abt verfocht er die »Wahrung der Sonderstellung St. Blasiens als Vorort der vorderösterreichischen Benediktinerklöster« unter »Anlehnung an die mächtige Landesherrschaft Österreich«[5].

Doch beginnen wir von vorne. Das genaue Geburtsdatum steht nicht fest, nur der schon erwähnte Ort Fützen. Am 17. November 1579 wird Martin als Studierender an der Universität Freiburg genannt, am 18. Januar 1581 wurde er zum Baccalareus artium und am 17. August 1782 zum Magister artium promoviert[6].

Nach einer unbekannt langen Zeit zog Meister in der sanktblasianischen Propstei Klingnau (Aargau) auf. Im September 1596 wurde er zum Abt von St. Blasien gewählt[7]; das Notariatsinstrument vom 24. September 1596 ist in St. Paul erhalten. Beinahe drei Jahrzehnte sollte er dem Kloster vorstehen, d.h. bis in den Dreißigjährigen Krieg hinein.

Wie sich Martin Meister selbst empfunden hat, zeigt eine seiner Wappeninschriften[8]: MARTINVS. DER ERST / DIS. NAMENS. VON. GOT- / TES. GNADEN. APT. DES / GOTTS. HVSS. SANT. BLA- / SII. VFF. DEM. SCHWARZ- / WALD. 1.6.0.5. Und er konnte persönliche Erfolge vor- und nachweisen, vor allem den im Jahre 1613 erfolgten Ankauf der Grafschaft Bonndorf aus der Lupfen'schen Erbmasse – ein genialer Schachzug, der Abt Martin auch den Einzug in den Reichsfürstenstand ermöglichte, denn es war eine gefürstete Grafschaft, die er erworben hatte. Daß dabei eine wirtschaftsgeschichtliche Komponente im Spiel war, zeigt das damals neue Erwachen am Bergbau, das am Eisenbergwerk Eberfingen im unteren Wutachtal manifest wurde[9].

Doch am faßbarsten wird uns dieser Abt an seiner künstlerischen Spannweite. Wie radikal er dabei vorgehen konnte, zeigt das Beispiel von Krozingen, wo er im Jahre 1608 die alte Kapelle abreißen und von Bläsin und Michael Schörlin, Steinmetzen und Maurer aus Pfaffenweiler, eine neue bauen ließ. Die Arbeiten waren 1609 beendet[10].

Diese künstlerische Wirksamkeit fällt in die Epoche des Manierismus – kein Wunder, daß diese, weil später vom Barock überrollt, bei uns unterrepräsentiert ist. So kann man für die sanktblasianische Landschaft nur auf Lausheim, St. Blasien (Friedhof) und Todtmoos verweisen[11].

Zeitlich teilen sich diese Bautätigkeiten so auf:

1. Lausheim: 1616–1618,

2. Friedhofskapelle St. Blasien: 1624–1627, und

3. Todtmoos: 1625–1627.

Meister vergewisserte sich dabei der Mitarbeit des Villinger Malers Antoni Berin[12]. Dieser, um 1575 geboren, nannte sich Porträtmaler („Konterfetter"). Berin, dessen Tätigkeit vor allem in Spuren noch in der Baar (besonders im Umkreis des Benediktinerinnenklosters Amtenhausen) nachzuweisen ist, arbeitete mit Vorliebe nach Kupferstichvorlagen von Sadler, der wiederum mehrere Künstler (wie Grünewald) in dieses damals besonders bevorzugte technische Medium umsetzte.

Ende 1618 erhielt Berin den Auftrag von Abt Meister, die Pfarrkirche in Lausheim auszumalen. Das »Wunder« von Lausheim bietet sich dem heutigen Beschauer wieder dar: eine renovierte Kirche, deren manieristische Bemalung z.T. noch erhalten ist[13].

Nachdem die Wallfahrtskirche Todtmoos nur noch auf Baugedanken und -planungen des Abtes Martin Meister zurückgeführt werden kann und der Kirchenbau in Ewaltingen mit dem prachtvollen Altar sich bisher einer kunstgeschichtlichen Würdigung entzieht, muß die Friedhofskapelle in St. Blasien als sein letztes künstlerisches Vermächtnis angesehen werden. Der Bau-Abt erlebte wohl noch die Fertigstellung des Rohbaus; die Ausstattung ist jedoch erst in den folgenden Jahren dazugekommen[14].

Am 14. September 1625 starb Abt Martin Meister. Vorher hatte er noch angesichts seiner Krankheit resigniert und Blasius Münzer aus Gutmadingen den Platz freigemacht. Doch die Wahlhandlung wurde von dem schnell eintretenden Tod des Abtes überrollt[15]. Unverständlich mutet uns heute an, daß der Tod des Abtes geheimgehalten wurde – wie hätte man dieses Ereignis verbergen wollen?! In aller Eile wurde die Neuwahl vorgenommen. Als Notar stand ihr der aus Fützen stammende Dr. Adam Meister[16] vor. Am gleichen Tag (17. September) wurde Abt Meister begraben. „Der Papst ist tot – es lebe der Papst!".

Noch einmal lebt das Gedächtnis an den Abt, einen wahren Renaissancefürsten, auf, als man den Dreißigsten beging. Es mag wie eine posthume Ehrung Meisters klingen, wenn einen Monat nach seinem Tode die Friedhofskapelle in St. Blasien (am 17. Oktober 1625) eingeweiht wurde.

Abt Martin Meister blieben die Leiden seiner Zeit, des Dreißigjährigen Krieges, erspart. Er konnte zu Beginn des 17. Jahrhunderts noch aus dem vollen schöpfen und seiner Kunstliebe rückhaltlos folgen. Das er seine Zeit aus- und erfüllte, das sollte an dieser Stelle deutlich geworden sein.

Anmerkungen

1 K. S. Bader in: Zeitschrift für die Geschichte des Oberrheins 101, 1953 S. 269.
2 Vater: Johannes Meister; Mutter: Elisabeth Schwidin. Er wurde am 4. Febr. 1586 geboren, trat 1599 in St. Blasien ein und erhielt die Priesterweihe 1610. Er starb am 17. Dez. 1642 (Freiburger Diözesanarchiv = FDA 80, 1960 S. 244).
3 Er stammte aus St. Blasien, wo er am 15. Febr. 1615 geboren wurde. Später stieg er zum Propst von Bürgeln und (bis zu dessen Ende als Propstei) in Nellingen auf. Er starb am 17. April 1700 in Klingenau, (FDA 80, 1960 S. 251).
4 H. Ott in: Germania Benedictina 5, 1975 S. 149.
5 H. Ott in: FDA 84, 1964 S. 166. In diesem Aufsatz werden die Reformbestrebungen unseres Abtes auf sehr überzeugende Weise dargestellt.
6 H. Ott (Anm. 5) S. 172, Anm. 128.
7 Notariatsinstrument (nach K. S. Bader in: Alemannisches Jahrbuch 1970 S. 141, Anm. 34) in St. Paul.
8 R. Feger in: Alemannisches Jahrbuch 1957 S. 217. In diesem Aufsatz sind überraschende Funde von Bucheinbänden, die auf Martin Meister hinweisen, ausgebreitet.
9 K. S. Bader in: Vita pro festo (Festschrift für Robert Durrer). 1965 S. 223 ff.
10 Germania Benedictina 5, 1975 S. 366.
11 Der Kreis Waldshut. 1975 S. 135.
12 P. Revellio, Beiträge zur Geschichte der Stadt Villingen. 1964 S. 236 ff.
13 W. E. Stopfel, St. Nikolaus Lausheim (nach 1970).
14 W. Schreiber in: Badische Heimat 40, 1960 S. 309–323.
15 Vgl. die ausführliche Darstellung von K. S. Bader in: Alemannisches Jahrbuch 1970 S. 142 ff.
16 Er war Universitätsnotar, später Professor an der juristischen Fakultät in Freiburg. Nachweise in dem zuvor genannten Aufsatz von K. S. Bader S. 142 Anm. 33.

12 Junges Paar aus dem Hauensteinerland (Hotzenwald). Tempera auf Papier, Anf. 19. Jh. Badisches Landesmuseum Karlsruhe

13 Ruine und Ort Hauenstein (am Rhein gelegen)

14 Hotz mit Gupfenhut. Ausschnitt aus dem Titel der Mappa geographica zur HNS 1788, II., nach einer Zeichnung von Johann Amann

15 Redmann und Einungsmeister Josef Tröndle von Rotzel (Ölgemälde in der Mühle zu Unteralpfen)

16 Redmann und Einungsmeister Josef Tröndle von Unteralpfen

Siegel der Äbte

1) Uto
1105

2) Gunter
1151

3) Otto I.
1230

4) Hermann II.
1223

5) Johann I.
1402

6) Johann I.
1407

7) Johann I.
1413

8) Nikolaus
1438

9) Caspar I.
1541

Abb. 17

10) Caspar I.
1548

11) Caspar II.
1593

12) Martin II.
1792

Siegel des Konvents

13) 1324

14) 1597

15) 1685

16) 1710

Abb. 18

Caspar II. Thoma
1571–1596

Martin I. Meister
1596–1625

Blasius II. Münzer
1625–1638

Franz I. Chullot
1638–1664

Otto Kübler
1664–1672

Romanus Vogler
1672–1695

Augustinus Fink
1695–1720

Blasius III. Bender
1720–1727

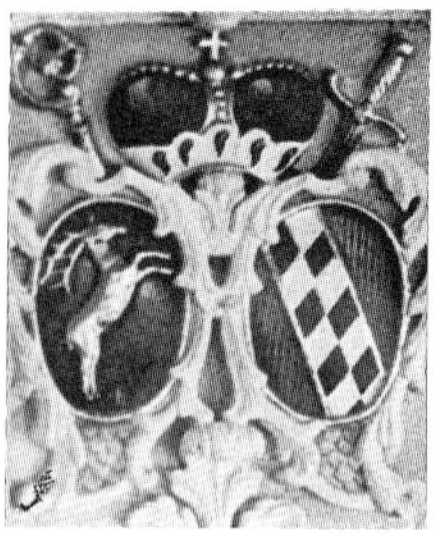

Franz II. Schächtelin
1727–1747

Cölestin Vogler
1747–1749

Meinrad Troger
1749–1764

Martin II. Gerbert
1764–1793

Mauritius Ribbele
1793–1801

Berthold III. Rottler
1801–1807 (1826)

Abb. 19

Wappen der Äbte

Petrus I.
1334–1338

Heinrich IV. v. Eschenz
1348–1391

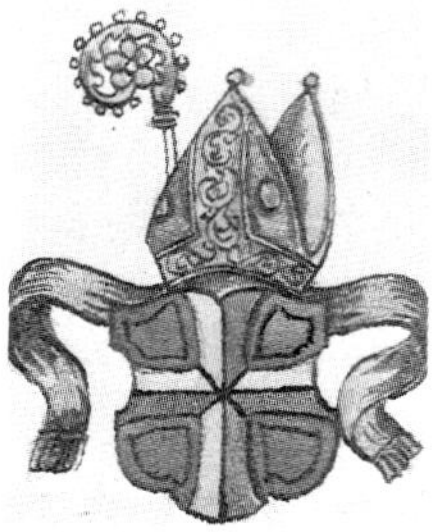

Johannes I. Kreuz
1391–1413

Johannes II. Duttlinger
1413–1429

Nikolaus Stocker
1429–1460

Petrus II. Bösch
1460–1461

Christoph v. Greuth
1461–1482

Eberhard v. Reischach
1482–1491

Blasius I. Wambach
1491–1493

Georgius Eberhard
1493–1519

Johannes II. Spielmann
1519–1532

Gallus Haas
1532–1540

* Johannes IV. Wagner
1540–1541

Caspar I. Müller
1541–1571

Abb. 20

* Abt Johann IV. erkrankte bald nach der Wahl und starb nach vier Monaten, ohne die üblichen Weihen empfangen zu haben.

21 Das Große Wappen und den Titel des Heiligen Römischen Reichs Fürsten verlieh Kaiser Franz I. an Abt Franz II. (1727–1747) mit Diplom vom 10. Dezember 1746 für ihn und alle seine Nachfolger.

Beschreibung des Fürstenwappens
nach dem „original Concept" des kaiserlichen Diploms vom 10. Dezember 1746 (GLA 67/1818)

Zweimal geteilter und zweimal gespaltener Hauptschild mit einem von goldener Krone bedeckten Mittelschild.
Mittelschild: Gespalten, *vorne* geviert, *Feld 1 und 4* in Blau ein zum Sprung aufgerichteter goldener Hirsch zum Gedächtnis des Schutzpatrons, des hl. Blasius; *Feld 2 und 3* in Gold ein schwarzer Bärenkopf mit roter ausgeschlagener Zunge zur Erinnerung an den Klostergründer, Reginbert von Seldenbüren; *hinten* in Rot ein schwarz silbern geschachter Schrägbalken (Familienwappen des regierenden Fürstabtes).
Hauptschild: *Platz 1* (oberhalb des Mittelschildes) in Gold der Reichsadler wegen Zwing und Bann; *Platz 2* in Rot drei auf grünen Hügeln stehende Bohnenstengel wegen Bonndorf; *Platz 3* in Rot drei silberne, mit je vier blauen Eisenhütlein besetzte weiße Balken wegen Blumegg; *Platz 4* in Rot ein silbernes Andreaskreuz, belegt schrägrechts mit drei, schräglinks mit zwei blauen gläsernen Kirchenlampen wegen Gutenburg und Berauer Berg; *Platz 5* in Gold ein roter feuerspeiender Basilisk wegen Bettmaringen; *Platz 6* in Blau ein roter Schrägrechtsbalken wegen Gurtweil; *Platz 7* in Silber drei rote bedeckte Kelche wegen Staufen und Kirchhofen; *Platz 8* in Silber und Schwarz gespaltenem Schilde ein querliegender vierlätziger Turnierkragen mit verwechselten Tinkturen wegen Schwarzenbach und Ried.
Kleinode: Auf dem Hauptschild stehen vier alte und vier neue offene, rot gefütterte Turnierhelme. *Helm 1* auf einem rotsamten mit goldenen Quasten gezierten Polster ein Fürstenhut; *Helm 2* auf einem blausamten mit silbernen Quasten gezierten Polster eine rote Inful; *Helm 3* ein Wolfskopf mit natürlicher Farbe mit einem Ferkel im Maul; *Helm 4* ein brauner Adlerflügel mit Schrägbalken wie im Mittelschild hinten; *Helm 5* ein roter aufsteigender Adler mit goldenem Schnabel wegen Bonndorf; *Helm 6* gekrönt eine rote Haube mit einem Balken wie Platz 3 und zwei aufgesteckte Pfauenfedern; *Helm 7* zwei gegeneinander, einwärts gebogene blaue Löwenschweife wegen Gutenburg; *Helm 8* ein feuerspeiender wachsender roter Basilisk wegen Bettmaringen.
Helmdecken: 3 = blau golden; 4 = rot silbern; 5 = rot grün; 6 = rot silbern; 7 = rot silbern; 8 = rot golden.
Unter dem Hauptschild steht auf einem Band der Wahlspruch: RELIGIONE ET PATRIA NIHIL ANTIQUIUS.
Das Ganze umgibt ein roter mit Hermelin gefütterter Wappenmantel, der aus einem Fürstenhut herabwallt. Zu dessen Rechten steckt das zeitliche Schwert und zur Linken der Bischofsstab.

Josef Isele

St. Blasien und das Hauensteiner Waldvolk

»Ich und alle Unterzeichneten sind erbietig, dem Gotteshaus (St. Blasien) zu geben, was wir ihm allezeit schuldig gewesen sind.... Ich bin doch allezeit ein treuer Untertan des Gotteshauses gewesen und war bereit, den Nutzen zu fördern und Schaden zu wenden. Ich bin noch anerbietig, solches zu tun, solange mir Gott das Leben lassen tut.« – So schrieb im Herbst des Jahres 1726 aus seinem Arrest in Freiburg der damals 72jährige Alteinungsmeister Hans Friedle Albiez aus Buch, Pfarrei Birndorf, beim Volk als der »Salpeterhans« bekannt und geachtet.

Der »Salpeterhans« sollte in den folgenden Jahren einer Bewegung den Namen geben, die im Hauensteinerland, dem heutigen Hotzenwald, viel Unruhe gebracht und bis heute nicht aufgehört hat, die Gemüter zu bewegen. Sie wurde, namentlich in kirchenfeindlichen Kreisen und Zeiten, als Befreiungskampf des Hotzenvolkes gegen das Kloster St. Blasien verstanden und gepriesen. Wie sieht die Wirklichkeit aus? Sie wiederzufinden und allen Beteiligten gerecht zu werden, wollen wir hier versuchen. Damit es gelinge, ist es jedoch nötig, zunächst einmal Ursprung und Wachstum von Kloster und Volk zu sehen und zu betrachten.

Wenn wir heute »Hotzenwald« sagen, meinen wir jenen Landstrich, der sich vom Feldberg zum Hochrhein, von der Schwarza zur Wehra ausdehnt. Seine Lebensadern sind die Wasserläufe Schlücht, Alb und Murg. Im frühen Mittelalter unter den Karolingern und ihren Erben sprach man vom »Alpgau« oder »Albgau« und dann genauer vom »Niedern Albgau«. Unter Habsburgs Hoheit wurde daraus zunächst die »Vogtei Hauenstein«, dann die »Herrschaft Hauenstein« und schließlich die »Grafschaft Hauenstein«. Und im letzten Jahrhundert kam dann die Bezeichnung Hotzenwald auf.

Das Kloster St. Blasien hatte hier zahlreichen Besitz und entsprechend viele Untertanen, »Gotteshausleute«, wie man sagte. Sie waren zusammengefaßt im sogenannten »St. Blasischen Waldamt« (officium Silvae), das erste unter den späterhin zehn Ämtern oder Verwaltungsbezirken des weithin begüterten Klosters. Im gleichen Gebiet wohnten aber auch noch Angehörige des Stifts Säckingen und Untertanen anderer Herren aus Kirche und Welt vor allem die sogenannten »vrigen lüte«, die »Freien«, die den Charakter des Hotzenwaldes und seiner Bewohner besonders mitgeprägt haben. Die Geschichte des großen Schwarzwaldklosters St. Blasien läßt sich nur aus den wechselseitigen Beziehungen mit diesem Hotzenwälder Volk richtig verstehen und bewerten.

Die vrigen Lüte – Freiheit durch Eigentum

In keiner Gegend des Reichs waren einst die Freibauern so zahlreich wie in der Schweiz und im südlichen Schwarzwald, und hier wiederum waren sie besonders günstig gestellt. Die Freiheit war in der Regel an das Gut, an den Besitz gebunden. Die Altvorderen hatten diesen durch mühsame

Rodung aus Königsgut im Auftrag der Könige und Kaiser erworben. Er sollte nur an freie Erben weitergegeben werden. Fehlten diese, so fiel er an die Grafschaft zurück oder an benachbarte Freie.

Zu Gerichtszwecken bildeten die Freibauern eigene Genossenschaften, mit einem Freigericht an bestimmter Dingstatt, mit freigewählten Vorstehern und besonderen Rechtsamen. Für das schweizerische »Freiamt« im heutigen Luzernbiet z.B. ist eine Gerichtsstätte schon für das Jahr 1153 bezeugt.

Auch die Hotzenwälder Freibauern müssen wohl schon lange vor dem Herrschaftsantritt der Habsburger eine solche Genossenschaft gebildet und ihre eigene Dingstatt besessen haben. Sie unterstanden zwischen 1028 und 1134 den Herzögen von Zähringen, den Gründern von Freiburg/Br. und Freiburg im Üchtland, denen auch die Grafschaft im Albgau gehörte und 1125 auch noch die Kastvogtei über St. Blasien zufiel. Die Zähringer förderten die Freien, wo sie konnten und stützten sich auf sie für die Entfaltung ihres Staatswesens. So ist anzunehmen, daß sie für die Freibauern vom Wald das Schloß Waldshut, den Verwaltungssitz des Albgaus, zur Stadt erweiterten und ihnen den zum Schloß gehörenden Wirtschaftshof Dogern zur Dingstatt gaben. Von diesem kaierlichen Schloß oder Hospiz, einer Königspfalz, kamen erst in jüngerer Zeit wieder Grundmauern zum Vorschein.

Einen ersten dokumentarischen Überblick über die Freien auf dem Hotzenwald und ihren Besitz schenkt uns jedoch erst das »Habsburgische Urbar« (1301 ff.) im Abschnitt »uffem Walde und ze Waltzhuot«. Es weiß von Freien in Eschbach, Birkingen, Kuchelbach, Unteralpfen, Oberalpfen, Waldkirch, Bannholz, Brunnadern, Stadenhausen, Hochsal, Rotzel, Schachen, Niederwil, Görwihl, Rotzingen, Hartschwand, Strittmatt, Herrenschwand, Engelschwand, Wittenschwand und Urberg.

Die genossenschaftliche Verfassung der Freien auf dem Wald, die sogenannte »Einung«, wird sogar erst anno 1371 in einer offiziellen Bestätigung durch Österreich und St. Blasien urkundlich greifbar und im Jahre 1433 nochmals feierlich anerkannt.

Nach dieser Verfassung gliederte sich das Hauensteiner Land in acht einzelne »Einungen«, vier »ob der Alb«: Dogern, Birndorf, Wolpadingen und Höchenschwander Berg, vier »under der Alb«: Görwihl, Hochsal, Rickenbach und Murg.

An der Spitze der Einungen standen die alljährlich am St. Georgs-Tag frei gewählten acht »Einungsmeister«. Aus ihnen wurde der »Redmann« erkoren. Er hatte die Gesamteinung nach außen zu vertreten, die Geschäfte zu leiten, für Gesamtausgaben die Steuern auszuschreiben und ihren Einzug zu überwachen. Ihm stellten die Einungsmeister einen Statthalter zur Seite, den »Bauernstatthalter«, der in Waldshut wohnte und meist ein Bürger der Stadt war.

Gewöhnlich tagten die »Achtmannen« mit dem Redmann im »Hirschen« zu Dogern. Dort war auch das Archiv der Einung. Dogern war eben, soweit wir zurückblicken können, aufs engste mit der alten Königspfalz Waldshut verbunden, wie dies u.a. auch in den Rechten der ehemaligen St. Johannis-Kirche von Waldshut zutage tritt.

Eifersüchtig wurde darauf geachtet, auch von Kaisern und Königen, den Stand der Freien zu erhalten. Sie waren ein unverzichtbarer Bestand des Reichsheeres. Nicht wenige von ihnen stiegen in gehobene Stellungen auf, reihten sich in den Dienstadel ein, mehrten ihren Besitz, bauten sich feste Burgen zum Schutz ihres Eigentums. Den Stand der Freien zu erhalten war auch die Heirat zwischen Freien und Unfreien verpönt. Die Kinder blieben unfrei. Diese ursprüngliche zum Schutz und Erhalt des freien Standes gedachte Maßnahme wirkte sich aber schließlich ins Gegenteilige aus. Die Zahl der Freien nahm ständig ab, zugunsten der Unfreien *(Abb. 12)*.

Homo Caelestis – Freiheit des Gottesreiches

Frei sein wollten die Freibauern auf dem Wald, frei auf Grund ihrer Bindung an irdisches Gut und nur dem Kaiser als höchstem Herrn untertan. Diese Freiheit hat Grenzen. Die Erfahrung dieser Grenzen ließ manchen »Freien« eine andere, größere Freiheit suchen und finden, die Freiheit in der Bindung an Gott und sein Reich. Ihm, dem Allerhöchsten, wollten sie angehören, frei von den Bindungen an die Welt, frei von den unaufhörlichen Fehden, in die ihre Standesgenossen auf Grund ihres Besitzes verwickelt waren. Diese Freiheit bot ihnen in der Zurückgezogenheit des Schwarzwaldes das aufblühende Kloster St. Blasien.

Zunächst war es eine kleine Schar von Eremiten, die sich in der Einsamkeit des oberen Albtales zusammengefunden hatte. Langsam war sie zur benediktinischen Gemeinschaft herangewachsen, wohnte in bescheidenen Unterkünften aus Holz, hatte eine Kirche aus Stein errichtet, die jedoch noch vor der Jahrtausendwende zusammenstürzte.

Inzwischen aber war in Burgund das Kloster Cluny erstanden (910). Der adelige Stifter hatte es unmittelbar dem Hl. Stuhl unterstellt. Es sollte nicht in die Machtkämpfe weltlicher Größen verwickelt werden. Seine Ziele: Treue zur Benediktinerregel – Feierlichkeit der Liturgie – Vorrang geistiger Bildung und Arbeit – Einsatz für den Frieden – Gastfreundschaft – Armenfürsorge – Pflege der Kunst – Wallfahrt und Kreuzzug – Neutralität zwischen Papst und Kaiser.

Zahlreiche Klöster übernahmen die Ziele und Bräuche von Cluny: 815 in Frankreich, 99 in Deutschland, 54 in Italien. Unbeschreiblich war die Strahlkraft, die von Cluny ausging. Sie zwang unter anderem die fehdelustige Ritterschaft zur Einhaltung des »Gottesfriedens« von Donnerstag bis Montag jeder Woche.

Auch St. Blasien übernahm die Bräuche von Cluny. Vermittlerin war Adelheid, die Gemahlin des mit St. Blasien eng verbundenen Herzogs Rudolf von Rheinfelden. Sie hatte die Bräuche in ihrer Heimat, in der Abtei Frudelle kennengelernt. So kam Abt Hugo von Cluny (1049–1108) persönlich zu Abt Uto von St. Blasien (1086–1108). Nächstenliebe und Observanz, die er hier vorfand, bewogen ihn, zwischen beiden Gemeinschaften einen Vertrag abzuschließen. Die Angehörigen beider Gotteshäuser, die Lebenden und die Verstorbenen, sollten in allen Dingen gleichgestellt sein.

St. Blasien blühte mächtig auf. Große Äbte wirkten beispielhaft. Großartig müssen die Gottesdienste in dem 1095 neu erbauten Münster gefeiert worden sein. Leitbild war das frühchristliche Kirchengebäude als Bild des Himmels. Die Kirche sollte die Stadt der Heiligen, ein neues Paradies, das himmlische Jerusalem verkörpern und vergegenwärtigen. In ihr sollte der Mönch, über die Erdendinge erhoben, in Frieden und Schweigen am Fest der Engel teilnehmen und in dauerndem Gotteslob den endzeitlichen Zustand ahnend erleben können.

Groß war die Pflege der Gelehrsamkeit und die Leistung der Schulen, nicht minder bedeutsam die soziale Fürsorge für die Bevölkerung. Kein Wunder also, daß immer mehr Adelige und Freie aus der Nachbarschaft die Waffen ablegten, ins Kloster eintraten und ihm ihr Gut vermachten. »Je adeliger sie in der Welt waren, desto mehr wünschten sie, die verachtetsten Dienste zu leisten, so daß, wer einst Graf oder Markgraf in der Welt war, es als höchste Lust ansah, in der Küche oder in der Bäckerei zu helfen und die Schweine auf dem Feld zu hüten«, sagt Bernold, ein Zeitgenosse. So groß wurde der Zulauf, daß man die Gebäude erweitern mußte.

Was in St. Blasien aufblühte, strahlte auch auf den Hotzenwald aus. In Birndorf steht eine Dorfkirche, deren Schiff und Querschiff aus der Zeit um 1100 durch die noch erhaltene edle Form der Romanik in Erstaunen versetzt. Der Einfluß von Cluny über St. Blasien und Allerheiligen in Schaffhausen ist unverkennbar.

Die Strahlkraft des Schwarzwaldklosters reichte aber auch in die weitesten Fernen, bis nach Böhmen und Niedersachsen. So erbat sich anno 1140 die Abtei St. Michael in Lüneburg einen Mönch aus St. Blasien zum Abt. Es war Hanno, aus dem Haus derer von Tüfen, die im Hotzenwald, namentlich in Stunzingen, begütert waren und mit den Tüfensteinern eines Stammes sein dürften. Ihr Hof, ein St. Gallischer Kelnhof, wurde nach Erbauung der Stadt Waldshut in den Halsgraben der ehemaligen Königspfalz verlegt, in den Schutz der Stadtmauern.

Das 11. und 12. Jahrhundert ist die Glanzzeit St. Blasiens, das mit Hirsau und Allerheiligen/Schaffhausen die vorher blühenden Klöster Reichenau, St. Gallen und Rheinau ablöste. Doch auch sie blieb der Vergänglichkeit unterworfen.

Nicht von der Welt – doch in der Welt: Die Kastvögte

Die zahlreichen Vergabungen an St. Blasien in der Zeit seiner Hochblüte und eigene Erwerbungen brachten, wie auch in Cluny, nicht nur Vorteile. Sie zwangen das Kloster zu vermehrter Beschäftigung auch mit materiellen Dingen, zu kluger, verantwortungsbewußter Verwaltung. Dafür richtete die Abtei, fast als Gegenstück zur »Einung« der Freibauern, ein eigenes Waldamt ein, das »officium Silvae«. Es umfaßte nicht nur die Angehörigen des Klosters, die »gotzhus lüte«, und die Güter in der Herrschaft Hauenstein, zu ihm gehörten auch der »Zwing und Bann«, der unmittelbare Herrschaftsbereich des Klosters, und die Talschaften Todtnau und Schönau.

Einen ersten Überblick über das Gebiet gibt auch hier das »Habsburger Urbar« von 1301 ff. Ausführlich aber werden wir in einem lateinischen Urbar von 1351 und in der »Öffnung« nebst deutschem Urbar von 1383 unterrichtet. Danach war der Hof zu Remetschwiel des Klosters oberster Dinghof. Ihm waren die Dinghöfe zu Adlisberg und Wolpadingen zugeordnet. Nachgerichte wurden auch in Höchenschwand und Urberg abgehalten. Allerhöchste Instanz war jedoch die Kemenate des Abtes in St. Blasien. Als oberster Laienrichter über die Gotteshausleute waltete der vom Abt ernannte »Waldpropst«. In Waldshut besaß das Kloster zudem einen eigenen Hof mit einem Amtmann und vorübergehend auch das Burgrecht.

Diese Einrichtung einer eigenen Verwaltung genügte jedoch nicht, um allen Rechts- und Notfällen zu begegnen. Gerade im Gebiet dieses »Waldamts« durchdrangen sich in buntem Wechsel die Ansprüche verschiedener Stände und Herrschaften. Ihnen gewachsen zu sein, bedurfte es der Hilfe und des Schutzes eines weltlichen Herrn: des Vogts oder Kastvogts.

Zunächst finden wir das Kloster unter der Herrschaft des Bischofs von Basel. Sie scheint durch Bischof Adalbero II. von Wildenstein (999–1025), einen Mönch aus St. Blasien, zustandegekommen zu sein. Unter Bischof Theoderich (1040–56) wurde sie besonders stark, das Kloster ehrte ihn lange Zeit noch durch die Feier der Jahrzeit. Der Bischof von Basel setzte dem Kloster einen Vogt nach eigenem Belieben. Der Konflikt brach aus, als der Freie Adelgoz von Wehr als Vogt im Namen eines simonistisch gewählten Basler Bischofs das Kloster bedrängte. Das Kloster wehrte sich, einige Mönche flohen nach Einsiedeln. Auf Grund eines Rechtsspruchs Kaiser Heinrichs V. durfte sich das Kloster anno 1125 in freier Wahl einen eigenen Vogt und Schirmer nehmen. Es wählte den Herzog Konrad von Zähringen.

Aber es gab noch keine Ruhe. Basel wehrte sich. Vielleicht suchte Kaiser Lothar III. einen Ausgleich, als er Volk und Kapitel von Basel bewog, den Prior von St. Blasien und Abt von Nimburg, Adalbero III. von Froburg (1133–37), zum Bischof zu wählen. Seine Regierungszeit war allzu kurz. Die Basler gaben schließlich auf, als Konrad III. 1141 der Kirche von Basel für den Verzicht auf die Vogtei vier große Höfe des Klosters übergab.

Die Herzöge von Zähringen kümmerten sich sorgfältig um die Belange des Klosters. Dies lag auch in ihrem eigenen Interesse. St. Blasien mit seinem Waldamt bot sich geradezu als Brücke an zu ihrer jüngst erworbenen Reichsvogtei Zürich. So hören wir denn auch aus der Zeit der Zähringer Kastvogtei keine Klagen.

Mit dem Aussterben des Hauses Zähringen im Jahre 1218 ändern sich jedoch die Dinge. Die Vogtfrage blieb zunächst in der Schwebe. Die Mönche von St. Blasien betrachteten sich offenbar als reichsunmittelbar, dies auch noch, als König Konrad IV. die Abtei und den Schwarzwald dem

Grafen Rudolf von Habsburg verpfändete. Erst als dieser dann König geworden war, anerkannten sie ihn als ihren obersten Herrn (1273). Unter seinem Sohn Albrecht I. gehörte die Vogtei unzweifelhaft den Habsburgern, wie aus dem »Habsburger Urbar« eindeutig hervorgeht. Albrechts Witwe, Königin Elisabeth († 1320), konnte bereits anno 1308 schreiben, daß das Kloster »seit undenklichen Zeiten von den Vorfahren ihrer Söhne und ihren eigenen Söhnen als wahren, rechtmäßigen Vögten bis anhin regiert worden sei. . .«

Nach Albrechts Tod suchte der Abt nochmals für sein Kloster die freie Vogtwahl und Reichsunmittelbarkeit zu erreichen, indem er das großzügigere oder auch schwächere Haus Habsburg-Laufenburg zum Vogt erwählte. Der Versuch mißlang. Es blieb der Abtei nur noch die Möglichkeit, mit ihrer im 13./14. Jahrhundert einsetzenden Erwerbspolitik die einzelnen Vogtrechte über ihre Güter käuflich zu erwerben, um so die rechtlichen Verhältnisse in ihren Gebieten zu klären und zu vereinheitlichen, im Sinne einer zentralistischen Territorialpolitik.

Die Bindung an das Haus Habsburg, dem St. Blasien mehr und mehr ergeben wurde, brachte nicht nur Vorteile. Sie barg in sich etlichen Konfliktstoff für die Beziehungen zum Volk des Hotzenwaldes und vermochte das Kloster schließlich auch nicht vor dem Untergang zu bewahren. Doch belohnte das Haus Habsburg die treue Ergebenheit des Klosters dadurch, daß es ihm nach der Unterdrückung durch den neuen badischen Staat in St. Paul in Lavanttal/Kärnten eine neue Heimat schenkte, wo es heute noch weiterlebt.

Der Konflikt – Unruhen und Aufstände

Doch nun zu den Ereignissen, die den Eindruck einer Gegnerschaft des Volkes auf dem Hotzenwald zum Gotteshaus St. Blasien erwecken könnten. Sie nehmen zwar einen winzigen Bruchteil im Ablauf der tausendjährigen Geschichte des Klosters ein, haben aber die Gemüter doch zu sehr beschäftigt und den Blick getrübt, so daß wir auf sie eingehen und versuchen müssen, sie zu verstehen.

1219

Der letzte Herzog von Zähringen und Kastvogt von St. Blasien, Berthold V., ist im Vorjahr verstorben. Das Gotteshaus hat keinen mächtigen Schirmherr mehr, der Kaiser ist fern. Hugo von Tüfenstein, das Haupt der Freien vom Wald, überfällt das Gotteshaus. Es kommt zu Brandstiftungen, Klosterhöfe werden beraubt. Der von Tüfenstein ist nicht der einzige. Rudolf von Randegg, gen. der Schade, wütet in ähnlicher Weise. Selbst die vom Kloster erwählten Vögte Rudolf und Rudolf von Hoven schädigen die ihrem Schutz anvertrauten Güter. Ein Dekret Kaiser Heinrichs VII. vom Jahre 1228 stellt die »oppressio et inopia«, die Bedrängnis und Mittellosigkeit des Gotteshauses, fest und fordert zu Gaben auf. Kluge Verhandlungen der Äbte und Mittelspersonen führen zur Wiedergutmachung.

1369

Die Leute auf dem Wald empören sich, rotten sich zusammen »mit Uffsatz freventlich und unredlich, wider die Amtleute und Diener des Abtes«. Sie stürmen mit Glocken. . . »tun andere große unzucht mit harten drohenden Scheltworten«. Der Abt sucht Schutz bei Herzog Albrecht von Habsburg. Es kommt zu Verhandlungen (28. Juli 1371) Der Herzog verweist die Waldleute auf ihre Einungsrechte, »die nur gegen fremde und argwöhnische Leute, wie das altherkomen ist«, aufgerichtet seien.

1412

Kunrat Kamerer, ein Pfründner des Klosters St. Blasien, ist gestorben. Seine Frau, wohl ursprünglich eine Freie, darf vertragsgemäß weder Leib noch Gut dem Kloster entfremden. Sie hält sich nicht daran. Der Amtmann des Klosters kommt mit seinen Knechten, um sie nach St. Blasien zu holen.

Die Waldleute ergreifen Partei für die Frau, überfallen den Amtmann und befreien sie, ziehen vor das Kloster und nehmen Vieh und anderes weg. Der Abt will verhandeln, zeigt seine Verträge. Die Leute jedoch berufen sich auf die Einung, die ihnen gestatte, jene zu überfallen, die jemanden aus der Einung entführten.

Auf einem Gerichtstag zu Baden/Schweiz wird der Abt in seinen Rechten bestätigt.

1422

Einungsmeister und Waldleute fangen Knechte des Herzogs von Urslingen im »Zwing und Bann«, dem Eigengebiet des Klosters. Sie überschreiten damit ihre Rechte. Der Abt will mit dem Urslinger nichts zu tun haben, denn der sucht überall im südlichen Schwarzwald Händel zu entfachen, um zu Besitz zu gelangen. (Er war es auch, der das Städtchen Tiengen anno 1415 überfallen, aber nicht erobert hatte.) Der Abt sucht durch gerichtliche Verhandlungen gegen die Einung sich der gefährlichen Lage zu entziehen.

1433

Die Einungsmeister haben sich »seit kurzem her in etlichen Stücken und Handlungen von einander gesondert, woraus viele Unfälle und Gebrechen für uns und unser Land entstanden sind«. In einem Bundesbrief bekennen sie ihren Willen, wieder zusammenzustehen.

1435

Räuberbanden wüten gegen St. Blasien mit Plünderung und Zerstörung auch der Güter seiner Untertanen. Am 16. Dezember erwirkt Abt Nikolaus vom Basler Konzil eine Verurteilung des Hans von Krenkingen, gen. von Weissenburg, und zahlreicher namentlich genannter Gesellen, wegen all ihrer Untaten. Der benachbarte Adel und die Städte der Eidgenossenschaft übernehmen die Garantie für seinen Schutz.

1524. November

Etwa 700 Bauern besetzen das Kloster St. Blasien, kündigen dem Abt den Gehorsam, lassen sich im Kloster vier Tage lang reichlich verköstigen, ziehen dann aber in verhältnismäßiger Ruhe wieder ab.

1525, 1. Mai

600 Hauensteiner überfallen das Stift St. Blasien. Sie sind auf dem Heimweg von der Belagerung von Radolfzell, an der sie, angeführt durch Kunz Jehle von Niedermühle, mit anderen aufständischen Bauernscharen teilgenommen haben. Sie haben auch soeben, angeregt durch den Waldshuter Stadtpfarrer Dr. Balthasar Hubmaier, die Waldshuter und benachbarte Kirchen im Bildersturm verwüstet.

Sechs Tage toben sie sich nun im Kloster aus, zerstören und rauben, zerreißen Bücher und Handschriften, öffnen die Gräber, um die Leichname zu berauben, treiben gar mit dem Allerheiligsten ihren Unmut. Nach ihrem Abzug kann man bis zu den Knien in den Papierfetzen waten, berichtet der bläsmische Schulmeister Andreas Letsch. Ein Glück, daß das stiftische Archiv rechtzeitig in die Schweiz geflüchtet worden ist.

Der kaiserliche Kommissar Ritter von Fuchsberg greift mit seinen Truppen und denen von Reischach, von Homberg und von Haidegg ein. Die Rebellen werden zur erneuten Huldigung an das Stift gezwungen (13. Nov. 1525). Als Schadenersatz wird ihnen eine bestimmte Summe Geldes abverlangt. Abt Johannes, der sich in Basel versteckt hat, glaubt den Frieden wiederhergestellt. Gegen Jahresende kehrt er ins Stift zurück. An Weihnachten hält er in der Waldshuter Stadtkirche, zur größten Freude der altgläubig gebliebenen Waldshuter, ein Pontifikalamt.

1526, 11. April

St. Blasien brennt. Der Brand ist gelegt worden als Racheakt für die Hinrichtung des Bauernführers Kunz Jehle. Innerhalb einer Stunde fallen zahlreiche Gebäude in Schutt und Asche. Die Mönche müssen in anderen Klöstern Zuflucht suchen. Nur Wislikofen bleibt der Abtei erhalten. Zudem fallen neun Patres der Pest zum Opfer. Vor Gram stirbt Abt Johann III. Spilmann, ein Bettmaringer, anno 1532. Erst 1537 kann Abt Gallus die übriggebliebenen Mönche ins wiederaufgerichtete Kloster zurückführen. Keiner von ihnen ist zur neuen Lehre übergetreten.

1614

Rappenkrieg. Die Hauensteiner verweigern das von der Ensisheimer Regierung beschlossene Umgeld: „die pauren uff dem Waldt in der graveschafft Hauenstein erzeigen sich sehr schwierig und rebellisch«. Sie rüsten zu bewaffnetem Widerstand, wollen die Waldstädte durch Lebensmittelblockade auf ihre Seite zwingen, prügeln einen Säckinger Schuster zu Tod, weil er das Umgeld bezahlte. 6 Einungsmeister mit etwa 150 Leuten wollen das Umgeld zahlen. Sie werden des Amtes enthoben, die Willigen werden terrorisiert.

Die Bauern stellen an St. Blasien ein Ultimatum, sich ihrem Bund anzuschließen, andernfalls werde man Hand an das Kloster legen.

Die Schweizer vermitteln mit Erfolg. Die Bauern geben die Rebellion auf, die Regierung zu Ensisheim mildert ihr Vorgehen.

1719

Zu Remetschwiel wird nach langer Zeit wieder einmal, unter dem Vorsitz des bläsmischen Waldpropstes, ein bläsmisches Dinggericht gehalten. Satzungsgemäß sind der Waldvogt, der Redmann und die Einungsmeister mit anwesend. Beim Verlesen des Dingrodels von 1467 fällt das Wort »leibeigen«. Da erhebt sich zu leidenschaftlichem Protest Johann Fridolin Albiez aus Buch, Gotteshausmann und Alteinungsmeister, weithin bekannt als der »Salpeterhans«. Sein Protest besagt: St. Blasiens Ansprüche sind erloschen. Hauenstein ist reichsunmittelbar und nur vorübergehend habsburgisch gewesen. Graf Hans hat Hauenstein ans Reich zurückgegeben. St. Blasien habe 1704 von Leopold I. die Leibeigenschaft erkauft. . . (in Wirklichkeit hat Kaiser Leopold I. dem Kloster die Hochgerichtsbarkeit über den »Zwing und Bann«, die es anno 1597 erworben hatte, verewigt). Richtigstellungen und Beschwichtigungsversuche gehen im Tumult unter. Lärmend geht die Versammlung auseinander.

Der Salpeterhans versteht es, durch falsche Mitteilungen immer mehr Leute auf seine Seite zu ziehen. Mehr als zwei Drittel der Leute geloben ihm Gefolgschaft. Man spricht von Abschaffung fürstlicher Gewalt, vom Totschlag der Herren und Soldaten, von ewiger Aufhebung aller Steuern und Abgaben, von Teilung aller Güter, von Gotteswort, das allein richten solle, von Leiden und Märtyrertod.

Die Getreuen von St. Blasien, die »Gotteshausleute«, werden »Hallunken« und »Sparrengücksler« genannt, auch die »Müllerschen« oder »Tröndlinschen« nach ihrem Einungsmeister Joseph Tröndlin, einem angesehenen Müller von Unteralpfen. Sie haben mancherlei Belästigungen auszustehen.

1727

Im Frühjahr werden lauter Salpeterer zu Einungsmeistern gewählt. Der Salpeterhans wird wegen seiner aufrührerischen Agitation und einem Zusammenstoß mit dem Waldvogt seit Oktober des vergangenen Jahres in Freiburg gefangengehalten, kann aber auch von dort aus durch hinausgeschmuggelte Briefe seine Anhängerschaft in Bewegung halten.

Am 13. Mai soll dem neuen Abt Franz II. Schächtelin in Weilheim und anderen Orten gehuldigt werden. Die Einungsmeister verlangen Streichung des Wortes »eigen«. Der Abt verneint.

Der Kaiser hatte nur das Wort »leibeigen« und »leibherr« durch »eigen« und »eigenherr« ersetzt. Die Achtmannen verweigern die Huldigung.

Nun geht es im Hotzenwald drunter und drüber: Die Regierung in Freiburg will eingreifen. Sie scheitert. Streit und Zwietracht flammen allenthalben in den Gemeinden und den Familien auf: Väter gegen Söhne, Brüder gegen Brüder, Mann gegen Frau, selbst Kinder schlagen sich blutig.

Da stirbt am 29. September in Freiburg in seinem Gefängnis der Anführer, der »Salpeterhans«. Nun hat die Bewegung ihren Märtyrer. Neue Versammlungen werden abgehalten in Gurtweil, in Hochsal. Die Salpeterer schwören, Gut und Blut zu wagen, um die vermeintlichen alten, vom Grafen Hans ererbten Rechte zu erkämpfen und sich nicht nur von St. Blasien, sondern auch von Österreich loszumachen. Wiederholte Abordnungen gehen nach Wien. Das Ergebnis lautet: St. Blasien soll das Wort »leibeigen« wie bereits vereinbart nicht mehr gebrauchen, die Untertanen sollen weiterhin die Gefälle und das Handgelübde leisten.

1728

Der Waldvogt von Reischach läßt die rebellischen Einungsmeister gefangen nach Freiburg abführen. Die Reaktion läßt nicht auf sich warten. Die Salpeterer durchstreifen den Hotzenwald, brechen in die Häuser der Ruhigen, der »Hallunken« ein, zerstören den Hausrat, plündern die Güter, martern fast zu Tode. Die so Getroffenen fliehen und verbergen sich. Anführer ist nun der Müller Thoma zu Haselbach.

Ende April kommen Regierungsrat von Beaurieux und Fiskalrat Maurer als kaiserliche Vermittler. Sie sollen die Huldigung an St. Blasien durchführen und die Beschwerden der Hauensteiner anhören. Neue Terrorakte der Salpeterer, vor allem gegen den Müller von Unteralpfen, dessen Vieh sie rauben, dessen Gut sie verwüsten. Ein auf ihn geplanter Mordanschlag mißlingt.

Nun erfolgt der Einsatz des Militärs. Unterhalb Dogern stößt es auf über 1000 bewaffnete Salpeterer. Dreimal fordert Oberst von Tüngen sie zur Heimkehr auf. Die Antwort sind Flintenschüsse. Das Militär erwidert sie mit der Waffe. Es gibt Verwundete, die Einungsleute fliehen, lassen ihre Verwundeten und Waffen zurück.

Die Huldigung an den Abt wird unter militärischem Zwang in Waldshut vollzogen. Beschwerdeschriften der Unruhigen und auch der Ruhigen werden entgegengenommen. Ihnen stehen solche des Klosters entgegen. Die Einungswahlen können wieder stattfinden und fallen im Sinne der Regierung aus. Es tritt Ruhe ein.

1730, im April

Wien richtet die Rebellenführer. Die Strafen sind Verbannung, Festungshaft, Zwangsarbeit, Gefängnis. Die Salpeterer hatten mehr befürchtet. Sie sehen darin eine Bestätigung ihres Tuns durch den Kaiser.

1738

St. Blasien und die Regierung erkennen die Notwendigkeit einer vollkommenen Lösung der Leute von St. Blasien. Sie sind darin gleicher Ansicht wie P. Marquard Herrgott, der bläsmische Abgesandte in Wien. Die Einungsmeister wirken im Volk darauf hin. Es kommt zu Einigung. St. Blasien verzichtet auf die Leibeigenschaft und deren Ausflüsse. Die Einung zahlt als Entschädigung dafür 58 000 Gulden, das sind pro Kopf der bläsmischen Untertanen etwa 5 Gulden, zahlbar in 5 Raten. In einer Abstimmung billigt das Volk mit überwältigendem Mehr von 2290 gegen 327 Stimmen diese Abmachung. Die radikale Minderheit der Salpeterer ist jedoch dagegen.

Die nun folgenden Erhebungen der Salpeterer in den Jahren 1738/39, 1744–46 und 1754/55 betreffen nicht mehr unmittelbar das Verhältnis zum Kloster St. Blasien. Es ist ein Ringen um die vermeintliche Reichsfreiheit. Es zeichnet sich aus durch immer gewaltsamere Ausschreitungen der Salpeter, der »Unruhigen«, gegen die Regierung und die »Ruhigen«. Sie wollen die weltliche und die geistliche Obrigkeit absetzen, die neue Wald- und Gerichtsordnung aufheben. Sie ächten, wer dem Waldvogt oder den alten Einungsmeistern anhängt, bezeichnen die regierungstreuen Geistlichen und die Insassen des Klosters als »Ketzer« und »Schelme« und erklären, der Redmann habe die Stelle des Landgrafen inne. St. Blasien und Säckingen sei man überhaupt nichts schuldig.

Der Eggbauer Thoma richtet ein wahres Schreckensregiment auf und terrorisiert die Ruhigen. Energisches Eingreifen der Regierung und benachbarter Landstände, sechs Todesurteile, Verbannung der radikalsten Salpetererfamilien, aber auch der natürliche Tod führender Häupter beider Lager bringt schließlich Beruhigung und neue Ordnungen. Hinzu kommt der gesellschaftliche Wandlungsprozeß der Aufklärung und der Franz. Revolution, der dann allerdings im folgenden Jahrhundert im Hotzenwald eine neue, diesmal rein kirchliche Salpeterer-Bewegung hervorruft. Sie greift seltsamerweise das ursprüngliche Ziel des hochmittelalterlichen St. Blasien auf: Freiheit der Kirche von jeglicher staatlichen Bindung, Freiheit von der Huldigung an den Großherzog. Doch das Kloster St. Blasien ist nicht mehr. Nur die großartigen Bauten erinnern noch an eine große Vergangenheit, an eine Freiheit im Dienste Gottes.

Rückblick – Zusammenhänge und Hintergründe

Karl Friedrich Wernet, ein hervorragender Kenner der Geschichte St. Blasiens, sagt einmal: »Es führt zu einer falschen Bewertung der Vorgänge, wenn man die Erhebungen der Jahre 1369, 1412, 1524/26, 1612, 1628, 1726/30, 1738/39 und 1744/45 isoliert betrachtet. Sie sind lediglich sichtbare Ausdrücke eines halbtausendjährigen Ringens zwischen *zwei* grundverschieden gearteten *Machtfaktoren* innerhalb desselben Territoriums« – Dann nennt er diese Machtfaktoren: »Der Ausgang des Bauernkrieges erlaubte die feste Einfügung der *Grafschaft* und ihres *klösterlichen Gegners* in den vorländischen Staatsverband.«

Wir fragen: Ist diese Sicht der Dinge nicht allzu vereinfachend? Kann man nur von »zwei Machtfaktoren« sprechen? Zeigt nicht jede Erhebung ihren unverwechselbar eigenen Charakter, was die Anstöße, die Umstände, die Personen angeht? Schauen wir zurück.

Im Spannungsfeld der Mächte

Die Freiheit steht unübersehbar am Anfang der Beziehungen zwischen St. Blasien und den Waldleuten. Frei sein wollten die Bauern, die das königliche Angebot annahmen, den Wald zu roden und als freie Menschen auf dem urbar gemachten eigenen Grund und Boden zu wohnen mit ihren Familien. Ihnen im Innersten verwandt, aber noch einen Schritt weiter gingen jene Männer, die durch Verzicht auf eigenen Besitz und eheliche Bindung frei sein wollten für den Dienst vor Gott und an den Menschen. Aus ihnen ging das Gotteshaus St. Blasien hervor.

Es versteht sich von selbst, daß diese letztere Gemeinschaft von Freien durch ihr Zusammenstehn und -wirken in selbstgewählter Ordnung Kräfte entfaltete, die dem vereinzelt an sein Gut gebundenen Freien versagt blieben. Darum strömten ihr die Menschen zu. Ihre Pionierleistung in Bildung, Kunst und sozialer Fürsorge wurde von den Mächtigen dieser Welt umworben. Jedes adelige Haus, das es vermochte, suchte solche Gemeinschaften in seinem Herrschaftsbereich zu besitzen oder zu gründen.

So geriet auch das aufblühende St. Blasien in das Spannungsfeld der Mächtigen dieser Welt. Da ist zunächst der Bischof von Basel als Vertreter des Kaisers. Da ist aber auch der Ortsadel, der hohe und niedere, die Herzöge von Rheinfelden und die Freien von Tiefenstein mit den anderen Freien, denen von Gutenburg und von Krenkingen, um nur einige zu nennen, und später dann das Haus Habsburg.

Auf verschiedenste Weise suchte das Kloster sich der Abhängigkeit von weltlicher Macht zu entziehen. Es gelang ihm nur zeitweise und in begrenztem Maße. Vor allem der Versuch, durch territorialstaatlichen Aufbau und Abgrenzung die Freiheit und Reichsunmittelbarkeit zu erhalten, mußte Spannungen und Gegnerschaften hervorrufen und war schließlich zum Scheitern verurteilt.

Man wird also mehr als zwei »Machtfaktoren« im Spiel sehen müssen: das Kloster, die Freien, die Grafschaft und in der Ferne das Kaiserhaus. Die Beziehungen wechseln noch und noch in Freundschaft oder Fehde.

Sippenfehden

Verfehlt wäre es auch, das Hauensteiner Volk als eine in sich geschlossene Einheit zu betrachten.

Anno 1243 übergab Hugo von Tüfenstein sein Gut in Tegerfeld dem Gotteshaus St. Blasien und ließ diese Übergabe in einer Urkunde festhalten. Der Wortlaut ist äußerst aufschlußreich. Sie beginnt: »Da das Gedächtnis der Menschen brüchig, das Leben kurz ist, hielten wir es für sicher und in vielerlei Weise nützlich, um Streitigkeiten im vorneherein zu verhüten, ... Kund sei also dem gegenwärtigen Geschlecht und der zukünftigen Nachkommenschaft . . . Damit diese Vergabung weder durch mich noch durch meine Erben inskünftig ungültig gemacht werden kann. . .!" Propter praecavendas in posterum lites. . . Um inskünftig Streitigkeiten zu vermeiden. Mit diesen Worten verrät Hugo von Tüfenstein deutlich genug, wie es um die Einheit und den Frieden in seiner Familie und dem Volk des Hauensteiner Landes zunächst bestellt war *(Abb. 13)*.

Im Hauensteiner Land war die Lage ursprünglich wohl kaum anders als etwa im Lande Uri vor Entstehung der Eidgenossenschaft. Wie dort, so waren auch hier die Familien und Sippen die Bausteine der Gesellschaftsordnung. Wie dort die Izelinge mit den Gruoba stritten, mit Mord und Totschlag, so mag es auch hier zu Sippenfehden gekommen sein. Und erst solche leidvolle Erfahrungen mögen hier wie dort zur Bildung der Genossenschaft, der »Einung«, geführt haben. Der Charakter ihrer Satzungen spricht dies deutlich aus. Sie sind nach innen gerichtet, um ein friedliches Zusammenleben zu ermöglichen, nicht aber um einen eigenen Staat zu begründen.

Der Sippenstreit wird immer wieder greifbar. Er äußerte sich besonders gern bei den Einungsmeisterwahlen und wirkte sich bei den Salpetererunruhen geradezu verheerend aus. Und P. Herrgott konnte denn auch schreiben, es gäbe in der Grafschaft viele Geschlechter, vor allem das Hottingerische, die einen Groll und eine Abneigung wider St. Blasien mit auf die Welt brächten. »den sie im geblued immerhin fortpflanzen.« Der Sippenforscher des Hotzenwaldes kann dies nur bestätigen *(Abb. 14)*.

Aber auch die »Einung« selbst war längst nicht immer einig. In einem Bundesbrief von 1433 bekennen die Einungsmeister: ». . .Da wir uns aber seit kurzem her in etlichen Stücken und Handlungen voneinander gesondert, woraus viele Unfälle und Gebrechen für uns und unser Land entstanden sind. . .« Sie wollen nun wieder zusammenstehen.

Auch die Salpeterer-Unruhen von 1720 ff. waren zunächst ein Streit unter Einungsmeistern und nur indirekt gegen St. Blasien gerichtet: Der Alteinungsmeister Friedle Albiez warf seinen amtierenden Kollegen vor, die (vermeintlichen) Rechte und Privilegien der Grafschaft an St. Blasien verkauft zu haben.

In einer Schrift des 18. Jahrhunderts äußert denn auch ein guter Kenner der Lage: »die Akten würden zum Überfluß erweisen, daß der Zundel der Unruhen in den Einungsmeisterwahlen verborgen liege. . . . Das Einungsmeisteramt würde viel ausgehauste Werber anlocken. Da jeder dieser Sorte mit seiner Partei nach diesem Amte strebe, entstehe dadurch der größte Zwiespalt, Eigennutz und Aufruhr. Ganze Geschlechter seien gegeneinander verbittert worden, zum großen Schaden des Landes. . . . Es sollten daher alle Versammlungen am St. Georgi-Tag und die Wahlen selbst für immer abgetan und all die ruhigen Einungsmeister in Gnaden entlassen werden.« Ein anderer Vorschlag ging dahin, die 8 Einungen auf 2, die eine unter der Alb, die andere ob der Alb, herabzusetzen, der Redmann könne beibehalten werden. Durch die jährliche Wahl wurde nämlich die Zahl der Redmänner und Einungsmeister sehr groß. Wenn ein Bauer auch nur einmal zu diesem Amt gekommen war, blieb ihm der Name Alteinungsmeister und Altredmann bis ins Grab. Andererseits weckte dieses Amt, wenn es immer wieder dieselben traf, wie etwa bei den besonders charaktervollen Gestalten, dem Redmann Josef Tröndle von Rotzel († 1747) und dem Einungsmeister Josef Tröndle, († 1748), dem Müller von Unteralpfen, Neid und Eifersucht und den Vorwurf, es sei bei ihnen erblich geworden *(Abb. 15/16).*

Fremdeinflüsse

Nicht zu übersehen sind die Fremdeinflüsse, die in den Auseinandersetzungen zwischen dem Waldvolk und St. Blasien erkennbar sind.

Zunächst ist offenkundig, daß die Entstehung und das Wachstum der Schweizerischen Eidgenossenschaft jenseits des Rheins auch die Gemüter auf dem Wald in Bewegung brachte, waren sie doch gleichen Stammes und sprachen die gleiche Sprache. So wundert uns nicht, daß eine starke Minderheit der Hauensteiner mit einem Anschluß an die Eidgenossenschaft liebäugelte, und daß Zwingli die Wasserscheide am Feldberg als Nordgrenze seiner Eidgenossenschaft ausersehen konnte.

Auch bei den Salpeterern kehrt die Berufung auf die Eidgenossen immer wieder. Der »Salpeter-Hans« hatte dort seine Verwandtschaft, denn seine Großmutter war Schweizerin. Vielleicht hat er so auch von den Geschicken der mit St. Blasien verbündeten Abtei Einsiedeln erfahren. Es lohnt sich, sie hier einzufügen.

Einsiedeln war seit dem 12. Jahrhundert in einen Streit mit den anwohnenden Schwyzern verwickelt. Zunächst gewährten die Kaiser Schutz, und gewisse Gebietsübergaben an die Schwyzer schafften Ruhe. Als dann 1283 die Habsburger die Schirmvogtei über das Stift übernahmen, wurde es in die Unabhängigkeitskämpfe der Schwyzer verwickelt. Diese überfielen das Kloster in der Dreikönigsnacht 1314, plünderten es aus und führten die meisten Mönche gefangen ab. Erst 1350 kam es zum Frieden mit Schwyz, der das Kloster mehr als die Hälfte seines Besitzes kostete. Doch die Schwyzer wollten noch mehr. Sie ruhten nicht, bis sie auch die Vogtei über Dorf und Kloster an sich gebracht hatten und sich so in die inneren Angelegenheiten des Stiftes mischen konnten, sehr zu dessen Schaden. Einsiedeln, der beliebte Wallfahrtsort auch für die Leute vom Wald, mochte zu Vergleichen reizen. Doch die Eidgenossen des 17. und 18. Jahrhunderts waren nicht bereit, die Aufstände der Hauensteiner zu unterstützen. Nur als Vermittler zwischen den Waldleuten und der ihnen freundnachbarlich verbundenen Herrschaft Österreich wurden sie erfolgreich tätig.

Nicht vergessen seien hier die Veränderungen in der Bevölkerung des Hotzenwaldes, hervorgerufen durch Landflucht und Pestzeiten. Zu Beginn des 15. Jahrhunderts standen viele Höfe auf dem Wald leer. Die aufblühenden Städte hatten das Landvolk angezogen. Der Abt von St. Blasien hatte Mühe, sie wieder zu besiedeln. Sie wurden in Erblehen umgewandelt und auch Leuten von weiterher überlassen. – Die Pestzeiten, namentlich das Jahr 1628 riß große Lücken in die Bevölkerung, die durch Zuzüge von weiterher, z.B. aus Tirol, wieder geschlossen wurden.

Fremdeinflüsse sind ganz besonders erkennbar, wenn die Erhebungen des Waldvolkes radikal ausarteten. Dies war der Fall bei den Bauernkriegen 1524/26. Die erste Besetzung des Kloster verlief ohne nennenswerte Schäden. Als die Bauern aber von den Kriegszügen im Hegau und Klettgau, unter der Führung des allbekannten Thomas Münzer aus Thüringen und dann auch des wiedertäuferischen Waldshuter Stadtpfarrers Dr. Hubmaier und seines Thurgauer Helfers Hans Rebmann, zurückkehrten, kannte ihre Zerstörungswut keine Grenzen mehr.

Ähnliches ist auch von der Radikalisierung der Salpeterer-Unruhen zu sagen. Genannt seien die Anführer Johann Marder, genannt der »Preuß«, ein vielgereister, unruhiger Mann, der früher im preußischen Heer gedient hatte, und Johann Michael Hartmann, ein ehemaliger sächsischer Soldat, aber auch der negative Einfluß des Anwalts der Salpeterer, Dr. Berger. Zudem hielt sich damals fremdes Gesindel in großer Zahl im Wald auf.

Fremdeinflüsse wirkten sich aber auch beim Kloster nachteilig aus. Während heimische Äbte wie Arnold I. aus Berau auch in schwierigen Zeiten z.T. erstaunlich gut Unheil verhindern oder wieder gut machen konnten, weil sie die Sprache der Bauern sprachen und mit ihnen fühlten, so taten Äbte aus anderen Gegenden des weithin begüterten Klosters St. Blasien, wie etwa Heinrich IV. von Eschenz († 1391) oder Franz II. (1747), ein Städter aus Freiburg, sich schwer, mit den Bauern zurechtzukommen, mögen sie noch so tüchtig gewesen und in ihrem Amt Großes geleistet haben. Der Hotzenwald war eben nur ein Bezirk unter vielen des weithin begüterten Klosters.

Lob der Gewalt?

Von Gegnerschaft zwischen dem Hotzenwald und dem Stift St. Blasien war und ist immer wieder die Rede, von »Salpeterern« auf der einen, von »Hallunken« und »Sparrengücklern« auf der anderen Seite. Die ersteren haben vor allem von sich reden gemacht. Gerühmt werden ihre Unerschrockenheit und Überzeugungstreue vor Thron und Richterstuhl, ihre Kühnheit, ihr eigensinniger Trotz für vermeintliche alte Rechte und Freiheiten, für Land und Volkstum und wirtschaftliche Besserstellung. Ihr Vorgehen hat ja, früher als irgendwo in deutschen Landen, die Befreiung von Leibeigenschaft gebracht. Erst 40 Jahre später erklärten Kaiser Joseph II. und Markgraf Karl Friedrich für ihre Bereiche deren Aufhebung. Der Erfolg scheint sie zu rechtfertigen. Hingenommen und bestenfalls nebenbei erwähnt werden ihre Gewalttätigkeiten, ihr Terror den eigenen Landsleuten gegenüber, ihre systematische Fälschung der Wahrheit und Irreführung der Leute. So wundert es nicht, daß gerade Lobredner von Gewaltsystemen, gestern und heute, im Dritten Reich, wie im Bereich des Ostblocks, nicht müde werden, hier ihre Helden zu sehen und zu feiern. Und . . . ist die Frage nach der Anwendung von Gewalt nicht auch heute ein heißes Eisen?

Die Ruhigen hingegen, von ihren Gegnern »Hallunken« genannt, werden mehr oder weniger übersehen, ihre Treue zu St. Blasien, ihr Eintreten für Ruhe und Ordnung als Verrat und Schelmerei geächtet, ihre wehrlos erduldeten Mißhandlungen entschuldigt. Wir fragen: wird eine solche Sicht dem Volk auf dem Hotzenwald und dem Gotteshaus St. Blasien gerecht?

Das Volk und sein Kloster – Freiheit und Frieden

In der tausendjährigen Geschichte des Klosters St. Blasien nehmen die gewaltsamen Auseinandersetzungen zwischen Waldvolk und stiftischer Herrschaft keine 20 Jahre in Anspruch. Was geschah während der übrigen 980 Jahre?

Völlig verkannt oder zu wenig beachtet wird immer wieder die Verbundenheit des großen Schwarzwaldklosters mit der Bevölkerung auf dem Wald. Die Mönche entstammten ihr zu nicht geringem Teil. Dies gilt von der Glanzzeit des Klosters im 11./12. Jahrhundert. Adelige und Freibauern vom Wald übereigneten sich mit Leib und Gut dem Gotteshaus. Aber auch späterhin ist die verwandtschaftliche Verbundenheit des Klosters mit der Waldbevölkerung deutlich spürbar. Genannt seien wenigstens die Äbte: Beringer aus Höchenschwand († 1045), Arnold I. (1247) aus Berau, Arnold II. († 1276) aus Höchenschwand, Johann I. Kreuz (†1413) aus Todtnau, Caspar I. Müller († 1571) aus Schönau.

Besonders tragisch ist das Schicksal von Abt Johann III. Spilmann († 1532) aus Bettmaringen im benachbarten Wutenamt. Er stand der Abtei von 1519 bis 1532 vor. Von seiner Herkunft her stand er dem Waldvolk nahe, erlebte den Bauernaufstand, vermochte eine erste Besetzung der Abtei in Güte zu beenden, mußte dann aber einen neuen Angriff und schließlich die Zerstörung des Klosters erleben. Vergeblich hatte er sich bemüht, die Hinrichtung des Bauernführers Kunz Jehle von der Niedermühle (der Heimat mehrerer bläsmischer Waldpröpste) zu verhindern. Nach der Niederwerfung des Aufstandes machte er bei den Siegern die verwandtschaftlichen Beziehungen zwischen Kloster und Waldbevölkerung geltend und erwirkte Schonung, so daß die Bauernschaft sich verhältnismäßig schnell von den Kriegszeiten erholte.

„Mit einem Waldvogt sampt den Ainungsmaistern"

Erinnert sei an die grundsätzliche Verbundenheit der drei Instanzen auf dem Wald, wie sie bei den Dinggerichten zum Ausdruck kam und schon in der »Öffnung über das Waldamt« im Urbarbuch der Abtei von 1383 enthalten ist. Diese »Öffnung« ließ Abt Christoph im Jahre 1467 nach deutschem Recht erneuern »mit ainem Waldvogt sampt den Ainungsmaistern uf dem wald . . . als vollmächtig anwält« zum Schutz der Hauensteiner Gotteshausleute. Unter den hinzugefügten Paragraphen heißt es, daß der Waldpropst nur aus den Einungen genommen werden dürfe. Er durfte auch nicht mit dem Abt verwandt sein.

Die drei Ämter verhielten sich zueinander wie in einer Stadt, welche zwischen einem geistlichen und weltlichen Herrn geteilt war, der landesherrliche Schultheiß, der stiftische Pfleger (oder Amtmann) und der Bürgermeister. So wirkten sie Jahr für Jahr auf den Dinggerichten zusammen, solange Not- und Kriegszeiten dies nicht hinderten. Das Volk wußte sich mit seinem Kloster verbunden. Ein Jahr nach der Erneuerung der »Öffnung«, zur Zeit der Belagerung Waldshuts im Jahre 1468, opferten sogar 30 Hauensteiner ihr Leben, um das Kloster gegen die vorrückenden Eidgenossen zu schützen.

Auch als im Jahre 1719 nach längerem Unterbruch wieder ein Dinggericht zu Remetschwiel abgehalten wurde, finden wir unter dem Vorsitz des st. blasianischen Waldpropstes die ebenfalls anwesenden Einungsmeister mit ihrem Redmann und dem österreichischen Waldvogt aus Waldshut. Und zu Beginn der Unruhen im Jahre 1727 lesen wir in einem Brief der Gemeinde Görwihl vom 25. Mai: ». . . Wir haben für billig gefunden, daß wir dem Gotteshaus St. Blasien an den alten Rechten und Gerechtigkeiten nichts abstreichen, sondern bereit sind, darauf zu huldigen, wie von alters her. Wir respektieren das Gotteshaus St. Blasien samt dem gnädigen Herrn, den Geistlichen und allen Amtsleuten. Aber die neuen Punkte und streitbaren Sachen, besonders den Ausdruck »leibeigen« und »gotteshauseigene Leut« bewilligen wir nicht und protestieren mit dem neuen Redmann und den Einungsmeistern bis zum höchsten Grad, das sagen wir glatt heraus . . .« Treffender konnte sich das Hotzenwälder Volk kaum äußern. Wie ist es nun wirklich, dieses Volk?

Im Innersten eins

Der Hotzenwälder ist geprägt von seiner Landschaft mit den tief eingeschnittenen Tälern und den rauhen Höhen, die einen herrlichen Weitblick in die freie Eidgenossenschaft gewähren. Er hängt an seinem Boden, den er sich in mühsamer Arbeit erworben hat. Er ist getreu seiner Familie mit oft weit zurückreichenden Traditionen. In gleicher Treue steht er zu seinem Gotteshaus St. Blasien, das ihm und den Vorfahren einen lebendigen Glauben vermittelt hat.

In den bläsmischen Pfarreien des Hotzenwaldes, in Bernau, Blasiwald und Menzenschwand, in Urberg, Ibach und Schluchsee, in Höchenschwand, Nöggenschwiel, Weilheim und Gurtweil, in Todtnau und vor allem im Wallfahrtsort Unserer Lieben Frau von Todtmoos schlug das Herz des Volkes. Kunstvolle Dorfkirchen wie in Todtmoos (1625/1768), Weilheim (1625), Nöggenschwiel (1744) und auch Dogern (1775) zeugen von der Sorge St. Blasiens um seine Pfarreien.

Die Sorge des Klosters galt aber auch den materiellen Nöten seiner Untertanen, den Pfründnern, den Armen, den Arbeitslosen. Es suchte in seinen Gebieten neue Gewerbebetriebe heimisch zu machen, Zwilchwebereien, das Eisenschmelzwerk Albbruck. Um den Anreiz zur Arbeit darin zu wecken, sah es sich gezwungen, 1754 das Klosteralmosen aufzuheben.

Das Volk stand in seiner überwältigenden Mehrheit zu seinem Kloster. Im Jahre 1737, als es um den vom Kloster gemeinsam mit der Herrschaft vorgeschlagenen Loskauf für 58 000 Gulden ging, waren 2291 Stimmberechtigte dafür und nur 327 »unruhige« Bürger dagegen. Das Volk war durch die Jahrhunderte gewöhnt, Differenzen durch friedliche Verhandlungen zu beheben, wie sie auf den Dinggerichten Brauch waren. Nur Irrtum und böswillige Verführung vermochten es, die ausgeprägt guten Eigenschaften des Volkes, das meist des Lesens unkundig war, für Unfrieden und Aufstand zu mißbrauchen, wie dies in den »neuen Punkten und Streitbaren Sachen«, dem falsch gedeuteten und mißbrauchten Ausdruck »leibeigen« im Görwihler Brief geschah.

Die Einheit zwischen Waldvolk und Kloster darf noch tiefer gesehen werden: in allen Differenzen kommt eigentlich das eine gemeinsame Grundanliegen zum Ausdruck – die Freiheit. Wunschziel der Hauensteiner war der eigene kleine Freistaat, der sich völlig selbst verwaltete und das Kloster miteinbezog. Wiederholt wurde dies letztere durch Drohung und Gewalt angestrebt. Und auch das Kloster wollte frei sein, um seine Aufgabe zu erfüllen, suchte dies jedoch im friedlichen Miteinandergehen zu erreichen. So bestärkten sich beide im Hinblick auf das eine, verschieden verstandene Ziel.

Das Hochziel

Das wirkliche Ziel aber nennt der edle Fürstabt Martin II. Gerbert am Schluß seiner »Historia Nigrae Silvae«, der Geschichte des Klosters. Ihm überlassen wir auch hier das Schlußwort.

Er erinnert an ein Wort Christi: »Als Petrus Christus fragte: Siehe, wir haben alles verlassen und sind dir nachgefolgt. Was wird uns dafür gegeben?“ Christus bei Lukas versprach das Hundertfache in diesem Leben, – aber unter Verfolgungen. Dies hat die Kirche immer erfahren.« . . . Der Abt verweist auf die zahlreichen Schenkungen und Vermächtnisse, von höchster Stelle gebilligt und bekräftigt, auf das Recht sie zu nützen, auf die Selbstbescheidung der Klosterinsassen gemäß ihren Satzungen, unter Verzicht auf Eigentum, das jedem Bürger zusteht, vor allem aber auf das Heilsziel, das allen Christen gemeinsam ist. Und er schließt mit dem Wunsch, daß wir uns mühen, »nicht nur für das brüchige Leben in dieser Welt, sondern für das ewige in der himmlischen Heimat. Wir wollen so durch die irdischen Güter hindurch gehen, daß wir die himmlischen nicht verlieren. Amen.«

Literatur

Bader, Joseph: Das ehemalige Kloster St. Blasien auf dem Schwarzwald und seine Gelehrtenakademie Freiburg FDA VIII (1874)

Ders.: Urkundenregesten und Abhandlungen in: Zeitschrift für die Geschichte des Oberrheins Jg. 1–12

Böser, Jakob: Das Hauensteinerland und die Salpeterer Bonndorf 1912

Bury, Benedikt: Geschichte des Bistums Basel und seiner Bischöfe Solothurn 1927

Büttner, Heinrich: Schwaben und Schweiz im frühen und hohen Mittelalter Sigmaringen 1972

Dürrenmatt, Peter: Schweizergeschichte Zürich 1963

Ebner, Jakob: Eine Müllerdynastie im Hotzenwald 2. A. Radolfzell.
Geschichte der Salpeterer des 18. Jh. U'alpfen 1954/55 – Die Geschichte der Salpeterer des 19. Jh. ebd. 1953

Gerbert, Martin: Historia nigrae silvae . . . Tom. I–III St. Blasien 1783–88

Hansjakob, Heinrich: Die Salpeterer, eine politisch-religiöse Sekte auf dem südöstlichen Schwarzwald Freib. 1896

Haselier, Günther: Geschichte des Hotzenwaldes Lahr 1973

Hochrhein und Hotzenwald = »Badische Heimat« Jg. 19, 1932 mit einschlägigen Beiträgen verschiedener Autoren

Letsch, Andreas: Chronik 1519–1531 in Mone: Quellensammlung II, 1854

Maag, Rudolf: Das Habsburgische Urbar, in »Quellen zur Schweiz«. Geschichte, Bd. XIV u. XV 1894–1904

Ott, Hugo: Studien zur Geschichte des Klosters St. Blasien im hohen und späten Mittelalter (Veröffentlichungen der Kommission für gesch. Landeskunde in BW = Reihe B. Forschungen Bd. 27 Stutgart 1963)

Ders.: Die Vogtei über das Kloster St. Blasien seit dem Aussterben der Zähringer bis zum Übergang an das Haus Habsburg ZGO 113/1965
Malzacher, Joseph A. Cl.: Die Geschichte der Stadt Säckingen 1911
Ringholz, Odilo: Geschichte des fürstl. Benediktinerstiftes U. L. Frau von Einsiedeln. 1904.
Schmieder, Ludwig: St. Blasien Augsburg 1929.
Steuer, Peter: Der vorderösterreichische Rappenkrieg (1612–1614) in ZGO 128/1980
Wernet, Karl Friedrich: Die Grafschaft Hauenstein in »Vorderösterreich« herausg. von Fr. Metz, 2. 1967 mit ausführlicher Literaturangabe
Ders.: Die Stellung St. Blasien und der Grafschaft Hauenstein im vorderösterreichischen Staatsverband. ZGO 99/1951

Konrad Sutter

Siegel und Wappen des Klosters St. Blasien

Siegel und Wappen erfreuen sich als Hilfsmittel der Geschichtsforschung einer stetig wachsenden Wertschätzung. Sie vermögen das Dunkel der Vergangenheit selbst da noch aufzuhellen, wo schriftliche Quellen und andere Hinweise fehlen. So werden sie dank ihrer beweiskräftigen Aussage in steigendem Maße zur Klärung genealogischer Zusammenhänge herangezogen. Auch in der Kunstgeschichte werden Siegel- und Wappenkunde gegenwärtig stärker beachtet.

Das einstige Schwarzwaldkloster St. Blasien hat in seiner fast tausendjährigen Geschichte dem Siegel- und Wappenwesen eine ganz besondere Pflege angedeihen lassen – gewiß in der Erkenntnis, die eigene kirchliche ud weltliche Machtstellung dadurch überzeugend und eindrucksvoll darstellen zu können. Der interessierte Beobachter stößt daher noch im Gebiet des südlichen Schwarzwaldes, der Nordschweiz und an manchen anderen Orten mit einstigen sanktblasischen Besitzungen immer wieder auf Wappenschilde mit Symbolen des Klosters oder seiner Repräsentanten. Diese heraldischen Zeichen finden sich auf sakralen und profanen Bau- und Bildwerken, Grenzsteinen, Glocken, vielen anderen Geräten sowie auf zahlreichen Gebrauchsgegenständen. Dem Kundigen vermitteln sie wertvolle Aufschlüsse über die einstigen Beziehungen der Orte ihres Befindens zu der Abtei wie auch über die Ursprungszeit der durch sie markierten Objekte.

Das Wissen um den Wappengebrauch in der Geschichte des Klosters St. Blasien gründet sich weitgehend auf das Zeugnis der noch vorhandenen Siegel. Darum scheint es angebracht, zunächst einen Einblick in die Entwicklung des sehr umfangreichen Siegelwesens zu nehmen.

Siegel wurden verwendet, lange bevor es Wappen gab. Die ältesten Zeugnisse stammen aus dem römischen Altertum. Die Päpste siegelten ihre Urkunden ab dem sechsten Jahrhundert. Seit den Karolingern war das Siegel wichtigstes Beweismittel der Königsurkunden. Eine Ausweitung auf den Adel und die Weltgeistlichkeit erfuhr der Siegelgebrauch im zehnten, auf die Klöster im elften und auf die Städte im zwölften Jahrhundert[1]. Während des 13. Jahrhunderts dehnte er sich auf alle Stände aus. Heute bedienen sich die Behörden nur noch in begrenzten Fällen des Siegels.

Der Zweck des Siegelns einer Urkunde lag darin, den meist von einem Amtsschreiber abgefaßten Inhalt zu beglaubigen und ihm Rechtskraft zu verleihen. Im Mittelalter ersetzte das Siegel vielfach beim Fehlen von Schreibkenntnissen die Unterschrift des Sieglers. In späteren Jahrhunderten wurde das Siegel auch zum Verschließen von Schriftstücken und Briefen verwendet. Als Material dienten Wachs und Harz, ursprünglich in ihren natürlichen Farben, dann in Rot, Grün und Schwarz. Später und bis heute benutzte man Siegellack in den genannten Farben, zumeist jedoch in Rot.

In St. Blasien setzte der Siegelgebrauch schon sehr bald ein – Zeichen der bedeutenden Stellung dieser Abtei bereits in früher Zeit. Nach den ältesten erhaltenen Beweisstücken ergibt sich folgendes Bild: St. Gallen siegelte im Jahre 1135, Engelberg 1164, die Abteien Rheinau und Schaffhausen folgten 1198[2]. Von St. Blasien besitzen wir jedoch ein Siegelfragment bereits aus dem Jahre 1105. Siegler der betreffenden Urkunde war Uto, der vierte Abt des Klosters.

Anfänglich hatte die Abtei St. Blasien nur das gewöhnliche Abtssiegel[3]. Zu diesem kam ein von 1256 bis 1647 nachzuweisendes und mit »Secret« bezeichnetes persönliches Abtssiegel. Bald erhielt auch der Konvent ein eigenes Siegel. Sein frühestes Exemplar liegt uns aus dem Jahre 1324 vor. Von 1637 besitzen wir ein Siegel: »FRATRVM SANCTI BLASII«. Im 18. Jahrhundert siegelten auch das Kapitel und alle Ämter; selbst die Stiftsdruckerei verfügte über ein eigenes Siegel. Zu dieser Zeit begegnet uns das Hauptsiegel der Äbte – wie bereits gelegentlich in früheren Zeiten – in verschiedenen Ausführungen.

Die Siegel der Äbte

Für die vorliegende Abhandlung ließen sich Originalsiegel von 36 Äbten, teils in mehreren Ausführungen zusammentragen und in Lichtbildern erfassen. Diese Sammlung konnte aus den 1736 entstandenen Analecta genealogica 2 des Paters Stanislaus Wülberz (1695–1755) um acht Siegelkopien (abgezeichnete Siegel) ergänzt werden[4], so daß uns die Siegelbilder von 44 der insgesamt 48 St. Blasier Äbte zur Auswertung vorgelegen haben[5].

In der Anfangszeit waren die Hauptsiegel der Äbte kreisrund. 1220 werden sie spitzoval, kehrten aber 1570 wieder zur runden Form zurück. Das zusätzlich von den Äbten über einen längeren Zeitraum hinweg benutzte Sekretsiegel war während seiner ganzen Verwendungszeit rund, obwohl es zu einer Zeit eingeführt wurde, als das Hauptsiegel spitzoval war. Rund war zu allen Zeiten auch das Konventssiegel. Ebenso verwendeten die meisten Ämter des Klosters im 18. Jahrhundert ein rundes Siegel; einige der Ämter gingen aber auch zu einer leicht ovalen Gestalt über.

In der Größe hielt man sich bei den Hauptsiegeln der Äbte an die allgemein dem Abtsrange entsprechenden Maße. Die runden Abtssiegel der Anfangszeit wiesen einen Durchmesser von ca. 45 Millimetern auf. Die spitzovalen (13. bis 16. Jahrhundert) hatten eine Länge von 50 bis 70 Millimetern. Das Sekretsiegel hielt sich zwischen 30 und 35 Millimetern, während das spätere Hauptsiegel der Äbte den Durchmesser von 60 Millimetern nicht überschritt.

Ein wesentlicher Bestandteil der Betrachtungen unserer St. Blasier Siegel stellt das sich mehrfachen Veränderungen unterworfen gewesene Siegelbild dar. Die Einzelheiten seiner Gestalt dokumentieren bestimmte Verhältnisse im Kloster und lassen Rückschlüsse auf seine geschichtliche Entwicklung zu. Es waren aber auch die einzelnen Stilepochen, die das Siegelbild entscheidend mitprägten. Daraus ergibt sich eine enge Beziehung zur Kunstgeschichte.

Was die Entwicklung des Siegelbildes ganz allgemein betrifft, so kann festgestellt werden: Von der Anfangszeit bis 1400 war das Porträtsiegel (Abbildung einer Person in der Mitte) mit dem Namen des Sieglers und des Stiftes in der Umschrift in Gebrauch. Es folgte bis etwa 1570 ein Porträtsiegel mit einem oder zwei Wappenschilden im Siegelfuß und gleichen Inhaltsangaben in der Umschrift. Von etwa 1570 bis zum Ende der Klosterzeit wurde ein reines Wappensiegel, wiederum mit der Bezeichnung des Sieglers und des Stiftes im umlaufenden Schriftband, benutzt.

Betrachten wir nun die wesentlichen Merkmale der einzelnen Abtssiegel und ihre Veränderungen im Laufe der Zeit. Das früheste uns bekannte, noch rein romanische Siegel ist das des Abtes Uto (1086–1108) von 1105 (vgl. Siegel 1 im Anhang). Es zeigt in seinem Siegelfeld eine Abtsfigur im Brustbild mit einem einfachen Hirtenstab in der Rechten und einer erhobenen Linken. Der breite umlaufende Legendenring enthält den Namen des Abtes und der Abtei. Die Abtsgestalt, wohl als Hinweis auf den Siegler, vermag in dieser einfachen Ausführung dessen persönliche Merkmale nicht wiederzugeben; sie dokumentiert lediglich dessen innehabendes Amt[6].

Im folgenden Siegel (vgl. Siegel 2), dem des Abtes Gunther (1141–1170), hält die Abtsfigur ein geschlossenes Buch in der Linken. Es dürfte sich um einen Hinweis auf das Regelbuch handeln, das bis über 1570 hinaus mit wenigen Ausnahmen auf allen Abtssiegeln seinen Platz behauptet.

Bei den fünf Äbten des 12. Jahrhunderts ändert sich das Siegelbild nur in der Weise, daß auf einem der Siegel, nämlich dem des Abtes Theobert (1178–1186), der abgebildete Abt das sonst nach außen gestellte Buch an seine linke Brustseite nimmt.

Abt Hermann I. (1204–1222) eröffnet die Reihe der dem gotischen Stile entsprechenden spitzovalen Siegel (Siegel 3). In ihnen ist der Abt zunächst stehend, dann über längere Zeit hinweg auf einem Faltsessel sitzend, später wiederum stehend dargestellt. Krummstab und Buch sind beibehalten, wobei letzteres nach außen gestellt oder vor die Brust genommen ist.

Hermann II. (1223–1237), der 13. Abt des Klosters, nimmt die Formel DEI GRA(TIA), von Gottes Gnaden, in die Siegelumschrift auf (Siegel 4). Sonst hält sich das Siegelbild bei allen Äbten des 13. Jahrhunderts hindurch fast unverändert; man verzierte lediglich die Lehnen des Sessels mit Tierköpfen. Auch wechseln Krummstab und Buch in den Händen des Abtes auf einigen Siegeln die Seiten, das Buch erscheint also rechts. Bei Heinrich I. (1237–1240) trägt die Abtsgestalt eine Kasel.

Abt Johann I. (1391–1413), der 23. Abt, bediente sich dreier schon wesentlich lebhafter bebilderter Siegel. Ihm wurde am 1. Juli 1391, bald nach seinem Regierungsantritt, von Papst Clemens VII. das Recht verliehen, seinen Mönchen die niederen Weihen zu erteilen sowie selbst Mitra, Ring, Stab und andere pontifikale Abzeichen zu tragen. Möglicherweise veranlaßte diese Bevorzugung den Abt, auf seinem Sekretsiegel von 1393 einen nimbierten Bischof mit Mitra im Kniebild erscheinen zu lassen. Mit diesem Siegel tritt uns das Sekretsiegel erstmals seit 1256 wieder entgegen, das im Gegensatz zum offiziellen Siegel den Abt stets im Brustbild zeigt.

Das aus dem Jahre 1402 stammende Amtssiegel des Abtes Johann I. zeigt eine unter einem kleinen Baldachin sitzende Gestalt mit Mitra und Abtsstab, jedoch ohne Heiligenschein. Diese segnet mit der erhobenen Rechten eine vor ihr kniende kleinere Figur im Mönchsgewand (Siegel 5). Ob auch dadurch die verliehenen Rechte zur Erteilung von Weihen und das Tragen von Pontifikalien zum Ausdruck kommen soll? Johann I. ist auch der einzige Abt in der Klostergeschichte, der die Abtsgestalt im Siegel in Pontifikalkleidung erscheinen läßt; er kam jedoch von dieser Darstellung wieder ab[7].

Abt Johann I. wartet mit noch weiteren gravierenden Änderungen auf. In seinem Siegel von 1407 läßt er den wieder barhäuptigen und mit dem Mönchsgewand bekleideten Abt stehen, gibt ihm jedoch ein kurzes Pelzcape, und läßt ihn sein linkes Knie leicht anwinkeln (in der Gotik üblich). Diese Neuerung wird von keinem Nachfolger übernommen. Was aber besonders herauszuheben ist, am Siegelfuß erscheint erstmals ein Wappen und dabei auch erstmals der Hirsch als Wappenzeichen (Siegel 6)[8].

Der gotische Stil beherrscht jetzt immer deutlicher das Siegelbild. War bisher der neu eingeführte Baldachin über der Abtsfigur teils nur angedeutet, so tritt er jetzt ausgeprägt mit Fialen hervor, Stäbe umgeben die Gestalt. Die Kleidung, die bisher einem Wechsel zwischen Quer- und Längsfalten unterworfen war, zeigt nur noch Längsfalten. Gleichzeitig werden in der Umschrift die Majuskeln durch eine Minuskelfraktur ersetzt.

Abt Nikolaus (1429–1460) Stocker hinterläßt uns Siegel gar in vier Variationen. Sein 1432 benütztes weist zwei Wappenschilde auf – jeweils seitlich der stehenden Abtsfigur, die in der Linken den Krummstab hält, während die Rechte zum Segnen erhoben ist. Im rechten Wappen gewahren wir wieder den springenden Hirsch, im linken ein gehendes Tier, möglicherweise den Wolf aus der Blasiuslegende (Siegel 7).

Das nächste geänderte Siegel des Abtes aus dem Jahre 1438 zeigt eine Abtsgestalt mit dem Krummstab in der Rechten und dem Regelbuch in der herabhängenden Linken. Erstmals bemerken wir im Siegelfuß zwei Wappenschilde; den rechten mit dem Familienwappen des Abtes, den linken mit dem springenden Hirsch. Das Klosterwappen nimmt hier also entgegen der späteren Gewohnheit den linken (heraldisch) Platz ein (Siegel 8).

Neben den beiden angeführten verschiedenen Siegeln benützte Abt Nikolaus zwei Sekretsiegel. Sie geben, wie bei diesem Siegel bisher üblich, die Abtsgestalt in halber Figur wieder. Auf einem der Siegel befindet sich die Abtsgestalt jedoch hinter einer angedeuteten Kanzel, auf deren Frontseite das Familienwappen des Abtes angebracht ist.

Für längere Zeit bestimmt nun das von Abt Nikolaus 1438 benutzte Bild das spitzovale Siegel: die Abtsgestalt stehend in ganzer Figur mit Krummstab und Buch. Zu ihren Füßen befinden sich rechts das Klosterwappen mit dem springenden Hirsch und links das jeweilige persönliche Wappen des Abtes.

Das Sekretsiegel erhielt unter Abt Eberhard (1482–1491) von Reischach eine wesentliche Änderung, indem es zum sogenannten Pontifikalsiegel umgewandelt wurde. Bei dieser Siegelart fällt nun die Abtsgestalt für immer weg. Dafür werden die beiden Wappenschilde mit dem Abtei- und Familienwappen des Abtes in die Mitte des Siegelfeldes verlegt, und es erscheint überhöht dazwischen eine mit einem aufrechten Krummstab durchsteckte Inful. Gleichzeitig erhält die im Hauptsiegel noch weiterhin abgebildete Abtsfigur ein am Knauf des Krummstabes befestigtes Sudarium (Beispiel: Siegel 10).

Im noch spitzovalen Siegel des Abtes Caspar I. (1541–1571) Müller sowie des Abtes Caspar II. treten keine gotischen Formen mehr auf. Die abgebildete Figur, jeweils mit Strahlennimbus (nun sicherlich den hl. Benedikt darstellend), ist jetzt von einer perspektivischen Renaissance-Architektur umrahmt (Siegel 9). Mit Abt Caspar I. endet auch die Zeit der Minuskelbuchstaben in der Umschrift; an ihre Stelle treten wieder die Antiqua-Majuskeln.

Abt Caspar II.(1571–1596) Thoma übernahm als erster Abt den unter seinem Vorgänger entworfenen gevierten Schild in sein Sekretsiegel auf[9]. Die Felder eins und vier sind mit dem Hirsch, die beiden andern mit den Wappenzeichen des Abtes ausgefüllt (Siegel 11). Diese Form findet nun im Siegel allgemein Eingang und läßt sich bei den neun folgenden Äbten nachweisen.

Abt Martin I. (1596–1625) Meister kaufte 1609 die reichsunmittelbare Grafschaft Bonndorf mit den Flecken Bonndorf, Boll, Münchingen, Gündelwangen und Wellendingen. 1612 erwarb er die Reichsorte Grafenhausen und Birkendorf und auch die Reichsregalien und landesherrlichen Rechte dieses Gebietes. Dadurch kam er in die Stellung eines Landgrafen und wurde Mitglied der schwäbischen Grafenbank[10]. Doch eine Verleihung des Grafentitels erfolgte nie, und wohl deshalb kam die gehobene Machtstellung im Siegelbild auch nie zum Ausdruck. Letztmals benützte Abt Martin I. neben dem runden auch das spitzovale Siegel mit einer nimbierten stehenden Abtsgestalt in einer Renaissance-Architektur, dabei aber seitlich je das Schild mit dem Kloster- und dem Familienwappen, von Engelsgestalten gehalten.

Unter den folgenden Äbten von Blasius II. (1625–1638) bis Augustin (1695–1720) traten keine nennenswerten Neuerungen in der Siegelgestaltung auf.

Abt Blasius III. (1721–1727) Bender benützte hingegen wieder drei Siegel mit verschiedenen Siegelbildern. An dem reichgeschmückten, in einer Kapsel verwahrten Anhängesiegel entdecken wir erstmals im Siegel über dem Wappenschild einen Engelskopf mit Flügelschmuck als Träger der noch immer vorhandenen Mitra. Üppiges Bänder- und Rankenwerk füllt die freien Stellen, ein Blätterkranz schließt den äußeren Rand ab.

Das zweite Siegel, ein leicht ovales Papierprägesiegel zeigt etwa in der Siegelmitte das Kloster- und Abtswappen, in ovalen Schilden nebeneinandergestellt, darüber wiederum einen Engelskopf mit ausgestellten Flügeln, Mitra und Krummstab sowie die Initialen B(lasius) A(bbas) S(ancti) B(lasii).

Das dritte Siegel ist vollkommen weltlich gestaltet. Es zeigt das Familienwappen des Abtes, außerdem auf dem mit einer Adelskrone geschmückten Helm und reichlich Helmdecken ein wachsendes gekröntes Männchen mit drei Kleeblättern in der Rechten und einem Hammer in der Linken. Auch erscheint unter Abt Blasius III. erstmalig auf einem 1726 gedruckten Buch eine Wappenkombination mit fünf Plätzen, auf denen das Klosterwappen mit dem Hirsch und die

Wappen der vier Herrschaften Bonndorf, Gutenburg, Blumegg und Gurtweil dargestellt sind. Das Herzschild zeigt das persönliche Wappen des Abtes.

Abt Franz II. (1727–1747) Schächtelin, »auch alle seine rechtmäßige Successores dieses Gottes-Hauß St. Blasii«, wurden mit kaiserlichem Diplom vom 10. Dezember 1746 in den Reichsfürstenstand erhoben[11]. Mit diesem Diplom wurde dem Abt wie auch allen seinen Nachfolgern ein »Reichsfürstliches Wappen« verliehen (Bild und Beschreibung siehe Seite 104). Ob nun alle nachfolgenden Fürstäbte den Schild des sogenannten Fürstenwappens in ihr Siegel aufnahmen, vermögen wir nicht zu sagen. Nachweisen läßt sich dies bei den Äbten Meinrad (1749–1764) Troger, Martin II. (1764–1793) Gerbert und Berthold III. (1801–1807) Rottler (Beispiel: Siegel 12).

Die angeführten Prälaten benützten dieses repräsentative Siegel mit den acht Feldern und einem Herzschild aber nicht ausschließlich. Sowohl bei ihnen wie bei den übrigen Äbten der betreffenden Zeit wurden auch andere Siegeltypen verwendet. Das meistgebrauchte Schema ist dasjenige mit drei Schilden, wobei oben in zwei geneigten Schilden die beiden Klosterwappen mit dem springenden Hirsch und dem Bärenkopf und unten dazwischen der Abtsschild erscheinen. Die Schilde umgibt ein mit Hermelin gefütterter Wappenmantel bedeckt mit Fürstenhut, Schwert und Krummstab. Abt Berthold III. benutzte neben dem großen Fürstensiegel eines mit zwei Schilden, wobei rechts das Kloster- und links das Familienwappen erschien.

Das Konventssiegel

Die Regel des hl. Benedikt verlangt im dritten Kapitel von einem Abt als Klostervorsteher, alle Brüder zur Beratung beizuziehen, wenn im Kloster eine wichtige Sache zu entscheiden sei, »weil der Herr oft einem Jüngeren eingibt, was besser ist«. Auf diese verbindliche Vorschrift geht wohl die im 12. Jahrhundert von der kirchlichen Gesetzgebung festgelegte Rechenschaftspflicht des Abtes gegenüber dem Konvent wie das Mitspracherecht des letzteren in wichtigen Angelegenheiten zurück. Mit dem Beifügen des Konventssiegels auf Urkunden gemäß der Forderung Papst Gregors IX. von 1235 kommt die Stellung des Konvents nach außen deutlich zum Ausdruck[12].

Im Gegensatz zu den Abtssiegeln, die einem größeren Wandel unterworfen waren und bis nach 1600 eine Abtsfigur zeigen, finden wir auf den Konventssiegeln stets den Klosterpatron St. Blasius oder dessen Attribute. Nach dem ältesten bekannten Exemplar siegelte der Konvent von St. Blasien spätestens 1324 mit eigenem Siegel, um 1710 war ein solches noch in Gebrauch. In dieser Zeit lassen sich vier bemerkenswerte Veränderungen feststellen. Die älteste Ausführung gibt eine der Blasiuslegende entnommene Szene wieder. Der Heilige tritt aus einer gebüschumstandenen Höhle hervor. Er nimmt den Vorderlauf des ersten der drei zu ihm gekommenen Hirsche in seine linke Hand und segnet mit der Rechten die Tiere. Das die Szene umgebende breite Legendenband trägt die Inschrift: +S · CONVENTVS · MONASTERII · SANCTI · BLASII · +. Noch 1612 findet diese Darstellung auf einem Konventssiegel an einer Urkunde neben dem gleichgroßen Abtssiegel (Siegel 13) Verwendung.

Bereits 1597 hatte man aber schon ein geändertes Konventssiegel in Gebrauch. Ähnlich wie beim ersten Siegelbild erscheint auch hier der hl. Blasius vor dem Eingang einer Felsenhöhle mit einem Hirsch und einem weiteren nicht mehr bestimmbaren Tier, jetzt aber im Brustbild und in voller Pontifikalkleidung mit Bischofsstab und einer brennenden Kerze. Die Umschrift lautet: CONVENTVS · DIVI · BLASII · 1597 (Siegel 14).

1685 ist das Konventssiegel als Wappensiegel ausgebildet. Die Umschrift lautet: SIGILLVM · CONVENTVS · SANCTI · BLASII. Hier füllt einzig der Schild (Kartusche) mit aufspringendem Hirsch und durchlaufendem Abtsstab das Siegelfeld (Siegel 15).

Das Konventssiegel des 18. Jahrhunderts präsentiert sich wieder als Porträtsiegel mit Wappen. Vor einer in ausgebreitetem Mantel sich darbietenden Bischofsgestalt mit nach außen gewendeter Stabkrümme in der Linken und einer brennenden Kerze in der Rechten (Attribute des hl. Blasius) steht ein bis zur Siegelmitte reichender kartuschenförmiger Wappenschild mit dem aufspringenden Hirsch. Die Umschrift: S · CONVENTVS · MONASTERII · SANCTI · BLASII (Siegel 16).

Der Wappengebrauch

Die Wappen entstanden im 12. Jahrhundert aus der Notwendigkeit heraus, im Kampfe stehende Krieger mit gleichen Rüstungen voneinander zu unterscheiden. Aber schon im folgenden Jahrhundert entwickelte sich das Wappen vom persönlichen Kennzeichen zum Zeichen von Familien und Herrschaftsgebieten. Der Gebrauch dehnte sich bald auf Bistümer, Abteien und Städte sowie auf Kleriker, Bürger und Handwerker aus[13].

Die Träger von Wappen bezeichneten mit diesen z. B. ihr Eigentum (vgl. Wappen auf Grenzsteinen), oder sie brachten sinnbildlich zum Ausdruck, daß sie im Besitz besonderer Rechte waren, der Gerichtsbarkeit beispielsweise oder des Marktrechts. Im 16. Jahrhundert erfuhr die Wappenkunst eine Hochblüte. Namhafte Künstler wie Dürer, Holbein, Cranach und andere schufen zahlreiche Wappenentwürfe. Mit dem Übergang vom Spätbarock zum Klassizismus verlor die Wappenkunst ihre einstige Bedeutung.

In unserer Zeit hat der Wappengebrauch jedoch eine unerwartete Wiederbelebung erfahren. Wo beispielsweise eine Gemeinde im Zuge der Gemeindereform neu entstand, hat man sich alsbald auch ein neues Wappen entwerfen lassen, um es am Amtsgebäude, auf Siegeln, an Fahrzeugen und anderen Geräten erscheinen zu lassen. Firmen werben wieder mit Wappenschilden, und Mitglieder von Vereinen und sonstigen Verbänden bekunden mit angesteckten Wappenschildchen öffentlich ihre Zusammengehörigkeit. Ferner mehren sich die Bemühungen von Privatpersonen, Haus, Briefköpfe, Siegelringe usw. mit Wappen zu schmücken, wenn möglich im Rückgriff auf alte Traditionen; an Grabmälern weisen Wappen bisweilen auf die einstige soziale Stellung von Verstorbenen hin.

In St. Blasien läßt sich vom 16. Jahrhundert an ein besonders reger Wappengebrauch feststellen. Davon geben die vielen erhaltenen Wappenkombinationen und Einzelwappen Zeugnis. So ließen sich aus dem 16. Jahrhundert noch 27 Wappentafeln an Bauwerken und zwei Wappenfenster ermitteln. Aus dem 17. Jahrhundert sind 19 Wappentafeln an Bau- und Kunstwerken, ein Wappenfenster, sechs Wappenbilder auf Glocken, zwei Kelche und eine Monstranz mit Wappenschmuck erhalten. Auch zwei ganze und Fragmente einiger Grabplatten von Äbten mit Wappen ließen sich registrieren. Aus der Zeit von 1700 bis zur Klosteraufhebung lassen sich gar 44 Wappen an Bau- und anderen Werken und fünf auf Glocken aufzeigen. Nicht berücksichtigt sind dabei die vielen Wappenzeichen auf Bildwerken und Gegenständen, insbesondere jene in den fürstenbergischen Sammlungen in Donaueschingen, in den Klöstern Einsiedeln und St. Paul/Kärnten, wo unter anderm auch Meßgewänder mit eingestickten Wappen, weitere Paramente und viele andere Gegenstände mit Abtswappen verwahrt werden.

Der Hirsch im Klosterwappen

St. Blasien führte zwei Klosterwappen. Das Hauptwappen zeigt auf blauem Grund einen goldenen »zum Sprung gerichteter Hirsch« mit einem Wolfskopf, der ein Schweinchen im Maul hält in natürlicher Farbe als Helmzier. Beim zweiten Klosterwappen erscheint in goldenem Schild ein schwarzer Bärenkopf mit ausgeschlagener roter Zunge.

Der Hirsch und der Wolf haben ihren Ursprung in der Blasiuslegende. Während seiner Gefangenschaft sollen den Heiligen kranke Waldtiere besucht haben, die er segnete und heilte. Diese Begebenheit wird erstmals im Konventssiegel von 1323 wiedergegeben, wo drei Hirsche die »Waldtiere« repräsentieren. Man hat schließlich den Hirsch – *einen* Hirsch – als König der Waldtiere zum Symbol für das dem heiligen Blasius geweihte Kloster erhoben. Der früheste Gebrauch des Hirsches ist mit dem Siegel des Abtes Johann I. aus dem Jahr 1407 verbunden (Siegel 6). Ebenfalls ist der Wolfskopf mit dem Schweinchen der Blasiuslegende entnommen. Dem in Gefangenschaft hungernden Blasius soll ein Wolf ein Schweinchen als Nahrung gebracht haben.

Nach dem von Abt Caspar I. 1555 verfaßten Liber originum, dem ältesten im Original erhaltenen Werk über die Klostergeschichte von St. Blasien, müßten die Äbte schon seit Abt Peter I., also ab 1334 den Hirsch im Wappen geführt haben[14], denn die dort abgebildeten Wappen beginnend bei Abt Peter I. und endend mit dem eigenen Wappen Caspars I., gleichen sich alle im Schema. Rechts ist das Klosterwappen mit dem Hirsch im Schild sowie Wolfskopf und Schweinchen auf dem Spangenhelm wiedergegeben, links der Familienschild des jeweiligen Abtes mit einer vom Krummstab durchsteckten Inful. (Aus Platzgründen mußten auf unserer Wappentafel I im Anhang die stets gleichgezeichneten Klosterwappen entfallen; lediglich bei Abt Caspar I. ist – als Beispiel für alle übrigen Fälle – das Wappen*paar* abgebildet.)

Eine derart frühe Verwendung des Hirsches als Wappenfigur St. Blasiens wie sie der Liber originum nahelegt, weckt freilich Zweifel. Diese verstärken sich noch, wenn man bemerkt, daß Abt Caspar I. jedes Abteiwappen ab 1334, ja sogar den Schild des von ihm als Stifter genannten Ritters Reginbert aus dem 10. Jahrhundert mit dem Bügelhelm schmückte, obwohl es Bügelhelme erst seit dem 15. Jahrhundert gibt[15]. Wir sehen uns daher genötigt, an dem Jahre 1407 als dem Jahr festzuhalten, für welches der Hirsch als Wappentier des Klosters erstmals belegt werden kann. Auch die im Liber originum bereits ab 1334 aufgezeigte Zusammenstellung der beiden Schilde von Kloster und Abt läßt sich erst mit einem Siegel von 1438 belegen (Siegel 8).

Im Klosterwappen der Bärenkopf

Die ältesten Wappen von St. Blasien – es sind nur Schilde – finden wir am einstigen Klosterbau von Weitenau (Landkreis Lörrach). Sein schmuckvolles Portal zieren die nebeneinandergestellten Wappenschilde der Äbte Georg (1493–1519) und Christoph (1461–1482) mit dem darüber befindlichen kombinierten Wappen von Baden-Sausenberg und Badenweiler im gevierten Schild. Weitere Wappen aus der Zeit vor 1500 waren bisher nicht zu ermitteln.

Gegen Ende des 15. Jahrhunderts ist ein Niedergang des klösterlichen Lebens wie auch der Bildungstätigkeit, und zwar sowohl auf religiösem wie auf weltlichem Gebiet zu verzeichnen; die folgende Zeit brachte wieder vorbildliche Klostervorsteher hervor. Unter diesen ist in erster Linie Caspar I. Müller, der Verfasser des Liber originum zu nennen. Er war ein Mann vielseitiger Wirksamkeit, Förderer der Klosterdisziplin und der Wissenschaften, Initiator einer vollkommenen Neuorientierung der Verwaltungen in den Klostergebieten wie in der eigenen Wirtschaft; seine Aktivität als Bauherr wie als Historiker brachte ihn in engere Beziehungen zur Wappengeschichte des Klosters. Ihm verdanken wir nicht nur die Darstellung der Klostergeschichte mit den Aufzeichnungen der frühen Wappen von St. Blasien, sondern auch die damalige Belebung des Wappengebrauches. Zahlreiche Wappensteine an Bauwerken, zwei Wappenfenster und Wappenentwürfe bezeugen dies. In seinen vielseitig gestalteten Wappen taucht erstmals neben dem Hirsch der Bärenkopf als zweites Klosterwappen auf. Möglicherweise hat er dieses Wappen eingeführt. Überdies sehen wir bei ihm in der Kombination von Kloster- und Abtswappen erstmals einen gevierten Schild.

Der Bärenkopf erscheint zum ersten Male auf einem von Abt Caspar I. 1558 dem Kloster Muri/Schweiz für den Kreuzgang gestifteten Wappenfenster. Dieses ist dreiteilig und zeigt in seinem Mittelteil unter einem Renaissance-Baldachin den hl. Blasius mit dem Hirsch. Der rechte Flügel (nicht heraldisch gesehen) weist das geneigte Schildpaar auf, den Hirsch rechts und das Abtswappen links. Der linke Flügel bietet eine so nur einmal vorkommende Zusammenstellung von drei Schilden zu einer Pyramide mit dem österreichischen Wappen im oberen Schild. Der rechte der beiden unteren Schilde zeigt den Hirsch, der linke den als Wappenfigur hier erstmals erscheinenden Bärenkopf. Zur Bedeutung der beiden Klosterwappen entnehmen wir dem kaiserlichen Diplom von 1746 folgende Erklärung: »... ein zum Sprung gerichteter Hirsch zum Zeichen und Gedächtnis des Schutzpatrons St. Blasii Episcopi et Martyris.« Und weiterhin: »... ein schwarzer Bärenkopf wegen des Fundatoris et Dotatoris Abbatiae Reginberti de Seldenburon: beide als des Reichstifts und Gotteshauß St. Blasii uralte Wappen.«

Der Liber originum zeigt den Bärenkopf im Schild des Reginbert von Seldenbüren. Von diesem soll St. Blasien einen Teil der Besitzungen im Zürichgau erhalten haben, Besitzungen, die es bei der Aufhebung der Abtei noch besaß. Er wird auch als Klostergründer genannt. Die Person des Reginbert ist allerdings historisch nicht belegt. Hingegen kann mit einer Kaiserurkunde vom 28. Dezember 1124 ein Konrad von Seldenbüren als Gründer des Stiftes Engelberg/Schweiz nachgewiesen werden[16]. Nach dem Liber originum handelt es sich um Brüder, die schon im 10. Jahrhundert, also zur Zeit der Gründung des Klosters St. Blasien, gelebt haben sollen.

Die meisten der erhaltenen Wappensteine des Abtes Caspar I. sind in ihrer Gestaltung einfach. Sie weisen in einem Schildpaar Abtei- und Familienwappen und dazwischen überhöht eine vom Krummstab durchsteckte Mitra mit Bändern auf. Den aufwendigsten Wappenstein ließ er für das sanktblasische Amtshaus in Kaiserstuhl/Schweiz fertigen.

Während seiner späteren Regierungszeit ließ sich Abt Caspar I. noch Wappen mit einem gevierten Schild von den Basler Malern Hans Jörg Riecher und Hans Hug Kluber entwerfen[17]. Eine kunstvoll gemalte Fensterscheibe mit einem gevierten Schild aus dem Jahre 1566 konnte im Museum von Villingen entdeckt werden.

Abt Caspar II. (1571–1596) Thoma übernimmt die Neuerung des gevierten Schildes und macht sehr ausgiebig davon Gebrauch. Er hinterließ uns von allen Äbten die größte Zahl an Wappensteinen. Dabei steigerte er das Maß der Ausschmückung, indem er die meisten seiner Wappenfriese mit kunstvollen Renaissance-Architekturen umgeben ließ. Auch er zierte einige seiner Wappen mit dem Bärenkopf neben dem Hirsch.

Von Abt Martin I. (1596–1625) Meister besitzen wir nur noch einen dieser repräsentativen Wappensteine, den an der Kirche in Lausheim. Die meisten anderen Wappen sind keineswegs aufwendig. Vielfach benutzte er nur seinen Familienschild, dazu Mitra und Krummstab. Aus seiner Regierungszeit gibt es übrigens eine Gedenkmünze, auf welcher das Wappen mit dem üblichen gevierten Schild zu sehen ist, das Pater Marquart wie folgt beschreibt: »Das erste und vierte Feld stellen das Klosterwappen, so einen springenden, goldenen Hirsch im blauen Feld vor, das zweite und dritte zieret oben ein Fisch und unten ein halbes Mühlrad. Zu der rechten Seite des Schildes stehet auf einem durchbrochenen Helm mit Decken und Zierrats der Kopf eines Wolfes, wie dieser ein Frischling oder ein Spanferkel in dem Maul hält. Zur Linken sind die Abbatial-Insignien Inful und Stab zu sehen.« Nach Marquart handelt es sich also um ein halbes Mühlrad und nicht um eine Unruh, wie gelegentlich zu lesen ist. Es dürfte kaum zu bezweifeln sein, daß es sich auch bei Caspar I. um ein halbes Mühlrad im Wappen handelt. Beide Äbte waren Müllerssöhne.

Der Dreißigjährige Krieg und die sich lange hinziehende notvolle Folgezeit lähmten die Bautätigkeit der Abtei St. Blasien; entsprechend wurden weniger und zumeist einfachere Wappentafeln geschaffen. Neues Leben regte sich erst wieder mit Beginn der Barockzeit. Nun schmückt barockes Zierwerk die Wappensteine. Im Oberwappen entfällt der Helm, nur noch Mitra und Krummstab erscheinen über dem gevierten oder dem jetzt vielfach allein verwendeten Familienschild des Abtes. Überdies schwebt die Mitra nicht mehr über dem Oberrand des Schildes, vielmehr wird sie von einem Engelskopf mit Flügelschmuck getragen (wie im Anhang unter Wappen der Äbte II bei Abt Otto II. zu sehen).

Bei Abt Blasius III. (1720–1727) Bender erscheint erstmals ein Schwert im Wappen, gekreuzt mit dem Krummstab und hinter den Schild gestellt. Das Schwert symbolisiert die Hohe Gerichtsbarkeit. Die drei erhaltenen Wappensteine dieses Abtes befinden sich im Bereich der einstigen

Herrschaft Bonndorf und gleichen sich im Schema: Unter zwei einander zugeneigten Schilden, von denen der rechte den Hirsch, der linke das Abtswappen zeigt, erscheint in der Mitte das Bonndorfer Wappen. Bei zwei Wappensteinen allerdings fällt auf, daß Schwert und Stab die Seiten wechseln, während auf dem dritten das Schwert gar fehlt.

1746 in den Fürstenstand erhoben

Auch Abt Franz II. (1727–1747) Schächtelin setzt teils das Schwert rechts und den Krummstab links der Mitra, teils verfährt er auch umgekehrt. Die meisten seiner Wappen bestehen aus dem Abteiwappen mit dem Hirsch und dem Familienschild mit den Pontifikalien; gelegentlich verzichtet er auf das Schwert und läßt nur den Krummstab erscheinen. Die durch Kaiser Franz I. (1745–1765) mit Diplom vom 10. Dezember 1746 erfolgte Erhebung des Abtes in den Fürstenstand setzt mit der gleichzeitigen Wappenverleihung auch einen bedeutungsvollen Akzent in der Wappengeschichte von St. Blasien. Doch der gefürstete Abt Franz II. überlebte die Standeserhöhung nur acht Monate. Wir können daher nur noch an zwei Orten die fürstlichen Würdenzeichen feststellen, auf den Wappen in den Kirchen von Nöggenschwiel und Lausheim *(Abb. 21 mit Text)*.

Das sogenannte Fürstenwappen wurde von den nunmehrigen Fürstäbten hauptsächlich im Siegel benutzt (vgl. Siegel 12). Das sonst bis zum Klosterende meistgebrauchte Wappen bestand in zwei nebeneinandergestellten Schilden mit dem Hirsch und dem Familienzeichen des jeweiligen Prälaten vor dem Wappenmantel mit Fürstenhut, Schwert und Krummstab. Einige der Fürstäbte verwendeten gelegentlich ein Wappen mit drei Schilden, von denen zwei oben rechts den Hirsch und links den Bärenkopf präsentierten, während der unten dazwischen befindliche Schild das Familienwappen des Abtes zeigte; das Ganze stets in Verbindung mit dem von einem Fürstenhut bedeckten Wappenmantel mit Schwert und Krummstab.

Es wäre hier auch festzustellen, daß die Standeserhöhung nur den Abt und seine Nachfolger betraf, jedoch nicht die Abtei gefürstet wurde, somit nicht von einer gefürsteten Abtei gesprochen werden kann, wie dies vielfach geschieht. Die Erhebung erfolgte nach dem ausgestellten Diplom zwar für »sondergetreue Dienstbarkeit des uralten Gotteshauses«. Welcher Art die »Dienstbarkeit« war, ist nicht näher bezeichnet. Zu vermerken ist, daß das Kloster St. Blasien dem durch viele Kriege unter ständiger Geldnot leidenden Hause Österreich immer wieder beträchtliche Summen Geldes zufließen ließ und daß letzteres sich auch die Titelvergaben gut bezahlen ließ. So verzichtete beispielsweise Abt Augustin 1703 trotz Empfehlung befreundeter hoher österreichischer Staatsbeamter darauf, den Fürstentitel »anzunehmen«, weil ihm die Kosten in Höhe von 24 000 fl. zu hoch erschienen[18]. Für den Titel »Wirklicher Geheimer Rat« bezahlte Abt Franz II. allein schon 750 fl.[19].

Anmerkungen

1 Wappenfibel Handbuch der Heraldik, Neustadt a. d. Aisch 1970, 16. Auflage, S. 182.
E. Gönner, Beiträge zur Landeskunde Baden-Württemberg 1972/6.
B. Schwineköper, Zur Deutung des Freiburger Stadtsiegels, Schau-ins-Land, Jahresheft 1960, S. 7.

2 R. Frauenfelder, Die Äbte- und Konventssiegel des Klosters Allerheiligen, Schaffhauser Beiträge zur Vaterländischen Geschichte, 1949, Heft 26, S. 258.

3 Vgl. W. Müller, Untersuchungen über die Privaturkunden des Klosters St. Blasien im 13. und 14. Jahrhundert, Mitteilungen des Instituts für Geschichtsforschung und Archivwissenschaft in Wien, LV. Band, Innsbruck 1944.

4 Analecta genealogica 2 des Stanislaus Wülberz, St. Paul, Hs. XXI a 193a.
Die Siegeltafel im Anhang der vorliegenden Abhandlung bietet eine Auswahl aus den Abtssiegeln in ihren bedeutendsten Veränderungen im Laufe der Jahrhunderte. Das im Text in Klammern erscheinende Wort Siegel mit Kardinalzahlen bezieht sich auf die Siegeltafeln im Anhang.

5 Von den folgenden Stellen wurde mir freundlicherweise das vorhandene Archivmaterial zur Einsicht und Anfertigung von Siegelaufnahmen zur Verfügung gestellt: Stiftsarchive St. Paul/Kärnten, St. Gallen und Einsiedeln/Schweiz, Erzbischöfliches Archiv Freiburg, Staatsarchive Aarau, Basel, Schaffhausen und Zürich, Stadtarchive Konstanz, Freiburg, Laufenburg/Schweiz und Kaiserstuhl/Schweiz. Vom GLA Karlsruhe erhielt ich dort gefertigte Aufnahmen, wovon eine (Siegeltafel Nr. 7, 1413) wiedergegeben ist.

6 Es stellt sich hier die Frage, ob die Abtsgestalt den hl. Benedikt darstellen soll. Wohl ist es möglich, daß man in der Anfangszeit den hl. Benedikt als Ordensgründer mit dem Regelbuch darstellen wollte, zumal dieses Bild auch von anderen Benediktinerklöstern im Siegel benutzt wurde. Im Laufe der Zeit erhielt die dargestellte Abtsgestalt mit Buch jedoch eine Mitra, was der allgemein üblichen und weiterhin gebräuchlichen Abbildung des hl. Benedikt nicht entspricht.

7 W. Müller, a. a. O., S. 108, stellt die Frage, ob das Siegel geändert werden *mußte.*

8 Vgl. H. Ott, Germania Benedictina, Ottobeuren 1975, Bd. V, S. 159.

9 L. Schmieder, Anhang S. 44, gibt Abt Martin I. an, ebenso H. Ott, a. a. O.

10 L. Schmieder, a. a. O.

11 Auf verschiedene anderslautende Zeitangaben in Veröffentlichungen wird hingewiesen. So gibt Ott, a. a. O., das Jahr 1733 und eine Teilung des Wappens in fünf Felder an.

12 Benediktinisches Klosterleben in Deutschland, Abtei Maria Laach 1929, S. 546.
P. R. Amschwand, Siegel und Wappen des Klosters Muri-Gries, Sarnen 1973, S. 9.

13 Wappenfibel, a. a. O., S. 23.

14 Der Liber originum (Originalexemplar) befindet sich im Stift St. Paul/ Kärnten, Nr. 98. L. Schmieder, a. a. O., hat in seinem Werk auf einer Wappentafel im Anhang die aus dem Liber originum abgezeichneten Wappen der Äbte von St. Blasien aufgeführt. Dabei muß ihm ein Versehen unterlaufen sein, indem er von den beiden fast gleich aussehenden Wappenbildern der Äbte Nikolaus und Christoph eines wegließ und dann die Namen und Regierungszeiten entsprechend verschob. Dies hatte zur Folge, daß die ersten sechs Wappen seiner Tafel weder mit dem Liber originum noch mit den für die vorliegende Abhandlung gefertigten Tafeln übereinstimmen. Aber auch im Liber originum muß eine Verwechslung vorgekommen sein, eine Verwechslung der Wappen der beiden Äbte Johann I. und Johann II.; Johann I., mit dem Familiennamen Kreuz, führte mit großer Sicherheit ein Kreuz im Wappen und nicht Johann Duttlinger, wie dies im Liber originum angegeben ist. Dort weist schon eine spätere Randnotiz, vermutlich von Pater Wülberz, auf diese Verwechslung hin. Unser Bemühen, die Richtigkeit der im Anhang wiedergegebenen Wappen nachzuweisen, führte mit Hilfe des Siegelvergleichs oder anderer zuverlässiger Quellen zum Erfolg – außer in zwei Fällen: bei den Äbten Peter I. (21. Abt) und Johann II. (24. Abt).

15 Wappenfibel, a. a. O., S. 80.

16 G. Heer, 850 Jahre Stallikon 1124–1974, Stallikon 1974, S. 8/9.

17 P. L. Ganz, Die Basler Glasmaler der Spätrenaissance und der Barockzeit, Basel–Stuttgart 1966.

18 St. Paul, Hs 161 a/2.

19 Ebenda, 178/2.

Legenden auf den Hauptsiegeln der Äbte (Abb. 17–20)

1105	. . . . A . . . .
1131	+ BERCHTOLD . . . . SII
1151	+ GVNTHERVS . ABBAS . DE . S . BLASIO
1174	+ WERNHERVS . ABBAS . IN . S . BLASIO
1180	+ THEOP . . . . S . BLASIO
1198	+ S . MAN . . . . BLASII
1220	+ S . H . ABBIS . SCI . BLASII
1223	+ HERMANVS . DEI . GRA . ABBAS . SCI . BLASII
1239	+ S . HAINRICI . ABBATIS . SCI . BLASII
1243	+ S . ARNOLDI . ABBIS . SCI . BLASII
1261	+ S . ARNOLDI . ABBADIS . SCI . BLASII
1279	+ S . HEINRICI . ABBATIS . MONASTERII . SCI . BLASII
1301	+ S . BERTOLDI . ABBATIS . MON . SCI . BLASII
1313	+ S . HEINRICI . ABBIS . MON . SCI . BLASII
1316	+ S . VDARICI . ABBATIS . MON . SANCTI . BLASII
1335	+ S . PETRI : ABBAT : MON : SCI : BLASII : IN : NIGRA : SILVA
1349	+ S . HEINRICI . ABBAT . MON . SCI . BLASII . IN . NIGRA . SILVA
1402	S . IOHIS . ABBATIS . MON . SANCTI . BLASII . IN . NIGRA . SILVA . OSB
1407	S . IOHIS . ABBATIS . MONASTERII . STI . BLASII
1413	s . iohannis . abbatis . monasterii . sancti . blasii
1438	S . nicolai . abbatis . mon . sci . blasy . i . nigra . silva
1461	S . petri . abbatis . . . . ry . sancti . blasy
1462	S . cristoferi . abbatis . mona . sce . blasii . in . nigra . silva
1487	S . eberhardi . abbatis . monastery . sti . blasii . in . nigra . silva
1492	S . blasii . abbatis . monastery . sci . blasy . o . s . b .
1507	sigillu : abatiale : geory : eberhardy : abbatis : in : s : blasy:
1524	sigillum : abbatiale : iohis : abbatis : mon : sancti : blasy
1537	sigillu : abbatiale : galli : abbatis : mon : sancti : blasy
1536	(kein Abtssiegel, nur Siegel als Propst von Klingnau)

1547	SIGILLVM . ABBATIALE . CASPARIS . ABBATIS . MONASTERII . SANCTI . BLASII
1571	SIGILLVM . ABBATIALE . CASPARIS . ABBATIS . MONASTERII . SANCTI . BLASII
1597	+ MARTINVS . D . G . ABBAS . COENOBII . DIVI . BLASII . 1597
1633	B . A . S . B .
1638	+ S: FRANCISCI . ABBATIS . MONASTERY . S . BLASY
1664	S . ODDONIS . ABBATIS . MON . S . BLASY
1685	S . ROMANI . ABBATIS . MON . S . BLASII
1703	S . AVGVSTINI . ABBATIS . MON . S . BLASII
1726	SIGILL . BLASY . ABBATIS . MONASTERII . S . BLASY
1737	SIGILL . FRANCISCI . ABBATIS . MONASTERY . S . BLASY
1751	SIG . MEINRADI . S . R . I . PRINC . ET . ABBAT . MON . S . BLASY . IN . SILV . NIGR .
1774	SIG . MARTINI . S . R . I . PRINC . ET . ABBAT . MON . S . BÖASY . IN . SILV . NIGR .
1794	SIG . MAURITY . DGSRI . PRINC . ET . ABBAT . MON . S . BLASY . IN . SILV . NIGR .
1801	(ohne Umschrift)

Legenden auf den Sekretsiegeln der Äbte (Abb. 17–20)

1349	SECRETV . H . ABB . MON . SCI . BLASII
1393	+ SECRETVM . IOHIS . ABBATIS . SCI . BLASII
1424	sig . sec . ioh . abbat . mon . sci . blasii
1454	S . nicolai . abbatis . mon . sancti . blasii
1461	secretum . petri . abbatis . s . blasy
1471	si . christpour . abbat . moster . sati . blas(ii)
1486	. . eberhardi . abbatis . S . blasii
1492	blasy . abbatis . S . blasy
1496	secretum . georgy . abbatis . S . blasy
1521	secretu'ioannis . abbatis . s . blasy
1540	secretu'galli . abbatis . mo . sci . blasii
1548	SECRETVM . CASPARIS . ABBATIS . SANCTI . BLASII
1573	SECRETVM . CASPARI . ABBATIS . SANCTI . BLASII
1593	CASPARVS . D . G . ABB . COENOBII . D . BLASY . AE . 57 . A . 93
1606	SECRETVM . MARTINI . ABBATIS . MONASTERI . SANCTI . BLASII
1626	SECRETVM . BLASII . ABBATIS . MONASTERII . SANCTI . BLASII
1647	SECRETVM . FRANCISCI . ABBATIS . MONASTERII . SANCTI . BLASII

Die Familienwappen der Äbte von St. Blasien (Abb. 17–20)

Peter I. (1334–1348)
In Silber ein oberhalber rot gezungter schwarzer Greif.

Heinrich IV. (1348–1391) von Eschenz
Gespalten, vorn in Gold ein aufrechter, nach links gewendeter roter Löwe; hinten silberner Schrägbalken in Blau.

Johann I. (1391–1413) Kreuz
In Rot quadriertes goldenes Kreuz.

Johann II. (1413–1429) Duttlinger
In Silber auf blau gewelltem Schildfuß wachsende rot bekleidete und goldbekränzte Frauengestalt.

Nikolaus (1429–1460) Stocker
Ein im unteren Drittel gegabelter, rechts zweimal und links einmal geästeter schwarzer Baumstumpf, einem goldenen damaszierten Schild aufgelegt.

Peter II. (1460–1461) Bösch
In Silber aus grünem Schildfuß aufsprießender grüner Busch mit fünf roten Rosen (1:2:2).

Christoph (1461–1482) von Greuth
Ein rechts einmal und links zweimal geästeter schwarzer Baumstumpf, aufgelegt einem gold-schwarz gegitterten mit Pelzwerk eingefaßten Schild.

Eberhard (1482–1491) von Reischach
In Silber rotgezungter schwarzer Eberkopf mit goldener Mähne und Hauern.

Blasius I. (1491–1493) Wambach
In Rot ein silbernes Zimmermannsbeil mit goldenem Stiel.

Georgius (1493–1519) Eberhard
In Blau über goldenem Balken abnehmender goldener Mond und goldener Stern.

Johann III. (1519–1532) Spielmann
In Blau ein schräg rechts gestellter roter Pfeil.

Gallus (1532–1540) Haas
In Blau über einem goldenen Dreiberg ein brauner springender Hase.

Johann IV. (1540–1541) Wagner
In Gold ein schwarzes Rad.

Caspar I. (1541–1571) Müller
Geteilt, oben in Blau ein goldener Stern, unten in Gold ein halbes schwarzes Mühlrad.

Caspar II. (1571–1596) Thoma
In Blau ein von einer Hand gehaltener schwarzer Schlüssel begleitet von drei goldenen rot gefütterten Kronen (1:2).

Martin I. (1596–1625) Meister
Geteilt, oben in Blau ein silberner Karpfen, unten in Gold ein halbes schwarzes Mühlrad.

Blasius II. (1625–1638) Münzer
In Rot auf grünem Dreiberg ein silbernes Männchen mit einem Hammer rechts und einem Fisch links in den seitwärts hochgehobenen Händen.

Franz I. (1638–1664) Chullot
In Rot auf braunem Dreiberg ein grüner Baum begleitet von zwei goldenen Sternen.

Otto II. (1664–1672) Kübler
In Blau ein von drei Kübler-(Küfer-)Hämmern begleiteter (2:1) goldener Sparren, auf dessen Gipfel eine vierblättrige rote Blume.

Romanus (1672–1695) Vogler
Unter silbernem Schildhaupt mit rotem Wolkenschnitt in Gold ein aus dem linken Schildrand hervorkommender Unterarm mit violettem Ärmel, der in der geschlossenen Hand ein T-förmiges Holzstück mit einem auffliegenden Vogel (Taube?) hält.

Augustinus (1695–1720) Fink
In Gold eine rote Lilie auf grünem Dreiberg, auf derselben ein auffliegender Fink (nach Familienname Fink).

Blasius III. (1720–1727) Bender
Gespalten, vorn in Blau durch goldene Laubkrone durchgesteckter goldener Hammer, überhöht von goldenem Stern; hinten drei grüne Kleeblätter (1:2). (Hammer wohl Hinweis auf den Namen Bender von Faßbinder.)

Franz II. (1727–1747) Schächtelin
In Rot ein 14fach schwarz-silber geschachter Schrägbalken.

Cölestin (1747–1749) Vogler
Unter Schildhaupt mit Wolkenschnitt ein auf einem Felsen sitzender Vogel (Tinkturen nicht feststellbar).

Meinrad (1749–1764) Troger
In Rot zwei grüne gekreuzte Tannen, begleitet von zwei goldenen Sternen und zwei goldenen Lilien.

Martin II. (1764–1793) Gerbert
In Rot ein oberhalber nach rechts gekehrter silberner Widder mit einem beblätterten grünen Ast im Maul.

Mauritius (1793–1801) Ribbele
Geteilt, oben ein Wasservogel (Storch?) mit ausgebreiteten Flügeln und einem Ring im Schnabel, unten in Blau silberner Pfahl.

Berthold III. (1801–1807) Rottler
In Silber schwarzer Anker.

Noch vorhandene Wappen der Äbte von St. Blasien (Abb. 17–20)

Christoph (1461–1582) und *Georgius* (1493–1519)
Steinen-Weitenau, Wappenstein am einstigen Klosterbau.

Caspar I. (1541–1571)
St. Blasien: Wappenstein im Klosterbau, 1549; Hügelheim: Wappenstein an einem Haus bei der Kirche, 1549; Ewattingen: Wappenstein am Amtshaus, 1551; Kirchdorf/Schweiz: An Zehntscheune, 1560; Krenkingen: Wappenstein am Zehnthaus, 1561; Basel: Wappenstein im Historischen Museum, 1563; Kaiserstuhl/Schweiz: Zwei Wappensteine am Amtshaus, 1563; Bettmaringen, Wappenstein am Amtshaus und Wappenschild am Hoftor, 1567; Steinen: Wappenstein am Blasi-Hof, 1570; Villingen: Wappenschild am Blasi-Haus, Wappenscheibe im Museum, 1566; Muri/Schweiz: Wappenfenster im Kloster, 1558.

Caspar II. (1571–1596)
Weil: Wappenschild am einstigen Hof, 1571; Dürrheim-Hochemmingen: Wappenstein in der Kirche, 1574; Krozingen: Wappenstein am Schloß, 1579; Schaffhausen: Wappenstein im Museum, 1579; Brombach: Wappenstein am Rathaus, 1581 (früher an der Mühle in Weitenau); Obereggenen: Wappenstein am Zehnthaus, 1582; Weilheim: Wappenstein im Speicher des Pfarrhauses, 1583; Klettgau-Grießen: Wappenstein am Pfarrhaus, 1587; Achdorf: Wappenstein am Pfarrhaus, 1589; Bettmaringen: Wappenstein am Kirchturm, 1590 (bei der Renovation 1981 wurde irrtümlich das Wappen von Abt Caspar I. eingearbeitet, während sich die ursprüngliche Inschrift mit der Jahreszahl 1590 noch auf Abt Caspar II. bezieht.); Kleinkems: Wappenstein am evangelischen Pfarrhaus, 1592; Aselfingen: Wappenstein an der Kapelle, 1593; Bürgeln/Markgräflerland: Wappenstein in der Schloßkirche, 1593; Oberwangen: Wappenstein an der Kapelle, 1594; St. Blasien: Wappenstein im Klosterbau.

Martin I. (1596–1625)
Steinen: Wappenstein am Blasi-Hof, 1602; Aichen: Auf Glocke, 1603; St. Blasien: Wappenschilde am Eingang der Friedhofskapelle und der Chordecke, 1611; Lausheim: Wappenstein an der Kirche; Dietlingen: Wappenschild in der Kapelle; Schluchsee: Auf Glocke, 1614; Wettingen/Schweiz: Wappenfenster im Kloster, 1623.

Blasius II. (1625–1638)
Schluchsee: Auf Glocke, 1626; Todtmoos: Wappenrelief über Kirchenportal, 1627, auf Glocke, 1627; St. Blasien: Wappenschild auf Hochaltar der Friedhofskapelle; Bonndorf-Wittlekofen: Wappenschild auf Altar der Kapelle; Wisslikofen/Schweiz: Wappenschild auf Altar der Propsteikirche und auf Grabplatte (stark verwittert).

Franz I. (1638–1664)
St. Blasien: Wappenschilde auf beiden Seitenaltären der Friedhofskapelle; Bechtersbohl: Wappenstein an Privathaus, 1643; Todtmoos: Eingraviert in Monstranz, 1651; Urberg: Wappenschild auf Seitenaltar; Gurtweil: Wappenschild auf Altar in Schloßkapelle; Wisslikofen/Schweiz: Wappenschild auf Altar der Propsteikirche.

Romanus (1672–1695)
Ewattingen: Auf Glocke in Wolfgangskapelle, 1673; Gurtweil: Auf Glocke im Schloß, 1673; St. Blasien: Wappenschildchen auf Kelch, auf Wegkreuz; Menzenschwand: Wappenschild auf Altar; Birkendorf: Wappenschild auf Altar.

Augustinus (1695–1720)
Klingnau/Schweiz: Wappenstein am westlichen Propsteitor, 1705; Todtnau: Wappenstein im Pfarrhaus; Wisslikofen/Schweiz: Geschnitzt in Pfosten von Treppengeländer der Propstei.

Blasius III. (1720–1727)
Bonndorf: Wappenstein über Schloßportal und aufgemalt im Festsaal, Wappenstein an der einstigen Sparkasse; Grafenhausen-Dürrenbühl: Wappenstein an der Kapelle.

Franz II. (1727–1747)
St. Blasien: In Eisen geschmiedet am Klosterportal; Bernau: In Stuck über Chorbogen und Pfarrhauseingang; Berau: Wappenstein über Propsteiportal; Bonndorf: Aufgemalt im Festsaal des Schlosses; Todtmoos: Wappenstein am Pfarrhaus und im Innern aufgemalt; Oberried: Wappenschild im einstigen Kloster und Wappenstein am »Schlößchen«; Gurtweil: Stuckrelief über Chorbogen; Nöggenschwiel: Stuckrelief über Chorbogen; Lausheim: Wappenschild am Gitter der Nikolauskapelle.

Cölestin (1747–1749)
Nöggenschwiel: Aufgemalt auf Altarbild.

Meinrad (1749–1764)
Grafenhausen: In Stuckdecke im Pfarrhaus; Kirchhofen: Wappenstein am Zehnthaus; Weilheim: Wappenstein am Pfarrhaus, 1758; Klingnau/Schweiz: An schmiedeeisernen Portalverzierungen des Propsteigebäu-

des; Todtmoos: Aufgemalt im Pfarrhaus; Dillendorf: Wappenschild auf Hochaltar; Schloß Bürgeln: Wetterfahne, Hirsch hält Wappenschild in den Vorderläufen.

Martin II. (1764–1793)
St. Blasien: Auf Stuckdecke im Klosterbau, auf zwei Ofenplatten, Abteibrunnen und am Klosterhof; Bonndorf: Wappenstein am Krankenhaus, 1789; Grafenhausen: In Stuckdecke im Pfarrhaus; Oberried: In Stuck im einstigen Kloster; Fützen: Wappenstein am Pfarrhaus, 1766; Kirchdorf/Schweiz: Wappenstein am Pfarrhaus, 1769; Lausheim: Auf Glocke, 1788; Gündelwangen: Auf Glocke, 1783; Wittlekofen: Auf Glocke, 1783; Schluchsee: Auf Glocke, 1787; Schluchsee-Seebrugg: Wappenstein am heutigen Eisenbahner-Erholungshaus, 1780; Bettmaringen: In Stuck im Pfarrhaus.

Mauritius (1793–1801)
St. Blasien: Auf Glocke der Friedhofskapelle, 1799.

Berthold III. (1801–1807)
Bettmaringen: Eingehauen in Türsturz am Eingang des Amtshauses, 1805; Eschach: In Stuck über Chorbogen; Waldshut: Kopie von früherem Wappenstein über Portal kath. Kirche St. Blasien: Gleiche Kopie wie in Waldshut befindet sich im Kurgarten-Pavillon.

Die Äbte von St. Blasien

1.	Beringer	aus Höchenschwand	Prior 934	946– 974*)
2.	Wernher I.	. . . .	. . . .	1045–1068
3.	Giselbert	. . . .	. . . .	1068–1086
4.	Uto	v. Kyburg	. . . .	1086–1108
5.	Rusten	. . . .	. . . .	1108–1125
6.	Berthold I.	. . . .	. . . .	1125–1141
7.	Gunther	v. Andlau	. . . .	1141–1170
8.	Wernher II.	v. Küssenberg	. . . .	1170–1178
9.	Theobert	v. Bußnang	. . . .	1178–1186
10.	Mangold	v. Hallwiel	. . . .	1186–1204
11.	Hermann I.	. . . .	aus Meßkirch	1204–1222
12.	Otto I.	. . . .	. . . .	1222–1223
13.	Hermann II.	v. Löben	. . . .	1223–1237
14.	Heinrich I.	. . . .	. . . .	1237–1240
15.	Arnold I.	. . . .	aus Berau	1240–1247
16.	Arnold II.	. . . .	aus Höchenschwand	1247–1276
17.	Heinrich II.	v. Stadion	. . . .	1276–1294
18.	Berthold II.	. . . .	aus Ochsenhausen	1294–1308
19.	Heinrich III.	. . . .	aus Weitenau	1308–1314
20.	Udarich	. . . .	aus Feldkirch	1314–1334
21.	Peter I.	. . . .	aus Thayngen	1334–1348
22.	Heinrich IV.	v. Eschenz	. . . .	1348–1391
23.	Johann I.	Kreuz	aus Todtnau	1391–1413
24.	Johann II.	Duttlinger	aus Schaffhausen	1413–1429
25.	Nikolaus	Stocker	aus Kenzingen	1429–1460
26.	Peter II.	Bösch	aus Todtnau	1460–1461
27.	Christoph	v. Greuth	. . . .	1461–1482
28.	Eberhard	v. Reischach	. . . .	1482–1491
29.	Blasius I.	Wambach	aus Obereggenen	1491–1493
30.	Georg	Eberhard	aus Horb	1493–1519
31.	Johann III.	Spielmann	aus Bettmaringen	1519–1532
32.	Gallus	Haas	aus Möhringen	1532–1540
33.	Johann IV.	Wagner	aus Zurzach	1540–1541
34.	Caspar I.	Müller	aus Schönau	1541–1571
35.	Caspar II.	Thoma	aus Müllheim a. D.	1571–1596
36.	Martin I.	Meister	aus Fützen	1596–1625
37.	Blasius II.	Münzer	aus Gutmadingen	1625–1638

*) (Von 974–1045 kein Abt. Eichhorn in: Kurze Geschichte des Alpengaues, St. Paul, Hs., 227 II.)

38. Franz I.	Chullot	aus Ensisheim	1638–1664
39. Otto II.	Kübler	aus Ellwangen	1664–1672
40. Romanus	Vogler	aus Engen	1672–1695
41. Augustinus	Fink	aus Wolfach	1695–1720
42. Blasius III.	Bender	aus Gengenbach	1720–1727
43. Franz II.	Schächtelin	aus Freiburg	1727–1747
44. Cölestin	Vogler	aus Wolfach	1747–1749
45. Meinrad	Troger	aus Rheinfelden	1749–1764
46. Martin II.	Gerbert	aus Horb	1764–1793
47. Mauritius	Ribbele	aus Wolfert/Lux.	1793–1801
48. Berthold III.	Rottler	aus Obereschach	1801–1807
			† 1826

IV. DIE ZEIT MARTIN GERBERTS

Martin Steim

Die Herkunft und Familie des Fürstabts Martin Gerbert

Zum 3. Mal wurde Fürstabt Gerbert am 14. Mai 1982 durch Pfarrer Heidegger in St. Blasien beigesetzt. Dabei erinnerte ich mich, daß auch Gerberts Eltern, Großeltern und Urgroßeltern in einer Kirche ihre letzte Ruhestätte erhalten haben: in der »Kappel« genannten Liebfrauenkirche, der einstigen Franziskanerklosterkirche in Horb. Die pia Domina Anna Maria Rieggerin, die Mutter des Fürstabts, war öfters versehen worden, unter größten Schmerzen am 4. April 1738 eines natürlichen Todes gestorben und in der Kirche der verehrten Franziskanerpatres begraben, so berichtet in lateinischer Sprache das Totenbuch der Pfarrkirche und Chorherrenstiftskirche Hl. Kreuz. Eine steinerne Erinnerungstafel in Liebfrauen mit zeitgemäßer Draperie und krönender Vase brachte seinen hier begrabenen Eltern, Antonio Gerber, urbis hujus capitaneo, dem am 11. November 1737 verstorbenen Stadthauptmann der Bürgerwehr und seiner Frau, JFG an, der am 4. März 1706 geborene älteste Sohn aus der 2. Ehe seines Vaters: Johann Franz Albrecht, der Amtmann und Obervogt des Klosters Tennenbach bei Emmendingen und Petershausen bei Konstanz war und am 11. April 1768 als St. Blasianischer Hofrat in Waldshut starb. Die Grablege ist also in der Gruft, d.h. unter dem erhöhten Boden jener Kirche, nicht wie Alfred Lederle[1] in Unkenntnis der örtlichen Verhältnisse meint, in einer Kapelle der Stiftskirche; Liebfrauenkapelle wird die Franziskaner- oder heutige Spitalkirche genannt.

Die kleine von Pfalzgrafen von Tübingen gegründete, von Graf Rudolf III. von Hohenberg 1381 an die Habsburger verkaufte, bis 1805 Vorderösterreichische Stadt Horb am oberen Neckar wird wegen ihrer Lage auf einer sich ins Neckartal herabziehenden Bergzunge von Heinrich Hansjakob als eine der schönsten im Schwarzwald gelobt, vom 1. Württembergischen König Friedrich aber, dessen Schimmel Helene beim Ritt zum oberen Marktplatz 1809 in die Knie ging, als häßlichste Stadt seines Königreiches verdonnert. Gerbert war in dieser Stadt am 11. August 1720 geboren, nicht am 12., wie es bei Schmieder[2] oder bei Joseph Bader[3] zu lesen ist, oder gar am 13., wie Schlichtegroll[4] und die Allgemeine Deutsche Biographie behaupten – der Taufbucheintrag ist eindeutig.

Er ist in der Stadt geboren und nicht etwa drüben über dem Neckar auf dem Gebiet des 1664 abgebrochenen Wasserschloßes Hornau (wie es in einer Bildunterschrift des Kath. Sonntagsblattes der Diözese Rottenburg behauptet wird, obwohl der Gerbert-Aufsatz von Prof. Hermann Tüchle keinen entsprechenden Passus enthält), denn die Hornau und die heute noch so genannten jenseitigen Neckarhänge gehörten zur Pfarrei Nordstetten, wo leider beim Pfarrhausbrand bei der Beschießung am Ende des letzten Krieges die Kirchenbücher vernichtet wurden. Die Annahme, der Vater Gerberts sei Schloßherr gewesen, ist ebenso falsch, wie, »ein kleiner Krämer in der früheren Vorstadt Hornau«, was schon Alfred Lederle[5] anzweifelt, aber bei Franz Hilger[6] sich wieder findet.

Das einstige Rittergut des Jörg von Schwarzach (1508) kaufte der Gengenbacher Johannes Liesch, und Jakob Liesch, der Horber Obervogt († 5. April 1606), nannte sich »von und zu Hornau« (sein hervorragendes Grabdenkmal ist in der Liebfrauenkirche erhalten). Zu dieser Familie gehörte der Breslauer Weihbischof (1625–61) Hans Balthassar, der Konstanzer Kapuziner Hans Jacob und Johann Caspar Liesch, der 88. Abt von Gengenbach, sowie Hans Melchior Liesch von und zu Hornau, der im Namen seiner anderen Geschwister an den Mann seiner Schwester Euphemia, den Gewerbsherrn Johannes Gerber, 1627 das Wasserschloß Hornau verkaufte, von dem es im Horber Museum »Hoher Giebel« ein großes Modell gibt. Dessen Tochter Maria Jacobine Gerber war Äbtissin des Fürstl. Stifts St. Clara in Breslau, seine Söhne Johann Balthassar Gerber, Domprobst in Breslau, der nach einem Vergleich am 23. Oktober 1651 der Stadt Horb die rückständigen Steuern und Kontributionen für das Gut Hornau, 150 Speziesdukaten, bezahlte, und Johann Franz Gerber, Stiftsverwalter im Erbfürstentum Brieg, der am 8. 6. 1686 als Gerbert von Hornau zum Reichsadelsstand gehörte, was ihm Kaiser Leopold I. bestätigte. Die Hornau war längst durch das Spital abgebrochen, dem die Stadt Horb 1660 den Besitz gekauft hatte; doch der Titel blieb im böhmischen Adel erhalten, bis Wilhelm Ritter von Gerbert und Hornau 1842 in Prag starb.

Als ein Mitglied der aus der Horber Familie Gerbert abstammenden Rottenburger Familie, der Sohn Augustin (1777–1821) des Hirschwirts Florian Gerbert, eine militärische Laufbahn einschlug und k.k. österreichischer Rittmeister im Husarenregiment 7 in Linz a.d. Donau wurde, übernahm er für seine Familie den Titel Gerbert von Hornau. Auch der Neffe des Fürstabts, Dr. Leopold Franz Gerbert (1741–1819), der 1766 nach Paris ging – wie Pfeilschifter[7] berichtet –, Gesandter in Rußland und fürstlicher St. Blasischer Hofrat war, wird als Gerbert von Hornau bezeichnet, ebenso dessen Schwester Maria Theresia (1746–1814), die Frau des Obervogts Bourzy von Seethal in Öhningen am Bodensee.

Der Fürstabt selbst benannte sich nicht mit diesem Titel, außer auf einer Widmung für einen sehr schönen, silbernen, vergoldeten, mit Edelsteinen besetzten barocken Meßkelch samt Meßkännchen und Tablett, den er 1785 seiner Taufkirche schenkte, der im Sonderfall nach seiner Schenkungsurkunde an die Familie zurückfallen müßte. Die Gravur besagt: »Zu Horb beim hl. Kreuz am 12. August getauft, Franz Dominikus Bernhard, des Hl. Römischen Reiches Fürst und Abt zu St. Blasien Martin II., Gerbert von Hornau. Erbarmt euch meiner, wenigstens Ihr meine Freunde.«

Gerbert war auf die Namen der drei großen Ordensgründer der Franziskaner, Dominikaner und Zisterzienser getauft worden, vielleicht war diese Namensgebung ein Programm. Ganz sicher aber war der Taufpate mit Bedacht für ihn und schon zuvor für seinen Bruder Josef Anton, Placidus Gallus, der ebenfalls dem Kloster St. Blasien angehörte, ausgewählt worden: Seine fürstliche Gnaden, der Benediktiner-Abt Placidus Zurlauben vom Kloster Muri in der Schweiz (1684–1723), der aber diesmal durch Pater Bernhard von Fleckenstein, dem ersten Muri-Pfarrer im benachbarten, später hohenzollerischen Glatt vertreten wurde (Franz Xaver Hodler)[8]. Das Kloster Muri hatte, bevor es das Schloß Dettingen baute, schon ein Stadthaus am Horber Marktplatz. Gerbert erwähnt seinen aus Zug gebürtigen Paten im Brief an dessen Neffen Marschall Zurlauben in Paris[9], dessen große Bibliothek er für St. Blasien gewann *(Abb. 22)*.

Auch die Patin Maria Antonia von Gerbert und Hornau, eine geborene Baronin von Fitschin und Metten, die in Hönersdorf in Schlesien lebte,[10] ließ sich durch Anna Aggermännin, die Frau des Franz Gern, vertreten, und Pater Hieronymus Pfyffer, der Statthalter zu Glatt, fungierte als Taufspender[11].

Horb war eine kleine Stadt aber reich durch Handel, Fernhandel, als Mittelpunkt eines großen Hinterlandes, und durch das Handwerk, insbesondere im 17. Jahrhundert durch die Geßlersche Tuchfabrik, der größte industrielle Ort, der größte Textilmanufakturplatz, den es damals in Vorderösterreich gab. So war Horb sogar auf den Messen in Bozen und Frankfurt vertreten, und als Handelsherr (mercator) war der Vater des Fürstabts keineswegs ein kleiner Krämer.

Da sein Anwesen nicht der großen Feuersbrunst vom 17./18. Januar 1725 zum Opfer fiel, die 201 von ca. 280 Häusern vernichtete, und deshalb nicht auf der Schätzungsliste der Geschädigten verzeichnet ist, muß das Geburtshaus Gerberts außerhalb der Gefahrenzone gelegen sein. Die »Horber Chronik« von 1850 berichtet in diesem Zusammenhang vom späteren Gasthaus »Schwarzer Adler«, das als bedeutendes Fachwerkhaus neben dem Stadthaus des Klosters Kirchberg am Aispachbrunnen erhalten blieb. Hier kann man sich auch vorstellen, was Gerbert in seiner Reisebeschreibung angesichts der Stadt berichtet, als er von der alten damals unbewaldeten Nordstetter Steige, aus dem einmaligen Stadtaufbau gegenüber, sich jener Schreckensnacht erinnert und des unvergeßlichen Flammenmeers, in dem zwar niemand umkam, in dem aber von der nahen Neckargasse bis zu der Stiftskirche, mit der Propstei und den Kanonikerhäusern das Dominikanerinnenkloster, der ganze Markt, der Burgstall, die Bildechingergasse, die Wintergasse, das halbe sogenannte Tal und in unmittelbarer Nähe die Nordstettergasse ab abends 6 Uhr in 9 Stunden bei starkem Sturm und 5000 Schaulustigen aus andern Orten lodernd abbrannten. Dies gehört zu den frühesten Erinnerungen des damals knapp 5jährigen, der krank war und den man – vielleicht durch das heute noch vorhandene Wassertor über den Kanal – samt seiner Wiege in der Winternacht vor die Stadt gebracht hatte[12]. In einem Brief an den Sohn seiner Cousine Sabine geb. Knäble, den 1712 in Horb geborenen Regens des Meersburger Priesterseminars Claudius Noll, über die Brandkatastrophe St. Blasien (1768) spricht er vom Unglücksfall, von dem er in seiner ersten Jugend ehemals in seiner Vaterstadt und jetzt in seiner »Muetter-Stadt« so hart getroffen sein muß.[13]

Aus dem Horber Taufeintrag geht hervor, daß der Vater, der hier »Herr« genannt wird, also Ratsherr war, sich (zumindest seit seiner 2. Verheiratung) Gerbert nannte. Damit ist auch bewiesen, daß die böswillige Anschuldigung unrichtig ist, der Fürstabt habe seinen nach dem Ledergewerbe riechenden Namen geändert und ihn aus Eitelkeit mit dem Namen des gelehrten Papstes Silvester II., Gerbert von Aurillac oder des Gerbert de Montreuil, des französischen Dichters des 12. Jahrhunderts, getauscht. Die Namensänderung erfolgte eine Generation früher, vielleicht in Anlehnung an die 1686 mit der Ritterwürde bedachten Vettern Gerbert von Hornau.

Die schrecklich zerstörte Stadt, in der größte Wohnungsnot herrschte (731 Betroffene, Eltern und Kinder ohne die Ausgehaltenen zählte man) und die Schule in der Wintergasse abgebrannt war (die Lateinschule ist schon 1282 nachweisbar), zwang die Eltern, ihren Buben, sollte er eine entsprechende Ausbildung erhalten, nach Ehingen und Freiburg in die niedere und höhere Schule zu geben *(Abb. 23)*.

Die Eltern

Die Eltern starben kurz nach Ablegung seiner am 28. September 1737 im Benediktinerkloster St. Blasien erfolgten Ordensprofeß, wo er nun den Klosternamen Martin trug.

Sein Vater Antoni Gerbert war am 24. April 1662 in Horb geboren. Zu seiner ersten Hochzeit mit Maria Magdalena Aumayer (vermutlich in Rottenburg) schickte man 1690 als Deputierte der Stadt Horb den Bürgermeister Geßler und den Stadtschreiber[14].

Franz Aumayer aus Landshut hatte 1665 für seine Familie das Bürgerrecht in Rottenburg erhalten. So wurde auch der erste Sohn Franziskus Nikolaus Ignatius Gerbert Horbensis am 30. Juli 1691 in Rottenburg geboren[15]. Eine Tochter Theresia Willeburgis wurde am 23. April 1697 geboren, ihr Sohn Dr. theol. et mor. Franz Xaver Nicolaus Pfleger (geb. am 2. Dezember 1728) wurde nicht ohne Zutun des Onkels 1768 Kaplan zu St. Johann Baptist in Horb[16]. Eine weitere Stiefschwester des Fürstabts, Juliana Eleonore, geb. am 8. Februar 1701 war mit Metzger Johann Anton Steinwand verheiratet. Ihr Urgroßenkel, Prof. Dr. Paul von Schanz (1841–1905), war ein bedeutender Vertreter der Tübinger Schule und lehrte an der Universität neutestamentliche Exegese, Dogmatik und Apologetik.

Am 25. Mai 1705 wurde die zweite Ehe des Antoni Gerbert mit Anna Maria Riegger aus Villingen geschlossen. Prof. König läßt in seinem Artikel[17] die Braut vom »Brunneneckhofwirtshaus« in Schramberg abholen und Alfred Lederle[18] meint, der Eintrag im Horber Ehebuch laute »beym Hr. Brunnig-Wirt von Schramberg«, was bei genauer Betrachtung des Textes »beym Hl. Bronnen unweith Schramberg« den Trauungsort Schramberg-Heiligenbronn kennzeichnet, jenen bis heute beliebten Wallfahrtsort, der zur Pfarrei Sulgen gehörte, wo allerdings der Trauungseintrag fehlt.

Auf der Suche nach den Villinger Großeltern des Fürstabts ist vielleicht der Hinweis im Horber Ratsprotokoll vom 15. Mai 1705 hilfreich, in dem bei der Bürgeraufnahme der Vater der jungen Frau »Herr Josef Frikher« heißt. (Um das Bürgerrecht wird angehalten, es wird »zugesagt und selbiges den Statuten gemäß angenommen«).

In dieser 2. Ehe werden nach dem Horber Taufregister acht weitere Kinder geboren, von denen, wie aus erster Ehe einige im Kindesalter verstorben sein werden. Vielleicht hat der oben erwähnte 14 Jahre ältere Bruder, der Amtmann und Obervogt wurde, den Lebensweg der jüngeren Geschwister günstig beeinflussen können; der Vater war bei Gerberts Geburt ja schon 58 Jahre alt.

In Pfeilschifter[19] wird die Schwägerin Gerberts, Maria Theresia geb. Lenz, genannt; sie ist die am 11. November 1715 geborene Tochter Theresia Catharina des Oberndorfer Stadtschreibers Franz Josef Benz, die Hochzeit fand am 15. Februar 1740 in Oberndorf statt. Sie lebte noch 1795 bei ihrem Sohn Leopold in Waldshut. Ihre Schwester Johanna Catharina Josefa Benz war mit dem Rottweiler kaiserlichen Rat Franz Jacob Khuon von Wildegg verheiratet und die Mutter der letzten Priorin des Dominikanerinnenklosters Kirchberg: Maria Theresia Josefa Antonia von Khuon.

Bei den Kindern der Schwester Maria Anna Benz, die mit den fürstenbergischen Sekretär Johann Balthassar Neidinger verheiratet war, übernahm der Fürstabt die Patenschaft[20].

Die Großeltern in Horb und ihre Familie

Wenn auch Gerbert seine Horber Großeltern nicht mehr kannte, ist ihr Andenken doch noch heute bei vielen Horber Familien, die von ihnen abstammen, lebendig geblieben.

Ein hervorragend schöner Renaissancegrabstein in der »Liebfrauenkapelle« mit den Wappen der Gerbert (der steigende Widder mit dem grünenden Baum des fürstäbtlichen Siegels) und der Geßler (ein halbes Rad mit zwei Rosen und einer Lilie) erinnert an das hier begrabene Ehepaar: Der ehrenvest Johannes Nicolaus Gerber, Handelsmann ist am 30. Dezember 1707 mit 82 Jahren kurz nach seiner ehr- und tugendreichen Frau († 17. Nov. 1707) in Christo selig entschlafen *(Abb. 24)*.

Am 12. Oktober 1701 hatten sie ihr goldenes Ehejubiläum feiern können (vgl. »Horber Chronik« 1850), die Predigt hielt ihr geistlicher Sohn Martin, geb. 22. November 1663, als Franziskanerpater Christian, der Lektor der Philosophie und Theologie in Innsbruck, später Generalvisitator der Wiener Ordensprovinz und von Slowenien in Laibach war und am 18. November 1711 in Innsbruck starb. Seinen einfachen barocken Kelch mit dem Zeichen F C G 1684 und den Elternwappen, verteilt auf drei Kartuschen des Nodus, bevorzuge ich bei Zelebration in Liebfrauen, er war wohl zur Primiz oder schon zum Ordenseintritt des Fürstabtonkels angefertigt worden.

Die Sippe

Aber etwas noch Interessanteres ist erhalten geblieben: die große Votivtafel des alten Urgroßvaters André Geßler, seiner drei Kinder und deren Familien, die 1680 oder 1689 für das Kloster Kirchberg (heute Sulz-Renfrizhausen) gemalt wurde. Als Leihgabe des württembergischen Landesmuseum in Stuttgart schmückt es das Horber Museum »Hoher Giebel«, wo auch eine Vitrine mit Gerbertschen Werken aufgestellt ist *(Abb. 25)*.

Wir sehen ziemlich genau in der Mitte besagten Franziskanermönch im braunen Habit und neben ihm den Goldschmied Johann Jacob (1674–1756), der am Oktavtag von Fronleichnam 1695 nach dem Epfendorfer Kirchenbuch im Wallfahrtsort Maria Hochheim die junge Witwe Anna Catharina Lindau aus Rottweil heiratete, eine Nichte des Reichsabts von Ochsenhausen (1708–1719) Hieronymus Lindau, die in erster Ehe mit dem Rottweiler Hofgerichtsprokurator Hilarius Blum verbunden war.

Der Sohn des Goldschmieds, der Weißgerber und Consul Johann Jacob Gerbert, trat 1805 als Bürgermeister der Stadt Horb zurück, als es württembergisch wurde; sein Sohn Sebastian (geb. 19. Januar 1753) war Ordensherr in St. Blasien geworden. Dessen Schwester heiratete den Apotheker Christian Heinrich Haffner; ihr Enkel, der im Horber Rathaus am 21. Jan. 1829 geboren war, wurde von dem großen sozialen Bischof Ketteler in Mainz als Professor an das Mainzer Priesterseminar berufen, und wurde 1886–1899 dessen Nachfolger: Dr. Paul Leopold Haffner, Bischof von Mainz, ein hervorragender philosophischer und im Kulturkampf kirchenpolitischer Schriftsteller.

Die Horber verehren das Dreigestirn: Gerbert, Haffner, Schanz und haben ihre Portraits am Rathaus verewigt.

Auf dem Votivbild erkennen wir (neben Pater Christian) Frantz Joseph, geb. 23. 8. 1671; er heiratet Elisabeth Eberhard und zieht nach Rottenburg, sein Sohn Lucas Christof Ignatius ist k. k. Oberzoller in Feldkirch, ein Vetter des Fürstabts, der seinen Sohn Alphons nicht zum Studium nach Frankreich schicken will[21] und dessen Bruder Franz Joseph, Oberamtmann in Waldsee, sich in der Ahnentafel des heutigen Stuttgarter Staatsarchivdirektors Dr. Eberhard Gönner findet.

Darauf folgt mit dem Namen Rosa Urschel eine Dominikanerin, wie sie in der oberen Sammlung in Horb gekleidet waren, Ursula war geboren am 21. 10. 1664.

Und nun schaut ein rot gekleideter Mann von rückwärts her ins Bild, es ist Antonij, der Vater des Fürstabts. (Ich habe den Namen noch vor der Renovierung ganz sicher in dieser Schreibweise lesen können).

Die nächste Dominikanerin, wie sie in Kirchberg gekleidet sind, könnte die dort 1677 aufgenommene Maria Ludowica sein, die 1679 Profeß ablegte, 1713 Priorin war (für 13 Jahre) und 1730 starb; vielleicht hatte sie den Taufnamen Anna Margaretha, geb. 15. 5. 1658.

Als eine bürgerlich gekleidete Frau wäre denkbar Sabine Gerber, geb. 28. 9. 1656, gest. 86 Jahre alt am 28. 7. 1742 in Oberndorf, dort am 30. 5. 1677 verheiratet mit Bürgermeister Franz Knäble; ein Sohn war der Oberndorfer Pfarr-Rektor Mathias Knäble, ein »überaus geliebter« Vetter des Fürstabts, zu dessen Jubiläum am 17. 5. 1761 Gerbert eingeladen war[22]. Knäble starb am 28. 8. 1762, er hatte beim Todeseintrag der Sabine nata Gerbertin vom sanften Tod nach 4 Uhr am Samstag-Nachmittag und vom Übergang zum Leben geschrieben: mater mea charissima. Der frühere Stuttgarter Staatsarchivdirektor Karl Otto Müller stammt aus dieser Familie[23]. Nach einer weiteren Nonne, die möglicherweise Bernharda hieß, dürfte im Profil der älteste der Geschwister, der am 24. 12. 1652 geborene Johann Adam, zu erkennen sein, der später Senator, Stadtsiegler, Gerichtsherr war und am 26. 10. 1705 zum Bürgermeister in Horb gewählt wurde, wo er 1718 starb.

Einige Geschwister fehlen, so etwa die 1651 geborene Clara, die gegen den Elternwillen 1668 den Christian Geßler heiratete; und die vier schon in frühem Kindesalter verstorbenen sind als Kinder unterhalb des »Hanß Jacob« dargestellt. Von diesem Goldschmied, in Bescheidenheit darf ich es anfügen, stammen auch meine Eltern ab.

Das Paar ganz links in der Mittelreihe sind die oben erwähnten Großeltern des Fürstabts. Sie stifteten am 16. 8. 1688 einen Jahrtag in der Stiftskirche zum Hl. Kreuz in Horb[24]. Niclaß Gerber ist – laut Aufstellung des Joseph Anton Fischer zur Genealogie für das Herzogsche Stipendium[25] am 16. Juni 1626 geboren, im Taufbuch fehlt sein Eintrag; als seine Eltern werden Johannes Gerber (geb. 19. 7. 1592) und Maria Felder genannt.

Sabina »Geslerin« ist am 9. 7. 1632 geboren als Tochter des vermögenden Zeugfabrikanten und Handelsherrn Johannes Andreas Geßler, der nach neuesten Erkenntnissen des Historikers Prof. Martin Decker-Hauff am 11. 3. 1599 (das Datum ist aus Gerichtsakten) in Ebingen geboren mit seinem Vater Erhard Geßler, geb. am 24. 12. 1570 in Ebingen, nach Horb geht, um ein großes Erbe anzutreten, das sich zusammensetzt von dem seiner Urgroßeltern Hans Burrus (gest. 23. 2. 1569) und Anna Herbst (gest. 27. 3. 1573), die reich begütert aus Stuttgart kamen (Grabdenkmal in Liebfrauen, – halbes Rad im Wappen), von dem seiner Großmutter Anna Breuning, verh. mit dem einspännigen Diener am Hof in Stuttgart Hans Beutter, dessen Vater Kaspar aus Tübingen Amtmann in Weilheim und Bürger in Ebingen war.

Nachdem die erste Frau des evangelischen Erhard Geßler im Kindbett am 9. 11. 1603 in Ebingen verstorben war (er hatte sie am 19. 6. 1598 in Ebingen geheiratet), schloß er 1604 mit der 1582 in Hornau geborenen Maria Schertlin (deren Mutter eine Liesch von Hornau war) eine 2. Ehe und – nach deren Tod 1618 in Horb – am 21. 1. 1619 mit der 1597 in Horb geborenen Hirschwirtstochter Magdalena Steimle (ihr Vater ist Konrad Steimle, die Mutter eine Schwester der vorher genannten Anna Breuning) eine 3. Ehe; sie lebt noch 1631 als Witwe, dort wo heute noch Geßlerscher Besitz ist – am Mühlenertor. Ihr Enkel Christian Geßler, dessen Vormund lange sein Onkel André war, führt gegen diesen 1671–72 einen Prozeß um das Erbe der Altmutter Anna Breuning, er wird abgewiesen. Die Christian Geßlersche Nachkommenschaft führt zur Familie des Historikers Prof. Decker-Hauff, der mir dies freundlicherweise berichtete.

Schon 1405 wird Hans Geßler von Horb genannt[26] und am 19. 10. 1514 wird in Tübingen Johannes Gessler de Horb immatrikuliert.

Zeugfabrikanten und Handelsherren

Der in Übergröße auf dem Votivbild dargestellte André Geßler heiratete am 20. 5. 1624 Anna Maria Gfrörer, die Tochter des Sebastian Gfrörer, der Metzger, Knapp und Färber, sowie Gerichts- und Ratsherr ist und 1615 im Musterregister der Grafschaft Hohenberg 2000 fl (Gulden) Vermögen, zwei Zugpferde und ein Reitpferd besitzt[27], und der Sabine Haug, wohl aus der Rottenburger Familie des Hohenbergischen Marschalls.

So war Andreas Geßler betucht; seine Tuche, hergestellt von vielen Tuchern in seiner Zeugwarenmanufaktur, wurden von Faktoren (Büros) auf verschiedenen Messen, in Frankfurt[26] und insbesondere in Bozen[28], verkauft; ein Großteil des italienischen Klerus kleidete sich in Horber Wollstoffe und auch die großen in Kirchen verwendeten bemalten Hungertücher kamen aus Horb[29].

Das Horber Tuch hat Qualität, es wird grau und farbig geliefert. Die große Konkurrenz in Württemberg ist die Calwer Zeughandelskompanie[30]. »Die Kaufleute Andreas Geßler und Nicolaus Gerber beschweren sich beim Rat, daß ihre bisherige Handtierung sehr zurückgegangen sei, sie könnten die Messen in Bozen nicht mehr mit der gehörigen Ware besuchen. Die Calwer (dort gibt es gelegentlich bis zu 8000 Beschäftigte) hatten ihnen den Weg abgelaufen. Sie seien zu hoch in der Steuer, man möchte sie bei nächster Eidsteuer berücksichtigen, sie hätten bisher doch den Bürgern durch den Handel mit Zeugen (= eine Tuchart) Brod und Arbeit gegeben, namentlich solchen Leuten, die nichts als Spinnen können . . . deßwegen aber gerade sollte ihr Handel erweitert werden . . . sie möchten die Messen in Bozen wieder beziehen (dorthin kommen jährlich 2000 Kaufleute), darum soll man die Knappen hier anhalten, daß sie die Waren in württembergischer Form und Art ihnen liefern, sie damit nicht weitertrügen und solche in Rohrdorf dem Kaufmann zur Beförderung geben . . . was sie nicht brauchen könnten, mögen sie wohl auswärts verkaufen. Sie bitten also um Verfügung und Abhilfe . . .«[31]. Sie bezahlen nach Calwer Tarif den Zulieferern bar und verpflichten sich zur Abnahme.

Straßburg bezieht schon 1450–1475 Tuche aus Calw, Weil, Horw und Eßlingen. Horber Färber gibt es schon 1454 in Basel; 1538 Horber Tuch in Zürich. Die Familien Geßler und Gerber zahlen lt. Ratsprotokoll in Horb 1696 immense Steuern. Der Stoff wird in der Walkmühle am Neckar gefestigt, 1590 lebt Konrad Reyhing der Walker, und diese Familie verheiratet sich in drei Generationen 5 mal mit den Augsburger Welsern.

Die Calwer Gfrörer, Mitglieder der CC, Calwer Companie, waren verwandt, selbst der aus Horb stammende Bildschnitzer Veit Stoß hatte seine Tuchhändlerei in Horb gelernt, erfolgreich und geschäftstüchtig war er in Nürnberg und Krakau.

In der 2. Hälfte des 18. Jahrhunderts stellte die Familie Geßler auf Seidenhandel um und verkaufte das eigene Produkt, das an Maulbeerbäumen an früheren Rebhängen gewonnen wurde, in allen Farben, wovon noch Rechnungsbücher erhalten sind[32].

Im 17. Jahrhundert wurde der Zeughandel durch den Gewerbsmann Hans Gerber mit 8000 fl Vermögen und weiteren Handelsmännern Hans Garb 5200 fl und Martin Gerber 4000 fl (Florentiner Gulden) Kapital (vgl. Musterregister 1615) finanziert. Auch 60 Tuchknappen (mit ungefähr 10 000 fl) waren vermögend, denn vor dem 30jährigen Krieg konnte man um 60 fl ein Haus kaufen.

Zeitweise waren in Horb bei einer Einwohnerzahl von unter 2000 Personen gegen 1000 in dieser Industrie[33] und ihrer Zulieferung beschäftigt. Aber auch »Die Kaufleute werden bei Obervogt und Magistrat beschuldigt, daß sie sich nicht allein wie die Calwer mit dem Handel abgeben, sondern in jedes Handwerk eingreifen . . . sie hätten ihre eigene Färberei, treiben das Zeug- und Tuchmacherhandwerk, den Weinschenk, das Biersieden, das Bauernwesen . . . verkaufen das Leder pfundweise, kaufen Ziegel auf und verkaufen sie wieder, seien Flötzer, treiben den Salzhandel, den Wollenhandel, die Kramschaft der Gewandschneider, den Eisenkram, die Kremplerei mit Schmalz, Lichter, Kees, Mandelnuß, Schmeer, Tabak etc[29]«.

André Geßler, der Urgroßvater des Fürstabts konnte das reiche Erbe übernehmen, es mehren und den Betrieb an einen tüchtigen Sohn und zwei Schwiegersöhne, Nicolaus Gerbert und David Reihing, dessen Familie in der Mitte des Votivbildes nach rechts hin dargestellt ist, und an die Enkel übergeben. André Geßler und seine Frau Anna Maria Gfrörer sind die beherrschenden Figuren des Bildes. Als Spitalpfleger und ab 1655 als Bürgermeister nahm er sich Zeit und eigene Mittel, den Franziskanern 1655–60 auf dem Gelände der abgegangenen Burg Herrenberg an der Südseite der Liebfrauenkirche ein Kloster bauen zu helfen (heute umgebaut als Krankenhaus der Kirchen- und Hospitalpflege), wofür er den Titel: »pater franciscanorum« erhielt, 1661 besonders gelobt wurde, und ihm, seinem Sohn Johann und seiner Hausfrau am 1. 9. 1659 durch den Franziskaner Provinzial das Begräbnis in der Capelle gestattet wird[34]. Der »ehrnvöste, wohlvorgeachte Herr Andreas Geßler«, der Urgroßvater des Fürstabts starb am 14. 3. 1683, seines Alters 84 Jahr, die ehrn tugentsame Anna Maria Gfrererin« 71jährig wie auf ihrem Grabstein zu lesen ist. Als David Reihing, ihr Schwager verstorben war, gingen Sohn und Schwiegersohn aufs Rathaus, um ihr Erbe zu sichern.

Sein Sohn Johannes Geßler, der Zeugfabrikant und Handelsherr, ist mit seiner Familie im unteren Bereich des Votivbildes dargestellt; er und seine Frau sind hervorgehoben (ein späteres großes Ölbild von ihm besitzt Gewerbeschulrat Franz Geßler in Horb); der »ehrnvöste vornehme Herr« ist am 18. Mai 1630 geboren und am 16. Juni 1705 verstorben, seine »ehrentugendsame Fraw Anna Ehrat« zu einem nichtlesbaren Termin verschieden, der wohl später mit Farbe aufgetragen, nicht jedoch eingraviert war; sie war am 12. 12. 1638 geboren und hatte 1658 geheiratet. Der Grabstein ist in Liebfrauen erhalten und der bärtige Mann der Helmzier trägt in seiner rechten Hand das Handelszeichen 4, das nach freundlicher Mitteilung von Herrn Sutter in Waldshut als Savoyardenkreuz von den im 18. Jahrhundert dort aus Savoyen eingewanderten Handelsleuten benützt wurde. Der Großvater Nikolaus Gerbert hat ebenfalls dieses Horber Handelszeichen, das im unteren Bereich durch ein NG ergänzt wurde, benützt; an seinem Grabstein wird es von dem das Doppelwappen krönenden Widder seitlich (heraldisch links) gehalten.

Links zwischen seinem Vater und Großvater in der unteren Reihe des Votivbilds findet sich die Familie des Johannes Geßler. Links zwischen seinem Vater und Großvater mit rotem Gewand ist »Frantz« dargestellt, er war am 16. April 1666 geboren und am 6. November 1682 in Tübingen immatrikuliert, vielleicht wurde er Geistlicher.

Dann folgt die Klosterfrau »Anna Francisca«, eine Dominikanerin, die 1678 im Kloster Kirchberg (alemannisch: Kilchberg) aufgenommen wurde, 1680 Profeß ablegte und 1716 starb[35].

»Andreaß« im roten Gewand wurde am 20. September 1667 geboren, er war Zeugfabrikant, Handelsherr und später Senator und heiratete am 31. Mai 1688 in der Maria-Hilf-Kapelle, der Wallfahrtskirche auf dem Welschenberg bei (Mylheimb) Mühlheim an der Donau (heute eine Kirchenruine), Anna Maria von Lentz, die 1670 geborene Tochter des durch Kaiser Leopold I. in Wien am 9. 2. 1709 mit erbl. Reichsadel ausgezeichneten Johannes Lentz von und zu Neckarhausen, geboren 1625, gest. am 19. Juli 1725 (100 Jahre alt) in Haigerloch, des fürstlich hohenzollerischen Kastenvogts und Bürgermeisters zu Haigerloch, Amtsverwalters und Rentamtmanns der Herrschaft Haigerloch und Wehrstein, Schloßherrn und Besitzers des Rittergutes Neckarhausen (erworben am 4. August 1692)[36], und seiner 2. Frau: Anna Barbara Hohenberg, einer illegitimen Tochter des Freiherrn Karl Ferdinand von Hohenberg (geb. 1618, gest. 1640) in Rottenburg und der Elisabeth Springer, Tochter des Georg Springer in Horb. Die Ahnenreihe führt über den Landeshauptmann Ferdinand von Hohenberg und über Karl von Burgau zu Erzherzog Ferdinand von Tirol und Philippine Welser.

Noch 100 Jahre später erhielten alle Verwandten aus dem Erbe eines in Wien verstorbenen Bruders der Anna Maria von Lentz in mehreren Ausschüttungen einige Tausend Gulden ausbezahlt. Die Akten darüber liegen beim Horber Stadtarchiv.

Die Klosterfrau Anna Catharina wurde als Dominikanerin Priorin der »weißen Sammlung« in Horb und leitete gegen alle Widerstände den Wiederaufbau des Klosters, das heute noch die Häuserzeile der Sommerhalde abschließt und das Finanzamt beherbergt.

Nach der Mutter »Anna Eratin« in schwarzer bürgerlicher Tracht folgt noch »Verina« in rötlicher Tracht; es ist Maria Verena, die am 16. März 1691 Philipp Heberle und danach noch im gleichen Jahr (der Pfarrer schreibt: sine licentia) den kaiserlichen Trompeter Anton Dausch aus Brixen in Tirol heiratete.

Dahinter wird noch die am 10. April 1670 geborene »Maria Legata« erkennbar, die am 12. Mai 1687 die erste Frau des Kronenwirts Hans Martin Dieringer wurde.

Auf der rechten Seite des Votivbildes findet sich die Inschrift »Von zweijen Vättern Davidt Reyhing und Hans Jacob stelle mit Anna Maria Gesler sind Kinder geboren«. Schon vor dem 30. April 1678 verstarb der erste Mann der Tochter des André Geßler, der an diesem Tag seine letzte Willenserklärung[37] abgibt; hier leistete er die volle Unterschrift »Johann Andreas Geßler«.

Von rechts ist David Reihing die erste Person; darauf folgt Anna Maria Geßler, deren Testament vom 17. Dezember 1709 im Stadtarchiv Horb erhalten ist. Daraus sind die Kinder ersichtlich:

Sabina, geb. 4. Sept. 1650, sie ist 1709 schon Wittib.

Die Klosterfrau Maria Josepha wurde 1666 als Dominikanerin in Kirchberg aufgenommen, 1668 hatte sie Profeß, sie starb 1709 (vgl. Schwesternbuch).

Maria Scholastica war Klosterfrau in Liechtenthal »ohnweit Baad« (Baden-Baden) und gehörte dem Cistercienserorden an. Auch dorthin wurden Seidenstoffe zur Fertigung von Meßgewändern geliefert.

Maria Caecilia trat ins Dominikanerinnen-Kloster Gnadenthal bei Hohenzollern ein.

Die nächste Frau in bürgerlicher Kleidung war wohl die am 28. Okt. 1653 geborene Maria Magdalena, die 1686 starb, mit Christian Junghans verheiratet war und das großväterliche Haus in der Horber Hirschgasse besaß, das heute noch als Junghans'sches Haus gilt und neuerdings als schönes Fachwerkhaus wiederhergerichtet wurde. Die Nachkommen in Zell am Harmersbach gründeten später die Uhrenfabrik in Schramberg.

Anna Reihing, geb. 24. April 1660, verheiratet sich mit einem Kalteisen.

Die folgenden drei Söhne waren aus 2. Ehe:

Andreas Stahl war am 1. Nov. 1665 geboren und wird später »Handelsmann Stehle« genannt.

Johann Stehle, am 27. Juni 1667 geboren, war Zeugmacher und Bürger, wohnhaft in Uster bei Linz in Österreich.

»Hanß Jörg Stählin« ist der am 14. April 1669 geborene Johann Georg, Bürger und Zeugmacher in Horb.

Zwei Kinder starben wohl in frühem Alter: vermutlich Agatha und Andreas Reihing, der am 13. März 1658 geboren war.

Die um ihren Beistand angerufenen Heiligen im oberen Teil des Votivbildes sind vor allem Namenspatrone und Dominikanerheilige. In der Mitte der auferstandene Christus, mit Wundmalen und Kreuz bezeichnet; er zeigt auf seine Seitenwunde und im Hintergrund sieht man Gott Vater. Maria teilt mit beiden Händen aus, Johannes der Täufer wird bezeichnet durch das Lamm und hat eine ausladende Geste, Andreas mit dem Andreaskreuz und ganz links die Mutter Anna, das sind Namenspatrone. Eher fürbittend und kniend sieht man rechts Dominikus mit dem eine Fakkel tragenden Hündchen, Katharina von Siena mit den Wundmalen, Agnes von Montepulciano mit dem Kind, und mit etwas rötlicher Hautfarbe im Hintergrund Rosa von Lima, die erst 1671 heilig gesprochen wurde. Auf der linken Seite im Vordergrund ist Thomas von Aquin erkennbar mit Lilie und Sonne, Petrus Martyr mit dem Schwert über seinem Haupt, die letzten beiden Heiligen sind wegen fehlender Attribute kaum zu identifizieren. Auch Dominikus und Thomas weisen durch ihre Gesten auf die Familie hin, die sich mit gefalteten Händen zum Gebet versammelt hat.

Die GERBER in Basel

Es ist völlig falsch, wenn bei Franz Hilger[38] zu lesen ist: »in der Reformationszeit, als die Bischofstadt Basel vom Glauben abfiel, wanderte die streng katholische Patrizierfamilie nach Horb am Neckar aus«, was auch bei Kästle[39] steht; das ist nach den Quellen widerlegbar:

Es gab in Basel 1497 einen Meister Wilhelm Gerber[40], und die Taufregister im Stadtarchiv weisen Mathis 1549, Krämer Johannes 1551, Schweinemetzger Diebold 1578, Steinmetz Tiebolt 1580 und andere nach, von denen von Burg vermutet, daß sie aus der Umgebung von Horb stammen.

Doch im Jahr 1564 erhält lt. Öffnungsbuch[41] Claus Gerber, der Weißgerber von Horb, das Bürgerrecht und wird in die Safranzunft aufgenommen[42]. Die Weißgerber bilden einen Teil der Safranzunft, das Zunfthaus wurde neuerdings hervorragend restauriert.

Nicolaus Gerber wird 1616 als Sechser Mitglied des großen Rats[43] Bahnherr zu St. Leonhard (als Gemeindevertreter). Im historischen Grundbuch der Stadt Basel wird er »Landgraf« genannt; er besitzt als Eigentum das Haus Freiestr. 41 (1580), das Haus zum blauen Storchen am Fischmarkt, Petersberg (1588–1594), ein Haus an der Gerbergasse, unter anderen. Er war 3 mal verheiratet: mit Magdalena Pfister, gest. 1587, Anna Pfirter, gest. 1601, und Gertrud Harscher, und starb am 11. August 1616 ohne männliche Nachkommen. Er vermachte der Zunft ein Legat, kraft welchem am Nikolaustag 50 fl in folgender Weise verteilt werden sollen (Sfzt. 7,55): »Dem Schaffner in das große Almosen 10 Pfund Geld, daraus 2 q gutes Fleisch gekauft und gekocht und den Armen ausgeteilt werden sollen, – für die armen Kindbetterinnen jährlich 20 Pfund, den armen Schülern zu Kleidern 10 Pfund, den armen Durchreisenden in der Herberg am Neujahrstag zu speisen 5 Pfund, den Sondersiechen zu Liestal jährlich 5 Pfund, den Sondersiechen zu St. Jakob, so am Neujahrstag singen, 7 Pfund, den Rest der Zunft für ihre Arbeit und Mühe«[44].

Sein Bruder Alexander Gerber, Weißgerber aus Horb, heiratete Sara, eine Basler Bürgertochter des Antoni Billing. Weil sein Aufnahmegesuch vom Rat abgelehnt wurde, begab er sich nach Müllhausen, doch 8 Jahre später, nachdem Hans Albrecht Billing, Nicolaus Gerber und andere in einem im Stadtarchiv[45] erhaltenen undatierten Gesuch seine Bitte[46] unterstützten und um Intervention und Fürsprache die Orte Zürich, Bern und Schaffhausen angegangen waren, gelang es, daß er am 11. Februar 1581 das Bürgerrecht[47] erhielt.

Das Gerbert-Wappen

Die drei Brüder: Claus, Burger zu Basel, Martin, Bürger zu Horb, und Alexander, ebenfalls Bürger zu Basel, erhalten durch den Hofpfalzgrafen und Dompropst Wilhelm Böcklin von Böcklinsau in Straßburg am 8. 6. 1584 einen Wappenbrief[48]. Das Original (mit angehängtem Siegel) und eine beglaubigte Kopie vom 17. August 1689 befinden sich im Besitz der Familie von Burg[49]. Aus dem Text geht hervor, daß die Brüder in hohem Ansehen stehen und dem Kaiser und dem Hause Österreich, dem sie sehr zugetan sind, ihre Dienste »zu leisten sie sich aller untertänigst erbieten und künftiglichen wohl thun können«; sicher wurden sie auf ihr spezielles Bittgesuch mit einem Wappen bedacht. Für ihre angesehene Stellung war ein praktisches Bedürfnis nach Wappen und Siegel vorhanden.

Es handelt sich um eine Wappenverleihung, die nicht in gewöhnlicher, sondern in besserer Form erteilt wird, die den Begnadeten und ihren Nachkommen gleichzeitig die Lehensfähigkeit gewährt; die Empfänger werden gleichsam zu rittermäßigen Wappengenossen ernannt[50], so daß der Enkel des Martin, Johann Franz Gerber, im Diplom Kaiser Leopolds (d.d. Wien, 8. Juni 1686) seinen bisherigen Ritterstand erneuert bekommt.

Die Beschreibung des verliehenen Wappens lautet: »mit Namen ein rothen oder rubinfarben Schilld, in dem selben ein weiser oder silberfarben halber Wider mit denn förderfüssen und durch sein Maul von unnden ein grüner Ast durch beide Füess hinauff, drey grüner Kleebletter haltendt, entsprungend mitt krummen Hörnnern uff dem Schülld ein Eisen oder silberfarbener burgerlichen Thurnier- oder Stechhelm, zu beiderseits mit wiser oder silberfarben, in Roth und Rubinfarben Hellm deck geziert uff dem Hellm abermals ein halber weißer oder silberfarben Wider mit seinen Förderfüessen, mit krummen Hörnern zwischen denn Förderfüessn ein grüner Zweig daran drey grüne Kleebletter die der Wider in seinem Maull erscheinendt...«[51]

Für ihre Rechtsgeschäfte als Weißgerber, an dessen Umfang und Vielseitigkeit selbst die Rechtsgeschäfte des landesgesessenen Adels nicht herankamen, konnten sie des Siegels nicht entbehren. Der Siegelstempel mit dem Wappen des Martin Gerber hat sich im Besitz der Familie von Burg erhalten[52], doch den einzigen Sohn des Berichterstatters von 1925, der in Gockenhausen bei Zürich wohnhafte Conrad von Burg, konnte mir leider über den Verbleib von Urkunde und Petschaft keine Auskunft geben.

Die ersten GERBER in Horb

Im Horber Spitalarchiv findet sich[53] eine Urkunde vom 3. Mai 1479, in der Hans von Pfortzen, Bürger in Horb, als Verkäufer gegenüber der Sebastiansbruderschaft auftritt, deren Pfleger Johann Gerwer von Bonndorff, Bürger zu Horb (neben Bentz Maurer, Bürger zu Horb), ist. Der erste »Gerwer« in »Horw«, wie der Name der Stadt früher geschrieben wurde, kommt also vom nahen Bondorf bei Herrenberg, wo die Familie leider bisher nicht ausgemacht werden konnte; es ist sehr unwahrscheinlich, daß ohne genauere Bezeichnung Bonndorf im Schwarzwald gemeint sein könnte. Dieser Johannes Gerwer wird nochmals am 4. Febr. 1486 im Spitalarchiv[54] genannt.

Danach gibt es einen Claus Gerber, Spitalpfleger in Horb 1496, sowie am 13. Dez. 1512, der der Vater oder Großvater der genannten drei mit dem Wappen ausgezeichneten Brüder sein könnte.

Zu weit hergeholt finde ich die Angabe von Alberti[55], wo es unter Gerbert von Hornau heißt: »Die Familie Gebhard in Horb ist wohl mit den Gerbert identisch. Zu ihr gehören: Marquard, Heinrichs Sohn, 1320 in Lutzenhart und Tunglingen begütert und Richgart Gebhard, Marquards Witwe zu Horb 1448«. Von solcher Identität berichtet auch König[56].

So liegen die Anfänge der Familie, die sich rasch zu den begütertsten in Horb zählte, in relativem Dunkel. Erst als Martin nach der Wappenverleihung 1584, seiner Heirat mit Barbara Wagner und schließlich mit Barbara Garb (uxor des Martin Gerber, 1618 als Patin im Taufbuch) in Beziehung zu dieser reichen Handelsfamilie trat, und sein Siegel benützen konnte, war der finanzielle Aufstieg gegeben. Hans Garb, Handelsmann, besaß lt. Musterregister[57] 1615, wie erwähnt, 5.200 fl, Michael Garb, Ratsverwandter gar 8.500 fl. Das Garbische (einst von Ow'sche) Haus in der Neckarstraße kündet als »Hoher Giebel« u. heutiges Stadtmuseum noch immer vom Reichtum dieser Familie.

Der Fürstabt nennt in seiner Historia silvae nigrae[58] ein Schreiben der bischöflichen konstanzischen Regierung vom 12. Dez. 1598, in dem ein Guthaben des Kaufmanns Gerber und seines Bruders in Horb an des Kloster Reichenbach (der Klosterreichenbacher Hof in Horb ist das spätere Gasthaus zum Hirsch) in Höhe von 76 fl 5 b (Batzen) 2 1/2 Kreuzer anerkannt wird. – In einer Randbemerkung schreibt Gerbert: »et hic Martinus Gerber proavus meus paternus, cujus familia postquam a Ferdinando II. imp. nobilitata, apellatur de praedis ad Nicrum prope Horb, quod nomen etiam nunc retinent.« Später wurde also seine Familie geadelt und nach den Neckarwiesen nahe bei Horb genannt, wie sie heute noch heißen – Hornau. Proavus, d. h. Urgroßvater oder allgemein Vorfahre, väterlicherseits des Fürstabts ist also dieser Martin Gerber oder sein Sohn gleichen Namens. Diese Mitteilung Gerberts wird von Alfred Lederle (S. 293) als unzutreffend bezeichnet, obwohl ich mir nicht vorstellen kann, daß ein Historiker solchen Formats einer solchen Täuschung verfällt.

In der nächsten Generation[59] heißen die Schwäger des Johann Rauscher, des Horber Bürgers und Gastgebers zum »goldenen Schaf« (heute noch das vergoldete Wirtshausschild zum Lamm vorhanden) Claus, Martin und Hans Gerber.

Christina, die Tochter Martin Gerbers des Älteren, ist also die Mutter des 1592 in Horb geborenen Johann Martin Rauscher, der 1613 an der Universität Tübingen ordentlicher Professor der Rhetorik wurde, nachdem er schon zuvor Professor der lateinischen Sprache gewesen war[60]. Als Ordentlicher Professor der Beredsamkeit, Dichtkunst und Geschichte wurde er 1629 Pädogarch der Schulen des Herzogtums Württemberg[61]. Dem bedeutenden evangelischen Gelehrten, der in einer Reihe von Veröffentlichungen gewürdigt wird, sprach im 30jährigen Krieg Ochsenstierna, der Kanzler des Schwedenkönigs Gustav Adolf, die Burg Hornau zu, weil die damalige Besitzerin, die Stadt Horb, ihm nicht genug für sein Studium bezahlt hatte, was nach der Schlacht von Nördlingen rückgängig gemacht wurde. Nach den Matrikeln der Universität Tübingen[62] wurde Rauscher 1606, also schon mit 14 Jahren, immatrikuliert; am 25. Sept. 1608 wurde er Baccalaureus, am 16. Aug. 1612 Magister, und am 5. Dez. 1612 stud jur. Dem hervorragenden Philologen und Dichter in alten Sprachen (sein Bild hängt in der Uni-Bibliothek) war die Stadt Horb verpflichtet, das Studium zu bezahlen. Der Grund dafür war, nach genauem Aktenstudium von Herrn Urban Bareis in Horb im dortigen Stadtarchiv und seiner freundlichen Mitteilung, daß Martin Gerbers Frau Barbara und die Tochter Christina kurz vor 1600 der Hexerei angeklagt und eingesperrt wurden. In einem jahrelangen Prozeß, der für Gutachten zur Regierung nach Innsbruck viel Geld kostete und der von der Familie mit Vehemenz geführt wurde, erlangte erst die Frau, dann die Tochter, die durch Folterungen schlimm zugerichtet und bettlägerig war, die Rehabilitation und Freilassung. Christina, die Mutter Rauschers, mied die Stadt Horb und verlangte 30000 fl (Gulden) Schmerzensgeld von der Stadt Horb, erhielt sie aber nicht, doch die Stadt mußte Lidlohn bezahlen und das Studium des Sohnes, wobei ihr die evangelische Universität Tübingen nicht genehm war.

Die Brüder der Christina Gerber

Der mit 8000 fl als Gewerbsherr, d.h. Großkaufmann, zu den drei reichsten Bürgern Horbs gehörende[63] 1560 geborene Hans Gerber, der, wie am Anfang dieser Abhandlung dargestellt, Euphemia Liesch heiratete und eine kurze Zeit das Gut Hornau besaß, war ein Bruder der Christina.

Bei der Wappenerweiterung kamen in den gevierteilten Schild 2 mal das Lieschwappen (auf grünem Dreiberg drei grüne Schilfrohre mit hängenden Blättern und schwarzen Kolben) und an der Herzstelle zwei weiße Jägerhörner auf Goldgrund, die Helmdecken sind heraldisch rechts gold-schwarz und links silber-rubin; auf dem Turnierhelm sitzt eine königliche Krone und darüber ein einfacher rechts blickender Adler mit einem weißen Jägerhorn auf der Brust. Eine von der böhmisch-österreichischen Kanzleiregistratur beglaubigte Kopie vom 1. Juni 1772 des am 8. Juni 1686 in Wien ausgestellten Diploms sowie das Siegel des Johann Franz Gerbert von Hornau sind abgebildet im Schweizer Archiv für Heraldik[64]. Kopie und Original befinden sich, wie der Gerbert-Wappenbrief, im Besitz der Familie von Burg.

In einem späteren Prozeß wurde auch Euphemia, die Frau des Johannes Gerber, der Hexerei bezichtigt, aber die Anklage konnte abgeschlagen werden, die Ankläger mußten widerrufen, und es ist verständlich, daß die Familie nach Schlesien übersiedelte; doch Aurora Aloysia Gerbert von Hornau, eine geborene Baronin Fütsch, ist bei zwei Geschwistern des Fürstabts Taufpatin.

Aus dem Wappen der Gerbert von Hornau übernahm der Fürstabt für sein großes 9-faches Wappen zwar nicht die drei verteilten Jagdhörner, die auf Hornau zugeschnitten scheinen, wohl aber, und zwar an erster Stelle in der rechten Flanke, das Lieschwappen mit Dreiberg und Schilfrohren; als reichsunmittelbarem Fürst und als Abt stand ihm das Emblem mit Krone und Mitra, mit Schwert und Krummstab zu, in dessen Mittelpunkt die linke Seite der Gerbert-Widder und rechts der in viergeteiltem Schild zweimal vorkommende Hirsch des Klosterwappens erkennbar sind. Zweifellos anerkannte er damit die Verbindung zu den Verwandten.

Neben Johannes war Martin der Jüngere ein Bruder der Christina; 1569 geboren[65] wird er Tinctor, Färber, genannt; am 2. März 1607 ist er Bürgermeister und Spitalpfleger. 1615 besitzt er als Handelsmann 4000 fl, er gehört damit wie sein Bruder zu den finanzstärksten Horber Bürgern. Aus der Ehe mit Barbara Wild ging am 26. November 1610 Johann Georg, der Goldschmied hervor, der 1635 sich einen Geburtsbrief ausstellen läßt,[66] was die Voraussetzung dafür war, daß er sich anderswo niederlassen konnte.

Aus 2. Ehe, die Martin der Jüngere 1617 mit Margaret Knupfer schließt, wird am 22. Dez. 1625 ein Nicolaus geboren, der fast exakt am 30. Dezember 1707, dem Todesdatum des Fürstabtgroßvaters, 82jährig geworden war, wie es auf dem Grabstein zu lesen ist. War er es, der als mercator immer zusammen mit seinem Schwager Johann Geßler auftritt und der bei seiner Eheschließung mit Sabine Geßler 6000 fl von seinem Schwiegervater Andreas bekam?

Auch Claus Gerber war ein Bruder der Christina; am 10. März 1602 wird er als Tucher bezeichnet und auch er ist Gewerbsherr. Da er schon vor 1611 starb, kennen wir seine Vermögensverhältnisse nicht. Er war mit Agathe Herzog, der Tochter des Johannes Herzog verheiratet, dessen Grabstein am Brautportal der Stiftskirche in Horb noch lesbar geblieben ist.

Ihr Bruder oder Onkel, je nachdem man mit Jahreszahlen rechnet oder Josef Anton Fischer[67] vertraut, war Michael Herzog, der Chorherr und Prediger des Hl. Kreuzstifts (auch sein Grabdenkmal ist neben dem eben genannten), der in Freiburg am 18. August 1563 immatrikuliert wurde, 1566 das Baccalaureat, 1567 den Magistertitel erwarb und am 26. September 1586 starb. Er hatte ein Stipendium von 400 fl errichtet, das für studierende Horber Bürgersöhne die Zinsen hergab. Dabei sollten insbesondere die Nachkommen seiner Geschwister bevorzugt werden. Die Stipendienempfänger mußten ledigen Standes sein. Mit diesem Stipendium eröffnete der Horber Prediger eine lange Reihe von der Familie Herzog stammenden Geistlichen. Über 90 sind jetzt namentlich bekannt, Julius Heberle stellte eine erste Liste im Jahrbuch des Kath. Sonntagsblatts 1941 zusammen[68]. Zwar war beim Fürstabt nie die Rede von einem Stipendium, doch für seinen Onkel Johann Jacob mußte nach seiner Hochzeit 1695 das Herzogsche Stipendium abgerechnet werden.

Ein Sohn des Nicolaus Gerber und der Agathe Herzog, Nicolaus, wurde 1607 geboren und heiratete an Laurentii 1633 Anna Maria Dußlinger aus Rottenburg; sein Sohn Johann Jacob eröffnete die Rottenburger Linie des Geschlechts, aus der es noch heute in der 12. Generation Träger des Namens Gerbert (etwa in Dotternhausen bei Schömberg, Zollernalbkreis) gibt. Das Horber Geschlecht der Gerbert endete, als am 6. Januar 1886 der Sohn des Stadtrats Josef Gerber, des Besitzers der oberen Mühle und des Gasthauses Raben, Eberhardt Gerbert 44jährig in Horb starb. Er hatte unverheiratet in Schramberg als Kaufmann gelebt[69].

Aus der eben genannten Rottenburger Linie kam im 19. Jahrhundert nochmals eine Familie Gerbert nach Horb, Kaspar Gerbert, Rotgerber aus Rottenburg; er heiratete am 13. Februar 1849 in Horb und erwarb sich schließlich fünf Häuser am Mühlekanal in der Neckargasse für seinen Betrieb. Er hatte vier Töchter, eine davon, Emilie, war meine Großmutter, die mit Oberamtspfleger Eugen Gramer verheiratet war, der die handschriftlich gezeichnete Gerber-Stammtafel nach Unterlagen des Spitalarchivs und Rottenburger Kirchenbuchauszügen zusammenstellte[70].

Zu Lebzeiten des Fürstabts war in Rottenburg aus dieser Linie Franz Anton Gerber (1711–1786), Stadtpfarrer in St. Moriz und seit 1765 der 31. Propst des Chorherrenstifts, hervorgegangen. Der letzte vorderösterreichische Syndicus in Oberndorf (1797–1806), Franz Joseph Gerber, aus Rottenburg war sein Neffe.

Aus der Ehe mit Agathe Herzog ging neben dem Stammvater der Rottenburger Linie auch Johannes Gerber hervor, der, am 19. Juli 1592 geboren, sich am 6. Sept. 1622 in Horb mit Maria Felder aus Rottenburg verheiratete. Sein Sohn hieß ebenfalls Nicolaus, der nach Angaben des Herzogbuches im Spitalarchiv (nicht im Taufbuch zu finden) am 16. Juni 1626 geboren wurde, und obwohl er beim Todesdatum des Fürstabtgroßvaters noch keine 82 war, in der Ahnenliste des Fürstabts von Lederle[71] erscheint. Auch Theo Insam bringt die Aufstellung des Eugen Gramer, verbunden mit den Angaben des Herzog-Stipendienbuches.[72]

Unklare Stammfolge

Die beiden Nicolaus Gerber, mit fast gleichen Geburtstagen, können erst nach Sammlung aller Belege aus Stadtarchiv und Spitalarchiv Horb vielleicht getrennt werden, im Augenblick ist das noch nicht möglich.

Der gesuchte Großvater des Fürstabts hatte mit Sicherheit, da sein Sohn Johann Jacob erst 1674 geboren wurde, nicht 1668 sein Haus auf dem Markt an ihn verkauft, sondern eher Nicolaus Gerber, der Vater des Goldschmieds Johann Jacob, der 1631 geboren war, doch dieser Johann Jacob hatte andererseits 1656 das Bürgerrecht in Rottenburg erhalten.[73]

Eher könnte dieser Großvater 1676 Nicolaus Gerber d. J. sein, der trotz des Versprechens seines Sohnes (Johann Adam) an Schefenackers Tochter im Rat bleiben wollte und der 1661 an seinem Haus an der Stadtmauer ein Fenster ausbrechen wollte und verpflichtet wurde, es mit Eisenstäben zu sichern.

Ebenso könnte es auch der Nicolaus Gerber sein, der 1674 sich beklagt, daß der Weiher bei seinem Haus, in dem die für die Wasserleitungen nötigen Deichel-Rohre gewässert wurden, von der Stadt gereinigt werden müsse. Dieser Weiher müßte als Ziegelbachweiher jenseits des Neckars nahe der Straße gelegen sein, die später noch bis zum Eisenbahnbau als Pappelallee erhalten war. Diese führte sowohl nach Hechingen und Balingen, wie auch nach Sulz und Rottweil, denn es gab noch keine Straße durchs Neckartal, sie verlief zum Teil der heutigen Autobahn folgend. Es war ein Vorteil, hier den groß angelegten Handel abwickeln zu können, andererseits war das außerhalb der Stadt gelegene Haus besonders in Kriegswirren ungeschützt. Dorthin, ins Haus des Großvaters, könnte auch der spätere Fürstabt in der Schreckensnacht gebracht worden sein.

Dieser Nicolaus wird 1674 Bürgermeister. Ein Herr Nicolaus Gerber bittet 1677 für einen Sohn um ein Stipendium und muß 1695 anläßlich der Hochzeit seines Sohnes, der sich in Rottweil verheiratete, eine Abrechnung über ein erhaltenes Stipendium vorlegen.[74] Damals heiratet Johann Jacob Gerber, der Onkel des Fürstabts, die Anna Catharina Lindau aus Rottweil, wie oben erwähnt.

Mit seinen Horber Verwandten verband den Fürstabt trotz all seiner vielfältigen Tätigkeit eine liebende Sorge. Eine seiner Schwestern fand Unterkunft in dem von Dietrich Gutermann gestifteten und durch Ita von Toggenburg, der Gemahlin Rudolfs III. v. Hohenberg, reich ausgestatteten Spital. Gerbert erkundigte sich durch den Abt von St. Märgen, den Prälaten Michael Fritz, der ebenfalls aus Horb gebürtig war, bei dessen Bruder in Horb nach ihrem Befinden und erhielt die Antwort: »Die Frau Schwester hätte gesagt, sie wäre mit dem Spital recht wohl vergnügt, habe ihr eigen Zimmer und recht gut Kost, alle Wochen viermal Fleisch, die übrigen Täg aber sonst gute Speisen. Der Spital seie schon ganz und für allzeit bezahlet mit 350 fl, ohne daß künftighin jährlich was weiters müsse bezahlet werden. Die Summam der 350 fl habe sie aus denen an ihre Kinder verkaufte Güter erlöset und wäre nicht so frei gewesen Euer hochfürstliche Gnaden um etwas zu bitten; sofern aber Euer hochfürstliche Gnaden ihrer in etwas ... zu gedenken geruheten, so wolle sie dafür alle Tag beten. Sie danket auch untertänigst für das neulich durch ihre Tochter überschickte Präsent«[75].

In Horb erzählt man sich von einem Besuch Gerberts, bei dem er in der damaligen Post, im Sternen, an der Straße nach Freudenstadt abgestiegen sei und ihm der Wirt eine überhöhte Rechnung präsentiert habe. Auf die Beschwerde Gerberts hin habe der Wirt erklärt, man nenne Gerbert den Herrgott (vielleicht war das eine Verwechslung mit seinem gelehrten Mitarbeiter dieses Namens), und da manche Gäste ihm gesagt hätten: »Der Herrgott bezahlts«, habe er nun die Gelegenheit, das Ausstehende einzufordern, – und Gerbert habe bezahlt.

Villinger Verwandte

Leider bleibt die Verwandtschaft und Herkunft Geberts aus Villingen in dieser Abhandlung unberücksichtigt.

Schon 1950 hatte der damalige Pfarrer Möhrle in Bietenhausen bei Haigerloch nach den Vorfahren Gerberts in Villingen geforscht und für die fragliche Zeit Taufen von 10 Anna Maria Riegger von verschiedenen Eltern aufgefunden.

Lederle[76] vermutete, daß die Fürstabtsmutter (von der dieser besonders seine Liebe zur Musik herleitet) eine Tochter des Johann Baptist Riegger, des Villinger Stadthauptmanns, sei, der sich bei der Belagerung 1704 durch den französischen Marschall Tallard besonders auszeichnete und am 26. November 1663 seine Verwandte Lucie Riegger heiratete. Ihr Vater war Hans Riegger, der Zunftmeister der Gerber, sein Vater Hans Riegger, Schuhmacher in Villingen.

Dann wäre Johann Baptist, der Kanzlist der vorderösterreichischen Regierung in Freiburg, ihr Bruder und dessen Sohn Paul Joseph Riegger (1705–1775), der Jurist und Professor an der Universität Innsbruck (1735) und Wien (1753), der 1764 geadelt wurde, Gerberts Vetter – er nennt ihn und seinen Sohn auch so.

Den Sohn Joseph Anton Stephan von Riegger (1742–96) hatte Gerbert mit Güte, Freundschaft und Wohltaten überhäuft und manche Wochen durfte dieser in St. Blasien verbringen; 1765 ist er Professor in Freiburg, 1773 heiratet er Maria Anna von Freysing aus Freiburg, 1762 schreibt er die »Rieggeriana«, die mir die Landesbibliothek Stuttgart[77] leider nicht zur Einsicht schickte.

Dessen Bruder Franz (1748–1767) lebte als Frater Martin in St. Blasien[78].

Doch dieser Aufstellung müssen Bedenken entgegengebracht werden, denn Anna Maria müßte dann ca. 1670 geboren sein, und es ist unwahrscheinlich, daß sie mit 53 Jahren ihr letztes Kind geboren hätte. Weiterhin sollte zuvor nach dem Josef Frikher geforscht werden, der im Horber Ratsprotokoll, wie oben erwähnt, als Vater der Anna Maria genannt ist. Vielleicht könnte auch der Name der Patin der meisten Fürstabtsgeschwister (aus beiden Ehen des Vaters), die in den verzettelten Rieggerkarten des Villinger Stadtarchivs »von Villingen« bezeichnet wird, weiterhelfen. Dort gibt es neben vermutlich aus dem Ehebuch stammenden 14 Hochzeitseintragungen von verschiedenen Johann Riegger zwischen 1663 u. 1681 nur einen Joseph Riegger, dem als vorigem Beständer am 17. November 1736 die Mühle vom Rat der Stadt wieder für zwei Jahre verliehen wurde, und zwar um den alten Bestandschilling, weil er sie namhaft verbessert und im vergangenen Kriegsjahr große Kosten erlitten hatte[79]. Dieser Joseph Riegger dürfte auch kaum der Vater der Fürstabtsmutter gewesen sein, denn die Zeit ist eine andere.

Dieser Beitrag zur Festschrift sollte ein Versuch sein, die Herkunft und Familie des Fürstabts Martin Gerbert aus Horb darzustellen und mit Umgebung und Milieu bekannt zu machen, wie dies aus verschiedensten Quellen erkennbar wird. Da diese Quellen und die seitherigen Bearbeitungen aber neben wichtigen Tatsachen bedauerliche Lücken aufweisen, mußte auch hier das Erkennen bruchstückhaft bleiben.

In seiner Heimatstadt ist der Fürstabt unvergessen. Der rote barocke Ornat, das Pluviale und die Levitengewänder, die wertvollen Wein- und Wasserkännchen und der kostbare Meßkelch, seine Geschenke an die Taufkirche, schmücken noch heute die festlichen Gottesdienste und rufen die Erinnerung wach, die er sich wünschte: „Miserimini mei, saltem vos amici mei."[80]

Anmerkungen

1 Alfred Lederle, Die Abstammung des Fürstabts Martin II. Gerbert von St. Blasien, in: Badische Heimat, 36. Jahrg., Heft 4, S. 294
2 Ludwig Schmieder, Das Benediktinerkloster St. Blasien, Augsburg 1929, S. 146
3 Joseph Bader, Fürstabt Martin Gerbert von St. Blasien, 1875, S. 23
4 Schlichtegroll, Nekrolog der Deutschen, 1793, 4. Jahrgang II, 2
5 Alfred Lederle a. a. O. S. 292
6 Franz M. Hilger, Martin Gerbert, Fürst und Abt von St. Blasien, Konstanz 1970, S. 11
7 Georg Pfeilschifter, Korrespondenz des Fürstabts Martin II. Gerbert von St. Blasien I, 1931, S. 171
8 Franz Xaver Hodler, Geschichte des Oberamtes Haigerloch, 1928, S. 720
9 Pfeilschifter a. a. O. S. 388
10 Pfeilschifter a. a. O. S. 388
11 Taufbuch der Stiftskirche Hl. Kreuz in Horb 1720
12 Vgl. Gerbert: HNS II, (1788) S. 469 u. Reisen S. 285
13 Pfeilschifter a. a. O. S. 235
14 Die Ehebücher in der Dompfarrei St. Martin reichen nicht bis in diese Zeit zurück
15 Familienregister der Dompfarrei
16 Pfeilschifter a. a. O. S. 267
17 Prof. König, Martin Gerberts Abstammung, in: Freiburger Diözesanarchiv 1898, S. 301
18 Alfred Lederle a. a. O. S. 295
19 Pfeilschifter a. a. O. S. 427
20 Alfred Lederle, Barbara Schlabatz, geb. Kraus, S. 30
21 Pfeilschifter a. a. O. S. 71
22 ebd. S. 65
23 Siehe S. 148 Fußn. in Württembergische Jahrbücher f. Statistik und Landeskunde 1915, Musterregister der Grafschaft Hohenberg, Staatsarchiv Stuttgart
24 Staatsarchiv Stuttgart
25 Josef Anton Fischer, Stammlinien über die Familie Herzog bezügl. des Stipendiums, Handschrift als dickes Buch von 1843 im Spitalarchiv Horb (eine Fotokopie des tausend Seiten samt Register umfassenden Werkes ist in meinem Besitz), S. 10
26 Holl, Regesten der Stadt Horb im Spitalarchiv I, 1656, S. 215 u. S. 323
27 Musterregister der Grafschaft Hohenberg, Staatsarchiv Stuttgart
28 Holl, a. a. O. I S. 359
29 Vgl. Konstanzer Zolltarif

30 Vgl. Akten der Hofkanzlei Stuttgart
31 Holl, a. a. O. I. S. 359
32 Vgl. Franz Geßler, Über den Horber Seidenhandel, in: Der Sülchgau Band 24, 1980, S. 36 ff.
33 Vortrag des Franz Geßler am 1. Juli 1980 in Horb
34 Holl, Regesten II, S. 443
35 Kirchberger Profeßbuch 1619 ff., nach freundlichem Hinweis durch den Historiker Hans-Peter Müller, Tübingen
36 Holl, a. a. O. I, S. 403 und freundliche Mitteilung des Herrn Prof. Hans Martin Decker-Hauff
37 lt. Horber Ratsprotokollen, freundliche Mitteilung des Herrn Urban Bareis in Horb
38 Franz Hilger a. a. O. S. 11
39 Ludwig Kästle, Martin Gerbert, Fürstabt von St. Blasien, Lahr 1868, S. 6
40 Lenns Lexikon, Band 8, 432, zit. nach Hans von Burg: Die Gerber, Gerbert, von Gerbert und ihre Standeserhöhungen, in: Schweizer Archiv für Heraldik 1925, S. 154 ff.
41 ÖB, 8, 197
42 Sfz. 26, 246, vgl. Kölner, Die Safranzunft zu Basel, 1935
43 Lenns Lex., Supp. II, S. 475
44 Sfzft. 7,55 v
45 Bürgerrecht F 2, St 21
46 St. 13
47 Saff. B, 9,68
48 Er hat über 400 ausgestellt
49 Hans von Burg, a. a. O. S. 157, Fußnote
50 Meint von Burg, a. a. O. S. 156
51 ebd. S. 157
52 von Burg a. a. O. S. 157, Fig. 142 u. Fußnote
53 Spitalarchiv Horb lt. Repertorium S. 109
54 ebd. S. 96
55 Württbg. Adels- und Wappenbuch, im Lesesaal der Universitätsbibliothek Tübingen – C, 176
56 König a. a. O. S. 302
57 Musterregister der Grafschaft Hohenberg, Staatsarchiv Stuttgart
58 Bd. III; 439
59 nach einer Notiz im Stuttgarter Staatsarchiv im Register des Obervogteiamts Horb S. 313 f.
60 Vgl. – Allgem. Deutsche Biographie
61 Ernst Conrad, Professoren in Tübingen, 1960
62 Burk u. Wilde, Immatrikulationsregister der Universität Tübingen 1600–1817 Liste Nr. 17803
63 Musterregister, a. a. O.
64 Schweizer Archiv für Heraldik 1925 a. a. O. S. 158
65 Altersangabe im Musterregister v. 1615
66 lt. Ratsprotokoll, Stadtarchiv Horb, B. 1 S. 334
67 Fischer, Stammlisten des Herzog-Stipendiums, Spitalarchiv Horb a. a. O. S. 6
68 Kath. Volkskalender 1941, Was ein Grabstein erzählt, S. 72 ff.
69 Vgl. mein über 100 Seiten umfassendes aus Kirchenbüchern zusammengestelltes Manuskript von Gerbert- und Geßler-Nachkommen, S. 28
70 Das Manuskript war bei seinem Neffen, Pfarrer Julius Heberle, in Aixheim
71 Lederle a. a. O. S. 294
72 Theo Insam, Die Nachkommen des Anton Gall aus Weilderstadt, 1938, S. 134
73 Bürgeraufnahme-Register Rottenburg, veröffentlicht in Sülchgau S. 69 14. 12. 1656
74 Stadtarchiv Horb, Ratsprotokolle der entsprechenden Jahre
75 Pfeilschifter, a. a. O. S. 528, Brief vom 25. 7. 1772 aus St. Märgen
76 Lederle a. a. O. S. 297
77 Miscell 8 2383 – 1.2.
78 Lederle a. a. O. S. 295 ff. u. Pfeilschifter a. a. O. S. 147
79 Stadtarchiv Villingen
80 Kelcheingravierung mit Zitat aus Ijob 19,21

Wolfgang Müller

Martin Gerbert
Abt – Landesherr – Wissenschaftler

Abb. 26–28

Abt

Als 1764 Abt Meinrad Troger von St. Blasien aus diesem Leben geschieden war, wählte der Konvent den Mitbruder Martin Gerbert am 15. Oktober dieses Jahres zum Nachfolger. Unter den mannigfaltigen Aufgaben, die auf einen Klostervorsteher des 18. Jahrhunderts warteten, stand vor allem die, nach der Regel des heiligen Benedikt, dem St. Blasien als Benediktinerkloster verpflichtet war, ein wahrer Vater der Klostergemeinschaft zu sein. Die Regel hat zwar Vieles bestimmt, was für eine vor allem dem Gebet verpflichtete Gemeinschaft zu gelten hat, und wurde durch tägliches Verlesen einzelner Kapitel den Mönchen immer wieder vor Augen gestellt; doch war es entscheidend, wie der, der die Leitung der Gemeinschaft verantwortlich übernommen hat, im Alltäglichen durch Beipsiel, führendes Wort und dem Geiste der Regel entsprechende Entscheidungen in Festigkeit und Güte das Zusammenleben aller und die Haltung der Einzelnen zu bestimmen vermag. Die Regel äußert sich über Vieles. Und doch haben die Zeiterfordernisse neue Fragen gestellt, die in eine klösterliche Gemeinschaft nicht durch die Willkür der Einzelnen, sondern nur nach gemeinsamen Richtlinien beantwortet werden können. Schon die Reformklöster des Mittelalters haben sich aus diesem Grunde gute Gewohnheiten festigende »Consuetudines« gegeben und in der Neuzeit war es selbstverständlich, daß jedes Kloster eigene Konstitutionen erließ, die die örtlichen Erfordernisse berücksichtigen und die Regel zeitgemäß interpretieren. Sie bedürfen von Zeit zu Zeit einer Anpassung. So hat auch Gerbert für St. Blasien neue Konstitutionen erlassen. Ähnlich auch 1769 für das den St. Blasiern anvertraute Benediktinerinnen Kloster Berau. Die Formulierung solcher Konstitutionen bringen natürlich in Verbindung mit der Gehorsamsforderung den inneren Führungswillen des Abtes zu einer dauernden Auswirkung.

Damit das tägliche geistige Brot des Benediktiners, das gemeinsame Chorgebet, ein recht fruchtbares sei, hat Gerbert sich entschlossen, jene durch den neuen Willen zur Liturgiereform unter den französischen Benediktinern gefaßten Texte der Kongregation von St. Viton und Hydolph für St. Blasien zu übernehmen. Dieses Breviarium Monasticum als Grundlage ihrer Tageszeiten hat die St. Blasier auch in ihre Auswanderung nach St. Paul in Kärnten begleitet, ja ist noch bis weit in unser Jahrhundert hinein das Brevier von St. Paul geblieben.

In Berau hat Gerbert noch viel durchgreifender neuen Formen des Gottesdienstes den Weg geebnet: er ließ dort die Ewige Anbetung einführen und hat den Klosterfrauen, die zumeist keine größere Schulbildung mitbrachten, ein eigenes auf diese Pflicht zur Ewigen Anbetung hin verfaßtes Brevier mit lateinischem Text und deutscher Übersetzung, gegeben (1771).

Wie sehr ihm die innere Führung seines Konventes ein Herzensanliegen war, kann man daraus ersehen, daß er zur Feier seines goldenen Profeßjubiläums 1787 die Mitbrüder mit einem selbst verfaßten Exerzitienbuch überraschte.

Der für eine Gemeinschaft Verantwortung trägt, ist besonders in Tagen des Unglücks gefordert. Solche hat Gerbert schon vier Jahre, nachdem er Abt geworden war, durch den großen Brand vom 23. VI. 1768, der Kirche und Kloster vernichtete, erleben müssen. Er hat zunächst Sorge getragen, daß die obdachlos Gewordenen Unterkunft finden und wäre es nur durch zeitweise Aufnahme in befreundeten Klöstern. Dann galt es aber noch den Wiederaufbau zu veranlassen, neu und ganz modern (!) zu planen, den aufwendigen Bau zu finanzieren und voranzutreiben. Stück um Stück wurde das bisherige Kloster wiederhergestellt und wieder bewohnbar gemacht, aber eine völlig neue Kirche aufgerichtet. Als diese 1783 eingeweiht wurde, war dies wie der feierliche Schlußpunkt hinter einem mühsam durchgezogenen Werk, der Wiederherstellung der Räumlichkeit, in der das klösterliche Leben seines Konventes sich verwirklichen konnte.

Wer gleichsam als Hirte bestellt ist, um für die Seinen Sorge zu tragen – der Abtstab, doch ein Hirtenstab, erinnert an eine solche Funktion – muß auch Umschau halten, um drohende Gefahren zu erkennen und sie abzuwehren. In der mehr und mehr dem klösterlichen Leben feindlich gesinnten Zeit der letzten Jahrzehnte des 18. Jahrhunderts bestand namentlich in den von starkem Nützlichkeitsdenken erfüllten österreichischen Landen die Gefahr, daß der Gedanke einer Säkularisation der Klöster immer mächtiger wird. Josef II. hat ohne viel Hemmungen die Klöster beschaulicher Orden, die schon gar nichts Nützliches zu leisten schienen, aufgelöst und ihr Vermögen zur Förderung der Seelsorge, besonders zur Gründung neuer Pfarreien verwendet. Daß die Benediktinerklöster, namentlich Vorderösterreichs, nicht auch von solchen Maßnahmen der Auflösung getroffen werden könnten, suchte Martin Gerbert auf jede Weise zu verhindern und ließ allen Einfluß spielen, um die Regierung in Wien zu überzeugen, daß eine Säkularisation der Klöster in den Vorlanden für den Staat und die Bevölkerung von großem Schaden sei. Was von dem Klosterbesitz im benachbarten Ausland – Markgrafschaft oder Schweiz – an Einkünften jährlich ins Land fließt, würde im Falle der Säkularisation sofort verloren gehen, weil jenseits der Grenze jene Regierung sich des Besitzes bemächtigen würde. Mehrere Reisen nach Wien dienten der Vorsprache bei Hof in vielen solchen Anliegen.

Landesherr

Wir sind schon bald sechs Generationen von jenen Zeiten entfernt, unter denen ein Martin Gerbert gelebt hat. Es ist schon zu viel Umwälzendes seither geschehen und so manches bedeutete wirklich das Ende einer alten Zeit und Anfang einer ganz anderen. Gerbert war Fürstabt, war nicht nur Vater einer klösterlichen Gemeinschaft, sondern, was unlösbar damit verbunden blieb, Landesherr,wenn auch in einem kleinen Territorium. Dabei war diese politische Aufgabe des Abtes in St. Blasien von merkwürdigster Verflochtenheit: ursprünglich unterstanden die Äbte in St. Blasien und dem im besonders als Besitz zugehörigen »Zwing und Bann«, der Höchenschwand, Ibach, Menzenschwand und Bernau umfaßte, der Landesherrlichkeit Österreichs (Vorderösterreich).

Auch was sie an Niedergerichtsbesitz ihr Eigen nannte in der Herrschaft Hauenstein ebenso die Herrschaften Schönau und Todtnau unterstanden dem österreichischen Regiment in Wien. Nun erwarb aber 1609 bzw. 1612 das reiche Kloster St. Blasien den nördlichen Teil der reichsunmittelbaren Grafschaft Stühlingen, der dann, seines wichtigsten Ortes Bonndorf wegen Grafschaft Bonndorf hieß. Dort und nur dort war die Regierung des Abtes von St. Blasien von jedem Landesherrn unabhängig und unterstand einzig dem Reichsregiment des Kaisers. Dieser Besitz befähigte den Abt von St. Blasien, auch sich in der Versammlung des Schwäbischen Kreises vertreten zu lassen, wo sein Gesandter neben denen anderer schwäbischer Fürsten saß. Für diese Grafschaft Bonndorf erhielt der Abt von St. Blasien Franz II. Schächtelin 1746 den Titel Fürstabt. Als St. Blasien 1738 die Herrschaft Staufen kaufte, galt der Abt dort so wenig wie in Zwing und Bann oder in Schönau oder Todtnau als Fürst, denn alle diese Herrschaften standen unter österreichischer Hoheit. St. Blasien besaß nicht das Hochgericht, sondern nur das Niedergericht.

Trotzdem so das von St. Blasien ausgehende weltliche Regiment rechtlich zweispurig war – hier unter die Weisungen der österreichischen Landesherrschaft gestellt, dort im eigenen, reichsunmittelbarem Land in alleiniger Verantwortung regierend, soweit nicht Gesetze vorlagen, die alle Herrschaften im Reiche banden – hat St. Blasiens Abt in ein und derselben zentralen »Regierung« am Klosterort die Funktion des Regierens geübt, wobei die unterstellten Amtsleute natürlich je für sich in den österreichischen oder »reichischen« Ämtern zu handeln hatten. Die Zentrale bestand vor allem aus dem Abt und der in St. Blasien tagenden Konferenzen, der Vertreter des Konvents, aber auch beamtete Laien angehörten. Gerbert hat gleich anfangs bestimmt, daß sie 8tägig zusammenzutreten hatte. Wie die Konferenzprotokolle, die in vielen Bänden noch vorliegen, zeigen, war Gerbert selbst fast jedesmal persönlich anwesend.

Die st. blasische Reichsherrschaft Bonndorf konnte natürlich keine eigene »Außenpolitik« treiben; sie lag zwischen dem vorderösterreichischem Lande und den fürstlich fürstenbergischen Gebieten auf der Baar und Grafschaft Stühlingen eingebettet. Diese Nachbarn, die ja die österreichischen Teile der st. blasischen Niedergerichtsherrschaft ganz unmittelbar mit einbezogen haben, mußten auch die ganzen innenpolitischen und wirtschaftlichen Bestimmungen der st. blasischen Regierung zutiefst beeinflussen. Und doch zeigt gerade Martin Gerbert auch viel Eigeninitiative. Manches war auch durch die örtliche Tradition in bestimmte Formen gebracht, wieder anderes entsprach dem damaligen Zeitstil und den Anschauungen, die selbstverständlich waren, auch wenn sie unseren heutigen gar nicht mehr entsprechen. So bezog sich die Strafgerichtsbarkeit, oft recht hart gehandhabt, auf Delikte, die bei uns nicht mehr geahndet werden, wie Gotteslästerung oder faßbare Übertretungen des 6. Gebotes. Als Strafe galten auch Einweisung ins Militär. Für Arbeitsunwillige wurde ein Arbeitshaus eingerichtet.

Um den Staat übersichtlich verwalten zu können, ließ Gerbert große Statistiken aufstellen, die über jede Ortschaft die nötigen Unterlagen anboten. Geometer mußten Karten und Pläne erarbeiten. So manche Verordnungen hat Gerbert erlassen, um eine geregelte Verwaltung abzusichern: Erbordnung, Gantordnung bis zur Ordnung der Schreibgebühren. Auch die Oberamtmänner und Forstleute bekamen ihre Instruktionen. Das Verhältnis zu den Untertanen war manchmal rechten Spannungen ausgesetzt. Zwar lagen die bitteren Auseinandersetzungen mit den Hauensteinern, der Salpetereraufstand und seine Niederschlagung längst vor der Regierungszeit Gerberts. Aber der Unmut war, trotzdem die erstrebte Befreiung von der Leibeigenschaft erreicht werden konnte, noch nicht überwunden. Zu Gerberts Zeiten gab es lange Auseinandersetzungen mit den St. Blasien zunächst liegenden Gemeinden des Zwing und Bann: Bernau, Menzenschwand und Ibach. Es ging dabei vor allem um Waldrecht. Zum Teil bekamen die Gemeinden vor den Gerichten recht, zum Teil wurden ihre Ansprüche als unbegründet abgewiesen.

Die Sorge um die ja noch fast nur durch die Landwirtschaft lebende Bevölkerung hatte mancherlei Maßnahmen veranlaßt. Die Abwehr von Nöten und Bedrängnissen stand im Vordergrund. Als eine böse Mißernte 1770 Hungersnot zu bringen drohte, wurden die Grenzen gesperrt, um Schiebern die Möglichkeit zu nehmen, die geringen Bestände mit hohem Gewinn in benachbarte Länder auszuführen. Die eigene Vorratbildung wurde so geregelt, daß die schlimmsten Nöte abgefangen werden konnten. Bei auswärtigen Viehseuchen hat man durch strenge Vorschriften die Einschleppung abgewehrt.

Eine große Bedrohung, die uns schier unbegreiflich scheint, der Holzmangel, begann empfindliche Formen anzunehmen. Der Holzbedarf war allerdings groß: denn für alles mußte Holz dienen: für jeden Bau, da die Landbevölkerung fast nur in Holzbauten lebte, und dann vor allem für jede Feuerstelle: im Haus für Wärme im Winter, für die Küche und für die Wäsche und, was große Mengen Holz verschlang, für die Erzgewinnung. So wurden Verordnungen erlassen, die den

Holzverbrauch einschränkten, wo immer möglich: daß Häuser wenigstens im Unterstock in Stein zu bauen seien, sie nicht mehr mit Schindeln, sondern mit Ziegeln gedeckt werden; der Boden der Ställe war mit Steinplatten zu belegen statt mit Bohlen, der der Tenne der Scheune mit Letten auszustreichen. Weidenzäune sollten aus lebendigem Hag bestehen, nicht aus Holzwerk. Keine neue Haushaltung durfte aufgetan werden – sie war ja mit dem Anspruch auf Bau- und Brennholz verbunden. Heiratserlaubnis wurde nur erteilt, wenn eine erlöschende Haushaltung übernommen werden konnte. Das große Übel war aber die gar weitgehende Zerstörung des Waldes. Noch war er ja nicht geforstet, sondern ein Urwald wie eh und jeh. Und dazu galt der Wald den Bauern vor allem seit alten Zeiten als Weide für jegliches Vieh. Aber gerade diese Verwendung hat dem Nachwuchs schwerstens geschadet. Erste Waldordnung suchte die schlimmsten Schäden abzuwehren. Dabei galt es z. B. den Eintrieb von Geißen in den Wald zu verbieten, die allem jungen Wuchs die Knospen abfraßen und ihn so verdarben. Die kaum zu bannende Brandgefahr suchte man durch Kontrolle der Kaminfeger und ihrer Tätigkeit einzudämmen, die bei Vernachlässigung mit schlimmen Folgen zur Rechenschaft gezogen wurden. Der Aufbau von Brandversicherungen zur Hilfe für Brandgeschädigte war damals im Zuge.

Im Gesundheitswesen hat Gerbert manche Förderung erstrebt: die Versorgung der Untertanen mit nun vorgebildeten Hebammen, mit Chirurgen und Ärzten. Viele waren arm und streunende Bettler gab es in Menge. 1783 wurde eine eigene Bettelordnung erlassen und dabei das Prinzip verfolgt, daß die Gemeinde, aus der ein Bettler stammt, für ihn zu sorgen habe. Statt einem in Wellendingen bestehenden »Leprosenhaus« für nicht versorgte Kranke und Findelkinder stiftete Gerbert 1789 das Spital in Bonndorf. Die dort 1768 gegründete Waisenkasse, der Anfang einer Sparkasse, sollte nicht nur die Mündelgelder sichern, sondern auch der Bevölkerung zu günstigen Bedingungen Geld anbieten. Es war auch dadurch billiges Geld, daß die Regierung auf den ihr zustehenden Nutzen bei dieser Geldleihe verzichtete.

Der Zeit entsprechend tat Gerbert viel für die Förderung des Volksschulwesens: für eine bessere Lehrerbesoldung, die die Gemeinden zu reichen hatte, für eine Durchführung der Sommerschule, auch für Hirtenkinder. Die Bauern sträubten sich immer noch zäh gegen die Einschränkung der Mithilfe der Kinder in der Landwirtschaft. Schulversäumnis wurde an den Eltern mit Geld oder kurzen Gefängnisstrafen geahndet. Einen seiner fähigsten Patres bestellte Gerbert als Aufseher über die Schulen, Meinrad Wülberz. Damit im Bereich der handwerklichen Ausbildung die Gesellen die nötige Berufserfahrung gewinnen, hat Gerbert sehr darauf gesehen, daß sie ihre Wanderjahre nutzen und zwar nicht in der Heimat oder gerade daneben, sondern wirklich in der Fremde.

Zu Gerberts Zeiten war die Landwirtschaft bedroht durch einen starken Arbeitermangel. Darum erließ der Fürstabt eine Gesindeordnung, die Knechten und Mägden möglichst günstige Bedingungen schaffen sollte, damit sie nicht weglaufen. Die auswärts beginnende Industrie, Baumwollspinnerei, Baumwollstickerei, Mouslinstickerei und Trommelstickerei, die Heimarbeit verteilte, wurde weil sie die Arbeitskräfte abzuziehen drohte, ungern gesehen. Nur mit Leibpresten Behafteten, die nicht auf dem Feld arbeiten konnten, und Kindern bis zu 12 Jahren sollte solche Arbeit gegeben werden, älteren Kindern zwischen Martini und Georgi; in dieser Zeit ruhte die Feldarbeit.

Es gehörte seit Jahrhunderten zu den inneren Verpflichtungen der Regierenden, daß sie sich auch um die seelischen Belange der Untertanen kümmern. So ist es immer wieder ihre Sorge, daß die Leute sich nicht durch Üppigkeit übernehmen und in Schulden stürzen. Auch Gerbert hat entsprechende Verordnungen erlassen; eine Kleiderordnung, gegen zu großspurige Festmäler, gegen die großen Schnupftücher, die mit dem Tabakschnupfen aufkamen, mit denen einer den anderen zu übertrumpfen suchte, und gegen das Fluchen und Schwören. Im religiösen Bereich war man daran, die vielen Feiertage einzuschränken. Papst und Bischöfe sind dem Verlangen der Regierungen nachgekommen. Gerbert hat erst 1782 derartige Verordnungen erlassen. Er benutzte die Gelegenheit, die Sonntagsfeier um so mehr einzuschärfen. Bisher auf Sonntag fallende Märkte wurden auf den Montag verschoben. Da die Pfarreien in näherer Umgebung St. Blasiens meist unter st. blasischem Patronat standen und von den Kapitularen des Klosters versorgt wurden, erreichte Gerbert, daß der Bischof von Konstanz ein eigenes Landkapitel St. Blasien bildete und so der Einfluß des Abtes auch auf die Pfarreien gestärkt wurde.

Wissenschaftler

Der 1764 zum Abt gewählte Pater Martin Gerbert war unter seinen Mitbrüdern derjenige, der schon ein reiches Schrifttum zum Drucke gebracht hatte. Er wurde nicht nur zum theologischen Lehrer für den jungen Nachwuchs St. Blasiens bestellt, sondern hat den Inhatlt seines Unterrichts druckfertig niedergeschrieben und in 20 Büchern veröffentlicht, von denen acht in einer geschlossenen Reihe einen Aufriß der ganzen vorgetragenen Lehre boten. Über die darin vertretene Theologie wird in dieser Schrift an anderer Stelle referiert.

Über dieses aus der Lehrtätigkeit erwachsene Schrifttum und der Auseinandersetzung mit bestimmten theologischen Problemen, die Gerbert besonders wichtig schienen, hinaus, war aber dieser fleißige Mönch vor allem in eine St. Blasien schon seit Jahrzehnten bestimmende Arbeitstradition eingetreten: in die Forschung im historischen Bereich. Es gehört zu den Großtaten des Benediktinerordens, daß viele seiner Mitglieder, parallel zu jenen Jesuiten, die die Acta Sanctorum herausgegeben haben, sich kritisch mit der geschichtlichen Vergangenheit auseinandersetzten. Vor allem waren es Mönche der französischen Benediktinerkongregation von St. Maur, die sogenannten Mauriner, die eine Fülle von Urkunden nicht nur sammelten und durch den Druck zugänglich machten, sondern auch ihre Echtheit überprüften und manche Fälschungen vergangener Zeiten entlarvten. Sie entwickelten dazu Methoden, die für die Geschichtswissenschaft grundlegend wurden. Gerade für diese war der bedeutendste Geschichtsforscher unter ihnen, der Gelehrte Mabillon federführend. Er hatte mit seinen Arbeiten auch süddeutsche Benediktiner bekannt gemacht, als er sie auf seinen Bibliotheksreisen aufsuchte. Auch St. Blasien hat sich dieser Freude an wissenschaftlicher historischer Arbeit geöffnet und junge Mönche entsprechend in Frankreich ausgebildet. Der hervorragendste wurde unter diesen zunächst Pater Marquard Herrgott. Unter anderem gab er im Großfolio Monumenta domus Austriacae heraus, durch die er die Geschichte des Hauses Habsburg reichlich mit historischem Material absicherte. An diese Historiker St. Blasiens schloß sich der eine Generation jüngere Martin Gerbert an. Er wurde durch seine eigenen Werke und durch die Organisation eines großen geschichtlichen Unternehmens der bedeutendste Repräsentant der in St. Blasien beheimateten Geschichtsforschung.

Noch waren damals viele geschichtliche Unterlagen nicht veröffentlicht. Sie lagen in ihren Urschriften oder in Abschriften in dickleibigen Folianten handgeschrieben in Klosterbibliotheken o. ä. Kaum gab es Hinweise, wo etwas und was zu finden wäre. Urkunden lagen verschlossen und wohl behütet in den Archiven der Fürsten, der Bischöfe und Klöster, auch der Städte, aufgehoben, weniger als Zeugnisse der Geschichte, sondern als Beweismittel für den Fall, daß die sie Hütenden in ihren Rechten angegriffen wurden und vor Gericht gezwungen wären, sich durch Rechtszeugnisse zu verteidigen. So war es auch oft nicht leicht, Zugang zu diesen wohlbehüteten Urkunden zu erlangen und dem Verdacht zu entgehen, man interessiere sich nur für diese Dinge, um insgeheim Material für einen möglichen Rechtsstreit zu sammeln, der den Inhabern der Urkunde schaden könne. Gerberts erste Unternehmen waren ausgedehnte Bibliotheksreisen durch Deutschland und Frankreich. Er war eben Abt geworden, als er als Frucht dieser Reisen einen ausführlichen Bericht zum Druck brachte, in dem der Handschriftenbestand der aufgesuchten Bibliotheken eingehend dargestellt wird. Vieles ist darin zu lesen, was durch die spätere Säkularisierung entfernt oder zerstreut wurde, oder gar ganz verloren ging. Dieses Werk ist von ihm wie alle seine Werke in der lateinischen Sprache verfaßt, der Sprache der damaligen Gelehrtenwelt, die in allen Nationen geübt wurde und verstanden werden konnte. Zwei Jahre später gab es aber auch eine deutsche Übertragung dieser wichtigen Orientierung über Bibliotheksbestände – das einzige wissenschaftliche Werk Gerberts, das ins Deutsche übersetzt wurde.

Bei seinen Reisen hatte er vor allem auf zwei Themen sein Augenmerk gerichtet: auf die Geschichte der Liturgie, des katholischen Gottesdienstes und auf die Geschichte der Musik. Zu beiden Themen hat er, schon längst Fürstabt geworden, je zweimal zwei Bände veröffentlicht: einmal Quellen, das andermal geschichtliche Darstellung. Was er da zutage brachte, ist so einmalig, daß sowohl die Geschichte der Liturgie wie auch die Geschichte der Musik zweihundert Jahre auf diese Arbeiten Gerberts verweisen mußte. Sie waren immer noch nicht überholt, immer noch unentbehrlich für die Forschungen auf diesen beiden Gebieten. Begreiflich, daß diese insgesamt acht Bände vor mehreren Jahren im Reprintverfahren nachgedruckt und so erneut auf den Büchermarkt gebracht wurden.

Das große Interesse der St. Blasischen Gelehrten am Hause Habsburg war schon durch die Arbeiten P. Marquards offenkundig. Gerbert hat dessen Monumenta im 3. und 4. Band in zweiter Auflage noch einmal vorgelegt und durch ein Werk über die Münzen der habsburgischen Fürsten ergänzt. Zur Geschichte König Rudolfs brachte er eine eigene Quellenveröffentlichung, wie auch eine Arbeit über Rudolf von Rheinfelden, der seinerzeit so sehr mit St. Blasien verbunden war. Als nach der Brandkatastrophe von 1768 Gerbert das Ziel verfolgte, die in verschiedenen Kirchen der Schweiz, die seit der Reformation nicht mehr katholisch waren, begrabenen Angehörigen des habsburgischen Hauses in der neuen prächtig errichteten Kirche zu bestatten, hat er in mehreren Veröffentlichungen mit entsprechenden historischen Darstellungen diese Einrichtung einer Habsburger Grablege in St. Blasien publik gemacht.

Schließlich griff er ein Thema gründlich auf, das vor ihm noch niemand behandelt hatte und merkwürdigerweise nach ihm bis heute noch niemand: die Geschichte des Schwarzwaldes. Im Blick auf die vielen Benediktinerklöster, die im Zusammenhang mit der Besiedlung dieses waldreichen Mittelgebirges entstanden sind (St. Blasien, Hirsau, St. Georgen, Alpirsbach, Klosterreichenbach, Rippoldsau, Frauenalb, Friedenweiler, Berau, dazu die Zisterzienser von Herrenalb, Tennenbach, die Zisterzienserinnen von Lichtenthal und Günterstal und die Prämonstratenser in Allerheiligen überm Renchtal), hat er den Schwarzwald begriffen als eine Colonia ordinis. S. Benedicti, als ein großes Wirkfeld des Benediktinerordens. Was er in diesem Zusammenhang an Urkundentexten veröffentlicht hat, ist heute noch für alle Geschichtsforscher, die sich mit dem Schwarzwald irgendwie beschäftigen, unentbehrlich und für alle, die es mit der Geschichte irgendwelcher Orte zu tun haben, die zum Schwarzwald gehören. Dieses dreibändige Werk, die Historia Nigrae Silvae, veröffentlicht 1783–1788, ist eines der grundlegendsten Werke unserer heimatlichen Geschichtsschreibung.

Gerberts Name ist vor allem auch mit einem großen Unternehmen im Bereich der Geschichtsforschung verbunden, das bestens in St. Blasien begonnen, durch die Säkularisation sinnlos abgewürgt, im Beginn unseres Jahrhunderts wieder aufgegriffen, nach dem zweiten Weltkrieg erneut fortgesetzt und nun nach immer breiter ausgebautem Konzept betrieben, noch lange nicht vollendet sein wird: eine Geschichte der Kirche in Deutschland, genau aus den Quellen erarbeitet. Nachdem solch ein Unternehmen der Zisterzienserabt Ferdinand Ughelli schon für Italien im 17. Jahrhundert verwirklicht hatte und die Mauriner eine Gallia Christiana für Frankreich erarbeiteten, wurde auch für Deutschland ähnliches erstrebt. Sehr ernst ging der Jesuit Heinsitz an eine Kirchengeschichte Deutschland, und schließlich auch der Göttweiger Benediktiner Magnus Klein. Doch eine wirklich gründliche Erarbeitung einer so umfangreichen Sache konnte ein Einzelner nicht schaffen. Dazu war ein wohlgeschultes »Team« – würde man heute sagen – nötig. Das stand in St. Blasien zur Verfügung. Der so sehr mit geschichtlichen Arbeiten vertraute Martin Gerbert hatte Sinn für eine solche Aufgabe und den nötigen Schneid und Unternehmungsgeist. Sein umfangreicher gut erhaltener Briefwechsel bezeugt, wie sehr er sich persönlich für das

Zustandekommen einsetzte, wie sehr er alle Beziehungen zu nutzen und neue anzuknüpften suchte, die halfen die Archive zugänglich zu machen und Kenner als Helfer zu gewinnen.

1783 war der Grundplan für die Germania Sacra erarbeitet. Nach sieben Jahren erschien der erste Band, gleichsam als Grundlage: die Chronik Hermann des Lahmen († 1054). Die Ausgabe besorgte P. Aemilian Ussermann. Derselbe setzte nach zwei Jahren diese Quellenveröffentlichung fort mit der Chronik Bernolds, die an Hermann des Lahmen Werk anschließt. Martin Gerbert hat zu dieser Edition einen eigenen Aufsatz beigegeben. Zwischenhinein begann P. Trudpert Neugart mit einem ersten Band Urkunden zur Geschichte der Diözese Konstanz, dem 1795 der zweite folgte. Ussermann hatte sich inzwischen an die Geschichte des Bistums Bamberg gemacht, die er 1794 vorlegte. P. Ambrosius Eichhorn veröffentlichte die Geschichte der Diözese Chur 1797 und noch einmal P. Ussermann das weiter Erarbeitete: die Geschichte des Bistums Bamberg 1802. Schon war 1803 der Beschluß der großen Säkularisation in Deutschland gefaßt und die meisten Klöster schon aufgelöst; noch hat dieses sinnlose Ende St. Blasien nicht erreicht, weil Österreich – ja bis heute – keine Säkularisation durchführte und das vorderösterreichische Breisgau noch in österreichischer Verwaltung stand: so konnte Trudpert Neugart die Frucht seiner Arbeit im Bereich der Diözese Konstanz 1803 mit dem ersten Band der Darstellung dieser Bistumsgeschichte veröffentlichen. Den zweiten Band hat er, der zu den st. blasischen Mönchen gehörte, die, als 1806 St. Blasien an Baden fiel und nun säkularisiert wurde, nach St. Paul in Kärnten übergesiedelt sind, dort vollendet. Er ist viel später, erst 1862 mit Hilfe aus dem Badischen doch noch veröffentlicht worden. So hat das große Unternehmen, das mit dem Tode Gerberts 1793 nicht abbrach, es doch zu neun stattlichen und auskunftsreichen Bänden gebracht. Daß er über den beachtlichen Anfang nicht hinauskam, lag nicht an einem falschen Konzept und noch weniger an der Unfähigkeit der Mönche von St. Blasien, sondern am Unverstand derer, die mit Gewalt jedem Mönchtum ein Ende bereiten wollten. Das für die Fortsetzung gesammelte Material liegt heute noch in St. Paul.

In seinen späteren Jahren hat sich Gerbert nicht mehr vor allem den historischen Wissenschaften zugewandt, sondern sich mit Problemen auseinandergesetzt, die zum Teil die Frage Kirche und Staat betrafen, zum Teil durch die Zeitereignisse (französische Revolution) nahegelegt waren. Vor allem beschäftigte er sich mit dem religiösen Aspekt der Aussagen des Evangeliums. Man mag immer wieder staunen, wie weit seine Gesichtspunkte waren, unter denen er zu verschiedensten Fragen Stellung nahm. Bedenkt man dabei, wie er als Leiter des Konventes, als Fürst eines kleinen Landes, durch die Kirchenpolitik Wiens vielfach bedroht, seit dem Großbrand von 1768, der ihm viele seiner gesammelten wissenschaftlichen Materialien vernichtete, mit dem Wiederaufbau von Kloster und Kirche und der Neufundierung der Bibliothek aufs äußerste in Anspruch genommen, schier unfaßbar viel geleistet hat, kann man diesem Mann den größten Respekt nicht versagen. Dazu kommt, daß er schon 1784 als Vierundsechzigjähriger einen Schlaganfall erlitt, dessen Folge er wohl nie ganz überwunden hat. Seine ruhige Tätigkeit und seine geistige Frische blieb ihm, wie durch die Korrespondenz belegt werden kann, bis zu seinem Hinscheiden am 13. Mai 1793.

Literatur

Bader, Joseph, Fürstabt Martin Gerbert v. St. Blasien. Freiburg 1875
Hilger, Franz M., Martin Gerbert, Fürst und Abt von St. Blasien. Konstanz 1970
Müller, Wolfgang, Briefe und Akten des Fürstabtes Martin II. Gerbert von St. Blasien, Karlsruhe I 1957. II 1962
ders., Martin Gerbert, Fürstabt von St. Blasien 1720–1793. in: Lebensbilder aus Schwaben und Franken. XII. Stuttgart 1972. 100–120
Pfeilschifter, Georg, Die st. blasische Germania sacra. Kempten 1921
ders., Korrespondenz des Fürstabtes Martin II. Gerbert von St. Blasien. Karlsruhe I 1931. II 1934

Alfons Deissler

Martin Gerbert als Theologe

Theologie bedeutet dem Wortsinn nach das »Zur-Sprachekommen Gottes«. Seit der Frühzeit der Kirche ereignet sich dies in ihr in einer doppelten Weise: a) Gott bringt sich selbst zur Sprache im gläubigen und bedenkenden Hören und Sprechen seiner Verkünder. b) Der denkende Mensch bringt Gott zur Sprache, indem er über ihn im Licht seiner vom Glauben erhellten Vernunft nachdenkt und dann lehrend und belehrend über ihn und seine Offenbarung in Wort und Werk spricht. Auf diesem Doppelweg kommt es zu dem, was die Kirche gern »Glaubenswissenschaft« nennt. Diese »Glaubenswissenschaft« hat ihre große Geschichte von den ältesten Kirchenvätern her über die »klassischen« Kirchenlehrer und Theologen des Altertums und Mittelalters bis zu den bekanntesten Theologen der Neuzeit. Diese Entwicklung der Theologie ist einmal eine solche in eine größere Breite und Tiefe hinein und zum anderen zugleich ein umwandelnder Durchgang durch kulturelle, gesellschaftliche und geistesgeschichtliche Umbrüche hindurch. Eine theologia perennis, eine »ewige Theologie« kann es im Sinne währender Beharrung nicht geben, weil das Prinzip »Erkenntnis geschieht gemäß der Weise des Erkennenden« auch für die Glaubenswissenschaft unaufhebbar ist. Geschichte im Vollsinn des Wortes – sie ist eine Grunddimension des Menschseins – ist ja gerade das Gegenteil von einer »ewigen Wiederholung des ewig Gleichen« und stellt dennoch vor die große und schwierige Aufgabe, in allem Wandel zugleich Währendes durchzuhalten und durchzutragen.

I. Die Entwicklung der Theologie seit der beginnenden Neuzeit bis zur Epoche von Martin Gerbert

Der Übergang vom Mittelalter zur Neuzeit geschieht unter den Einflüssen dreier Phänomene: des Humanismus, der Renaissance und der Reformation. So wurde das 16. Jahrhundert auch zu einer großen Wende in der Theologie. Im katholischen Bereich wurde dabei die Theologenschule von Salamanca führend. Mit Entschiedenheit wurde hier die »via moderna« des Nominalismus, die zum Verfall der Scholastik im Spätmittelalter ihr gerütteltes Maß beigetragen hatte, verlassen. Man machte jetzt die Werke Thomas von Aquins zur Grundlage der katholischen Theologie, zog aber zugleich die Wissenschaftsideale des Humanismus ins theologische Arbeiten herein und erzielte dadurch eine gute historisch-exegetische Grundlegung des scholastischen »Gebäudes«. Auch der eben entstandene Jesuitenorden stellte sich an die Seite der die Salamanca-Schule vertretenden Dominikaner und Karmeliten. Seine ersten großen Theologen (Suarez, Vasquez, Gregor von Valencia, Toletus u. a.) suchten eine fruchtbare Verbindung von Scholastik, Patristik und exegetischer Theologie. Auf dem Konzil von Trient wurde man sich der Bedeutung des Studiums der Hl. Schrift bewußt, aber dem Konzil gelang es nicht, eine wegweisende Orientierung für den fälligen Neuaufbau des theologischen Studiums zu geben. Die junge »Gesellschaft Jesu« erkannte die dringliche Aufgabe und mühte sich um die Aufstellung einer »Ratio studiorum«. 1599 wurde sie nach langen Diskussionen fertiggestellt und in Kraft gesetzt. Leider sah sie am Ende unvorteilhaft anders aus als ihr Hauptentwurf aus dem Jahre 1586. Dieser hatte dem Studium der Bibel zur Eruierung des »wahren und ursprünglichen Sinnes der hl. Schriften« einen Hauptplatz im Theologiestudium zugewiesen. Jetzt rückte das Studium der scholastischen Theologie samt den dazugehörigen scholastischen Disputationen wieder in den Vordergrund. Die einschlägigen Eingaben der rheinischen und oberdeutschen Ordensprovinz um größeren Raum für das geschichtliche Element im Unterricht waren so viel wie unberücksichtigt geblieben. Die Durchführung der »Ratio studiorum« von 1599, die sich nicht nur an Jesuitenkollegien, sondern auch an öffentlichen Hochschulen fast zwei Jahrhunderte Geltung verschaffte, rückte – und das war besonders verhängnisvoll – bald in den Schlagschatten des großen innerkirchlichen Schulstreits zwischen Dominikanern (vorab Bañez) und Jesuiten (vorab Molina) um das Verhältnis von göttlicher Allwirksamkeit und menschlicher Freiheit. Diesem im letzten nur dialektisch anzugehenden und nicht philosophisch transparent zu machenden Mysterium wurden in unverantwortlicher Weise Zeit und Kraft gewidmet. So handelt z. B. im »Tractatus de Deo uno et trino« des Freiburger Professors Jakob Spreng S. J. (1720) gut ein Drittel über die thomistisch-molinistischen Schulstreitigkeiten in der Gotteslehre.* Ähnliche Vereinseitigungen lassen sich an fast allen Universitäten im 18. Jhdt. belegen. Dabei war doch bereits jetzt die scholastische Philosophie als Grundpfeiler der gängigen Theologie durch den wachsenden Einfluß neuzeitlicher philosophischer Strömungen (Descartes, Spinoza, Hume, Locke, Leibniz u. a.) immer mehr ins Wanken gekommen.

Abseits von den Universitäten hat schon im 17. Jahrhundert unter dem Einfluß der humanistischen Wissenschaftsideale eine historisch-kritische Gegenströmung gegen das herkömmliche Theologieverständnis und den üblichen Theologiebetrieb eingesetzt. In den französischen Benediktinerkongregationen von St. Maur (Paris, Mauriner!) und St. Vannes (Lothringen) erstanden blühende Heimstätten historischer und exegetischer Studien. In der Auslegung des hl. Schrift aus ihren Originalsprachen, Pflege der Patristik und Erforschung der Kirchen- und Ordensgeschichte setzte die neue französische Benediktinerschule neue Akzente für die Theologie. Bis ins 18. Jhdt. hinein war im deutschen Benediktinerorden im allgemeinen wenig zu spüren von diesem Geiste. Freilich gelang es dann hier und dort einzelnen Benediktinertheologen, Breschen in die Phalanx des Traditionalismus zu legen. Hier sind vor allem zu nennen: P. Ulrich Staudigl (1644–1720) in Andechs, P. Karl Meichelbeck (1669–1734) in Benediktbeuren, P. Anselm Desing (1699–1772) in Salzburg, P. Kaspar Erhard (1685–1729) in Regensburg, P. Frobenius Forster (ab 1745 in Salzburg, ab 1762 Fürstabt von St. Emmeram in Regensburg), P. Oliver Legipont (1698–1758) in Trier, P. Magnoald Ziegelbauer (1689–1750) in Zwiefalten, P. Gallus Cartier (1693–1777) in Ettenheimmünster.

Das Benediktinerkloster St. Blasien spielte schon im 17. Jhdt. im Umkreis der beiden schwäbischen Benediktinerkongregationen eine führende Rolle. Doch die fällige Neuorientierung im Theologiestudium ist erst mit dem Namen des Abtes Blasius (III.) Bender (1720–27) zu verbinden. Durch ihn fand das Wissenschaftsideal von St. Maur und St. Vannes in St. Blasien eine wahre Heimstätte. Er schickte junge Fratres zur Ausbildung nach St. Gallen und in die französischen Klöster. Unter seinen Nachfolgern (Abt Franz II. 1727–47 und Fürstabt Coelestin 1747–49) reifte darum eine erste große Gelehrtengeneration heran, unter ihnen die berühmt gewordenen Historiographen Marquard Herrgott, Stanislaus Wülberz, Rustenus Heer und der Theologe Hugo Schmidfeld. Diese Gelehrten haben durch vom jeweiligen Abt angeforderte Reformvorschläge (P. Herrgott 1722 und 1724, P. Heer 1742, P. Schmidfeld 1737 und 1746) Einfluß genommen auf die fällige Anpassung der theologischen Studien, die in St. Blasien von da ab eine für das ganze deutsche Sprachgebiet exemplarische Blüte erlebten. Daran hat als Exekutor der Pläne P. Herrgotts und P. Heers und zugleich als schöpferischer Autor P. Martin Gerbert den größten Anteil. 1720 geboren trat er 1736 in St. Blasien in den Orden und machte in den Studien solche Fortschritte, daß er bereits 1746 in leider verlorengegangenen »Epistolae de Methodo Theologiae« sich zu Wort melden konnte. Als Professor der Theologie (ab 1746) hat er in seiner ersten Schaffensperiode (1750–59) vornehmlich theologische Werke und Abhandlungen geschrieben, in denen er seine eigenen Reformvorschläge realisierte und damit zugleich über St. Blasien hinaus Einfluß nahm auf die Reform des Theologiestudiums in den habsburgischen Ländern.

II. Die theologischen Intentionen Martin Gerberts

M. Gerbert hat wohl schon von seiner Anlage her jene intellektuelle Disposition in seine St.-Blasianer Studienzeit mitgebracht, die beim Zugang zur Wesenserkenntnis einer Sache einen starken Akzent auf die Erkundung und Erforschung ihres Werdens legte. Das Phaenom der Geschichte war für ihn offensichtlich schon von Hause aus ein Fascinosum. Sein Eintauchen in eine »benediktinische Welt im Aufbruch« setzte diese Anlage einer Induktion aus, welche sie stark zu profilieren und kreativ zu machen vermochte. Seine Leitfigur im Kloster wurde der große Historiker Marquard Herrgott, der nach seinem Studium der Theologie in Rom in St. Gallen zuerst orientalische Sprachen und dann bei den Maurinern in Paris (1725/26) gleichsam das Handwerk der historischen Forschung erlernt hatte. Der betonte sensus historicus Gerberts hielt ihn denn auch nur bis 1759 im Bann der Theologie im engeren Sinne. Dann brach er zu Forschungsreisen in Klöster und Bibliotheken fast ganz Europas auf, um dem geschichtlichen Werden der Liturgie und vorab der Kirchenmusik auf die Spur zu kommen. Hier legte er die Grundlagen für seine ihn international berühmt machenden Werke: a) De cantu et musica sacra a prima ecclesiae aetate usque ad praesens, 2 Bände, 1774. b) Vetus Liturgia alemannica, disquisitionibus praeviis, notis et observationibus illustrata, 2 Bände, 1776. c) Monumenta Veteris Liturgiae alemannicae, 2 Bände, 1777–79. d) Scriptores ecclesiastici de musica sacra potissimum, 3 Bände, 1784 (mehrfache anastatische Neudrucke!). e) Historia Nigrae Silvae, 3 Bände, 1783–88. Nach Gerbertscher Auffassung gehören Liturgie- und Kirchengeschichte integral zum Gesamtfeld der Theologie. In der Einschätzung des ausgehenden 18. Jahrhunderts finden wir – nicht zuletzt auch durch den wirksamen Einfluß und das fruchtbare Beispiel des San-Blasianer Fürstabts selbst – fast überall die gleiche Position. Darum konnte einer der besten italienischen Theologen des 18. Jahrhunderts (P. Trombelli) M. Gerbert auch »den ersten und gelehrtesten Theologen aus dem Mönchtum unserer Zeit« nennen.

Dennoch soll im Rahmen dieses Beitrags der Akzent auf die Theologie im engeren Sinn gelegt werden. Auf ihrem Felde ist die theologische Position des großen San-Blasianers besonders instruktiv und in ihrer Wirkungsgeschichte ebenso bedeutsam wie seine großen kirchenhistorischen Werke und Initiativen.

1. Martin Gerberts Auseinandersetzung mit der Scholastik

Die tieferen Intentionen Martin Gerberts eröffnen sich nicht nur in seinen aufbauenden theologischen Büchern, sondern vorab in seinen kritischen Auseinandersetzungen mit der bisherigen Schultheologie. Sie sind darum am ehesten zu ersehen aus seinem 1758 veröffentlichten Buch: De recto et perverso usu theologiae scholasticae (204 S. in 8°). Damit das Buch nicht ein Opfer der Zensur der Freiburger Theologischen Fakultät (in der Majorität Jesuitenprofessoren) würde, läßt Gerbert zuerst die positiven Seiten der Scholastik aufleuchten. Ob er dieses Ideal wenigstens in der Hochscholastik des Mittelalters verwirklicht sah, kann man bezweifeln. Denn er betrachtet die aristotelische Philosophie im Bereich der Theologie geradezu als »Trojanisches Pferd«. Jedenfalls ist die zeitgenössische scholastische Theologie in Gerberts Augen in einem schandbaren

Zustand. Er wagt sogar das Bild von einem »stinkenden Stall«, in den man die »heiligsten Dinge« einschlösse (V, 1 p. 37).

Die Vorwürfe bewegen sich auf mehreren Ebenen:

a) Sprache und Diktion sind unerträglich. Die leidenschaftliche Sucht nach Bildung neuer metaphysischer Begriffe führt zu »Wort-Ungeheuern«, die öfter nur noch unsinnige Anhäufungen von Buchstaben sind. Die vielen Disputationen mit ihren subtilen Abstraktionen und Distinktionen sind »leere Logomachien« (Wortstreitereien) ohne Fundament und erschweren den Zugang zur Sache selbst. Über dem Streben nach Wahrheit steht das Trachten nach dem Ruhm des dialektischen Sieges.

b) In inhaltlicher Hinsicht wird die Theologie überfrachtet durch rein spekulative Erörterungen über das »Wie« der Glaubensmysterien, dessen der Mensch »in statu viatoris« (im Pilgerstand) nie habhaft werden kann. So werden eher Zweifel als Glaubensfreude geweckt. In der Moraltheologie dreht sich fast alles um die Frage: Ist dies Todsünde, oder ist es keine Todsünde? So verschwindet »die Tugend« als Hauptgegenstand der Ethik.

c) Die Methoden des scholastischen Schulbetriebs werden der Theologie als Glaubenswissenschaft nicht gerecht. Die Philosophie schwingt sich zur Herrscherin auf und macht die Theologie, die aus dem göttlichen Offenbarungswort (in Schrift und Tradition) lebt und darum königlichen Rang hat, zur Magd. Die eigentlichen theologischen Quellen werden nicht zum Fliessen gebracht, weil man die besonderen Methoden ihrer Erschließung nicht beherrscht. Die »Parteilichkeit« der jeweiligen Schulrichtungen ist so stark, daß man mit dem Kleid auch seine Meinung wechselt und wechseln muß. »Wer den Dominikanerhabit nimmt, wird Thomist. Wer zu den Franziskanern geht, wird Skotist. Wer Jesuit wird, wird ein »Moderner« (recentior). Eher gibt man dann das Leben hin, als in einer auch nur unwichtigen Sache von der Meinung des Meisters abzugehen.« (Vgl. IX, 4 p. 90).

2. Martin Gerberts Entwurf einer Theologie

Theologie ist für Gerbert vorab eine »scientia sacra« (»heilige Wissenschaft«). Mit dieser Kennzeichnung will Gerbert keine eigene Position beziehen in dem traditionellen Streit, inwiefern Theologie »Wissenschaft« und inwiefern sie eine »Kunst« (ars) sei. Definitionen der Theologie bringt er mehrere, die aber alle den gemeinsamen Kern haben, daß es in ihr um die Erkenntnis Gottes und die »gottbezüglichen Dinge« gehe, die aus den Quellen (Schrift und Tradition) zu erheben sei. Daraus ergeben sich für Gerbert drei Hauptaufgaben: 1. das »officium criticum«, d.h. die Text-Interpretation mit Hilfe der Textkritik, Philologie und Hermeneutik. 2. das »officium historicum«, d.h. die Erforschung der auf die Texte bezüglichen Geschichtsdaten. 3. das »officium dogmaticum«, d.h. die mit Hilfe der Logik durchzuführende Formulierung der Lehre und ihre Systematisierung. Doch ist das Ganze in die Perspektive der Glaubenspraxis hineinzustellen, da die »theologia mentis« zu einer »theologia cordis« werden muß und damit zu einer das christliche Leben formenden Wissenschaft. Mit der starken Ausrichtung der Theologie auf die Lebensgestaltung hin schlägt Gerbert zwar einen Parallelweg zu den ausgesprochenen »aufklärerischen« Tendenzen seiner Epoche ein, aber er begründet seine Überzeugung keineswegs mit dem alles Übernatürliche einebnenden Rationalismus seiner Tage, sondern schöpft aus der augustinischen Tradition, welche das Herz dem Verstand und die »fruitio Dei« der »visio Dei« vorzieht.

Martin Gerbert wendet diese Auffassung von der Theologie auch konsequent auf den Theologen als »Subjekt« an. Noch forderte keine phänomenologische Philosophie zu seiner Zeit das »Ab- und Eingestimmtsein« des Subjekts auf das Objekt hin, da besteht der San-Blasianer-Theologe bereits – auf die Kirchenväter zurückgreifend – auf einer Grundverfassung des Theologen, die Gottes würdig und den »göttlichen Dingen« angemessen ist. Als erstes gehört dazu der »demütige Glaube«, sodann die Liebe zu Gott und das Sich-Erfüllen-Lassen von Gottes

Heiligem Geist. Erst dann wird auf die Wichtigkeit eines flüssigen, kontinuierlichen und tiefgründigen Studiums der Finger gelegt.

Mit der starken Fundamentierung alles theologischen Studiums in den Quellen der Theologie, die sich erst nach vielfältigen einschlägigen Kenntnissen erschließen lassen, ist verständlicherweise auch eine vermehrte Einforderung des Theologen verbunden. Martin Gerbert weiß sehr wohl, daß nicht jeder auf einen solchen Weg von seinen geistigen Fähigkeiten her gerufen ist. Doch für die zu geistiger Anstrengung Begabten sind seiner Meinung nach die Schwierigkeiten zu meistern. Der Weg ist dabei folgender: Man muß sich in jungen Jahren bereits einführen lassen in die humanistischen Disziplinen, die für die Theologie als Hilfswissenschaften und Hilfsmittel von entscheidender Bedeutung sind. Wenn dann im philosophischen Studium alle unnützen Probleme, Kontroversen, Parteimeinungen und unfruchtbaren Disputationen entfallen, bleibt noch genügend Zeit, seine Sprachkenntnisse für den biblischen Bereich zu erweitern, die ersten Fundamente für die Kirchengeschichte und ihre Hilfswissenschaften Chronologie und Geographie zu legen und etwa von der Logik aus sich mit den Grundzügen der Kritik vertraut zu machen. Die ersten Semester des eigentlich theologischen Studiums sollen dem Studium der »loci theologici« (= Quellen der theologischen Erkenntnis!) im allgemeinen gewidmet werden, sodann der Kirchengeschichte und der theologischen Literaturgeschichte. Hierauf soll die Theologie in einem umfassenden Kompendium so absolviert werden, daß man dabei die Fundamente legt für ein darauf aufbauendes Spezialstudium. Erst wenn man in einem bestimmten System, wo alles seinen festen Platz hat, heimisch geworden ist, sollen die Quellen selbst in größerem Umfang aus reicherem Maße und schließlich allein dem Studium erschlossen werden. Auf diese Weise kann auch der Verschiedenheit der Begabungen Rechnung getragen werden. Das nach dem systematischen Grundstudium eröffnete weite Feld theologischer Arbeit zwingt nicht mehr wie ein festgefügtes scholastisches System alle auf den gleichen Weg, sondern erfüllt die Sehnsucht nach eigener Wahl des Studiums je nach Talent und Anlage.

M. Gerbert geht bei der Skizzierung dieses »kurrikularen« Weges selbst auf die technischen Formen des Lehrens und Lernens ein. Er wendet sich zunächst gegen das allgemein übliche Diktieren und plädiert für ein Vorlesungsbuch, das beim Vortrag und beim Studium mit erläuternden Notizen versehen werden kann und zugleich die Möglichkeit gibt, aus einer puren Vorlesung ein »familiare colloquium« zu machen, das die Studenten anhand des Buches vorbereiten können. Außerdem sollen »Kollegien« zu den Vorlesungen dieser Art hinzutreten. Darunter versteht Gerbert eine Art Arbeitsgemeinschaft unter der Führung eines erfahrenen Leiters. Er bevorzugt dabei ein »Collegium biblicum« und ein solches über die »loci theologici«. An die Stelle der vielen üblichen (»sterilen«!) Disputationen will Gerbert die »declamatio« gesetzt wissen, d.h. einen freien Vortrag über irgend ein vom Professor vorgeschriebenes Thema mit nachträglicher Aussprache und Kritik vonseiten der Zuhörer. Solch eine Einrichtung kann den Theologen nach jeder Seite hin eminent fördern. Erst dann kommt bei Gerbert auch die Institution der Disputation, sofern diese in lockerer und dem Gegenstand methodisch angepaßter Form durchgeführt wird, zum Zuge.

Wer auch nur ein wenig mit den Problemen des heutigen Theologiestudiums vertraut ist, muß mit Erstaunen feststellen, wie scharfäugig der damals noch nicht vierzigjährige Martin Gerbert die Fragen, die auf diesem Felde anstehen, gesehen und wie weitsichtig er sie zu lösen versucht hat.

III. Die Durchführung des theologischen Programms in Martin Gerberts theologischem Frühwerk

Der Theologe Gerbert hat sich verpflichtet und zugleich im Stande gefühlt, seine programmatischen Überlegungen und Äußerungen zur Erneuerung der Theologie einer exemplarischen praktischen Ausführung zuzuführen. Diesem Ziel dienen vorab seine »Principia theologiae«, die er

1757–1759 in acht Oktav-Bänden veröffentlichte. Sie sollen nach Gerberts Intention ein »Kompendium der ganzen Theologie“ darstellen, das nicht nur ein Unterrichtsbuch für Theologiestudenten, sondern auch ein Bildungsbuch für Laien, die sich mit einfacher Katechese nicht zufrieden geben, sein will.

Der erste Band (454 S. in 8°), »Principia theologiae exegeticae« betitelt, hat die Aufgabe einer Grundlegung der Theologie. »Exegetisch« bezieht sich dabei nicht nur auf die Hl. Schrift, sondern auch auf die Quellen der Tradition. Den behandelten Stoffen nach handelt es sich um eine theologische Erkenntnis- und Prinzipienlehre (im weitesten Sinne des Wortes) mit einem doppelten Ziel: das Buch sollte in der Hauptsache die Funktion unserer heutigen biblischen Einleitungswissenschaften samt einer dogmatischen Erkenntnislehre wahrnehmen und nebenbei auch als apologetisch-fundamentaltheologische Information fungieren. Hier liegt theologiegeschichtlich eine große Selbstbesinnung der Theologie auf ihre Grundlagen vor. Etwas Vergleichbares gab es bis dahin nicht.

Auf diesem »Unterbau« erhebt sich dann in zwei Bänden die »theoretische Theologie«, unserer heutigen Dogmatik entsprechend. Die »Principia theologiae dogmaticae« (451 S. in 8°) sind – das ist überaus bezeichnend – eine Art »Geschichte der wahren Religion« auf der Grundlage des Alten und Neuen Testamentes und der Glaubensdokumente der Kirche und werden so zu einer Art »Dogmengeschichte im Abriß« (mit dem Akzent auf den Kirchenvätern und großen Theologen). Auch dieser Band Gerberts stellt in der Theologiegeschichte etwas Neues dar. Erst nach dieser relativ breiten geschichtlichen Grundlegung kommt der San-Blasianer Theologe zur Darbietung der Dogmen in einer Art System. Weil er dabei das »Symbolum apostolicum« zum »Raster« wählt, nennt er diesen 3. Band »Principia theologiae symbolicae« (448 S. in 8°). Was hier besonders wohltuend (weil einzig sachgemäß!) auffällt, ist, daß M. Gerbert den sogenannten »Schriftbeweis« nicht in einer puren Nennung einiger Schriftstellen sieht – wie noch viele Dogmatikbücher bis ins 20. Jh. hinein verfuhren! –, sondern sich um die Exegese des biblischen Urtextes (also auch des hebräischen Textes!) bemüht, bevor er dessen Interpretation von den alten Bibelübersetzungen bis zu den Kirchenvätern (mit reichem Material!) darstellt. Von der Scholastik übernimmt er nur noch das Schema »These – Aufweis«, aber nicht in rigider Form. Philosophisch-spekulative Erörterungen treten ganz zurück und tauchen (auf das Notwendigste beschränkt!) nur bei der Besprechung einschlägiger kirchlicher Lehrentscheidungen auf. M. Gerbert folgt nur in einem einzigen Punkt dem Aquinaten: die Gnaden- und Sakramentenlehre verlegt er aus dem Bereich der theoretischen Theologie in die praktische Theologie.

Der Darstellung der »praktischen Theologie« widmet M. Gerbert alle folgenden Bände (IV–VIII). Die »Principia theologiae mysticae« (465 S. in8°) sollen die Brücke zwischen Theorie und Praxis bilden. Auch dies ist in der Geschichte des theologischen Studiums etwas Singuläres, das auch in der heutigen Situation der Studien des Bedenkens wert wäre. Die »mystische Theologie« – in ihr sind Mystik und Askese eng miteinander verbunden – bereichert nach Gerbert einerseits die theologische Erkenntnis (gnosis), die ihr Ziel im Besitze Gottes hat, und zeigt andererseits die Grundlegung alles menschlichen Handelns in der gnadenhaften Verbindung mit Gott auf. Die sich anschließenden »Principia theologiae moralis« (506 S. in 8°) behandeln die christliche Ethik. Den Stoff dafür hat er hauptsächlich der Sekunda der thomistischen Summe entnommen; die Form der Behandlung ist aber nicht scholastisch-dialektisch, sondern positiv darlegend auf der Grundlage der Hl. Schrift, der Vätertradition und der Konzilien. In der damals bewegten Diskussion um Rigorismus, Probabilismus und Probabiliorismus stellt sich Gerbert auf die Seite des letzteren, indem er nachzuweisen versucht, daß die Extreme dem Evangelium und der Haltung der Väter widersprechen, andererseits der Probabiliorismus der augustinischen Lehre von Natur und Gnade korrespondiere. Im übrigen stellt er sich mit der These, Moraltheologie müsse Tugendlehre sein, gegen die sonstwo alles beherrschende Kasuistik. Dabei dürfen Dogmatik und Moral nicht völlig auseinandertreten (wie dies insbesondere in der neueren katholischen Tradition geschieht). Auch auf diesem Gebiet ist Gerberts Stimme die eines »Rufenden in der Wüste« geblieben. Erst das 19. und 20. Jh. hat, wenigstens im deutschen Sprachgebiet, eine Reform der üblichen Moraltheologie gebracht.

An die »Principia theologiae moralis« schließen sich bei Gerbert unmittelbar die »Principia theologiae canonicae« (500 S. in 8°) an: auf die »lex evangelica« will er nun die »lex ecclesiastica« folgen lassen. Er rechnet das Kirchenrecht also zu den authentischen theologischen Disziplinen. Freilich erscheint bei Gerbert trotz der Berücksichtigung auch der Hl. Schrift und der Kirchenväter in der Begründung der Gesetze die Verbindung zwischen kanonischem Recht und der »Innenseite« der Kirche und des einzelnen Christen nur als eine recht lockere. Doch ist diese Problematik ja bis heute weithin ungelöst.

Den abschließenden Teil der praktischen Theologie bildet bei Gerbert die liturgische Theologie. Sie umfaßt zwei Volumina: 1. die »Principia theologiae sacramentalis« (462 S. in 8°) 2. die »Principia theologiae liturgicae quoad divinum officium, Dei cultum et sanctorum« (452 S. in 8°). In der Sakramententheologie hält M. Gerbert die scholastische Unterscheidung von Form und Materie wohl oder übel bei, doch zeigt er ausführlich, daß das Differenzieren zwischen »verbum« und »elementum« schon den alten Kirchenvätern geläufig sei. Bei der Eucharistie unterstreicht der San-Blasianer Theologe die Gewißheit des Dogmas in seinem »Daß«, dagegen sieht er die Erklärung des »Wie«, welche in der Kirche eine wechselvolle Geschichte habe, als zweitrangig, ja als nicht ungefährlich an. Denn das Geheimnis vertrage nicht, daß man es in die weitschweifigen und rechthaberischen Schuldisputationen zerre. Darauf führt er zu einem guten Teil das Nachlassen des häufigeren Empfangs und den entsprechenden Glaubensschwund in seiner Epoche zurück. Die »Principia theologiae liturgicae« stellen eine verdienstvolle Neuschöpfung im theologischen Bereich dar. Auf diesem seinem Lieblingsgebiet konnte sich Gerberts historisches Talent besonders gut entfalten. Denn die Beschreibung und Deutung der liturgischen Funktionen und »Dinge« werden von ihm ganz hineingespannt in den geschichtlichen Rahmen einer Entwicklungsdarstellung. Die »Werde-Geschichte« ist für Martin Gerbert hier einmal mehr der Hauptzuweg zur »Wesens-Erkenntnis«.

In M. Gerberts achtbändigem Theologie-Kompendium, das in seiner Epoche nichts seinesgleichen neben sich hat, ist für das Theologiestudium grundsätzlich eine neue Zeit angebrochen. Eine Kritik vom modernen Standpunkt aus mag versucht sein, das Werk als zwar breit, aber nicht tief genug angelegt zu bezeichnen oder gar als »Produkt des Aufklärungszeitalters« hinzustellen. Darf aber »Aufklärung« heute noch immer als etwas pur Negatives angesehen werden? Die »Aufklärung« hat auch im innerkirchlichen Raum vieles zu größerer »Klarheit« geführt. Es gibt ja auch geschichtlich bedingte »Überwachsungen« des »Wesens«, die dann wieder zurückgeschnitten werden müssen, um die Sache selbst wieder stärker zum Vorschein und damit zum »Scheinen« und »Glänzen« zu bringen. Ein »Aufklärer« in diesem guten Sinn war der Theologe Martin Gerbert gewiß, ein »Aufklärer« im negativen Wortsinn war er jedoch niemals. Sonst wären sowohl Mystik als auch Apologetik nicht seine großen Herzensanliegen gewesen. Gerade auf dem Gebiet der Apologetik hat er eine klare und alle Zeitirrtümer abweisende Position schon in seinem theologischen Frühwerk bezogen. Er ließ nämlich seinem »Kompendium der Theologie« schon 1760 seine bedeutsame »Demonstratio verae religionis veraeque ecclesiae contra quasvis falsas« (736 (!) S. in 8°) folgen. Sachlich, wenn auch noch nicht in der formalen Struktur, enthält dieses Werk bereits die drei Aufgaben jeder Apologetik (heute »Fundamentaltheologie« genannt): »Demonstratio religiosa, christiana, catholica«. Während vor ihm die »polemische Theologie« die von den einzelnen Häresien angegriffenen Dogmen verteidigte, ging Gerbert darauf aus, den Häresien ihr Fundament wegzunehmen, indem er die katholische Kirche als von Gott bestimmte Verkünderin des wahren und integralen Glaubens erweisen will. Der polemische Ton fehlt dabei nicht ganz, er ist aber ungleich gedämpfter gegenüber der einseitigen und oft maßlosen, ja häßlichen Polemik, wie sie die konfessionellen Auseinandersetzungen bis ins 18. Jhdt.

hinein prägt. Jedenfalls darf Martin Gerbert als der erste Vertreter einer zu einer selbständigen theologischen Wissenschaft sich entwickelnden Apologetik gelten**. Diese Feststellung wird noch unterstrichen durch Gerberts 1762 erschienenes dreibändiges Werk »De radiis divinitatis in operibus naturae providentiae et gratiae«. Diese Schrift, eine Art Apologie vor allem gegen Spinoza und Bayle, beschäftigt sich in unverkennbar augustinischem Geiste mit den theodizeeischen Problemen der wahren und falschen Gotteserkenntnis, des Übels und Leidens, der Vorherbestimmung und Auserwählung. In diesem Werk wird die Vernunft mit einer weithin selbständigen Aufgabe betraut, doch wird zugleich immer wieder ihre Grenze an den Pforten des Mysteriums betont.

IV. Martin Gerberts theologisches Spätwerk

1764 wurde P. Martin Gerbert im Alter von 45 Jahren zum Abt seines Klosters gewählt und wurde dadurch zugleich Reichsfürst und Landesherr der reichsunmittelbaren Grafschaft Bonndorf. Das verbreitete Bonmot „Die Mitra ist das Löschhorn für die Wissenschaft" bewahrheitete sich bei dem neuen Fürstabt nicht. Freilich ließen die neuen, überaus zahlreichen Verpflichtungen, darunter der Neuaufbau des 1768 durch eine Brandkatastrophe vernichteten Klosters und die Errichtung eines barockklassizistischen Domes von gewaltigen Ausmaßen (1768–1783), den gelehrten Theologen seltener als vorher zu Buch und Feder greifen. Dazu kam seine nunmehr stärkere Hinwendung zu großen geschichtlichen Spezialwerken und deren Förderung. Doch erschien noch 1764 die zweite (vermehrte und verbesserte) Ausgabe seines „Apparatus ad eruditionem theologicam" (338 S. in 8°, 1. Aufl. 1754).

1766 kam das Werk »De peccato in Spiritum Sanctum in hac et altera vita irremissibili. Accedit Paraphrasis cum notis selectis in epistolam S. Pauli ad Hebraeos« (304 S.) heraus. Doch kam M. Gerbert dann erst gegen Ende seines Lebens (gest. 13. 5. 1793) noch einmal dazu, sich als Theologe zu drängenden Fragen der Epoche zu äußern und zugleich damit seine theologische Position nach reicher und langer Erfahrung niederzulegen als Vermächtnis für die schweren Zeiten, denen Klöster und Kirche jetzt entgegengingen. Hier sind vorab zu nennen die Werke: »Ecclesia militans, regnum Christi in terris, in suis fatis repraesentata« (1789, 2 Tomi, je 368 S.) und »De Sublimi in Evangelio Christi iuxta divinam verbi incarnati oeconomiam« (3 Tomi, I 450, II 415 und III 368 S., noch 1793 posthum erschienen). Beide scheinen bewegt von einem Geist, wie er vergleichsweise vereinzelt bei einigen im Vaticanum II führenden Theologen heute ebenfalls zu verzeichnen ist: man fragt sich, ob die angestrebte und durchgeführte Reform wirklich innerkirchlich und außerkirchlich nur gute Früchte hervorgebracht habe. »Nur gute Früchte« sind, wenn man das Leben und die Menschen kennt, eigentlich nicht zu erwarten. Man wird immer Reformen später mit Positiva und Negativa bilanzieren müssen!

M. Gerbert wurde trotz der vielen negativen Phänomene in und außerhalb der Kirche während der Aufklärungsepoche schließlich dennoch nicht zu einem Mann der »Retractationes«, d.h. der bekennenden Rücknahme früherer Positionen. Vielleicht hat ihn das Beispiel seines sonst so verehrten Kirchenlehrers Augustinus gewarnt. Dessen »Retractationes« bewegen sich bekanntlich auf Wege zu, welche die von M. Gerbert immer wieder getadelten Jansenisten dann aufnahmen und auszuschreiten versuchten. Jedenfalls hat Fürstabt M. Gerbert seine Reform der Theologie bis zum Ende seines Lebens als eine in der Sache der Theologie verwurzelte Notwendigkeit nicht in Frage gestellt. Die beiden Spätwerke sind eher so zu verstehen, daß sie gewissermaßen einen Flankenschutz gegen Mißbräuche, die nicht aus dem Geist der Reform selber, sondern von außen kamen, darstellen sollten, und damit zugleich eine Art Kompaß, um sich in den erwarteten Bedrängnissen durchzufinden und zu bewähren.

Das Werk »Ecclesia militans Regnum Christi in terris, in suis fatis repraesentata« von 1789 ist an sich schwer einem einzigen theologischen Genus zuzuordnen. Man könnte es am ehesten eine apologetische Kirchen- und Heilsgeschichte mit stark selektiver Note nennen, welche unter dem Eindruck einer in der Gegenwart niedergehenden und niedergetretenen Kirche geschrieben, aber gerade deswegen im Horizont der apokalyptischen Geschichtsdeutung von Dan 2 und 7 und der Apokalypse des Johannes konzipiert und darauf immer wieder bezogen wurde. Anregungen dazu ließ sich M. Gerbert von Augustinus und seinem berühmten Werk »Über den Gottesstaat« geben, wie er im Vorwort vermerkt. Die Wahl der apokalyptischen Perspektive machte für Gerbert die Beschäftigung mit den beiden biblischen »Phänomenen« des »Tausendjährigen Reiches« (vgl. Apk 20,1-6. Chiliasmus!) und des »Antichristus« (vgl. Apk 13 2 Thess 2,3 ff. u. a.) fast unumgänglich. Als kundiger Theologie- und Kirchengeschichtler weiß er um die Schwierigkeiten dieser Problemfelder und die vielen im Laufe der Geschichte vorgelegten Lösungsversuche und legt sie auch in gebotener Kürze dar. Das »Tausendjährige Reich Christi auf Erden« möchte er im Anschluß an Augustinus in der in allen Verfolgungen und inneren Krisen durchhaltenden »idealen Kirche« zwischen der ersten und zweiten Ankunft Jesu Christi sehen. Konkret erscheint dieses Reich Jesu Christi auf Erden am meisten im »regnum sacerdotale«, also im »Königreich von Priestern« (Apk 1,6 Ex 19,6 vgl. 1 Petr 2,9), d. h. aber für Gerbert: in der Hierarchie der Kirche und zwar der Ecclesia Romano-catholica! Gerbert war zwar kein »Papalist«, sondern eher ein gemäßigter »Episkopalist«, aber den »Febronianismus« lehnt er in »Ecclesia militans« (vgl. Band 2, S. 115 f.) entschieden ab, wiewohl er mit N. von Hontheim (Pseudonym: Febronius) in einem menschlich toleranten Briefwechsel stand. Und ebenso dezidiert nimmt er Stellung gegen den Bischof von Pistoia, Scipione de Ricci, und dessen »Synode von Pistoia« (1786). Für M. Gerbert ist – und er legt dies Jahrhundert für Jahrhundert dar – die Geschichte der Hierarchie und insbesondere des Papsttums seit Apostelzeiten eine legitime und im Umraum der historischen Wandlungen »organische« Entfaltung der Grundstruktur der biblischen Urkirche. Das allmähliche Absinken der Ostkirche (von Gerbert manchmal als »Sitz der Häresien« charakterisiert!) in einen Zustand der Fast-Bedeutungslosigkeit (äußerlich verursacht vor allem durch die Ausbreitung des Islams) hängt nach Gerbert innerlich auch zusammen mit der Trennung von Rom. Diese »Hauptstadt« des Westens hat seit ihrer Einnahme von 410 den Charakter des »Babylon der Apokalypse« endgültig verloren und blüht seitdem als »Roma sacra«. Dies wurde ermöglicht durch das Zusammengehen und Zusammenwirken von kirchlichem Sacerdotium und weltlichem Regnum, wie es insbesondere die Epoche Karls des Großen und später die ideale Zeit Rudolphs von Habsburg kennzeichnete.

In breiten geschichtlichen Ausführungen bespricht Gerbert ebenso die »Antitypen« bzw. die Vorläufer des Antichrists. Er sieht sie in besonderm Maß und mit viel Erfolg in den letzten Jahrzehnten des 18. Jahrhunderts am Werke. Das größte Kapitel seines Buches (Bd. 2, Kap. 45, S. 111–194) trägt den Titel: »Status hodiernus Ecclesiae periclitans« und legt damit die Grundlage für alle weiteren Erörterungen, letztlich auch für die über den Antichristen (in den Kapiteln 51–59), auch wenn hier vorab die vielen Meinungen der Theologiegeschichte – Epochen über dieses Thema zu Wort kommen. Das Werk schließt mit einem (60.) Kapitel über die Ungewißheit des Terminus der Parusie Jesu Christi und des Endes dieser Weltzeit. Gerade in dieser Ungewißheit begründet der Fürstabt von St. Blasien dann seine eindringlichen (bibelgemäßen!) Mahnungen zum Wachen und Beten.

In »De Sublimi in Evangelio Christi iuxta divinam Verbi incarnati oeconomiam« (3 Vol.) hat Fürstabt Gerbert gleichsam sein geistig-geistliches Vermächtnis hinterlassen. Im Vorwort seines Nachfolgers ist die instruktive Notiz des Vorgängers dazu publiziert: »(haec) ego tandem senex, cum iam Deus signa mortis appropinquantis apoplectico insultu mihi dediscet, excolere coepi, caeteris studiis et occupationibus sepositis quibus per totam fere vitam sum distractus.« Gerbert selbst beklagt in seiner Vorrede in scharfen Worten die antireligiöse und antikirchliche Literatur seiner Zeit, in der man sich sogar, oft in geradezu blasphemischer Weise, auf die Bibel berufe und sie dabei sehr willkürlich und nach eigenem Gutdünken interpretiere. Er will eine Art »Gegenstück« dazu vorlegen, in welchem die Hl. Schrift in ihrer ganzen göttlichen Erhabenheit zu Wort komme. Das könne sie nur, wenn man sie nach dem Sinne der Kirche und auch der Kirchenväter auslege. In drei Bänden legt Gerbert – bis Ende des 3. Bandes kommt er dabei auf 182 Kapitel! – kürzere Texte aus allen Evangelien aus (z.B. Mt 5,1; 5,3–10; 5,13; 5,17–18; 5,29–30 etc.), ohne eine strenge Ordnung einzuhalten. Als einziger Leitfaden erscheint dabei die »Existenzlinie« Jesu Christi, die von seiner Praeexistenz über die irdischen Etappen seines Lebens bis zu seiner Erhöhung führt. In ca. 4–7 Seiten je Text erhebt der Autor den Sinn der Stelle unter dem Hauptgesichtspunkt »Anrede des Bibelwortes an die Christen«. Hier erweist sich Gerbert als ein Bibelkenner von ganz hohen Graden. Denn er erklärt hier die Bibel zunächst aus der Bibel, d.h. er arbeitet stark mit innerbiblischen Verweisen (unter Zitation anderer verwandter Texte, immer in Cursiv gesetzt). Auch entsprechende Väterworte fliegen ihm nur so zu. Wiewohl er keine wissenschaftliche Exegese beabsichtigt, sondern eher das mehr meditative Sich-Ansprechen-Lassen im Auge hat, greift er auch Fragen des »Urtextes« auf und weist auf wichtige biblische Begriffe und deren griechischen oder auch (gelegentlich) hebräischen »Ur-Sinn« hin. In einer Epoche, die vom Trend zu einer Reduzierung Jesu Christi auf sein Menschsein hin geprägt ist, kommt es dem Fürstabt vor allem darauf an, Jesu Gottsein transparent zu machen und den Glauben daran tief in die Herzen der Leser einzupflanzen. Nicht umsonst spricht er vom Verbum incarnatum bereits im Titel seines Werkes. Auf diese Weise wird es zum Vermächtnis eines großen Gläubigen für seine Nachwelt. Gehören auch wir noch zu dieser Nachwelt? Der Fortschritt der modernen Exegese – man kann heute nicht mehr hinter die moderne historisch-kritische Methode zurückspringen! – läßt auch berühmte Jesus-Bücher des 20. Jahrhunderts (z.B. von K. Adam oder R. Guardini) nicht mehr als voll sachgemäß erscheinen, wie viel weniger ein solches Buch vom Ende des 18. Jhs.! Dennoch kann auch der historisch-kritische Angang der Bibel nicht das allerletzte Wort haben wollen, ohne der menschlichen Hybris zu verfallen. Zuletzt kommt es doch auf die Herstellung eines gläubigen Kontaktes mit der ganzen »Wirklichkeit«, die Jesus Christus heißt, an. Für diesen »Kontakt« ist und bleibt gerade der späte Martin Gerbert ein meisterlicher Zeuge und Lehrer.

V. Die Wirkungsgeschichte des Theologen Martin Gerbert

Die Erhebung zum Fürstabt in relativ frühen Jahren hat M. Gerberts täglichen Gang auf das Feld einer theologia semper reformanda und kirchen- und theologiegeschichtlicher Studien wegen der vielen anderen Verpflichtungen zwar spürbar eingeschränkt, aber die neue Position barg auch die Chance in sich, mit einem viel gewichtigeren Wort denn vorher sich sowohl im Kloster wie draußen Gehör zu verschaffen. Zunächst ließ er den philologischen Studien (einschließlich der orientalischen Sprachen) in St. Blasien seine besondere Förderung angedeihen. Eine Reihe von deutschen Benediktinerklöstern schickten begabte junge Kräfte in das Kloster im Schwarzwald. Der Ruf St. Blasiens war damals so gut, daß dem Fürstabt sogar die Besetzung einiger Lehrstühle an der Freiburger Universität durch San-Blasianer angetragen wurde, doch gab er nach langem Zögern nur P. Trudpert Neugart (geboren 1742) für 4 Jahre frei für die neuerrichtete Freiburger Professur für Orientalische Sprachen. Auf beschränkte Zeit wurde auch P. Aemilian Ussermann (geboren 1737) die Erlaubnis erteilt, Lehrer der orientalischen Sprachen an der Ordensuniversität Salzburg zu sein (1767–69). Gerberts Hauptsorge aber galt der Förderung der kirchengeschichtlichen Studien in St. Blasien. St. Blasien wurde dadurch der anerkennende Ruf einer »Gelehrtenakademie« zuteil. Der damals international berühmte Schweizer Geschichtsforscher Marschall von Zurlauben schreibt in einem Brief (Januar 1782): »L'abbaye princière de S. Blaise est aujourd'hui à mes yeux l'academie la plus active de l'Allemagne grâce à son illustre chef.« Die historischen und exegetischen Studien haben in der Tat in der zweiten Hälfte des 18. Jhs. im abgelegenen Schwarzwaldkloster eine Heimat gefunden wie kaum anderswo in deutschen Landen.

Mit Fürstabt Gerbert hat sich St. Blasien an die Spitze der benediktinischen Erneuerungsbewegung gesetzt. Seine Impulse sind fortan in vielen Benediktinerklöstern Süddeutschlands und Österreichs zu spüren. Teilweise wurden sogar – wie etwa im Kloster Metten – seine theologischen Schriften die den Vorlesungen zugrundegelegten Bücher. Einen fühlbaren Einfluß des Gerbertschen theologischen Programms finden wir in vielen Lehrbüchern der Folgezeit. Zu nennen wären wegen ihrer relativ weiten Verbreitung vor allem die »Praelectiones theologicae« (1769) von P. Hermann Scholliner (Oberaltaich) und das »Compendium Theologiae« (3 Bände, 1. Auflage 1768, 4. Auflage 1837) von P. Dominik Schram (Banz).

Der jüngere Gerbert war mit anderen ähnlich Gesonnenen zusammen ein wirksamer Förderer für eine fällige Studienreform im gesamten öffentlichen Bereich geworden. Das Habsburgische Kaiserhaus nahm, nachdem viele lokale Anläufe an den beharrenden Kräften faktisch zumeist gescheitert waren, sich selbst der Sache an. Am 25. VI. 1752 veröffentlichte Wien einen neuen Studienplan für die philosophischen und theologischen Fächer an den Universitäten des Reiches. M. Gerbert hat ihn wegen der Verwandschaft mit seinen eigenen Intentionen und bereits vorliegenden Entwürfen lebhaft begrüßt. (Vgl. »Apparatus ad eruditionem theologicam«. Editio I (1754) Vorwort). Freilich, in vielen Punkten war das dann erscheinende »Kompendium« Gerberts den noch etwas unausgegorenen und uneinheitlich wirkenden Lehrplänen von 1752 voraus. In Wien sann man bereits auf eine »Reform der Reform«. Sie wurde dringlich, als 1773 der Jesuitenorden aufgehoben wurde. Das wäre die Stunde des Theologen Martin Gerbert gewesen. Doch war wegen verstärkter Abwehr der staatskirchlichen Tendenzen das Verhältnis des Fürstabtes von St. Blasien zum Wiener Hof getrübt. Die Rolle des Studienreformators wurde dem Braunauer Benediktinerabt Stephan Rautenstrauch (1734–85) zugewiesen. Der Reformplan Rautenstrauchs wurde am 3. 10. 1774 bindendes Staatsgesetz. Vergleicht man diese Studienordnung, welche die ganze Folgezeit bis heute maßgeblich beeinflußte, mit den Positionen Martin Gerberts und seinen entsprechenden Veröffentlichungen von 1750–60, so fällt sofort eine große Parallelität zwischen beiden Größen auf. Abweichende Anschauungen bezüglich der Grundforderungen des theologischen Studienganges waren so viel wie keine da. M. Gerbert kann darum in seiner »Historia Nigrae Silvae« II (1788) S. 551 mit Recht anmerken, daß diese Reform in ihren Grundzügen in St. Blasien schon längere Zeit vor Rautenstrauch durchgeführt war. Die starke, wenn auch indirekte Beeinflußung des Benediktiners Rautenstrauch durch M. Gerbert liegt auf der Hand. Zu einer direkten Zusammenarbeit der beiden Benediktiner ist es allerdings, aus welchen Gründen auch immer, nicht gekommen. Das ist zu bedauern. Denn Gerbert war der größere und erfahrenere Theologe. Er hätte sicher für eine größere Einheitlichkeit und Zusammenschau der Disziplinen und zugleich für eine Straffung der vielen Einzelvorschriften zugunsten genereller methodologischer Leitsätze plädiert. Zum großen Vollstrecker der theologischen Reformideen, denen M. Gerbert eine so einflußreiche Artikulation verschafft hatte, wurde der Freiburger Dogmatikprofessor Engelbert Klüpfel. Sein 1789 im Auftrage der Regierung vorgelegtes Lehrbuch der Dogmatik (»Institutiones Theologiae dogmaticae«), das bis 1821 vier Auflagen erlebte, wurde das Herzstück des Theologiestudiums an allen österreichischen Universitäten und darüber hinaus auch Vorlesungsbuch an einigen deutschen Universitäten wir z.B. an der Friedrichsuniversität von Ellwangen (Keimzelle der »Tübinger Theologenschule«!) und an der Universität Breslau (1815–1826!). Klüpfel kannte noch Martin Gerbert und stand mit ihm in freundschaftlichem Briefwechsel. Im Nekrolog auf den Fürstabt nennt Klüpfel ihn seinen besonderen Gönner. Als Dogmatiker war Klüpfel bedeutender als Martin Gerbert. Aber man spürt auf Schritt und Tritt, wie er gleichsam auf den Schultern des großen San-Blasianer Gelehrten steht und so seine eigene Größe gewinnt. In den Verbannung der Philosophie aus der Theologie ging der einflußreiche Freiburger Professor allerdings noch radikaler vor als Gerbert. Doch tut er des Guten dabei zu viel und bietet damit der beginnenden Neuscholastik ein gern ins Visier genommenes Angriffsziel. Solche Entgegenstellungen, bei denen man den notwendigen Dialog durch innerkirchliche

Polemik ersetzte, hat der katholischen Theologie des 19. Jhs. großen Schaden zugefügt, und der Kirche hat die Machtergreifung der Neuscholastik wenig genützt. Hätte die »Tübinger Schule«, die ohne die vorausgegangenen Bemühungen des 18. Jhs. um eine Neuorientierung der Theologie – mit ihr ist der Name Martin Gerbert unauflösbar verbunden! – nicht zu denken ist, in der ganzen Kirche den ihr gebührenden Rang einnehmen können, hätte die verheißende Chance bestanden, theologisch gerüsteter und pastoral angemessener in die Glaubens- und Kirchenkrisen des 20. Jahrhunderts hineinzugehen.

Anmerkung

* Der Traktat ist in einer Kollegnachschrift des Studenten J. A. Mang erhalten in der Handschriftenabteilung der Landesbibliothek Karlsruhe (Sign. »St. Blasien 79«).

** Selbst der Jesuit P. A. Langhorst qualifiziert den auf dem Gebiet der Theologie nicht jesuitenfreundlichen Benediktiner so. (»Zur Entwicklungsgeschichte der Apologetik«. Stimmen aus Maria Laach. Bd. 20 (1881) S. 469).

Bernhard Steinert

Die Kirchenmusik Martin Gerberts

Fürstabt Martin Gerbert, den wir rühmen, war auch musikalisch interessiert und begabt. Das reichte vom musikgeschichtlichen wissenschaftlichen Interesse bis zur Fähigkeit, in Tönen zu komponieren, also selbst Musikstücke zu verfassen und niederzuschreiben. Er bekennt von sich selbst: »Die Liebe zur Musik habe ich mit der Muttermilch eingesogen und die Erlernung dieser Kunst von Jugend auf betrieben, auch dann noch, wie mich schon die strengen Studien beschäftigten.«

Martin Gerberts bedeutendste Begabung neben seinem hohen Intellekt waren vor allem Klarheit und Einfachheit (»Die Einfachheit ist mein eigener Charakter«, Gerbert an Marschall Zurlauben in Zug), Willensstärke und Fleiß (ganze Nächte hindurch) und überhaupt seine Entschiedenheit – also alles typisch schwäbische Eigenschaften. Und bei seiner besonderen Veranlagung zur Gründlichkeit, seiner Fähigkeit zu Entscheidungen und seiner späteren fürstlichen Stellung formte sich ihm alles, womit er sich ernsthaft befaßte, dann zu einer Darstellung, Anleitung oder Verordnung, um auch andere auf den Stand seiner eigenen Erkenntnis zu heben.

Auch in der Musik liegen seine größeren Verdienste im Wissenschaftlichen, in der geschichtlichen Darstellung, im Organisieren und Anregen. Er war kein »Künstler« in unserem fortentwikkelten Sinn. Er war keine Urbegabung, sondern eine gewisse Auch-Begabung. Seine Fähigkeit, Musikstücke zu schreiben, also zu komponieren, war viel mehr Übungsfertigkeit, Routine, wie sie bei einer allgemeinen hohen Begabung im Rahmen der Gesamtintelligenz manchmal wohl erreicht werden kann.

Die Tatsache, daß er als Komponist nach gekonnten Anfängen plötzlich verstummte, zeigt, daß seine Begabung und sein Kompositionstalent nicht »drängend« in ihm waren, daß er dies nicht »mußte« – sondern er konnte es eben auch, wie er anderes auch konnte. Dies Gleiche wird auch bewiesen durch die Tatsache, daß er später, nach Jahrzehnten, völlig anders komponierte, nicht so, wie er innerlich »mußte«, sondern wie er es dann liturgisch und theologisch für richtig hielt – also nicht geändert im Sinne einer geistigen Entwicklung und Reifung, wie jeder Komponist sie wohl durchmacht. Er war viel mehr Denker als Musiker – viel mehr Wissenschaftler als Komponist. Also schuf er keine bedeutenden Kompositionen. Diese sind, überspitzt formuliert, sozusagen eher sehr gehobene Übungsstücke, Übungen hohen Grades.

Trotzdem darf man bei Gerbert nicht den Musikhistoriker vom Musiker trennen, hat er es doch vermocht, seine Theorien in musikalischen Beispielen darzustellen. Anders ist doch wohl auch die seinem wissenschaftlichen Werk »De cantu et musica sacra« beigefügte Messe für gemischten Doppelchor nicht zu deuten, denn als Beispiel, wie er sich Kirchenmusik denke (P. Maurus Pfaff 1970) entsprechend den im vorausgehenden Werk dargestellten theoretischen und theologischen Grundsätzen und Vorschriften. Wir werden über diese Messe noch ausführlich sprechen müssen.

Der junge Mönch und die Barockmusik

»Weltliche Musik drang in die innersten Heiligtümer ein und nahm von ihnen Besitz. Die Zuhörer stehen bestürzt, reißen die Ohren auf, hören gar oft Musik, durch welche eher die Füße zum

Tanzen verleitet werden, als der Sinn zur Anbetung, während doch im Gegenteil das allein Zweck der Kirchenmusik sein sollte, innerlich zu bewegen, nicht allein zu ergötzen (S. 315). Die Musiker und die Komponisten versündigen sich selbst gegen die heilige Musik, wenn sie dem Christenvolk Ursache zum Sündigen geben und den Sinn eher vom heiligen Gesang und von heiliger Musik weglocken, die heiligen Worte entstellen und verwirren, so daß sie nicht mehr verstanden werden, mit der Orgel und anderen Musikinstrumenten ausgelassen sind und alles mit Schauspielereien, Leerheiten und weltlicher Musik erfüllen, daß fast kein Unterschied mehr ist zwischen heiliger und profaner Musik und man überall die Musik vermischt daherlärmt (S. 316, 375).

Wer muß nicht lachen, wenn er jene Worte, die sie für den Gesang als passend erachten, zehnmal und oft noch mehrmals stürmisch immer wieder wiederholen und sie so gleichsam einen andauernden Leiergesang mit jenen Wörtern machen hört, als ob ein Mangel an Wörtern wäre (Zitat Voss, S. 313).

So ist heute die Musik besonders durch polyphone Komposition der Stimmen und Instrumente beschaffen, so daß es den Anschein hat, es könne nicht mehr weiter darüber hinausgehen.« (S. 375).

Diese Zitate stehen im zweiten Band des kirchenmusikalischen Hauptwerkes »De cantu et musica sacra«, das Martin Gerbert zwar erst fünfzig Jahre später veröffentlichte, aber sie geben in beredten Worten die kirchenmusikalische Situation wieder, in die hinein der kleine Franz Gerbert am 11. August 1720 in Horb bei sonst heilen religiösen Verhältnissen geboren wurde, inmitten einer katholischen Bevölkerung mit Barockkultur.

Der Bildungsgang des Knaben verlief ohne Störungen: Elementarschule in seiner Heimat, im Jahre 1731 die Anfangsgründe der lateinischen Sprache in der Lateinschule in Ehingen, 1731/32 ein Jahr lang Jesuitenschule in Freiburg, und dann 1732 mit zwölf Jahren Klosterschule St. Blasien. Als Sängerknabe im Chor und Schüler der Klosterschule hierher vermittelt durch seinen Bruder Johann Franz, der in der Kanzlei St. Blasien praktizierte. »Die Knaben, welche in St. Blasien unterrichtet wurden, bestanden insgemein aus Söhnen (Verwandten) unserer Beamten, aus Discantisten und Altisten als einiger Beihilfe unseres Chores.« (St. Paul cod. 226).

Hier wuchs also der junge Franz Gerbert heran, trat in den Orden der Benediktiner ein und erhielt bei seiner Profeß 1737 den Klosternamen Martin. »Das Stift erscheint vornehmlich als eine Schule der Philosophie, Theologie, Geschichte, daneben auch als eine Schule der Musik. Diese schöne Kunst wurde in den Klöstern von jeher mit aller Liebe gepflegt und geübt, oft bis zum Übermaß. Jeder Novize erlernte ein Instrument, und beinahe jeder Pater spielte eines, dieser und jener mit ausgezeichneter Meisterschaft.« (Bader, St. Blasien, S. 145).

Am 30. Mai 1744 wurde Martin Gerbert zum Priester geweiht und fand zuerst Verwendung im Kloster als Professor für Philosophie, später für Theologie. Er hegte auch in dieser Zeit eine besondere Vorliebe für die Kirchenmusik und ihre Geschichte.

Daß er sich auch schon in seinen jungen Jahren reiche praktische und theoretische Musikkenntnisse angeeignet hatte, daß aber auch in St. Blasien die barocke Kirchenmusik mit aller Fröhlichkeit und mit Geigern, Bläsern und Pauken gepflegt und aufgeführt wurde, das zeigen schon Gerberts erste Kompositionen.

Im Jahre 1747 veröffentlichten die beiden jungen Mönche des Klosters St. Blasien, Pater Remigius Kleesatel und Pater Martin Gerbert gemeinsam ihr opus I., eine Reihe von 24 feierlichen Offertoriengesängen für die Feste des Herrn, der Gottesmutter und der Heiligen, für gemischten Chor, erste und zweite Geigen, erste und zweite Klarinetten oder Hörner, Pauken und Orgel (Cello) – wir würden heute in der nachkonziliaren Zeit vielleicht sagen: Gesänge zur Gabenbereitung. Die erste Hälfte dieser Sammlung, die Offertorien Nummer I bis XII, wurden komponiert von P. Remigius Kleesatel, die Nummern XIII bis XXIV von P. Martin Gerbert.

Von Martin Gerbert sind die persönlichen Daten schon genannt. Remigius Kleesatel war 1717 in Böhmenkirch/Württ. geboren, war also drei Jahre älter als Gerbert und beide waren Schwa-

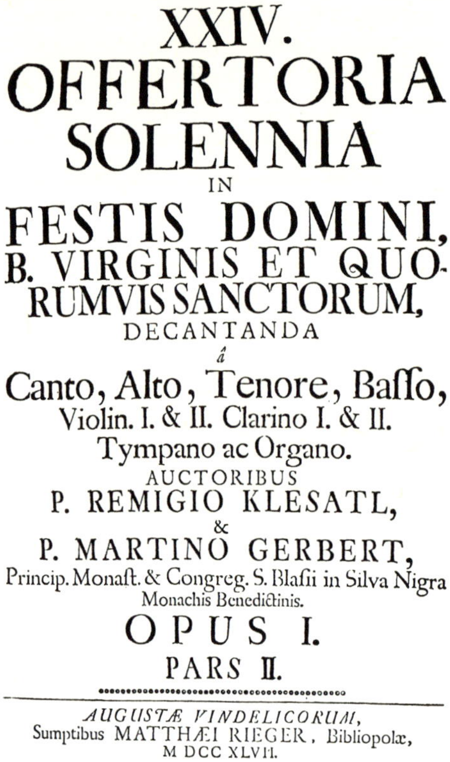
XXIV.
OFFERTORIA
SOLENNIA
IN
FESTIS DOMINI,
B. VIRGINIS ET QUO-
RUMVIS SANCTORUM,
DECANTANDA
á
Canto, Alto, Tenore, Baſſo,
Violin. I. & II. Clarino I. & II.
Tympano ac Organo.
AUCTORIBUS
P. REMIGIO KLESATL,
&
P. MARTINO GERBERT,
Princip. Monaſt. & Congreg. S. Blaſii in Silva Nigra
Monachis Benedictinis.
OPUS I.
PARS II.

AUGUSTÆ VINDELICORUM,
Sumptibus MATTHÆI RIEGER, Bibliopolæ,
M DCC XLVII.

ben. Kleesatel starb am 22. Juli 1783 in Oberried.

Das genannte »Opus musicum« ist 1747 in Augsburg bei dem Buchhändler Mathäus Rieger erschienen und ist der schmerzhaften und wundertätigen Gottesmutter von Todtmoos gewidmet.

Das mir vorliegende Exemplar wurde von dem Heimatforscher Rudolf Morath in der Ulmer Stadtbibliothek gefunden. Die Frage, warum diese Kompositionen seit der Aufhebung des Klosters St. Blasien weitgehend unbekannt geblieben sind, wird noch zu besprechen sein.

Die Komponisten gaben ihrem umfangreichen Werk ein Vorwort an den »geneigten Leser« mit, das einen bedeutungsvollen Hinweis enthält: »Sollte nun dieses erste Werk eine Gunst bei Musikliebhabern finden, so ist schon das andere, welches in Messen bestehet, bereit, ans Licht zu treten.« Um es gleich zu sagen: Es ist nicht bekannt, ob dieses opus 2, das aus Messen bestehen sollte, jemals gedruckt wurde, auch das Manuskript ist wohl verschollen.

Uns beschäftigt hier die zweite Hälfte dieses Gemeinschaftswerkes der beiden Benediktinermönche aus St. Blasien, die zwölf Offertorien komponiert von Martin Gerbert.

Jedes der zwölf Offertorien ist als mehrteilige Kantate angelegt: die Nummer 13 zweisätzig (1), die Nummern 14, 15, 17, 19, 20 und 24 dreisätzig (2), die Nummern 16, 22 und 23 zweisätzig mit Wiederholung des ersten Satzes (3), die Nummer 18 als zweiteiliger erster Satz mit gleichem Thema in Dur und Moll und Da capo, daran angefügt ein zweiter Satz, und die Nummer 21, wenn es nach dem Druckbild geht, ein Satz in zwei Teilen mit Wiederholung des ersten Teiles, wahrscheinlich in die Kategorie (2) einzureihen. (An dieser Stelle muß eingefügt werden, daß die Einzelstimmen offensichtlich Druckfehler aufweisen. Eine Partitur sowie eine ausgeschriebene Orgelstimme existieren in den mir vorliegenden Druckunterlagen nicht.)

Die Mittelsätze sind in der Mehrzahl (7 von 12) für Solostimmen und Instrumente ausgeführt, Einzelsolis (Nr. 14, 15, 20) oder Duette (Nr. 17 für Frauenstimmen, Nr. 23 für Männerstimmen, Nr. 24 für Sopran und Tenor), einmal für ein gemischtes Soloquartett (Nr. 20).

Die textlich inhaltliche Reihenfolge entspricht nicht dem Verlauf des Kirchenjahres: Die ersten beiden sind »für Feste des Herrn«, die folgenden zwei sind »Marien-Offertorien«, die folgenden sechs »für verschiedene Heiligenfeste: Apostel, Märtyrer, Bekenner, Jungfrauen«, die Nummer 23 »für jede Zeit«, und das letzte, eine Pastorella (Hirtenstück) offensichtlich für Weihnachten vom Charakter und auch vom Text her: »Kommet her, eilet, betet an.« (Was auch dadurch erhärtet wird, daß in der Instrumentalbegleitung statt Klarinetten oder Hörner zwei Oboen, also Hirtenschalmeien, vorgesehen sind.)

Eine Besprechung der einzelnen Stücke ist hier nicht möglich. Die wichtigsten Feststellungen sind jedoch im Musikalischen, im Kompositorischen zu treffen: Stimmführung, Klangfolgen, Kompositionstechnik.

Um es vorweg zu sagen: Es ist eine deutliche musikalische Verwandtschaft mit dem um diese Zeit (1740/50) weltberühmten Barockgroßmeister Georg Friedrich Händel (1685 bis 1759) festzustellen: Der oft festlich strahlende Stil, aber damit auch der teilweise weltliche Charakter. Diese Verwandtschaft geht bis in Einzelheiten: Die Ähnlichkeit des Fugenthemas aus dem Offertorium Nr. 13 »Qui habitant in domo tua, Domine – die wohnen in Deinem Haus, o Herr« mit dem Thema des vorletzten Chores aus dem »Messias«; oder die Verwandtschaft des Chor-Rhythmus in dem Offertorium Nr. 14 bei der Stelle »et exaltavit me – und er hat mich erhöht« mit der Orchesterbegleitung der Arie »Ich weiß, daß mein Erlöser lebet« aus dem »Messias« von Händel; oder das sehr schön, aber typisch »händelisch« erfundene Fugenthema in dem Offertorium Nr. 17: »Nimis honorati sunt amici tui – deine Freunde sind gar sehr geehrt«; und ebenso glücklich im gleichen Charakter erfunden und in händelscher Manier durchgeführt das Thema des fugierten Chores aus dem ersten Satz des Offertoriums Nr. 23 »Benedicam Dominum – ich will den Herrn preisen.« Dies sind nur einige hervorstechende Beispiele, um die geistige Verwandtschaft der beiden Kompositionsweisen zu belegen.

Die Art der Stimmführung offenbart gewisse Schwächen des Gerbert'schen Komponierens. In den ersten Stücken ist vieles nur kontrapunktischer Leerlauf, Pseudo-Kontrapunkt. Ich erinnere an die gebrochenen Dreiklänge im ersten und dritten Satz des Offertoriums Nr. 15 jeweils bei der Stelle »da mihi virtutem – gib mir Stärke«, wo viele Takte lang sich wiederholendes »Gerede« erklingt.

Eines dieser »Schein-Mittel« Gerbert'scher Stimmführung sei besonders genannt, die fallenden Oktav-Sprünge, in allen Stimmen immer wieder angewandt, vor allem auch in den Mittelstimmen, wo diese angebliche »Bewegung« der Stimmen völlig untergeht und bedeutungslos wird. (Nr. 15/1, 15/2, 16/2, 22/1).

Weitere Schwächen der oft etwas nachlässigen Gerbert'schen Stimmführung sind die »zu Tode gerittenen« Sequenzen (gleiche Melodie- und Akkordfolgen aufwärts oder abwärts versetzt), auch der Leerlauf von »Verlegenheitstakten«, und außerdem fehlt immer wieder die Logik der Klangfolgen. Der Satz selbst ist manchmal flüchtig durch immer wieder auftretende Oktaven- und Quintenparallelen und viele Quartsextakkorde mitten im Satz, also »schwache Akkorde« ohne Notwendigkeit.

Die größte Nachlässigkeit an den Gerbert'schen Offertorien aber scheint mir die Textbehandlung zu sein. Er hat in diesen Kompositionen genau die »Todsünden« begangen, die in seinem späteren Werk »De cantu et musica sacra« so sehr gegeißelt werden: Die endlosen Textwiederholungen »bis zum Geleier«. Eine Zählung ergibt folgende Grenzzahlen: Es kommen vor: Wortwiederholungen zwischen 9 (im Offertorium Nr. 14, 1. Satz) und 69 (im Offertorium Nr. 19, 1. Satz) – und es kommen vor: Satzwiederholungen zwischen 6 (im Offertorium Nr. 18, 2. Satz) und 34 (im Offertorium Nr. 21, 2. Satz). Zu diesen endlosen Wiederholungen kommen ausgesprochene Flüchtigkeiten in der Textbehandlung, wie etwa in den Nummern 14, 1. Satz bei der Stelle: »et exaltavit me – und er hat mich erhöht«, oder am Schluß des gleichen Satzes (und im Satz selbst) »fecit, fecit – er wirkte, er wirkte«, oder am Schluß des 1. Satzes in Nr. 20 »non, non, non, non – nicht, nicht . . .«.

Vorausgesetzt, daß Martin Gerbert die Offertorien in der Reihenfolge komponiert hätte, wie sie gedruckt vorliegen, dann könnte man den Eindruck haben, daß er im Laufe der Niederschrift beim Komponieren erst so richtig in Übung gekommen sei, »gelernt« und an Fertigkeit und Wendigkeit gewonnen habe. Und das wäre angesichts der Tatsache, daß die Offertorien als opus 1 bezeichnet wurden, durchaus verständlich.

Jedenfalls ist das fünfte seiner Offertorien, also die Nummer 17, der Durchbruch, schon in der Erfindung der Themen glücklich, in der Gesamtanlage von eindrucksvollen Kontrasten, und die Fuge im 3. Satz trotz der wieder sehr häufig angewandten fallenden Oktaven beeindruckend durchgeführt. Und der Eindruck besteht, als sei der größte Teil der zweiten Hälfte des Gerbert'schen Gesamtwerkes (Nr. 17–23) besser gelungen als die erste, routinierter, natürlicher in den Klangfolgen, nicht so abrupte Schlüsse ohne formale Abrundung.

Im übrigen sind die Sätze in Moll tiefer und eindrucksvoller als die in Dur, und wiederum die getragenen und langsamen Teile bedeutender und klangvoller als die schnellen: Es sei an das wunderbare Adagio in h-moll erinnert, den Mittelsatz aus Nr. 16 »Sola sine exemplo placuisti domino Deo – einzig ohne Beispiel hast du Gott dem Herrn gefallen«, ein herrlicher Satz von nur 14 Takten.

Jedes dieser Offertorien ist eingebettet in einen instrumentalen Rahmen. Acht von zwölf Offertorien haben Vorspiele (kleine Ouvertüren), in elf Offertorien kommen auch Zwischenspiele im Laufe der Stücke vor. Und dieser ganze Instrumentalpart ist mit reichsten figuralen Elementen ausgeschmückt (Geigen), und hierbei zeigt sich die hohe technische Fertigkeit des Komponisten Martin Gerbert.

Die Auswahl der Instrumente – »Klarinetten oder Waldhörner«, Instrumente, die schon vom Klang und Charakter her nichts miteinander gemein haben – und die Anweisung im Vorwort an den »geneigten Leser«: »Wo solche nit zu haben, auch unnotwendig seien« – zeigt, daß dies keine Kompositionen von zwingender Notwendigkeit sind, sondern eben so dahinrauschen.

Es muß hier eine Feststellung eingefügt werden: Pfeilschifter irrt, wenn er in der Fußnote Nr. 4 auf Seite 9 im ersten Band der Gerbert-Korrespondenz nur einen Teil der Offertorien des 2. Teiles Gerbert zuschreibt, offensichtlich aufgrund der nur auf jeder vierten Seite beigedruckten Fußnote »R. P. Martin Gerbert Offertoria«. Eine Überprüfung der Sing- und Instrumentalstimmen zeigt, daß jedes der zwölf Offertorien in irgendeiner der Stimmen diese Fußnote trägt, so daß alle zwölf Offertorien des 2. Teiles von Gerbert stammen.

Auch die Anmerkung am gleichen Ort »Clarino (= Waldhorn)« ist unklar. Es muß heißen: »oder«. Dies ist eindeutig in den betreffenden Instrumentalstimmen Nr. 14, 15, 19, 20, 21 ausgeschrieben: »Clarino vel cornu« – Klarinette oder Horn.

Nach diesem Erstlingswerk verstummte der Komponist Martin Gerbert offenbar für lange Zeit. Und das hatte seine Gründe.

Die Umkehr

Martin Gerbert hatte in seiner Musik also durchaus barock begonnen. Um es vorweg zu sagen und Mißverständnissen vorzubeugen: Barock ist eine Herrlichkeit, Barockbaukunst, bildende Kunst und Barockmusik. Und die Tatsache, daß die ersten Kompositionen Martin Gerberts barocke Werke sind, ein barockes Gewand tragen und eine barocke Geisteshaltung offenbaren, ist keine Verirrung, sondern eben Ausdruck der damaligen Zeit: Auch St. Blasien hatte damals ein doppeltürmiges barockes Münster. Und Gerbert hat leuchtende und festliche Barockklänge und zum St. Blasier Münster passende freudige Passagen in seinen Offertorien, eben dem Zeitgeist entsprechend – aber benediktinisch ist das wohl nicht.

Deshalb kann man nur vom Standpunkt des späteren Gesinnungswandels Gerberts aus und von seiner späteren neuen Einsicht aus von einer »Umkehr« sprechen und seine spätere Ablehnung der eigenen Jugendwerke begreifen. Und nur angesichts der Auswüchse und des Eindringens weltlicher Art am falschen, am kirchlichen Ort kann man zu einer Verdammung dieser Musik in der Kirche kommen, dem weltlichen Geschmack in der Kirche zu frönen, wie es ganz schlimm vor allem in Italien gewesen sein muß. Es war zu einem Übermaß und zu einer Ausartung der kirchlichen Instrumentalmusik gekommen durch luxuriöse und laszive Musiker, deren Übertreibungen sich bis zur Unerträglichkeit steigerten. Die Oper und die Messe unterschieden sich bald allein nur noch durch den Text. (Gerbert/Bader)

Als Martin Gerbert seine barocken Offertorien veröffentlichte, war Joseph Haydn ein Knabe von fünfzehn Jahren und Mozart noch lange nicht geboren – und eben diesen beiden gelang es später, barocke Fröhlichkeit und kirchliche Frömmigkeit miteinander zu verbinden in ihrer Kirchenmusik, in ihren Messen, freilich in einer Weiterentwicklung der Musik.

Auch bei Gerbert bahnte sich eine Weiterentwicklung, eine gewaltige Änderung seines musikalischen Empfindens an. Zwei Erlebnisse waren die Ursache. Das erste: Papst Benedikt XIV. wies im Jahre 1749 in seiner Enzyklika »Annus qui« auf die Mißstände in der Kirchenmusik seines Kirchenstaates hin. Er meinte dabei aber offensichtlich die diesbezüglichen traurigen Zustände in der Gesamtkirche, denn er wiederholte darin im Wesentlichen das, was bereits das Konzil von Trient zweihundert Jahre vorher ausgesprochen hatte, daß beim Gottesdienst nichts Weltliches und Theatralisches zur kirchlichen Musik verwendet werden sollte.

Diese Enzyklika hat offensichtlich auf den jungen Mönch und Komponisten Martin Gerbert einen großen und für den Rest seines Lebens verbindlichen Eindruck gemacht. Diese Enzyklika ließ ihn wohl als Selbstbetroffenen, als barock Komponierenden und fast weltlich Musizierenden verstummen: Er begann nun wohl als echter und gehorsamer Mönch seine musikalische Kunst und sein musikalisches, für ihn also kirchenmusikalisches Denken zu ändern. Und es begann für ihn eine lange Zeit des Lernens, des musikalischen Umlernens, nicht in der technischen Fertigkeit, denn das Handwerkliche war ihm lange schon fester Besitz, aber das Gedankliche machte eine grundlegende Wandlung durch.

Man hat Gerbert seine barocken musikalischen Aktivitäten (Kompositionen) auch nach der Enzyklika 1749 in seinem Kloster nicht übelgenommen, im Gegenteil, man war ganz seiner bisherigen Ansicht. Sie paßte ja so gut zu der im Kloster allgemein verbreiteten Meinung über die Kirchenmusik. Fast jeder Mönch spielte ja ein Instrument, wie wir sahen. Und die päpstliche Enzyklika setzte sich bei den Mönchen lange nicht durch, wie wir später noch sehen werden. Und Fürstabt Meinrad Troger verstand von derlei Dingen zu wenig und hatte anderes im Kopf: Die Vollendung des Klosterneubaues.

Nun kam aber das zweite Erlebnis: Als Bibliothekar des Klosters in diesen folgenden Jahren ging bei Martin Gerbert als echtem Benediktiner das Forschen auf die Hauptbestandteile des Gottesdienstes, die Liturgie und die Kirchenmusik. Was die Enzyklika des Papstes kirchenmusikalisch in ihm geweckt hatte, führte für Martin Gerbert in den Jahren seiner Reisen, 1759 nach Frankreich, 1760/61 durch die Schweiz und Süddeutschland, 1762/63 nach Italien und Österreich, zu einer gedanklich völlig neuen Welt. Musikalisch die wichtigste war die Italienreise.

Gerbert brach um den 8. Oktober 1762 von St. Blasien auf, reiste über Salem nach Innsbruck, über den Brenner, Brixen, Trient, Rovereto, Verona, Vicenza nach Padua, wo er am 30. Oktober war. Dann ging die Fahrt nach Venedig, von dort nach Ferrara und nach Bologna zu dem in ganz Europa berühmten Minoritenpater Giambattista Martini im Franziskanerkloster dort. Dieser war zu dieser Zeit etwa 56 Jahre alt und genoß europäischen Ruhm als Lehrer, Komponist und Schriftsteller auf dem Gebiet der Kirchenmusik. (Pfeilschifter GK 1 S. 77) Gerbert stand mit dem berühmten Mann schon vor seinem Besuch in Briefwechsel. So begegneten sich hier die beiden größten »antiquarisch-musikalischen Forscher Italiens und Deutschlands.« (Baron von Böcklin)

Gerbert hat für sein ganzes Leben und für seine wissenschaftliche kirchenmusikalische Arbeit reichen Gewinn aus dieser Begegnung gezogen und ergab sich gern dem überragenden Einfluß des vierzehn Jahre Älteren, in dem er die geniale Forscher- und Lehrerpersönlichkeit neidlos anerkannte. Doch das entscheidende Ereignis stand ihm noch bevor.

Die Reise ging von Bologna weiter über Loreto nach Rom, von da nach einem nicht sehr langen ersten Aufenthalt nach Monte Cassino, der Wiege des Benediktinerordens – welch eine Begegnung für den Benediktiner mit dem Ort, wo die weltberühmte und weltbewegende Ordensregel des Benedikt von Nursia niedergeschrieben worden war. Und dann nach Neapel mit Besuchen in Herculanum, wo ihm also das Altertum in frisch entdeckter Urform erstmals gegenübertrat. Bader: »Mit der ganzen Lust und Liebe eines archäologischen Forschers besuchte Gerbert diese merkwürdigen Überbleibsel einer untergegangenen Welt und schrieb eine ziemlich ausführliche Schilderung davon nieder.«

Dann aber führte ihn sein Weg zurück nach Rom, wo er wohl Mitte Dezember 1762 zu längerem Aufenthalt eintraf. Es ist schon unzähligen so ergangen, die nach Italien und vor allem nach Rom pilgerten: Sie kamen als andere neue Menschen zurück, auch ein Goethe kehrte als völlig Gewandelter heim. Die unerhörte landschaftliche Schönheit, der Reichtum einer jahrtausendealten Geschichte, die Fülle höchster Kunstdenkmäler in unzähligen Städten und Orten, die Sicherheit und Überlegenheit dieses alten Landes in allem, was Kultur, Kunst, Wissenschaft und Überlieferung in jeder Form betrifft – all dies ist geradezu überwältigend in seinem Bildungsangebot und umformend bis zu völlig neuen Maßstäben. Und gar Rom selbst: Die still wirkende ungeheure Kraft der Antike, und das Erleben einer uralten, mächtigen und geheiligten Tradition, wie sie die katholische Kirche hier an ihrem Zentralort darstellt.

Seine musikalische Damaskusstunde, den Augenblick seiner völligen musikalischen Umkehr erlebte Martin Gerbert in Rom, als er den a-cappella-Gesang und den Choralgesang der Sixtinischen Kapelle hörte. Dieses Erleben im Dezember 1762 und Januar 1763 wurde ohne Zweifel die Stunde seiner musikalischen Neugeburt, eine völlige »Bekehrung« aus einem »Saulus« (barocke Instrumentalmusik) zu einem »Paulus« (Choral und a-cappella-Gesang). Dieses Erlebnis veränderte sein Leben. Er schrieb mit großem Bemühen nieder, was er in der Sixtinischen Kapelle hörte und nahm dies mit heim nach St. Blasien. (Bader) Und Gerbert nahm auch den Entschluß mit nach Hause, im Heimatkloster möglichst für die Einführung solchen Gesanges zu wirken und als allein gültige Kirchenmusik nur noch jene der menschlichen Stimme zuzulassen. Für Gerbert als Benediktiner wurde Kirchenmusik gleichbedeutend mit Kirchengesang.

Wir sind hier übrigens erinnert an den jungen Mozart, der einige Jahre später, in der Karwoche im April 1770, entgegen dem strengen Verbot und zum Staunen der Italiener das in der Sixtina gehörte berühmte Miserere von Allegri ebenfalls zu Papier brachte. Durch das Beispiel Mozart wird die naheliegende Annahme bekräftigt, daß es nicht nur »Choral« im Sinne unseres heutigen gregorianischen Chorals war, was man in der Sixtina hörte, sondern auch mehrstimmiger a- cappella-Gesang. Denn auch Bader schließt in seinem Buch über das Kloster St. Blasien den Bericht über die mündlichen Erzählungen des Pfarrers Speidel von Alpfen (ehemaliger Mönch des Klosters) über die Bemühungen Gerberts um den instrumentenfreien Gesang mit den Worten: »Endlich aber setzte es der Fürstabt durch, und bald konnte man nichts Schöneres und Erhabeneres hören, als einen vierstimmigen Choral in der Kirche von St. Blasien.« Wir kommen auf diesen Punkt später noch zu sprechen.

Und hier könnte wohl auch der Zeitpunkt gewesen sein, von dem Pater Paul Kettenacker in seiner Lebensbeschreibung Martin Gerberts, den »Gesta Martini« schrieb, Gerbert habe die Offertorien sehr beklagt und ihre Veröffentlichung wegen der Instrumentalmusik dieser Art bedauert. Auch die Manuskripte der im Vorwort der Offertorien angekündigten frühen Messen könnten vom Komponisten nach dem Sixtina-Erlebnis vernichtet worden sein (wenn sie nicht 1768 mit seiner Privatbücherei und seinen wissenschaftlichen Materialien verbrannt sind). Der Komponist hat auf jeden Fall nach Kräften dazu beigetragen, seine frühen Werke in Vergessenheit geraten zu lassen.

Als ein Veränderter kehrte Martin Gerbert aus dem Süden zurück. Die Rückreise ging Mitte Februar 1763 von Rom über Florenz, Modena und Mailand nach Salzburg, von da am 19. März 1763 nach Melk und Wien, wo Gerbert nochmals einen längeren Aufenthalt einlegte, ehe er Ende Juni über Augsburg ins Heimatkloster zurückkehrte. Und diese vier Reisejahre haben aus

Martin Gerbert den Menschen geformt, den man später so bewunderte mit seiner Gelehrsamkeit und seiner Welt- und Menschenkenntnis.

Gerbert hatte auch auf der Italienreise ein genaues Tagebuch geführt, das nach der Rückkunft vom Fürstabt Meinrad Troger und einigen gelehrten Mönchen gelesen wurde und bei ihnen den lebhaften Wunsch weckte, daß es in eine Reisebeschreibung umgearbeitet würde. Martin Gerbert nahm diese Arbeit sofort in Angriff und schrieb im Vorwort dazu: »Es geschah vornehmlich in der Absicht, die Unserigen dazu aufzumuntern, sich mit dauerhaftem Fleiß und geschickter Auswahl der Kunst und Wissenschaft zu widmen.« (Bader S. 33)

Noch hatte dieses Werk die Klosterdruckerei nicht verlassen, da starb der väterliche Gönner und Beschützer des Verfassers, Fürstabt Meinrad Troger, und seine Mitbrüder wählten am 15. Oktober 1764 Martin Gerbert zum Nachfolger und entrissen ihn damit fürs erste der Geborgenheit der Studierzelle. Denn ein Konvent mit an die hundert Mönche wollte geleitet und eine Grafschaft und umfangreicher sonstiger Klosterbesitz wollte regiert sein mit der ganzen Kraft der berufenen Persönlichkeit.

Der Fürstabt und Gelehrte

Die Reisen Martin Gerberts waren reine Studienreisen. Ihr Hauptzweck war, in den Bibliotheken und bei den Gelehrten Europas Material zu sammeln für die liturgiegeschichtlichen und musikgeschichtlichen Werke, die Gerbert zu schreiben beabsichtigte.

Und er nahm auch bald nach seiner Erwählung zum Abt diese Arbeiten wieder auf. Da er tagsüber oft nicht mehr genügend Zeit zur wissenschaftlichen Arbeit fand, verwendete er nach seinem eigenen Bekenntnis die Nachtstunden dazu. Bei seiner Arbeit kam ihm eine Eigenschaft zugute, die ein wissenschaftlicher Freund Gerberts, der »Kanonikus zu Sankt Peter im Vatikan« und spätere päpstliche Nuntius in Wien, Garampi in seinem Tagebuch S. 43 schildert: »Gerbert hat bei der Abfassung seiner Werke in so sehr kurzer Zeit eine Leichtigkeit, die überrascht und in Staunen versetzt.« (Pfeilschifter GK I S. 144)

Das für uns hier entscheidende zweibändige Werk »De cantu et musica sacra – Kirchengesang und Kirchenmusik von den Anfängen der Kirche bis zur Gegenwart« machte so schnelle Fortschritte, daß nach Gerberts eigenem Zeugnis beim Klosterbrand am 23. Juli 1768 schon die Druckbogen des ersten Bandes aus der klostereigenen Druckerei vorlagen und mit dem Drucksatz des zweiten Bandes eben begonnen worden war, »als bei der Feuersbrunst mit der Kirche und dem größten Teil der Klostergebäude auch die weithin berühmte Druckerei mit der ganzen Einrichtung verbrannte, und ebenso das ganze Material für die beiden Bände samt den Konzeptbüchern mit der Arbeit sovieler Jahre, niedergeschrieben auf den durch Deutschland, Italien und Frankreich unternommenen Reisen« (Gerbert, Vorwort zum 2. Band »De cantu«).

Bekanntlich wurden die Klostergebäude in einer gewaltigen Anstrengung innerhalb von drei Jahren wieder aufgebaut (einschließlich Druckerei), und Martin Gerbert setzte, mitten in der aufregenden Bauzeit, seine wissenschaftliche und schriftstellerische Tätigkeit fort: »Zu Beginn des folgenden Jahres (1773), von Wien zurückgekehrt, begann ich wiederum über diese ›Geschichte der Kirchenmusik‹ nachzudenken und das Studium wieder aufzunehmen, damit die vorausgegangene Arbeit nicht ganz vergebens war, sondern zu einem glücklichen Ende komme«. (Gerbert, Vorwort 2. Band »De cantu«).

Da die erwähnte Reise nach Wien vom Oktober 1772 bis zum 27. Januar 1773 stattfand, ist also der Neubeginn der Arbeit am Kirchenmusikwerk auf Februar 1773 zu datieren. Offensichtlich arbeitete Gerbert wieder mit der gleichen Leichtigkeit und Eile, denn schon Ende des folgenden Jahres 1774 erschien, in der Klosterdruckerei in St. Blasien hergestellt, das zweibändige Werk in Großformat mit insgesamt 999 Seiten Text und als Anhang mit 112 Seiten Partitur die Missa in Coena Domini (Gründonnerstagmesse).

Über dieses Werk schreibt der Straßburger Bibliothekar Professor Koch beim Erscheinen: »Tiefe Einsicht in die Kunst und weitläufige Belesenheit zeigen sich auf allen Seiten dieses Werkes, welches sich anbei durch die Schönheit des in St. Blasien veranstalteten Druckes nicht wenig empfiehlt.« (Pfeilschifter GK I S. 74)

Über die in dem Werk getadelten Mißstände in der zeitgenössischen Kirchenmusik wurde zu Beginn schon gesprochen. Und seine Absichten bei der Abfassung dieser großen Werke spricht Gerbert verschiedentlich aus, so in der Widmung des Werkes »Alte alemannische Liturgie« an Papst Pius VI.: »So sind der Kirchengesang und die Kirchenmusik hauptsächliche Beförderungsmittel der Andacht; allerdings sollte man sich nach der päpstlichen Capelle bilden wollen, wo die allein würdige Kirchenmusik, jene der menschlichen Stimme, zugelassen wird.« (Bader, Gerbert, S. 124/125). Oder in einem Brief vom 27. April 1775 an den Abt von Ochsenhausen: »Ich wünsche nichts sehnlicheres, als etwas von dem zu erzielen, wegen welchem ich diese Historie von der Kirchenmusik mit vieler Mühe und Arbeit beschrieben habe, um dadurch den erstaunlichen Mißbrauch in dieser Sache vor Augen zu legen. Ich habe hier immer Krieg mit meinen Musikanten, und würfe ihnen zuweilen ihren Kram gerne ins Feuer.« (Pfeilschifter GK II S. 110) Die älteren Herren des Stiftes wollten aber nicht an den Choral (a-cappella-Gesang), er strenge zu sehr an, und die Musik, die liebe Musik, gehe darüber zu Grunde! Waren sie ja alle selber treffliche Instrumentalmusiker (Bader, Gerbert, S. 123).

Uns hat vor allem die dem wissenschaftlichen Werk angefügte Messe für Doppelchor zu beschäftigen, will darin Martin Gerbert doch ein Beispiel geben, wie er sich wahre Kirchenmusik vorstellt. Gerbert hat der Partitur seinen Namen als Komponist, ob aus Bescheidenheit oder aus Selbstverständlichkeit, nicht beigefügt, so daß bald nach Erscheinen des Werkes das Rätselraten um den Komponisten begann: so fragte aus Mailand Pater Juvenalis Sacchi von dem Kaiserlichen Collegium nobilium im November 1775 an: »Ich möchte gerne den Verfasser der Messe kennen, ob es Ihr Werk ist, höchstberühmter und gelehrter Herr . . . oder irgendeines anderen. Verheimlichen Sie es mir bitte nicht.« Die Antwort Gerberts ist nicht erhalten (Pfeilschifter GK II S. 146/147).

Daß die Messe aber ein Werk Gerberts ist, bestätigt Klüpfel in seiner »Nova bibliotheka ecclesiastica friburgensis«, wo er über »De cantu« schreibt: »Missa in coena Domini, quam composuit ipsemet Celsissimus Auctor . . . die Messe für den Gründonnerstag, welche der erlauchte Verfasser selbst komponierte" (Pfeilschifter a.a.O. S. 146).

Die Messe ist in den Teilen Introitus, Kyrie, Gloria, Graduale, Credo, Offertorium, Sanctus und Agnus Dei für zwei vierstimmige gemischte Chöre geschrieben mit Bass. Princip. ad libitum, im Gloria außerdem bei jedem Chor noch eine Orgel ad libitum (also insgesamt drei Orgeln). Das Benedictus ist für drei gemischte Stimmen a-cappella und das Ad communionem für zwei Sopranstimmen ohne Begleitung gesetzt.

Dekan Martin Steim, Epfendorf/Oberndorf, übrigens aus der großen Familie der Gerbert stammend, hat mir freundlicherweise Kopien der Singstimmen nach dem in der Stadtbibliothek Horb/Neckar befindlichen Exemplar des Werkes »De cantu« besorgt. Nach diesen Unterlagen habe ich eine Übertragung und Zusammenschrift des Gesangsteiles der Messe zu einer Partitur auf zwei Doppelsystemen mit modernen Schlüsseln vorgenommen, um sie einer heutigen Aufführungspraxis zugänglich zu machen. Dabei stellt sich die Messe etwa so dar: Lange Strecken sind einfach und »eintönig« bis zur Primitivität, höchst einfache Tonfolgen, keinerlei Wirkung, ausgenommen das Gloria, das Incarnatus est, das Offertorium stellenweise. Das Benedictus und die Communio sind wohl ohnedies nicht ganz als abgerundete Stücke anzunehmen.

Betrachtet man das Gloria mit seinen prächtigen Klängen und festlichen Rhythmen (entsprechend der kirchlichen Aufführungspraxis am Gründonnerstag) im Verhältnis zur übrigen Messe, dann sieht man durchaus die Vermutung gerechtfertigt, daß die sonst auf weite Strecken vorhandene Einfachheit der Akkorde und Akkordfolgen *gewollt* ist, entsprechend dem Charakter des

Gründonnerstags als Anfang der Leidenstage des Herrn. Das Gloria baut übrigens auch in vielem die Brücke von der Messekomposition des über Fünfzigjährigen zu den fast drei Jahrzehnte zurückliegenden Offertorien des jungen Mönchs von siebenundzwanzig Jahren (Klangpracht, Jubel, Klangfolgen, Rhythmus), nur der Händelsche Charakter fehlt, und die Instrumente fehlen und sind reduziert auf drei Orgeln (entsprechend den Grundsätzen des Werkes »De Cantu«). Und der Charakter der Diktion weist auf die Gesangserlebnisse in der Sixtina in Rom hin. (Gerbert hatte wohl noch den reinen Klang und Hall der Sixtina im Ohr.)

Darauf weisen auch weite sonstige Strecken der Messe hin; denn auch die alten kirchlichen Karwochengesänge der Meister wie Palestrina und Vittoria kultivieren diesen »eintönigen« Klang, wie eben Klagelieder klingen. Diese gewollte Eintönigkeit, die Gerbert also ganz bewußt in seine Messe eingebaut hat, könnte man Frömmigkeit und Gebetshaltung nennen, denn eben darauf legt Gerbert auch im Text des Werkes »De cantu« selbst so großen Wert und weist darauf immer wieder hin als höchstes Anliegen der Kirchenmusik – und das wollte er doch wohl in der Messe darstellen.

Man könnte vielleicht auch sagen, die Messe sei »klassizistisch« wie der Dom, höchst einfach und »rein«, nazarenisch in ihren Verhältnissen und Klängen, »nüchtern« wie der Klassizismus nach dem Barock.

Darum fallen Benedictus und Communio mit ihren kontrapunktischen Künsten und ihren wirklich melodischen Kantilen eigentlich auch etwas aus dem strengen Rahmen und aus dem demütigen Charakter der Messe heraus.

Und für uns ist hier nicht so wichtig, ob die Messe ein »großes« Werk ist oder nicht – sondern daß Gerbert dabei offensichtlich zeigen wollte, wie er sich Kirchenmusik vorstellte.

Als abschließendes Urteil sei aus dem von Pfeilschifter (GK II S. 146 zu Nr. 751) angeführten bestellten Gutachten zitiert: »Die Messe ist kein überragendes Werk; auch sind die einzelnen Teile von ungleichem Wert. Fast durchwegs gebrauchte homophone Stimmführung bei bescheidener Modulation. Die Messe ist ein beachtliches kirchenmusikalisches Werk und würde bei einer verständigen Aufführung, die vor allem den Charakter der Doppelchörigkeit durch räumlich getrennte Aufstellung der beiden Chöre zu betonen hätte, ihren Eindruck nicht verfehlen.«

Außer dieser Messe hören wir dann noch von drei kirchenmusikalischen Aktivitäten im Leben Martin Gerberts. Als erstes muß darauf verwiesen werden, daß er sich auch um den Kirchengesang seines Christenvolkes bemühte. In den Jahren um 1770 und danach gab es in den Ländern deutscher Zunge Bestrebungen um die Verbesserung des Schulwesens und speziell des Religionsunterrichts und des kirchlichen Volksgesanges. Besonders auf dem letztgenannten Gebiet setzten sich die Bemühungen um das deutsche Kirchenlied, also Lieder in der deutschen Muttersprache statt Latein, immer mehr durch. So in Schlesien durch Ignaz Franz in Breslau, oder auch in der benachbarten Schweiz durch das Wirken des jungen Pädagogen Johann Caspar Lavater in Zürich, der von 1771 an seine »Christlichen Lieder« in wiederholten Folgen veröffentlichte und dadurch auch die Aufmerksamkeit Gerberts erregte, wie der Briefwechsel zeigt.

Im Zuge dieser Bestrebungen schreibt Gerbert im Mai 1774 an den Abt Felbiger in Wien, der in seinem Bereich in der gleichen Sache bemüht war: »Ich trachte allenthalben in den Landkirchen den deutschen Gesang einzuführen und habe auch ein kleines Gesangbüchlein vor etlichen Jahren drucken lassen, nach dem Beispiel Euer Hochwürden«. Pfeilschifter schreibt allerdings (GK II, S. 25): »Sanktblasische Gesangbücher sind weder auf der Universitätsbibliothek in Freiburg noch auf der Badischen Landesbibliothek in Karlsruhe noch in St. Paul in Kärnten erhalten«. Dann verweist er auf das Buch von Wilhelm Bäumker »Das katholische deutsche Kirchenlied in seinen Singweisen« (1891), und zitiert daraus den Titel des Gerbert'schen Gesangbüchleins: »Die christliche Lehre in Liedern nebst einem Anhang einiger Lieder bei der heil. Messe, vor und nach der Predigt, bei Bittgesängen und anderen Gelegenheiten zum Gebrauch der St. Blasischen Landschulen. Mit Erlaubnis der Oberen. Gedruckt in Bonndorf, 1773«.

Im Freiburger Diözesan-Archiv, 85. Band, 1965 S. 150, wird von Erwin Keller im Rahmen der Behandlung der Konstanzer Liturgiereform unter Wessenberg Martin Gerbert als Zeuge genannt: »Was entsprach mehr den Intentionen der Kirche und dem Geist der Liturgie: ein von oftmals gänzlich ungeübten Sängern gesungenes und von einem Stümper an der Orgel begleitetes lateinisches Choralamt – oder die, zugegeben, musikalisch und textlich nicht besonders hochstehenden Messelieder des ganzen Pfarrvolkes? Selbst ein Martin Gerbert entschied sich für die Meßlieder des Volkes«. Und es wird an beiden Stellen (Pfeilschifter und Keller) aus dem Vorwort Gerberts zur deutschen Singmesse zitiert: »Das Singen in der Kirche ist ein wesentliches Stück des Gottesdienstes. Was nützet aber den Bauersleuten ein lateinischer Gesang, woran ihr Herz und Verstand unmöglich teilnehmen und mithin auch keine Erbauung und Andacht erhofft werden kann. Lasset demnach unser christliches Volk ehender in seiner Muttersprache dem Herrn Lieder singen«.

Im Bonndorfer Gesangbuch waren acht Liedertexte von Gellert, acht sind dem Bruchsaler Gesangbuch von 1770 entnommen und sieben Texte von Ignaz Franz. (Pfeilschifter / Bäumker a. a. O. S. 25) Auch hier war also Martin Gerbert mit anderen führenden Geistern seiner Zeit als Reformer tätig.

Der zweite Anlaß weiterer Gerbert'schen Tätigkeit auf dem Gebiet der Kirchenmusik wird berichtet bei der Weihe des neuen Kuppeldomes in St. Blasien im September 1783, deren Jubiläum wir jetzt begehen. Die genaueste Schilderung gibt das Tagebuch von P. Trudbert Neugart vom 20. September 1783, das ich hier zitiere: »Unterdessen reiste Se. Fürstl. Gnaden dem Hochwürdigsten Bischof Maximilian von Rodt mit H. Kanzler im Gala-Wagen bis Seebrugg entgegen, um Hochselben dort zu empfangen und hierher zu begleiten. Als hier die erste Chaise erblickt wurde, gab man mit einem Mörserschusse ein Zeichen, worauf sich der ganze Konvent versammelte und in Prozession bis zum Tor dem hohen Gaste entgegenging. Unter Läuten aller Glocken wurde das Benedictus bis zur Kirchentür abgesungen. Inner der Kirche aber die Antiphon Ecce sacerdos magnus für falso bordone (Gesang mit unterlegten Akkorden), die Se. Fürstl. Gnaden auf den Akkord der Glocken mit Abwechslung der Trompeten für diesen Einzug eigens aufgesetzt haben. Jedermann bewunderte diesen majestätischen Gesang ganz außerordentlich«.

Im offiziellen gedruckten Festbericht hat die entscheidende Stelle folgenden Wortlaut: »Die ganze St. Blasianische Klerisei . . . erwarteten ihren hochwürdigsten Oberhirten . . . bei dem mittleren Tor des hiesigen Stiftes (heutiges Torgebäude am Kurgarten), wo höchst Selbige gleich nach 12 Uhr anlangten. Die Klerisei begleitete Ihren teuersten Vater unter Anstimmung des Lobgesanges: »Benedictus Dominus« bis zum Portal der neuen Kirche. Da stimmte man die Antiphon Ecce sacerdos magnus, a falso bordono an, welche unser gnädigster Fürst und Abt auf diesen feierlichen Anlaß selbst aufgesetzt hatten, wozu die Orgel, die Trompeten und Posaunen samt einigen harmonischen Glocken wechselweise mitspielten«.

Die Komposition ist verloren. Nach den in den beiden Glockentürmen des Domes damals aufgehängten, von Benjamin Grüninger aus Villingen auf dem Domplatz gegossenen Glocken, einem Mollgeläute, aufbauend auf dem Ton A (Walter, Glockenkunde), stand das Werk Martin Gerberts also wohl ebenfalls in A (nach den Worten von Pater Neugart »auf den Akkord der Glocken gesetzt«) und hatte den Klang des Geläutes: »Majestät«, Würde, Ernst, Großartigkeit, ganz dem Charakter des Sankt Blasier Landes entsprechend.

Im übrigen macht es gerade dieser Hinweis auf die Mitwirkung von Glocken etwas schwierig, sich die Komposition klanglich vorzustellen. Geht man von der Formulierung Neugarts aus, »auf den Akkord der Glocken gesetzt«, dann könnte man glauben, die Glocken hätten während des ganzen Stückes geläutet – eine etwas »eintönige« Klangvorstellung. Legt man die andere Formulierung zugrunde, »samt einigen harmonischen Glocken wechselweise«, dann ist es wohl noch schwieriger, sich die Realisierung, die Aufführung der Komposition vorzustellen. Überhaupt ist die Verwendung echter Glocken im Rahmen musikalischer Kompositionen sehr schwierig zu denken. Auch die Mitwirkung von Blasinstrumenten »wechselweise« in einer Choral-Antiphon ist nicht leicht denkbar. Der Verlust des Werkes ist wirklich zu bedauern.

Die dritte Nachricht über weiteres kirchenmusikalisches Wirken des Fürstabts Martin Gerbert stammt wohl aus den folgenden Jahren. Gerbert war, wie schon gesagt, 1763 aus Italien zurückgekommen mit dem festen Vorsatz, im Heimatkloster St. Blasien nach Kräften dahin zu wirken, daß möglichst bald die in Rom gehörte Art von Kirchenmusik, Chor ohne Instrumente, eingeführt würde. Es war dabei aber Gerberts Grundsatz, »daß man bei Verbesserung einiger Mißbräuche nicht sowohl mit Gewalt als mit Sanftmut, soviel möglich, vorgehen solle.« (vergl. Brief Bengraf, Juli 1786, Pfeilschifter GK II, S. 229). Und wie schon geschildert, dauerte daher dieser Kampf lange. Die alten Patres waren dem Zuspruch und den jahrelangen Mahnungen und Bitten des Fürstabts um Einschränkung der Instrumentalmusik in der Kirche schwer zugänglich. Zwar haben wir das Zeugnis, daß schon zur Zeit der Domweihe im September 1783 im Kloster von den Patres mehrstimmig gesungen wurde: Im Bericht über die Festlichkeiten ist zu lesen (Seite XV): »Sonntag, der 21. des Herbstmonats: Die Klerisei sang die Psalmen Laetatus sum in his ect. nebst anderen in einem vierstimmigen Freudenton ab.« Dies scheint aber noch nicht die Regel gewesen zu sein.

Im Jahre 1783, am 25. Februar, wurde für die Hauptorte in österreichischen Landen eine Gottesdienst- und Kirchenordnung erlassen. Danach war in Kirchen mit Chorgebet täglich nur eine Choralmesse, aber keine Instrumentalmusik erlaubt, außer für Sonn- oder Feiertage in Pfarrkirchen. (Pfeilschifter GK II S. 229 zu Nr. 287)

In St. Blasien wurde dieses von Gerbert so lange verfolgte Problem schließlich ziemlich radikal gelöst. Wir haben darüber nur einen zusammenfassenden Bericht in den Gesta Martini II. (S. 38 f.) von Pater Paul Kettenacker (1722–1812), nach dem Tod Gerberts niedergeschrieben: »Als endlich die Konventualen unseres Klosters genugsam festgestellt hatten, daß unserem vorzüglichen Abt alle instrumentale und figurale Musik in der Kirche überhaupt nicht gefalle, setzten sie durch Kapitelbeschluß fest, daß solche Musik fürderhin aus dem Chor völlig ausgeschlossen sein sollte.«

Dies wird bestätigt durch die mündliche Erzählung des Pfarrers Speidel von Alpfen, eines der seinerzeit jüngsten (also spät ins Kloster eingetretenen) Patres von St. Blasien, die Joseph Bader in seiner Schrift »Das Kloster St. Blasien« (1874) S. 107 berichtet: »Endlich setzte sich der Fürstabt durch, und bald konnte man nichts Schöneres, Erhabeneres hören, als einen vierstimmigen Choral in der Kirche von St. Blasien«.

Sicher ist, daß in der Zeit der letzten Fürstäbte im Kloster St. Blasien von den Konventsmitgliedern mehrstimmig gesungen wurde bei kirchlichen Anlässen, und zwar ohne Instrumente. So berichtet auch Abt Ignaz Speckle von St. Peter in seinem Tagebuch unter dem 19. November 1801 von den Beisetzungsfeierlichkeiten für den Fürstabt Mauritz Ribbele: »Nach beendeter Prim ward das Requiem gehalten. Es war majestätisch anzusehen, der Gesang mit vier Stimmen in vollem Chor von P. Nonnosus komponiert (Pater Nonnosus Karg, geboren am 16. Januar 1738 in Kempten, gestorben am 8. Juni 1811 in St. Paul: »Von den Emigranten vom Jahr 1807 starb er als erster in St. Paul«). Der Chor war sehr vollzählig, indem alle Kapitularen beisammen waren und nebst diesen noch 16 bis 18 fratres, also wohl 60 Sänger. Der Trauergesang bei so einem vollstimmigen Chor vermehrte den Eindruck«.

Und das zweite Zeugnis, ebenfalls von Abt Ignaz Speckle, aus dem Jahre 1813, also sechs Jahre nach der Aufhebung des Klosters St. Blasien: »Am 29. September feierte P. Marian Stiegeler von Oberried (ehemals St. Blasianisch) das Jubiläum seiner Priesterweihe. Die noch im Lande lebenden Kapitulare von St. Blasien wollten diesen Tag recht feierlich machen. Es kamen dreißig noch lebende Priester von St. Blasien, meistens alle Pfarrer, teils noch auf St. Blasischen Pfarreien auf dem Wald, teils im Breisgau, teils auch in der Schweiz, zusammen. Die Geistlichen sangen mit vier Stimmen das Benedictus. Nach dem Eintritt in die Kirche wurde die Terz (Stundengebet) in vierstimmigem Choral nach St. Blasiens Gebrauche mit vollem Chor gesungen. Das Amt wurde auf dem Chor im Choralton mit vier Stimmen gesungen.«

So erlebte Martin Gerbert gegen Ende seines Lebens in seinem Kloster St. Blasien noch die Erfüllung seiner persönlichen kirchenmusikalischen Wünsche.

Aber Gerbert steht mit seinen Leistungen am Ende einer ganzen Epoche. Und die sich überstürzenden Ereignisse nach seinem Tod ließen von seiner Kirchenmusik nichts für die Zukunft Bedeutsames übrig. Dafür waren wohl, wie eingangs gesagt, auch die persönlichen Voraussetzungen nicht gegeben.

Erfolgreicher war er in seinen wissenschaftlichen Leistungen, auch mit seinen musikgeschichtlichen Werken, die ihm europäischen Ruhm einbrachten. Und sein größtes Werk für unsere Zeit war eigentlich ein »Nebenprodukt«, ein aus der Not geborenes Werk: unser Dom in St. Blasien. Er rechtfertigt viele sonstige Bemühungen, die ohne zu bleiben in den Abgrund der Geschichte hinabgesunken sind.

Literatur:

Bader, Joseph, Das ehemalige Kloster St. Blasien auf dem Schwarzwalde und seine Gelehrtenakademie. FDA 8 (1874). Sonderdruck: Freiburg 1874

ders., Fürstabt Martin Gerbert von St. Blasien. Ein Lebensbild aus dem vorigen Jahrhundert. Freiburg 1875

Feyerlichkeit des in dem fürstlichen Stift St. Blasien auf dem Schwarzwald eingeweihten neuen Tempels. St. Gallen 1784

Gerbert, Martin, De cantu und musica sacra. Bd. I., II. St. Blasien 1774

ders., Zwölf festliche Offertorien. Augsburg 1747

Hilger, Franz M., Martin Gerbert, Fürst und Abt von St. Blasien. Konstanz 1970

Keller, Erwin, Die Konstanzer Liturgiereform unter Ignaz Heinrich von Wessenberg. FDA 85 (1965)

Moro, Gotbert (Hrsg.), Festgabe zur 150-Jahr-Feier der Wiederbesiedlung des Benediktinerstiftes St. Paul durch die Mönche von St. Blasien im Schwarzwald. Klagenfurt 1959

Neugart, Trudbert, Diarium 1783. In Archiv St. Paul. Nachträge Nr. 88/6

Pfaff, Maurus, Fürstabt Martin Gerbert und die Musikhistoriographie im 18. Jahrhundert. In: Erbe und Auftrag 47 (1971) Heft 2, 108–120

Pfeilschifter, Georg, Korrespondenz des Fürstabtes Martin II. Gerbert von St. Blasien. Karlsruhe I 1931 und II 1934 (GK)

Das Tagebuch von Ignaz Speckle, Abt von St. Peter im Schwarzwald. Bearbeitet von Ursmar Engelmann. Stuttgart 1966, 2. Bd.

Tüchle, Hermann, Martin Gerbert, 1970

Franz Hilger

Die Gelehrten des Klosters St. Blasien

Über die Geschichte des ehemaligen Benediktinerstifts St. Blasien wurde viel aufgezeichnet und geschrieben. Hierbei wird immer angemerkt, wieviel Bedeutung der Klosterschule und der Förderung der Wissenschaften in diesem Kloster beigemessen wurde. Aus der sanktblasianischen Klosterschule sind Männer hervorgegangen, welche im Kloster, an unterschiedlichen Posten des öffentlichen Lebens, als Pfarrer, als Lehrer an anderen Schulen und an Universitäten ersprießlich gewirkt und eine große Zahl wissenschaftlicher Werke verfaßt haben. Werke, die noch heute, bald zwei Jahrhunderte nach der Aufhebung des Klosters, als Grundlage für weitere Studien dienen. Besonders während der Zeit, als Fürstabt Martin Gerbert dem Kloster vorstand, wurde die wissenschaftliche Tätigkeit in St. Blasien gefördert. In folgendem Beitrag sei auf die Gelehrten der ehemaligen Benediktinerabtei und deren Werke hingewiesen.

Markus Baader (Bader)

Geboren am 1. März 1752 in Löffingen; am 6. Juni 1773 legte er die Profeß im Kloster St. Blasien ab und wurde am 1. Juni 1776 zum Priester geweiht. Er war Pfarrer in Urberg (1779), Pfarrer in Fützen (1794) und ab 1806 Stiftsdekan. Nach der Auflösung des Klosters ging er mit nach St. Paul und wurde dort Pfarrer der Stiftskirche. Baader starb am 26. Oktober 1822.

Schriften:

Dreißig Betrachtungen über das Leiden Jesu Christi. Klagenfurt 1818. – Andacht vor dem allerheiligsten Sakrament. 1818. – Leichtfaßliches Gebetbuch für gemeine Leute. 1820.

Konrat (Conrad) Boppert

»Pater Boppert war von einer heftigen Gemütsart, welche ihn leicht zu Streitigkeiten mit anderen Conventualen verleitete. So kam es eines Tages zwischen ihm und etlichen jüngeren Patres zu einer höchst unklösterlichen Szene, wobei er sich dermaßen vergaß, daß seine Rechte nach dem Messer griff, was von traurigen Folgen hätte werden können, wenn man nicht abwehrend dazwischen getreten. Als der fatale Vorgang an den Abt gelangte, verbannte derselbe den Schuldigen als Pfarrverweser nach Ibach, mit der weiteren Auflage, aus den Schriften der Kirchenväter, Concilien, Liturgien und Theologen aller Jahrhunderte die für das Dogma der Eucharistie beweisenden Stellen zu sammeln. Der Pönitent mußte an den hohen Festen und an gewissen anderen Tagen, wo sich alle Patres im Chore einfanden, nach St. Blasien reiten, durfte aber die Klausur nicht betreten, und wenn der Gottesdienst zu Ende war, erwartete ihn schon wieder sein Pferd an der Klosterpforte. Diese Verbannung dauerte vom Sommer 1799 bis zum Frühjahr 1803.«[1] Diese interessante Mitteilung, die sich auf Aussagen von früheren Pfarrern von St. Blasien (Braun) und Ibach (Escher) stützt, ist uns über den sanktblasianischen Konventualen Boppert bekannt und wurde von Josef Bader aufgezeichnet. Am 10. Februar 1750 wurde Boppert in Konstanz geboren, 1773 trat er in das Kloster St. Blasien ein und wurde am 25. September 1775 zum Priester geweiht. Er starb am 31. Juli 1811 in St. Paul. Sein Werk »Scutum fidei« kam im Jahre 1806 in die Klosterdruckerei, es wurde aber von Kommissär Ittner als »mönchisches Machwerk« abgetan, und der Weiterdruck mußte eingestellt werden. Die Handschrift nahm Boppert mit nach St. Paul, und in den Jahren 1853 und 1855 konnte das Werk unter der Leitung von Domkapitular Buchegger bei Herder in Freiburg gedruckt werden. Das Werk fand nicht nur in Deutschland und Österreich, sondern auch in Ungarn und Frankreich Interessenten. Das zwölfbändige Werk enthält für jeden Tag des Kirchenjahres eine Meditation, dann Beweisstellen aus den kirchlichen Schriften. Im einleitenden Text wirft der Verfasser vielen Geistlichen Lauheit vor.

»Er wußte recht wohl«, so schreibt Bader, »daß viele über seine Arbeit spotten würden, nämlich alle diejenigen, welche die wirkliche Gegenwart Christi im Abendmahl entweder geradezu leugnen oder sie zwar zu glauben vorgeben.«[2]

Schriften:

Scutum fidei ad usus quotidianos sacerdotum. Die ersten 3 Bände wurden 1806 in St. Blasien gedruckt, das ganze Werk erschien dann 1853 und 1855 in Freiburg (Manuskript in St. Paul HS Nr. 47).

Magnus Braunegger

Geboren in Gundelfingen am 3. September 1713, 1736 zum Priester geweiht. Er starb am 8. Juni 1778 in St. Blasien.

Manuskript:

Catalogus omnium Fr. Fr. Blasianorum ab a. 1596 (usque 1800 et ultra) cum observationibus. (Stift Einsiedeln)

Anselm Buß

»Dieser heißspornige Religiose, welchem ein tragisches Ende bestimmt war«, wurde am 10. Oktober 1759 in Gengenbach geboren. Als Zwanzigjähriger kam er in das Kloster St. Blasien. In den Jahren 1787 bis 1792 verwaltete er dort das Amt des Klosterarchivars. Von Fürstabt Martin Gerbert erhielt er den Auftrag, bei dem großen Werk der Germania Sacra mitzuarbeiten und übergab ihm die Geschichtsschreibung des Bistums Speyer. Im Jahre 1792 kam Buß als Professor für Poesie und Griechisch an das Gymnasium Freiburg. In der Breisgaumetropole geriet er unter die Anhänger der Französischen Revolution und verzog bald darauf nach Basel. Nach Mitteilung von Angehörigen seiner Familie soll Pater Anselm Buß in Basel sein Mönchsgewand öffentlich verbrannt haben.

Schriften:

Regeste aus dem Theile des gräflich lupfischen Archivs, welcher nach St. Blasien gekommen, von 1256 bis 1423. Handschr. – Auszug aus den zu St. Blasien befindlichen Acten des prälatenständischen Archives, von 1523 bis 1636. Handschr. – Verschiedene Aufsätze (wohl die über die Probstei Bürgeln, über die Werke des Paters Herrgott und dergleichen) in Hirschings historisch-literar. Handbuche (biographische Nachrichten) III, 47, 112, wie im Stifts- und Klosterlexikon (Leipzig 1792)[3].

Ferdinand Dannhauser

In Rastatt am 3. Januar 1775 geboren, seine Profeß legte er am 10. Januar 1796 ab und wurde am 20. September 1800 zum Priester geweiht. Sein Todestag ist der 11. Juni 1831. Nach der Säkularisation mußte laut Staatsvertrag vom 17. Oktober 1800 Württemberg die Versorgung von F. Dannhauser übernehmen. (Wo Dannhauser nach der Aufhebung des Klosters lebte, konnte nicht festgestellt werden.)

Schriften:

Von der Pflicht des Christen, sein Leben zu erhalten. 1830. – Über den intellektuellen und moralischen Zustand der Württemberger an der Donau und am Bodensee. 1831. – Was Vernunft und Christenthum von der Geisterwelt lehre. 1833. – (Diese drei Aufsätze sind in Langs Kirchenblättern erschienen.)

Roman Endel

Vom Kloster St. Blasien wurde er als junger Priester zur Erlernung der französischen Sprache ins Kloster Sens geschickt. Zurückgekehrt unterrichtete er Theologie und Philosophie. 1741 kam er an die Universität Salzburg als Lehrer für griechische und französische Sprache. Im Jahre 1749 bekleidete er das Amt des theologischen Dekans. Roman Endel starb am 28. Mai 1755 als Propst von Wislikofen.

Schriften:

Historia almae et archiepiscopalis Universitatis Salisburgensis sub cura P. P. Benedictinorum. Prodit nunc primum opera et studie R. P. presbyteri et monachi Benedictini e congregatione S. Blasii in sylva nigra. Bonndorf 1728.[4] – Tractatus scolastico-dogmaticus de Deo uno. 1745. – Tausendfältig gesegnete Rebecca. Lob- und Ehrenrede in dem 1000jährigen Jubiläum des Klosters Mondsee. 1748. – Fontes lacrymarum ex R. P. Roberto Bellarmino SJ., a Congr. majore academica Salisburgi partheniis sodalibus in Xenium oblati. 1750.

Ambros Eichhorn

Der aus Wittighofen bei Bonndorf (Wittlekofen) gebürtige Eichhorn zählt zu den Mitarbeitern der Germania sacra. Ihm übertrug Gerbert die Bearbeitung des Bistums Chur. Lange Zeit hielt er sich in dem Bistum auf, um in Archiven nach den nötigen Unterlagen zu suchen. Seine Arbeit wurde von Fürstbischof von Rost unterstützt. Zurückgekehrt nach St. Blasien, war Fürstabt Martin Gerbert bemüht, ihn an eine Stelle zu versetzen, wo er auch die Ruhe und Muße fand, seine umfangreiche Quellensammlung zu sondieren und zu bearbeiten. So wurde Eichhorn Pfarrer von Bernau und Novizenmeister in St. Blasien. Unter dem Nachfolger Gerberts, Abt Maurizius Ribbele, wurde er zum Bibliothekar und später zum Archivar des Klosters ernannt. Fürstabt Berthold übergab ihm die Leitung des Priorats von Oberried. Nach der Auflösung des Klosters und der Übersiedlung nach St. Paul wurde Eichhorn Präfekt des Gymnasiums zu Klagenfurt. Pater Ambros »war streng, aber die Studenten liebten ihn, denn als weiser Psycholog wußte er die rechte aequitas zu treffen, und die pädagogische Grundregel: Nulli aetati facore injuriam ward bei ihm zur Handlungsmaxime.«[5] Neben seiner Tätigkeit als Lehrer beschäftigte sich Pater Eichhorn mit der Geschichte von Kärnten und veröffentlichte hierüber viele Aufsätze. Eichhorn wurde 1758 geboren, kam 1779 nach St. Blasien und 1783 erhielt er die Priesterweihe. 1818 wurde er zum Präfekt des Klosters St. Paul ernannt und zwei Jahre danach, am 21. März 1820, starb er.

Schriften:

Gedanken über die Freiheit, für den deutschen Landmann (wider die Revolution in Frankreich). 1793. – Episcopatus Curiensis in Rhaetia sub metropoli Moguntina, chronologice et diplomatice illustratus. Cum codice probationum. Typis San Blasianis 1797. – Liber precum in usum studiosae juventutis. Klagenfurt (Leon) 1811. – Beiträge zur älteren Geschichte und Topographie des Herzogtums Kärnten. I Sammlung. Klagenfurt 1817. – Krieg zwischen Kaiser Rudolph und Ottokar von Böhmen. (Karinthia) 1817. – Ursprung des Stiftes St. Paul O.S.B. 1814. – Aus den Civil- und Criminalgesetzen im Herzogthum Kärnten unter Erzherzog Ernst 1414. 1816. – Carenta, die Hauptstadt des Carantaner-Reiches im 9. und 10. Jahrhundert. 1818. – Das Frauenkloster des Ordens der hl. Clara bei der Stadt St. Veit in Kärnten. 1818. – Die Stadt Friesach in älteren und mittleren Zeiten. 1818. – Merkwürdige Kärnthner Damen. 1819. – Seltenheiten der vaterländischen Diplomatik (Zusammenhängende Aufsätze im Archiv für Geographie, Historie, Staats- und Kriegskunst) 1818. – Kurzgefaßte Geschichte der Probstei Oberried und des Thales St. Wilhelm. Badenia 1844. – Diplomatische Annalen des Herzogthums Kärnthen 1820 und 1821.

Manuskripte:

Die Probstei Bürgeln (Archiv St. Paul, Nr. 207). Kurzgefaßte Geschichte des Alpengaus, St. Paul HS Nr. 227. – Collectanea diplomatum, quae historiam Carinthiae concernunt. 3 tomi.

Bernhard Erhart

1773 wurde er in Schlettstadt geboren. 1795 legte er seine Profeß im Kloster St. Blasien ab und vier Jahre danach, am 10. Juni 1797, wurde Erhart zum Priester geweiht. Von 1810 bis 1814 war er Lehrer am Lyzeum in Konstanz, dann Pfarrer in Kippenhausen und ab 1826 Pfarrer in Berau.

Schriften:

Manuskript: Novum Necrologium San-Blasianum 1801–1846 auctore P. Paulo Kettenacker decano S. Blasiano, continuatore P. Ber. Erhart. (Kloster Einsiedeln)

Franz Fritz

Am 20. November 1786 wurde er in Grafenhausen geboren. Als 17jähriger trat er in das Kloster St. Blasien ein und legte am 20. September 1803 die Profeß ab. Nach der Aufhebung des Klosters ging er mit nach St. Paul und wurde dort am 3. September 1809 vom Bischof von Lavant zum Priester geweiht. (In der Liste der nach St. Paul verzogenen Konventualen von St. Blasien ist ein Frater non professi Joseph Fritz aufgeführt.) Zuvor hatte Pater Fritz an der Universität in Wien studiert. 1810 wurde er Professor der Exegese des Alten Testaments und für orientalische Sprachen am Lyzeum in Klagenfurt. »Sein lateinischer Vortrag zeichnete sich durch Klarheit und Eleganz aus. Außerdem erteilte er den Alumnen praktische Vorlesungen über das Lesen der Heiligen Schrift.« 1837 wurde er Präfekt des Gymnasiums Klagenfurt. Von 1836 bis 1839 war er zugleich noch Direktor des theologischen Studiums in Klagenfurt. Seit 1844 war er Superior. Am 18. September 1849 starb er.

Schriften:
Leben des Trudpert Neugart. 1836. – Über die gegenwärtigen theologischen Studienpläne in Österreich. 1856.

Edmund Gäs

Er war aus Freiburg gebürtig. Bei der Wiedereröffnung der St. Blasier Schule nach dem großen Klosterbrand im Jahre 1768 wurde Gäs zum Lehrer für Theologie bestellt. Am 27. April 1777 starb Gäs im Alter von 37 Jahren.

Manuskript:
Diarium monasteri S. Blasii ab a. 1775 usque 1777. St. Paul Hs Nr. 165 (Sein Nachfolger im Amt des Tagebuchschreibers Roman Kuon widmet ihm einen ergreifenden Nachruf am Beginn des neuen Diariums. St. Paul Hs Nr. 165).

Ignatius Gumpp

Im Jahre 1691 wurde Gumpp in Bräunlingen geboren. Er studierte in Salzburg und war Lehrer an der Klosterschule St. Blasien. Von Abt Blasius war er Sacellanus und begleitete diesen auf seiner Reise nach Wien. Im Kloster St. Blasien hatte er die Tätigkeit des Rechners und Ökonomen, dann war er Propst in Berau, vier Jahre Prior in St. Blasien, zehn Jahre Superior in Todtmoos, Propst in Bürgeln, dann wieder Propst in Berau und zuletzt Propst in Gurtweil. Dort beschäftigte sich Pater Gumpp mit der Geschichte der Propsteien Bürgeln und Berau. Nach einem Schlaganfall bat er ins Kloster zurückgebracht zu werden. Er starb am 11. April 1763 im Alter von 73 Jahren in St. Blasien.

Manuskripte:
Sonnen-Auf- und -Niedergang oder Ortus et Occasus von St. Blasien mit allen Gebäuden 1756. St. Paul Hs Nr. 204. – Abbas S. Blasii privilegiatus 1756 (St. Paul Hs Nr. 205, steht auch im tom. 6 der Analecta des P. Stanislaus Wülberz). – Compendium discursus canonici de mensa privilegiata abbatis et conventus S. Blasii 1753 (St. Paul Hs Nr. 260, steht auch im tom. 6 bei Analecta des P. Wülberz). – Pro memoria. Die uralte St. Blasianische Propstei Bürgeln (St. Paul Hs Nr. 187, auch im tom. 6 der Analecta des P. Wülberz). – Pro memoria. Von der Kirche zur Bürgeln (Tom. 6 der Analecta des P. Wülberz). – Historische Beschreibung von Auf- und Zunahme der dem fürstlichen Reichsgotteshause St. Blasien incorporirten Propstei und Frauenklosters Ord. S. Benedicti zu Berau. 1754 (war in Privatbesitz, 1890). – Diarium rerum gestarum sub regimini Abbatis Blasii III. de a. 1723–1726 samt gehaltener Tagsatzung zu Baden im Aargau. St. Paul Hs Nr. 162.

Marquard Herrgott (Abb. 4)

In der kleinen Kapelle neben dem Schloß in Bad Krozingen fand der St. Blasier Gelehrte Marquard Herrgott seine letzte Ruhestätte. Er starb am 16. Oktober 1762 im Alter von 68 Jahren im Krozinger Schloß, wo er die letzten Jahre seines Lebens verbrachte.

Herrgott war der Sohn eines Chirurgen aus Freiburg, am 9. Oktober 1694 wurde er geboren. Nach der Schulzeit erhielt er eine Stelle als Hauslehrer in Straßburg. Mit seinen Zöglingen hielt er sich einige Zeit in Paris auf. In die Heimat zurückgekehrt, trat er ins Kloster St. Blasien ein. Am 17. November 1715 legte er seine Profeß ab und empfing am 17. Dezember 1718 die Priesterweihe. Zur weiteren Ausbildung kam Herrgott zu den Benediktinern von Saint Germain in Paris. Nach seiner Rückkehr nach St. Blasien wurde er zum Hofkaplan ernannt, später zum Bibliothekar und Großkeller. Im Jahre 1728 wurde er Abgesandter des Klosters St. Blasien und der breisgauischen Stände am Wiener Hof. Während des Aufenthalts in der Kaiserstadt verfaßte Herrgott ein Werk über die Stammesgeschichte und die historischen Denkmäler des habsburgisch-österreichischen Hauses. 1738 erschien der erste Teil des Werks. Kaiser Karl beschenkte ihn aus diesem Anlaß mit einer wertvollen Medaille und ernannte ihn zum kaiserlichen Rat und Historiographen. Nach zwanzigjähriger Tätigkeit in Wien wurde er Statthalter der sanktblasianischen Herrschaft Staufen und Kirchhofen, wobei ihm die Propstei Krozingen als Wohnsitz überlassen wurde.

»Der Einfluß Herrgotts zu St. Blasien war ein bedeutender und nachhaltiger, nicht allein auf das wissenschaftliche Leben daselbst, sondern auch in manch anderer Beziehung. Der von ihm angebahnte Weg wurde eifrig weiterverfolgt und die Art der herrgottschen Gelehrsamkeit erhielt in Gerberts historischer Arbeit die würdigste und glänzendste Fortsetzung.«[6]

Schriften:

Vetus disciplina monastica, seu collectio auctorum ord. S. Bened. maximam partem ineditorum qui ante sexentos fere annos per Italiam, Galliam atque Germaniam de monastica disciplina tractarunt. Paris 1726. – Genealogia diplomatica augustae gentis Habsburgicae cum diplomatibus maxima parte hectenus ineditis. Tom. 1: Viennae Austr. ex typographia Leop. Ioan. Kaliwoda 1737. – Tom. 2, pars. 1: Codicem probationum exhibens ab a 1244–1269. Pars 2: Codicem probationum exhibens ab a. 1269–1371. – Monumenta augustae domus Austriacae complecitur sigilla vetera et insignia auctario diplomatum Austriacorum tom. 1, pars 1 et 2. Viennae (Leop.Kaliwoda) 1750 – Tom. 2: Complectitur nummothecam principum Austriae. Freiburg 1752–1753. – Tom. 3: Complectitur pinacothecam principum Austriae. Freiburg 1760.

Manuskripte:

Instructio pro iis, qui Annales S. Blasii scribere intendunt (Analecta P. Stanis. Wülberz tom. 4) St. Paul Hs Nr. 260. – Hercynia vetus (Analecta P. Stanis. Wülberz tom. 5) ebda. – Duo conceptus reformandi litterarum studia in monast. S. Blasii (Analecta P. Stanis. Wülberz tom. 5) ebda. – Modus repentendi humaniora (Analecta P. Stanis. Wülberz tom. 5) ebda. – Conspectus monastici Blasiani (Analecta P. Stanis. Wülberz tom. 5) ebda. – Conspectus monastici Blasiani (Analecta P. Stanis. Wülberz tom. 5) ebda. – Monasticon San-Blasianum St. Paul Hs Nr. 196. – Ad historiam monasterii S. Blasii. St. Paul Hs Nr. 195. – Diplomata mon. S. Blasii concernentia 1093–1286. St. Paul Hs Nr. 166. – Copiarium documentorum 635–1771. (St. Paul). – Diarium 1728–1730. St. Paul Hs Nr. 166. – Abhandlung über die Bibliotheken zu Wien, Lilienfeld, Discursus paraeneticus pro bibliotheca publica et c societate Eruditorum in urbe Moguntina erigenda. 1737 (Wien). – Itinerarium M. Herrgott Roman. 1716; St. Gallen 1721, Wien 1722 u.a.m. St. Paul Hs Nr. 22. – Collectanea (Aufzeichnungen zu den oben genannten Werken) St. Paul Hs Nr. 57–60. – Orationes Romae a P. M. Herrgott habitae etc. St. Paul Hs Nr. 291.

Rustenus Heer

Am 19. April 1715 wurde er in Klingnau geboren, 1733 legte er seine Profeß in St. Blasien ab und 1738 wurde er dort zum Priester geweiht. Schon bald fand er in Pater Marquard Herrgott einen guten Freund und Lehrer, der ihn mit den diplomatisch-historischen Studien vertraut machte. Durch diese Freundschaft lernte Pater Heer bekannte Persönlichkeiten der Wissenschaft kennen. Im Herbst 1755 war Heer mit dem berühmten Professor Schöpflin in Krozingen zusammen. Von da an stand Heer mit ihm, dem Verfasser der Alsatia illustrata, und mit dessen Freund Lamey in Briefwechsel. Eine von Heer verfaßte Schrift gegen die Gelehrten des Klosters Muri löste heftige Diskussionen aus. Ein Pater des Klosters Muri brachte eine Gegenschrift heraus (Wieland, Vindiciae vindiciarum Koppianarum, 1760). Mit dieser Angelegenheit haben sich sogar der Wiener Hof und der Vatikan beschäftigt. Auch in der Korrespondenz von Gerbert wird dieses umstrittene Werk oft erwähnt. Heer hoffte, daß er nach dem Tode seines Freundes Herrgott in Krozingen weiterarbeiten könne, er wurde aber nach St. Blasien zurückgerufen. Im Dezember 1762 wurde er Pfarrer von Nöggenschwiel, wo er die Muße fand, seine Werke fortzuführen. Er hatte dort sogar einen Schreiber, einen Kupferstecher und auch eine Kupferpresse im Pfarrhaus. Überdies hatte er einen Boten, der die nötigen Bücher vom Kloster holte und Manuskripte in die Klosterdruckerei brachte.

Dadurch, daß Heer einen sehr regen Briefwechsel hatte, ist vieles aus seinem Leben und Wirken festgehalten. So beschäftigte er sich auch mit dem Landbau und bat Lamey in einem Brief um die Übersendung von Dickrübensamen. »Da der hiesige Boden geeignet dafür scheint, so wünsche ich einen halben Morgen damit bestellen zu können.«[7] In einem weiteren Brief teilte er mit, daß die kaiserlich-königliche Majestät ihn zum Rat und Historiographo ernannt habe.

1766 wurde Pater Heer Oberpfleger von Bonndorf. Das Brandunglück im Jahre 1768 vernichtete den Großteil seiner Habsburgischen Taphographie. 1769 starb Rustenus Heer im Alter von 54 Jahren.

Schriften:

Dissertatio de literarum studiis in monasterio S. Blasii magis magisque promovendis (Handschr.). – Anonymus Murensis denutatus et ad locum suum restitutus, sive acta fundationis monasterii Murensis denuo examinata. Accessit chronicon Bürglense. Freiburg 1755. – Taphographia principum Austriae (monumentorum tom. IV et ultimus), nach dem Tode von Pater Heer durch Fürstabt Martin Gerbert fortgesetzt, St. Blasien 1772. – Comentarius super regulam S. Benedicti et meditationes. 1755 (St. Paul Hs Nr. 230).

Vinzenz Ilger

In Tiengen am Hochrhein wurde Vinzenz Ilger am 12. Februar 1742 geboren. Im Alter von 20 Jahren trat er in das Kloster St. Blasien ein und wurde am 13. Juni 1767 zum Priester geweiht. Seine Studien bezogen sich vornehmlich auf disziplinarische, philosophische und kirchenhistorische Gegenstände. Im Jahre 1800 wurde er Prior von Sion bei Klingnau. Wann und wo er starb, konnte nicht festgestellt werden. In der Chronik von Klingnau ist sein Name nicht aufgeführt.

Schriften:

Observationes in saecula christiana de disciplina et moribus eccleciae catholicae in usum cleri utriusque. (Einsiedeln und Basel, 1791)

Manuskript:

Die beschämten Philosophen unserer Zeit durch die Philosophen des grauen Altertums, 1801.

Georg Viktor Keller

Schon im Kloster scheint er sich der aufklärerischen rationalistischen Geisteshaltung zugewandt zu haben. Keller galt als großer Verehrer des Konstanzer Generalvikars Wessenberg und unterhielt einen regen Briefwechsel mit ihm. Professor Dr. Wolfgang Müller nennt Pater Keller den radikalsten Wessenbergianer. »Es war in seinen Formulierungen so auffallend, daß er neben dem Luzerner Seminarprofessor Dereser der einzige war, der in den Beschuldigungen Wessenbergs durch die römische Kurie mit Namen genannt wurde, daß Wessenberg ihn nicht entfernt habe, wurde ihm vorgehalten.«

Georg Viktor Keller wurde am 14. Mai 1760 in Ewattingen geboren. Sein Vater war Dorfschmied. Keller besuchte die Schule der Benediktiner in Villingen, später kam er nach Freiburg. In Wien studierte er Philosophie und Theologie, er fand auch Gefallen an der deutschen Literatur und besuchte daher, so oft er konnte, das Schauspiel- und Opernhaus. 1778 kam Keller erstmals nach St. Blasien und bat bald darauf um Aufnahme in die Klostergemeinschaft. Als Novize war Keller bereits Lehrer an der Klosterschule und wurde daher vom Chordienst befreit. 1785 empfing Keller in Konstanz die Priesterweihe. Im gleichen Jahre wurde er von Fürstabt Martin Gerbert in den Kreis der Mitarbeiter für das große Werk der Germania sacra aufgenommen. Gerbert übergab ihm die Geschichtsschreibung der Bistümer Verden, Eichstätt und Augsburg. Als im Jahre 1801 Fürstabt Mauritius Ribbele starb, war Keller neben Propst Rottler als Nachfolger vorgeschlagen. Auf sein Bemühen hin soll sein Gegenkandidat mehr Stimmen erhalten haben, weshalb er sich später oft scherzhaft einen »gefehlten Fürsten« nannte. 1795 wurde Keller Propst von Gurtweil und von 1798 bis 1804 war er Pfarrer von Schluchsee. 1804 wurde er Propst von Wislikofen, dort erwarb er das Bürgerrecht der Schweiz. In diesem Zusammenhang erreichte Keller die Entlassung aus der Klostergemeinschaft und die Versetzung in den Weltpriesterstand. Im gleichen Jahre wurde er in Aarau Mitglied der Bibliothekskommission, ein Jahr danach des Kantonalschulrates und 1813 der Kantonsdirektion. Sein Ruf als radikaler Anhänger des Aufklärertums führte zu Spannungen. 1814 ging Keller von Aarau und nahm in Zurzach das Amt des Stiftsdekans an. Nachdem 1815 die Trennung der schweizerischen Gebiete vom Bistum Konstanz vollzogen wurde, verließ er die Schweiz. 1816 übernahm er die Pfarrei Grafenhausen und vier

Jahre die Pfarrei Pfaffenweiler. Dort starb er am 3. Dezember 1827 und fand dort seine letzte Ruhestätte.

Schriften:

Darf man den Priesterstand wählen, um in demselben für sich allein zu leben. 1805. – Ideale für alle Stände. Aarau 1818; 1831³. – Katholikon, Für alle unter jeder Form das Eine. Aarau 1824; 1832³. – Nachlaß. Eine Reihe politischer, moralischer und wissenschaftlicher Aufsätze mit beigefügter Biographie. Freiburg 1830, 2 Bände. – Blätter der Erbauung und des Nachdenkens (auch unter dem Titel »Fortsetzung der Stunden der Andacht zur Beförderung wahren Christentums und häuslicher Gottesverehrung«). Freiburg 1832.

Paul Kettenacker

Am 22. Januar 1722 in Villingen geboren, legte er als 18jähriger im Kloster St. Blasien die Profeß ab und wurde am 26. März 1746 zum Priester geweiht. Er war Beichtvater im Nonnenkloster Berau, dann Pfarrer in Nöggenschwiel, Prior in Sion, Stiftsdekan und Propst in Bonndorf. Im hohen Alter kam er wieder nach St. Blasien zurück und arbeitete dort an verschiedenen historischen Werken. Mit 85 Jahren war er der älteste der Konventsglieder, die nach der Säkularisation pensioniert wurden, allerdings unter dem Vorbehalt, daß die dazu fähigen Priester später in den Pfarrdienst gingen. Paul Kettenacker starb am 16. August 1812 in Gurtweil.

Manuskripte:

Geschichte von St. Blasien. St. Paul Hs Nr. 34. – Gesta abbatum principum monasterii et Congregationi divi Blasii in compendium redacta 1785. 398 S. Fol. nebst einem Anhang: Exhibens patres S. Blasianos pietate, scientia et scriptis, officiis et rebus bene gestis prae caetteris illustres ab a. 1611–1759. – Gesta Martini II (Gerbert) abbatis an S. Blasium nost eius obitum memoriae et gratitudinis ergo conscripta. 1793. St. Paul Hs Nr. 151. – Tractatus de disciplina monastica S. Blasiana. St. Paul Hs Nr. 223. – Necrologium San-Blasianum bis saeculare 1597–1785, continuatum ab a. 1786–1800. – Catalogus omnium fratrum Blasianorum ab a. 1596–1800 (et ultra) cum observationibus (Einsiedeln). Von Bl. 1–52 von P. Magnus Braunegger verfaßt, von Bl. 53–82 von P. Kettenacker (1807 beendet in Gurtweil). – Necrologium San-Blasianum saeculare, seu brevis et succincta narratio de vita, gestis et morte Rss. abbatum et principum. R. R. patrum capitularium, religiosorum fratrum et conversorum, qui ab a. 1686–1785 inclusive e nostra Congregatione San-Blasiana in Domino oberunt. Conscriptum 1786 (Einsiedeln). – Novum Necrologium San-Blasianum ab a. 1801–1846 auctore P. P. Kettenacker, continuatore P. Ber. Eghart (Einsiedeln). – Tabulae fundatorum et benefactorum monaterii s. Blasii (GLA). – Relation über die Kirche der Bonndorfschen Union (Bonndorf).

Remigius Kleesatel

Seine Heimat war Böhmenkirch. Er war Lehrer an der Schule in St. Blasien und von 1757 bis 1768 Klosterarchivar. Nach dem Klosterbrand war er in Sion und Oberried. Er schrieb Gedichte, Theaterstücke und Kompositionen. Am 22. Juli 1783 starb Kleesatel im Alter von 66 Jahren in Oberried.

Schriften:

Honor Minervae Austriacae ex mentore exhibitus cum tribus allocutionibus ad L. B. de Vogt lingua hebraica, graeca et latina. 1741.Opus Musicum I, (zus. mit Martin Gerbert, Augsburg 1747)

Manuskript:

Conspectus polyantheae musicae. – Viele musikalische Kompositionen und Komödien.

Roman Kuon

Er wurde am 2. Februar 1740 in Rottweil geboren; seine Profeß in St. Blasien hatte er am 1. Mai 1757 und am 28. Mai 1763 wurde er zum Priester geweiht. Nach dem Klosterbrand 1768 kam er als Ökonom ins Kloster Reichenau, dann war er Professor für Latein an der Schule in St. Blasien und Superior in Todtmoos. Am 13. November 1797 starb Kuon in der Propstei Klingnau.

Manuskript:

Diarium monast. S. Blasii ab a 1777–1780. St. Paul Hs Nr. 165. – Diarium 1781–1787 ebda. Nachträge Nr. 88/6 (R. Kuon et alii).

Franz Kreuter

Wer heute Werke über die Geschichte Vorderösterreichs studiert, wird im Literaturhinweis oft den Buchtitel »Geschichte der vorderösterreichischen Staaten« aus dem Jahre 1790 von Franz

Kreuter finden. Es war das einzige literarische Werk des sanktblasianischen Benediktiners. Dies lag wohl daran, daß der Wissenschaftler Kreuter stets noch andere Aufgaben innerhalb der Klostergemeinschaft zu übernehmen hatte.

Kreuter wurde am 15. April 1736 in Freiburg geboren. Durch seinen Onkel Marquard Herrgott kam er 1753 nach St. Blasien und empfing dort 1759 die Priesterweihe. Mit Martin Gerbert zusammen erhielt er seine Weiterbildung in Paris. Nach Abschluß seiner Studien wurde Kreuter von seinem Abt zum Professor für Philosophie und zum Hofkaplan ernannt. Da Pater Kreuter sich besonders als Verwaltungsmann hervortat, wurde ihm das Amt des Großökonomen übertragen. In dieser Eigenschaft hatte er die schwierige Aufgabe, den Finanzierungsplan für den Dombau zu erstellen. Josef Bader schreibt im Jahre 1874 über Kreuter: »Er war ein Mann von mittlerer Größe, sehr mager, aber höchst lebendig, mit klugem Blick, langer Nase und satyrisch geschnittenem Munde. Derselbe trank keinen Wein, schlief immer auf Stroh und lebte überhaupt äußerst streng. Aber man fand an ihn den jovialsten Herrn im Umgange, den witzigsten Kopf bei der Tafel, den gewandtesten Führer der Klostergäste.« Viele Jahre war Kreuter Propst auf Schloß Bürgeln. Hier hatte er keine leichte Aufgabe, »da die stiftischen Gefälle im Markgräfischen immer bedroht waren«.[9] Kreuter erlebte noch die Aufhebung des Klosters, starb aber wenige Monate vor der Abreise der St. Blasianer nach St. Paul.

Schriften:

Geschichte der vorderösterreichischen Staaten, aus Urkunden, gleichzeitigen Geschichtsschreibern und anderen Quellen gezogen. St. Blasien 1790.

Fintan Linder

Im Jahre 1755 erschien in Ulm ein Werk über die hebräische Grammatik. Der Verfasser war der St. Blasier Konventuale Fintan Linder. Er widmete diese Arbeit dem damaligen Erzbischof von Wien, dem sich der Pater wohl zu besonderem Dank verpflichtet fühlte. »Das Buch selber ist nach dem damaligen Stande dieser Disziplin eine sehr beachtenswerte Erscheinung, in netter, klarer Darstellung. Der Verfasser, seines Stoffes völlig Meister, lieferte alles sorgfältig korrekt.«[10] In dem dem Werk beigegebenen kleinen Lexikon wurden Vergleiche gezogen mit der arabischen, syrischen und sogar mit der äthiopischen Sprache, eine für die damalige Zeit schon außergewöhnliche Arbeit.

Der aus Radolfzell gebürtige Fintan Linder legte 1744 in St. Blasien die Profeß ab und erhielt sechs Jahre danach, im Mai 1750, die Priesterweihe. Schon früh begann er mit dem Studium der orientalischen Sprachen. Außer dem eingangs erwähnten Werk über die hebräische Sprache arbeitete Linder an einem noch größeren Werk, an dem »Lexico hebraeo-rabbino-talmudico«, doch wurde dieses nicht zu Ende geführt. Pater Linder starb 1785.

Schriften:

Opus grammaticum ebraeum ad solidam sacrae linguae intelligentiam methode analytica ducens. Ulm 1755.

Manuskripte (im St. Paul Hs):

Lexion Lat. – Ebraicum-Rabbinicum Nr. 96. – Theologia revelata discipulis suis tradita a 1758–1762 Nr. 232. – Specimen Philosophiae ad revelationem theolog… 1759 Nr. 234. – Grammatica et Syntaxis Ebraica Nr. 270. – Lexicon Latino-Ebraico-Rabbinicum, 2 Bde. Nr. 271.

Franz Sales Linsenmann

In Rottweil am 9. September 1765 geboren, legte er seine Profeß im Kloster St. Blasien am 30. August 1787 ab und wurde am 20. September 1788 zum Priester geweiht. Er war Pfarrer von Kirchdorf (1805), Pfarrer in Neukirch, Dekanat Rottweil (1826) und Kaplan in Rottweil. Sein Todestag ist der 15. April 1837. (Er wird auch mit dem Vornamen Paulus genannt.)

Schriften:

Warum die Sittenlehre des Evangeliums so selten ihre seligen Wirkungen hervorbringt. 1833.

Aloys Mader

1717 in Rottweil geboren, am 9. August 1800 in der Propstei in Krozingen gestorben.

Manuskript:

De methode in institutionibus philosophiae sibi amplectenda.

Lukas Meyer

Als Sohn einer armen Häuslerfamilie wurde Meyer am 8. Januar 1774 in Holzschlag bei Gündelwangen geboren. Holzschlag gehört heute zur Stadt Bonndorf. Sein Heimathaus war das »Auerhäusle«. Er besuchte die Dorfschule von Boll. Mit zwölf Jahren kam er zu den Paulinern nach Bonndorf, von dort zur Lateinschule der Benediktiner nach Villingen und später an das Gymnasium nach Donaueschingen. Seine Studien setzte er in Freiburg fort und wurde 1793 als Mönch im Kloster St. Blasien aufgenommen. Am 25. Februar 1795 legte er sein Ordensgelübde ab und vier Jahre später wurde er zum Priester geweiht. Bald danach kam Meyer als Lehrer für Griechisch nach Konstanz. Hier wurde er Mitarbeiter der von Wessenberg herausgegebenen »Geistlichen Monatsschrift für das Bistum Konstanz«. Durch seine Veröffentlichungen fiel Meyer bei seinen Oberen in Ungnade und wurde als Pfarrer nach Todtmoos versetzt (1804) und später nach Oberried. Nach der Säkularisation blieb Meyer weiterhin Pfarrer von Oberried. 1809 erhielt er die ehrenvolle Aufgabe, Direktor des neugegründeten Gymnasiums in St. Gallen zu werden, doch seine Obrigkeit gestattete es nicht, daß er Deutschland verließ. Lukas Meyer wurde Pfarrer in Nöggenschwiel (1809–1813) und von 1813 bis 1821 war er Pfarrer in Gurtweil. Er starb am 18. Juni 1821. In seinem Testament beschenkt er nicht nur seine Verwandten und seine Dienstboten, sondern verfügt, daß ein Teil seiner Hinterlassenschaft für eine Stiftung zugunsten eines Theologiestudenten verwendet werden möge. Das Stipendium erhielt den Namen »St.-Lukas-Stiftung«.

Schriften:

Im Archiv für Pastoral-Konferenzen für das Bistum Konstanz veröffentlichte Meyer folgende Aufsätze: Über den Nutzen der Kirchengeschichte für den Seelsorger (1808, V, 345). – Etwas aus dem Leben des Martin Gerbert (1811, III, 195). – Das Benehmen des Seelsorgers bei gewissen außerordentlichen Verrichtungen (1811, VI, 401). – Ansicht über die Liturgie (1812, II, 111). – Das Pfarrbuch von Kirchzarten (1813, XII, 401). – Wie Conferenzen abzuhalten? (1815, III, 212). – Über zweckmäßige Regeneration der Liturgie (1816, VIII, 81). – Der heilige Gallus als Christenlehrer (1818, VII, 3). – Wie die Kirchengeschichte des Bistums Konstanz für die Seelsorger zu schreiben sei (1819, II, 73). – Über den Gesamtwillen der einzelnen katholischen Kirchen bezüglich des Bistums Konstanz (1819, VIII, 104). – Geschichtliche Beleuchtung des alemannischen Volksglaubens (1819, II, 321). – Stiftungsurkunde über den Armenfond zu Gurtweil (1820, X, 259). – Schicksale der Wiedertäufer auf dem Schwarzwalde (1815). – Umriß der Geschichte des Klettgaues (1817).

Manuskripte:

Zur Kulturgeschichte des Schwarzwaldes (1813). – Geschichte der Pfarrei Gurtweil (1814). – Zur Geschichte der Salpeterer auf dem Schwarzwalde. – Römische Altertümer im Klettgau, besonders über die Ausgrabungen bei Lauchringen (1817). – Geschichte und Beschreibung der Schwarzenbergischen Landschaft Klettgau. – Geschichte des südöstlichen Schwarzwaldes bis zum Jahre 1485. – Beiträge zur Geschichte der Hauensteiner. – Hauensteiniana vom Jahre 1727–1764. – Die Freiherrn von Krenkingen. – Gesammeltes über die altteutsche Sprache. – Geschichte des Thales St. Wilhelm bei Oberried (1808). – Geschichte der Pfarrei Nötgersweil (1812). – Eigenthümlichkeiten der Hauensteiner Mundart (1819). – Aus dem Leben des Priesters Origenes (1815).

Trudpert Neugart

In Villingen und in Freiburg wurden Straßen nach ihm benannt; damit wurde einer der bedeutendsten Wissenschaftler nicht nur des einstigen Klosters St. Blasien, sondern der ganzen südwestdeutschen Raumschaft des 18. Jahrhunderts geehrt.

Neugart wurde am 23. Februar 1742 in Villingen als Sohn des Spitalmüllers geboren. Er besuchte die Stadtschule in Villingen, dann die Schule der Benediktiner in St. Georgen und St. Blasien. 1759 legte er in St. Blasien das Ordensgelübde ab und wurde nach Absolvierung der philosophischen und theologischen Studien am 1. Juni 1765 zum Priester geweiht. 1767 übertrug man ihm das Lehramt für orientalische Sprache an der Universität Freiburg. Fürstabt Martin Gerbert wies damals den erst 25jährigen Professor an, nicht in Freiburg, sondern in Oberried zu wohnen. Es war das Bestreben des Abtes, den jungen Pater soweit wie möglich aus der Hochschulpolitik herauszuhalten. Neugart erhielt die Anweisung, sich nicht im geringsten um die Verfassungs- und Studienreformen zu kümmern. Nach vier Jahren berief ihn Fürstabt Gerbert zurück nach St. Blasien, damit er dort als Lehrer für Theologie tätig sei. Bis 1779 hatte er dieses Amt inne. Nachdem er die Ehrenstelle eines Hofkaplans erhalten hatte, schickte man ihn an verschiedene sanktblasianische Expondituren, 1780 als Pfarrer nach Gurtweil, 1781 nach Nöggenschwiel, dann wieder nach Gurtweil und 1791 wurde er Propst in Bonndorf. Hier blieb er nicht lange und kehrte alsdann wieder nach St. Blasien zurück. Nach dem Tode von Abt Mauriz war er Statthalter des Stifts, und es war so gut wie sicher, daß er Nachfolger des Abts werden sollte. Neugart wollte dieses Amt aber nicht, er wollte nach Krozingen, um seine historischen Studien fortzusetzen.

1780 erhielt er den Auftrag, an der Germania sacra mitzuarbeiten, ihm wurde die Geschichtsschreibung des Bistums Konstanz übertragen. Diese Arbeit brachte ihm viele Unannehmlichkeiten, denn er fand kaum Unterstützung bei den Klöstern im Bistum Konstanz. Nur in der Schweiz, besonders im Kloster Rheinau, fand er die nötige Hilfe. Im Jahre 1807 wurde Neugart als Bevollmächtigter des St. Blasier Abts nach Wien gesandt, um wegen der Übersiedlung des Stifts nach Österreich zu verhandeln. Auf die Vermittlung Neugarts überließ man den St. Blasiern das Kloster St. Paul in Lavantal. In der neuen Heimat der St. Blasier verfaßte Neugart einige Schriften zur Geschichte Kärntens. Am 15. Dezember 1825 starb Neugart in St. Paul.

Schriften:

Precum quotidianarum Spicilegium ex Sacra Scriptura ad sacerdotum praecipue usum St. Blasien 1787. – Feyerliche Uebersetzung etlicher Gebeine des heiligen Bischoffs und Abtes Pirminius aus der Tyrolischen Haupt- und Residenzstadt Innspruck in das Fürstliche Stift St. Blasi auf dem Schwarzwalde. Samt einer Ermahnungsrede dieses Heiligen, die aus dem Lateinischen in das Deutsche übersetzt worden. St. Blasien 1777. – Doctrina de Sacramento poenitentiae recte administrando tum Eminent. cardinalium, tum illustr. Episcoporum dissertationibus, epistolis pastoralibus, decretis etc. explicata, et asserta. St. Blasien 1778. – Codex diplomaticus Alemanniae et Burgundiae transjuranae intra fines dioecesis Constantiensis ceu fundamentum historiae eiusdem dioecesis. St. Blasien 1791, 1. Bd., 1795, 2. Bd. – Episcopatus Constantiensis Alemannicus sub metropoli Moguntina, cum Vindonissensi, cui successit, in Burgundia transjurana provinciae Vesontinae olim fundato, chronologice et diplomatice illustratus. St. Blasien 1803, 1. Bd., I.; Freiburg 1862, 2. Bd., I. – Historia monasterii Ord. S. Benedicti ad S. Paulum in valle inferioris Carinthiae Lavantina. Pars I. De fundatoribus huius monasterii eorumque posteris, Clagenfurti (Leon), 2. Bd. (1848/1854). – Libellus majores maternos Rudolphi I. r. r. in Gottfrido duce Alemanniae, proavo Hildegardae conjugis Caroli M. subistentes exhibens. Clagenfurti (1850) (Edidi P. Lud. Weber). – Codex traditionum. Fundatorum, fundationum benefactorumque monasterii S. Pauli liber. Conscriptus circa annum Domini 1210 auctore Udalrico abbate S. Pauli huius nominis primi, renovatus anno Domini 1622, notis illustratus (1876).

Manuskripte:

Episcopatus Lavantinus in Carinthia inferiore, Hs. umfaßt 208 Blätter, Archiv St. Paul (Ein kleiner Teil dieser Handschrift ist ins Deutsche übersetzt erschienen unter dem Titel: »Das Chorherrenstift Eberdorf«, Archiv für vaterländische Geschichte und Topographie, herausgegeben von dem historischen Verein für Kärnten, 1. Jahrg. S. 97–120, Klagenfurt 1849). – Specium lexici topographico – genealogici interioris Austriae, 33 Bl. in Folio, St. Paul Hs. – Quaestio duplex de duobus Udalricis marchioibus Austriae, qui saeculis XI. et XII. exstitere, explicata, 6 Bl. in Folio, St. Paul Hs. – Diplomatarium episcopatus Herbipolitani, 186 Bl. in Folio, St. Paul Hs Cod. Nr. 240. – Collectanea ad historiam episcopatus Lausinensis, 5 Bde. 266, 387, 347, 400, 207 Bl. in Folio, St. Paul Cod. Nr. 242. – Annales episcopatus Wurceburgensis, 170 Bl. in Folio, St. Paul Cod. Nr. 246. – Collectanea ad historium episcopatus Paderbornensis, 404 Bl. in Folio, St. Paul Hs Cod.Nr. 242. – Diplomata Wimariensia, 2 Bde. in Folio, St. Paul Hs Cod.Nr. 247. – Auszüge aus Gregor Mangolds Chronik, 310 S. in Folio, St. Paul Hs Cod.Nr. 276. – Diarium 1781–1787 (Kuon et alii) u. a. Neugart. St. Paul Hs Nr. 88/6 (Nachträge).

Mauritius (Mauriz) Ribbele (Abb. 110)

Nach dem Tode von Fürstabt Martin Gerbert wurde Mauritius Ribbele zum Fürstabt von St. Blasien gewählt (16. Mai 1793). In Wolfert in Brabant wurde er am 30. Juni 1740 geboren. Als Neunzehnjähriger legte er in St. Blasien die Profeß ab, wurde am 22. (24.) September 1764 zum Priester geweiht. Vor seiner Wahl zum Abt war er im Kloster Registrator und Archivar. Mauritius Ribbele hatte das Amt während einer schweren Zeit mit vielen kriegerischen Auseinandersetzungen übernommen. Das Kloster wurde zum Militärlazarett. Abt Mauritius mußte St. Blasien verlassen, er hielt sich in Klingnau, in Augsburg und Wien auf. Während eines Aufenthalts im Kloster St. Peter, wo er mit dem Abt des dortigen Klosters, Speckle, die schwebenden breisgauischen Landesangelegenheiten besprach, erlitt Mauritius einen Herzschlag (16. November 1801). Abt Speckle zu St. Peter schrieb damals über den Vorfall: »Der Selige hatte mich sei-

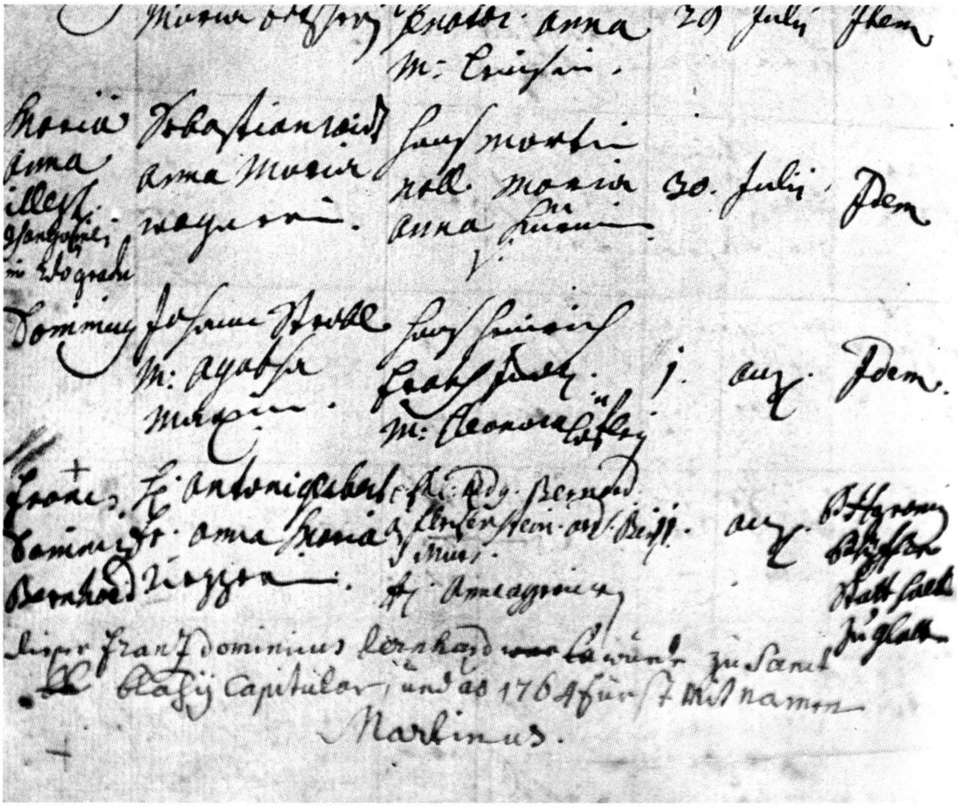

22 Eintrag der Taufe Martin Gerberts vom 11. August 1720 im Taufbuch der Pfarrei Horb a. N.

23 Ansicht von Horb 1787

24 Grabstein der Familie Gerbert in der Liebfrauenkirche zu Horb a. N.

25 Votivtafel der Familie Geßler-Gerbert in Horb a. N. (Museum „Hoher Giebel“)

26 Porträt des Fürstabtes Martin Gerbert um 1776. Nach einem Ölgemälde von Peter Mayer (Kath. Pfarramt St. Blasien)

27/28 Fürstabt Martin Gerbert. Ölgemälde im Besitz von Dr. Dux, Freiburg

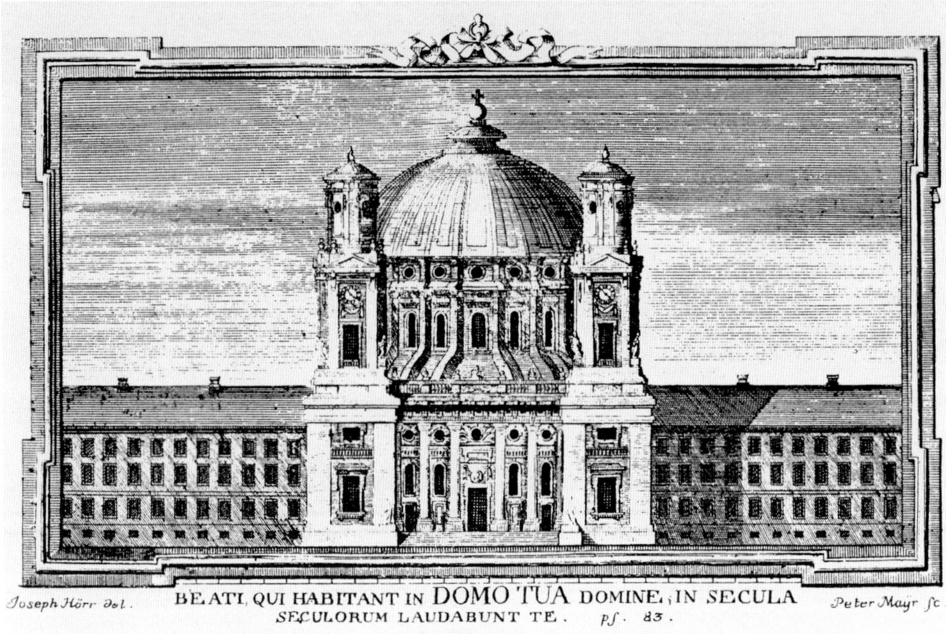

29 Entwurfsvariante für die Nordansicht der Kuppelkirche. 1776 von Joseph Hörr gezeichnet. Kupferstich von Peter Mayer

30 Nordansicht der Kuppelkirche. Aus einer Festschrift des Jahres 1784. Kupferstich von Peter Mayer

31 Fürstabt Meinrad Troger von St. Blasien (1749–1764). Kupferstich von Peter Mayer aus dem Jahre 1757 für Martin Gerberts Werk „Principia theologiae exegeticae“

32 Der jugendliche Benedikt von Nursia. Alabasterstatue von Joseph Hörr. Pfarrei St. Blasien-Menzenschwand

33 Haupt des Gekreuzigten. Alabasterplastik von Joseph Hörr. Pfarrei St. Blasien-Menzenschwand

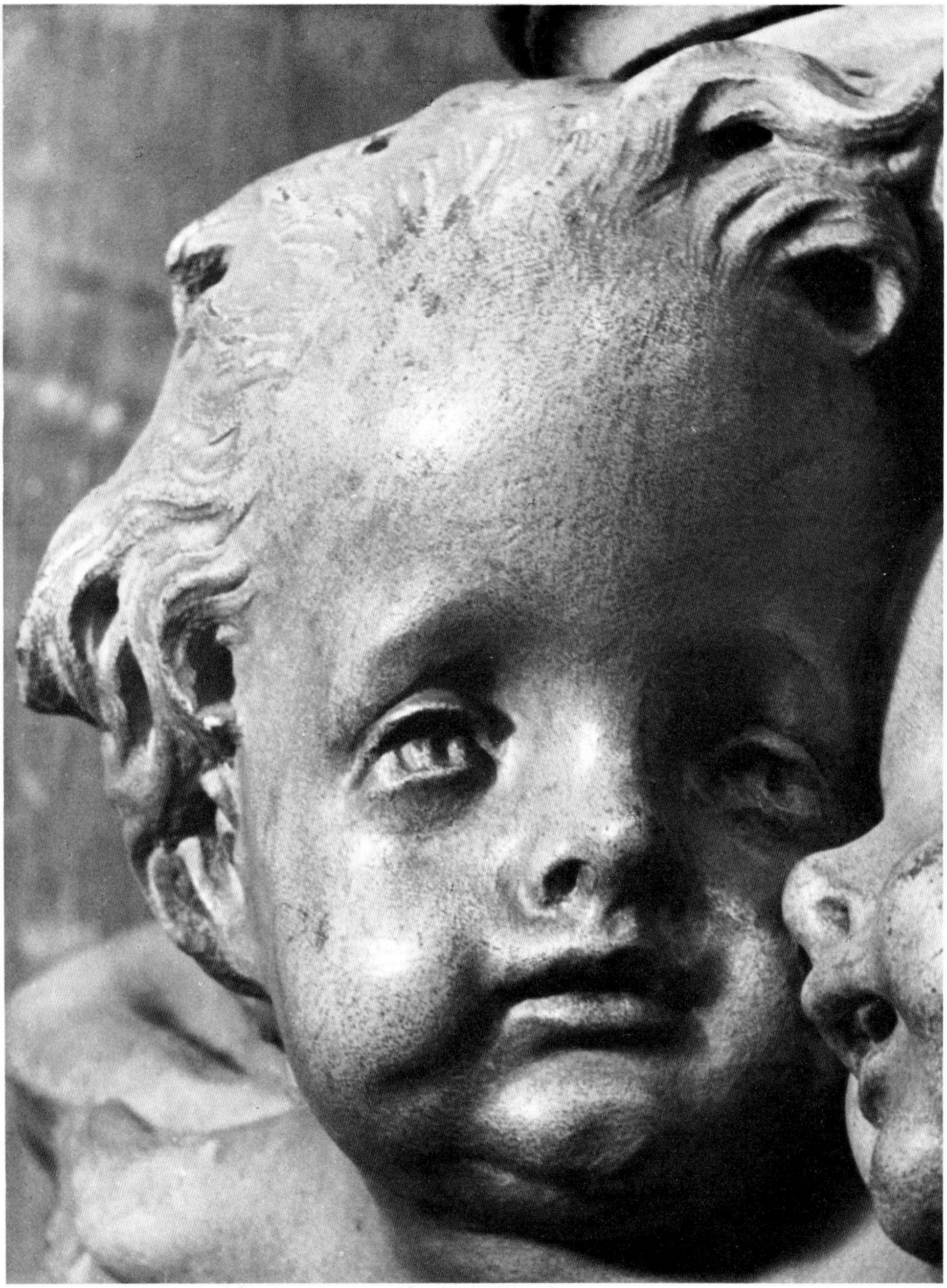

34 Putto vom Taufstein des Freiburger Münsters von Joseph Hörr, 1768

35 Putto mit Brennglas. Relief von Joseph Hörr für einen Ofen in den ehem. fürstlichen Gemächern von St. Blasien

36 Immaculata. Holzstatuette von Joseph Hörr, um 1775

nes freundschaftlichen Zutrauens gewürdigt, was die große Anzahl von Briefen beweist, welche wir gewechselt. Desto empfindlicher fiel es mir, daß ihn der Tod gerade in meinem Kloster treffen mußte. Der Verlust des wahrhaft großen Mannes ist in jeder Hinsicht ein sehr schwerer, ich verlor einen erhabenen Gönner und vertrauten Freund, das Vaterland sein erstes und eifrigstes Standesglied, der Prälatenstand seinen würdigsten und tätigsten Präses, die Kirche einen freimütigen Verteidiger, welcher auch vor den Großen, selbst vor dem Monarchen die Sache der Religion mit Mund und Feder verfocht, und das Stift St. Blasien endlich verlor im allerbedenklichsten Zeitpunkte einen trefflichen, allgemein geachteten Vorsteher.«[11] Im Dom in St. Blasien fand Fürstabt Mauritius seine letzte Ruhestätte.

Manuskript:
Diarium S. Blasii ab a. 1768–1783. St. Paul Hs Nr. 167.

Hugo Schmidfeld

Er war der einzige aus der Reihe der St. Blasier Gelehrten, der in St. Blasien geboren wurde. Seine Eltern waren Melchior Schmid (Schmidfelden) und Maria Clara Antonia geborene Gumpin. Als Achtzehnjähriger trat er 1731 in die Klostergemeinschaft ein und wurde am 22. Dezember 1736 zum Priester geweiht. Schon sechs Jahre nach der Weihe übertrug die Klosterleitung dem talentierten Mönch das Amt des Klosterbibliothekars. Lange beschäftigte er sich mit dem Plan, eine »bibliothecam Benedictino-Vitona-Hidulfianam« herauszugeben, wie sie Pater Pez für die französische Benediktiner-Reformkongregation, die Mauriner, verfaßte. Er konnte den Plan aber nicht in die Tat umsetzen. Für die St. Blasier Geschichte beachtenswert ist seine 1747 erschienene Abhandlung über »die beiden Reginberte«. Schmidfeld behauptete, daß es zwei Reginberte von Seldenbüren gegeben habe, was von Martin Gerbert als nicht stichhaltig verneint wurde.[12] Pater van der Meer meinte zu der Arbeit über die beiden Reginberte, daß sie viel »Curioses und Geistreiches« enthalte.[13] In weiteren Geschichtswerken beschäftigte sich Schmidfeld mit den mit dem Kloster Reichenau in Verbindung stehenden Klöstern. Am 14. April 1785 starb Hugo Schmidfeld.[14] Zu den Gedenksteinen, die an der Innenwand der Friedhofskapelle in St. Blasien angebracht sind, ist auch einer zur Erinnerung an seinen Vater, den äbtischen Kanzleidirektor Joh. Melchior Schmid zu Schmidfelden (gestorben 1756).

Schriften:
Systema generale de recte formando studio universo monasterii ad St. Blasium, 1743. – Sciagraphia duarum philosophiae eclecticae partium, logicae et ethicae. – Diatriba de duobus Reginbertis et Beringero monasterii S. Blasii fundatoribus, 1747. St. Paul Hs Nr. 187. – Explanatio monasteriorum cum coenobio Augiae divitis confoederatorum et in vetustissimo codice Augiensi conscriptorum, 1771. – Additamenta varia in explicationem s. regulae tyronibus novitiis explananda. – Conspectus diatribae de duobus Reginbertis, fundatoribus monast. S. Blasii, 1747. St. Paul Hs Nr. 25. – Donati Calvi proprinomuium evangelium translatum in linguam latinam. St. Paul Hs Nr. 44. – Acta Musensia integrai fidei restituta sive gesta et fundatis monast. Murensis... 1773. St. Paul Hs Nr. 76. – Institutiones Theologiae scolasticae, dogm, moralis publice praelutae a 1739–1742. St. Paul Hs Nr. 231.

Theodorich Seitz

In Ulm 1694 geboren. Er besuchte die Schule des Klosters St. Gallen, lehrte dann in St. Blasien die Humaniora und im Stift Gengenbach Theologie. Im Kloster St. Blasien bekleidete er das Amt eines Granarius, war dann Pfarrer von Bettmaringen, elf Jahre Propst von Bürgeln und zugleich Administrator von Schönau. Vier Jahre war er Dekan in St. Blasien. Am 2. Januar 1758 starb er in Gurtweil.

Manuskript:
Kritische Noten zum Leben des hl. Blasius. – Abhandlung über das Wesen des Mönchthums nach seinen verschiedenen Seiten betrachtet.

Johann Gualbert Steyrer

Im Alter von 30 Jahren kam er ins Kloster St. Blasien. Vorher war der aus Feldkirch (Vorarlberg) gebürtige Steyrer Professor an der Universität Freiburg und Kanzler des Oberpflegers zu

Staufen. 1759 legte er das Gelübde in St. Blasien ab. Wegen seiner Kenntnisse in Rechtsfragen beauftragte ihn der Abt, in der Klosterschule in Rechtswissenschaft zu unterrichten. Er war Archiv-Registrator und schrieb während dieser Tätigkeit mehrere sogenannte Deduktionen für das Kloster. Pater Steyrer war krank und die Klosterleitung sandte ihn daher zur Propstei Bürgeln, weil er dort die Möglichkeit hatte, Sauerbrunnen zu sich zu nehmen. Sein Zustand verschlimmerte sich aber. Er starb im Alter von 40 Jahren am 5. Juni 1768. Seine letzte Ruhestätte fand er in der Schloßkapelle in Bürgeln.

Schriften:
Positiones selectae (150) exhibentes conspectum systematicum juris canonici. 1764.

Oddo Stöcklin

Seine Heimat war Breisach. Acht Jahre war Stöcklin Beichtvater im Nonnenkloster Berau, dann Sacellanus des Abtes in St. Blasien und später Pfarrer in Grafenhausen. Nach der Wahl Gerberts zum Fürstabt wurde er zum Stiftsdekan ernannt. Durch den Klosterbrand 1768 hat der Großteil der St. Blasier Konventualen ihren Wohnsitz in andere Klöster verlegt. Stöcklin erhielt das Amt des Statthalters von Bonndorf (1769). Er starb dort am 28. August 1778.

Schriften:
Diarium monasterii S. Blasii sub regimine principis et abbatis Meinradi I 1760–1763. St. Paul Hs Nr. 163.

Meinrat Troger

Von 1749 bis 1764 war er Fürstabt in St. Blasien. Er galt als ein großer Förderer der Wissenschaft und unterstützte besonders die jungen Konventualen bei ihren Studien. Ein besonderer Günstling von Meinrat Troger war Martin Gerbert, den er mit der Verwaltung der Klosterbibliothek betraute und zu Studienzwecken an bekannte Universitäten und Klöster schickte. Troger wurde 1696 in Rheinfelden geboren, 1717 legte er seine Profeß ab und wurde 1722 zum Priester geweiht. Er wirkte als Lehrer in Gengenbach und war Professor für Philosophie an der Universität in Salzburg.

Während der Amtszeit Trogers wurden verschiedene zum Kloster gehörende Gebäude erstellt, wie das Torgebäude (heute Rathaus und Klosterhof), das Kanzlei- und Beamtengebäude und das Meisterhaus.

Schriften:
Homo philosophicus ex corpore et anima constans. Salzburg 1727. – Aculeata refutatio scabiosae cujusdam bibliopolae Norimbergensis epistolae contra P. Marquard Herrgott Genealogiam Habsburgiam.

Philipp Jakob Umber

In Laufenburg wurde Pater Umber am 17. April 1759 geboren. Im Alter von 21 Jahren legte er im Kloster St. Blasien seine Profeß ab und wurde am 25. September 1783 zum Priester geweiht. Er war Pfarrer von Bettmaringen (1806) und Lausheim (1809). Umber starb am 26. Februar 1813.

Schrift:
Trauerrede auf den hochseligen Fürstabt Mauritius (Ribbele) von St. Blasien, an seine Mitbrüder gehalten, 22. Christmonat 1801. St. Blasien 1802.

Ämilian Ussermann

»Er war ein Mann von großer Gelehrsamkeit und Sprachkenntnis, dabei ein Charakter von altdeutscher Treue und Redlichkeit, von einfachem und geradem Wesen, ein abgesagter Feind aller Prahlerei, Eitelkeit und Schmeichelei, zufrieden mit seinem Geschicke und allein um seine Studien und die Erfüllung seiner Pflichten besorgt. Man pflegte ihn, der seine Bücher inwendig wie auswendig kannte, nur die lebendige Bibliothek zu nennen«, so wurde Pater Ussermann von seinem Freund Klüpfel beurteilt.[15]

Ussermann wurde am 30. Oktober 1737 in St. Ulrich geboren. Schon als kleiner Junge zeigte er besondere Gelehrsamkeit, die von den Benediktinern in St. Ulrich gefördert wurde, indem sie ihm auch einen Ausbildungsplatz in der Klosterschule St. Peter vermittelten. Hier beschäftigte er sich mit den Studien der lateinischen, hebräischen und griechischen Sprache. 1757 wurde er in das Kloster St. Blasien aufgenommen und dort am 16. Mai 1761 zum Priester geweiht. Wegen seiner überdurchschnittlichen Fähigkeiten kam er als Lehrer für Moraltheologie und hebräischer Literatur an die Hochschule nach Salzburg. Hier verfaßte er ein Lehrbuch der hebräischen Sprache. Ussermann wurde aber in Salzburg nicht so recht glücklich, er klagte über ein zu geringes Einkommen und über Spannungen zwischen ihm und seinen Kollegen. Er bat um Zurückversetzung nach St. Blasien. Es wurde ihm die Aufgabe des Klosterbibliothekars übertragen. Mit großem Eifer ging er daran, die durch den Klosterbrand im Jahre 1768 teils vernichteten Buchbestände wieder zu ergänzen und zu erneuern. »Nichts im Leben interessierte ihn mehr als das Bücherwesen. Von überall her ließ er das Stift auf seine Anregung hin ausgewählte Druckwerke und Handschriften zusammenkaufen, wodurch die sanktblasianische Bibliothek wieder den sehr bedeutenden Wert erlangte, welchen sie vor dem Unglücksjahr 1768 besessen.«[15]

Schriften:

Compendium syntaxoeos hebraicae, unacum analysi libri Geneseos, Salzburg 1769. – Prodromus Germaniae sacrae, sive chronicon Hermanni Contracti, Peterhusanum, Bertholdi Constantiensis, Ottonis de S. Blasio aliaque. St. Blasien 1792. – Episcopatus Wirceburgensis sub metropoli Moguntina chronologice et diplomatice illustratus. Cum codice probationum. St. Blasien 1794. – Episcopatus Bambergensis sub sede apostolica chronologice ac diplomatice illustratus. Cum codice probationum. St. Blasien 1802. – Succincta exolicatio locorum quorundam difficiliorum Pentateuchi quoad sensum litteralem, moralem, polemicum, allergoricum et antilogicum ex contextu praeciquel locis parallelis ec linguis adornata. Monachii 1767. – Descriptio antiquissimi bibliorum codicis in membrana impressi, qui in bibliotheca princ. mon. S. Blasii asservatur. – Canones et regulae de disciplina monastica loco collationum legendi. St. Paul Hs Nr. 220. – Theologia revelata. Pars II. St. Paul Hs Nr. 233.

Johann Baptist Weiß

Zu den über eine Woche dauernden Einweihungsfeierlichkeiten des Domes im Jahre 1783 hielt Weiß die 8. Festpredigt, die dann ein Jahr danach in St. Gallen gedruckt wurde; auch die Trauer- und Lobrede zum Tode von Fürstabt Martin Gerbert im Jahre 1793 wurde von Weiß geschrieben. Am 4. Januar 1753 wurde Pater Weiß in Wolfach geboren und legte 1773 in St. Blasien das Ordensgelübde ab. Drei Jahre danach, 1776, wurde ihm die Priesterweihe gespendet. Anfangs war er als Lehrer für Theologie an der Schule in St. Blasien tätig. Kurze Zeit war er Pfarrer in Schluchsee, und 1794 ernannte man ihn zum Präfekten des Gymnasiums Konstanz. Die Schule wurde damals von den Benediktinern des vorderösterreichischen Gebietes übernommen. Im Jahre 1800 starb Johann Baptist Weiß.

Schriften:

Feyerlichkeit des in dem fürstlichen Stift St. Blasien auf dem Schwarzwald eingeweihten neuen Tempels. St. Gallen 1784. S. 174. – Trauer- und Lobrede auf Martin Gerbert, wieland Fürstabten zu S. Blasien, gehalten von J. B. Weiß, Capitular daselbst, an seine Mitbrüder, bei dem feierlichen Leichenbegängnisse am 21. Brachmonat 1793. – Über die Verbindung guter Sitten mit den Wissenschaften. Eine Ermahnungsrede an die Zöglinge des Gymnasiums zu Constanz, gehalten am 8. Christmonat 1794. – Practisches Rechenbuch oder Anleitung, die vorkommenden Rechnungen ohne viele Multiplicationen, kurz auszurechnen, mit Beispielen, Regeln und Erläuterungen, nebst einem Anhang von 100 verschiedenen Rechnungsexempeln zur Übung. 1799. – Monatsbuch der Congregation des hl. Blasius auf dem Schwarzwalde, in welchem die Lebensgeschichten der Heiligen und berühmten Mönche, die diesen Ort durch ihre Reden und Taten erhöhet, enthalten sind. St. Paul Hs Nr. 32.

Raimund Winterhalder (Winterhalter)

Geboren am 3. November 1720 in Furtwangen. Als 20jähriger legte er seine Profeß ab und wurde am 26. März 1746 zum Priester geweiht. Acht Jahre war er Professor für Philosophie und Theologie an der Klosterschule in St. Blasien, dann Pfarrer in Grafenhausen, Subprior, Superior in Todtmoos, Propst in Berau, Dekan in St. Blasien und zuletzt Propst in Gurtweil. Am 10. Dezember 1794 starb er und fand seine letzte Ruhestätte auf dem Friedhof in Gurtweil.

Manuskripte:

Visitatio generalis expositorum monasterii et congregationis S. Blasii a 1770 peracta. St. Paul Hs Nr. 169. – Excerzitation de stylo philosphico.

Stanislaus Wülberz

Er wird »der Vater der sanktblasianischen Hausgeschichte« genannt. Als ihm das Amt des Archivars des Klosters anvertraut wurde, war er mit größter Gewissenhaftigkeit darum bemüht, alle geschichtlichen Fakten über das Kloster St. Blasien zu sammeln und aufzuzeichnen. Damit leistete Wülberz manchen Historikern des Klosters eine wertvolle Vorarbeit.

»Ich habe es endlich unternommen, die alten Zeiten unserer Geschichte zu beleuchten, durch sorgfältige Sammlung und Auslegung des Materials, was mir das Klosterarchiv, verschiedene Manuskripte und Druckschriften an die Hand gegeben, und lebe der Hoffnung, daß sich im Stifte künftig noch Männer von befähigterem Geiste finden werden, um zu den Steinen meiner Arbeit eine vollständige Geschichtsdarstellung dieses ausgezeichneten Gotteshauses, wie St. Blasien ohne Prahlerei genannt werden darf, zu beschaffen«, so schrieb Pater Stanislaus Wülberz.[16] Auch Fürstabt Martin Gerbert bemerkte einmal, daß er von der »Wülberzschen Vorarbeit« profitiert habe.[17] Eigenartigerweise ist keines der Werke von Wülberz gedruckt worden. Wülberz wurde am 5. November 1695 in Eßlingen geboren, er legte am 17. Dezember 1713 in St. Blasien sein Ordensgelübde ab und wurde im Mai 1720 zum Priester geweiht. Das letzte Jahr seines Lebens verbrachte er in Bonndorf. Er starb am 2. Juli 1755. Seine letzte Ruhestätte fand er in der Kirche zu Bonndorf.

Manuskripte:

Nova incrementa congregationis san-blasianae seu tria monasteria S. Wilhelmi in Oberried, in Sion et in Mengen, monasterio S. Blasii incorporata, 1725. – Res domi forisque gestae sub abbatibus Francisco I, Ottone, Romano et Augustino, ab anno 1638 usque ad annum 1720, 1726. St. Paul Hs Nr. 142. – Brevis indiculus rerum pie et feliciter gestarum sub Blasio III abbate, ab anno 1720 usque ad annum 1727, 1728. Ebda Nr. 143. – Analecta genealogica nobilium familiarum, mit mehr als 1800 Siegel- und Wappenzeichnungen, 1736 (4 Bände). Ebda Nr. 193. – Breves notitiae monasterii S. Blasii, 1737. – Copiarum documentorum, continens bullas Pontificum, privilegia Caesarum, chartes episcoporum et benefactorum, visitationum, reformationum, statutorum abbatialium et conventus, ab anno 982 usque ad annum 1742, 1743 (5 Bände). – Analecta ad historiam san-blasianam (7 Bände), ohne Jahresangabe. Ebda Nr. 187 und 192. – Incrementa monasterii s. Blasii (mit einer Reihe von Dissertationen, in 6 Foliobänden), 1738. Ebda Nr. 188. – Epitome omnium rerum, quae ad notitiam domesticam monasterii s. Blasii facere possunt, 1753. – De scriptoribus et literarum promotoribus, de veteribus scholis, scholaribus et scholasticis, et de fratribus illiteratis seu de conversis monasterii Blasiani epistolae. – Historia Blasiana seu incrementa monasterii S. Blasii, 1743. Ebda. Nr. 189. – Index locupletissimus ad V. Tom. historicos seu Incrementorum rerum Blasianarum. 1744. Ebda. Nr. 190. – Codex probationum ad historiam Blasianam, 1742. Ebda. Nr. 191. – Miscellanea ad historiam Blasianam. Ebda. Nr. 194.

Im weiteren seien einige sanktblasianische Mönche genannt, die sich als Wissenschaftler und Lehrer hervorgetan haben, über die aber nur dürftige Angaben in Erfahrung gebracht werden konnten. Auch waren die genauen Titel über die von ihnen verfaßten Schriften nicht mehr feststellbar.

Tobias Rösch

Lehrer für Theologie, erster Rektor der 1622 errichteten Hochschule in Salzburg, 1624 bis 1638 Abt von Schuttern.

Placidus Rauber

1624 Lehrer in Salzburg, gestorben 1660 als Abt von Schwarzach, Schriftsteller und Dichter.

Schriften:

Geschichte über das Leben des Abts Blasius II.; Geschichte der Wallfahrtskirche Todtmoos; Über die Anfänge des Studiums in Salzburg. Drei Stücke für das Studententheater »Boleslaus andax Poloniae« (1624), »Doctor Sabinius« (1625), »Saul rex Isreal« (1626). Blasii II. Abbatis S. Blasii vita. St. Paul Hs Nr. 129.

Friedrich Koler

Professor für Poesie in Salzburg (1626).

Anastas Scheiter

Professor für Ethik, Mathematik und Philosophie in Salzburg (1631).

Keller

Geboren 1603, gestorben 1666.

Schrift:
Über den Ursprung und Fortgang von St. Blasien.

Tritt

Geboren 1606, gestorben 1663.

Schrift:
Chronik über St. Blasien.

Burghart

Propst zu Berau, geboren 1608, gestorben 1683.

Schriften:
Geschichte über St. Blasien nebst einem Verzeichnis der sanktblasianischen Äbte; Geschichte der Propstei Berau von 1118 bis 1662.

Columban Reble

Geboren 1664, gestorben 1738.

Schrift:
Stiftsgeschichte des Abtes Caspar.

Roman Sedelmaier (Sedelmayer)

Geboren 1677, gestorben 1722, akademischer Sekretär in Salzburg (1714).

Schrift:
Der Philosoph Porphyrius, eine Genealogie der Familie des damaligen Erzbischofs Franz Anton von Harrach.

Saal

Geboren 1679, gestorben 1740.

Grüninger

Geboren 1680, gestorben 1738.

Schrift:
Betrachtung zur Vorrede des herrgottschen Disciplina vetus.

Schenk

Geboren 1609, gestorben 1696.

Schriften:
Erläuterung des liber constructionis; kleine Äbte-Chronik.

Gebel

Geboren 1624, gestorben 1676.

Schriften:
Zwei Dissertationen über die Freiheit St. Blasiens von der bischöflichen Gerichtsbarkeit und Visitation; Ära San Blasiana, Geschichte der Zelle Berau.

Enselen

Geboren 1636, gestorben 1693.

Schriften:
Über den sanktblasianischen Schwarzwald; Eine Abhandlung über die sanktblasianischen Kirchen; Auszug aus dem liber originum von Abt Caspar.

Gottfried Arnold

Geboren 1702.

Schrift:
Necrologium monast. St. Blasii. St. Paul Hs Nr. 256.

Wex

Gestorben 1720.

Schrift:
Beiträge zur Geschichte St. Blasiens.

Seitz

Geboren 1694, gestorben 1758.

Schriften:
Auszug aus Abt Caspars Werk; kritische Noten zum Leben des Heiligen Blasius; Abhandlung über das Wesen der Mönche nach seinen verschiedenen Seiten.

Bonifacius Grüninger

Geboren 1742 in Villingen, gestorben 1825.

Schriften:
Dem 2. Band der »Historia silvae nigrae« ist im zweiten Teil eine »Mappa Geographica« des Schwarzwaldes beigegeben. Diese Karten wurden von Pater Bonifacius gezeichnet.

Anmerkungen

1 Bader, Joseph, Das ehemalige Kloster St. Blasien auf dem Schwarzwalde und seine Gelehrtenakademie. FDA 8 (1874). Sonderdruck: Freiburg 1874, S. 121
2 ebda. S. 122
3 ebda. S. 125 ff.
4 ebda. S. 88
5 ebda. S. 124
6 ebda. S. 82
7 ebda. S. 91 f.
8 Zitiert bei: Franz Hilger, Georg Viktor Keller, Ein Mitarbeiter von Fürstabt Martin Gerbert zu seinem 150. Todestag. In: Badische Heimat 57. Jg. (1977) Heft 3, S. 399
9 Bader, Joseph, ebda. S. 112 f.
10 ebda. S. 111 f.
11 Vgl. Das Tagebuch von Ignaz Speckle, Abt von St. Peter im Schwarzwald. Bearbeitet von Ursmar Engelmann. Stuttgart 1966, 1. Teil, S. 431
12 Vgl. HNS I, 236 f.
13 Zitiert bei: Mone, Quellensammlung I, S. 79. Van der Meer, Miscellanea I, 129
14 Diarium 1781–1787. St. Paul Hs Nachträge Nr. 88/6, S. 119 b
15 Bader, ebda. S. 114
16 Zitiert bei Bader, Joseph, ebda. S. 84 f.
17 Vgl. Vorwort von HNS I

Weitere Literaturhinweise

Beringer Leo, Geschichte des Dorfes Gurtweil. Säckingen 1960
Hilger Franz, Benediktinerpater Lukas Meyer. In: Badische Heimat 56. Jg. (1976) Heft 3, S. 373
Lindner Pirmin, Fürstabtei St. Blasien. FDA 1890
Mittler Otto, Geschichte der Stadt Klingnau
Müller Wolfgang, Briefe und Akten des Fürstabtes Martin Gerbert. Karlsruhe 1957 und 1962 (2 Bände)
Schmid Hermann, Die Säkularisation der Klöster in Baden 1802–1811. FDA 1978 und 1979
Vomstein Willi, Trudpert Neugart. 1958
Waitzegger, Gelehrten- und Schriftstellerlexikon der kath. Geistlichkeit in Deutschland. 1820

Rudolf Morath

Einheimische Künstler St. Blasiens

Die Geschichte des Benediktinerklosters St. Blasien im 18. Jahrhundert ist gekennzeichnet durch zwei große Bauperioden[1] und eine bis zur Auflösung der Abtei andauernde wissenschaftliche Blüte. Die Äbte verstanden es, aus der Reihe der eigenen Mönche verborgene Talente zu wecken und zu fördern. Begabte Konventuale durften in befreundeten Klöstern studieren und brachten von dort wertvolle Anregungen in das Mutterkloster zurück, wo sie das wissenschaftliche Streben und Arbeiten befruchteten. St. Blasien wurde zu einem geistigen Mittelpunkt Süddeutschlands[2]. Diese Tatsachen sind bekannt, aber bis heute wurde kaum beachtet, daß die damaligen Fürstäbte sich als Landesherrn auch um jene Talente kümmerten, die nicht innerhalb der Klostermauern, sondern außerhalb des Konventes, bei den Untertanen vorhanden waren. Drei Namen – und sie sind nicht die einzigen – sollen zeigen, daß auch diese Begabungen bewußt gefördert wurden, um dem Wohle der Abtei dienen zu können: Peter Mayer, Joseph Hörr und Johann Amann. Der älteste dieser drei einheimischen Künstler ist der

Maler und Kupferstecher Peter Mayer (1718–1800).

Er wurde in St. Blasien geboren und am 30. Juni 1718 in der dortigen Pfarrkirche auf den Namen Joannes Petrus getauft[3]. Sein Vater, der Hofschlossermeister Johannes Mayer, war mit Maria, geb. Würth, verheiratet. Den Eheleuten wurden zwischen 1708 und 1725 zehn Kinder geschenkt. Technische Begabung und handwerkliches Können waren in der Familie Mayer zuhause. Von dem Sohne Blasius (*1715) ist bekannt, daß er den Beruf seines Vaters erlernte. Seinen Namen fand man noch auf dem Gehäuse der alten Domuhr, als man diese 1907 im Rahmen einer großen Domrenovierung[4] ausbaute.

Über den beruflichen Werdegang des Peter Mayer muß man zunächst Vermutungen anstellen, denn sichere schriftliche Zeugnisse fehlen. Als Peter ein Knabe war, wurde in St. Blasien viel gebaut[5]. Man kann sich leicht vorstellen, daß der aufgeweckte Junge sich dafür interessierte, was die Handwerker und Künstler beim Klosterbau arbeiteten. Durch seinen Vater kam er mit diesen Männern in Berührung. In der Klosterschule konnte sich Peter ein Wissen aneignen, das weit über Lesen, Schreiben und Rechnen hinausging. Ein besonderes Talent hatte er wohl für das Zeichnen, und er muß sich auch ernsthaft mit der Tätigkeit der Kunstmaler befaßt haben. Von welchem Meister er die Führung des Pinsels und das Mischen der Farben erlernen durfte, wissen wir nicht. Man darf vielleicht an Jacob Carl Stauder denken oder an Franz Joseph Spiegler[6], die beide längere Zeit in St. Blasien arbeiteten. Das Können des jungen Peter Mayer war jedenfalls so überzeugend, daß man ihn als Zwanzigjährigen nach Wien schickte, wo er an der Akademie der bildenden Künste studieren durfte.

Das Schüler- bzw. Studentenverzeichnis dieser Hochschule nennt unter dem 4. Oktober 1738: »Peter Mayer / Gebirdig von St. Blasii auß dem SchwarzWald / ein Mahler / in condicion bey Hr.

Baptist Glunck / logiert auf dem Salzgriß beim weißen Löwen«.[7] Aus diesem Eintrag geht hervor, daß Peter Mayer bereits (in St. Blasien?) eine Lehrzeit als Maler hinter sich hatte, als er nach Wien kam. In Wien war er von Anfang an bei dem Malermeister Baptist Glunck »in Condicion«, das heißt, er arbeitete bei Herrn Glunck auf seinem Beruf und konnte so etwas für seinen Lebensunterhalt verdienen. Es bedarf keiner großen Phantasie, um sich vorzustellen, daß der Vertreter des Klosters St. Blasien in Wien sich um eine Unterkunft und um eine Verdienstmöglichkeit für den jungen Maler aus dem Schwarzwald umgesehen hatte. Und es liegt auch auf der Hand, daß das Kloster St. Blasien den Aufenthalt Mayers in Wien und den Besuch der Akademie der bildenden Künste ermöglichte, da es in dem jungen Manne eine tüchtige Kraft erkannt hatte. Die Eltern wären sicher nicht in der Lage gewesen, bei einer so großen Familie einen der Söhne zum Studium nach Wien zu schicken.

Das Studium der Malerei dauerte an der Wiener Akademie normalerweise vier Jahre. Nehmen wir diese Studiendauer auch für Peter Mayer an, dann besuchte er die Hochschule in den Jahren 1738 bis 1742. In dieser Zeit unterrichtete als Professor der Malerei der Franzose Jacques van Schuppen[8], der gleichzeitig als Direktor die gesamte Akademie leitete. Er war ein bedeutender Portraitist und Vertreter der barocken Bildnismalerei, wie sie zur Zeit des Königs Ludwig XIV. in Frankreich gepflegt wurde. Die wenigen Gemälde, die wir heute von Peter Mayer kennen – aus seiner Frühzeit sind keine bekannt – gehören alle in die Kategorie der Bildnismalerei. Von ihm gemalte Landschaftsbilder sind nicht bekannt.

Ein zweiter Aufenthalt Mayers in Wien begann im Jahre 1744. Am 12. Februar wurde er erneut in das Studentenverzeichnis der Akademie der bildenden Künste eingetragen[9], aber ohne Nennung eines Berufes oder Studienfaches. Zweifellos galt der jetzige Studienaufenthalt dem Besuch der Kupferstecherklasse, die von dem Professor der Kupferstecherei Adolf Müller[10] geleitet wurde. Während dieser zweiten Studienzeit muß sich Peter Mayer vorübergehend auch in Innsbruck aufgehalten haben, wo er u.a. »das goldene Dacherl« zeichnete.

Das Studium der Kupferstecherei dauerte in der Regel ebenso vier Jahre wie bei den Kunstmalern. Aber schon aus dem Jahre 1747 (drittes Studienjahr) sind großformatige Kupferstiche Mayers bekannt, die von vornherein zur Veröffentlichung bestimmt waren. Mit diesen Arbeiten begann Mayers langjährige und umfangreiche Tätigkeit für den sanktblasischen Pater Marquard Herrgott, der seit 1728 in Wien die Interessen seines Klosters wahrzunehmen hatte.

Dieser hochbegabte und historisch interessierte Mönch benützte seinen Wiener Aufenthalt zu umfangreichen Studien zur Geschichte des habsburgischen Herrscherhauses. Nach zehnjähriger Diplomatentätigkeit in Wien veröffentlichte er eine zweibändige Genealogie der Habsburger[11], die ihm in hohem Maße die kaiserliche Gunst einbrachte. Äußeres Zeichen hierfür war die Verleihung des Titels eines kaiserlichen Rates und Historiographen. Diese hohe Auszeichnung spornte den ehrgeizigen Diplomaten und Geschichtsforscher an, sich mit Eifer an sein zweites großes Werk zu machen, die MONUMENTA AUGUSTAE DOMUS AUSTRIACAE[12], eine Denkmälersammlung, in deren Foliobänden der Leser nicht nur die Beschreibungen, sondern auch die Abbildungen von Wappen, Siegeln, Münzen, Medaillen, Bildnissen und Grabmälern der Habsburger findet. Das ganze Werk enthält etwa 350 ganzseitige Kupferstiche, deren Herstellung große Kosten verursachte. Für das Kloster St. Blasien bedeutete es eine spürbare finanzielle Entlastung, in Wien einen eigenen Kupferstecher zu haben, und Pater Marquard mußte es als eine große Arbeitserleichterung und -vereinfachung empfinden, wenn ihm ein tüchtiger Mitarbeiter zur Verfügung stand, der in den Sammlungen und Archiven nach Bedarf die zur Veröffentlichung vorgesehenen Stücke selbst zeichnen konnte. Diese Zeichnungen waren sehr wichtig, denn sie bildeten die notwendigen Vorlagen zum Stechen der Kupferplatten. Etwa ein Drittel der Bildtafeln der MONUMENTA sind von Peter Mayer signiert. Seine Stiche in Band II (NUMMOTHECA) enthalten mehr als 2200 Einzelabbildungen von Münzen und Medaillen. Für Band III (PINACOTHECA) hat er auf 30 Kupferstichen 155 Bilder und Plastiken von Mitgliedern des österreichischen Herrscherhauses wiedergegeben. Diese Arbeiten entstanden zunächst in Wien, später in Krozingen bzw. in Freiburg, denn Pater Marquard Herrgott mußte 1750 seinen Aufenthalt in Wien beenden[13]. Er lebte und wirkte fortan in Krozingen als »Statthalter« St. Blasiens für die Herrschaften Staufen und Kirchhofen.

Peter Mayer, der mit Pater Herrgott aus Wien zurückgekehrt war, mag zunächst auch in Krozingen oder St. Blasien Aufenthalt genommen haben, siedelte dann aber für immer nach Freiburg über. Am Heiligabend 1755 schrieb er an die Universität Freiburg ein Gesuch um Aufnahme als akademischer Bürger[14]. Der Senat der Hochschule entschied in seiner Sitzung vom 28. Februar 1756 Mayers Gesuch zustimmend, ließ ihn aber wissen, daß er ein »Gedächtnuß Stuck von seiner Kunst auf die Universität gratis zu verfertigen schuldig und verbunden seye«, so wie das auch von anderen Bewerbern um das akademische Bürgerrecht erwartet wurde[15]. Als akademischer Bürger genoß Peter Mayer den besonderen Schutz des Universitätsrektors und war von mancher Verpflichtung frei, welche für die Bürger der Stadt Freiburg selbstverständlich waren.

Die ersten Arbeiten des Universitäts-Kupferstechers für seine Hochschule waren Exlibris für die Bibliotheken der Universität und ihrer vier Fakultäten. Gleichartige Bucheignerzeichen erhielten zwei Studentenbursen, die mit der Alma Mater eng verbunden waren: das Collegium sapientiae und das Gallus-Kolleg[16]. Schon bei diesen ersten Kupferstecherarbeiten für die Universität fällt auf, daß sie von Peter Mayer nicht signiert wurden. Dasselbe gilt von fast allen anderen Arbeiten, die er im Verlaufe der vielen Jahre für die Universität oder deren Professoren gestochen hat. Für ihn war das Vermerken seines Namens wohl überflüssig, weil er der Auffassung war, daß die von der Universität benötigten Kupferstecherarbeiten wie selbstverständlich von ihm, dem einzigen Universitäts-Kupferstecher, auszuführen waren. Heute muß manche Arbeit Mayers unerkannt bleiben, weil sie nicht von ihm signiert wurde.

Als sich im Jahre 1757 der Gründungstag der Freiburger Universität zum 300. Male jährte, gab es keine großen Feierlichkeiten. Die finanziellen Mittel waren spärlich. Was aber heute noch an dieses Jubiläum erinnert, ist ein Ölgemälde des Peter Mayer. Wir erfahren davon durch einen Eintrag in den Quästurrechnungen: »Dem Kupferstecher P. Mayr für das Contrefait Alberti VI. fundatoris der Universität, so in die Bibliothek gemahlet worden, geben 40 fl.«[17] Dieser Eintrag ist der erste Hinweis auf Mayers Tätigkeit als Kunstmaler. Mit dem »Contrefait Alberti VI.« schuf er das erste Stifterbild der Freiburger Universität[18].

Im November 1757 verheiratete sich Peter Mayer. Er war schon neununddreißig Jahre alt, als er die erst vierundzwanzigjährige Witwe Maria Magdalena Josepha Lieb, geborene Kreutter, zur Frau nahm[19]. Sie hatte zwei Jahre zuvor, nach nur vierjähriger kinderloser Ehe, ihren ersten Mann, Karl Reinhard Lieb, einen Sohn des Stadtschreibers von Waldkirch, Franz Heinrich Ignaz Lieb, durch einen plötzlichen Tod verloren. Durch seine Heirat fand der Universitäts-Kupferstecher Eingang in angesehene und einflußreiche Familien der Freiburger Bürgerschaft. Ein Bruder seiner Frau, Franz Fidelis Felix Kreutter (*1736), war Mönch in St. Blasien und lange Zeit Großökonom des Klosters. Mayers Schwiegereltern waren der Chirurg und Assessor am Zivilgericht, Franz Kreutter, und Maria Magdalena, geb. Herrgott (*1700), eine Schwester des schon wiederholt genannten Paters Marquard Herrgott (*1694) von St. Blasien. Sehen wir uns in der Verwandtschaft noch etwas weiter um: Der Vater des Pater Marquard Herrgott war der Chirurg Johann Jakob Herrgott aus Gebweiler/Elsaß, der sich in Freiburg niedergelassen und 1692 mit Maria Elisabeth Brenzinger (*1657) verheiratet hatte. Ihre Schwester Anna Barbara Brenzinger (*1638) verheiratete sich 1675 mit dem Zunftmeister und Senator (Stadtrat) Johann Georg Schächtelin in Freiburg. Ein Sohn aus dieser Ehe, Johann Georg (*1680), wurde Mönch in St. Blasien und im Jahre 1727 als Franz II. einer der bedeutendsten Äbte dieses Klosters. Daß er 1746 der erste Fürstabt St. Blasiens wurde, hatte er nicht zuletzt dem diplomatischen Geschick seines Vetters Marquard Herrgott zu verdanken. Ein Bruder der beiden Schwestern, Johann Caspar Brenzinger, verheiratete sich 1685 mit Maria Ursula Vogler aus Engen, einer Schwester des damaligen Abtes Romanus Vogler (1672–1695) von St. Blasien. Johann Caspar Brenzinger war ein tüchtiger und vielbeschäftigter Kunstmaler und lange Zeit Hofmaler bei seinem Schwager, dem Abt Romanus von St. Blasien. Bei der Hochzeit Mayers war die Familie Brenzinger vertreten durch den Trauzeugen Franz Jakob Brenzinger, Kandidat beider Rechte und sanktblasischer Hofbeamter[19]. Er war damals Verwalter des St. Blasier Hofes in Freiburg[20].

Aus ihrer ersten Ehe hatte die Frau des Peter Mayer als Erbe das Haus »zum goldenen Heiden« in der Kaiserstraße in Freiburg erhalten, ein ansehnliches Anwesen, das mit seiner Rückseite an die Universitätsstraße grenzte. In diesem Hause wohnte die Familie des Kupferstechers, die allmählich größer wurde. In den Jahren 1758 bis 1773 schenkte Maria Magdalena Josepha fünf Kindern das Leben. Der Erstgeborene war Johann Baptist Peter, künstlerisch begabt wie sein Vater. Er wurde ein bekannter und geschätzter »Mignature Portrait Maler«, der vor allem in Augsburg und München erfolgreich wirkte und in vielen vornehmen Häusern portraitierte[21].

Im Haus »zum goldenen Heiden« hatte Peter Mayer auch seine »Kupferdruckerey«. Hier übte er seinen doppelten Beruf als Maler und Kupferstecher aus. Betrachtet man den Umfang seiner Arbeiten, die wir heute kennen, dann überwiegt zweifellos die Tätigkeit als Kupferstecher. Die Möglichkeit, daß im Laufe der Jahre noch manches Zeugnis seiner Malkunst festgestellt wird, ist nicht auszuschließen, denn bislang ist sein ganzes Schaffen unbeachtet geblieben, und sein Werk als Maler unerforscht.

Die Beziehungen Mayers zu St. Blasien blieben durch seine Aufnahme als Bürger der Freiburger Universität unberührt. Immer wieder erschienen Veröffentlichungen sanktblasischer Gelehrter, die mit Kupferstichen Mayers versehen waren. Beliebt waren Titelkupfer mit allegorischen Darstellungen oder mit den Wappen oder Portraits jener Persönlichkeiten, denen die Werke zugeeignet waren. Unter diesen Kupferstichen gibt es auch Ansichten des Klosters St. Blasien. Ein besonders schönes Blatt zeigt eine Gesamtansicht aus dem Jahre 1783 *(Abb. 29, 30)*. Für eine Schreibfibel[22] stach Peter Mayer Schrifttafeln, und für die Geschichte Vorderösterreichs[23], die Pater Franz Kreutter 1790 veröffentlichte, lieferte Mayer drei geographische Karten.

Zahlreiche Arbeiten des Universitäts-Kupferstechers entstanden auf Veranlassung des Professors und zweimaligen Rektors der Universität, Joseph Anton Ritter von Riegger[24], der schon mit 23 Jahren in Freiburg Professor der Rechte wurde. Von Riegger war ein Vetter des Fürstabtes Martin Gerbert und hielt sich wiederholt einige Zeit in St. Blasien auf. In dem Klostervorsteher hatte er nicht nur einen nahen Verwandten, sondern auch einen guten Freund und großzügigen Gönner. Von Riegger stand in der Gunst des Kaisers Joseph II., dessen staatskirchenrechtliche Anschauungen er vertrat. Als der Kaiser 1777 Vorderösterreich besuchte, war von Riegger der einzige Freiburger Professor, den Seine Majestät in Audienz empfing. Die wissenschaftliche Tätigkeit des Rechtsprofessors war beachtenswert. Intensiv beschäftigte er sich mit der Anfangszeit der Freiburger Hochschule und mit bedeutenden Männern des Humanismus. Einige seiner Veröffentlichungen bereicherte er mit zahlreichen Kupferstichen nach dem Vorbild sanktblasischer Autoren[25]. So wurde der behandelte Stoff dem Leser plastischer und anschaulicher dargeboten. Als Vorlagen für diese Stiche dienten die Originalsiegel an Urkunden, Schriftzüge aus Handschriften oder alte Holzschnitte. Hier war zweifellos wieder Peter Mayer am Werk, der in der Lösung gleichartiger Aufgaben unter ähnlichen Bedingungen reiche Erfahrung hatte durch seine Tätigkeit für Pater Herrgott.

Als von Riegger 1778 Freiburg verließ, um in Prag eine Professur zu übernehmen, stach Peter Mayer zum Abschied ein wohlgelungenes Portrait seines langjährigen Auftraggebers, das er ausnahmsweise auch signierte.

Abt Philipp Jakob Steyrer von St. Peter (1749–1795) nahm die Dienste des Freiburger Kupferstechers, der zudem in der Nähe des Peterhofes wohnte, offensichtlich gerne in Anspruch. So wie die sanktblasischen Autoren, schmückte auch er seine Werke mit Titelkupfern[26]. Diese Stiche nehmen Bezug auf den Inhalt der Bücher oder auf die Persönlichkeiten, denen die Werke gewidmet waren. Besondere Illustrationen zum Text enthalten Steyrers »Lebensbeschreibung des Hl. Ulrich« von 1756 und die »Vita Sancti Benedicti« aus dem Jahre 1782. Von den zahlreichen Kupferstichen seien genannt die Portraits des Papstes Pius VI., des Konstanzer Fürstbischofs Maximilian Christoph von Rodt und des Fürstabtes Martin Gerbert von St. Blasien. Nicht vergessen sei eine glänzend gelungene Ansicht des Klosters St. Peter aus dem Jahre 1768 und ein Andachtsbild für die Wallfahrt auf dem Lindenberg bei St. Peter.

Weitere Veduten Mayers gibt es vom Kartäuserkloster am Johannesberg im Dreisamtal vor den Toren Freiburgs, von St. Märgen und den Klöstern Tennenbach und Ettenheimmünster. In diesem Zusammenhang ist auch ein Andachtsbild zu nennen, das eine Ansicht der Stadt Freiburg mit den drei Stadtpatronen Maria, Lambert und Alexander zeigt. Von diesem Stiche findet man heute noch Drucke auf feiner Seide.

Jubiläen, Ehrungen oder ähnliche Gelegenheiten waren Anlässe, die Dienste des Kupferstechers in Anspruch zu nehmen, so wie man heute den Photographen um ein Erinnerungsbild bemüht. Als Beispiele seien genannt die Portraits des Kapuzinerbruders Bernhard a Corleone, der Ursulinerin Euphemia Dorer[27], des Regierungs- und Kammerpräsidenten von Summerau, des österreichischen Heerführers Baron von Laudon und verschiedene Portraits des Papstes Pius VI., der wegen seiner Reise zum Kaiser nach Wien im Jahre 1782 in aller Munde war.

Vorgänge des öffentlichen Lebens wurden von Peter Mayer mit Interesse verfolgt und fanden in seinen Arbeiten ihren Niederschlag. So hat er uns aufgezeichnet, mit welchen Ehrungen die Erzherzogin Maria Antoinette überhäuft wurde, als sie im Mai 1770 von Wien nach Paris reiste, um die Gemahlin des Königs Ludwig XVI. zu werden. Die Lieblingstochter Maria Theresias und Schwester des Kaisers Joseph II. unterbrach ihre triumphale Fahrt durch die vorderösterreichischen Lande, um in Freiburg eine Ruhepause einzulegen. Stadt, Landstände und Universität wetteiferten miteinander, um das Mitglied der kaiserlichen Familie gebührend zu ehren. Auf vier großformatigen Kupferstichen können wir heute noch sehen, wie kunstvoll die beiden Seiten des über die Kaiserstraße gespannten Triumphbogens der Landstände gestaltet waren, wie einfallsreich man die Ehrenpforte der Universität geschmückt hatte, und welche Prachtentfaltung die Beleuchtung des Münsterturmes bot. Bis zur Turmspitze hinauf hatte man hunderte von Lämpchen entzündet, die das Filigran der Turmpyramide gegen das Dunkel des Nachthimmels abhoben. Auf seinem Stich zeigt Mayer nicht nur das einmalige Spiel zwischen Licht und Dunkelheit, sondern auch die Menschen, die staunend auf dem Münsterplatz standen, um dem Schauspiel zuzusehen[28].

Im Sommer 1777 besuchte Kaiser Joseph II. inkognito seine Schwester in Paris. Auf der Rückreise von Frankreich hielt er sich in Freiburg auf. An diesen Kaiserbesuch erinnert ein von Joseph Hörr als Relief entworfenes und von Peter Mayer in Kupfer gestochenes Portrait des Monarchen, gefaßt in einen reichen klassizistischen Rahmen. Als Gegenstück dazu entstand ein gleicher Stich mit dem Bild der Kaiserin Maria Theresia. Anläßlich dieses Kaiserbesuches war auch Fürstabt Martin Gerbert in Freiburg, um als »Erberzhofkaplan« für den Monarchen im Münster die Sonntagsmesse zu feiern. An diesen Gottesdienst, dem der Kaiser, auf dem bloßen Boden kniend, beiwohnte, erinnert Martin Gerbert in der Widmung, mit welcher er seine MONUMENTA VETERIS LITURGIAE ALEMANNICAE (Band I. 1777) Joseph II. zueignete. Teil dieser Widmung ist auch ein Titelkupfer von Peter Mayer mit einer Flußlandschaft. Im Vordergrund sitzen die Symbolfiguren zweier Flüsse (Donau und Rhein?). In der Bildmitte hält ein Adler in seinen Fängen eine Medaille mit dem Portrait des Kaisers und der Umschrift ADVENTUS AUGUSTI, Ankunft der kaiserlichen Majestät in Vorderösterreich. Martin Gerbert lag viel daran, dem Kaiser auch mit seinem neuesten Werke zu dokumentieren, daß im Kloster St. Blasien ernsthafte wissenschaftliche Arbeit geleistet wurde, denn Joseph II. hob eine ganze Reihe von Klöstern auf, von denen er der Meinung war, daß sie keine praktischen Aufgaben zu erfüllen hätten.

Mit Joseph II. beschäftigte sich der Künstler Peter Mayer noch zweimal: Aus dem Jahre 1778 kennen wir einen Kupferstich mit dem Kaiser hoch zu Pferd vor dem Heerlager seiner Soldaten. Zwei Jahre später, im Juli 1780, berichtet der Rektor der Freiburger Universität dem versammelten Senat, »der universitätische Bürger, Mahler und Kupferstecher Mayer habe consistorio academico ein Stück von seiner Mahlerkunst, ihre Kaiserliche Majestät Joseph den zweyten zu Pferd vorstellend, zu Bezeugung seiner vollkommenen Verehrung gegen die hohe Schule, und einiger Erkenntlichkeit für das akademische Bürgerrecht zum Geschenk gemacht, er bitte, solches geneigtest aufzunehmen und ihn des ferneren gnädigen Schutzes nicht unwürdig zu achten.«[29] Der Senat beschloß: »Universitas nemme das Geschenk mit besonderem Wohlgefallen an und sey dem Künstler die Dankgenehmigung consistorii academici zu erkennen zu geben«. Vor dem Zweiten Weltkrieg war das Reiterbild Josephs II. zusammen mit dem »Contrefait Alberti VI.« noch in der Aula der Universität zu sehen. Heute kann niemand verbindliche Auskunft über den Verbleib des Gemäldes geben.

Eine lückenlose Aufzählung sämtlicher Arbeiten Mayers ist an dieser Stelle nicht möglich. Dies muß einer eigenen Monographie vorbehalten bleiben. Aber auf eine Gruppe von Kupferstichen soll noch hingewiesen werden. Im 18. Jahrhundert war das Zunftwesen ein bestimmender Faktor im Wirtschaftsleben unseres Landes. Einen wesentlichen Teil ihrer Berufserfahrung sammelten die jungen Handwerker als Gesellen während ihrer Wanderjahre. Für die in der Fremde geleistete Berufsarbeit erhielten die Gesellen ihre Beschäftigungsnachweise in Form von Urkunden, die ein Leben lang aufbewahrt wurden. Weil man diesen Attesten so große Bedeutung beimaß, ließ man sie auch entsprechend gestalten. Die von Peter Mayer für die Freiburger Zünfte gefertigten Dokumente sind alle großformatig und haben als Blickfang eine Ansicht der Stadt, darüber die drei Stadtpatrone und unterhalb der Stadtansicht einen Schriftsatz, der vom Meister und der Zunft wie ein Formular ergänzt wurde mit den Angaben zur Person des Gesellen und seiner Tätigkeit. Unterschriften und Siegel bestätigten den Inhalt der Urkunde. Bild und Schriftsatz sind eingefaßt von barocken Ornamenten, in die auch die Wappen Freiburgs und Vorderösterreichs eingefügt sind. Außer für Freiburg kennen wir solche Blätter auch für das Handwerk in der Stadt Endingen am Kaiserstuhl.

Soweit Peter Mayer seine Kupferstiche nach eigenen Entwürfen gestalten durfte, zeigen sie eine Verwurzelung des Künstlers in den Formen und Ausdrucksweisen des Barocks. Es fiel ihm aber nicht schwer, Vorlagen jeder Stilrichtung auf die Kupferplatte zu übertragen. Als reproduzierender Künstler schuf er jene hervorragenden Kopien, die als Buchillustrationen wichtig und wertvoll waren. Er verstand es auch, den gewaltigen Eindruck farbenfroher Gemälde großer Meister umzusetzen in das gekonnte Spiel zwischen Hell und Dunkel der einen Farbe des Kupferstiches. Als Beispiel hierfür sei eine »Anbetung der Hirten« von Peter Paul Rubens genannt, die Mayer im Jahre 1789 in Kupfer gestochen hat. Solche Kupferstiche waren damals das beste Hilfsmittel, um vielbeachtete Kunstwerke einem größeren Kreis von Kunstfreunden und Sammlern zugänglich zu machen. Diese Vervielfältigungsmethode war allerdings sehr zeitaufwendig. Heute gibt es die Farbphotographie und technisch hochentwickelte Möglichkeiten des Mehrfarbendruckes, die den Rahmen des Handwerks längst gesprengt und sich zu einer eigenen Industrie entwickelt haben.

Peter Mayer überlebte seine viel jüngere Frau um vier Jahre und starb am 16. Dezember 1800 im 83. Lebensjahr. Kurze Zeit vor seinem Tode hatte er in einem Testament über seinen Nachlaß verfügt und dabei vor allem an seine Tochter Agnes gedacht, die ledig geblieben war und sich um die kränkelnden Eltern gekümmert hatte. Außer ihr lebten beim Tode des Vaters noch die beiden Schwestern Euphemia und Rosa und der Bruder Peter, der sich in Augsburg aufhielt, wo er als geachteter Künstler sein Brot verdiente.

Die Nachlaßakten[30] enthalten einige Hinweise auf das Lebenswerk des Kupferstechers und Malers Peter Mayer. Die mit der Bestandsaufnahme beauftragte Kommission stellte im Nachlaß einige Bände mit eigenen und fremden Kupferstichen fest. Außer drei eigens genannten großen

Kupferplatten wurden 67 kleinere Platten gezählt. Ihr Gewicht wird mit 16 Pfund angegeben. Als Forscher kommt man sich beim Lesen solcher Einzelheiten vor wie ein Reisender, der am Bahnsteig steht und dem Zug nachsieht, den er nicht mehr erreichen kann.

Mit 30 Kreuzer, also einem halben Gulden, hat der Schätzer die »unterschiedlich alten Instrumenten« veranschlagt, mit denen Peter Mayer einst die Kupferplatten bearbeitete. Für eine »Lade mit Pensel und Farben« schätzte man noch ganze sechs Kreuzer, nachdem sich die Meisterhand nicht mehr heben konnte, die vordem mit diesen Utensilien auf Leinwand Bilder gemalt hatte. Ohne den Künstler war alles nur noch geringwertiges, totes Material. Zahlreich waren die von Peter Mayer hinterlassenen Gemälde, die heute in alle Winde zerstreut oder verschollen sind. Überwiegend handelte es sich um religiöse Themen, Christus- und Marienbilder, ein Vesperbild und eine Geburt Christi, eine Kreuzigung Christi und Bilder verschiedener Heiliger. Im Nachlaß befanden sich auch einige Portraits, unter ihnen Kaiser Franz, Maria Theresia, »der Fürst von Heitersheim« und »der Fürst von St. Blasien«. Dieses letztgenannte Ölgemälde ist vermutlich im Kath. Pfarramt St. Blasien erhalten geblieben *(Abb. 26)*. Ein früherer Pfarrer hat es wohl aus dem Freiburger Kunsthandel erworben. Die Kinder Mayers schätzten ihren Vater und ersteigerten aus seinem Nachlaß einige seiner Werke als Andenken.

Die Zeitläufe des beginnenden 19. Jahrhunderts waren geeignet, das Gedächtnis an den Maler und Kupferstecher Peter Mayer bald verblassen zu lassen. Der Sohn Peter arbeitete in Augsburg und München. Seine Verbindung zur alten Heimat scheint nicht sehr ausgeprägt gewesen zu sein. Das Kloster St. Blasien, das Peter Mayer Heimat und Auftraggeber gewesen war, wurde in der Säkularisation 1806 aufgelöst, die Mönche wanderten nach Kärnten aus. Die jahrhundertealte Tradition des Klosters wurde jäh abgebrochen. St. Blasien war zu einer kleinen Arbeitergemeinde geworden, die schwer um ihre Existenz zu ringen hatte, so daß für eine Traditionspflege alle Voraussetzungen fehlten. Die Universität Freiburg, deren Bürger Peter Mayer gewesen war, fiel wie die Stadt Freiburg und der Breisgau an das Großherzogtum Baden. Die Sorgen um das Weiterbestehen der bisher vorderösterreichischen Hochschule waren aktueller als die Beschäftigung mit einer Vergangenheit, die von ganz anderen Fakten geprägt war.

Zweihundert Jahre nach Vollendung und Weihe des Domes von St. Blasien, der größten Kuppelkirche Deutschlands, ist es nicht mehr zu früh, sich auch des in St. Blasien geborenen Malers und Kupferstechers zu erinnern, der durch sein Werk für uns ein Zeuge des Geschehens in unserer Heimat während des 18. Jahrhunderts geworden ist.

Als zweiter einheimischer Künstler St. Blasiens im 18. Jahrhundert ist der

Bildhauer Joseph Hörr (1732–1785)

zu nennen, der im Jahre 1732 in Blasiwald bei St. Blasien das Licht der Welt erblickte. Seine Taufe in St. Blasien ist unter dem 19. Dezember vermerkt[31]. An anderer Stelle wird als sein Geburtstag der 29. November 1732 angegeben. Sein Vater war Christian Hörr, seine Mutter Anna, geb. Bindtert. Die Eltern waren unbemittelte Bauersleute und wohnten in der Glasmachersiedlung Althütte, in der die Schmelzöfen schon seit Jahren erloschen waren[32]. Die Schreibweise des Familiennamens wechselt zwischen Herr, Heer, Heher, Här Härr, Hör, Hoer, Hoerr und Hörr, wobei die letztere auch vom Bildhauer selbst am häufigsten verwendet wurde. Joseph Hörr war das älteste von vier Geschwistern. Seine Eltern und seine Paten – Blasius und Magdalena Rogg – gehörten zu jenen alteingesessenen Familien, die seit dem Ende des 16. Jahrhunderts im Blasiwald als Glasmacher tätig waren. Wenn die Familie Hörr auch in der Althütte wohnte, so schließt das nicht aus, daß der Vater täglich nach St. Blasien zur Arbeit ging. Früher war es nichts Besonderes, täglich den Weg nach St. Blasien und zurück zu Fuß zurückzulegen. Joseph Hörr kam sicher auch schon in sehr jungen Jahren mit seinem Vater zum Kloster und erhielt dort die ersten

Eindrücke eines kulturellen Lebens, das in Flur und Wald der Schwarzwaldberge nicht zu erfahren war.

Die älteste Nachricht über den jungen Joseph Hörr verdanken wir dem Berliner Schriftsteller und Verlagsbuchhändler Friedrich Nicolai (1733–1811), der in einem Reisebericht schreibt, Hörr sei »eines Bauern Sohn, dessen Talent sich offenbarte, da er als Knabe schon in Holz schnitzte«[33]. Zu den ersten Arbeiten des begabten Bauernsohnes wird man die Immaculata in der Kapelle von Blasiwald-Althütte zählen müssen, die eine noch ungeübte Künstlerhand verrät, aber doch Zeichen einer guten Auffassungsgabe und eines großen Talentes erkennen läßt. Möglicherweise wurde der Knabe Hörr zu dieser Arbeit von einer Immaculata beeindruckt, die Christian Wentzinger für das Neue Münster in St. Blasien geschaffen hat. Wentzingers Schüler wurde Hörr aber nicht.

Das »allgemeine Künstlerlexikon«[34] von 1779 nennt als Lehrmeister Hörrs den bekannten Barockbildhauer Joseph Christian in Riedlingen (1706–1777), der zu den bedeutendsten Künstlern seiner Zeit in Süddeutschland zählt. Hörrs Lehrzeit fällt in jene Jahre, da Christian in der Klosterkirche von Zwiefalten arbeitete und dort neben anderen Werken auch das vielbewunderte Chorgestühl schuf. Der aufnahmewillige und lernbegierige Bildhauerschüler lernte in Zwiefalten nicht nur die moderate Ausdrucksweise seines Meisters kennen, sondern auch den gesten- und formenreichen Feichtmayr-Stil, von dem er sich aber nicht so sehr beeinflussen ließ.

Aus einem Eintrag im Tagebuch des Klosters St. Blasien ist zu entnehmen, daß Abt Meinrad Troger (1749–1764) *(Abb. 31)* es dem begabten, aber mittellosen Bauernsohn durch ein Darlehen ermöglichte, »die Bildhauer Kunst zu erlernen«. Bei dieser Tatsache wäre es verwunderlich, wenn der junge Bildhauer nach Abschluß seiner Lehrzeit nicht wieder in seine Schwarzwaldheimat zurückgekehrt und in die Dienste seines Landesherrn und Gönners, des Abtes von St. Blasien, getreten wäre. Das von Pater Otto Stöcklin geführte Klostertagebuch, das mit dem Jahre 1760 beginnt, nennt von Anfang an bis 1763 unter den »officiales seculares in aula« als einzigen Bildhauer Joseph Hörr. Er war also »der Hofbildhauer« und stand als »weltlicher Beamter« in einem festen Arbeitsverhältnis zum Kloster. In dieser Zeit muß eine ganze Reihe von Bildhauerarbeiten entstanden sein, die für das Kloster selbst oder auswärtige Besitzungen bestimmt waren. Das Diarium Stöcklin erwähnt im Jahre 1763 zweimal Hörrs Tätigkeit in St. Blasien:

25. Juni: »Es seynd auch die zwey grössere Statuen in oberen und zwar dem mitleren Stiegen Haus, so H: Joseph Hör aus dem Bläßiwald, welchem das Gotteshaus um die Bildhauer Kunst zu erlernen 300 fl. vorgestreckt hat, verferdiget, aufgerichtet worden.«

28. September: »Herr Wentzinger von Freiburg machte in einem Schreiben zerschiedene auf 225 fl. sich belaufende praetensiones theils wegen zwei modellen auf das grössere mitlere Stiegen haus, welche er schon a. 1741 sub Regimine Francisci II. glor. memoriae verferdiget, teils wegen 7wochiger Arbeit, da solcher a. 1749 eben an diesen Statuen gearbeithet, von derselbigen aber abgetretten, und die Kirch zu St. Gallen übernohmen hat. Diese Statuen wurden sodann H. Heer aus dem Bläßiwald um 1200 fl. veraccordiret, wie schon oben angeführt worden, denn H. Wentzinger wolte solche nicht anders als um 1500 fl. verferdigen.«

Diese Tagebuchnotizen legen den Schluß nahe, daß Hörr den Auftrag für die Statuen auf der Westfassade etwa um 1756 erhalten hat, denn Wentzinger arbeitete seit 1757 in St. Gallen. Heute fragen wir vergeblich nach dem Verbleib dieser Statuen. Sie wurden ebenso ein Opfer des großen Klosterbrandes von 1768 wie die vermuteten zahlreichen Arbeiten Hörrs für das »Neue Münster«, das an der Stelle stand, wo sich heute die Kuppelkirche erhebt.

Eines der wenigen Zeugnisse vom großen Können des sanktblasischen Hofbildhauers Joseph Hörr ist uns erhalten geblieben in einer aus Alabaster gemeißelten Statue des Hl. Benedikt von Nursia *(Abb. 32),* die vermutlich zu Beginn des 19. Jahrhunderts den Weg nach Menzenschwand gefunden hat[35]. Die Pfarrgemeinde Menzenschwand wurde damals noch von einem Pater aus St. Blasien betreut. Einem kunstverständigen Mönch dürfte es zu verdanken sein, daß die Benediktus-Statue ebenso aus der in Auflösung begriffenen Abtei gerettet wurde, wie ein großer Alabaster-Cruzifixus, der als wertvolle Arbeit Hörrs zu gelten hat *(Abb. 33)*.

Die Menzenschwander Benediktus-Statue ist eine hervorragende Nachbildung jener Marmorplastik[36], die der Bernini-Schüler Antonio Raggi (1624–1686) für die »Heilige Höhle« bei Subiaco geschaffen hat, jenen Ort, an dem sich Benedikt lange in Zurückgezogenheit aufgehalten hat. Die Statue zeigt den jugendlichen Heiligen, auf Steinen sitzend, die Hände vor der Brust gekreuzt, und den Blick in der Meditation auf das Kreuz gerichtet. Der Betrachter dieses Kunstwerkes ist überrascht vom Können Hörrs, der den harten Stein so vollkommen beherrscht und bearbeitet hat, wie ein Holzbildhauer das fügsame und weiche Lindenholz.

St. Blasiens Klostertagebuch nennt am 12. November 1763 noch einmal den Hofbildbauer und teilt mit: »Die Herren Rector und Regenten der Universität zu Freyburg berichten ein, wie daß Sie auf Recommendation Sr. Hochfürstl. Gnaden den Joseph Hör aus Bläßiwald, welchem Se. Hochfürstl. Gnaden die Bildhauer Kunst haben erlehrnen lassen (in) den Schuz des privilegierten Universitäts fori aufgenommen haben.« Fürstabt Meinrad Troger hat also mitgeholfen, seinem Untertan und Hofbildhauer den Weg zu ebnen, um fortan als Bildhauer der Universität Freiburg wirken zu können.

Die Entscheidung für diesen Einschnitt im Leben Hörrs fiel am 6. September 1763. Das Senatsprotokoll der Universität berichtet dazu: »Joseph Hör, Statuarius, Hochfürstl. S. Blaßianischer Unterthan aus dem Bläßiwald bittet, unter die Zahl der universitätischen Bürger angenohmen zu werden, zu welcher Gnade ihne Ihro Hochfürstl. Gnaden zu St. Blasien selbst mündlich bey deroselben letzerm Hieseyn nachtrucksamst recommendiret haben.«

Der Senat beantwortete Hörrs Antrag mit folgendem Beschluß: »In Rucksicht auf die hohe Interceßion sowohl, als besizender Kunst[37] solle Supplicant als ein universitätischer Bürger angenohmen seyn, jedoch daß er sich reversire, daß er sich in keine andere Arbeiten, als welche ad statuariam artem gehören, einlaße, und somit andern keinen Eingriff in ihren nachverwannten Künsten thue; auch sobald es Universitas von ihme verlangen werde, ein anständiges Kunst Stücke zur recognition der ihme dermaln widerfahrenden Gnade und academischen Bürger Rechts verfertigen wolle. – Ihro Hochfürstl. Gnaden zu St. Blasien solle kürzlich dieße Aufnahm und genohmene Achtung auf derselben Vorwort zugeschrieben werden.« Die Benachrichtigung nach St. Blasien erfolgte im November 1763, wie bereits schon erwähnt wurde.

Die Verleihung des akademischen Bürgerrechtes durch die Universität war für Joseph Hörr der Anlaß, sich für dauernd in Freiburg niederzulassen. Am 14. Januar 1764 verheiratete er sich dort mit Maria Anna Schleininger aus Klingnau in der Schweiz. Trauzeuge war der Universitäts-Kupferstecher und Maler Peter Mayer, der Landsmann aus St. Blasien[38]. Hörrs Frau erkaufte sich in Freiburg um 33 Gulden das Bürgerrecht[39]. Aus der Ehe Hörrs gingen sechs Kinder hervor, drei Söhne und drei Töchter. Vier von ihnen starben in jungen Jahren.

Taufpaten der Kinder waren der Gürtlermeister Franz Xaver Gaes[40], Maria Anna Harstrick und Maria Anna Rösch, die Gattin des Direktors der Freiburger Zeichenschule, Joseph Rösch[41]. Bei der ältesten Tochter Hörrs, der 1765 geborenen Maria Euphemia Victoria Walburga, waren Freiherr Casimir von Sickingen-Hohenburg und die Gräfin Maria Euphemia von Stadion, geborene von Sickingen-Hohenburg die Taufpaten.

In den Jahren 1765/66 finden wir Joseph Hörr im Benediktinerkloster St. Gallen/Schweiz, wo er den »altar in der newen capelle sambt 4 statuen, als 3 baß-relievstükhen per 1600 fl.« schuf. Es handelte sich um den Altar für die neuerbaute Schutzengelkapelle, die nach der Säkularisation des Klosters wieder abgebrochen wurde. Hörrs Arbeiten sind seitdem verschollen. Lediglich ein kleines Alabasterrelief mit einer »Anbetung der Hirten« ist erhalten geblieben. Diese hervorragende Arbeit Hörrs wird alljährlich zur Weihnachtszeit in St. Gallen gezeigt.

Für das Jahr 1766 ist ein »holzgeschnitztes Marienbild« Hörrs für das Freiburger Münster bezeugt[42]. Aus dem folgenden Jahr ist eine Statue des Täufers Johannes bekannt, die für die Pfarrkirche in Kirchzarten bestimmt war[43]. 1768 meißelte Hörr die steinerne Schale für den Taufstein im Freiburger Münster[44] mit den für ihn typischen Puttenkindern *(Abb. 34)*. Diesen eifrig tätigen Kindern begegnen wir auch am Portal des Deutschordenshauses in der Salzstraße[45], das fast gleichzeitig mit dem Taufstein entstand. Hier sind nicht nur drei Knaben damit beschäftigt, über dem Torbogen eine schwere Tuchdraperie anzubringen, sondern auch ein Mädchen, das emsig mithilft. In das Jahr 1768 fallen auch die Arbeiten an den Zähringer-Grabmäler in der Klosterkirche von St. Peter bei Freiburg. Hier erleben wir Hörr erstmalig als einen hervorragenden Meister der Stuckarbeit. Die auf den beiden Epitaphien im Chor der Kirche dargestellten Stifter sind meisterhaft gestaltet und lassen alles Schablonenhafte vermissen. Die würdevollen Gesichter der Zähringer Stifter strahlen eine erhabene Ruhe und Gelassenheit aus. Sie sind typische Arbeiten des dem frühen Klassizismus zugewandten Bildhauers Joseph Hörr. Außer den Zähringer-Epitaphien schuf Hörr auch die beiden Zelebrantensitze im Chor der Kirche von St. Peter.

Aus dem Jahre 1770 kennen wir einen Accord zwischen dem Freiherrn von Sickingen und dem Bildhauer Hörr, der die Gestaltung der Fassade des zu erbauenden Stadtpalais in der Salzstraße in Freiburg zum Gegenstand hatte. Dieser Auftrag zog sich bis 1771 hin. Für Hörr typisch sind die Putten der Dachbalustraden als Personifikationen von Wissenschaft (Bücher), Geschichte oder Diplomatik (Urkunden), Justiz bzw. Gerechtigkeit (Waage und verbundene Augen) sowie Tapferkeit und Kriegsruhm (Füllhorn mit Orden). Baumeister war der Franzose Michel D'Ixnard, mit dem Hörr später beim Bau der Kuppelkirche in St. Blasien zu tun hatte.

1773 treffen wir den Universitätsbildhauer am Herrenhaus des Freiherrn Franz Anton Marquardt von Falkenstein und seiner Gemahlin Franziska Antonia geb. Gräfin Schauenburg in Oberrimsingen. Auch hier war der Baumeister der Freiburger Deutschordenskommende, Franz Anton Bagnato, tätig, den Hörr schon in St. Blasien kennengelernt hatte[46]. Sowohl am Deutschordenshaus in Freiburg, als auch am Herrenhaus in Oberrimsingen hat Hörr nicht nur den Giebel gestaltet, sondern auch an der Fassade ein Balkongitter mit einem Relief der Göttin Minerva geschmückt.

Im Januar 1773 kaufte der Bildhauer von Franz Simon Kupferschmied das Haus »zum roten Gatter« in der Nordostecke des Münsterplatzes um 1200 Gulden Rheinischer Währung. Heute ist dieses Haus in den Gebäudekomplex der Freiburger Stadtbibliothek mit einbezogen.

Nach der verheerenden Feuersbrunst des Jahres 1768, bei der auch das Neue Münster ein Raub der Flammen wurde, hielt sich Hörr wieder längere Zeit in seiner Heimat St. Blasien auf. Seine früheren Arbeiten als Hofbildhauer waren fast alle im Feuer untergegangen. Der Wiederaufbau des Klosters und der Kirche dauerte etwa anderthalb Jahrzehnte. Auch für diese Schaffensperiode Hörrs in St. Blasien gibt es keine ausführliche Nachricht. 1781 hielt sich der bereits genannte Berliner Schriftsteller Friedrich Nicolai als Gast Martin Gerberts in St. Blasien auf. Gerbert hat ihm erzählt, daß Joseph Hörr »als Knabe schon in Holz schnitzte«. Der Bildhauer aus Blasiwald, der schon längst als Universitätsbildhauer in Freiburg lebte, war im Kloster immer noch als ein Talent bekannt. Bei der Beschreibung der ihrer Vollendung entgegengehenden Kuppelkirche berichtet Nicolai, Hörr habe »die besten Bildhauerarbeiten an der Kirche gemacht«, sicher auch wieder eine Bemerkung Gerberts zu seinem Berliner Gast. Von den Arbeiten Hörrs sehen wir heute allerdings nicht mehr viel. Durch die Säkularisation und einen unglückseligen Brand im Jahre 1874 ging vieles verloren. Erhalten geblieben sind die Puttengruppen über den Zugängen aus der Rotunde zum ehemaligen Mönchschor und die Puttenpaare in den Fensterwölbungen des Kirchenrundes. Zerstört sind Hörrs plastische Arbeiten für die Kanzeln über den beiden Altären zwischen den Halbsäulenpaaren der Rotunde neben dem Hauptaltar. Auf den Schalldeckeln standen Hörr'sche Kinder mit Gesetzestafeln bzw. dem Kreuz, als Symbolen des Alten und des Neuen Testamentes. Schwebende Putten hielten die Vorhänge zurück, die von den Schalldeckeln herunterhingen. Das auf dem Buch mit sieben Siegeln liegende Lamm, welches einst den Tabernakel des Hauptaltars krönte, ist erhalten geblieben, ebenso ein Torso des aus weißem Alabaster gemeißelten Cruzifixus, der einst am Kreuz des Hauptaltares hing.

Das größte Werk Hörrs in Gerberts Kuppelkirche war der Prospekt für die Silbermann-Orgel. Der Bildhauer machte einen Kostenüberschlag mit 1600 Gulden und übernahm den Auftrag auch noch, als man ihm 1200 Gulden zusicherte[47]. Das genaue Aussehen des Orgelprospektes kennen wir nicht. Das Meisterwerk Silbermanns wurde in der Säkularisation abgeschlagen und kam in die Kath. Stadtkirche nach Karlsruhe. Dort konnte man das Orgelwerk wegen der beengten Raumverhältnisse nur verstümmelt wieder aufbauen. Die von Hörr geschnitzten »Figuren und Kündle« gingen getrennte Wege. Vier der Putten blieben in St. Blasien zurück und mußten sich auch noch vorwerfen lassen, sie seien »anstößig«. Drei weitere »Kündle« kamen über Karlsruhe nach Bauerbach bei Bretten. Bei der letzten Kirchenrenovation durften sie dort ihre zeitweilige Verbannung auf dem Kirchenspeicher wieder verlassen und auf die Orgelempore der Pfarrkirche zurückkehren. Silbermann war mit der Arbeit Hörrs am Orgelprospekt zufrieden und empfahl ihn dem Prälaten von St. Märgen, als dieser auch eine Silbermann-Orgel bestellte.

Wenn von den »besten Bildhauerarbeiten an der Kirche« die Rede ist, dann darf man den Schlußstein über der Außenseite des Hauptportals nicht übersehen: der segnende Christus mit der Erdkugel, auf der das Kreuz aufgerichtet ist. Die Umschrift HIC FACTUS EST IN CAPUT ANGULI betont, daß der Eintretende in ein Gotteshaus kommt. Der Künstler des Schlußsteines ist aktenmäßig nicht belegt. Gerne nimmt man als Autor den Freiburger Maler, Bildhauer und Architekten, Christian Wentzinger an, dessen Ruhm seine Zeitgenossen überstrahlte. Diese Zuschreibung ist von der Qualität der Arbeit her gerechtfertigt. Als Ludwig Schmieder den Schlußstein Christian Wentzinger zuschrieb[48], kannte er das Oeuvre eines Joseph Hörr noch nicht, und er bedachte auch nicht, daß der berühmt gewordene Wentzinger um 1778 schon lange keinen Stein mehr eigenhändig bearbeitete. Er kannte die Gefahren, die der Gesundheit eines Steinbildhauers drohten, und warum hätte er ihnen nicht aus dem Wege gehen sollen? Wenn Nicolai »die besten Bildhauerarbeiten an der Kirche« als Werke Hörrs bezeichnet, dann gehört zu diesen auch, oder vor allem, der Schlußstein über dem Hauptportal. Das schließt aber nicht aus, daß mit diesem Schlußstein ein Vorschlag Wentzingers verwirklicht wurde, so wie auch bei der Gestaltung der Altäre in der Rotunde seine Ideen maßgebend waren[49]. Bei der Beschreibung der Einweihungsfeierlichkeiten[50] wird Wentzingers Wirken als Maler gelobt, von einer Tätigkeit als Bildhauer wird nicht gesprochen. Joseph Hörr wird in diesem Bericht, wie viele andere, überhaupt nicht genannt. Aber wen wundert das? Der ehemalige Hofbildhauer gehörte wie selbstverständlich dazu, als es galt, in St. Blasien wieder ein würdiges Gotteshaus zu erbauen.

Johann Georg Meusel[51] schreibt in seinem Künstlerlexikon über Hörr »...Zeichnet auch schöne Architektur«. In diesem Zusammenhang muß auf einen Kupferstich des Peter Mayer aufmerksam gemacht werden, der die Nordansicht der Kuppelkirche mit den anstoßenden Konventsgebäuden zeigt. Die beiden Seitentürme tragen hohe Aufbauten, die aber nie ausgeführt wurden. Als Vorlage für diesen Stich diente eine Zeichnung des Joseph Hörr. Warum eine Zeichnung von ihm? War er der Künstler, der auch für D'Ixnard exakte Entwürfe und Pläne zu Papier brachte, die der vielbeschäftigte Baumeister dann mit seiner Unterschrift bestätigte? Oder war es gar ein eigener Entwurf Hörrs bei der Suche nach einer imponierenden Gestaltung der Hauptansicht der Kirche? Zweifellos stand Hörr mit D'Ixnard in enger künstlerischer Beziehung. Die klassizistischen Vorstellungen und Motive des in Süddeutschland erfolgreichen Franzosen beeindruckten und beeinflußten den stillen Alemannen. Das lange Zusammenwirken des Baumeisters und des Bildhauers am Palais Sickingen in Freiburg und beim Kirchenbau in St. Blasien mag dazu beigetragen haben, daß Hörr der Hauptmeister des frühen Klassizismus unter den Bildhauern Freiburgs und des Breisgaus wurde.

An Hörrs vielfältige Tätigkeit in St. Blasien nach dem Brand von 1768 erinnert beispielsweise eine gußeiserne Ofenplatte aus dem Jahre 1771. Ein Putto schmückt die Wappen St. Blasiens

(Hirsch) und Martin Gerberts (Widder), über denen Mitra und Fürstenhut die doppelte Würde des Fürstabtes symbolisieren, mit einer Lorbeergirlande.

In den früheren Gemächern der Fürstäbte ist ein beachtenswerter Ofen erhalten geblieben. Der Unterbau wird gebildet von vier großen, mit Musikinstrumenten verzierten, gußeisernen Ofenplatten. In den reich gegliederten und mit klassizistischen Ornamenten geschmückten, tektonischen Aufbau der oberen Ofenhälfte sind drei sorgfältig ausgeführte Reliefplatten eingefügt, die unverwechselbar den Meister Joseph Hörr erkennen lassen. Die drei Reliefs erzählen das Erlebnis eines Wälderbuben. Er kommt aus dem Wald zurück, wo er Holz geschlagen hat, das er nun mitbringt. Sorgfältig stapelt er das Holz auf und entzündet es dann mit einem Brennglas *(Abb. 35)*. Über dem offenen Feuer brät er dann einen Vogel, durch den er einen Stock geschoben hat, um ihn über den Flammen drehen zu können. Aus dem Gesicht des Buben strahlt die Vorfreude über den nicht alltäglichen Genuß.

An der Stirnseite verrät das Doppelwappen St. Blasien-Gerbert den Zeitpunkt des Entstehens und den Auftraggeber des Ofens nach 1768. Zwei Putten, die früher, auf Voluten sitzend, den oberen Abschluß des Ofens bildeten, sind seit dem Zweiten Weltkrieg verschwunden[52].

Zu den Werken Hörrs in St. Blasien sind auch die beiden Schlußsteine über dem »großen Tor« im Portalgebäude zu zählen. Wer sich, über die Alb kommend, diesem Gebäude nähert, der erkennt über der Durchfahrt den in Stein gehauenen Kopf mit Fürstenhut, eine eindrucksvolle und wohlgelungene Plastik. Hat man das Portalgebäude durchschritten und blickt noch einmal zurück, dann erkennt man als Pendant zum Fürsten den Abt mit der Mitra. Die Symbolik ist leicht zu erraten: Der St. Blasier Prälat hat innerhalb des Klosterbezirkes die Pflichten und Sorgen des Abtes wahrzunehmen, außerhalb der Klostermauern ist er Landesherr und Fürst.

In dem vorausgegangenen Bericht über Peter Mayer war die Rede von dem Besuch des Kaisers Joseph II. im Jahre 1777 in Freiburg. Die Teilnahme des Kaisers an der Sonntagsmesse im Freiburger Münster, die Fürstabt Gerbert zelebrierte, hat Joseph Hörr in einem Alabasterrelief dargestellt. Diese außerordentlich feine Arbeit haben die St. Blasier Mönche nach Kärnten mitgenommen, als sie bei der Säkularisation auswandern mußten. Ein Portrait Martin Gerberts, von Hörr in Stuck geformt, befindet sich im Museum der Stadt Baden in der Schweiz. Ein ähnliches Portrait Gerberts in St. Blasien hat Ludwig Schmieder dem Stukkateur Bossi zugeschrieben[53].

Die meisten Arbeiten Hörrs in Stein, Stuck und Holz sind über den ganzen Breisgau zerstreut, so auch in Riegel, Merdingen und Buchholz *(Abb. 36)*, in Ettenheimmünster, Tiengen und Kirchhofen. Mit dem Baumeister Franz Josef Salzmann arbeitete Hörr nicht nur in St. Blasien zusammen, sondern auch in Wurmlingen bei Tuttlingen und in Haslach im Kinzigtal[54]. In der Chronik von Blasiwald, die 1972 gedruckt wurde, sind Hörrs Werke, soweit sie damals bekannt waren, aufgezählt und abgebildet[55]. In den letzten zehn Jahren konnte aber der Werke-Katalog Hörrs nennenswerte Erweiterung erfahren[56].

Geradezu als eine Sensation für die Hörr-Forschung muß man die Erkenntnis bezeichnen, daß der Freiburger Universitätsbildhauer in seinen letzten Lebensjahren in Ebringen bei Freiburg noch Großartiges geleistet hat. Im dortigen »Schloß«, dem ehemaligen Sitz des sanktgallischen »Statthalters«[57], ist neben anderen Stuckarbeiten vor allem ein Deckenrelief zu nennen, das Bewunderung verdient. Mit hervorragender Feinheit und Eleganz hat Hörr einen Schutzengel dargestellt, der einen jungen Erdenbürger in seine Obhut nimmt gegen die Nachstellungen des Bösen. Dieses Thema erinnert an Hörrs Altar, den er 1765/66 für die Schutzengelkapelle in St. Gallen/Schweiz schuf.

Der Hauptaltar in der Pfarrkirche St. Gallus zu Ebringen ist das letzte große Werk Hörrs. Es entstand 1784, ein Jahr vor dem Tode des Bildhauers. Den Mittelpunkt des Altares bildet eine »Anbetung der Hirten«, die in Hörrs Alabasterrelief in St. Gallen ein Vorbild hat. In der Gottesmutter mit dem Jesuskind begegnet uns Hörrs Madonnenideal, und in den Hirten erkennen wir wieder die bärtigen Gestalten, wie sie der Bildhauer bei verschiedenen anderen Gelegenheiten geformt hat. Ganz auffallend ist die Ähnlichkeit des »Ebringer Hirtenbuben« mit dem jungen Hirten von St. Gallen. Betrachtet man den Hl. Josef, der einen Hirten zur Krippe führt, dann kommt einem der Gedanke, es könnte ein Selbstbildnis des Bildhauers sein, der damals bereits an einer berufsbedingten Steinstaub-Lunge litt und recht hager geworden war. So wie das Weihnachtsrelief hat Hörr auch die Statuen des Kirchenpatrons Gallus und seines Ordensbruders Otmar, dazu die beiden sitzenden Apostelfiguren Petrus und Johannes in Stuck geformt. Den oberen Abschluß des Altares, der bis in das Gewölbe des Chorraumes reicht, bildet ein Puttenpaar mit einer Blumengirlande[58].

Vom Wirken Hörrs als Bildhauer wurde hier Vieles berichtet. Es wurde auch erwähnt, daß er als guter Zeichner bekannt war[59]. Will man sein Gesamtwerk darstellen, dann darf man nicht übersehen, daß er auch als Architekt sein Können unter Beweis gestellt hat. Die Freiburger Universitätsbibliothek besitzt eine lavierte Tuschezeichnung aus dem Jahre 1783, die mit »Hoer inv.« signiert ist. Es handelt sich hierbei um einen Plan für den Umbau des Festsaales des Jesuitengymnasiums zur Bibliothek der Universität. Hörr fertigte aber nicht nur den Plan für den Umbau, sondern ihm war auch »die Direktion des akademischen Bibliothekbaues übertragen«[60], die in der Überwachung und Leitung der Handwerkerarbeiten bestand. Die Auszahlung seines Honorars für diese Arbeit erlebte er aber nicht mehr.

In der Frühe des 9. März 1785 schloß der »Kunstbildhauer ... unter Zurücklassung zweyer minorenen Kindern, benametlich Johs. Nepomuk Logices studiosi 18- und Euphemia 19jährigen Alters«[61], für immer die Augen. Für die beiden Kinder war der Tod des erst 53jährigen Vaters ein schwerer Verlust, zumal sie erst vor Jahresfrist auch ihre Mutter verloren hatten. Besonders der Sohn Johann Nepomuk hätte die leitende Hand seines Vaters noch notwendig brauchen können, als er 1787 zum Besuch der Akademie der bildenden Künste nach Wien kam.

Der frühe Tod des Universitätsbildhauers Joseph Hörr ist aber auch zu bedauern, wenn man bedenkt, welche künstlerischen Werke man von ihm noch hätte erwarten dürfen. Er war selbst von seinem Können überzeugt, und er scheute auch nicht das kritische Urteil einer Jury, als er sich einem Wettbewerb stellte, bei welchem er die meisten Punkte erhielt.

Als Hauptmeister des frühen Klassizismus im Breisgau hatte er seine eigene Ausdrucksweise und seinen eigenen Stil gefunden. Man würde ihm Unrecht tun, wollte man ihn nur als Mitarbeiter oder Gehilfe anderer Künstler sehen. Die erhabene Ruhe und Beseeltheit seiner Figuren, die Würde und Eleganz seiner Madonnen und das natürliche Spiel seiner »Kündle« beeindrucken den Betrachter seiner Werke. Er beherrschte gleichermaßen den Stein, das Holz und den Stuck. Seiner Hand gehorchte der Meißel ebenso wie der Zeichenstift.

Großzügiger und viel umfangreicher als bei Peter Mayer und Joseph Hörr war die Förderung, welche das Stift St. Blasien dem

Architekt Johann Amann (1765–1834)

angedeihen ließ. Er war am 19. Mai 1765 geboren und am folgenden Tag in Gurtweil auf den Namen Joannes Nepomucenus getauft worden[62]. Sein Bruder Johannes Kasimir war sechs Jahre jünger[63]. Die beiden Brüder sollten nach der Vorstellung des Vaters, des sanktblasischen Hoftischlers Johann Baptist Amann, das väterliche Handwerk erlernen. Kasimir war mit dieser Berufswahl einverstanden und mit Eifer bei der Sache. Johann dagegen fühlte sich in der Werkstatt des Vaters beengt und widmete sich nur ungern und halbherzig dem väterlichen Berufe. Wenn sich ihm eine Gelegenheit bot, besonders an Sonn- und Feiertagen, übte er sich im Zeichnen. So entstanden nicht nur perspektivische Ansichten aus der Kuppelkirche, sondern auch Portraits seiner Eltern. Mit Begeisterung fand er sich bei dem Laienbruder Pfluger ein[64], der sich der Glasmalerei widmete. Pfluger unterrichtete den jungen Amann in seiner Kunst und fand in ihm einen aufmerksamen und gelehrigen Schüler. »In kurzer Zeit machte Amann schnelle Fortschritte, so daß ihm zwölf Fenster der neuen Kirche zu machen anvertraut wurden, eine Aufgabe, welche er zur vollen Zufriedenheit der Kenner mit viel Geschmack ausführte.«[65] Es konnte nicht ausbleiben, daß Fürstabt Martin Gerbert auf den begabten jungen Mann aufmerksam wurde. Er ließ ihn zu sich kommen, um mit ihm über seine Zukunft zu sprechen. Der Fürst fand Gefallen an dem aufgeweckten Landeskind und entschloß sich, die erkennbaren Talente zu fördern. Johann Amann seinerseits empfand dankbare Zuneigung zu seinem Landesvater und versuchte, diese durch ein selbstgezeichnetes Portrait des Fürstabtes zum Ausdruck zu bringen. Dieses Portrait wurde am 28. Oktober 1787 von Dekan und Kapitel des Klosters dem Fürstabt zu seinem fünfzigjährigen Profeßjubiläum als Kupferstich gewidmet[66]. Im gleichen Jahr zeichnete Amann Grundrisse der in Badenweiler ausgegrabenen Römerbäder. Nach diesen Zeichnungen fertigte Peter Mayer Kupferstiche für Martin Gerberts Geschichte des Schwarzwaldes (Historia nigrae silvae) Band II., St. Blasien 1788.

Johann Amann durfte auf Veranlassung des Fürstabtes zum Studium nach Wien. Im November 1789 wurde er als Schüler der Akademie der bildenden Künste eingeschrieben: »...24 Jahr alt, ein Mahler von Guttemburg, St. Blasii Reichs.Fürst: wohnt auf dem Neuen Markt Nr. 1106«.[67] Der Kunststudent aus dem Schwarzwald war tief beeindruckt von dem kulturellen Reichtum, der ihn in der Kaiserstadt umgab, und er nutzte die ihm gebotenen Möglichkeiten zu fleißigem Studium und eifriger Arbeit.

Über die laufenden Ausgaben zur Lebenshaltung in Wien, die er vom sanktblasischen Hofagenten erstattet bekam, hat Amann genaue Aufzeichnungen gemacht. So bezahlte er im ersten Monat seines Wienaufenthaltes an »Zimmergelt 5 fl., dem Dienstmenschen 30 xr., für Holz den Winter hindurch 12 fl., den 24. November für Schulbücher /. der Malerei, Baukunst, Geometrie ./ samt Tusche 17 fl. 8 xr.« Im März 1790 ließ er sich vergüten für: »Kostgelt 12 fl. 24 xr., Zimmergelt 5 fl., dem Dienstmenschen 30 xr., Lichter 1 Pfd. 17 xr., Zeichnungs und Schreibpapier 40 xr., wegen Erlernung der französischen Sprache 3 fl., Schneider 1 fl. 15 xr., Schuster 39 xr., Schuhwichse 10 xr.« »Für einen Verschlag über Zeichnung nach St. Blasien samt Post und Maut« gab Amann im April 1790 1 fl. 54 xr.« aus[68].

Nach zweijährigem Studium bescheinigte Professor Hubert Maurer[69] dem »Johann Amann aus der Fürstl. S. Blasianischen reichs Herrschaft Guttenburg«, daß er »die erste Klaß verdient«, und »unter den Baukunstbeflissenen« welche »die Bogenstellung der jonischen Ordnung zu zeichnen« hatten, erhielt Johann Amann einen ersten Preis im Geldwert von 20 Gulden.

Der erfolgreiche und mit einem ersten Preis ausgezeichnete Kunstakademie-Schüler kehrte in seine Heimat zurück. Ab 1791 war er bei der k.k. vorderösterreichischen Kameral- und Landesbau-Direktion in Freiburg als Praktikant tätig. Für ihn galt es, die erlernten theoretischen Kenntnisse in der Praxis zu erproben. Es wurden ihm verschiedene kleinere Bauaufträge übertragen. In diese Jahre fällt Amanns Tätigkeit beim Kirchenbau in Wittnau[70] und in Horben. Auch beim Bau des »zweiten Pfarrhofes in Freiburg« – St. Martin, wird Amann genannt.

Als im Mai 1793 Amanns großer Gönner, Fürstabt Martin Gerbert, starb, wählten die St. Blasier Mönche aus ihrer Mitte Mauritius Ribbele zu seinem Nachfolger. Auch Fürstabt Mauriz schätzte den Baupraktikanten Amann sehr und stellte ihn als Fürstl. St. Blasianischen Bauinspektor an. In der Urkunde vom 19. Januar 1794 ist festgelegt, daß Amann »für seine Dienstverrichtungen im ledigen Stande der freie Tisch, Quartier, Holz und Liecht, und ein jährlicher Geld-Gehalt von Hundert und Fünfzig Gulden bestimmt – im falle aber dieser geheuratet seyn wird, ihme alsdann jährlich an Geld Drey Hundert Gulden, und noch weitere fünfzig Gulden für Zehrung auf seine notwendigen Reisen in Geschäften unseres Fürstlichen Reichs Stiftes – und an Naturalien sechs Mutt Kernen, und vier Saum Wein ausgeworfen, hingegen die freie Kost, Holz und Liecht aufhören, und er in Ansehung des Holzes, Fleisch und Milch wie andere dahier geheuratete gehalten – auch ihme zu seinen Dienstreisen ein Pferd von hier abgegeben werden solle.«[71]

Kurz nach seiner festen Anstellung in die Dienste des Klosters durfte Amann eine fast einjährige Studienreise nach Italien antreten, von welcher er um viele Erfahrungen und Erkenntnisse reicher, im Dezember 1794 zurückkehrte. Der Bauinspektor hatte die Gelegenheit, die wichtigsten Stätten der Kunst in Italien aufzusuchen. Er nahm Vermessungen vor und hielt viele Dinge mit dem Zeichenstift auf dem Papier fest. Photoapparate gab es damals eben noch nicht.

In Rom besuchte Amann »von 336. 260 sehenswerte Kirchen, 140 Palläste, 33 Villas, 12 Gärten, 8 Spitäler, 12 Conservatorien, 5 Gefängnisse, 21 Collegien...« etc. In seinem Tagebuch schrieb er: »Ich zeichnete sehr viel in Rom, doch gewöhnlich nur Skizzen. Rein gezeichnet habe ich eine perspektivische Ansicht des Tempels der Vesta in Rom, wie er ursprünglich ausgesehen haben dürfte, ich dedicirte sie dem Kardinal Galeppi. Diese Bearbeitung ward als so gelungen anerkannt, daß ich dafür zum Ehrenmitglied der Akademie St. Lucca in Rom ernant wurde.«

»Besonders erhöhte das Vergnügen meines Aufenthaltes in Rom, der mir unvergeßlich bleibt, und dessen süße Erinnerung mir Trost gewährte in mancher trüben Stunde meines Lebens, der vertraute Umgang mit den Künstlern, die gleichzeitig mit mir in Rom waren.

Ich war noch nicht lange daselbst, als ich mit dem Wirthe des Gasthofs, wo ich abstieg, in Streit gerieth, wegen zu unmäßiger Forderung. Ich hatte mir zwar aus Triest einen Diener mit genommen, der geläufig deutsch und italiänisch sprach; allein dieser machte gemeinschaftliche Sache mit dem Wirthe. Während ich ihn nun wegen seiner Schelmerei zur Rede stellte, rief mir ein Eintretender laut zu: Jagt den Schurken aus eurem Dienste. Überrascht wende ich mich um, und erblicke meinen lieben Freund, Fr. Weinbrenner, den ich in Wien kennen gelernt, und nun seit mehreren Jahren nicht gesehen hatte.

Weinbrenner[72], der schon längere Zeit in Rom sich aufgehalten hatte, machte mich sogleich mit den berühmtesten Künstlern und Gelehrten bekannt, führte mich zu den Personen, an die ich Empfehlungsschreiben vom Fürsten des Stiftes St. Blasien erhalten hatte.

In Gesellschaft Weinbrenner's und meines Landsmannes, des Hofraths Hirt aus Berlin, der sich damals in Rom aufhielt, beschäftigte ich mit täglich Nachmittags mit der Untersuchung antiker Gebäude. Sehr viel verdanke ich Hirt's freundschaftlichen Anleitungen im Studium der Baukunst der Alten, ein Studium, das sehr schwierig ist, da von den schönen Werken unserer Vorfahren nur mehr Trümmer vorhanden sind, welche zwar gleich beim ersten Anblick die ehemalige Pracht verkünden; aber die Auffindung ihrer zweckmäßigen und kunstvollen Beschaffenheit, ist erst das Resultat der scharfsinnigsten Nachforschungen.«

»Am 25. September verließ ich Rom, und trat meine Rückreise nach St. Blasien über Florenz, Mantua, Venedig und Wien an. Das schöne Florenz wünschte ich zu meinem Aufenthaltsort bestimmen zu können.«[73]

Zu den Künstlern, mit denen Amann in Italien Umgang pflegte, gehörten unter anderen auch der Maler Jakob Philipp Hackert (*1737 in Penzlau, seit 1786 in Neapel, † 1807 in Florenz) und der bekannte Maler Johann Heinrich Wilhelm Tischbein, Goethe-Tischbein genannt (*1751 in Haina, † 1829 in Eutin); er war 1789 bis 1799 Akademiedirektor in Neapel.

Nach seiner Rückkehr aus Italien verheiratete sich Johann Amann mit der kunstbegabten Barbara Eckstein aus Würzburg. Fürstabt Mauriz von St. Blasien traute das Paar in der Wiener Augustinerkirche.

Im Februar 1796 kam in Freiburg der Sohn Friedrich Johann Albert Joseph zur Welt, der aber schon nach 13 Tagen starb.[74] Einen Monat später verlor Amann auch seine erst 36jährige Frau.[75] Ein angeblich von ihr geschriebenes Testament konnte nicht aufgefunden werden.[76] Aus der Verwandtschaft wurden Ansprüche angemeldet. Um den Streit aus der Welt zu schaffen, reiste Amann zu dem Pfarrer Zang nach Mähren, dem nächsten Verwandten seiner verstorbenen Frau. Mit ihm schloß er einen Vergleich und machte sich umgehend auf die Rückreise. In Wien wollte er einen Zwischenaufenthalt einlegen, der aber immer länger wurde.

Bei seinen häufigen Besuchen in den Wiener Kunstsammlungen lernte der an italienischen Vorbildern geschulte Architekt den Hofstatuarius Müller kennen, der ihn aufforderte, für ihn eine Kunstgalerie zu entwerfen. Als Amann auch die Ausführung derselben mit großem Geschick leitete, erntete er großes Lob. Dieser Erfolg gab dem jungen Künstler Auftrieb. Man wurde an höchster Stelle auf ihn aufmerksam. 1798 machte er einen Plan zur Neugestaltung des Inneren der Kirche am Hof, wobei er Santa Maria Maggiore in Rom zum Vorbild nahm. Amann ging in Wien ganz in seiner Arbeit auf.

Als Fürstabt Mauriz seinen Bauinspektor zur Rückkehr nach St. Blasien ermahnte, ließ Amann seinen Landesherrn in gebührender Form wissen, daß er im Augenblick Wien nicht einfach verlassen könne. Der Gedanke, die kaiserliche Hofkapelle neu gestalten zu dürfen, war für den jungen Architekten einfach faszinierend. Seinem Schreiben an den Landesherrn in St. Blasien legte Amann ein Zeugnis der Geistlichen der Hofkapelle bei, in welchem nicht nur das große Können des Architekten Amann bestätigt wurde, sondern auch die Notwendigkeit, daß dieser das angefangene Werk vollenden müsse. Es wurde auch darauf hingewiesen, daß der Kaiser selbst sein Wohlgefallen an Amanns Arbeit geäußert habe. Fürstabt Ribbele ließ nach langem Zuwarten Johann Amann wissen, daß er sein Verhalten als eine von ihm »selbst gesuchte Entlassung aus hiesigen Diensten ansehe«. Auch der Vorschlag Amanns, ihn nach Vollendung der in Wien begonnenen Arbeiten in St. Blasien wieder anzustellen, oder ihm wenigstens für die bereits der Abtei geleisteten Dienste eine Pension zu zahlen, wurde 1799 abgelehnt[77]. Seine Lösung vom Kloster St. Blasien war für Amann Grund und Notwendigkeit, sich in Wien vorbehaltlos in seinem Beruf einzusetzen und an sein Fortkommen zu denken. Diese Stadt bot natürlicherweise ganz andere Entfaltungsmöglichkeiten für einen hochqualifizierten Architekten, als das die Abtei St. Blasien damals, in den Wirren und Beschwernissen der napoleonischen Zeit, hätte bieten können. Trotzdem mußte der Fürst von St. Blasien die Handlungsweise seines Bauinspektors[78] als eine gewisse Undankbarkeit empfinden, denn das Kloster hatte Amann nicht nur zum Studium an die Akademie der bildenden Künste nach Wien geschickt, sondern ihm auch einen mehrmonatigen Studienaufenthalt in Italien bezahlt.

Im Rahmen dieser Abhandlung kann das Wirken Amanns in Wien nur kurz skizziert werden: 1802: Die beiden Dorotheerhöfe in Wien und der Umbau des aufgehobenen Karmeliterklosters zu einem Arbeitshaus. 1803: Das Äußere des Theaters an der Wien, die Klosterneuburgerhöfe in der Wiener Plankengasse, Gebäude des Barons Fellner am Hohen Markt, in Nußdorf, Haimburg und Preßburg. Amann wird zum Hof-Unterarchitekt ernannt und zu Bauproblemen am Hofgebäude konsultiert. 1803–06: Bau der Pfarrkirche zu Reidling in Niederösterreich. 1805–07: Das deutsche Theater in Budapest. 1807 wird Amanns Gehalt um jährlich 500 Gulden erhöht und damit seine verdienstvolle Arbeit anerkannt. 1808: Vorschläge zur Verschönerung des kaiserlichen Lustschlosses Schönbrunn, die er auch ausführte. 1810 durfte Amann dem Kaiser seine Vorschläge zu umfangreichen Bauvorhaben an der Hofburg unterbreiten. Hierbei handelte es sich nicht nur um die Beseitigung von Schäden, die durch Beschießung oder Sprengungen entstanden waren, sondern auch um eine Erweiterung der kaiserlichen Residenz. Amanns Vorstellungen und Pläne fanden die Zustimmung des Monarchen, der sich zu seinem Hofarchitekten in die Wohnung begeben hatte. »Dieses Modell ist ganz nach meinem Wunsche, bewahren Sie alles sorgfältig, darnach soll meine Burg gebaut werden«, habe Kaiser Franz gesagt. »Diesem für ihn unvergeßlichen Tag der Allerhöchsten Huld und Milde errichtete Amann in seinem Zimmer ein Denkmal; auf zwey Wänden ließ er die Allerhöchste Besichtigung des Planes, und die des Modelles darstellen, unter der letzteren Vorstellung errichtete er die Büste Sr. Majestät auf einem Postament mit dem Datum: 10. July 1810.«

»Ich finde nicht Worte«, so sprach er oft, »um den hohen Genuß zu schildern, den mir diese huldvolle Gnade verschaffte; sie steigerte meine Verehrung für meinen Kaiser und mein Streben, Sr. Majestät aus allen meinen Kräften zu dienen, auf das Höchste; nur das füge ich noch hinzu, daß alles bittere Gefühl, das meine Neider mir einflössen, nie, ja nie diese mir so theure Erinnerung aus meiner Brust verdrängen kann.«[78]

In den Jahren 1810–15 leitete Amann die Ausbesserungsarbeiten am Turm des Wiener Stephansdomes, der bei der Beschießung im Jahre 1809 durch die Franzosen schwer beschädigt worden war. Ein Zeitgenosse meinte: »Auf diese Weise hat Amann diesen Turm der Gewalt der Zeit, die ihn schon im Stillen unter ihre Opfer zählte, entrissen, und ihm eine solche Festigkeit verliehen, daß derselbe nun kühn den Stürmen von Jahrhunderten trotzen kann.«

Im Mai 1811 wurde dem Architekten Amann durch ein Dekret die allerhöchste Zufriedenheit Sr. Majestät bekanntgegeben: »in Rücksicht der ausgezeichneten Verdienste, die er sich durch seine Dienstleistungen, sowohl im Allgemeinen, als auch bei außerordentlichen Gelegenheiten erworben habe. Zu den letzteren gehören insbesondere die Abwendung der Feuersgefahr von der k.k. Burg während des feindlichen Bombardements der Stadt (Er scheute nicht die Gefahr, von feindlichen Bomben zerschmettert zu werden, begab sich auf die Dachböden und traf die trefflichsten Anstalten, daß jeder Brand sogleich erstickt wurde.), die bewirkte Schonung des Hofbibliothek-Gebäudes und der Hofwasserleitung bei Gelegenheit der Sprengung der Festungswerke, ... endlich auch die gefahrvolle, und mit eigenem Kunstaufwande ausgeführte Herstellung des St. Stephansturmes.«

Die Anerkennung durch den Kaiser fand ihren besonderen Ausdruck in der Ernennung zum ersten Hofarchitekten im Jahre 1812. Von da ab gab es nur noch einen Hofarchitekten.

1817–19 galten Amanns besondere Bemühungen der Neugestaltung der Fassade von Schloß Schönbrunn. 1821–23 baute er die Wiener tierärztliche Akademie in schlichten klassizistischen Formen, in Baden bei Wien das Kaiserhaus. 1822–24 baute er die »Franzensgruft« in der Kapuzinerkirche als einen Teil der Grablege der Habsburger.

Amanns Betätigungsgebiet war umfangreich und vielseitig. So schuf er 1825 für das Hoftheater die »eiserne Courtine«, einen feuerfesten Vorhang zwischen Bühne und Zuschauerraum. Für die Hofwasserleitungen entwarf und empfahl er eiserne Röhren, die wesentlich dauerhafter waren als die bisher verwendeten Holzdeuchel, die Amann aus dem Schwarzwald kannte. Er entwarf auch den Sarkophag der Kaiserin Maria Ludovica (†1816), das Hl. Grab in der Hofburgkapelle, den Altar in der Kammer-Kapelle der Hofburg und das Grabmal für den Dichter Johann Nepomuk Alxinger.

Immer wieder hatte sich Amann mit Bausachen zu beschäftigen, welche die Hofburg betrafen. Auf Wunsch des Kaisers Franz studierte er die alten Pläne und erläuterte anhand von 35 Zeichnungen »Die Entstehung der k.k. Hofburg mit ihren nach und nach erfolgten Vergrößerungen und baulichen Vorgängen in 12 Zeiträumen vom Jahre 1216 bis Ende 1815.« Diese Untersuchungen haben bis heute ihren Wert behalten, und Johann Amann darf für sich beanspruchen, der erste Historiker der Kaiserburg zu Wien gewesen zu sein.[79]

Das Glück der zweiten Ehe, die Amann 1801 in Wien geschlossen hatte, dauerte nur wenige Jahre. 1807 verheiratete er sich zum dritten Male. Er führte eine glückliche und gesegnete Ehe. Als er aber am 25. August 1832 auch seine dritte Gattin verlor, brach für ihn eine Welt zusammen. Seine Gesundheit zerfiel zusehends, und er wurde schwermütig. Alle ärztliche Kunst und die Bemühungen seiner Familie konnten ihm nicht helfen. Am Abend des 28. November 1834 nahm er von seinen Angehörigen Abschied und starb im Alter von 69 Jahren.

Die Tatsache, daß er es zum ersten Hofarchitekten des Kaisers in Wien gebracht hat, ist Beweis dafür, daß Johann Nepomuk Amann durch Können und Leistung überzeugte. Ihn als »talentlos, langweiligen Patron und Liebhaber des Kasernenstils« zu bezeichnen, erheischt von einem Kritiker ein gerüttelt Maß von Überheblichkeit.[80] Stilistisch war Amann ein Vertreter des – im Vergleich zu Barock und Rokoko – schlichten Klassizismus. Die ersten Eindrücke, die ihn für diese Stilrichtung einnahmen, erhielt er zweifellos beim Bau der Kuppelkirche in St. Blasien. Die Erfolge, welche er in seinem Berufsleben erreichen durfte, verdankte er neben seiner Begabung und seinem Fleiß vor allem der großzügigen Förderung durch die Fürstäbte Martin Gerbert (1764–1793) und Mauritius Ribbele (1793–1801) von St. Blasien.

Ein Zeitgenosse Amanns[81] berichtet, daß er sich unermüdlich seiner Berufstätigkeit hingab. Daneben interessierte er sich für vaterländische Geschichte. Vorbild war ihm das Altertum und die Kunst der Alten. Als Hauptzüge seines Wesens nennt er höchste Verehrung für den Monarchen, ausgeprägten Gerechtigkeitssinn und bei allem Erfolg Bescheidenheit.

Anmerkungen

1 Abt Blasius III. (1720–1727) ließ 1721 ein neues Archivgebäude errichten und leitete damit die erste große Bauperiode des Klosters St. Blasien im 18. Jahrhundert ein. Mit einem Vertrag vom 12. 11. 1727 übernahm Johann Michael Beer von Bleichten als Baumeister die umfassenden Arbeiten zur baulichen Neuordnung des Konventes. 1750 bat er um ein Zeugnis für seine langjährige Tätigkeit. Nach ihm waren Johann Caspar Bagnato († 1757) und sein Sohn Franz Anton als Baumeister für das Kloster tätig. Die zweite große Bauperiode wurde ausgelöst durch den Klosterbrand von 1768. Beim anschließenden Wiederaufbau unter Fürstabt Martin Gerbert begegnen wir den Baumeistern D'Ixnard, Pigage und Salzmann.

2 Vgl. hierzu: Joseph Bader, Das ehemalige Kloster Sanct Blasien auf dem Schwarzwalde und seine Gelehrten-Academie. FDA, Band 8. Freiburg 1874.

3 Taufbuch der Pfarrei St. Stephan im Kathol. Pfarramt St. Blasien.

4 Bei einer Feuersbrunst im Jahre 1874 brannte die Kuppelkirche vollständig aus. Die Rotunde wurde erst zu Beginn des 20. Jahrhunderts wieder instandgesetzt und konnte 1913 ihrer ursprünglichen Bestimmung als Gotteshaus zurückgegeben werden.

5 Vgl. Anm. 1.

6 Zur Tätigkeit der beiden Maler in St. Blasien finden sich Angaben bei Ludwig Schmieder, Das Benediktinerkloster St. Blasien. Augsburg 1929. Thomas Onken: Der Konstanzer Barockmaler Jacob Carl Stauder 1694–1756. Sigmaringen 1972. Ein von Jacob Carl Stauder gemaltes Portrait des Abtes Franz II. diente Peter Mayer als Vorlage für einen Kupferstich.

7 Mitteilung des Archivs der Akademie der bildenden Künste in Wien, Herr Archivar Dr. Walter Cerny.

8 Jacques van Schuppen, *1670 in Fontainebleau bei Paris, Sohn des Kupferstechers Peter Ludwig van Schuppen. Seit 1704 Mitglied der Pariser Akademie. 1716 nach Wien berufen. 1723 kaiserlicher Hofmaler. 1725 Professor und 1726 Direktor der Wiener Akademie der bildenden Künste. Er starb 1751.

9 Wie Anm. 7.

10 Gustav Adolf Müller, *1694 in Augsburg. Seit 1727 Professor an der Wiener Akademie der bildenden Künste, wo er 40 Jahre wirkte.

11 GENEALOGIA DIPLOMATICA AUGUSTAE GENTIS HABSBURGICAE. Band I und II. Mit 25 Kupfertafeln. Wien 1737.

12 Das reich illustrierte Werk MONUMENTA AUGUSTAE DOMUS AUSTRIACAE besteht aus folgenden vier Bänden: I. Marquard Herrgott: SIGILLA ET INSIGNIA. Wien 1750 bei Leopold Johann Kaliwoda. II. Marquard Herrgott und Rusten Heer: NUMMOTHECA PRINCIPUM AUSTRIAE. 2 Teile. Freiburg 1752 und 1753 bei Johann Georg Felner. III. Marquard Herrgott und Rusten Heer: PINACOTHECA PRINCIPUM AUSTRIAE. 2 Teile. Freiburg 1760 bei Johann Andreas Satron. IV. Martin Gerbert nach Vorarbeiten von Marquard Herrgott und Rusten Heer: TAPHOGRAPHIA PRINCIPUM AUSTRIAE. 2 Teile. St. Blasien 1772. Typis Sanblasianis.

13 Durch sein konsequentes Eintreten für die von ihm zu vertretenden Interessen der breisgauischen Landstände bei Hof, verlor P. Herrgott die Gunst der Kaiserin Maria Theresia. Sie wollte aber den verdienstvollen kaiserlichen Rat nicht kränken und bat deshalb den Fürstabt, er möge den Pater aus Wien zurückrufen und ihm im Kloster ein ehrenvolles Amt übertragen.

14 Das Gesuch Mayers war im Universitätsarchiv wegen Umzugs nicht greifbar.

15 Senatsprotokoll vom 28. Februar 1756. Mit Peter Mayer bewarb sich der Freiburger Maler Joseph Rösch um das akademische Bürgerrecht. Beide wurden zu den gleichen Bedingungen aufgenommen.

16 Diese Exlibris sind als Arbeiten Mayers bestätigt durch Ausgaben in den Quästurrechnungen der Jahre 1756 und 1757.

17 Quästurrechnungen: 27. November 1757.

18 Vgl. Friedrich Schaub, Die Universität Freiburg in ihren Beziehungen zur Freiburger Kunst im 18. Jahrhundert. In: Zeitschrift der Gesellschaft für Beförderung der Geschichts-, Altertums- und Volkskunde von Freiburg. 1923.

19 Dompfarramt Freiburg. Ehebuch 1733–1785.

20 Im Diarium Stöcklin 1760 ff. unter den auswärtigen weltlichen Beamten des Klosters aufgeführt. St. Paul, Hs Nr. 163.

21 Geboren in Freiburg am 11. 8. 1757, starb 1836 in München. Er wirkte viele Jahre in Augsburg und dann in München. Man sagte ihm nach, er könne eine Person aus dem Gedächtnis zutreffend portraitieren, wenn er sie zuvor gesehen habe.

22 »Kurzgefaßte Regeln der Schreibkunst, samt Vorschriften, zum Gebrauch der St. Blasischen Landschulen« gab Fürstabt Gerbert den Lehrern in Form einer Fibel mit Schrifttafeln an die Hand. 2. Auflage 1772.

23 Pater Franz Kreutter, Schwager des Peter Mayer, ist der Autor der »Geschichte der K.K. Vorderösterreichischen Staaten, aus Urkunden, gleichzeitigen Geschichtsschreibern und anderen reinsten Quellen gezogen von einem Kapitular des Fürstl. Reichsstifts St. Blasii im Schwarzwalde.« Fürstliches Reichsstift St. Blasi 1790. Das zweibändige Werk ist – im Gegensatz zu den meisten sanktblasischen Veröffentlichungen jener Zeit – nicht in lateinischer, sondern in deutscher Sprache geschrieben. Der Name »Kreutter« wird verschieden geschrieben: mit »t« und »tt«.

24 Geboren 1742 in Innsbruck als Sohn des Professors Paul Joseph Riegger aus Freiburg (1705–1775). 1764 ordentlicher Professor des Kirchenrechtes in Wien. 1765 Professor in Freiburg. Er nahm 1778 einen Ruf an die Universität Prag an. 1782 Fürstlich Schwarzenbergischer Hofrat in Wien. Mißliche Familienverhältnisse verursachten 1785 seine Rückkehr nach Prag, wo er sich vor allem der böhmischen Geschichte widmete. †1795 in Prag.

25 In den folgenden Publikationen Rieggers sind jeweils mehrere Kupferstiche von Peter Mayer enthalten: Opuscula ad historiam et iurisprudentiam praecipue ecclesiastica pertinentia. Freiburg 1772. Analecta academiae Friburgensis. Freiburg 1774. Udalrici Zasii epistolae, Freiburg 1774. Amoenitates literariae Friburgenses. Ulm 1775.

26 Über »Philipp Jakob Steyrer, 1749–1795 Abt des Benediktinerklosters St. Peter im Schwarzwald«, berichtet Franz Kern in Band 79 (1959) des FDA. Dort sind auch Steyrers schriftstellerische Werke beschrieben.

27 Ein Vierteljahrhundert nach dem Tode der Mutter Euphemia Dorer (1667–1752) erhielt Peter Mayer den Auftrag für ein kleines Bild der verehrten Ursulinerin (Kupferstich 94 x 64 mm). Ein weiterer Auftrag aus dem gleichen Hause war ein Stich mit dem Reliqienschrein des Hl. Felician. Dieser Schrein befindet sich heute in der Pfarrkirche St. Martin in Freiburg. (Kirchenführer St. Martin von Herman Brommer. – Schnell, Kunstführer Nr. 1257. 1981)

28 Die Stiche Mayers sind enthalten in den Festschriften: Beschreibung der Ehrenpforte, welche bey Gelegenheit der Durchreise Ihrer Königlichen Hoheit der Dauphine Erzherzogl. Oesterreichischen Prinzeßinn ANTONJE von der hohen Schule zu Freyburg im Breyßgau errichtet worden. Gedruckt bey Johann Andreas Satron, kaiserl. königl. V. Oest. Regierungs- Kamer- und Universitätsbuchdruckern und Buchhändlern. 1770. – Beschreybung der Feyrlichkeiten, welche bey Gelegenheit der Durchreise Ihrer Königlichen Hoheit, Der Durchleuchtigsten Frau Dauphine, Marien Antonien, Erzherzoginn zu Oestreich & c. von den Vorderöstreichisch-Breißgauischen Landständen verantstaltet worden. Gedruckt bey Johann Andreas Satron, kaiserl. königl. Regierungs- Kammer und Universitätsbuchdruckern und Buchhändlern. 1770.

29 Mit der Schenkung dieses Gemäldes an die Universität kam Peter Mayer einer Verpflichtung aus seiner Aufnahme als akademischer Bürger im Jahre 1756 nach, ein »Gedächtnuß Stuck von seiner Kunst auf die Universität gratis zu verfertigen.«

30 Stadtarchiv Freiburg. Abt. C 1. Nachlaßakten Peter Mayer. – Für die Hilfsbereitschaft bei der Archivbenützung habe ich Herrn Verwaltungsrat Hensle herzlich zu danken.

31 Wie Anm. 3.

32 Die sanktblasische Glashütte wurde 1684 von der »Althütte« in das Windbergtal verlegt (Hüttenhof). 1716 zogen die Glaser weiter in das waldreiche Aeule am Schluchsee.

33 Friedrich Nicolai: Beschreibung einer Reise durch Deutschland und die Schweiz im Jahre 1781. Band 12. Berlin und Stettin 1796. – Drittes Buch. Dreyzehnter Abschnitt. Reise von Tübingen nach St. Blasien.

34 Allgemeines Künstlerlexicon, oder Kurze Nachricht von dem Leben und den Werken der Mahler, Bildhauer, Baumeister, Kupferstecher, Kunstgiesser, Stahlschneider etc. Zürich, bey Orell, Geßner, Fueßlin und Compagnie. 1779.

35 Daß diese Statue schon nach dem Brand von 1768 nach Menzenschwand kam, ist nicht ausgeschlossen, aber unwahrscheinlich.

36 Es wäre interessant, zu wissen, nach welcher Vorlage Hörr gearbeitet hat. Sollte ihm lediglich ein Kupferstich zur Verfügung gestanden haben, dann verdient er umso mehr Bewunderung. Von einem – auch nur kurzen – Aufenthalt in Italien ist nichts bekannt.

37 Die Aufnahme Hörrs als akademischer Bürger war nicht nur ein Akt der Gefälligkeit gegenüber dem Fürstabt, sondern ebenso eine Anerkennung der künstlerischen Qualitäten des Bildhauers. Leider ist das Gesuch um Einbürgerung im Archiv der Universität nicht greifbar. Aus ihm hätte man vermutlich Einzelheiten aus dem Werdegang des Künstlers erfahren können.

38 Dompfarramt Freiburg. Ehebuch 1733–1785.

39 Mitteilung von Herrn Rektor Hermann Brommer, Merdingen, dem der Verfasser auch für manchen anderen Hinweis zu Dank verbunden ist.

40 Franz Xaver Gaes, ein vielseitiger und vielbeschäftigter Mann, wurde 1752 in die Zunft zum Falkenberg aufgenommen, 1762 städtischer Waldmeister, 1773 und 1778 Zunftmeister. Als Gürtlermeister fertigte er Kelche und Monstranzen aus Messing und Kupfer, die feuervergoldet wurden.

41 Vgl. Anm. 15 – Joseph Rösch (1724–1777) war 18 Jahre in der Fremde gewesen und bei verschiedenen Herren in Diensten. Er malte in Öl, Pastell und Schmelz. War Direktor der Zeichnungsschule in Freiburg.

42 Diese Marienstatue soll sich später in der Gegend von Furtwangen befunden haben (Prof. J. Sauer), ist aber heute verschollen.

43 Mitteilung von Herrn Pfarrer Manfred Hermann, Ebringen. Die Statue befindet sich heute in der Marienkirche in Blasiwald, der Heimat Hörrs.

44 Die Rechnung Hörrs vom 9. 10. 1768 über 90 fl. 52 xr. an Unser Lieben Frauen Münster Fabric befindet sich im Erzbischöfl. Archiv in Freiburg.

45 Das Deutschordenshaus wurde im 2. Weltkrieg zerstört, das zunächst stehengebliebene Portal mit Hörrs Putten später abgetragen. In absehbarer Zeit soll die Baulücke in der Freiburger Salzstraße durch den Wiederaufbau der früheren Deutschordenskommende mit der ursprünglichen Fassade und dem Portal Hörrs geschlossen werden.

46 Vgl. Anm. 1.

47 Das Original des Überschlags befindet sich im GLA Karlsruhe Abt. 99 Fasz. 330. Bei seinem Angebot hatte der Bildhauer auch die Verpflegung der Arbeiter mit berücksichtigt. Er bediente sich bei diesem Auftrag also der Mithilfe von Hilfskräften, z. B. von Schreinern.

48 Ludwig Schmieder, Das Benediktinerkloster St. Blasien, nennt bei Abb. 94 Christian Wentzinger als Künstler. Seine Zuschreibung erfolgt ausschließlich aufgrund stilistischer Überlegungen.

49 Christian Wentzinger war ein sehr fähiger und geschätzter künstlerischer Berater des Bauherren Martin Gerbert. Viele seiner Ideen und Vorschläge wurden verwirklicht. Ludwig Schmieder (Anm. 48) macht in seinem Werk auf »Christian Wentzingers Letzter Wille und Nachlass« von P. P. Albert, in der Zeitschrift des Freiburger Geschichtsvereins (vgl. Anm. 18) aufmerksam. Dort lesen wir im Zusammenhang mit dem Deckengemälde in St. Blasien und der Mitarbeit des Simon Göser daran: »Wir haben hier den vierten, aktenmäßig belegten Fall dafür, daß Wentzinger seit langem (wohl schon von 1752 an) die meisten von ihm übernommenen Aufträge tatsächlich durch bewährte Hilfskräfte hat ausführen

lassen, während er selbst nur die Entwürfe machte und die Ausführung überwachte.«

50 »Feyerlichkeit des in dem fürstlichen Stift St. Blasien auf dem Schwarzwald eingeweihten neuen Tempels. Gedruckt in dem Hochfürstlichen Stift St. Gallen, im Jahre 1784.« Das Buch enthält 50 und 201 Seiten mit zwei Kupferstichen des Peter Mayer.

51 Johann Georg Meusel: Teutsches Künstlerlexikon oder Verzeichnis der jetztlebenden Künstler. Lemgo 1778.

52 In den Räumen des früheren Klosters war während des 2. Weltkrieges ein Lazarett der deutschen Wehrmacht untergebracht.

53 Ludwig Schmieder, Das Benediktinerkloster St. Blasien. Abb. 81. Eine Begründung für die Zuschreibung des Portraitmedaillons an Bossi gibt Schmieder nicht.

54 Hermann Brommer: Pfarrkirche St. Arbogast Haslach im Kinzigtal. Schnell-Kunstführer Nr. 1144. 1978.

55 Rudolf Morath: Blasiwald im Hochschwarzwald. Heimat des Universitätsbildhauers Joseph Hörr. Konstanz 1972.

56 Rektor Hermann Brommer ergänzt in »Schau-ins-Land«, 91. Jahresheft des Breisgau-Geschichtsvereins Schauinsland, 1973, im Rahmen seiner Besprechung des Buches »Blasiwald« (Anm. 55) das Oeuvre Hörrs um einige Arbeiten. – Pfarrer Manfred Hermann, Ebringen, erkannte eine Immaculata aus dem Freiburger Kunsthandel als ein relativ frühes Werk Hörrs. – Bildhauer Alfred Erhart, Stegen/Eschbach, wurde auf ein Madonnenbild und einen Kruzifixus aufmerksam, die beide nach Modellen Hörrs mehrfach abgegossen wurden. Vgl. hierzu: »Kruzifixe aus Gelbguß in und um St. Märgen« in Badische Heimat, Ekkhart-Jahrbuch 1981.

57 In Ebringen bei Freiburg hatte das Kloster St. Gallen/Schweiz alte Besitzrechte (gute Weinberge), daher auch der Hl. Gallus als Kirchenpatron.

58 Man darf es wohl nicht als einen Zufall ansehen, sondern muß es als eine Fügung betrachten, daß der kunsterfahrene Pfarrer Manfred Hermann nach Ebringen kam, als die Restaurierung der dortigen Pfarrkirche akut wurde. Ihm war klar, welch kostbares Erbe ihm anvertraut war und erkannte in dem Hochaltar die letzte große Arbeit des Bildhauers Joseph Hörr und damit ein Beispiel frühklassizistischen Kunstschaffens im Freiburger Raum.

59 Kupferstiche nach Zeichnungen Hörrs finden sich in »Feyerliche Übersetzung der ... Österreichischen Leichen ... nach St. Blasien ...« 1770. »De cantu et musica sacra« 1774. »Vetus liturgia alemannica«. 1776 »Oratio in obitum Mariae Theresiae ... dicta ab Engelberto Klüpfel.« 1781.

60 Senatsprotokoll vom 23. Dez. 1784.

61 GLA Karlsruhe, Nachlaßakten Stadt Freiburg.

62 Kath. Pfarramt Gurtweil. Taufbucheintrag vom 20. 5. 1765. Eltern: Joannes Baptista Amann et Maria Anna Stiglerin. Paten: Willibaldus Stigler et virtuosa virgo Ma: Eva Bekhin domesticatrix huius arcis (= Gutenburg).

63 Kath. Pfarramt Gurtweil. Taufbucheintrag vom 20. 6. 1771. Eltern: Joannes Aman et M. Anna Stiglerin von Gurtweyl. Paten: Willibaldus Stigeler et praenob. virgo Maria Eva Beckin domesticatrix propost.

64 Die beiden Brüder Michael (*1723) und Anton Pfluger (*1740) stammten aus Birkendorf bei Grafenhausen. Ludwig Schmieder (1929) nennt Michael, Naglers Neues allgemeines Künstlerlexikon (1835) aber Anton Pfluger als Glasmaler. Offenbar wurden nach der Weihe der Kuppelkirche (1783) in der Rotunde noch farbige Fenster eingesetzt.

65 Aus: »Mittheilungen aus Wien« von Franz Pietznigg, Herzoglich Anhalt-Bernburg'schem Rathe. 1835. Ihm standen das Tagebuch Amanns und viele andere schriftliche Unterlagen zur Verfügung.

66 Gestochen wurde das Portrait von Heinrich Pfenninger in Zürich. Größe 83 x 60 cm.

67 Wie Anm. 7.

68 GLA Karlsruhe, Abt. 99 (St. Blasien) Fasz. 125.

69 Der Maler Hubert Maurer, *1738 in Lengsdorf bei Bonn, war von 1785 bis zu seinem Tode am 10. 12. 1818 »Professor der historischen Zeichnungsgründe«.

70 Frdl. Mitteilung von Herrn Rektor Hermann Brommer, Merdingen.

71 Wie Anm. 68.

72 Friedrich Weinbrenner, Baumeister, *1766 in Karlsruhe, studierte in seiner Heimat, in Zürich, Wien, Dresden und Berlin. 1792 bis 1797 hielt er sich in Italien auf. Als Baudirektor von Karlsruhe prägte er durch seinen klassizistischen »Weinbrenner-Stil« nachhaltig das Bild seiner Heimatstadt. 1813 bewahrte er durch ein Gutachten die säkularisierte Kuppelkirche zu St. Blasien vor dem Ruin. W. starb 1826 in Karlsruhe.

73 Wie Anm. 65.

74 Pfarramt St. Martin, Freiburg. Taufbuch 1785–1800. Geburt am 28., Taufe am 29. Februar 1796. Paten: Hr. Sokrates Zang, Pfarrer zu Reigersdorf in Mähren. Anna Gräfin von Kinski, geborene Gräfin von Althann. Im Namen dieser: Fräulein Katharina von Summerau und Joseph Freiherr von Andlau, Domherr zu Basel.

75 Pfarramt St. Martin, Freiburg. Totenbuch 1785–1805. 1796, 21. März: Amann, Johann Heinrich, Fürstl. St. Blasianischen Bauinspektors Kind. 13 Tage alt. – 1796, 16. April: Amann, geb. Eckstein, Barbara, Fürstl. St. Blasianischen Bauinspektors Frau. 36 Jahre alt.

76 Stadtarchiv Freiburg. Abt. C 1. Nachlaßakten Amann, Barbara. Sterbetag: 16. April 1796. Ehegatte: Johann Amann Baudirektor von St. Blasien. Nächste Anverwandte: »Außer einem Bruder von der Erblaßerin Mutter solle dieselbe weder Eltern noch Geschwisterte oder Geschwistertkinder gar keinen nahen Anverwandten rückgelaßen haben«. Bei diesem Sachverhalt muß angenommen werden, daß Pfarrer Zang als »Bruder von der Erblaßerin Mutter« an die Erbschaft Ansprüche stellte, die Barbara von ihrer Mutter erhalten hatte. Näheres enthalten die Freiburger Nachlaßakten nicht. Möglicherweise handelte es sich um Grundbesitz, den Amann dem Onkel seiner verstorbenen Frau überließ.

77 Nachfolger Amanns als st. blasischer Bauinspektor wurde ab 1803 Sebastian Fritschi, der 1804 mit dem Bau der kath. Kirche in Waldshut begann. Fritschi wurde nach der Aufhebung des Klosters vom badischen Staat übernommen.

78 Wie Anm. 68.

79 Die Baugeschichte der Museen und der neuen Burg, von Alphons Lhotsky. Wien 1941.

80 v. Behr in: Denkmalpflege und Heimatschutz. 1927.

81 Wie Anm. 65.

V. ZUR BAU- UND KUNSTGESCHICHTE DES DOMES

Hans Jakob Wörner

Bemerkungen zur Baugeschichte

Die Anfänge des Klosters[1] St. Blasien gehen ins frühe Mittelalter zurück. Einsiedler ließen sich im Albtal nieder, sie schlossen sich um die Mitte des 9. Jh. zu einer Klostergemeinschaft zusammen und erhielten gegen 870 vom Benediktinerkloster Rheinau die Regel des Hl. Benedikt und mit den Reliquien des Hl. Blasius den Namen St. Blasien.

Über die ersten[2], in Holz errichteten Gebäude, ebenso über eine gegen Ende des 10. Jh. in Bruchstein errichtete kleine Kirche haben wir wenig Kenntnis.

Der erste bedeutende Bau[3], der in St. Blasien errichtet wurde, war das 1013 bis 1036 erbaute Alte Münster, eine querschifflose, dreischiffige, flachgedeckte Säulenbasilika mit Halbrundapsiden.

Zu erwähnen ist auch die 1084–1085 errichtete Pfarrkirche St. Stephan *(Abb. 37)*, die hier – ebenso wie in zahlreichen anderen Klöstern – neben der eigentlichen Kloster- oder Regularkirche für die Laienpfarrei bestand: Es handelte sich um einen rechteckigen Saalbau mit Dachreiter. Daneben lag die ebenfalls 1086 errichtete Nikolauskapelle, sie diente später als Friedhofskapelle.

Auch bestanden im 11. Jh. zwei Gasthäuser, eines für Pilger, Arme und Kranke, eines für hohe Gäste und Freunde des Klosters, ferner Versorgungseinrichtungen wie Kornhaus, Mühle, Speicher usw.; nicht unerwähnt soll auch das »Siechenhaus« bleiben.

Abt Uto, ein Anhänger der cluniazensischen Klosterreformen und zwar speziell der Reformbestrebungen des Klosters Fruttuaria in Piemont, war zweifellos der bedeutendste Bauherr in St. Blasiens Frühzeit. Abt Uto, der vor seiner Wahl zum Abt persönlich in Fruttuaria war, plante den völligen Neubau einer wesentlich größeren Klosterkirche und eines Klosters nunmehr östlich der Steina, während das ältere Kloster mit dem Alten Münster westlich der Steina lag. Diese Baumaßnahme ist nicht denkbar ohne den engen Bezug zu den cluniazensischen Klosterreformen.

1095 wurde das Neue Münster begonnen, 1108 geweiht. Die neue Klosterkirche wies die doppelte Länge der alten auf, die zu ihrer Errichtung erforderlichen Steine wurden aus Unteralpfen herbeigeführt. Die neue Klosterkirche war eine flachgedeckte, dreischiffige Säulenbasilika mit Querschiff und gerade geschlossenem Chor; in der Westfassade standen zwei Türme, dazwischen, über dem Hauptportal, die Michaels- bzw. Abtskapelle; westlich vor dem Neuen Münster lag das »Paradies« – ein Vorplatz, der von einer Mauer umgeben war; diese letztere war durch Rundbogen gegliedert.[4] Im Chor des Neuen Münsters schloß sich an das quadratische Sanctuarium seitlich je ein Nebenchor an, der die Hälfte der Quadratform des Sanctuariums einnahm; diese Nebenchöre sollen zweigeschossig gewesen sein. Ursprünglich war das Sanctuarium zu den Nebenchören durch Arkaden geöffnet, die später allerdings zugemauert wurden. Vier Altäre sollen im Sanctuarium gestanden haben, westlich davon eine Kanzel, an deren Stelle später der Lettner trat, außerdem zahlreiche prominente Grabmale *(Abb. 38)*.

Das neue Kloster stellte ein regelmäßiges Geviert dar, das sich an die Südseite der neuen Klosterkirche anschloß und den Kreuzgang in sich barg. In das neue Kloster zogen Abt und Mönche ein, das ältere Kloster auf der anderen Seite des Steinabaches wurde den Laienbrüdern (fratres extranei) überlassen.

1322 ereignete sich der erste schwere Klosterbrand in der Geschichte St. Blasiens; von den steinernen Gebäuden blieben im wesentlichen nur die Außenmauern erhalten. In den folgenden 12 Jahren wurden die Gebäude wieder aufgebaut, das Neue Münster – mit Veränderungen – neu ausgestattet: Es erhielt 12 Altäre. – Unter Abt Georg (1493–1519) wurde die Bibliothek über dem Nordflügel des Kreuzgangs erweitert und ausgebaut.

Der Bauernkrieg brachte im Jahre 1526 die Brandschatzung des neuen Klosters östlich der Steina; am 11. 4. 1526 ging es samt dem Neuen Münster in Flammen auf; anscheinend blieb das ältere Kloster westlich der Steina im wesentlichen verschont. Im folgenden Jahrzehnt wurde das abgebrannte Kloster wieder aufgebaut, das Neue Münster im Innern wiederum neu ausgestattet, u. a. mit 13 neuen Altären und mit Glasgemälden. Außen erhielt der nördliche Turm ein alemannisches Satteldach, der südliche hingegen wurde gekürzt, das Neue Münster nach diesen umfangreichen Erneuerungsarbeiten 1538 neu geweiht.

Die Regierungszeit der beiden Äbte Caspar I. (1541–1571) und Caspar II. (1571–1596), also die zweite Hälfte des 16. Jh., erweist sich – zusammen mit der ins 17. Jh. hineinreichenden Regierungszeit Abt Martins I. – als besondere bauliche Blütezeit, was unzweifelhaft mit den Bestrebungen dieser Zeit zur Glaubenserneuerung in Zusammenhang steht.

Im Neuen Münster wurde der Lettner durch Stifterwappen bereichert, alle verstorbenen Äbte erhielten neue Grabmäler (wenige Reste davon sind bis heute erhalten). Der Kreuzgang ist mit Wappenscheiben geschmückt, das Wächterhaus neu errichtet, die »hintere Abtei« um ein Stockwerk erhöht, der Westflügel der Klosteranlage neu errichtet worden.

In der Regierungszeit von Abt Caspar I. entstand das herrliche Schaubild des Klosters von 1562,[5] das wesentliche Aufschlüsse über Aussehen und Baugeschichte des Klosters gewährt *(Abb. 39)*.

Reiche Bautätigkeit herrschte auch in der Regierungszeit von Abt Caspar II. (1571–1596). Die Bibliothek über dem Südflügel des Kreuzgangs wurde neu errichtet, vor allem aber nochmals das Neue Münster mit Ausstattungsstücken bereichert: Den Choraltar gestaltete man neu mit einem Gemälde des Niederländers Hans Morink, über dem Chorgestühl wurden Wandgemälde angebracht, der Lettner durch Bemalungen verschönt. In den Lettner inkorporierte man eine Orgel, die von Eusebius Amerbach gefertigt und reich bemalt war. »Wir können aus der Beschreibung schließen, daß der Chor ein Schmuckkästchen auserlesenster Werke gewesen sein muß«[6].

Die wohl bedeutendste Abtsgestalt vor dem 30jährigen Krieg ist jedoch Abt Martin I. Meister (1596–1625); er veranlaßte u. a. eine bedeutende Erweiterung der Klosteranlage mittels eines um einen zweiten, östlichen Innenhof zweifach rechtwinklig umbiegenden völlig neuen Konventtraktes, in dem er die theologische und philosophische Schule, ein größeres Refektorium mit Nebenräumen, Zellen für Lehrkräfte, einige Krankenzimmer und Räume für Konversen unterbrachte. Den Westteil der Abtei ließ er abbrechen und ihn verbreiternd über den Steinabach setzen; hier wurden die neuen Räume für den Abt untergebracht. Von dem bekannten Maler Hans Bock aus Basel ließ er einen Gemäldezyklus, das Leben Mariae darstellend, malen und in der Abtei aufhängen, ebenso malte wohl Hans Bock in seinem Auftrag das große Altargemälde in der Friedhofkapelle St. Blasien, das unter dem Thema der Marienkrönung eine als baugeschichtliches Dokument bedeutende Darstellung des Klosters von 1624 wiedergibt.

Auch Martin I. stattete das Neue Münster neu aus: Es erhielt 8 neue Altäre, das Chorgestühl wurde mit vergoldeten Ledertapeten ausgelegt. Vor allem aber ließ Abt Martin I. das Neue Münster vollständig wölben, wobei das Mittelschiff schon früher (unter Abt Caspar I.?) gewölbt worden sein dürfte.[7] Auch der Kreuzgang wurde jetzt gewölbt.

Abt Martin I. bemühte sich auch sehr eingehend um eine Restaurierung und Modernisierung des Alten Münsters, über das in baugeschichtlichen Nachrichten schon länger nichts mehr zu hören gewesen war. Dabei griff man wesentlich in den romanischen Baubestand ein: Jede zweite Säule wurde entfernt, die verbliebenen wurden durch Umwandlung in Pfeiler verstärkt, um auf solche Weise ein lichteres, helleres Aussehen des Kirchenraumes zu erreichen. Die Fenster wurden vergrößert, neue Kassettendecken in Mittel- und Seitenschiffen eingebaut; der Kirchenraum wurde anscheinend durch Architekturmalerei bereichert.

Die seit dem 11. Jahrhundert bestehende Pfarrkirche St. Stephan, wurde 1620 abgebrochen und ihre Funktionen auf das Alte Münster übertragen. Den Friedhof verlegte man gleichzeitig an die heutige Stelle mit Neuerrichtung der (noch bestehenden) Friedhofskapelle.[8]

Die Schrecken des 30jährigen Krieges machten leider auch vor dem Schwarzwald und St. Blasien nicht Halt. 1634 mußte der Abt in die Schweiz flüchten; die Schweden schleppten aus dem Kloster alles Bewegliche fort, sahen aber glücklicherweise von einer Brandschatzung ab.

Im 17. Jh. erhielt der eine noch in voller Höhe bestehende Westturm des Neuen Münsters anstelle seines spätgotischen alemannischen Satteldaches zunächst ein vierseitiges Zeltdach und danach eine mehrfach abgesetzte, böhmisch anmutende Zwiebelkuppel.

Im Auftrag von Abt Otto (1664–1672) wurde das Neue Münster schon wieder neu ausgestattet: Die Seitenschiffenster wurden vergrößert, die romanischen Hochschiffenster durch barocke Ochsenaugen ersetzt; der Kirchenraum wurde von »den tüchtigsten Künstlern der Gegend farbig ausgemalt«, der Lettner mitsamt der ihm inkorporierten Orgel abgebrochen und durch ein barockes Schmiedegitter ersetzt. Acht neue Altäre wurden aufgestellt. Die immerhin zum originalen Bestand gehörigen Nebenchöre verschwanden durch Abbruch.

Schon 1705 legte man erneut in wesentlicher Weise Hand an das Neue Münster, und zwar im Sinne einer umfassenden Barockisierung: Die Westfassade wurde nunmehr wieder zur symmetrischen Zweiturmfassade mit zwei barocken Zwiebeltürmen, die Türme wurden mit Quadersteinen verblendet; über der Vierung errichtete Maurermeister Hans Adam Wiser eine Kuppel. Vor allem aber erhielt das Neue Münster im Innern eine völlige Ausstuckierung durch Wessobrunner Meister (leider sind die Namen nicht überliefert) und eine Ausmalung mit einem gewaltigen barocken Freskenzyklus (darin Rheinau vergleichbar) von Francesco Antonio Giorgoli aus Meride im Kanton Tessin. Eine neue Orgel mit 14 Registern und neues Chorgestühl vervollständigten neben vielem anderem die neue Ausschmückung der Klosterkirche.

Die noch heute bestehende »grüne Brücke« wurde im Auftrag von Abt Blasius III. Bender 1728 errichtet und ermöglichte, abgesehen von der oberen, aus dem 16. Jh. stammenden Brücke, einen zweiten Zugang über die Alb.

Der große Barockabt Franz II. Schächtelin[9] (1724–1747), der 1746 in den Reichs-Fürstenstand erhoben wurde, faßte – entsprechend dem Repräsentationsbedürfnis der Zeit und im Wunsch, es den anderen großen süddeutschen und schweizerischen Benediktinerklöstern wie Einsiedeln und Weingarten gleich zu tun – den schwerwiegenden Entschluß, die gesamte, im Laufe der Jahrhunderte zu einem unübersichtlichen Konglomerat zusammengewachsene Klosteranlage niederzulegen und durch einen gewaltigen, einheitlichen barocken Klosterneubau zu ersetzen: allerdings unter Beibehaltung der romanischen Klosterkirche, des Neuen Münsters, das ja erst kurz zuvor wieder einmal aufs reichste neu ausgestattet worden war.

Die Tatsache, daß das Neue Münster erst kurz zuvor neu ausgestattet worden war, dürfte sicherlich nicht der einzige Grund für die Erhaltung des Baus gewesen sein (insbesondere wenn man bedenkt, daß die anderen großen Benediktinerklöster in Oberdeutschland um diese Zeit ihre Klosterkirchen in großartigster Weise neu gebaut hatten oder neu bauten), eine nicht unbeträchtliche Rolle spielte sicherlich die Erinnerung an und die Pietät gegenüber der führenden Rolle, die St. Blasien im Zuge der cluniazensischen Klosterreformen gespielt hatte und deren baulicher Ausdruck ja das Neue Münster in besonderer Weise war.

Einen Entwurf für den völligen Neubau der Klosteranlage – allerdings um zwei große und einen mittleren kleinen Innenhof – schuf Caspar Moosbrugger,[10] der für das Kloster St. Blasien zuvor bereits in Berau tätig geworden war. Ob allerdings dieser Entwurf in der weiteren Planung in St. Blasien eine Rolle spielte, ob er überhaupt hier bekannt geworden ist, bleibt unsicher. Zur endgültigen Planung und Ausführung wurde der noch junge Vorarlberger Architekt Johann Michael Beer (1700–1767) berufen, der zusammen mit seinem Vater Franz II. Beer in Rheinau bereits tätig war und von dorther auch nach St. Blasien gekommen ist. Der Klosterbau in St. Blasien war der erste große Auftrag, den der damals 27jährige Baumeister selbständig ausführte; es blieb auch der umfangreichste Auftrag, den er je erhielt. Bemerkenswert ist, daß eine wichtige Rolle bei der Erteilung des Auftrags an Johann Michael Beer spielte, daß dieser anläßlich eines »zufälligen« Besuches in St. Blasien für seine Zuhörer sehr eindrucksvoll über die moderne, d.h. barocke italienische Baukunst »räsonierte«.

Die Planung des neuen Klostergebäudes in zwei großen Gevierten um zwei weitgehend quadratische Innenhöfe spiegelt in überzeugender Weise die Doppelfunktion ebenso des Bauherrn wie des Gebäudes wider: einerseits Kloster, andererseits Residenz des Landesherrn (Konvent und Abtei). Die Einbeziehung des romanischen Neuen Münsters in die neue Klosteranlage wurde architektonisch dadurch schlüssig gelöst, daß man den nördlichen Teil des Ostflügels über den nordöstlichen Eckpunkt hinaus verlängerte mit einem nordöstlichen Endturm (der die Bibliothek aufnahm) abschloß und auf solche Weise die alte Klosterkirche nicht isoliert stehen ließ, sondern umgriff.

Wie dies im 18. Jh. üblich war, entwarf Johann Michael Beer nicht nur die Pläne für den Neubau des Klostergebäudes, sondern führte sie auch als Generalunternehmer aus, wozu ihm nicht weniger als 72 Maurer zur Verfügung standen. 1728 begann man mit den Bauarbeiten; um für den gewaltigen Neubau ausreichend Platz zu schaffen, mußte der Steinabach in mühsamer Arbeit um ein erhebliches Stück nach Westen, in sein heutiges Bett, verlegt und hierfür jener ausgemauerte barocke Kanal geschaffen werden, der noch heute besteht. – Am Kirchweihtag des Jahres 1742 speiste der Abt erstmals im neuen »Speisesaal bei Hof«. Der Neubau des gesamten Klostergebäudes hatte ohne die Eigenleistungen des Klosters immerhin die enorme Summe von 452 630 fl. verschlungen.

Mit seinen überhöhten Eck- und Mitteltürmen folgt das neue Klostergebäude dem wohl aus dem französischen Schloßbau abgeleiteten Pavillon-System, das ja auch in den anderen großen oberdeutschen Klosteranlagen zu ähnlicher Wirkung gekommen ist. Als Hauptansichtsseite war, wie etwa auch in Einsiedeln und Weingarten, die Westseite ausersehen. An dieser Stelle findet sich denn auch die reichste architektonische Instrumentierung. Da hier keine Kirchenfassade zur Verfügung stand, die zur Abwicklung einer solchen reichen Schaufassade hätte herangezogen werden können, wurde der Haupteingang zur Abtei durch einen entsprechend repräsentativen Hausteinrisalit mit reich konkav-konvex geschweifter Fassade (genannt Portal bei Hof oder Pavillon bei Hof) betont *(Abb. 40)*.

Wenig hat die folgende schwere Brandkatastrophe von 1768 von der einst reichen Innenausstattung dieser großen neuen Klosteranlage übriggelassen: außer dem zierlichen Rokokogitter im Haupttreppenhaus mit den Wappen von Franz II. Schächtelin und seinem Nachfolger Meinrad Troger nur die stuckierten Supraportenrahmen über den Türen im ersten Obergeschoß, die Stuckdecke im Sommerrefektorium (Erdgeschoß des Südwestturmes) des Abteiteiles sowie zum Teil die Gemälde des Habsburger Saales, von denen das Porträt Maria Theresias »Carl Stauder/pinxit 1746« bezeichnet ist.

Von den berühmtesten Künstlern[12] der Zeit hatten an der Ausstattung dieses Klosterbaus gearbeitet: Unter den Stukkateuren der Wessobrunner Meister Hans Georg Gigell mit mehreren Gesellen (von ihm die genannten Supraporten und die Decke im Sommerrefektorium). Außerdem die großen Barockmaler Carl Stauder und Franz Joseph Spiegler; Christian Wenzinger hatte Figuren auf dem Frontispiz des »Portals bei Hof« und im Innern des Gebäudes Figuren aus Alabaster geschaffen, Giovanni Battista Clerici hatte die Bibliothek und der berühmte Dominicus Zimmermann im Konventteil nicht weniger als zwei ganze Stockwerke stuckiert. Mit Ausnahme der wenigen, oben genannten sind alle diese Werke beim großen Brand von 1768 vernichtet worden: ein enormer Verlust für die südwestdeutsche Kunst der Barockzeit.

Im Zuge des einheitlichen Neubaus der großen Klosteranlage wurden auch fast alle älteren Nebengebäude[13] abgebrochen. Der übernächste Nachfolger, Abt Meinrad Troger aus Rheinfelden (1749–1764), berief den hauptsächlich für den Deutschen Ritterorden tätigen und großes Ansehen genießenden Johann Caspar Bagnato und ließ im wesentlichen von ihm die notwendig gewordenen zusätzlichen Verwaltungsbauten und andere Nebengebäude in einer auf die Gesamtanlage abgestimmten und dem Repräsentationsbedürfnis der Zeit entsprechenden Art errichten. Klostergebäude und Nebenbauten waren auch farblich voneinander abgesetzt: das Klostergebäude im ernsten Weiß-Grau, die mehr »weltlichen« Gebäude im fürstlichen Weiß-Rot.

Zu diesen noch heute erhaltenen Nebengebäuden gehören neben Doktor-Wohnhaus (Bagnato-Bau), Mühle und Klostermeisterhaus besonders die überaus repräsentative (1751–1767 errichtete) Hufeisenanlage, bestehend aus dem Torgebäude (Rathaus/Klosterhof), der Kanzlei (Katholisches Pfarrhaus/Amtsgericht) und dem Beamtenhaus (Polizei). Die Hufeisenanlage war nicht zuletzt dazu berufen, das Fehlen einer wirklichen Schauseite der Klosteranlage und eines entsprechend repräsentativen Zugangs wettzumachen und hier als Hauptzugang zum Klosterareal eine anstelle des heutigen Kurgartens gelegene Via triumphalis zu eröffnen.

Zu den genannten Nebengebäuden entwarf Johann Caspar Bagnato die Pläne, zum Klostermeisterhaus wohl sein Sohn Franz Anton; ausgeführt wurden sie hauptsächlich durch Pater Laurentius Gumpp und Steinhauermeister Thomas Wolf.

Am 23. 7. 1768 suchte, wie gesagt, ein Großfeuer die erst 20 Jahre zuvor mit großen Opfern errichtete Klosteranlage heim. Erhalten blieben von der reich ausgestatteten Anlage im wesentlichen nur die Umfassungsmauern und die steinernen Innenteile, im Haupttreppenhaus der Abtei das Schmiedegitter, im Erdgeschoß und ersten Obergeschoß einige wenige Stuckarbeiten.

Zu jener Zeit leitete die Geschicke des Klosters Fürstabt Martin II. Gerbert,[14] der wohl bedeutendste in der langen Reihe der st. blasianischen Äbte (1720–1793; als Benediktinermönch 1736 in das Kloster St. Blasien eingetreten, seit 1764 Abt). Schon früh von starken wissenschaftlichen Interessen bestimmt, sammelte er auf seinen weitführenden Reisen nach Paris, nach Italien, durch Süddeutschland und später mehrfach nach Wien nicht nur wissenschaftliche Materialien, sondern dürfte auch von den hervorragendsten Bauwerken der besuchten Städte, wie dem altrömischen Pantheon, dem Invalidendom und der damals im Bau befindlichen vieldiskutierten Kirche Ste Geneviève (dem späteren Panthéon) in Paris oder der Wiener Karlskirche, dem Haupt- und Staatsbau des österreichischen Kaiserstaates, nicht unbeeindruckt geblieben sein. Nachweislich spielen alle diese Bauten in der Genetik der neuen Klosterkirche von St. Blasien eine bedeutende Rolle.

Gerbert war der führende Kopf der innerkirchlichen Aufklärung, ein bedeutender Historiker, Kirchenhistoriker, Musikhistoriker (wovon zahlreiche wissenschaftliche Werke Zeugnis ablegen), Reformator des Klosterwesens, ein hervorragender Diplomat und als Fürst von Bonndorf ein weiser Landesvater. – Der große Brand von 1768 führte dazu, daß Gerbert auch zu einem der größten Bauherren der Klostergeschichte von St. Blasien wurde: Klostergebäude und Klosterkirche lagen in Schutt und Asche.

Den kurzzeitig aufgekommenen Gedanken, das Kloster aus Furcht vor bereits klosterfeindlichen Bestrebungen aus dem unter österreichsicher Landeshoheit stehenden in das reichsunmittelbare bonndorfische Gebiet zu verlegen, ließ man wieder fallen.

Gerbert entschloß sich zunächst zu einem völligen Neuausbau des Klostergebäudes und sodann zum Abbruch der Ruine des immer wieder neu ausgestatteten, aber doch bis zu diesem Zeitpunkt in seiner architektonischen Substanz im wesentlichen bewahrten romanischen Neuen Münsters und zum völligen Neubau einer gewaltigen Klosterkirche nach den modernsten Vorstellungen der Zeit, jenen des französisch bestimmten Frühklassizismus.

Als Architekten[15] für diese doppelte Bauaufgabe, Wiederaufbau des Klostergebäudes und Neubau der Klosterkirche, hatte Gerbert gewonnen: den französischen Architekten Pierre Michel d'Ixnard (geb. 1723 in Nîmes, wohnhaft in Straßburg, gest. daselbst 1795) und Franz Joseph Salzmann (1715–1786, seit 1749 in fürstenbergischen Diensten und seit 1765), fürstlich-fürstenbergischen Baudirektor, wobei wohl von Anfang an die Aufgabenteilung so gedacht war, daß d'Ixnard mehr der künstlerische Planer, Salzmann mehr der Bauleiter war. D'Ixnard wurde Gerbert insbesondere durch den schwäbischen Adel, für den der Architekt vielfach tätig war, vor allem durch den Fürsten von Hohenzollern-Hechingen und den Grafen von Königsegg-Aulendorf, empfohlen *(Abb. 41)*.

Das Klostergebäude versah man bis 1772 mit einem völlig neuen Innenausbau, die bauliche Grundstruktur jedoch wurde beibehalten: mit Ausnahme des Konvent-Nordflügels (heute Franzosenbau), der abgebrochen und fluchtengleich mit dem Abtei-Nordflügel neu aufgebaut wurde. 1771 war die Abtei (d.h. die westliche Hälfte des Klostergebäudes), 1772 der Konvent (die östliche Hälfte) wieder beziehbar.

Die Haupträume der Abtei (mit Ausnahme des Sommerrefektoriums, in dem der Wessobrunner Stuck von 1742 erhalten blieb) wurden mit Stukkaturarbeit völlig neu ausgestattet. Diese Arbeit führte nach Entwürfen bzw. Angaben d'Ixnards einer der bedeutendsten im Frühklassizismus in Süddeutschland tätigen Stukkatoren, Luigi Bossi, aus[16]. Gegenstand des Vertrages mit Luigi Bossi waren folgende Räume: Speise- und Musiksaal bei Hofe (Hauskapelle), Chor und Winterchor (letzterer nicht erhalten) der Klosterkirche, Sakristei (Canisius-Kapelle), Obere Hauptgastzimmer bei Hof (Habsburger Saal, Philosophenzimmer, Zimmer der Vier Jahreszeiten, Kabinett der Künste) sowie die drei repräsentativen Treppenhäuser der Abtei. Ohne Vertrag muß Bossi (eventuell mit Mitarbeitern) neben den Gängen im zweiten Obergeschoß (im ersten Obergeschoß blieben, wie gesagt, die Supraporten von 1742 erhalten) noch weitere Räume stukkiert haben: den Empfangssaal (Grüner Salon) sowie das Appartement des Großkellers (Vorzimmer, Stuck nicht erhalten, jetzt Roter Salon), Arbeitszimmer (Blauer Salon), Schlafzimmer (Gelber Salon) und Lesekabinett. Alle diese Räume dienen jetzt als Lehrerzimmer bzw. Lehrerbibliothek.

Die nach Entwürfen bzw. Angaben d'Ixnards gefertigten Stukkaturen Bossis schmücken noch heute wie ehedem die genannten Räume. Wesentliche Motive bzw. zeitsprechend sind Girlande, Palmette, Eier- und Perlstab sowie Pfeifenmotiv und insbesondere die nach dem Orthogonal-Gliederungs-Prinzip, d.h. lückenlos in Rechteckfelderungen organisierte strenge Wandgliederung, Lieblingsmotive bzw. Gestaltungsprinzipien d'Ixnards ebenso wie Bossis.[17]

Die drei Treppenhäuser der Abtei trafen d'Ixnard und Bossi in der baulichen Grundform bereits an: das mittlere auf rechteckigem Grundriß, die beiden Ecktreppenhäuser jeweils auf dreieckigem Grundriß, mit Zwischenpodesten abwechselnd ein- und zweiläufig sich entwickelnd. Wo es möglich war, brachten d'Ixnard und Bossi die für ihre Art und die Zeit typische Wandgliederung mit Felderungen und frühklassizistischen Motiven an: im mittleren Treppenhaus entstand so zuoberst ein weiträumiger stuckierter Saal mit vasenbekrönten Pfeilern, in den Ecktreppenhäusern je ein starker, reich stuckierter Uhrenschild, der von allegorischen Puttengruppen bekrönt wird.

Im ersten Obergeschoß des Portals bei Hof der sich auf ovalem Grundriß entwickelnde Speise- und Musiksaal bei Hof (Hauskapelle), reich stuckiert von Luigi Bossi; an der (relativ niedrigen) Decke sind in Ovalfeldern dargestellt die glorreiche Regierungszeit Gerberts sowie musizierende Puttengruppen, an den Wänden in trophäenartigen Bouquets Musikinstrumente aber auch Eßbares, damit auf die Doppelfunktion als Speise- und Musiksaal hinweisend.

Auch der südlich anschließende Empfangssaal (Grüner Salon) sowie das im Südwestturm folgende Großkeller-Appartement mit seinen Räumen (Roter Salon, Blauer Salon, Gelber Salon, Lesekabinett) weisen (mit Ausnahme des ersteren) frühklassizistischen Stuck wohl von Luigi Bossi auf, wobei derjenige im Blauen Salon mit habsburgischem Löwen, Bindenschild sowie mit militärischen Emblemen auf die staatliche Macht hinweist.

Wie viele andere österreichische Klöster, so hatte auch St. Blasien ein Kaiser-Appartement, um den Kaiser, wenn er durch seine Lande reiste, jederzeit standesgemäß empfangen zu können und ebenso seine abgesandten Diplomaten. Ähnlich wie beim Appartement des Großkellers folgt auch hier die Raumsuite den Prinzipien des Schloßbaus.

Einer der am reichsten ausgestatteten Räume ist zweifellos der Empfangssaal des Kaisers (Habsburger Saal): mit frühklassizistischem Stuck von Luigi Bossi, der mit einem ganzen Kosmos von Anspielungen auf Geschichte und Ruhm des Hauses Habsburg verbunden ist; in die straffe, stuckierte Wandgliederung sind die größtenteils aus der Zeit vor dem Brand von 1768 übernommenen großformatigen Gemälde der österreichischen Kaiser des 18. Jh. und ihrer Gemahlinnen (mit Ausnahme Josephs II., der als Klosterfeind weggelassen ist) sowie des »Gründers« von St. Blasien, Reginbert von Seldenbüren, eingelassen. – Im folgenden Arbeitszimmer des Kaisers erscheinen im Stuck Köpfe antiker Philosophen und Embleme der Wissenschaften, im danach folgenden Schlafzimmer des Kaisers Tugenden des Monarchen, verbunden mit der Darstellung der Vier Jahreszeiten und schließlich im zuletzt folgenden Lesekabinett die Darstellung der Künste, wobei die Bildhauerkunst an einer Büste von Gerbert meißelt.

Dem Kaiserappartement im 2. Obergeschoß des Südwestturmes entspricht an der gleichen Stelle des Nordwestturmes das »Fürsteneck«, d.h. die – freilich wesentlich bescheideneren – Räume von Gerbert. Auf den Vorsaal, in dem sich ein frühklassizistischer Ofen mit dem Wappen Gerberts erhalten hat, gelangte man in das Eckzimmer mit eingelegtem Boden, das als Empfangsraum gedient haben soll, dahinter folgten dann Arbeits- und Schlafzimmer des Fürstabtes. Stuck hat sich hier nirgendwo mehr erhalten.

Mit dem Wiederaufbau und der Neuausstattung der Abteiräume ist d'Ixnard und Bossi eine Suite repräsentativer frühklassizistischer Räume gelungen, die zu den hervorragendsten Leistungen dieser Zeit in Südwestdeutschland gehören.

Aus Konferenzprotokollen geht hervor, daß Bauherr und Architekt, Gerbert und d'Ixnard von allem Anfang an jene Konzeption vertraten, die dann mit Abwandlungen auch ausgeführt wurde: den Abbruch der bisher immer bewahrten romanischen und den völligen Neubau einer der modernsten Stilhaltung entsprechenden Klosterkirche in Nord-Süd-Richtung als die Mittelachse des Klostergevierts; der Kirchenbau selbst ein kreisförmiger Zentralbau mit Kuppel und Türmen, und, an diesen angereiht, ein gerade geschlossener, rechteckiger Mönchschor. Die Planung zog sich in verschiedenen Phasen faszinierend bis zum entscheidenden Reifepunkt, dem Hauptentwurf von 1772, hin[18].

Baugebinn der Klosterkirche war 1772, doch bereits im folgenden Jahr überwarfen sich Bauherr und Architekt. In einer Zwischenphase wirkte ohne Vertragsverhältnis der lothringische Architekt und kurpfälzische Baudirektor Nicolas de Pigage, der namentlich auf die innere Ausgestaltung und die Konstruktion der Kuppel Einfluß nahm. Doch 1777 ist d'Ixnard erneut berufen worden. Vom 21. bis zum 28. September 1783 schließlich wurde die neue Klosterkirche mit großen Festlichkeiten eingeweiht.

Bereits in einer frühen Entwurfsfolge (wohl noch des Jahres 1768) liegen die Hauptteile der Klosterkirche im wesentlichen fest. Doch in der inneren Organisation und dem Aufriß der Rotunde, in Gestalt und Stellung der Türme sowie der Vorhalle herrscht noch tastendes Suchen. Türme einmal frontal, einmal tangential zur Rotunde. Im Innern der Rotunde: einmal steinerne Kuppel auf 16 kolossalen Wandpfeilern, einmal hölzerne Kuppelkonstruktion auf 20 freistehenden Säulen (dabei die Kuppel dreischalig wie beim Invalidendom in Paris).

In der Folge erkannte man den Ring freistehender Säulen als die wesentlich freiere und modernere Lösung; ihr zuliebe wurde die hölzerne Kuppelkonstruktion gewählt und manche statische Schwierigkeit in Kauf genommen. – Schon diese Folge früher Entwürfe muß als bedeutende Leistung angesehen werden, die sich von dem zu dieser Zeit in Süddeutschland Üblichen scharf unterscheidet und auf dem Weg zum ausgeführten Bau einen wesentlichen Schritt darstellt.

Bis zum ausgeführten Bau noch wesentliche Wandlungen durchmachen werden einmal das Peristyl (mit schrittweiser Lösung von einer allzu engen Anlehnung an das Vorbild, Servandonis Fassade der Kirche S. Sulpice in Paris), sodann die Gestalt der hier noch gepreßt wirkenden Kuppel, gerade auch in ihrem Verhältnis zu den anfänglich noch relativ hohen Türmen. Daß der Bau in einem geduldigen Reifeprozeß zu einem noch höheren Grad der Vollendung gebracht wurde, spricht für das künstlerische Bewußtsein sowohl des Architekten als auch des kongenialen Bauherrn.

Einen entscheidenden Schritt weiter zum ausgeführten Bau führte dann der Hauptentwurf des Jahres 1772: Hier ist der eigentliche Durchbruch zum großen künstlerischen Wurf erreicht. Aus 16 wurden nun endgültig 20 Säulen (zwei am Choreingang auseinandergerückt), eine Zahl, welche der Tendenz zum ganzzahligen Vielfachen, wie sie dem Frühklassizismus im allgemeinen und diesem Bau im speziellen eigen ist, ungleich besser entspricht. Die Kuppelgestalt ist wesentlich voller und beherrschender geworden, ihr gegenüber sind die Türme bereits leicht zurückgenommen *(Abb. 42)*.

Zwischen dem Hauptentwurf von 1772 und dem ausgeführten Bau liegen noch einige, für die endgültige Gestalt des Baus nicht unwichtige Planänderungen; sie betreffen vor allem die Gestalt der Kuppel, die nun von der noch stärker barock wirkenden »Zitronenkuppel« zur reinen Halbrundkuppel zurückgeführt ist: damit die erstrebte geometrisch-reine Form klarer und nachdrücklicher zum Ausdruck bringend. Aus den gleichen Grund wurde das Hochführen der Türme schließlich ganz unterdrückt, ausgeführt sind sie als stämmige Pylone, welche die Halbkugel der großen Kuppel allein dominieren lassen.

Projekt geblieben ist die gewaltige, von d'Ixnard geplante Unterkirche, die zur Aufnahme der von Gerbert aus Königsfelden und Basel nach St. Blasien überführten Habsburgergebeine gedacht war. Diese Grufthallte hätte sich durch ein »Auge« in die Rotunde geöffnet, ähnlich der – allerdings sehr viel späteren – Anlage im Pariser Invalidendom. So sehr diese zu Ehren Habsburgs geplante Unterkirche dem Kaiserhof in Wien gefiel, ihre Ausführung unterblieb: wohl kaum aus Geldmangel, sondern aus anderen programmatischen und pastoralen Gründen (Mit dieser Unterkirche befaßt sich eine eigene Abhandlung dieser Schrift).

Zu den hauptsächlichen Wesensmerkmalen der ehemaligen Klosterkirche von St. Blasien gehört u. a. die harte Abgrenzung der dadurch mehr additiv nebeneinanderstehenden Hauptbauteile; die wichtigen Abmessungen erweisen sich als ganzzahlige Vielfache des Grundmoduls (welcher der Säulenhöhe entspricht). Rotunde, Chor und Peristyl sind im Säulenarchitravsystem, der Leitform des französischen Frühklassizismus errichtet. Die Einzelformen werden aber bei aller Abgrenzung nicht in zusammenhangloser Weise »autonom«, sondern Bestandteil eines straffen, lückenlosen Wandgliederungssystems, in dem die Rechteckform vorherrscht, des »Orthogonalgliederungssystems«.

Trotz der typisch frühklassizistischen Stilhaltung eignen auch diesem Bau noch zahlreiche Elemente der Barocktradition, dazu wäre etwa zu rechnen: die Dynamisierung der Säulenstellungen in Rotunde und Peristyl, die Zweischaligkeit im Wandaufbau der Rotunde und nicht zuletzt gliedernde und ausschmückende Teile wie die in raffinierter Perspektivmalerei wiedergegebene Kuppelkassettierung oder die flächengroßen, in ihrer Stilhaltung noch eindeutig dem Rokoko angehörigen Deckenfresken von Christian Wenzinger. Schon aufmerksame Beobachter des 18. Jahrhunderts haben nachwirkende Barockelemente erkannt und – kritisiert *(Abb. 45)*.

Der Kirchenbau wurde bis 1783 ausgeführt. Den Chor stuckierte Luigi Bossi, die Rotunde Johann Caspar Gigell zusammen mit Benedikt Raffler. Alabaster wurde aus Ehingen bzw. Fützen bezogen. Christian Wenzinger entwarf die sechs in Alabastermarmor gehaltenen Seitenaltäre der Rotunde; er selbst malte die ovalen Altarbilder hierzu. Auf Christian Wenzinger gingen auch die beidseits des Triumphbogens in der Rotunde symmetrisch angebrachten sogenannten Kanzelaltäre aus Holz zurück (der Kanzel auf der Westseite, die asymmetrisch gewesen wäre, wurde so aus Symmetriegründen auf der Ostseite ein Pendant gegenübergestellt und beide wurden mit je einem Altar zusammengefaßt): eine vielleicht dem protestantischen Kanzel-Altar-Gedanken entlehnte Anlage. Zweifellos waren diese beiden Kanzelaltäre für die Laien-Pfarrgemeinde von ergeblicher liturgischer Bedeutung. – Wnzingers Fresken in der Kuppel sind schon erwähnt. Die perspektivisch gemalten Kassettierungen schufen nach Angaben Nicolas de Pigages und nach Entwurf Christian Wenzingers Simon Göser aus Freiburg und H. Käs aus Tettnang *(Abb. 44).*

Zum Chorgestühl hatten verschiedene Meister Entwürfe vorgelegt; ausgeführt wurde es von Ordensbruder Clemens nach Entwurf von Nicolas de Pigage. – Einen besonderen Rang unter den Ausstattungsstücken nahm ein Wunderwerk barocker Orgelbaukunst ein, die 1772–1775 durch den berühmten Orgelbauer Johann Andreas Silbermann in Straßburg für den stattlichen Preis von 18 000.– fl. geschaffene Orgel (1807 nach Karlsruhe-St. Stephan verbracht und dort 1944 durch Kriegseinwirkung zerstört). Die bildhauermäßig gearbeiteten Ornamente und Figuren am Orgelprospekt bzw. Musikchor gingen auf den Bildhauer Franz Joseph Hörr aus Blasiwald zurück. Erhalten sind zwei Gruppen musizierender Putten.

Der Dachstuhl der Kuppel, ein enormes hölzernes Sprengwerk, war nach Entwurf von Nicolas de Pigage von Zimmermeister Joseph Müller in St. Blasien ausgeführt worden. Zahlreiche Arbeiten bei der Ausstattung der ehem. Klosterkirche leisteten klostereigene Kräfte, besonders als Schreiner, Steinmetze und Schlosser.

Der Hochaltar war bereits im Hauptentwurf als etwa im ersten Drittel der Längserstreckung des Mönchschores, hinter den Falsistorii (symmetrisch ausgebildeten Priestersitzen in Nischen hinter dem Choreingang) stehend vorgesehen, und zwar so, daß an ihm vom Mönchschor und von der Rotunde her zelebriert werden konnte. Der Hochaltar (ohne Retabel wie im Frühklassizismus üblich) war in das Chorgitter integriert. Während der originale Hochaltar noch auf Photographien der Zeit vor 1874 zu sehen ist, wurde das Chorgitter des 18. Jahrhunderts nach der Säkularisation entfernt und durch ein wesentlich niedrigeres und einfacheres ersetzt.

Eine ganze Reihe von Vorbildern spielen in der Genetik der Klosterkirche von St. Blasien eine Rolle, nur die wichtigsten können hier angeführt werden. Das erste und wesentlichste ist hier sicherlich das altrömische Pantheon, an welches sich anzulehnen, auch der Bauherr Gerbert ausdrücklich wünschte. Allerdings ist darauf hinzuweisen, daß die Anlehnung an das altrömische Pantheon ein Grundzug des Frühklassizismus überhaupt ist. Nicht eine Kopie des altrömischen Pantheons ist hier erstrebt, sondern eine Auseinandersetzung mit diesem Bauwerk durch zeitgenössische Mittel.

Eine wichtige Rolle spielt sodann die Auseinandersetzung mit dem Pariser Kirchenbau des 17. und 18. Jahrhunderts. Besonders wichtig sind dabei im Zusammenhang mit der Rotundenentwicklung die reinen Zentralbauten wie z. B. Errards Assomption-Kirche und der Invalidendom. Eng verwandt mit St. Blasien erscheint Jardins Plan für die Eglise Royale Frédéric in Kopenhagen (Planung 1754).[19]

Von zentraler Bedeutung für St. Blasien ist insbesondere die Kirche Ste Geneviève in Paris, von J. G. Soufflot, seit 1755 im Bau. D'Ixnard selbst bezieht sich auf diese Kirche und ihren Architekten. Wenn auch vom Grundriß her die beiden Bauten sehr verschieden sind, so ist doch in Ste Geneviève das Säulenarchitravsystem zu gewaltiger Wirkung gebracht; wie wesentlich Soufflot die freistehenden Säulen waren, zeigt der bekannte Streit um die Kuppelpfeiler von Ste Geneviève. Auch das Motiv der Ringkolonnade – von St. Paul in London hergeleitet – kommt an Ste Geneviève vor: nach Innen transponiert, wird es zum Säulenrund von St. Blasien. Über sich selbst hinaus ist Ste Geneviève von überragender Bedeutung auch durch die zahlreichen für diese Kirche eingereichten Konkurrenzprojekte, die eine enorme Fülle von Plänen und Gedanken brachten und – durch ihre fleißige Publikation – auch für entsprechende Verbreitung sorgten. Unter den Konkurrenzprojekten für Ste Geneviève ragt eines hervor, das in Aufriß, Kuppelform und Peristyl mit St. Blasien besonders eng verwandt ist, dasjenige von Laurent Destouches, Architekt der Stadt Paris.[20]

Für die Gestalt des Peristyls gingen wesentliche Anregungen von Servandonis Fassade von S. Sulpice in Paris aus, für den Mönchschor ist das entscheidende Vorbild die Schloßkapelle von Versailles.

Eine nie zu unterschätzende Rolle spielten auch die in der Zeit bekannten und vielbenützten Vorlagewerke der Zeit, insbesondere Jean François de Neufforges »Receuil élémentaire d'architecture« oder Delafosses »Iconologie«.

Die ehemalige Klosterkirche von St. Blasien stellt das bei weitem bedeutendste kirchliche Bauwerk des Frühklassizismus in Süddeutschland dar. Sie erscheint als ein eigentliches Summenstück, in der die wesentlichen Strömungen hauptsächlich der zeitgenössischen französischen Architektur zu einer großartigen Synthese gebracht sind.

1806/07 wurde das Kloster St. Blasien nach rund 1000jährigem Bestehen aufgehoben.[21] Der Abt wanderte mit 38 Mönchen nach Österreich aus, 46 Konventualen blieben in der Heimat zurück, um hier als Pfarrer oder Lehrer zu wirken. Die Ausgewanderten kamen schließlich in den Gebäulichkeiten des zuvor aufgehobenen Benediktinerstifts St. Paul im Lavanttal in Kärnten unter.

Erbe des Klosters St. Blasien wurde zunächst der neu gegründete badische Staat. Dieser trat die Klostergebäude zu industrieller Nutzung ab: Pistolen- und Gewehrfabrikation; gleichzeitig und später dann allein Textilmaschinen- und Textilfabrikation, schließlich Spinnerei. Die Betriebe, verschiedentlich in andere Hände übergehend, bestanden bis in die Weltwirtschaftskrise 1930.

Die ehemalige Klosterkirche aber wurde vom badischen Staat zum Abbruch bestimmt, ein Kabinettsbeschluß hierzu war bereits erlassen. Es war den Architekten Friedrich Weinbrenner *(Abb. 46)* und Jakob Friedrich Dyckerhoff, beide Karlsruhe, besonders aber dem – entscheidenden – Einsatz der Großherzogin Stephanie *(Abb. 47)*, einer Adoptivtochter Napoleons, die als Französin ihre schützende Hand über dieses französische Bauwerk hielt, zu verdanken, daß der bereits von allerhöchster Stelle gefaßte Abbruchbeschluß umgestoßen wurde und das großartige Bauwerk (wenn auch mit gewissen Vereinfachungen außen, die zur Senkung der Unterhaltskosten vorgenommen wurden) erhalten blieb[22] *(Abb. 43)*.

Am 7. Februar 1874 vernichtete ein Großbrand, der in den Fabrikbetrieben ausgebrochen war, die gesamte Osthälfte der Klosteranlage, den Konventteil und besonders die ehemalige Klosterkirche, die vollständig ausbrannte und in ihrer gesamten inneren Gestalt und Ausstattung völlig vernichtet wurde. »Damit war das stolze Werk Gerberts in Asche gesunken«.

Eine im Chorbogen ausgeführte Wand trennte den ehemaligen Mönchschor ab, er diente nach Wiederherstellung als Gemeinde-Pfarrkirche. Die Rotunde erhielt 1879 über einem Dachstuhl aus Stahl eine Blechdeckung, im übrigen blieb sie devastiert liegen: während mehr als 40 Jahren.

Beim Innenausbau des ehemaligen Mönchschores als Pfarrkirche 1878–1880 wurde der Stuck mit Ausnahme der figürlichen Teile wiederhergestellt und sogar die ursprüngliche, rötliche Marmorierung durch Hofdekorationsmaler Faber rekonstruiert.

Seit 1905 intensivierten sich, besonders durch den unermüdlichen Einsatz von Stadtpfarrer Theophil Lamy, die Bemühungen zur endlichen Restaurierung der Rotunde. Die entscheidende Planung zum Wiederausbau der Rotunde sowie zur vereinheitlichenden farblichen Behandlung von Mönchschor und Rotunde gaben die Gedanken der Bauräte C. Schäfer, Hanser und besonders Fr. Ostendorf. Dieser sowie L. Schmieder, der spätere Verfasser der großen Monographie über St. Blasien, waren die eigentlichen Architekten der Wiederherstellung.

Ein in der Zeit vielbewundertes Eisenbeton-Zeltdach wurde über der Rotunde errichtet, an ihm die neue Zierkuppel aufgehängt. In dieser waren die Kassettierungen nun nicht mehr wie 1783 in Perspektivmalerei gehalten, sondern plastisch stuckiert; neu herzustellen waren die Dekkenfresken (das Fresko im Kuppelscheitel mit kleinerem Durchmesser als ehedem), diese Fresken malte der Münchner Jugendstilmaler W. A. Georgi aus Holzhausen am Ammersee in veränderter, auf die Funktion als Pfarrkirche eingehender Thematik (anstelle des Hl. Benedikt in der Glorie jetzt Mariae Himmelfahrt; anstelle von Tod des Hl. Benedikt jetzt die »Gründung« St. Blasiens durch Reginbert von Seldenbüren) *(Abb. 50–56)*.

Vom Zustand des 18. Jahrhunderts wich die 1911–1913 angebrachte Farbigkeit erheblich ab: alles in Leimfarbe und im Zweiklang Weiß-Ocker, während die Rotunde im 18. Jahrhundert nur Weiß in verschiedenen Abstufungen und Fakturen kannte, der Chor allerdings grau und rötlich getönt war. Der Weiß-Ocker-Klang wurde nun auch in den Chor übertragen, der zu diesem Zweck übertüncht werden mußte *(Abb. 48)*.

Während die beim Brand von 1874 schwerstens beschädigten Seitenaltäre durch Gipsummantelung und Anstrich in etwa wiederhergestellt werden konnten, war die gesamte übrige Ausstattung neu zu schaffen: der Hochaltar in Anlehnung an den vorherigen, alles übrige bestimmt durch die beiden Materialien Granit (im Umgang und auf dem Wegekreuz zwischen den vier gewaltigen Gestühlsblöcken) und dunkles Eichenholz (in diesem die Kandelaber zwischen den Säulen und das in vier den inneren Kreis der Rotunde vollständig füllenden Segmenten geteilte Laiengestühl). 1913 waren diese Wiederherstellungsarbeiten im wesentlichen abgeschlossen.

Nach dem verheerenden Brand von 1874 wurde fast der ganze Konventteil der Klosteranlage (mit Ausnahme des Franzosenbaus, des um zwei Geschosse erniedrigten Nordostflügels sowie des Erdgeschosses der Osthälfte des Südflügels) eingerissen und auf dem zu einem Plateau verspreiteten Brandschutt Shet-Dach-Hallen sowie ein 40 m hoher Schornstein errichtet. In dieser Form kam die Anlage 1930 in die Zeit der Weltwirtschaftskrise, in welcher die Fabrikunternehmen zu existieren aufhörten.

Veranlaßt durch die Einreisebeschränkung nach Österreich (1000-Mark-Sperre), die den zahlreichen deutschen Schülern den Zutritt zum Jesuitenkolleg in Feldkirch/Vorarlberg verwehrte, erwarb der Jesuitenorden 1933 die schwer verunstaltete Klosteranlage und errichtete in ihr ein Jesuitenkolleg, das, 1938–1945 durch die nationalsozialistische Regierung unterbrochen, mit veränderter Trägerschaft bis heute besteht und rund 800 Schüler (davon die Hälfte als Interne) ausbildet.

Durch den unermüdlichen, aufopferungsvollen Einsatz des Kollegs ist die stark geschädigte Klosteranlage nach und nach wiederaufgebaut, ergänzt, restauriert, von den Störungen der Fabrikzeit befreit worden. 1934 wurde der Südflügel, 1970–72 der Ostflügel wiederaufgebaut, 1975–77 der Abteiteil restauriert.

Diese Restaurierungsarbeiten waren eben abgeschlossen, als am 27. 5. 1977 eine erneute Brandkatastrophe[25] über diesen Teil der ehemaligen Klosteranlage hereinbrach, in dem glücklicherweise alle unwiederbringlichen Kunstwerke – zum Teil im letzten Augenblick – bewahrt werden konnten *(Abb. 49)*. Umfangreiche Wiederaufbau-, Restaurierungs- und Sanierungsarbeiten waren erforderlich. Vorsitzender der Baukommission war Professor Dr. H. Linde, Freiburg. Die Arbeiten wurden durch die Architekten Professor F. Wilhelm und Partner, Lörrach, H. Eckert, St. Blasien, sowie Statiker Professor F. Wenzel, Karlsruhe, und von seiten des Bauherrn insbesondere durch Herrn Verwaltungsdirektor G. Hiener geleitet. Das Landesdenkmalamt Baden-Württemberg begleitete die Arbeiten. An der Finanzierung dieser Arbeiten beteiligte sich insbesondere die Badische Gebäude-Versicherungsanstalt, das Land Baden-Württemberg, die Erzdiözese Freiburg, der Jesuitenorden und der Landkreis Waldshut.

Nach Abschluß dieser Arbeiten erstrahlen nun die historischen Räume der ehemaligen Abtei wieder in jenem Glanz, der in den Tagen Gerberts von ihnen ausgegangen sein dürfte.

Kehren wir nun wieder zur ehemaligen Klosterkirche, dem heutigen Dom, zurück: 1969–1971 wurde, veranlaßt durch eine Verbesserung der Heizungsanlage, der ehemalige Mönchschor einer umfassenden Restaurierung zugeführt. Dabei ist nicht nur der Stuck restauriert, sondern insbesondere wurden die Faktur und Farbgebung des 18. Jahrhunderts in rötlicher und grauer Marmorierung (bei weißem Gewölbe) wiederhergestellt worden, dies aufgrund minuziöser Untersuchung des originalen Befundes. Schon das 18. Jahrhundert hatte an Säulen, Balustraden, Türumrahmungen und plastischem Schmuck anscheinend mit einer Kombination aus echtem farbigem Marmor bzw. Alabastermarmor und Stuckmarmor gearbeitet, ebenso Hofdekorationsmaler Faber 1878/79. Deshalb bediente man sich der Stuckmarmortechnik zur Wiederherstellung des originalen Material- und Farbcharakters. Lücken im Befund blieben etwa für die Gestalt des Erdgeschosses der Choranlage, die man farblich einstimmte. Auf dieser Grundlage wurde die Restaurierung des Chores der ehemaligen Klosterkirche St. Blasien bis 1971 ausgeführt, abgesehen vom baupflichtigen Staat und seinen Behörden lag die Bauleitung in Händen des Architekturbüros Birkner, Lörrach. Die Maler- und Restaurierungsarbeiten wurden durch die Restauratorfirma Kneer & Sohn in Munderkingen, die Restaurierung der Stuckaturen durch die Stuckateurfirma Sebastiani in Überlingen ausgeführt. Professor Hillebrand, Köln, gestaltete Altäre in Mönchschor und Rotunde sowie ein Chorgitter neu.

Nachdem 1969–1971 der Mönchschor restauriert und in seinem Farb- und Materialcharakter auf den Zustand des 18. Jahrhunderts zurückgeführt worden war, lag es auf der Hand, daß nicht daneben die Rotunde in ihrem so ganz andersartigen und durch Staubeinwirkungen stark beeinträchtigten Zustand von 1913 stehenbleiben konnte.

Zunächst war von seiten des baupflichtigen Landes Baden-Württemberg lediglich eine Neutünchung der Rotunde geplant. Schon hierbei stellten sich jedoch denkmalpflegerisch interessante Fragen. Während der Restaurierung von 1911–1913 war die Rotunde zur Gänze mit Leimfarbe gestrichen worden. Es wurde als nicht zweckmäßig erkannt, den Leimfarbenanstrich mit seiner stumpfen Faktur und seiner Staubanfälligkeit in einem Raum dieser Größe und dieser baukünstlerischen Qualität zu wiederholen. Außerdem stellte sich die Frage, ob die in Gelb und Weiß gehaltene Farbigkeit, wie sie Friedrich Ostendorff im Sinne des Neuklassizismus angebracht hatte, zu übernehmen sei. Aus den Quellen geht unmißverständlich hervor, daß die Rotunde im 18. Jahrhundert zur Gänze weiß gehalten war, wenn auch in einem Weiß, das verschiedene Abstufungen kannte. Es war, wie gesagt, in dieser Hinsicht die Ostendorf'sche Farbgebung erheblich vom historischen Zustand abgewichen. Nach eingehenden Überlegungen und Heranziehung aller erreichbaren Quellen entschied man sich dafür, die in Stufungen gehaltene Weißtönung, welche die Rotunde im 18. Jahrhundert aufgewiesen hatte, wiederherzustellen.

Eine genaue Überprüfung der für einen so gewaltigen Raum und mit Rücksicht auf die winterlichen Temperaturen im Hochschwarzwald äußerst wichtigen Heizungsanlage ergab, daß diese vollständig ungenügend und veraltet war und auch hinsichtlich der heute erforderlichen Energieeinsparung nicht mehr zu befriedigen vermochte. Gemäß dem Rat namhafter Heizungs- und Energiespezialisten entschied sich die Staatsbauverwaltung für die Installation einer Warmluftfußbodenheizung in geschlossenem System, welche nicht nur von der Wärmeleistung und dem energiemäßigen Wirkungsgrad her, sondern auch hinsichtlich der Staubentwicklung als die zweckmäßigste Lösung erkannt wurde. Zugleich wurde der Fußboden vollständig erneuert. Die Restaurierung von 1911–1913 hatte den Umgang und ein Wegekreuz zwischen den gewaltigen Gestühlsblöcken, die je ein Viertel des inneren Rotundenkreises ausmachten, mit Granitplatten belegt, der Rest wurde von den großen Holzpodesten des Gestühls eingenommen. Für ein optimales Funktionieren der Fußbodenheizung aber war ein durchgehender Steinboden erforderlich. In Material und Form des Fußbodens lehnte man sich an die beiden aus dem 18. Jahrhundert überlieferten Grundrißdarstellungen der Rotunde mit eingezeichnetem Fußboden an (Hauptentwurf von 1772, sowie in d'Ixnards »Recueil«).

Beim Neuausbau der Rotunde 1911–1913 wurde, wie oben geschildert, die Kuppelzone der Rotunde neu geschaffen. Aus der Sicht der Staatsbauverwaltung und der Denkmalpflege war es selbstverständlich, daß diese Beiträge der Jugendstilzeit zu respektieren und in das neue Restaurierungskonzept miteinzubeziehen waren.

Im Rückgriff auf eine genaue Durchforschung aller erreichbaren Quellen versuchte man sich hinsichtlich Faktur und Farbgebung der Wände und Gliederungselemente und ferner darin, daß man den polierten Zustand der Schäfte von Säulen und Pilastern wiederherstellte, soweit als irgend möglich und vertretbar an den Zustand von 1783 anzulehnen.

Bauherr war das Land Baden-Württemberg, vertreten durch das Finanzministerium. Die Landesregierung des Landes Baden-Württemberg zeigte sich dem Projekt gegenüber stets aufgeschlossen, insbesondere die beiden Herren Ministerpräsidenten Filbinger und Späth, der damalige Finanzminister R. Gleichauf sowie der örtliche Abgeordnete Wirtschaftsminister Dr. Rudolf Eberle. Von der Architektenseite her waren tätig Ministerialdirigent Professor Kurt Fecker vom Finanzministerium Baden-Württemberg, Abteilungsdirektor Haas von der Oberfinanzdirektion Freiburg unter Beteiligung des Erzbischöflichen Ordinariats Freiburg, vertreten durch Herrn Prälat und Domkapitular Dr. O. Bechtold. Beratend tätig war das Landesdenkmalamt Baden-Württemberg. Bauleitung und Ausführung lag in den Händen des Staatlichen Hochbau- und Universitätsbauamtes, leitender Oberregierungsbaudirektor Ritter W. von Mann, Oberbaurat G. Mall, Architekt F. Otte. Die sehr umfangreichen Restauratorarbeiten übernahm vorwiegend die Firma Fuchs in Würzburg.

Auch drängte sich schon bald die Einsicht auf, daß die Altarsituation neu gestaltet werden müsse.

Zusammenfassend wird man sagen dürfen, daß die jetzt abgeschlossene Restaurierung der Rotunde so gewissenhaft als möglich einen Zustand wiederherzustellen bemüht war, der – unter Respektierung der Zutaten der Jugendstilzeit – demjenigen der Einweihungstage von 1783 möglichst nahekommt. Somit erstrahlt das bedeutendste kirchliche Bauwerk des Frühklassizismus in Süddeutschland nunmehr wieder in jenem Glanz, den es zu Gerberts Zeiten erhalten hatte.

Anmerkungen

1 Vgl. hierzu Adamek, J. und Wörner, H. J.: Kloster und Kolleg St. Blasien. München – Zürich 1978, bes. 5 ff; dort weitere Literatur.
2 Vgl. hierzu wie auch zum folgenden: Schmieder, L.: Das Benediktinerkloster St. Blasien. Augsburg 1929, bes. 4 ff; dort weitere Literatur.
3 Vgl. hierzu Schleich, G.: Kirche und Kolleg St. Blasien. München-Zürich 1951 (und weitere Auflagen), 2 ff. – Eine Grundriß-Wiedergabe in Gumpp: Ortus et occasus, vgl. Schmieder, Abb. 10.
4 Vgl. hierzu wie auch zum folgenden: Schmieder, 27 ff. – Grundriß des neuen Münsters in Gumpp: Ortus et occasus; vgl. Schmieder, Abb. 11.
5 Ansicht »Wahrhaffte Abcontrafeung des würdigen gottshauß St. Blasien auf dem Schwartzwald im Constantzer Bistum an der Alb gelegen. MDLXII.« Schmieder Abb. 17. Eng verwandt mit der fast gleichen Darstellung in Gumpp: Ortus et occasus.
6 Schmieder, 78.
7 Vgl. Schmieder, 80.
8 Gumpp, 16; vgl. Schmieder, 81.
9 Vgl. Adamek/Worner, 25 ff.
10 Vgl. Schmieder, Abb. 31, 32.
11 Vgl. Adamek/Wörner, 26.
12 Vgl. Schmieder, 129 ff.
13 Vgl. Adamek/Wörner, 28.
14 Hilger, F. M.: Martin Gerbert. Konstanz 1970; dort weitere Literatur.
15 Vgl. hierzu und zum folgenden: Wörner, H. J.: Architektur des Frühklassizismus in Süddeutschland. München-Zürich 1979. Vor allem 79 ff; dort weitere Literatur. Zu d'Ixnard, auch Dixnard, D'Ixnard geschrieben.
16 Vgl. Wörner, H. J.: Die Restaurierung von fünf historischen Räumen im Kolleg St. Blasien. In: Kollegbrief 1975, 35 ff.
17 Vgl. hierzu und zum folgenden: Wörner, H. J.: Frühklassizismus, 179 ff; dort weitere Literatur.
18 Vgl. hierzu Wörner, H. J.: Die ehemalige Klosterkirche von St. Blasien. I. Teil: Planungs- und Baugeschichte, kunstgeschichtliche Einordnung. In: Badische Heimat. 1975.1. 35 ff. Und Wörner, Frühklassizismus, 79 ff.

19 Vgl. Brinckmann, A. E.: Die Baukunst des 17. und 18. Jahrhunderts in den romanischen Ländern. Handbuch der Kunstwissenschaft. Berlin-Neubabelsberg 1919. Und besonders: Hautecoeur, L.: L'architecture classique en France. Bde. II–IV. Paris 1948–1952; mit reichen Quellen- und Literaturangaben.

20 Vgl. hierzu: Petzet, M.: Soufflots Ste Geneviève und der französische Kirchenbau des 18. Jahrhunderts. Berlin 1961, Abb. 43; dort weitere Literatur.

21 Vgl. hierzu und zum folgenden: Wörner, H. J. Die ehemalige Klosterkirche zu St. Blasien. II. Teil: Die Schicksale des Bauwerks im 19. und 20. Jahrhundert. In: Badische Heimat. 1975. 1. 50 ff; dort Quellenauszüge.

22 Vgl. Walter, F.: Stephanie Napoleon. Baden-Baden o.J. (ca. 1948); dort weitere Literatur. Und: Haas, R.: Stephanie Napoleon. Mannheim 1976.

23 Schmieder, 236.

24 Vgl. Deutsche Bauzeitung. 47 Jg. Nr. 77, Berlin, 24. 9. 1913; und 47 Jg. Nr. 78, Berlin 27. 9. 1913 – Und: Mitteilungen über Cement, Beton und Eisenbetonbau, Jg. 1912, Nr. 11 (über Eisenbetonzelt in der Rotunde).

25 Vgl. hierzu Adamek/Wörner; mit Photographien vom Brand, S. 30/31.

Literatur (Auswahl)

Adamek, J. und *Wörner,* H. J.: Kloster und Kolleg St. Blasien. München-Zürich 1978

Bader, J.: Das ehemalige Kloster Sanct Blasien auf dem Schwarzwald und seine Gelehrten-Academie. SA aus dem Feiburger Diözesan-Archiv. VIII. Band, 1874

Brinckmann, A. E.: Baukunst des 17. und 18. Jahrhunderts in den romanischen Ländern. Handbuch der Kunstwissenschaft Berlin-Neubabelsberg 1919

Brinkmann, J. U.: Südwestdeutsche Kirchenbauten der Zopfzeit. Köln 1972

Colombier, P. du: L'architecture française du XVIIIe siècle en Allemagne. Paris 1952

Deutsche Bauzeitung. 47 Jg. 1913, Nrn. 77, 78

Eiselin, J. B.: Renoujiertes liber originum (1684)

Gerbert, M.: Feyerlichkeit des in dem fürstlichen Stift St. Blasien auf dem Schwarzwald eingeweihten neuen Tempels. St. Gallen 1784

Gerbert, M.: Historia Nigrae Silvae. St. Blasien 1783–1788

Gumpp, L.: Ortus et occasus monasterii Sancti Blasii. (18. Jh.; Manuskript St. Paul und Generallandesarchiv Karlsruhe)

Hautecoeur, L.: L'architecture classique en France. Bde. II–IV. Paris 1948–1951

Hilger, F. M.: Martin Gerbert. Konstanz 1970

Jardot, M.: Eglise et monastère de S. Blaise. Congrès archéologique. 105. Paris 1949, 1–42

Kettenacker, P.: Gesta Martini II. (1793)

Klaiber, H.: Der Stuttgarter Architektur-Sammelband von P. M. d'Ixnard. In: Jahrbuch der Staatlichen Kunstsammlungen in Baden-Württemberg. 6. 161–188

Kraus, F. X.: Die Kunstdenkmäler des Großherzogtums Baden. Kreis Waldshut. Freiburg 1892

Liber constructionis (14. Jh.) bei Mone, Quellensammlung

Liber originum (16. Jh.) bei Mone, Quellensammlung

Mitteilungen über Cement, Beton und Eisenbetonbau. Jg. 1912, 11

Mone, F. J.: Quellensammlung der badischen Landesgeschichte. 4 Bände. Karlsruhe, 1845 ff

Morath, R.: Blasiwald. Blasiwald 1972

Müller, W. und Pfeilschifter, G.: Korrespondenz des Fürstabtes Martin II Gerbert von St. Blasien. Karlsruhe 1931 – 1934 und 1957 – 1959.

Mutter, O.: Festschrift zum 1000jährigen Bestehen der Abtei St. Blasien. Neustadt i. Schww. 1948

Ott, H.: Studien zur Geschichte des Klosters St. Blasien im hohen und späten Mittelalter. Veröffentlichungen d. Kommission f. gesch. Landeskunde in Baden-Württemberg. Reihe B. Forsch. Bd. 27. Stuttgart 1963

Ott, H.: Die Benediktinerabtei St. Blasien in den Reformbestrebungen seit 1567. In: FDA. 84.NF 16, Freiburg 1964

Petzet, M.: Soufflots Ste Geneviève und der französische Kirchenbau des 18. Jahrhunderts. Berlin 1961

Pfeilschifter, G. und *Müller,* W.: Korrespondenz des Fürstabtes Martin II. Gerbert von St. Blasien. Karlsruhe 1931–1934 und 1957–1959

Rösch: Acta et res praeclarae gestae.

Schleich, G.: Kirche und Kolleg St. Blasien. München 1951 (und spätere Auflagen)

Schmieder, L.: Das Benediktinerkloster St. Blasien. Augsburg 1929

Vossnack, L.: P. M. d'Ixnard. Diss. Frankfurt a. M. Remscheid 1938

Wörner, H. J.: Die ehemalige Klosterkirche zu St. Blasien. I. Teil: Planungs- und Baugeschichte, kunstgeschichtliche Einordnung. II. Teil: Die Schicksale des Bauwerkes im 19. und 20. Jahrhundert. In: Badische Heimat. 1975.1. 35–63

Wörner, H. J.: siehe Adamek, J.

Wörner, H. J.: Architektur des Frühklassizismus in Süddeutschland. München-Zürich 1979

Wülberz, St.: Epitome (1753)

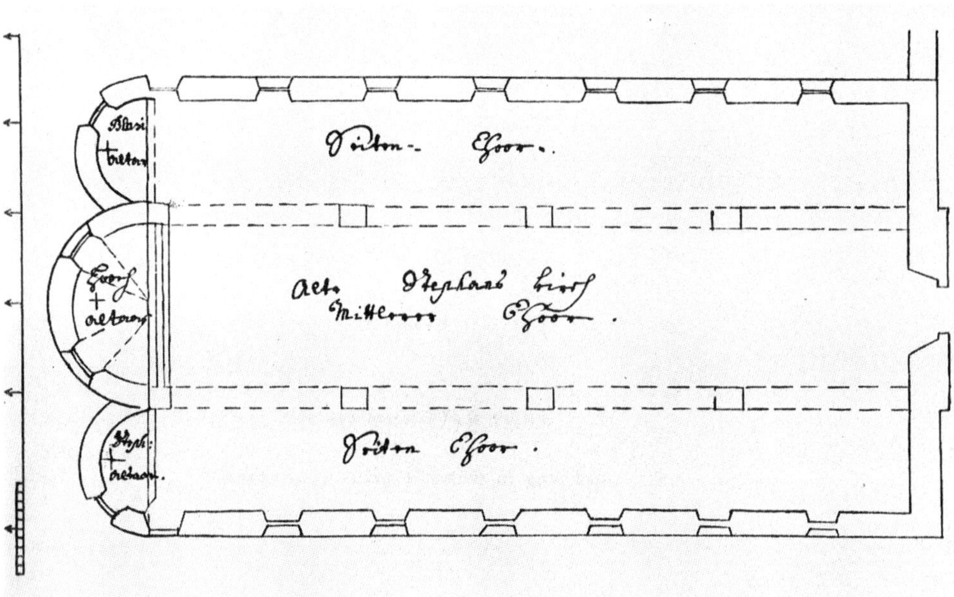

37 Grundriß des Alten Münsters. Nach Gumpp „Ortus et Occasus“

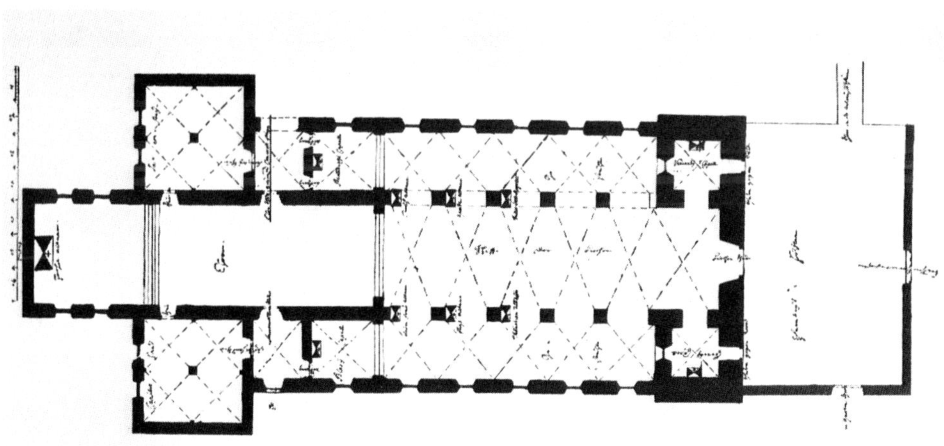

38 Grundriß des Neuen Münsters. Nach Gumpp „Ortus et Occasus“

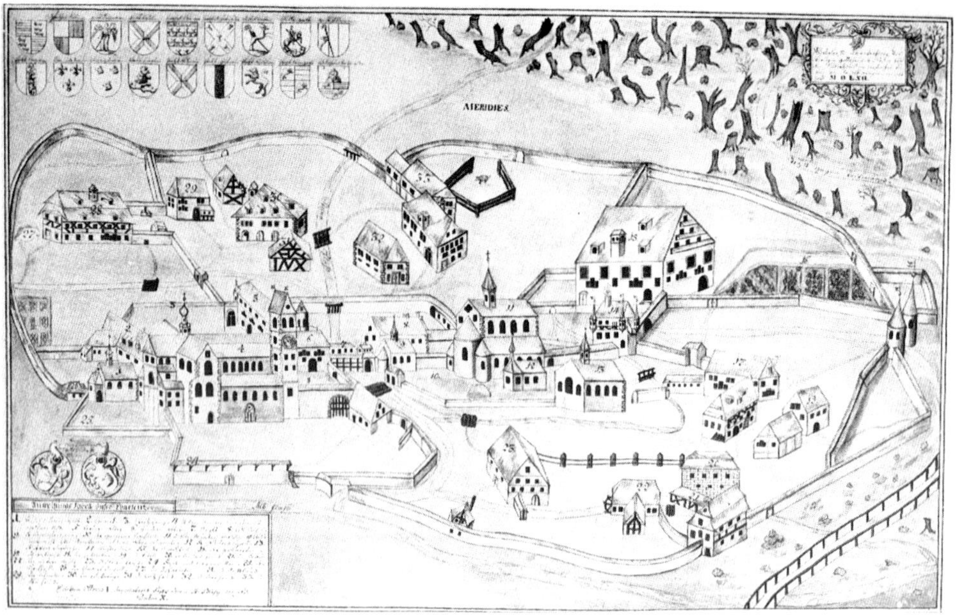

39 Ansicht des Klosters um 1562 nach einem in St. Paul aufbewahrten Plan

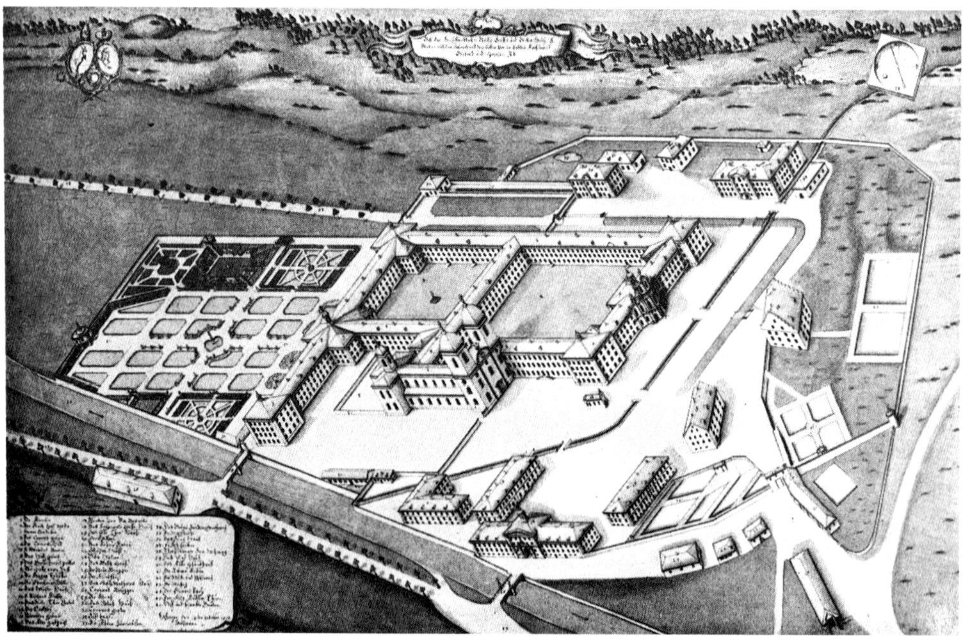

40 Schaubild des 1768 abgebrannten Klosters. Aus der Salzmann-Mappe im Generallandesarchiv Karlsruhe

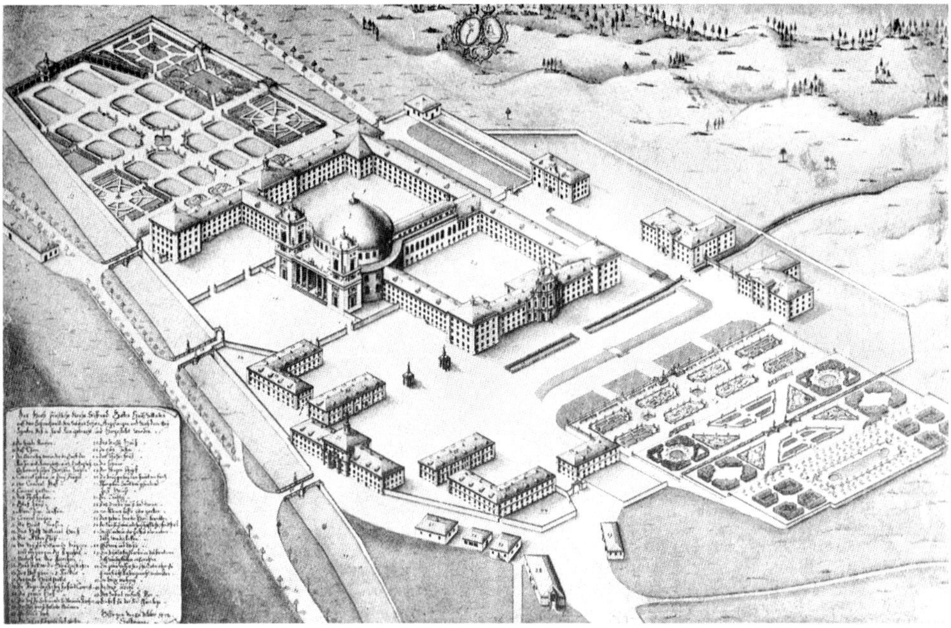

41 Schaubild des Klosters und der Kirche nach dem Plan von d'Ixnard 1772. Aus der Salzmann-Mappe im Generallandesarchiv Karlsruhe

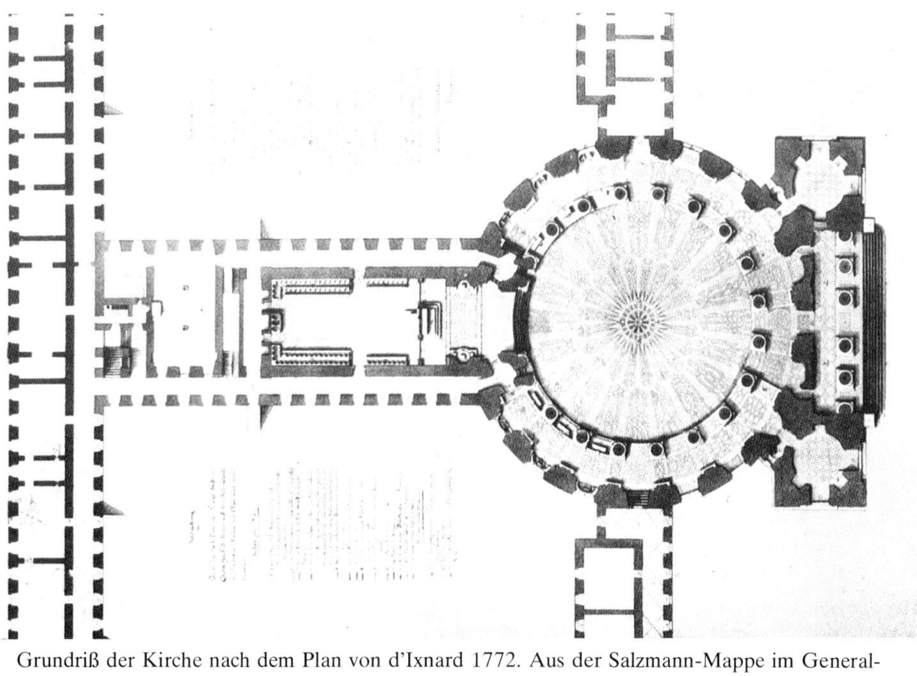

42 Grundriß der Kirche nach dem Plan von d'Ixnard 1772. Aus der Salzmann-Mappe im Generallandesarchiv Karlsruhe

43 Dom. Inneres vor dem Brand 1874

44 Dom. Kanzelaltäre und die ehemalige Franziskanerorgel aus Freiburg vor 1874

45 Dom. Kuppel vor dem Brand von 1874: Fresko von Christian Wenzinger, perspektivisch gemalte Kassettierung nach Entwurf von Christian Wenzinger, ausgeführt von S. Göser und H. Käs.

46 Friedrich Weinbrenner (gezeichnet und gestochen von Feodor Iwanov 1809); er hat zur Rettung des Domes vor dem Abbruch entscheidend beigetragen.

47 Großherzogin Stephanie von Baden geb. Beauharnais (Stich von A. Keßler 1815 nach J. H. Schröder); die beliebte Großherzogin rettete den Dom vor dem bereits beschlossenen Abbruch.

48 Das Innere des Domes vor der Renovation 1969

49 Brandkatastrophe vom 27. Mai 1977 (freigegeb. vom Regierungspräsidium Freiburg Nr. 38/2963-6)

50 Blick in die Kuppel des Domes nach der Renovierung 1982

51 Kuppelfresko „Mariä Himmelfahrt“ von W. A. Georgi

52/53 Ausschnitte aus dem Kassettenstuck der Kuppel nach der Renovierung 1982

54/55 Klassizistische Säulenkapitelle nach der Renovierung 1982

56 Ausschnitt aus dem Kuppelraum nach der Renovierung 1982

Hermann Brommer

Bauleute und Künstler am Dombau der Benediktinerabtei St. Blasien

(Abb. 57)

Bewundernswert an der »größten Kirche des deutschen Klassizismus«, die »zu den schönsten Kuppelbauten der Welt« zähle, seien nicht nur deren Monumentalität und die auf absolutes Gleichgewicht und Ruhe eingestellte Harmonie, sondern auch »der trefflich durchgeführte Baugedanke«, schrieb Ludwig Schmieder 1929.[1] Was die Architekten Dixnard und Pigage für St. Blasien entwarfen[2], beschäftigte über Jahre Bauleute, Kunsthandwerker und Künstler. Sie verwirklichten eine Bauidee, die mithelfen sollte, der Benediktinerabtei eine außergewöhnliche Beziehung zu verschaffen. Es ging nicht einfach darum, die 1768 durch Brand vernichtete Klosteranlage wiedererstehen zu lassen; vielmehr sollte der wiederaufgebaute Klosterkomplex in eigener Weise eine neue Abteikirche in sich einschließen, dazu bestimmt, wie ein Pantheon zu Ehren des Erzhauses Habsburg auch als Begräbnisstätte für die 1770 aus Königsfelden und Basel herangeholten »oesterreichischen höchsten Leichen« zu dienen.[3] »Weil man ohne dies eine neue Kirche bauen muß«, wollte »man sich gern Österreich zum Freund machen«, nachdem schon seit 1769 die Angst »vor einer aufzudringenden Saecularisation« des Klosters den Fürstabt Martin Gerbert und alle im Konvent quälte.[4] Mit der eigens geschaffenen Habsburgergruft und einer wahrhaft königlichen Kuppelkirche suchte St. Blasien die Kaiserin Maria Theresia und ihre Familie »in solchen betrübten Zeiten als Patronen zu erwerben«.[5] Die Bemühung, »Österreich durch gelehrte Werk und andere Dienst groß und herrlich zu machen«[6], zielte darauf ab, die obdachlos gewordene Klostergemeinschaft vor der Aufhebung zu bewahren. Als am 5. März 1771 ein Brief der Kaiserin aus Wien eintraf, in dem sie – als Dank für die Überführung der Habsburger-Vorfahren aus der Schweiz nach St. Blasien – »dem ganzen Gotteshaus besondere Gnaden und Schutz« versprach, läßt sich nachfühlen, was diese Mitteilung »in dem Herzen Celsissimi und aller übrigen Bläsemer vor Freude erwirkt hat«.[7]

Bauleute und Künstler schufen in zwölfjähriger Arbeit den am 21. September 1783 eingeweihten Dom. Sie trugen mit eigenen Gedanken, Kunstfertigkeit und mühevoller Kleinarbeit ihren wichtigen Anteil zur Entstehung der bis heute bestaunten Kuppelkirche bei.

Der Bauleiter

Franz Joseph Salzmann, den fürstlich-fürstenbergischen Rat und Baudirektor, als Bauleiter für die Wiederherstellung des Klosters zu verpflichten, bot sich dem Fürstabt Martin Gerbert wohl unmittelbar an. Salzmann hatte 1767 das st. blasische Torgebäude (neues Portal) und das Beamtenhaus vollendet[8]; 1768 baute er im Auftrag der Abtei den Pfarrhof in Kirchdorf.[9] Nebenamtlich »schon etwelche Jahr vor der (Feuers)Brunst« mit St. Blasien verbunden[10], als Baustellenorganisator und Großbauunternehmer bewährt, fiel Salzmann mit Vertrag vom 1. Oktober 1768 die Aufgabe zu, zusammen »mit dem hochfürstlichen Hohenzollern Hechingischen Rath und

Baudirectoren Herrn Michel Dixnard die Direction vorstehenden wichtigen Bauwesen« zu übernehmen, zumal »solche sich diesertwillen schon selbsten miteinander einverstanden, und alles vorkommende gemeinschaftlich zu behandeln sich resolvieret haben.« »Risse und Zeichnungen, so Herr Salzmann ausarbeiten wird«, sollten »mit Zuziehung und Übereinstimmung des Herrn Dixnards eben sowohl geschehen, als hiergegen die von Herrn Dixnard fertigende von ihme Herren Salzmann zu examinieren und zu adjustieren seind, daß mithin alle Plans, Risse, Zeichnungen pp von beiden BauDirectoren gemeinschaftlich zu approbieren und zu fertigen sein werden, also daß kein Project oder Entwurf gemacht werden solle, ohne daß einer mit dem anderen sich darüber besprochen und beratschlagen haben wird, es mag sodann die Zierde, den gustum, die Dauerhaftigkeit, die gute Oeconomie oder die Bequemlichkeit anbelangen.« Für Risse, Bauleitung und wechselweise, aber ständige Bauaufsicht gestand das Kloster »Herrn Salzmann sambt seinen Bedienten« vom 15. September 1768 an »nebst freier Kost, Wohnung, Holz und Licht für sich auf sechs Jahr lang jährlich 900 Gulden als ein Salarium« zu.[11] Michel Dixnard erhielt dagegen 1400 Gulden. P. Kuon berichtet, daß der Franzose »den Grundriß wie auch die ganzen Verzeichnis gegenwärtiger Kirche größtenteils erfunden« habe.[12] Eine Feststellung, die Dixnard als den eigentlichen Baukünstler und Salzmann mehr als den praktischen Bauleiter erkennen läßt. Auch P. Kettenacker unterscheidet zwischen der Kuppelkirche des Monsieur Dixnard und der Wiederherstellung der übrigen Klostergebäude durch Salzmann.[13] Daß der Donaueschinger Baudirektor vertragsgemäß an der Planung der neuen Abteikirche nicht ganz unbeteiligt gewesen ist, vermutet H. J. Wörner zu Recht. Denn »das Motiv der Zweischaligkeit mit der charakteristischen inneren, von einem Rundbogen durchbrochenen Lamellenwand« am Rotunden-Obergeschoß, also »eines der hervorstechendsten, noch in der süddeutschen Barocktradition stehenden Motive in der Klosterkirche von St. Blasien«, könne aus einem Salzman zugeschriebenen Projekt stammen.[14] Im übrigen weisen die im Generallandesarchiv Karlsruhe aufbewahrten Salzmannschen Pläne, Kostenberechnungen und Akten den fürstlich-fürstenbergischen Baudirektor als »gewandten Zeichner und sicheren Baubeamten« aus.

Im Frühjahr 1769 begann der Wiederaufbau des Klosters. Der »H. Baudirector« hielt sich »wegen dem Pfarrhof in Kirchdorf« sowieso in St. Blasien auf, reiste am 17. April wieder »nacher Haus« und ließ am selben Tag »in St. Blasien die Hauptarbeit des Gebäus anfangen«.[15] 1770 konnten die in alle Himmelsrichtungen zerstreuten Mönche wieder nach St. Blasien zurückkehren und am 8. November ihr Konventsgebäude beziehen. Das reguläre Klosterleben begann am Tag danach wieder. Salzmann hatte inzwischen am 28. Juli jenes Jahres im Auftrag der Abtei eine Reise nach Solothurn unternommen, »um den dasigen neuen Kirchenbau zu besehen.«[16] Dort entstand in den Jahren 1762–1773 nach Plänen von Gaetano Matteo Pisoni aus Ascona die St.-Ursen-Kathedrale, das bedeutendste schweizerische Bauwerk des Frühklassizismus.[17] Zur Vorbereitung des Dombaues in St. Blasien wurden am 13. Januar 1771 gegen 10 Uhr »beede Baumeister Dixnard und Salzmann in Conferenz berufen, in der über das Chorgebäude, das erbauet werden solle«, im Beisein »unsres Maurer- und auch Zimmermeisters« verhandelt wurde.[18] Durch ein gefährliches Verfahren erreichte man am 31. Januar und 17. Februar die »Stürzung unserer Kirchentürm«.[19] Fassade und Türme der 1768 ausgebrannten Klosterkirche mußten dem geplanten Neubau weichen. Der Wiederaufbau der Klosteranlage ging der Vollendung entgegen. »Herr Salzmann, unser Baudirecteur« reiste am 22. Juni nach Donaueschingen zurück.[20] Am 5. September konnte der Konvent zum erstenmal wieder im Refectorium Platz nehmen; am 7. September feierte man den Einzug »des Hofs« in das Abteigebäude.[21] Auf den 27. September rief der Fürstabt das erste Generalkapitel zusammen, und am 28. September 1771 fand »Solemnis benedictio Novi Monasterii«, die feierliche Einsegnung des wiedererrichteten Klosters, statt.[22]

Die Pläne Dixnards für die Kuppelkirche waren unter Mithilfe Salzmanns unterdessen ausgereift. Der Donaueschinger Baudirektor traf schon am 1. Februar 1772 in St. Blasien ein, hatte dabei aber vermutlich mehr mit seinem Prioratskirchenumbau in Todtmoos zu tun.[23] Den Beginn des Dombaus dürfen wir wohl erst auf den 24. April 1772 datieren, als »man mit gesamten Händen das neue Gebäude zu continuieren« begann.[24] Beim Fundamentgraben für die neue Kirche stieß man zur Verwunderung aller (29. 8. 1772) auf »zerschiedene alte Fundamentmauern in der Mitte und an den Enden« der ausgebrannten Klosterkirche, die von einer Vorgängerkirche stammten.[25] Im Oktober 1772 legten Dixnard und Salzmann nicht nur den vollendeten Hauptentwurf der Klosterkirche, sondern auch einen Entwurf für die Gestaltung der äußeren Umgebung des Klosters vor.[26] Der Planungsprozeß schien abgeschlossen zu sein. Welche technischen und finanziellen Schwierigkeiten vor allem der Bau der Rotunde des Doms bereitete, ist daran abzulesen, daß deren Mauern im Sommer 1773 erst neun Meter über die Fundamente hochgewachsen waren. Unstimmigkeiten mit dem Kloster und die »Frechheit des Architekten« Dixnard, der seine weitergehenden Pläne sogar mit Hilfe der Kaiserin Maria Theresia durchzusetzen suchte, führten 1774 zu dessen Entlassung. Auch der Vertrag mit Salzmann wurde nicht mehr erneuert, obwohl er am 8. März 1773 versucht hatte, einen eigenen, von Dixnard abweichenden Bauvorschlag für Kuppel und Vorhalle vorzulegen.[27] Offensichtlich glaubte man nach 1774, ohne ständige Leitung und Aufsicht durch einen fest angestellten Architekten auskommen zu können. Man hielt die in St. Blasien lebenden Paliere, Zimmermeister und bauverständigen Konventsangehörigen wohl für kompetent genug, den Dombau unter künstlerischer Beratung durch den kurpfälzischen Baudirektor Nicolas de Pigage vollenden zu können.

Ohne Zweifel hatte St. Blasien mit Franz Joseph Salzmann einen der begehrtesten südwestdeutschen Barockarchitekten aus der zweiten Hälfte des 18. Jahrhunderts für den Wiederaufbau des zerstörten Klosters verpflichtet. Seine erprobten bautechnischen und organisatorischen Fähigkeiten gaben wohl den Ausschlag, ihm die Leitung des baulichen Jahrhundertunternehmens in St. Blasien anzuvertrauen, das heißt, daß er als Mitarbeiter Pierre Michel Dixnards für eine möglichst gute und ökonomische Verwirklichung der angenommenen Baupläne sorgen mußte. Er arbeitete auf diese Weise entscheidend an der Entstehung des st. blasischen Doms mit.

Franz Joseph Salzmann wurde am 9. März 1724 in Meßkirch als Sohn des Maurermeisters Jacob Salzmann geboren.[28] Seit 1748 in fürstlich-fürstenbergischen Diensten, wuchs er in die Rolle des erfolgreichen Architekten hinein und gehörte zu der einheimischen Baumeistergeneration, die sich erfolgreich gegen fremde Konkurrenz behaupten konnte. Nach Lehre und dreijähriger Gesellenzeit beim Vater zog Salzmann auf eine vierjährige Wanderschaft, um sich »in der Fremde in Reißen und Zeichnen an unterschiedlichen Orten zu perfectionieren«.[29] Er legte seinem Donaueschinger Dienstherrn vor der Einstellung sogar ein «Attestati« vor, daß ein »kostbarer Bau zu Rheinegg nach von mir gefertigten Rissen unter meiner Direction aufgeführet« worden sei. Für einen 24jährigen Baumeister sicher eine Leistung, die beim Fürsten Joseph Wilhelm Ernst von Fürstenberg die gewünschte Wirkung erzielte. Salzmann verlegte sogar dem fürstenbergischen Hofpalier Franz Singer[30] den Aufstieg und war zunächst als Bau- und Werkmeister tätig. Ein Studienaufenthalt in Italien während des Winters 1749/50 diente der Weiterbildung. Der junge Hofbaumeister machte sich anschließend daran, Kirchenneu- oder -umbauten in Steinach (1750)[31], Oberwolfach (1755), Jungnau (1759), Hausach (1763), Meßkirch (1770)[32], Welschensteinach (1771), Schenkenzell (1774), Ehingen bei Engen (1774), Tannheim (1779/83, Kirche und Paulinerkloster), Haslach i. K. (1780)[33] und Stühlingen (1785) für sein fürstliches Territorium zu schaffen. Bei den baufreudigen Benediktinern wurde man auch bald auf die Fähigkeiten des Donaueschinger Architekten aufmerksam. 1764/65 vertraute ihm Abt Augustin Dornblueth die Umgestaltung der St.-Landelin-Wallfahrtskirche in Ettenheimmünster an[34], ein Unternehmen, das fast von selbst die Beziehung zur Neubauplanung und Ausführung der Stadtpfarrkirche St. Bartholomäus (1768–1772) in Ettenheim mit sich brachte.[35] Am 19. Dezember 1773 kündigte Salzmann seine bei der Stadt Ettenheim stehenden 2000 Gulden Kapital auf, weil er vorhatte, im folgenden Frühjahr für seine Familie »eine eigene Wohnung erbauen zu lassen, daß doch meine Kinder auch mit der Zeit eine eigene Herberg haben«.[36] Turmbau und Neugestaltung der st. blasischen Priorats- und Wallfahrtskirche Todtmoos (1764–1778) liefen neben dem Klosterbau in St. Blasien her.[37] Zum Rippoldsauer Klosterbau[38] von 1769/70 hatte er ebenso Pläne zu liefern wie 1772 zur St. Peterskirche in Endingen a. K., bei der er allerdings zu spät beigezogen worden war.[39] Die St. Galluskirche in Wurmlingen (1782/84) beschließt die Liste der Kirchenbauten.[40] Zahlreiche Profanbauten im fürstlichen Auftrag verschafften Salzmann so viel Anerkennung, daß die Ernennung zum fürstenbergischen Rat und Baudirektor (1765) und der Titel Hofkammerrat (1780) nicht nur Formsache waren. 1782 übertrug ihm Fürst Joseph Wenzel sogar alle Bauvollmachten und legte ihm damit Rechte in die Hand, die vor ihm noch kein Donaueschinger Hofbaumeister besessen hatte. Unter den Profanbauten Salzmanns spiegelt das 1756/63 erstellte Fürstenberg-Archiv in Donaueschingen am deutlichsten seine Baugesinnung wider: In Form und Ausführung ein Meisterwerk. Nach zwei kinderreichen Ehen, Wohnaufenthalten in Rottweil a. N. und Hüfingen und Hausbau in Donaueschingen beschloß der geschäftstüchtige, mit soliden Architektenleistungen hervorgetretene Baudirektor F. J. Salzmann am 2. Mai 1786 sein Leben.[41]

Bauhandwerker

Säkularisation der Abtei und Abzug des Konventes nach Österreich (1806/07) löschten nicht nur das tausendjährige Kloster aus, sondern rissen auch das Archiv auseinander und beraubten uns der Klosterrechnungen, die Aufschluß über die wichtigsten Bauhandwerker am Dombau des Fürstabts Martin Gerbert hätten geben können. Deshalb sind wir auf den Versuch angewiesen, aus vereinzelten Notizen und Bemerkungen eine Liste der Bauleute zusammenzustellen, die all das erstehen ließen, was Bauherr und Architektengemeinschaft geplant hatten.

(Johann) Georg Schuetzer darf als Palier (Werkmeister) des Klosterwiederaufbaus nach 1768 gelten. Er starb am 10. Oktober 1807 im Haus Nr. 12 in St. Blasien; der 75jährige sei »durch 42 Jahr Ballier« gewesen, heißt es im Totenbuch.[42] Sein Eheeintrag vom 1. September 1770 (mit der Schmiedemeisterswitwe Maria Mayer, St. Blasien) bestätigt ihn als »Balier allhier«.[43] Taufpate der fünf Kinder war Schlossermeister Casimir Pfeffer († 4. 12. 1799), St. Blasien.[44] Wie eng die Verflechtung mit den am Bau des Doms beteiligten Handwerkern gewesen ist, zeigt die Tatsache, daß er 1780 bei der Hochzeit des Zimmermeisters Joseph Müller (Domkuppel) als Trauzeuge assistiert hat. Und bei der Taufe eines Kindes des Zieglers Johann Georg Stüber († 4. 12. 1795) von St. Blasien fungierte G. Schuetzer 1777 als Taufpate.[45] Weil man ihn während und nach dem Dombau allgemein »Palier« nannte, fällt seine Gleichsetzung mit jenem Maurermeister, der am 13. Januar 1771 zur Konferenz mit den beiden Architekten Dixnard und Salzmann berufen wurde, nicht allzuschwer. Ob zwischen Georg Schuetzer und dem im Dienst F. J. Salzmanns in Donaueschingen arbeitenden Palier Johannes Schutzer aus Dornbirn[46] eine verwandtschaftliche Beziehung bestand, ist nicht geklärt.

Die Baukolonne hauste 1774 zumindest teilweise im alten Doktorgebäude St. Blasiens. »Die Steinhauer, Maurer und Handlanger, so darin wohnen«, heizten am Josefstag jenes Jahres ihren Kachelofen so stark ein, daß ein Zimmerbrand entstand.[47] Einige Wochen später, am 26. April, geschah ein Unglück auf der Baustelle. »Nachdem die Maurer von ihrer Arbeit gegangen, ist ein Schneidergesell mit einem Kameraden in ein Kranrad getreten, und haben Stein hoch hinaufgezogen.« Beide konnten die Maschine nicht halten. Der Schneidergeselle erlitt fürchterliche Verletzungen.[48] Am 30. April 1775 verzeichnete Pater E. Gaes die Ankunft mehrerer Maurer und Steinhauer, so daß »mit gesamter Hand diese Woche die Arbeit wieder angefangen wurde.«[49] Ein Jahr darauf, am Freitag, dem 23. Februar 1776, hätten »40 Steinhauer ihre Arbeit wieder begonnen, zu welchen noch mehr andere in kurzer Zeit sich gesellen werden.«[50] 1779 fingen am 10. April »die Maurer von Bregenz, deren nur acht berufen worden«, mit der »Bestechung und Grundierung der Kuppel« (Gipsarbeiten) an.[51]

Zu der namenlosen Werkschar gehörte möglicherweise Johann Georg Felder aus dem Bregenzerwald, der am 11. Juni 1770 23jährig in St. Blasien starb.[52] Sicher einzuordnen ist dagegen Johann Felder, der am 23. September 1771 58jährig sehr fromm im Herrn verschied und nachgerühmt bekam, daß er durch einige Jahre im Dienst des Klosters »summa cum laude in reparatione Monasterii nostri« gearbeitet habe.[53] Am 5. März 1775 holte der Tod außerdem den Michael Halder von Würzburg, gewesten Steinhauergesell, 48 Jahre alt, in die Ewigkeit.[54] Um zu verhindern, daß der Dombau beeinträchtigt werde, ließ Fürstabt Gerbert am 9. Mai 1775 den Fridle Gleichauf in Fützen anweisen, daß aus seinem Steinbruch nur solche Alabastersteine nach Konstanz zu der »von Baumeister Dixnard übernommenen Renovierung des Chors der Cathedral Kirch« abgegeben werden dürften, die in St. Blasien nicht benötigt würden.[55] Unter den Steinmetzen dürfen wir auch den Laienbruder Macarius, »lapicida« genannt, vermuten. 1778 mußte Architekt Pigage einen Streit zwischen ihm und »Meister Aber« bei der gemeinsamen Arbeit an der Zierkuppel schlichten.[56] Der außerdem als Zeichner und Stukkateur einsetzbare Bruder wird im st. blasischen Personalschematismus 1780 als »Frater Conversus Macarius Heinz, Bonndorfensis, geboren am 18. August 1731, Profeß 28. Octob. 1765« vorgestellt.[57]

Joseph Müller, der Zimmermeister, erwarb sich besondere Verdienste um den Bau der Kuppel. Pater Kuon berichtet 1777 im Tagebuch: »An dem 5t Tag Junius finge man an, den Werksatz zum Dachstuhl auf die neue Kirche zu legen. Die Hauptteile davon bestehen aus 2 Querbalken, deren jeder 104 Schuhe in der Länge hält. Die Höhe des ganzen Dachwerkes ohne Knopf beläuft sich auf 200 Fuß. Der Knopf, der nur kalt vergüldet und zuerst ganz von Holz verfertiget und mit Kupfer überzogen ist, hält 11½ Schuhe in der Höhe und 10 in dem Durchmesser. Das Kreuz, welches ebenfalls 1. von Holz, sodann mit Kupfer überzogen, und endlich von Joseph Hilpert, Faßmaler von Häusern, ebenso wie der Knopf erst auf dem schon errichteten Gebäude kalt verguldet worden, hält 10 Schuhe in der Höhe und 7 in der Breite. Das ganze Dachwerk hat größtenteils aus eigner Erfindung Joseph Müller, Zimmermeister zu St. Blasien, dessen Vater gleichen Namens unter der Regierung des hochsel. Fürsten und Abten Franziskus II. den Dachstuhl auf das von hochgedachtem sel. Herrn erbaute neue Kloster anno 1739 und 40 verfertiget, – aufgesetzt, welches die Bauverständigen durchgehends bewundern und als ein Meisterstück von dieser Art ansehen. Es sollen sich nach dieses Zimmermeisters Aussage 1500 Klafter Holz an diesem Dachwerk befinden, und ebenso viel soll in die Späne gefallen sein.«[58] Daß J. Müller lang mit der Vorbereitung dieser Konstruktion beschäftigt war, geht aus einer Notiz vom 17. Dezember 1776 hervor, nach der er den P. Oberrechner auf einer Reise nach Basel begleitet habe, »um sich allda mit dem H. Pigage, pfälzischem Baudirector, welcher von einer Reise in Engelland und Frankreich zurückkame, zu unterreden.«[59] Bei der feierlichen »Einweihung des Hauptsteins, der ober der großen Tür der neuen Kirche liegt«, legte Fürstabt Gerbert am 5. September 1778 neben Reliquien, einer Zwölf-Kreuzer-Münze, einem Catalogus der ganzen Congregation auch ein Verzeichnis der »3 Baumeister, die diesen Kirchenbau teils angeordnet, teils gefuhrt haben«, in den Schlußstein ein. Darin wurde betont: »Der 3te und vornehmste war H: Nicolaus Pigage, wirklicher Baumeister Sr Durchlaucht des Kurfürsten in der Pfalz und izt auch in Bayern. Dieser erfahrene Mann hat unter vielen andern Stücken, die er verbessert und angeordnet, auch das künstliche Dachwerk, das auf der Kirche ruhet, ... erfunden.«[60] Diese Feststellung schmälert keineswegs die Leistung J. Müllers; denn 1793 unterstrich P. Paul Kettenacker in den Gesta Martini II noch einmal: »Laudem etiam magnam ab artis peritis obtinuit noster faber lignarius Josephus Müller, qui tectum super cuppam altitudine 15, latitudine 25 cubitos continentem multa arte et ingenis imposuit.«[61] Gewiß darf auch die hölzerne Kirche, die am 30. Mai 1770 »zum Behuf des

Gottesdiensts« aufgerichtet wurde, J. Müller gutgeschrieben werden.[62] Sie diente bis zum 8. November 1781, dem Tag der »ersten Einsegnung der neuen hiesigen Stiftskirche«, als Notkirche St. Blasiens.[63] Welche Wertschätzung »unser Zimmermeister Joseph Müller« im Kloster genoß, beweist nicht zuletzt der Bericht über den Guß der großen Glocke durch Glockengießer Grüninger. Als am 18. September 1781 der Schmelzofen aufriß, machten J. Müller und Bruder Macarius »dem schon verzagten Gießer Mut«, den Ofen anzustechen und den dann doch gelungenen Guß zu wagen. Beim Umbau der st. blasischen Prioratskirche Todtmoos (1770/78) hatte Joseph Müller der Abtei schon gute Dienste geleistet.[64]

Am 19. November 1724 als Sohn des Zimmermeisters Joseph Müller sr. († 18. 4. 1751) und der Anna Räßin († 4. 9. 1755) in St. Blasien geboren[65], verheiratete sich Joseph Müller jr. am 22. Mai 1747 in Höchenschwand mit der aus Strittberg stammenden Ursula Vogelbacherin († 12. 7. 1780).[66] Aus dieser Ehe ging der Sohn und Werkstattnachfolger, Zimmermeister David Müller (* 30. 8. 1750 St. Blasien, † 10. 3. 1803), hervor.[67] Bei der Wiederverheiratung Joseph Müllers mit Catharina Kayser aus Unteribach am 25. September 1780 stand ihm Palier J. G. Schuetzer als Trauzeuge bei[68]. Der Zimmermeister des Domdachs starb am 16. April 1799 in St. Blasien.[69]

Nach schlechten Erfahrungen mit Kupferschmied Johann Georg Beller aus Calw, der 1772 von Herbolzheim mit Familie und Hausrat nach St. Blasien gerufen worden ist und am Dachreiter auf dem Chor keine gute Arbeit lieferte[70], verpflichtete die Abtei am 11. Mai 1775 den renommierten Meister Josef Anton Lieb aus Aulendorf für die Kupferbedeckung der Domkuppel.[71] Um 1800 Gulden, nebst freier Kost für sich und seine Gesellen, sollte die am 5. Juni 1777 begonnene Arbeit so durchgeführt werden, daß »an der ganzen Kuppel nichts gelötet, sondern alle Tafeln 3mal gefalzt und so eine an die andere verbunden« werden.[72] Vorsorglich waren von Johann Lorenz von Grimmel in Memmingen 300 Zentner Kupfer zum Zentnerpreis von 64 Gulden eingekauft worden. »Knopf« und Kreuz, aus Holz gearbeitet, mußten ebenso mit Kupferblech überzogen werden. Am 21. August 1778 beendete Lieb zur größten Zufriedenheit seine Arbeit, die »sicher und dauerhaft gemacht« sei.[73]

Aus Gründen des Brandschutzes ließ die Abtei vom 27. Mai 1781 an auch »das Chordach mit Kupfer decken, um dasselbe gegen das Feuer besser zu bewahren«. »Ein Decker aus der Bilsten, Joseph Schmid«, erhielt je Zentner zwei Gulden Arbeitslohn, wofür er auch die Ziegel abzunehmen und die Dachlatten abzubrechen hatte.[74]

Bruder Michael Pfluger, der vitriarius im Kloster, trug als Glaser zum Wiederaufbau der 1768 vernichteten Gebäude und zur Verglasung der Domfenster mit großem Fleiß bei. P. Mauritius Ribbele hielt über ihn fest: »1787 den 5ten September starbe conversus Michael Pfluger aus unserer Reichsherrschaft zu Birkendorf gebürtig, der, ob er schon nur ein LaienBruder, dennoch um das Gotteshaus ein wohlverdienter Mann ware. So wenig Besonderes man sich bei dessen Aufnahm ins Kloster von ihme versprechen konnte, als der in dunklen Orte erzogne, in der Welt nichts gesehen, und nur das Fenstermachen erlernet hatte, so zeigte sich doch nachher sein mechanisches Genie. Er erfand und verfertigte einen bequemlichen Bleizug. Sodann eine Maschine, auf alle Arten das Glas zu schneiden, welche von vielen Kennern, und selbst vom Herzog von Wirttenberg, als selbe hier gezeigt wurde, Beifall erhielt. Nicht minder trug er vieles bei zur Wieder-Erfindung der Kunst, gemalte Fenster zu machen. Zu Verfertigung mehrerer anderer Sachen waren seine Anschläge gut und nützlich. Sein Charakter hatte zwar etwas Stoisches an sich, welches jedoch dem Klostergeist wenig entgegen, vielmehr demselben einigermaßen beförderlich ware, indeme es ihne auf seinem Beruf steifer, in seiner Verrichtung genauer, und in seinen Arbeiten strenger und anhaltender machte. Wie unermüdet sein Fleiß gewesen, kann man hieraus abnehmen, daß er allein mit seinem leiblichen Bruder alle Fenster in dem neuerbauten weitschichtigen KlosterGebäude wie auch in der Kirche, wo er noch allerweg die Draht-gitter gestrickt, nebst mehren auswärtigen Arbeiten in kurzer Zeit verfertiget hat. Er ruhe nun aus im Frieden.«[75] Die »Erzeugung des Rubin-Glases, erfunden vom Blasianischen Laien-Bruder Michael Pfluger von Birkendorf und Anton Pfluger« verschaffte ihm viel Bewunderung[76], zumal seine »gemalten Fenster« teilweise über den sechs Nebenaltären des Doms und in der Marienkapelle Verwendung fanden.[77] »Frater Conversus Michael Pfluger Birchendorffensis« erblickte am 19. März 1723 das Licht der Welt und legte am 1. Mai 1757 Profeß ab; der mit ihm verwandte st. blasische Laienbruder Antonius Pfluger wurde am 14. September 1740 in Birkendorf geboren (Profeß 4. Mai 1778).[78] Die Familie Pfluger machte als Kunstschreiner und Altarbauer im st. blasischen Herrschaftsbereich auch sonst von sich reden.

Unter den Konventsangehörigen, die mit ihrer Kunstfertigkeit zur Ausstattung des Doms beitrugen, verdient nicht weniger der Bruder Clemens erwähnt zu werden. Wie Bernoulli berichtet, seien die Chorstühle 1781 noch in der klösterlichen Schreiner- und Bildhauerwerkstatt in Arbeit gewesen. Clemens wird dafür 1793 von P. Kettenacker als scriniarius ausdrücklich gelobt. Nicht übersehen werden sollten seine Beichtstühle und die schönen (teils geschnitzten) Kirchentüren in gleicher Art von Eichenholz, zu denen wohl Baudirektor Pigage die Entwürfe geliefert hatte.[79] Von den Chorstühlen wird vermerkt, daß sie am 8. November 1781 zur feierlichen Benediktion der neuen Stiftskirche »außer des gnädigsten Fürsten seinigen« fertig gewesen seien. Lediglich »die Draperie oder Ruckwand fehlte noch an dem Gestühl.«[80] »Frater Conversus Clemens Häuble« stammte aus Uttenweiler in Schwaben. Er wurde am 15. Februar 1723 geboren und hatte am 21. November 1751 in St. Blasien Profeß abgelegt.[81]

Stukkateure und Altarbauer

Es fällt schwer, sich den Innenraum einer bedeutenden Kirche des 17. oder 18. Jahrhunderts ohne Stukkaturen vorzustellen. Als wichtige Mitarbeiter der Architekten übernahmen die Stuckmeister die Aufgabe, mit ihrer Kunst die Strukturen des Kirchenraums hervorzuheben, durch Dekoration die Raumstimmung mitzuprägen und die Ausstattung in den Bauzusammenhang einzubinden.

Für Kloster und Chorbau des »Schwarzwälder Doms« steuerte der Italiener Lodovico Bossi Stuckschmuck von bemerkenswerter Qualität bei, während in der Rotunde Johann Kaspar Gigel aus Landsberg als Vertreter der in Süddeutschland führenden Wessobrunner Stukkatorengemeinschaft zum Einsatz kam und mit dem Freiburger Bildhauer Joseph Hörr zusammenarbeitete. Schon zu Beginn der Neubauplanung (22. 12. 1768) holte sich P.M. Dixnard »einen Stuccador, so gut zeichnen kunnte« und in der Propstei Gurtweil beschäftig war, »nacher St. Blasien«.[82] Den Konventualen Br. Macarius Heinz, der 1778 mit dem »Meister Aber« die Herstellung der Zierkuppel leitete und sich deswegen mit dem Werkkameraden stritt, habe ich schon bei den Bauleuten erwähnt. Ob hinter dem sonst nicht bekannten »Aber« der Stukkateur Johann Aberer (Ober) aus Schoppernau[83] zu suchen ist, wäre zu prüfen. Was die als Modellbauer für den Mannheimer Hofarchitekten Pigage tätigen Stukkateure Carlo Luca und Giuseppe Pozzi[84] zum st. blasischen Dombau beitrugen, wird H.J. Wörner in seiner baugeschichtlichen Abhandlung würdigen.

Lodovico Bossi, der erfolgreiche Stuttgarter Hofstukkateur, wurde am 17. Dezember 1771, nachdem er schon die »Stuccadorarbeith allhiesigen Speisesaales künstlich und zierlich verfertiget und zu alliglicher Satisfaction hergestellet«, erneut durch Akkord verpflichtet, genauso »den großen Kirchen-, dann auch Winterchor«, die Sakristei, die »oberen Hauptgastzimmer bei Hof« und die Stiegenhäuser des Abteigebäudes mit Quadratur- und Stukkaturarbeit nach den Rissen und Vorschlägen des Klosterarchitekten Dixnard auszustatten. Die 1772/73 gefertigten Arbeiten in den Klostergebäuden blieben erhalten. (Vgl. den Beitrag von H.J. Wörner.) Sie zeugen von der hohen Meisterschaft Bossis *(Abb. 58).*

Als Pigage die künstlerische Ausgestaltung der neuen Stiftskirche zu beeinflussen begann, kritisierte er allerdings mit Brief vom 12. Februar 1776 »die von Stuccator Bossi im Winterchor gemachten Ungereimtheiten«, die in unterschiedlicher stilistischer Auffassung begründet gewesen sein dürften. Nach der Marienkapelle (1772) stattete L. Bossi die Decke des Chorgewölbes mit sieben Bildern mythologischen Inhalts aus, wohl seine beste Arbeit in St. Blasien. P. Kettenacker weist 1793 außerdem besonders auf die »gypsatas figuras«, die von Bossi aus Hartstuck modellierten Statuen (12 Apostel), hin. Zur Stuckierung der Rotunde wurde er nicht mehr beigezogen.[85]

Welche Hochachtung sich L. Bossi bei seinen Auftraggebern erwarb, geht aus einem Empfehlungsschreiben des Freiherrn Johann Ferdinand Sebastian von Sickingen (Schloß Ebnet, 19. August 1770) an Fürstabt Gerbert hervor. Nachdem der Stukkator schon einen Teil der Ausstuckierungen in dem nach Plänen P. M. Dixnards in der Freiburger Salzstraße errichteten Sickingen-Palais vollendet habe, könnten Kenner die Arbeit Bossis »in Augenschein nehmen und über dessen Fähigkeit urteilen.« Die Stukkatüren seien »zwar unter angeblicher Direction des Monsieur Dixnard, jedoch auf eigenes Gutachten, und nach denen selbst eigenen Rissen des Stukkadoren Bossi vollbracht worden.« Baron von Sickingen merkte darüber hinaus wohlwollend an, »daß gedachter Bossi so stark in der Kenntnis der Baukunst, besonders in denen regelmäßigen architekturischen Auszierungen sich gezeiget, daß selber mehrerfältig den Monsieur Dixnard einiger Vergessenheiten oder Irrungen überführet und mithin zu einigen Abänderungen« veranlaßt habe. Gute Kostenvoranschläge Bossis hätten überdies »ein Namhaftes gegen den von M. Dixnard gezogenen Calcul ersparet«. Fürstabt Gerbert ließ sich für die Verpflichtung L. Bossis gewinnen.[86]

B. L. Döry beklagte zu Recht, daß »italienische Untersuchungen über die im Ausland arbeitenden Barockstukkatoren noch nicht so weit gediehen seien, daß sie der deutschen Forschung wesentliche Hilfe leisten«, das heißt biographische Hinweise zur Verfügung stellen könnten. So wissen wir zwar von Arbeitsaufenthalten und hinterlassenen Werken Lodovico Bossis in Südwestdeutschland, alle Rätsel um seine Herkunft, Lebensdaten, Ausbildung und Familienverhältnisse blieben bis heute jedoch ungelöst. Während das Künstlerlexikon Thieme-Becker unseren Meister nur als Hofstukkator um 1765 am Stuttgarter Schloßbau verzeichnet[87], erweiterte Döry die Werkliste L. Bossis wie folgt: »Am Württemberger Hof ist seit 1762 Lodovico Bossi Hofstukkateur. Ihm helfen seine Brüder Augustin und Materno, ferner ein nicht näher bekannter Colomba. Bereits 1759–60 treten Materno Bossi und Colomba am Neuen Corps de Logis in Ludwigsburg hervor, während Lodovico Bossis Werke sich im Stuttgarter Schloß (1763–64), in Monrepos und in der Solitüde (nach 1766) befinden. Lodovico stuckiert einige Räume im Palais Adelmann zu Ellwangen und 1764 das Würzburger Treppenhaus. Im württembergischen Adreßbuch wird er bis 1768 genannt. 1771 steht bei seinem Namen ›ehemaliger Hofstuckator‹.[88] Verständlich bei der Verpflichtung nach Freiburg und St. Blasien. Seinen Werken anzureihen wären noch die Stukkaturen im Untergeschoß des ehemaligen Schönauschen Schlosses (Rathaus) in Wehr bei Säckingen, »schöne Arbeiten von Ludwig Bossi, um 1775«.[89] Aus der Verwandtschaftsangabe zu dem 1735 wahrscheinlich als Sohn oder Enkel des Stukkators Giuseppe Antonio Bossi in Porto Ceresio bei Lugano geborenen Materno darf auf die entsprechende Herkunft Lodovico Bossis geschlossen werden.[89]

(Johann) Kaspar Gigl (Gigel, Gügel, Güggel), ein Wessobrunner Meister, wurde von P. Kettenacker 1793 rückblickend gelobt, daß er durch seine mit größter Gewissenhaftigkeit und bescheidenem Preis durchgeführten Stuck- und Marmorarbeiten im Dom ein unsterblicher Künstler geworden sei: »Columnas uti et peristylia, altaria, pavimenta et omnia, quae e marmore sunt, summa diligentia et moderato pretio instruxit Bavarus quidam artifex Gügel, huic operi in S. Blasio immortuus.«[90] Nach den am 15. März und 2. April 1773 mit der Benediktinerabtei abgeschlossenen Verträgen hatte J. K. Gigl zusammen mit seinem aus einer alten Wessobrunner Stuk-

katorenfamilie stammenden Mitarbeiter Benedikt Raffler (1737 Gaispoint – 1806 Landsberg / nicht »Rastler«) die Wände des Chorraums (Säulen, Lisenen, Balustrade, Wände zwischen Lisenen und Fenstern, Fensterumrahmungen mit Füllungen, Mauern des Erdgeschosses neben Chorgestühl, Türumrahmungen) mit Alabastersteinen zu verkleiden. Er war verpflichtet, das Plattenmaterial in den Steinbrüchen von Fützen und Ehingen selbst auszuwählen und für die Verwendung vorzubereiten (Akkord vom 23. Dezember 1772). 18300 Gulden Entlohnung, Unterkunft und Verpflegung sicherte ihm das Kloster dafür zu.[91]

Beim Ausstuckieren der Rotunde zeichnete K. Gigl als hauptverantwortlicher Meister. Die Arbeit wurde mit Energie vorangetrieben. Am Benediktusfest (21. März) 1779 hielt man in St. Blasien Feiertag. »Doch arbeiteten die Steinhauer und Stokkadorer«.[92] Am 8. April 1780 dagegen »traf der Stokkadorer Gigel von Landsberg mit nur 4 Mann hier ein, weil er nur noch einige Monat an der Verzierung der Kirche zu arbeiten hatte.«[93] Fürstabt Gerbert und der Konvent waren offenkundig immer noch sehr mit dem Stuckmeister zufrieden. Im Vorbericht zu den großen Einweihungsfeierlichkeiten des Doms 1783 wird Gigl entsprechend erwähnt. Die Zopfdekorationen in den Pfeilern des Chorbogens, Engelsköpfe in den schmalen Seitenwänden am Abschluß der Rotunde gegen den Chor und an den Bögen des oberen Rotundenumgangs, Stoffgehänge unter den Brüstungsbalustraden sind ihm und seinem Trupp zuzuschreiben. Auslegearbeiten mit Alabaster, Marmor und Jaspis im Abtschörle sowie 1777/78 die Ausstuckierung der Klosterbibliothek, wohl nach Pigages Entwurf, kamen hinzu.

Weil Fürstabt Gerbert »vollkommenste Zufriedenheit und gnädigstes Wohlwollen ob der von Caspar Gigell sowohl in Gips als in Marmor künstlich und dauerhaft verfertigen Arbeit« empfand, vertraute er ihm auch den Bau der vorgesehenen neun Stuckmarmoraltäre an. Bis spätestens September 1783 sollte der Stukkateur diese Altäre „aus Alabastermarmor nach der Idee des H. Wenzingers« erstellen und »fein glänzend schleifen lassen.« Gigl war jedoch frei, gegebenenfalls die Wenzingerischen Risse abändern zu können, wenn dies notwendig erschien. Den »Bogen in der fürstlichen Hofkapelle« sollte er gleichfalls mit Alabastermarmor überziehen. Gesellen, Handlanger und alles erforderliche Werkzeug hatte er beizuholen; die Bauherrschaft versprach ihm dagegen, 5800 Gulden Entlohnung, Quartier, Licht, Holz und Kost für sich und seine Mannschaft zu geben. Das Material (Stein, Gips, Kalk, Leim, Kohlen, Eisen, Draht, Nägel) wurde ihm unentgeltlich an die Hand geliefert; »alle vorkommende wahre Bildhauerarbeit an den Altären, nebst den Deckeln auf beiden Kanzeln, die von Holz müssen gemacht werden«, nahm außerdem die Klosterkasse auf sich.[94] Wahrscheinlich hat sich der dafür verpflichtete Bildhauer Joseph Hörr, der nicht nur in St. Blasien mit Stukkatoren zusammenarbeitete[95], auch am figürlichen Schmuck des Rotundenstucks, und sei es mit Modellen für J. K. Gigl, beteiligt. Hauptaltar in feierlichem Schwarz und Nebenaltäre in dunklem Graugrün entsprachen modernstem Geschmack der Zeit. Wegen der von J. Hörr zu Altar- und Kanzelbauten beigetragenen eleganten Bildhauerarbeiten vergleiche die Abhandlung Rudolf Moraths über die einheimischen Künstler St. Blasiens! Sicher stammte auch der Taufstein, eine einfache Arbeit aus Alabaster, von der Hand Gigls.

Als am 7. September 1781 nach dreiwöchiger Arbeit das Innengerüst aus dem neuen Kirchenraum entfernt war, reiste kurz danach Herr Wentzinger, der künstlerische Berater für die Altarbauten, an, um »dem hiesigen Bildhauer noch einige Anweisung zu geben.«[96] Die Zeit drängte. »Der Stoccador mußte mit ununterbrochenem Fleiß an dem Hochaltar arbeiten, damit man auf Martini den ersten öffentlichen Gottesdienst darauf halten könnte. Es wurde auch alles so zustande gericht, daß Celsissimus den 8. November die Kirch feierlich benedicieren konnte.« Mit der Konsekration der »zween Altäre an dem Chorbogen« (Muttergottesaltar mit Tabernakel, Blasiusaltar) und der Übertragung des Allerheiligsten aus der hölzernen Notkirche in den neuen Dom erreichte die Feier den Höhepunkt. Der »gedoppelte Hochaltar, wie auch noch 4 Seitenaltäre wurden zum Meßlesen mit Portatilen versehen und zugerichtet.« Am 11. November 1781, dem Namenstag des Fürstabts Martin II., hielt die Klostergemeinschaft das erste feierliche Hochamt am Hauptaltar. »Es war eine große Solemnität, und ein starker Zulauf des Volkes.«[97] Einen ähnlichen Unterbau wie der Hauptaltar zeigend, füllten die sechs kleinen Nebenaltäre je drei Nischen der Außenwand des Kuppelumgangs. Ovale Rahmen umfaßten die Gemälde der Altarpatrone. Die Fertigstellung dieser Altäre scheint sich jedoch noch bis 1784 hingezogen zu haben, eine Arbeit, über der Kaspar Gigl starb. Sie wurden jedenfalls bei der Domweihe am 21. September 1783 nicht mitkonsekriert. Als sich zwei Jahre später der Konstanzer Weihbischof Freiherr von Baden am 4. September 1785 in St. Blasien aufhielt, »holte ihn der ganze Konvent bei seinem Zimmer ab, und trat ihm bis in die Kirche vor, wo er die 6 Nebenaltäre weihte.«[98]

Wie Hugo Schnell durch umfassende Forschungen über die Wessobrunner Meister feststellte, stammte Stukkator (Johann) Kaspar Gigl aus Schönwag-Forst. Er wurde am 18. August 1737 in Wessobrunn getauft. Als jüngster Sohn des Pontian Gigl und der Anna Brugger, Enkel des Leonhard Gigl, hatte er sieben Brüder. Der bekannteste von allen ist Johann Georg (Jörg) Gigl[99] gewesen, in dessen Stukkatorentrupp Johann Kaspar 1760 beim Bau des Hochaltars der Pfarrkirche Kirchberg bei St. Gallen mitarbeitete. An den 1765 verstorbenen Johann Georg Gigl mit Brüdern und Gesellen erinnerte man sich in St. Blasien sicher noch, hat er doch 1742–1746 das »Hofgebäude« der Abtei ausstuckiert.[100] Wann und warum sich J. K. Gigl in Landsberg a. L. niederließ, ist nicht bekannt. Sein Stiefbruder Johann Michael Gigl erwarb 1785 das Landsberger Bürgerrecht. Neben dem Dombau St. Blasiens betrieb die Abtei 1770/78 auch die Umgestaltung der Priorats- und Wallfahrtskirche Todtmoos unter der Leitung F.J. Salzmanns. Dem Meister Johann Kaspar Gigl blieb es vorbehalten, dort im Langhaus die Ausstuckierung vornehmen zu dürfen.[101] Am 5. September 1784 vermerkt das Totenbuch St. Blasiens, daß der hochgeschätzte Stukkateur und Altarbauer »Joannes Casparus Gigel Landspergensis aetat: 48« gestorben sei.[102]

Bildhauer

Neben Lodovico Bossi (Chorraum) beschäftigte Fürstabt Gerbert den aus Blasiwald stammenden, seit 1764 in Freiburg als akademischer Bürger ansässigen Joseph Hörr (1732–1785) als Bildhauer in der neuen Kuppelkirche (Rotunde). Obwohl der bedeutende Johann Christian Wentzinger (vgl. Abschnitt »Maler«) als künstlerischer Berater der Abtei eine gewisse Oberaufsicht über die Bildhauerarbeiten hatte, wäre es ein unverzeihlicher Fehler, in Joseph Hörr nur einen untergebenen, zweitrangigen Meister sehen zu wollen. Im Gegenteil, seine exzellenten Arbeiten weisen ihn als bedeutendsten südbadischen Bildhauer des Frühen Klassizismus aus. Dem verdienstvollen Joseph-Hörr-Forscher Rudolf Morath blieb es vorbehalten, in seinem Beitrag zu diesem Buch Joseph Hörrs Arbeiten für St. Blasien, dessen Leben und Werk darzustellen.

Kleinere Arbeiten wie Modellbauten der Gebrüder Pozzi, Mannheim, für Architekt N. Pigage, Medaillonmodelle für das Hugenestsche Chorgitter durch den Karlsruher Hofbildhauer Christoph Melling (1716–1778)[103] und Wappendarstellungen auf drei 1770 beschafften eisernen Öfen durch einen »Bildhauer Rocher« in Stuttgart[104] fielen gegenüber den Leistungen Bossis und Hörrs kaum ins Gewicht.

Kunstschmied

(Johann Jacob) Carl Hugenest, der Karlsruher Hofschlosser, schmiedete das vielbewunderte Chorabschlußgitter der neuen Stiftskirche. Als besonderer Blickfang zwischen Rotunde und Chor künstlerisch zunächst umstritten, nach verunglückter Herstellung der Apostelmedaillons und Ärger wegen des mit der Vorauszahlung durchgebrannten Straßburger Ziseleurs Els konnte Hugenest erst an Pfingsten 1777 bei einer Besprechung in St. Blasien mit N. Pigage die finanziellen Schwierigkeiten und die Unklarheiten über die endgültige Gestalt des Chorgitters beseitigen und mit sechs Gesellen endlich an die Arbeit gehen *(Abb. 59).*

Obwohl schon 1772 verakkordiert, verhinderten die Verpflichtungen Hugenests für das Palais des Freiherrn von Sickingen in Freiburg und Arbeiten im Karlsruher Schloß zunächst den Beginn der Kunstschmiedearbeiten. 1775 bat Hugenest den Fürstabt um Hilfe. Der Hofschlosser befürchtete einen hohen finanziellen Verlust durch zeitweilige Zahlungsunfähigkeit des Freiburger Auftraggebers. Um der Klage vor der Priminstanz des vorderösterreichischen Ritterstandes Nachdruck zu verleihen, wollte St. Blasien »die von der Sickingischen Familie zu betreibende Schuldforderung« unterstützen, »weilen dem hiesigen fürstlichen Reichsstift in Ansehung des dem Supplicanten verakkordierten Chor-Gitters aus seinen wichtigen Ursachen daran gelegen.«[105] Inzwischen übernahm N. Pigage seine Beratertätigkeit in St. Blasien. Er setzte eine Änderung des Dixnardschen Gitterentwurfs durch und ließ auch die Gitter in den Seitenpforten in den neuen Vertrag vom 8. Juli 1775 einbeziehen. Zwei Tage später meldete sich Hugenest aus Karlsruhe mit einem Schreiben »wegen des durch den Chorgitter accord erlittenen Schadens.« Die Änderungen, die Aufregungen um die in Straßburg gegossenen Messingmedaillons und der verlorene Prozeß hätten ihm einen Verlust von 500 Gulden gebracht. St. Blasien schrieb aber nur zurück, daß er, »wann dieser das Chor-Gitter verfertiget haben werde, und die Arbeit wie zu hoffen gut ausfallen werde, er sich einer Gnade zu getrösten haben werde.«[106] Am 6. November 1775 bekam Hugenest den »dieser Tagen verfertigten Riß zu dem neuen Chorgitter« von der Fürstabtei genehmigt, »da dieser ganz künstlich und zierlich, auch ohne einige Ausstellung erfunden.« Gleichzeitig bat der Meister, »es bei dem alten Accord zu belassen und die Zahlungssumm nicht zu mindern.« Man entsprach dem Gesuch, weil der Fürstabt »von Verständigen überzeuget worden, daß nach dem alten Riß die Arbeit ohne ziemlichen Verlust nicht hergestellet werden könne.«[107] Doch Hugenest hatte sich zu früh gefreut. Der Pater Oberrechner legte am 28. Februar 1777 ein Schreiben vom Hofschlossermeister vor, worin derselbe inständigst bat, daß »ihme auf die accordierte Arbeit des Chorgitters 1000 Gulden avanciert werden wollen, angesehen derselbe auf die von dem Mannheimischen Baudirector Msr. Pigage beschehene Abänderung sich um solchen Wert anderes Eisen anschaffen müssen, und dieses nun zu bezahlen habe.« Der Klosterrechner unterstützte den Antrag, weil von den 6000 Gulden Vertragssumme erst 1000 Gulden anbezahlt seien und immer noch 4000 Gulden stehenblieben. Hugenest bekam erneut 1000 Gulden überwiesen.[108] Pigage hatte Hugenests Umarbeitung des Dixnardschen Gitterentwurfs vernichtend kritisiert. An der endgültigen Ausführung des Chorgitters wurde jedoch die außerordentlich geschickte Leistung der Werkstatt Carl Hugenests offenbar und zu Recht allgemein bewundert. Selbst der Markgraf von Baden kam am 9. März 1779 mit großer Suite in den Hof des Kunstschlossers, um das aufsehenerregende Werk für St. Blasien zu betrachten. Am 21. April 1779 erreichte Hugenests Transport »mit dem schönen und künstlichen hiesigen Chorgitter« St. Blasien. »Eben dieses (Werk) wurde in Karlsruhe 8 Tage zur öffentlichen Schaue ausgestellt, und in öffentlichen Blättern daselbst als ein Meisterstück gepriesen.«[109] Der Karlsruher Meister baute sein Werk selbst in die Kirche ein, auf Wunsch Gerberts ohne irgendeine Vergoldung, mit einer schwarzen Farbfassung überzogen. Wegen der Seitenpforten wurde am 24. Mai 1779 nochmals ein neuer Vertrag um 3000 Gulden mit Hugenest abgeschlossen. Deren Fertigstellung im Februar 1781 sollte er allerdings nicht mehr erleben. Bei seinem Arbeitsaufenthalt in St. Blasien legte er dem Klosteroberen eine Zusatzrechnung vom 15. April 1779 »über die besonderen Ausgaben, welche mir wegen Abänderung der Dixnardschen Chorgitterzeichnung gemacht worden«, im Umfang von 421 Gulden 19 Kreuzer vor, die noch einmal das aufregende Hin und Her um die Entstehung des zu guter Letzt doch so gelungenen Chorgitters schildert.[110] Am Vorabend des St. Jakobstags 1781 erhielt das Werk Hugenests wohl seinen endgültigen Platz. Denn an jenem Tag »wurde das neue Chorgitter mit großer Mühe an seinen Ort, wo es itzt ist, aufgestellet, nachdem es einige Jahr, von dem berühmten Meister Haugenestel zu Karlsruhe um 6000 Gulden verfertiget, in dem neuen Chor stand *(Abb. 60).*«[111]

J.J. Carl Hugenest erblickte am 21. August 1736 im st. blasischen Bonndorf das Licht der

Welt. Der Vater, Melchior Hugenest (* 29. 3. 1710 Bonndorf, † 24. 3. 1773 Karlsruhe), fand als Hofschlosser etwa seit der Mitte des 18. Jahrhunderts in Karlsruhe Arbeit und beteiligte sich mit seiner Kunstfertigkeit am Bau der Residenz des Markgrafen von Baden. »Das sogenannte Hirschtor, die prächtigste Schmiedearbeit Karlsruhes (aus der Rokokozeit), ist im Jahr 1759 nach dem Entwurf des Bauinspektors J. Müller von Hofschlosser Melchior Hugenest zunächst als Haupteingangstor des Schlosses angefertigt worden.« Zu den wichtigsten Arbeiten des Altmeisters zählte auch das Brüstungsgeländer im Haupttreppenhaus des Karlsruher Schlosses. Carl wuchs demnach in einer sehr renommierten Handwerkerfamilie und Werkstatt auf und folgte dem Vater am 10. März 1766 in der Stellung als Hofschlosser nach. Die beiden Aufträge in Freiburg (Treppengeländer im Sickingenpalais um 2478 Gulden) und St. Blasien (Chorgitter des Doms) dürfen als seine Hauptarbeiten gelten. Daß Carl Hugenest mit der Tochter des baden-badischen Hofschreiners und Altarbauers Martin Eigler aus Rastatt verheiratet war, wirft ein Schlaglicht auf seine wohl engen persönlichen Verbindungen zu den führenden Kunsthandwerkerfamilien Mittelbadens. Als der für St. Blasien wichtige Chorgitterschmied am 14. August 1780 in Karlsruhe starb, führte seine Witwe zunächst den Betrieb allein weiter, verheiratete sich dann aber am 25. Februar 1782 mit dem Schlosser Johann Heinrich Behme wieder, der schon fünf Jahre als Geselle bei dem verstorbenen Carl Hugenest gearbeitet und zum großen Chorgitter St. Blasiens Zierraten und Treibarbeiten beigesteuert hatte. Mit Sicherheit mußte J. H. Behme die Fertigstellung und Lieferung der verakkordierten Seitenpfortengitter St .Blasiens nach dem Tod des Meisters in die Hand nehmen.[112]

Maler

Johann Christian Wentzinger[113], der bedeutendste Freiburger Barockmeister[114], pflegte über Jahrzehnte hinweg gute Beziehungen zu der Benediktinerabtei St. Blasien. Er stieß dort auf Gegenliebe: »Picturae in cuppa de manu D. Wenziger sunt, qui felicior apud nos fuit, quam in S. Gallo.«[115] Ein Urteil von 1793, das nur die Meinung des Fürstabts Gerbert widerspiegeln konnte, der am 27. Mai 1771 St. Gallen besuchte und »die Nachmittagsstunden mit Besichtigung der Kirchen und übrigen Gebäude zugebracht hat.«[116] Ohne Zweifel ist die Feststellung, daß die Gemälde in der Kuppel St. Blasiens glücklicher als die in St. Gallen gelungen seien, nicht ganz frei von Kritik. H. Ginter folgt dieser Linie, wenn er Wentzinger für die Zeitspanne des Barock und Rokoko als Bildhauer »das hervorragendste Talent in ganz Südbaden« nennt. Auf dem Gebiet der kirchlichen Großmalerei erscheine seine Begabung jedoch geringer, »wenn ihn auch hier ein nicht geringes dekoratives Feingefühl auszeichnet.«[117] Die Decken- und Wandbilder in der mächtigen Rotunde St. Blasiens waren Wentzingers Erfindung. Simon Göser übernahm als mitarbeitender Meister nur die Ausführung. Beim Kirchenbrand 1874 ging das Werk beider Maler unwiederbringlich verloren. Wer hätte das bei der Domweihe 1783 zu denken gewagt, als »der künstliche Pinsel eines Hr. Wenzingers, des Rats zu Freiburg im Breisgau, der unsere Kuppel mit seinem edel schön Gemälde noch reizender machte, alle Augen an sich riß«?

Um den Anteil der beiden Freiburger Barockmaler an der Ausgestaltung der neuen Abteikirche und die andauernden Beziehungen Wentzingers als Bildhauer und künstlerischer Berater zu St. Blasien besser überschaubar zu machen, möchte ich die erhaltenen Notizen in einer chronologisch geordneten Liste zusammenfassen:

1740 wird im Kloster verzeichnet, daß mit dem Bau des Hofportalgebäudes begonnen und »Marmell zu denen Zimmer Statuen von Herr Wenzinger, Künstler von Kirchhofen, zwischen Ewattingen und Münchingen« gebrochen worden sei.[118]

1741 Wentzingers sieben »Statuen auf dem Portal«, die auf dem Millich'schen Bild zu erkennen sind.[119]

1763 – 28. September: »Herr Wentzinger von Freyburg machte in einem Schreiben zerschiedene auf 225 fl sich belaufende praetensiones theils wegen zwey Modelles auf das grössere mittlere Stiegenhaus, welche Er allschon a. 1741 Sub regimine Francisci II. glor: memoriae verferdiget, theils wegen 7. wochiger Arbeit. Da solcher a. 1749 eben an diesen Statuen gearbeithet, Von derselbigen aber abgetretten, und die Kirch zu St: Gallen übernommen hat. Diese Statuen wurden sodann H. Heer aus dem Bläsi-Wald um 1200 fl veraccordiret, wie schon oben angeführt worden, dann H. Wentzinger wollte solche nicht anders als um 1500 fl verferdigen. Auf dieses Schreiben ist bis dahin noch keine Antwort gegeben worden.«[120]

1779 – 25. Januar: »Der andere Noviz Wenzinger, ein naher Anverwandter des berühmten Bildhauers dies Namens in Freyburg[121], dem man gern zu schmeichlen und sich auf alle Weise gefällig zu machen gesinnet war, da er in diesem Jahr unsere Kuppel zu zeichnen und etwa auch zu malen verheißen hatte, wurde eben dermals kränklicher Umstände halber entlassen.«[122]

Ohne Zweifel muß der »nahe Anverwandte« unter den Söhnen Joseph Wentzingers in Merdingen gesucht werden (vgl. Testament des Bildhauers).

– 7. Juni: »Abends traf H: P: Lachenmayr gewester Rector der Societät Jesu samt H. Wenzinger, einem sehr berühmten Bildhauer, von Freiburg ein. Dieser brachte zumal die Scküze zur Kuppel (Entwurf des Deckengemäldes) mit, welche er schon samt der ganzen Zeichnung und Schilderung verfertiget hatte.«[123]

– 11. Juni: ». . . reisten die Tit: H: Kommissarien von Freiburg dahin wieder ab, nachdem sie 16 Tage hier zugebracht hatten. Mit eben dieser Partie fuhre auch H: Lachenmayr gewester Rector der Gesellschaft Jesu samt dem H. Bildhauer Wenzinger wieder nach Haus. Dieser ließe einen Maler Simon Gaeser (Göser) von Freiburg hier zurück, welcher auch wirklich den Anfang gemacht, die Kuppel zu malen. Für das Modell oder Scküze (Skizze) der Kuppel verlangte H. Wenzinger 60 Louisdor, die er auch erhalten.«[124]

– 24. Juli: »An diesem Tag, als am Samstag vor dem Fest des H: Jacobus befahlen mir Celsissimus von dem H. Simon Gaeser, der an hiesiger Kuppel kaum etliche Wochen indessen gearbeitet, eine ganz seltene Unterschrift unter hochdessen Portrait, welches einige Jahr unter der Reihe hiesiger sel. verstorbenen H: Äbten ohne Unterschrift gehangen, mit diesen Worten sich schreiben zu lassen: Pauper sum ego, et in laboribus a iuventute mea; exaltatus autem humiliatus Sum et conturbatus ex psal: 8,7 V. 16.«[125]

– 1. September: »Am ersten dieses kam H: Wenzinger samt dem H: Bihson (Buisson), einem Herr von Freiburg, hier an. Jener, welcher die Kuppel zu malen in einem Akkord von 3000 Gulden übernommen, besichtigte die Arbeit seines H. Scolaren H. Simon Gaesers eines Freiburgers, welche inner Zeit 2 Monaten indessen, und zwar ziemlich wohl verfertiget hatte.«[126]

1780 – 8. April: »Heut machten zween Maler Simon Geser, ein Bürger in Freiburg, mit einem andern Maler den Anfang, den Plavon an der Kirchenkuppel zu grundieren.«[127]

– 31. Mai: »Abends traf H: Wenzinger, dieser künstliche Bildhauer, von Freiburg hier ein, welcher um 6000 Gulden die hiesige Kuppel zu malen angefangen. Er versprach bis Herbst diese ganz fertig zu machen.«[128]

– 7. September: »Diesen Morgen reiste auch H: Wenzinger, ein Bürger zu Freiburg, ein in Deutschland berühmter Bildhauer und Maler, von hier wieder ab, nachdem er in 3 Monaten den Plavon in unserer Kuppel ganz ausgemalt hatte. Er ließ aber zur Stokadormalerei noch zween Gehilfen zurück, den H: Simon Gäser, nämlich auch einen Bürger von Freiburg, und H. Käs von Detnang.«[129]

– 11. November: »An diesem als am hohen Geburtsfest I. höchsten Gnaden . . . hielt H: Dechant eine schöne Glückwünschungsrede an Se frstln Gnaden im Beisein aller Hofpatres und der gewöhnlichen Conventualen, darin geschah Meldung der schönen Malerei in der Kuppel, die H: Wenzinger v: Freiburg dies Jahr verfertiget hat.«[130]

1781 – 23. Mai: »Gestern traf auch H: Wenzinger von Freiburg hier ein, der da das Gemälde in der Kirche annoch zu vollenden hatte *(Abb. 45).*«[131]

– 28. Juni: Fürstabt Gerbert reiste nach dem Mittagessen mit »H. Maler Wenzinger, der das Stück des sterbenden H: Vaters (Benedikt) an den Chorbogen bereits verfertigt hatte«, nach Bonndorf ab.[132]

– 6. August: »Heut reiste H: Wenzinger, nachdem er die schöne Malerei in der Kirche ganz zu Ende gebracht, wieder nach Freiburg ab.«[133]

– 2. September: »Vor wenig Tagen brachte H: Simon Gäser von Freiburg die Stokadormalerei in der Kirche zu allgemeinen Vergnügen zuEnde, und das große Kirchengerüst war bis auf die zween unterste Stockwerk abgebrochen.«[134]

– 15. September: »Abends traf auch H: Wenzinger, Maler, mit dem H: Byhson hier ein, um die geräumte Kirche zu sehen, und etwa noch dem hiesigen Bildhauer einige Anweisung zu geben.«[135] Auf die Vorschläge und Ideen Wentzingers für Chorgestühl, Altarbauten und Bildhauerarbeiten habe ich schon hingewiesen.

Ähnlich wie bei den Altären mit Bildhauer Joseph Hörr, zog Wentzinger für seine Kuppel- und Chorbogenbilder mit Simon Göser einen äußerst tüchtigen Mitarbeiter bei. Als wohlhabender Ratsherr lebend, mit seinem Vermögen wie ein Bankier arbeitend, hat Wentzinger nach seinem St. Galler Großauftrag (1760) weitgehend auf die aktive Bildhauerei verzichtet, um den gesundheitlichen Gefahren der Steinbearbeitung zu entgehen. Künstlerische Beratungen – als Beispiele seien das st. blasische Kirchhofen[136] und Ettenheim[137] genannt –, Entwürfe und Modelle für Statuen und Altäre sowie die Malerei gaben ihm genug Gelegenheit, sein Können anzuwenden. Wentzingers Werkliste an Gemälden wurde von H. Ginter zusammengestellt: 1757/60 Langhausdeckenfresken in der Stiftskirche St. Gallen, 1761 Deckenmalerei im Treppenhaus des Wenzingerhauses am südlichen Münsterplatz in Freiburg, zwei Ölgemälde der Mariä Verkündigung im Pfarrhaus Buchholz/Breisgau, zwei Selbstporträts, Porträt der Katharina Egg, Gemälde »Die drei Spieler« im Augustinermuseum Freiburg.[138] Ich brauche es nicht ausdrücklich zu betonen: St. Blasien nimmt unter diesen Werken Wentzingers einen herausragenden Platz ein. Auch die Arbeiten, die noch nachzutragen sind, wirken neben den Großmalereien für St. Gallen und St. Blasien recht bescheiden: Die Porträts des Freiherrn von Sickingen und Gemahlin[139], zwei Ölskizzen im Kunstkabinett des Benediktinerstifts St. Paul i. L. (Entwürfe zu den Deckenfresken im südlichen und nördlichen Seitenschiff der Stiftskirche St. Gallen)[140], Malereien im Kapitelsaal des ehemaligen Zisterzienserinnenklosters Wonnental bei Kenzingen (1976 durch Brand zerstört)[141], zwei Stilleben und Entwürfe für eine Fassadenmalerei.[142] Obwohl P. Roman Kuon als Augenzeuge des Geschehens in St. Blasien von dem »sehr berühmten künstlichen, in Deutschland berühmten Bildhauer« spricht, heben die Schriften zur Domweihe und der Biograph Fürstabt Gerberts den Freiburger Künstler nur als Maler der Kuppeldecke und des Chorbogenbildes (Tod und Glorie des hl. Benedikt) hervor. Die feierliche Strenge der Rotunde löste sich – illustionistisch und echt barock – durch Wentzingers und Gösers Gemälde in der firmamentartigen Kuppel auf und ging – wie der auffahrende Ordensvater – in den »Himmel« über. Jubelnder Barock triumphierte noch einmal über den majestätisch-kühlen Klassizismus.

Seit dem Ende des vergangenen Jahrhunderts erschienen zahlreiche Veröffentlichungen über das künstlerische Werk Johann Christian Wentzingers[143], die einmütig das vornehm-kultivierte Wesen und die großzügig-monumentale Auffassung seiner Arbeiten hervorhoben und betonten, daß der Freiburger Hauptmeister eine der bedeutendsten Erscheinungen unter den süddeutschen Bildhauern des 18. Jahrhunderts gewesen sei. Zu solcher Erkenntnis stehen die dürftigen Hinweise auf die Persönlichkeit des Künstlers in bemerkenswertem Gegensatz. Die Klage ist berechtigt, daß wir über Jugendzeit und Ausbildung Wentzingers, über seine Persönlichkeit, über ihn als

Mensch nur sehr wenig wissen. Wann und bei wem der am 10. Dezember 1710 in Ehrenstetten geborene Bildhauer[144] in die Lehre geschickt worden ist, gelang bis jetzt niemandem zu enträtseln. Von einem Aufenthalt in Straßburg heimgekehrt, wo »Christian Wentzinger, Bildhauergesell von Freiburg, bei Herrn Fohset« in Arbeit gestanden und am 22. September 1732 vor der Zunft zur Steltz »über die Articul« geschworen hatte[145], übernahm der junge, in Ehrenstetten bei den Eltern wohnende Bildhauer den neuen Taufstein der Abtei- und Pfarrkirche St. Peter (Schwarzwald), sein erstes nachweisbares Werk, an dem sich Talent und Können schon sichtbar ausprägten. Daß Abt Ulrich Bürgi den noch nicht hervorgetretenen Künstler (wohl auch für den figürlichen Schmuck des Orgelgehäuses) nach St. Peter verpflichtete, möchte ich der Beziehung zuschreiben, die zwischen der Ehrenstetter Herrenmühle und dem nahen Schwarzwaldkloster bestand. Joachim Wentzinger, der Vater des Bildhauers, hatte mit der Herrenmühle auch ein Erblehen von acht Juchert Acker und Matten übernommen, das jährlich nach St. Peter zinste und für einen ständigen Kontakt zu der Klosterverwaltung sorgte.[146] Der Straßburger Eintrag des Jahres 1732 spricht von Freiburg als Herkunftsort, kann sich aber wohl nur auf eine Bildhauertätigkeit (als Lehrling? als Geselle?) Wentzingers beziehen. Studienfahrten nach Italien und Paris (1735–37) wechselten mit Aufenthalten im Breisgau ab. 1752 lieferte er die Bozzetti zu den Brüstungsfiguren des st. petrischen Bibliothekssaales, kehrte 1753 von einer Wienreise zurück, bemühte sich im Jahr danach um das akademische Bürgerrecht in Freiburg, trennte sich jedoch im Zorn von der Universität[147], und ließ sich 1755 bei der Stadt einbürgern. Als Generalunternehmer gestaltete J. Ch. Wentzinger 1757/60 die Stiftskirche St. Gallen aus und wurde dadurch zum reichen Mann, der sich auf zwei Grundstücken der südlichen Münsterplatzseite in Freiburg sein palaisartiges Wohnhaus »zum schönen Eck« erbauen konnte.[148] Zum Leben eines Grandseigneurs übergehend, begnügte er sich nach 1760 damit[149], Entwürfe, Modelle und Gutachten zu künstlerischen Unternehmungen zu liefern, mit deren Ausführung er einen Kreis von Berufsgenossen beschäftigte. Wentzinger stiftete zu Lebzeiten beträchtliche Beträge für karitative Vorhaben, so etwa 1778 »zu dem Anbau des neuen Krankenspitals« in Freiburg[150], so daß die Ernennung zum Ratsherr der Stadt 1780 eine verdiente Ehrung darstellte. »Zumalen der grundgütige Gott mich ohnverdient mit zeitlichen Mitteln gesegnet«, entschloß sich der unverheiratet gebliebene Bildhauer, nach dem Tod sein beträchtliches Vermögen dem Armenspital Freiburgs zu schenken.[151] Im Testament vom 3. September 1773[152] vergaß er auch nicht, seinem nächsten Anverwandten Joseph Wentzinger in Merdingen eine Summe zu vermachen. Er erinnerte dadurch an die engen persönlichen Beziehungen zum Tuniberg-Dorf, die 1741 eine große Rolle spielten, als ihn dort Pfarrer F. C. Joachim beauftragte, zum Abschluß des Kirchenneubaus das hinreißend schöne Standbild der unbefleckt empfangenen Jungfrau Maria über dem Hauptportal der Kirche zu schaffen.[153] Von ähnlich hoher Qualität sind die großen, Ende der Vierzigerjahre entstandenen Statuen der Vier Jahreszeiten im Schloßpark zu Ebnet, aus denen die Frauengestalt des Sommers durch unübertreffliche Schönheit heraussticht. Kenzingen, das st. blasische Oberried, das Freiburger Münster und verschiedene Museen können sich rühmen, weitere Werke aus der Hand J. Ch. Wentzingers zu besitzen. Im hohen Alter von 87 Jahren am 1. Juli 1797 gestorben, fand Freiburgs bedeutendster Künstler des 18. Jahrhunderts im Alten Friedhof seine (noch erhaltene) Ruhestätte.[154]

Simon Göser (Gaeser, Geser, Geeser) blieb nach Vollendung des Kuppelgemäldes und der Abreise Wentzingers am 7. September 1780 mit seinem Gehilfen »Herrn Käs von Tettnang« in St. Blasien zurück, um die »Stukkaturmalerei« anzutragen, die er ein Jahr später »zum allgemeinen Vergnügen« beendete. Göser zeichnete demnach für die Dekorationsmalerarbeit in der Kuppel (Kassettenstruktur unterhalb des Kuppelfreskos)[155] verantwortlich. Nicht auszuschließen, daß er zu den sechs kleinen Seitenaltären St. Blasiens auch das eine oder andere Altarblatt zugeliefert hat. Dieser »begabte, in unserer badischen Heimat eigentlich einzige Vertreter des

Frühen Klassizismus« gehörte zu den beachtenswerten Künstlerpersönlichkeiten, die sich zum Werk am Dom St. Blasiens zusammengeschart hatten.

Am 26. Oktober 1735 in Bad Wurzach-Gospoldshofen geboren[156], tauchte der »Maler Simon« 1765 als Gast des Klosters St. Peter (Schwarzwald) zum erstenmal im Breisgau auf. Der Einsatz dieses noch nicht seßhaften Meisters als Dekorateur des Kapitelsaales (Hl.-Kreuzkapelle) im Ostflügel der Klosteranlage ließ aber noch bis 1770 auf sich warten. Die schon seit Jahren versprochene Ausmalung des »Fürstensaal« genannten »großen Gastsaals« folgte erst im Sommer 1772 nach. Warum der 1752 im Südflügel St. Peters ausgebaute, von Johann Georg Gigl 1753 flott ausstuckierte Repräsentationsraum zwanzig Jahre warten mußte, bis er »den Pinsel des Malers« sah, gehört zu den unbeantworteten Fragen der st. petrischen Baugeschichte[157]. Die in zwei großen und zehn kleinen Stücken bestehenden Deckengemälde charakterisieren den Fürstensaal als Speiseraum und »gehören zum Allerbesten, was die Kirchenmalerei des 18. Jahrhunderts uns in Baden hinterlassen hat« (H. Ginter). Sanfte Anmut, feierliche Würde und Farben von erlesenem Geschmack, die oft in zartesten Tönen ansetzen, geben den Werken Gösers ihr Gepräge. Altarblätter oder Kirchenausmalungen im Auftrag St. Peters folgten in St. Ulrich, für die Lindenbergkapelle und in Eschbach nach. Ohne jeden Zweifel ist Göser der bedeutendste Freiburger Maler im letzten Viertel des 18. Jahrhunderts gewesen. Vor seiner Einbürgerung in Freiburg stand er in einem besonderen Verhältnis zur Benediktinerabtei St. Peter, zum Freiherrn von Kageneck in Munzingen und zu dem Straßburger Maler Georg Saum.

Von Geburt an wuchs S. Göser in einem Gebiet auf, in dem glanzvolle Barockbauten zahlreichen Künstlern Arbeit und Brot gegeben haben. H. Ginter entdeckte dort jedoch keine Verbindungslinien »zur Kunst unseres jungen Göser«. Vielmehr sprächen dessen malerische Manier für eine Ausbildung im Süden, vielleicht bei Januarius Zick oder Raphael Mengs. In der Zeit bis 1770 stellte Ginter nur die signierte, mit der Jahreszahl 1767 versehene Deckenmalerei im Munzinger Kageneck-Schloß (»Götterhimmel« des ehemaligen Speisesaals) als erste gesicherte Arbeit Simon Gösers im Breisgau fest. Gerade dort ergibt sich jedoch ein bemerkenswerter Zusammenhang mit dem aus St. Peter nach Straßburg abgewanderten Maler Georg Saum zu erkennen. Ich legte schon 1972 ausführlich dar[158], daß der »Maler Simon« 1765/66 nach Straßburg weitergezogen und bei Georg Saum aufgenommen worden sein muß. 1769 kehrte Göser in den Breisgau zurück. Der Versuch, in Freiburg als Bürger aufgenommen zu werden, schlug beim ersten Anlauf fehl, weil sich »gesambt alhiesige 10: zünftige Maler« heftig dagegen stemmten. Erst hohe Gönner verhalfen Gösers Bemühungen im Oktober 1770 zu einem gewissen Erfolg. Er reiste zum Jahresende nach Straßburg zurück, um sich dort im Münster am 14. Januar 1771 mit Maria Anna Ancklin (Aeglin) aus Liesberg (Birstal bei Basel) trauen zu lassen.[159] Seine Braut lebte schon seit drei Jahren in Straßburg. Als Trauzeuge fungierte Maler Georg Saum, ein Beweis, wie vertraut sich die beiden Berufs- und Altersgenossen immer noch waren. Am 22. Januar 1771 traf Göser wieder im Breisgau ein und durfte mit Genehmigung des Abtes Ph. J. Steyrer vorläufig im Zähringer Schlößchen des Klosters St. Peter wohnen.[160] Dort kam am 26. Dezember 1772, mitten in der großen Arbeit für den Fürstensaal des nahen Schwarzwaldklosters, das einzige Kind des Malers zur Welt.[161] Der hochtalentierte, zum Nachfolger im Maleratelier bestimmte Sohn Johann starb jedoch am 12. Juni 1805 noch vor dem Vater.[162] Nach Abschluß der Fürstensaaldekoration löste sich Simon Göser aus der Abhängigkeit vom Kloster St. Peter und bat erneut um zünftige Aufnahme in Freiburg, die ihm am 19. Mai 1774 gewährt wurde. Er war zuerst Mitglied der Kaufleutezunft zum Falkenberg, wechselte aber 1776 in die Malerzunft zum Riesen über. »Ein (in der Wolfhüle gelegenes) Haus, Hof samt einem Gärtlein nebst 3 Haufen Fortificationsfeld an dem Schloßberg« gingen am 22. April 1776 in seinen Besitz über. Dort starb Simon Göser im Alter von 81 Jahren am 31. März 1816.[163]

Zu der von H. Ginter zusammengestellten Werkliste des Meisters (Munzingen, Gütenbach, St. Peter, St. Ulrich, Löffingen, Eschbach, Tannheim, Staufen, Luttingen und Freiburg) lassen sich als Ergänzung weitere Werke – meist Altarblätter oder Kreuzwegstationstafeln – in Ettenheimmünster, St. Märgen, St. Blasien, Grißheim, Löffingen, Lindenbergkapelle bei St. Peter, Merdingen, Suggental, Bellingen, Lehen, Grunern, Oberried, Bad Krozingen und in Eschbach bei St. Peter die bemerkenswerte Kirchenausmalung 1790 nachtragen.[164]

(Joseph) Anton Morath nicht in eine Würdigung der während der Dombauzeit für St. Blasien tätigen Maler einzubeziehen, wäre eine Unterlassungssünde. Immerhin ist er zeitweise festangestellter Klostermaler gewesen und führte noch 1779 Aufträge für die Abtei aus. Warum Morath in den Notizen über die Malerarbeiten im Dom nie erwähnt wird, ist nur schwer zu erklären. Sind es Krankheit, Altersschwäche oder die Ablehnung durch Wentzinger und Göser gewesen, die ihm eine Mitarbeit an den dekorativen Malereien in der Domkuppel versagten? *(Abb. 60a)*

Maler Morath mit dem Rufnamen Antonius kam am 3. Januar 1718 in Staufen, Pfarrei Brenden bei St. Blasien, zur Welt.[165] Von der ersten künstlerischen Tätigkeit an, zeigt sich seine enge Verbindung mit der Fürstabtei St. Blasien. Paul Booz zitierte die Tagebuchnotiz des Paters Paulus Kettenacker aus dem Jahr 1779, daß der st. blasische »Unterthan« Anton Morath »die Malerkunst von dem berühmten H. Spiegler in Constanz erlernet« habe.[166] Franz Joseph Spiegler (1691 Wangen – 1756 Konstanz), bedeutender süddeutscher Barockmaler, lebte die längste Zeit seines Lebens in Riedlingen a. D. und darf in der Tat als (einer der) Lehrmeister des st. blasischen Künstlers gelten. Von ersterem wurden 1744 Hofsaal und Bibliothek der Abtei des Schwarzwaldklosters ausgemalt, und im heute noch im Kunstkabinett des Benediktinerstifts St. Paul im Lavanttal (Kärnten) vorhandenen Kunstbestand St. Blasiens befinden sich neun Ölskizzen Spieglers[167], die wohl nur von seinem Schüler Morath (nach dem Klosterbrand 1768? aus dem Nachlaß?) dem einheimischen Kloster weitergegeben worden sein können.[168] Eine in St. Paul aufbewahrte Rötelzeichnung »Anbetung der Hirten«, von Morath 1737 signiert, gilt als frühestes künstlerisches Zeugnis des Schwarzwälder Meisters.[169] Dessen eigenständige Tätigkeit leitete sich mit einem Deckenbild im »oberen Saal« des st. blasischen Priorates Todtmoos (heute Pfarrhaus) ein: »A. Morath pinxit 1749«.[170] Offensichtlich zufrieden, versicherte sich die Abtei seiner fortdauernden Dienste und führte ihn als »Antonius Morath pictor« 1762 unter den »Officiales Saeculares in aulo« (Hofbediensteten) auf.[171] Am 19. September 1779 (Simon Göser saß schon seit Wochen an seiner Arbeit auf dem Gerüst unter der Domkuppel) machte sich der Pater Oberrechner »mit dem Schwarzwälder Apelles Morath« auf den Weg zur Propstei Klingnau in die Schweiz, wo dann »Maler Morath einige Gemälde allda abkopieret hat.«[172] Immer wieder kann man lesen, daß Anton Morath als »Malermönch« abgestempelt wird. Für dessen Zugehörigkeit zum Konvent St. Blasiens ergibt sich jedoch nirgends in den Klosterarchivalien ein Hinweis. Auch der »Catalogus R. R. Patrum & Fratrum« der Abtei von 1780 führt ihn nicht unter den Patres und Brüdern auf. Ledigen Standes und wohlversehen segnete »Dominus Antonius Morath, ex Stauffen prope Brenden oriundus, in monasterio nostro, arte pictoriae celebris« am 5. September 1783 das Zeitliche.[173] Der Zeitpunkt des Todes kurz vor der feierlichen Konsekration des neuen Doms, die höfliche Formulierung des Sterbeeintrags und die Würdigung der Malkunst Anton Moraths im Kloster erleichtern es nicht, die Frage nach einer Beteiligung des einheimischen Meisters an den Malerarbeiten in der Abteikirche bejahend oder verneinend zu beantworten.

Um Verwechslungen vorzubeugen, sei vorsorglich darauf hingewiesen, daß es einen zweiten, nicht identischen »Joseph Anton Morath (1761–1831), Maler von Stühlingen«, gab[174], dessen Landschaftsbilder und Städteansichten da und dort anzutreffen sind, der 1798 mit seinem Lehrjungen Sandhaas in der Pfarrkirche von Neustadt (Schwarzwald) ein neues Altarblatt aufmachte[175] und 1801 für die Pfarrkirche von Jestetten ein Seitenaltarblatt des hl. Carl Borromäus neu malte.[176] Ob er ein Verwandtschaftsverhältnis zum st. blasischen Hofmaler gehabt hatte, wäre noch zu erforschen. Dagegen dürfen wir den späteren k.k. Hofmaler Johann Baptist Hoechle (1754–1832 Wien) als Schüler unseres Klostermalers Anton Morath annehmen.[177]

Während H. Ginter 1930 nur wenige Beiträge Anton Moraths zur »Südwestdeutschen Kirchenmalerei des Barock« registrierte[178], ergab sich in neuerer Zeit, daß der Klostermaler von St. Blasien ein im Land doch immer wieder begehrter Meister gewesen ist. 1752 bezahlte man ihm für ein Altarblatt zum St. Josefsseitenaltar in Tunsel 28 Gulden 12 Batzen aus.[179] Wohl als Mitarbeiter des altersschwachen F. J. Spiegler beteiligte sich Anton Morath im selben Jahr an der Ausmalung des Säckinger Fridolinsmünsters mit der Darstellung des Marientodes über dem Chorbogen, während er gleichzeitig im nahen Laufenburg (Schweiz) die Deckenfresken der barockisierten Johanneskirche schuf.[180] Vor den Toren Freiburgs ließ man 1752 die Kirchbühne (Decke) der ehemaligen Hartkirche in St. Georgen durch den »Maler von St. Blassien« »al fresco malen«.[181] Die Ortschronik von Weilheim bei Waldshut verzeichnet 1755 ein Altarblatt Anton Moraths[182], und in Bürgeln stammen die Gemälde der ehemals st. blasischen Propsteikapelle wohl kaum von einem anderen als dem »Maler bei Hof« des Jahres 1762.[183] Zur Dekoration der von F. J. Salzmann umgebauten St. Landelin-Wallfahrtskirche in Ettenheimmünster erwählte sich Abt Augustin Dornblueth 1764/65 »den berühmten Maler Morath von St. Blasien«, um »das Leben und den Martertod des Heiligen in Bildern wie auch das Altarblatt des hohen Altars und die Bildnis des hl. Landelin in dem Brunnen malen zu lassen.«[184] 1766/67 schlossen sich Seitenaltarblätter und 1779 eine Folge von Leinwandbildern für die Kirche in Hohberg-Hofweier bei Offenburg an.[185] Die Verpflichtung Anton Moraths 1769/74 für Deckenbilder und Seitenaltarblätter in das Langhaus der neuen Stadtkirche Ettenheims darf getrost der Vermittlung des Baudirektors F. J. Salzmann zugute gehalten werden, weil der von der Stadt Ettenheim verpflichtete Mitplaner und Bauleiter in jenen Jahren gleichzeitig als Bauleiter der großen Unternehmungen in St. Blasien fungierte.[186] 1771/72 belieferte Anton Morath die Pfarrkirche von Schwanau-Ottenheim mit Altarblättern und malte dort die Glorie des seligen Bernhard von Baden an die Decke.[187] Daß bei den persönlichen Beziehungen zu Abtei St. Blasien und Baudirektor Salzmann die Ausmalung der 1770/78 umgestalteten Prioratskirche in Todtmoos nur dem »Schwarzwälder Apelles Morath« zugefallen sein konnte, versteht sich fast von selbst, zumal dort auch die stilistischen Eigenheiten der Deckengemälde dafür sprechen.[188] Ein Christianus Müller (»erat pictor«), der am 16. März 1778, ca. 50jährig, in St. Blasien starb, könnte als Maler ein Mitarbeiter A. Moraths bei solchen Großaufträgen jener Jahre gewesen sein.[189] Weitere Arbeiten in Hettenschwil bei Klingnau und in St. Paul i. L.[190] vervollständigen die Liste der derzeit bekannten Werke Anton Moraths. Bei systematischer Durchforschung der Baugeschichte der zu St. Blasien gehörigen Kloster- und Landkirchen sowie der Landschaft des Südschwarzwaldes und des Hochrheingebietes dürften sicher noch weitere Hinweise auf die künstlerische Tätigkeit des st. blasischen Kunstmalers gewonnen werden können.

Nachruhm

Was Bauleute, Kunsthandwerker und Künstler in einem mühseligen Werkgang nach den Vorstellungen der Bauherrschaft und den Plänen der Architekten Dixnard & Salzmann und Pigage von 1772 an entstehen ließen, beeindruckte von Anfang an selbst weitgereiste Besucher St. Blasiens. Am 25. Juli 1781 »kam der Buchhändler (und Reiseschriftsteller) Nicolai aus Berlin samt seinem Sohn hier ein, in der Absicht, dem gnädigsten Herrn (Fürstabt Gerbert) als einem Gelehrten aufzuwarten, und seine Handlung zu empfehlen. Er reiste in ganz Deutschland herum . Er war ein sehr artiger und gelehrter Mann, daher erwies man ihm alle Ehre.«[191] Nicolai faßte seine Erlebnisse und Erfahrungen in einem Reisebericht zusammen, der auch Beschreibungen und Bewertungen des »Schwarzwälder Doms« in St. Blasien enthält. Erstaunt und begeistert teilt er seinen Lesern – nach teilweise kunstkritischen Bemerkungen über Säulenvorhalle und gestutzte Türme, die er nicht mit seinen Vorstellungen vereinbaren konnte – über das Innere der neuen Abteikirche mit: »Reine ungestörte Empfindung des Erhabenen erfüllt das Gemüt, wenn man die Kirche betritt. Der Fürstabt Martin II. sagte mir sehr richtig: In einem Gotteshause müsse nichts sein, was zerstreue, was die Andacht störe.« Nicolais »Bewunderung dieses Tempels und den hohen Eindruck, den die majestätische Einfachheit des Innern« auf ihn machte, faßte er so zusammen: »Alles ist in großen einfachen und zugleich in reinem wohlstimmenden Verhältnisse. Dies wird durch nichts gestört, durch keine Schnörkel, keine Verkröpfungen, keine sich kreuzenden Bogenstellungen, keine bunten Farben. (Ich nehme ein Gemälde auf der Wand aus, welches nach katholischem Brauche da sein mußte, dies habe ich übersehen, um den Eindruck dieses herrlichen Gebäudes mir nicht stören zu lassen.) Die ganze Kirche ist weiß angestrichen, der Chor ist mit einem sehr blaßrothen Marmor bekleidet. Alles ist edel und groß, alles trifft zusammen, einen großen bleibenden Eindruck zu wirken. Die Kirche zu St. Blasien ist bei weitem das vollkommenste moderne geistliche Gebäude in Deutschland, das ich gesehen habe.«[192]

Anmerkungen

Dank: Herrn Pfarrer Heinrich Heidegger, St. Blasien, Sr. Gn. H.H. Abt Bruno Rader, P. Archivar Wolfgang Münzer, Br. Christoph Wiedrich und den Kanzleibeamten des Benediktinerstifts St. Paul i. L./Kärnten, Herrn Dr. Johann Wilhelm Braun vom Staatsarchiv Stuttgart, dem Erzbischöflichen Archiv Freiburg und allen anderen genannten Archiven, Herrn Dr. Hugo Schnell (†), Herrn Josef Fink und Frau Elfriede Steib vom Verlag Schnell & Steiner, München, Herrn Rudolf Morath, Ulm, und Herrn Stadtarchivar Konrad Sutter, Waldshut, möchte ich für jahrelange freundliche Hilfe und Hinweise herzlich danken.

Abkürzungen

EAF	= Erzbischöfliches Archiv Freiburg
GLA	= Badisches Generallandesarchiv Karlsruhe
PfA	= Pfarrarchiv
StA	= Stadtarchiv
St. Paul	= Klosterarchiv und Kunstkammer des Benediktinerstifts St. Paul im Lavanttal (Kärnten)
L. Schmieder	= Ludwig Schmieder, Das Benediktinerkloster St. Blasien – Eine baugeschichtliche Studie – Benno-Filser-Verlag, Augsburg 1929
E. Gaes	= Diarium (Tagebuch des) Paters Edmund Gaes, Handschrift 164 (Hs.) aus dem ehemaligen Klosterarchiv St. Blasiens im Klosterarchiv des Benediktinerstifts St. Paul i. L.
F. Kreuter	= Diarium P. Franz Kreuter, Hs. 87/6 St. Paul i. L.
R. Kuon	= Diarium P. Roman Kuon, Hs. 165 St. Paul i. L.
M. Ribbele	= Diarium P. Mauritius Ribbele, Hs. 167 I/II St. Paul i. L.
O. Stöcklin	= Diarium P. Oddo Stöcklin, Hs. 163 St. Paul i. L.

Archivquellen und Literatur

1 L. Schmieder, S. 211, 214
2 Planungsgang und Bedeutung der Architekten Dixnard und Pigage, deren Biographie und Lebenswerk behandelt Hans Jakob Wörner in seinem baugeschichtlichen Beitrag.
3 Vgl. den Beitrag von Heinfried Wischermann über die Habsburger-Gruft.
4 M. Ribbele, f. 13 a, 37 b
5 M. Ribbele, f. 65 a
6 M. Ribbele, f. 70 a
7 F. Kreuter, f. 94 a
8 L. Schmieder, S. 140/141 – Abb. 40, 50
9 M. Ribbele, f. 4 a, 22 b, 26 b
10 L. Schmieder, S. 145, Anm.
11 L. Schmieder, Anhang S. 72–74
12 R. Kuon, S. 39/40
13 L. Schmieder, S. 150
14 H. J. Wörner, Architektur des Frühklassizismus in Süddeutschland – Verlag Schnell & Steiner, München 1979, S. 79, 93
15 M. Ribbele, f. 22 b
16 F. Kreuter, f. 46 b
17 G. Loertscher, Kunstführer Kanton Solothurn, hrsg. v. Gesellsch. f. Schweizerische Kunstgesch., Bern 1975, S. 17–21
18 F. Kreuter, f. 87 b
19 F. Kreuter, f. 90 a und b, 92 b, 93 a

20 F. Kreuter, f. 105a
21 M. Ribbele, f. 79a
22 F. Kreuter, f. 112b, 113a; M. Ribbele, f. 79b
23 F. Kreuter, f. 126b, 127a
24 F. Kreuter, f. 134b
25 M. Ribbele, f. 81b
26 L. Schmieder, S. 164–167
27 L. Schmieder, S. 168/169
28 EAF, Film 920813, Pfarramt Meßkirch, Taufbuch 1664–1741, o.S.
29 J.L. Wohleb, Die Kinzigtäler Kirchenbauten des fürstenbergischen Baumeisters F.J. Salzmann (1724–1786) – in: Die Ortenau 30. Bd./1950, S. 96–127
30 H. Horat, Die Baumeister Singer im schweizerischen Baubetrieb des 18. Jahrhunderts – Luzerner historische Veröffentlichungen 10, Rex-Verlag Luzern 1980, S. 19 und Register
31 M. Hermann, Steinach im Kinzigtal – Pfarrkirche Hl. Kreuz – Kl. Kunstführer 1975
32 M. Hermann, Stadtkirche St. Martin in Meßkirch – Kl. Kunstführer Nr. 122/4. Aufl. 1977 – Verlag Schnell & Steiner, München
33 H. Brommer, Haslach im Kinzigtal – Pfarrkirche St. Arbogast – Kl. Kunstführer Nr. 1144/1978 – Verlag Schnell & Steiner, München
34 P.W. Strittmatter SJ, St. Landelin Ettenheimmünster – Kl. Kunstführer Nr. 1153/1978 – Verlag Schnell & Steiner, München
35 H. Brommer, Bauleute und Künstler am Ettenheimer Kirchenbau des 18. Jahrhunderts (Kap. F.J. Salzmann) – in: Festschrift »Ettenheim, St. Bartholomäus« 1982 – Verlag Schnell & Steiner, München, S. 39–43
36 StA Ettenheim, VI–9, Akten Kirchenbau 1650–1776
37 P. Booz, Pfarr- und Wallfahrtskirche Todtmoos (Schwarzwald) – Kl. Kunstführer Nr. 661/1957 – Verlag Schnell & Steiner, München
38 J.L. Wohleb, Der Rippoldsauer Klosterbau von 1769/70 – in: Die Ortenau 38. Bd./1958, S. 27 f.
39 H. Brommer, Endingen – St. Peterskirche – Kl. Kunstführer Nr. 987/1973 – Verlag Schnell & Steiner, München
40 J.U. Brinkmann, Südwestdeutsche Kirchenbauten der Zopfzeit – Dissertation Köln 1972, S. 476 – Nr. 370. Salzmann hatte 1760 in Wurmlingen seine 2. Frau geheiratet.
41 Wie Anm. 29. Vgl. dazu Die Ortenau 31. Bd./1951, S. 51/Teil II und S. 68 »Salzmann und seine Zeit«
42 EAF, Film 922064, Pfarramt St. Blasien, Totenbuch 1785–1831, o.S.
43 PfA St. Blasien, Ehebuch 1756–1783, o.S.
44 PfA St. Blasien, Taufbuch 1731–1785, S. 71, 73, 79, 84, 85
45 Wie Anm. 44, S. 81
46 Wie Anm. 41, Die Ortenau 31/1951, S. 70. Außerdem wie Anm. 35, Kap. Die Bauleute, S. 46 mit Anm. 74
47 M. Ribbele, f. 102b
48 M. Ribbele, f. 104b
49 E. Gaes, S. 2
50 E. Gaes, S. 79
51 L. Schmieder, S. 186
52 PfA St. Blasien, Totenbuch 1756–1785, o.S.
53 Wie Anm. 52
54 Wie Anm. 52
55 GLA 61/10663 Prothocollum Conferentiale 1775, S. 273/274
56 L. Schmieder, S. 185, 186, 198 und Anhang S. 38
57 Universitätsbibliothek Freiburg M 8058 a, Catalogus R. R. Patrum & Fratrum Monachorum O.S.B. Principalis & Imperialis Monasterii ac Congregationis ad S. Blasium in Silva Nigra Anno Domini MDCCLXXX, o.S. – Den freundlichen Hinweis verdanke ich Herrn Rudolf Morath, Ulm a.D.
58 R. Kuon, f. 2a
59 E. Gaes, S. 129
60 R. Kuon, S. 40 – Die Angabe L. Schmieders auf S. 100 Anhang (5. August 1778) muß in 5. September 1778 korrigiert werden.
61 L. Schmieder, Anhang S. 38
62 F. Kreuter, f. 35a
63 M. Ribbele, II, f. 33a (S. 67)
64 M. Ribbele, II, f. 29b (S. 60f.) – Vgl. H.J. Wörner, Kunstdenkmäler im Kreis Waldshut – in: Der Kreis Waldshut/1979, S. 147
65 EAF, Film 922061, PfA St. Blasien, Taufbuch 1702–1730; Film 922062, PfA St. Blasien, Totenbuch 1731–1755
66 EAF, Film 922062, PfA St. Blasien, Ehebuch 1731–1755; Totenbuch 1756–1784
67 EAF, Film 922062, PfA St. Blasien, Taufbuch 1731–1755; Film 922064, Totenbuch 1785–1831
68 EAF, Film 922062, PfA St. Blasien, Ehebuch 1756–1785
69 EAF, Film 922964, PfA St. Blasien, Totenbuch 1785–1831
70 L. Schmieder, S. 175
71 L. Schmieder, S. 176
72 R. Kuon, f. 2b
73 R. Kuon, f. 2a und S. 36
74 M. Ribbele II, f. 16a

75 M. Ribbele II, f. 161 a und b
76 Stiftsarchiv St. Paul i. L., Hs. 167/II P. Trudpert Neugart, S. 151–158
77 L. Schmieder, S. 198 und Anhang S. 38 – Andere Buntglasfenster stammten aus der Kartause in Freiburg.
78 Wie Anm. 57
79 L. Schmieder, S. 189, 198 und Anhang S. 38 – Vgl. E. Gaes, S. 81
80 M. Ribbele II, f. 33 a (S. 67)
81 Wie Anm. 57
82 M. Ribbele, f. 5 a – L. Beringer, Geschichte des Dorfes Gurtweil/1960, gibt dazu keine Angaben.
83 N. Lieb, Die Vorarlberger Barockbaumeister, 3. Aufl./1976, S. 134
84 L. Schmieder, S. 175, 183, 184, 189 und Anhang S. 85 – Allg. Lex. d. bild. Künstler Thieme-Becker, 27. Bd., S. 333
85 L. Schmieder, S. 153, 154, 172, 181, 182, 189 und Anhang S. 38, 75 und Abbildungen
86 L. Schmieder, Anhang S. 91, 92
87 Allg. Lex. d. bild. Künstler Thieme-Becker, 4. Bd., S. 404 Familie Bossi
88 B. L. Döry, Die Tätigkeit italienischer Stukkateure 1650–1750 im Gebiet der Bundesrepublik Deutschland mit Ausnahme von Altbayern, Schwaben und der Oberpfalz – in: E. Arslan, Arte e Artisti dei Laghi Lombardi, II. Gli Stuccatori dal Barocco al Rococo, hrsg. v. d. Società Archeologica Comense, Como 1964, S. 129, 130, 149. – G. Martinola, Lettere dai Paesi Transalpini degli Artisti di Meride e dei Villaggi Vicini XVII–XIX – Edizioni dello Stato 1963, vermerkt auf S. 70, daß ein nicht genauer identifizierbarer Stukkator Giorgioli auch Mitarbeiter Lodovico Bossis in Stuttgart gewesen sei.
89 Dehio, Handbuch der Deutschen Kunstdenkmäler, Band Baden-Württemberg von F. Piel, Deutscher Kunstverlag 1964, S. 521
89b H. Schnell, Dettelbach a. M. – Kl. Kunstführer Nr. 679/1979 – Verlag Schnell & Steiner, München – S. 5
90 L. Schmieder, Anhang S. 38
91 L. Schmieder, S. 182
92 R. Kuon, S. 81
93 R. Kuon, S. 157
94 L. Schmieder, Anhang S. 76
95 Z. B. mit den Freiburger Meistern Franz Anton Vogel in St. Peter (Schwarzwald) oder mit Josef Meisburger in Ettenheim und Haslach im Kinzigtal
96 R. Kuon, Hs. 167/II, S. 59
97 M. Ribbele, f. 226 b, 227 a, 227 b; II, f. 32 b (S. 66), 33 a (S. 67)
98 R. Kuon, Hs. 167/II, f. 122 b
99 H. Brommer, Künstler und Kunsthandwerker im st. petrischen Kirchen- und Klosterneubau des 18. Jahrhunderts – in: St. Peter im Schwarzwald – Kulturgeschichtliche und historische Beiträge anläßlich der 250-Jahrfeier der Einweihung der Klosterkirche, hrsg. von H. O. Mühleisen – Verlag Schnell & Steiner, München 1977, S. 73/74 Abschn. J. J. Gigel
100 L. Schmieder, S. 133
101 H. J. Wörner, wie Anm. 64
102 PfA St. Blasien, Totenbuch 1756–1785, o. S.
103 Allg. Lex. d. bild. Künstler Thieme-Becker, 24. Bd./1930, S. 366 – ferner L. Schmieder, S. 194, 195 und Anhang S. 84
104 L. Schmieder, S. 152
105 GLA 61/10663 Konferenzprotokolle 1775, S. 209–211
106 Wie Anm. 105, S. 412–414
107 Wie Anm. 105, S. 628/629
108 GLA 61/10668 Konferenzprotokolle 1777, S. 40
109 R. Kuon, S. 86
110 L. Schmieder, S. 172, 192, 193, 194, 195, 198 und Anhang S. 38, 84, 85, 118
111 M. Ribbele II, f. 21 b (S. 42)
112 F. Hirsch, 100 Jahre Bauen und Schauen – Ein Beitrag zur Kunsttopographie des Großherzogtums Baden unter besonderer Berücksichtigung der Residenzstadt Karlsruhe – Badenia Verlag, Karlsruhe 1932, II. Band, S. 13/14 mit Anm. 18 – außerdem L. Schmieder, S. 192 mit Anm. 3
113 In allen von ihm bekannten Unterschriften hat Wentzinger mit »tz« unterschrieben.
114 Ingeborg Krummer-Schroth bereitet – gestützt auf Forschungen von E. L. Noack-Heuck – eine umfassende Monographie über Leben und Werk J. Ch. Wentzingers vor.
115 L. Schmieder, Anhang S. 38
116 F. Kreuter, f. 102 b
117 H. Ginter, Südwestdeutsche Kirchenmalerei des Barock – Die Konstanzer und Freiburger Meister des 18. Jahrhunderts – Benno-Filser-Verlag, Augsburg 1930, S. 85 – Vgl. auch A. Siegel, Zum Maler Chr. Wenzinger – in: Oberrheinische Kunst II (1926/27), S. 39 ff.
118 L. Schmieder, S. 130
119 L. Schmieder, S. 131
120 O. Stöcklin, f. 109 b – Zur Tätigkeit des jungen Bildhauers Joseph Hörr (Heer) in St. Blasien vgl. R. Morath, Beitrag über Einheimische Künstler St. Blasiens.
121 H. Brommer, Die Verwandten Johann Christian Wentzingers – Ein Beitrag zur Biographie des Freiburger Barockbildhauers – in: Schau-ins-Land-Jahrbuch des Breisgau-Geschichtsvereins Freiburg, 83. Jb./1965, S. 170
122 R. Kuon, S. 73
123 R. Kuon, S. 93
124 R. Kuon, S. 94

125 R. Kuon, S. 101
126 R. Kuon, S. 109
127 R. Kuon, S. 157
128 R. Kuon, S. 168
129 R. Kuon, S. 187
130 R. Kuon, S. 194
131 R. Kuon/II, S. 29
132 R. Kuon/II, S. 36
133 R. Kuon/II, S. 46 (f. 22b)
134 R. Kuon/II, S. 56 (f. 27b)
135 R. Kuon/II, S. 59
136 K. Becker, Pfarr- und Wallfahrtskirche Kirchhofen – Kl. Kunstführer 1971
137 Wie Anm. 35 (Abschn. Franz Anton Fuchs), S. 54–58
138 Wie Anm. 117, S. 175/176
139 Rudi Keller, Johann Christian Wenzingers Bildnisse des Reichsfreiherrn Ferdinand Sebastian von Sickingen zu Hohenburg auf Ebnet und seiner ersten Gemahlin – in: Schau-ins-Land-Jb. 69/1950, S. 89–101
140 E.L. Noack-Heuck, Zwei neuentdeckte Ölskizzen Christian Wenzingers – in: Schau-ins-Land-Jb. 72/1954, S. 122–125 – außerdem: Österreichische Kunsttopographie, Band XXXVII – Die Kunstdenkmäler des Benediktinerstiftes St. Paul i. L., bearbeitet von Karl Ginhart, Verlag Anton Schroll, Wien/1969, S. 312, 313, Nr. 108, 109, Abb. 456
141 W. Schneebeli, Die architektonische Gestalt der ehem. Klosterkirche der Zisterzienserinnen von Wonnental bei Kenzingen, in: »Die Pforte«, Kenzingen – 2. Jg., Nr. 3/1982, S. 31
142 Barock in Baden-Württemberg, Landesausstellung 1981 – Bruchsal, Bd. 1 – Katalog, Malerei, S. 126–129, A 100–104b
143 A. Siegel, Abschnitt »Wenzinger«, – in: Allg. Lex. d. bild. Künstler Thieme-Becker, Bd. 35, Leipzig 1942, Sp. 386, mit der älteren Literatur. Weitere Angaben bei W. Noack, Die Wenzinger-Bildnisse im Besitz der Freiburger Universitätskliniken – in: Kunstwerke aus dem Besitz der Albert-Ludwigs-Universität Freiburg 1457–1957, Berlin, S. 65 ff.; H. Gombert, J. Chr. Wenzinger – Ausstellungskatalog des Augustinermuseums 1960; I. Krummer-Schroth, J. Chr. Wenzinger – in: Kunstepochen der Stadt Freiburg 1970, S. 318–329; I. Krummer-Schroth, Der Kenzinger Ölberg – Ein Frühwerk J. Chr. Wenzingers – in: Kunstgeschichtliche Studien für Kurt Bauch, Deutscher Kunstverlag 1967
144 J. Schlippe, Ehrenstetten – Wenzingers Geburtshaus – in: Nachrichtenblatt der öffentlichen Kultur- und Heimatpflege im Regierungsbezirk Südbaden 6/1955, Nr. 7/9, S. 46 und 7/1956, S. 77
145 Archives de la Ville de Strasbourg, Corporation de l'Echasse, Bd. 5 – Steltz Gerichts-Memoriale de 1716–1746, o. S. – Bildhauer François Louis Foisset, der Werkstattmeister Wentzingers, geboren 1687 Straßburg als Sohn des von Paris zugewanderten Bildhauers Jean Fohset; 1719 mit einer Unterelsässerin verheiratet; 1727 in Straßburger Bürgerrecht und Zunft zur Steltz aufgenommen; zahlreiche Gesellen aus Frankreich, Deutschland, Schweiz, Österreich nachweisbar; Bildhauerdekorationen an Straßburger Bürgerhäusern. Zeitweise »Obermeister E. E. Handtwercks der Bildhauer« in der Stadt; gestorben 1745 Straßburg (alle Angaben aus dem Stadtarchiv Straßburg).
146 Wie Anm. 121, S. 156 f.
147 H. Brommer, Johann Baptist Sellinger, ein Breisgauer Barockbildhauer – in: Schau-ins-Land-Jb. 80/1962, S. 57
148 J. Schlippe, Freiburg – Wenzingerhaus am Münsterplatz – in: Nachrichtenbl. d. Öffentl. Kultur- und Heimatpflege im Reg.Bez. Südbaden, 5. Jg./1954, Nr. 7/10, S. 51
149 H. Brommer, Die Bildhauer Hauser – Biographien (Teil II) – in: Schau-ins-Land-Jb. 94/95, 1976/77, S. 177 (Freiburger Bildhauer-Streit)
150 StA Freiburg, P. VI c 2, Protokoll der Wirtschaftsdeputation, S. 216 f.
151 StA Freiburg, Abt. Stiftungen, Paket 22, Krankenspital 1710–1866, Fasz. Jahr 1843
152 P.P. Albert, Christian Wentzingers Letzter Wille und Nachlaß – in: Zeitschr. des Freiburger Geschichtsvereins, Bd. 41/1928, S. 53–100. – Vgl. dazu »der Noviz Wenzinger« vom 25. 1. 1779 und meine kritischen Anmerkungen im Schau-ins-Land-Jb. 83/1965, S. 166 ff.
153 H. Brommer, Merdingen – Kl. Kunstführer Nr. 1003/1978 – Verlag Schnell & Steiner, München
154 Wie Anm. 99, S. 65–67 Abschn. J. Ch. Wentzinger
155 L. Schmieder, S. 188 und Abb. 110, 111
156 Wie Anm. 117, S. 162 mit Anm. 278
157 Wie Anm. 99, S. 83–86 Abschn. Simon Göser
158 H. Brommer, Simon Göser in Straßburg und im Breisgau (1765–1776) – in: Schau-ins-Land-Jb. 90/1972, S. 95–100
159 Archives de la Ville de Strasbourg, M 31 – St Laurent ou Cathédrale, Mariages 1757–1785, S. 289 f.
160 Wie Anm. 99, S. 93 mit Anm. 264
161 PfA Freiburg-Zähringen, Taufbuch 1723–1782, S. 140
162 DomPfA Freiburg, Totenbuch 1779–1807, S. 341 – Vgl. F. Weiß, Etwas über Kunst, Künstler und Kunstfreunde Freyburgs, Herr Geser Vater und Sohn – in: Allg. Intelligenz- oder Wochen-Blatt für das Land Breisgau und die Ortenau, Nr. 55, Mittwoch, 10. July 1805, S. 455
163 Wie Anm. 158, S. 100 mit Anmerkungen
164 Wie Anm. 99, S. 86 mit Anmerkungen
165 EAF, Film 1046725, PfA Berau, Taufbuch 1705–1803, o. S.
166 P. Booz, Der Barockmaler Franz Joseph Spiegler und das ehemalige Kloster St. Blasien – in: Alemannisches Jb. Freiburg 1964/65, S. 308–309 mit Anm. 24
167 Vgl. dazu Hochaltarblatt Spieglers 1740/41 für die Pfarrkirche Merdingen am Tuniberg – wie Anm. 153, S. 5/6, 13
168 Wie Anm. 140, St. Paul i. L., S. 308–312 (Nr. 99–107)

169 Wie Anm. 166
170 Wie Anm. 37, S. 15
171 O. Stöcklin, 163 c
172 E. Gaes, S. 42, 53
173 PfA St. Blasien, Totenbuch 1756–1785, o. S.
174 G. Häusler, Das Stühlinger Malergeschlecht Morat(h) – in: Badische Heimat – Mein Heimatland, Heft 2/3, 1952, S. 191–195. Dieser Autor datiert das Jestetter Seitenaltarblatt auf 1806.
175 PfA Neustadt, Kirchenrechnungen 1798–1800, S. 54, Nr. 61 Ausgabe Geld 1798 und Beilage zu Nr. 61. Den freundlichen Hinweis verdanke ich Pfarrer Manfred Hermann, Ebringen bei Freiburg.
176 H. J. Wörner, wie Anm. 64, S. 147
177 Wie Anm. 166, S. 309
178 Wie Anm. 117, S. 17 mit Anm. 61
179 Th. Kurrus, Matthias Faller in Tunsel – in: Freiburger Diözesanarchiv 84. Jb./1964, S. 410
180 B. Bushart, Die Fresken F. J. Spieglers im Fridolinsmünster zu Säckingen – in: Zeitschr. f. Schweiz. Archäol. u. Kunstgesch., Bd. 32/1975, Heft 1, S. 73/75 mit Anm. 6
181 H. Brommer, Freiburg-St. Georgen – Kl. Kunstführer Nr. 1173/1980 – Verlag Schnell & Steiner, München, S. 4
182 Ortsbuch Weilheim im Ldkrs. Waldshut/1977, S. 223
183 J. u. H. J. Wörner, Schloß Bürgeln – Kl. Kunstführer Nr. 1173/1980 – Verlag Schnell & Steiner, München, S. 18
184 PfA Ettenheimmünster, Klosterchronik des P. Bernhard Stoeber/1804, Bl. 34
185 W. Stopfel, Die Kirchen der Gemeinde Hohberg – Kl. Kunstführer Nr. 1129/1981 – Verlag Schnell & Steiner, München – außerdem O. Kähni, Aus der Geschichte des ehem. ritterschaftlichen Dorfes Hofweier, S. 148
186 Wie Anm. 35, Abschn. J. Anton Morath, S. 62–65 mit Abb.
187 J. Sauer, Die Kunst in der Ortenau (Anm. v. H. Ginter u. M. Hesselbacher) – in: Die Ortenau 40. Jb/1960, S. 411 mit Anm. 47 b u. 51 a – außerdem J. U. Brinkmann, Südwestdeutsche Kirchenbauten der Zopfzeit – Diss. Köln/1972, S. 421
188 Wie Anm. 37, S. 7/8
189 PfA St. Blasien, Totenbuch 1756–1785, o. S.
190 Wie Anm. 140, St. Paul i. L., S. 314, Nr. 114/115 St. Benedikt und Scholastika (Zuschreibung)
191 M. Ribbele/II, f. 21 b
192 L. Schmieder, S. 203 mit Anm. 1 (Nicolai, Bd. 12, S. 95, und Bd. III, S. 43)

Bernd Sulzmann

200 Jahre Orgelbaugeschichte in St. Blasien

I. Die Orgel des Johann Andreas Silbermann[1]

Die Vorverhandlungen zum Bau der größten Orgel[2] der Straßburger Silbermannwerkstätte begannen im August 1769, als Johann Andreas Silbermann (1712–1783) mit der Aufstellung der neuen Orgel für die Benediktiner in Ettenheimmünster[3] beschäftigt war[4]. Architekt Pierre Michel D'Ixnard (1723–1795) weilte zu jener Zeit in Straßburg und wies J. A. Silbermanns Bruder Johann Heinrich (1727–1799) Risse über die Empore und die Stellung der zukünftigen Orgel vor.

Fürstabt Martin Gerbert stand in der Person des Villinger Benediktinerabtes Coelestin Wahl[5] ein Sachverständiger zur Seite, der in aller Umsicht technische Fragen mit Silbermann abklärte und den Prälaten zu St. Blasien vortrefflich beriet.

Johann Andreas Silbermanns erstes Schreiben[1] datiert vom 9. 12. 1771 und ist an Coelestin Wahl gerichtet. Als diplomatischer Geschäftsmann – den Umgang mit Benediktineräbten gewöhnt – legt er sich im Registerumfang nicht fest. Bei der Einrichtung von Hauptwerk, Rückpositiv und Pedal mögen »gegen 40 Register genug seyn«, ein Oberwerk[6] würde zusätzlich 12–13 Register erfordern, so daß die »Anzahl derer sämbtlichen Register auf 46 kommen« könne. Die später realisierte große Anlage stand in Silbermanns »Reflexionen« von Anfang an fest – er hat sie den Bestellern nicht aufgedrängt. Die Lieferzeit würde bei seiner eigenen Mitarbeit mindestens drei Jahre betragen. Unumwunden berichtet er darüber, daß im Falle seines Todes eine Weiterführung der Arbeiten nicht gesichert ist. »Was vor ein Vergnügen wäre es mir vor etwan zehen Jahren gewesen, wan Gelegenheit gehabt hätte, ein so ansehnlich Orgelwerck machen zu dörffen, besonders in ein so hochansehnliches Gotteshaus . . .«[7] Zweifelsohne schwebt Johann Andreas Silbermann eine 46-Registerorgel vor, so daß er die berechtigte Frage stellt, »ob man darauf siehet etwas Großes ins Gesicht stellen zu lassen«? Möglicherweise war zu diesem Zeitpunkt auch jene Zeichnung schon fertig, die – ähnlich der Neuen Kirche in Straßburg *(Abb. 61, 62)* – ein 8' – Instrument mit Oberwerk für St. Blasien zeigt[8]. Am 25. 9. 1771 schloß Silbermann einen Neubauaccord[9] für eine Orgel in das Katharinenkloster zu Colmar. Er schreibt darüber nach Villingen: »Sonsten bin dermalen mit einem kleinen 8. füßigen Orgelwerk vor die wohlehrwürdigen Klosterfrauen zu St. Katharinen in Colmar beschäfftiget, mehrere Arbeit habe zur Zeit nicht annehmen wollen . . .«[10]

Wie sich im Bericht an Martin Gerbert vom 14. 12. 1771 zeigt, hat Abt Coelestin Silbermanns Winke sehr wohl verstanden: Silbermanns »abschrökhende Bewöggrund (Tod) . . . erwögen; hingegen die sich ausbittende Resolution in betreff der Register Zahl und Qualität . . . zu ertheilen«. Wahl rät zu einer Orgel, die in der Stärke jener der Neuen Evangelischen Kirche in Straßburg[7] entsprechen solle. Im Hinblick auf große oberschwäbische Orgeln[11] warnt er vor »weitläufiger Structur«, die »dem Regier-Werkh schädlich« sei.

Fürstabt Gerbert ist gesonnen, den Mönchschor mit einem exquisiten Ausstattungsstück zu schmücken; die monumentale Orgel soll gewissermaßen einen Hochaltaraufbau ersetzen und den Prälatenstuhl bekrönen[12]. Da Gerbert Silbermann von Person und durch Korrespondenz kennt, bittet er am 18. 12. 1771 Abt Coelestin, einen Kostenanschlag zu erheben. Außerdem wird bestätigt, daß ein Rückpositiv angebracht werden, und D'Ixnard »die äußere Structur« der Orgel »in Straßburg selbsten am füeglichsten verabreden kan«.

D'Ixnards klassizistischer Stich für ein »Buffet d'orgue de St. Blaise« (1772?)[13] *(Abb. 67)* wirkt neben Silbermanns Zeichnungen für Straßburg, Neue Kirche, und St. Blasien fast schon frostig und negiert besonders im Bereich des Oberwerkprospektes orgelbauliche Notwendigkeiten. Zur Ausführung gelangt ein Prospektentwurf des F. F. Baudirektors Franz Josef Salzmann[14] *(Abb. 66)*.

Ohne alle vorsichtige Diplomatie, sondern als Künstler, der von Jugend an gelernt und begriffen hat, daß sich der Prospekt einer Orgel nach ihrer inneren Einrichtung zu richten hat[106], teilt Silbermann am 20. 1. 1772 seine Überlegungen Abt Coelestin mit. Daß der Meister gesonnen ist, »noch alle meine Kräfften anzustrengen«, steht außer Zweifel. Wie in Villingen soll auch diese große Orgel im Kammerton eingestimmt werden. Alle Arbeiten werden in Straßburg gefertigt – dürres Eichenholz für die Windladen ist vorhanden –, das Kloster läßt auf seine Kosten den Orgelkasten fertigen und aufstellen; Silbermann erbittet sich 18 000 fl. französisches Geld. Wie üblich[15] sind Aufzeichnungen und Risse vorgesehen[16]. Johann Andreas entwickelt jetzt sein Baukonzept – der Abstand zwischen Hauptorgel und Rückpositiv darf nur 3' betragen, »um das Ruckwerck leicht und delicat spielen zu machen«; der Baumeister möge »das Project nur auszieren« – und man spürt, daß er sich in konstruktiven Details nicht dreinreden lassen will. Einem eventuellen Einwand der Musiker, auf der Empore sei zu wenig Platz verfügbar, begegnet er mit dem Vorschlag, an der Brüstung eine »Schweiffung« vorzusehen. Seine »Speculationen« veranschaulicht er durch eine beigegebene Grundrißzeichnung[17] *(Abb. 63)*.

Der Sendung liegt eine geniale Disposition für ein 16'-Werk bei, die später im Vertrag unverändert übernommen wird; die Orgel soll auf Hauptwerk, Oberwerk, Rückpositiv und Pedal 46 klingende Register[18] zählen.

Abt Coelestin Wahl rühmt am 29. 1. 1772 gegenüber Martin Gerbert die vortreffliche Disposition und räumt ein, daß Silbermanns Arbeit zwar nicht billig, jedoch dauerhaft sei – davon könne sich ein Organist in Villingen selbst überzeugen.

Wahrscheinlich im Februar 1772 dürften die Orgelbaupläne dem Konvent – dem die Orgel offenbar zu teuer war – unterbreitet worden sein[19]. Überlegungen werden angestellt, ob nicht auch ein zweimanualiges Instrument ohne Rückpositiv genügen würde, und ob ein freistehender Spieltisch in einer Nische des Untergehäuses, besonders im Hinblick auf die »Music«, realisiert werden könne. Dem Argument, die von Silbermann geplante Orgel nähme den Musikanten zu viel Platz weg, versucht Abt Wahl *(Abb. 64, 65)* mit zwei Grundrißzeichnungen[20], die die Verhältnisse in Villingen und St. Blasien gegenüberstellen, zu begegnen. Ein 8'-Werk erscheint ihm für die große Kirche zu gering, das Rückpositiv wäre der Kosten und der Musiker wegen eventuell entbehrlich; allerdings benötige die Orgel bei 40 Registern ein 16'-Principal im Hauptwerk und den entsprechenden 8' im Oberwerk.

In dieser heiklen Situation wendet sich Silbermann an Fürstabt Martin selbst[21]: Bei 7 Registern weniger wäre auch ein starkes 8'-Werk mit 3 Manualen möglich und 4000 fl. billiger; bei einem zweimanualigen Werk[22] könnten etwa 3500 fl. eingespart werden; ein ansehnliches 8'-Werk käme ohne Kasten auf 8000 fl. Jedoch weiß Silbermann auch, was er dem Bauherrn mitzuteilen hat, um das ursprüngliche Projekt zu retten: »Allein grosse Kirchen erfortern grosse Orgeln«.

Von Freiburg aus berichtet D'Ixnard seinem Auftraggeber am 12. 3. 1772, daß er die Pläne zur Orgelaufstellung mit Silbermann besprochen habe. Das Rückpositiv ist erforderlich »pour le goust de l'armonie et de louvrage mais . . . nous le metrions d'une facon qu'il n'avanceroit pas plus de six pouces dans le grand coeur (sic)«. Silbermann erwarte eine Mitteilung über die endgültige

Registeranzahl und wird D'Ixnard eine Skizze schicken, »pour que je puisse i maitre le bon goust«[23]. Vermutlich am 14. 3. 1772 teilt der Straßburger Meister Abt Coelestin neuere Überlegungen mit: Die Bälge sollen 9'–10' über dem Boden auf einer Bühne hinter der Orgel Platz finden; das Rückpositiv soll $^{1}/_{2}$' auskragen, der Corpus wird 3 $^{1}/_{2}$' hinter der Emporenbrüstung gestellt, so daß sich »zimlich Platz zur Music« ergeben wird. Die Orgel wird nicht zu stark; eine Spielnische ist wegen zu weitläufiger Mechanik abzulehnen.

Gleichzeitig wendet sich der Orgelbauer in einem gesonderten Schreiben an den Besteller, um unter Hinweis auf die kostspieligeren Orgeln in Dresden (Hofkirche), Ochsenhausen, Weingarten und Ottobeuren seine Forderung zu begründen. Weiterhin schlägt er einen »Privat Accord« mit dem Fürstabt vor – ohne Mitwirkung des Konvents[24]. Silbermann wäre sogar bereit, einstweilen die Stimmen Groß Nazard, Groß Tierce, Clairon (Hauptwerk), Quintathon, Bourdon 16', Fagot-Baß, Trompette de Recit (Oberwerk), Larigot, Carillon, Cromhorne (Rückpositiv) und Prestant, Clairon, Cornetto (Pedal) auszusparen[25], um eine vorläufige Ersparnis von 1200 fl. eintreten zu lassen. Der endgültige Vertrag für eine komplette Orgel wurde als »Privataccord« am 25. Mai 1772 geschlossen[26]:

»Disposition Eines Neuen Orgel Wercks welches in das hochFürstliche Reichs-Stift und Gotteshauß St: Blaßi gemacht werden Könte.

Register im HauptWerck.

1.	Montre oder Principal von feinem polirten Englischem Zinn	16.	Schuthon.
2.	Montre oder Principal, eben so	8.	–
3.	Prestant oder Octav, von Zinn	4	–
4.	Bourdon oder Coppel, die erste Octav von Holtz, die übrigen von Metal, das ist eine Composition von Zinn und bley	8	–
5.	Quinte oder Groß Nazard, im Baß gedeckt, im Discand offen. Die Corpora von Zinn, die Füß Metal	6	–
6.	Quinte oder Nazard, die Corpora von Zinn, die Füß Metal	3	–
7.	Große Tierce oder Tertz, von Metal aus	4	–
8.	Tertz von Metal aus	2	–
9.	Doublette oder SuperOctav, die Corpora von Zinn, die Füß Metal	2	–
10.	Cornet, von Metal	5	Facht
11.	Fourniture oder Mixtur, die Corpora von Zinn, die Füß Metal	4	Facht
12.	Cymbal, eben so	3	Facht
13.	Trompette, die Corpora von Zinn, die Füß Metal, Mundstuck und Zungen Von Meßing	8	Schuthon
14.	Clairon, ebenso	4	–[27]

Register im OberWerck.

1.	Montre von Zinn. Von diesen werden einige der grösten von Holtz inwendig gesetzet	8.	Schuthon
2.	Bourdon, oder Coppel, die Zwey ersten Octaven von Holtz, die übrigen Metal	16.	Schuthon
3.	Bourdon, die erste Octav von Holtz, die andren von Metal	8	–
4.	Quintathoen, die Corpora und Füß von Zinn	8	–
5.	Prestant, die Corpora von Zinn, die Füß Metal. Wovon die grösten von Polirtem Zinn im schein stehen sollen	4	–
6.	Nazard, von Metal	3	–
7.	Doublette, die Corpora von Zinn, die Füß Metal	2	–
8.	Tertz, von Metal, aus	2	–
9.	Siflet, die Corpora von Zinn, die Füß Metal	1	–
10.	Cornet von Metal	5	Facht
11.	Fourniture, die Corpora von Zinn, die Füß Metal	3	Facht
12.	Trompette de Recit oder Discand-Trompette, die Corpora von Zinn, die Füß von Metal, Mundstück und Zungen von Meßing		
13.	Fagot = Baß, die Corpora von Zinn, die Füß eben so, die Mundstück von Metal, Zungen von Meßing	8	Schuthon
14.	Voxhumana, die Corpora von Zinn, die Füß von Metal, Mundstück und Zungen von Meßing	8	–

Register im RuckWerck.

1.	Montre, einige der grösten von Holtz, die übrigen von feinem polirtem Zinn	8 Schuthon
2.	Bourdon, die 15. grösten von Holtz, die übrigen Metal	8 –
3.	Prestant, die Corpora von Zinn, die Füß Metal	4 –
4.	Flöte von Metal	4 –
5.	Nazard von Metal	3 –
6.	Doublette, die Corpora von Zinn, die Füß Metal	2 –
7.	Tertz von Metal, aus	2 –
8.	Larigot von Metal	1 1/2 –
9.	Carillon, durch den discand	2 Facht
10.	Fourniture, die Corpora von Zinn die Füß Metal	3 Facht
11.	Cromhorne, die Corpora von Zinn, die Füß Metal, Mundstück und Zungen von Meßing	8 Schu.

Register im Pedal.

1.	Principal = Baß von Holtz, offen	16. Schuthon
2.	Supbaß gedeckt, von Holtz	16 –
3.	Octavenbaß von Holtz offen	8 –
4.	Prestant von Metal	4 –
5.	Bompartte, die Corpora von Zinn, nebst denen Füßen, die Mundstück und Zungen aber von Meßing	16 –
6.	Trompetten = Baß, die Corpora von Zinn, die Füß Metal, Mundstück und Zungen von Meßing	8 –
7.	Clairon, die Corpora von Zinn, die Füß Metal, Mundstück und Zungen von Meßing	4 Schuthon
8.	Cornetto, eben so	2 –

Tremblant forte, oder ein Geschwinder Tremulant im HauptWerck.
Tremblant doux, oder ein langsamer Tremulant im HauptWerck.
Schwebung zur Voxhumana im Oberwerck.
Diese 47. Register werden aus 2768. Pfeiffen bestehen.
Und soll das ganze Werck in den Cammerthon gestimmt werden.

Die drey Manual = Clavire sollen von Ebenholtz und Bein verfertiget werden, und jedes im Baß mit C C+ D D+ E F. & c: anfangen, und im discand mit d''' endigen. Es sollen dieselben so eingerichtet seyn, daß man erstlich jedes besonders spielen kan, So dan das Haupt Manual und Oberwerck zusamen, oder das HauptWerck mit dem RuckWerck. Oder auch daß man alle dreye wan man auf dem HauptWerck oder Mittlern Clavier spielet, zusamen Copplen kan.

Das Pedal Clavier soll aus zwey völligen octaven oder 25. Clavibus bestehen.

Dieses Werck erfortert 6. Blaßbälge, da jeder nach Französischem Maßstab 6. Schu lang, und 3 Schu 4. Zoll breyt seyn soll, und aus 7. falten bestehen.

Die Sieben Windladen[28], Canäle, Registraturen und übrige Einrichtung der Orgel sollen von bein dürrem Holtz und dauerhaften Matherialien verfertiget werden.

Zu einem solchen Orgelwerck alle erforterliche Matherialien als Zinn, Bley, Meßing, Holtz, Leder, Pergament, Leim, und wie sie sonsten namen haben mögen in meinen Kösten anzuschaffen, und diese Orgelarbeit Zu Straßburg durch meine Arbeiter verfertigen zu laßen, wie auch die dazu erforterliche Schloßer = Arbeit zu zahlen, also daß von seiten hochgedachtem Fürstlichem Stift und gotteshaußes weiter vor nichts zu sorgen wäre, als in deßen Kosten den Transport zu besorgen, und den orgel = Kasten verfertigen und aufsetzen zu laßen, und mir nebst dreyen Personen das losament und die Veröstigung während meines Zweymahligen aufenthalts[29] jedesmahl 3. Monat lang zu verschaffen, offerire über mich zu nehmen um 18 000 fl. sage achtzehen tausend gulden Französisch Geld, die neue Louisd'or zu 12 fl, und den doppelten Thaler zu 3 fl. gerechnet, und zwar könte dieses geld in folgenden unterschiedenen Terminen bezahlet werden, als nemlich beym Schluß dieses accords die Summa von 4200. gulden oder 350. Louisd'or, den zweyten Termin nach proportion des ersten Transports der Arbeit. den 3. ten Termin wan von dato in 2. Jahren hin die einrichtung der Mechanic in den Orgelkasten wird gemacht und eingerichtet seyn. Und den letzten Termin wan widerum nach Verfluß eines Jahrs nemlich 1775. die ganze Orgel vollkommen wird verfertiget und ausgemacht seyn. Wann aber allenfals Gott über mich disponiren solte, daß ich das ende dieser arbeit nicht erleben würde, und alsdan das hochFürstliche Stifft St: Blaßi dieses Orgelwerck durch jemand anders würde verfertigen laßen, so soll in absicht deßen, so gleich meine erste arbeit seyn, alles mögliche so wohl vor den Orgelkasten, als das Orgelwesen selbsten mit seiner Mechanischen Einrichtung in einem deutlichen Model, abriß, Tabellen und Mensuren zu verfaßen, damit ein anderer Orgelmacher sich in das angefangene Project desto beßer finden könte. übrigens wird in diesem Fall nicht zu zweiflen seyn, daß meine Erben in ansehung der so wohl schon verfertigten als angefangenen arbeiten sich mit hochgedachtem hochFürstlichem ReichsStifft St: Blaßi der billigkeit gemäs abfinden würden, damit beyderseits Parteyen außer schaden gesezet würden.

St: Blaßi d 25. May
1772. — Johann Andreas Silbermann

Martin abbt

Auf gegenwärtigen aufsatz der vor eine neue Orgel in das hochFürstliche Reichs = Stifft und Gotteshauß St: Blaßi geneigt angenommen worden, habe so gleich den ersten Termin mit 4200 fl. oder 350. Louisdor wohl empfangen, wovor hiemit quittirent bescheine

St: Blaßi d 26. May
1772. — Johann Andreas Silbermann, Orgelmacher von Straßburg.«

Von anderer Hand sind auf gleichem Blatt weitere Zahlungen an den Meister vermerkt:

	fl.	xr.
Empfangt d 26t May 1772 obige 350 ld'or mit	4200.	–
d 27t Sept. 1773 200 ld'or L.C. od.	2400.	–
d 20t Martij 1774 300 ld'or L.C. od	3600.	–
d 29t Sept. 1774 300 do. L.C.	3600.	–[30]

Der Freiburger Bildhauer Joseph Hörr berechnet im Voranschlag vom 1. 4. 1773 für »die figuren und kündle 350 fl. und die Zierathen aber 1350 fl.«[31]

Im August 1775 hatte Johann Andreas Silbermann eine Orgel europäischer Bedeutung vollendet und dem Schaffen seines traditionsreichen Hauses ein einzigartiges Glanzlicht aufgesetzt. Die Aufstellung des Werkes und die Bewunderung des vollendeten Opus hat sich im »Diarium Monasterii S. Blasii«[32] niedergeschlagen:

1775, 9. 7.: »Heüt abends Kame von strasburg der berühmte Orgelmacher Silbermann mit seiner frauen, um die hiesige neue orgel in Vollkommenen stand zu sezen. Er logirte zu Hof.«

1775, 16. 7.: Der Konstanzer Weihbischof weilte in St. Blasien . . . »Nach der Tafel beschauete H. Bischof die neue orgel und die neue Kirche.«

1775, 31. 8.: »Auf den abend Kame an der P. Servilianus, ein Franziskaner von Freyburg, und berühmter organist, welcher ware gleichfalls wegen der hiesigen orgel anhero beschicket worden.«

1775, 2. 9.: »In der fruhe tratte der beruhmte orgelmacher H. Silbermann mit seiner Gemahlin die ruckreise nacher strasburg an, und wurde mit hiesigen pferdten Spedirt. Die orgel ware Vor 3 jaren demselben für 16 000 fl.[33] accordiret, er Verfertigte aber die pfeifen pp und alle zugehörde zu strasburg, nur der Kasten allein wurde hier gemachet. Die Bildhauer Arbeit wurde von M: Heer Künstler und Bildhauer zu Freyburg in einem Accord von 12 f (sic) verfertiget. Der Kasten, und die Faßung deßelben Kame gar unß auf 3000 f, und somit die ganze Orgel samt Zugehörde auf 20 000 f zu stehen. Vor einem iare schon hielte er sich mit 2 gesellen hier etliche wochen auf, wie auch dieses jar geschehen, wo er die orgel Vollkommen eingerichtet, und in den stand gesezet. Celsissimus beschenkte denselben bey dessen abreise mit einer goldenen medaille von 30 ducaten, seine Frau gemahlin aber mit einer goldenen uhren-haften.«

Die neue Kirche und ihre Orgel werden in den nächsten Jahren zum Anziehungspunkt der Kunstliebhaber. So berichtet Abbé Louis Schmittbaur[34], der Sohn des markgräflichen Kapellmeisters Aloys Schmittbaur:

»Als Bendictiner in gengenbach bin ich land auf und ab, sogar nach Sanct Blasi gerufen worden, um die neu aufgestellte orgel in selbigem Stift von H: Silbermann zu prüfen . . .«

Auch von Straßburg und Ettenheimmünster aus wurde St. Blasien besucht[35]:

»1782 den 2ten Herbstmonat farte H: weichbischoff[36], mit ßeinen 3 geistlichen, und 4 bedienten ßamt dem H prelaten abbt Landelin[37], und H pater Michael stro, Kastner, nebst H: frater bernhard, nacher Riegel[38], alß dann nacher freyburg, nacher Sanct peter, und leztlich nacher dem fürstlichen Gotteshauß Sanct blaßi; allda diße Bompose Kirchen und anders Zueßehen.«

Im September 1779 wurde das Instrument nochmals durchgestimmt; im August 1783 führte Johann Andreas' Sohn, Josias Silbermann (1765–1786), eine Reinigung durch; bei dieser Gelegenheit sollte er die Orgel der Pauliner in Bonndorf[39] reparieren und versetzen. Bis zum Jahr 1807 sagen die Archivalien nichts mehr über die Monumentalorgel in St. Blasien aus.

II. Die kleinen Orgeln im Stift St. Blasien

Am 2. Februar 1773 wurde »die Vesperae mit 4. Stimmen mit der Orgel gehalten«[40]. Damit ist eine der beiden Kleinorgeln des Stiftes gemeint, wahrscheinlich jene des Seitenchores (Oratorium). Dieses Werkchen wurde 1772 von Blasius Bernauer (1740–1818)[41] aus Staufen verfertigt, der sich auch um den Neubau der großen Orgel bemüht hatte[42]. Im Musiksaal der Abtei bediente man sich ebenfalls eines vierregistrigen Positivs.

Als sich im Frühjahr 1807 die Gemeinde Tutschfelden eine Gebrauchtorgel beschaffen wollte, berichtete der Schulseminarist L. Haag über die Orgeln in St. Blasien[43]:

»Bei der am 19ten May im Namen der Gemeinde Tutschfelden von mir vorgenommenen Untersuchung der Orgelpositive im Stift St. Blasien fanden sich: ein kleines Positiv im Seiten Chor der Kirche und ein anderes im Musiksaal.

Das im *Seitenchor* sich befindende Positiv ist nicht höher als ungefähr ein Tisch, und es beträgt die Länge 6' 3", Breite 3' 3", Höhe 3' 5" nach deutschem Maasstab. Dasselbe besteht aus 4 Registern in einem Manual.
Die Register sind

Coppelflöte	8'	Fußthon von Holz gedeckt,
Flöten	4'	Fuß von Holz gedeckt,
Oktave	2'	Fußton von Bleizinn,
Supperoktav	1'	von Bley.

In Ansehung des Umfangs der Töne ist zu bemerken, daß das Werkchen aus 4 Octaven besteht, jedoch ist statt der großen Octave die sogenannte kurze, worin das große Cis, Dis und Fis ganz fehlt, und der Orgelspieler müßte sich erst an ein solches Werk gewöhnen.[44] (. . .) Die Windlade die unter der Claviatur liegt ist sehr klein, und es ließen sich also keine Register mehr hinzusetzen, auch ist sie durch Alter und Gebrauch schadhaft geworden, die Bälge sind klein und schadhaft und geben fürs Werk nicht genug Wind.
Die im *Musiksaal* besteht ebenfalls aus 4 Registern und zwar:

Coppelflöte	8	fußthon gedeckt von Holz,
Principal	4	fuß, die unterste Oktav von Holz, das übrige von Bleizinn im Gesicht,
Mixtur	2 fach	von Bleizinn,
Nasart	1 1/2	fuß von Bleizinn
		der Umfang der Töne ist 4 Octaven.

Im ganzen ist dieses Werk vom vorigen nur durch die Form verschieden, weil hier die Windlade über der Claviatur ist, im übrigen Werth aber steht sie der vorigen noch nach, weil die Claviatur und Coppelflöthe ganz verdorben sind. (...)

Was das Positiv der *Hauptorgel* betrifft, so besteht dieses wohl aus 11 Registern, kann aber nie ohne Schaden und Zerstümmelung des ganzen Werks weggenommen werden; auch ist wie der Kenner finden wird der ganze Zuschnitt eines Positivs dieser Art, als eines 3. Manuales als selbst bestehendes Werk zu klein und der Ton zu jung und marklos . . .

Das ganze Resultat dieser Untersuchung wäre demnach, daß ich eingesehen, daß keine von beiden ersten Orgeln sich in die hiesige Kirche nur mit einigem Nuzen gebrauchen ließe, und das Positiv der prächtigen aus 50 Register und 3 Manualen bestehenden Orgel von Silbermann sich nicht leicht trennen liesse, (. . .) weil das ganze Werk dadurch unvollständig würde«.(...)

Über den Verbleib dieser Positive nach 1807 ist nichts bekannt.

III. Die Versetzung der großen Silbermann-Orgel nach Karlsruhe, St. Stephan

Am 1. 10. 1808 läßt der Rastatter Hoforgelbauer Ferdinand Stieffell[45] seinen ältesten Sohn Franz[46] nach Bretten[47] berichten:

»Sie darfen sich nicht wundern, daß Sie auf den letzten Brief (. . .) keine Andword erhalten haben; indem wir 2 Monathe an der großen Orgel zu St. Blasien abgebrochen[48], eingepackt, und nach Carlsruhe zu liefern gebraucht haben.

Auch habe ich während dieser Zeit etliche von meinen Werker zu repariren gehabt« (. . .)[49]

Die im Frühjahr 1807 erfolgte Säkularisierung der Reichsabtei St. Blasien und die bewußte, staatlich und politisch geförderte Plünderung dieses einzigartigen Schwarzwaldtempels bewirkte, daß der alternde Großherzog Karl Friedrich von Baden (1728–1811) der in den Jahren 1808–1814 erbauten katholischen Stephanskirche seiner Residenz nicht nur die einmalige Silbermann-Orgel schenkte[50], sondern zugleich auch noch das 12-stimmige Geläute St. Blasiens derart aufteilen ließ, daß am 13. 6. 1808 die fünf größten Glocken St. Stephan dediziert wurden; die übrigen sollten an Karlsruher Kirchen abgegeben werden[51].

Nach dem Abbruch in St. Blasien lagerte die Silbermann-Orgel zunächst drei Jahre in einer Karlsruher Scheune; Abbé Vogler[52] hatte 1810 bereits ein neues Instrument angeboten[53].

Am 16. 2. 1812 richtet Franz Stieffell einen ersten Bericht an Staatsrat Oehl, der die Orgelangelegenheit anfänglich betreut[54]:

»Hochwohlgebohrner Hochzuverehrender Herr Staats=Rath!

Euer Hochwohlgebohren haben mir den gütigen Auftrag gegeben, einen Aufsatz und Überschlag die Aufstellung der S: Blasianer Orgel in die hiesige Katholische Kirche betreffend zu verfertigen, und die Güte gehabt mir schriftlich über 4 mitgegebene Puncten[55], mich schriftlich gehorsamst zu erklären; ich befolge diesen hohen Auftrag, und sage:

Erstens. Da diese zweite Aufstellung dieser Orgel fast wie die Aufstellung einer neuen zu betrachten, ja ich darf sagen, noch weit mehrere Accurateße, Mühe und Sorgfalt verdient, so laßt sich leicht schließen, welche Zeit und Kostenaufwand dieses große Werk gänzlich und probmäßig herzustellen erfordert.

Bekannter Dingen ist diese Orgel schon vor 30 Jahren gestellt worden, und ettliche Jahre auch unbrauchbar dagestanden, während welcher Zeit leicht zu erachten, daß das Werk zimlich Schaden gelitten.

Wann ich nun hinzu setze, daß dieses Werk schon 3 ½ Jahr in einer vielleicht feuchten Scheuer gelegen, und nicht voraus sehen kan, was während diesen Jahren an der Orgel schadhaft geworden, so erkläre ich mich in folgenden Puncten.

1) Muß der Kasten so aufgeschlagen werden, als er zu S: Blasien stund, dazu müßen mir nach Erforderniß der Zeit und Umstände, je nach dem ich es für nötig finde, 1, 3, 6, 8, Handfröhner gegeben werden.

2) Müßen alle Register der an der Zahl 51 und Pfeifen 2747 sind[56], die zwar auf das sorgfältigste eingepackt waren, dennoch aber durch das Fahren, des bößen Weges und auch lange liegen in der Scheuer gedult worden sind; von allen Dulen frey, alle Pfeifen ausgebutzt, vom Staub gereinigt, frisch intoniert und gestimmt werden.

3) Diejenige Principal Pfeifen, 16 Fuß Thon hoch, so zu Gesicht stehen, müßen extra auf das beste gebutzt werden.

4) Sind beym Abbrechen der Orgel 2 Pfeifen entwendet worden, welche eine in dem Zungen Register Fagot, die andere in Voxhummana fehlen, diese müßen neu gemacht werden.

5) Ist zu bemerken, daß die Zungen Register, deren an der Zahl 11 sind, und schon gegen 6 Jahre nicht mehr gebraucht worden, die Zungen und Löffel, welche von Mößing, sehr angeloffen und gerostet sind; diese müßen ebenfalls auf das beste gebutzt, und zur frischen Ansprach gebracht werden.

6) Da mancher Mößling Drat durch das öftere auf und zu biegen, bey den Claviaturen, Vendillen, und Abstracten zerbrochen, auch mehrere tausend Nägel erfordert werden, welche ich selbst anzuschaffen überneh-me, und

7) Alle Vendille in den Windlaten, deren 7 sind, frisch beledert werden müßen, auch das Leder an den Vendillen sehr hart zusammen geschlagen, und ganz schwarz aussieht, und in einiger Zeit der Fall eintretten könnte, daß ein und das andere nicht mehr recht schließe, ein unangenehmes Heulen dadurch entstünde, das Clavier stecken bliebe, und nach gestellter Orgel man diesem nicht mehr leicht nachhelfen könnte, ohne alle Pfeifen und Windlaten herauszureisen; so müssen zur Belederung dieser Vendille 7 Duzend der besten außerlesensten weisen Französischen Schaffelle[57] dazu gebraucht werden, weil die Belederungsart das allerheuglichste der ganzen Orgel ist, auch ich nicht alles vom ganzen Fell brauchen kan, welche Felle ich mich anzuschaffen verbinde.

8) Zur Stellung dieser Orgel werden 3 meiner Leute erfordert, deren Verköstigung ich während der Aufstellung über mich nehme; und da ich nicht wißen und bestimmen kan, wie lang und wie viel Zeit ich zur gänzlichen Herstellung dieser Orgel brauche, auch nicht vorsehen kan, welche Hinderniße sich während der Zeit der Aufstellung der Orgel sich ereignen, so ist nach reufer Überlegung und gemachtem Überschlag für die gänzlich und probmäßige Herstellung der Orgel die nächste Foderung 2200 fl: sage zwey tausend zwey hundert Gulden, nebst Trinkgeld für die Gesellen nach Dero Belieben.

Zweitens. Kan diese Orgel nicht in eine Höhe von 22 Fuß hohen Gallerie geschoben werden; allein da H Oberbau Director Weinbrenner mir 3 Fus höhe mehr versprochen, welche aus dem Fenster Bogen heraus gehauen würden, so bekäme ich allso 25 Fus, und könnte im Nothfall sagen, daß man die Orgel zwar hineinsetzen könne[58], allein welchen Effect sie in dieser schlechten Stellung machen würde, ist leicht zu denken, denn wie sonst die Windlathen der Höhe nach ausgetheilt werden, so müße da alles der Tiefung nach geschehen, und käme allso die große Orgel ganz verdumpft in das gewölb, das Positiv samt Pedel (!) hinder die Orgel, wo sich der Thon darin ganz verstecken, und überhaupt gar nicht aus dem Bogen herfür sprechen kan, folglich ich allso gar nicht dafür gut sprechen kan; ja wann ich sagen dürfte, wann nur ein Theil, nemlich die große Orgel, aus dem Bogen heraus gebaut werden dürfte, und folglich in die Kuppel käme.

NB: Was das fehlerhafteste ist, kan der Höhe nach keine 16 Füßige Pfeife sowohl ins Gesicht als eine offene 16 schuhe hohe Pfeife ins Pedall gesetzt werden, wäre allso auch Schade für eine so große Kirche; weil man selbe abschneiden, und die Pfeifen decken müße, und nach der Erfahrung schon weis, daß eine offene Pfeife mehr Fors (= Force) als eine gedeckte hat.

Drittens. Da nach obiger Bemerkung, ohne 16 Fus Thon eine wesentliche Verstücklung und Kröpfung Statt habe und die ganze Mechanic, samt den Blasbälgen verändert werden muß, auch 2 neue Orgel Kästen[59], welche von dem besten eichen Holz gemacht werden, und ich die meiste Arbeit nach Rastadt nehmen muß, ferner alle Pfeifen im Gesicht verändert werden müßen, so ist der Kosten Betrag 4000 fl:, sage vier tausend Gulden. Dagegen würden die 2 orgel Kästen, und vielleicht 6, 7, bis 8 Centner Zin, die im Gesicht weg blieben, übrig bleiben, welches ich nicht genau bestimmen kan.

Was vom übrigen der Mechanic samt andern großen und kleinen Sachen der Orgel von S. Blasien betrift, wird alles zur neuen Einrichtung benutzt[60].

Viertens. Darf ich sagen, wie schon oben bemerkt, daß es dem ganzen des schönen Meister werks nichts schadet, wann deßen ganze innere Einrichtung hierdurch verändert wird, wann die Orgel eine gute Stellung bekömt.

Übrigens bitte ich Unterthänigst eine baltige Resolution, dann sollte die Orgel verändert werden, so muß ich gestehen, daß sie nicht in 1 1/2 Jahr kan gefertigt werden, und ich keine andere Arbeit derowegen vornehme, weil ich noch mehrere Bestellungen habe[49].

Ich geharre dahero mit wahrer Hochachtung zu sein

Euer Hochwohlgebohren

gehorsamter Diener
Ferdinand Stieffell
Hoforgelbauer«

Rastadt d 16ten Februar
1812.

Staatsrat Prof. J. Oehl schließt sich in einer Stellungnahme vom 17. 2. 1812 Stieffells Überlegungen an:

(. . .)

»Die Orgel ganz aufzustellen wie sie in St. Blasien stand, außer dem Aufsaze des Davids, welcher hier füglich weg bleiben kann, erfordert 45 Fuß Höhe und 22 Fuß Tiefe. Hierzu eignet sich kein Platz in der ganzen Kirche, als der Kohr (. . .). Die Bühne auf welche diese schöne Orgel gestellt wird, müßte 15 Fuß Höhe von dem Boden des Kohres aufgestellt werden. (. . .) Hierzu kömmt noch, daß dießes Prachtwerk zugleich die ganze Ansicht der Kirche decorirte, anstatt daß ein großer hoher Altar noch mit Kösten gebaut werden müßte[61].«

Die Standortfrage der Orgel beschäftigte in der Folgezeit auch das Ministerium des Innern, wie man einem Bericht des Ministerialrates Dühmig vom 21. 8. 1812 entnimmt:

(. . .)

». . . benahm ich mich den 19t d. M. mit dem alten Orgelbauer Stiefel in Rastatt über vorgeschlagene Art der aufzusezenden Orgel, wornach nämlich das Positiv nur vier Schuh von dem Boden zu stehen kommen sollte: er war gleich der Meinung mit mir, daß dies schlechterdings nicht angehen könne, und erklärte, daß falls darauf bestanden werden sollte, er sich zurückziehen, und die Arbeit jedem andren überlaßen würde. Es ward nun zwischen uns beiden verabredet, daß wenigsten 12–14 Schuh hoch von dem Boden das Positiv zu stehen kommen müße . . . (Wegen der zur Verfügung stehenden Höhe:) Hier fand nun Stiefel das Mittel darin, daß

die oberste Etage, welche die Pfeifen für das Pedal enthält[62] ohn den geringsten Nachtheil hinter den Hauptpfeifen aufgestellt werden könnte.«
(. . .)

Zur Standortfrage gaben endlich die Sachverständigen, darunter die Orgelbauer Anton Overmann I,[63] Heidelberg, und Nikolaus Schuble[64], Freiburg, ihr Urteil ab:

»Actum Carlsruhe d 20t. Octbr. 1812.
In Gegenwart des Regierungs Rath Dühmig.

Nachdem auf hohe Weisung des Ministers des Innern die Orgelbau Verständigen von Heidelberg Overmann, von Rastatt Stieffel, und von Freiburg Schuble dahier erschienen sind, und in beisein des Abbee Schmittbauer als Orgelbau Commißarius *(Abb. 68)* den Riß[48] und die Disposition der von St. Blaßien hieher verbrachten von Sr. Königlichen Hoheit der Katholischen Gemeinde dahier geschenckten Orgel so wie die neu erbaute Katholische Kirche und die zu aufstellung der befragten Orgel bestimmten Pläze in der Rücksicht eingesehen hatten, ob das Werck ober dem hohen Altar am Thurme, oder auf der entgegen gesezten Seite am Haupt Eingang oder Portale so aufgestellt werden könne, daß daßelbe an seiner innern Güte und disposition sowie in Hinsicht seiner Wirckung und des Zweckes nichts verliere? – so erklärten die anwesenden Wercks Verständige folgendes:

Sie fänden von den beiden Pläzen keinen als den über dem hohen Altar am Thurm zum Aufstellen der befragten Orgel geeignet und zweckmäsig, indem

a.) dadurch allein das Werck in Hinsicht seiner Höhe, Breite und Tiefe in seiner ursprünglichen Erschaffung nach der Idee seines berühmten Meisters Silbermann erhalten wird und

b.) diese Orgel in St: Blaßien eben so gestanden hat.

c.) Sollte die Orgel auf die entgegen gesezte Seite ober das Portale gesezt werden, so seye dies, wenn dieser Plaz unverändert bleiben sollte, wegen der Höhe, Breite, und Tiefe des Wercks schlechterdings unmöglich: nur auf den Fall, daß dem ohngeachtet die Orgel dahin versetzt werden sollte, könnte es dadurch geschehen, daß der Boden im Gewölbe, worauf die Orgel gestellt werden sollte, bis auf die Capitälen der Säulen herunter gelaßen würde.

Diese Einrichtung hätte aber folgende Nachtheile

1.) Um dem Musick Personale auch nur einen dürftigen Plaz zu verschaffen, müßte das Rückpositiv abgenommen[65], und außer Wirckung zum Nachtheil der ganzen Orgel gesezt werden,

2.) Würde eben dadurch die Wirckung des Wercks lang nicht mehr jene sein, welche es an und für sich hervor bringen könnte und müße, indem es 11 Register verlieren würde.

3.) Glauben die Werckverständigen aus der Erfahrung belehrt, daß, wenn die Orgel ober das Portale gesezt würde, das Haupt Pfeifenwerck zu sehr in die Höhe zu stehen käme, der Ton also sich in der Höhe dem Haupt Fenster zu verlieren würde, folglich seine Stärcke und Deutlichkeit in der Kirche selbst verlöre, welche Nachtheile nicht zu befürchten seyen, wenn die Orgel auf den entgegengesetzten Plaz in dem Thurme aufgestellt würde. Endlich

4.) würde sich bei der zweiteren Einrichtung der Kosten Aufwand sich bedeutend vergrösern.

Zur Bekräftigung deßen haben sämtlich anwesende das Protokoll, nachdem es denselben noch einmahl deutlich vorgelesen war, eigenhändig unterzeichnet.

Schmittbaur
abbe orgelCommiss.
Anton Overmann
Niklaus Schuble
Franz Stieffell«

Eine Kommission[66] legt am 7. 4. 1813 die Kirchenausgestaltung fest:
(. . .)
»Kömmt die Orgel nach der frühern Bestimmung unter den Thurn zu stehen . . .
Der in die Mitte der Kirche früher bestimmte Altar wird etwas weiter zurük gegen die Orgel gesezt . . .«

Nachdem nun die Aufstellung im Chorraum hinter dem Hochaltar geklärt ist, schreibt Franz Stieffell eine neue Offerte:

»Grosherzoglich Hochpreisliches Katholisches Kirchliches Departement Ministerium des Innern!

Durch ein Schreiben von Seiner Wohlgebohren dem Grosherzoglich Badischen Herrn Hofrath Dühmig hieher berufen, die Aufstellung der ehemals St: Blasianischen Orgel in die hiesige Katholische Kirche betreffend, und zugleich den Befehl erhaltent, einen Überschlag wegen obgedachter Aufstellung befragter Orgel zu überreichen, so habe ich die Ehre nach reifer Überlegung und nochmahls genommener Einsicht dieser Orgel in Loco folgendes zu berichten

58 Stuck im ehemaligen Speise- und Musiksaal von Luigi Bossi
Oben: 57 Kloster- und Abtswappen 1775 (Generallandesarchiv Karlsruhe, Inv.-Nr. 61/10663, S. 1)

59/60 Riß und Ausführung des Chorgitters von Carl Hagenest

60 a Nördliches Deckenfresko in der Stadtpfarrkirche von Ettenheim von J. A. Morath: Sebastians Glorie

61 Straßburg, Neue Kirche: Orgelentwurf, signiert: Joh. André Silbermann (1747?)

62 St. Blasien: Entwurf einer 8'-Orgel, signiert: Johann Andreas Silbermann (1771?)

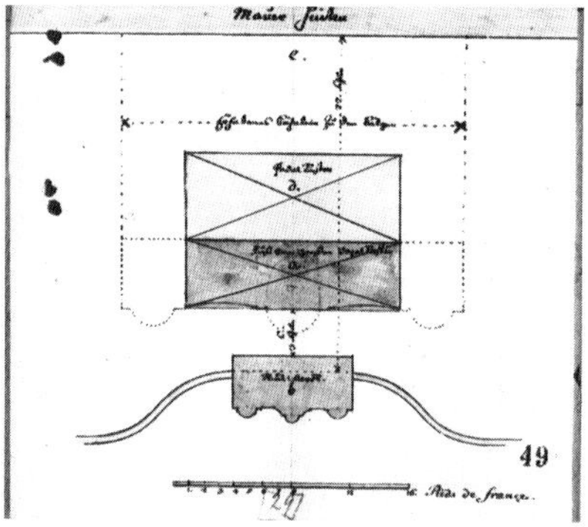

63 St. Blasien: Grundriß der Orgel von Johann Andreas Silbermann (1772) (Generallandesarchiv Karlsruhe, Inv.-Nr. 99/330)

Unten:

64 St. Blasien: Grundriß des Orgelplatzes von Abt Coelestin Wahl OSB (1772) (Generallandesarchiv Karlsruhe, Inv.-Nr. 99/330)

65 Benediktinerabteien St. Blasien und Villingen: Grundriß der Orgeln samt Plätzen der Musikanten von Abt Coelestin Wahl OSB (1772) (Generallandesarchiv Karlsruhe, Inv.-Nr. 99/330)

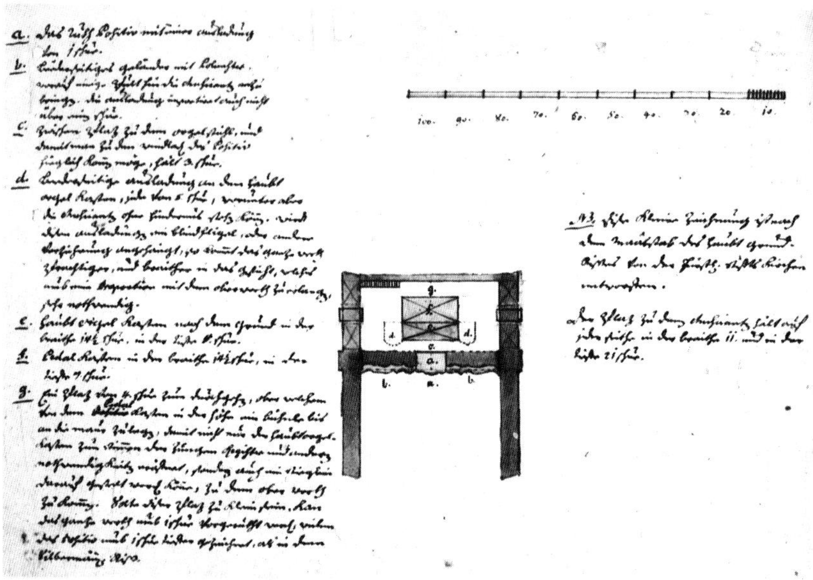

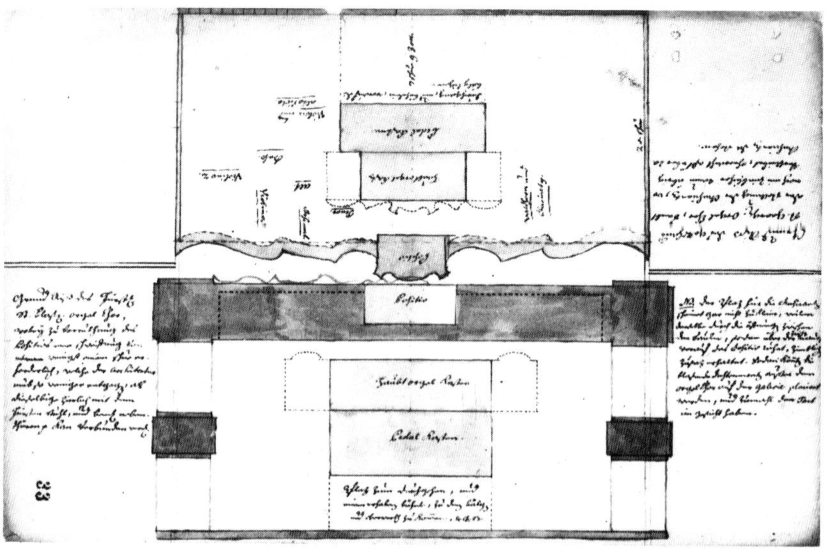

66 St. Blasien: Hochaltar, Prälatenstuhl und Orgel von Franz Joseph Salzmann (1772?) (Generallandesarchiv Karlsruhe, Salzmann-Mappe Nr. 17)

67 Buffet d'Orgue
de St. Blaise von Pierre
Michel d'Ixnard (1772?)

68 St. Blasien: Risse anläßlich der Orgel-Demontage von Franz Stieffell (1808)

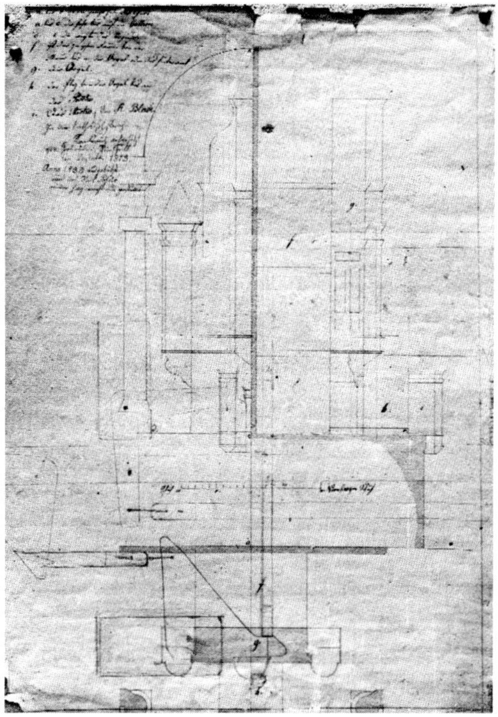

69 Karlsruhe, St. Stephan: Chorsituation um 1835

71 Gailingen: ehemalige Orgel aus St. Blasien von H. Voit & Söhne, 1879

70 Karlsruhe, St. Stephan: Silbermann-Orgel auf der Empore (um 1920)

72 St. Blasien: Orgel von F. W. Schwarz, 1913

73 Die größte der 1781 unter Fürstabt Martin Gerbert gegossenen Glocken war mit seinem Porträt geziert. (Aus Hirsch: 100 Jahre Bauen und Schauen)

Unten:
74 Glocke aus dem Jahr 1360 in der Friedhofskapelle in St. Blasien

75 Glocke mit dem Wappen des Fürstabtes Mauritius Ribbele (1794–1801) aus dem Jahr 1799 in der Friedhofskapelle in St. Blasien

76 Die hl. Katharina und das Wappen des Abtes Blasius Münzer (1625–1638) auf einer Glocke von 1627 in der Wallfahrtskirche von Todtmoos

1) Wird der Kasten so aufgeschlagen, als er zu St: Blasien stunde[67], dazu muß man mir nach Erfordernіß der Zeit 1, 2. 3. 4. 5. 6. Handfröhner geben; so auch muß mir zu aufstellung des Kastens ein Flaschen Zug angemacht werden.

2) Müßen alle Register deren an der Zahl 51[56], und Pfeifen 2747 sind[68], die zwar auf das sorgfältigste eingepackt, dennoch aber durch das lange Liegen in der Scheuer; und der bößen Weege des Fahrens viele gedult sind, von allen Dulen frey, alle Pfeifen ausgebutzt, vom Staub gereinigt, frisch intonirt, und gestimmt werden.

3) Diejenige Principal Pfeifen so im Gesicht stehen, müßen extra auf das sauberste gebutzt werden.

4) Ist zu bemerken, da die Zungen Register, derer an der Zahl 11 sind, und schon 8 Jahre nicht mehr gebraucht worden, die Zungen und Löffel welche von Mößing, sehr angeloffen und gerostet sind, diese müßen ebenfalls auf das beste gebutzt, und zur frischen Ansprach gebracht werden.

5) Da mancher Mößing Drat durch das öftere auf und zu biegen an den Claviaturen, Vendillen, und Abstracten zerbrochen, und noch zerbrechen; auch viele Tausend mehrerer Sorten Nägel zur Orgel nöthig sind, so übernehme ich selbes ganz.

6) Müßen alle Vendille in den Windlathen, derer 7 sind, ganz neu beledert werden, weil selbes Leder ganz hart zusammen geschlagen, und ganz schwarz aussieht, und vielleicht in kurzer Zeit oder auch wirklich schon einer oder der andere nicht mehr recht schließe, und dadurch ein unangenehmes Heulen entstehen wird; zur Zeit allso nicht mit so leichten Kosten könnte nachgeholfen werden, dazu werden 5 bis 6 Duzend der best außerlesensten weisen Französischen Schaffelle gebraucht, weil dieses ein sehr hauklicher Punct an einer Orgel ist.

7) Werden zu Aufstellung dieser großen Orgel 3 auch 4 meiner Leute erfordert, deren Verköstigung ich während dieser Zeit über mich nehme, und da ich nicht ganz genau wißen, und bestimmen kan, wie lang ich zu dieser Aufstellung Zeit brauche, dennoch glaube in einer Zeit Frist von 3 viertel Jahre mit Ehre/: abgerechend, unvorgesehener Hinderniße:/ fertig zu werden, und das ganze große Werk untadelhaft, prob, und Accords mäßig herzustellen, ist die nächste Foderung bey gegenwärtigen theuren Zeiten und Umständen 2600 fl: sage zwey tausend Sechs hundert Gulden.

Nach Höchster Genehmigung vorliegenden Accords haben folgende Termiens Zahlungen Statt:

1) Bey Anfang dieses Werkes 600 fl: Vorschuß; zu Beschaffung nothwendiger Materialien, Leim, Leder etc: und Regulirung der Kost.

2) Nach erfolgter Abprobation des ganzen Werks den Rest von 2000 fl:

Rastadt am 24ten April 1813. Ferdinand Stieffell
Hoforgelbauer.

NB: Sind uns schon aus der Orgel in St: Blasien bey Abbrechung derselben 2 Pfeifen entwendet worden, nemlich in den Registern von voxhumana und Fagot 2, diese müßen neu dazu gemacht werden.«

Dühmig arbeitet im Zusammenwirken mit Abbé Schmittbaur am 30. 4. 1813 den Vertragstext aus; Stieffells Angebotspositionen werden übernommen mit der Bedingung, »muß sogleich der Anfang mit dieser Arbeit gemacht werden«. Nach Schmittbaurs Bestätigung[69] vom 10. 5. 1813, »daß die Stieffellsche Forderung von 2600 fl. nicht übersezt seye«, gewährt das Ministerium des Innern Stieffell am 28. 8. 1813 700 fl. Vorschuß[70]. In einem Gutachten schlägt Schmittbaur Registeränderungen vor, die jedoch nicht ausgeführt werden[71].

»Großherzoglich Badisches Hochpreißliches Ministerium des Innern! 2.tes Departement /: Katholische Section:/

No. 291. Mündlicher Vortrag die Einrichtung der Orgel in der neuen katholischen Kirche dahier in specie die Verfertigung und Herstellung 2.er neuen Register Gambe und WaidPfeife betfd.

(. . .)

1.) die Zweckmäßigkeit benannter Register der Gambe und Waidflöte betfd.

So schön gros und majestätisch das Silbermännische Orgelwerk vor Augen steht, so hat es in dem innern Gehalt und Auswahl der Register dennoch nichts von Annehmlichkeit derselben, welche in allen auch den größten Orgeln von allen Künstlern zur Abwechslung und Mischung anderer Register gesezt und gestellt wird.

Ich tadle den großen Künstler Silbermann nicht und bin weit entfernt daran zu glauben, daß dieser grose Künstler nicht eben so kunstreich die zwey benamste Register in dieses schöne große, majestätische Werk hätte Verfertigen können, wie dieselbe ich von dem nemlichen Künstler so schon in der Orgel der neuen Kirch zu Strasburg oder sogenannten Thomas Kirch oder ehemaligen Johanniter Kirch, oder in der Kirch zu Lahr oder in der Orgel in dem aufgehobenen Kloster St. Landolin (= Ettenheimmünster) gehört habe[72].

Nun aber seye es aus welcher Ursache daß es seyn wolle, befinden sich die 2. auserlesene Register in unserer gegenwärtigen Orgel nicht. (. . .) In dem großen Silbermännischen Werk befinden sich zwey grose Quinten und zwey große Terzen[73] die im Ganzen genommen viel Geschrey aber wenig Annehmlichkeit ihrer Natur gemäs haben, statt nun doppelt Quinten und Terzen von diesen duplaeten Registern welche der berühmte Abbe Vogler in allen Orgelwerken selbst verwirft[74], stimmten nun beßer und zweckmäsiger das Register Gambe und das Register Solicional oder Waidflöte.

Dem Hohen Auftrag gemäs habe ich 2. Register benannt Gros Nazard und Groß Tierz, welche ich für überflüßig und zwecklos in der Orgel finde abgewogen. Das Gewicht von dem Register Gros Nazard beträgt 69. Pfund das Gewicht der grosen Tierz 75. Pfund, beide Register sind in ihrem innern Gehalt ganz Bley. Schlage ich das Pfund Bley, zusammengeschmolzen, bei welchem Fall immer sehr viel Abgang sich vorfindet und der Orgelbauer auch zu nichts anderem als zum Einschmelzen gebrauchen kann, nur zu 10 xr. an, so betragen beide bleierne Register einen Werth von 24 fl. –

Bekannter Dinge wegen Mangel an Höhe kann die ganze Silbermannische Orgel nicht ins Gesicht gestellt werden, deswegen hat HofOrgelbauer Stiefel die Einrichtung getroffen, daß von dem bemelden dritten Werk so in das Gesicht hätte gestellt werden, durch Windverführungen und Conducten in der obersten Etage, hinten sind angebracht worden.

Von den noch übrigen sogenannten Blindpfeifen, so ehemals auch in der Kirche zu St. Blasien nur für das Aug und nicht für das Ohr gestellt waren, sind deren noch 14. von Zinn übrig, welche weil sie nicht können gestellt noch gebraucht werden, zu nichts anderem als für den Orgelbauer zum Einschmelzen sind, denn es versteht sich von selbst, daß kein Orgelbauer die nehmlichen Pfeiffen von verschiedener Größe und Mensur für ein anderes Werk brauchen könne. Das Gewicht der 14. bemelden Zinnernen Pfeifen beträgt 86. Pfund schlage ich nun das Pfund verschmolzen und mit Abgang berechnet hoch an, so beträgt der Werth dieser 14. Pfeifen 57. fl. 20 xr. (...)

Nun entsteht die Frage, da statt des Registers Gros Nazard und groß Tierze eine Gambe von Zinn neu zu verfertigen seye, was mag dieses Register wohl kosten? Antwort, so wie sie Hof Orgelbauer Stiefel verfertigt und an Gewicht 120. Pfund wägen muß, betragt der Kosten 150. fl.

2.) Was kostet das Register Waidflöte oder Solicional? Antwort: Da dieses Register nur von Metall und dieses nicht ganz, sondern die unterste Oktave von Holz Verfertigt wird so betragt der Unkosten davon 66. fl. Es wäre also der Unkosten dieser zwey anzuschaffenden Registern 216 fl.

Ziehe ich nun von diesen		216 fl.
	ab	81 fl. 10.
	so blieb noch	134 fl. 40 xr.

(...)

Ich wünschte daß ein Großherzogliches Departement sich die Mühe geben möchte ein Augen und Ohrenzeug von dem schönen Thon und der Behandlung dieses Registers (= Gamba) in der hiesigen Hof=Capelle oder sogenannten Schloß Kirche also wo unser ehrlicher braver Künstler Hoforgelbauer Stiefel eine verfertigt hat.«[75]

(...)

Am 16. 11. 1813 war die Orgel bereits gestimmt; es fehlte lediglich noch die Vergoldung der Zierstücke.[76] Die vollendete Orgel wurde am 5. 1. 1814 durch die beiden Experten Schmittbaur und Hofmusikus Bils[70] geprüft[77]:

»Grosherzogliches Hochpreisliches Katholisches Kirchliches II. Departement Ministerium des Innern!

Den 30e. April voriges Jahrs wurde Sub No. 3492. wegen Aufstellung der ehemals St. Blasianischen Orgel, in die hiesige neue Katholische Kirche zwischen dem Ministerial=Rath Dühmig und dem Orgelbau=Inspector Abbe Schmidtbaur dann dem Hoforgelbau Stiefel von Rastadt ein Accord abgeschloßen; vermög welchem die bemeldte Orgel nach 10. vorgelegten Accords=Puncten durch den Hoforgelbauer Stiefel einer Seits, und andrer Seits von 3. auf sich genommenen Verbindlichkeiten der Kirche soll hergestellt werden:

Die Beendigung und gänzliche Herstellung dieses Werks wurde von dem Hoforgelbauer Stiefel dem Herrn Director Mallebrein gemeldet, welcher sogleich den Befehl ertheilte, den Ministerial=Rath Dühmig, den Abbé Schmidtbaur, und den Hofmusikus Bils zu beauftragen, die bemeldte Orgel nach Kenntniß und Einsicht zu untersuchen und zu prüfen. Diesem hohen Auftrage zu folge, verfügten sich alle 3. bemeldte Commißarii den 5ten Jänner d.J. in die Katholische Kirche und unter Vorlag und Verlesung der 10. Accords=Puncten (...) wurde die Orgel genau und streng geprüft.

Nach vollendeter 2. bis 2 1/2 Stund lang unternommener Prüf- und Untersuchung, war den 3. ernannten Commißarii nur eine einzige Stimme das Hoforgelbauer Stiefel dieses grose Meisterwerk zu aller Kenner Zufriedenheit auch meisterlich und zwar nach aller vorgeschlagenen Accords Punkten, und deren getreu erfüllten, sowohl, im Ganzen, als in allen Theilen hergestellt habe.

Ja wir müßen bekennen, daß der Hoforgelbauer Stiefel noch mehr als Silbermann bey Aufschlagung und Herstellung dieser Orgel geleistet, denn Silbermann hatte zu seinem grosen neuen Werk genugsame Höhe – Tiefe u. Breite, Hoforgelbauer Stiefel mußte aber wegen Mangel an diesen 3. erforderlichen Haupt Eigenschaften /: denn Hoforgelbauer Stiefel machte sich in seinem Accord verbindlich die Orgel so wieder herzustellen ohne Verlust der 2747. Pfeifen, welche das ganze Werk enthalten:/ eine ganz andere – und zwar durchdenkende neue Regierung und Mechanic anbringen, um sein Wort halten zu können, er muste neue Windverführungen und Windstök in der 3t Etage der Orgel – um die gehörigen Pfeifen wegen Mangel an Platz stellen zu können, austheilen.

Mit einem Wort – wir müßen bekennen, daß dieser junge Orgelbauer[78] ein Meister=Arbeit an diesem grosen Orgelwerk geliefert, und sich als ein würdiger Sohn seines alten Vaters bewiesen habe.

Wir finden derohalben keinen Anstand diesen jungen Mann und seine Brüder[79] Einem Hohen Departement aufs beste zu empfehlen. Dieses ist es, welches wir vermög des Hohen Auftrags bei Untersuchung dieser Orgel gehorsamst haben nach Gewißen und Rechtlichkeit vortragen wollen, wir finden auch keinen Anstand bei hergestelltem und gut ausgefallenem Werk das übrige Höhern Orts zu verfügen.

Carl(sruhe) 6 Jener 1814 — OrgelInsp. Schmittbaur
Bils Hof und Cammer Musicus«

Wenn nun auch die Orgel im Äußeren und Inneren verändert übergeben wurde, so empfahl Dühmig am 8. 1. 1814 die völlige Auszahlung der Stieffell, zumal Stieffell »bis zur erfolgten Entscheidung, ob das Werk, besonders das Positiv so stehen bleiben solle, wie es dermal steht, acht Tage, ohne arbeiten zu können, dahier zugebracht habe; daß der alte Stiefel von Rastadt hierher zur Consultation berufen worden, und sich mehrere Tage hier aufgehalten habe; daß die Mechanik bekanntlich habe verrükt werden müssen; für alles dieses macht Stiefel deswegen keine besondere Foderung, weil das Hohe Departement ihm einen 2ten Geldvorschuß zu Loskaufung seines Bruders vom Militärdienst gemacht hat.«[80] Für die Veränderungen in der 3. Etage erbittet sich Stieffell jedoch 55 fl. und erhält als Gegenwert die 14 überzähligen Prospektpfeifen. Stieffell wurden einstweilen an seinem Restguthaben von 1300 fl. nur 1100 fl. ausbezahlt; vor der Einweihung der Kirche ist die Orgel nochmals zu stimmen.[81] Dieser Verpflichtung kommt Franz Stieffell selbstverständlich nach.[82]

»Hochwohlgebohrner Insonders Hochzuverehrender Herr Director!

Seine Hochedelgebohren werden mir nicht ubel nehmen, wenn ich Ihnen mit meinem Schreiben überlästig falle. Ich habe schon an mehreren Plätzen gehört, daß bis den 16ten 8bris die neu Katholische (Kirche) soll eingeweihet werden. Da Sich Euer Hochedelgebohren, schon als wir mit der Orgel fertig waren, geäusert haben, 200. fl. als Versicherung daß wir bis Ostern oder vor der Einweihung, die Orgel durchgehen sollen, vorbehalten haben, so wollte ich Euer Hochedelgebohrn dringend ersucht haben,/: Sie wirds gewiß bedürftig sein :/ dieselber nachzusehen, daß wir die 200 fl. follens erheben können. Mit wahrer Hoffnung von Euer Hochedelgebohrn eine Nachricht darüber zu erhalten, um mich darnach einzurichten, Nenne ich mich

Euer Hochwohlgebohrn — Bereitwilligster Diener
Rastadt am 9ten 8bris 1814. — Franz Stieffell.
Hoforgelbauer«

Bis 1856 wurde das Instrument durch die Gebrüder Stieffell gewartet.[83]

IV. Ein Urteil aus dem Jahre 1825

Nach dem Abebben der ersten Begeisterungswelle und nach zehnjährigem Gebrauch der großen Orgel konnte dem Betrachter nicht entgehen, daß die guten Proportionen des Corpus durch die Unterdrückung des ehemaligen blinden Oberwerksprospektes unter gleichzeitiger Eliminierung der Hörrschen Putten optisch außerordentlich beeinträchtigt worden waren.

Einer der an der Aufstellung in Karlsruhe maßgeblich Beteiligten, Abbé Louis Schmittbaur, schreibt 1825 an die Hofdomänenkammer[84]:

(. . .)

»Traurig und unvergeßlich sind mir noch jene Andenken von Orgel Versetzungen zu meines Vaters und meinen Zeiten, z. B.

1) Die Orgel vom Kloster Weingarten[85], welche vier Klaviere 6666. Pfeifen hatte, und nach Stuttgart versezt wurde, hat mehr Kosten verursacht, als die Anschaffung einer neuen.

2) Die Orgel von St: Blasien, welche in der hiesig Katholischen Stadt=Pfarrkirche wie ein Mann ohne Kopf steht, giebt ein gleiches Beispiel wie die obige.

3) Die Orgel aus dem ehemaligen Frauenalbischen Kloster[86], so die Gemeinde von Ettlingenweier gekauft, steht mit ihrem Rückpositiv in der Kirche wie ein alter Kapuziner Bart; und ich könnte noch viele Beispiele anführen, welche Kosten solche Versetzungen verursachen, und ich möchte das Gleichniß stellen, als wenn einer von dem andern einen Rock anziehen solle.«

(...)

Daß der 1808 erfolgte Abbruch der Silbermann-Orgel in St. Blasien letzten Endes eine Fehlentscheidung gewesen war, wird immerhin schon 17 Jahre nach der »Tempelreinigung« offensichtlich.

V. Ein Juwel in der Residenz

Die 1813 erfolgte Aufrichtung der Orgel im Chorraum war durch die Höhe des Gehäuses bedingt, hat jedoch nie allen Karlsruhern zugesagt. Um die Anlage eines Rückpositivs war schon in St. Blasien – und 1812/13 in Karlsruhe – gerungen worden. In den Jahren 1827–1830, als die Kirche einen neuen Hochaltar[87] erhält, wird abermals erwogen, das Werk auf die Empore über dem Haupteingang zu versetzen; lediglich aus Kostengründen wurde von diesem Vorhaben damals Abstand genommen.

Unterm 22. 2. 1826 hatten die Gebrüder Stieffell einen Kostenanschlag »über die Reinigung und Stimmung der Orgel (...), auch über die Versetzung des Rückpositivs, im Betrag von 538 fl.« an das Ministerium des Innern gesandt; das »abgehobene Positiv ist in dem Hauptwerke anzubringen«.[88]

Bereits 1833, nach Vollendung des neuen Hochaltares *(Abb. 69)*, wird deutlich, daß die Abnahme des Rückpositivs höchst überflüssig war. Für Reinigung und Stimmung samt »WiederEinsetzung des Rückpositivs« legen die Stieffell abermals ein Angebot zu 405 fl. vor.[89] Der Stiftungsvorstand berichtet am 19. 9. 1833:

(...)

»Rückpositiv ... beßer ist, wenn es auf dem Platz seiner Bestimmung steht, von welchem es niemals hätte entfernt werden sollen, weil ein vollgültiger Grund dazu mangelte. Zu bedauern ist, daß nicht gegen ein bestimmtes Subject[90] auf sicherem Rechtsboden mit der Entschädigungs Klage aufgetretten werden kann.«[91]

Am 6. 8. 1856 berichten Musikdirektor Wilhelm Kalliwoda (1827–1893) und Organist P. Jaeckel, daß »schon seit einer Reihe von Jahren eine beträchtliche Anzahl Register /: ein Dritttheil:/ unbrauchbar« sei – eine Folge unzureichender Pflege. Die Orgel sollte entweder von Stieffell, Walcker oder Weigle hergerichtet und über das Hauptportal versetzt werden.[92] Auf die Einladung vom 11. 8. 1856 reagiert Christian Stieffell mit Ablehnung[93]:

»Wohllöblicher Stiftungs und Schulvorstand!

Wir müßen vor allem bitten, uns zu entschuldigen, daß wir dem verehrlichen Ansuchen, die Orgel in Karlsruhe betreffend zu reparieren, und mit neuen Registern zu versehen, so lange keine Antwort zu kommen ließen. Auf der einen Seite wollten wir gerne das schätzbare Vertrauen ehren, und an das Werk gehen; aber auf der andern Seite sehen wir, daß wir durch zu viele versprochene Geschäften, und übernommenen Arbeiten gehindert sind, einer so großen Reparation unserer Zeit widmen zu können.

Auch ist unser vorgerücktes Alter ein Hinderniß, größere Unternehmungen mit so großen Schwierigkeiten auszuführen.

Wir müßen daher auf vorgedachte Arbeit verzichten.

Mit aller Hochachtung
Geb: Stieffell
Orgelbauer.«

Rastatt d 25t Merz. 1857.

Christian Stieffell dürfte die Absage nicht leicht gefallen sein. Unter den losen Beilagen zum Werkstattbuch der Gebrüder Stieffell[49] findet sich Christians Konzept zur Dispositionsumgestaltung samt einer Kalkulation:

»Veränderung der Register in der Stadtkirch Orgel in Carlsruhe

Hauptwerk

1.	Principal	16 fus		
2.	Dito	8 –		
3.	Coppel	8 –		
4.	Trompet	8 –		
5.	Praestant	4 –		
6.	Nazard		Bourdon	16 fus
7.	Ø		Gamba	8
8.			Traversfloet	4
9.	Cimbal.		Gemshorn	4.
10.	Clairobaß			
11.	Cornet			
12.	Terz. gros.		Quintfloet	5 fus
13.	Octav	2 fus		
14.	Mixtur			
15.	Trompet discant			
16.	Clairon discant			

Oberwerk

1.	Principal	8 fus.		
2.	Octav	4 –		
3.	Coppel	8		
4.	Bourdon	16		
5.	Quintathön	8		
6.	Fagot	8		
7.	Trompet	8		
8.	Octav	2		
9.	Mixtur			
10.	Nazard		Waldfloete	
11.			Flageolet	2.
12.	Siflet.		Floet.	4
13.	Cornet			
14.	Vox humana		engl. Horn oder Oboe mit freischwingenden Zungen.	

Rückwerk

1.	Principal	8 fus		
2.	Octav	4 –		
3.	Solicional	8 – [94]		
4.	Bourdon	8 –		
5.	Octav	2 –		
6.			Floet gedeckt	4 fus
7.	Larigot.			
8.	Mixtur	3 fach		
9.	Floet	4 fus		
10.	Cromhorn.		Fagot und Oboe	8 fus
11.	Carillion.		Spitzfloet	4 f
12.	Trem(ulant)		O	

Pedal.

1.	Subbaß	16		
2.	Principal	16		
3.	Bombard	16	Violon	16
4.	Octav	8		
5.	Trompet	8	Posaun	16
6.	Praestant	4	Violon	8
7.	Clairon	4	Trompet	8
8.	Cornet	2	Floet	4

pult	150 fl.
pedal	22
	150
Windlad	400
Regierwerk	300
Todtal (?)	2798 fl.

4. Bälg	a 80 fl.	320.	fl.
Violonbaß	16.	120.	
Posaunbaß	16.	110.	
Violon	8 60..	90.	
Floet	4.	60.	
Bourdon	16.	130.	
Gamb.	8.	130.	
Traversfloet.		90.	
Gemshorn.		70.	
Quintfloet		60.	
Trompet		70.	
Flageol.		40.	
englisch Horn.		80.	
		50.	
gedakt		48.	
Fagot		50.	
Spitzfloet		60.	
		150.	
		22.	
		150.	
		400.	
		300.	
		2780	(fl.)«

Nach Stieffells Absage wandte sich der Stiftungsrat an Orgelbauer Eberhard Friedrich Walcker (1794–1872) in Ludwigsburg[95], den Kalliwoda empfohlen hatte. Ein weiterer Bericht ging am 15. 5. 1857 an Baudirektor Heinrich Hübsch[96], da die Orgel in der Nische über dem Haupteingang gestellt werden sollte. Hübschs Aktennotiz vom 9. 9. 1857 erweist den Pragmatiker: Bei der vorgeschlagenen Orgelversetzung ergäben sich »viererlei Höhen von Emporen«; die Empore müßte zumindest um 6000 fl. umgebaut werden; »ich sehe mich daher veranlaßt, den Vorschlag zu machen: daß eine ganz neue Orgel angeschafft werde, welche etwas geringere Höhe erhielte, so daß sie in der gegenwärtig über dem Haupteingang bestehenden Bühne aufgestellt werden könnte, und daß alsdann die alte Orgel verkauft würde.«[97]

Zwischenzeitlich hatte am 6. 7. 1857 E.F. Walcker geantwortet,

(...)

»Die Disposition ist nun ein nach dem Vogler'schen Triasharmonica Süstem arrondirter Toncomplex, bey welchem das richtige Verhältniß des Octaversatzes aller Tonlagen genau beobachtet, u. die Lükken des alten Tonsatzes mit neuen passenden Stimmen ergänzt worden sind.«

(...)

und einen umfangreichen Umbauplan vorgelegt:[98]

»Orgel – Fabrik E.F. Walcker & Cie Ludwigsburg, Königreich Württemberg
Carlsruhe.

Orgel – Bau – Plan.

Verehrtem Auftrag zufolge hat der gehorsamst Unterzeichnete, das in der dortigen kath. Hauptkirche befindliche Orgelwerk genau untersucht & legt derselbe in Nachstehendem einen umfassenden Bericht über den gegenwärtigen Bestand & zugleich einen Plan & Kostenüberschlag vor, nach welchem das Werk seinem Zweck entsprechend so hergestellt werden könnte, daß das ursprünglich Gute daran wieder zu einer neuen Geltung käme & dem ersten Erbauer Silbermann, der schon zu seiner Zeit, in Ausführung der Zinnpfeifen eine große Meisterschaft beurkundet, zur Ehre gereichen würde. Es wäre wirklich schade, wenn diejenigen Theile, welche durch den Zahn der Zeit gelitten haben, oder in Folge des Fortschrittes der Neuzeit antiguirt sind, nicht wieder auf eine meisterhafte Weise hergestellt, & den gegenwärtigen Anforderungen angepaßt würden. In dieser Beziehung müssen:

1. Montre 16', dessen Pfeifen an & für sich hinlänglich stark & gut gearbeitet wären, denen aber hauptsächlich der gehörige Windzufluß fehlt & die deshalb beinahe gar keinen Ton geben, muß corrigirt werden. Dieses Register vom angesetzten Oxid zu reinigen & mit einer Haften auf 2. Stellen der Länge nach zu versehen fl. 60.–
2. Montre 8' sind die 4 tiefsten Pfeifen von Holz, die Fortsetzung aber von geeigneter Qualität. Um jedoch diesem Hauptregister den besondern Kunstwerth, der von mir inventirten Stimmschlitze[99] beilegen zu können, wird die tiefste Pfeife von Holz beigefügt & mit den Uebrigen durch die ganze Scala hindurch um einen halben Ton vorgerückt, die oxidirten Zinnpfeifen dieses in der Front stehenden Registers werden glänzend geputzt, hier & da ausgeformt & intonirt 30.–
3. Bourdon 8' hat einige Reparatur an den Vorschlägen & Stöpseln nöthig 10.–
4. Durch eine neue Viola di Gamba 8' mit Expreßion, von gutem Zinn, wird dieser dem Werke noch gänzlich mangelnde Toncharakter ersetzt[100] 115.–
5. Floete 8' fehlt, muß neu gemacht werden, von feinem Fichten Holz 80.–
6. Salicional 8' wird das gl. erfordert & muß neu hinzugefügt werden 110.–
7. Trompete 8' wird Disc. & Baß auf 1 Zug gerichtet, Reparatur der Zungen & Krücken 20.–
8. Praestant 4' spricht namentlich in der tiefen Octave allzuziehend an, wird mit Stimmschlitzen versehen & demgemäß prompter intonirt 10.–
9. Clairon 4' desgl. wie No. 7 reparirt 18.–
10. Flute travers 4' muß neu hinzugefügt werden, eine Tonqualität, die unter keiner Bedingung fehlen sollte 66.–
11. Superoctav 2' Correction derselben 3.–
12. Nasard 5 1/3' das in seinen 2. tiefsten Octaven zwar gut, aber in der Fortsetzung viel zu scharf & schneidend intonirt ist muß gemildert & in seinen höhern Octaven egalisirt werden 6.–
13. Terz 3 1/5
14. Nasard 2 2/3 müssen desgleichen gemildert & egalisirt werden à f. 6.– 12.–
15. Fournitur 4 fach 2' zu repariren & in 5 fach umzuschaffen 25.–
16. Cornet 5 fach vom 1 gest c' anfangend zu repariren 18.–

II Man.

1. Montre 8' reparirt & glänzend geputzt 25.–
2. Quintatoen 8' ist schlecht & muß Behufs einer bessern Intonation am Labium enger zusammengesetzt werden 30.–
3. Bourdon 16' kleine Reparatur an Stöpseln pp. 15.–
4. Bourdon 8' desgleichen 10.–
5. Fagott & Trompete 8' hat eine Reparatur an Zungen, Krüken & Kehlen nöthig 30.–
6. anstatt der beiden winzigen schreienden Register, Terz 1 3/5' & Sifflet 2' (sic) ein zartes Dolce 8' neu zu machen & einzusetzen, untere Octav Holz Fortsetzung v. Metall 90.–
7. Die gegenwärtig alte Voxhumana 8' mit aufschlagenden Zungen ist eine wahre Carricatur sollte nothwendig neu gemacht & mit einschlagenden Zungen & weicher Intonation eingerichtet werden 200.–
8. Octav 4' mit Stimmschlitz zu richten, wie oben bey I. Manual No. 8 10.–
9. Rohrfloete 4' mit zarter Intonation Neu von Metall 60.–
10. Fourniture 1 1/3' 3fach wird durch Nasard 2 2/3' & Sifflet 2' ergänzt zu 2' 4 fach 30.–
11. Superoctav 2' corrigirt 5.–

III Man.

1. Praestant 4' reparirt & geputzt 12.–
2. Salicional 8' in der Intonation egalisirt & ausgebessert 5.–
3. Auf die Stelle des Larigott, was eigentlich nur eine Quinte 1 1/3' ist, sollte eine Aeoline 8' gesetzt werden die untere Octav v. Holz, Forts. von Zinn 90.–
4. Bourdon 8' reparirt 10.–
5. Montre 8' untere Octav gedeckt zu repariren 8.–
6. Crommhorn 8' macht einen schlechten Effekt & sollte eine Oboe 8' mit einschlagenden Zungen, in einen Echokasten gestellt & mittelst eines Fußtrittes zum Schwellen gerichtet werden. 225.–
7. Floete 4' zu repariren 6.–
8. Flautino 2' aus der Superoctav durch weichere Intonation zu richten 4.–
9. Sexquialter 2 fach 1 1/3' & 4/5' aus dem vorhandenen Carillion zu richten 6.–

Pedal

1. SubBaß 16' intonirt viel zu scharf ohne den Grundton hörbar herauszugeben, muß mit Bärten versehen & in seinen Deckeln luftdicht gefüttert werden 20.–
2. Montre 16' von Holz, ist etwas leicht gebaut, intonirt schwach & dürfte in seinen Körpern von stärkerem Holz sein, um diesem Uebelstand möglichst abzuhelfen, müssen innerhalb der großen Pfeifenkörper Verstrebungen[102] angebracht, & die Labiis verstärkt werden 30.–
3. Bombardon 16' intonirt sehr langsam & schlecht, er muß größtentheils neue Zungen erhalten, die Kehlen müssen beledert & die Schallkörper durch Untersätze verlängert oder vorgefahren werden 66.–
4. QuintBaß 10 2/3' um die 32. füssige Tontiefe zu erzeugen, neu zu bauen 90.–
5. ViolonBaß 16' diese unentbehrliche Stimme muß nothwendig neu gemacht & eingesetzt werden 125.–
6. OctavBaß 8', muß erweiterte Kernspalten erhalten & sonst hie & da reparirt werden 8.–
7. Trompete 8' intoniert schlecht & bedarf einer Reparatur 20.–
8. Violoncell 8', diese ebenfalls unentbehrliche Stimme muß eingeschalten werden & kostet 70.–
9. Clairon 4' wie No. 3 reparirt 15.–
10. Cornettino 2 do. 10.–

Reparatur der übrigen Bestandtheile

1. Windladen: diese Theile sind nicht nur nach einer uralten, jetzt gänzlich antiquirten Construktion gebaut, sondern liefern auch den einzelnen Registern, den egalen & gleichmäßigen Wind nicht, der zu einer reinen Stimmung & richtigen Intonation absolut erfordert wird. Sie sind wind-stößig, stechen durch und überhaupt gar mancherlei Windalterationen ausgesetzt. Die tiefern Töne der größern Register intoniren sehr schwach, daß man sie bey der Tastatur kaum hört, & wenn dem einen oder andern Ventil auch nur der geringste Unfall zustößt, so kann man demselben ohne daß zuvor andere Theile abgehängt & ausgehoben werden, gar nicht begegnen. Diese Theile müßen nothwendig Neu & besser construirt werden. Bey der neuen von mir selbst inventirten Einrichtung sind alle die, seit jahrhunderten im Orgelbau beklagten Mängel gänzlich gehoben, die Intonation der Pfeifen ist frischer, die Stimmung reiner & das Traktament viel zuverlässiger & dauerhafter.[103]

   Nach der vorstehenden Disposition sind

fürs 1te Manual	16.–	fürs 3te Manual	9.–
fürs 2te Manual	11.–	& für das Pedal	10.–
		zusammen	46.–

Register – Abteilungen erforderlich,

jede derselben kostet f. 30.– betragen sämmtliche Windladen neu herzustellen 1380.–

2. Wird demgemäß das ganze Regier – Werk einfacher, leichter & demnach solider eingerichtet, für jede Claviatur & Copplung f. 120. 360.–
und für das Pedal und dessen Copplungen 90.–
3. Für den Fall, daß ein besonderer Klaviertisch gewünscht werden sollte, so kostet derselbe sammt Verlängerung der Trakturen und Registerzüge noch weitere f. 200.–
4. Wird das Rückpossitiv theils aus Raumersparniß, theils wegen besserer Wirksamkeit ins Innere des Hauptkastens gesetzt. Diese Versetzung kostet 50.–
5. Träger und Lager für die übrigen Manualladen 100.–
6. Das Einpassen & Befestigen der Pfeifen auf die Windladen, pr. Register f. 5.– 250.–
7. Die Vorschläge sämmtlicher Holzregister sind nur blos mit eisernen Nägeln aufgenagelt & wenn ein Kernspalt verstaubt oder irgend durch einen Zufall verstopft oder verquolen ist, so kann er nicht wieder ordentlich abgenommen und nachgebessert werden, deshalb sollen alle diese Vorschläge mit Holzschrauben aufgeschraubt & somit zum Abnehmen gerichtet werden, betr. etwa 800 Holz-Schrauben & kostet sammt Arbeit & Material 30.–
8. Müssen anstatt der alten kurzen & schlechten mehrfaltigen Blasbälge, welche nur allein frisch zu beledern über 200 fl. kosten würden, 2. neue ganz große Doppelbälge mit Compensations = Falten, gemacht & zu beiden Seiten im Hintergrund der Orgel angebracht werden. Diese von à 8' lang 5' Breit & 3' aufgehend mit je 2. Schöpfer versehen, kosten zus: 400.–
9. Die Gestelle hiefür f. 30.– 60.–
10. Das ganze Werk einzusetzen & zu Stimmen auf Ort & Stelle 800.–
11. Für 50. porzellainene Etiquetten in schwarze Knöpfe gefaßt à 30 xr. 25.–
12. Etwa 200' neue Windkanäle (. . .) 300.–
13. Drey neue Klaviaturen à 25 fl. 75.–
14. Ein neues Pedalklavier 20.–
15. Condukten für sämmtliche Frontpfeifen neu einzurichten 200.–
16. Transport von Ludwigsburg bis Carlsruhe 300.–

Sollte die Orgel auf die, dem Hochaltar gegenüber befindliche Empore translogirt werden, so kostet die Translokation fl. 200.–
& der alsdann um so nöthiger werdende Klaviertisch 200.–

fl. 400.–

–.: fl. 6328.–

Während der Aufstellung & Stimmung bedingt sich noch eine hülfeleistende Person zum Treten der Bälge pp.
Ludwigsburg 6. July 1857.
E. Fr. Walcker«

Walckers Offerte war wider Erwarten erstaunlich hoch berechnet, so daß das Angebot inoffiziell an den Freiburger Dompräbendar und Orgelinspektor Leopold Lumpp zur Stellungnahme weitergereicht wurde[104].

C. Gaa als Erzbischöflicher Orgelinspektor – und zuständig[105] für diese Orgel – äußert sich am 12./14. 1. 1858 in einem umfangreichen Elaborat über den anstehenden Umbau[106], daß bezüglich der Qualität der vorhandenen Orgel »gar viel zu wünschen übrigt bleibt. Man sehe nicht allein auf den total Eindruck des ganzen Werkes, welches Lärmen es erzeugt!« Auch Gaa erachtet Walckers Preis als »sehr hoch angeschlagen«. Der Freiburger Künstler Jacob Forrell bietet am 13. 3. 1858 einen Umbau zu 5639 fl. an[107]. Abermals wird durch den Kirchenvorstand der Antrag gestellt, »die Orgel zu verlegen«[108]; der hohen Kosten wegen verzichtet man – »wenigstens zur Zeit« – auf die längst diskutierte Orgelversetzung. Die Angelegenheit verzögert sich, nicht zuletzt deswegen, weil sich die Durlacher Firma Louis Voit & Sohn bis zu höchsten Stellen vehement gegen die Zulassung von Ausländern wehrt[109]. Am 14. 3. 1860 hatte Walcker einen neuen, ermäßigten Kostenanschlag zu 5300 fl. vorgelegt[110]; der Vertrag, nach dem die Arbeiten bis Sommer 1861 vollendet sein sollten, wurde am 19. 4. 1860 mit E.F. Walcker, Heinrich Spaich, Heinrich und Friedrich Walcker abgeschlossen.[111] Die Zeit zum Umbau war zu knapp bemessen, auch offenbarten sich bei der Werkstattarbeit weitere Mängel; außerdem wurde im Oktober 1861 angeregt, die Orgel auf ihrer angestammten Empore zurückzusetzen (600 fl.)[112]. Nachdem endlich am 18. 9. 1862 die Orgel wieder in Gebrauch genommen werden konnte[113], und Walckers Arbeiten von C. Gaa am 17. und 18. 9. 1862 in Anwesenheit des interessierten Publikums[114] geprüft worden waren – »schönes, vortreffliches Werk« –, praesentierte E.F. Walcker eine aufschlußreiche Endabrechnung[115]:

»Carlsruhe 19. Sept. 1862

Rechnung

über die sowohl inner als außer dem Accord gefertigten Arbeiten an der Orgel in der kathol. Stadtpfarrkirche dahier & zwar:

Lit. A:	Lit. B:
der im Accord vom 19. April 1860. begriffenen Arbeiten	der im Accord nicht vorgesehenen aber gleichwohl nicht zu umgehenden Arbeiten.
I. Manual	
1. Principal 16' wurde accordgemäß reparirt & hergestellt pro. f. 60.–	
2. Principal 8' desgleichen »30.–	
3. Bourdon 8' wurde dem Accord gemäß reparirt, durch Belederung der Stöpsel & Intonation an den Vorschlägen »10.–	Weil jedoch die Stöpsel & Vorschläge dieses Registers in der hölzernen untern Octave nicht nur, durch öfteres Hin & Herstimmen, wie man vermuthete, verdorben waren & frisch aufgepaßt & beledert werden mußten, so hat sich bei näherer Untersuchung gezeigt: daß dieselbe schon ursprünglich von schlechter Holzgattung gefertigt & jetzt vom Holzwurm ganz verfressen & luftundicht waren, was man vor dem dicken Staub, der diese Theile bedeckte, nicht hatte sehen können, sie mußten, wie ich auch in einem Schreiben vom 8. Nov. 1861 an Herrn Hofrath Schunggart von Ludwigsburg aus anzeigte: sämmtlich neu gemacht werden: desgleichen hat sich erst bei der Reparatur der zinnernen Fortsetzung dieses Registers gezeigt, daß die Pfeifen keine bewegliche Stimmkapseln, sondern nur fest aufgelöthete Deckel hatten. Diese 40. zinnerne Pfeifen mußten mit lauter neuen beweglichen Stimmkapseln, neuen Bärten, Röhrchen versehen werden, weil letztere durch öfteres pfuscherhaftes Hin & Herstimmen ganz verschnitten & die Bärte meist verbogen & abgebrochen waren. Diese weitere und namentlich neue Arbeiten ohne welche der Zweck gar nicht hätte erreicht werden können, verursachten einen Mehraufwand an Material & Arbeitslohn von weiteren f. 21.–
4. Viola di Gamba 8' wurde accordmäßig neu verfertigt & eingesetzt f. 115.–	
5. Floete 8' do. f. 80.–	
6. Salicional 8' wurde nach dem Vorschage des H. Revidenten Lumpps ins II Clavier versetzt & fällt hier aus.	
7. Trompete 8' wurde reparirt & vertragsmäßig auf Einen Zug gerichtet auch für schadhafte Zungen und Krücken neue eingesetzt f. 20.–	
8. Octav 4' wurde mit Expreßion gerichtet & dadurch zu einer weit kräftigeren & präziseren Intonation gebracht. f. 10.–	Nachdem jedoch dieses Register einen stärkeren Wind & eine kräftigere Intonation erhalten, so stimmte dieselbe theils 1/4 theils 1/8 Ton zu hoch, weshalb die Pfeifen durch Ansätze verlängert & auf diese Weise den übrigen Registern beigestimmt werden mußten. Beträgt für weiteren Material & Zeitaufwand an 51 Pf(eifen) durchschnittlich à 6 xr. f. 5.6.

9. Clairon 4' nach Vorschrift reparirt f. 18.–
10. Traversfloete 4' neu eingesetzt f. 66.–
11. Superoctav 2' rep. f. 3.–
12. Nasard 5 1/3' rep. f. 6.–
13. Terz 3 1/5' rep.
14. Quint 2 2/3' rep. f. 12.–
15. Fourniture 2' 4fach wurde zwar nach der Vorschrift verstärkt und vertieft pro f. 25.–

es mußten aber außerdem viele Pfeifen dieses Registers, die an den Füßen vom Bleioxid durchfressen waren, theils mit neuen Füßen versehen, theils durch andere neue Pfeifen ersetzt werden. Verursachte einen weiteren Kostenaufwand an Material & Arbeitslohn von f. 10.–

16. Cornett 5fach, rept. 18.–

II. Manual

1. Principal 8' rept. & glänzend geputzt f. 25.–
2. Quintatoen 8' do. 30.–
3. Bourdon 16' wurde zwar in seinen Deckeln mit neuem Leder gefüttert pp. wofür angerechnet sind f. 15.–

weil jedoch sämmtliche Deckel & Vorschläge wie bei No. 3 im I. Man. größtentheils verwurmt & in Folge dessen ganz luftundicht waren, mußten diese neu gemacht & auch die zinnernen Pfeifen mit lauter neuen Capsel-Deckeln versehen werden; weil sie ohne diese Vorrichtung nie hätten rein & richtig beigestimmt werden können. So forderte auch dieses Register einen Mehraufwand & Arbeitslohn von f. 25.–

4. Bourdon 8' reparirt mit f. 15.–

Es mußte jedoch nothwendigerWeise auch dieses Register, wie No. 3 im I. & II. Man. mit neuen Dekkeln, Vorschlägen & zinnernen Stimmkapseln versehen werden, was einen Mehrbetrag herbeiführte von f. 20.–

5. Fagott & Trompete 8' accordgemäß hergestellt f. 30.–
6. Salicional 8' neu angefertigt f. 110.–
7. Vox humana 8' wurde als ganz unbrauchbar cassirt & der Platz freigelassen.
8. Octav 4' reparirt f. 10.–
9. Rohrfloete 4' neu angefertigt f. 60.–
10. Fourniture 4 fach, akkordgemäß vertieft & verstärkt f. 30.–
11. Superoctav 2' rep. f. 5.–

III. Man.

1. Praestant 4' akkordgemäß hergestellt f. 12.–
2. Salicional 8' aus dem I. Man. hieher versezt do. 5.–
3. Anstatt des alten Larigott eine neue Aeoline 8' angefertigt & eingesetzt f. 90.–
4. Bourdon 8' reparirt f. 10.–

auch bei diesem Register mußten aus demselben vorerwähnten Grunde nothwendigerweise wie bei No. 3 des I & II Man. neue Deckel, Vorschläge & zinnerne Stimmkapseln gemacht werden. Mehrbetrag von f. 20.–

5. Principal 8' rept f. 8.–
6. Oboe 8' ist blos auf der Lade vorgesehen und nicht ausgeführt worden.

7. Floete 4' rept. f. 6.–
8. Flautino 2' do. f. 4.–
9. Sexquialtera 2 fach aus einer andern Stimme zusammengesetzt f. 6.–

Pedal:

1. SubBaß 16' wurde zwar akkordgemäß reparirt, wofür berechnet sind f. 20.–

   Der Ton dieses Registers war dessenohngeachtet, wegen seiner sehr wurmstichigen & luftundichten schlechten Deckel & Vorschläge noch immer ein kranker, bis auch diese Theile neu gemacht waren, was einen weitern Kostenaufwand verursachte von f. 25.–

2. PrincipalBaß 16' wurde zwar nach Vorschrift mit starken Querhölzern & Strebestangen versehen, wofür berechnet waren f. 30.–

   Diese Reparatur genügte jedoch ebenfalls bei weitem nicht, um den gewünschten Effekt zu erreichen, weshalb noch außer derselben 2 neue, weiter mensurirte Vertiefungstöne C & Cs von in Natura 16' Fuß langen Pfeifenkörpern gemacht, & mit den uebrigen Pfeifen vorgerückt werden mußte; auch waren anstatt der alten verwurmten Vorschläge lauter neue aus hartem Holz nöthig, was einen Mehraufwand erforderte von f. 39.–

3. Bombardon 16' sind im Ueberschlag für Reparatur berechnet f. 66.–

   Der Erfolg dieser Reparatur war aber so ungenügend, daß ich diese Stimme durch eine ganz neue ersetzen mußte. Ein neuer Bombardon 16' kostet gewöhnlich 120 f. & verursacht hier über Abzug der im Ueberschlag für Reparatur berechneten 66 f. – einen Mehraufwand von f. 54.–

4. QuintBaß 10 2/3' neu angefertigt f. 90.–
5. ViolonBaß 16' ebenfalls neu verfertigt & eingesetzt f. 125.–
6. OctavBaß 8' reparirt f. 8.–

   Auch dieses Register mußte, nachdem es sogar schon eingesetzt, aber den anderen Baßregistern gegenüber zu schwach war, wieder herausgenommen & mit neuen Vorschlägen & Einsätzen in die Pfeifenmündungen, um Letztere zu verengern, versehen werden & kostet diese weitere Arbeit plus f. 10.–

7. Trompete 8' rep. f. 20.–
8. Violoncell 8' neu angefertigt f. 70.–
9. Clairon 4' rep. f. 15.–
10. Cornettino 2' do. f. 10.–
11. OctavBaß 4', der sich erst nach der Aufnahme der Disposition vorgefunden & deshalb im Ueberschlag nicht berechnet wurde,

    konnte jedoch bei der Ausführung des Werks keineswegs ausgelassen & entbehrt werden. Er erforderte eine Reparatur im Betrag von f. 8.–

Uebrige Bestandtheile:

1. Wurden sämtliche Windladen, dem Accord gemäß für 44 Register neu eingerichtet & hergestellt, betragend f. 1320.–

   außer dem mußte jedoch für das sub No. 11 Rubr. Pedal, bei der Aufnahme nicht genannte übersehene Register Octavbaß 4', das besonders wegen Klarheit des Pedals sehr wichtig ist, auch eine weitere Canzelle, die 45 fl. (kostet) & ein Platz auf der Windlade sammt Zubehör eingerichtet werden,[116] betragend f. 30.–

2. & 3. RegierWerk etc. betreffend f. 450.–
4. Versetzung des Rückpositives in den Hauptorgelkasten f. 50.–
5. Träger & Lager für Windladen f. 100.–
6. Das Einpassen der Pfeifen auf den neuen Windladen f. 220.–
7. Aufschrauben der sämmtl. Vorschläge auf die Holzpfeifen mit guten Holzschraufen (!) f. 30.–

8. Ein neues Gebläße mit sechs verhältnißmäßigen Bistonbälgen f. 360.–
9. Die hierfür nöthige Mechanik zum Bewegen derselben f. 60.–
10. Das Aufstellen & Stimmen des Werks an Ort und Stelle f. 500.–
11. Für 48 Etiquetten auf Porzellain f. 25.–
12. Für erforderliche Windkanäle f. 300.–
13. Drei neue weise Claviaturen von C bis d' (!) f. 75.–
14. Ein neues Pedalklavier f. 20.–
15. Neue metallene Condukten für sämmtl. in der Fronte stehende Principalpfeifen f. 200.–
16. Hin & Hertransport sämmtl. Orgeltheile von Carlsruhe nach Ludwigsburg & zurück f. 350.–

zusammen f. 5453.–[119]
Welche Summe jedoch im Wege des Accords reduzirt wurde auf –.: f. 5300.–
Dagegen ist für die Zurücksetzung[112] des Werks um 3 1/4' von der Orgelbau-Commission nachverwilligt worden f. 200.–
wonach die ganze akkordirte & dekretirte Summe beträgt –.: f. 5500.–

Außer diesen 6. Bistonbälgen mußte wegen des sehr starken Basses, der auf die zarten Manualstimmen nachtheilig rückwirkte, ein Compensationsbalg von 8' lang & 4' breit[117] angebracht werden, der den Manualwind um 3° Grade mäßigt, Mehrbetrag f. 60.–[118]

Sämtliche Nacharbeiten ohne welche das Werk gar nicht mit Erfolg hätte hergestellt werden können, belaufen sich auf weitere –.: f. 327. 6 (xr.)
Hierzu kommen noch der Hin & Hertransport der Interimsorgel[120], die Reparatur des Blasbalgs & 2 malige Stimmung derselben mit f. 11.–

–.: f. 338. 6 xr.

Außer den vorstehend verzeichneten Accordarbeiten haben also die auf der 2ten Spalte verzeichnete weitere Arbeiten umso weniger umgangen werden können, als von ihrer Ausführung einzig das gute Gelingen jener Register & somit auch die Gesammtwirkung des Werks abhängig war.
Zwar hätte laut Vertrag vom 19. April 1860. für jede nicht im Accord vorgesehene Arbeit dem hochverehrten Stiftungsvorstande spezielle Anzeige gemacht & über jeden weiteren Gegenstand besondere Uebereinkunft getroffen werden sollen[121]; allein auf diese Weise würde sich die Arbeit so sehr in die Länge gezogen haben, daß sie heute noch nicht beendigt wäre.
In dieser Beziehung ließ ich es bei einer blosen Anzeige, die ich dem Herrn Hofrath Schunggart in einem Schreiben vom 8. Nov. 1860 von Ludwigsburg aus machte[122], bis zu Austrag der Sache beruhen, indem ich überhaupt Hoffnung hatte, durch die gute Vorbereitung & Herstellung der Pfeifen & sämmtlicher Theile des Werks, das Aufstellungsgeschäft in Carlsruhe so zu fördern, daß mir viele Zeit erspart & ein Theil meiner Nacharbeiten dadurch wieder ersetzt werden werde. Bei der endlichen Ausführung in loco hat sich jedoch die Sache ganz anders gestaltet & anstatt eines Zeitgewinnes eine Zeitversäumnis durch verschiedene gottesdienstliche Handlungen & sonst geschäftliche & lokale Schwierigkeiten, herausgestellt, die sich weder durch Fleiß noch auf andere Weise ersetzen ließ.
In meinem Voranschlag habe ich die Aufstellung & Stimmung des in Frage stehenden 46 Register umfassenden Werks, unter der Rubrik: »Uebrige Bestandtheile« § 10. nach Vorgängen anderer ähnlicher Arbeiten, wie z. B. der Aufstellung der Orgel in der erzbischöflichen Cathedrale in Agram[123] mit 50. Stimmen & der Orgel im Dom zu Frankfurt[124], welch Erstere ich netto in 2 Monaten & Letztere in 13 1/2 Wochen fertig & ausgeführt hatte, bemessen & mit 500 f. berechnet. In Carlsruhe hat jedoch dieselbe Arbeit mit den gleichen Arbeitskräften & trotz alles angewandten Fleißes, hauptsächlich der vielen Abhaltungen & Versäumnisse, wegen gottesdienstlichen Handlungen, 2 1/2 Monate länger gedauert, als ich im Ueberschlage berechnet hatte & nach den vorgenannten Beispielen & Erfahrungen in ebenfalls Katholischen Kirchen voraus annehmen konnte; wodurch mir ein solcher Nachtheil erwächst, daß ich für weitere 10. Arbeitswochen bei ganz sparsamer

Lebensweise für Kost & Logis	280 fl.
& für Taggeld & Belohnung der Gehülfen	370 fl.
also zusammen	650 fl.–

mehr bezahlen mußte als überhaupt im Ueberschlag für diesen Gegenstand berechnet waren.
In Rücksicht dieses bedeutenden Schadens, den ich ohne meine Schuld erleide & in Rücksicht der gelungenen Herstellung des Werks, an der ich durchaus kein Opfer gespart, erlaube ich mir einen hochlöbl. Stiftungsrath um die geneigte Bewilligung meiner Nachrechnung für weiter ausser dem Accord geleistete Arbeiten im Werth von –.: f. 338. 6 xr.
& um eine verhältnißmäsige Vergütung der baaren Auslagen für Taggelder, Kost & Logis, die mir der vielen Versäumnisse wegen, durch gottesdienstliche Handlungen etc. verursacht wurden, & sich bis auf 650. fl.– belaufen, gehorsamst zu bitten.

Hochachtungsvoll verharrend
E. Fr. Walcker«

C. Gaa, der als Sachverständiger diese Nachrechnung zu prüfen hatte, bemerkt am 11. 10. 1862 in seinem Bericht[125] zu Recht, daß Walcker vor Ausführung zusätzlicher Arbeiten der »technischen Behörde Anzeige« hätte machen müssen, um eine Einsichtnahme seitens des Bestellers zu gewährleisten.

»Ich meiner Seits zweifle nicht, daß wenigstens theilweise diese angegebenen Anstände sich nachträglich vorgefunden haben, allein, daß diese sogenannten Unbrauchbarkeiten alle entfernt, und durch neue Gegenstände ersetzt werden mußten, dies bezweifle ich, jedoch jetzt nicht mehr zu untersuchen und zu beweisen sind.« Die Nachrechnung für 10. zusätzliche Arbeitswochen wird als »ungemein hoch« empfunden und auf höchstens 200 fl. (»hinlänglich honorirt«) moderiert.

Der durch die Nachrechnung doch einigermaßen geschockte Stiftungsrat erklärt am 22. 4. 1863 dem Oberstiftungsrat, daß Walckers Umbauplan 1860 von den Gebrüdern Stieffell »für mäßig erklärt« wurde und daß mittlerweile 988 fl. nachgefordert werden. Da die »Accordsumme ohnehin durch die vorhandene Concurrenz namhaft niedergehalten wurde«, ist man bereit, Walcker zusätzlich 400 fl. zuzugestehen[126]. Am 27. 10. 1863 übermittelt E. Fr. Walcker einen Stimmvertrag zu jährlich 44 fl.[127]

Bilanz der Aktivitäten Walckers: Von den 1834 verbliebenen 45 Silbermannregistern waren nunmehr noch 33 (in teils stark überarbeitetem Zustand) vorhanden: das ehemalige Rückpositiv befand sich nun im Untergehäuse der Orgel. Konnte man ehrlichen Gewissens von einer »Silbermann-Orgel« sprechen?

Offensichtlich funktioniert die Silbermann – Walcker – Orgel zu jedermanns Zufriedenheit; erst am 6. 10. 1875 wendet sich die »Orgel-Fabrik von L. Voit & Sohn in Durlach«[128] an Organist Eugen Gageur mit dem Hinweis, daß das Instrument seit 1858 um den Preis von 40 fl. nur einmal jährlich gewartet wurde. Voit verspricht eine viermalige Nachsicht zu 70 fl.,[129] das Angebot wird am 1. 1. 1876 rechtskräftig. Für den Ersatz mehrerer entwendeter Pfeifen werden Voit am 12. 11. 1877 63.– Mark vergütet[130].

Eugen Gageur als getreuer Organist und wirklicher Sachverständiger wendet sich am 14. 11. 1881 an die Stiftungskommission mit dem Hinweis, daß sowohl Voit als auch Walcker für eine projektierte Reparatur und Versetzung der Orgel einen Anschlag vorgelegt hätten.

»Herr Voit erklärt, er könne das Werk unter 7800 Mark nicht in Angriff nehmen und empfiehlt selbst Herrn Walcker als den geeignetsten, der das große Werk außer ihm wieder kunstgerecht und billiger als er herstellen könne, weil das Werk von Walcker gebaut und er daher am meisten Interesse daran hat, solches wieder umzuarbeiten.[131]«

Noch stand die Orgel ohne Spieltisch hinter dem Hochaltar – aber der Gedanke an eine zukünftige Versetzung war wieder treibendes Element weiterer Überlegungen. Organist Gageur steht mitten in der Diskussion und äußert sich eindeutig:

»Wenn aber für die Zukunft die Orgel über das Hauptportal zu stehen kommt, so ist das ohne Spieltisch absolut nicht mehr möglich, denn der Sängerchor muß sich gegen den Altar stellen und kann sich nicht mehr um den Organisten gruppieren[132].«

Für das abermalige Engagement wird »Herr Walcker« empfohlen. Eine Orgelversetzung einschließlich Lieferung eines freistehenden Spieltisches war zu 12 000.– Mark vorgesehen[133]. Selbstverständlich denkt man jetzt daran, die Pneumatik für die Spieltraktur (Barkerhebel) dienstbar zu machen[134]:

»Die Orgel ist ein schönes, großes Silbermann'sches Werk, wie nur noch wenig existiren (!) . . . Dasselbe ist aber bis jetzt nie in seiner ganzen Pracht entfaltet worden[135], da es dem kräftigsten Organisten nicht möglich ist, das ganze Werk zusammenzukoppeln, um so mit der ganzen Tonfülle desselben die Volksgesänge/: Te Deum u. drgl.:/ von 3000 Personen gesungen, was bei Festlichkeiten im Gottesdienste hier nicht selten der Fall ist, zu begleiten. (. . .) Es ist deshalb dringend erforderlich, daß durch die Pneumatik diesem Uebelstande abgeholfen wird. . .«

Nach einem Bericht der Stiftungskommission vom 27. 2. 1882 hatte Firma Walcker die »Herstellung einer pneumatischen Apparatur im Betrage zu 1215.– Mark« angeboten[136], die vom Besteller als zweckdienlich empfunden wird. Am 16. 3. 1882 befürwortet die Erzbischöfliche Orgelbauinspektion Freiburg[137] »die Erleichterung des Anschlags«. E. Gageur bescheinigt die Aufstellung der Orgel[138]:

»Hiemit wird Herrn Orgelbaumeister Walker v. Ludwigsburg bezeugt, daß die Aufstellung der Orgel in hies. kath. Stadtkirche samt Regierwerk, Pneumatik, Gebläse pp. erfolgt ist. Vom Pfeifenwerk fehlen noch 5 Register, sog. Zungenpfeifen im Werthe von 650 M.
Ferner fehlt die richtige Intonation und reine Stimmung, welche zu veranschlagt sind 400 M.

Summa 1050 M.«

(. . .)

Endlich war das eigentlich schon 1813 latent angestrebte Ziel erreicht *(Abb. 70)*: Die ehemalige Silbermann-Orgel stand nun auf der Empore über dem Eingang; ihr Rückpositiv besaß sie ja schon seit 1862 nicht mehr; die Kegelladen waren gerade 20 Jahre alt und der freistehende Spieltisch bedeutete eine ganz moderne Errungenschaft[139]. Am 6. 10. 1882 hatte Eugen Gageur Walckers Nachrechnung geprüft und gefunden, daß eine neue Aeoline 8' ab 4' – Länge wegen zu weiter Aufschnitte der alten erforderlich war, weiterhin 27 Zinnpfeifen neu angefertigt werden mußten, und Reparaturen an den Kegelladen unvermeidlich geworden waren[140]. Der Stiftungsrat befaßte sich am 24. 10. 1882 mit Walckers Nachrechnung über 1043,44 Mark und sprach sich für eine Zahlung von 400.– Mk. aus[141].

In den nächsten 20 Jahren herrscht in der Orgelfrage eine »himmlische« Ruhe; waren doch zwei langgehegte Wünsche erreicht: Das Werk stand (abermals verstümmelt) genau dort, wo es im Zeitalter des Caecilianismus hingehörte – auf der Empore über dem Haupteingang[142]; außerdem hatte die moderne Pneumatik Einzug in die Traktur gehalten. Firma H. Voit & Söhne bemüht sich mit ihrer Offerte vom 4. 11. 1903 um eine Reparatur[143] der 2616 Pfeifen[144]. Statt der Kastenbälge ist ein Magazinbalg mit elektrischem Antrieb zu 4200.– Mk. vorgesehen; da jedoch seitens der Pfarrgemeinde keine Zustimmung erfolgt, bemüht sich Voit am 25. 11. 1905 abermals.[145] Im Frühjahr 1908 erhält die Orgel auf Wunsch ihres nunmehrigen »Titulaires« Franz Steinhart[146] ein Elektrogebläse zu 3017.– Mk.; gleichzeitig erfolgt eine Reinigung durch Firma Voit nach dem Angebot 1905.[147]

Als 1917 der Silbermann-Prospekt konfisziert werden soll, bemüht sich F. Steinhart um erfolgreiche Ablieferungsbefreiung. Er hat nicht gewußt, daß er damit die letzte Würdigung der ehemaligen Silbermann-Orgel aussprechen würde[148]:

»Karlsruhe, den 21. Januar 1917.

An den verehrlichen katholischen Stiftungsrat St. Stephan – Karlsruhe.

Ergebenst Unterzeichneter beehrt sich, die Aufmerksamkeit verehrlichen katholischen Stiftungsrats auf den Erlaß des Kriegsministeriums vom 10. d. Mon., die Beschlagnahme und Anmeldung der zinnernen Orgelprospektpfeifen betreffend, zu lenken, bezw. dem Stiftungsrate die Bitte zu unterbreiten, in tunlichster Bälde

durch eine Eingabe an die Landeszentralbehörde die Befreiung der Beschlagnahme & Ablieferung des herrlichen Prospekts der Stephanskirchenorgel erwirken zu wollen.
Unsere Orgel wurde Ende der 60er Jahre des 18. Jahrhunderts von dem berühmten Orgelbauer Johann Andreas Silbermann-Straßburg (1712–1783) als dessen größtes Werk für die Abteikirche St. Blasien erbaut & 1772 aufgestellt. Nach Aufhebung des Klosters wurde das Instrument im Jahre 1808 durch Großherzog Karl Friedrich schenkungsweise der damals im Baue begriffenen Stephanskirche der Residenz überlassen, wo es seit 1813, also über ein Jahrhundert, vorzügliche Dienste leistet.
Wer sich in der Geschichte des Orgelbaues nur ein wenig umgesehen hat, weiß, daß der Name Silbermann unter den Orgelbaumeistern aller Zeiten an erster Stelle genannt wird. Johann Andreas Silbermann (der elsäßische Silbermann) & sein Oheim Gottfried Silbermann (der sächsische S.) erlangten unter den zahlreichen Orgelbaukünstlern der Familie Silbermann den höchsten Ruhm. Ja, Dr. Schweitzer – Straßburg[149] nennt Johann Andreas Silbermann den größten Orgelbauer des 18. Jahrhunderts.
Es kann deshalb ruhig behauptet werden, daß dessen mit reichen Mitteln erbautes größtes Orgelwerk, eben unsere Stephanskirchenorgel, ein wichtiges Denkmal deutscher Orgelbaukunst repräsentiert. Wohl hat unsere Orgel anfangs der 60er & 80er Jahre des 19. Jahrhunderts durch Walcker – Ludwigsburg durchgreifende Änderungen erfahren; doch gerade die herrlichen Prospektpfeifen, eine besonders starke Seite Silbermanns, sind uns in ihrer ursprünglichen Gestalt erhalten geblieben.
Bei allem Interesse am Wohle des Vaterlandes & der Bereitwilligkeit, ihm gerne jedes Opfer zu bringen, halte ich es dennoch für meine Pflicht, für die Erhaltung des vermutlich letzten Zeugen Silbermann'scher Kunst in Baden nachdrücklichst einzutreten.
Verehrlichem katholischem Stiftungsrate ergebenster

F. Steinhart,
Organist & Erzb. Orgelbauinspektor.«

Heinrich Walcker berichtet am 16. 12. 1935[150] an Steinhart, daß mittlerweile Trompete 8', Salicional 8', Flöte 8', Nasat 5 1/3' fehlen würden[151]; von einem elektrischen Umbau wird abgeraten.

Die Orgel hat das Kriegsjahr 1944 nicht überlebt. Nachdem sie in der Nacht vom 23. auf den 24. Juli 1944 durch Fliegerschaden halb zerstört war, wurden die Pfeifen am 31. 7. 1944 durch Firma Hess, Durlach, ausgebaut und im Turmkeller gelagert[152]. Sie überstanden die Totalzerstörung von Kirche und Orgel am 27. September 1944 und wurden am 6. März 1950 an die Karlsruher Firma Franz Rieder verkauft, die für 1255 kg Pfeifenzinn der Pfarrei 2133,50 DM vergütete[153]. Auf diese Weise tilgte man fünf Jahre nach Kriegsende auch noch die letzten Spuren der einst vielgerühmten Silbermann – Orgel. Nach 169 »Lebensjahren« – davon 136 in Karlsruhe – blieben lediglich Archivalien und einige Bilder, die uns eine Vorstellung von Silbermanns genialem Kunstwerk vermitteln können.

VI. Not- und Sparmaßnahmen in St. Blasien

Es wird uns Heutigen immer unbegreiflich bleiben, daß der damalige Badische Staat, der doch mit der Säkularisierung der Klöster ein hervorragendes Geschäft gemacht hatte, sich nicht dazu entschließen konnte, die Versetzung der Silbermann-Orgel nach Karlsruhe durch ein Werk auszugleichen, das den großen Kirchenraum St. Blasiens hätte klanglich füllen können. Statt dessen hat man sich um Instrumente gemüht, die den Umfang einer Dorforgel nicht nennenswert überschritten.

Nachdem die ehemalige Klosterkirche nur noch als Pfarrkirche diente, wurde auch 1816 der Wunsch nach einer Orgel laut; allerdings war das Instrument in Villingen – St. Johann nicht mehr disponibel[154].

Im Oktober 1819 erließ das Finanzministerium ein Rundschreiben an sämtliche Direktorien, um nach verfügbaren Orgeln zu fahnden. Das Directorium des Dreysamkreises meldet am 26. 10. 1819 die Orgeln der Freiburger Franziskaner[155] und der Universitätskirche, dazu die Klosterorgeln in Offenburg, Gengenbach und Petershausen[156]; das Ministerium des Innern berichtet etwa gleichzeitig, daß in den aufgehobenen Klöstern keine Orgel mehr verfügbar sei. Die Domänenverwaltung Stein verwies auf zwei ältere Instrumente in Wössingen und Singen[157], das Directorium des Neckarkreises empfahl am 12. 1. 1820 die alte Orgel der katholischen Kirche in Wiesloch[158]. Im Oktober 1820 hätte sich die Möglichkeit geboten, die alte Orgel der Stiftskirche in Bruchsal durch Schmittbaurs Vermittlung anzukaufen[159]; im November und Dezember trafen die Angebote der »benachbarten Orgelbauer« über den Transport von Bruchsal nach St. Blasien ein.[160]

Der Orgelmacher von Herbolzheim, Blasius Schaxel (1765–1843), berichtet[159]:

»Actum Herbolzheim den 22ten 9ber 1820
vor dem Burgermeisteramt
In Folge verehrlichen Auftrags (...) wegen Transport und Aufsetzen einer Orgel nach St. Blaßi wurde Chaxel (...) anher vorgerufen. Derselbe (...) giebt zu vernehmen (...)
a.) Den Transport von Bruchsal nach St. Blasi betr.
Müße er bemerken, daß, da die fragliche Orgel schon abgebrochen sein solle, so bedarf es eigentlich keinen Experten mehr zu dem Transport, und um größere Kösten zu vermeiden, würde er für sachdienlich erachten, wenn sämtliche Requisiten auf einen einzigen Frachtwagen geladen, und direckte nach St. Blaßi geliefert würden.
Die Transport-Kosten liesen sich auch nicht genau bestimmen (...) Sollte aber verlangt werden, daß er dem Verladen in Bruchsal und Abladen in St. Blasi beiwohnen solle, so verlange er für jeden Tag, so er auf der Reiße zuzubringen hätte, für Kost und Lohn fünf Gulden.
b.) Das aufsetzen und stimmen dieser Orgel betf.
müßte er (...) ebenmäßig bemerken, daß sich der Lohn nach der Größe und stärke des Werks richte. Für das Aufsetzen und stimmen dieser Orgel, mit Vorbehalt, daß das fragliche Werck in einem guten Stande seye, und nichts neues daran gemacht werden darf, verlange er von jedem Register fünf Gulden, welches man gewis sehr billig finden werde, doch müße er annoch bemercken, daß zu diesem Preis seine Reiße-Kosten von hier bis nach St. Blaßi und von dort zurück, täglich mit fünf Gulden besonders bezahlt werden müßten.
Blasius Schaxel«

Auch der Bruchsaler Hoforgelbauer Johann Benedict Alffermann (1771–1854), der die neue Stiftskirchenorgel baute[161], bot seine Dienste an[159]:

»Die Versetzung der Orgel in der Bruchsaler Stiftskirche nach St. Blasien betffd.
Diese Orgel wird abgebrochen und von mir eingepackt, wozu 2 Verschläg jeder 10 Schuh lang, 2 Sch: breit und 1 Sch: hoch; dann 2 Verschläg jeder 5 Sch: lang, 2 Sch: breit, und 1 Schuh hoch müßen gemacht werden, um die metallene Pfeifen verwahren zu können.
Für die 5 Blasbälg, welche sehr klein sind und vom Wurm verfreßen, müßen 3 große Bälge, jeder zu 9 Schuh lang, 5 Schuh breit, dann alle Windrohr und Büchsen auch vom Wurm verfreßen neu gemacht werden. Die Baß Windlath zu 3 Register wo in der Windkammer die Ventill seitwerths aufgehen, müßen zur Länge aufgehend, auch frisch beledert, und das Beidelbrett, vom Wurm verfreßen, neu gemacht, dann die Spunden zum Keulen eingericht werden, und dieses kostet mit Arbeit und Fornitur 300 fl.
Diese Orgel aufzuladen, wo 2 Wägen nothwendig und welche gut gepackt und vor allem Schaden verwahrt seyn müßen kostet nach St. Blasien zu liefern mit allen dabey vorkommenden Unkösten 130 fl.
Und endlich diese Orgel, in Loco St. Blasien, durch mich und meine Gesellen auszupacken, aufzustellen kostet für Reise, Zehrung 320 fl.
wobey ich auch Letter, Leim, Trath, Nägel zu liefern übernehme, Aber die dahin einschlägliche Großherzogliche Domainen Verwaltung, hat durch den Zimmermann für die Blasbälg zu legen das Gestell, und durch den Schreiner das Gestell zu verschlagen, und die Vorkommende Schloßer Arbeit um alles fest zu machen, über sich zu nehmen, und dann für die große und beschwerliche Arbeit den Gesellen 11 fl. Douceur zu geben, Und dieses letztere mit all ihren Theilen Arbeit und Fornitur will ich auch noch übernehmen, den Schlißel also in die Hand zu geben um 70 fl.
Bruchsal den 7ten Jenner 1821
J: Benedict Alffermann Hofforgelbaur«

Orgelbauer Ludwig Martin (1788–1822), Freiburg, berichtet dem Kreisdirektorium über den Zustand der Bruchsaler Orgel, berechnet die Kosten der Wiederaufstellung und legt vorsichtshalber ein Neubauangebot bei[159]:

(...)
»... habe ich mich mit einem kunstverständigen Bekannten ins Einvernehmen gesetzt und von demselben nachfolgende ausführliche Auskunft erhalten:
Die Orgel seye alt, im Jahr 1709 erbaut, und soviel gewiß, daß die Abbrechungs-Transport- und Aufsetzungs-Kosten so hoch kommen würden als eine neue Orgel. Sie habe folgende Register.

1. Prinzipal 8. Fuß, die 2 grösten Pfeifen von Holz.
2. Viol di Gamb 8. fuß
3. Salcional 8. fuß
4. Koppel 8. fuß
5. Flöte 4. fuß
6. Octav 4. fuß
7. Superoctav 2. fuß
8. Mixtur 4.fach 1. fuß
9. Quint 3. fuß
10. Sesquialter, im diskant 2. fach, baß 1. fach.
11. Cimbel 2. fach
12. Subbaß Pedal 16. fuß
13. Octavbaß 8. fuß
14. Posaunenbaß 8. fuß. Metall.[162]

Die Blaßbälge seyen ganz unbrauchbar, so wie die Baß-Windlade, und wenn der tannene Kasten abgebrochen wird, so würde er kaum noch zu gebrauchen seyn. Der gegenwärtige Werth seye höchsten fl. 450. Ich habe in der Anlage Lit. A über die bekannten Reparationen, und die Abbrechungs- und Aufsetzungs-Kosten den gewiß sehr billigen Ueberschlag auf 648. fl. gemacht, wenn man nun die Transport-Kosten, welche wenigstens 200 fl. betragen werden, dazu rechnet, so käme das geflikte alte, seinem Zwek nicht entsprechende, und immerfortwährenden Reparaturen ausgesetzte Werk auf ca. 1300 fl., und es ist zu befürchten, daß bey dem Abbruch noch größere Gebrechen erscheinen welche ein noch grösern Kosten-Aufwand verursachen.
Ich glaube daher, daß es für das Herrschaftl. Intereße viel beßer gesorgt seyn würde, wenn eine neüe Orgel gebaut würde, wozu ich den sub Lit. B anliegenden Ueberschlag auf 1400 fl. geferttigt habe.
(...)

Freyburg d 21 Febr. 1821.
Martin Orgelbauer.«

(Lit. A)

»Uiberschlag

Uiber Versetzung und Aufstellung der alten Orgel der Stiftskirche in Bruchsall, welche sollte nach St. Blasien versetzt werden. Die Orgel besteht in 14 Register.

Zu besagtem Orgelwerk müßen 3 neue Blasbälge gemacht werden von 6 1/2 Schuh lang, 3 1/2 Schuh breit mit 5 Falten, dieses beträgt:	198 fl.
Die Orgel abzubrechen und aufzustellen, zu reinigen und zu stimmen, alles fehlende in Stand zu stellen, betragt:	280 fl.
Eine neue Windlade zum Petal von Eichenholz zu verfertigen, betragt:	50 fl.
Weil der Kasten auch sehr schlecht, und wurmstichig ist, so ist zu vermuthen, daß beym Abbrechen und Tranzportiren ganz unbrauchbar werden könnte, einen neuen Kasten von Dannenholz zu verfertigen, beträgt	120 fl.
Summa	648 fl.

Was die Transportkosten betreffen, nimmt sich der Orgelbauer nichts an.

Feyburg am 20ten Hornung 1821.
Martin Orgelbauer.«

(Lit. B)

»Uiberschlag

Uiber eine neue Orgel, welche könnte in die Pfarrkirche zu St. Blasien gemacht werden.
Diese Orgel könnte auf folgende Art verfertiget werden.

Im Manual.

1. Principal 8 Fuß von englisch Zinn ganz in das Gesicht fein poliert.
2. Prestant 4 Fuß, von Zinn.
3. Cornet 5 fach von Metall.
4. Bourdon 16 Fuß von Holz im 2ten C angefangen.
5. Bourdon 8 Fuß die zwey untern Octaven gedeckt von Holz, die übrigen von Metall.
6. Solicinal 8 Fuß von Zinn.
7. Flöte 8 Fuß von Holz.
8. Flöte 4 Fuß von Metall.
9. Nazard 3 Fuß von Metall.

10.	Dupple	2 Fuß von Zinn.
11.	Mixtur 4fach	$1^1/_2$ Fuß von Zinn.
12.	Tremolandus	
		Petal.
13.	Sub = Baß	16 Fuß von Holz gedeckt.
14.	Octav = Baß	8 Fuß von Holz offen.
15.	Trompeten Baß	8 Fuß von Holz, Zungen und Mundstück von Meßing.
16.	Coppelzug zum Petal.	

a) Das Klavier soll vom tiefen C bis in das obere F und in 54 Claves bestehen, auch müßen dieselben zum auf – und niederschlagen gerichtet werden, und mit Ebenholz und weißem Bein fournirt werden.
b) Das Petal wird von Eichenholz und muß in 15 Claves bestehen.
c) Der Kasten wird von Eichenholz gemacht, die Verzierungen von Lindenholz.
d) Zum Werk werden zwey Windladen von Eichenholz gemacht.
e) Drey Blasbälg von 6 1/2 Schuh lang 3 1/2 Schuh breit mit 5 Falten gemacht.
f) Alle Anhänggungen von Abstracten werden von Meßing-Draht, so wie auch die Federn in den Windladen gemacht.
I. Dieses Werk muß gut und dauerhaft verfertiget werden, wofür Tag und Jahr garantirt wird. –
II. Der nächste Preis dieser Orkel ist 1400 fl.
III. Muß die Orkel auf Kosten der Frond in Freyburg abgeholt werden.

Freyburg d. 20ten Hornung 1821.
Martin Orgelbauer.«

Auch bei Franz Stieffell wurde eine Neubauofferte ausgearbeitet:[163]

»Auf Verlangen des Orgel Inspectors Herrn Pfarrer Schmidtbaur wurde ich aufgefordert, einen Entwurf über eine neue Orgel in den Chor der St. Blasianer – Kirche zu machen, welcher nach der Seelenzahl derselben folgende Register hinlänglich genug hätte.

1.	Principal	8.	Fus Thon, die 5. größte offen von Holz, von F an bis d''' von fein engl. Zinn, schön polirt.
2.	Praestant	4.	Fus von gutem Zinn.
3.	Octav	2.	– – – –
4.	Mixtur	4.	fach durchs ganze Clavier, (von) gutem Zinn,
5.	Quint	3.	Fus von Metall.
6.	Floet	4.	Fus gedeckt von Metall.
7.	Coppell	8.	Fus die 1te Octav gedeckt von Holz die andere Metall.
8.	Cornet	5.	fach durch das halbe Clavier von Metall.
9.	Sollicinal	8.	Fus 1te Octav Holz, die andere offen von Metall.
10.	Subbaß	16.	Fus gedeckt von Holz.
11.	Octavbaß	8.	Fus offen – –
12.	Posaunbaß	8.	Fus die Corpora von Zinn, Zungen und Mundstück von Mößing.

Der Orgelkasten wird von schön eichen Holz sammt Bildhauer Arbeit gemacht. Die Höhe müße 15. bis 16. Schuh werden, weil überflüßig Raum vorhanden.
Die Manual als Pedal Windlathen samt Vendille müßen von best auserlesen dürrem Holz gemacht (werden).
Das Clavier wird von Ebenholz, die Semitoen mit weisen Bein fournirt und bekommen 51. Claves, von tiefen C bis d drey Strich.
Das Pedal bekommt 15. Claves von C. bis 2te d, die Claves von Eichen Holz.
Das Clavier muß beschließig gemacht werden. Sodann müßen alle Scheeren in den Windlathen, alle Abstracten, die Schrauben am Clavier, alles von Mößing Drath gemacht und angehängt werden.
Dazu müßen 3. Blasbälg mit mehreren Falten 7. Schuh lang 4. Schuh breit gemacht und vom best französischem weisem Schaafleder beledert werden. Diese Orgel gut und dauerhaft auf den Platz nach Sanct Blasien zu stellen, und alle Neben Kösten selbsten zu bestreiten und hinaus zu führen; wäre der genaueste Preis Ein tausend sechshundert Gulden.
Rastadt d: 14ten May
1821.

Franz Stieffell
Hoforgelbauer.«

Da die Transportkosten für die Bruchsaler Orgel[164] die Vorstellungen übersteigen, versucht das Bezirksamt St. Blasien, entweder die Klosterorgel aus Tennenbach oder die Franziskanerorgel aus Kenzingen zu erhalten.[165]

Bis zum Beginn des Jahres 1822 war die Frage der Orgelbeschaffung noch nicht entschieden. Abermals bot man am 27. 4. 1822 ein gebrauchtes Instrument an, jenes aus der Lutherischen Kirche zu Sinsheim a. d. E.[166] Nachdem sich Schmittbaur nicht sehr positiv über diese Orgel geäußert hatte, sah das Finanzministerium von einem Ankauf ab und ersuchte das Directorium des Dreysamkreises, zu erheben, um welchen Preis Ludwig Martin einen Neubau nach Stieffells Kostenberechnung übernehmen wolle.[167] Da Martin bereits gestorben war, wandte sich die Behörde an Blasius Schaxel, der »eine ganz nach der Stiefelschen Beschreibung zu fertigende neue Orgel (. . .) um 1500 fl. im nächstkünftigen Jahre in der Kirche zu St. Blasien aufzustellen sich verbindlich mache. . .«[168] Des langen Wartens müde, wird Dekan Schwarzweber in Zusammenwirken mit einem Freiburger Bekannten – Christian Sautier – selbst aktiv. Am 8. 8. 1822 schickt Sautier eine Freudenbotschaft nach St. Blasien:[169]

(. . .)

»Nach dem mir mit Ihrem angenehmen Gestrigen ertheilten Auftrag erkaufte ich die Orgel in der Franziskaner-Kirche (zu Freiburg)[170] um die Summe von 1005 fl. (. . .) im Weege der Steigerung. Für die Bezahlung werde ich sorgen; doch wollen Sie Anstalten dazu treffen lassen, daß die Orgel bald abgebrochen u. abgehohlt wird, denn in 14 Tagen muß der Platz nach ausdrücklicher Bedingung geräumt seyn. Es freut mich, daß Sie dieses schöne Werk zur Freude der dortigen Gemeinde so wohlfeilen Kaufs erhielten (. . .) Ein fremder Liebhaber zu obiger Orgel traff bey der Versteigerung nur um 5 Minuten zu spät ein, ohne diesen günstigen Umstand hätte ich wohl solche nicht so billig an mich gebracht.«

(. . .)

Schaxel, dem durch diese neue Entwicklung ein Auftrag entging, möchte wenigstens die ersteigerte Orgel in St. Blasien aufstellen:[171]

»Freyburg den 9ten August 1822

Hochwürdiger Herr Dekan,
Ich habe vernummen daß Sie durch Commision derer Herrn Saudier, die Franziskaner Kloster Orgel gekauft haben; also möchte ich Ihr Hochwürd gebehten haben daß Sie mir dieses Werk anverdrauen möchten um abzubrechen und aufzurichten, und es bedarf auch zimmlich Repation. Wirglich war es schon so weit genehmigt mit einer neuen Orgel von Kreis Directorium, zu 1500 fl. und der Plan war schon gemacht den ich hinauf schicken wolte auf befäl und schreibens den Herrn Amtmann Ernst.
Mit undertähnigst Bitte, belieben Sie mir zu berichten wie ich mich zu verhalten habe, und verbleibe mit aller Hochachtung,
Ihr Hochwürd

gehorsamster Diener
Blasius Schaxel
Orgelmacher
in Herbolzheim«

Schaxel wurde nicht berücksichtigt. Die Aufstellung in St. Blasien besorgte Joseph Bogner aus Freiburg zu 350 fl.; am 4. 12. 1822 fand die Abnahmeprüfung statt – die Orgel war »kunstgemäß aufgestellt und gestimmt«[172] *(Abb. 44)*.

Bis zum Kirchenbrand 1874 diente die ehemalige Freiburger Klosterorgel 51 Jahre lang in St. Blasien – somit länger als Silbermanns großes Instrument. Pfarrer Haefelin legt am 2. 7. 1833 einen Reparaturanschlag des Orgelmachers Josef Schaxel (1797–1858) mit dem Bemerken vor, daß zur Kostenersparnis Schaxel bis in 8–10 Tagen mit der Reparatur beginnen wolle[173]; der Accord zu 55 fl. wird am 19. 7. 1833 genehmigt[174].

Eine weitere Reparatur erfolgt im August 1850 durch den Waldshuter Meister Konrad Albiez (1806–1878).[175]

Im Jahr 1866 beginnen die Verhandlungen für die letzten Reparaturarbeiten, die diese Orgel erleben sollte. Konrad Albiez hatte ein Angebot für Reparatur und Stimmung zu 198 fl. vorgelegt, für die Untersuchung des Instrumentes forderte er 7 fl. 27 xr.

»Nach Ansicht des Orgelbauers Albiez ist die Tonkraft der Orgel für die hiesige Kirche zu gering und könnte diesem Uebelstand durch Hinzufügen von einem neuen Pedal mit guten Baßregistern und einigen Manualregistern abgeholfen werden.«[176]

Auf Wunsch des Stiftungsvorstandes sollte das Äußere der Orgel ebenfalls restauriert werden, »für den leeren Raum über der Orgel, der ehemals von der herrlichen Klosterorgel gedeckt war«, war ein Fresko vorgesehen.[177] Am 6. 6. 1867 reichte Albiez einen neuen Kostenanschlag ein; ohne die Gehäusearbeiten belief sich die Summe auf 2988 fl.[178] Orgelinspektor Johannes Schweitzer stellt am 15. 9. 1867 fest, daß Albiez in seinem Reparaturplan wichtige Details vergessen habe; ein weiteres Angebot, das eine Erweiterung der Anlage bis auf 20 Register vorsieht, wird am 19. 10. 1867 ausgearbeitet.[179]

Im März 1868 hatte Johannes Schweitzer der Bezirksbauinspektion Waldshut eine neue Disposition zugesandt, die als Ausschreibungsgrundlage diente:[180]

»Akkord – Begebung.

In Folge Beschlusses Großh. Domänendirection vom 25. März 1868, Nr. 5384, soll die Wiederherstellung und Erweiterung der Orgel für die katholische Kirche in St. Blasien mit 20 klingenden Stimmen im Wege schriftlichen Angebots vergeben werden.

Die betreffenden Herren Orgelbauer werden daher aufgefordert, die hierüber aufgestellte Disposition und die dazu gehörigen Bedingungen bei unterzeichneter Stelle einzusehen und ihre Angebote, welche einzeln bei der Disposition beizusetzen sind, längstens bis den 30. April 1868 hier einzureichen.

Nach diesem Tage werden keine Angebote mehr angenommen.

Waldshut, den 30. März 1868.

Großh. Bezirksbau – Inspection.

Steinwarz.«

Nach einem Bericht der Bezirksbau-Inspektion Waldshut vom 6. 5. 1868 waren vier Angebote eingereicht worden.[181]

Albiez' Angebot vom 29. 4. 1868 hielt sich streng an die Ausschreibungsdisposition, es war bei längster Lieferzeit (3 1/2 Jahre) zugleich das teuerste (3833 fl.). Mitbewerber waren Fridolin Merklin, Freiburg (Lieferzeit 15 Monate, 2738 fl.),[182] Gustav Merklin, Freiburg (Lieferzeit 18 Monate, 3571 fl.), und Albert Fröhlich, Freiburg, der eine neue Orgel zu 4550 fl. liefern und die vorhandene für 700 fl. annehmen wollte.[183] Johannes Schweitzer begutachtet am 23. 5. 1868 die Offerten und spricht sich für Konrad Albiez aus:[184]

»Was das Anerbieten Fröhlich's in Betreff der Erbauung einer ganz neuen Orgel anlangt, so hätte der Unterzeichnete selbst ein neues Werk beantragt, wenn das vorhandene Material nicht mehr brauchbar gewesen wäre. So aber ist besonders das Pfeifenwerk der Art, daß ein neues nicht von jedem Orgelbauer so gut geliefert wird.

Die Qualifikation der Bewerber anlangend, so stehen sich F. Merklin, G. Merklin + Fröhlich ziemlich gleich. Wird mit einem derselben contrahirt, so ist nicht mit Sicherheit auf ein günstiges Resultat zu rechnen, da sie mehr oder weniger in einzelnen Theilen von ihren Arbeitern (die eben wechseln) abhängig sind.

Anders verhält es sich mit Albiez, Material und Arbeit bekunden bei ihm bis in's Einzelnste den Meister. Besonders versteht er es, seinen Werken einen vollen, kräftigen Ton zu verleihen, weßhalb er hier, wo es sich um einen so großen Raum handelt, doppelt empfohlen werden muß. (...) Werke von Albiez, bedürfen, wie Orgelbauer mir selbst schon gestanden, nie einer eigentlichen Reparatur; werden sie vom Staub gereinigt und frisch eingestimmt, so sind sie wie neu.«

(...)

Als die Domänendirektion Albiez' Preis auf 3700 fl. herabhandelt, stellt der Meister seine Bedingungen, wobei er deutlich zu verstehen gibt, daß er bei Ablehnung auf den Auftrag St. Blasien verzichten wolle: Lieferzeit 5 Jahre, Bezahlung erst nach Vollendung der Arbeiten (dafür aber auch kein Abzug bei eventuell verspäteter Lieferung), statt 10 nur 5 Jahre Garantie, eine Leihorgel wird nicht gestellt.[185]

Wie zu erwarten war, lehnt es die Domänendirektion ab, auf Albiez' Bedingungen einzugehen und fordert eine neue Ausschreibung. Orgelbauer Johann Heinrich Schaefer (1810–1887), Heilbronn, legte wegen der Mangelhaftigkeit der Disposition einen Neubauvorschlag (22 Register) unter »Verwendung des sehr schönen Gehäuses und der noch in bestem Zustande befindlichen 8 1/2 zinnernen Register« zu 4200 fl. vor; die Arbeiten nach Schweitzers Vorschlag würden 2500 fl. kosten.[186] Am 11. 2. 1869 lagen der Bezirksbau-Inspektion Waldshut acht Offerten vor:

Orgelbauer	Preis	Lieferzeit
Eduard Hieber, Engen	3084 fl.	3 Jahre
Ignaz Dörr, Hardheim	3572 fl.	2 Jahre
Fridolin Merklin, Freiburg	3692 fl.	18 Monate
Albert Fröhlich, Freiburg	3607 fl.	15 Monate
Gebr. Link, Giengen	3534 fl.	1 3/4 Jahre
Joh. Heinr. Schaefer, Heilbronn	2793 fl.	13 Monate
	4200 fl. (Neubau)	
Jakob Forrell, Freiburg	4075 fl.	2 1/2 Jahre
J.B. Scheffold, Biberach	unvollständiges Angebot	

Nach Prüfung der Unterlagen standen lediglich Forrell und Schaefer noch ernstlich zur Debatte; Schweitzer hatte in der Zwischenzeit noch ein neues Gebläse und den Ausbau des Bourdon 16' verlangt.[187] Schaefer hatte sich an die Bezirksbau-Inspektion gewandt[188] und seine Preise nochmals aufgelistet: 2793 fl. (Herstellung der Orgel) + 50 fl. (Ausbau Bourdon 16') + 400 fl. (neues Gebläse) = 3243 fl. Ferner weist er darauf hin,

»daß das viel zu eng mensurierte Principal-Register um 3 Töne erweitert, und daß die beiden Register Viola di Gamba 8 Fuß und Praestant 4 Fuß um 2 Töne erweitert und mit Expreßions-Stimmschlitzen versehen werden sollten, wodurch diese beiden Register an Klang und präziser Ansprache sehr viel gewinnen würden.«

Dafür wären noch weitere 150 fl. erforderlich, so daß die gesamten Arbeiten letztlich auf 3393 fl. zu stehen kämen. Am 25. 8. 1869 wird mit Johann Heinrich Schaefer ein Umbauvertrag zu 2950 fl. geschlossen. Während der Arbeiten wendet sich Schaefer 1871 an die Domänendirektion:[189]

(. . .)

»Da die nach St. Blasien grösten theils neu zu fertigende (!) Orgel nach dem von Orgelbauer Albiez entworfenen Ueberschlag nach rückwärts und nicht nach vorwärts[190], wie in neuerer Zeit alle neue Werke gebaut werden, zum Spielen eingerichtet werden soll, so hält es gehorsamst Unterzeichneter für seine Pflicht, Hohe Domänen Direction darauf aufmerksam zu machen mit der Bemerkung, daß er diese zweckmäßige Verbeßerung und Verschönerung, welche sogar für die sehr große Kirche insbesondere bei dem kath. Ritus wegen zu weiter Entfernung der Altäre von der Orgel nothwendig ist, äußerst billig vorzunehmen geneigt wäre. Außerdem wäre noch eine weitere Verbeßerung höchst nothwendig, womit auch wie mit der Vorrichtung der Klaviaturen, Herr Dompräbendar Orgelbau Commißaer Schweizer nach mündlich genommener Rücksprache ganz einverstanden ist, und zwar:
Sollte das 8 füßige Principal Register, welches nach alter Construction zwar gut, aber viel zu eng mensurirt ist, und daher den für die große Kirche erforderlichen Effekt nicht macht, nothwendig um eine kleine Terz weiter mensurirt werden, wozu noch 4. größere Pfeifen erforderlich und zur Bewirkung eines klangvolleren Tones durchaus mit Expressions Stimmschlitzen zu versehen sind,[191]
Diese sämmtliche weitere Verbeßerungen verspricht gehorsamst Unterzeichneter für die äußerst geringe Summe von –.: 200. fl.
zu fertigen, und bittet hiemit unterthänigst um deren Genehmigung.
Einer Hohen Domänen Direction

gehorsamster Diener
J.H. Schaefer.
Orgelbauer.«

Diesen Vorschlägen wird seitens des Auftraggebers am 31. 1. 1871 in vollem Umfang entsprochen.

Vikar Gustav Schweitzer, Freiburg, kann am 23. 11. 1871 die vollendete Orgel prüfen; er hinterläßt uns in seinem Gutachten vom 30. 11. 1871[192] die einzige Dispositionsaufzeichnung der ehemaligen Freiburger Franziskanerorgel.

(. . .)

»Intonation der einzelnen Register:

I. Manual

1 Principal	8',	gut
2 Gamba	8',	gut, etwas schwere Ansprache.
3 Gedeckt	8',	ordentlich

4	Burdon	16’,	gut
5	Trompete	8’,	gut
6	Prästant	4’,	gut
7	Flöte	4’,	ordentlich, doch zu wenig Flötenton.
8	Quinte	2 2/3’,	gut
9	Octave	2’,	ordentlich
10	Mixtur 5 fach		gut
11	Cornet 5 fach,		voll und gut.
II. Manual			
12	Principal	8’,	gut
13	Salicional	8’,	zart
14	Violflöte	8’,	gut
15	Lieblichgedeckt	8’,	ordentlich
16	Spitzflöte	4’,	geht an.
Pedal			
17	Violon	16’,	streicht gut.
18	Subbaß	16’,	gut
19	Posaune	16’,	rund und kräftig
20	Octavbaß	8’,	ordentlich
21	Gedecktbaß	8’,	do.

3 schöne Kastenbälge (. . .)
Pfeifenwerk sehr sauber gearbeitet. . . mit Expressionsstimmschlitzen. . . Violonbaß 16’ mit sog. Intonierzapfen versehen. . . Statt eiserne Stimmkrücken bei Trompete 8’ lieber solche aus Messing wie bei Posaune 16’. . .
So kräftig als möglich intoniert, um Raum der Kirche einigermaßen zu füllen. . . Stimmung im Allgemeinen rein. . . Mechanik sehr solid und sauber hergestellt. . . Statt Federn Bleiklötzchen an der Wellatur. . . Spieltisch. . . praktisch eingerichtet. . . Gesamtwirkung ist kräftig und zugleich wohlthuend. . . Verpflichtungen vollständig nachgekommen. . . Nachrechnung zu 273 fl. berechtigt. . .«
(. . .)

Schaefers Nachrechnung gibt weitere Auskunft über konstruktive Details:

»Einer Hohen Domainen Direction zu Carlsruhe.
Zur Erzielung eines beßeren Effekts des Orgelwerks für die sehr große Kirche zu St. Blasien hat gehorsamst Unterzeichneter für nötig erachtet, dem Werke noch ein weiteres Register beyzufügen und zwar: Quinte 2 2/3 Fuß, von Probzinn, die 2 tiefe Octaven mit Expressions Stimmschlitzen, wofür samt Windladen Einrichtung, Rastern und Pfeifenbrettern, nebst weiter erforderlichen Mechanik, Erweiterung des Klavierkastens und Gehäuses etc. im Ganzen nur berechnet werden 95. fl.

2. Ferner ist nun zur weiteren Verstärkung Mixtur 4. Fuß, fünffach, /: statt Mixtur 2 Fuß, vierfach:/ eingesetzt worden, wozu nicht nur 54 weitere Pfeifen, sondern insbesondere noch 48 Stücke um die Hälfte längere Pfeifen erforderlich waren, kommen im Ganzen nur in weitere Anrechnung 38. fl.

3. Das Principal Register mußte wegen unrichtiger Mensur und schlechter Beschaffenheit (!) der 2 obern Octaven, vom eingestrichenen d bis dreygestrichenen f’’ ganz neu angefertigt werden, wozu 28 neue Pfeifen erforderlich waren 25. fl.

Außerdem mußten zur vollkommen guten Herstellung des Werkes noch nachstehende neue Arbeiten und Verbeßerungen vorgenommen (werden), und zwar:
1. Die 13. grösten Pfeifen von Bourdon 8’ mußten wegen zu schlechter Beschaffenheit und zu enger Mensur ganz neu und um eine Terz weiter mensurirt angefertigt werden. 30. fl.
2. Praestant 4. Fuß, ist nun auch, wie Principal mit Expressions Stimmschlizen versehen worden, wozu noch eine weitere größere Pfeife erforderlich war, für das Ganze 9. fl.
3. Zu Violfloete 8. Fuß mußte für die schlecht beschaffene große D Pfeife zu den zwey neuen noch eine dritte neue Pfeife angefertigt werden 8. fl.
4. Zur Erzielung eines beßern Effekts für die Bäße, sind sämmtliche Baß Register höher und in gleicher Höhe der Manual Register gestellt worden, wozu noch ein besonderes Gehäuse mit 4 Thüren samt Schloß und Bändern erforderlich war 28. fl.
5. Das Pedal hat nun einen Umfang mit 27. Tasten von C, Cs, bis d’/: statt 25:/ wozu noch 10 weitere Pfeifen samt weiterer Windladen Einrichtung und Mechanik erforderlich waren 18. fl.
6. Zulezt sind noch 2 Collectivzüge eingerichtet worden, und zwar der eine für sämmtliche 8. und 16. füßige Register/: jedoch außer Trompete und Posaune :/ der zweyte für das volle Werk 22. fl.

Zusammen –.: 273. fl.

Zwey hundert, drey und siebzig Gulden.

Da Unterzeichneter bey diesem äußerst schwierigen und mühevollen Geschäfte auch in diesem Falle keinen Verdienst hat, wenn ihm der ganze Betrag für die weiter gefertigten Arbeiten genehmigt wird, so muß er um so mehr eine hohe Domainen Direction um nachträgliche Genehmigung des wohl verdienten Betrags dringendst bitten, als er die Versicherung geben kann, daß das Werk einem ganz neuen, welches mindestens das Doppelte gekostet hätte, in keiner Hinsicht nachsteht.

Mit ausgezeichneter Hochachtung verharre ich

Einer Hohen Domainen Direction

gehorsamster Diener

Heilbronn, d. 28. Nov: 1871.

J. H. Schaefer.

Orgelbauer.«

Ob Schaefer seine ganze Forderung erhalten hat, ist aus den Archivalien nicht ersichtlich. Am 12. 2. 1873 zahlt man ihm 218 fl. Restforderung aus, wovon 18 fl. durch die im September 1872 stattgehabte Stimmung verursacht wurden.

Am 7. Februar 1874 – morgens gegen 5 Uhr – brannten die westlichen Teile des ehemaligen Klosters und die Kirche – mit Ausnahme der Türme – ab. Der kaum vierjährige Sohn des Lampenanzünders in der Fabrik sollte mit Zündholz die Lampen anzünden und warf den »noch brennenden Köder« in Haufen von Baumwollresten. . .[193] Die Orgel hat die Katastrophe nicht überlebt – wohl kaum jemand wird damals daran gedacht haben, daß Johann Andreas Silbermann 100 Jahre zuvor mit der Einrichtung seiner herrlichsten Orgel befaßt gewesen war.

VII. Neue Orgeln im Dom zu St. Blasien

In den Jahren 1869/71 hatte man aus Sparsamkeitsgründen noch bewußt von einem Orgelneubau abgesehen, freilich ohne ahnen zu können, daß er innerhalb der nächsten zehn Jahre notwendig werden würde. Als 1879 der einstige Mönchschor wieder als Pfarrkirche zur Verfügung stand, konnte die mechanische Kegelladenorgel der Firma Louis Voit & Söhne, Durlach, ihrer Bestimmung übergeben werden[194] *(Abb. 71)*.

I. Manual: C–f''		II. Manual: C–f''	
Bourdon	16'	Principal	8'
Principal	8'	Liebl. Gedeckt	8'
Gamba	8'	Salicional	8'
Flöte	8'	Aeoline	8'
Gedeckt	8'	Bifaria ab g	8'
Octave	4'	Flûte harmonique	4'
Gemshorn	4'	Fugara	4'
Hohlflöte	4'	Flautino	2'
Octave	2'		
Cornet 4–5f. ab g	8'		
Mixtur 4 fach	2 2/3		

Pedal: C–d'		Nebenzüge	
Violonbaß	16'	Manualkoppel	II/I
Subbaß	16'	Pedalkoppel	I
Octavbaß	8'	Pedalkoppel	II
Violoncello	8'	Collectiv	I – Forte
Posaune	16'	Collectiv	II – Forte
		Collectiv	Pedal – Forte

Am 18. 9. 1901 begann die Lieferfirma H. Voit & Söhne mit einer Reparatur, die zu 686.– Mk. abgerechnet wurde;[195] in Zukunft durfte das Instrument »nur von dazu Berechtigten gespielt« werden, auch waren Orgeltisch und Orgelraum nach dem Spielen gut zu verschließen.[196] Dieses Werk wurde 1913 nach Gailingen veräußert, woselbst es sich in guter Verfassung noch 1982 befindet.[194]

In den Jahren 1912/13 wurde das jetzige vorhandene große Instrument »in freier Anlehnung an das frühere in St. Blasien befindliche Gehäuse« von Bauinspektor Ludwig Schmieder (Karlsruhe) geplant, von P. Dr. Suitbert Krämer OSB, Beuron, disponiert und von Firma F.W. Schwarz, Überlingen a.B., ausgeführt[197] *(Abb. 72).*

Die ursprüngliche Reformdisposition »elsässischen Stils«[198] lautete:[199]

I. Manual (Hauptwerk): C–g'''

Principal		16'
Bourdon		16'
Principal		8'
Bourdon		8'
Flûte harmonique		8'
Violincello		8'
Octav		4'
Flûte harmonique		4'
Octave		2'
Cornett	3–6 f.	8'
Mixtur	5 f.	2'
Cymbel	4 f.	2/3'
Trompete		8'
Clairon		4'

II. Manual (»Positiv«-Schwellwerk): C–g'''

Quintatön	16'
Flötenprincipal	8'
Rohrflöte	8'
Dolce	8'
Salicional	8'
Unda maris	8'
Flöte dolce	4'
Progressiv-Harmonika 3 f.	2 2/3'
Quinte (Transm.)	2 2/3'
Basson	8'
Klarinette	8'

III. Manual (Schwellwerk): C–g'''

Lieblich Gedackt	16'
Diapason	8'
Nachthorn	8'
Gamba	8'
Voix céleste	8'
Traversflöte	8'
Aeoline	8'
Octav	4'
Flûte octaviante	4'
Quinte	2 2/3'
Octavin	2'
Terz	1 3/5'
Plein – jeu 5 f.	2 2/3'
Basson	16'
Trompete	8'
Oboe	8'
Clairon	4'
Tremolo	

Pedal: C–f'

Principalbaß	16'
Kontrabaß	16'
Subbaß	16'
Echobaß (Windabschwächung)	16'
Flöte	8'
Bourdon	8'
Cello	8'
Flöte	4'
Quinte	10 2/3'
Terz	6 2/5'
Trompete	8'
Bombarde	16'
Clairon	4'

Koppeln:

III/I,	III/II,	II/I
III/P,	II/P,	I/P
Suboctav		III
		II
		III/II
		III/I
Superoctav		III
		II
		III/II
		III/I
Manualleerlaufkoppel (Tritteinschaltung)		

Spielhilfen:

2 freie Kombinationen
Automatisches Pianopedal III und II
Zungeneinführungen für I, II, III
Auslöser
Piano
Mezzoforte
Forte
Fortissimo
Tutti

Vergleicht man Mutins Dispositionen[197], so drängt sich der Verdacht auf, daß Schwarz und Krämer doch ein recht ungleiches »Gespann« gewesen sein mögen. Franz Steinhart prüfte am 5./6. 6. 1913 das vollendete Opus[200];

(...)

». . . das Resultat kann ich als ein sehr gutes bezeichnen. . . Daß es Herrn Orgelbaumeister Schwarz bei der Erstellung dieses Instruments nicht um finanziellen Gewinn, sondern um die Erzielung eines hervorragenden Kunstwerks zu tun war, geht aus verschiedenen Mehrleistungen hervor. . . das Werk repräsentiert. . . den hohen Stand der heutigen Orgelbaukunst. . . die Spielart möchte ich gar nicht anders wünschen. . . über den herrlichen Prospekt. . . herrscht nur eine Stimme des Lobes. . . dem vielbesuchten Kurorte St. Blasien kann man zum Besitze des hervorragenden Kunstwerkes aufrichtig gratulieren.«
(. . .)

Davon, daß diese große Orgel in der Rotunde wie »weit entfernt« klingt – was tatsächlich durch die Besonderheiten des Bauwerkes auch zutrifft –, ist in den Expertisen nichts zu lesen.

1946 richtete Firma Martin Welte & Söhne, Freiburg, die verschmutzte Orgel wieder her; eine gründliche Reinigung samt der Lieferung eines neuen elektrischen Spieltisches waren als zukünftige Maßnahmen vorgeschlagen.[201]

Am 24. 11. 1958 legte die Firma Gebr. Späth, Ennetach – Mengen, ihre Rechnung für Überholung des Instrumentes samt der Lieferung eines dreimanualigen elektrischen Spieltisches[202] vor.[203]

Zum Zeitpunkt des zweihundertjährigen Domjubiläums besitzt St. Blasien eine Orgel, die als einzigartiges südbadisches Instrument[204] auch als klingendes Denkmal zu gelten hat. Möge ihr die nötige klangliche und technische Überarbeitung zuteil werden, damit St. Blasiens bewegte Orgelgeschichte wenigstens in unseren Tagen in einen harmonischen Schlußakkord einmünde.

Anmerkungen

Dank: Ohne die freundlichen Hinweise, Auskünfte und sonstigen Hilfen Vieler hätte diese Studie lückenhaft bleiben müssen. Ich danke herzlich für alle selbstverständlich gewährte Unterstützung Herrn Erzbischöflichen Musikdirektor Kurt Binninger, Waldshut; Herrn Rektor Hermann Brommer, Merdingen; Frau Archivamtmann Ulrike Dehn, Freiburg; Herrn Prälaten Dr. Albert Füssinger, Karlsruhe; Herrn Landgerichtspräsidenten Dr. Johannes Gut, Karlsruhe; Herrn Stadtpfarrer Heinrich Heidegger, St. Blasien; Herrn Archivdirektor Dr. Franz Hundsnurscher, Freiburg; Herrn Hauptkonservator Dr. Hans Huth, Karlsruhe; Herrn Archivdirektor Dr. Franz Laubenberger, Freiburg; Herrn Professor Dr. Pie Meyer – Siat, Schiltigheim; Herrn Professor Marc Schaefer, Strasbourg, Herrn Archivamtsrat Paul Waldherr nebst Gattin, Freiburg, und Herrn Dr. Hans Jakob Wörner, Neuenburg a. Rh.

1 Die Akten zur Baugeschichte finden sich im Generallandesarchiv Karlsruhe (GLA) Abt. 99/330. Sie sind in extenso veröffentlicht bei Rahner, Schmieder, Walter und Wörsching. Wir begnügen uns aus diesem Grund mit einem kursorischen Überblick. Am 12. Febr. 1983 gedenkt die Orgelwelt des 200. Todestages Joh. Andreas Silbermanns, R. i. p.

2 Andreas Silbermann (1678 – 1734) erbaute 1713/16 seine größte Orgel für das Münster in Straßburg (III/39); vgl. Mathias – Wörsching »Orgelbauerfamilie« S. 90.

3 Vgl. Hohn »Ettenheimmünster« S. 394 mit Aufstellungsbericht.

4 GLA 99/330. Brief J. A. Silbermanns an Abt Coelestin Wahl OSB, Villingen, vom 9. 12. 1771.

5 Die Benediktinerabtei St. Georgen in Villingen ließ sich 1751/52 eine Orgel von J. A. Silbermann erbauen, die 1758/59 um ein Echowerk bereichert wurde (III/30). Das Instrument wurde 1815/16 durch Orgelbauer Ludwig Burgy (1761 – 1838), Durlach, mit neuem Gehäuse in der Evangelischen Stadtkirche zu Karlsruhe aufgestellt, wo es nach mehreren entstellenden Umbauten 1941 durch einen Neubau ersetzt wurde.

6 Die Anlage eines Oberwerkes lernt J. A. Silbermann 1741 bei seinem Onkel Gottfried in Zittau kennen; vgl. Hohn »J. A. Silbermann« S. 23 und Flade S. 140 ff.

7 Ein ähnliches Instrument mit III/45 verfertigte er 1747/49 für die Neue Kirche in Straßburg; vgl. Schaefer »Temple – Neuf« S. 101 ff.

8 Reproduktion dieser Zeichnung bei Schaefer a. a. O. S. 96. Für die freundliche Überlassung einer Abbildung für diese Arbeit sei Herrn Schaefer aufrichtig gedankt. Das Original befindet sich – wohl aus dem Wetzel – Nachlaß stammend – in der Bibliothèque Nationale et Universitaire de Strasbourg, Sign. 4757. 70 × 51,8 cm, Federzeichnung.

9 Meinem Freund, P. Meyer – Siat, verdanke ich die Mitteilung des Vertragstextes, wofür herzlich gedankt sei. Die Nonnenorgel mit dem nicht ungewöhnlichen Quintprospekt des Rückpositives kostete 5300 Livres und wurde am 4. 10. 1772 bezahlt.

Manual (C – d''')		Rückpositiv (C – d''')		Echo (c' – d''')
Montre G–Pr.	8'	Bourdon	8'	Bourdon
Prestant	4'	Flutte	4'	Prestant
Bourdon	8'	Quinte – Prospekt –	3'	Nazard
Nazard	3'	Doublette	2'	Doublette
Doublette	2'	Tierce	1 3/5'	Tierce
Tierce	1 3/5'	Fourniture 2 f.		Flageolet
Larigot	1 1/2'			

Siflet B/D	1'	Tremblant forte		Transmissionspedal: C–c	
Cornet	5 f.	Tremblant doux		Montre	8'
Fourniture	3 f.	2 Bälge	5 1/2' x 3'	Bourdon	8'
Fagot-Baß C–d'	8'	mit 7 Falten		Prestant	4'
Trompette de Recit		Französ. Ton		Fagot – Baß	8'

10 Als nächster Neubauaccord folgte am 27. 2. 1772 Meißenheim; die Orgel wurde (St. Blasien wegen) jedoch erst am 21. 5. 1776 fertig. Vgl. Hesselbacher »Meißenheim« mit Reproduktion des Accords und Sulzmann »Baden« S. 76.

11 wohl in erster Linie Ochsenhausen und Weingarten.

12 GLA 99/330 Schreiben an Abt Coelestin vom 18. 12. 1771: »Orgel... Haubt Prospect in der Kürchen..., wie sonsten der Hoch Altar...«

13 erschienen in dem Martin Gerbert gewidmeten »Recueil d'architecture«, Straßburg, 1791. Das Orgelgehäuse ist auf dem 13. Blatt der Sammlung (D'ixnard inv. Dupuis sc.) zu sehen. Die Aufnahme verdanke ich Herrn Dr. Hans Jakob Wörner.

14 Dieser Stich findet sich in der »Salzmannmappe« des GLA unter Nr. 17. Die Labienprogression ist verkehrt geführt. Herrn Dr. Johannes Gut danke ich für Vermittlung.

15 auch im Hinblick auf einen eventuellen Todesfall.

16 1773 lieferte J. A. Silbermann außerdem ein Holzmodell nach St. Blasien.

17 GLA 99/330; Blatt 49

18 Trompette de Recit und Fagot Baß (Basson) des Oberwerkes sind als ein (geteiltes) Register zu zählen.

19 Diesbezügliche Schriftstücke in GLA 99/330 sind weder datiert noch unterzeichnet.

20 GLA 99/330; Blatt 32+33

21 das »ad notam vor Herrn Gerbert« ist nicht datiert.

22 gemeint ist eine Orgel mit Hauptwerk 16' – Principal und Oberwerk 8' – Montre.

23 Am 14. 3. 1772 schrieb Silbermann an D'Ixnard, daß er nichts habe zeichnen können, »weilen wegen der Größe der Orgel noch nichts Gewisses decidirt ist«. Ein später vorzulegender Plan könne dann von D'Ixnard »ausgeziehret« werden.

24 Nach J. A. Silbermanns Darstellung wurde beim Orgelneubau Marbach i. E. 1738 ähnlich vorgegangen. Die Kapitularen wünschten die »geringere« (= billigere) Orgel, Abt Antonius Preis die schönere.

25 Die zugehörigen Windladenplätze (Pfeifenstöcke) hätte er jedoch eingerichtet.

26 GLA 99/330; Blatt 43 ff. Silbermann hat den Text eigenhändig geschrieben. Veröffentlicht u. a. bei Schmieder, wo Silbermanns Bezeichnung »Schuthon« für die Pfeifenlänge mit »Spütsen« fehlinterpretiert wurde.

27 Die Manualzungen wurden bei der Ausführung in Baß und Diskant geteilt, wie spätere Dispositionsaufzeichnungen erweisen.

28 Je 2 Windladen für Hauptwerk, Oberwerk und Pedal; 1 Lade für das Rückpositiv.

29 Am 20. 1. 1772 schrieb J. A. Silbermann an Abt Coelestin, daß er im Sommer 1774 nach Stellung des Gehäuses zur Einrichtung der Mechanik nach St. Blasien kommen wolle; für 1775 war die Vollendung des Werkes vorgesehen. Bei allen Reisen nach St. Blasien wurde J. A. S. von seiner Frau begleitet. Vgl. Walter »Orgelbau« S. 314 ff.

30 Am 25. 8. 1775 quittiert J. A. Silbermann die Auszahlung der letzten 4218 fl., die ihm vom Küchenmeister P. Menrad Wülberz ausgehändigt wurden. In GLA 99/330 finden sich auch Silbermanns übrige Quittungen vom 27. 9. 1773, 25. 3. 1774 und 30. 9. 1774.

31 GLA 99/330; Hörr werden für die Staffage des Gehäuses am 4. 4. 1773 lediglich 1200 fl. bewilligt. 3 seiner Putten finden sich (durch Vermittelung des Hoforgelbauers Ferdinand Stieffell) seit 1815 auf dem Orgelgehäuse zu Bauerbach, 2 weitere haben sich auf der Orgelempore in St. Blasien erhalten.

32 »Diarium Monasterii S. Blasii de Anno 1775 conscriptum a P. Edmundo Gaes p. t. Sacellano aulico« im Archiv des Benediktinerstiftes St. Paul im Lavanttal, Abt. 24/2–B, Handschrift 164. Herrn H. Brommer danke ich bestens für die Beschaffung der Exzerpte.

33 Für diesen Preis ergeben sich drei Überlegungen: Entweder handelt es sich um einen Schreibfehler, oder es sind 16 000 Reichsgulden gemeint, oder Gerbert hat seine Konventualen über die genaue Summe im Unklaren gelassen. J. A. Silbermann hatte selbst am 14. 3. 1772 geschrieben: »Wegen denen geforterten 18 000 fl. hat mir Mr. Dixnard auch Erinnerung gethan das Ihro Hochfürstliche Gnaden nicht gerne hätten, das es andere wüßten«.

34 Archiv des Erzbischöflichen Ordinariates Freiburg (EAF) Nr. 18877. Gutachten des Abbé Schmittbaur vom 15. 1. 1807 über eine neue Orgel nach Niederbühl. Joseph Louis Schmittbaur (1755–1829) lebte seit 1771 (später als P. Joseph) in der Benediktinerabtei Gengenbach; vgl. Sulzmann »Baden« S. 289.

35 Diarium des Ettenheimer Chirurgus Joann Conrad Machleid (1708–1794), Tom. II, S. 46.

36 Toussaint Duvernin, Titularbischof von Arathos, Weihbischof in Straßburg (1713–1785); vgl. Weis »Ettenheim« S. 12.

37 Abt Landelin Fluem OSB von Ettenheimmünster.

38 In Riegel hatte J. A. Silbermann – durch Vermittlung des P. Michael Stroh – 1770 eine neue Orgel geliefert, die 1936 verbrannte. Vgl. Sulzmann »Martin« S. 174.

39 Pfarrakte (PfA) IX a Bonndorf. 18. 8. 1783 Schreiben des Küchenmeisters P. Franz: »Da es sich aber zeigt, daz an der gedachten Orgel hier alles mangelhaft ist, und H. Silbermann sich dieser arbeit nicht unterziehen will, so ist die Absicht meines gnädigsten Herrn in diesem Stuk ganz vereitelt worden...«

40 Archiv des Benediktinerstiftes St. Paul im Lavanttal. Abt. 24/2–B, Handschrift Nr. 87/6 »Diarium über zerschiedene Begebenheiten in den Jahren 1770–1773 von P. Franciscus Kreuter, Sacellanus Aulicus«, fol. 157 a. Freundliche Mitteilung H. Brommer vom 7. 6. 1980. Sollte sich diese Notiz auf die erste Benützung der Bernauer-Orgel beziehen? Selbstverständlich kann nicht die in Straßburg in Arbeit befindliche Silbermann-Orgel in Betracht kommen.

41 Über die Orgelbauersippe Bernauer vgl. Sulzmann »Bernauer«.

42 J. A. Silbermann berichtet in seinen Aufzeichnungen darüber; vgl. Walter »Orgelbau« S. 271 und Sulzmann »Bernauer« S. 127.

43 GLA 229/Conv. 6211/Fasz. 1: Bericht vom 22. 5. 1807.

44 Eine ähnliche Truhenorgel Bernauers befindet sich in der Christkatholischen Kirche St. Martin zu Rheinfelden/CH. Vgl. Sulzmann »Bernauer« S. 187 ff.

45 Ferdinand Stieffell (1737–1818); vgl. Hohn »Rastatt« S. 4 ff. und Sulzmann »Stiffell«.

46 Franz Stieffell (1781–1835). Ev. PfA Bretten, Akte XXXII, 3 a: Durch Nervenschlag verzittertes Schreiben des Hofkapellmeisters Aloys Schmittbaur (1718–1809), Karlsruhe, vom 4. 5. 1806: »Sie sind glücklich von diesem Manne (= Ferdinand Stieffell) noch eine Orgel zu erhalten (. . .), und sein sohn (= Franz), der in wenigen Wochen ausgelernt hat, wird wie sein Vater, fleisig – Ehrlich – rechtschaffen.« Spätestens ab 1804 arbeitet Franz im Kontor mit, 1810 übernimmt er – unter dem Namen des Vaters – die Verantwortung für das Geschäft. Stieffells Söhne Franz, Christian (1787–1861) und Ulrich (1790–1860) führen in den Jahren 1810–1842 ein Werkstattbuch, Beilagen reichen bis in die letzten Jahre der Firmenexistenz.

47 Katholische Pfarrei Bretten; PfA IX a 1; Nr. 1. Die Abbrucharbeiten in St. Blasien begannen am 2. 8. 1808; vgl. Schwarz »Stadtkirche« S. 4.

48 Gemeindearchiv Rastatt (GA), Mappe K 1564: Während des Ablegens in St. Blasien wurde die Orgel auch aufgezeichnet. Die Zeichnung findet sich in der »Stieffellmappe« zu Rastatt, fol. 45 ro (42,2 x 58,4 cm). Erstmals veröffentlicht bei Walter »Orgelbau« S. 261.

49 Rastatt, PfA St. Alexander: Nach dem Werkstattbuch der Stieffell wurden 1808–1816 folgende Arbeiten ausgeführt:

a) Neubauten

Jahr	Ort	Registeranzahl	Preis fl.
1808	Bretten, kath	12	1300
1809	Pforzheim, Schloßkirche	16	1800
1810	Rastatt, Pfarrkirche	Rep. + 13 neue Reg.	1600
1810	Weisenbach	16	1800
1811	Neusatz	12	700
1812	Kuppenheim	18	2300
1813	Karlsruhe, kath.	»rep. und aufgesetzt«	2600
1814	Hügelsheim	11	1100
1816	Bulach	13	1400
1816	Oberkirch	32	4400

b) Reparaturen (nach übrigen Archivbelegen – in Auswahl –)

1807/08	Rastatt, Schloßkirche	Versetzung in die Ev. Kirche
1807/08	Karlsruhe, ref. Kirche	Rep.
1808	Sasbach	Rep.
1809	Spessart	Abbau und Lagerung
1811/12	Stollhofen	Rep.
1812	Ottersdorf	Rep.
1812	Bühl	Rep.
1813	Stupferich	Rep.
1813	Rotenfels	Rep.
1814	Elchesheim	Rep.
1815	Bietigheim	Rep.
1815	Bauerbach	Aufstellung aus Karlsruhe, kath.
1815	Bickesheim	Aufstellung aus Durmersheim

Während der Beschäftigung mit der großen Orgel aus St. Blasien war der Auftragsbestand gewissermaßen enorm.

50 Hirsch »100 Jahre« S. 506 ff. Über die Orgelaufstellung berichtet Hirsch aus heute teilweise nicht mehr auffindbaren Dokumenten.

51 GLA 391/1234 »Die bei den aufgehobenen Klöstern entbehrlich befundenen Uhren, Glocken und Orgeln, 1807–1824«. Im Februar 1808 waren in St. Blasien folgende Glocken vorhanden (jeweils Zentnergewicht): 12 auf den Türmen: 120, 40, 20, 8, 4, 3 1/2, 1 1/2, 12, 8, 5, 3, 1 1/2 (alle disponibel), weiterhin:

auf der Uhr	2 Glocken	130 Pfund	sollen zurückbleiben.
Gottesacker	2 Glocken	220 Pfund	
Portal	2 Glocken	1 1/2 Zentner	
Gesindhaus	1 Glocke	50 Pfund	
Konvent	1 Glocke	20 Pfund	

5 Uhren sind erwähnt.

52 Georg Joseph Vogler (1749–1814); vgl. Sulzmann »Vogler«, S. 54 ff.

53 Hirsch a. a. O. S. 507.

54 EAF Nr. 12237 II (Jahr 1812). Auch folgende Dokumente in diesem Faszikel.

55 Schreiben J. Oehls vom 28. 1. 1812.

56 Tremulanten und geteilte Zungen des Hauptwerks mitgezählt (vgl. Stieffells Disposition 1857 und Forrells Angebot vom 13. 3. 1858).

57 Staatsarchiv Freiburg (StA), Akten der Hofdomänenkammer, vorl. Nr. 498; Lichtental. Gutachten Schmittbaur vom 24. 2. 1817: ». . . Stiefel verdient Achtung und Rücksicht in seinem Geschäfte, denn er ist der erste Matator, im Orgelbauwesen der Ehrlichste und Redlichste, der Geschickteste und Unverdroßenste in seiner Arbeit, er hat immer einen

Vorrath von 20jährigem Holz, sein Zinn zu seinen Orgeln bezieht er aus Sachsen und Frankfurt, sein Leder aus Frankreich und Strasburg, seinen Leim aus Köln am Rhein, überhaupt, ächte Materialien Lieferungen sind Stiefels einzige Sorge, in Verbindung seiner übrigen Kenntnißen, accurateße im Orgelbau. Ich kenne Stiefel und seine Werke seit 1766. . .« Nach dem Werkstattbuch wurden spätestens ab 1820 die Schaffelle bei Daniel Lantz in Barr i. E. erworben; das nötige Holz kam aus dem Murgtal.

58 Im damaligen Planungsstadium ging man (noch) davon aus, die Orgel auf der Empore über dem Haupteingang aufzustellen, wo sie sich dann tatsächlich ab 1882 befand.

59 Stieffell denkt vielleicht an die vorgesehene Aufstellung der Silbermann-Orgel aus Villingen – St. Georgen in der Evang. Stadtkirche Karlsruhe (vgl. Anm. 5).

60 1813 stellte sich dann heraus, daß mangels Höhe im Chorraum der stumme Oberwerksprospekt samt dem König David eliminiert werden mußte.

61 Eine Überlegung, die Fürstabt Gerbert schon 1771 angestellt hatte (vgl. Anm. 12).

62 Das Pedal war hinterständig; Dühmig dürfte somit den blinden Oberwerksprospekt gemeint haben.

63 Anton Overmann I. (1754–1819); vgl. Sulzmann »Baden« S. 287.

64 Nikolaus Schuble (1770–1816); vgl. Sulzmann »Bernauer« S. 134 ff. EAF Nr. 12237 a (Jahr 1813). Sondervotum Nikolaus Schuble vom 15. 3. 1813: Die Empore sei der einzige taugliche Platz für die Orgel, im Chor wird sie durch das Läuten der Glocken immer verstimmt sein. Das Rückpositiv müßte aus Platzgründen ins Untergehäuse versetzt werden. (Letzteres Problem schien eher von den Sängerinnen herzurühren!)

65 Dieses Problem war schon 1772 in St. Blasien zu diskutieren – allerdings aus finanziellen Gründen.

66 EAF Nr. 12237 a. Anwesend waren bei dieser Besprechung: Innenminister Freiherr von Andlau, 2 Direktoren, meh rere Räte (darunter Dühmig), Oberbaudirektor Friedrich Weinbrenner und Stadtpfarrer Biechele.

67 in der Endausführung zwar mit Rückpositiv, jedoch ohne den blinden Oberwerksprospekt.

68 J. A. Silbermann hat im Vertrag vom 25. 5. 1772 zutreffend deren 2768 genannt. Sollte sich Stieffell verzählt haben?

69 EAF Nr. 12237 a

70 EAF Nr. 12262: Bereits am 3. 9. 1813 hatte sich Abbé Schmittbaur – er hoffte auf die Verleihung der Pfarrei Bulach und wurde im Mai 1814 Pfarrer in Daxlanden – beim Ministerium des Innern – Kath. Departement um die zukünftige Organistenstelle beworben, wobei er sich mit einem Jahresgehalt von 100 fl. begnügen und jährlich die Orgel um 50 fl. stimmen wollte. Am 14. 1. 1814 zog man ihm den früher in Bruchsal tätig gewesenen Hoforganisten Bils vor, der seit dem 21. 3. 1814 der katholischen Schuljugend täglich (!) eine Stunde Gesangsunterricht erteilte und ein Jahresgehalt von 150 fl. bezog. Prompt jammert Schmittbaur als Exbenediktiner am 15. 1. 1814 (EAF Nr. 12238) über seine geringe Jahrespension von 150 fl.; er bittet – wohl aus Verärgerung – um eine Vergütung für seine besondere Aufsicht beim Orgelbau. Das Ministerium des Innern läßt ihm am 22. 1. 1814 »semel pro semper« 33 fl. anweisen. Nach Bils' Tod bewirbt sich Schmittbaur am 24. 12. 1821 abermals um diese Stelle (EAF Nr. 12262) unter Hinweis auf seinen Lehrer Abbé Vogler und auf sein eigenes Orgelspiel, »so vor Fürsten schon geschehen, (. . .) meine seit anno 1803 bewiesene Orgelbaukenntnisse sind bekannt«. Auch diese Bewerbung war vergebens; die Stelle erhielt Oberlehrer Franz Wörner, der bis 1841 amtierte. Nachfolger waren: Oberlehrer P. Jäckel (1842–1873), Musikdirektor Eugen Gageur (1874 bis zu seinem Tode am 23. 11. 1898), Studienrat Franz Steinhart (1899 mit heftigen Kämpfen – 1938), Anton Böllinger (1939–1944).

71 EAF Nr. 12237 a: Gutachten vom 18. 10. 1813.

72 J. A. Silbermann hat keine Streicherstimmen gebaut; seiner Ansicht nach mangelte es diesem »Gezische, von dem man viel Wesens macht« an Egalität. Alle von Schmittbaur hier genannten Silbermann – Orgeln besaßen weder Gamba noch Salicional. Offensichtlich will der Abbé hier seine Orgelkenntnis ausspielen – immerhin ist seine Bewerbung ja noch nicht abschlägig beschieden (vgl. Anm. 70).

73 Auch diese Angabe ist objektiv falsch. Das 16' – Grand jeu des Hauptwerks enthält als Aliquoten selbstverständlich nur Groß Nazard 5 1/3' (im Baß gedeckt) und Große Tierce 3 1/5'.

74 Vgl. dagegen Sulzmann »Vogler« S. 61 und 64. EAF Nr. 15528 a; Malsch b. Wiesloch. Am 10. 9. 1809 berichtet Abbé Schmittbaur: ». . . nach dem neuen Akustischen Plan des Capellmeister Voglers und seinen Mathematischen berechnungen in dem Pedal eine Terz (6 2/5') und quint Baß (10 2/3') angebracht, so ich noch von keinem Orgelbauer angetroffen. Es scheint, daß H. Ubhauser sich (. . .) mit dem neuen aufgestellten Simplifications Sistem eines Voglers (. . .) schon bekannt gemacht hat.« EAF Nr. 18877; Niederbühl. In seinem ersten eigenen Gutachten vom 15. 1. 1807 (Aloys Schmittbaur ist kränklich) berichtet Louis Schmittbaur auch über seine Beziehungen zu Vogler: »Ich habe von Jugend auf als ein Knab von 14 Jahr mit meinem Vater den orgelprüfungen beygewohnt als derselbe noch in Rastatt angestellt war. . . Der öftere umgang mit dem Capellmeister Vogler und geführte sprache über orgelBau – einrichtungen – theilungen pp. ist mir in diesem geschäft sehr willkommen gewesen, und ich bin auch so glücklich alle seine herausgegebene Musicalische wercke über diesen gegenstand zu besizen«. (In seinem Testament vom 6. 5. 1826 hat Schmittbaur seine Orgelakten den Gebrüdern Stieffell »zum Andenken« vermacht; diese erhielten die »Scripturen« am 11. 2. 1830.)

EAF Nr. 22903; Renchen. Schmittbaur schreibt am 12. 8. 1822: »Ja in französischen Orgeln findet man doppelte Quinten, Terzen und Mixturen. Aber eben deswegen schreien auch die französischen Orgeln so entsetzlich. Plain chain (sic) will der Franzos. In den deutschen Orgeln aber ist Stärke mit Lieblichkeit verbunden. . . In Orgeln von 50 Registern können Verdoppelungen derselben statthaben, so wie zum Beispiel in der ehemaligen St. Blasianischen Orgel 52. Register, 3 Klavier und 1747 (!) Pfeifen stehen. . .«

Am 21. 8. 1829 schreibt er wegen der Orgel in der Evang. Stadtkirche Karlsruhe (GLA 391/18738): »Silbermann hat mehr schreiende als angenehmtönende Register angebracht«. Nach Franz Stieffells Ideal jener Zeit (z. B. die Orgel der Kleinen Kirche in Karlsruhe) sollen im Positiv Terz 1 3/5' durch Salicional 8' und Nazard 3' durch Piffara 8' ab f° ersetzt werden. Hofrat Blum als profunder Kenner Schmittbaurs und der Orgeln kontert am 9. 9. 1829: »Weder nothwendig

noch dringend ist die Einsetzung neuer Register. . . Die silbermannschen so wie alle bedeutenden französischen Orgeln sind genau nach dem System erbaut und disponirt, welches sich aus der Natur des Klanges gebildet hat. In dieses System gehören wesentlich die Quinten und Terzen, welche jedoch überall angefeindet werden, wo man deren Gebrauch nach dem Zweck jenes Systems nicht kennt«.
Sicher ist, daß Schmittbaur 1813 wider besseres Wissen seine »Lieblingsregister« unter Berufung auf Voglers Autorität durchsetzen wollte. Haben solche Praktiken 1814 dann dazu geführt, seine Bewerbung um die Organistenstelle nicht zu berücksichtigen?

75 Die Orgel befindet sich seit 1871 in Langensteinbach.

76 EAF Nr. 12237 a. Brief Weinbrenners: »Frau Schaafin übernimmt die Vergoldung für 55 fl.«

77 EAF Nr. 12238 (Jahr 1814). Prüfungsbericht vom 6. 1. 1814; Schmittbaur reflektiert noch auf die Organistenstelle.

78 Gemeint ist Franz Stieffell, der 1819/24 in Ettlingen und 1824/31 in Rastatt – St. Alexander Oberwerke realisiert, deren Einrichtung er an der Karlsruher Orgel studiert hatte.

79 Christian und Ulrich Stieffel.

80 Christian Stieffell wurde am 24. 8. 1813 Wehrbefreiung gegen 600 fl. erteilt. Vgl. Sulzmann »Stieffell« S. 145.

81 EAF Nr. 12209 a. Landesweit wurde in den katholischen Kirchen für den Bau der Karlsruher Stephanskirche kollektiert. Pfarrer Klett in Hundheim verweigert am 24. 5. 1814 die Zahlung mit der Begründung, daß die Orgel (Conrad Zahn 1794/95) mit 16 Registern repariert werden müsse.

82 EAF Nr. 12238. Schreiben an Direktor Mallebrein.

83 Das Aversum für die Stimmungen betrug 35 fl.
EAF Nr. 12238 a. Am. 9. 2. 1815 wird die Orgel der alten katholischen Kirche zu Karlsruhe (F. Stieffell, 1776) um 1600 fl. nach Bauerbach versteigert, woselbst sie Franz Stieffell aufsetzt und mit überzähligen Plastiken Hörrs aus St. Blasien ausstaffiert (vgl. Anm. 31). Zum Schätzpreis von 1200 fl. bewarben sich um diese Orgel auch die Gemeinden Grötzingen, Oberhausen, Weingarten, Eggenstein und der Geistl. Rat Brunner aus Philippsburg. Der Accord zur Aufstellung in Bauerbach wurde am 14. 6. 1815 genehmigt.

84 StA Freiburg: Akten der Domänenverwaltung Waldkirch, »Waldkirch – Kirchenbau 1815–1834«; Bericht vom 3. 8. 1825. Schmittbaur war als Bewerber um das Organistenamt 1814 und 1821 erfolglos gewesen...

85 Schmittbaur meint in Wirklichkeit Josef Martins Hauptorgel für Zwiefalten (ca. 1772 ff.), die am 7. 11. 1807 von König Friedrich von Württemberg der Stiftskirche Stuttgart geschenkt wurde (IV/64 – 6471 Pfeifen); vgl. Meyer »Riepp« S. 230–243.

86 Vgl. Sulzmann »Baden« S. 42.

87 EAF Nr. 12207. Schreiben der Kunstmalerin Maria Ellenrieder (1791–1863) vom 19. 10. 1827: »Der junge Hr. Bergmüller« soll den neuen Altar planen, Ellenrieder wird das Altarblatt malen. Das Gemälde wird im Dezember 1830 fertig, die Orgel kann bleiben. Für die Vermittlung der zeitgenössischen Aufnahme danke ich meinem Kollegen, Herrn Dr. Hans Huth, aufrichtig.

88 EAF Nr. 12240 (ab 1826). Berichte vom 25. 2. 1826 und 6. 4. 1827. Dühmig war mittlerweile federführendes Mitglied des Kirchenvorstandes. Stieffells Angebot findet sich nicht bei den Akten. Spätere Rücksichten? . . .

89 Auch diese Offerte fehlt in den Archivalien. Es ist jedoch auch vom »Ausbeßern und aufschlagen des großen Kastens« die Rede. Im Werkstattbuch halten die Stieffell fest: »1834 Karlsruhe im Juni. Die große Orgel in der Kathol. Kirche reparirt u. gestimt 49 Reg. 490 fl. wozu aber das Solicional neu hinein kam«. Auf ihrer Zeichnung vermerken die Gebrüder: »Anno 1835 ausgebutzt und das Rück Positiv wieder hingemacht und gestimmt«.

90 Damit ist Dühmig gemeint.

91 Offensichtlich wollte der Kirchenvorstand diesen Schildbürgerstreich nicht noch mit einem Skandal krönen.

92 Karlsruhe, St. Stephan; PfA IX c. Für die Kommunikation der aufschlußreichen Orgelakte danke ich Monsignore Dr. Albert Füssinger, Karlsruhe, auch im Namen der interessierten Orgelwelt aufrichtig.

93 PfA IX c. Nach GLA 371/1911/118/577 wurde die Orgel in Weisenbach im September 1857 durch die Stieffell zu 36 fl. repariert. Schon am 3. 1. 1852 hatten sie – „mit unsern bereits übernommenen Arbeiten so in Rückstand gekommen" – auf die umfangreiche Reparatur in Heidelberg–Jesuitenkirche verzichtet.

94 Christian erwähnt die eventuellen Neuregister rechts der ursprünglichen Disposition. Das 1834 eingestellte Salicional 8' – dem offenbar Nazard 3' weichen mußte (Forrell fand 1858 als einziger Bieter noch die »Terze 2 1/3' « vor!) – ist berücksichtigt.

95 PfA IX c. Schreiben des Hofrates Schunggart vom 14. 4. 1857.

96 GLA 422/1542. Heinrich Hübsch (1795–1863) hat mehrfach den Verkauf der Silbermann – Orgel empfohlen.

97 Nach Hübsch hatte sich ein Orgelbauer in Speyer (Schlimbach) erboten, einen Neubau um ca. 5500 fl. zu liefern.

98 PfA IX c. Angebot mit ansprechend gestaltetem Briefkopf (neogotisches Orgelgehäuse ähnlich Höfen/Wttbg.).

99 Zur Frage der Erfindung der Stimmschlitze vgl. »La Flûte Harmonique« No. 22/1982 – Paul Peeters »L'Entaille; Aperçu historique«, bes. S. 5.

100 Vgl. Die Kalkulation Christian Stieffells.

101 Diese Position ist gestrichen

102 Vgl. Fischer »Walcker« S. 32.

103 Walcker denkt an seine Kegelladenkonstruktion im Gegensatz zu den vorhandenen Schleifladen.

104 PfA IX c. Gutachten des Orgelinspektors Leopold Lumpp (1801–1870) vom 1. 8. 1857 an seinen »alten Freund« (Hofrat Schunggart): Ausbesserung und neues Gebläse reichen nicht, neue Zusätze sind ein Bedürfnis. Walckers Plan sollte in vollem Umfang realisiert werden. Da die Geldmittel nicht reichen, möge Walcker den Preis für die Restaurierung des Pfeifenwerkes ermäßigen. Für den Notfall wird eine Registerreduktion auf III/42 (incl. Tertian 3 1/5' + 2 2/3' im Hauptwerk) empfohlen, die Quinte 5 1/3' wird beibehalten. Der Umbau könnte mit 5428 fl. bestritten werden; der neue »Klaviertisch« ist nicht unbedingt notwendig, die Versetzung des Rückpositives ins Orgelinnere dagegen zweckmäßig. Eine Versetzung der Orgel oder gar ein Neubau werden als unzweckmäßig abgelehnt.

105 Als C. Gaa mit der Umbaufrage befaßt war, bewirbt sich am 9. 3. 1858 auch die Firma Louis Voit & Sohn, Durlach. Heinrich Voit wurde mit Generalvollmacht vom 24. 11. 1858 Geschäftsgenosse seines Vaters Louis Voit (1802–1883).

106 Gaa hat Silbermanns Instrument wohl nicht richtig eingeschätzt. Sein Satz: »Die alten Meister haben die größte Aufmerksamkeit auf einen glänzenden effektvollen Prospekt gelegt, ohne die gehörige, nothwendige Rücksicht auf den innern Theil der Orgeln zu verwenden« entbehrt nach Silbermanns Schreiben vom 20. 1. 1772 (»weilen eben der Prospect sich nach der inneren Einrichtung des Wercks richten mus«) jeglicher fundierter Grundlage. Wie viele Orgeln sind durch solch leichtfertige Aussagen bis in unsere Zeit hinein demoliert worden!

107 PfA IX c. J. Forrell (1821–1893) bietet in seinem umfangreichen Angebot (26 Seiten) u. a. einige konstruktive Details der von ihm besichtigten Orgel. Hauptwerk: Montre 16' beginnt erst bei Fis, Cimbale 3 f. 1' repetiert viermal; Oberwerk: Sifflet (wie bei Walcker) 2', Mixtur 1' repetiert viermal; Rückpositiv: Mixtur 1' repetiert viermal; Pedal: Montre 16' im Prospekt (!). „Disposition... sehr mangelhaft... außerordentlich viele kleinfüßige Stimmen... Orgelwerk hat jedoch viele gute Stimmen". Es sind 44 Register auf Kegelladen mit 5 neuen Kastenbälgen vorgesehen.

108 PfA IX c. Schreiben vom 19. 4. 1858. Neben Walcker und Forrell hat Voit den Umbau zu 4511 fl. angeboten. Wegen der gewünschten Versetzung müßte das Untergehäuse um 7'–8' erniedrigt werden; die Gesamtkosten der Veränderungen würden ca. 7000 fl. betragen. Bei den Akten findet sich eine Orgelzeichnung der Bauinspektion.

109 Schreiben Louis Voits vom 9. (?) 6. 1858: Er fände sich durch Walckers Beauftragung in seiner »Geschäftsehre aufs empfindlichste bedroht... 1832 auf die Fertigung einschlagender, freischwebender Zungenwerke die silberne Preis Medaille für Kunst und Gewerbfleiß zuerkannt... Zur Wahrung meiner Ehre wäre ich zu den größten Opfern bereit..., ich würde mich sogar erbieten, sämmtliche Vorarbeiten..., ehe nur eine Pfeife aus der dermaligen Orgel verrückt würde, zu fertigen...« Im Mai 1860 spricht sich ein Teil der Stiftungskommission für Walcker, der andere (darunter Pfarrer Gaß) in einem Sondervotum für Voit aus. Als die Arbeiten bereits an Walcker vergeben waren, schreibt Heinrich Voit am 21. 4. 1860 an die Kreisregierung (EAF Nr. 12240): »... fühlen wir uns aber als Inländer... in unserer Geschäftsehre gekränkt... bitten wir um nicht Genehmigung des Vertrages (mit Walcker)«. Nach der 1859 erfolgten Geschäftsvergrößerung ist auch der »Eintritt des Sohnes Heinrich Voit (vgl. Anm. 105) in das Geschäft (zu berücksichtigen), der nicht nur bei den größten Meistern des Auslandes seine Schule genoß und während 5 Jahren seine praktischen Studien bei denselben durchschritt, sondern auch bei der bekannten großen Münsterorgel in Basel (Friedrich Haas, 1856/58), welche an technischer und künstlerischer Vollendung nicht übertroffen werden kann, längere Zeit nach allen Richtungen beschäftigt war. Dessen ungeachtet haben wir auch keine Mittel gescheut noch weitere Erfahrungen und technische Geschäftsbereicherungen zu sammeln, wozu ein in jüngster Zeit stattgehabter Besuch des berühmtesten Meisters A. Cavaillé–Coll in Paris und die genaue Prüfung und Einsicht der größten Orgelwerke namentlich der kürzlich vollendeten in Sainte Clotilde mit 70 Registern (1859 mit III/46!) und jene der Vollendung nahen in St. Sulpice mit 104 Registern (1857 mit V/100) wesentlich beitrug«. Die Sicherheit zur »Übernahme jeder größeren Arbeit« ist gewährleistet, man würde in Durlach »selbst ohne Vorschuß die ganze Arbeit fertigen«. Das Ministerium des Innern lehnt am 20. 7. 1860 Voits Gesuch endgültig ab: am 6. 1. 1861 erbittet Heinrich das Angebot zurück.

110 PfA IX c. Offensichtlich bewirkte Forrells Angebot eine Herabzonung der Preise Walckers, zudem hatten die Gebr. Stieffell Walckers Offerte geprüft. Die Lieferung eines freistehenden Spieltisches unterblieb, die Verlegung des Rückpositives in den Hauptkasten kostete 50 fl., das Pedal wurde auf d' erweitert. Das Instrument war auf den Orchesterton (a' = 435 Hz) einzustimmen.

111 PfA IX c. Nach einem Schreiben des Stiftungs-Vorstandes vom 1. 5. 1860 spielten für die Auftragsvergabe Walckers große Neubauten in Ulm, Reval, Petersburg, Helsingfors, Agram, Boston, Frankfurt, Wiesbaden und Dirmstein eine wesentliche Rolle. Heinrich Voit (geb. 1836) erschien den Auftraggebern noch zu jung.

112 EAF Nr. 12240. Bericht des Stadtamtes Karlsruhe vom 16. 10. 1861.

113 PfA IX c. Der in dieser Angelegenheit sehr engagierte Hofrat Schunggart hatte sogar ein gedrucktes Weihegedicht verfaßt; im »Karlsruher Anzeiger« vom 23. 9. 1862 wurde unter »Manchfaltiges« mehr auf die Prüfung als auf die Orgel eingegangen.

114 In der Regel wurden damals die benachbarten und interessierten Lehrerorganisten eingeladen. Der Zeitungsberichterstatter vermißte »den Wechsel mit sanftem und lautem Spiel«, bewunderte aber die »Gewandtheit des Spiels bei voller Orgel«. 1982 sind Orgelprüfungen nur einem kleinen Kreis vorbehalten – und oft wird mehr »palavert« als gespielt...

115 PfA IX c.

116 Dieses Register fehlte schon im 1. Anschlag vom 6. 7. 1857. Die Experten hätten dies doch merken müssen...

117 Einen solchen Balg findet man erstmals in Baden bei Josef Merklin I. Orgel für Oberrotweil a. K. (1838/40). Vgl. Sulzmann »Baden« S. 226.

118 Bei 3 Grad Winddrucksenkung (ca. 10 mm WS) müssen die Manuale weich geklungen haben; aus J. A. Silbermanns Barock wurde eine echte – vielleicht nicht unvorteilhafte – Orgelromantik. Erfahrung lehrt, daß gute Silbermannpfeifen manches aushalten.

119 Diese Summe erschien auch in der zweiten Offerte vom 14. 3. 1860, wurde jedoch schon damals »nach besonderer Uebereinkunft« auf 5300 fl. ermäßigt (vgl. Anm. 110).

120 Sie ist in den Akten überhaupt nicht erwähnt.

121 Dieses Kommunikationsproblem hat nichts von seiner Aktualität verloren.

122 Das Schreiben E. F. Walckers findet sich in PfA IX c.; es war nicht grundlos an einen einflußreichen Dilettanten gerichtet. Walcker erwähnt, daß die Pfeifenreparatur das Dreifache der angenommenen Zeit benötige und 2–3 Arbeiter damit beschäftigt seien. In den »Schnarrwerken mußten ganze Oktaven neu werden... sind ein paar Hauptsachen gar nicht im Ueberschlag aufgenommen«. Der sparsame Walcker spricht mit keinem Wort von anfallenden Mehrkosten, sondern davon, daß Organist Jäckel dafür sorgen solle, »uns womöglich in der Nähe der Kirche eine Schlafwohnung für 5 Personen ausfindig zu machen, damit wir rücksichtlich eines Kosttisches unbeschränkt wären«. Es bestehen doch Unterschiede zwischen Silbermanns und Stieffells Handwerk und Walckers Industrie, zumindest auf dem Sektor der Nachkalkulation.

123 Walcker »Festschrift« S. 191: Opus 127; 1855; III/52.
124 Walcker »Festschrift« S. 192: Opus 150; 1857; III/52.
125 PfA IX c.
126 EAF Nr. 12241. Schreiben vom 22. 4. 1863.
127 PfA IX c. Nach EAF Nr. 12241 wird der Vertrag am 3. 5. 1864 genehmigt. 1874 und 1875 erfolgten keine Stimmungen mehr.
128 PfA IX c. Interessantes Detail des damaligen Briefkopfes der Firma Voit: »Lieferung für Orgelbauer, durch Maschinen bearbeitete Zinnplatten«.
129 wie in der Evang. Stadtkirche und in der Schloßkirche zu Karlsruhe. Ab 1. 1. 1876 verlangt Voit 120.– Mk.
130 EAF Nr. 12241. Schreiben an den Kath. Oberstiftungsrat vom 12. 11. 1877.
131 PfA IX c. Diese großzügige Geste überrascht insofern, als Voit am 28. 10. 1880 nach Balg (PfA IX) berichtet hatte: »Wir haben zur Zeit für unser großes Personal nicht genügende Bestellung mehr«. Im Falle Karlsruhe war es aber Voit wohl nicht daran gelegen, sich die (wieder einmal diskutierte) Orgelversetzung aufzubürden.
132 Noch spricht niemand expressis verbis von den sog. »liturgischen Belangen«, wenn es um die weitere Demolierung einer Orgel geht.
133 EAF Nr. 12241. Bericht vom 24. 11. 1881 an den Oberstiftungsrat: Voit kann um diesen Preis nichts fertigen; Walcker bietet die Versetzung und den »Orgeltisch« zu 5465.– Mk. an. Daraufhin gibt Voit seinen Preis zu 5500.– Mk. an. Da Walcker schon 1862 die Orgel hergestellt hat, wird er abermals berücksichtigt. Der Kostenanschlag ist nicht auffindbar.
134 PfA IX c. Gutachten E. Gageur vom 12. 2. 1882.
135 Bei der Orgelprüfung 1862 schätzten die Spieler eher die »volle Orgel« statt das »sanfte Spiel«. Vgl. Anm. 114.
136 EAF Nr. 12242. Schreiben an den Oberstiftungsrat vom 27. 2. 1882.
137 EAF Nr. 12241. Beneficiat Gustav Schweitzer (1847–1916) weist auf mit Barkerhebeln ausgestattete neuere Orgeln in Heidelberg (42 Reg.), Freiburg – St. Martin (36 Reg.) und Düsseldorf (45 Reg.) hin.
138 PfA IX c. Bestätigung vom 29. 7. 1882.
139 Während der Umbauarbeiten bediente man sich eines Pedalharmoniums der Firma Ludwig Schweisgut, Herrenstraße 31. Als neuwertiges Instrument war es vor Gebrauch mit 1400.– Mk. anzuschlagen, nach Rückgabe betrug sein Wert nur noch 600.– Mk.
140 PfA IX c. Wahrscheinlich war 1882 auch eine Oboe 8' und eine Vox coelestis 8' (statt Sesquialter) geliefert worden. Vgl. Rupp »Entwicklungsgeschichte« S. 57.
141 EAF Nr. 12242. Schreiben vom 24. 10. 1882. Am 31. 10. 1882 wurden Walcker 535.– Mk. zugestanden.
142 Der Schaxel – Orgel (1823/24) in Wasenweiler – obgleich eindeutig als Retabelersatz geplant – wird es im 20. Jahrhundert nach der Restaurierung kaum besser ergehen.
143 PfA IX c.
144 Das alte Gebläse lieferte schwach 70 mm WS Wind; jetzt sind 95 mm WS erforderlich. Gleichzeitig ist bei Firma Voit die Orgel für die Stadthalle Heidelberg in Arbeit. (Vgl. Sulzmann »Heidelberg«.) Am 1. 2. 1904 berichtet Voit über Gebläse mit Elektromotor in Saarbrücken, Koblenz – Festhalle, Mannheim – Rosengarten, Heidelberg – Stadthalle, Karlsruhe – Evang. Stadtkirche und weist ausdrücklich darauf hin, daß Reparaturen in Heidelberg – Bonifatius und Karlsruhe – Christuskirche nicht maßgebend für die Funktionstüchtigkeit seien.
145 In einem neuen Angebot verbleiben für 2 neue Windreservoirs, für Herrichtung der Mechanik und Reinigung der Orgel 1645.– Mk.
146 EAF Nr. 5732. Die Schwierigkeiten anläßlich der Stellenbesetzung sind in einer 1900 unter dem Pseudonym O. Misadikos erschienenen Schmähschrift »Stiftungsrath und Kirchenchor zu St. Stefan in Karlsruhe« erschöpfend aufgezeigt.
147 Vertrag vom 7. 9. 1906. Das Elektrogebläse liefert 1907 Firma Grund & Oehmichen, Karlsruhe, zu 3017.– Mk.; 1908 erfolgte die Reinigung durch Voit zu 1145.– Mk.
148 PfA IX c. Der Meldebogen vom 3. 2. 1917 berücksichtigt 65 Prospektpfeifen mit einem geschätzten Zinngewicht von 1062,5 kg. Steinhart schrieb auf den Bogen: »Für diese Orgel (Silbermann) wird um Befreiung nachgesucht«.
149 Albert Schweitzer (1875–1965). Die Pfeifen wurden von der Ablieferung befreit.
150 Damals war die Orgel im Radio erklungen.
151 Vgl. Flade S. 79. Violonbaß war 16', Flöte I. Manual war 8', Trompete 8' und Clairon 4' gehören zum Hauptwerk. Rahner »Neubau« S. 442 f. nennt 1937 noch 32 Silbermann – Register, darunter auch Nazard 5 1/3'.
152 Akten des Landesdenkmalamtes Baden-Württemberg, Außenstelle Karlsruhe, III/260. Undatiertes Schreiben Prof. Lacroix an Prof. Dr. J. Sauer, Freiburg. Am 28. 7. 1944 vertritt Lacroix die Ansicht, daß ein späterer Zusammenbau der Orgel leicht möglich sein wird, wenn sie vor weiteren Schäden bewahrt wird. Windladen, defektes Gehäuse und Gebläse wurden nicht ausgebaut.
153 PfA IX c. Anweisung vom 6. 3. 1950. Damit wurde die 1948 von Walcker gelieferte Mulitplexorgel abbezahlt.
154 GLA 373/230. Schreiben des Bezirksamtes und Pfarramtes St. Blasien vom 30. 3. 1816. Die Villinger Orgel wurde zwischen 1750–1760 von Johann Michael Biehler, Konstanz, erbaut; vgl. Walter »Arlesheim« S. 9. Über ihre Geschichte cf. Sulzmann »Villingen« S. 5f.
155 Dieses Instrument wurde 1822 tatsächlich für St. Blasien angekauft.
156 StA Freiburg. Akten der Hofdomänenkammer; vorl. Nr. 881.
157 Wössingen erhielt 1822 eine neue Orgel; in Singen stand ein kleines Werk, das Georg Marcus Stein 1785 um 300 fl. erbaut hatte (GLA 229/97796).
158 Vgl. Sulzmann »Bruchsal« S. 426. Die Orgel wurde ab 1758 von Gottfried Knauth, Heidelberg, gepflegt. Eine unda-

tierte Beschreibung (1820) enthält folgende Disposition:

Manual (45 Noten)		Pedal (18 Noten)	
Principal	8'	Subbaß	16'
Violdegamb	8'	Octavbaß	8'
Praestant	4'	Posaunbaß	8'
Gedackt	8'		
Spitzflöte	4'	6 Bälge 5' 7" x 2' 3 1/2"	
Quinte	3'	mit 4 Falten	
Octav	2'		
Cornet oder Zimbel			
Mixtur 6–4f.	1'		
Flageolet	2'		

Abbé Schmittbaur lehnt dieses Instrument, das zu keiner Reparatur tauglich sei, am 7. 7. 1820 als »Froschgeschrei« ab.

159 StA Freiburg a. a. O. Orgelbauer Xaver Bernauer arbeitete in Sissach und in Basel und konnte die Transportkosten von Bruchsal nach St. Blasien nicht bestimmen.

160 GLA 373/230. Bericht des Bezirksamtes St. Blasien vom 23. 11. 1820. Angebote hatten eingereicht die Orgelbauer Blasius Schaxel, Herbolzheim; Ignaz Dummel, Konstanz; Benedict Grießer, Obermarchtal (»jetzt in Constanz«), und Anton Hieber, Überlingen.

161 Vgl. Sulzmann »Baden« S. 192.

162 EAF Nr. 3025. Vgl. die Beschreibung J. B. Alttermanns vom 6. 3. 1816, wo ausdrücklich auf das dünne Metall des Posaunbasses hingewiesen wird. Vorhanden waren ferner 5 Froschmaulbälge 6' x 3' 2", ein verwurmtes Tannegehäuse »sehr schwermüthig in Gesimßer gemacht«. Eine Reparatur würde 598 fl. kosten.

163 StA Freiburg a. a. O. Das Angebot ist nur in einer Kopie erhalten. Im Werkstattbuch der Stieffell findet sich die Notiz: »1821 Orgel nach St. Blasien mit 12 Register (folgt die Disposition) d. 14. Merz 1821«.

164 GLA 229/73960. Die Bruchsaler Stiftsorgel wurde 1822 von der Gemeinde Deutschneureut um 200 fl. ersteigert und 1823 duch die Gebr. Stieffell aufgerichtet. In ihrem Werkstattbuch liest man: »1822 – d 2t 7bis die Orgel in Bruchsal abgebrochen und nach Neureith geliefert 14 Register; 1823 – die orgel fertig aufgesetzt im April, nemlich in Teutsch Neureuth 14 Register 500 fl.«

165 GLA 373/230. Bericht vom 13. 7. 1821. Teile der Tennenbacher Klosterorgel fanden Wiederverwendung in Freiburg – Günterstal (1833/34) und in Freiburg – Ludwigskirche (1835/38); vgl. Sulzmann »Freiburg« S. 110 f. Die Kenzinger Orgel wurde 1828 an die Konviktskirche Freiburg abgegeben und von Blasius Schaxel umgebaut.

166 StA Freiburg a. a. O. Bericht des Lehrers Goebel, Sinsheim. Das 1757 von Johann Ludwig Ehrlich erbaute Instrument hatte demnach folgende Disposition:

Manual (4 Oktaven)			Pedal (2 Oktaven)	
Principal	8'		Subbaß	16'
Mixtur 4 f.	1 1/2		Octavbaß	8'
Quint	3'			
Octav	8'	(!) = 4' (?)	3 Bälge	
Großgedeckt	8'			
Terz	1 3/5'		Wert: 500–600 fl.	
Violdagamba	8'			
Quintatön	8'			
Kleingedeckt	4'			
Flautravers	4'			
Musikprincipal	8'			

Nach GLA 377/952 wird die Orgel am 21. 7. 1822 an den Bürger Bergdoll von Maudach verkauft, der sie für die Gemeinde Edesheim/Pfalz erwarb. Orgelbauer Franz Seuffert, Kirrweiler, besorgte Abbruch und Wiederaufbau.

167 StA Freiburg a. a. O. Erlaß vom 24. 5. 1822.

168 StA Freiburg a. a. O. Antwort des Directoriums vom 9. 7. 1822. Das Vorhaben wurde am 12. 8. 1822 (vier Tage zu spät!) genehmigt.

169 PfA St. Blasien IX a »Orgel«. Herrn Stadtpfarrer H. Heidegger danke ich für Überlassung dieser Akte.

170 Nach freundlicher Mitteilung H. Brommers waren die Freiburger Franziskaner 1821 im ehemaligen Kapuzinerkloster untergebracht, nachdem sie das ehemalige Augustinerkloster verlassen hatten. 1822 wurde ihnen die Rückkehr nach St. Martin gestattet. Handelte es sich bei der »Franziskanerorgel« nun um die Orgel der ehemaligen Augustinerkirche (wahrscheinlich) oder um die der Kapuziner? Das um 1750 (?) erbaute Instrument war mit einem fünfachsigen Corpus mit hohem Mittelturm und eleganten seitlichen Einziehungen versehen; es zählte 16 Register.

171 PfA IX a. Nach dem Tode Ludwig Martins hatte Blasius Schaxel schon seit Mai 1822 Beziehungen nach Freiburg, um die Einbürgerung seines Sohnes Matthäus zu betreiben. Vgl. Sulzmann »Freiburg« S. 94 f.

172 GLA 373/230. Berichte vom 4. 11. 1822 und 4. 12. 1822. Die Domänenverwaltung St. Blasien hatte die Orgel mit 1005 fl. bezahlt.

173 PfA IX a. Der Kostenanschlag wurde am 28. 6. 1833 erstellt – er findet sich nicht bei den Unterlagen.

174 StA Freiburg a. a. O. Schreiben vom 6. 7. und 19. 7. 1833.

175 PfA IX a. Schreiben des Pfarramtes St. Blasien an die Domänenverwaltung St. Blasien. Arbeitsumfang und Preis sind nicht bekannt.

176 StA Freiburg. Akten der Domänendirektion (1853–1867), vorl. Nr. 1405: Bericht der Domänenverwaltung St. Blasien vom 7. 12. 1866.

177 StA Freiburg a. a. O. Bitte des Stiftungsvorstandes St. Blasien vom 11. 3. 1867.

178 StA Freiburg a. a. O. Bericht der Domänenverwaltung St. Blasien vom 11. 7. 1867. Für seine Bemühungen berechnete Albiez nun 8 fl. 9 xr.
179 StA Freiburg a. a. O. Berichte vom 15. 9. und 23. 9. 1867. Die Orgel besitzt 16 Register, 4 sollen hinzukommen.
180 »Freiburger Zeitung« vom 2. 4. 1868. Freundliche Mitteilung von Herrn Archivdirektor Dr. F. Laubenberger, wofür gedankt sei.
181 StA Freiburg. Akten der Domänendirektion (1868–1876), vorl. Nr. 1406.
182 Über die Orgelbauer Merklin vgl. Sulzmann »Freiburg« S. 98 ff. und »Merklin« S. 441.
183 Dieser Neubau (II/20) wurde 1868/69 in Freiburg – St. Georgen zu 4255 fl. aufgestellt; vgl. Sulzmann »Baden« S. 266.
184 StA Freiburg a. a. O. Bericht Schweitzers vom 23. 5. 1868.
185 StA Freiburg a. a. O. Erklärung Albiez' vom 19. 8. 1868.
186 StA Freiburg a. a. O. Schreiben Schaefers vom 9. 2. 1869.
187 StA Freiburg a. a. O. Gutachten J. Schweitzers vom 5. 7. 1869. Bourdon 16' begann ursprünglich bei g°.
188 StA Freiburg a. a. O. Bericht vom 13. 8. 1869 auf Schaefers Schreiben vom 10. 8. 1869.
189 StA Freiburg a. a. O. Schreiben vom 19. 1. 1871. Anschließend (1872) baute Schaefer die Silbermann-Orgel in Ettenheimmünster um.
190 Demnach hatte Albiez die Spieleinrichtung »am Kasten« samt der aufgehängten Mechanik beibehalten wollen. Schaefer bietet den obligatorischen freistehenden Spieltisch jener Zeit an. Letztlich stellt sich – mit Mehrarbeit – der Umbau am 5. 12. 1871 auf 3423 fl.
191 Somit hatten Schaefers Vorschläge vom 10. 8. 1869 höheren Ortes nicht nur Gegenliebe gefunden.
192 StA Freiburg a. a. O. Man darf davon ausgehen, daß die Hauptwerksdisposition in etwa der ursprünglichen Anlage entspricht; im Pedal mag ein zweites Zungenregister durch Violon 16' ersetzt worden sein. Das II. Manual ist eine Erweiterung; offensichtlich wurden jedoch Register des »Manuals« ins neue II. Manual versetzt. Der Manualumfang C–f''' und das Pedal C–c' deuten darauf hin, daß die Orgel mit neuen Windladen – Kegelladen – ausgestattet wurde. Über diesen wesentlichen Punkt spricht sich allerdings kein Gutachten aus.
193 StA Freiburg a. a. O. Bericht vom 8. 2. 1874 über den 24-stündigen Brand.
194 Für die Übermittlung der Disposition und eines Bildes danke ich meinem Freund, Herrn Erzbischöflichen Musikdirektor Kurt Binninger von Herzen. Im Werkverzeichnis der Firma Voit (1860–1887) ist für diese Orgel vermerkt: »Neuerbaute Werke: 1879 St. Blasien kath. K. 24. Reg.« Die Bifara 8' ist mittlerweile durch eine Quinte 2 2/3' ersetzt.
195 PfA IX a. Schreiben der Bezirksbauinspektion Waldshut vom 13. 9. bzw. 8. 10. 1901. Die Rechnung wurde am 5. 10. 1901 gestellt.
196 PfA IX a. Ersuchen der Bezirksbauinspektion Waldshut vom 18. 12. 1905.
197 Vgl. Schwarz »Stadtkirche« S. 6. Schmieders Gehäusefassade zeugt von wenig orgelbaulicher Sachkenntnis – viele Blindpfeifen ohne logische Körperlängen. Die Gebrüder Mezger, Überlingen, fertigten die Fassade in Eiche. Krämer orientierte sich in seiner Disposition an Instrumenten Charles Mutins, z. B. Guebwiller – Notre Dame (1908). Vgl. Rupp »Entwicklungsgeschichte« S. 306. Die elektropneumatischen Hängebälgchenladen und das Pfeifenwerk wurden von Walcker geliefert.
198 Cf. Busch »Schwarz-Orgel« S. 292.
199 Schwarz »Stadtkirche« S. 9 ff.
200 Schwarz a. a. O. S. 19 f. mit Prüfungsbericht.
201 PfA IX a. Schreiben der Firma Welte vom 22. 7. 1946. Die Reinigung wird 8–9 Wochen beanspruchen und etwa 5000.– RM kosten.
202 Die Oktavkoppeln sind seither getilgt.
203 PfA IX a. Rechnungen des Jahres 1958.
204 Die nordbadische Entsprechung größeren Stils ist die 1911 von G. F. Steinmeyer & Co. für Mannheim – Christuskirche (IV/92) erbaute »Reformorgel«, deren Restaurierung im Gange ist.

Literatur

Schwarz-Orgel	*Busch, Hermann,* Die Schwarz-Orgel (1913) der Dom- und Stadtpfarrkirche zu St. Blasien; in: Ars organi 55, 1978, Berlin.
Orgeln	*Dähnert, Ulrich,* Die Orgeln Gottfried Silbermanns in Mitteldeutschland, Leipzig, 1953.
Walcker	*Fischer, Johannes,* Das Orgelbauergeschlecht Walcker, Kassel, 1966.
G. Silbermann	*Flade, Ernst,* Gottfried Silbermann, Leipzig, 1953.
Meißenheim	*Hesselbacher, Martin,* Die Silbermann-Orgel in Meißenheim; in: Nachrichtenblatt der Denkmalpflege in Baden-Württemberg 3/4, 1966, Freiburg.
100 Jahre	*Hirsch, Fr.,* 100 Jahre Bauen und Schauen, Karlsruhe, 1928.
Ettenheimmünster	*Hohn, P. Albert OSB,* Die Orgel des Johann Andreas Silbermann in der Pfarr- und Wallfahrtskirche St. Landelin zu Ettenheimmünster; in: Instrumentenbau Zeitschrift 12/1963, Siegburg.
Orgeln J. A. S.	*ders.,* Die Orgeln Johann Andreas Silbermanns, in: Acta Organologica (AOl), Band 4, 1970, Berlin.
Rastatt	*ders.,* Die Orgel der Gebrüder Stieffell in der Stadtkirche zu Rastatt, Rastatt, 1964.
Orgelbauerfamilie	*Mathias, F. X. und Wörsching, Jos.,* Die Orgelbauer-Familie Silbermann in Straßburg i. E., Mainz, o. J.
Riepp	*Meyer, Hermann,* Karl Josef Riepp, der Orgelbauer von Ottobeuren, Kassel, 1938.
–	*Peeters, Paul,* L'Entaille: Aperçu historique; in: La Flûte Harmonique 22, 1982, Paris.

Neubau	*Rahner, Hugo, Ernst,* Der Neubau der Stiftsorgel St. Blasien unter Abt Martin Gerbert durch Johann Andreas Silbermann; in: Archiv für Musikforschung, Heft 1, 1937, Leipzig.
Entwicklungsgeschichte	*Rupp, Emile,* Die Entwicklungsgeschichte der Orgelbaukunst, Einsiedeln, 1929.
Temple-Neuf	*Schaefer, Marc,* Les anciennes orgues Silbermann du Temple – Neuf à Strasbourg; in: La Musique en Alsace hier et aujourd'hui, 1970, Strasbourg.
–	*Schmieder, Ludwig,* Das Benediktinerkloster St. Blasien, Augsburg, 1929.
Stadtkirche	*Schwarz, Friedrich, Wilhelm,* Das große Orgelwerk in der Stadtkirche zu St. Blasien, Überlingen a. B., 1924.
Festschrift	*Eggebrecht, Hans, Heinrich (Hrsg.),* Orgelwissenschaft und Orgelpraxis – Festschrift zum zweihundertjährigen Bestehen des Hauses Walcker, Murrhardt – Hausen, 1980.
Arlesheim	*Walter, Rudolf,* Zur Orgelgeschichte des Domstiftes Arlesheim; in: Kath. Kirchenmusik 5/1966, St. Gallen.
Orgelbau	*Walter, Rudolf,* Der Orgelbau für die Fürstabtei St. Blasien 1772/75; in: Musicae Sacrae Ministerium, 1962, Köln.
Ettenheim	*Weis, Dieter (Hrsg.),* St. Bartholomäus Ettenheim, München, 1982.
–	*Wörsching, Joseph,* Die Silbermannorgel in St. Blasien; in: Der Kirchensänger 38, 1938, Freiburg.
Martin	*Sulzmann, Bernd,* Die Orgelbauerfamilie Martin in Waldkirch im Breisgau, Wiesbaden, 1975.
Baden	*ders.,* Historische Orgeln in Baden, München und Zürich, 1980.
Bernauer	*ders.,* Quellen und Urkunden über Leben und Wirken der Orgelmachersippe Bernauer/Schuble im Markgräflerland; in: AOl, Band 13, 1979, Berlin.
Bruchsal	*ders.,* Orgelmacher und Orgeln der Bruchsaler Region im 19. Jahrhundert; in: Bad. Heimat, Heft 3, 1975, Karlsruhe.
Freiburg	*ders.,* Freiburger Orgelmacher des 17., 18. und 19. Jahrhunderts; in: Schau-ins-Land, Band 98, 1979, Freiburg.
Heidelberg	*ders.,* Die Voit-Orgel (1903) der Stadthalle zu Heidelberg; in: Ars organi 58, 1979, Kassel.
Merklin	*ders.,* Zur Genealogie der Orgelbauerfamilie Merklin; in: Ars organi 57, 1978, Berlin.
Stieffell	*ders.,* Die Orgelbauerfamilie Stieffell und ihre Schöpfungen im 18. und 19. Jahrhundert; in: AOl, Band 7, 1973, Berlin.
Villingen	*ders.,* Aus der Orgelbaugeschichte der Johanneskirche zu Villingen; in: Festschrift zur Orgelweihe, 1980, Villingen.
Vogler	*ders.,* Eine Planung Abbé G. J. Voglers aus dem Jahre 1806 (München-St. Peter); in: AOl, Band 11, 1977, Berlin.

Konrad Sutter

Glocken – Begleiter durch die Klostergeschichte

Das Schicksal der Glocken steht mit dem historischen Werdegang der Schwarzwaldabtei St. Blasien in enger Verbindung. Die Glocken riefen mit ihrem ehernen Klang nicht nur zum Gebet, sie verkündeten auch festtägliche Freude und mußten bei drohender Gefahr warnende Rufe ausstoßen. Brach gar ein vernichtendes Unglück über Kirche und Kloster herein – was in St. Blasiens Vergangenheit mehrmals geschah – blieben auch sie in keinem Falle verschont. Selbst im letzten Kapitel der Klostergeschichte teilte die große Schar der Glocken das Geschick der Mönchsgemeinschaft. Wie sie wurden auch die Glocken nach der Aufhebung auf obrigkeitlichen Befehl auseinandergerissen, und viele von ihnen mußten ihren Dienst weit ab von der Heimat tun. Schließlich endeten die meisten in einem lange, teils bis in unsere Tage sich hinziehenden Sterben, wobei sie, ungeachtet ihrer kulturellen Bedeutung, einzig ihres Metallwertes wegen, in die Schmelzöfen der Gießer wanderten. Nur ihrer drei fielen dem Krieg zum Opfer. So bleibt uns heute mit tiefem Bedauern festzustellen, daß von dem herrlichen, unter Fürstabt Martin Gerbert nach dem Klosterbrand von 1768 gegossenen 14stimmigen Geläute sich auch nicht eine Glocke ihres Daseins mehr erfreuen kann.

Im europäischen Raume hatten die Benediktinermönche großen Anteil an der Entwicklung und Verbreitung des Glockengusses. Der Klang der Glocken erfüllte liturgische Aufgaben und bestimmte ihren klösterlichen Tagesablauf. Auch in St. Blasien läßt sich eine strenge Pflege dieser benediktinischen Tradition feststellen. Hier wurde vor allem der kultische Wert der Glocken hoch eingeschätzt, wie uns ein Gang durch die Glockengeschichte zu zeigen vermag.

Die älteste schriftliche Mitteilung über Glocken im Kloster St. Blasien führt uns in die Zeit des Klosterbrandes von 1322. In seinem »Liber originum« berichtet uns Abt Caspar I. (1541–1571) von zwei großen Glocken im sogenannten Wendelstein, dem großen Turm auf der Nordseite des damaligen Neuen Münsters[1]. Diese erlitten bei jenem Brand Schaden, und Abt Ulrich (1313–1334) mußte sie neu gießen lassen.

In verhältnismäßig kurzer Zeit erfuhren beide Glocken erneut einen Umguß, und darüber liegen uns etwas nähere Angaben vor. Die erste ließ Abt Nikolaus (1429–1460) im Jahre 1453 umgießen. Sie wog 40 Zentner. Der Umguß der zweiten mit einem Gewicht von 50 Zentnern erfolgte unter Abt Christoph (1461–1482) im Jahre 1465. Beide Glocken zierte der Spruch: »O REX GLORIAE CHRISTE, VENI CVM PACE«, wie wir ihn vielfach auf Glocken jener Zeit finden.

Zu Beginn des 16. Jahrhunderts hatte St. Blasien noch zwei Münster, eine Pfarrkirche und drei Kapellen (letztere waren St. Maria, St. Nikolaus und St. Benedikt geweiht)[2]. Auf den dazugehörenden Türmen befanden sich insgesamt 20 Glocken.

Im Bauernkrieg 1525 fielen die aufständischen Bauern aus dem Südschwarzwald unter ihrem Anführer Kunz Jehle aus Niedermühle (im Albtal) ins Kloster ein, plünderten und zerstörten in barbarischer Weise alle Einrichtungen und was sie sonst vorfanden, einschließlich der wertvollen Bibliothek. Sie machten selbst vor den Kirchen nicht halt und zerschlugen dabei auch die Glocken und verkauften das Metall. Einzig die beiden größten Glocken auf dem Wendelstein ließen sie unbehelligt, da sie zu groß und zu schwer waren, um sie vom Turme zu bringen. Diese fielen dann dem Klosterbrand im folgenden Jahr zum Opfer, den die Bauern in der Osterzeit legten. Sie rächten sich für die Hinrichtung ihres Anführers Kunz Jehle durch die Österreicher. Wie der »Liber originum« weiter berichtet, setzte Abt Gallus (1523–1540) den 1527 begonnenen Wiederaufbau von Kloster und Kirchen tatkräftig fort. Er ließ im Wendelstein wieder einen Glockenstuhl mit zwei Glocken errichten. Auch schaffte er den größten Teil der anderen verlorenen Glocken nach und nach neu an.

Klosterbrand von 1768 vernichtet erneut die Glocken

Einer der schwersten Brandkatastrophen in der Geschichte der Abtei St. Blasien fiel am 23. Juli 1768 die nur wenige Jahrzehnte zuvor neu errichtete Klosteranlage samt dem inzwischen modernisierten »Neuen Münster« (das »Alte Münster« war inzwischen abgebrochen) zum Opfer. Die Klostergemeinschaft kam um unermeßliche Kunstschätze und allerlei anderen kostbaren Besitz. Das verheerende Element hatte innerhalb weniger Stunden aus dem stolzen Kloster ein gespenstig wirkendes Ruinenfeld gemacht. Ein schreckliches Bild der Verwüstung bot sich. Die entstandene ungeheure Hitze ließ alle Glocken schmelzen und zu Grunde gehen. Sie schmolzen teils schon in den Türmen, teils auch erst nach dem Einsturz der Bauten. Das Glockenmaterial fand sich danach in größeren und kleineren Klumpen unter dem Brandschutt, und niemand wußte zunächst, ob es noch einmal genutzt werden kann. So war man schließlich froh, als sich der Gold-, Silber- und Metallscheider, Meister Johann Kaspar Egli aus Chur/Schweiz, erbot, »das Glokkenmetall wiederum aus der Asche und dem Boden hervorzusuchen und in ein fein- und reines Metall zusammenzubringen«[3]. Glockenmetall war zu allen Zeiten begehrt und teuer, und wer solches schon besaß, der konnte leichter neue Glocken anschaffen.

Im Kloster war man zu gewissenhaft oder vielleicht auch zu mißtrauisch, um dem Metallscheider das Trümmerfeld bedenkenlos zur Ausbeutung zu überlassen. Man wollte sich zuvor von zuverlässiger Seite darüber informieren, welches Gewicht die einstigen Glocken aufwiesen, um Anhaltspunkte dafür zu erhalten, welche Menge an Metall etwa zu gewinnen sei. Dem damals nun erstellten Verzeichnis verdanken wir heute nähere Angaben über die Anzahl, die Größen, die Gewichte und die Tonabstimmung der vorhanden gewesenen Glocken. Dem großen Brand war auch das Klosterarchiv zum Opfer gefallen und daher besaß man selbst über die einstigen Glokken keine Unterlagen mehr. Es ließ sich jedoch auf ein Tagebuch des Abtes Augustin (1695–1720) zurückgreifen, das sich in der St. Blasischen Propstei Klingnau/Aargau befand und daher erhalten blieb. In diesem war unter dem 3. August 1705 vermerkt: »Es war hier der Meister Grieshaber von Waldshut[4] ein Stück- und Gloggengießer um die Gloggen, so umgegossen werden sollten, zu besehen und nach seiner Manier abzumessen.« Im Tagebuch fand sich nun auch eine Aufstellung über die damaligen Glocken[5].

Es befanden sich demnach im »großen Turm« vier Glocken mit 75, 45, 35 und 18 Zentnern. (Es ist hierbei zu berücksichtigen, daß damals ein Zentner nach heutigem Gewicht 56,006 kg hatte.) Im »Thurn ob dem Chor« waren weitere fünf Glocken mit 8,5, 8, 4,5 und 2,5 Zentnern sowie eine mit 90 Pfund. Insgesamt wogen die Glocken nach der Schätzung bzw. der Abmessung des Glockengießers Grieshaber 194 Zentner und 40 Pfund. In ihrem Klange paßten diese aber schlecht zusammen, weil die fünf kleineren auf Halbtöne abgestimmt waren. Diese sollten umgegossen werden. Da Grieshaber jedoch keine Garantie für ein einwandfreies Zusammenklingen übernehmen konnte, verzichtete der Abt auf den beabsichtigten Umguß.

Das Glockenmetall aus dem Brandschutt

Am 10. Oktober 1768 schloß man mit Egli einen Akkord. Sollte er 15 Zentner oder darunter gewinnen, wollte man ihm 10 Kreuzer für das Pfund bezahlen, läge der Ertrag über 15 Zentner, so hätte Egli nur 8 Kreuzer für das Pfund anzusprechen. Die Verhandlungen auf seiten des Klosters führte der Oberrechner (auch Oberkeller genannt) Pater Columban Leüthner.

Die Klosterleute hatten offenbar mit einem Metallgewinn von nur 15 Zentnern gerechnet. Tatsächlich konnte Egli aber ein Quantum von 101,5 Zentnern herauswaschen und zusammenschmelzen. Weiter fand man an Bruchstücken 16,3 Zentner. Auch hatten die Bewohner der Umgebung schon fronweise Glockenmetall gesammelt, aus welchem man später nochmals 45,4 Zentner reines Metall erhielt. Damit besaß man von den auf 194,4 Zentner Gewicht geschätzten Glocken wieder 163,3 Zentner Glockenmetall.

Scheidemeister Egli hatte also nach dem abgeschlossenen Akkord acht Kreuzer pro Pfund und damit den Betrag von 1380 Gulden anzusprechen. Dies war eine beachtliche Summe für die damalige Zeit, selbst wenn man berücksichtigt, daß er seine Frau dabei hatte und sie ihm bei der Arbeit half. Man hätte für dieses Geld ein kleineres Haus kaufen können. Die gesamte aufgewendete Arbeitszeit betrug 42 Tage. Der Klosterrechner hatte sich gewaltig verschätzt. Die nun zu zahlende Summe entsprach nicht der Notlage des Klosters. Es wurde daher nach Mitteln und Wegen gesucht, das Versehen zu korrigieren und den Verdienst des Meisters herunterzusetzen.

Zunächst legte man bei der Abrechnung dem Pfund nach dem Zurzacher Gewicht 36 Lot zu Grunde, statt wie landesüblich, 32 Lot und drückte damit das Gewicht. Als es schließlich zur Auszahlung kam, gab Pater Leüthner dem Meister nur 920 Gulden und behielt die restlichen 460 Gulden einfach zurück. Eglis Protest blieb ohne Erfolg. Man beruhigte ihn mit dem Versprechen, im folgenden Frühjahr könne er das von den Bauern eingesammelte Metall einschmelzen und dabei nochmals eine schöne Summe Geldes verdienen.

Die Klosterleute hatten aber inzwischen bei Egli gesehen, wie das Schmelzen vor sich ging. Sie schmolzen nun das noch vorhandene Metall selbst in der eigenen Eisenschmelze bei Kutterau[6], unter der Leitung des dortigen Hammermeisters Johann Büchler. Als Egli im Frühjahr 1769 nach St. Blasien kam, um, wie besprochen, die restlichen Glockenstücke noch einzuschmelzen, erfuhr er von dem selbständigen Schmelzen durch das Kloster. Sofort verlangte er die Ausbezahlung der zurückgehaltenen 460 Gulden. Man verweigerte sie ihm weiterhin und rechnete ihm vor, wie leicht er sein Geld verdient habe.

Egli ließ sich allerdings viel Zeit; erst nach rund fünf Jahren wandte er sich durch einen Anwalt mit einer Beschwerde vom 8. August 1775 an die Regierung der Vorderösterreichischen Lande in Freiburg. Es kam zu einem Prozeß vor dem Gericht des Prälaten- und Ritterstandes in erster Instanz. Dieser zog sich bis ins folgende Jahr hin. Der einstige Oberrechner Leüthner war inzwischen verstorben und niemand wollte mehr Bescheid wissen. Der Rechtsstreit wurde schließlich durch das persönliche Eingreifen des Fürstabtes Martin II. Gerbert (1764–1793) beendet, indem er auf dem Vergleichswege dem Kläger Egli 247 Gulden ausfolgen ließ, womit sich Egli dann zufrieden gab.

Glockengießer bewerben sich

Es waren noch keine vier Jahre seit dem unglücklichen Brand vergangen, da nahm der Plan für die Anschaffung eines neuen Geläutes bereits Gestalt an. Zu diesem Zeitpunkt waren Abtei- und Konventsgebäude schon wieder erstellt und bezogen. Von der nun als Kuppelbau entstehenden Stiftskirche standen noch Teile in der Planung, als man schon mit dem Bauen begann. Das neue Geläute sollte ein harmonisches mit zehn Stimmen in den Tönen A, H, E, A, Cis, E, A, H, Cis und

E werden, so der erste Akkord. Dabei wollte man der größten Glocke ein Gewicht von 96,7 Zentner (den Zentner mit 56,006 kg gerechnet) geben[7].

Nicht gerade leicht machte man es sich mit der Entscheidung, welchem Gießer man den Auftrag erteilen sollte. Einem Bericht des Oberrechners Pater Franz Kreuter entnehmen wir hierzu folgendes: »Schon in den ersten Jahren nach der erlittenen Feuersbrunst haben sich verschiedene Glockengießer nicht nur aus unserer Nachbarschaft, sondern auch aus fremden Provinzen, nämlich aus dem Elsaß, aus Lothringen und der Schweiz teils vermittelst einiger recomendations Schreiben gemeldet. Insgemein ist diesen Künstlern die mündliche und schriftliche Antwort gegeben worden, daß unser Kirchengebäude noch nicht so weit avanciert wäre, daß man an die Wiederherstellung der Glocken Bedacht zu nehmen Ursach hätte. Mit diesem Hofbescheid sind bisher alle abgewiesen worden – der einzige Villingsche Glockengüsser und Zunftmeister Herr Jos. Benjamin Grüninger ausgenommen.«

In die engere Wahl gezogen waren die Glockengießer Jakob und Rayet Matthis aus Chur/Schweiz. Diese kannte man aber zu wenig und lehnte sie deshalb ab. Nach eingeholten Auskünften über den Glockengießer Sebastian Beyer in Freiburg sollte dieser ein »schlechter Mensch« sein, weshalb man seine Bewerbung zurückwies. Der Konstanzer Glockengießer Rosenlächer habe noch nie ein derart großes Geläute gegossen, so daß man auch diesen nicht berücksichtigen wollte. Ohne bekannte Gründe bewarben sich die Glockengießer Amade Bonnevie aus Lunéville, Matthäus Edel aus Straßburg und Felix Koch in Salem[8] vergeblich.

Der erste Akkord mit dem Glockengießer Grüninger

Joseph Benjamin Grüninger (1735–1795) aus dem alten Glockengießergeschlecht in Villingen, wo schon seit über 150 Jahren Glocken gegossen wurden, konnte nachweisen, ein aus sieben Stimmen bestehendes Geläute für die Benediktinerabtei Villingen und eines mit vier Glocken für die Abtei Schuttern zur Zufriedenheit der Auftraggeber gegossen zu haben. Dies war entscheidend für die Vergabe des ehrenvollen Auftrages an Meister Grüninger. Am 29. April 1772 schloß – damals noch Pater Leüthner – einen Akkord mit Grüninger für den Guß der vier kleineren Glocken zum großen Geläute, zweier Glocken für das Schlagwerk der Portaluhr und einer weiteren für die Kirche in Berau ab.

Nach diesem Akkord sollte Grüninger das Glockenmetall vom Kloster gestellt und franko nach Villingen geliefert bekommen. Als Liefertermin wurde der Jakobitag (25. Juli 1772) festgelegt. Wie der noch vorhandene Schriftverkehr zwischen dem Kloster und dem Gießer erkennen läßt, war letzterer äußerst bemüht, den gestellten Bedingungen gerecht zu werden, um sich die Gunst des Klosters zu erhalten. Dennoch klappte es mit dem Termin nicht recht. Es lag schon daran, daß das Glockenmetall erst am 5. Juli in Villingen eintraf. Dann ließ man sich im Kloster Zeit, um Grüninger mitzuteilen, welche Schriften und welche Bildnisse auf die Glocken kommen sollten. Die Model für die Glockenzier mußte der Bildhauer in Schönberg machen, da der Villinger Bildhauer gerade in St. Peter arbeitete (die Namen dieser Bildhauer sind nicht genannt). Am 30. August 1772 konnte Grüninger nach St. Blasien berichten, alle Glocken seien gegossen und stünden zur Abholung bereit.

Während beim Wiegen in Villingen noch sieben Glocken auf die Waage kamen, fehlt in der Abrechnung die kleinste, auf E gestimmte Glocke. Offenbar wurde an ihr ein Fehler entdeckt, und sie ging deshalb wieder zurück. In einem späteren Brief vom 21. November 1773 an das Kloster beklagte sich Grüninger, er habe die E-Glocke nun schon zum viertenmal umsonst gegossen, auch eine Glocke für Menzenschwand schon zweimal. Er habe das Gefühl, die St. Blasier Glokken gelängen ihm nicht mehr. In seiner 23jährigen Gießertätigkeit hätte er noch nie solche Fehlgüsse gehabt. Er wisse nicht, ob diese auf Einwirkungen der Natur oder auf mißgünstige Verwünschungen zurückzuführen seien. Die Glocken für die Stiftskirche wurden je mit dem Namen des

Heiligen, zu dessen Ehre sie geweiht wurden, dem Namen des Fürstabtes Martin II. sowie der Jahreszahl MDCCLXXII (1772) geziert. Ob auch der Name des Gießers mit seinem Wohnort eingegossen wurde, ist nicht bekannt, jedoch wahrscheinlich.

Der zweite Akkord mit Grüninger

Zwischenzeitlich waren die Arbeiten an der Stiftskirche eifrig vorangetrieben worden. An der Stelle des einstigen dreischiffigen Münsters war die heutige Kuppelkirche entstanden. Sie ging ihrer Vollendung entgegen, als der Oberrechner Pater Franz Kreuter am 21. Juni 1781 mit dem Glockengießer Joseph Benjamin Grüninger einen neuen Akkord für den Guß weiterer Glocken abschloß.

Dieser Akkord umfaßte 12 Punkte im Gegensatz zum ersten von 1772, der sich mit sieben begnügte. Die wesentliche Änderung war, daß jetzt in St. Blasien ein Gießhaus mit zwei Öfen errichtet und die Glocken an Ort und Stelle gegossen wurden. Zu gießen waren nun die großen Glocken des Geläutes, deren Transport von Villingen nach St. Blasien bei den damaligen Straßenverhältnissen erhebliche Schwierigkeiten bereitet hätte. Grüninger sollte mit einem Gesellen und einem Lehrling freie Wohnung und Kost erhalten, wobei der Meister selbst am Offizierstische, der Geselle und der Lehrling jedoch am Scheibentische (?) verpflegt wurden. Die Gießer hatten nicht nur Anspruch auf ein Mittags- und Nachtmahl, sondern auch auf eine Morgensuppe, was ausdrücklich vermerkt wurde. Laut dem Akkord sollten jetzt neun Glocken gegossen werden.

Das Gießhaus muß 1780 schon gebaut worden sein, denn in einem Brief vom 25. März 1781 bittet Grüninger, man möchte lüften, damit die Winterfeuchtigkeit austrocknen könne. Er wolle sich auf Georgi (23. April) in Marsch setzen.

Nun werden unsere überkommenen Quellen spärlich. Der Meister war in St. Blasien, konnte persönlich verhandeln und Anweisungen entgegennehmen, und daher entstand kein Schriftverkehr mehr, den man zu den Akten nehmen konnte. Einem Zahlungsbeleg zufolge hat Grüninger im Mai 1781 mit den Vorarbeiten zum Gießen begonnen. In diesem Monat wurde ihm, wie im Akkord festgelegt, die bei Arbeitsbeginn fällige erste Rate in Höhe von 550 Gulden ausbezahlt.

Eine besondere Beachtung muß der Guß der größten Glocke erfahren haben. Sie erhielt einen Durchmesser von 192 cm, eine Höhe (mit Krone) von 196 cm und ein Gewicht von 123,2 Zentner (Zentner = 50 kg), dazu die Inschrift: MARTINVS II · HOSANNA · IN · EXELSIS · MDCCLXXXI · JOS · BENJAMIN · GRIENINGER · BVRGER · VND · GLOGGENGYSSER · ZV · VILLINGEN · Die Kronenbügel wurden mit Widderköpfen (Wappentier des Fürstabtes) geziert, die Schulter erhielt eine breite Zierborte, an welche sich unten Girlanden anschlossen. Auf die Flanke kam das Brustbild des Fürstabtes Martin II. Gerbert[9]). Über den Guß dieser Glocke fertigte Pater Kreuter einen besonderen Bericht an *(Abb. 73)*.

Es erfolgte demnach am 18. September 1781 der Guß dieser größten Glocke im neuen Geläute von St. Blasien. An Schmelzmetall brachte man ein Gewicht von 167 Zentner in den Ofen (Zentner = 50 kg). Am Nachmittag zuvor wurden die letzten Vorbereitungen getroffen und nachts um ein Uhr der Ofen angezündet. Gegen 14 Uhr glaubte man den Ofen anstechen zu können. Zu dem besonderen Ereignis war auch eine Anzahl ausländischer Gäste geladen, so der Landvogt von Baden/Schweiz mit dem ganzen dortigen Oberamt, drei Herren von Zürich, der Prälat vom Kloster Ebersmünster/Elsaß sowie zwei Herren von Straßburg. Während die Herrschaften beim Mittagsmahl saßen, trat ein Umstand ein, der den geplanten feierlichen Guß vereitelte. Dennoch sollte das Werk glücklich vollendet werden. Man bemerkte plötzlich eine undicht gewordene Stelle im Ofen, wo flüssiges Metall auszutreten begann. Der »gute Glockengießer verlor Herz und Mut und wußte nicht, was bei solchen Umständen zu machen wäre.« Als sehr nützlich erwies sich die Anwesenheit des alten Schmelzmeisters aus der Eisenschmelze in Kutterau. Dieser riet dem Glockengießer, den Ofen sofort anzustechen, was auch geschah. Der Guß gelang vorzüglich, jedoch ohne Beisein der geladenen Festgäste.

Der genaue Zeitpunkt des Gießens der anderen Glocken ist aus den Akten nicht ersichtlich und auch anderweitig nicht festzustellen. Eine Differenz zwischen dem im Akkord und in der Kostenabrechnung aufgeführten Glocken macht uns deutlich, daß noch mündliche und nicht in die Akten aufgenommene Absprachen getroffen wurden. Nach dieser »Rechnung des neuen harmonischen Geläuts in St. Blasien nebst dem Gloggengüßer Lohn« umfaßte das Geläute für die Kirche 14 Stimmen in den Tönen H, D, E, F, g, a, h, cis, d, e, fis, g, a, cis. Die zehnte auf e, die dreizehnte auf a und die vierzehnte auf cis gestimmten Glocken sind dabei lediglich aufgeführt, nicht aber in Rechnung gestellt, was die Annahme rechtfertigt, daß diese Glocken schon vorhanden waren und aus dem Guß in Villingen aus dem Jahre 1772 stammten. In der betreffenden Rechnung ist noch »das Glöggle« für Fützen mit 500 Pfund aufgeführt. Grüninger hatte 2016 Gulden Gießerlohn zu bekommen. Bei Beginn der Gießarbeit 1781 erhielt er 550 Gulden, das weitere Geld in sechs ungleichen Raten, die letzte an Ostern 1784.

Nach der Aufhebung des Klosters

Als am 10. Oktober 1806 die Aufhebung der Abtei St. Blasien verfügt wurde, stand nicht nur der Abt mit seiner Klostergemeinschaft vor einer ungewissen Zukunft, auch die Klosterbauten und die Kirche mit ihrer bedeutenden Ausstattung gingen trüben Zeiten entgegen[10]. Die Glocken machten dabei keine Ausnahme.

Die anfängliche Freude bei den großherzoglichen badischen Regierungsstellen über die ihnen zugefallenen st. blasischen Besitzungen wich sehr bald den wachsenden Sorgen um die Verwertung der gesamten Gebäulichkeiten in diesem wenig fruchtbaren, abgelegenen und verkehrsmäßig sehr schlecht zugänglichen Gebiet. Man kann sich ein Aufatmen vorstellen, als endlich am 10. März 1809 die großherzogliche Rentkammer in Freiburg dem Finanzministerium in Karlsruhe von den Bewerbungen einiger Kaufinteressenten für die Klosterbauten Kenntnis gab.

Einer der Bewerber, der Mechaniker Johann Caspar Bodmer aus Zürich, mit dem man in nähere Verhandlungen eingetreten war, hatte bereits für 60 000 fl vom Dach abgenommenes Kupfer verkauft, ehe es zu einem Vertragsabschluß gekommen war. Die Verhandlungen zogen sich deshalb so lange hin, weil nach den eingegangenen Auskünften Zweifel an Bodmers Zuverlässigkeit aufgetreten waren. Doch lockte sein Angebot, in St. Blasien eine damals noch seltene Maschinenspinnerei einzurichten, denn durch den Wegfall des Klosters waren viele Menschen brotlos geworden. Man stellte daher Bodmer die Klosterbauten zur Benützung frei. Dieser rückte am 20. Juli 1809 mit 32 Arbeitern an. Fünf Monate später eröffnete, ebenfalls in den Klosteranlagen, Henri Düggli von Zürich eine Gewehrfabrik[11].

Die Gewehrfabrik ging bald nach ihrer Entstehung wieder ein, während die von Bodmer eingerichtete Spinnerei der Karlsruher Bankier David Seligmann übernahm und weiter ausbaute. Wo seit fast tausend Jahren im Sinne des hl. Benedikt gelehrt und gelebt wurde, rasselten jetzt Maschinen und rauchte ein hoher Schornstein. Wenn dadurch die Räumlichkeiten mit verschiedentlich kunstvollen Ausschmückungen auch der Zerstörung preisgegeben waren, so blieb doch immerhin die Bausubstanz erhalten, im Gegensatz zu manch anderen Orten, wo man heute den Verlust ganzer Klosterkomplexe zu beklagen hat.

Indessen harrte die Stiftskirche, das krönende Werk des Fürstabtes Martin II., noch immer ihrem ungewissen Schicksal entgegen. Eigentlich war ihr mit dem Generalbericht der großherzoglichen badischen Vollzugskommission vom 25. Februar 1808 das Todesurteil gesprochen. Dort besagt der § 25: »Die alte nach dem Brand (von 1768) erbaute Kirche kann zu keinem Gebrauche mehr dienen, wird daher abzutragen, das Eisen zu verkaufen und das Holz, insoweit es nicht mehr verwendbar ist, zu verkohlen sein.«

Welche Einstellung die damaligen an entscheidenden Stellen stehenden Landesbeamten beherrschte, läßt auch der Vorschlag des Finanzministeriums vom 12. September 1808 erkennen, wonach »alles brauchbare in dieser Kirche zu benutzen (gemeint war zu verkaufen) und solche sonach eingehen zu lassen sei«. Denkmalpflegerische Interessen wurden damals von keiner Seite vertreten. Auch der heute vielfach als Retter der Klosterkirche bezeichnete Baudirektor Friedrich Weinbrenner, ein großer Freund des Klassizismus und Schöpfer zahlreicher sakralen und profanen Repräsentationsbauten dieses Stils[12], hat sich der Zerstörung der Kuppelkirche in St. Blasien anfänglich in keiner Weise widersetzt, so daß Fritz Hirsch von der zwiespältigen Rolle Weinbrenners in dieser Angelegenheit spricht[13].

Bald nachdem der Abt mit einem Teil seiner Mönche im September 1807 St. Blasien verlassen hatte, begann man Ausstattungsgegenstände auf andere Kirchen zu verteilen. So erhielt die Pfarrgemeinde Waldshut zu ihrem gerade fertiggestellten Kirchenbau zwei Altäre, ferner das Altärchen in der Fürstenkapelle, das Gitter zur Chorabschrankung, die Marmorstufen zur Balustrade und einen Teil des Chorgestühls[14].

Mit Beständen aus St. Blasien wurde vor allem die damals von Weinbrenner gebaute Stefanskirche in Karlsruhe (Grundsteinlegung am 8. Juni 1808) ausgestattet. Sie erhielt auf Vorschlag Weinbrenners die wundervolle Silbermann-Orgel, dazu fünf der großen Glocken, die am 23. September 1808 in Karlsruhe eintrafen. Die größte, die am 18. September 1781 gegossene sogenannte Gerbert-Glocke, kam jedoch in die evangelische Stadtkirche in Karlsruhe. Ihr Abtransport (sie wurde am 3. Juli 1812 durch Freiburg geführt) hat in St. Blasien große Trauer hervorgerufen.

Eine Glocke soll auch nach Menzenschwand gekommen sein[15]. Ob dies den Tatsachen entspricht, und was möglicherweise mit ihr geschehen ist, ließ sich bisher nicht feststellen.

Indessen war immer noch keine klare Entscheidung über die weitere Verwendung der Stiftskirche in St. Blasien getroffen worden. Großherzog Karl gab zu bedenken, ob die in der Unterhaltung sehr kostspielige große Kirche nicht besser abgebrochen werde und eine kleinere für die Pfarrei St. Blasien zu bauen sei. Unter denen, die sich für die Erhaltung der Kirche in St. Blasien beim Großherzog persönlich einsetzten, war (nach Abt Ignaz Speckle von St. Peter) Baudirektor Christoph Arnold aus Freiburg. Er machte als »geeigneter Bausachverständiger, Professor der Baukunst und Schützer der Denkmale Vorstellung für die dringende Erhaltung des Gebäudes«[16]. Der Großherzog soll nun versichert haben, die Kirche zu erhalten. Auch Großherzogin Stephanie soll ihren Einfluß für den Erhalt des Bauwerkes geltend gemacht haben[17]. Jetzt setzte sich auch Weinbrenner energisch für den Fortbestand der Kirche ein, und nachdem er 1813 erstmals persönlich in St. Blasien war, fiel von höchster Stelle die Entscheidung für eine Erhaltung der Kuppelkirche in St. Blasien.

Die Einsicht kam bedauerlicherweise viel zu spät. Nun war die Klosterkirche ihrer Einrichtung beraubt und stand öde und leer da. Vom einstigen Geläute, dessen Glocken ihr Gießer in einem Brief an den Fürstabt als seine harmonischen Kinder bezeichnete, waren nur die kleineren zurückgeblieben.

Das Ende des fürstlichen Geläutes

Die größte, mit dem Porträt des Fürstabtes und der hl. Dreifaltigkeit geweihte »Gerbert-Glokke« in der evangelischen Stadtkirche in Karlsruhe, kam im zweiten Weltkrieg offenbar aus Unachtsamkeit auf die Liste der abzugebenden Glocken. Niemand setzte sich für ihre Erhaltung ein. Eine Glocke mit dieser historischen und künstlerischen Bedeutung hätte nach den damaligen Richtlinien niemals abgegeben werden müssen. Ihrer Größe wegen konnte sie schlecht abgenommen werden, so schlug man sie auf dem Turm in Stücke[18]. Damit war auch die Möglichkeit verspielt, sie eingelagert und nach dem Kriege wieder zurückzubekommen, wie dies bei einer Vielzahl anderer Glocken der Fall war.

Von den fünf nächst größeren Glocken, die sich in der Stephanskirche in Karlsruhe befanden, hat der Stückgießer M. Engel in Karlsruhe 1828 wiederum die drei größten umgegossen, da sie angeblich gesprungen waren. Man ist geneigt, die Begründung etwas anzuzweifeln, es scheint, etwas Geschäftstüchtigkeit von Seiten des Gießers vorgelegen zu haben, zumal im 19. Jahrhundert noch eine weitere Glocke eine neue Form bekam[19]. Die kleinste und letzte der fünf St. Blasier Glocken fiel 1944 einem Bombenangriff zum Opfer[20].

Aus den Akten läßt es sich nicht klar ersehen, wieviele der Glocken nach der Säkularisation tatsächlich in St. Blasien zurückblieben. Das kommt wohl daher, daß Glocken auf die beiden großen Glockentürme, auf den Chor, das Portal und die Friedhofskapelle verteilt waren.

Nach der Säkularisation findet man erst 1857 wieder Akten, die sich mit Glocken befassen. Es liegt aus dieser Zeit ein Kostenvoranschlag des Benjamin Muchenberger, des Glockengießers und Feuerspritzenfabrikanten in Blasiwald, für ein neues Geläute in St. Blasien vor[21]. Man hätte nur sehr kleine Glocken und wollte jetzt wieder größere mit einem D-Akkord haben, wird berichtet. Es sollten sechs neue gegossen und die sechs vorhandenen eingeschmolzen werden. Der Vorschlag wurde nicht akzeptiert.

Im folgenden Jahr legte Muchenberger einen neuen Kostenvoranschlag vor, in welchem einschließlich der Gottesackerglocken von acht vorhandenen Glocken die Rede ist. Jetzt schlug der Gießer ein vierstimmiges Geläute unter Verwendung zweier vorhandener und zweier umzugießender Glocken vor. Die großherzogliche Hofdomänenkammer lehnte auch dies ab. Im Jahre 1866 wird eine gesprungene Glocke umgegossen und im folgenden Jahr mit Genehmigung des Ordinariats von Pfarrer Oswald Bremeier geweiht.

Im Jahre 1879 suchten die Vertreter der Gemeinden des Kirchspiels St. Blasien, die Bürgermeister von St. Blasien, Häusern, Blasiwald, Kutterau und Schwarzhalden mit einem Schreiben an die Domänendirektion erneut um »schönere und größere Glocken« nach. Diesmal mit Erfolg. Bauinspektor Brinzinger von der Bauinspektion Waldshut schlägt ein harmonisches Geläute mit zwei Glocken vor, das genehmigt wird. Von den drei sich bewerbenden Glockengießern, Rosenlächer von Konstanz, Koch von Freiburg und Grüninger von Villingen erhält letzterer mit den niedrigsten Kosten den Zuschlag[22].

Die Kirche in St. Blasien erhielt 1879 nun das neue Geläute mit den Tönen E (1100 kg) und Gis (600 kg) unter Beibehaltung der alten Glocken H (425 kg) und e (160 kg). Dabei wurden vier vorhandene Glocken mit einem Bronzegewicht von 738,5 kg eingegossen.

Im sogenannten Dreikaiserjahr 1888 mußte viel geläutet werden. Es braucht uns daher nicht zu wundern, wenn dabei wieder eine Glocke Schaden nahm. Sie wurde von der Fa. Grüninger und Söhne umgegossen. Man versah sie mit dem alten Dekor. Inschrift: S. NIKOLAUS PRIMA TU QUODAM NOBIS HABITACULA DEDISTI, PROTEGE QUAE SURGUNT TEMPLA PATRONE NOVA. MARTINUS II MDCCLXXII. Flankenbildnisse: St. Nikolaus und Kreuzigung.

Über die Glocken in St. Blasien vernehmen wir erst wieder etwas, als sich während des Ersten Weltkrieges die Lage sehr verschlechtert hatte und 1917 das Kriegsministerium sich entschloß, Richtlinien für den Einzug der Kirchenglocken herauszugeben. Bei der anordnungsgemäß vorgenommenen Gruppierung der Glocken fielen in St. Blasien die beiden größten unter die Gruppe A (ohne Kunstwert) und sollten abgegeben werden. Sie waren schlecht vom Turme zu bringen, und daher zerschlug man sie an Ort und Stelle. Dies geschah erst am 3. September 1918. In St. Blasien verstand es der Vorsitzende des Kommunalverbandes die Ablieferung der Glocken mit dem Hinweis auf Verkehrsschwierigkeiten bis Kriegsende hinauszuzögern. Dabei entging im Ersten Weltkrieg der ganze Amtsbezirk St. Blasien der Glockenabgabe[23]. Die beiden zerschlagenen Glocken der Klosterkirche, deren Metall noch vorhanden war, goß wiederum die Firma

Grüninger in Villingen im Jahre 1919 neu. Sie wurden mit barocken Verzierungen und den Bildnissen von St. Blasius und St. Fridolin versehen[24].

Im Zweiten Weltkrieg erließ bereits am 15. März 1940 Feldmarschall Göring eine Anordnung über die Erfassung von Nichteisenmetallen. Diese enthielt nähere Bestimmungen für die Abgabe der Glocken, insbesondere auch für die Einreihung in Gruppen nach ihrem künstlerischen und geschichtlichen Wert. Die folgende Tabelle vom 14. Mai 1940 gibt uns Auskunft über die damals im Dom[25] vorhanden gewesenen Glocken und ihrer Eingruppierung für die Abgabe.

Glockentabelle von 1940

Glocken im Dom

Nr.	Gewicht in kg	Durchmesser in cm	Gießjahr	Gruppe	Verbleib
1	1000	124	1919	A	1942 abgegeben
2	500	97	1919	A	1942 abgegeben
3	130	85	1781	C	1951 eingegossen
4	95	63	1888	A	1942 abgegeben
5	–	41	1799	B	heute Friedhofskapelle
Glocken der Friedhofskapelle					
1	–	47	1746	C	unbekannt
2	–	41	1360	D	heute Friedhofskapelle

Wie aus obiger Tabelle zu ersehen ist, hatte man jetzt nur noch eine der von Fürstabt Martin II. Gerbert für die Stiftskirche gegossenen Glocken aus dem Jahre 1781. Diese fiel in die Gruppe C (wegen wissenschaftlichem, geschichtlichem oder künstlerischem Wert unter allen Umständen zu erhalten). Sie war daher von der Abgabe freigestellt, während die vier anderen Glocken der Stiftskirche am 15. Januar 1942 abgeholt wurden.

Die fünfte Glocke (obiger Tabelle) aus dem Jahre 1799, in B eingestuft, kam nach dem Kriege wieder zurück. Sie ist mit dem Wappen des Fürstabtes Mauritius Ribbele (1793–1801) geschmückt und befindet sich heute zusammen mit einer Glocke aus dem Jahre 1360 in der Friedhofskapelle in St. Blasien[26] *(Abb. 74, 75)*.

Die letzte Klosterglocke und das neue Geläute

Wie überall, so dauerte es nach dem Zweiten Weltkrieg auch in St. Blasien einige Zeit, bis man an die Beschaffung neuer Glocken denken konnte. Im Oktober 1949 ging ein erstes diesbezügliches Schreiben an den Erzbischöflichen Oberstiftungsrat in Freiburg. Gleichzeitig nahm man mit der Firma Grüninger in Villingen Verbindung auf und forderte einen Kostenvoranschlag für den Guß von vier Glocken an. Das Vorhaben mit Grüninger kam aber nicht zustande.

Es verging dann einige Zeit, bis das Pfarramt St. Blasien Verbindung zu Glockengießer Schilling in Heidelberg aufnahm und fünf Glocken mit einem Gewicht zwischen 876,5 kg und 158 kg in der Tonlage ges', as', b', des' und es' bestellen konnte. Die Glocken kamen am 13. September 1951 in St. Blasien an. Hierbei geschah das heute Unverständliche: Die noch vorhandene letzte Glocke aus dem unter Fürstabt Martin Gerbert geschaffenen Geläute gab man zur Verrechnung und ließ sie damit in den Schmelzofen gehen. Achtlos vernichtete man unersetzliches Kulturgut, ein Denkmal aus der Blütezeit des Klosters, das selbst die Machthaber des Dritten Reiches im totalen Krieg nicht antasteten, um es der Nachwelt zu erhalten. Eine Metallvergütung von 1,85 DM pro Kilogramm steht diesem herben Verlust gegenüber[27].

Weitere zehn Jahre dauerte es, bis 1961 durch die Anschaffung der vier größten Glocken mit einem Gewicht zwischen 6500 kg und 1350 kg in den Tönen ges°, b°, des' und es' das heutige neunstimmige Geläute hergestellt werden konnte. Die Glocken sind (der Größe nach) den Heiligen Petrus, Maria, Blasius, Benedikt, Elisabeth, Joseph, Reginbert (Klostergründer), Nikolaus und Ignaz geweiht[28].

Die Schlagglocken der Portaluhr

Die beiden Glocken in den Dachluken über dem von Michael Beer geschaffenen barocken Portal haben die Geheimnisse ihrer Geschichte bisher nicht preisgegeben. An keiner Stelle sind sie in den Akten verzeichnet. Einst dienten sie als Schlagglocken für die Portaluhr. Ihre Schicksalsstunde schlug am 27. Mai 1977, als sie der letzte Klosterbrand um mehr als die Hälfte zusammenschmelzen ließ.

Es handelt sich bei ihnen um Glocken, die nach Form und Beschaffenheit in die Entstehungszeit der noch erhaltenen Friedhofsglocke von 1360 zu datieren sind. Sie sind ohne Schmuck und ohne jede Inschrift und weisen einen Durchmesser von 44 cm und 34 cm auf.

Geradezu rätselhaft mag es erscheinen, wie und wo diese beiden Glocken die rund 600 Jahre mit all ihren Katastrophen und Kriegen überstanden haben. Über dem Portal können sie keinesfalls von Anfang an gewesen sein, da dieses erst um 1730 geschaffen wurde und außerdem 1768 abbrannte. Möglicherweise sind sie von einer Kirche der Umgebung ins Kloster geholt worden. Für diese Annahme spricht die Tatsache, daß Fürstabt Martin Gerbert in einem Akkord mit Glockengießer Grüninger vom 29. April 1772 bei den zehn Glocken für die Stiftskirche noch zwei Glocken »für die Portaluhr, die große ohngefähr 250 Pfund, die kleine hierzu eine Terz minor (tiefer)« aufgeführt hatte, diese aber in dem dann ausgeführten Akkord vom 18. September 1781 nicht mehr enthalten waren. Ob in der Zwischenzeit andere, eben diese besorgt wurden? Dann wären sie seither unbehelligt an ihrem Standort verblieben, und so kann es schon als eine Merkwürdigkeit angesehen werden, daß sie während keinem der Kriege listenmäßig erfaßt wurden.

Glocken mit Abtswappen außerhalb von St. Blasien

Glocken mit Insignien des Klosters St. Blasien und seiner Äbte geschmückt haben noch einige Kirchtürme im einstigen St. blasischen Gebiet aufzuweisen. Da die Anschaffung der Glocken in der Regel eine Angelegenheit der politischen Gemeinden war, dürfte es sich bei diesen Glocken um Geschenke der Abtei handeln. Sicher wurden vom Kloster noch weitere Glocken gestiftet, Beispiele ließen sich aus den Akten in Fützen, Lembach und Breitenfeld ersehen, diese sind jedoch nicht mehr vorhanden. Nachfolgend sollen lediglich noch vorhandene und mit Abtswappen versehene angeführt werden, da sie im Hinblick auf die Spendefreudigkeit der Äbte etwas auszusagen vermögen.

Die älteste dieser Glocken befindet sich in Waldshut-Tiengen, Ortsteil Aichen. Mit einem Schrift- und einem Friesband, Heiligenbildern und dem Wappen des Abtes Martin I. (1596–1625) geziert[29], stammt sie aus dem Jahre 1603. Ein Gießerzeichen fehlt. Vergleiche lassen jedoch den Schluß zu, daß sie aus der Gießhütte der Lamprecht in Schaffhausen[30] stammt.

Eine weitere Glocke mit dem Wappen des Abtes Martin I. besitzt die Kirche in Schluchsee. Sie wurde 1614 von Christoph Rebble in Villingen gegossen. Dazu hat Schluchsee eine Glocke mit der Jahreszahl 1626. Sie hat Peter Fuessli von Zürich zu ihrem Gießer. Neben einer Inschrift und Heiligendarstellungen zeigt sie das Wappen des Abtes Blasius II. (1625–1638) *(Abb. 76)* sowie das Klosterwappen. Vom gleichen Gießer und ebenfalls mit dem Wappen des Abtes Blasius II. geschmückt beherbergt auch die Wallfahrtskirche in Todtmoos eine Glocke aus dem Jahre 1627.[41]

Von Abt Romanus (1672–1695) tragen zwei kleinere Glocken das Wappen und je die Jahreszahl 1673. Sie befinden sich in den Türmchen der Wolfgangskapelle bei Ewattingen und dem Schloß in Gurtweil, in welchem St. Blasien eine Propstei unterhielt.

Schließlich weisen noch Glocken mit Kloster- und Abtswappen von1775 in Gündelwangen, 1783 in Wittlekofen, 1787 in Schluchsee und 1788 in Lausheim auf Fürstabt Martin Gerbert als Stifter hin.

Anmerkungen

1 Die Urschrift des 1555 von Abt Kaspar I. verfaßten »Liber originum« wird im Stiftsarchiv St. Paul/Kärnten aufbewahrt. Ein Auszug befindet sich in: F. J. Mone, Quellensammlung der Badischen Geschichte, 1854, II. Bd. S. 56–80.
2 Ludwig Schmieder, St. Blasien, Augsburg 1929, S. 27–108, und Anhang, Abb. 12.
3 GLA Karlsruhe, 99/326
4 Hierzu: Konrad Sutter, Waldshuter Glockengießer im 17. und 18. Jahrhundert, Bad. Heimat, 1976/3, S. 359–372.
5 Wie Anm. 3
6 Hierzu: Konrad Sutter, Bergbau und Eisenindustrie am Hochrhein, Südkurier, 1975, Nr. 79–122.
7 GLA Karlsruhe, 99/333
8 Felix Koch führte in Salem die 1754 von dem aus Waldshut stammenden Glockengießer Franz Anton Grieshaber (1725–1757) eröffnete Gießhütte fort. Sigrid Thurm, Deutscher Glockenatlas Württemberg-Hohenzollern, München 1959, S. 121.
9 Fritz Hirsch, 100 Jahre Bauen und Schauen, Karlsruhe 1928, S. 73.
10 Hierzu: Konrad Sutter, Die Aufhebung der Abtei St. Blasien und der Neubeginn in St. Paul/Kärnten, in diesem Band S. 301.
11 Wie Anm. 9, Karlsruhe 1932, S. 337–344.
12 Otto Giller, Friedrich Weinbrenner, Bad. Heimat, Ekkehard 1976, S. 139–143.
13 Wie Anm. 9, 1932, S. 343.
14 Stadtarchiv Waldshut, Kirchenbauakten. In Josef Ruch, Geschichte der Stadt Waldshut, Waldshut 1966, S. 364 ist vermerkt: »Das Geläute der Kirche (in Waldshut), stammend aus der Fürstabtei St. Blasien, ist sehr alt«. In Waldshut befindet sich jedoch keine Glocke aus St. Blasien. Es konnte auch nicht festgestellt werden, daß jemals eine nach hier kam. Hierzu: Konrad Sutter, Die Waldshuter Glocken – Schlüssel zur Stadtgeschichte, Bad. Heimat 1977/3, S. 357–369.
15 Ludwig Schmieder, a. a. O. S. 229
16 Ursmar Engelmann, Das Tagebuch von Ignaz Speckle, Stuttgart 1965, II. Teil, S. 402.
17 Wie Anm. 9, Karlsruhe 1932, S. 343
18 Im ersten Weltkrieg wurden die Glocken gemäß Erlaß des Kriegsministeriums vom 1. März 1917 in die Gruppen A = Glocken ohne Kunstwert, B = mit mäßigem Kunstwert und C = mit hohem Kunstwert eingeteilt. Im zweiten Weltkrieg erfolgte eine Einteilung in vier Gruppen. Die Glocken der Gruppe D blieben auf den Türmen. Die Gruppen B und C wurden eingezogen, und die aus Baden in Hamburg eingelagert. Von diesen kamen nach dem Kriege 420 allein in die kath. Kirchen Badens wieder zurück. Die A-Glocken wurden eingeschmolzen.
19 H. D. Siebert, Aus der Geschichte der St. Stephansglocken, Kirchenkalender 1927, Wegweiser für die Pfarrgemeinde St. Stephan in Karlsruhe, S. 40 u. 41.
20 Über das Vorhandensein dieser Glocke liegen widersprüchliche Publikationen vor. Laut freundlicher Mitteilung von Frau Dr. Sigrid Thurm, München, vom 11. Januar 1978, existiert in Karlsruhe heute keine der St. Blasier Glocken mehr.
21 Stadtpfarramt St. Blasien, Kirchenbauakten, 1857–1942
22 StA Freiburg, 391/1412
23 Josef Sauer, Geschichte und Schicksale der Glocken Badens, FDA, 1936, S. 80
24 Wie Anm. 21
25 Die Bezeichnung »Dom« für die ehemalige Klosterkirche in St. Blasien stammt aus neuerer Zeit. In den Akten erscheint sie erstmals in der Zeit zwischen den beiden Weltkriegen.
26 Diese Glocke war vor 1942 in den St. Blasier Akten nicht zu finden. Es ließ sich auch nicht ermitteln, wo und wie sie die Jahrhunderte überstanden hat. Sie trägt an der Schulter die Umschrift: O · REX · GLORIAE · LX · S. Die Glocke dürfte nach Mitteilung von Frau Dr. Thurm wie die beiden 1453 und 1465 umgegossenen Glocken Werke des Heinrich Hafengießer in Schaffhausen sein.
27 Die Glocke hatte zwar einen Sprung, wie ältere St. Blasier Bürger bestätigten, wurde aber ohne Wissen des Erzb. Ordinariats zum Eingießen gegeben. Eine Genehmigung hierzu wäre sicherlich nicht erteilt worden, man hätte vielmehr verlangt, den Defekt zu schweißen, wie dies in einem gleichartigen Fall 1947 in Waldshut praktiziert wurde, wo die betreffende Glocke heute noch voll ihren Dienst tut.
28 Hierzu: Bernhard Steinert, St. Blasier Land, St. Blasien 1977, S. 268–275.
29 Hierzu: Konrad Sutter, Siegel und Wappen des Klosters St. Blasien, in diesem Band S. 96.
30 Otto Stiefel, Schaffhauser Glocken- und Geschützgießer, Zeitschr. f. Schweizerische Archäologie und Kunstgeschichte, Bd. 26, 1969/2, S. 67–103.
31 Eine zweite Glocke aus dem Jahre 1627, vermutlich mit dem gleichen schönen Schmuck, wurde 1958 zum Einschmelzen gegeben, was ebenfalls höchst bedauerlich ist.

Dieser Abhandlung liegt neu aufgefundenes Quellenmaterial zugrunde, wodurch meine in der Bad. Heimat 1978/2, S. 263–178 erschienene Arbeit »Aus der Klostergeschichte von St. Blasien – Die Glocken und ihre Schicksale« in einigen Punkten überholt ist.

Heinfried Wischermann

Die Habsburger-Gruft

Im Jahre 1791 veröffentlichte der Architekt Pierre-Michel d'Ixnard in Straßburg einen »Recueil d'architecture«. In diesem Stichwerk bildete er unter den Bauten, die er in Deutschland und Frankreich errichtet hatte, auf 11 Tafeln sein sakrales Hauptwerk, die Abteikirche von St. Blasien, ab[1].

Ein Neubau war in St. Blasien notwendig geworden, nachdem am 23. Juli 1768 Kloster und Kirche nahezu vollständig abgebrannt waren. Fürstabt Martin II. Gerbert (1764–93)[2] verpflichtete den ihm empfohlenen d'Ixnard. Nach dessen Plänen wurde die Kirche errichtet.

Der ausgeführte Kirchenbau in St. Blasien *(Abb. 77)* weicht besonders in einem Detail von den 1791 publizierten Ansichten erheblich ab. Schon bei flüchtigem Vergleich fällt auf, daß der Architekt Zeichnungen *(Abb. 78)* stechen ließ, die unter dem Kirchenrund eine Krypta zeigen[3]. Diese Unterkirche – ihr Aussehen, die ihr zugedachte Funktion und ihr Vorbild – soll hier betrachtet werden.

Die Gestalt der nach d'Ixnards Angaben gestochenen Unterkellerung der Rotunde ergibt sich aus der Form des Hauptraumes, die zu Beginn der Planungen feststand. Fürstabt Gerbert wünschte eine Pantheon-Variation; es ist belegt, daß er vorhatte, in St. Blasien »die Kirche Santa Maria Rotonda in Rom nachzuahmen«[4]. Dieser von zahlreichen Historikern genannte Wunsch des Auftraggebers hat bisher keine befriedigende Erklärung gefunden[5]. Weder war der Vorgänger in St. Blasien ein Rundbau, noch ist diese Bauform typisch für eine Ordenskirche des 18. Jahrhunderts[6]. Eine Ausnahme bildet in Süddeutschland die Klosterkirche Ettal[7], deren Neubau von 1744 die Mauern der von Kaiser Ludwig dem Bayern im 14. Jahrhundert vielleicht als polygonale Grabanlage errichteten Kirche wiederverwandte.

Es muß für Gerbert einen bestimmten Grund gegeben haben, als Bauform eine Pantheon-Variation zu wählen. Sein Vorgehen im Rat[8] beweist, daß der Abt von Beginn an eine Rotunda-Idee verfolgte. Nachahmungen des stadtrömischen Pantheons entstanden seit dem späten 16. Jahrhundert vornehmlich in Italien[9]. Von Palladios Tempietto in Maser von 1580 bis ins 19. Jahrhundert versuchten klassizistisch denkende Architekten und Auftraggeber das System der römischen Rotunde auf neue Bauaufgaben und neue Standorte zu übertragen. Pantheon-Variationen erschienen als freistehende Villenkapelle (Maser), als venezianische Pfarrkirchen (San Simeone Piccolo von Giovanni Antonio Scalfarotto, um 1718–30; Santa Maria Maddalena von Tommaso Temanza, 1748), als Friedhofskapellen im Zentrum langer Säulenreihen (Brescia, Rodolfo Vantini, 1815–49; Verona, Giuseppe Barbieri, 1828 ff.). Sie liegen am Ende einer Zufahrt (Maser), am Ufer (Venedig, San Simeone Piccolo) oder am Ende eines Kanals (Triest, Sant' Antonio von P. Nobile, 1826–49). Sie bilden die Mitte oder den Abschluß säulenumstandener Plätze (Neapel, San Francesco di Paola von Pietro Bianchi, 1817–46; Mailand, San Carlo al Corso von Carlo Amati, 1836–47), sie verbergen sich im Gewirr der Gassen und Häuser einer Stadt (Venedig, Santa Maria Maddalena) oder sie erschlagen eine ganze Ortschaft durch ihre gewalttätige Größe (Ghisalba, La Rotonda von Luigi Cagnola, 1834; Mosta/Malta, 1833–57 von Grognet de Vassé)[10].

Besonders bei einer von ihnen, dem Tempio Canoviano in Possagno, den der Bildhauer Antonio Canova sich ab 1819 an seinem Geburtsort als Mausoleum erbaute, war die Funktion des antiken Vorbildes als vornehme Begräbnisstätte anregend. Auch in St. Blasien könnte neben der künstlerischen Vorbildlichkeit – der Gutachter von 1770[11] nennt das Pantheon »eines der schönsten Werke der Baukunst, (dessen) Wahl . . . dem Geschmack des Fürsten (Gerbert) Ehre (mache)« – die Grabfunktion des römischen Zentralbaus ausschlaggebend gewesen sein. Das heißt dann wohl auch, daß in St. Blasien die Absicht, eine Kloster- und Grabeskirche zu errichten, schon bei Planungsbeginn bestand.

Der ausgeführte Kirchenbau ist rund, ein Kranz von 20 korinthischen Säulen scheidet Umgang und Mittelraum und trägt eine Kuppel. Auf diese Konzeption des Hauptraumes bezieht sich die von d'Ixnard publizierte Unterkirche. Sie zeigt genau unter dem oberen Säulenkranz einen Ring stämmiger, kraftvoller Säulen; ein gewölbter Umgang umschließt den Mittelraum. An diesen Umgang sollten in verschiedene Richtungen tonnengewölbte Rechteckkammern anschließen. Auffallendstes Merkmal ist die Öffnung der Mitte zur Oberkirche. Von dort sollte man durch eine runde Durchbrechung des Bodens einen Sarkophag sehen, der den optischen und bedeutungsmäßigen Mittelpunkt der Anlage gebildet hätte.

Der Sarkophag erklärt die Funktion der Gruft. Sie sollte Grabraum sein – und zwar für die Toten des Hauses Habsburg, wie die Legende zu Stich 6 des »Recueil« erläutert: ». . . chapelle sepulcrale de l'Abbaye de S. Blaise, ou doivent reposer les corps et ossemens des Augustes Ayeuls de sa majesté l'Impératrice Reine d'Hongrie«[12]. Ob ein bereits verblichener oder noch lebender Habsburger den Ehrenplatz in der Mitte einnehmen sollte, ist nicht geklärt. Denkbar ist auch, daß der Sarkophag als Kenotaph leer bleiben sollte. Merkwürdig ist zudem, daß in der Gruft keine Grabstellen erkennbar sind.

Martin II. Gerbert hat nämlich eine Reihe von zwischen 1281 und 1386 verstorbenen Habsburger-Vorfahren mit Erlaubnis der schweizerischen Behörden von Basel und Königsfelden nach Klingnau bringen lassen, von wo sie im November 1770 nach St. Blasien überführt wurden.[13] Aus den umfangreichen Unterlagen zu diesen Translationen, die mir Hermann Brommer dankenswerterweise aus dem Archiv von St. Paul im Lavanttal zugänglich machte[14], seien die Notizen von Pater Mauritz Ribbele zum 14. und 15. November 1770 zitiert:

1770 – 14. Nov. – »Es komen alle Unßre Contingents Soldaten, ßamt 200. Zwing und Bähner roth bekleidet mit ober und undergewehr; anbey 20. Zwing und Bähnische Reiter, welche den Leichen wagen Convoyanz müßen Von denen Zwing und Bahnischen Graenzen her geben Nachts nach denen 6. Uhren kam der MajestaetVolle Zug anhero; wie es herangegangen, ist in beygemengter getrukter Relation zu ßehen. Die Gäste waren H. Commisahrium v Wittenbach mit ßeinem Secretario H. v Kleinbrodt; die 2. HH. Praelaten von S. Trutpert und S. Peter deren ietweder einen Pater, und der von S. Peter ßeinen Oberambtman noch bey ßich hatte. H. Wald-Vogt, H Landtschreiber, und H. Registrator von Waldshut, H. Pfarrer Von Herischriedt und H. Caplan von WaldKirch, H.P. Probst von Clingnau und P. Prior von Sion, H. Pfarrer von Bernau als Prediger. P. Salesi v. Grafenhaußen, und P. Modest aus dem Todtmooß, 2. Trompeter Von Thiengen. Bey dem Einzug ßange man das Miserere aus der Charwochen, und statt Versen, die von dreyen geßungen werden, machte man einen TrauerTusch mit Pauken und Trompeten. Bey der Kirch ßunge man das libera. Das Monument in der Kirch (es dürfte sich um einen Katafalk gehandelt haben) ware ßer Herrlich. Nach geendigten Caerimonien gienge man zur NachtTafel. In der Mitte ßaßen H. Commihsarius, zu deßen rechten Celsmus, zur Linkgen H. Waldvogt, Vis a Vis gegen H. Commihsarius sizten die zwey HH. Praelaten. Man tranke keine Geßundheit.«

Derselbe Tagebuchschreiber berichtet zum folgenden Tag:

1770 – 15. Nov. – »Heüte waren die Exequien. Nemlich eine Predig, Requiem, und nach dißem das libera; nach dißem laß H. Praelat von S. Trutpert die hl. Meß de S. Leopoldo, deßen Fest heüte ist cum Ahsistente et Caerimonario. Unter welcher das Te Deum geßungen wurde. Der Hof und die Gäste giengen Solemniter in und aus der Kirch, Celsmus und die Praelaten hatten Ihre Rogget und Mozett an; Die Zwing und Bahner mueßten ein Spalier machen wie gestern. Bey der Tafel saße man wie gestern, man trank Geßundheit, erstlich beeden Majestäten, 2do der österr. Familie, 3. tranke der Commihsarius und die Gäste Celsmo, und der Celsmus und wir dem Commisahrio, welches 2. Geßundheiten ausmachte. 5. Glükliche entbindung der schwangern Gemahlin des Commisahrii, denen Praelaten und Waldvogten tranke man nicht, wegen der Praecedenz. Unter dem Trinken machte man einen Tusch. Die Soldaten gaben feür, und ließen die Böller ab. Alles gienge wol ab, und bezeügte iederman eine besondere Zufridenheit, besonders über die Predigt und Monument. Gestern bey dem Einzug wurden die 3. Gebäude auf dem Plaze also beleüchtet, das zu einem ietwedern fenster ein liecht gestelt wurde, welches ßer wol herausgekomen.«[15]

Die sterblichen Überreste von 13 Habsburgern wurden im gewölbten Vorraum unter der Sakristei und einer Vorkammer beigesetzt. Der Schrift »De Translatis Habsburgo-Austriacorum Principum« von 1772 folgte 1785 eine wörtliche Wiederholung unter dem Titel »Crypta San Blasiana Nova«[16] mit 4 Tafeln *(Abb. 80–83)*.

Einen Grund für die aufwendige Translation nennt Gerbert selbst in seinen Briefen. Er schreibt u. a.: ». . . so bekommen alle in unserer protestantischen Gegend ruhende hohe Häupter eine katolische Beisetzung in allhiesiger Gruft . . .«; oder er wolle die Leichname sammeln, »quae hactenus in terris protestanticis Helvetiae neglectae fuerunt«[17]. Doch haben schon die Zeitgenossen erkannt, daß die Versammlung der Toten auch zum Ruhm der Abtei beitragen konnte. So bemerkt Johann Daniel Schöpflin, der am 31. Juli 1770 bei einem Besuch in St. Blasien mit Gerbert die Überführung der Königin Anna[18] ausBasel beschlossen hatte[19], in einem Brief an Gerbert: »Quels reliefs pour cette respectable abbaye princiere, qu'elle reunit tant d'augustes corps jusqu'ici dispersés.«[20]

Ohne Zweifel hatte der Abt auch beabsichtigt, seinem Kloster durch die »cendres de l'auguste maison d'Autriche«[21] ein »nouveau lustre«[22] zu verleihen. Falls Gerbert je gehofft hatte, der österreichische Hof werde ihn in Anerkennung seiner Verdienste um die kaiserlichen Gebeine und die Erforschung der Geschichte der Habsburger beim Neubau seiner Abtei finanziell unterstützen, so sah er sich enttäuscht. »Man will nichts von Habsburg wissen«[23] – beklagte er die Interesselosigkeit des Wiener Hofes. Immerhin bezeugte Maria Theresia dem Abte am 9. 2. 1771 »besonderes Wohlgefallen und Zufriedenheit« über sein »sogestaltiges Benehmen«[24], und Gerbert erhielt »ein schönes gefaßtes Prälaten Kreuz und ein silbernes Brustbild des heil. Leopold«[25].

Den entscheidenden Grund für die Sorge um die Habsburger-Gebeine aber nennt erst der zitierte Diarienschreiber Ribbele, der zum 16. November 1770 notierte:
1770– 16. Nov. – »Die HH. Praelaten raißten in der frühe ab; dem H. Commisahrio wurde die ßarge eröffnet, und einige Leiber gezeiget, bey dem Monument stunde Tag und Nacht eine dopplete Wacht Von Soldaten. Nach dem Mittag Eßen reißte H. Commisahrius und die Übrige auch ab, und gaben die Soldaten ein dreyfaches Salve. Und also wurde diße Solemnitaet beschloßen. Für die Nachkömlinge diße erinnerung, das wir durch dißen pahsum uns nicht als Österreicher erklären, sondern nur ßuchen bey dißem Hauße in ßolchen betrübten Zeiten *patronen* zu erwerben.«[26]

Offenbar hoffte Gerbert, sein Bemühen um die Habsburger-Ahnen könne die im Zeitalter der Aufklärung drohende Aufhebung seines Klosters verhindern.

Der Abt, den sicher auch ehrliches Bemühen um die Rettung der seit Jahrhunderten verstorbenen Habsburger aus den »terre profanate dall eresia«[27] geleitet hatte, scheidet als Initiator der Gruft unter der Rotunde aus: Schließlich wollte er sich ja nicht »zum Österreicher erklären«. Dieser Plan muß allein auf d'Ixnard zurückgehen. Im Dezember 1773 war der Architekt in Wien[28], um der Kaiserin – ohne die Erlaubnis seines Bauherrn, der brieflich sein Erschrecken äu-

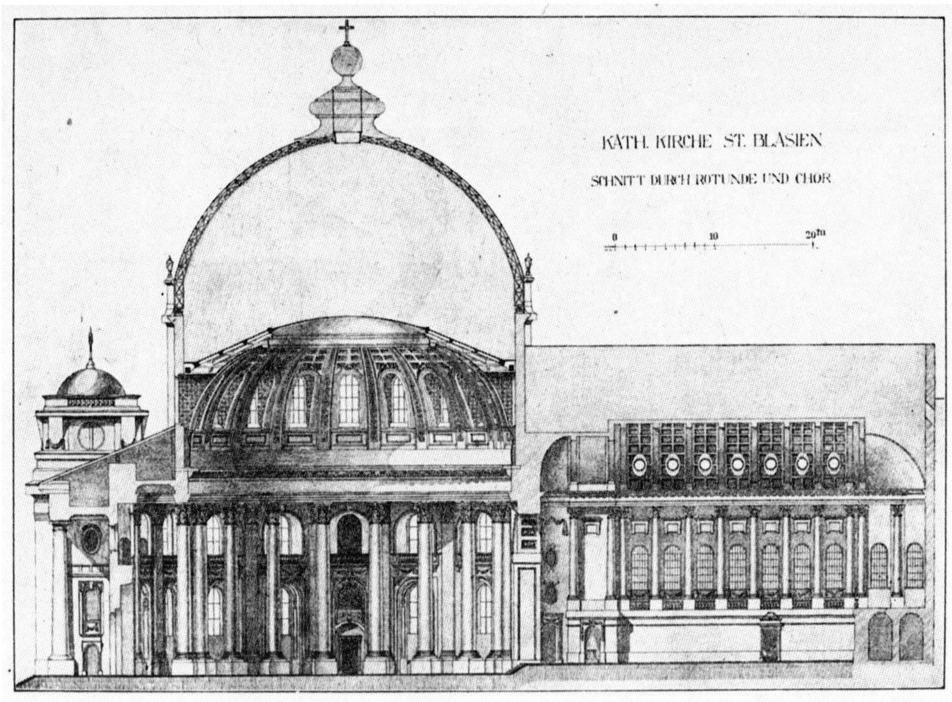

77 St. Blasien – Längsschnitt

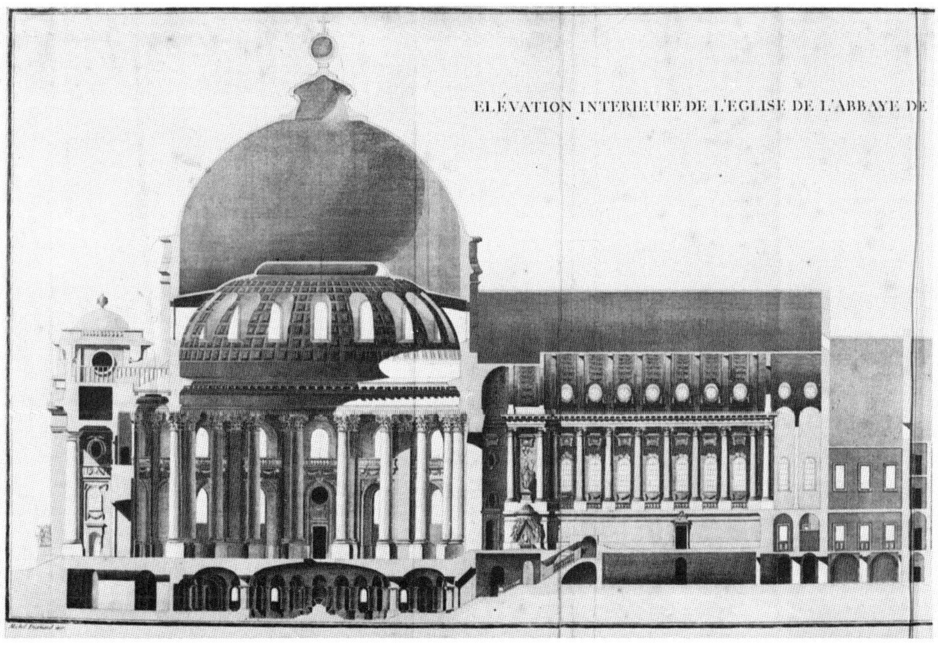

78 St. Blasien – Längsschnitt (nach d'Ixnard 1791)

79 Paris, Ste.-Geneviève, Projekt von L. Destouches, 1753 (Musée Carnavalet)

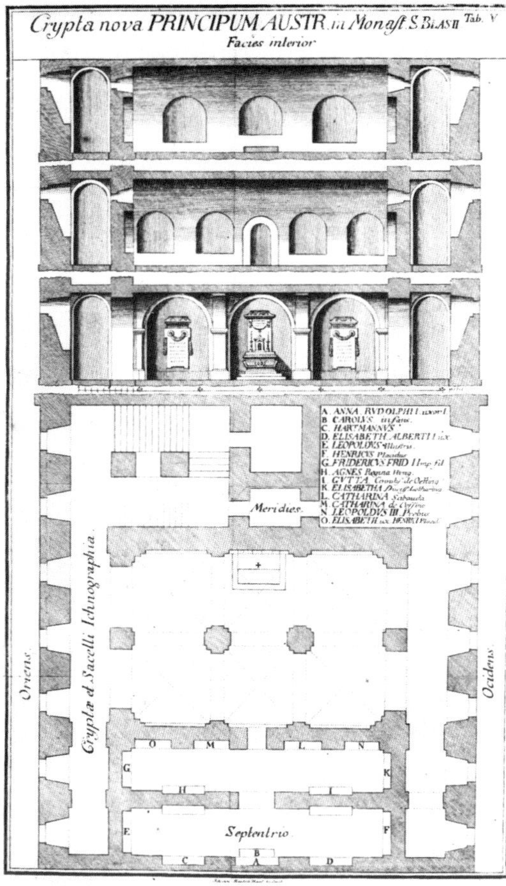

80 Grundriß der Krypta und Innenansichten

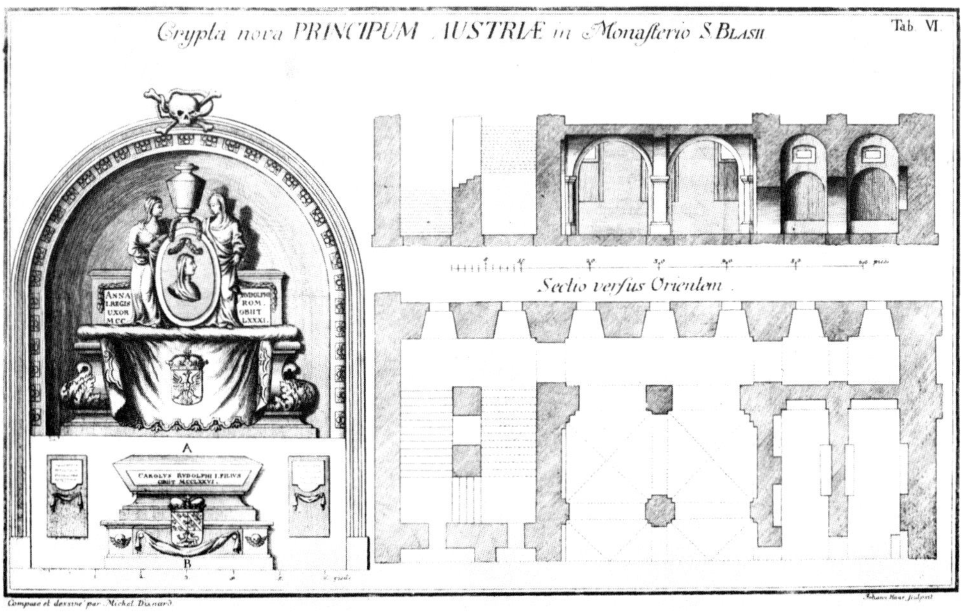

81 Monument der Königin Anna und ihres Sohnes Karl, Schnitt nach Osten und Grundrißdetail

82 Habsburger Monumente

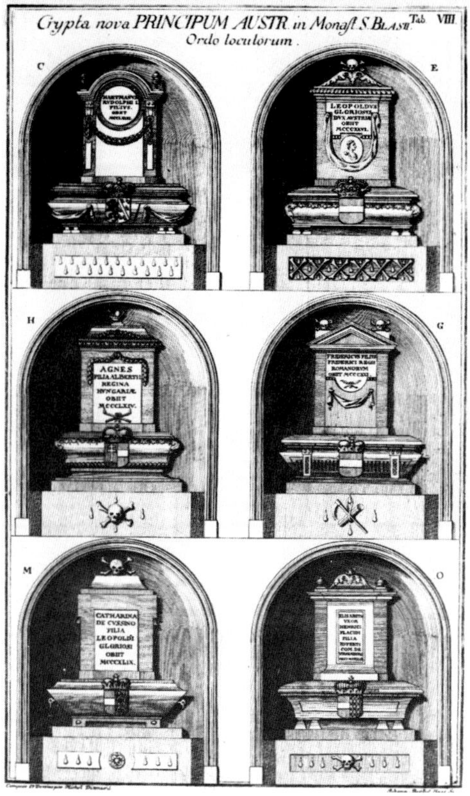

83 Habsburger Monumente

ßerte – seine für den Neubau in St. Blasien »gefertigten Plans«[29] vorzulegen. Der Gedanke liegt nahe, daß d'Ixnard sein Projekt mit der Habsburger-Gruft bei dieser Gelegenheit vorgezeigt hat, wohl in der Hoffnung mit Unterstützung des Hofes dieses aufwendige Projekt bei seinem Auftraggeber durchzudrücken. Vielleicht erhoffte er auch Aufträge in Wien. Nach Schmieders[30] Vermutung soll der Entwurf bereits 1770 dem Abt vorgelegen haben. Gerbert muß ihn dann schon damals abgelehnt haben, denn an ein monumentales Habsburger-Mausoleum, an eine Sammlung von Herrschergebeinen, wie sie Jahrhunderte zuvor der heilige Ludwig in der Abtei Saint-Denis durchgeführt hatte[31], hat er sicher nie gedacht.

Woher d'Ixnard die Anregung nahm, eine Grabkirche in Zentralbauform – sieht man vorläufig von der Trennung des Zentralbaus in Kirchenraum und Grablege ab – mit einer Abtei zu verbinden, ist leicht zu klären. In Frankreich hatten die Architekten Jean Bullant und Androuet du Cerceau schon 1572 am Nordquerhaus der Abteikirche Saint-Denis einen Zentralbau für die Toten des Hauses Valois begonnen, der allerdings unvollendet 1719 abgerissen werden mußte[32]. François Mansarts Planung für eine Bourbonen-Grablege östlich des Chores derselben Kirche aus den Jahren 1664/65 kam nicht zur Ausführung[33]. Gebaut wurde der Invalidendom: Auch er war – vielleicht von Beginn an – als Grabkirche für die Bourbonen[34] vorgesehen. Die sofort an unser Projekt erinnernde, weit in den Oberraum geöffnete Gruft mit dem Sarkophag Napoleons wurde aber erst 1840–61 von Louis Visconti eingebaut[35]. Grablegen innerhalb spätbarocker Kirchenräume sind auch in Süddeutschland nicht ungewöhnlich. In unserer Nähe denke man an die Welfengruft in Weingarten[36], die man in den barocken Großbau übernahm, oder an die Grablege der Stiftsmitglieder unter dem Zentralbau (!) des Chores in Kempten[37].

Und doch war es eine Pariser Kirche, die d'Ixnard inspirierte. Er schreibt am 30. Mai 1774 an Gerbert: ». . . j'ai fait deux voyages a Paris expres pour le bien de votre edifice, ou j'ai passé un iver entier avec quatre decinateurs.«[38]

Bei diesen Aufenthalten müssen ihm die Entwürfe für das »Panthéon«, die Kirche der hl. Genoveva auf dem Mont Sainte-Geneviève, bekannt geworden sein. Diese 1756 begonnene Votivkirche besitzt eine Krypta, die allerdings in ihrer nach den Plänen von Jacques-Germain Soufflot ausgeführten Form nichts mit dem Projekt für St. Blasien gemein hat. Anregend für d'Ixnard war ein Gegenprojekt des Architekten Laurent Destouches *(Abb. 79)* von 1753, das 1770 von Sellier gestochen wurde. Michael Petzet[39] hat diesen gegen Soufflots Ideen gerichteten Entwurf bekannt gemacht. Unter einem kreuzförmigen Zentralbau liegt eine Gruft, die deutliche Übereinstimmung mit dem »Idealprojekt« des d'Ixnard zeigt. Ein mit einer flachen Ringtonne gewölbter Umgang ist durch kreisförmig gestellte Säulen von einem Mittelraum getrennt, der sich zum Oberbau öffnet. Im Mittelpunkt ein Sarkophag, dessen Aufstellungsort in der Oberkirche durch einen Baldachin betont wird.

Unbeachtet blieb bislang ein weiterer Vorbilderkreis, der Gerbert durch seine Mitarbeit an Marquard Herrgotts TAPHOGRAPHIA[40] und d'Ixnard über den Bauherrn bekannt gewesen sein muß: die Grabmonumente mittelalterlicher Habsburger, die ebenfalls die seltene Verbindung von oberirdischem Kenotaph und unterirdischer Grabkammer zeigten. Offenbar haben die österreichischen Habsburger seit Herzog Albrecht II., dem Lahmen oder Weisen, mehrfach Familienkrypten mit einem Kenotaph als Bekrönung gebaut. In der von Albrecht II. gestifteten Kartause Gaming[41] liegt die Krypta vor dem Hochaltar unter dem Chor, der Kenotaph stand östlich des Eingangs zur Krypta. Die bedeutendste Kombination von Kenotaph und Grabkammer befand sich bis 1493 in St. Stephan in Wien. Nach Josef Zykans[42] Untersuchung erhob sich die Tumba Rudolfs des Stifters und seiner Gemahlin Katharina von Böhmen (heute im Frauenchor des Domes) ursprünglich als Kenotaph in der Mitte des Hauptchores von St. Stephan über der erst von Rudolf angelegten Habsburger-Krypta. Diese Beispiele machen wahrscheinlich, daß auch der für St. Blasien vorgesehene Sarkophag als Kenotaph unbelegt bleiben sollte. Als optisches Zentrum der Rotunde hätte er vorrangig auf die Mausoleumsfunktion des Gebäudes aufmerksam gemacht. Und er hätte Gerberts Ansicht (»In einem Gotteshause müsse nichts seyn, was zerstreue, was die Andacht störe.«)[43] widersprochen, die dieser dem Besucher Friedrich Nicolai gegenüber geäußert hatte.

Warum d'Ixnard einen nicht ausgeführten Entwurf als Abbild der Abteikirche von St. Blasien veröffentlichte, ist leicht erklärbar. Offensichtlich war er so von der Größe seiner Idee überzeugt, die aus einer Abteikirche ein gigantisches Mausoleum[44] gemacht hätte, daß er sie unbedingt der Nachwelt übermittelt sehen wollte. Es muß wie Ironie erscheinen, daß er seinen »Recueil« dem Abt von St. Blasien widmete[45]. Zum Verhalten d'Ixnards – Veröffentlichung eines Entwurfs statt einer Aufnahme des aufgeführten Baus in einem Werkverzeichnis – gibt es eine berühmte Parallele. 1804 publizierte der Architekt Claude-Nicolas Ledoux seine »Architecture«, in der er zahlreiche Ansichten von Bauwerken bringt, die abweichend von der gestochenen Form ausgeführt waren[46].

Schmieder hat sicher zu Recht vermutet, daß Gerbert glaubte, in seiner durchaus klosterfeindlichen Zeit »in diesen Gebeinen der Ahnen des allerhöchsten Kaiserhauses treue Hüter seines Klosters zu besitzen«[47]. Die Gebeine versagten dem Kloster den Schutz: 1806 wurde es aufgehoben. Trotzdem nahmen die Mönche sie mit, als sie nach St. Paul im Lavanttal auswanderten. Seit 1809 ruhen die »heros de l'auguste maison d'Autriche«[48] in der Gruft der dortigen Klosterkirche[49].

Anmerkungen

1 Eine Kurzfassung dieses Beitrages erschien unter dem Titel »Zur Habsburger-Gruft in St. Blasien«, in: Badische Heimat 54 (1974) 333–337. Zu d'Ixnards Leben und Werk vgl.: L. Vossnack, P.-M. d'Ixnard (Diss. Frankfurt), Remscheid 1938.

2 Zur Geschichte des Klosters, zu den Planungen und zum Neubau vgl. die grundlegende Arbeit von Ludwig Schmieder, Das Benediktinerkloster St. Blasien. Eine baugeschichtliche Studie, Augsburg 1929. Vgl. auch: Pierre du Colombier, L'architecture française en Allemagne au 18e siècle, Paris 1956, 196 ff. Zum Leben des berühmten Bauherrn s. zuletzt: Wolfgang Müller, Martin Gerbert. Fürstabt von St. Blasien 1720–1793, in: Lebensbilder aus Schwaben und Franken 12 (1972) 100 ff. Grundlegend für die Kenntnis seines Lebens sind seine Briefe, die G. Pfeilschifter (Korrespondenz des Fürstabtes Martin II. Gerbert von St. Blasien I 1752–1773, Karlsruhe 1931; II 1774–1781, Karlsruhe 1934) und W. Müller (Briefe und Akten des Fürstabtes Martin II. Gerbert von St. Blasien I Politische Korrespondenz 1782–1793, Karlsruhe 1957; II Wissenschaftliche Korrespondenz 1782–1793, Karlsruhe 1962) herausgegeben haben.

3 Es scheint selbst Architekturhistorikern entgangen zu sein, daß der ausgeführte Bau unter dem Zentralraum keine Gruft besitzt; man vgl. Paul Klopfer, Von Palladio bis Schinkel, Esslingen 1911, 43.

4 Schmieder Anhang S. 92; vgl. Text S. 159/160, 202 Anm. 1, 216

5 Vgl. das wenig geglückte Buch »Architektur des Frühklassizismus in Süddeutschland« (München–Zürich 1979, 94) von Hans J. Wörner.

6 Wolfgang Lotz, Notizen zum kirchlichen Zentralbau der Renaissance, in: Festschrift Ludwig H. Heydenreich, München 1964, 157 ff.

7 Richard Hoffmann, Das Marienmünster zu Ettal im Wandel der Jahrhunderte, Augsburg 1927, 28 ff.; vgl. auch: Erich Bachmann, Ein verschollener gotischer Zentralbau in Prag, in: Stifter-Jahrbuch 3 (1953) 156ff., 163

8 Schmieder S. 148 (13. 12. 1768)

9 C. L. V. Meeks, Pantheon-Paradigm, in: Journal of the Society of Architectural Historians 19 (1960) 135 ff.

10 Vgl. H. Wischermann, Canovas Pantheon – Überlegungen zum Tempio Canoviano von Possagno, in: architectura 10 (1980) 134 ff.

11 Schmieder Anhang S. 93

12 Die Bildlegenden des »Recueil« bei: Schmieder 102

13 Pfeilschifter I 376 ff.

14 Die die Translation betreffenden Dokumente in den Hss. 167, fol 37 a ff. (M. Ribbele); 87/6, fol 19 b ff. (F. Kreuter); 164, S. 80 (E. Gaes)

15 Das Zitat vom 14. 11. 1770: Hs. 167, fol 63 b–64 b; vgl. Hs. 87/6, fol 69 a. Das Zitat vom 15. 11. 1770: Hs. 167, fol 64 b–65 a.

16 DE TRANSLATIS HABSBURGO-AUSTRIACORUM PRINCIPUM, EORUMQUE CONIUGUM CADAVERIBUS EX ECCLESIA CATHEDRALI BASILEENSI ET MONASTERIO KOENIGSVELDENSI IN HELVETIA AD CONDITORIUM NOVUM MONASTERII S. BLASII IN SILVA NIGRA PER MARTINUM GERBERTUM, TYPIS SAN-BLASIANIS MDCCLXXII. Zum Preis des Buches vgl. Pfeilschifter, Nicolais Briefwechsel mit St. Blasien, 1935, 38/39 Anm. 6 (1 fl. 22 Kr).
CRYPTA SAN-BLASIANA NOVA PRINCIPUM AUSTRIACORUM TRANSLATIS EORUM CADAVERIBUS EX CATHEDRALI ECCLESIA BASILEENSI ET MONASTERIO KOENIGSFELDENSI IN HELVETIA ANNO

MDCCLXX AD CONDITORIUM NOVUM MONASTERII S. BLASII IN NIGRA SILVA PER MARTINUM GERBERTUM, TYPIS SAN-BLASIANIS MDCCLXXXV

17 Pfeilschifter I 384; I 393

18 Vgl. Renate Spannagel, Das Grabdenkmal der Königin Anna von Hohenberg im Münster zu Basel, Mag.-Arbeit Freiburg 1982

19 St. Paul, Hs. 87/6 (F. Kreuter), fol 47 a

20 Pfeilschifter I 389

21 Pfeilschifter I 402

22 Pfeilschifter I 399

23 Müller II 6 (16. 1. 1782)

24 Pfeilschifter I 423

25 Pfeilschifter I 445

26 St. Paul, Hs. 167 (M. Ribbele), fol 65 a

27 Pfeilschifter I 403

28 Schmieder 168

29 Müller II 637 (Gerbert an Kammerfrau von Fischer)

30 Schmieder 155, Anhang S. 61

31 Jules Formigé, L'abbaye royale de Saint-Denis. Nouvelles recherches, Paris 1960; Alain Erlande-Brandenburg, Le Roi est mort. Etudes sur les funérailles, les sépultures et les tombeaux des rois de France, Paris – Genf 1975

32 Klaus Gallwitz, Untersuchungen zum italienischen Grab- und Memorialbau des 15. und 16. Jahrhunderts, Diss. Göttingen 1957; Florens Deuchler, Reclams Kunstführer Paris, Stuttgart 1970

33 Anthony Blunt, François Mansart and the origins of French classical architecture, London 1941; Kat. François Mansart, Paris 1971, Nr. XXVI

34 Zu den Plänen, die unter der Kuppel des Invalidendomes schon für die Zeit Ludwigs XIV. einen Sarkophag oder Kenotaph zeigen, vgl. Patrick Reuterswärd, The two churches of the Hôtel des Invalides, Stockholm 1965, 49 f., Tf. 12, 95 ff.

35 Zum Invalidendom (Saint-Louis des Invalides von J. Hardouin-Mansart, 1680–1706) vgl. A. Boinet, Les églises parisiennes, Paris 1964 (III) 110 ff.

36 E. König, Die süddeutschen Welfen als Klostergründer, Stuttgart 1932; Hugo Schnell, Weingarten, München–Zürich [4]1972, 40

37 M. Roediger, Die Stiftskirche St. Lorenz in Kempten. Ein Beitrag zur Geschichte der süddeutschen Barockarchitektur, Burg b. M. 1938, 2

38 Pfeilschifter II 652 (d'Ixnard an Gerbert, 30. 5. 1774)

39 Michael Petzet, Soufflots Sainte-Geneviève und der französische Kirchenbau des 18. Jahrhunderts, Berlin 1961, 166, Abb. 43/44

40 Marquard Herrgott und Martin Gerbert, MONUMENTA AUGUSTAE DOMUS AUSTRIACAE, Bd. IV: TAPHOGRAPHIA PRINCIPUM AUSTRIAE . . ., St. Blasien 1772; zu Herrgott: Josef P. Ortner, M. H. (1694–1762). Sein Leben und Wirken als Historiker und Diplomat, Wien 1972, 65

41 Herbert Paulhart, Die Kartausen Gaming und Mauerbach, in: Kat. Die Zeit der frühen Habsburger, Wiener Neustadt 1979, 279 ff.

42 Josef Zykan, Das Grabmal Rudolfs des Stifters, in: Österreichische Zeitschrift für Kunst und Denkmalpflege 6 (1952) 21 ff.

43 Friedrich Nicolai, Beschreibung einer Reise durch Deutschland und die Schweiz im Jahre 1781, Berlin–Stettin 1796, XII 106; bei Nicolai (S. 137) der Hinweis, daß die Leichname der Habsburger bis zur Fertigstellung der Kirche im Archiv abgestellt waren.

44 Bernd Evers, Mausoleen des 17. bis 19. Jahrhunderts. Studien zum Grab- und Memorialbau, Diss. Tübingen 1977; H. Wischermann und Mitarb., Mausoleen des 18. Jahrhunderts in England, Freiburg 1982 (Berichte und Forschungen zur Kunstgeschichte 7)

45 Die Widmung bei Schmieder 101

46 C. N. Ledoux, L'architecture considérée sous le rapport de l'art, des moeurs et de la législation, Paris 1804

47 Schmieder 155

48 Pfeilschifter I 402 (Marschall von Zurlauben an Gerbert, 8. 11. 1770)

49 Fritz Stanzel, Die Gruftkapelle im Münster zu St. Paul im Lavanttal, in: Zeitschrift des deutschen Vereins für Kunstwissenschaft 5 (1938) 51 ff.; Karl Ginhart, Die Kunstdenkmäler des Benediktinerstiftes St. Paul im Lavanttal und seiner Filialkirchen, Wien 1969, 99, 167, Abb. 212 (Österr. Kunsttopographie 37)

Peter Schmidt-Thomé

Überlegungen zum Baubestand des »Neuen Münsters« von St. Blasien aufgrund der archäologischen Sondierung im Jahre 1980

Im Zuge der Voruntersuchungen für die Heizungsplanung im Dom wurde in zwei Etappen im März und im Juni bis August 1980 in der Rotunde eine archäologische Sondierung durchgeführt, deren Ergebnisse nachstehend zusammengefaßt werden sollen.

Zu klären war aus der Sicht der archäologischen Denkmalpflege, ob eventuelle Heizungsbaumaßnahmen die Überreste der Vorgängerbauten, deren Existenz ja bekannt war, in Mitleidenschaft ziehen könnten. Diese Frage konnte bereits im Gefolge der ersten Sondierung zufriedenstellend geklärt werden: Für den Neubau der Rotunde Ende des 18. Jahrhunderts wurde zwar das gesamte sogenannte »Neue Münster« abgetragen. Man hat jedoch, sicher ebenso sehr aus architektonischen, wie aus praktischen Gründen, das Fußbodenniveau erheblich über dem der Vorgängerkirche gewählt (ca. 170 bis 200 cm). In der somit entstandenen mächtigen Auffüllung konnte somit ohne Gefahr für die noch erhaltenen Überreste der älteren Kirche die Heizungsinstallation vorgenommen werden.

Die Befunde waren jedoch immerhin so bedeutsam, daß die erste Sondierung in der Art erweitert wurde, daß eine klarere Deutung der Befunde möglich wurde. Von einer an sich aus wissenschaftlichen Gründen dringend erforderlichen Ausgrabung im Kircheninneren mußte allerdings aus terminlichen und finanziellen Gründen Abstand genommen werden. In den bereits festgelegten Kosten-Rahmenschätzungen der staatlichen Bauverwaltung war eine wissenschaftliche Ausgrabung nicht vorgesehen. Die begrenzten wissenschaftlichen Mittel des Sachgebietes Archäologie des Mittelalters beim Landesdenkmalamt, Außenstelle Freiburg, waren für 1980 bereits in vollem Umfang festgelegt. Vor allem jedoch war im Zeitplan für die Restaurierung keine Spanne vorgesehen, in der man eine fachlich zu verantwortende Ausgrabung hätte abwickeln können: Im Herbst 1980 mußten die Rohbauarbeiten für die Heizung beginnen. Selbst unter günstigen Verhältnissen hätte jedoch eine wissenschaftliche Ausgrabung den Rahmen zwischen März und September weit überschreiten müssen.

Forschungslage

Die Baugeschichte des Klosters und seiner Kirchen ist durch eine Anzahl schriftlicher und bildlicher Quellen in einem seltenen Ausmaß belegt. Eine umfassende – wenn auch nicht erschöpfende – Auswertung und Deutung dieser Quellen hat Ludwig Schmieder, der langjährige Leiter der Wiederherstellungs- und sonstiger Baumaßnahmen vorgelegt[1]. Dies, mit zahlreichen Abbildungen und Plänen ausgestattete Werk blieb seither die Grundlage für die Beurteilung der älteren Baugeschichte bis zu den großen Neubauten des 18. Jahrhunderts, die alles Ältere nahezu spurlos verschwinden ließen. Die mittelalterlichen Kirchenbauten von St. Blasien, das »Alte

Münster« und das »Neue Münster« sind in allen Standardwerken zur romanischen Baukunst Süddeutschlands aufgeführt. Besonders das »Neue Münster« bildet ein wichtiges Glied in der Beweiskette aller Arbeiten, die sich mit den Kirchen der romanischen Reformklöster befassen. Dabei mußten sich die Bearbeiter auf die überlieferten alten Abbildungen, Pläne und Beschreibungen stützen. Seit der Veröffentlichung von Schmieders Werk, bildete dies die Grundlage der Argumentation.

Schmieder hat während der jahrzehntelangen Tätigkeit in St. Blasien auch den Versuch einiger archäologischer Untersuchungen in kleinerem Maßstab unternommen. Dabei handelte es sich weitgehend um oberflächliche Sondierungen, die lediglich dem Verlauf der vermuteten und auch vorgefundenen Mauerzüge folgten. Tiefergehende Grabungen, etwa gar nach stratigraphischen Gesichtspunkten waren nicht beabsichtigt. Entsprechend gering ist der Umfang der Dokumentationsmaterialien. Nach den Auskünften der staatlichen Bauverwaltung haben sich in den dortigen Archiven keinerlei Aufzeichnungen oder Pläne und Photos zu den archäologischen Untersuchungen Schmieders erhalten.

Der bisherige Kenntnisstand über das Aussehen des »Neuen Münsters« läßt sich in folgender Gestalt zusammenfassen: Eine dreischiffige Basilika mit ausladendem Querhaus und flachgeschlossenem Chor, den zwei ebenfalls flachgeschlossene Seitenkapellen in Verlängerung der Seitenschiffe flankieren. Im Westen schließt an das Langhaus eine Vorhalle in Breite des Mittelschiffs, die durch zwei Türme vor den Seitenschiffen flankiert wird. Im Westen, der Fassade vorgelagert, befindet sich ein querrechteckiges Paradies. Die sieben Mittelschiffarkaden erheben sich über Rundpfeilern, lediglich das erste östliche Pfeilerpaar hat quadratischen Querschnitt. In dieser Achse ist der Mönchschor durch eine Chorschranke quer durch Mittel- und Seitenschiffe vom Langhaus abgetrennt. Südlich an das Langhaus schließt der Kreuzgang; je eine Türe aus seinem West- und Ostflügel führen in das östlichste und westlichste Seitenschiffjoch. Nach Schmieders Ansicht waren die beiden Seitenkapellen mit längsgerichtetem Tonnengewölbe versehen, die Vorhalle mit quergerichtetem Tonnengewölbe. Aus ihr führte eine dreiteilige Öffnung in das Mittelschiff.

So stellt Schmieder in Abb. 5 die Kirche im Zustand vor dem für 1322 beurkundeten Brand dar. Anhand der von ihm benutzten Quellen vermerkt er auch noch die Standorte von 12 Altären und die Gräber von den bis 1672 nachgewiesenen 39 Äbten.

Die äußere Gestalt des Neuen Münsters ist wohl am besten durch die Zeichnung in Gumpps »Ortus et occasus« für das Jahr 1562 überliefert[2]: Abgesehen von kleinen Details bezüglich der Fenster bestätigt sie die Aussage Schmieders. Wesentliche Abweichungen sind folgende: das angenommene Paradies ist hier nur als ummauerter Vorhof dargestellt, es erhebt sich nur ein Glockenturm vor dem Westende des nördlichen Seitenschiffes *(Abb. 39)*.

Schmieder, desgleichen vor und nach ihm die traditionelle Architekturgeschichte der romanischen Reformklosterkirchen in Süddeutschland, sehen im Neuen Münster von St. Blasien einen der am klarsten ausgeprägten Kirchenbauten des sogenannten Hirsauer Bauschemas.

Aufgrund des eingehenden Studiums der von Gumpp im »Ortus et occasus« zusammengetragenen Angaben und der Ansichten des 16. bis 18. Jahrhunderts rekonstruiert Schmieder auf den Abbildungen 14 ff den seit dem 14. Jahrhundert mehrfach veränderten Kirchenbau in seinem Zustand um das Jahr 1728 *(Abb. 38)*. Die wesentlichsten Veränderungen sind folgende: die Chornebenkapellen fehlen, die Querschiffarme sind zu zweigeschossigen Nebenräumen gegen die Vierung abgetrennt: im Erdgeschoß im Norden das Kapitelhaus, im Süden die Sakristei; darüber Emporen für den »musikalischen Chor«. Der Mönchschor erstreckt sich bis auf die Höhe des 2. Pfeilerpaares in das Mittelschiff, die beiden östlichen Arkadenpaare sind in voller Höhe verschlossen. Die jeweils ersten Seitenschiffjoche im Osten sind als Durchgangsräume abgetrennt, das jeweils westlich anschließende Joch zu Seitenkapellen. Die Vorhalle zwischen den Türmen ist in voller Breite gegen das Mittelschiff geöffnet. Über allen Raumteilen, mit Ausnahme des Mönchschores und Altarraumes sind Kreuzgewölbe angegeben. (So auch in der Grundrißzeichnung in Gumpps »Ortus«).

Dieser Baubestand wurde in seinen Umfassungswänden für die barocke Wiederherstellung der Kirche beibehalten, während der gesamte Klosterbereich neu gebaut wurde (Schmieder Abb. 33 ff). Der Baubestand wird im Schaubild aus der Salzmann Mappe für das Jahr 1768 (datiert 18. 10. 1772) wiedergegeben. Erst der Neubau der Klosterkirche nach den Plänen d'Ixnards beseitigte auch die letzten aufgehenden Teile des »Neuen Münsters«. Die Kirchenachse wurde Nord-Süd gedreht. Der Kuppelbau und der Chorraum überdecken außer der Vorgängerkirche auch bedeutende Teile des Konventes.

Das »Neue Münster« befindet sich unter der nördlichen Hälfte der Rotunde und unter deren Vorhalle mit Stufenbau. Die alte Ostfassade des Chores liegt unmittelbar östlich der Rotunde in den Grünflächen vor dem Klosterflügel; Vorhalle mit Türmen und den westlichen Langhausjochen und Paradies liegen entsprechend westlich der Rotunde und erstrecken sich unter den Straßenraum *(Abb. 84)*.

Die Befunde der Sondierung von 1980

Die archäologische Sondierung erbrachte Befunde von den zwei wichtigsten baugeschichtlichen Epochen der Klosterkirche: die Bauhorizonte für den Neubau der Rotunde des ausgehenden 18. Jh. mit den in sie eingreifenden Spuren der Wiederherstellung nach dem Brand 1874 und die Überreste der nach dem Brand von 1768 abgebrochenen Kirche, des neuen Münsters *(Abb. 85)*.

Selbst in den Bodenschichten zeigt sich die kolossale Idee des Kirchenneubaues nach den Plänen von Michel d'Ixnard. Nahezu zwei Meter mächtige Auffüllschichten decken das einheitliche Abbruchniveau der mittelalterlichen Klosterkirche. Sie wurde nach Ausweis der Sondierung bis auf das zuletzt benutzte Fußbodenniveau abgetragen, nicht, wie oftmals an anderen Orten, auch die Fundamente ausgegraben. Lediglich die Bodenplatten hatte man entfernt. Gleiches ergaben die Untersuchungen Schmieders von 1927. Offenbar trug man zunächst die Umfassungswände der alten Kirche ab, mutmaßlich wurde dabei das brauchbare Material für die Herstellung der Rotundenfundamente verwendet. Demzufolge lag über den Mauerresten eine einheitliche Schicht von Bauschutt und Mörtelresten, die durch das Belaufen festgetreten war. Dann scheint man das Innere des Fundamentkranzes bis zu 1,70 m mit Schotter und Sand aufgefüllt zu haben. Den Schüttspuren nach zu schließen wurde das Material von der Raummitte bis nach außen verteilt. In den ausführlichen Reiseberichten von Nicolai S. 90 Bd. 12 und den Berichten des Bauführers Weiß wird von einer besonderen Vorrichtung zum Transport des Auffüllmaterials berichtet[3]. Die Oberfläche dieser Auffüllung war grob eingeebnet worden und mit einer festgetretenen Schicht von Kalk- und Verputzresten beinahe in Art eines Estrichs überzogen. Auf diesem Niveau also wurde die Rotunde zumindest in ihrem Rohbau fertiggestellt, ehe dann endgültig bis zum Konstruktionsniveau des Fußbodens aufgefüllt wurde. Dieses lag offensichtlich ca. 25 cm unter dem zu Beginn der jüngsten Restaurierung vorgefundenen Fußbodenniveau! Das heißt, nach dem Brand von 1874 hat man den zerstörten Bodenbelag entfernt, und dann das Innere nochmals mit einer Ausgleichsschicht angefüllt. Noch ein weiterer interessanter Aufschluß über die Wiederherstellungsmaßnahmen nach 1874 zeigte sich. Entlang der nördlichen Grenze des Sondierungsschnittes, etwa parallel zum Kolonnadenkranz fanden sich drei mächtige, bis zu 1,80 m eingegrabene Baumstämme, die im Bereich der oben genannten Ausgleichsschicht abgeschnitten waren *(Abb. 88)*. Ein vierter weiter zur Mitte. Die »Pfostengruben« für diese Stämme durchbrachen die Planierschichten des 18. Jh. Aufschluß über ihre Bedeutung gibt der Bericht von Oberamtmann Weiß vom 29. 5. 1876: »Gegenwärtig werden Löcher für die Gerüststangen in der Rotunde gegraben.« ... Und an anderer Stelle: »Nachdem bereits die äußere Reihe im Inneren der Rotunde (ich glaube 21) der großen Gerüstbäume gestellt oder vielmehr 6 Fuß tief eingegraben worden sind, ohne auf etwas anderes als lauter Mauerschutt zu stoßen!...«[4]. In den Gruben für diese Stämme fanden sich Fragmente von Stuck und Marmor, die zur Dekoration der 1874 ausgebrannten Rotunde gehört haben müssen *(Abb. 89)*.

Sämtliche Befunde zu den älteren Bauperioden liegen unter der genannten Abbruch- und Planierschicht aus Bauschutt und Mörtelresten, deren Oberfläche teilweise wie ein Estrich gehärtet erscheint. Direkt darunter verläuft ein ca. 1,10 m breiter Mauerzug von Ost nach West. Im Norden des Sondierungsschnittes schließt daran eine pflasterartige Packung aus teilweise vermörtelten Bruchsteinen, deren Oberfläche teilweise verglüht ist *(Abb. 90)*. In den Vertiefungen fanden sich Asche- und Holzkohlereste. Die Abbruchkante der Südmauer lag etwas tiefer als die Pflasterung. Diese ist offenkundig der Unterbau unter dem Holzpodest eines Gestühls, wie die genaue Lokalisierung der Befunde im Grundriß noch zeigen wird. Nach Osten ist dieser Fußbodenunterbau in einer geraden Flucht begrenzt. Etwas tiefer liegend grenzt daran eine Mörtelfläche, in der sich die Umrisse unterschiedlich großer, rechteckiger Bodenplatten erkennen lassen *(Abb. 91)*. Eine rote Sandsteinplatte war am Ostende des Schnittes erhalten. Dieser ehemalige Plattenboden unterbricht den Verlauf des Mauerzuges im Osten des Schnittes und ist gegen ihn in einer Kante abgegrenzt, die dem Querschnitt einer Türleibung gleicht *(Abb. 92)*. Die Linie der Türleibung war deutlich markiert durch eine Verputzkante. Die nach Osten gewandte Putzfläche war geglättet. Beim weiteren Abgraben zeigte sich, daß die hier anzunehmende Türöffnung nicht tiefer reichte und dann später vermauert worden war, sondern direkt auf das Niveau des Plattenbelages Bezug nimmt, also mit diesem gleichzeitig ist *(Abb. 93)*.

Bereits von der Oberfläche der Mauer ließ sich an ihrem Westende anhand unterschiedlicher Mauertechnik und anderer Materialien und an ehemals sichtbar gewesenen Putzoberflächen erkennen, daß hier eine breite Öffnung zunächst zu einem schmalen Durchlaß (1,20 m) nach Süden, dann zu einer flachen Nische von ca. 2/3 Mauerstärke auf der Südseite und dann schließlich gänzlich zugemauert worden war. Für die Abmauerung als Nische wurde das Fragment einer gotischen Gewölberippe verwendet.

Außerhalb, südlich des Mauerzuges reichte die Auffüllung mit Abbruchschutt wesentlich tiefer, als das Bodengestück oder das Mörtelbett des Sandsteinbodens (ca. 65 cm) *(Abb. 94)*. Hier fand sich ein geglätteter Mörtelestrich, ohne Spuren eines zusätzlichen Plattenbelages, der in einer weichen Kehle nahtlos in den Wandverputz an der Außenseite – Südseite – des Mauerzuges übergeht. Dieser Wandverputz zieht sich auch über das eben genannte Flickmauerwerk der Nische hinweg, muß also einer späteren Baumaßnahme angehören *(Abb. 95)*. Nach Osten zu waren auf diesen Estrich nachträglich dicht nebeneinander zwei Fundamentstreifen aufgesetzt, die wohl als Stufenunterbau und vielleicht Trennwandfundament in Beziehung zu dem Plattenbelag stehen. Nachdem sie teilweise abgebaut waren zeigte sich, daß der Estrich sich auf die ganze Länge des Schnittes fortsetzte, hier in seiner Oberfläche jedoch noch Spuren einer Beimengung aus Ziegelsplitt enthielt[5].

Direkt neben dem nachträglich vermauerten Durchlaß in der Südmauer streicht der Estrich gegen einen stark beschädigten Sockel aus Sandstein, von dem sich zeigte, daß er um diese Wandzunge herumgeführt war. Demnach markiert er den ursprünglich in einfacher Weise ausgezierten Sockel und zeigt ein ursprünglich tiefer liegendes Bodenniveau an.

Ergänzende Nachgrabungen auf der Nordseite des Mauerzuges und der Ausmauerung führten auf mehrere Bodenniveaus unter dem Bruchsteinboden *(Abb. 96)*. Zunächst folgte eine ca. 50 cm starke Auffüllung aus Bauschutt, die ein dünnes Band aus vermodertem Holz bedeckte – offensichtlich ein älterer Holzboden. In etwa 2,80 m Tiefe wurde der mutmaßlich gewachsene Boden erreicht. Diese Schicht liegt etwa 1,00 m unter dem Abbruchhorizont des »Neuen Münsters«. In ihn eingetieft war ein nach Norden weisendes Fundament aus vermörtelten Bruchsteinen und Geröllen. Seine Breite beträgt etwa 80 cm, die Fundamenttiefe wurde auch hier nicht ergraben

(Abb. 97). Die äußere, westliche Kante des Fundamentes fluchtet mit der Stirnseite der Südwand. Eine Bauschicht, die an dieses Fundament anbindet, und Reste eines Bodengestückes westlich davon und mit diesem zusammengehörig, lassen für diese älteste feststellbare Bauphase des »Neuen Münsters« ein Fußbodenniveau von ca. 2,65 m unter dem heutigen der Rotunde annehmen *(Abb. 98)*. Es liegt 10 bis 15 cm unter dem Estrich außerhalb der Südmauer und nimmt direkten Bezug auf den einfachen Sandsteinsockel an der Pfeilerstirn. Diese Pfeilerstirn ist nicht, wie die Südmauer sonst, aus Bruchsteinen und Geröllen, sondern aus sorgfältig gearbeiteten roten Sandsteinquadern gefügt. Die beiden untersten Steinlagen über dem Sockel sind erhalten. Dabei sind der obere Quader und die obere Hälfte des darunterliegenden in ihrer Oberfläche stark durch Hitze beschädigt und bis zu fünf Zentimeter stark abgeplatzt. Diese Spuren eines offenbar verheerenden Feuers enden ca. 40 cm über dem ältesten nachweisbaren Bodenniveau. Das Feuer fand also zu einem relativ späten Zeitpunkt statt, als das Kircheninnere bereits in diesem Bereich aufgehöht war *(Abb. 97)*.

Deutung der Grabungsbefunde und Datierung

Eine Deutung der Befunde muß bei dem geringen Umfang der Sondierung natürlich mit gewissen Einschränkungen gelten und ist auch nur unter Zuhilfenahme der überlieferten Pläne und Ansichten in Verbindung mit den überlieferten Texten möglich[6].

Demnach handelt es sich um den Bereich der südlichen Arkadenreihe auf Höhe des ersten und zweiten Seitenschiffjoches im Anschluß an die Vierungspfeiler *(Abb. 86)*. Entgegen den bisherigen Rekonstruktionsversuchen kann es sich dabei nicht um einen quadratischen Freipfeiler in Art des sogenannten »Hirsauer Bauschemas« handeln. Die originale Pfeilerstirn, aus Sandsteinquadern mit Sockel sorgfältig aufgemauert, setzt sich nach Osten in einen eindeutig einheitlichen Mauerzug von ca. 3,50 m fort. Dieser wird dann von einer Tür nachträglich durchbrochen. Das kann nur als eine geschlossene Südwand anstelle einer Arkade zwischen Mittelschiff und erstem Seitenschiffjoch gedeutet werden. Versuchsweise sei das nördlich quer anschließende Fundament in der Flucht der Pfeilerstirn als Fundament einer westlichen Chorschranke quer durch das Mittelschiff gedeutet. Der geschlossene Chor, in der traditionellen Kunstgeschichtsbeschreibung als Chorus Minor bezeichnet, umfaßte also tatsächlich noch das erste Langhausjoch, war jedoch zu den Seitenschiffen in einer massiven Wand abgegrenzt. Diese dürfte sicher den größten Teil der Arkadenhöhe verschlossen haben. Die Rekonstruktion Schmieders für das »Neue Münster« bis zum Jahr 1322 muß also zumindest im Bereich des ersten Langhausjoches entsprechend korrigiert werden. Ob jedoch anstelle der ersten Arkade eine geschlossene Wand angenommen werden muß, wie beispielsweise bei dem ins Mittelschiff hineingezogenen Chor in Reichenau-Mittelzell, oder ob die Arkaden in entsprechender Höhe über den Chorschranken geöffnet waren, kann nicht mit archäologischen Mitteln geklärt werden. Ob sich die Chorschranken in gleicher Flucht nach Osten fortsetzten und somit auch die Querschiffarme abgrenzten, oder ob diese durch einen Abschluß der Seitenschiffe im Osten in den Mönchschor einbezogen waren, sei dahingestellt[7].

Als das »Neue Münster« durch einen verheerenden Brand geschädigt wurde, war im Bereich des Chores das Bodenniveau bereits aufgehöht worden. Die Ausmauerung der westlich anschließenden Arkade nimmt ebenfalls bereits auf dieses höhere Bodenniveau Bezug[8].

Die ersten überlieferten Grundrisse des »Neuen Münsters« bei Gumpp[9] *(Abb. 38)* zeigen dieses bereits im Zustand vielfältiger Umgestaltungen: Der Mönchschor nimmt die zwei östlichen Mittelschiffjoche ein, gegen die Seitenschiffe und Querarme ist er durch massive Mauern abgegrenzt, im Sinne des Barock jedoch nach Westen nur durch mehrere Stufen abgesetzt. Die Seitenschiffe sind je um das östliche Joch gekürzt. Dies bildet im Süden einen Verbindungsraum zum Kreuzgang. Das zweite Joch bildet je eine Kapelle: im Süden stand hier der Benediktus-Altar, ebenso wie der Hauptchor um drei Stufen über das westliche Langhaus erhöht.

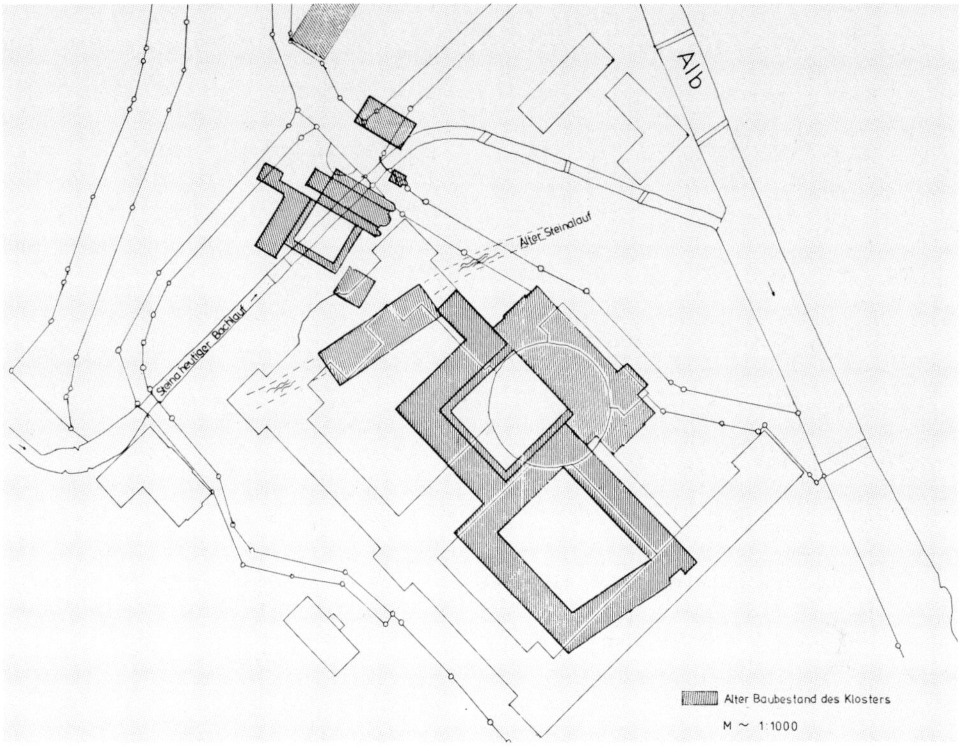

84 Lageplan der mittelalterlichen Klostergebäude innerhalb des heutigen Klosterareals. Auf der Grundlage der Forschungen von J. L. Schmieder und einer Umzeichnung des Staatl. Hochbauamtes

85 Umzeichnung der Grabungsbefunde

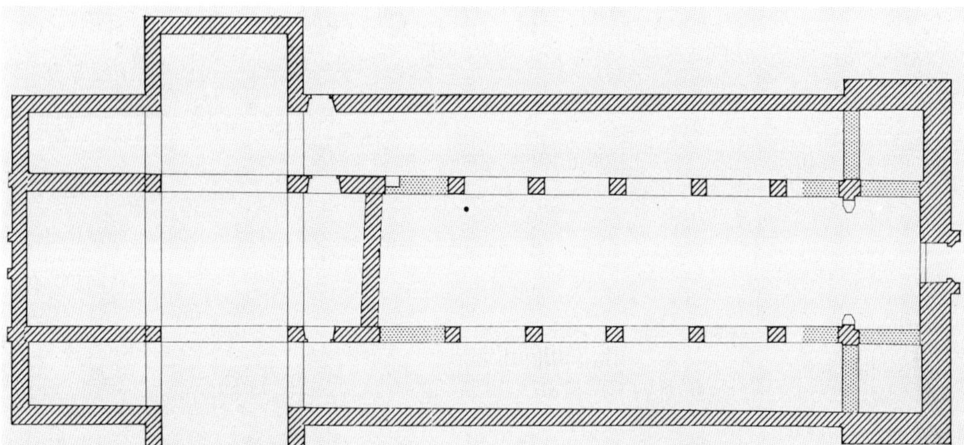

86 Schematischer Grundriß des „Neuen Münsters“ auf der Grundlage des Planes von Gumpp, der Befunde von J. L. Schmieder und der Sondierung 1980

87 Die Grabungsstelle mitten in der Rotunde. Blick nach Westen

88 Die Grabungsstelle bei Beginn der Arbeiten. Bauhorizont der Rotunde. Blick nach Westen. Links das abgestützte Sondierungsloch. Rechts oben und unten in der Mitte die Reste der Gerüststämme von 1876.

89 Blick in die Grabungsstelle von Westen. Der Abbruch- und Planierhorizont des „Neuen Münsters“ ist freigelegt. Darüber die mächtigen Auffüllschichten aus der Bauzeit der Rotunde mit deutlichen Schüttspuren. Die Steinpackung in der Mitte des Profils ist der Rest der Verkeilung der Gerüststämme von 1876.

90 Die Befunde im Zustand des abgebrochenen „Neuen Münsters“, Blick nach Westen. Südarkadenwand; rechts grenzt der Unterboden für ein Gestühl im Mittelschiff an, links die Einbauten im Südseitenschiff.

91 Derselbe Befund, Blick nach Osten. Am oberen Bildrand im Anschluß an den Unterboden des Gestühls das Mörtelbett des Plattenbodens. Rechts am Bildrand die Einbauten im Südseitenschiff.

92 Abdrücke der Sandsteinplatten im Mörtelbett des Mittelschiffes

93 Umriß der Türleibung in der Südmauer

94 Südseitenschiff mit teilweise abgetragenen Einbauten. Der Estrichbelag des Bodens geht in den Wandverputz der Trennwand zum Mittelschiff über. Die rechts unten in der Fläche erkennbare Türleibung reicht nicht bis auf das Estrichniveau des Seitenschiffes.

95 Detail im Südseitenschiff: Die teilweise abgebauten nachträglichen Fundamente liegen über dem geringfügig beschädigten Estrich und stoßen ohne Verband an den Verputz der Mittelschiffwand. Aus dem Estrich ragt der weitgehend abgearbeitete Sandsteinsockel heraus.

96 Detail mit tiefstem Grabungsniveau. Rechts der Mauerzug zum Südseitenschiff mit der daran anschließenden Vermauerung der Arkadenöffnung des 2. Joches.

97 Detail der Trennwand zwischen Mittel- und Südseitenschiff von Norden. Rechts die nachträgliche Vermauerung der Arkade unter Verwendung eines gotischen Rippenfragmentes. Der senkrechte Maßstab lehnt an den durch Feuer geschädigten Sandsteinquadern der Pfeilerstirn und dem Pfeilersockel.

98 Die tiefsten ergrabenen Bodenniveaus. Links die Pfeilerstirn der Trennwand zum Südseitenschiff. Unter dem liegenden Maßstab das Mörtelbett des tiefsten Bodenniveaus. Im Vordergrund das Querfundament für die mutmaßliche westliche Chorschranke.

Vergleicht man diese Darstellung mit den Befunden, so wird deutlich, daß das Bruchsteinpflaster bzw. die Plattenabdrücke im Mörtelbett östlich davon das barocke Chorbodenniveau angeben. Die rohe Oberfläche weist auf das Holzpodest eines geschlossenen Gestühls. Die Fundamentreste im Seitenschiff, die direkt auf dem Mörtelestrich stehen, können nur in Verbindung mit der Abtrennung des östlichen Seitenschiffjoches und des Benediktus-Altars gesehen werden. Nach dem Befund muß, anders als auf den überlieferten Plänen, das Niveau in der Seitenkapelle beträchtlich unter dem des Chores gelegen haben. Um den direkten Zugang vom Kreuzgang zum Chor zu ermöglichen, wurde in die Südwand die oben erwähnte Türöffnung gebrochen.

Die zeitliche Einordnung des zuerst angetroffenen Bodens ins 18. Jh. ist eindeutig. Der Estrich im Seitenschiff ist zwar älter, als diese barocke Ausgestaltung, gehört jedoch nicht dem Ursprungsbau an. Er kann nur jünger als die Ausmauerung der 2. Arkade sein. Da für das »Neue Münster« zwei Brandkatastrophen überliefert sind: am 30. April 1322 und am 11. April 1526, muß offen bleiben, welcher der Katastrophen die Schäden an der Pfeilerstirn der Südwand zuzuschreiben sind. Bestehen die von Schmieder aus den Quellen erschlossenen Gewölbe von Mittel- und Seitenschiffen nach dem Brand von 1322 tatsächlich, müßte man sie diesem Brand zuschreiben.

Die genaue Durchsicht von Schmieders erarbeiteten Folgerungen für die Baugeschichte des Neuen Münsters, insbesondere die spärlichen Angaben zu seinen Grabungsergebnissen, machen noch eine weitere Korrektur der traditionellen Einordnung in die Reihe der sogenannten »Hirsauer Bauschule« erforderlich. Nach Schmieder besaß das Neue Münster bereits im hohen Mittelalter eine Doppelturmfassade im Westen. Sämtliche mir zugängliche Quellen zur Baugeschichte und alle alten Abbildungen belegen den Nordturm, den »Wendelstein« vor dem Nordseitenschiff. Dieser wird, soweit mir bekannt, erstmals im Zusammenhang mit der Brandkatastrophe von 1322 genannt[10]. Schmieder stellte fest, daß die Fundamente im Westen bedeutend mächtiger waren, als sonst im Bereich der Umfassungswände. Das auffallend schmale Portal war in einem Mauermassiv plastisch vor die Fassadenflucht gesetzt. Gegen das Langhaus hin waren die Fundamente ebenfalls weit geringer. Auffallendste Feststellung Schmieders ist jedoch, daß die jeweils innere Turmecke zum Mittelschiff hin über einem annähernd kreuzförmigen Pfeiler mit allseits bearbeitetem Sandsteinsockel und aus Quadern gefügt, erbaut waren. Die angrenzenden Mauerzüge waren wie Fundamente roh aufgeführt und gegen die Sockelschräge gesetzt. Vor die Stirnseite zur Mittelachse war ebenfalls nachträglich je ein gotisch profilierter Sockel gesetzt. Das Bodenniveau war nachträglich mehrfach um insgesamt 40 cm aufgehöht. Hieraus kann man nur folgern, daß entweder der, bzw. die Westtürme über einem zum Kirchenraum offenen Untergeschoß errichtet waren, oder die zahlreichen nachträglichen Einbauten mit der nachträglichen Planung und Errichtung zunächst eines und später des zweiten Turmes im Barock zusammenhängen. Auch das in Zeichnung wiedergegebene Detail des Portalsockels scheint viel eher gotischen Ursprungs zu sein, gleichzeitig mit den profilierten Vorlagen an den kreuzförmigen Pfeilern[11]. Sollten tatsächlich die mächtigen Fundamente im Westen, die bislang nur für den Bereich des Nordturmes sicher belegt sind, dem Ursprungsbau des »Neuen Münsters« angehören, wäre dies mit der ohnehin anzunehmenden architektonisch besonders behandelten Fassade ausreichend erklärt. Hier können nur sorgfältige Grabungen weiteren Aufschluß geben[12]. Demnach wäre zu folgern, daß das »Neue Münster« zunächst ohne die Turmpaare, wie sie für die »Hirsauer Bauschule« typisch genannt werden, geplant war. Die für das liturgische Leben erforderlichen Glokken hingen in einem Türmchen über der Vierung. Erst spätere Generationen errichteten aus neuen Bedürfnissen zunächst den allein über der Nordwestecke stehenden »Wendelstein«. Erst das Barock errichtete die für diese Zeit dann typische Doppelturmfassade.

Damit fiele mit St. Blasien ein wichtiges Glied aus der Kette der Vertreter der Hirsauer Bauschule[13].

Schlußkapitel – Neue Verluste drohen

Die voranstehenden Überlegungen zeigen, daß bereits mit geringen neuen Informationen, sofern sie nur mit der erforderlichen Sorgfalt gesammelt werden können, Aussagen von äußerster Tragweite ermöglicht werden. Die gründliche Arbeit von Ludwig Schmieder darf nicht darüber hinwegtäuschen, daß die mittelalterliche Baugeschichte des gesamten Konventes, und damit die Besiedlungsgeschichte eines der bedeutendsten Kulturzentren im Hochschwarzwald, nach wie vor auf der Interpretation von Texten und Bildern beruht. Wesentliches liegt unter der Erde, so z. B. im Bereich des Kurgartens die Überreste der Pfarrkirche St. Stephan, die am Ort der ursprünglichen Niederlassung der ersten Mönche errichtet wurde, und jenseits der Steina am Wegrand die Kapelle St. Nikolaus anstelle der ersten Kapelle.

Nur planmäßige archäologische Arbeit kann hier weiterreichende Erkenntnisse, mehr als die bekannten Grundrisse erbringen. Dies ist jedoch nur bei einem vorausschauenden Zusammenwirken aller Beteiligten möglich. Das »Alte Münster« und der zugehörige Konvent wurden bereits im 18. Jh. bei der Verlegung der Steina teilweise zerstört. Schmieder hat 1928 seine Grundmauern, dicht unter der Straßendecke an der Nordwestecke des Klosters in der Einfahrt zum Klostervorplatz angeschnitten. Vor wenigen Jahren wurde bei der Anlage der Ortskanalisation und Erneuerung der Fahrbahn das gesamte Areal des »Alten Münsters« mehrfach durchfurcht, ohne, daß der Ruf nach einer Dokumentation, geschweige denn Erforschung hörbar geworden wäre. Nicht nur von Bränden war und ist St. Blasien bedroht!

Anmerkungen

1 L. Schmieder, Das Benediktinerkloster St. Blasien. Eine baugeschichtliche Studie. Augsburg 1929.

2 Pater J. Gumpp, Ortus et Occasus monasterii St. Blasii. Manuskript im Badischen Generallandesarchiv Karlsruhe. 1756. Zur Charakterisierung dieser Schrift und ihres Autors siehe Schmieder a.a.O. Seite X ff.

3 Siehe F. X. Kraus, Die Kunstdenkmäler ... Kreis Waldshut. Freiburg 1892, S. 81. Hier wird in Anlehnung an die Berichte Nicolais über die technische Kunstfertigkeit des P. Oberrechner Franz Kreutter berichtet, der die Bauleitung übertragen bekam.

4 GLA Sign. 65/494, Bd. IV. Diesen Hinweis verdanke ich Herrn Pfarrer Heidegger, da es mir nicht möglich war, das Manuskript von Weiß selbst durchzuarbeiten.

5 Mit Rücksicht auf das ca. 2,5 m hohe Schuttprofil rund um die Grabungsfläche konnte der Bereich südlich der Längsmauer – also das Seitenschiff –, der nur ca. 60 cm breit war, nicht weiter untersucht werden. Auch war es erklärte Absicht der Sondierung, nur dort die geschlossenen Bodenniveaus älterer Befunde zu durchbrechen, wo diese Störung durch die Aussicht auf eindeutige Ergebnisse gerechtfertigt schien.

6 Grundlage für die Deutung der Befunde sind die Pläne für den Bauzustand von 1728 aus Gumpps »Ortus et Occasus« (Schmieder Abb. 11 u. 13) und zum Zeitpunkt des Brandes 1768: Neubauplan des Klosters von Caspar Moosbrugger (Schmieder Abb. 31) und die Salzmann-Pläne (Schmieder Abb. 33–35). Schmieder hat die von ihm hieraus entwickelten Rekonstruktionsvorschläge in Abb. 14–16 dargestellt. Auf die widersprüchlichen Details im Kirchengrundriß von Moosbrugger bzw. Salzmann kann hier nur hingewiesen werden: so stimmt zwar die auf beiden Plänen angegebene Jochzahl im Langhaus überein, sie sind jedoch in ganz unterschiedlichen Breiten angegeben. Auffällig ist z. B. auch, daß bei Salzmann die Seitenschiffenster keinen exakten Achsbezug zu den Mittelschiffarkaden haben. Moosbrugger wiederum gibt für sämtliche Mittel- und Seitenschiffjoche Kreuzgratgewölbe an, während bei Salzmann Angaben zur Gewölbeausbildung hier fehlen. Da bei diesen Planunterlagen neben baugeschichtlichen Detailfragen auch Fragen nach Darstellungsweise und -Absicht der Architekten mit berücksichtigt werden müssen, kann die Diskussion zum mittelalterlichen Baubestand hier keine weiteren sicheren Argumente finden.

7 (Schmieder S. 32 ff) Liber Originum zum Brand von 1322 unter Abt Udalricus: zur Ausmauerung der »Schwibbögen« Bl. 258 »So findet man, daß das munster durch in allein mit steinen seulen und Schwibogen gemacht sey gewesen, daß der Chor lediglich ist gestanden und nit also ingesetzt, wie jetzt. Aber des Lasts halb des pawes so wider daraufgestellt ist, hat Abt Petter sein nachfahr die Schwibogen zwischen den seulen zu beiden seitten des Chors ingefaßt und usgefüllt, wie es noch stadt..« Bl. 266 zu Abt Petrus »... und hat zum ersten den Chor in den Schwybögen als er dan vorhin ledig gestanden ingefaßt mit ganzen mauren, zu hilff dem gewelb und dem fachwerk mit ganzen muren uffgefüert. Ob das gewelb vorhin gewesen sey, oder ob er es auch gemacht hat ist nit wol zu wussen«.

8 Die Maueroberfläche der Ausmauerung zeigt verglühte und verruste Steinoberflächen, die in genau der gleichen Höhe über dem ältesten Bodenniveau ansetzen, wie die Abplatzungen an den Quadern. Die Bodenschichten-Bauhorizont und Fußbodenniveau – der Auffüllung unter dem Brandhorizont ziehen bis an die Ausmauerung an und wurden nicht etwa für die Gründung derselben nachträglich durchbrochen. Schließlich fehlen diese Schichten außerhalb der Mauer im Seitenschiff.

9 In Gumpps »Ortus et Occasus« sind die zwei ältesten bekannten Grundrisse des »Neuen Münsters« enthalten: einmal im Grundriß des gesamten Klosters (Schmieder Abb. 19), zum anderen der einfache Grundriß (bei Schmieder, Abb. 11, Rekonstruktion Schmieders). Beide geben den Bauzustand zu Lebzeiten Gumpps, also des bereits barockisierten Kirchenbaus wieder. Der Münstergrundriß aus dem Gesamtplan ist außerdem nur im Bereich der Doppelturmfassade detailliert. Die bei Gumpp wiedergegebene Ansicht des Klosters nach einem Original von 1562 läßt nur indirekte Schlüsse auf die Gestalt des »Neuen Münsters« im Innern zu.

10 Zur Turmfassade siehe ausführlich Schmieder a.a.O. 34 ff. Die Nachricht im »Liber Originum« zu Abt Gallus, wonach dieser umgehend nach den Zerstörungen durch den Bauernkrieg den »Harnastturm« abtragen ließ: »Gleich im Anfang seiner Regierung, als das Kloster nach dem Brand noch ungepawen was allein das sein vorfahr sölichs alles under das tach gepracht hat... da fieng er an rumpt das new munster und ließ das durch uß widerumb uf das best ussen und innen bestechen und dilchen, die altaria den mehreren Theil ab new mit den steinen widerumb belegen, das Munster widerumb besetzen, auch die zwey gewelbter darin widerumb bestechen und estern. Den Harnastthurm hinden am Münster ließ er umb ein Gemach abbrechen an dem gemeuer und ließ zwey gewelb darein machen zu behaltnussen. Den Wendelstein ließ er ussen auch bestechen und innen tromen und stegen und ließ ein glockenstuhl darin machen und ließ die arg großen glocken henken. Auch rust er das hinder gewelb sein Kirchenstand mit zweyen hupschen stenden widerumb zusampt dem altar«. Zur Turmfassade siehe Schmieder S. 34 ff. Auf dem Wendelstein hingen offenbar seit Alters nur die beiden schwersten Glocken. Der eigentliche »gloggenthurm« lag nach Ausweis der Beschreibungen der Zerstörung im Bauernkrieg ebenso wie der Ansichten aus dem 17. Jh. (Schmieder Abb. 18 ff) über der Vierung. Hier hingen mindestens fünf kleinere Glocken. Mit »Harnastturm« kann durchaus auch ein Wehrturm an der Klostermauer nahe dem »Neuen Münster« gemeint sein, da das Wort Harnast gleichbedeutend mit Harnisch ist. Die Klostertradition vermerkt ausdrücklich, daß erstmals Abt Augustin im Zuge der Barockisierung den zweiten Turm errichtete (1695–1720).

11 Falls nicht doch noch besseres Dokumentationsmaterial zu Schmieders Grabung auftaucht, als die in seinem Buch von 1929 publizierten drei Photos und die kleinmaßstäbigen Zeichnungen, können nur Nachgrabungen genaueren Aufschluß geben (Schmieder Abb. 21–24).

12 Aus den Schriftquellen geht hervor, daß im Eingangsbereich mit einer Art Empore gerechnet werden muß. So ist häufig von »dem hindern gewelb« die Rede, indem auch zeitweise die Abtskapelle installiert war (siehe oben Anm. 10).

13 Es kann hier nicht auf die grundsätzliche Frage nach der Ausstattung der Kirchen der Reformklöster mit Türmen eingegangen werden. Vielfach hat sich M. Eimer damit im Zusammenhang mit der Diskussion um die »Hirsauer Bauschule« auseinandergesetzt. Für Alpirsbach muß zum Beispiel festgestellt werden, daß der Glockenturm über dem nördlichen Nebenchor erst nachträglich errichtet wurde. Dies zeigt ein sorgfältiges Studium des Mauerwerksverbandes.

Wichtigste Literatur

F. J. Mone, Quellensammlung der badischen Landesgeschichte, 4 Bände, Karlsruhe 1845 ff

F. X. Kraus, Die Kunstdenkmäler des Großherzogtums Baden Kreis Waldshut, Freiburg 1892

P. J. Gumpp, Ortus et Occasus monasterii S. Blasii... GLA Karlsruhe

L. Schmieder, Das Benediktinerkloster St. Blasien, eine baugeschichtliche Studie, Augsburg 1929

Liber constructionis 14. Jh. (Mone)

Liber originis 16. Jh. (Mone)

O. Lehmann-Brockhaus, Schriftquellen zur Kunstgeschichte des 11. und 12. Jh., Berlin 1938 (Register II, S. 62)

M. Eimer, Über die Basilika in Gengenbach und die sogenannte Hirsauer Bauschule, in: ZGO 96, NF 57, 1948, 39 – Zu St. Blasien bes. S. 48

ders.: Über die sogenannte Hirsauer Bauschule, in: Blätter für württembergische Kirchengeschichte, 1937, 13 ff

ders.: Cluny, St. Blasien und Hirsau, Mss. 1942 (UB Freiburg)

F. Nicolai, Reise von Tübingen nach St. Blasien, in: Beschreibung einer Reise durch Deutschland und die Schweiz im Jahre 1781, Bd. XII Bln. und Stettin 1796.

VI. NACHKLÖSTERLICHE ZEIT

Konrad Sutter

Die Aufhebung der Abtei St. Blasien und der Neubeginn in St. Paul/Kärnten

Als sich die ersten frommen Männer in das rauhe, wilde Hochtal der oberen Alb zurückzogen, um weltabgeschieden gemeinsam ein gottgeweihtes Leben zu führen, nahmen sie ein schweres Los auf sich. Schon allein das unwirtliche Waldgebiet forderte anfänglich einen stetigen zähen Kampf, wollte man überleben. In ihrem fast tausendjährigen Bestehen hatte sich die Gemeinschaft schließlich zu einer der mächtigsten und bedeutendsten Abteien im süddeutschen Sprachraum entwickelt, als sie in napoleonischer Zeit ihre Wirkungsstätte verlassen mußte.

Mit einem Mut und Opfergeist, wie ihn schon die ersten Brüder bewiesen hatten, trotzten nunmehr der Abt und ein großer Teil seiner Getreuen der staatlich verfügten Auflösung des Klosters. Sie gaben ihre Heimat auf und nahmen den Weg ins Exil auf sich, um den Fortbestand der Klostergemeinschaft zu sichern. Dem neuen Unternehmen war Erfolg beschieden. In den Mauern einer lange zuvor ebenfalls von Söhnen des Schwarzwaldes gegründeten und zwischenzeitlich aufgehobenen Benediktinerabtei in St. Paul/Kärnten fanden sie eine Bleibe und eine neue Wirkungsstätte. Dort wird noch heute st. blasische Tradition gepflegt und wertvollstes Kulturgut aus dem Schwarzwald behütet.

Um die Mitte des 18. Jahrhunderts begann die Idee der Aufklärung in ihrer Auswirkung immer deutlichere Formen anzunehmen und die alte Welt zu verändern. Diese Strömung zeigte sich auf verschiedenen Gebieten, so auch im Leben der Klöster. Hier war es besonders die Abtei St. Blasien, die in beispielhafter Aufgeschlossenheit das Gedankengut der Aufklärung in ihrem Sinne zu nutzen suchte. Die alte benediktinische Grundregel, wonach die Mönche auch körperliche Arbeit zu verrichten hatten, wurde nicht mehr beachtet, dafür die Förderung klösterlichen Geisteslebens allem vorangestellt. So erlangte die Klosterakademie unter Fürstabt Martin II. Gerbert (1764–1793) in der Pflege fast aller Wissenschaften internationale Bedeutung. Der Fürstabt tat alles, um dem in der damaligen kirchen- und klosterfeindlichen Welt verbreiteten Vorurteil, das Mönchstum führe ein unnützes Leben, entgegenzuwirken. Allerdings war auch er nicht bereit, vom weltlichen Besitz und seiner Machtstellung nur etwas abzurücken. Diese Umstände riefen allgemein den Neid der Landesfürsten hervor und beeinflußten maßgeblich die Säkularisationsbestrebungen.

Das mächtige St. Blasien herrschte zu Ende des 18. Jahrhunderts über ein Gebiet, das mit seinen Streubesitzungen von der Innerschweiz bis nach Stuttgart und vom Oberrhein bis Rottweil am Neckar reichte und 26 130 Seelen zählte. Auch unterhielt das Kloster ein Eisenwerk in Albbruck, eine Hammerschmiede in Kutterau, eine Bierbrauerei in Grafenhausen/Rothaus und eine Druckerei neben verschiedenen Handwerksbetrieben im Klosterbezirk.

Unter dem Josephinismus

Kaiserin Maria Theresia (1740–1780) zeigte sich im Laufe ihrer Regierungszeit immer mehr den Prinzipien der Aufklärung zugeneigt, verhielt sich jedoch den Klöstern gegenüber noch weitgehend zurückhaltend. Anders ihr Sohn Joseph II., der 1765 mit in die Regierungsverantwortung eintrat. Immer deutlicher machte er seinen Einfluß im Sinne des aufgeklärten Staatsabsolutismus geltend, mit ständig neuen Verordnungen griff er in das Leben seiner Untertanen ein. So trieb er mit großer Eile die Reform der Staatsverwaltung sowie die Rechts- und Steuerreform voran, ordnete das Schulwesen neu, ließ keine Vollstreckung von Todesurteilen mehr zu und hob die Leibeigenschaft auf. Letztere Maßnahme hatte für die Bewohner des hauensteinischen Südschwarzwaldes allerdings keine Bedeutung mehr, da ihnen das Kloster St. Blasien schon 1738 den Loskauf gewährt hatte.

Klöster, in denen die Angehörigen nur dem Gebet und der Verehrung Gottes lebten und nicht zugleich durch Unterricht, Krankenpflege oder Seelsorge im Dienste der Öffentlichkeit standen, entsprachen nicht dem Geist der Aufklärung und wurden aufgehoben. Dieser Politik fielen allein in Vorderösterreich 28 Frauen- und fünf Männerklöster zum Opfer, darunter die Kartause und das Klarakloster in Freiburg, das Dominikanerkloster in Villingen und das Franziskanerkloster zu Säckingen. Es bleibt jedoch festzustellen, daß Joseph II. sich keineswegs am kirchlichen Besitz zu bereichern trachtete; ihm ging es vielmehr darum, die kirchlichen Verhältnisse in seinem Sinne zu ordnen. Die Reformen auf kirchlichem Gebiet, die selbst althergebrachte religiöse Gewohnheiten der Bürger einschränkten, fanden beim Volk jedoch keine Zustimmung.

Große Empörung lösten sein Verbot der Zünfte und Bruderschaften, die Abschaffung von Feiertagen sowie die Einschränkung von Prozessionen und Wallfahrten aus. Die vielbesuchte Wallfahrt nach Todtmoos litt darunter, daß Wallfahrten, die über einen Tag hinausgingen, verboten wurden und somit nur noch von Bewohnern der näheren Umgebung besucht werden konnten. Die vom Staate vorgenommene Neugliederung der Pfarreien führte zum Abbruch vieler Kapellen. Das Eingreifen in bisher unberührte kirchliche und persönliche Angelegenheiten ging schließlich so weit, daß beispielsweise bestimmt wurde, wieviel Kerzen auf dem Altar brennen durften, ja es wurde sogar verlangt, die Leichen unbekleidet in einem Sack und ohne Sarg der Erde zu übergeben.

St. Blasien von der Aufhebung zunächst nicht bedroht

Die Abtei St. Blasien unterhielt ein öffentliches Gymnasium im Kloster selbst und ein weiteres im Kloster Sion/Aargau, stellte die Professoren für das Gymnasium in Konstanz sowie auch gelegentlich welche für die Universitäten Freiburg und Salzburg. Sie trieb neben der Pflege fast aller Wissenschaften umfangreiche historische Studien und übte in einem großen Gebiet die Seelsorge aus. Von der Aufhebung war sie zunächst nicht bedroht. Wohl ging es nahe an ihren Lebensnerv, als man für die Ablegung der Profeß ein Mindestalter von 24 Jahren festlegte und auf einer Pfarrei, wo bisher ein Klostergeistlicher gedient hatte, jetzt ihrer drei Dienst tun sollten. Weiter durfte der klösterliche Nachwuchs nicht mehr im Kloster, sondern nur noch in einem Generalseminar ausgebildet werden.

Mit diesen und vielen anderen einschneidenden Maßnahmen mußte der Abt von St. Blasien jetzt leben und dabei befürchten, daß noch Schlimmeres kommen würde. Doch dann traten Ereignisse ein, die den Dingen zunächst eine andere Richtung gaben, die Aussichten der Fürstabtei St. Blasien aber keineswegs verbesserten.

1789 brach in Frankreich die Revolution aus, deren Ideen über die Grenzen des Landes hinausgetragen wurden. Napoleon kam in der Folge an die Macht und unterwarf sich nach verheerenden Kriegen alle Länder Zentraleuropas. Er schuf neue Staaten und diktierte neue Grenzen, die teils heute noch bestehen. Auch St. Blasiens Besitzungen wurden davon betroffen.

Kaiser Joseph II. erlebte nur noch den Beginn dieser Epoche; er starb 1790. Nachfolger war sein Bruder Leopold II. – nur für zwei Jahre. Nach seinem Tode, 1792, bestieg sein Sohn als Franz II. unter sehr schlechten Vorzeichen den Kaiserthron. Viele der unter Joseph II. eingeführten Reformen wurden wieder rückgängig gemacht.

Die Zeit der Kriegszüge Napoleons

Indessen setzte Napoleon seine Kriegszüge fort. Die Lage wurde für St. Blasien immer bedrohlicher, als die Franzosen 1796 erstmals und dann wiederholt die Grenzen zum Breisgau und dem dazugehörenden Südschwarzwald überschritten. Fürstabt Mauritius Ribbele (1793–1801) *(Abb. 110)* brachte die wertvollsten Stücke des Klostergutes, insbesondere der Bibliothek und des Archivs, in die st. blasische Propstei in Klingnau/Aargau, wo sie bis zur späteren Überführung nach St. Paul/Kärnten verblieben. Der Abt selbst reiste auf seiner Flucht vor den Franzosen im Jahre 1800 an den Hof nach Wien. Hierbei erhielt er von Kaiser Franz II. die Zusicherung, im Falle einer Aufhebung des Stiftes in den österreichischen Erbstaaten aufgenommen zu werden.

Die großen Sorgen um den Fortbestand des Klosters scheinen der Gesundheit des Klostervorstehers beträchtlich zugesetzt zu haben. Nach nur achtjähriger Regierungszeit starb Mauritius Ribbele am 16. November 1801, erst 61jährig. Jetzt trat Berthold Rottler das nun äußerst schwer gewordene Amt des Abtes und Landesfürsten an *(Abb. 102)*.

Im Südwesten des Reiches war die staatliche Ordnung aus den Fugen geraten. Es begann ein Schachern um ganze Landstriche. Die Bewohner wußten oft lange nicht, wer ihre Herren waren und wo die Landesgrenzen verliefen. Diese Verhältnisse waren das Ergebnis des Friedens von Lunéville vom 9. Februar 1801, der Österreich gemäß den Vereinbarungen von Campo Formio zwang, das linke Rheinufer an Frankreich abzutreten. Gleichzeitig wurde dem Herzog von Modena der ganze Breisgau zugesprochen. Die deutschen Fürsten, die dabei linksrheinische Gebiete verloren, erhielten das Recht, die in ihren Gebieten gelegenen Bistümer und Klöster zu säkularisieren. Damit war für St. Blasien eigentlich schon das Todesurteil gesprochen. Bis zum Vollzug dauerte es freilich noch eine Weile.

Der Entschädigungsplan für verlorene linksrheinische Gebiete berücksichtigte auch den Malteserorden. Diesem wurden sämtliche Klöster und Stifte im Breisgau, darunter auch die Abtei St. Blasien zugesprochen. Damit war aber St. Blasien nicht einverstanden. Es schickte seinen Amtmann Duttlinger im September 1802 nach Wien, wo er den Kaiser bitten sollte, den Übergang der Abtei an die Malteser zu verhindern. Indessen versuchte bereits ein Kommando der Malteser in St. Blasien eine provisorische Übergabe zu erreichen. Der Abt wies das Ansinnen zurück. Die Malteser mußten unverrichteter Dinge wieder abziehen.

Am 2. März 1802 erfolgte die offizielle Übergabe des Breisgaues an den mit dem österreichischen Kaiserhaus verwandten Herzog Herkules von Modena. Der Herzog war nicht bereit, die Entschädigungsansprüche der Malteser zu erfüllen und ihnen die Klöster im Breisgau zu überlassen. Damit war die unmittelbare Gefahr für den Bestand des Klosters St. Blasien vorerst abgewendet.

Die Auswirkungen des Preßburger Friedens

Indessen war Europa nur eine kurze Friedensphase gegönnt. Der dritte Koalitionskrieg brach aus. Napoleon war der unbestrittene Sieger. Der Friedensschluß von Preßburg vom 26. Dezember 1805 brachte den Zusammenbruch des »Heiligen Römischen Reiches«. Kaiser Franz II.

nahm den Titel eines Kaisers von Österreich als Franz I. an. Am 11. August 1806 legte er offiziell die Reichskrone nieder.

Die bisher unter der Bezeichnung Vorderösterreich zusammengefaßten Gebiete im späteren Baden, Württemberg und der Schweiz (Fricktal) wurden endgültig von Österreich abgetrennt. Der Markgraf von Baden erhielt den Hauptteil des Breisgaues, der Herzog von Württemberg die östlichen Gebiete. Der südlichste, linksrheinische Teil kam zur Schweiz. Während der Herzog von Württemberg seinen Besitz um das Zehnfache vergrößern konnte und die Würde eines Königs erlangte, vergrößerte Markgraf Karl Friedrich von Baden sein Land um das Siebenfache und gewann den Titel eines Großherzogs. Das war die Geburtsstunde des Landes Baden, das sich nunmehr vom Hochrhein bis zum mittleren Main erstreckte.

Ehe die genauen Bestimmungen des Preßburger Friedens bekannt waren, begannen verschiedene Herrscher mit der Übernahme der zur Verteilung stehenden Ländereien. Die Besitzungen, das Vermögen und sonstiges Gut der Klöster waren besonders begehrt. So begann für den Fürstabt von St. Blasien, der sich als ein vorbildlicher, verantwortungsbewußter Klostervorsteher erwies, eine fast bis an sein Lebensende dauernde Zeit; nur noch wenige frohe Stunden waren ihm vergönnt.

Die Besetzung durch württembergische Truppen

Während die von Baden gebildete Besitznahmekommission unter der Leitung des Landrichters von Drais zögernd vorging, versuchten die Württemberger die Lage besser auszunützen. Ihre von Hofrat Spittler angeführte Kommission trat mit Unterstützung eines militärischen Aufgebotes in Aktion. Nachdem dieses bis St. Peter vorgerückt war und dort das Kloster übernommen hatte, traf es am 18. Januar 1806 mit 80 Mann Fußvolk und 30 Reitern unter dem Kommando eines Hauptmannes in St. Blasien ein, besetzte das Kloster und brachte das württembergische Wappen am Portal an. Das gleiche geschah auch in dem St. Blasien unterstellten Frauenkloster Berau. Als die Württemberger von Fürstabt Berthold die Herausgabe der Klosterkasse verlangten und das Archiv versiegelten, erhob der Abt Protest, allerdings mit wenig Erfolg. Zu allem Überfluß erschien auch noch eine Abordnung der Malteser in St. Blasien, um das Kloster zu übernehmen. Sie wurde jedoch von den Württembergern unter Hinweis auf die vor dem Kloster aufgestellte Kanone abgewiesen.

Obwohl Fürstabt Berthold noch immer hoffte, sein Kloster vor der Aufhebung bewahren zu können, sandte er am 14. Februar 1806 ein Schreiben an Erzherzog Ferdinand nach Wien, in welchem er insbesondere die Trennung von Österreich beklagte. Er bekam die tröstliche Antwort, Österreich werde die einstige Bedeutung St. Blasiens für die Vorlande nicht vergessen und nötigenfalls Voraussetzungen für ein Unterkommen und die Weiterführung des Klosters in seinem Lande schaffen. Selbst wenn Abt und Mönche keine Pensionen mitbrächten, würde man sie aufnehmen.

Zwischenzeitlich war klargestellt, daß nach den Bestimmungen des Preßburger Friedens der vorderösterreichische Teil des Südschwarzwaldes eindeutig Baden zugedacht war. Die Württemberger verharrten indessen immer noch in St. Blasien und ließen sich auch dann nicht vertreiben, als die allerdings unbewaffnete badische Kommission erschien und mit dem Abt Verhandlungen wegen der Klosterübergabe aufnahm. Inzwischen hatten die Franzosen ihren General Monard in Freiburg zum Übergabekommissar für St. Blasien ernannt. Erst auf dessen Befehl zogen die Württemberger ihre Truppen wieder zurück. Kurz darauf erklärte die badische Kommission die provisorische Aufhebung des Klosters und versiegelte am 26. Februar 1806 das Archiv und die Bibliothek.

Jetzt versuchte Rottler, beim neuen Landesfürsten die Erhaltung der Klostergemeinschaft zu erreichen. Eine beabsichtigte Vorsprache in Karlsruhe mußte zurückgestellt werden, da Karl

Friedrich, der sich noch Kurfürst nannte, für längere Zeit abwesend war. Der Fürstabt verfaßte daher ein Denkschreiben, in welchem er die Nachteile einer Klosteraufhebung und den Nutzen für den Staat im Falle einer Erhaltung herausstellte.

Zur Seelsorge führte er an, das Kloster betreue 20 000 Seelen mit 40 Priestern, die vom Staate weder Besoldung noch Pension erwarteten. Im Erziehungswesen leiste die Abtei einen beachtlichen Beitrag durch die Unterhaltung einer Trivialschule. Arme Eltern erhielten beträchtliche Mengen Brotes, damit sie die Kinder nicht zum Arbeiten zu Hause behalten müßten, sondern in die Schule schicken könnten. Weiter unterhalte das Kloster Gymnasien in St. Blasien, Sion/Aargau und Konstanz, wo die Bürgersöhne kostenlos studierten. Der Wirkungskreis des Klosters umfasse fast alle Wissenschaften und Künste, es verfüge über eine eigene Druckerei und besitze eine auserlesene Bibliothek. Professoren würden ausgebildet, die dann an verschiedenen Universitäten Lehrtätigkeiten übernähmen.

Fürstabt Berthold wendet sich an den Kaiser von Österreich

Zur gleichen Zeit wandte sich Abt Berthold an Kaiser Franz I. Der noch immer im Breisgau weilende österreichische Präsident Fechtig überreicht ihm am 12. März 1806 in Berau das Antwortschreiben des Kaisers. Nach diesem wollte der Monarch im Falle einer Klosteraufhebung den Abt mit seinen Konventualen aufnehmen und »genügsam Revenüen und Dotationen anweisen«, wenn er die Universität Salzburg und das Lyzeum in Klagenfurt mit Lehrern versehen würde.

Nur wenig später, am 21. März 1806, konnte Abt Rottler endlich, zusammen mit Abt Ignaz Speckle von St. Peter, am Hof in Karlsruhe vorsprechen. Sie wurden vom Landesherrn freundlich empfangen und zur Tafel eingeladen. Auf badischer Seite war man sich damals der eigenen Sache noch nicht ganz sicher. Die Württemberger hielten die Grafschaft Bonndorf sowie die Städte Villingen und Bräunlingen noch in ihrem Besitz, und Napoleon konnte jederzeit das Land anders verteilen.

Das Resultat der Reise nach Karlsruhe war nicht »entscheidend«, wie Abt Speckle in seinem Tagebuch vermerkte; sie schien dennoch ihre Wirkung nicht verfehlt zu haben. Es dauerte allerdings noch eine Weile, bis sich die kurbadische Regierung dazu entschloß, die Abteien St. Blasien und St. Peter »in einer den Zeitverhältnissen angemessenen Art zur Zeit bestehen zu lassen«, was man dem Abt von St. Blasien am 26. Mai 1806 eröffnete. Diese Nachricht befriedigte den Abt in keiner Weise. Das eigentliche Vorhaben der Regierung wurde deutlich, als drei Tage später vom Abt eine Aufstellung über das Vermögen und ein Inventar verlangt und alle Klosterangehörigen befragt wurden, wie sie ihr weiteres Leben verbringen wollten. Noch weniger begeistert von den neuen Absichten zeigte sich der Abt von St. Peter, dessen Kloster man gleichzeitig St. Blasien als Priorat zu unterstellen gedachte, was die Konventualen von St. Peter entschieden ablehnten.

Aufhebung und Schikanen

Die ablehnende Haltung der beiden Klöster gegenüber der Absicht der Regierung, die Gemeinschaften auf Zeit bestehen zu lassen und die Abtei St. Peter dem Abt von St. Blasien zu unterstellen, nahm die badische Regierung zum Anlaß, am 10. Oktober 1806 die Aufhebung beider Stifte zu verfügen. Erst 20 Tage danach ließ man dies Fürstabt Rottler mitteilen. Geheimrat Baron von Ittner erhielt den Auftrag, die Geschäfte in St. Blasien zu übernehmen. Er eröffnete dem Abt, die Gemeinschaft sei als aufgelöst zu betrachten, die Mitglieder würden mit einer angemessenen staatlichen Pension versorgt.

Baron von Ittner begann nun in einer mehr als kleinlichen Weise, alle, auch die persönlichen Gegenstände jedes einzelnen Konventualen, aufzunehmen. Seine Äußerung, den Fürsten von St. Blasien wolle er geißeln und den Abt von St. Peter kreuzigen, wenn er dorthin käme (Tagebuch

Speckle II. Teil S. 198), ist bezeichnend für das rücksichtslose Vorgehen bei der Erfüllung seines Auftrages. Die kleinlich-gründliche Arbeit Ittners dauerte den ganzen Winter über. Für den Fürstabt wurde das Verhalten Ittners schließlich unerträglich. Er beklagte sich in einem Schreiben vom 29. Dezember 1806 bei der Hofkommission in Karlsruhe.

Unter den Geistlichen der Abtei St. Blasien bildete sich nun eine Vereinigung mit dem Ziel, das Ordensleben im Kloster wie bisher fortzuführen. Zu ihrem Oberen wählte sie den seitherigen Dekan Markus Baader. Diesem Vorhaben suchte die Kommission aber alsbald entgegenzuwirken, indem sie die aus 18 000 Bänden bestehende Bibliothek in Kisten verpacken ließ, um künftige wissenschaftliche Studien unmöglich zu machen.

Als man mit noch weiteren Schikanen den Mönchen die Lust zum Verbleiben nahm, entschlossen sie sich, auf das Angebot des österreichischen Kaisers zurückzukommen. Auf Anfrage bestätigte Präsident Fechtig, der Kaiser halte sein Angebot aufrecht. Fürstabt Rottler gab nunmehr seine Auswanderungsabsicht bekannt und forderte jeden einzelnen seiner Mitbrüder auf zu sagen, ob er bereit sei, mit ihm auszuwandern und einer neu gebildeten Gemeinschaft beizutreten. Es dauerte einige Zeit, bis er von allen Antwort hatte, denn 30 Angehörige der Abtei waren als Priester auf Pfarreien, 20 betreuten auswärtige Verwalter- und Beichtvaterstellen, und einige unterrichteten an Gymnasien in Konstanz und Sion sowie an den Universitäten Freiburg und Salzburg.

Nur 40 sind zur Auswanderung bereit

Das Ergebnis der Umfragen zeigte eine geringere Bereitschaft zur Emigration als erwartet. Nur 40 Personen waren zur Auswanderung bereit, während 60 nötig gewesen wären, um die vom Kaiser gestellten Aufgaben zu erfüllen. So drohte das Vorhaben zunächst zu scheitern. Zudem waren es in der Hauptsache ältere Patres und noch studierende junge, die zur Reise bereit waren. Fürstabt Rottler schickte nun die beiden Patres Trudpert Neugart und Ignaz Kopp zu Verhandlungen nach Wien, wo ihnen der Kaiser jede mögliche Förderung für das Unternehmen zusagte. Darauf legte Rottler bei der badischen Regierung ein Gesuch um Genehmigung zur Auswanderung vor. Gleichzeitig fuhr eine Abordnung nach Salzburg, um wegen der Übernahme der dortigen Universität zu verhandeln. Das Projekt in Salzburg zerschlug sich, da die dort tätigen Professoren nicht mit den St. Blasiern zusammenarbeiten wollten. Eine zweite Gruppe fuhr nach Klagenfurt, um Vorbereitungen für die Übernahme des dortigen Lyzeums zu treffen.

In St. Blasien hatte jetzt eine Vollzugskommission mit einem Rittmeister Faller an der Spitze, der sich taktvoller als von Ittner benahm, ihre Tätigkeit aufgenommen. Die neuesten Verordnungen entbanden die Religiosen vom Gelübde der Armut, des klösterlichen Gehorsams und verlangten die Ablegung der Ordenskleider. Der Abt mußte der Kommission sämtliche Schlüssel übergeben, und die Studenten wurden aufgefordert, ihr Studium in Freiburg fortzusetzen. Die Klostergemeinschaft sollte möglichst bald aufgelöst werden. Folgende Pensionen wurden als einmalige Zahlungen festgesetzt: Priester über 60 Jahre sollten 500 fl, solche zwischen 40 und 60 Jahren 450 fl, die unter 40 Jahren 400 fl und der Abt 10 000 fl erhalten.

Jetzt begann die Versteigerung der Klostereinrichtungen und des sonstigen Klosterbesitzes in St. Blasien wie auch im Kloster Berau und in der st. blasischen Propstei Gurtweil. Die Buchdrukkerei und die Naturaliensammlung kamen nach Freiburg. Von den noch anwesenden Konventualen verlangte man nun Kostgeld, das von der Pension abgerechnet wurde. Die nicht zur Auswanderung Bereiten wurden auf Pfarrstellen in der Umgebung versetzt.

Am 20. September 1807 traf die Auswanderungsgenehmigung ein; zwei Drittel der zugesagten Pensionen wurden ausbezahlt. Für die Erfüllung ihrer Aufgaben in Klagenfurt wies die österreichische Regierung den Mönchen von St. Blasien als neue Heimstätte das Chorherrenstift Spital am Pyhrn in Oberösterreich zu.

Abschied unter Tränen und Schluchzen

Am Morgen des 21. September 1807 verließ ein erster Trupp in Stärke von 15 Mann unter der Leitung von Pater Konrad Boppert das Kloster an der Alb. Auf einem mit sechs Pferden bespannten und mit 32 Kisten beladenen Wagen ging die Reise über Schaffhausen, Ebingen nach Ulm und von dort weiter auf der Donau. Am 24. September verließ der Abt mit drei seiner Männer das Kloster, und am 26. und 27. des gleichen Monats reisten die beiden letzten Gruppen ab.

Außer dem Abt, dem Dekan, dem Subdekan und dem Rechner haben 18 Patres, 14 Fratres und drei Laienbrüder die Strapazen der Reise nach Österreich auf sich genommen. Viele Menschen erschienen zum Abschied, und unter Tränen und Schluchzen riefen sie den schweren Herzens Scheidenden nach: »Kommt bald wieder!« Eine Rückkehr gab es jedoch nicht, es war ein Abschied für immer.

Fürstabt Rottler schien einen aufreibenden Abschnitt seiner Regierungszeit bewältigt zu haben und nunmehr einer besseren Zeit entgegenzugehen. Was aber tatsächlich auf ihn wartete, waren neue Sorgen und Nöte. Die Erhaltung der Klostergemeinschaft erforderte von ihm weiterhin einen harten persönlichen Einsatz. Belastungen durch innerklösterliche Differenzen kamen hinzu. Aber trotz aller Widerwärtigkeiten und Demütigungen gab er nie auf. Mit echter Schwarzwälder Zähigkeit verfolgte er sein Ziel, verhandelte er zum Nutzen der Sache und dem Wohle seiner Mitbrüder.

Spital am Pyhrn wird neuer Aufenthaltsort *(Abb. 99)*

Die in Spital am Pyhrn angetroffenen Verhältnisse waren nicht gerade erfreulich. Um den St. Blasiern ein Unterkommen zu schaffen, hatte man die vorhandene Gemeinschaft der Chorherren kurzerhand aufgehoben. Die Begründung lautete, sie sei ihrer Aufgabe, neben der Seelsorge eine Bildungsstätte für wissenschaftliche Kultur und Erziehung der Jugend zu unterhalten, nicht nachgekommen. Die Mönche aus dem Schwarzwald hatten gerade ihre eigene Vertreibung aus dem Kloster erlebt, und jetzt sahen sie, wie infolge ihrer Ankunft das gleiche Leid einer anderen Klostergemeinschaft zugefügt wurde. Die 14 Geistlichen des Chorherrenstiftes mußten ihre bisherige Wirkungsstätte verlassen und Seelsorgestellen in der Umgebung übernehmen. Die Einrichtung ihres Stiftes mit all den vorhandenen Schätzen hatten sie den St. Blasiern zu übergeben.

Schon wenige Tage nach der Ankunft in Spital sandte Abt Rottler Lehrkräfte nach Klagenfurt, um dort die Lehrstühle am Gymnasium und Lyzeum zu übernehmen. Für ihr Unterkommen in Klagenfurt mußten Franziskaner ihr Kloster räumen. Zum Lebensunterhalt wies man den neuen Professoren die Einkünfte zweier aufgehobener Klöster, die in der Nähe lagen, zu. Fürstabt Rottler reiste am 10. November 1807 zur Besichtigung des Lehrbetriebes nach Klagenfurt und von da nach Wien, um die Dotierungsverhandlungen aufzunehmen. Diese Angelegenheit bereitete Rottler noch viele schwere Sorgen und wurde selbst innerhalb der nächsten zehn Jahre nicht völlig zufriedenstellend geregelt. Erst am 13. Januar 1808 setzte man in Wien hierfür eine Konferenz an. Dem Abt bot man für ihn selbst eine jährliche Summe von 2000 fl, für die Professoren Summen von je 500 fl an. Mit diesem Geld konnte sich der Klostervorsteher aber nicht zufrieden geben. Es reichte zum Bestreiten des Lebensunterhaltes und der nötigen Ausgaben für den Kloster- und Schulbetrieb längst nicht aus.

Wieder mußte Rottler in Wien bis zum 19. Februar 1808 warten, um dem Kaiser persönlich seine Dotationsforderungen zu unterbreiten. Der Abt erhielt kaum mehr als beschwichtigende Worte. Er mußte weiter mit den Beamten des Hofes verhandeln. Bei vielen unter ihnen machte sich eine klosterfeindliche Einstellung bemerkbar. Als wirklicher Freund erwies sich stets Ferdinand Fechtig, jetzt Präsident des obersten Hofgerichtes in Wien. Er entstammte einer Bauernfamilie in Krenkingen, Landkreis Waldshut, wo er am 4. Oktober 1756 geboren wurde und heute noch sein Geburtshaus steht. Nach seinem Studium der Rechtswissenschaft stieg er in höchste Staatsstellen auf. Für seine Verdienste wurde er unter dem Prädikat von Fechtenberg geadelt. Er starb am 27. September 1837 als Staatsminister und Ehrenbürger der Stadt Wien.

Unerwartet erhielten die St. Blasier Unterstützung durch die Kärntner Stände. Nicht nur die Mönche waren wegen der großen Entfernung von 175 Kilometern im mühsam zu überwindenden Alpengebiet an einer Verlegung des Klostersitzes in die Nähe ihres Wirkungsortes Klagenfurt interessiert, sondern auch das Land Kärnten. Man erhoffte sich dadurch, noch weitere höhere Schulen zu erhalten und die studierende Jugend nicht mehr unter hohen Kosten nach Wien oder Graz schicken zu müssen.

Mit Hinweis auf das Fehlen einer ausreichenden Zahl von Lehranstalten in ihrem Lande baten die Stände daher den Wiener Hof, die einstigen St. Blasier Mönche des Klosters Spital am Pyhrn nach Ehrendorf oder St. Paul zu verlegen, in eines der beiden aufgehobenen Stifte also, die näher bei der Landeshauptstadt Klagenfurt lagen.

Neun Monate hatte Abt Rottler schon mit Verhandeln und Warten in Wien zugebracht. Um die leidige Dotationsfrage zum Abschluß zu bringen, entschloß er sich, mit der von Wien angebotenen Unterhaltszuweisung von insgesamt 28 000 Gulden für die ganze Gemeinschaft und der vom badischen Staate erhaltenen Abfindungssumme für alle Ausgewanderten in Höhe von 200 000 Gulden die Herrschaft St. Paul zu kaufen. Diesem Vorhaben widersetzten sich aber die Konventualen; sie fürchteten den Verlust des Abfindungsgeldes im Falle einer erneuten Klosteraufhebung.

Die Herrschaft St. Paul wird zugewiesen

Weiteres Verhandeln um die Dotationen wie auch um die Zuweisung des Stiftes St. Paul als Klostersitz zwangen Rottler, sich weiterhin in Wien aufzuhalten. Schließlich sicherte ihm die Hofkommission zu, daß er spätestens bis 1. Mai 1809 die Herrschaft St. Paul erhalten werde. Zur Bedingung wurde gemacht, daß in Klagenfurt ein zweites Gymnasium, in St. Paul ein Gymnasium mit Konvikt errichtet würde. Die Übergabeurkunde wurde am 5. Januar 1809 ausgestellt. Nun mochte Fürstabt Rottler glauben, er könne sich wieder, wie es in St. Blasien gewesen war, auf eigenem Gebiet ein Kloster einrichten und wieder frei von wirtschaftlichen Sorgen das einstige klösterliche Wirken aufnehmen *(Abb. 100)*.

Als jedoch die Patres Frowin Meister, Simon Dietrich und Andreas Baader das zugesprochene Stift St. Paul übernehmen sollten, war dies nicht möglich. Die Gebäulichkeiten waren von Militär, Beamten und Dienern belegt. Auch einige Patres des 1782 von Joseph II. aufgehobenen Benediktinerstiftes wohnten noch darin. Der Grundbesitz war zudem derart verwahrlost, daß zunächst kein Ertrag zu erwarten war.

Mit Böllerschüssen empfangen

Als das Kloster schließlich doch geräumt war, konnten die Gebäulichkeiten aber dennoch nicht bezogen werden; die ganze Anlage befand sich in einem ruinösen Zustand. Für die nötigen Reparaturarbeiten in Höhe von etwa 23 000 fl. liehen die Stände Kärntens die halbe Summe.

Am 15. April 1809 zog Abt Rottler zusammen mit Pater Trudpert Neugart in St. Paul ein. Die Bevölkerung begrüßte sie mit Böllerschüssen. Sie konnten zwar im Kloster wohnen, mußten sich aber noch im Flecken verköstigen.

Am 1. Mai 1809 begann die Übersiedlung der übrigen St. Blasier Mönche; sie dauerte bis zum 9. Mai. Man war froh, Spital verlassen zu können; nicht nur wegen der großen Entfernung vom Wirkungsort und wegen des rauhen Höhenklimas, sondern auch deshalb, weil das zuständige bischöfliche Ordinariat Linz der Gemeinschaft erheblich zugesetzt hatte.

Neue Hindernisse zeigten sich bei der Übernahme der zur Herrschaft St. Paul gehörenden Besitzungen. Das Gebiet war von den Franzosen besetzt. Diese nötigten dem Abt zusätzlich 5500 fl. Bargeld ab. Als auch die regional zuständigen militärischen Behörden sich weigerten, das landwirtschaftliche Nutzungsgebiet mit den Meiereien zu übergeben, sah sich Rottler gezwungen, erneut nach Wien zu fahren. Es ging auch darum, die zum Stift gehörenden Waldungen freizubekommen. Eine gut florierende Wirtschaft mit dem Ziel, das Kloster voll zu ernähren und auch noch Geld zur Deckung der entstandenen Schulden und der laufenden Kosten abzuwerfen, sollte aufgebaut werden. Bisher mußten die Mönche noch immer von ihren mitgebrachten Pensionsgeldern zehren.

Kaiser Franz I. zu Besuch

Am 24. September 1810 weilte das Kaiserpaar in Kärnten. Im Beisein von Abt Rottler besuchte der Monarch das Gymnasium samt Professorenkollegium in Klagenfurt, wobei er seine Anerkennung für das Wirken der eingesetzten Lehrer zum Ausdruck brachte. Anschließend kamen die Majestäten nach St. Paul. Auch hier fanden sie nur lobende Worte für das Geleistete und sicherten dem Abt weitgehende Hilfe zu.

Die Mönche sind unzufrieden mit ihrem Abt

Aber auch nach dem Kaiserbesuch tat sich in der Regelung der Dotationen nichts. Der Abt mußte erneut nach Wien reisen. Die bisherigen Aufenthalte dort hatten schon Unsummen verschlungen, sie waren aber nicht zu umgehen. 100 000 fl. hatte Rottler bisher schon aus eigenen Mitteln geopfert, um den Klosterbetrieb mit den Schulen in Gang zu halten. Jetzt war das Pensionsgeld, auch dasjenige der Mönche, aufgebraucht. Diese bangten nun um ihre Existenz und zeigten sich unzufrieden mit ihrem Klostervorsteher. Die Ausgaben des Klosters waren immer noch doppelt so hoch wie die Einkünfte aus den bisher übernommenen Gütern.

Der Kaiser versicherte erneut, alle Versprechungen erfüllen zu wollen. Doch dem guten Willen des Kaisers, der zweifellos vorhanden war, standen schwerfällige, dem Kloster weniger gut gesinnte Verwaltungsämter gegenüber, gegen die er sich nicht genügend durchzusetzen vermochte. Auch die ständigen Kriegszüge und Besetzungen mochten ihre negative Wirkung haben. Als besonders erniedrigend mußte der Fürstabt die Bemerkung des Hofkammerpräsidenten, des Grafen Wallis, empfinden, der meinte, er, der Abt, habe seine Dotationen erhalten, und wenn er damit nicht bestehen könne, dann solle er mit seiner Ordensgemeinschaft den österreichischen Staat wieder verlassen.

Eine Vorlage der Hofkanzlei vom 12. März 1812 zur kaiserlichen Beschlußfassung brachte für das Kloster zwar einige Vergünstigungen, aber auch neue Einschränkungen und keineswegs die Erfüllung der anfänglich versprochenen Dotationen, so daß sich Rottler erneut wehren mußte. Noch nicht einmal die beim Kloster gelegene Meierei stand der Gemeinschaft zur Verfügung.

Aus Not Edelsteine verkauft

So war schließlich das Stift derart in Geldnot geraten, daß von dem mitgebrachten Gut Edelsteine verkauft werden und drastische Einschränkungen erfolgen mußten. Pater Eichhorn, Präfekt am Gymnasium in Klagenfurt bringt die unter den gelehrten Mönchen herrschende Stimmung in einem Brief zum Ausdruck, in dem es u. a. heißt: »Wir dienen nun schon im siebten Jahr, verzehren das Mitgebrachte und haben noch keine hinlängliche Dotation! Keine feste Hoffnung, die mühsam abgenutzten Jahre ruhig und standesgemäß zu beschließen. Diese Ungewißheit lähmt die Energie und Freude bei der Amtsführung, schwächt die Achtung beim Publikum und vermehrt das heimliche Mißvergnüngen der Mitbrüder.«

Für die Bezahlung der nötigen Getreidekäufe mußte der Abt jetzt Geld aufnehmen. Dies veranlaßte ihn, erneut nach Wien zu reisen, wo er als Bittsteller wieder ein ganzes Jahr zubrachte. Dabei erreichte er auch die Abwendung einer Militärexekution, die wegen zusätzlicher Steuerrückstände drohte. Der Abtei 1808 zugesagte Güter wurden ihr aber weiterhin zu einem wesentlichen Teil vorenthalten. In der Hauptsache ging es noch immer um ein Militärgestüt, das verlegt werden sollte.

Auf neue Initiative des Abtes erscheint jetzt eine Kommission aus Wien. Diese stellte in objektiver Weise die Nichterfüllung von Dotations- und anderen Zusagen zum Nachteil des Klosters fest. Darauf verfügte der Kaiser den Abzug des betreffenden Gestüts von den Ländereien des Klosters und die Übergabe der Meiereien. Bis August 1815 hat man die Klostergemeinschaft hingehalten, um ihr endlich die 1808 gemachten Versprechungen zu erfüllen und die für die Existenz nötige Grundlage zu schaffen. Der Abt war damit aber noch lange nicht am Ziel. Große Steuerrückstände und Schulden durch Kreditaufnahmen lasteten schwer auf ihm. Sodann waren alle Kloster- und Wirtschaftsbauten auch die im übrigen Herrschaftsgebiet liegenden in einem jämmerlichen Zustand und bedurften dringend der Renovierung. Die Felder waren verwahrlost, die Waldungen abgeholzt. Neue Kreditaufnahmen waren erforderlich und neue Bittgänge von Amt zu Amt. Dennoch ging es jetzt langsam aufwärts.

Das religiös-kulturelle Wirken der Schwarzwälder Mönche in Kärnten

Mit der Wiederbesiedelung des Stiftes St. Paul *(Abb. 103)* im Jahre 1809 zogen zum zweitenmal Mönche aus dem Schwarzwald hier ein. Als cirka 700 Jahre früher Graf Engelbert von Spanheim den Entschluß faßte, seine Burg im unteren Lavanttal in ein Kloster umzuwandeln, bat er den Abt des berühmten Reformklosters Hirsau, ihm einige von seinen Mönchen zu schicken. Zwölf Benediktiner aus dem nördlichen Schwarzwald zogen am 1. Mai 1091 in die Burg ein und gründeten darin ihr Kloster. Sie leisteten sehr früh wertvolle Kulturarbeit im Kärntnerland. Diese erste Abtei bestand bis zu ihrer Aufhebung durch Joseph II. im Jahre 1782. Der imposante Klosterbau mit der spätromanischen Stiftskirche nach dem Hirsauer Vorbild ist heute noch ein eindrucksvoller Zeuge der damaligen Zeit.

Als die St. Blasier Mönche 1809 in St. Paul ihren Einzug hielten, kamen sie, wenn auch als Flüchtlinge, so doch nicht mit leeren Händen. Die mitgebrachten Kisten bargen wertvollste Kunstschätze, kostbare alte und neue Kirchenparamente, eine ansehnliche Bibliothek, einen Teil des Archivs mit wertvollen Handschriften, eine Münz- und Kupferstichsammlung sowie eine kleine Gemäldegalerie. Auch brachten die Mönche die Särge mit den Gebeinen habsburgischer Fürsten mit. Höher aber als alle greifbaren Werte war das Wirken der Söhne des hl. Benedikt für die geistige Entwicklung Kärntens einzuschätzen.

Abt Berthold war vom österreichischen Staate nur unter der Bedingung aufgenommen worden, daß er sich mit seinen gelehrten Brüdern voll dem Schulwesen widmen und dieses im Kärntnerland neu aufbauen würde. Durch die Auflösung des Jesuitenordens im Jahre 1773 waren hier die Bildungsmöglichkeiten stark verringert. So galt es, vor allem in Kärntens Hauptstadt Klagenfurt die Schulen wieder auf eine angemessene Höhe zu bringen. Was das Gymnasium betraf, gab es keine Schwierigkeiten. Nicht so leicht war es hingegen, die Lehrstühle für das Lyzeum zu besetzen. Vier Mönche mußten hierzu an der Universität Wien weitergebildet werden. Das hochschulmäßig geführte Lyzeum trug philosophischen Charakter, bot aber auch die Möglichkeit, Disziplinen der Fakultäten einer Universität zu verbinden. Es ersetzte eine Landesuniversität. 1810 gelang es auch, eine an das Lyzeum angeschlossene Lehranstalt für Theologie zu errichten.

In St. Paul, am Sitz der Abtei, nahmen die St. Blasier gleich nach ihrem Einzug 1809 das Gymnasium, das bis zur Klosteraufhebung 1782 bestanden hatte, neu in Betrieb. Infolge lange nicht geregelter Unterhaltszuwendungen konnte hier dem Wunsche des Kaisers auf Errichtung eines

Konvikts erst 1817 entsprochen werden. Trotz seiner schlechten Finanzlage hatte das Stift unter Abt Rottler die Knaben der Schule meist auf eigene Kosten im Flecken untergebracht. Auch im Konvikt wurde ein Großteil der Zöglinge (1821 waren es zwölf von achtzehn) gratis verköstigt. Diese humane Einstellung der Klosterverwaltung ermöglichte auch Angehörigen minderbemittelter Volksschichten das Studium.

Neben ihrer Lehrtätigkeit befaßten sich die St. Blasier mit der Pflege der Wissenschaften, wobei die Geschichtsforschung besonders hervorzuheben ist. Es lag ihnen sehr daran, die unter Fürstabt Martin Gerbert in St. Blasien begonnene »Germania sacra« zu vollenden. Bei der Auswahl der ins Exil mitzunehmenden Archivalien hatten sie sehr darauf geachtet, alle vorhandenen Unterlagen für diese Arbeit zur Verfügung zu haben. Doch zur Vollendung des Werkes kam es nicht.

Die Professoren Trudpert Neugart aus Villingen und Ambros Eichhorn aus dem heutigen Bonndorf/Wittlekofen, die schon in St. Blasien mit wertvollen historischen Arbeiten hervorgetreten waren, machten sich nunmehr um die Erforschung der Geschichte Kärntens verdient. Neugart beschäftigte sich dabei auch mit der Geschichte des Stiftes St. Paul und sammelte wertvolles Material für eine »Charinthia sacra«. 17 bedeutende Werke liegen von ihm vor. Eichhorn, der schon die Geschichte verschiedener Orte unserer Gegend, darüber hinaus auch eine Geschichte des Alpgaues verfaßt hatte, brachte es gar auf 38 Werke. Während seiner Präfektenzeit am Gymnasium in Klagenfurt schuf er ein Schultheater, das viel Beachtung fand. Jeweils an den Fastnachtstagen der Jahre 1808, 1811 und 1812 wurden seine Spiele aufgeführt. Als weitere von St. Blasien zugewanderte Patres, die bedeutende religiöse und historische Werke verfaßten, sind noch Konrad Boppert aus Konstanz und Franz Xaver Grüninger aus Villingen zu nennen.

Die Schwierigkeiten innerhalb des Konvents

Nicht zu allen Zeiten standen dem Abt Rottler die mit ihm ausgewanderten Mönche treu zur Seite. Die durch die Übersiedlung geänderten Verhältnisse verlangten von Abt Berthold als verantwortungsbewußtem Klostervorsteher neue Konstitutionen. Es waren insbesondere die Angehörigen des Professorenkollegiums in Klagenfurt, die fern vom Kloster sich an ein etwas freiheitlicheres Leben gewöhnt hatten und jetzt den Habit nicht mehr tragen und sich an den Chorgebeten nicht mehr beteiligen wollten. Es galt, diesen gelehrten Patres die Ordensdisziplin wieder näher zu bringen.

Im Jahre 1811 stellte der Abt für St. Paul und Klagenfurt getrennt neue Konstitutionen auf. In St. Paul wurden diese ohne Anstände angenommen, während in Klagenfurt nur sieben Angehörige des Ordens bereit waren, sie anzuerkennen. Die andern sieben verweigerten die Annahme. In einem Schreiben an den Abt bezeichneten sie die neuen Ordensstatuten als erniedrigende Fesseln, an denen man im Dunkel drückender Unsicherheit gehe. Man fühle sich in die Reihen unmündiger Zöglinge versetzt. Es sei unmännlich, wolle man stillschweigend erlauben, daß man aus einem Lehrerbildungsinstitut ein Lehrerzuchthaus mache. Nach Abänderung einiger Punkte erklärten die Betreffenden sich zunächst zur Annahme bereit. Als sie jedoch unterschreiben sollten, folgte nur einer (Bonaventur Häfele) der Aufforderung, die sechs anderen erklärten, aus dem Orden austreten und sich nach anderen Posten umsehen zu wollen. Ein Besuch des Abtes in Klagenfurt blieb ohne Erfolg, die Professoren wichen einer Begegnung aus. Bei dem opponierenden Lehrpersonal handelte es sich um die Professoren Gregor Huber, Ildephons Steinheibel, Kasimir Seitz, Jakob Speiser, Ämilian Haug und Meinrad Amann. Schließlich gab Rottler in einigen Punkten nach, worauf weitere fünf sich fügten und unterschrieben. Dem sechsten, Pater Ildephons, wurde eröffnet, daß seinem Austritt aus der Gemeinschaft nichts im Wege stehe. Er nahm darauf seinen Abschied. Die aufgestellten Konstitutionen traten nunmehr in Kraft, nachdem sie vom Bischof und vom Kaiser gutgeheißen und bestätigt waren.

Die letzten St. Blasier Äbte in St. Paul

Fürstabt Berthold Rottler erblickte als Müllerssohn am 16. Oktober 1748 in Obereschach bei Villingen das Licht der Welt und erhielt den Namen Ferdinand. Nach seinem theologischen Studium übernahm er in St. Blasien die Professur für Theologie. 1784 wurde er in Salzburg zum Doktor der Philosophie ernannt. Darauf trat er an der Universität Freiburg die Stelle eines Professors für Diplomatik, Numismatik und Archäologie an. Weitere Ämter, die er inne hatte, waren die des Archivars in St. Blasien und des Propstes in Klingnau/Aargau, bis ihn seine Mitbrüder am 19. November 1801 zu ihrem neuen Oberen und damit zum Fürstabt wählten. Als Berthold III. war er in St. Blasien der 48. Abt, er wurde auch der 48. in der Reihe der Äbte von St. Paul. Selbst im fortgeschrittenen Alter und bei angegriffener Gesundheit erlahmten seine Anstrengungen, die Klostergemeinschaft im Sinne des Ordensvaters, des hl. Benedikt, vorbildlich zu führen, nie. Ihm kommt das große Verdienst zu, in St. Paul unter widrigsten Verhältnissen eine neue Klostergemeinschaft aufgebaut und sowohl die Tradition von St. Blasien wie auch die von St. Paul fortgeführt zu haben, die uns so bis heute erhalten blieben.

Als Berthold Rottler am 16. Oktober 1826, an seinem 79. Geburtstag, starb, wählte die Klostergemeinschaft noch einmal einen der St. Blasier Einwanderer zu ihrem Abt: Meinrad Amann *(Abb. 101).* Am 9. April 1785 zu Hofkirch/Württemberg geboren, trat er 1803 ins Kloster St. Blasien ein. Nach der Auswanderung war er einer der Professoren, die ihre Studien in Wien vervollständigten, um am Lyzeum in Klagenfurt als Professor für Religionswissenschaften wirken zu können. Er gehörte zu jenen Mönchen, die ihrem Abt bei der Aufstellung der neuen Klosterstatuten Schwierigkeiten gemacht und mit dem Austritt aus der Klostergemeinschaft gedroht hatten. Nach dreizehnjähriger Regierungszeit starb er am 19. Dezember 1839. Auch er darf als ein fähiger und würdiger Verwalter des Erbes der fast tausendjährigen Klostergeschichte genannt werden.

Verzeichnis der von St. Blasien ausgewanderten Konventualen
(nach einer Aufstellung von P. Markus Baader, Stiftsarchiv St. Paul, Akten Auswanderung)

	Geburtstag, Geburtsort	Todestag
1. Baader, Andreas	24. 8. 1758 Löffingen Senior, Kellermeister	3.12. 1844
2. Baader, Markus	1. 3. 1752 Löffingen Dekan und Pfarrer in St. Paul	26.10. 1822
3. Boppert, Konrad	10. 2. 1750 Konstanz	31. 7. 1811
4. Brenzinger, Benedikt	24. 2. 1751 Krozingen Vizedirektor, Gymnasialpräfekt u. Subdekan	5. 9. 1832
5. Dietrich, Simon	14.12. 1758 Holzingen Administrator in Eberndorf	13. 4. 1826
6. Eichhorn, Ambros	26. 9. 1758 Wittlekofen Gymnasialpräfekt in Klagenfurt, Archivar	21. 3. 1820
7. Christen, Nikolaus	29. 6. 1771 Wolfenschießen CH Pfarrkooperator in St. Paul	11. 9. 1833
8. Ganther, Mathias	9. 8. 1756 Buchhorn Kantor und Musikinspektor	21.12. 1818
9. Grüninger, Bonifazius	9. 5. 1742 Villingen Rechnungsrevisor	31. 1. 1825
10. Huber, Gregor	22. 9. 1783 Bergheim Professor in Klagenfurt und St. Paul	11. 1. 1832
11. Jehlin, Günther	4.10. 1744 Heppenschwand Superior des Kollegs Klagenfurt	11. 9. 1813
12. Kaiser, Bartholomä	3.11. 1759 Schonach Professor am Lyzeum Klagenfurt	22. 8. 1822

13.	Kapferer, Nikolaus	8. 1. 1767 Gettensis Professor am Gymnasium St. Paul	6. 9. 1812
14.	Karg, Nonnosus	16. 1. 1738 Kempten	18. 6. 1811
15.	Kopp, Ignaz	8. 4. 1759 Munderkingen Superior in Klagenfurt	28. 6. 1831
16.	Mannhardt, Joh. Baptist	23. 3. 1782 Mengen Professor in Klagenfurt	14. 8. 1837
17.	Meister, Frowin	12. 1. 1760 Füssen Küchenmeister und Ökonom	26. 2. 1833
18.	Natterer, Thaddäus	10. 7. 1763 Altdorf Professor in St. Paul	13. 4. 1814
19.	Neugart, Trudpert	23. 2. 1742 Villingen Professor und Kämmerer, Lehrer der Novizen	15.12. 1825
20.	Rauch, Basilius	28. 2. 1746 Heitersheim	14. 5. 1816
21.	Rottler, Berthold	16.10. 1748 Obereschach, Fürstabt	16.10. 1826
22.	Schelb, Johann Nep.	6. 6. 1758 Münstertal, Bibliothekar	5. 2. 1831

Fratres (alle in St. Paul Priester geworden)

1.	Amann, Meinrad	9. 4. 1785 Hofkirch/Wttb. Professor in Klagenfurt, Abt in St. Paul	19.12. 1839
2.	Bisle, Blasius	6. 2. 1787 Ingstetten Professor in Klagenfurt	23. 2. 1826
3.	Fritz, Franz	20.11. 1786 Grafenhausen Professor, Gymnasialpräfekt in Klagenfurt	18. 9. 1849
4.	Häfele, Bonaventur	15. 9. 1783 Bergkheim Professor in Klagenfurt und St. Paul	12. 2. 1823
5.	Haug, Ämilian	16. 9. 1784 Rottenberg Professor in Klagenfurt, Hof- und Kellermeister	9. 5. 1844
6.	Held, Cölestin	4. 3. 1783 Oberhausen/Bay. Pfarrer in Pustritz	28. 7. 1862
7.	Horn, Aloisius	13.12. 1783 Salgen/Bay. Professor und Superior in Klagenfurt	23. 9. 1844
8.	Juli, Karl	25. 1. 1786 Rothenburg Professor in Klagenfurt, Präfekt in St. Paul	3. 5. 1818
9.	Müller, Magnus	10. 9. 1780 Unteramingen Pfarrer in Klein St. Paul	15.12. 1837
10.	Schöpf, Anton	22. 8. 1786 Messhofen/Bay. Professor in Klagenfurt, Novizenmeister	3. 2. 1820
11.	Seitz, Kasimir	15.11. 1783 Augsburg Professor in Klagenfurt, Pfarrer in St. Martin	14. 1. 1853
12.	Speiser, Jakob	24.11. 1783 Lautern Professor in Klagenfurt, Dekan	16. 3. 1844
13.	Steinheibel, Ildephons	– St. Georgen Professor in Klagenfurt, ausgetreten	29. 1. 1823
14.	Umfahrer, Edmund	4. 5. 1791 – Professor und Kooperator in St. Paul	6. 6. 1849

Oblaten

1.	Höfler, Jakob	33 Jahre alt aus Höchenschwand	
2.	Steiner, Anton	22 Jahre alt aus St. Märgen	
3.	Tisch, Laurentius	25 Jahre alt aus St. Peter	

Konverse

1.	Gisi, Christoph	5. 8. 1755 Ühlingen Koch und Bräuer (vermutlich zuvor Bierbrauer in der Brauerei Rothaus)	15. 2. 1812

Quellen und Literatur

Stiftsarchiv St. Paul, Akten die Auflösung des Stiftes St. Blasien betreffend, 1803–1808, Akten des Stifts St. Paul i.L.

GLA Karlsruhe, 48/5879–5894, 236/159 u. 2151, 391/33707, 33849 u. 3385

Engelmann U., Das Tagebuch von Ignaz Speckle, Stuttgart, 1965

Schmieder L., St. Blasien, eine baugeschichtliche Studie, Augsburg 1929

Ladstätter G. J., Geschichte des Benediktinerstiftes St. Paul im Lavanttal von 1809–1848, Diss.phil., ungedruckt, Wien 1973

Rottler R., Reise nach St. Paul im Lavantthale, Radolfszell 1889

Rieder K., Die Aufhebung des Klosters St. Blasien, Badenia Karlsruhe 1907

Sutter K., Die Aufhebung der Benediktinerabtei St. Blasien und der Neubeginn in St. Paul/Kärnten, Bad. Heimat, 1977/3, S. 401–418

Schmid Hermann, Die Säkularisation der Klöster in Baden 1802–1811, in: FDA 1978 und 1979

Bernhard Steinert

Das nachklösterliche St. Blasien im 19. Jahrhundert

St. Blasien war über fast neunhundert Jahre hinweg ein Kloster, also keine Gemeinde, keine Vogtei, sondern ein Kloster mit Gebäuden für die Mönche und mit den dazugehörigen umfangreichen zusätzlichen Gebäuden für die Verwaltung, für die Handwerksmeister mit ihren Familien und Gehilfen, für die im Dienst des Klosters stehenden sonstigen Laien, auch in der Landwirtschaft, in der Forstwirtschaft, Soldaten zur Bewachung und Wahrung der Ordnung – aber alles im Dienst des Klosters und nur für das Kloster da. Nach dem Einwohnerverzeichnis vom Jahre 1794 lebten damals in St. Blasien 269 Beamte und Bedienstete des Klosters – Abt und Konvent nicht mitgerechnet *(Abb. 104)*.

Das Kloster St. Blasien wurde durch Resolution des Großherzogs Karl Friedrich von Baden vom 10. Oktober 1806 aufgehoben, wie viele andere Klöster auch in badischen Landen. Und als am frühen Morgen des 27. September 1807 die letzte Gruppe der auswanderungswilligen 37 Mönche auf ihren hohen Leiterwagen unter dem Geläute der Domglocken talabwärts St. Blasien verließ in Richtung Österreich, hinterließ sie eine völlig ratlose Bevölkerung ohne Broterwerb, ohne Verwaltung, ohne Hoffnung – nur ein dumpfes Warten war in St. Blasien eingezogen.

Das Großherzogtum Baden begann beschleunigt damit, in diesem nun leeren Raum St. Blasien eine Verwaltung aufzubauen, um die Lücke zu schließen und das völlig durcheinandergeratene Leben wieder in geordnete Bahnen zu lenken. Es wurde ein neues Bezirksamt (Obervogtei) errichtet wie in den übrigen Landesteilen des Großherzogtums und St. Blasien zum Sitz dieses Bezirksamts bestimmt. Außerdem ein Oberforstamt, ein Finanzamt, eine Domänenverwaltung, ein Amtsgericht, ein Notariat – wo früher der Hofstaat des fürstlichen Abts, seine Regierungskollegien, die Hofkanzlei und die Hofkammer waren. Und von diesen Ämtern gingen die allerersten Anstöße für die Zukunft St. Blasiens aus: Es kamen neue Beamte ins Tal, und die Verhältnisse des Zusammenlebens wurden durch Anordnungen des Bezirksamts geordnet.

In der auf den 24. Januar 1808 durch Amtmann Frey einberufenen Versammlung der Bürger von St. Blasien wurde mit großer Mehrheit Johann Michael Zimmermann, bisher Sattlermeister im Kloster, zum ersten Vogt der neu zu bildenden Gemeinde gewählt. Es wurden 33 Bürger gezählt, von denen jeder ein Gewerbe ausübte und dadurch für sich und seine Familie gesichert schien. Die Einladung zu dieser denkwürdigen Versammlung am Sonntag nach dem Vormittagsgottesdienst mußte durch Unterschrift bestätigt werden. Und da erscheinen erstmals die Namen, die in dieser schweren klosterlosen Übergangszeit den Mut zur Selbsthilfe für den Beginn eines neuen Zeitalters in St. Blasien aufbringen mußten: Der schon erwähnte Klostersattler Michael Zimmermann, der Klosterschuster Johann Hugel, der Gastmeister Willibald Fetzer, der Metzgermeister Johann Nägele, der Küfermeister Fridolin Vogel, der Müllermeister Johann Zimmermann und der Zieglermeister Joseph Stüber.

Der neue Amtsbezirk St. Blasien, 261 Quadratkilometer groß mit zunächst zwölf Gemeinden, zählte zu Beginn 9574 Einwohner. Vier weitere Gemeinden kamen später (1819/39) dazu. Die

Ortschaft St. Blasien hatte etwa 210 Seelen. Die amtliche Konstituierung der Vogtei St. Blasien durch die Obrigkeit geschah 1809. Es war wahrhaftig eine Vogtei von Habenichtsen, denn noch im Jahre 1817 gab es in St. Blasien nur sechs sogenannte Bürger mit eigener Wohnung und Gartenplatz, alles übrige Feld hatten sie von der »gnädigen Herrschaft« in Pacht.

Die Zeit des Fabrikherrn Eichthal/Seligmann

Die wirtschaftliche Lage ließ eine Hoffnung zum Besseren erst zu, als sich Interessenten meldeten für die Nutzung der leerstehenden Klostergebäude. Der erste war der Mechanikus Henry Duggli aus Zürich. Er hatte seine Ausbildung in England, Spanien, Belgien, Frankreich und im preußischen Spandau erfahren. Mit Erlaubnis der Regierung in Karlsruhe eröffnete er im August 1809 pachtweise im Süd- und im Westflügel des Klosters eine Gewehrfabrik und mußte an das badische Kriegsministerium sofort (1809/10) 6000 Infanteriegewehre und einige hundert Pistolen liefern. Er hatte zur Erledigung dieses Auftrags in den Jahren 1809/10 französische Spezialisten eingestellt, die im Nordflügel neben dem Dom wohnten, aber schon im Jahre 1810 nach Frankreich zurückkehren mußten. Aus diesem kurzen Gastspiel der Franzosen in St. Blasien heißt dieser Gebäudeteil noch heute der Franzosengang.

Diese Gewehrfabrik blieb bestehen und wurde von dem zweiten Unternehmer, der in die Klostergebäude einzog, übernommen. Es war der Mechanikus Georg Bodmer, ebenfalls aus Zürich. Er hatte kurz nach Duggli, am 11. September 1809, von der Regierung in Karlsruhe die Erlaubnis erhalten, mit seiner Familie und seinen Mitarbeitern im Klostergebäude Aufenthalt zu nehmen und darin eine Fabrik zur Herstellung von Spinnmaschinen einzurichten.

Bodmer war ein noch junger Mann, wenig mehr als zwanzig Jahre alt, angeblich ein genialer Kopf, der damals schon glaubte, alles zu sein. Aber vom Kaufmännischen und Geschäftlichen verstand er wohl nicht viel, so daß es mit seinem Unternehmen nicht recht vorwärtsging. Er nahm daher am 6. November 1810 den Karlsruher Bankier David Seligmann und den St. Blasier Oberforstmeister Gerer in sein Geschäft auf.

Bankier Seligmann hatte das meiste Geld und wurde vom ersten Tag an Wort- und Geschäftsführer der neuen Gesellschaft. Er kam Ende Januar 1811 zum erstenmal nach St. Blasien und schloß als Hauptbeteiligter und Hofbankier für die neue Gesellschaft am 19. September 1811 mit der Regierung in Karlsruhe einen sehr günstigen Pachtvertrag ab, fast über die gesamte Klosteranlage, ohne Kirche und den nördlichen Flügel. Darin stand unter anderem die Vereinbarung, daß der dafür anzusetzende Pachtzins als Unterstützungsprämie erlassen wird, so daß der Gesellschaft und Seligmann die Klosteranlage praktisch ohne Pacht, nur für die eigenen Unterhaltungskosten zur Verfügung stand.

Von der neuen Gesellschaft wurden also ab 1812 in den Klostergebäuden drei Fabriken nebeneinander betrieben: die Maschinenfabrik, die Gewehrfabrik und die Spinnerei. 1812 wurden in diesen drei Fabriken 246 Arbeiter beschäftigt, fünf Jahre später, Anfang 1817, schon 809 Arbeiter, meistens Schwarzwälder, die aus der näheren und weiteren Umgebung nach St. Blasien gezogen waren. Es war das Hauptbestreben der Fabrik, »die Kunst und Geschicklichkeit der Einheimischen zu nutzen, um jeder Hilfe fremder Arbeiter entbehren zu können, die zunächst noch zum Teil als Meister und Lehrer notwendig waren.«

In der Spinnerei waren an die 12 000 bis 15 000 Spindeln in Betrieb, an denen über 300 Arbeiter beschäftigt waren, davon leider der größte Teil Kinder, die aus der Nachbarschaft St. Blasiens angeworben worden waren, in der Fabrik wohnten, verpflegt wurden und überhaupt lebten – und oft auch starben: Die »Spinnerbuben«, »Spinnermädchen« oder einfach »Spinnerkinder« genannt. Immer wieder begegnen uns in den Totenbüchern Eintragungen von in St. Blasien verstorbenen »Spinnerkindern«, erschütternde Schicksale junger Menschen fern dem Elternhaus.

In der Gewehrfabrik wurden in den Jahren der höchsten Produktion monatlich um die 10 000

Gewehre hergestellt, wozu die von Bodmer erfundenen Maschinen wesentlich beitrugen. Die meisten Arbeiter wohnten (wie die »Spinnerkinder«) in den Klostergebäuden, wurden dort auch verpflegt und bezogen einen Monatslohn von etwa 50 Gulden (was im Jahre 1816 z.B. die Summe von über 75 000 Gulden ausmachte).

Zum Fabrikunternehmen gehörte auch eine umfangreiche Landwirtschaft, die zu der Verpflegung der Arbeiter viel beitrug. Der Meierhof besteht ja heute noch in bedeutendem Umfang.

David Seligmann war ein höchst eigenwilliger und auf Grund seines Reichtums wohl geradezu herrschsüchtiger Mann. Dieser Mensch wurde über Jahrzehnte hinweg zu einer Schicksalsperson für St. Blasien. Er war von Beginn an ein unbequemer Pächter für den badischen Staat und erkämpfte sich in jahrelanger Zudringlichkeit alle nur erdenklichen Vorteile und Ausnahmen. Seligmann war aber auch ein höchst unbequemer Gesellschafter gegenüber seinen Teilhabern. 1814/15 geriet er mit Oberförster Gerer in Streit, der natürlich die Interessen der Forstverwaltung wahrnehmen mußte und dem Fabrikherrn bei dessen Kanalbauten quer durch die Wälder des St. Blasier Landes nicht immer seine Zustimmung geben konnte, weil große Schäden und Verwüstungen angerichtet wurden und mit dem unverschämten und aggressiven Seligmann kein Auskommen war. Gerer schied zu dieser Zeit aus der Gesellschaft aus und starb 1820.

Zu diesem Kleinkrieg scheint sehr stark beigetragen zu haben, daß David Seligmann eine »Nobilitierung«, eine Standeserhöhung, erfuhr. Er stammte aus einer jüdischen Familie von Leimen bei Heidelberg, geboren am 15. Februar 1775 als Sohn des »Hoffaktors« (Finanziers) Aron Elias Seligmann. Dieser Vater wurde als Hofbankier des Königs von Bayern am 22. September 1814 als Baron von Eichthal (nach seinem Hofgut im Isartal bei München) in den Adelsstand erhoben, der auch seine zehn Kinder einschloß. Durch Reskript des Großherzogs Karl vom 23. Januar 1815 durfte David Seligmann den Titel eines Freiherrn von Eichthal auch in Baden führen. Und so wurde er in seiner neuen Würde bald unausstehlich. Von 1818 bis 1822 gab es einen langen Streit zwischen dem »Oberverwalter Bodmer« und dem »Freiherrn von Eichthal«. Der Streit endete damit, daß Bodmer 1822 seinen Abschied nahm aus der Gesellschaft, zunächst in die Schweiz zurückkehrte, dann aber 1824 nach England übersiedelte, von wo sein Ruf als einer der erfolgreichsten Mechaniker dann in alle Welt drang.

Inzwischen hatte Seligmann/Eichthal seine Position in St. Blasien auch anderweitig gefestigt: Durch Vertrag vom 9. Januar 1821 erwarb er durch Kauf für 62 662 Gulden die Klostergebäude (ohne Kirche) und sonstige Ländereien als Eigentum, so daß er nun als Eigentümer praktisch »Alleinherrscher« in seinem Bereich in St. Blasien war. Es sollte bald noch schlimmer kommen, wie zu zeigen sein wird.

Trotz dieser umfangreichen Bemühungen, den schlimmen wirtschaftlichen Leerraum in St. Blasien nach der Klosterauflösung auszufüllen, hat sich im ganzen Bezirk als Folge der Auflösung des Stiftes St. Blasien eine drückende Armut ausgebreitet: »Die Armut ist so groß«, heißt es in einem Bericht 1812, »daß über hundert Familien ohne Brot sind und kaum vermögen, das Salz für ihre Erdäpfel aufzubringen.« Dazu kamen die schlimmen Napoleonischen Kriegsjahre mit ihren fürchterlichen Lasten, und schließlich noch zwei Jahre (1816/17) mit Mißernten, so daß sogar die Behörden angeblich in großer Sorge waren.

In St. Blasien bahnten sich bald noch andere Probleme an. Vogt Michael Zimmermann starb am 11. Mai 1820. Seine Nachfolger waren bis zum Sommer 1823 der Apotheker Joseph Anton Romer und dann bis zum August 1827 der Hofschneider Joseph Faschian. Diese zwei Männer waren die Anführer der langsam sich bildenden St. Blasier Bürgerschaft. Sie hatten eigene Geschäfte. Faschian war außerdem ein heller, aber unruhiger Geist. Beide suchten die Interessen der Gemeinde St. Blasien auch bei dem immer mächtiger auftrumpfenden Fabrikherren Eichthal/Seligmann durchzusetzen.

Dieser aber hatte keinerlei Einsehen für die Erfordernisse und Nöte der Vogtei St. Blasien. Er weigerte sich vor allem, an die arme Vogtei, als einziger Großgrundbesitzer, Abgaben zu zahlen.

Und er drängte in steigendem Maße, aus dieser Vogtei loszukommen und eine eigene Gemeinde zu gründen. Er richtete diesbezüglich heftige Anträge an das Innenministerium in Karlsruhe, worin er in seiner zudringlichen Art forderte, daß man ihn in die Lage versetzte, »fernerhin wenigstens ohne Ekel und Widerwillen leben zu können und seine Existenz von Plackereien und Hudeleien zu schützen gegenüber dieser sogenannten Gemeinde von St. Blasien, derzeit eine Gesellschaft von zehn Familien, wovon die Hälfte aus Angestellten seiner Fabrik bestehe.«

Eichthal/Seligmann drang durch seinen Einfluß in Karlsruhe bei der Regierung durch, und am 16. August 1827 wurde die Genehmigung des Großherzoglichen Staatsministeriums in Karlsruhe erteilt, eine eigene Eichthal'sche Gemeinde zu begründen und den Fabrikherrn als Bürgermeister zu bestellen. Damit war Eichthal/Seligmann am Ziel seiner Wünsche und in seiner Gemeinde, deren Leitung er am 3. Mai 1828 übernahm, Alleinherrscher. Dabei berichtet Oberamtmann Ernst 1833 die Besonderheit, Eichthal sei zwar »Vorstand der Fabrikgemeinde, will aber nicht Bürger dieser Gemeinde sein.«

So gab es also in St. Blasien zwei Gemeinden: die Fabrikgemeinde mit etwa 700 Personen, und die Vogtei Alt-St. Blasien (einschließlich staatlicher Höfe und Ort Oberkutterau) mit etwa 250 Personen. Diese kümmerliche Altgemeinde vegetierte so dahin, und hier muß auf eine Eigenart in der Bevölkerungszusammensetzung St. Blasiens hingewiesen werden: In St. Blasien bildete sich nach dem Wegzug der Mönche 1807 langsam und erst in Jahrzehnten eine ortsansässige Bevölkerung, und zwar fast ausschließlich durch Zuzug von auswärts. Und das war so schwierig, weil vorher nichts von einer Ortschaft oder Einwohnerschaft da war, nur Klosterbedienstete. Ein langwieriger Prozeß und für den Ort und die spätere Gemeinde viel wichtiger als die Anwesenheit der Fabrik. Denn die Arbeiter der Fabrik kamen von auswärts und gingen zum größeren Teil wieder fort, waren also für den Ort St. Blasien und seine Besiedlung nicht von Bedeutung. Noch in den Unruhen der Jahre 1848/49 mußte sich der Amtmann von Laroche beklagen, daß man in St. Blasien zum Schutz der Behörde überhaupt keine Bürgerschaft habe.

Das wirkliche St. Blasien entwickelte sich neben oder sogar gegen die Fabrik. Das sehen wir auch ganz deutlich, wenn wir die Anfänge der nachklösterlichen Bau- und Besiedlungsentwicklung betrachten. Es wurden in den ersten fünfzig nachklösterlichen Jahren nur sieben Privathäuser gebaut. Eines der Haupthindernisse für die Aufwärtsentwicklung der Gemeinde St. Blasien war auch die bittere Tatsache, daß der gesamte Grund und Boden in St. Blasien in den Händen des Staates und der Fabrik war. Sonst gab es nur Beamte und Pensionäre vom Kloster her und Pächter. Diese völlig einseitige Besitzverteilung wirkte sich bis in unsere Gegenwart herein aus als ein »Krebsschaden: die Vereinigung des Grundeigentums in wenigen Händen und der Ausschluß der Gemeinde von nahezu jeglichem Besitz« (Dr. Schuhwerk).

Die Gemeinde Alt-St. Blasien hatte schon vom ersten Tag ihres kümmerlichen Bestehens an Schwierigkeiten mit der Besetzung auch nur des Vogtamts. Denn Joseph Faschian hat bei der Trennung der Gemeinden das Amt offenbar abgegeben. Vom Bezirksamt wurde vorübergehend im Oktober 1827 der Uhrmacher Karl Greiner eingesetzt, aber im Dezember wegen angeblicher »Geisteskrankheit« schon wieder abgelöst und durch den Metzgermeister Johannes Nägele ersetzt, der dann am 16. August 1830 »wegen Altersschwäche« (72 Jahre alt) durch das Bezirksamt entlassen wurde. Er lebte aber noch ganz munter weiter, sogar zeitweilig als Gemeinderat, und starb erst 1842. Sein Nachfolger war der Wagnermeister Ferdinand Böhler vom September 1830 an als »prov. Vogt«, dann als Bürgermeister bis zum 11. August 1836. Er starb am 12. Januar 1838 in St. Blasien.

In dieser für Alt-St. Blasien so dunklen Zeit bestand zeitweilig sogar der Plan, die Rumpfgemeinde St. Blasien als Stabhalterei mit der nahegelegenen Gemeinde Häusern zu vereinigen, und dem Fabrikherrn Eichthal/Seligmann wäre das auch das Willkommenste gewesen, um die lästigen Alt-St. Blasianer loszuwerden. Doch die Gemeinde Häusern war trotz solcher Bemühungen durch das Bezirksamt zu diesem Zusammenschluß nicht bereit. Vom Ministerium in Karlsruhe wurde dann entschieden, die Vereinigung der alten und der Fabrikgemeinde bis zum Erscheinen der neuen Gemeindeordnung zurückzustellen.

Daraufhin gaben am 2. Februar 1836 die Alt-St. Blasier die Erklärung ab, sie wollten sich mit der Fabrikgemeinde vereinigen. Im Sommer des gleichen Jahres wurde die neue Gemeindeordnung erlassen und die beiden Gemeinden in St. Blasien endgültig, gegen den Willen Eichthals, zu einer einzigen Gemeinde vereinigt. Die alte Gemeinde wurde aufgelöst, der Bürgermeister Ferdinand Böhler am 11. August entlassen und Eichthal/Seligmann am gleichen Tag zum Bürgermeister der Gesamtgemeinde gewählt.

Damit hatte Eichthal/Seligmann, dieser herrschsüchtige und unduldsame Mann, endlich eines seiner Lebensziele erreicht, niemanden mehr neben sich zu haben in unserem Tal. Er war übrigens in dieser Zeit meist nur noch im Frühjahr, kurz im Sommer und im Spätjahr in St. Blasien, sonst fast ganz in Karlsruhe. Er stand bei den Bewohnern des Tales in hohem Ansehen und galt fast als ein Fürst. Von seinen Untergebenen wurde er wegen seiner Strenge gefürchtet. Im Geschäft galt er als eigenwillig und nicht sehr verständig, sowohl im Umgang als auch in seinen Kenntnissen. Es war ihm vergönnt, seine Herrschaft in St. Blasien noch fast ein weiteres Jahrzehnt auszuüben, obwohl in seinem Betrieb und auch in seinen persönlichen Verhältnissen um diese Zeit eine Wendung zum Schlechten eingetreten zu sein scheint. Am 27. September 1833 war seine Frau Maria Anna geborene Levi nach 35jähriger Ehe gestorben, erst 54 Jahre alt. (Ihr Grab bestand bis 1938 auf dem Friedhof in St. Blasien.) Auch der Geschäftsgang verschlechterte sich. Anfang der vierziger Jahre mußte Eichthal/Seligmann ein großes Darlehen aufnehmen, was aber den Niedergang der Fabrik auch nicht mehr aufhalten konnte.

David Eichthal/Seligmann war 70 Jahre alt, als er am 18. September 1845 den heruntergewirtschafteten Betrieb seinem Schwiegersohn, Bezirksbaumeister Joseph Berkmüller in Karlsruhe schenkte gegen eine jährliche Rente von 6000 Gulden. Aber auch dieser Wechsel half dem Werk nichts mehr: Am 17. Juni 1850 geriet die Firma endgültig in Konkurs.

Seine Ämter in der Gemeinde hatte Eichthal/Seligmann schon im Sommer 1845 niedergelegt. Nach der Schenkung im September 1845 habe man Eichthal, so berichtet Oberamtmann Weiß, nie mehr in St. Blasien gesehen. Der alte Mann starb am 5. Mai 1850 in Karlsruhe.

Man hat sich angewöhnt, das Jahr 1836, also das Jahr der Wiedervereinigung der beiden Vogteien zur Gesamtgemeinde St. Blasien, als Geburtsjahr der Gemeinde St. Blasien zu bezeichnen. Man übersieht dabei, daß St. Blasien schon vorher, von 1809 bis 1827 eine einzige Vogtei war. Es wird also wohl richtiger sein, die Gemeinde St. Blasien als rechtlich im Jahre 1809 entstanden und konstituiert zu betrachten, so daß sie heute (1983) einhundertvierundsiebzig Jahre alt ist.

Leiter des Bezirksamts St. Blasien war in diesen Jahrzehnten vom August 1815 bis Dezember 1844 der Amtmann (ab Januar 1828 Oberamtmann) Franz Anton Ernst, der Amtsvorstand mit der weitaus längsten Dienstzeit in St. Blasien. Sein Hauptverdienst um den Ort St. Blasien erwarb er sich durch sein mutiges Auftreten gegenüber der Regierung im Jahre 1821, wodurch er verhinderte, daß (im Zug der großen Grundstücksverkäufe an Eichthal/Seligmann) das Klostermeisterhaus und das neue Spital vom badischen Staat auch verkauft wurden. In diesen Häusern hatte die Mehrzahl der alten Pensionäre aus der Klosterzeit (Handwerksmeister usw.) ihren Alterswohnsitz, und durch diesen drohenden Verkauf hätten diese Rentner des alten Stifts ihre auf Lebenszeit unentgeltlichen Wohnungen verloren.

Außerdem verteidigte Oberamtmann Ernst von 1823 bis 1844 die Beibehaltung der sonntäglichen Wochenmärkte, die eine uralte Einrichtung aus der Klosterzeit waren und den sonntäglichen (Kirchen-)Besuchern aus der Umgebung Gelegenheit boten, nach dem Gottesdienst jeweils ihre Einkäufe für die Woche zu tätigen. Erst in den sechziger Jahren des vorigen Jahrhunderts, als sich in St. Blasien schon eine Anzahl Gewerbetreibende niedergelassen und die wirtschaftlichen Verhältnisse sich geändert hatten, kam diese Einrichtung der Wochenmärkte zum Erliegen.

Als Nachfolger Eichthal/Seligmanns wurde im Juni 1845 Joseph Faschian, inzwischen 64 Jahre alt, als erster Einheimischer zum Bürgermeister der Gesamtgemeinde gewählt, der Mann, der schon 1823 bis 1827 Vogt der Gesamtvogtei St. Blasien gewesen war. Er hatte 1811 das »Törle« in St. Blasien gekauft, seitdem »Faschianstor« genannt, und hatte bei der Spaltung der Vogtei 1827 das Vogtsamt abgegeben. Er war für eine Gesamtgemeinde. Aber auch diesmal war seine Amtszeit nicht von Dauer. Schon im Sommer 1846 wurde er abgesetzt, offenbar wegen revolutionärer Umtriebe. Denn inzwischen hatten sich die Zeiten zu ändern begonnen. Das Volk wurde sehr unruhig, gar als im Jahre 1846 zur sozialen Unrast noch eine Hungersnot kam.

Sein Nachfolger wurde im September 1846 der Schuhmachermeister Johann Ebner, der legendäre »Schuhhans« (Vater). In seine Amtszeit fallen die Unruhen in den Jahren 1848 und 1849.

Die Zeit des gesellschaftlichen Umbruchs

In einem Bericht der Großherzoglich Badischen Regierung des Oberrheinkreises zu Beginn des Jahres 1845, also fast vierzig Jahre nach der Aufhebung des Klosters St. Blasien, stehen die bedeutungsvollen Sätze: »Nach den uns vorliegenden Notizen sind in St. Blasien gegen 200 Personen beschäftigt, und nebst ihnen finden eine Menge von Fuhrleuten, Kohlbrennern, Holzmachern und Gewerbetreibenden aller Art durch die Fabrik ihren Verdienst. Der durch sie hervorgerufene Verkehr belebt die nach St. Blasien führenden Straßen, und viele neugierige Reisende werden zum Besuch von St. Blasien gleichmäßig wie durch den herrlichen Tempel und die Klostergebäude, so durch die industriellen Einrichtungen angelockt. Noch viele Leute jener Gegend erinnern sich auch der glanzvollen Hofhaltung der früheren Äbte und der großen Freigebigkeit, mit welcher alle Dürftigen und Notleidenden in weiter Runde unterstützt wurden. Das Kloster hat die Revolution nicht überdauert, dem Staat ist das reiche Erbe anheimgefallen und mit ihm doch wohl einige Verpflichtung. So dürfte sich vielleicht die Volksmeinung aussprechen.«

Dieser Bericht schildert genau die Situation um jene Zeit. Bei der älteren Generation ist die Erinnerung an die »gute alte Zeit«, natürlich verklärt, noch vorhanden und schürt den Unmut über die schlimme Lage vor der Revolution 1848. Und es zeigen sich die Anfänge des Fremdenverkehrs in St. Blasien, allerdings noch in Form von Touristik. Doch zunächst kamen die sozialen Kämpfe zum Ausbruch.

Die Ereignisse der Revolutionsjahre 1848/49 berührten auch St. Blasien, und zwar direkt mit einem Teil der revolutionären Geschehnisse und zum anderen auch mit ihren Folgen.

Die schon länger währende soziale Unrast in der Bevölkerung, verstärkt durch die Not von Hungerjahren um 1846/47, explodierte schließlich durch die Ereignisse in der Frankfurter Paulskirche anfang 1848. Dort tagte ein Vorparlament zur Ausarbeitung einer deutschen Verfassung. Als die Verhandlungen keine Fortschritte machten, verließen die zwei Abgeordneten aus Baden, die Mannheimer Advokaten Friedrich Hecker und Gustav (von) Struve Anfang April 1848 die Versammlung in Frankfurt – »Hier in Frankfurt ist nichts zu machen, es gilt in Baden loszuschlagen!« –, brachen am 8. bzw. 9. April 1848 von ihrem Wohnsitz Mannheim auf und erreichten verabredungsgemäß auf getrennten geheimen Wegen Konstanz.

Hecker war ein mitreißender Redner und Volksmann, eine Symbolfigur für die Massen – sein langer wallender Bart, und auf dem Kopf sein berühmter Schlapphut mit der wehenden Hahnenfeder. Viele Anhänger ahmten ihn nach.

Struve wirkte eher als strenger Fanatiker und Ideologe, der mit großer Härte vorging.

In Konstanz hatten sich inzwischen auch andere republikanische Führer, wie der badische Leutnant Franz Sigel, eingefunden mit dem Ziel: Von Konstanz aus sollte der bewaffnete Marsch zur Errichtung einer deutschen Republik gestartet werden.

Als am 12. April Hecker und Struve in Konstanz die Bevölkerung aufriefen, war das Echo enttäuschend. Trotzdem begann Hecker am Morgen des 13. April 1848 mit ganzen 53 Mann von Konstanz aus den bewaffneten Marsch. Unterwegs gab es einigen Zulauf, so daß es schließlich ei-

99 Chorherrenstift Spital am Phyrn mit Kirche von 1730

100 Kaiser Franz I. übergibt Fürstabt Rottler mit einer Urkunde das Kloster St. Paul/Kärnten (Gemälde auf Leinwand 236 × 296 cm)

101 Abt Meinrad Amann (1826–1839 von St. Paul, aus Hofkirchen/Württemberg

102 Fürstabt Berthold III. Rottler (1801–1807/1826) aus Obereschach bei Villingen

103 Kloster St. Paul im Lavanttal/Kärnten

104 St. Blasien im 19. Jahrhundert. Stahlstich von J. Umbach nach einer Zeichnung von R. Höfle

105 St. Blasien vor dem Brand 1874

106 Die Ruinen der Kirche und des ehem. Klosters nach dem Brand vom 7. 2. 1874

107 Das Kurhaus um 1892

108 Postkutsche um 1890

109 Das nach dem Brand wiederaufgebaute Fabrikgebäude (um 1920)

110 Abt Mauritius Ribbele. Ölgemälde im Besitz von Dr. Dux, Freiburg

111 Der durch eine Mauer von der Rotunde getrennte Chorraum der Kirche um 1890

112 Die Rotunde der Kirche um 1890

114 Sängergruppe des Kollegchores „Stella Silvae“ in ihren roten Kollegpullis

113 Luftbild des Kollegareals mit Sportplatz, Gartengelände, Sporthalle (gegenüber) und Kolleg um die beiden Höfe (freigegeb. von der Regierung von Oberbayern Nr. GS 300-8776-81)

115 Szene aus der Oper „Brüderlein Hund“ von Cesar Bresgen, aufgeführt auf der Kollegbühne, Pfingsten 1973

116 Marionettenspaziergang im Kolleggarten. Stabpuppen- und Marionettenspiele – ein Paradies für Techniker und Spieler am Kolleg

117 Ohne das „Blech“ ist das Kolleg nicht denkbar. Trompetenstöße gehören nun einmal zu einem Fest.

118 Der Neubau „Ostflügel“ des Trägervereins aus den Jahren 1970–1973 an der Stelle des 1874 abgebrannten Traktes, diesem in Höhe und Gliederung sich anschließend

119 Der Südflügel des Kollegs nach der Neugestaltung der Außenanlage 1982

120 Der Westflügel des Kollegs nach der Platzgestaltung 1982

121 Klinik St. Blasien, früher Sanatorium St. Blasien

122 Fürstabt-Gerbert-Haus

nige hundert waren. Die Kunde von diesem Heckerzug verbreitete sich in Windeseile, und vor rasch herantransportierten Truppen mußte Hecker schon vor Donaueschingen in den Hochschwarzwald ausweichen. Dort aber fiel dichter Schnee, und das Vorwärtskommen wurde schwierig, als man am Palmsonntag, dem 16. April, etwa 700 Mann stark durch die Region Bonndorf/Lenzkirch zog und am 17. April über Aha, Aeule, Menzenschwand schließlich abends Bernau erreichte, wo Nachtquartier bezogen wurde.

In der Nacht um zwei Uhr erschien vor dem Bezirksamt in St. Blasien eine Meute von fünfzig Mann und verlangte die Herausgabe der öffentlichen Kasse. Amtmann war in diesen Jahren Ludwig von Laroche, ein leberkranker, arroganter, unbeherrschter und im ganzen Bezirk verhaßter Mann. Er wich bald der brutalen Gewalt und überließ den Räubern die Beute.

Hecker zog anderntags weiter, doch schon am folgenden Tag, am 19. April, erschien Leutnant Sigel mit zweitausend Mann von Waldshut her in St. Blasien. 800 Männer, die man nicht in Quartieren hatte unterbringen können, lagerten während der Nacht bei lodernden Lagerfeuern vor den Fenstern des Amtmanns auf dem »Platz«, dem heutigen Kurgarten. Auch diese Revoluzzer zogen am anderen Morgen weiter.

Doch am Karsamstag, am 22. April, kam eine Rotte von aufgebrachten Einwohnern von Höchenschwand, Häusern und Blasiwald vor das Bezirksamt gezogen und verlangten den Rücktritt des Amtmanns. Dieser aber floh zum Regierungsrat nach Bonndorf.

Wie man weiß, wurden alle Freischärlergruppen geschlagen, Hecker bei Kandern, Sigel bei Günterstal.

Auch der Struveputsch im Herbst 1848 im Markgräflerland schwemmte am 22./23. September 1848 zweimal bewaffnete Banden nach St. Blasien. Sie befreiten die politischen Gefangenen aus dem Amtsgefängnis und plünderten die Obereinnehmerei und die Postkasse. Wiederum floh der Amtmann von Laroche, diesmal zur Regierung des Oberrheinkreises nach Freiburg vom 22. bis 29. September 1848. Er erreichte aber keinerlei Hilfe von seinen Vorgesetzten. Und in diesem Jahr 1848 war es auch, wo sich der Amtmann in bittersten Klagen erging, als Staatsbehörde in einer so einsamen »Wildnis«, an diesem »traurigen Ort« St. Blasien Dienst tun zu müssen, jeder Gewalt preisgegeben ohne Hilfe, nur zwei Gendarmen – »hier wo man keine Bürgerschaft hat«. Amtmann von Laroche, der also in keiner Weise der Lage gewachsen war, wurde am 11. Dezember 1848 nach Hüfingen versetzt. Doch er zögerte seinen Umzug über ein halbes Jahr mit allen Mitteln hinaus, bis man ihm mit Strafmaßnahmen drohte im Juli 1849.

Doch inzwischen war im badischen Land der große Volksaufstand 1849 ausgebrochen. Die weiteren Zusammenhänge können in diesem kleinen Rahmen nicht geschildert werden. Überall wurden Volksvereine und Bürgerwehren gebildet, für die neue Reichsverfassung zu kämpfen. Von der großen Volksversammlung in Offenburg aus zog am 14. Mai 1849 der Landesausschuß der Volksvereine in die Hauptstadt Karlsruhe ein. Der Großherzog Leopold von Baden war geflohen, und die staatliche Macht fiel in die Hände der Aufständischen.

Überall wurden durch die neuernannten »Zivilkommissäre«, radikale Republikaner mit diktatorischen Vollmachten, in möglichster Eile alle Männer zur Verteidigung mobilisiert und als »Erstes Aufgebot« zusammengestellt, denn der geflohene Großherzog hatte preußische Bundestruppen zu Hilfe gerufen. Auch von St. Blasien marschierte das »Erste Aufgebot« zusammen mit den Männern von Blasiwald und Schluchsee am 5. Juni 1849 in die Rheinebene hinab nach Norden bis nach Ubstadt bei Rastatt, wo es Station machte. Es wurde unter anderen auch begleitet von dem heftigsten Fanatiker unter den Revolutionären des Bezirks, dem Uhrenmacher Ludwig Faschian von St. Blasien, Sohn des Altbürgermeisters Joseph Faschian. Dieser selbst, ein bald siebzigjähriger Greis, war Bezirks-Zivilkommissär und gleichzeitig stellvertretender Kommissär von St. Blasien.

Nun, die Revolutionäre wurden am 21. Juni 1849 bei Waghäusel von den Preußen geschlagen, und am 27. Juli 1849 fiel das letzte Bollwerk der Revolution, die Festung Rastatt mit 5500 Revolutionären. Der Großherzog kehrte am 18. August nach Karlsruhe zurück, und es begann die Zeit der »Restauration«, also der Wiederherstellung der alten Herrschaft, und der »Reaktion«, also der großen Jagd nach den Rädelsführern des Aufruhrs. Von St. Blasien wurden verurteilt: Joseph Faschian zu einem Jahr Arbeitshaus. Er starb am 31. Januar 1850, ohne die Strafe angetreten zu haben. Sodann sein Sohn Karl Ludwig Faschian zu drei Jahren Zuchthaus. Er war zuerst in die Schweiz geflohen, stellte sich aber am 8. Januar 1850 und wurde am 29. August 1850 gegen Gestellung einer Kaution begnadigt. Außerdem wurden verurteilt der Notar Konstantin Serger und der Hüttenverwalter Rudolf Gysser, beide aber später freigesprochen.

Eine wohl unmittelbare Folge der durch die jahrelangen Unruhen schwierig gewordenen wirtschaftlichen Lage war sicherlich auch der Zusammenbruch der Spinnerei St. Blasien am 17. Juni 1850. Zu dieser wirtschaftlichen Not kamen noch die jahrelangen Einquartierungen fremder Truppen mit ihren Kosten und Lasten, zuerst badische, dann württembergische und bayerische Soldaten, vor allem aber dann die harten Preußen. Noch vom Oktober 1852 sind Verteilungspläne und Kostenverzeichnisse von St. Blasien erhalten.

Die finstere polizeistaatliche Lage und die wirtschaftliche Not trieben viele der Besten aus der Heimat in die Fremde. Achtzigtausend sind in diesen Jahren aus Baden ausgewandert, die meisten nach Nordamerika, darunter auch Friedrich Hecker.

Baden erhielt am 24. April 1852 einen neuen Großherzog, den für seinen kranken Bruder zum Regenten ernannten Friedrich I. Er wurde 1856 endgültig Throninhaber und heiratete am 20. September 1856 Prinzessin Luise von Preußen. Dieses Fürstenpaar sollte später für St. Blasien von hervorragender Bedeutung werden.

In diese allgemein schlimme Zeit nach 1850 fällt für St. Blasien ein bedeutender guter Anfang: die neue Spinnerei. Bei der 1852 erfolgten Versteigerung gingen die gesamten Gebäude und Liegenschaften an den Augsburger Bankier Obermeier, der ebenfalls einer Hoffaktorenfamilie entstammte, wie seinerzeit Seligmann/Eichthal. Obermeier nahm 1853 den Fabrikanten Karl Wilhelm Grether aus Schopfheim als Gesellschafter auf. Grether übernahm 1854 das Geschäft ganz in sein Eigentum. Kurze Zeit später trat sein Schwiegersohn Ernst Friedrich Krafft von Auggen in die Betriebsleitung ein und übersiedelte 1857 nach St. Blasien. Damit kam eine energische und ideenreiche Persönlichkeit in den Ort, was sich bald auch auf die Gemeinde auswirkte. Große Anschaffungen von Maschinen, Erweiterung der Wasserkraft durch Kanäle und Umbauten im Südteil der Klostergebäude sollten die Konkurrenzfähigkeit der Fabrik heben. Anfang der sechziger Jahre berichtete Amtmann von Scherer, daß die Spinnerei St. Blasien ständig ihr Geschäft erweiterte und das Arbeitspersonal vermehre, das 1865 schon wieder auf 300 Personen angewachsen war. Die Gewehrfabrikation und die Maschinenfabrik waren nicht mehr aufgenommen worden.

Die Gemeinde St. Blasien zählte um das Jahr 1855 etwa 790 Einwohner. An Gewerbe war vorhanden: die Spinnerei, das staatliche Hammer- und Walzwerk vom Bergbau Wittenschwand, zwei Schuhmacher, ein Schreiner, ein Schlosser, ein Wagner, zwei Uhrmacher, ein Bäcker, ein Metzger, ein Sattler, ein Krämer, eine Apotheke, zwei Sägereien und ein Gasthof. Nur die Gemeinde selbst hatte noch kein eigenes Rathaus, noch nicht einmal ein Ratszimmer. Die Geschäfte wurden in der Wohnung des Bürgermeisters abgewickelt (Schuhmacher Johann Ebner), die Sitzungen des Gemeinderats (vier Mitglieder) in seiner Schusterbude im Haus auf dem Platz der späteren Friedrich-Luisen-Ruhe (heute Sparkasse) abgehalten. Erst 1859 nach Erwerb des Klostermeisterhauses durch die Gemeinde wurden dort im Südostflügel ein Ratszimmer, eine Wachstube und Arresträume eingerichtet.

Eine zweite gewerbefördernde Einrichtung war die Gründung der Sparkasse des Amtsbezirks mit Sitz in St. Blasien. Es hatte großer Anstrengungen bedurft, um die Gemeinden des Bezirks von der Nützlichkeit einer solchen Einrichtung zu überzeugen. Amtmann Otto Sachs, bekannt durch seine Förderung des Malers Hans Thoma, hatte 1858 persönlich alle Gemeinden zum Teil wiederholt aufgesucht, um die Bürger für die neue Idee zu gewinnen. Erst am 4. Dezember 1858 konnte die Staatsgenehmigung erteilt werden, und die Gründungsversammlung aller Gemeinden fand am 22. Januar 1859 statt. Ende 1861 beliefen sich die Einlagen schon auf nahezu 40 000 Gulden, und für 1862 wird berichtet, daß die Ausleihungen der Sparkasse sehr gesucht waren. Ernst Friedrich Krafft war vom 23. Februar 1860 bis zu seinem Tod am 10. Juli 1898 Vorsitzer des Verwaltungsrats der Sparkasse St. Blasien und hat »durch seine wohltätige und umsichtige Oberleitung« einen sehr günstigen Einfluß auf die Geschäftsfortschritte ausgeübt.

Die Geschäfte der Sparkasse wurden in der Wohnung des jeweiligen »Rechners« abgewickelt, so also von 1859 bis 1873 im Marstallgebäude, wo die ersten Rechner (Kassenleiter), die Lehrer Timotheus Merkel (1859–1860) und Leo Ritter (1860–1873) wohnten, dann von 1873 bis 1888 im Hause Martin Schneckenburger (heute Schmidt-Arkaden) und von 1888 bis 1900 in der Wohnung des Buchbindermeisters Johann Weißenberger im Ostflügel des Klostermeisterhauses im »Süßen Winkel«, wo die Sparkasse auch noch bis 1925 ihre Räume hatte, ehe sie in das jetzige Gebäude umzog.

Der dritte verheißungsvolle Neubeginn, dessen früheste Anfänge in die Fünfzigerjahre zurückreichen, war der Fremdenverkehr in St. Blasien. Die Voraussetzungen dafür waren in diesem Jahrzehnt 1850/60 in St. Blasien noch nicht vorhanden, denn im Ort gab es ein einziges Gasthaus, den »Klostergasthof« im Torgebäude. Und der damalige Wirt Johann Weißhaar (1843–1861) scheint, wenn man den Klagen der um 1850 in St. Blasien ansässigen Akademiker, Mitglieder der »Einnung«, die ihr Klublokal im Gasthof hatten, glauben darf, »seine Gäste nicht mit der gebührenden Aufmerksamkeit behandelt und die gewöhnlichen Rücksichten der Höflichkeit und Schicklichkeit verletzt zu haben«.

Aber Buisson berichtet in seinem 1883 erschienenen Buch »St. Blasien«, daß der Ort schon vor zwei Jahrzehnten im Sommer zu klein war, um die große Zahl der Gäste zu beherbergen und daher die Equipagen abends oft stundenweit entfernt Unterkünfte suchen mußten. Das wäre also der Zustand um 1863 gewesen, so daß der Beginn des Fremdenverkehrs in das vorhergehende Jahrzehnt verlegt werden darf, also vor 1860. Damit stimmt auch ein Gesuch der katholischen Kirchengemeinde aus den Fünfzigerjahren um eine Domrenovierung überein: »Was soll man den tausend Touristen, die diesen großartigen Tempel alljährlich besuchen, sagen?«

Im Jahre 1855 war auch schon der heutige Kurgarten zu einem ersten kleinen Park mit Blumenanlagen und zwei Springbrunnen hergerichtet worden.

Doch den eigentlichen Beginn des Kurortes darf man wohl mit dem Einzug des Gastmeisters Anton Ellensohn in St. Blasien festsetzen, der den Klostergasthof am 7. September 1861 kaufte und den Aufstieg dieser Gastwirtschaft zu einem Haus ersten Ranges in die Wege leitete. Kurze Zeit später, im Dezember 1865, erwarb das Hotelierehepaar Josef Mayer die seit 1859 bestehende und in Konkurs geratene kleine Wirtschaft am Kronenberg und baute es zum Hotel »Krone« um. Im Klostergasthof stiegen im Jahre 1868 schon 812 Gäste ab, in der »Krone« 304, und 1869 waren es insgesamt 1986 Gäste, also eine beträchtliche Steigerung von 820 Personen.

Die Zahl der Gasthäuser vermehrte sich dann Anfang der Siebzigerjahre um weitere drei, und damit wurden dann wenigstens die Grundlagen für die Unterbringung der Gäste geschaffen, auf denen zwanzig Jahre später der Aufbau des weltberühmten Kurortes St. Blasien erfolgen konnte.

Bürgermeister in dieser Übergangszeit war im ersten Jahrzehnt nach 1850 noch Johann Ebner, der am 16. Mai 1859 starb. Er war ein auch in den stürmischen Revolutionstagen und in der harten Besatzungszeit eher ausgleichender und ruhiger Mann. Sein Nachfolger war vom 16. Mai 1859 bis 6. September 1860 der Apotheker Karl Otto Romer, bekannt auch durch die Förderung des jungen Malertalentes Hans Thoma. Er wurde aus unbekannten Gründen seines Amtes enthoben.

Ihm folgte eine der großen Gestalten unter den Bürgermeistern des 19. Jahrhunderts in St. Blasien, der Schreinermeister Meinrad Waßmer, der vom 27. September 1860 bis 30. November

1886 die Geschicke St. Blasiens leitete und Schwieriges für den Ort zu bewältigen hatte. In seine Amtszeit fielen bedeutsame Ereignisse der St. Blasier Ortsgeschichte, wie die ersten Besuche des Großherzogspaares Friedrich I. und Luise von Baden. Anton Ellensohn, der Gastmeister des Klostergasthofes, hatte auf dem Platz des alten Johann Ebner'schen Hauses 1869 einen Neubau, das »Haus Ellensohn« im Schweizerhausstil errichtet. In diesem zierlichen »Wohnhaus« mit 24 Räumen wohnten dann als erste Gäste das großherzogliche Paar am 8. und 9. Juni 1870, als sie auf einem Schwarzwaldausflug zum ersten Mal St. Blasien besuchten und anscheinend im Gedächtnis behielten, vielleicht sogar ein wenig liebgewannen – waren sie doch besonders beeindruckt von dem Dom, den sie noch in seiner alten, aus der Klosterzeit übriggebliebenen Gestalt sahen, und von der riesigen Klosteranlage, darin die Krafft'sche Spinnerei untergebracht war. »Der Empfang von seiten der Bevölkerung war allenthalben ebenso allgemein als herzlich«, schrieb Oberamtmann Weiß als damaliger Leiter des Bezirksamts St. Blasien.

Sie hatten auch versprochen wiederzukommen und lösten dieses Versprechen 1872 ein, als sie vom 20. bis 22. Mai wieder im Haus Ellensohn, jetzt »Friedrich-Luisen-Ruhe« genannt, Wohnung nahmen mit ihren Kindern Viktoria (»Viktoriaweg«) und Ludwig. Dabei blieb es zwar für den Augenblick, dieser kurze Auftakt hatte aber noch große Folgen.

Am 24. Mai 1873 starb der Gastmeister Anton Ellensohn, der die Anfänge des Kurorts gesetzt hatte. Seine Erben hatten leider seine Fähigkeiten nicht, und so ging der Klostergasthof 1880 in Konkurs und wurde 1882 von Otto Hüglin gekauft, was dann für St. Blasien von entscheidender Bedeutung war.

Ein furchtbares Unglück traf den Ort St. Blasien mit der am Morgen des 7. Februar 1874 ausgebrochenen Brandkatastrophe, welcher die Südhälfte der Klostergebäude (die Spinnerei), sowie der Dom mit der Kuppel, ausgenommen die Nordfassade, zum Opfer fielen.

Alle Löschversuche waren fast vergebens, da eine grimmige Kälte alles Wasser in der Alb und in den Löschschläuchen gefrieren ließ. Das große Werk des Fürstabts Martin Gerbert mit der eingestürzten Kuppel, dem zerstörten Wahrzeichen St. Blasiens, bot ein trostloses Bild. »Ein erbarmungswürdiges Ereignis!«, schrieb Pfarrer Lorenz Zimmermann in sein Verkündbuch *(Abb. 106)*.

Der Bürgermeister Meinrad Waßmer machte sich im Sommer 1874 auf die Reise nach Karlsruhe zum Landesvater und zur Regierung. In seinem kleinen Reisegepäck hatte er auch 26 Fotografien von der erbärmlichen Ruine des Domes, die er in Karlsruhe verteilte, auch bei der ihm gewährten Audienz beim Großherzog Friedrich! Und es war ein großer Glücksfall, daß dieser hohe Herr mit seiner Frau noch vor dem Brand den Dom am 9. Juni 1870 besucht hatte. Die Reise des Bürgermeisters kostete 42 Taler und die Fotos 6 Taler. Und selten hat sich ein so geringer Aufwand so großartig gelohnt. Denn als Ergebnis der Audienz brachte Bürgermeister Waßmer die Zusicherung des Großherzogs mit, daß er persönlich für den Wiederaufbau des Domes eintreten werde. Und so geschah es dann auch: 1875 und 1876 wurden die Trümmer aufgeräumt, und dann bis 1879 der Dom nach den alten Plänen von Michel D'Ixnard wieder aufgebaut. Zwar blieb die Rotunde immer noch unausgebaut stehen, doch das Langschiff diente seit dem 26. Oktober 1879 wieder als Pfarrkirche für die katholische Kirchengemeinde *(Abb. 111, 112)*.

Für den Kurort St. Blasien begann in diesen Jahren 1880/82 ein neuer verheißungsvoller Aufstieg. Im Oktober 1877 hatte sich der Sachse Dr. med. Paul Haufe in St. Blasien als Arzt niedergelassen und eröffnete 1882 an der Muchenländerstraße ein Privatsanatorium für Lungenkranke, das auch Wintergäste aufnehmen konnte. Schon 1890 mußte dieses Sanatorium erweitert werden, und Dr. Haufe wurde damit zum Begründer des Ganzjahreskurorts St. Blasien – übrigens ganz gegen den Willen der Gemeinde St. Blasien, da man um den Ruf des Kurorts bei den (gesunden) Sommersaisongästen fürchtete. Es muß festgestellt werden, daß sich viel später die Idee des Dr. Haufe schließlich durchsetzte, als nach der Katastrophe des Ersten Weltkrieges der Weltkurort St. Blasien infolge Ausbleibens des internationalen Adels und der Militärs auf die hier angesiedelten Häuser angewiesen war.

Der zweite Glücksfall für St. Blasien in dieser Zeit trat ein, als am 25. Januar 1882 Otto Hüglin aus der Konkursmasse Ellensohn den »Klostergasthof« kaufte und damit den Grundstein legte zu seinem St. Blasier Hotelkonzern. Otto Hüglin, am 11. November 1857 in Königschaffhausen am Kaiserstuhl geboren, stammte aus der Familie des Weingutes Hüglin und war ein genialer Kaufmann und Gastronom. Er begann sofort 1882 das neue Kurhaus zu bauen und verbrachte ein Leben, fünfundvierzig Jahre, in St. Blasien. Dabei war es eine den Jahreszeiten angepaßte Eigenart von Hüglin, daß er das Kurhaus in St. Blasien nur in den Sommermonaten Mai bis September umtrieb, die Winterhälfte aber sich mit seinen Mitarbeitern seinem Hotel in San Remo widmete. Mit seinen Hotelbauten schuf er in St. Blasien die internationale Atmosphäre und machte den sonst noch immer etwas kleinen Ort attraktiv für die große Gesellschaft.

In die Amtszeit des Bürgermeisters Meinrad Waßmer fiel noch ein weiteres für St. Blasien bedeutsames Ereignis: der Bau des neuen Schul- und Rathauses an der heutigen Luisenstraße in den Jahren 1882 bis 1884. Die Entwicklung der Volksschule beginnt in St. Blasien schon in der Zeit des Klosters. Für die Zeit um die Jahrhundertwende 1800 wird das Wirken eines »Schulhalters« Anton Ruckmich berichtet, Musikmeister (magister ludi) und Lehrer im Auftrag des Klosters. Seine Familie wird im Einwohnerverzeichnis von 1794 bezeugt als im Marstallgebäude wohnend, und dort befand sich auch die Schule, also der Unterrichtsraum, und zwar innerhalb der Wohnung des Lehrers.

Am bekanntesten ist dieser Lehrer wohl dadurch geblieben, daß einer seiner vier Söhne, Bonifazius Ruckmich, 1824 als Musiklehrer nach Freiburg zog und dort der Begründer des noch heute überregional bekannten Musikhauses Ruckmich wurde.

Für die Zeit von 1804 bis 1815 wird der Name eines »Meisterlehrers« Georg Fidel Herbster genannt, der gleichzeitig Leiter der Bräustatt-Rechnung des Bräuhauses Rothaus im Dienst des Klosters war.

Sein Nachfolger im Amt des Lehrers scheint ab 1816 Timotheus Merkel gewesen zu sein, ein Mann, der bis zum Jahre 1860, also wohl 44 Jahre lang, in St. Blasien eine große Rolle spielte als Lehrer und Schulleiter, aber auch als Ratschreiber, Postexpeditor, Gemeinderat und Rechner von Vereinen und Stiftungen. Zu seiner Zeit wuchs die Schülerzahl von sechzig im Jahre 1850 auf über hundert im Jahre 1860 an.

Auf ihn folgte Hauptlehrer Leo Ritter, 1860 bis 1873. Damals betrug (im Jahre 1863) die Bevölkerung St. Blasiens 893 katholische, 61 evangelische, 2 israelitische, insgesamt also 956 Einwohner. Die Schülerzahl stieg bis zum Jahre 1873 auf 124, und damit stellten sich zwei Probleme ein: Ein Lehrer allein war zuwenig, außerdem reichte der Unterrichtsraum im Marstallgebäude nicht mehr aus.

Ab 1. Oktober 1873 wurde ein Unterlehrer eingestellt. Und die Frage nach neuem Schulraum forderte dringend eine Klärung. Schulleiter war ab 1873 Karl Malzacher, ein ebenfalls äußerst rühriger Mann mit vielfacher Vereinstätigkeit.

Oberamtmann Xaver Weiß, der in dieser Zeit (1867–1875) Leiter des Bezirksamts St. Blasien war, bekannt durch seine heimatgeschichtlichen Arbeiten über St. Blasien, erstattete 1875 einen umfassenden Bericht über die ganzen Schulfragen nach Karlsruhe an den Oberschulrat. Damit kam der Schulhaus-Neubauplan ins Rollen. Die Verhandlungen mit dem Domänenamt, dem das Marstallgebäude gehörte und die Baupflicht und Unterhaltung dort oblag, nahmen im Laufe der Jahre die Wendung, daß der Staat sich bereit fand, seine Baupflicht für die Schule durch die Zahlung der Summe von 25 464 Mark abzulösen, wenn die Gemeinde dieses Geld für den Bau eines neuen Schul- und Rathauses verwende. Dieses neue Haus mit einem Gesamtaufwand von 52 000 Mark war dann am 1. Oktober 1884 an der heutigen Luisenstraße bezugsfertig und damit ein großes Problem für St. Blasien für lange Zeit gelöst.

Und ein Letztes noch muß zur Amtszeit des Bürgermeisters Meinrad Waßmer erwähnt werden: St. Blasien erlebte eine neue Bauperiode. Zwischen 1869 und 1877 wurden an der Menzenschwander Straße und an der Hauptstraße sieben neue Häuser gebaut, die nach vielfachen Umbauten heute alle noch stehen. Die meisten dieser Häuser hatten im Hinterhaus an der Bergseite noch Landwirtschaft, die erst in den Neunzigerjahren und um die Jahrhundertwende aus der Ortsmitte von St. Blasien verschwand.

Außerdem wurden am alten Marktplatz beim heutigen Kurgarten zwei Häuser gebaut und 1866/67 das turmartige zinnenbewehrte steinerne Amtsgefängnis als Ersatz für die vorher im heutigen Polizeigebäude untergebrachten Gefängnisräume. Dieses Gefängnis wurde 1934 als letztes stolzes Denkmal amtsbezirklicher Verwaltungsherrlichkeit abgetragen und in seinen Grundmauern in die Güterbestätterei umgebaut.

Als Bürgermeister Meinrad Waßmer am 30. November 1886 im Alter von 68 Jahren sein Amt an seinen einstigen Lehrling und Gesellen, den nunmehrigen Schreinermeister Franz Jünger abgab, war St. Blasien für schwarzwälder Maßstäbe schon ein richtiges Dorf geworden mit etwa 1100 Einwohnern, davon gegen 400 Fabrikarbeiter.

Dabei zeigt eine Übersicht über das neunzehnte Jahrhundert, daß sich die Einwohnerschaft von St. Blasien schon damals zum allergrößten Teil durch Zuzug von außen gebildet und ergänzt hat: Mehr als fünfzig Familien sind in dieser Zeit nach St. Blasien gezogen und haben sich hier seßhaft gemacht, die Fabrikbevölkerung nicht gerechnet. Und noch heute, hundert Jahre später, sind immer noch weniger als ein Drittel der Einwohner von St. Blasien, etwa 30 Prozent, auch in St. Blasien geboren.

Der große Bürgermeister Meinrad Waßmer starb am 17. März 1892 in St. Blasien und hat die glorreiche Zeit der Besuche des Großherzogspaares von Baden in St. Blasien nicht mehr erlebt.

Die Zeit der Großherzogsbesuche in St. Blasien

Man wird es wohl nie erfahren, was das Großherzogspaar von Baden, Friedrich I. und Luise geborene Prinzessin von Preußen, Tochter des Deutschen Kaisers Wilhelm I., nach zwanzigjähriger Pause im Jahre 1892 veranlaßte, den damals zwar schon bekannten, aber noch keineswegs berühmten und noch durchaus ländlichen Kurort St. Blasien an der Alb zu einem seiner jährlichen Sommeraufenthalte für eine ganze Reihe von Jahren zu wählen. Sicherlich haben die Namen Krafft und Hüglin dazu beigetragen: Krafft als Herr der alten Klosterbauten und einer großen Fabrik – denn es verging kein Aufenthalt des hohen Paares in St. Blasien, ohne daß vielfältige Besuche zwischen den Herrschaften ausgetauscht wurden. Oder Hüglin mit seinen modernen Kurhäusern und Villen – denn bei ihm nahm das hohe Paar stets Wohnung.

Eines ist sicher: Die Stunde dieses Entschlusses war eine Sternstunde für das damalige Dorf an der Alb. Sie leitete endgültig jene Zeit für St. Blasien ein, deren Nachschimmer noch bis heute über unserem Tale liegt: Die strahlende Zeit der Großherzogsbesuche von 1892 bis 1907 und die Jahre kurz danach bis 1914, dem Ausbruch des Ersten Weltkriegs.

Die Besuche fanden ausschließlich im Sommer statt, und zwar von 1892 bis 1899 alljährlich einige Wochen lang, also acht Besuche in Folge, dann 1902 und 1904 und schließlich der letzte Besuch am Samstag, dem 31. August 1907, etwa sechs Stunden lang. Rechnet man alle überhaupt stattgefundenen Besuche des Großherzogspaares in St. Blasien zusammen, so sind es dreizehn Besuche, verteilt auf die Zeit von 1870 bis 1907. Diese landesfürstlichen Besuche hatten zwei für St. Blasien höchst wichtige Folgen: Die jetzt einsetzende große Bautätigkeit und die bald feststellbare starke Belebung des Kurorts St. Blasien durch Gäste aus allen Ländern und Ständen Europas *(Abb. 107)*.

Zum ersten Punkt die Ursache: Im Jahresbericht 1894/95 berichtet das Bezirksamt St. Blasien, daß Ihre Königlichen Hoheiten, der Großherzog und die Großherzogin, sich ganz besonders für die Zulassung des Schweizer- bzw. Schwarzwaldbaustiles, Holzbauten mit Schindelummantelung ausgesprochen und wiederholt dem Wunsch Ausdruck gegeben hätten, daß demselben in St. Blasien mehr als bisher Rechnung getragen werde. Die großherzoglichen Herrschaften waren also offensichtlich mit dem damaligen Ortsbild St. Blasiens nicht zufrieden. Bei diesem wiederholten Wunsch zeigt sich auch deutlich der Einfluß der vielen großherzoglichen Kuraufenthalte im schweizerischen St. Moritz.

Dieser landesfürstliche Wunsch, damals in schöner Selbstverständlichkeit als Vorschrift aufgefaßt, löste in St. Blasien eine bisher nicht gekannte Neubauwelle aus. Jetzt war der denkwürdige historische Augenblick gekommen, der aus dem Dorf St. Blasien einen Kurort entstehen ließ. St. Blasien hat in diesen zwei Jahrzehnten sein Gesicht völlig verändert.

Den Maßstab setzte gleich zu Beginn Otto Hüglin mit einigen Paradebauten entsprechend den großherzoglichen Wünschen. 1892/93 die im geschmackvollen, damals modernen Backstein-Holz- und Schindelstil aufgeführten Hauptgebäudeteile des Kurhauses mit ragendem Turm, Baulichkeiten die jahrzehntelang das kurörtliche Erscheinungsbild St. Blasiens maßgeblich mitbestimmten und erst 1962 der Spitzhacke zum Opfer fielen *(Abb. 108)*.

Sodann entstanden in den Neunzigerjahren im gleichen Holzstil an der Menzenschwander Straße weitere sieben Häuser, die dieser Straße das Bild aneinandergereihter kleiner Villen gaben. Außerdem faßte im Herbst 1894 der Gemeinderat den Beschluß, am »Schulberg« auf Höhe des neuen Schul- und Rathauses eine neue Parallelstraße zur Hauptstraße anzulegen, um Baugelände zu erschließen, die nach der Großherzogin benannte heutige Luisenstraße. Hier entstanden sofort einige Neubauten: das 1895 auf Anregung des Großherzogspaares von der Ehrenstiftsdame Helene von Treskow erbaute große Gebäude, das heutige »Haus Baden«. Zur gleichen Zeit östlich des Schulhauses das neue Haus Stadelberger, heute Südteil des »Deutschen Hauses«, und 1896/97 die malerische Villa Determann, Wohnhaus mit Turm. Der Arzt Dr. Hermann Determann wurde 1892 Arzt im Kurhaus St. Blasien. Seine Frau war eine Dame aus russischem Adel und bewirkte, daß viele russische Adelsgäste alljährlich St. Blasien besuchten, woraus bis zum Ersten Weltkrieg sich jene geradezu sagenumwobene russische Kolonie in St. Blasien entwickelte, vor allem bekannt durch ihren Reichtum und ihre Großzügigkeit.

1889 bis 1896 wurde der große Hotelkomplex »Hirschen« erstellt mit dem berühmten Saal. Und auf der Halbinsel zwischen Alb und Steinabach entstand 1898 bis 1900 das überaus schmukke, ebenfalls turmgeschmückte Gasthaus »Ochsen«, nach Brand und Umbau das heutige »Domhotel«.

Den vorbildlichsten aller dieser Sommerbauten aber errichtete Otto Hüglin 1896/97 mit dem im »verfeinerten Schwarzwaldstil« an der Menzenschwander Straße erbauten herrschaftlichen »Schwarzwaldhaus«, inmitten ragender Tannen und herrlicher Anlagen im Garten der »Friedrich-Luisen-Ruhe«. Es war mit seinem Erkerturm, seinen Veranden, seinen kapuzenartigen Giebeldächern, überhaupt in seiner ganzen märchenhaften Erscheinung mit Terrassen, Altanen und Balkonen so sehr nach dem Herzen der großherzoglichen Herrschaften, daß sie 1897, als sie erstmals darin wohnten, sich sogleich zum längsten aller ihrer St. Blasier Aufenthalte verlocken ließen und achteinhalb Wochen in dem damals sich so herrlich entfaltenden St. Blasien verbrachten.

Gegen Ende dieses fürstlichen Urlaubs, am 23. August 1897, übergab der Bürgermeister Jünger dem so gnädig gestimmten Landesfürsten die »Untertänigste Bitte des Gemeinderates von St. Blasien um Verleihung des Stadtrechts für den Amtsort St. Blasien«. Schon am 24. August begann das Gesuch von St. Blasien aus den Instanzenweg, und am 5. November 1897 war dann der festliche Augenblick gekommen, wo der Großherzog auf Schloß Baden »auszusprechen geruhte, daß der Gemeinde St. Blasien die Eigenschaft einer Stadt verliehen werde«. St. Blasien war zu dieser Zeit ein Marktflecken mit ungefähr 1370 Einwohnern, Sitz eines Amtsbezirks von 17 Gemeinden mit etwa 9600 Seelen.

Der zweite Vorteil, den St. Blasien aus den sommerlichen Besuchen des badischen Regentenpaares zog, war die enorme Steigerung der Gästezahlen in den Sommermonaten. Waren es um 1880 etwa 630 Dauergäste und 1700 durchreisende Touristen pro Jahr, und 1891, dem letzten Jahr vor den Großherzogsbesuchen, etwa 900 Dauergäste und 2700 Touristen, so werden für das Jahr 1899, also etwa in der Mitte der fünfzehn Jahre der Großherzogsbesuche, 5474 Dauergäste ohne Touristen gemeldet – das ist also eine Steigerung auf das Sechsfache an Dauergästen.

Um die Jahrhundertwende 1900 kannte man natürlich den Massentourismus unserer Zeit noch nicht. Kuraufenthalt in einem Kurort war eine Sache der »gehobenen Schichten«: Adel, Offiziere, Industrielle, hohe Beamte, vermögende Rentner und Privatiers. Und der Kuraufenthalt war keine Erholung, sondern ein anstrengendes gesellschaftliches Ereignis mit vielen Verpflichtungen. Dafür standen den Gästen auf dem Höhepunkt des Kurorts z.B. im Jahr 1908 zur Verfügung: acht Hotels, vier Pensionen, sieben Privathäuser und dreiundvierzig Einzelquartiere. Und es waren in St. Blasien damals an einem Stichtag im Juni gleichzeitig anwesend: 484 Deutsche, 13 Engländer, 24 Schweizer, 5 Franzosen, 111 Russen, 68 sonstige, zusammen 705 Gäste.

Auf diesem Höhepunkt der Entwicklung als Kurort war die neue Stadt St. Blasien angelangt, als nach dem Kalender das 19. Jahrhundert schon zu Ende gegangen war. Für St. Blasien aber reichte das 19. Jahrhundert noch weit in das 20. Jahrhundert hinein und ging erst in einzelnen Etappen zu Ende. Die erste bestand im Ende der Großherzogsbesuche in St. Blasien. Der letzte Besuch des greisen Monarchen fand am 31. August 1907 statt.

St. Blasien hatte inzwischen seit Dezember 1902 einen neuen Bürgermeister, den Schreinermeister Adolf Waßmer, des großen Vaters bedeutenden Sohn, der in seiner achtzehnjährigen Amtszeit vieles für St. Blasien geleistet hat. Die Stadt St. Blasien hat ihm später die Würde eines Ehrenbürgers verliehen. Als erstes konnte er entscheidend das mitvollenden, was sein Vater dreißig Jahre vorher so energisch begonnen hatte: die Domrenovierung. Dabei hatte er die allergrößte Hilfe in dem neuen Stadtpfarrer, denn St. Blasien hatte seit Dezember 1905 auch einen neuen Pfarrer am Dom, den noch heute unvergessenen Theophil Lamy. Und diese beiden Männer waren beim letzten Großherzogsbesuch auch zu jenem historisch gewordenen Mittagessen eingeladen, das für St. Blasien so bedeutungsvoll wurde. Denn Bürgermeister Waßmer benützte die Gelegenheit, die hohen Herrschaften auf den dringend notwendigen Kirchenausbau hinzuweisen. Und da gab dann der greise Monarch dem Pfarrer Lamy, der den Bürgermeister nach Kräften unterstützte, die noch unvergessene Zusicherung: »Es kommt ja jetzt alles in Ordnung.« Dabei darf man nicht vergessen, daß dies bis auf wenige Wochen genau hundert Jahre nach jenen Tagen geschah, als man die Mönche aus unserem Tal jagte – als der sechste Großherzog von Baden, Friedrich I., dies versprach und damit wenigstens symbolisch wiedergutmachte, was der erste Großherzog Karl Friedrich an dem Kloster verschuldet hatte.

Am gleichen Abend fuhr der Großherzog nach der Insel Mainau im Bodensee. Und dann trat das für St. Blasien leider nicht gute zweite Ereignis im Nachklang zum 19. Jahrhundert ein: Der Großherzog starb am 28. September 1907 dort auf der Mainau. Er war der größte Wohltäter für St. Blasien. Er hat durch seine Anwesenheit den Ort St. Blasien so sehr hervorgehoben und ausgezeichnet, daß aus dem Dorf ein europäischer Name wurde. Seine Anregungen wirkten noch nach bis zum Ersten Weltkrieg: Die Anwesenheit der vielen Gäste, und vor allem die Domrenovierung, die Herstellung des Kuppelraumes fast in der alten Pracht in den Jahren 1910 bis 1913. Bürgermeister Waßmer und Stadtpfarrer Lamy vollendeten so mit der Domrenovierung das Geschehen um den Dom im 19. Jahrhundert. Am 1. Juni 1913 war die feierliche Domweihe durch Erzbischof Thomas Nörber von Freiburg.

Und am 21. Juni 1914 wurde das zu Ehren des Großherzogs Friedrich I. und gleichzeitig als Kriegerehrenmal für die Gefallenen 1870/71 errichtete Denkmal enthüllt. Zu diesem Festakt war der Sohn des alten Großherzogs, Friedrich II. von Baden, gekommen, der St. Blasien nicht sonderlich liebte. Er war der letzte Regierende, der unsere Stadt besuchte. Sechs Wochen später, am 1. August 1914 mitten in der Hochsaison, brach der Erste Weltkrieg aus, und da ging für St. Blasien zum drittenmal ein Teil des 19. Jahrhunderts zu Ende: Die russische Gästekolonie zerfiel sofort, denn Rußland war plötzlich Feindesland. Die Adelsgäste zogen sich bestürzt zurück, die Militärs eilten zu den Waffen, der Beamtenadel stellte sich zum Dienst – und die Herrlichkeit unseres Kurorts zerstob wie ein Gespensterspuk und machte den Frontnachrichten Platz.

Und der allerletzte Ausklang des 19. Jahrhunderts in St. Blasien geschah zehn Jahre später, als zum 1. April 1924 der 117 Jahre alte Amtsbezirk St. Blasien aufgehoben wurde. Da war dann auch der bescheidene Glanz des alten Amtsstädtchens erloschen.

Geblieben ist uns aus jener Zeit nur noch der Dom. Und St. Blasien muß sich seitdem mit Hilfe der Anwesenheit des Domes in einer harten Gegenwart zurechtfinden und versuchen, seiner tausendjährigen Geschichte würdig zu bleiben.

Literatur- und Quellenhinweise

Weiß, Xaver: St. Blasien, 6 Bände, ab 1874, in: GLA Nr. 65/494

Dr. Schuhwerk, Franz: Mit der Bezirkssparkasse St. Blasien durch ein Jahrhundert ihres Bestehens, 1859–1959. St. Blasien 1959

Ders.: Aus der Geschichte des Klosters und Kurortes St. Blasien, in: Hilger, Franz M.: Martin Gerbert, Fürst und Abt von St. Blasien. Konstanz 1970, S. 63

Steinert, Bernhard: Sankt Blasier Land, Band I und II. St. Blasien 1977, 1981

Generallandesarchiv Karlsruhe: Verschiedene Akten

Wolfram Fischer

Die Anfänge der Fabrik von St. Blasien (1809–1848)

Ein Beitrag zur Frühgeschichte der Industrialisierung

Wann die Industrialisierung eines Landes beginnt, ist selten mit einem exakten Datum zu belegen. Je nachdem, ob man als entscheidendes Merkmal der Fabrikindustrie die Zentralisierung der arbeitsteiligen Produktion an einem Ort, die Stufe der Manufaktur also, oder die Mechanisierung des Arbeitsvorgangs bzw. der Antriebskraft oder die Organisation von Produktionsunternehmen als Kapitalgesellschaften ansieht, je nachdem also, ob man mehr die betriebliche oder die technische oder die wirtschaftliche Seite der Fabrik ins Auge faßt, liegt der Beginn der Fabrikindustrie in einer anderen Zeit. Will man den Vorgang der Industrialisierung als Ganzen erfassen, muß man somit verschiedene Etappen unterscheiden. In Baden setzt die erste nach mancherlei Vorläufern seit dem Ende des 17. Jahrhunderts um die Mitte des 18. Jahrhunderts ein. Die Lörracher »Cotton- und Indiennefabrique« des Schweizer Unternehmers Küpfer ist die hervorstechendste Gründung dieser Zeit (1753). Aus ihr entsteht später die Indiennefabrik Koechlin (1809). Andere Textil- und Tabakmanufakturen folgen. Auf dieser Stufe des Manufakturbetriebes stehen auch die Pforzheimer Uhren- und Bijouteriebetriebe, deren erster als herrschaftliches Unternehmen 1767 gegründet wird. In den 80er und 90er Jahren des 18. Jahrhunderts liegen die Anfänge der Konstanzer Indiennemanufakturen, deren bekannteste später Macaire & Co. und Gabriel Herosé sind. Auch die Glashütten, Porzellan- und Fayencemanufakturen des Landes stammen aus dem 18. Jahrhundert, so die Glashütte Äule von 1716, die Rinderschwendersche Glashütte in Gaggenau von 1771, die Fayencemanufakturen Mosbach, Durlach und Zell a.H. 1774 gründen in Lahr die Gebr. Lotzbeck die erste Schnupftabakmanufaktur, ein Jahr später entsteht in Mannheim eine Tapetenfabrik, 1796 in Lahr die Zichorienfabrik von C. Trampler. Auch die hausgewerbliche Uhren-, Textil- und Strohhutfabrikation setzt sich im 18. Jahrhundert auf dem Schwarzwald fest[1].

Je nach dem Wert, den man dieser Form der Manufaktur- und Hausindustrie beimißt, kann man diese erste Etappe als vor- oder schon als frühindustrielle Zeit bezeichnen. Sie wird abgelöst durch eine zweite Stufe, auf der die Arbeits- und Antriebsmaschine in den Betrieb eingeführt wird. Sie soll hier als die entscheidende Wendung zum Fabrikbetrieb gesehen werden. Denn so wichtig es ist, daß die Produktion an einem Ort zusammengefaßt und die Arbeit dabei geteilt wird – bleibt sie auf dieser Stufe stehen, so wird aus der Manufaktur nie eine Fabrik, mag sie auch oft als solche bezeichnet werden.

Die dritte Etappe beginnt mit der Entstehung der meist als Aktiengesellschaft begründeten Großbetriebe, in Baden in der Mitte der dreißiger Jahre. Die badische Gesellschaft für Zuckerfabrikation, die Spinnerei und Weberei Ettlingen und die Maschinenfabriken in Karlsruhe, Immendingen und Höllstein sind die bedeutendsten Beispiele. Hier finden sich die »Kapitalisten« zum erstenmal zur gemeinsamen industriellen Verwertung ihres Kapitals zusammen. Diese »kapitalistische« Form der Unternehmung ist zwar besonders charakteristisch für die große Industrie Westeuropas und Amerikas, keineswegs oder gar notwendig jedoch auf sie beschränkt. Auch Handels- und Versicherungsunternehmen kennen diese Organisationsform schon lange bevor von einer technischen Form der Fabrik gesprochen werden kann, und unter einer anderen Wirtschaftsverfassung ist die Fabrik ohne kapitalistische Organisation möglich. Oft genug wachsen andererseits die großen Fabriken ohne Kapitalhilfe ganz aus kleinen Anfängen eines einzelnen heraus. Die kapitalistische Form der Unternehmung kann daher ebensowenig wie die bloße Zentralisierung der Produktion ohne besonderen Maschineneinsatz als das entscheidende Merkmal der Industrialisierung angesehen werden. Der Einsatz von Arbeitsmaschinen jedoch und die Verwendung von mechanischer Arbeitskraft konstituiert eine Fabrik sehr wesentlich. Zwar sind auch sie nicht auf Fabrikbetriebe beschränkt. Mit dem Elektromotor und der Werkzeugmaschine sind beide auch in Handwerksbetriebe vorgedrungen, nachdem zuvor schon kleine Dampfmaschinen ähnliche Dienste leisten konnten. Dennoch kann man die Vorherrschaft der Maschine bei der Organisation der Produktion als das wesentliche Merkmal der Fabrik bezeichnen. Denn die Maschine war es, die die Produktion sprunghaft in die Höhe trieb, und die Maschine war es, die als das »Schicksal« einer neu heraufziehenden Zeit schon früh erkannt wurde, weil sie mit der Veränderung der Produktionsverhältnisse auch eine tiefgreifende Wandlung der sozialen Struktur erzwang.

Versteht man unter Industrialisierung die Einführung der Arbeitsmaschine in den Produktionsvorgang, so kann man ihren Beginn für Baden mit großer Exaktheit auf das Jahr 1809 festlegen. In diesem Jahr nämlich zog Johann Georg Bodmer mit seinen Spinnmaschinen aus Zürich im Kloster St. Blasien ein und errichtete die erste mechanische Spinnerei Badens, und in diesem Jahre brachte Peter Koechlin die erste Rouleauxdruckmaschine aus Mühlhausen i. E. nach Lörrach, um sie in der Indiennemanufaktur Merian & Koechlin einzusetzen. Beide Vorgänge sind jedoch keine isolierten und zufälligen Ereignisse, sondern sind Teil einer größeren Reihe von Versuchen, neue »Nahrungszweige« im eben konstituierten Großherzogtum heimisch zu machen. Der badische Staat ist an ihnen wesentlich beteiligt. Der wichtigste dieser Versuche soll hier geschildert werden[2].

Die Napoleonischen Kriege und der Zusammenbruch des Deutschen Reiches hatten viele Teile Oberbadens, besonders die neugewonnenen ehemals geistlichen und vorderösterreichischen Gebiete des südlichen Schwarzwaldes, in große Not gebracht. Die in der zweiten Hälfte des 18. Jahrhunderts aufgebaute wirtschaftliche Verbindung mit der Schweizer Textilindustrie drohte abzureißen. Die Klöster als Nahrungsquelle armer Waldbewohner verschwanden. Die lokalen Behörden, aber auch die Karlsruher Zentralinstanzen suchten nach Wegen, der drohenden Not auf dem Schwarzwald Herr zu werden. Bereitwillig griffen sie nach den Angeboten privater Unternehmer, durch die Einführung neuer Industriezweige oder durch Wiederaufrichtung der alten der Bevölkerung Arbeit und Brot zu bringen.

Das große Benediktinerkloster in St. Blasien war eine der schwierigsten Erbschaften, die die Säkularisation dem badischen Staat hinterlassen hatte. Abgeschnitten von der Welt, ein Monument mönchischer Kulturarbeit, stand es nun einsam, der Verwitterung preisgegeben. Um die Baulichkeiten zu erhalten, schlug Baudirektor Weinbrenner vor, hier Gewerbe anzusiedeln. Auch die Pfarrer der Umgebung sahen in der Gründung einer Fabrik einen großen Nutzen und begrüßten die Absicht der Regierung, das ehemalige Stift St. Blasien in eine »gemeinnützige Manufaktur« umzuwandeln[3].

Am 9. Mai 1808 gab daher der Geheime Rat der großherzoglichen Kammer in Freiburg auf, »das Kloster St. Blasien, mit Ausschluß der Kirche, durch in- und ausländische Zeitungen feilzubieten, den Verkauf bei dem Meistgebot auszusetzen und von dem Erfolg Bericht zu erstatten«[4].

Zu Beginn des Jahres 1809 bot Johann Caspar Bodmer aus Zürich im Namen der Gesellschaft J. J. Wuest & Co. und der Gebrüder Bodmer an, das Kloster, 60 Juchert Wald und 10 Juchert

Matten zu kaufen, wenn ihnen die Benutzung der Wasserkraft zu industriellen Unternehmungen gestattet werde. Das Finanzministerium schickte daraufhin den Oberforstmeister Gerer aus St. Blasien nach Zürich, um Erkundigungen über die Kauflustigen anzustellen. Sein Bericht war, was die finanziellen Verhältnisse der Antragsteller betraf, nicht gerade ermutigend, doch konnte er melden, in Johann Georg Bodmer, dem eigentlichen Unternehmer, einen Techniker großen Formats entdeckt zu haben, der das Beste für das Großherzogtum erreichen und den Schwarzwald unter »hunderterlei Formen an dem hereinziehenden Gewinn Teil nehmen« lassen würde. »Der wichtigste Gewinn für das ganze Land«, so resümierte er seinen Bericht, »bestünde aber meines Erachtens in der Errichtung guter Spinnmaschinen und in der Emporbringung der Weberei, die am Ende nicht nur den Verlust der Handspinnerei ersetzen, sondern unter einer guten Leitung und kleinen Aufmunterung denselben übertreffen könnte. Auf die Verbreitung solcher Maschinen und Webereien inner dem Lande müßte das Hauptaugenmerk gerichtet werden, und hierzu wäre die Fabrik zu St. Blasien das Samenkorn, welches man mit Sorgfalt kultivieren müßte.«

Damit schlägt der in Gewerbesachen erfahrene Oberforstmeister zum ersten Male das Thema an, das in den nächsten Jahren im Mittelpunkt aller Betrachtungen um das Schicksal St. Blasiens stehen wird. Neue Gewerbezweige im südlichen Schwarzwald zu pflanzen und der Bevölkerung einen Ersatz für den Verlust der Handspinnerei (und Musselinstickerei) zu bringen, wird das Ziel sein, das die badischen Behörden mit der Unterstützung der Fabriken im Kloster St. Blasien verfolgen und das dieser Anstalt eine weit über das allgemeine Interesse an der Hebung der Gewerbstätigkeit des Landes hinausgehende Anteilnahme sichert. Als »Samenkorn« der Industrie wird die Fabrik in St. Blasien im Baden der ersten Hälfte des 19. Jahrhunderts eine einzigartige Rolle spielen.

Oberforstmeister Gerer übernahm so etwas wie die Patenstelle für das neugeborene Kind. Er ermunterte Bodmer, selbst nach Karlsruhe zu gehen, um den Vertrag abzuschließen, und er ermunterte die Regierung, den Versuch mit ihm zu wagen, obwohl er keine großen Mittel vorweisen konnte. Am 9. Mai 1809 kam ein Vertragsentwurf zustande. Bodmer verpflichtete sich, in dem Klostergebäude eine Fabrik für Baumwollspinn- und Webmaschinen einzurichten, auch andere zu Fabriken und Manufakturen nötigen Vorrichtungen anzulegen und »seinem Etablissement allen nötigen Schwung zu geben«. Er erhielt dafür neben der Befreiung von den Zoll-, Steuer- und Milizverpflichtungen das Recht zugesagt, eine eigene Gemeinde der Fabrikarbeiter zu bilden und bei der Rekrutierung und dem Heiratskonsens mitzuwirken. Auch ein fünfzehnjähriges ausschließliches Privileg für alle Erfindungen wurde vereinbart, das von Bodmer gewünschte 30jährige Monopol auf eine Maschinenfabrik am Oberrhein jedoch nur mit der Einschränkung versprochen, daß niemandem die Verfertigung von Maschinen für eigenen Gebrauch verwehrt werden solle. Die Akkorde mit den mechanischen Arbeitern sollen vom Staat garantiert werden, so daß ein Wechsel des Arbeitsplatzes gegen den Willen des Unternehmers ausgeschlossen ist. Als Kaufpreis für die Grundstücke und Gebäude werden 33 000 fl. bestimmt, zu denen 38 000 fl. für das Kupferdach und 5400 fl. für die große Glocke kommen. Insgesamt sollen 76 400 fl. zu zahlen sein, davon 15 000 in bar, der Rest in vier Jahresraten.

Noch ehe der Vertrag vom Großherzog ratifiziert war, zog Bodmer am 20. Juli 1809 mit elf sechsspännigen Wagen voller Hausrat, Werkzeuge und angefangene Maschinen in das Kloster St. Blasien ein, um wenige Tage später die Arbeit aufzunehmen. Die Liste der Arbeiter, die er zum 1. August in seiner Fabrik einstellte, zeigt, daß er in der Tat gewillt war, Beschäftigung auf den Schwarzwald zu bringen. Nicht mehr wie bei den Manufakturgründungen im 18. Jahrhundert, etwa bei der Pforzheimer Uhren- und Goldwarenfabrik von 1767, kamen alle Arbeiter aus dem Ausland, sondern Bodmer zog von vornherein Einheimische als Gesellen und Lehrjungen, ja selbst als Meister heran. 20 der 32 Arbeiter stammten aus Baden, 10 aus der Schweiz, einer aus Württemberg und einer aus Ungarn. Bei den Meistern war der Anteil der Ausländer naturgemäß

Die Arbeiter der Maschinenfabrik St. Blasien bei ihrer Gründung am 1. August 1809

Zahl	Beruf	Meister		Gesellen		Lehrjungen		Nebenarbeiter	
		Aus-land	In-land	Aus-land	In-land	Aus-land	In-land	Aus-land	In-land
10	Schreiner	1		1	5		3		
6	Drechsler	1		1			4		
7	Schlosser	1		2		1	3		
1	Spinner	1							
3	Mühlenmacher	1		2					
1	Gießer		1						
1	Zeugschmied		1						
1	Nagler				1				
1	Gärtner								1
1	Handlanger								1
32		=5	+2	6	+6	1	+10	–	+2

Die Arbeiter der Maschinenfabrik am 1. Oktober 1809

Zahl	Beruf	Meister		Gesellen		Lehrjungen		Nebenarbeiter	
		Aus-land	In-land	Aus-land	In-land	Aus-land	In-land	Aus-land	In-land
16	Schreiner	1		2	5		8		
8	Drechsler	1		1	2	1	3		
21	Schlosser	1	1	5	4		10		
1	Spinner	1							
3	Mühlenmacher	1		2					
2	Gießer		1		1				
2	Zeugschmiede		1				1		
1	Kupferschmied		1						
1	Nagler		1						
1	Spengler		1						
1	Feilenhauer		1						
1	Formerin				1				
1	Spinnerin				1				
1	Zylinderüberz.						1		
2	Gärtner								2
1	Steinhauer								1
2	Maurer								2
4	Handlanger								4
2	Handelsleute							1	1
3	Hausmägde								3
74		=5	+7	10	+14	1	+23	1	+13

am größten. Fünf brachte Bodmer aus Zürich mit (einen Schreiner, einen Drechsler, einen Schlosser, einen Spinner und einen Mühlenmacher), aus Baden stellte er den Gießmeister und einen Zeugschmiedmeister ein. Die zwölf Gesellen stammten zur Hälfte aus Baden, von den sechs Ausländern waren zwei Schweizer, die beiden Schlosser aber aus Württemberg und Ungarn. Unter den elf Lehrjungen befand sich nur noch ein Schweizer, die beiden Nebenarbeiter, ein Handlanger und ein Gärtner, waren einheimisch.

Noch mehr zugunsten der Einheimischen hatte sich das Verhältnis zwei Monate später verschoben, als von 74 Arbeitern 57 aus Baden, 17 aus dem Ausland waren, wobei außer den fünf Meistern des Stammpersonals und den Mühlenmachern, die Bodmer zu Beginn mitgebracht hatte, vor allem die typischen Wanderhandwerke der Schlosser, Schreiner und Drechsler den ausländischen Anteil stellten, deren Angehörige wohl auf dem normalen Weg des wandernden Handwerksburschen in die Bodmersche Fabrik fanden.

Die Liste dieser Arbeiter zeigt jedoch zugleich, wie stark eine Maschinenfabrik der Frühzeit in die herkömmliche Gewerbestruktur eingriff, indem sie aus den vielfältigsten Berufen sich ihre Facharbeiter suchte. Das Eintreten in eine solche Fabrik kann nicht als Abstieg betrachtet werden, denn jeder der Arbeiter wurde in seinem Beruf beschäftigt, und Bodmer konnte nur Könner ihres Fachs gebrauchen. Handwerklich im besten Sinne waren die Aufgaben, die er ihnen stellte. Jeder mußte alles hergeben, was er in seinem Gewerbe gelernt hatte, um den Aufgaben gerecht werden zu können, die ihm hier gestellt wurden. Und es ist in den Wandertagebüchern der Zeit oft genug bezeugt, daß es gerade die lernbegierigen, aufgeweckten Burschen waren, die sich in den Maschinenfabriken zusammenfanden.

Wenige Monate später wurden die technischen Einrichtungen der Bodmerschen Fabrik im Auftrage der badischen Staatsregierung von zwei Sachverständigen, dem Ettlinger Fabrikanten Franz Buhl und dem Heidelberger Professor der Mathematik, Hofrat von Langsdorf, einer Prüfung unterzogen. Ihr Bericht darf als die wichtigste Quelle über die Anfänge der St. Blasischen Fabrik und als eines der bedeutendsten Dokumente der frühen Geschichte des Maschinenbaus in Deutschland gelten. Er ist zugleich ein glänzendes Zeugnis für das Erfindertalent Johann Georg Bodmers und eine Rechtfertigung der Förderung, die Oberforstmeister Gerer dem jungen Mechaniker im Namen der badischen Regierung bis dahin hatte zuteil werden lassen[5].

Die Bodmerschen Maschinen unterschieden sich von den bisher bekannten englischen nach dem Urteil der Gutachter zwar nur in Einzelheiten, »aber die Leichtigkeit, mit welcher diese hier angebracht sind, zeichnet das Talent des Künstlers so auffallend aus, daß man dasselbe zu ehren gezwungen wird«. Die wichtigste Verbesserung Bodmers war der Ersatz der witterungs- und temperaturempfindlichen Saiten, die die Umdrehung der Spindeln bewerkstelligten, durch hölzerne Ketten nach der Art der Uhrketten, an denen rhomboidisch ausgeschnittene Stücke von geschmeidigem Sohlenleder befestigt waren. Außerdem gaben Bodmers Maschinen die Möglichkeit, sowohl naß wie trocken zu spinnen, den Fadenbruch geringer zu halten und die hölzernen oder metallenen Tampours an den Kartätschmaschinen durch besonders zugerichtete und gepreßte Pappendeckel zu ersetzen, die sich nicht so wie die bisherigen Stoffe veränderten und daher gleichmäßiger arbeiteten. Ebenso große Bewunderung wie die Verbesserungen an den Maschinen selbst erregten der Herstellungsprozeß und die Organisation der Arbeit in den Bodmerschen Werkstätten, und die Kommissare nannten Bodmer, diesen 23jährigen Mann, »unter den Künstlern, was Napoleon unter den Helden und Monarchen ist«. Angesichts der Tatsache, daß Bodmer 20 Jahre später in Baden schon vergessen war und auch in England als Techniker nie jenen Ruhm errang, der etwa Zeitgenossen wie Trevithick oder Nasmyth gezollt wurde, erscheint das enthusiastische Urteil des Herrn von Langsdorf stark übertrieben. Aber neuere englische Forschungen zur Technikgeschichte sind zu dem Schluß gekommen, daß Bodmer mit seinen Hunderten von Erfindungen und Verbesserungen an Werkzeugmaschinen in der Tat den Titel eines »ungekrönten Königs der modernen Werkzeugtechnik« verdiene[6]. Es ist jedenfalls das

Verdienst badischer Beamter wie des Oberforstmeisters Gerer und des Hofrats v. Langsdorf, dieses Talent entdeckt und in seiner Bedeutung richtig eingeschätzt zu haben. Von Langsdorf empfahl dem Ministerium, Bodmer in jeder Weise entgegenzukommen. Doch die Regierung konnte sich nicht entschließen, den Kaufvertrag zu ratifizieren, da ihr nicht garantiert erschien, daß Bodmers Fabrik genügend Menschen beschäftigen werde, um den »Nahrungsstand« des Schwarzwaldes zu heben, und so blieben die Verhältnisse in St. Blasien noch für Monate ungewiß.

Bodmer hatte inzwischen die ersten Maschinen aus seiner Werkstatt bei der Firma Buhl in Ettlingen abgeliefert und aufgestellt. Dann war er nach Paris gereist, um die Interessen seines Spinnmachinen-Patents wahrzunehmen und wegen einer neuen Erfindung an Kanonen mit einem Hinterlader zu verhandeln. Er hatte einen Assoziationsvertrag mit dem »Ersten Kaiserlichen Mechaniker«, Charles Albert, abgeschlossen, dem Erfinder einer Dampfmaschine und Besitzer einer bedeutenden Spinnerei, der sich auch mit der Herstellung von Spinnmaschinen beschäftigte. Zur Auswertung des fünfjährigen Patents auf Spinnmaschinen, das Bodmer 1808 in Frankreich erhalten hatte, hatten beide eine Interessen- und Fabrikationsgemeinschaft gegründet, der Charles Albert als Gerant, Bodmer als Kommanditist angehörte. Alberts Fabrik in Paris und Bodmers Fabrik in St. Blasien sollten jeweils die Teile herstellen, die sie billiger fabrizieren konnten. Die Artikel sollten eine Marke »Mecaniques Bodmeriennes« erhalten, der Ertrag geteilt werden, in der Finanzierung ihrer Fabriken die Partner aber selbständig bleiben.

Inzwischen war jedoch Bodmers Fabrik finanziell in schlimme Bedrängnis geraten. Die Arbeiten waren während seiner Abwesenheit nur »mit allerlei Störungen im Betrieb« und mit »vielfachem Schaden infolge mangelnder Aufsicht« weitergegangen. Alte und neue Gläubiger hatten sich gemeldet. Mit der Zahlung von Materialien, Lebensmitteln und Löhnen war er im Rückstand. Am 22. Mai 1810 befaßte sich das Direktorium des Wiesenkreises mit dem »äußerst mißlichen Zustand der Bodmerschen Fabrik« und mit den »darauf angemeldeten Schulden«. Es ließ Arrest auf die Effekten legen und zeigte dem Innenministerium an, daß offenbar die Fabrikanlagen zu St. Blasien bei ihrer Einrichtung nicht gehörig geprüft und angemessen beurteilt worden seien. Es sprach in harten Worten von »vernachlässigter Aufsicht« und »leichtsinnigen Schuldenkontrahierungen«. Das Finanzministerium beschloß jedoch, Bodmer das Vertrauen nicht zu entziehen, seine Rückkehr aus Frankreich und die von dort einlaufenden Zahlungen abzuwarten und dann den Pachtvertrag mit ihm abzuschließen. Bodmer selbst teilte es mit, daß ihm das Kloster erst verpachtet werden könne, wenn er das zum Betreiben der Fabrik nötige Kapital nachgewiesen habe. Bodmer entschloß sich daher bei einem Besuch Alberts in St. Blasien, mit ihm und einigen noch zu findenden französischen Geldgebern eine Aktiengesellschaft mit einem Grundkapital von 15 000 ffrs. zu gründen. Albert glaubte, die Interessenten in Straßburg finden zu können, kam aber unverrichteter Dinge zurück. So beteiligten sich zunächst nur Albert und Gerer mit je 10 000 fl. Das genügte nicht. Bodmer sprach daher, mit Empfehlungen aus Paris, vermutlich von dem dort ansässigen Bruder Seligmanns, dem späteren Baron Louis d'Eichthal, ausgestattet, bei dem reichen Karlsruher Hofbankier David Seligmann vor, und hier hatte er den gewünschten Erfolg. Seligmann war bereit, einen Teil seines beträchtlichen Kapitals Bodmer zur Verfügung zu stellen. Zunächst wollte er sich mit 25 000 fl. an der Aktiengesellschaft beteiligen, weitere 20 000 fl. stellt er in Aussicht.

Seligmann hat später seine Beteiligung an der Gesellschaft als »ein Werk des Zufalls« bezeichnet, das eine Folge seiner »Liebhaberei für Industrie« gewesen sei[7]. Jedenfalls aber war mit seinem Beitritt der Bann gebrochen, der bis dahin über dem Bodmerschen Unternehmen lag. Es stand finanziell auf gesunden Füßen, und die Behörden zweifelten nicht mehr an seinem Fortbestand.

Am 6. November 1810 schlossen Bodmer, Albert, Seligmann und Gerer einen Gesellschaftsvertrag[8]. Danach überließ Bodmer »alle seine in St. Blasien vorfindlichen Werkzeuge, Maschinen-Vorräte und Mobilien« der Gesellschaft für einen vorläufigen Kaufpreis von 20 000 fl., aus denen seine Schulden bezahlt werden sollten. Außerdem trat er alle Einkünfte aus dem mit Albert am 10. Mai 1810 geschlossenen Vertrag an die Gesellschaft ab und verpflichtete sich schließlich, während der Dauer des Gesellschaftsvertrages »in St. Blasien zu verbleiben, das dortige Etablissement ... in artistischer Hinsicht zu leiten und alles zu dessen Emporkommen anzuwenden, was in seinen Kräften und Kenntnissen liegt«. Als Entgelt erhielt er ein jährliches Honorar von 1800 fl. und, sobald alle seine die St. Blasische Fabrik betreffenden Schulden getilgt sein würden, den vierten Teil des Geschäftsgewinns. Die anderen Gesellschafter verpflichteten sich, einen Fonds von 100 000 fl. aufzubringen. Albert versprach, der Gesellschaft »gute und tüchtige Arbeiter« und später auch einen »guten und ausgelernten Spinner« zu beschaffen, für Bodmers Erfindungen in der Baumwollspinnerei französische Patente zu besorgen, den Absatz von Spinnmaschinen in Frankreich »nach Kräften zu betreiben« und zu diesen Maschinen alle Teile vorzugsweise in St. Blasien anfertigen zu lassen. Er erhielt das Alleinverkaufsrecht aller nach dem Bodmerschen System angefertigten Maschinen in Frankreich. Seligmann übernahm die Einrichtung des Handelswesens in St. Blasien und die Geschäfte bei der Landesregierung in Karlsruhe, Gerer machte sich verbindlich, »auf die Hauptkasse des Etablissements sowie auf dessen Betrieb im ganzen, soviel es seine Amtsgeschäfte erlauben, zu wachen«. Die Geschäftsführung war also nicht in zwei Teile, die kaufmännische und die technische, sondern in drei Teile geteilt: »das Artistische«, das im Namen der Gesellschaft Bodmer und Albert führten, »das Merkantilische«, das Seligmann durch einen Stellvertreter besorgte, und »das Ökonomische im Allgemeinen«, für das Oberforstmeister Gerer verantwortlich war. In wichtigen Fällen sollten die vier Geschäftsführer zusammentreten und den Gang der Geschäfte bestimmen.

Die Gesellschaft führte die Firma »Societé de St. Blaise« bzw. »St. Blasische Gesellschaft«. Sie begann am 11. November 1810 und endete am 11. November 1825. Der Gesellschaftsvertrag enthielt im § 10 auch eine erste Andeutung über die Erweiterung des Unternehmens. »Die Hauptfabrikation soll zwar in Spinn- und anderen Maschinen bestehen«, heißt es hier, »jedoch wird die Gesellschaft, um die neuen Maschinen in Gang zu setzen und verkäuflich zu machen, einige Serien von Maschinen im Gange unterhalten und so auch die Spinnerei selbst betreiben. Die Frage, ob mit der Zeit Weberei und Färberei damit verbunden werden sollen, behält sich die Gesellschaft nach weiterer Überlegung zu entscheiden vor.«

Unmittelbar nach Abschluß des Vertrages wandte sich Seligmann an den Geheimrat Volz mit der Bitte, der Gesellschaft nun das Kupfer vom Dach der Kirche in St. Blasien als Darlehen zu überlassen. Nachdem der Fortbestand des Unternehmens durch Seligmann gesichert war, verlor es jedoch für die Regierung das dringende Interesse, das es bisher gehabt hatte, und es dauerte noch fast ein Jahr, bis der Pachtvertrag unterzeichnet wurde. Er enthielt fast alle ursprünglich vorgesehenen Bestandteile[9]. Er übergab der Gesellschaft auf fast zehn Jahre das gesamte Kloster kostenlos, die Mahl- und die Sägmühle und sonstige Nebengebäude gegen eine ihrem bisherigen Ertrag entsprechende Pacht und den Erlös aus der Versteigerung des Kupferdaches der Kirche als Darlehen auf vier Jahre. Nach zehn Jahren sollte die Gesellschaft das Kloster für 25 000 fl. kaufen können. Die Grund- und Häusersteuer der Gebäude wurde weiterhin von der herrschaftlichen Kasse übernommen. Der Gesellschaft blieb nur die Entrichtung einer mäßigen Gewerbesteuer, die sich nicht über 30 fl. jährlich belaufen durfte; von der Vermögenssteuer, die zur Bestreitung der Kriegslasten erlassen worden war, blieb sie frei. Auch andere mögliche außerordentliche Abgaben sollten von den Unternehmern nicht erhoben werden, »jene ausgenommen, wovon auch die privilegiertesten Stände im Staat nicht frei belassen werden können«. Völlig befreit wurde die Gesellschaft vom Ausfuhrzoll für ihre Erzeugnisse; nicht jedoch vom Einfuhrzoll für Rohmaterialien. Der Impost, der statt des gewöhnlichen Zolls für Baumwolle erhoben wurde, sollte jedoch nur notiert und als Fabrikationsprämie der Gesellschaft belassen werden.

Erinnern schon diese Bestimmungen an das typische Manufakturprivileg des 18. Jahrhunderts, freilich ohne dessen hervorstechendstes und wichtigstes Kennzeichen, das privilegium exclusivum, so gehen auch die in »polizeilicher Hinsicht« der Gesellschaft zugestandenen Vorrechte weit über das hinaus, was dann im Laufe des 19. Jahrhunderts üblich wurde. Außer einem zehnjährigen Patent für alle Erfindungen spricht der Vertrag der Gesellschaft die Befugnis zu, ihre »Kunstarbeiter« zehn Jahre lang an die Fabrik zu binden, Lehrlinge in allen Handwerken, die in der Fabrik betrieben werden, auszubilden und loszusprechen und für ihre Belegschaft das Bier- und Weinschank-, Back- und Metzgereirecht auszuüben. Dafür sind zwar die Konsumtionsabgaben wie die Akzise, nicht aber Gewerbesteuern zu zahlen. Außerdem übernimmt die Gesellschaft als Pächter und Eigentümer alle Wege, Straßen, Kanäle und Brücken, wie sie auf dem an sie übergehenden Terrain vorhanden sind. Für die Waren der herrschaftlichen Ziegelhütte in St. Blasien erhält sie ein Vorkaufsrecht, und es wird ihr zugesichert, daß die Ziegelhütte, das Gasthaus und die im Kloster noch vorhandenen »Mobilien und Materialien«, wenn sie verkauft werden sollten, nur öffentlich versteigert werden, so daß sie Gelegenheit hat, dabei zu konkurrieren.

Damit war nun endlich die rechtliche Grundlage für das Verbleiben der Fabrik in St. Blasien geschaffen. Uneinigkeit unter den Teilhabern drohte aber bald die Gesellschaft wieder auseinanderzureißen. In dieser Situation sprang Seligmann ein zweites Mal ein. Er übernahm die Aktien von Gerer und Albert und damit die ganze Fabrik auf seine Rechnung. Er zahlte seine Partner bar aus und beglich auch die Schulden Bodmers. Bodmer blieb zunächst sein technischer Direktor. Trotzdem florierte offenbar die Fabrik in den ersten Jahren nicht so, wie man es erwartet hatte. Noch immer waren die Aufwendungen höher als die Erträge, und Seligmann sah sich nach weiteren Erleichterungen durch den Staat um. Am 13. März 1812 bat er den Großherzog, eine Kommission einzusetzen, die den Wert seiner Fabrik für den Schwarzwald prüfen sollte. Genauso wie Hofrat von Langsdorf und Fabrikant Buhl waren die neuen Kommissäre überrascht von dem Umfang und der technischen Vollendung der Betriebe[10]. Bodmer hatte die Wasserkraft so verbessert, daß sie 48 PS leistete und Spinnmaschinen in drei Stockwerken treiben konnte. 154 Personen, davon 73 Inländer, waren nun in der Maschinenfabrik beschäftigt. 36 Lehrjungen, von denen nur einer aus dem Ausland kam, wurden ausgebildet. Die größte der Werkstätten war die Schreinerei. Sie beschäftigte 63 Personen. Es folgte die Schlosserei mit 38, die Dreherei und die Schmiede mit je 17 Arbeitern. In der Gießerei waren 3, in der Spenglerei 2 Personen tätig. Aber immer noch war alles im Aufbau, und die Zahl der Arbeiter, die auf längere Sicht gebraucht würden, noch nicht festzustellen.

Die Löhne der Gesellen wurden mit durchschnittlich 1 fl. täglich ohne die Kost angegeben, einige kamen bis nahe an 3 fl., und »unter den geschickten Kunstarbeitern« gab es mehrere Meister, die regelmäßig 3 fl. täglich verdienten. Besonders hoben die Berichterstatter die Sorgfalt hervor, mit der man sich der Ausbildung der Lehrjungen widmete. Über die wirtschaftlichen Verhältnisse schwieg sich Seligmann bei dieser wie bei anderen Gelegenheiten aus. Nur wenige, mehr indirekte Angaben lassen die Größenordnungen erkennen. Danach beliefen sich die jährlichen Ausgaben auf mindestens 160 000 fl., in denen freilich auch die Kosten des Haushalts für die »Fabrikfamilie« eingeschlossen waren. Als Beschaffungspreis für Maschinen und Werkzeuge gab er 100 000 fl. an. Der Verbrauch an Eisen aus den staatlichen Werken in Albbruck und Kutterau belief sich vom Januar 1810 bis Juni 1812 nach amtlichen Angaben auf 500 Zentner Gußwaren und 800 Zentner Schmiedeeisen im Wert von etwa 20 000 fl. Für Holz verschiedener Art wurden von 1809 bis 1811 5725 fl. ausgegeben. Beide Ausgabenarten zeigten steigende Tendenz. Den Umsatz nannte Seligmann auch in seiner ungefähren Höhe nicht. Doch waren bisher nur 2600 Spindeln verkauft worden, davon 1800 an Buhl. Auch über die Preise seiner Maschinen sagte Seligmann nichts.

Einen großen Fortschritt hatte jedoch die Fabrik in St. Blasien seit 1809 zu verzeichnen. Neben den Maschinenwerkstätten bestand nun eine eigene mechanische Spinnerei. Noch war sie mehr eine Probeanstalt, die Kauflustigen den Gang der Maschinen demonstrieren sollte. Sie beschäftigte erst 40 Personen, meist Kinder, doch stand ihre Ausdehnung auf dem Programm. Die Kinder in der Spinnerei verdienten im Durchschnitt 15 Kreuzer täglich, also ein Viertel des Tagelohnes eines durchschnittlichen Handwerkers in der Maschinenfabrik. Aber die Kommission sah in der Spinnerei, wie die Zeitgenossen überhaupt, gerade deshalb eine gemeinnützige Anstalt, weil sie Kinder zu regelmäßiger Arbeit erzog. Zugleich wies sie diesmal freilich auch auf zwei Schwierigkeiten hin, die die Kommission von 1809 teils noch nicht erkannt, teils nicht für so wichtig gehalten hatte. Die eine lag im Standort der Fabrik. Vor allem die Verkehrsverhältnisse bildeten ein großes Hindernis. Was man zunächst, im Sinne des 18. Jahrhunderts denkend, als einen Vorzug St. Blasiens angesehen hatte, die Abgeschlossenheit, die den Wegzug der »Kunstarbeiter« erschwerte und in gleichsam klösterlicher Weltferne eine musterhafte, sich ganz selbst tragende »Ökonomie« gestattete, erwies sich unter den Bedingungen einer immer mehr sich verflechtenden Marktwirtschaft als schweres Hindernis. Industrie, so stellte es sich heraus, konnte man nicht für sich betreiben wie Kunst oder Wissenschaft, sondern man mußte den Anschluß an den Verkehr, die ständige Kommunikation, die leichte Erwerbsmöglichkeit für die hunderterlei kleinen Bedürfnisse einer Fabrik und ihrer Arbeiter haben. Die Lage zwang jedoch, die Fabrik zu einer sich selbst versorgenden Anstalt zu machen, die ihren Arbeitern sogar Unterkunft und Verpflegung stellte, die eine eigene Schule und eigene Versorgungsbetriebe brauchte. Die Fabrik mußte also – das war die Erkenntnis der Kommission – St. Blasien zu einer Industriestadt und einem Handelsplatz machen oder wieder eingehen.

Die zweite Gefahr, die ihr drohte, lag in der Person dessen, dem sie ihr Entstehen verdankte. Bodmer war, das zeigte sich immer deutlicher, kein Fabrikant, auch kein technischer Betriebsleiter, sondern ein Erfinder. Was seine Größe als Techniker ausmachte, war zugleich seine Schwäche als Fabrikdirektor. Die Kommission meldete, »daß so groß auch Bodmers mechanisches Genie ist, derselbe noch zu wenig Erfahrung und vielleicht auch wissenschaftliche Kenntnisse zu besitzen scheint, um dem einmal vom ihm erdachten Fabrikationssystem getreu zu bleiben«. Sich bloß seinem Genie überlassend, verfalle er fast täglich auf neue Ideen, verwerfe heute wieder, was er gestern erst erdachte, verzögere dadurch die Ausbildung der einzelnen Werkstätten, vermehre den Kostenaufwand und raube dadurch St. Blasien den eigentlichen Fabrikcharakter, »der sich in einer stets gleichen Arbeit aussprechen muß«. Während des zehntägigen Aufenthaltes der Kommission in St. Blasien waren die beiden wichtigsten Maschinen, die Teilungs- und die Kannaliermaschine nicht gelaufen, weil man damit beschäftigt war, neue Verbesserungen anzubringen. Auch bei den nach Ettlingen gelieferten Spinnmaschinen war die zweite Sendung nach einem anderen System gearbeitet als die erste. »Nichts schadet aber wohl einer beginnenden Anstalt mehr als häufige Veränderungen in dem einmal angenommenen Fabrikationssystem.«

In diesen beiden Bemerkungen zeigt sich der eigentümliche, ja vielleicht einmalige Charakter der Fabrik von St. Blasien. Nach Grundsätzen geplant und aufgebaut, die einer älteren Zeit angehören, wirkt in ihr ein Techniker als treibende Kraft, dessen Arbeitsweise ganz der »modernen« Industriewelt zugehört, ein Konstrukteur von hohen Graden, der ein eigenes Ingenieurbüro braucht, um seine Ideen zu realisieren und an die industriellen Bedürfnisse zu adaptieren. Man könnte sich Bodmer als Entwicklungschef einer großen Firma des 20. Jahrhunderts vorstellen oder noch besser als Inhaber eines eigenen Ingenieurbüros, wüßte man nicht, daß er als selfmade-man, der keine Schulen besucht hat, ganz in die erste Hälfte des 19. Jahrhunderts gehört, die noch keine technischen Ausbildungsstätten kennt. Es ist daher kein Zufall, daß Bodmer seine eigentliche Lebensaufgabe erst in England fand, wo allein zu dieser Zeit die Möglichkeit gegeben war, als schöpferischer Techniker zu leben. Nur hier gab es genügend industrielle Umwelt, die nach seinen Ideen fragte, nur hier die Unternehmer, die es sich leisten konnten und die davon Nutzen hatten, wenn sie Bodmer ein eigenes Konstruktionsbüro zur Verfügung stellten.

Wenn Bodmer wenige Jahre nach dem Besuch der Kommission von 1812 aus der Fabrik St. Blasien ausschied, so ist das nicht nur auf seine völlige finanzielle Überanstrengung oder auf persönliche Zwistigkeiten mit Seligmann zurückzuführen. Nach allem, was wir nachträglich von ihm und vor allem von Seligmann über die Gründe des Konflikts erfahren, handelte es sich dabei um den typischen Gegensatz von Techniker und Finanzmann. Bodmer hauste ohne Rücksicht auf die Mittel, die Seligmann zur Verfügung stellen konnte; Seligmann aber wollte Ergebnisse sehen. Für ihn als Kaufmann zählten naturgemäß nicht die Investitionen und die Produktion, sondern der Verkauf. Mit bitteren Worten hat er sich später immer wieder über Bodmers Verhalten beklagt. »Ich weiß, was er mit fremdem Gut zu unternehmen fähig ist, wenn er darüber zu disponieren befugt ist«, schreibt er in einer Eingabe an das Finanzministerium[11]. Und ein andermal, als Bodmer schon einige Jahre Oberverwalter der badischen Hüttenwerke in Albbruck ist, bemerkt er – und noch immer spricht die Kränkung aus seinen Worten: »... Er ist aber ein Genie. – Das ersetzt vieles: nur ist der Ersatz mit Kosten verbunden; daher waren Hunderttausende meines redlich erworbenen Vermögens zu diesem Zweck notwendig«[12]. Bodmer andererseits hat das Gefühl, seine beste Kraft der Fabrik gewidmet und keinen Nutzen davon gehabt zu haben. »Bekanntlich habe ich alle Zeit, die ich nicht für den Dienst gnädigster Herrschaft verwenden mußte, in dem Etablissement des Herrn von Eichthal zugebracht, um die dortigen technischen Geschäfte zu führen«, berichtet er seinerseits dem Finanzministerium, »ohne daß eine mündliche noch schriftliche Übereinkunft über die Art, wie ich dies zu besorgen habe oder wie die Arbeiten eingeteilt werden müssen, getroffen wurde, sondern ich unterzog mich diesem Geschäft stillschweigend nach meinen besten Kräften nur zum Nutzen des Eigentümers.«[13]

Solange beide noch miteinander arbeiteten, wuchs trotz aller Schwierigkeiten die Fabrik zu einer erstaunlichen Höhe. Im Herbst 1816 besuchte auf Antrag des Eigentümers, des nun zum Freiherrn von Eichthal avancierten David Seligmann, erneut eine Regierungskommission St. Blasien. Wieder war ihr Gutachten voll Lob und Verwunderung ob der industriellen Anstalten, die sie im hohen Schwarzwald antraf. Inzwischen hatte die Fabrik St. Blasien in der Tat eindrucksvolle Beweise ihres Wertes geliefert. Die Fabrikbevölkerung, die 1812 erst 246 Menschen betragen hatte, war inzwischen auf 809 angestiegen. 592 Personen waren in den drei Fabriken beschäftigt, 9 auf den Büros, 45 in der Landwirtschaft, 21 als Handwerker; dazu kamen 142 mit im Fabrikgelände lebende und wohnende Frauen und Kinder. Ihrer Herkunft nach waren die Arbeiter weit gestreut; nicht nur Franzosen und Schwarzwälder kamen hier zusammen, sondern Handwerker aus vielen Teilen Deutschlands, aus Prag, Berlin und Leipzig, aus Bayern, Württemberg und der Schweiz. 73 arbeiteten in der Maschinenfabrik. Nach wie vor war sie der kostbarste und wichtigste Teil. Außer den Maschinen für den eigenen Betrieb und den Spinnmaschinen konnte sie nun Werkzeugmaschinen für die Herstellung von Gewehrschlössern und einen Balancier für die Münze in Mannheim vorweisen. Die Spinnerei besaß nun 12 000 Spindeln. Bei den neuesten Maschinen konnten 960 Spindeln von einer Person bedient werden. 324 Arbeiter waren hier beschäftigt, meist Kinder, deren Eltern in der Nachbarschaft St. Blasiens lebten. Auch die erwachsenen Spinner waren meist Schwarzwälder. Der Absatz ging vor allem nach der Schweiz. Der Abfall der Maschinenspinnerei wurde in der Umgegend St. Blasiens in Handarbeit zu grobem Garn versponnen und brachte so einen Nebenverdienst ins Land.

Als dritter Teil war eine Gewehrfabrik hinzugekommen, nachdem das Kriegsministerium am 10. Oktober 1813 einen Vertrag mit der Gesellschaft abgeschlossen hatte, der ihr einen bestimmten Absatz und die Freistellung ihrer Arbeiter von dem Militärdienst garantierte. Hier waren 193 Menschen beschäftigt, darunter 68 Konskribierte. Auch hier mußte mit ausländischen Arbeitern begonnen werden; inzwischen konnten aber die meisten Arbeitsplätze mit Einheimischen besetzt werden.

Das Herzstück der Gewehrfabrik bildete die Schloßmechanik. Dort arbeiteten 14 »äußerst wichtige« Maschinen bodmerscher Konstruktion, die noch in keiner anderen Gewehrfabrik bekannt waren. Sie feilten, drehten und bohrten die rohgeschmiedeten Schloßteile »ohne weitere Bearbeitung durch Menschenhände« und brachten nicht nur bei einer geringeren Anzahl von Arbeitern einen höheren Ausstoß wie zuvor, sondern vor allem einen ungewöhnlich »hohen

Grad von Akkuratesse« der Arbeit, der die Austauschbarkeit der Stücke ermöglichte[14]. Damit war das von Ely Whitney in Amerika 1798 erstmals angewandte Prinzip der Austauschbarkeit auch auf dem europäischen Kontinent eingeführt. Bodmer hatte damit sein erstes Meisterstück auf dem Gebiet des Werkzeugmaschinenbaus geleistet.

An die Gewehrfabrik schloß sich eine Feilenhauerei an, die neun Arbeiter, davon fünf Inländer, beschäftigte. Die Hauptperson war ein Engländer, denn er erteilte den Einheimischen Unterricht.

Die Abgelegenheit St. Blasiens brachte es mit sich, daß sich die Fabrik nicht in den Produktionswerkstätten erschöpfte, sondern eine eigene »Ökonomie« besaß. 27 Männer und 18 Frauen arbeiteten in der Landwirtschaft. Sie versorgten die gesamte Fabrikbevölkerung, denn alle Arbeiter wohnten im Klostergebäude selbst. Die Verheirateten führten ihren eigenen Haushalt, die Ledigen erhielten gemeinschaftliche Verpflegung und Wohnung.

Die Beschreibung dieses gemeinschaftlichen Lebens erinnert an Praktiken, die im Frühstadium der Industrialisierung auch heute noch, vor allem in China, versucht werden. Sie zeigt, daß die Verpflanzung der Industrie in eine gewerblich nicht vorbereitete Gegend besonderen Schwierigkeiten begegnet und offenbar besondere Lebensformen, wenn nicht nötig, so doch nützlich macht. Außer für Wohnung, Kost und Krankenpflege sorgte die Fabrik auch für Schulunterricht und Gottesdienst.

Den Verdienst der Arbeiter befand die Regierungskommission auch 1816 als gut. »Jeder, der nicht mehr Lehrling ist, kann sich neben freier Kost und Quartier in einigen Jahren soviel zurücklegen, daß er in den Stand kommt, sich selbst zu etablieren.« In der Gewehrfabrik kamen die Arbeiter nach Abzug der Kosten für Quartier und Verpflegung, wofür ihnen 32 Kreuzer täglich angerechnet wurden, auf einen frei verfügbaren Lohn von 20 bis 50 Gulden im Monat, oder, den Monat zu 26 Arbeitstagen gerechnet, auf einen Tagelohn von 1½ bis 2½ fl. Die Kinder in der Spinnerei erhielten Kost und Wohnung frei, daneben 20 bis 25 Gulden im Jahr, sie kamen, das Arbeitsjahr mit 300 Tagen gerechnet, somit auf 14–16 Kr. am Tag. Mehr trug die Kinderarbeit auch um die Mitte des 19. Jahrhunderts selten ein. 1816 aber wären viele erwachsene Handspinner froh gewesen, hätten sie diesen Tagelohn erreicht, und mancher Schulmeister auf dem Lande kam kaum höher als diese Fabrikkinder, stellte doch der Badische Merkur noch 1831 fest, daß der staatliche Zuschuß zur Lehrerbesoldung kaum hinreiche, jedem Lehrer ein Minimum von 100 fl. im Jahr zu sichern[15]. Die Zahlungen an sämtliche Fabrikarbeiter beliefen sich in acht Monaten auf 50 345 fl., auf das Jahr umgerechnet auf 75 527 fl. Die Kost für Wohnung und Verpflegung setzte die Kommission in etwa der gleichen Höhe an; sie errechnete so einen Lohnaufwand von jährlich 150 000 fl. Das bedeutet einen durchschnittlichen Tagelohn von 50 Kreuzern. Nach allem, was wir über die Lohnhöhe in Baden in der ersten Hälfte des 19. Jahrhunderts wissen[16], besteht somit das Urteil der Kommission, daß die Löhne gut seien, zu Recht.

Wie hoch die anderen einmaligen oder laufenden Unkosten des Betriebs waren, gab Seligmann diesmal ebensowenig an wie vier Jahre zuvor. Er versicherte vielmehr der Kommission, »daß in seinem ganzen Etablissement nichts ein Geheimnis sei als das, was er schon aufgeopfert habe, um dasselbe unter den ungünstigen Verhältnissen der Zeit soweit zu bringen als es jetzt ist und um das Verhältnis herbeizuführen, unter dem es sich einzig rentieren könne«. Die Kommission berechnete jedoch aus den Bezügen aus den herrschaftlichen Eisenwerken, aus den Kosten des Wasserreservoirs und aus dem Wert der maschinellen Einrichtung, daß mindestens 700 000 bis 800 000 Gulden in dem Werk stecken mußten. Und sie kam zu dem Ergebnis, daß es nur nutzbringend arbeiten könne, wenn der Arbeitslohn und die Gesamtkosten herabgesetzt würden. Sie schlug daher der Regierung vor, der Fabrik einige finanzielle Erleichterungen zu verschaffen, vor allem die Steuerfreiheit für weitere fünf Jahre zu verlängern und für den Verkauf staatlicher Güter an die Fabrik niedrige Preise festzusetzen.

1823 bat der Freiherr von Eichthal noch einmal um Zoll-, Akzise- und Gewerbesteuerfreiheit auf zehn Jahre für St. Blasien, und noch einmal kam ihm der Großherzog großzügig entgegen. Während das Finanzministerium nur auf eine dreijährige Befreiung antrug, genehmigte er die zehnjährige Frist[17].

Um diese Zeit hatte Bodmer nicht nur St. Blasien, sondern auch das badische Land bereits verlassen und war nach England übergesiedelt. Seitdem hatte die Fabrik in St. Blasien ihren Höhepunkt überschritten. Jahrelang konnte sie den erreichten Stand wohl noch halten, aber das Fehlen des belebenden Elements, des technischen Fortschritts, den Bodmer wie kein anderer im Baden seiner Zeit verkörperte, machte sich auf die Dauer bemerkbar. 1821 stand die Arbeiterzahl noch auf 800. Aber das Schwergewicht hatte sich von der Maschinenfabrik und der Gewehrfabrik schon mehr zur Spinnerei verlegt. Keiner der Arbeiter stammte mehr aus dem Ausland. Als weitere Bestandteile des Unternehmens hatte sich Eichthal noch das herrschaftliche Eisen- und Hammerwerk in Kutterau bei St. Blasien angegliedert, auch eine chemische Schnellbleiche eingerichtet. Jährlich verbrauchte er nun 2000 bis 3000 Zentner Roh- und Gußeisen und dieselbe Menge Stabeisen, 500 bis 600 Zentner Stahl, mehrere hundert Zentner Zinn, Blei, Messing und Kupfer, 500 bis 600 Stämme Holz und 300 bis 400 Zentner Baumwolle. Als Arbeitslohn gab er mit 120 000 fl. jährlich eine Summe an, die etwas niedriger lag als der Aufwand für Lohn, Kost und Wohnung der Arbeiter im Jahre 1816, aber beträchtlich über dem damals ausgezahlten Jahreslohn. Nähere Angaben machte Eichthal auch diesmal nicht[18]. Insbesondere vermied er wieder jede Größenangabe für den Umsatz. Wenn nach einem Bericht des Oberrheinkreises der Wert der Produktion zu Beginn der 20er Jahre bei 60 000 fl. gelegen haben soll, so war das offensichtlich zu niedrig gegriffen[19]. Vermutlich lag dem eine Angabe Eichthals zugrunde, die man, nach der Faustregel des badischen Finanzministeriums für die Größenangaben in der Gewerbestatistik, verdoppeln muß. Dann kommt man auf die gleiche Summe, die Eichthal 1821 an Arbeitslöhnen gezahlt haben will, und damit der Wirklichkeit offensichtlich viel näher. Man wird den Wert der hergestellten Produkte wohl mindestens mit 150 000 fl. ansetzen müssen.

In den 20er Jahren ist Freiherr von Eichthal ganz damit beschäftigt, das Erreichte zu halten. Jetzt wird er auch rechtlich Herr über seine Fabrikarbeiter. Schon 1815 waren zunächst die Arbeiter der Gewehrfabrik der Polizeiaufsicht des Unternehmers unterstellt worden. Am 16. August 1827 genehmigte der Großherzog schließlich die Gründung einer Fabrikgemeinde. Nach der Verkündigung der neuen Gemeindeordnung von 1835 mußte sie, wie jede andere Gemeinde, einen Bürgermeister, Gemeinderat und Gemeinderechner wählen. Die Einwohner ohne Gemeindebürgerrecht galten als Staatsbürger und standen unter der Ortspolizei des Bürgermeisters. Die Fabrikgemeinde hatte ein Steuerkapital von 128 445 fl. (weit mehr als der Ort St. Blasien mit 20 990 fl.) und umfaßte auch die von den Besitzungen Eichthals umschlossenen ärarischen und privaten Besitzungen. Am 11. August wurde der Freiherr von Eichthal von vier wahlberechtigten Bürgern mit drei Stimmen zum Bürgermeister gewählt und vom Bezirksamt bestätigt[20]. Zu Beginn der 30er Jahre scheint der Scheitelpunkt der Entwicklung der St. Blasischen Fabrik überschritten zu sein. Das besondere Staatsinteresse erlosch. Die Privilegien liefen 1828 aus. St. Blasien mußte sich in die allgemeinen Regeln des Gewerbelebens in Baden einfügen. Es ist wie ein Schlußstrich unter die besondere Verbundenheit der badischen Regierung mit dem Werk in St. Blasien, wenn der Kreisdirektor Dahmen in Freiburg am 16. November 1831 schreibt, daß, was auch immer das Schicksal des Werkes und seines Unternehmers sein werde, »die große Frage« der Erziehung des Schwarzwälders zur Fabrikindustrie »für den Staat« gelöst sei. »Der Volkscharakter hat eine Richtung erhalten, die schon in einem Menschenalter die reichlichsten Früchte in jedem Individuum tragen wird.« Es nützte dem Freiherrn von Eichthal im wirtschaftlichen Konkurrenzkampf der Zukunft wenig, wenn der Kreisdirektor noch einmal in überschwenglichen Worten auf seine ungewöhnlichen Verdienste hinwies, auf seinen »seltenen, glücklicherweise mit reichen Mitteln gepaarten« Unternehmungsgeist, seine »keine Opfer scheuende« Tätigkeit und das »belebende Feuer«, das er im Schwarzwald im »reinsten staatswirtschaftlichen Sinne« entzündet habe[21]. Von nun an zählte nicht mehr sein Patriotismus, sondern seine Leistungsfähigkeit als Fabrikant. Damit war es aber nicht zum besten bestellt. Daß er in den technischen Fabrikgeschäften nicht »sonderlich verständig«, dafür aber eigenwillig gewesen sei, ist mehrfach überliefert. Auch seine anderen industriellen Unternehmungen lassen darauf schließen. Die seit langem betriebene Krappfabrik in Grötzingen florierte nie besonders, das große Projekt einer Marmorfabrik wurde begraben, ehe es ganz geboren war, die Karlsruher Spielkartenfabrik, die er eine Zeitlang besessen hatte, gab er 1804 auf, verschiedene kleinere Versuche, in Grötzingen einen zusätzlichen Betrieb aufzubauen, der das Saisongeschäft der Krappverarbeitung ergänzen könne, scheiterten, und auch die Zuckerfabrik, die er schließlich mit dem Anschluß an den Zollverein errichtete, bestand nur einige Jahre. Von Eichthal hat sein Interesse für die Industrie selbst als »unglücklich« bezeichnet. Durch sie sollte er verlieren, was seine Vorfahren und er im Handel- und Bankgeschäft, durch Hof- und Militärlieferungen und als Verwalter des staatlichen Salzmonopols gewonnen hatten.

Es ist eigentümlich, daß wir aus den dreißiger Jahren, als die badische Industrie ihren ersten großen Aufschwung nahm, von der Fabrik in St. Blasien fast nichts mehr hören. Eichthal zählte zwar immer noch zu den bekanntesten Industriellen des Landes, aber er stand nicht mehr allein. Der Zollverein veranlaßte die Gründung zahlreicher Spinnereien in Baden und vermehrte somit die Konkurrenz für die Eichthalschen Fabrikate im Inland, ohne daß er durch einen hohen Zollschutz ihn vor der ausländischen stärker als bisher schützte. Durch technische Verbesserungen suchte v. Eichthal sein Werk auf der Höhe zu halten. So ersetzte er die Wasserräder durch Turbinen, und als auch diese nicht genügend Kraft lieferten, stellte er 1840, als erster auf dem europäischen Kontinent, eine Turbine der Konstruktion Fourneyrons auf, die bis zum Aufkommen der Kaplanschen Turbinen Ende des Jahrhunderts zu der führenden Turbinenkonstruktion wurde.

Trotzdem sehen wir zu Beginn der vierziger Jahre den Freiherrn von Eichthal in ernsthaften finanziellen Schwierigkeiten. Am 4. April 1840 nimmt er beim Handlungshaus Philipp Nikolaus Schmidt in Frankfurt ein Darlehen von 600 000 fl. auf und verpfändet dafür einen Teil seiner Gebäude und Liegenschaften in St. Blasien. Drei Jahre später verkauft er die Hammerschmiede mit der Eisengießerei, zwei Laborantenhäusern, einer neuen Kohlenscheuer und allem Zubehör an die großherzogliche Domänendirektion[22]. Ende 1844 bittet er um ein staatliches Darlehen wegen der »augenblicklich ungünstigen Handelsverhältnisse«. Noch immer beschäftigt die Fabrik gegen 400 Arbeiter, außerdem mittelbar viele Fuhrleute, Kohlenbrenner, Holzmacher und Handwerker.

Das Darlehen wurde jedoch nicht oder nicht schnell genug gewährt. Auch der Versuch, die Liegenschaften in St. Blasien an den Staat zu verkaufen, scheiterte, da Eichthal die gebotenen 100 000 fl. nicht genügten. So schenkte er am 8. September 1845 seinem Schwiegersohn, dem Bezirksbaumeister Berckmüller in Karlsruhe, »sein sämtliches Besitztum in St. Blasien an Gärten, Gebäuden, Fabrikeinrichtungen nebst beweglichen und unbeweglichen Gegenständen zu Eigentum, um hierdurch der Frau des Geschenknehmers für ihr mütterliches Vermögen Ersatz zu leisten«. Berckmüller übernahm die Verpflichtung, mit einer sich bildenden Handelsgesellschaft die Spinnerei in St. Blasien fortzutreiben und seinem Schwiegervater eine jährliche Rente von 6000 fl. zu zahlen. Kurz darauf wurde zwischen den Hauptgläubigern der Fabrik, Berckmüller, dem Hofrat Dr. Friedrich Ferdinand von Kersdorf in Augsburg (einem Neffen Eichthals) und Dr. med. Karl Kusel aus dem Bankhaus Kusel in Karlsruhe, ein Gesellschaftsvertrag geschlossen mit dem Ziel, die Besitzung allmählich von Schulden freizumachen und Eichthal die Rente zu zahlen. Für ein paar Jahre konnte sich die Gesellschaft über Wasser halten. Aber die allgemeine Krise in der zweiten Hälfte der vierziger Jahre scheint über ihre Kraft gegangen zu sein. Der Zusammenbruch des Bankhauses Schmidt in Frankfurt, die sich anschließenden Konkurse der großen Karlsruher Bankiers Haber und Kusel zogen auch St. Blasien mit sich. Am 24. Mai 1850 meldete das Bezirksamt, daß bis auf 26 alle Arbeiter entlassen seien und die Fabrik nur noch sehr schwach betrieben werde. Im Juni 1850 hört der Betrieb ganz auf, Anfang Februar 1851 werden die Zahlungen eingestellt. Nach amtlicher Erkenntnis wird die Zahlungsunfähigkeit auf den 17. Juni 1850 festgesetzt. Die Liquidation ergibt eine Schuldensumme von 878 393 fl., der ein Gesellschaftsvermögen von 104 396 fl. gegenübersteht, in das sich die Gläubiger auf dem Vergleichsweg teilen.

1840, als Eichthal sein Darlehen nahm, war der Wert seines Vermögens in St. Blasien noch auf 1,5 Mill. Gulden geschätzt worden[23]. Als man 1851 zum Zwecke der Versteigerung die Anlagen wieder schätzte, wurden sie noch mit 185 748 fl. bewertet. Die Versteigerung am 11. Oktober 1852 brachte ganze 87 000 fl. Den Zuschlag erhielt der Bankier J. E. Obermayer aus Augsburg, der sich im nächsten Jahr mit dem Schopfheimer Fabrikanten C. W. Grether assoziierte und Grether den Wiederaufbau der Spinnerei ganz überließ. Grether ließ einen neuen Kanal für die Turbinen und das Wasserrad der mechanischen Werkstätte legen, so daß die gesamte Wasserkraft nun 270 PS betrug, stellte eine Dampfmaschine für die Heizung auf und schaffte neue Maschinen an.

1855 beschäftigte die Fabrik wieder 296 Arbeiter, darunter 170 Kinder. Sie besaß 48 Selfactors mit 19 300 Spindeln und verarbeitete Rohstoffe im Wert von 120 000 fl. Ihr Umsatz betrug nach Angaben für die Statistik 170 000 fl.[24]. Die Arbeiter hatten wie unter Eichthal ihre Schlafstätten im Kloster. Für Kost mußte nun jeder selbst sorgen. Auch die beiden Krankenstuben und eine Unterstützungskasse wurden aufrechterhalten, jedoch nicht mehr vom Fabrikanten, sondern aus Beiträgen und Strafgeldern der Arbeiter getragen. Der Taglohn eines männlichen Arbeiters belief sich nun im Durchschnitt auf 1 fl. 12 kr., der Arbeiterin auf 44 kr. Die Weberei, die Eichthal nur probeweise auf einigen Stühlen eingeführt hatte, ergänzte die Spinnerei. Grether fertigte eine Zeitlang Zeuge aus weißer und gebleichter Baumwolle an, doch 1862 stellte auch er die Weberei wieder ein[25].

1869 hatte die Spinnerei St. Blasien 284 Arbeiter. Sie gehörte damit nicht mehr zu den ersten, aber immer noch zu den größeren Fabriken des Landes. Grether vererbte sie seinem Schwiegersohn Ernst Friedrich Krafft, der sie nach dem Brand 1874 wieder aufbaute und von dem sie auf den Sohn und die Enkelsöhne überging, bis sie im Jahre 1933 als Opfer der Weltwirtschaftskrise endgültig ihren Betrieb einstellte *(Abb. 109)*.

Überblickt man die ersten vierzig Jahre ihrer Geschichte, so lassen sich einige bemerkenswerte Züge herausarbeiten. St. Blasien stellt innerhalb der badischen Industrie einen einmaligen Fall dar, der aber exemplarisch sein dürfte für die Versuche, in eine für die Industrialisierung wenig vorbereitete Landschaft eine Fabrik und damit die moderne Industrie überhaupt zu verpflanzen. Gewiß waren die Schwarzwälder als gewerbefleißiges und geschicktes Volk nicht gänzlich ohne Voraussetzungen für diesen Versuch. Immerhin war es ja Jahrzehnte zuvor schon gelungen, verschiedene Heimindustrien hier einzuführen. Trotzdem kann man sich kaum eine Umwelt denken, die der Industrie größere Hindernisse in den Weg hätte legen können. Entgegen allen, damals freilich noch kaum vorhandenen Lehren vom richtigen Standort, wurde die Fabrik, fern jeden Verkehrs, in das unwegsame Gebirge gesetzt, selbst der wesentliche Vorzug eines Gebirges, die Wasserkraft, war nicht besonders günstig. In gewisser Weise kann man in der Wahl eines Klosters eine fast symbolische Handlung erblicken; zum zweitenmal sollte hier, nun in säkularisierter Form, ein Ausgangspunkt der Kultur geschaffen werden. Aber im Vordergrund standen doch die praktischen Überlegungen, daß man leerstehende Gebäude nutzen und der Bevölkerung einen Verdienst schaffen müsse. Als treibende Kraft dieses altertümlichen Versuchs erscheint nun aber ein sehr moderner Techniker, nicht einer von jenen gerade im schwäbisch-alemannischen Raum so häufig zu findenden bedächtigen Typen, die in heimischen Traditionen wurzelnd sich gemächlich neuen Formen anpassen, sondern ein Mensch, dessen Erfindungs- und Fortschrittswut keine ruhige Entwicklung aufkommen läßt und der seine Fabrik sprunghaft vorantreiben will, bis sie zu den ersten der Welt zählt.

Die Vertreter des Staates, der von Anfang an wesentlich engagiert ist, sind sich der Einmaligkeit und Großartigkeit dieses Versuchs gewiß bewußt, können sich jedoch nicht entschließen, ihrerseits eine der Größe des Experiments entsprechende Anstrengung zu unternehmen, sondern lassen sich ihre Unterstützung Schritt für Schritt abringen, nicht eigentlich widerwillig, auch nicht skeptisch, sondern lediglich zögernd, hinhaltend, abwartend. Man kann nicht sagen, daß die badischen Beamten nicht begriffen hätten, welche Chance sich dem Lande hier bot. Geradezu beschwörend ist die Denkschrift, die der für die Hüttenwerke verantwortliche Geheime Referendär Volz 1816 verfaßt, als Bodmer im Begriff ist, nach England zu gehen. Um ihn endgültig für Baden zu gewinnen, lenkt er die Aufmerksamkeit der »Staatsmänner« auf die Frage, ob Baden es gleichgültig geschehen lassen könne, daß er »sein großes Talent« ins Ausland bringe, nachdem er in fünf bis sechs Jahren ein so vollendetes Werk in den Schwarzwald gestellt hat, »daß außer in England nichts ähnliches gefunden werden kann«[26].

Man kann auch nicht sagen, daß die Verantwortlichen, der Großherzog und die Minister, diesen Ruf nicht gehört hätten. Immerhin gingen sie auf die Volzschen Vorschläge ein, bewilligten Bodmer eine staatliche Anstellung mit einem Gehalt – 6000 Gulden im Jahr – das damals kaum ein Minister bezog. Immerhin gelang es ihnen, Bodmer noch sechs Jahre im Lande zu halten. Man wird durchaus sagen können, daß sie sich dem Argument von Volz – »je weniger wir durch Handelsgesetze Vorteile erreichen können, desto wichtiger sind Talente, welche die Konkurrenz besiegen« – nicht verschlossen. Aber dann geschah doch auch wieder nichts Entscheidendes. Man besoldete Bodmer zwar, aber die Reisekosten nach England, die man ihm versprochen hatte, bekam er nie ersetzt, man benutzte zwar sein Talent, aber nicht in der außergewöhnlichen Weise, die ihm zugekommen wäre. Und schließlich ließ man ihn ohne weiteres ziehen.

Niemals ist in Baden der Versuch wirklich gemacht worden, den Preußen seit Friedrich dem Großen und weit bis ins 19. Jahrhundert immer wieder praktizierte, die staatlichen Werke als Musteranstalten für die private Industrie auszubauen. Die Industrialisierung ist für Baden kein Programm. Man stemmt sich nicht gegen sie, man begrüßt sie und fördert sie auch, aber ihre ganze umwälzende Kraft für die Sozial- und Wirtschaftsverfassung erkennt man nicht. Im Grunde wehrt man sich doch gegen sie, denn so sehr das einzelne industrielle Werk begrüßt wird, so mißtrauisch ist man gegen das »Fabriksystem« als Ganzes, wie man es in England und teilweise in Frankreich und Preußen zu erkennen glaubt. Das »glückliche Badnerland« sollte so bleiben, wie es war – ein Land tätiger Bauern und Bürger, kleiner Gewerbe und treuer Beamter, ein Land des mäßigen Fortschritts, der behutsamen Neuerung, der klugen Selbstbescheidung. Daß die Grundlagen, auf denen diese Ideale beruhen, brüchig werden, daß neue, vorwärtsdrängende Kräfte sich melden, daß unbekannte Probleme auftauchen, die neue Lösungsmethoden fordern, kurz, daß eine neue Zeit sich anbahnt, dringt nur manchmal und noch nicht recht glaubhaft an das Ohr der Zeitgenossen. Noch lassen mehr die politischen Stürme, von der liberalen und radikalen Opposition entfacht, das Land aufhorchen. Die politische Verfassung, obwohl die fortschrittlichste Deutschlands, wird fragwürdig; die soziale und wirtschaftliche scheint unangefochten zu stehen. Und die Fabrik in St. Blasien, eine der frühesten und großartigsten Deutschlands, wirkt noch wie ein Fremdkörper in einem agrarisch-kleingewerblich orientierten Land.

Anmerkungen

1 Vgl. W. Kaiser, Anfänge, 612 ff.

2 Das Folgende fußt wesentlich auf dem 4. Kapitel meiner Habilitationsschrift: Der Staat und die Anfänge der Industrialisierung in Baden 1800–1850. Berlin 1962

3 Die Akten über die Fabrik in St. Blasien, auf denen die folgende Darstellung beruht, finden sich im GLA Karlsruhe, vor allem 65/Nr. 494; 76/916; 175/22, 23, 28, 29, 30, 38, 45; 236/6790; 237/9241; 313/1024; 373/ Zug. 1908 Nr. 85/228 a; 391/33648, 33597, 33598, 33499, 33638, 33639, 33640. Kurze Darstellungen geben J. B. Trenkle, Geschichte der Schwarzwälder Industrie und Fritz Hirsch, 100 Jahre Bauen und Schauen, Karlsruhe, II, 1932, 337 ff. Zitat: GLA 391/3363.8

4 GLA 391/33639.

5 Der Bericht, »geschrieben auf der Reise von St. Blasien nach Lahr vom 11. bis 13. November 1809«, befindet sich GLA 391/33640.

6 D. Brownlie, John Georg Bodmer, his life and work, particularly in relation to the evolution of mechanical stoking. Transactions of the Newcomen Society for the Study of the History of Engineering and Technology, VI, 1926, 86–110; F. Gsell, Die Bedeutung Johann Georg Bodmers für den Werkzeugmaschinenbau. Im Erinnerungsblatt an die Gedenkfeier Johann Georg Bodmer 1786–1864. Zürich, 30. Mai 1939, 29 ff.

7 GLA 391/33597

8 Eine Abschrift aus den Akten der Fabrik St. Blasien fertigte Oberamtmann Weiß 1874 in seiner sechsbändigen handschriftlichen Geschichte St. Blasiens an. Weiß stellte damals alle Urkunden und Akten, deren er habhaft werden konnte, zusammen und befragte dazu zwanzig ältere Einwohner, die z. T. den letzten Abt noch gekannt, den Auszug der Mönche und die Gründung der Fabrik miterlebt, manche auch in ihr von früher Jugend an gearbeitet hatten. Seine Notizen, durch eigenen Augenschein ergänzt, sind eine wichtige Quelle für die Geschichte der Fabrikanlagen in St. Blasien. Sie befinden sich im GLA Abt. 65 (Handschriften), Nr. 494.

9 Kopie GLA 65/494, I., 40 ff.

10 GLA 391/33597. K. H. Frhr. v. Fahnenberg, ein Mitglied der Kommission, veröffentlichte Teile des Gutachtens zusammen mit einem Überblick über die früheren Gutachten Gerers und v. Langsdorfs in seinem Magazin für die Handelsgesetzgebung und Finanzverwaltung Frankreichs und der Bundesstaaten IV, 1813, 64–76.

11 Bericht vom 18. November 1820 GLA 391/33598.

12 21. März 1819 ebda.

13 2. Dezember 1818 ebda.

14 Kommissionsbericht vom 20. November 1816 GLA 391/33597.

15 Bad. Merkur 1831, 2

16 Vgl. dazu das 6. Kapitel meines Buches: Der Staat und die Anfänge der Industrialisierung in Baden 1800–1850, Berlin 1962

17 GLA 391/33598

18 Abschrift bei Weiß GLA 65, Nr. 494, I, 192 ff

19 ebda. S. 194

20 GLA 175/22–23

21 GLA 236/6707

22 GLA 391/33499

23 GLA 237/9241

24 GLA 313/1024

25 GLA 65, Nr. 494, I, 198 ff

26 GLA 76/916

Heinrich Heidegger

Die Geschichte der katholischen Pfarrgemeinde nach der Aufhebung des Klosters

Aus dem Thema ergibt sich eine Einschränkung: Wir befassen uns mit der Pfarrei St. Blasien, die 1807 geschaffen worden ist nach der Aufhebung des Klosters, obwohl die Geschichte der Pfarrei als »territoriale Altargemeinde«[1] nicht erst im Jahre 1807 mit dem Wegzug der Benediktiner aus St. Blasien beginnt; der Ursprung der Pfarrei reicht weit ins Mittelalter hinein; sie war allerdings mit dem Kloster und dessen Schicksal so eng verbunden, daß man immer beide miteinander sah, wobei wiederum das Kloster an Bedeutung die Pfarrei weit übertraf. Trotz dieser Einschränkung ist es aber gut, in einem kurzen Rückblick die Geschichte der Pfarrei während der Klosterzeit aufzuzeigen, um deren Schicksal nach 1807 besser verstehen zu können.

1. Die Pfarrei in der Klosterzeit

Neben der Mönchsgemeinschaft bestand in allen Jahrhunderten eine Pfarrgemeinschaft, eine Pfarrei, und zwar aus den Familien, die sich im Umkreis des Klosters angesiedelt hatten; es waren Familien, die im Dienst des Klosters standen: die Beamten und die Arbeiter, die Bauern auf den abgelegenen Höfen und den umliegenden Dörfern; dazu gehören auch die Familien der Bauleute und Künstler, die zeitweilig hier wohnten; nicht zu vergessen sind die Familien der Beschäftigten der Glashütten, die eine große Fluktuation kannten, weil die Glashütten im Schwarzwald und im Elsaß, in Lothringen wie auch in Böhmen in regem Austausch standen.[2] Die Pfarrer St. Blasiens gehörten in dieser Zeit nicht dem Diözesanklerus an, sondern der Mönchsgemeinde, weil die Pfarrei wie viele andere dem Kloster inkorporiert war. Es gab zwar immer wieder Versuche, auch von Seiten des Klosters, die Pfarrei St. Blasien und ihre umliegenden Filialen wie Bernau, Menzenschwand usw., selbständig zu machen; es blieb aber beim alten System, weil »die Pfarrei St. Blasien keinen Heller eigenes Vermögen hat, an Früchten wachsen nur Erdäpfel«;[3] es war also kein Vermögen vorhanden, um einen Pfarrer zu besolden, wie es damals durch die Gemeinde zu geschehen pflegte. Die Abtei St. Blasien betreute im Jahre 1806 40 Pfarreien mit über 20 000 Menschen.[4]

Das Kloster hatte bereits 1086 eine Pfarrkirche für die Pfarrangehörigen gebaut, die dem hl. Stephanus geweiht war; sie wurde im Jahre 1620 abgerissen; auf dem Altarbild in der Friedhofskapelle, das Hans Bock d. Ä. um 1600 zugeschrieben wird, ist diese alte Kirche noch zu sehen. Nach dem Abbruch der Pfarrkirche diente das »Alte Münster« bis zu dessen Abbruch im Jahre 1736 der Gemeinde als Kirche; in den folgenden Jahren bis zum großen Brand 1768 feierte die Gemeinde im »Neuen Münster« ihre Gottesdienste; nach Fertigstellung der neuen Kirche im Herbst des Jahres 1781 diente die Rotunde der Gemeinde als Pfarrkirche. Stillschweigend war damit auch die Änderung des Pfarrpatrons verbunden: die Pfarrei heißt nicht mehr Stephanspfarrei, sondern verehrt nun den hl. Blasius als ihren Patron, denn der Blasiusaltar ist seit 1781 »Pfarraltar«[5]. Ein Blick in die Standesbücher zeigt, daß um 1770 rd. 70 Familien ansässig waren; der Visitationsbericht vom Jahr 1777 zählt 701 Bürger und 110 Hinzugezogene.[6] Die Tagebücher der Mönche zeigen in manchen Eintragungen, wie die Gemeinde mit den Mönchen zusammen Gottesdienst feierte, vor allem in der neuerbauten Kirche, wobei die Berichte die sonntägliche Meßfeier meinen und nicht das mönchische Chorgebet. Der beengte Raum in der hölzernen Notkirche, die nach dem Brand 1768 errichtet worden war,[7] hat wohl die Mönchs- und Pfarrgemeinde näher zueinander gebracht.

In seinem Tagebuch schreibt Pater Roman Kuon über den letzten Gottesdienst in der Notkirche:

»1. 11. 1781. An diesem als am Fest Allerheiligen wurde das letzte Hochamt und Vesper in der äußeren hölzernen Kirche vom Herrn Dechanten abgesungen.

4. Nov. An diesem also am sogenannten Seelensonntag wurde wegen der Menge der Beichtleute keine Predigt, und nun die letzte Pfarrmesse in der hölzernen Kirche von P. Maurus, der erst wie auch P. Nonnosus als neuer Pfarrvikar für die neue Kirche bestellt sind worden, gehalten.«[8]
Am 8. November benediziert der Fürstabt Martin Gerbert die neue Kirche und feiert am Frauenaltar (d.i. der linke Seitenaltar vor der Halbsäulen, der Muttergottes geweiht) eine stille Messe, »unter welcher der Convent und das Volk einen lauten Rosenkranz abgebethet.«[9] Ein Eintrag im Diarium vom 29. 12. 1782 beschreibt den Gottesdienst wie folgt: »Heute wurde das Dankfest nach der in unserem Bistum löblichst eingeführten Gewohnheit folgendermaßen gehalten: um 9 Uhr nahm die Predigt ihren Anfang, nach dieser ging der P. Hofkaplan auf den Pfarraltar (d.i. der Blasiusaltar vor den rechten Halbsäulen), wo in der Burse eine konsekrierte Hostie war, die in die Monstranz gethan und nach still gegebenem hl. Segen zur Anbethung ausgesetzt wurde. Unter der hl. Messe betete das Volk den Rosenkranz; und nach selber wurde der hl. Segen unter Absingung des Vers. ›sit nomen domini‹ abermahl gegeben. Hierauf folgte das Benedictus und der Convent ging vor, welchem der Hofkaplan mit dem hochwürdigsten Gut folgte und selbst auf dem Hochaltar aussetzte. P. Kuchelmeister hielt das Hochamt, nach welchem das Te Deum vom Chor unisono abgesungen wurde«[10] *(Abb. 44)*.

Die Mönche nahmen sich in guter Weise der Pfarrgemeinde an und sorgten nach den damaligen Verhältnissen für einen würdigen Gottesdienst. P. Mauritius Ribbele *(Abb. 110)* klagt in einem Brief vom 28. 12. 1782 an Friedrich Nicolai, wie beschwerlich »in unserem runden und herrlichen Tempel das Predigen« falle[11] und frägt an, wie man das Problem der Kanzel in der Hedwigskirche zu Berlin gelöst habe; man erwägt damals, die Kanzel sogar in die Mitte der Rotunde zu stellen. Etwas später schreibt Mauritius Ribbele an Nicolai: »Die zwote Zeichnung enthält unsere Kanzele samt deren Deckel. Ich muß hierbei dieses anmerken, daß die Kanzel gleich außer dem Chor zur linken Seiten zwischen zwei Halbsäulen angebracht seie. Sie wird etwann 15 bis 15 Schuhe über dem Fußboden haben. Der Deckel wurde anfänglich hohl gelassen. Nachdem aber die Prediger sich beschweret, daß der Widerhall der Stimme zu stark seie und zu sehr in die eigenen Ohren wirke, wurde selber mit einem Brette geschlossen, welches die Worte dem Volke noch verständlicher und dem Prediger weniger Ungelegenheit gemacht.«[12] Da in den Archiven keine Gottesdienstordnung und dergl. zu finden ist, müssen diese wenigen Hinweise genügen, wie sehr die beiden Gemeinden – Kloster und Pfarrei – zusammengewachsen waren.

Dieses Ineinander und Miteinander ändert sich jedoch schlagartig mit dem 10. Oktober 1806, als der Badische Staat die Aufhebung des Klosters verfügt.[13] Die letzten Versuche, das Kloster doch noch zu retten, scheitern und so wird am 12. Juli 1807 die endgültige Auflösung des Klosters angeordnet; die Mönche verlassen im September desselben Jahres St. Blasien.

Ein neuer Anfang war zu tätigen – in allen Bereichen des Lebens.

2. Die Pfarrei als Institution

Die Aufhebung des Klosters brachte in die Gemeinde und die ganze Raumschaft einen ungeheuren Wandel, den wir uns heute kaum mehr vorstellen können; er wurde z. T. dadurch gemildert, daß die Vorsteher der Pfarreien in St. Blasien und der Umgebung zunächst dieselben blieben; sie waren nicht mit der Klostergemeinschaft nach Österreich ausgewandert, sondern aus der Ordensgemeinschaft ausgetreten und Diözesanpriester geworden. Wenn wir nun in diesem Kapitel den Blick auf die Pfarrei als Institution werfen, soll damit nicht zum Ausdruck kommen, als ob diese Sicht die erste und gar die wichtigste wäre im kirchlichen Leben; die Kirche lebt aus einem anderen Lebensprinzip, das nur schwer in Canones zu fassen ist; aber durch die Aufhebung des Klosters ergaben sich für die Institution Pfarrei als der Kirche am Ort schwerwiegende Folgen, auf die wir zunächst eingehen wollen, weil vieles andere dadurch verstehbar wird. Wir finden hier noch die späten Auswirkungen des germanischen Eigenkirchenwesens, nach welchem seit dem 9. Jahrhundert die Einzelkirchen mit einem nach Art der Lehen vergebenem Grundstück ausgestattet worden sind. Bis 1807 war somit das Kloster für die Besoldung und den finanziellen Aufwand der Pfarrei verantwortlich. Mit der Aufhebung des Klosters und der Besitznahme der Klostergüter durch den Badischen Staat übernahm dieser nun auch die genannten Verpflichtungen; und so nehmen seither die Staatsdotationen und -gehälter als Ersatz für das Benefizium dessen rechtliche Natur an. In diesem Sinn wurde am 6. August 1811 die Pfarrpfründe St. Blasien errichtet und am 7. November 1811 durch den Bischof bestätigt, nach welcher ein Pfarrer und ein Vikar für die Pfarrei St. Blasien zugedacht und zu besolden war.[14] Aus diesen Erwägungen heraus definiert das LTHK die Institution Pfarrei »als das Beneficium des Seelsorgers des Pfarrsprengels und juristische Person des kanonischen Rechts.«[15]

St. Blasien war somit eine der 250 Pfarreien, in welcher Seine Königliche Hoheit der Großherzog von Baden den Pfarrer im Einvernehmen mit dem Bischof präsentierte, was bis zur Abdankung des Großherzogs im Jahre 1918 dauerte.

Wenn Karl Rahner schreibt, »die territoriale Altargemeinde bildet den Kern des Wesens der Pfarrei«[16], dann ist die Pfarrei in soziologischer Hinsicht ein kirchlicher Verwaltungsbezirk für einen begrenzten, umschriebenen Bereich, wo zunächst nicht gefragt wird nach dem Bezug der einzelnen Pfarrmitglieder zur Pfarrei. Für die Eigenart einer Pfarrei ist es aber trotzdem wichtig, diese soziologischen Gegebenheiten zu kennen. Zunächst wurde an der räumlichen Ausdehnung des Pfarrgebietes im Jahre 1807 nichts geändert, so daß wie bisher die zum Pfarrort gehörigen Höfe und Kleinsiedlungen wie Windberghof, Wolfsboden, Glashofsäge zur Pfarrei zählen. Die Gemeinden Häusern und Blasiwald waren Filialen mit Kapellen für den Sonntagsgottesdienst; zu Häusern gehörte noch Schwarzabruck, von der Gemeinde Schönenbach die Höfe Unterschwarzhalden, Schwarzabruck und Kriesenbauernhof zur Pfarrei; Blasiwald war seit je geteilt zwischen St. Blasien und Schluchsee, so daß neben dem Kirchspiel die Weiler und Höfe Althütte, Straß, Loch, Muchenland, Sommerseite und Winterseite zum Pfarrgebiet zählten.

Am 1. April 1952 wurde Häusern mit Blasiwald und den umschriebenen Höfen und Weilern mit der Errichtung der Pfarrkuratie St. Fridolin ein eigener Seelsorgsbezirk, der vom bisherigen St. Blasier Pfarrer Karl Schweizer als dem ersten Kuraten seelsorgerlich betreut wurde.

Die übrigen, die Pfarrei übergreifenden Änderungen wie Neueinteilung der Diözese und der Dekanate waren in rechtlicher Hinsicht für die Pfarrei nicht ausschlaggebend. Bei der Errichtung der Pfarrei gehörte St. Blasien zur Diözese Konstanz und zum gleichnamigen Dekanat St. Blasien. Bischof war Karl Theodor von Dalberg, der zugleich Erzbischof von Regensburg war. Mit der Auflösung des deutschen Reiches und der Umgestaltung der Länder war auch die Neugestaltung der Diözesen eine Notwendigkeit geworden. Im Jahre 1815 wurden die schweizerischen Gebiete und 1817 die württembergischen Gebiete von der Diözese Konstanz abgetrennt. 1817 starb auch Bischof Dalberg; Kapitelsvikar für das noch bestehende Restgebiet der Diözese Konstanz im badischen Land und in Hohenzollern wurde der bisherige Generalvikar Freiherr Ignaz Heinrich von Wessenberg. Der Plan von 1807, sämtliche badischen Landesteile zu einer Diözese zusammenzufassen, konnte allerdings erst im Jahre 1821 verwirklicht werden, als Papst Pius VII. die Errichtungs- und Umschreibungsbulle »Provida sollersque« herausgab; damit löste das Erzbistum Freiburg die alte Diözese Konstanz ab; es dauerte allerdings nochmals sechs Jahre, bis endlich in Bernhard Boll der erste Erzbischof von Freiburg ernannt werden konnte, der allen Seiten genehm war.[17]

Das Dekanat St. Blasien war so sehr mit dem Klosterbezirk verbunden, daß es mit der Aufhebung des Klosters auch verschwand; nach einem kleinen Zwischenstadium wurde St. Blasien dem Kapitel Waldshut zugewiesen; 1809 gibt es zwar noch ein Schuldekanat St. Blasien, das Berichte über die Liturgiereform Wessenbergs abzuliefern hatte.[18]

Das alte Dekanat St. Blasien erfuhr eine kleine Wiederbelebung, als im Frühjahr 1960 die Pfarrer der Raumschaft St. Blasien die Gunst der Zeit witterten und beim damaligen Erzbischof Dr. Hermann Schäufele vorstellig wurden und um die Errichtung eines Dekanates St. Blasien baten, was ihnen auch gewährt wurde; das Dekanat bestand vom 1. April 1960 und wurde bei der Dekanatsreform, die in Folge der staatlichen Verwaltungsreform notwendig geworden war, am 31. Dezember 1976 aufgehoben und wiederum mit dem Dekanat Waldshut vereinigt.

Durch die erwähnte staatliche Verwaltungsreform vom Jahr 1973 war bereits das alte Pfarrgebiet gänzlich auseinander dividiert worden; St. Blasien kam mit Häusern zum Landkreis Waldshut, Blasiwald in seiner Gänze zur Gemeinde Schluchsee und damit auch zum neugeschaffenen Landkreis Breisgau-Hochschwarzwald. So war es nur noch eine Frage der Zeit und Rücksichtnahme auf die personelle Besetzung der Pfarreien, bis schließlich auch Blasiwald als Ganzes der Pfarrei Schluchsee zugeteilt wurde; wegen des Priestermangels wird die verkleinerte Kuratie Häusern nicht mehr besetzt und seit 1978 vom Pfarrer von Höchenschwand mitverwaltet.

3. Die Seelsorger der Pfarrei

Bernhard Steinert hat in seinem Buch »St. Blasier Land«[19] erstmals die Liste der katholischen Pfarrer St. Blasiens zusammengestellt, die nun hier mit den Namen der Vikare ergänzt wird. In den Jahren nach 1807 waren die Seelsorger nur Pfarrverweser, weil die Pfarrpfründe erst 1811 errichtet wurde; auch hatte sich der Badische Staat das alleinige Recht für die Pfründebesetzungen ausbedungen, so daß auch für diese neue Situation ein Modus gefunden werden mußte, um zu einem Ziel zu kommen.[20]

Als Pfarrhaus wurde den Seelsorgern das sog. alte Forsthaus zugewiesen, das allerdings erst im Jahre 1826 durch Tausch zum Forsthaus wurde und – 1979 umgebaut – seit 1980 das »Jesuitenhaus« ist. Bis 1811 tauchen in den Standesbüchern bei den Eintragungen der Taufen, Eheschließungen und Beerdigungen viele Namen von Priestern auf; nicht alle ehemaligen Patres fanden gleich ein neues Domizil; manche waren wohl auch aus Altersgründen in St. Blasien geblieben oder wurden erst im Lauf der Zeit Pfarrer in der näheren oder weiteren Umgebung. Auch wohnten der Pfarrer von Urberg, Augustin Häring, und sein Vikar wie auch der von Menzenschwand, Berthold Lüber, bis zum Bau der dortigen Pfarrhäuser im hiesigen Pfarrhaus; Thomas Dietrich wurde 1808 Pfarrer in Schluchsee. Justin Hermann wird in diesem ersten Jahr – nach einer Bemerkung im erzbischöflichen Archiv zu Freiburg – tituliert als 1. Pfarrvikar und an seiner Seite Wilhelm Walkner als 2. Pfarrvikar erwähnt; ohne weitere Angaben wird 1808 Wilhelm Walkner Pfarrverweser genannt. Wilhelm Walkner bittet dann bereits 1810 um Versetzung, obwohl er ja bereits seit 1803 in der Seelsorge St. Blasiens stand und die Bevölkerung kannte; offenbar konnte er aber die Erwartungen seiner Pfarrei nicht erfüllen, die die gleichen wie zur Klosterzeit geblieben waren; in seinem Bittbrief schreibt er, daß man als ehemaliger Mönch am Ort wenig geachtet sei, man würde von einem Teil der Pfarrei nur in einem nachteiligen Lichte gesehen; in Häusern war man zudem verärgert, daß man jetzt von St. Blasien und nicht mehr von Höchenschwand aus seelsorgerlich betreut wurde. »Es wird ein Mann erfordert, der von niemanden gekannt, an den das Blasianer Völkchen keinen Anspruch an die alte Verfassung machen kann, und der sich eben deswegen mit dem Vorteil in die ihm bestimmte Pastoralsphäre setzen kann.«[21]

Es geht über den Rahmen dieser Arbeit hinaus, jeden einzelnen der Pfarrer zu charakterisieren, auch wenn dies eine sehr interessante Sache ist; es soll aber in der folgenden Liste wenigstens die besonderen Tätigkeiten in Stichworten aufgeführt werden, um dadurch leicht einen Überblick über die Geschichte der Pfarrei gewinnen zu können.

Die Liste der Seelsorger in St. Blasien:

Pfarrer		*Vikar*		*Besonderheiten*
Hermann, Justin	1807–08	Walkner, Wilhelm	1807	
		Sauter, Hermann	1807	
Walkner, Wilhelm	1808–10	Hollinger, Josef	1808–10	
		Moosherr	1811	
Rinegger, Caspar	1810–13/14	Häusler, J. B.	1811	Wessenbergs Liturgie-
		Meßmer, Johann	1811	reform wird kaum prak-
		Hiß, Lorenz	1812/3	tiziert.
Beschle, Aloys, Pfrv.	1814			
Hipp, Johann Bapt.	1814–18	Beschle, Aloys	1814–17	Dekan d. Kapitels Walds-
		Haßlander	1818	hut. Fabrik, Schule.
				Gottesdienst.
Barth, Pfrv.	1818–19			
Schwarzweber, Lorenz	1819–31	Ringwein	1819	Dekan – Lesezirkel.
		Koch	1819	
Braun, Pfrv.	1831			
Haefelin, Karl	1831–45			
Engesser, Pfrv.	1845			
Braun, Josef	1845–62			Dekanatsverwalter
Häring, C. Pfrv.	1862–64			
Bremeier, Oswald	1864–69			
Murat, Lorenz Pfrv.	1869–72	Kurz, Albert	1871	
Bader, Max Pfrv.	1872–73			
Zimmermann, C. L.	1873–83			Großbrand 7. 2. 1874
Sprich, Clemens Pfrv.	1883–84			
Leibinger, August	1884–94	Graß, Karl	1891	Weihe d. Chorraumes
				am 5. 7. 1888
				Kindergarten/Kranken-
				schwesternstation 1891
Vogt, Joseph,	1894–97			
Popp, Julius	1897–1905			Arbeiterverein
Zobel, H. Pfrv.	1905			Anstoß zum Wiederauf-
				bau d. Kuppelkirche
Lamy, Theophil	1905–36	Stetten, Leo v.	1907	Wiederaufbau der Kirche
		Morgenthaler, B.	1908	1911/13.
		Stephan, Josef	1910	Kirchweihe 1. 6. 1913
		Spitzmüller, C.	1911	Kolpingfamilie 1925
		Rothenbiller, J.	1912/13	Ende d. Fabrik 1930
		Sartory, Roman	1913/17	Jesuitenkolleg 1933
		Ballweg, Hermann	1919/20	neuer Kindergarten
		Schinzinger, Fr.	1922/23	und Schwestern-
		Blink, Friedrich	1923	haus 1933
		Herberich, Richard	1925/28	
		Wölfle, Josef	1928/33	
		Dold, Ivo	1933/36	

Schweizer, Karl	1936–51	Stiefvater Alois	1936/37	Patres SJ helfen in der Seelsorge.
		Lenz, Franz X.	1937/39	
		Dresel, Alfons	1939/41	
		Schneider, Albert	1941	Gefängnis wegen Predigt.gef. 12. 6. 1942
		P. Gunkel, Notker	1941/42	Schulverbot
		Leimbach, Andreas	1942	
		Haas, Richard	1943	
		P. Ingberding, H.	1943/45	
		Pflüger, Benedikt	1945/48	
		Hoffmann, Herbert	1945	
		Knopf, Kurt	1948/49	
		Hauer, Bernhard	1949/50	ständige Aushilfen durch die Patres SJ
Schuh, Wilhelm	1951–71	Frey, Emmanuel	1955	Neue Glocken 1951/61
		Baumann, Oskar	1956	Renovierung der Friedhofkapelle 1966; des
		Nägele, Josef	1956/58	Chorraumes 1969/71
		Siklos, Anton	1958/63	Dekan 1960–1971
		Ritter, Georg	1963/66	
		Footerer, Otto SJ	1967/68	ständige Mithilfe der Patres SJ in der Seelsorge.
Heidegger, Heinrich	1971–			Pfarrhausumbau 1972/3 Kindergartenneubau 1973/75. Sozialstation 1976. Kollegsbrand 1977 Domrenovation 1981/3 Dekan 1972/76 1. 1. 1977 Dekanat Waldshut.

4. Die Pfarrei als Gemeinde und ihre Grunddienste

Der Begriff »Gemeinde« im theologischen Sinn taucht in der Literatur erst in der Vorbereitungszeit des Konzils und dann allerdings verstärkt in den folgenden Jahren auf und will deutlich machen, daß wir Kirche nicht bloß in ihren rechtlichen und soziologischen Dimensionen sehen dürfen, wiewohl diese wichtig sind; es gilt aber doch vor allem den theologischen Aspekt hervorzuheben und von da aus auch die Geschichte einer Pfarrei zu betrachten.

Das Zweite Vatikanische Konzil sagt von der Kirche: »Sie ist ja in Christus gleichsam das Sakrament, das heißt Zeichen und Werkzeug für die innigste Vereinigung mit Gott wie für die Einheit der ganzen Menschheit.«[22] Im Blick auf eine konkrete Pfarrei ist nun hervorzuheben, wie sehr die Kirche in der Ortskirche dargestellt und vergegenwärtigt wird. Die Gemeinsame Synode der Bistümer in der Bundesrepublik Deutschland nimmt diese Anregungen des Konzils auf und formuliert: »Ortskirche im eigentlichen Sinn ist jede von einem Bischof geleitete Diözese. Aber auch die einzelnen Pfarrgemeinden machen durch den im Geist gegenwärtigen Herrn, in Verbindung mit dem Bischof, die Kirche am jeweiligen Ort sichtbar.«[23] Im selben Synodentext wird unter 2.3.2. eine Definition der Gemeinde gegeben, die das Wesentliche zusammenfaßt: »Die Gemeinde ist an einem bestimmten Ort oder innerhalb eines bestimmten Personenkreises die durch Wort und Sakrament begründete, durch den Dienst des Amtes geeinte und geleitete, zur Verherrlichung Gottes und zum Dienst an den Menschen berufene Gemeinschaft derer, die in Einheit mit der Gesamtkirche an Jesus Christus glauben und das durch ihn geschenkte Heil bezeugen. Durch die eine Taufe (vgl. 1 Kor 12,13) und durch die gemeinsame Teilhabe an dem einen Tisch des Herrn (vgl. 1 Kor 10,16 ff) ist sie ein Leib in Jesus Christus.«

Weil »der Abstand zwischen der konkreten Realität unserer Gemeinden und den synodalen Beschlüssen zum Gemeindeverständnis zum Teil erheblich (ist)«,[24] scheint es recht gefährlich zu sein, von dieser Definition aus einen Blick in die Geschichte der Pfarrei zu werfen; man stellt ja gerne, wie Karl Lehmann an dieser Stelle sagt, die Territorialpfarrei als den »pastoralen Sündenbock«[25] dar, wobei man allzuleicht ein Urteil über die Vergangenheit fällt, ohne die damaligen Gegebenheiten genügend zu beachten. Die zitierte Definition hat aber den großen Vorteil, mehrere Formen von Gemeinde, wie sie eben geschichtlich gewachsen sind, zu akzeptieren und alles in das Gesamte der Kirche einzubauen. Als Aufgabe der Pfarrgemeinde bezeichnet die Gemeinsame Synode: »aus dem Geist des Evangeliums die Grunddienste der Kirche in Verkündigung des Wortes und im Glaubenszeugnis, in Gottesdienst und Vollzug der Sakramente sowie in der Diakonie für den einzelnen und für die Gesellschaft zu leisten.«[26] So wollen wir unseren Blick in die Geschichte der Pfarrei an diesen drei genannten Grunddiensten ausrichten, wobei wir immer die besondere Situation des Ortes und seiner Geschichte im Auge behalten müssen.

Der Grunddienst der Verkündigung

Der Beginn der vom Kloster nicht mehr abhängigen Pfarrei St. Blasien fällt in die Zeit Wessenbergs[27], der seit 1802 Generalvikar der Diözese Konstanz gewesen ist und mit jugendlichem Schwung die Reform der Pastoral und hier vor allem des pfarrlichen Gottesdienstes angegangen hat; da der Konstanzer Bischof von Dalberg zugleich auch Erzbischof von Regensburg war, hat vor allem Wessenberg die Konstanzer Diözese geleitet; nach dem Tod von Dalberg im Jahre 1817 wird Wessenberg bis zur Auflösung der Diözese Konstanz auch Bistumsverweser. Als »frisch gebackener« Generalvikar läßt er bald einen Bericht über die pastorale Situation von Dr. Burg erstellen, der die Diözese nicht gerade in rosigen Farben schildert.[28] Wessenberg geht es in seiner Reform um die Stärkung des Pfarrprinzips; er stand mitten in den geistigen Auseinandersetzungen der Aufklärungszeit und ahnte den gewaltigen Umbruch der Zeit; hier wollte er durch eine innerlich gefestigte Pfarrei als »der untersten rechtlich selbständigen pastoralen Einheit«[29] die Menschen im Glauben erziehen und fähig machen, eine Antwort auf die Fragen der Zeit zu geben. Er weiß um die personale Beziehung von Pfarrer und Gemeinde und verpflichtet deswegen die Pfarrer zur Präsenz in ihrer Pfarrei und zur Verkündigung, d.h. der Pfarrer soll selbst Zeuge seines Glaubens sein; so fordert Wessenberg nicht nur die sonntägliche Predigt im Hauptgottesdienst, sondern auch in der Frühmesse, um möglichst eine große Zahl der Gemeindemitglieder zu erreichen und die Einheit von Wort und Sakrament sichtbar zu machen.[30] Er weiß selbstverständlich um den Bildungs-(not)-stand des Klerus und fordert die schriftliche Vorbereitung der Predigt wie auch eine intensive Weiterbildung bei den Pastoralkonferenzen; er gründet eine Pastoralzeitschrift, gibt Literaturhinweise über Predigtsammlungen und theologische Bücher; die Pfarrer spornt er mit Preisaufgaben zum eigenen Studium an, wobei vor allem pastorale Fragen zur Aufgabe gestellt wurden.[31] Wenn Hermann Schmid neuerdings Wessenbergs Kritik an den Orden und den Klöstern verurteilt[32], übersieht er m. E. den Ausgangspunkt Wessenbergs, eben das oben dargelegte Pfarrprinzip, das er z.B. durch den häufigen und nicht immer notwendigen Predigtdienst durch die Ordensleute gefährdet sieht; Wessenberg will die Verantwortung des Pfarrers stärken, die Aushilfe durch die Ordensleute sollte die Ausnahme sein. Auch die Kritik Wessenbergs an der Überzahl der Wallfahrten und Prozessionen findet hier ihren Grund, wobei zu bemerken ist, daß Wessenberg nur die Haltung seiner Vorgänger im Amt fortsetzt;[33] er sah manchen Wildwuchs im geistlichen Leben, den er durch solche Maßnahmen beschneiden wollte.

Wie weit die Erlasse Wessenbergs in St. Blasien zur Durchführung kamen, ist nicht ohne weiteres auszumachen; die Gottesdienstordnungen und andere Archivalien fehlen; doch kann man aus dem Wenigen, was noch vorhanden ist, sich eine kleine Vorstellung machen. Allgemein ist zu sagen, daß im Gegensatz zu den Mönchen von St. Peter, die den Reformen Wessenbergs harten Widerstand entgegensetzten, das Klima für Wessenbergs Anliegen bei den ehemaligen Patres aus St.

Blasien günstiger war; einige von ihnen waren sogar profilierte Mitarbeiter Wessenbergs geworden[34], was nicht zuletzt auf die geistliche und geistige Führung eines Martin Gerbert und eines Mauritius Ribbele zurückzuführen ist.

Einen kleinen Hinweis liefert der Vorbericht des Pfarrers Rinegger zur Visitation im Jahre 1812, wonach der Pfarrer angibt, »nach hoher Vorschrift« die Liturgie zu feiern und zu predigen, doch scheint die Wirklichkeit eine andere gewesen zu sein, wie sein Nachfolger feststellen wird. Im folgenden Winter zeigt auch der Pfarrer seinen Vikar Lorenz Hiß bei der Kirchenbehörde in Konstanz an, weil dieser im Winter gepredigt hatte und zudem es wagte, gegen des Pfarrers Anordnung auch die übliche Vermeldung vorzunehmen, was doch des Pfarrers Vorrecht sei. Wessenberg läßt trotz der äußeren Umstände (lange Wege, Kälte usw.) keine Ausnahme zu und verlangt die Durchführung seines Erlasses; er rät dem Pfarrer, wenn ein Priester allein die Messe feiert, wegen des weiten Weges zur Kanzel, eben vom Pfarraltar aus zu predigen.[35] Interessanter ist der Bericht des Pfarrers Johann Baptist Hipp vom Jahre 1814, den er der bischöflichen Behörde am Beginn seiner Tätigkeit zukommen läßt; hier wird deutlich und aus dem Vorherigen auch verständlich, daß von den Reformerlassen Wessenbergs nicht viel verwirklicht worden ist.[36]

Wenn schon Reformen im religiösen und kirchlichen Leben sehr schwer durchzuführen sind, so kommt in St. Blasien für diese Zeit noch hinzu, daß durch den Zuzug der Fabrikbevölkerung seit 1810 die Struktur der Gemeinde sich völlig verändert hat; zu den rd. 400 Einheimischen, die im Ortskern wohnen, kommen bis 1812 247 und bis 1816 809 Neubürger als »Fabrikbevölkerung«, die alle in den ehemaligen Klostergebäuden ihre Wohnung fanden.[37] Die Hilflosigkeit gegenüber dieser Umstrukturierung der Gemeinde und den anderen Problemen, die der Frühkapitalismus mit sich brachte, zeigt sich einerseits darin, daß die Pfarrer Walkner und Rinegger dies mit keinem Wort erwähnen,[38] zum anderen sehr deutlich in dem harten Wort vom »Fabrikgesindel«, das Pfarrer Hipp in dem erwähnten Bericht gebraucht. Dort schreibt er eingangs: »Hier fand ich das Meiste sowohl in Hinsicht der Moralität als der Gottesdienstordnung und des Pfarr-Archives in einem sehr traurigen Zustand. Die Immoralität ist hier größer als in jeder mir bekannten Gegend. Die Grundursache ist nach meiner vollkommenen Überzeugung das hiesige Fabrikgesindel.« Johann Baptist Hipp nimmt sich schon kurze Zeit später sehr der Fabrikbevölkerung, besonders der dort arbeitenden Kinder und Jugendlichen an; die Ermahnung zu einem »moralischen Leben« kommt aus dem Verkündigungsauftrag, wie er damals verstanden wurde, so wie auch seine Sorge um die Schule und den Religionsunterricht.

In den Visitationsprotokollen taucht immer wieder die Sorge um die Verkündigung bei der Jugend auf; diese geschieht vor allem in der sog. Christenlehre, zu der damals die Jugendlichen bis zum 22. Lebensjahr verpflichtet waren. War der Gottesdienst für die Orts- und die Fabrikgemeinde gemeinsam, wurde die Christenlehre für die Fabrikjugend vor dem Gottesdienst und für die Ortsjugend nach dem Gottesdienst abgehalten, wobei das gängige Thema Sittlichkeit und Leben nach den Geboten gewesen ist. Man klagt auch über die mangelnde Erziehung im Elternhaus, den relativ starken Alkoholgenuß, der z. T. auch die Mädchen erfaßt hatte. Schwierigkeiten sahen die Pfarrer in der Sonntagsarbeit, die sich zwar auf Ausbesserungsarbeiten beschränkte, und vor allem im Sonntagsmarkt, weil dieser viele verleitete, erst nach der Predigt zum Gottesdienst zu kommen.

Im Visitationsbericht vom 3. 11. 1846 wird vor allem über Häusern geklagt, das als der gewöhnliche Vergnügungsort für die »Bläsemer« gegolten hat. Im Pfarrarchiv ist ein Faszikel über das Vogt- oder Ruggericht erhalten, in welchem gerade in Häusern die Menschen wegen Fluchen, Schwören, Trunkenheit (auch von jungen Leuten) vor dieses Gericht kommen und bestraft werden, z. B. auf eine Anzeige wegen »gemeiner Unzucht« wird vom Großherzoglichen Bezirksamt 1826 eine 15tägige Arbeitsstrafe ausgesprochen.

In der Mitte des 19. Jahrhunderts gibt es die ersten Erwähnungen, daß Reisende wegen der Kuppelkirche nach St. Blasien kommen (1845); hinzu kommt der wachsende Kurbetrieb und damit die Sorge um den kranken und erholungssuchenden Menschen. Wird im Visitationsbericht von 1890 noch gesagt, daß die Kurgäste keinen nachteiligen Einfluß auf die Bevölkerung ausüben, heißt es 1922 umgekehrt: »kein guter Einfluß«.

Mit der wachsenden Zahl der Kurgäste wird dann auch 1905 und später von den Pfarrern Zobel und Lamy die Notwendigkeit des Wiederaufbaus der Kuppelkirche begründet, doch – um beim Thema zu bleiben – über den Inhalt der Verkündigung ist in den weiteren Visitationsberichten nichts vermerkt, weil diese wohl ihren normalen Gang nahm.

Im »Dritten Reich« waren es vor allem die Vikare, die das offene Wort auf der Kanzel riskierten; aus der obigen Vikarsliste ist ersichtlich, daß einer der Vikare ins Gefängnis kam, ein anderer erhielt Schulverbot und mußte die Pfarrei verlassen. Von den Patres, die zeitweilig ihren Dienst im Kolleg versahen, waren es Alois Grimm und Alfred Delp, die in Berlin hingerichtet worden sind. Nicht vergessen werden darf Karl Leisner, der als krank gewordener Diakon Heilung im Fürstabt-Gerbert-Haus suchte und am 9. 11. 1939 wegen einer zustimmenden Äußerung zum Attentat auf Hitler verhaftet und ins KZ Dachau eingeliefert wurde. Am 17. 12. 1944 wurde er dort heimlich zum Priester geweiht; nach der Befreiung am 4. 5. 1945 starb er am 12. 8. 1945 in Planegg; derzeit wird der Seligsprechungsprozeß für ihn eingeleitet.

Seit Bestehen des Kollegs waren die Jesuitenpatres sehr häufig in der Verkündigung eingesetzt, zum Wohl der Pfarrei, ohne daß dabei Wessenbergs Kritik hier noch einen Platz gefunden hätte; die »Versuchung« liegt zwar nahe, daß einer der Patres eine »Personal-Gemeinde« um sich versammelt, doch dem ist nicht so; dagegen lag wohl die größere Gefahr darin, daß die Gemeinschaft der Pfarrei durch die Vielzahl der Gottesdienste in der Kirche selbst wie auch in den Kapellen des Kollegs und der Krankenhäuser zersplittert wurde.

Der Verkündigungsauftrag darf nicht eng auf die Predigt und die Person des Pfarrers fixiert werden; die ganze Gemeinde hat diesen Dienst mitzutragen, was seine große Bedeutung besonders am Sonntag hat, wo sich – durch den modernen Tourismus verursacht – jede Woche eine andere Gemeinde bildet. Hier hat die Ortsgemeinde die nicht auswechselhafte Aufgabe, den Kern der Gottesdienstgemeinde zu bilden, offen und beweglich zu bleiben und dem Menschen, auch wenn er nur kurz hier weilt, ein Zeugnis christlichen Lebens zu vermitteln. Gilt das im allgemeinen, so weitet sich der Verkündigungsauftrag aus auf einzelne Mitglieder der Gemeinde, die im Lektorenamt beim Gottesdienst sowie in der Gemeindekatechese, z. B. in der Hinführung zu den Sakramenten der Buße, der Eucharistie und der Firmung, dies wahrnehmen; auch hier gilt es, das Neuland der Gemeindekatechese tiefer und umfassender zu erkunden, um das fortzuführen, was in den früheren Jahrzehnten in der umfassenden Bildungsarbeit in den Vereinen wie Arbeiterverein, Volksverein, Kolpingfamilie und Mütterverein geschehen ist. Hier geht der Verkündigungsauftrag in den Bruderdienst über, wenn die allumfassende, ganzheitliche Bildung des Menschen auch als ein Dienst am Menschen und der Gesellschaft von heute gesehen wird. In diesem Sinn versucht das Bildungswerk der Pfarrei die Initiativen, die aus der Gemeinde kommen, zu koordinieren und durch Bibelgespräch und Glaubensseminare und andere Möglichkeiten die Probleme der heutigen Welt aufzuzeigen und auch deutlich zu machen, wie nur die ganzheitliche Schau des Menschen uns fähig macht, die heutigen Fragen einer echten und nicht scheinbaren und trügerischen Lösung zuzuführen.

In diesem tieferen und erweiterten Sinn der Verkündigung, die zum Bruderdienst an der heutigen Gesellschaft wird, ist auch die Arbeit der »Katholischen öffentlichen Bücherei« zu sehen, die dem Borromäusverein in Bonn angeschlossen ist und in der Pfarrersbibliothek von 1807 im gewissen Sinn eine Vorläuferin hatte. Den zurückgebliebenen, ehemaligen Patres war es gelungen, aus den Beständen der Klosterbibliothek eine Pfarrersbibliothek zusammenzustellen, die vor allem dem persönlichen Studium und der Predigtvorbereitung dienlich sein sollte.[39] Die staatlichen Behörden machten sie in den späteren Jahren den Pfarrern streitig, zuletzt 1828, als die »Großherzogliche Hofdomänenkammer« diese für 30 Gulden an Samuel Rothschild verkaufen wollte.

Dem energischen Protest des Pfarrers Schwarzweber ist die Rücknahme dieser Absicht zu verdanken; wohl aus Angst, die Bibliothek doch noch zu verlieren, zögert der Pfarrer die Übernahme derselben durch das Kapitel Waldshut hinaus und duldet es schließlich, daß sie im »Leseverein« des Regiunkels St. Blasien allgemein benützt werden kann.[40] Der Lesezirkel versorgte die Pfarrer der Raumschaft mit den wichtigsten theologischen Zeitschriften und der Fachliteratur und existierte nach den im Pfarrarchiv vorhandenen Rechnungen bis 1905.[41]

In dieser Zeit (1905) existierte dann auch bereits ein örtlicher Borromäusverein, der die Pfarrbücherei unterhielt und 1907 bereits 600 Bücher zur Ausleihe anbieten konnte. Die Sorge um gutes Schrifttum wird bereits im Visitationsbericht des Jahres 1897 im Blick auf die Kurgäste als großes Anliegen deutlich gemacht. Wenn heute die »Kath. öffentliche Bücherei« mit 3000 Medien über 4600 Ausleihen im Jahr verzeichnen kann, wird hier das alte Anliegen aufgegriffen und den Menschen heute die Möglichkeit gegeben, in vielfacher Weise sich mit den Problemen der Zeit auseinanderzusetzen.

Liturgie als Grunddienst der Gemeinde

Die gottesdienstliche Gemeinde der Pfarrei war in der Klosterzeit vom Lob Gottes der Mönche geprägt; man »hörte« die Messe an oder betete den Rosenkranz oder auch mal eine Litanei; man muß dabei bedenken, daß es kaum Bücher gab und vor allem auch ein großer Teil der Bevölkerung des Lesens und Schreibens unkundig war. Mit der Sorge um einen besseren Schulunterricht – auch auf dem Land – ging dann in der ausgehenden Barockzeit der Wunsch nach einer besseren Mitfeier der Liturgie in eins. Wiederum war es nicht Wessenberg, der mit der Einführung der deutschen Sprache im Gottesdienst einen Anfang setzte; Martin Gerbert gab bereits im Jahre 1773 ein Gesangbuch in deutscher Sprache heraus, das vermutlich nur in der Grafschaft Bonndorf Verwendung fand; leider ist es gänzlich verschollen.[42] Der Blick in die Tagebücher des Klosters zeigt dann gut an, wie vor allem nach dem Brand vom Jahr 1768 die Mönchsgemeinde und die Pfarrgemeinde näher zusammenrückten; waren dies zunächst äußere Umstände durch die räumliche Enge in der Notkirche, so kam dem entgegen der Trend jener Zeit, in der viele Klöster die starre Grenze zwischen Mönchs- und Pfarrgemeinde lockerten.[43] Auf diesem Hintergrund wird verständlich, wie um 1770 einer der ersten Entwürfe für die Kuppelkirche einen Hauptaltar im Mönchschor und einen »Volksaltar« in der Rotunde vorsieht[44]; dieser Plan mußte dann allerdings dem Hauptplan von d'Ixnard weichen, der dann wiederum in der Endphase der Bauzeit eine Änderung zugunsten der Pfarrgemeinde erfährt, indem Gerbert durch Wenzinger die beiden – schon oben erwähnten – Kanzelaltäre (Blasiusaltar als »Pfarraltar« und Marienaltar) vor den Halbsäulen errichten läßt; so wurde es möglich, daß im Pfarrgottesdienst sich die Gemeinde am Altar versammeln konnte.

Wessenberg weiß sich als Schüler von Johann Michael Sailer in besonderer Weise dem Gottesdienst verpflichtet und versucht in seinem Amt als Generalvikar, die verschiedenen Erneuerungsbewegungen in geordnete Bahnen zu lenken. Der Erfolg der »Allgemeinen Gottesdienstordnung« vom Jahre 1809 ist wesentlich der Einführung eines allgemeinen Gebets- und Gesangbuches zu verdanken, das lange über Wessenberg hinaus das Gebetsleben der Gemeinde bestimmte.

Pfarrer Rinegger gibt in seinem Bericht von 1812 zwar an, dieses Gebet- und Gesangbuch eingeführt zu haben, doch hat sein Nachfolger anscheinend nicht viel davon gespürt. Pfarrer Hipp beklagt ja nicht nur das »Herumlaufen« in der Kirche während des Gottesdienstes und das Fehlen einer Orgel[45], sondern einfach das fehlende Gespür für die Würde des Gottesdienstes; »in Hinsicht der neuen Gottesdienstordnung ist in der ganzen hiesigen Gegend das Wenigste geschehen.« In seinem Vikar und auch den Lehrern findet er gute Mitarbeiter und führt nun das Diözesangesangbuch ein, so wie er sich überhaupt bemühen will »die ganze deutsche Gottesdienstordnung hier zu übernehmen«, was ihm nicht leicht erscheint wegen der eingeschlichenen Mißstände und der ärgerlichen Unordnung. Auch im Fabrikbesitzer David Seligmann, dem späteren Freiherrn von Eichthal, findet er gute Unterstützung und kann mit dessen Hilfe auch eine Orgel beschaffen; die Zusammenarbeit der beiden berührt auch die anderen Lebensbereiche, weil David Seligmann für seine Fabrikbevölkerung zugleich auch Vogt war, weshalb der Pfarrer ihn bittet, er möge mit seiner Autorität mithelfen, die verschiedenen Übelstände abzuschaffen.

Die »Verkündbücher« im Pfarrarchiv zeigen in den nächsten Jahrzehnten keine Besonderheiten; die alte Ortsgemeinde und die Fabrikbevölkerung trafen sich im Gottesdienst; es wird noch Jahrzehnte dauern, bis auch im gesellschaftlichen Leben und Treiben des Ortes eine Einheit möglich sein wird.

Der Brand vom 7. Februar 1874 brachte wieder viel Not und Elend ins Tal; wieder stand die Bevölkerung größtenteils durch den Verlust der Arbeitsstätten und teilweise der Wohnungen vor einem Nichts. Was das kirchliche Leben anging, konnte bald mit Hilfe des Staates der ehemalige Chorraum notdürftig wieder aufgebaut und als Gottesdienstraum benutzt werden *(Abb. 111, 112).* Nach der Wiederherstellung der Rotunde und der damit verbundenen Kirchweihe am 1. Juni 1913 war die Kirche im ganzen wieder für den Gottesdienst benützbar; allerdings war der Hochaltar wie in der Klosterzeit weit vom Volk entfernt, ohne daß in der Rotunde ein Volksaltar aufgestellt wurde; die Orgel von Schwarz (Überlingen) erhielt ihren alten Platz. Der stärker werdende Kurbetrieb und der zunehmende Tourismus führt viele Menschen nach St. Blasien und läßt die weite Kirche in den Sommermonaten und an den großen Festtagen gefüllt und z. T. überfüllt werden. Der Kirchenchor weiß um seine Bedeutung für den Gottesdienst und konnte sich zu beachtlichten Leistungen steigern.

Eine Weiterführung des gottesdienstlichen Kunstgesangs findet sich in den Chor- und Orgelkonzerten, die während des Sommers im Dom durchgeführt werden; hier geht es nicht nur um eine kulturelle Aufgabe, die Werke der alten und der neuen Meister zu vermitteln, sondern in erster Linie darum, dem Menschen einen Ort der Stille und der Besinnung anzubieten, damit er zu sich selbst und damit auch zu Gott finden kann.

Die Liturgiereform unseres Jahrhunderts, die durch das 2. Vatikanische Konzil (1962–65) in der ganzen Kirche zum Durchbruch kam, wirkte bestimmend für die Renovierung der Kirche, die 1969 begann und in einem ersten Schritt bis 1971 durchgeführt wurde. Erstmals wurde aus der ehemaligen Klosterkirche bewußt eine Pfarrkirche geschaffen, in welcher wegen der räumlichen Größe drei Gottesdiensträume für die Gemeinde je nach Zahl der Teilnehmer zur Verfügung stehen: die kleine Marienkapelle, sowie der Chorraum und die Rotunde, die beide durch ein leichtes Gitter getrennt wie auch verbunden sind.

Für den Hauptaltar wurde ein neuer Ort geschaffen: Ein in die Rotunde vorgeschobenes Altarpodest spiegelte gleichsam ein durch Rippen begrenztes Feld in der Kuppeldecke. Jetzt war der Altar nicht mehr mit seinem Aufbau die zum Chor abschließende Wand, weitab vom Volk und für dieses unzugänglich, sondern der Ort, an dem sich Gemeinde bilden kann, von drei Seiten von Gläubigen umgeben. Der Altarraum wurde zwar nie vollendet, auch das Gestühl blieb in seiner alten Form in der Rotunde stehen; aber im Ansatz wurde verwirklicht, was die Liturgiereform anstrebte: »Das ist keine Formsache, sondern ein sprechendes Zeichen, daß die ganze sich versammelnde Gemeinde das Miteinander vollzieht, was der Herr als sein Andenken zu vollziehen geboten hatte; alle miteinander erfahren die Größe seiner Heilstat und empfangen die Gnade seines Erbarmens.«[46]

Die Lautsprecheranlage ermöglichte, auch wenn sie nicht immer auf der technischen Höhe ihrer Zeit war, noch mehr als früher die Vielfalt der Gottesdienstformen, ob es nun ein Familiengottesdienst ist mit Kindern, denen das Evangelium durch ein Spiel verdeutlicht werden kann, oder ob im Hochamt das bessere Zusammenspiel von Chor und Gemeinde zustande kommt. Auch hier geht es darum, das benediktinische Erbe in der Gemeinde wachzuhalten und den von den Benediktinern gepflegten Choralgesang der heutigen Generation zu vermitteln.

Die Weiterführung der Renovation der Kirche in diesen Jahren geht von anderen Voraussetzungen aus als 1969/71; sie wird aber wohl, bei allem künstlerischem Wert, den sie mit sich bringen wird, Wesentliches für den Gemeindegottesdienst verloren gehen lassen, so weit das im Augenblick des Schreibens (Frühjahr 1982) sichtbar ist; es bleibt zu hoffen, daß die endgültige Gestaltung des Altarraumes die Bedürfnisse der Gemeinde berücksichtigt.

Der Bezug der Gemeinde wird auch in der Sakramentenpastoral deutlich, auch und gerade dort, wo sie scheinbar nur in den privaten Bereich hineinreicht; so wird heute gern die Taufe im Pfarrgottesdienst gespendet und zumindest in der Pfingstzeit die Krankensalbung im öffentlichen Gottesdienst den gebrechlichen Mitbürgern, die darum bitten; ähnliches gilt auch von den anderen Sakramenten.

So ist knapp aufgezeichnet, wie wir unser gottesdienstliches Tun verstehen, bei allen Mängeln und Begrenzungen, die menschliches Leben mit sich bringt. Wir wollen aber wenigstens ansatzweise verwirklichen, was die Synode in Würzburg beschlossen hatte: »Liturgie gründet darauf, daß Gott selbst der Handelnde ist. Gottesdienst bedeutet nicht, daß Menschen über Gott verfügen wollen, sondern daß sie sich ihm zur Verfügung stellen. Im Zentrum des Gottesdienstes steht nicht unsere Aktivität, sondern Gottes befreiende Tat, die in und durch Jesus Christus gegenwärtig wird.«[47]

Der Grunddienst der Mitmenschlichkeit in der Gemeinde

Im Vorausgegangenen ist wohl deutlich geworden, wie sehr die hierarchische Struktur der Kirche doch auch einen gegliederten Dienst braucht, um zeitgemäß leben und wirken zu können. So verstanden geschieht der Weltdienst der Laien nicht im Auftrag der Bischöfe und des Papstes, wie ihn noch die »Katholische Aktion« unter Pius XI. verstanden hatte, sondern dieser Dienst erwächst aus dem Auftrag und der Verantwortung, die der Christ in der Taufe empfängt; natürlich wird der Dienst nicht ohne oder gar gegen den Bischof übernommen, sondern mit ihm und mit und in der Gemeinschaft der Kirche. Ist dies schon deutlich geworden in den Grunddiensten der Verkündigung und des Gottesdienstes im allgemeinen, so wird es noch einsichtiger in der Heilssendung der Kirche in der Welt, und zwar nicht nur in dem allgemeinen Sinn, daß jeder Christ ein Zeugnis für die befreiende Tat des Herrn an uns abzulegen hat in der Welt, wo er lebt, sondern sich auch mitverantwortlich weiß um das Ganze der Kirche in der Welt und am jeweiligen Ort.

Das Bild der Kirche, das das 2. Vatikanum aufzeigte, verlangte konsequenterweise die Bildung von Institutionen in allen Bereichen der Kirche von der Diözese bis zur letzten Gemeinde. Auf der Ebene der Gemeinde findet die Mitverantwortung der Pfarrmitglieder in der Pfarrversammlung ihren institutionellen Ausdruck und noch mehr in der Bildung des Pfarrgemeinderates. Hatte früher schon der Stiftungsrat, der allerdings nur von Männern gewählt und gebildet werden konnte, die Verantwortung in den finanziellen Angelegenheiten der Pfarrei, so wurden durch die »Katholische Aktion« der zwanziger Jahre dieses Jahrhunderts die Bahnen gelegt, daß alle Gemeindemitglieder mehr und mehr Verantwortung übernahmen. Im Pfarrarchiv liegt ein kleiner Faszikel über die Gründung eines »Pfarrausschußes der katholischen Aktion« im Jahr 1934, doch sind weder Namen der Mitglieder genannt noch irgendeine Tätigkeit dieses Ausschusses. In den Jahren des 2. Vatikanums wurde der Gedanke eines Gemeindeparlamentes wieder belebt und ein »Katholikenausschuß« gebildet, aus dem dann 1969 die neugeschaffene Institution des Pfarrgemeinderates hervorging, der von den Pfarrmitgliedern gewählt wird. Erster Vorsitzender war 1969/70 Dr. med. Ernst Melzer, der bald aus gesundheitlichen Gründen sein Amt zur Verfügung stellen mußte; sein Nachfolger im Amt war bis 1981 Studiendirektor Karl Iglhaut, dem nach der Wahl im Frühjahr 1981 Dr. med. Eugen Polz folgte.

Als »Gemeindeparlament« geht es im Pfarrgemeinderat um die Koordinierung der vielen, auch pastoralen Aufgaben innerhalb der Gemeinschaft, der Wortverkündigung, der mitmenschlichen und missionarischen Dienste wie auch um die Außenvertretung der Gemeinde.

Eine Gemeinde braucht nicht nur die institutionalisierten Gruppen und Gemeinschaften, sondern auch die Vielfalt der Gruppen und Vereinigungen, zu denen die Menschen nach ihren Bedürfnissen stoßen und sich in vielfältiger Weise und in verschiedenen Graden mit der Gemeinde identifizieren können; das setzt allerdings auch Räumlichkeiten voraus, in denen solches Leben sich entfalten kann. So wurde 1954 die alte Pfarrscheuer neben dem Kindergarten in einen Pfarrsaal umgebaut, dem in den folgenden Jahren noch einige Jugendräume angebaut wurden; nachdem der Kindergarten viel zu klein geworden war, wurde 1973/74 alles grundlegend durch den Bau des Theophil-Lamy-Hauses erneuert, in welchem nun der vergrößerte Kindergarten so wie ein Pfarrsaal und Jugendräume mit den nötigen Nebeneinrichtungen Platz fanden.

So wenig wir die Geschichte der Pfarrei nur aus dem verengten Blickwinkel der Gegenwart sehen und messen dürfen, so wenig dürfen wir den Bruderdienst in der Gemeinde auf eine mehr oder weniger gelungene Sozialarbeit verkürzen. Der Bruderdiesnt ist für die Gemeinde so sehr Grunddienst, daß diese ohne ihn nicht existieren könnte, »wie auch der einzelne ohne Nächstenliebe kein Christ sein kann, mag er seine religiöse Gefühlswelt noch so sehr kultivieren«.[48]

Um die Geschehnisse des 19. Jahrhunderts besser zu verstehen, müssen wir auch in diesem Kapitel wenigstens einen kurzen Blick über 1807 hinaus zurückwerfen. Ganz der Zeit entsprechend wird auch das Pfarrvolk von St. Blasien im Blick der Regierenden, also der Äbte, als Objekt gesehen, an dem man handelt, dem man Brot und Verdienstmöglichkeiten zu verschaffen hat. Für Martin Gerbert war dies eine echte Sorge, er hatte den ganzen Menschen im Blick; und so wollte er mit seinem sozialen Einsatz, auch während der Bauzeit des Klosters und der Kirche, nicht von den hohen Baukosten ablenken und sich damit einen Mantel der christlichen Nächstenliebe umhängen. War die Kuppelkirche, wenn man sie mit dem Generalplan von D'Ixnard vom Jahre 1772 vergleicht, überhaupt einmal fertig geworden? Tatsächlich aber hatte Martin Gerbert im Jahr der Fertigstellung der Kirche (1781) ein Krankenhaus in St. Blasien errichtet und kurze Zeit später ein solches in Bonndorf wie auch dort eine Witwen- und Waisenkasse geschaffen; in den Predigten bei den Einweihungsfeierlichkeiten der Kirche (September 1783) wird auf diese soziale Tätigkeit des Bauherrn immer wieder hingewiesen und auch der Kirchenbau eigens »als Zufluchtstätte für viele arbeits- und brodlose Menschen« bezeichnet[49]; doch dient dies nicht zur Beschönigung der hohen Baukosten, sondern entspricht der Mentalität der Zeit und will im barokken Sprachreichtum zeigen, daß der Mensch wichtiger ist als die schönsten Mauern und Säulen.[50]

Diese Sorge um den Menschen darf auch nicht als Neuentdeckung der Aufklärungszeit verstanden werden, sondern war den Klöstern immer eigen; lange vor Martin Gerbert war es seinen Vorgängern ein großes Anliegen, der Bevölkerung Arbeit zu beschaffen.[51]

In seiner Wirtschaftsgeschichte weiß Gothein[52] um diese Zusammenhänge, wozu auch die Bemühungen gehören, daß die Äbte Sorge tragen müssen für den Absatz der in Heimarbeit verfertigten Waren; so ist es nicht verwunderlich, wenn Mauritius Ribbele die ersten Auswirkungen der beginnenden Industrialisierung auf die Heimarbeit bemerkt und deshalb sich bemüht, die Grundlagen der Baumwollspinnerei in unserem Gebiet zu verbessern.[53]

Die Säkularisierung des Klosters wirkte sich in unserer Raumschaft im sozialen, wirtschaftlichen und gesellschaftlichen Bereich deswegen so schlimm aus, weil gleichzeitig mit ihr die Folgen der Industrialisierung auf die Heimarbeit sich zeigten, jetzt allerdings in einem viel stärkeren Maß als zu Zeiten eines Mauritius Ribbele, so daß praktisch die Heimindustrie zum Erliegen kam. Deswegen konnte die Not nur durch Ansiedlung einer Industrie in den leerstehenden Klostergebäuden gewendet werden. Wolfram Fischer hat den Sonderfall der Fabrik St. Blasien erstmals erforscht und dargestellt;[54] ich beziehe mich auf diese Arbeit und ergänze lediglich einiges aus der Sicht des Seelsorgers.

Auf die Ausschreibung des Badischen Staates zum Kauf der ehemaligen Klostergebäude antwortet Johann Caspar Bodmer aus Zürich am 14. März 1809 im Namen der Gesellschaft J. J. Wuest & Co und der Gebrüder Bodmer und fügt eine Bittschrift der Pfarrer von St. Blasien und der umliegenden Gemeinden bei. Es ist dies ein erstes Dokument, daß die Pfarrer der Raumschaft gemeinsam einen Antrag stellen. Die Pfarrer Ludwig Schumacher aus Bernau, Wilhelm Walkner aus St. Blasien, Augustin Häring aus Urberg, Berthold Lüber aus Menzenschwand und Paul Krez aus Höchenschwand danken dem Großherzog für seine »weiseste Absicht, ... das ehemalige Stift St. Blasien zu einer gemeinnützigen Manufactur umzuschaffen«; sie begründen dies mit der Aufhebung des Klosters und des »Zerfalls des Baumwoll-Spinnens als dem Hauptnahrungszweige«; dadurch nahm die »drückende Armuth augenscheinlich« zu, »und wie unaufhaltbar diese zur Unsittlichkeit führt, beweist unsere Erfahrung genug.«[55]

In wenigen Jahren gelingt es, trotz der immensen Anfangsschwierigkeiten, die Fabrik einzurichten und auszubauen, der Maschinenfabrik eine Spinnerei und Weberei anzugliedern, die Gewehrfabrik zu erhalten – gewiß eine große Leistung der damaligen Behörden, die nicht wenig stolz sind auf ihr Werk und in ihrem großen Bericht vom 20. 11. 1816 dies auch zu würdigen wissen, indem sie sich selbst herausheben und die Bemühungen des Klosters zu anderen Zeiten und in anderen Verhältnissen verniedlichen. So heißt es in diesem Bericht: »Schon jetzt leistet dieses Etablissement der Umgegend mehr als das Kloster in seiner höchsten Blüthe, schon jetzt ist die gefährliche Lücke ausgefüllt, welche dadurch entstanden, daß die Revenüen (= Einkünfte) desselben nicht mehr auf dem Schwarzwalde verzehrt werden. Aber noch wichtiger als dieser Ersatz selbst ist die Art, wie er den Bewohnern der Gegend zu Theil wird: das Kloster St. Blasien nährte die Armen und pflegte dadurch die Armuth; die Industrieanstalt in St. Blasien nährt die Arbeitsamen, pflegt die Betriebsamkeit, und beruht diese Hilfe auf einem Grund, der immerwährende Dauer und wachsende Blüthe verspricht, sind einmal die Schwierigkeiten überwunden, welche eine solche Metamorphose nothwendig im Gefolge hat.«[56]

Dadurch, daß die Fabrik eine sich selbst versorgende Anstalt mit Wohnung und Schule usw. geworden war, war für den Pfarrer des Ortes praktisch eine zweite Gemeinde in seinem Pfarrgebiet entstanden, die infolge ihrer Eigenart auch seine besondere Sorge beanspruchte. Die Fabrikleute feierten zwar die Gottesdienste mit der alteingesessenen Bevölkerung, sie führten aber doch lange Jahrzehnte bis in unser Jahrhundert hinein ihr eigenes gesellschaftliches Leben.

Pfarrer Hipp kümmerte sich sehr bald nach der Übernahme der Pfarrei um einen regelmäßigen Schulunterricht für die arbeitenden Kinder; der Unterricht dauerte täglich eine Stunde und wurde abends nach der langen Arbeitszeit gegeben; am Sonntag war er von 7.30 bis 9 Uhr; aus der heutigen Sicht war dies ein unmögliches Unterfangen. Wir müssen uns aber in jene Zeit versetzen, in der die Eltern zum großen Teil und auch der Staat nur weniges Interesse am schulischen Unterricht zeigten; wenigstens konnte den Lernwilligen die Grundlagen von Lesen und Schreiben vermittelt werden; oft waren es ja schon Achtzehnjährige, die dieses Angebot annahmen; so sollte man die Privatinitiative von Seligmann und wohl auch des Pfarrers Hipp nicht für gering achten; denn in der Fabrikschule waren ordentliche, vom Staat geprüfte Lehrer angestellt, während in den Dörfern oft noch »Winkelschulmeister«, also Maurer, Taglöhner, Bauern, die selber kaum lesen und schreiben konnten, den Unterricht gaben.

Auch der Bericht des Arztes Dr. Stark über den Gesundheitszustand der Fabrikarbeiter ist interessant; er beschreibt die verschiedenen Krankheiten und geht teilweise auch den Ursachen nach, ohne allerdings diese zu hinterfragen und darüber nachzudenken, wie weit man durch verbesserte Arbeitsbedingungen manche Krankheiten überwinden könnte; wiederum dürfen wir nicht mit den heutigen Maßstäben rechnen. Wenn der Fabrikherr sich um die Moral seiner Leute kümmert, dann stand wohl auch der Pfarrer hinter ihm und sorgte sich mit ihm um eine bessere Moral, was hier fast identisch ist mit der Aufsicht über die Wirtschaften, um dadurch dem Alkoholgenuß Einhalt zu gebieten; im Vergleich zu anderen Betrieben und zur alten Heimindustrie waren die Löhne in der Anfangszeit recht hoch.

Es verging freilich eine lange Zeit, bis 1837 Franz Josef Buss seine berühmte Fabrikrede in der 2. Badischen Kammer in Karlsruhe hielt; hier hatte zum ersten Mal ein Politiker – lange Zeit vor der eigentlichen Sozialpolitik – eine soziale politische Rede gehalten.[57] Buss plädierte nicht nur für eine Kürzung der Arbeitszeit bei Kindern auf sechs bis acht Stunden und bei Erwachsenen auf 14 Stunden; er tritt auch für den regelmäßigen Schulbesuch der arbeitenden Kinder ein und zwar in den Morgen- und nicht in den Abend- und Nachtstunden.

Die Auswirkungen dieser Rede waren gering; doch war wenigstens ein Anfang gesetzt für ein Umdenken in der Politik und Wirtschaft. Ein Bericht in den Pfarrakten gibt vom Jahr 1854 Auskunft, wonach die Arbeitszeit für Erwachsene 14 Stunden und für Jugendliche unter 20 Jahren 12 Stunden betrug; es wird Klage geführt über die »Hungerkost«, d.h. es gab damals 3× täglich Suppe mit Brot.

Erst am Ende des 19. Jahrhunderts tritt die Arbeiterfrage in der Gemeinde wieder ans Licht der Öffentlichkeit. Im Vorfeld der Enzyklika »Rerum novarum« von Papst Leo XIII vom Jahre 1891 ist im Visitationsbericht vom Jahr 1890 die Forderung laut geworden, einen Arbeiterverein zu gründen; ein Datum für die Gründung des Arbeitervereins ist leider nicht gegeben; lediglich heißt es im Tätigkeitsbericht der Sterbekasse des Kath. Arbeitervereins vom Jahr 1925, daß die Sterbekasse 1899 gegründet worden sei, so daß man annehmen kann, daß der Arbeiterverein schon einige Jahre zuvor existierte. Der Kath. Arbeiterverein zählte damals (1925) 129 Mitglieder, die Sterbekasse nur 104; ein weiterer Hinweis, daß beide nicht identisch miteinander waren. Neben der Sterbekasse hatte der Arbeiterverein St. Blasien – Häusern (so wird er nach 1925 genannt) zumindest seit 1909 bis 1937 auch eine Krankenzuschußkasse, deren Kassenbuch noch im Pfarrarchiv aufbewahrt wird; ebenfalls wird eine Sparkasse geführt, deren Kassenbuch 1916 beginnt; nach diesem Kassenbuch zählte die Kasse 85 Mitglieder.

Noch eine kleine Besonderheit von der Arbeit der damaligen Pfarrer sei hier berichtet. Hatte David Seligmann bei der Badischen Regierung immer wieder vorsprechen müssen, daß die jungen Männer wegen ihrer Fachkenntnisse vom Militärdienst befreit wurden, so mußten die Pfarrer im 19. Jahrhundert die Jahrgänge der Wehrpflichtigen zur »Conscription« nach Karlsruhe melden; der Grund hierfür lag darin, daß die Taufbücher zugleich als Geburtsregister dienten. In einem Faszikel im Pfarrarchiv liegen Briefe und Bittgesuche der Pfarrer vor, die sie im Auftrag der Angehörigen an die Regierung richteten und darin um Befreiung vom Wehrdienst baten im Hinblick auf eine besondere Notlage in der betr. Familie (Todesfall, Krankheit und dergl.); und offenbar hatten die Pfarrer damit auch einigen Erfolg.

Interessant ist es, bei einem solchen Rückblick immer wieder zu beobachten und nachzugehen, wie gesellschaftspolitische Bewegungen auch die einzelnen Gemeinden (noch) berühren. So sei z. B. an den innerkirchlichen Gewerkschaftsstreit um die Jahrhundertwende erinnert, bei dem es um die Frage ging, ob Katholiken den interkonfessionellen Gewerkschaften beitreten können; Papst Pius X. gab den deutschen Bischöfen 1912 »grünes Licht«, indem er ihnen schrieb, daß man dies dulden könne; im Jahresbericht des Arbeitervereins 1926 wird erwähnt, daß 101 Mitglieder in der christlichen Gewerkschaft und drei Mitglieder in der freien Gewerkschaft organisiert waren. Für uns ist dies heute unverständlich, doch Nell-Breuning erinnert daran, wenn er schreibt: »Für uns heute sind Arbeiterverein, Gewerkschaft und Genossenschaft deutlich umschriebene, klar voneinander unterschiedene Begriffe; damals war das alles noch wenig geklärt.«[58]

So fragt man sich auch heute oft, warum im 19. Jahrhundert und wohl auch heute noch der Prozess der Humanisierung der Arbeitswelt so langsam voranschreitet. Paul Schobel geht in einem Bericht über seine persönlichen Erfahrungen am Fließband, die er als Fabrikseelsorger gemacht hatte, auf diese Fragen ein und kommt nach vielen Gesprächen zu folgendem Ergebnis: »Erst nach und nach lernten die Teilnehmer (der Gesprächskreise) auch darüber miteinander zu reden, nachdem das Bewußtsein gewachsen war und sie allmählich fähig wurden, ihr dumpfes Unbehagen an der Arbeit zu analysieren, Ursachen zu ergründen, Vergleiche anzustellen im gemeinsamen Gespräch. Seitdem ist mir klar, warum viele Arbeiter sich gerade kirchlichen Gesprächspartnern gegenüber scheuen und schwer tun, sofort über ihre Arbeitswelt zu reden. Sie brauchen

Zeit dafür und vor allem eine vertrauensvolle Basis. Um so verhängnisvoller ist der nicht selten feststellbare Schluß, den man gerade wieder in kirchlichen Kreisen sehr oft zu ziehen pflegt, wonach der Arbeiter eben letztlich mit ihrer Arbeit zufrieden seien.«[59]

Gegen Ende des 19. Jahrhunderts war nun offensichtlich das Bewußtsein geschärft, was sich schon mehrfach andeutete, daß man in den Gemeinden selbst einiges zur Lösung mancher sozialer Fragen und Probleme tun konnte. So wird im Visitationsbericht von 1890 die Errichtung eines Kindergartens beantragt. Der Weg der Verwirklichung ging wieder über den Fabrikbesitzer, den Herrn Geheimrat Ernst Friedrich Krafft. Die Notwendigkeit wurde eingesehen; und schon im folgenden Jahr konnte im Fabrikgebäude – in den Räumen der heutigen Kollegsküche – ein Kindergarten eröffnet werden, der von den Schwestern der »Kongregation der Franziskanerinnen vom Göttlichen Herzen Jesu« (Mutterhaus in Gengenbach) geleitet wurde; ebenfalls wurde durch dieselbe Schwesterngemeinschaft ein Jahr später eine Krankenpflegestation errichtet und damit die Betreuung der Kranken in der weitverzweigten Gemeinde übernommen. Schwierigkeiten gab es 1931, als die Fabrik ihre Tore schließen mußte und nach langem Hin und Her der Jesuitenorden die Gebäulichkeiten des ehemaligen Klosters übernahm und somit (1933) das »Kolleg St. Blasien« entstand.

Für den Kindergarten und die Schwesternschaft mußte eine neue Heimstatt gesucht werden; Pfarrer Lamy handelte weitsichtig und kaufte das Grundstück mit dem Haus Friedhofstraße 8, wo die Schwestern und auch der Kindergarten ihre neue Bleibe fanden. Doch auch hier ging die Entwicklung weiter. Das Haus hatte nur Platz für zwei Kindergruppen, so daß zeitweilig bis zu 60 Kinder in einem Raum beisammen waren. Damit wurde der Kindergarten aber eher eine Bewahrungsanstalt und konnte somit dem Kind unmöglich gerecht werden. In den 60er Jahren plante man deshalb eine Erweiterung des Kindergartens, was dann in den Jahren 1973/74 geschah durch den Neubau des Theophil-Lamy-Hauses, in welchem der vergrößerte Kindergarten, ein Pfarrsaal, Jugendräume und Nebenräume ihren Platz fanden.

Auch die Krankenpflege mußte wegen Überalterung der Ordensschwestern und ihrem Nachwuchsmangel umorganisiert werden; außerdem war eine Gemeinde unter den heutigen Arbeitsbedingungen nicht mehr in der Lage, eine Krankenpflegestation allein zu unterhalten. So wurden die wenigen, noch bestehenden örtlichen Krankenpflegestationen im alten Dekanat St. Blasien durch die Gründung des Vereins »Sozialstation St. Blasien e.V.« am 20. Nov. 1975 abgelöst, der seine Tätigkeit am 1. Mai 1976 aufnahm und von den katholischen Kirchengemeinden des ehemaligen Dekanates getragen wird. Nach dem gänzlichen Umbau des Schwesternhauses konnten die Räumlichkeiten des alten Kindergartens gut für die Zentrale der Sozialstation genutzt werden; so ist auch dies wieder ein guter Weg zum engeren Zusammenwachsen der Gemeinden, die sich ihrer gemeinsamen Verantwortung für die Welt von heute bewußt werden. Man kann zwar einer neu geschaffenen Institution wie einer Sozialstation nicht alles aufbürden, aber doch ist durch diese Arbeit die Kranken-, Alten- und Familienpflege in der Raumschaft gewährleistet, was umso notwendiger ist, seitdem das Krankenhaus der Stadt anfangs 1972 stillgelegt worden war.

Vereine und Gruppen in der Gemeinde

Ich habe in diesem Kapitel versucht, die drei Grunddienste einer christlichen Gemeinde in ihrer historischen Entwicklung und Tätigkeit in unserer Pfarrei etwas zu beleuchten, wobei es mehr um die Grundlinien ging und nicht so sehr um die Vollständigkeit, einzelne Geschehnisse zu berichten; auch ist wohl deutlich geworden, wie sehr diese drei Grunddienste ineinander verzahnt sind und wie sie von einzelnen Persönlichkeiten bzw. Gruppen getragen werden. So scheint es mir nützlich zu sein, dem allem eine Liste der Vereine und Gruppen der Gemeinde anzufügen und diese stichwortartig vorzustellen; die Untergliederung kann helfen, das Charakteristikum der betr. Gruppe leichter in den Blick zu bekommen; die Reihenfolge in der Aufzählung darf allerdings nicht als Wertmaßstab mißverstanden werden.

Auch kann diese Aufzählung das Auf und Ab der Gemeinde widerspiegeln; was mußte im 3. Reich nicht alles aufgegeben werden; und der Neuanfang in den Nachkriegsjahren konnte nicht einfach am Althergebrachten ansetzen! So gilt auch hier das Wort von Kohelet: »Alles hat seine Stunde. Für jedes Geschehen unter dem Himmel gibt es eine bestimmte Zeit: eine Zeit zum Gebären und eine Zeit zum Sterben, eine Zeit zum Pflanzen und eine Zeit zum Abernten der Pflanzen... eine Zeit zum Suchen und eine Zeit zum Verlieren, eine Zeit zum Behalten und eine Zeit zum Wegwerfen.«[60]

1. Vereine und Gruppen, auf Lebenssituationen bezogen

- Kolpingfamilie: 1890 scheitert ein erster Versuch der Gründung, weil kein Vereinslokal zu beschaffen war. 1923: Gründung des Kath. Gesellenvereins. Mitglieder: 1925: 60; 1932: 32; 1937: 6; 1948: 15 (und 15 Altkolping); 1982: 7 Altkolping.
- Bund der Deutschen Katholischen Jugend (BDKJ): Gerade hier ist ein stetes Auf und Ab festzustellen; genaue Zahlen gibt es nicht. 1948 gab es eine Agnes- und Genovefagruppe; eine kurze Blütezeit waren die 60er Jahre; seit 1972 bestehen zwei bis drei Gruppen mit unterschiedlicher Mitgliederzahl, ob es nun Ministranten sind, oder »Domspatzen«, Pfadfinder u.a.m.
- Mütterverein: 1922: 122 Mitglieder; 1932: 272; 1948 wird der Verein noch erwähnt, aber ohne Mitgliederzahlen.
- Männerwerk: auch Männerkreis, Männerapostolat genannt in den Jahren 1922 und 1948.
- Altenwerk: loser Zusammenschluß der älteren Generation, die sich seit 1972 in monatlichen Abständen zum Altennachmittag usw. trifft.
- Katholischer Volksverein: 1922: 230 Mitglieder.
- Verein christlicher Familien: 1893: keine weiteren Angaben.
- Katholischer Arbeiterverein: zwischen 1891 und 1899 gegründet. 1922: 117 Mitglieder; 1937: 20. Der Kath. Arbeitnehmerverband (KAB) als Nachfolgeverband konnte nach dem Krieg und auch später keinen Fuß fassen.
- Notburgaverein (für Hausangestellte): 1927: 54 Mitglieder; 1932: 40.
- Jungfrauenkongregation: 1935 und 1948 erwähnt.

2. Informelle Gruppen

- Pfarrausschuß der Kath. Aktion: 1937 angeregt, aber nicht ausgeführt; 1964/5–1969, dann Weiterführung im gewählten Pfarrgemeinderat.
- Familienkreis: 1978–1980: mehrere Gründungsversuche, die immer wieder scheitern.
- Meditationskreis: 1981 – ohne Zahlenangaben.

3. Zweckgemeinschaften

- Kirchenchor: 1838 als vierstimmiger Chor erwähnt. 1982: 32 Mitglieder.
- Kinderchor: 1980 gegründet. 1982: 14 Mitglieder.
- Sozialer Kreis: 1922 besteht ein Caritaskomitee; 1973: Gründung des »Sozialen Kreises«, der den Caritaskonferenzen der Erzdiözese Freiburg angeschlossen ist und 40 Mitglieder zählt (1982).
- Bildungswerk: Es faßt als Dachverband alle Aktivitäten der Erwachsenenbildung zusammen und bietet Seminare und Vortragsveranstaltungen für alle und besondere Zielgruppen an.
- Kath. öffentliche Bücherei: Sie ist dem Borromäusverein Bonn angeschlossen. Gegründet vor 1900. Bestand der Bücherei: 1910: 660 Bände; 1918: 700 Bände; 1922: 800 Bände (400 Ausleihen); 1937: 1050 Bände. 1941 muß die Bücherei geschlossen werden. 1971: 800 Bände mit 400 Ausleihen; 1981: 3000 Bände mit 4600 Ausleihen.

- Krankenpflegeverein: seit 1976 mit 90 Mitgliedern; der Verein wird ökumenisch geführt, also von der evgl. und kath. Kirchengemeinde. 1982: 281 Mitglieder.
- Förderverein Kindergarten e.V.: sein Zweck: durch Mitgliedsbeiträge die Schuldenlast vom Kindergartenneubau tilgen helfen. 1973: 129 Mitglieder. 1982: 95 Mitglieder.

4. Religiöse Bruderschaften und Vereinigungen

Über religiöse Bruderschaften während der Klosterzeit gibt es keinerlei Anhaltspunkte. Wessenberg hatte am 10. 1. 1809 die vielen Bruderschaften in der Diözese in eine einzige zusammengefaßt: »Bruderschaft von der Liebe Gottes und des Nächsten«; doch finden wir von diesem Vorgang in unserer Gemeinde keinen Hinweis.
Folgende Bruderschaften sind im Laufe der Jahrzehnte entstanden und zumeist auch wieder »eingeschlafen«.

- Corporis-Christi-Bruderschaft: 1855 (ohne Mitgliedslisten); bis 1971 wurden die Erstkommunikanten am Weißen Sonntag ohne Anmeldung in die Bruderschaft aufgenommen; die einzige Erwähnung geschieht derzeit am Tag der »Ewigen Anbetung«.
- Rosenkranzbruderschaft: 1887: 33 Mitglieder; 1922: erwähnt.
- Dritter Orden des hl. Franziskus: 1890; 1922; 1982: 4 Mitglieder.
- Erzbruderschaft kath. Frauen und Mütter: 1916 erwähnt.
- Marianischer Liebesbund: 1869 erwähnt.
- Herz-Jesu-Bruderschaft: 1895 erwähnt.
- Herz-Mariä-Bruderschaft: 1897 erwähnt.

5. Überpfarrliche Gemeinschaften

- Bonifatiusverein: 1922 gegründet; heute Bonifatiuswerk: 28 Mitglieder.
- Kindheit-Jesu-Verein: 1922; heute Päpstl. Werk der Kindermission: keine festen Mitglieder, sondern sporadische Aktionen der Jugend zugunsten von Missio, Adveniat und Misereor.
- Missionsverein: Gründungsjahr unbekannt. heute Missio: 59 Mitglieder.
- Priesterhilfswerk: Gründungsjahr unbekannt; heute Päpstl. Werk für geistliche Berufe: keine festen Mitgliedszahlen.

6. Soziale Einrichtungen

- Kindergarten: 1891 durch die Firma Krafft gegründet, 1933 von der Pfarrei übernommen.
- Krankenpflegestation: 1892 gegründet, 1933 von der Pfarrei übernommen mit großzügiger Unterstützung der Stadtgemeinde; 1976 vom Verein Sozialstation St. Blasien e.V. übernommen.
- Nähschule: 1892 gegründet – 1980: Schließung wegen Schwesternmangel.
- Kath. Arbeiterverein: Sterbekasse: 1899–31. 12. 1934. – Krankenzuschußkasse: 1909–1937. – Sparkasse: 1916–1918 (Kassenbuch).

Ausblick

Mancher mag erschrecken ob dieser langen Vereinsliste: Müssen wirklich so viele Gruppen und Grüppchen in einer Gemeinde nebeneinander ihr mehr oder weniger kümmerliches Dasein fristen? Das ist zwar sehr hart gesprochen; doch deutet sich hier etwas an, was in der Zukunft noch stärker sich entfalten wird, was man – hoffentlich – nicht immer zu Papier bringen und im Archiv aufbewahren kann: Will nämlich die Gemeinde am Ort Kirche verwirklichen, wird sie es immer tun müssen in kleinen Gemeinschaften, die allerdings dann auch die innere Kraft besitzen, auf die größere Gemeinschaft in der Gemeinde und über die Gemeinde hinaus ihr Leben auszustrahlen. In einer solchen Gemeinde wird dann auch der Pfarrer nicht zum »Gemeinde-Ersatz«, in dem

Sinn wie ihn Paul Weß beschreibt: »Er (der Pfarrer) ist zuständig für Gebet und Gottesdienst, nur mit ihm spricht man über Glaubensfragen. Er soll mit allen in einer gläubigen Nächstenliebe verbunden sein, die ein glaubhaftes Abbild der Liebe Gottes zu den Menschen ist. Er ist verantwortlich für die Glaubensverkündigung in der Gemeinde und über sie hinaus. Er ist gleichsam der einzige mündige Gläubige in dieser Gemeinde, daher trägt er auch für alles die letzte Verantwortung.«[61]

Der Blick in die Geschichte einer kleinen Gemeinde kann Hoffnung und Mut geben, den Weg weiterzugehen und die Dienste im Auftrag des Herrn zeitgemäß zu verwirklichen, wenn immer sich die Gemeinde auf das unterscheidend Christliche besinnt. Dort, wo Menschen in ihr gelebt haben – gleich in welchen Jahrhunderten –, ist solches gelungen, weil sie wußten, daß Kirche immer unterwegs ist und sich stets zu erneuern hat. »Der Weg der Kirche in dieser Situation ist der Weg gelebter Hoffnung. Er ist auch das Gesetz aller kirchlichen Erneuerung. Und er führt uns in die einzige Antwort, die wir letztlich auf alle Zweifel und Enttäuschungen, auf alle Verwerfungen und alle Indifferenz geben können. Sind wir, was wir im Zeugnis unserer Hoffnung bekennen? Ist unser kirchliches Leben geprägt vom Geist und der Kraft dieser Hoffnung? Eine Kirche, die sich dieser Hoffnung anpaßt, ist schließlich dem Heute angepaßt, und ohne Anpassung an diese Hoffnung hilft ihr kein noch so brisantes Aggiornamento. »Die Welt« braucht keine Verdoppelung ihrer Hoffnungslosigkeit durch Religion; sie braucht und sucht (wenn überhaupt) das Gegengewicht, die Sprengkraft gelebter Hoffnung. Und was wir ihr schulden, ist dies: Das Defizit an anschaulich gelebter Hoffnung auszugleichen. In diesem Sinn ist schließlich die Frage nach unserer Gegenwartsverantwortung und Gegenwartsbedeutung die gleiche wie jene nach unserer christlichen Identität: Sind wir, was wir im Zeugnis unserer Hoffnung bekennen?«[62]

Anmerkungen

1 Karl Rahner, Handbuch der Pastoraltheologie. Freiburg 1964. I, 187
2 Private Mitteilung an den Verf. von Walter Neutzling, Gersweiler. Vgl. Rudolf Morath, Blasiwald im Hochschwarzwald. Konstanz 1972^{2}, S. 271 ff
3 EAF. Visitationsbericht 1777
4 Karl Rieder, Die Aufhebung des Klosters St. Blasien. Karlsruhe. (o.J., vermutlich 1907) S. 9
5 Diarium vom 29. 12. 1782. St. Paul HS Nachträge 88/6, S. 82
6 EAF. Visitationsbericht 1777
7 P. M. d'Ixnard hat auf einem der Stiche die Notkirche abgebildet. »Receuil d'Architecture«. Straßburg 1791. Bild 1.
8 Roman Kuon et alii, Diarium 1781–87. St. Paul Hs (vgl. Anm. 5) S. 66
9 ebda. S. 67
10 ebda. S. 82. Der Eintrag stammt von P. Trudpert Neugart
11 Georg Pfeilschifter, Friedrich Nicolais Briefwechsel mit St. Blasien. in: Sitzungsberichte der Bayr. Akademie der Wissenschaften. phil. hist. Abt. 1935. Heft 2. München 1935 S. 15
12 Brief vom 9. April 1784. ebda. S. 26 f
13 Vgl. den Beitrag von Konrad Sutter in diesem Band. Hermann Schmid, Die Säkularisation der Klöster in Baden. in: FDA Freiburg 98. (1978) Bd. S. 338
14 Dekanatsarchiv Waldshut. Abt. Personal. und Hermann Schmid, ebda. S. 200
15 Lexikon für Theologie und Kirche. Freiburg 1963^{2}, 8. Bd. S. 398
16 Vgl. Anm. 1 ebda.
17 Vgl. Das Erzbistum Freiburg 1827–1977. Herausgegeben vom Erzb. Ordinariat Freiburg. Freiburg 1977 S. 76 f
18 Erwin Keller, Die Konstanzer Liturgiereform unter Ignaz Heinrich von Wessenberg. in: FDA 85. Bd. 1965. S. 61
19 Bernhard Steinert, St. Blasier Land. St. Blasien 1977 S. 287
20 EAF. Abschrift der Dotation der Pfarrei St. Blasien vom 6. 8. 1811
21 ebda. Brief vom 23. 6. 1810 an die Bischöfliche Behörde in Konstanz
22 Dogmatische Konstitution über die Kirche. Nr. 1. in: Karl Rahner und Herbert Vorgrimmler, Kleines Konzilskompendium. Freiburg 1966. S. 123
23 Die pastoralen Dienste in der Gemeinde. Nr. 2.2.2. in: Gemeinsame Synode der Bistümer in der Bundesrepublik Deutschland. Beschlüsse der Vollversammlung. Offizielle Gesamtausgabe. I. Bd. Freiburg 1976^{2} S. 604
24 Karl Lehmann, Chancen und Grenzen der neuen Gemeindetheologie, in: Internationale kath. Zeitschrift 2/77, S. 112
25 Karl Lehmann, ebda. S. 117
26 Beschluß: »Rahmenordnung für die pastoralen Strukturen und für die Leitung und Verwaltung der Bistümer in der Bundesrepublik Deutschland«. Nr. III. 1.1.1. veröffentlicht s. Anm. 23. S. 694

27 Lebensdaten von Ignaz Heinrich von Wessenberg: geb. 1774 in Dresden, seit 1776 in Feldkirch bei Freiburg; 1792 Domherr, 1802 Generalvikar, 1812 Priesterweihe, 1817 bis 1827 Bistumsverweser; 1819 bis 1833 Abgeordneter der 1. Badischen Kammer in Karlsruhe; gest. 1860

28 Erwin Keller, a.a.O. S. 24

29 Vgl. Anm. 26. »Rahmenordnung der pastoralen Strukturen...« 1.1.

30 Allgemeine Gottesdienstordnung für die Rheinischen Bundeslande des Bistums Konstanz vom 16. 3. 1809. S. 49

31 Ordinariatserlasse: 1807 S. 57: Fragen zu einem zweckmäßigen Katechismus. 1809, S. 123: Fortlaufende Lesung der Evangelien im Gottesdienst. 1811, S. 124: Entwurf eines neuen Rituals für das Bistum. 1812, S. 138: geschichtliche Themen.

32 Hermann Schmid, a.a.O. (Anm. 13) S. 213

33 Martin Gerbert, De dierum festorum numero minuendo, celebritate amplianda. St. Blasien 1765 (betr. Reduzierung der Feiertage), vgl. hierzu Peter Karn, Sakralkunst und kirchliche Aufklärung. In: Barock in Baden-Württemberg. Bd. 2 Karlsruhe 1981, S. 158. Vgl. auch den Erlaß des Bischofs Maximilian Christoph von Konstanz vom 24. 8. 1790

34 Remigius Dors, Pfarrer in Todtmoos; Lukas Meyer, Pfarrer in Gurtweil; Otto Schumacher, Pfarrer in Schönau. Vgl. hierzu Erwin Keller a.a.O. (Anm. 18), das Namensregister und vor allem S. 93 mit Anm. 15 und S. 445. – Franz Hilger, Benediktinerpater Lukas Meyer. in: Badische Heimat. 66. Jh. (1976) S. 373. Ein weiterer, sehr radikaler Mitarbeiter Wessenbergs war Pater Georg Viktor Keller, über den Franz Hilger ein Lebensbild schrieb in: Badische Heimat 57. Jg. (1977) S. 397 ff

35 Faszikel im EAF

36 Brief des Pfarrers Johann Baptist Hipp an das Bischöfliche Ordinariat Konstanz vom 26. 10. 1814. in: EAF

37 Wolfram Fischer, Der Staat und die Anfänge der Industrialisierung in Baden 1800–1850. Berlin 1962. S. 245 Anm. 39 und S. 257. vgl. in diesem Band: Wolfram Fischer, Die Anfänge der Fabrik in St. Blasien (1809–1848) S.

38 Eine Ausnahme bildet der gemeinsame Brief der Pfarrer der Raumschaft vom 14. 3. 1809 (s. unten S. 359) in: GLA Nr. 391/33639, S. 92–94

39 Die Bücherliste dieser Bibliothek vom 15. 6. 1807 fand Rudolf Morath in der Universitätsbibliothek Freiburg im Jahre 1980; sie hat keine Standnummer. Die Bücher befanden sich im Heimatmuseum und kamen nach dessen Auflösung in den Keller des Rathauses; wann und auf welche Weise sie der Stadt St. Blasien zur Verfügung gestellt wurden, ist nicht mehr herauszufinden

40 Faszikel »Landkapitel. Lesezirkel« im PfA St. Blasien

41 Unter den Rechnungen findet sich z. B. die Anschaffung von Ketteler, Die Arbeiterfrage für 54 kr am 6. 9. 1864. An theol. Zeitschriften wurden u. a. bezogen: Stimmen aus Maria Laach, Theol. Quartalschrift, Hist.polit. Blätter

42 Georg Pfeilschifter, Korrespondenz des Fürstabtes Martin II. Gerbert von St. Blasien. Karlsruhe 1936. 2. Bd. S. 25 Anm. 11. Der Titel des Gesangbuches lautete: Die christliche Lehre in Liedern, nebst einem Anhang einiger Lieder, bey der Heiligen Mess, vor und nach der Predigt, bey Bittgängen, und anderen Gelegenheiten zum Gebrauch der St. Blasischen Landschulen. Mit Erlaubnis der Oberen. Gedruckt in Bonndorf 1773. Vgl. obige Anmerkung Nr. 33: Peter Karn, Sakralkunst. ebda. S. 159 und Anm. 38

43 Beispielhaft hierfür war der Wiederaufbau der St. Lorenz-Kirche in Kempten nach dem Dreißigjährigen Krieg, wie Dr. Hugo Schnell in einem Brief an den Verfasser mitteilte.

44 GLA Sign. G. Salzmann-Mappe Nr. 23

45 Die Silbermann-Orgel kam nach der Aufhebung des Klosters nach Karlsruhe in die St. Stephanskirche, wo sie 1944 durch Bomben zerstört wurde. Vgl. in diesem Band: Bernd Sulzmann, Die Silbermann-Orgel und ihre Nachfolger

46 Wolfgang Müller, Selbsterlebte Kirchengeschichte. Vortrag vom 5. 1. 1981 in München. Druck durch das Erzb. Seelsorgeamt Freiburg 1981, S. 11 ff

47 Beschluß: »Gottesdienst« Nr. 1. Veröffentlicht s. Anm. 23, S. 197

48 Werenfried Wessel – Reinhard Kellerhoff, Faszination Gemeinde. Freiburg 1979. S. 78

49 Peter Karn, s. Anm. 38. S. 158

50 Als Hinweis möge genügen die Predigt von Pater Leodegar Schmid aus Muri am 22. 9. 1783. in: Feyerlichkeit des in dem fürstlichen Stift St. Blasien auf dem Schwarzwald eingeweihten neuen Tempels. St. Gallen 1784. S. 19 ff

51 Konrad Sutter, Biersieder vor 250 Jahren. Bericht in der Badischen Zeitung vom 2. 10. 1981. Sutter verweist auf die Gründung der Klosterbrauerei in Bonndorf im Jahre 1711 und auf die der Rothausbrauerei im Jahre 1792.

52 E. Gothein, Wirtschaftsgeschichte des Schwarzwalds und der angrenzenden Landschaften. 1892. 1. Bd. bes. S. 519 f, 742, 760 ff

53 Brief des Pater Mauritius Ribbele an Friedrich Nicolai vom 13. 3. 1785 in: Pfeilschifter, a.a.O. vgl. Anm. 15. S. 42 f

54 Vgl. Anm. 37

55 GLA Nr. 391/33639. S. 92–94

56 GLA Nr. 391/33597. S. 66 b, 67 a

57 Die »Fabrikrede« wurde erneut herausgegeben vom Kath. Männerwerk der Erzdiözese Freiburg. Badenia Verlag, Karlsruhe (ohne Jahreszahl). Vgl. Julius Dorneich, Franz Josef Buss und die katholische Bewegung in Baden. Freiburg 1979

58 Texte zur katholischen Soziallehre. Kevelaer, 1975. S. 14

59 Paul Schobel, Dem Fließband ausgeliefert. Ein Seelsorger erfährt die Arbeitswelt. München 1981. S. 145

60 Kohelet 3, 1–2,6

61 Paul Weß, Befreit von Angst und Einsamkeit. Der Glaube in der Gemeinde. Graz 1973. S. 199

62 Synode Würzburg: Unsere Hoffnung. Ein Bekenntnis zum Glauben unserer Zeit. II.2. veröffentlicht s. Anm. 23. S. 101

Josef Adamek SJ

50 Jahre Jesuitenkolleg im Benediktinerkloster

»Gottshauß St. Blasij« hieß jahrhundertelang nicht nur die Klosterkirche in St. Blasien, in deren Chor die Benediktinermönche ihr tägliches Gotteslob sangen, auch das Kloster, Abtei und Konvent, Gebäude und Güter, Klosterleut und Höfe ringsum trugen diesen Namen; denn allerorts im Klosterbereich und jederzeit war eben Gottesdienst, überall also Gottes Haus. Wenn demnach das Münster, der Dom, jubiliert, jubiliert das Kloster mit. Wen wundert's, wenn auch das Jesuitenkolleg, das im alten Kloster eine Heimat gefunden hat, mitfeiert und mit seinem bescheidenen Jubiläum des fünfzigjährigen Bestehens der großen Jubilarin gleichsam die Schleppe trägt.

Die Benediktiner von St. Blasien, ihr Kloster und die Jesuiten eines Kollegs trafen sich nicht 1933 zum ersten Mal. Abt Caspar II. von St. Blasien hatte 1594 die Klöster am Bodensee zur finanziellen Hilfe bei der Gründung des Jesuitenkollegs in Konstanz aufgerufen. Der erste Kollegsrektor P. Degenhard S. J. bat den Nachfolgeabt Martin I., das »Gottshaus St. Blasi« möge doch die »an das new collegium der HH. Patrum Societatis Jesu in Constanz verehrten 3000 fl effektuieren«. Zum Dank versprach er den Konventualen von St. Blasien, die zum Studium nach Konstanz geschickt würden, herzliche Aufnahme. Nach Aufhebung des Jesuitenordens 1773 wurde das Kolleg den Benediktinern übertragen, ab 1778 besorgten dort einige Mönche aus St. Blasien den Unterricht.

Abt Blasius II. hatte 1726 als kaiserlicher Gesandter in der Schweiz veranlaßt, daß dem im spanischen Erbfolgekrieg arg mitgenommenen Jesuitenkolleg in Freiburg im Breisgau die nötigen Materialzuwendungen zum Wiederaufbau wirklich zukamen. Er selbst hatte neben 1000 fl sämtliche Schulfenster gestiftet. In eben dieses neuerbaute Kolleg trat 1731 der zehnjährige Martin Gerbert, der spätere Fürstabt von St. Blasien, ein, allerdings nur für ein Jahr, da ihn sein Bruder Johann Franz, der in der Kanzlei der Abtei St. Blasien saß, ins Gymnasium der Benediktiner lockte, wo die Söhne der Angestellten, die Sängerknaben des Chores und Kinder der nächsten Umgebung unterrichtet wurden. Der gleiche Martin II. hatte nach der Aufhebung des Jesuitenordens durch Clemens XIV., die er ein »erbärmliches Geschäft der Expulsion« nannte, einen heimatlos gewordenen Jesuiten des Freiburger Kollegs bei sich aufgenommen. Das politische Unwetter der Aufklärung und der Säkularisation um die Wende zum 19. Jahrhundert hat fast alle Benediktinerklöster und alle Jesuitenkollegien – deren waren es allein in Süddeutschland an die dreißig – von der europäischen Bildfläche verschwinden lassen. Als beide Orden wieder zum Leben erweckt werden konnten, fanden sie ihre alten Stätten besetzt und entfremdet. Nach weit über hundert Jahren aber suchte ein Jesuitenkolleg Zuflucht in einem ehemaligen Benediktinerkloster, 1933 in St. Blasien.

Vorgeschichte

Die lange Vorgeschichte des Kollegs St. Blasien beginnt 1818, als nach der Wiederherstellung des Jesuitenordens durch Pius VII. katholische Familien aus den europäischen Ländern, vor allem aus Frankreich und den deutschen Ländern, ihre Söhne nach dem ehrwürdigen früheren St. Michaelskolleg in Fribourg in der Schweiz schickten. Im Laufe von drei Jahrzehnten unterrichteten und erzogen in diesem »gemeinsamen Erziehungshaus der katholischen Jugend Europas«, wie das Kolleg nach einem späteren Bericht genannt wurde, fast hundert Jesuiten die Jugend in zwei Gymnasien, einem französischen und einem deutschen, und in einem großen Pensionat. Dieses 1583 von keinem Geringeren als Petrus Canisius gegründete Kolleg war nach dreißig Jahren von politischen Unruhen der Schweizer Kantone geschüttelt. Die radikal aufklärerischen und die katholischen Kantone trugen ihren Streit im Sonderbundkrieg aus. 1847 zogen nach den Sommerferien nicht die 700 Schüler, sondern feindliche Truppen ins Kolleg ein, besetzten es, schlossen es – für immer.

Der letzte, hochgeschätzte Internatsleiter in Fribourg, der elsässische P. Clemens Faller S.J., wurde fünf Jahre danach erster Provinzial der neuen deutschen Ordensprovinz. Von den Eltern bestürmt, suchte er für das Kolleg eine neue Heimat. Deutschlands Grenzen waren durch die Wirren der Aufklärung, durch Revolutionen, durch den Kulturkampf bis 1917 für Jesuitenkollegien gesperrt. Aber der junge österreichische Kaiser Franz Joseph I. erlaubte gern auf Bitten P. Fallers an grenznahen Orten seines Herrschaftsgebietes für in- und ausländische Schüler Erziehungsinstitute unter der Leitung der Jesuiten. Von mehreren Angeboten wählte der Generalobere Feldkirch in Vorarlberg aus: hier war schon 125 Jahre lang ein Kolleg gestanden, hier konnte eine eben erbaute, aber nicht bezogene Kaserne billig übernommen werden, hier bot die geographische Lage am Länderdreieck, dazu in einem gemeinsamen alemannischen Sprachraum Vorteile, hier bot Wien den Patres das K.K. Gymnasium der Stadt zur Leitung an. So begann am 6. Oktober 1856 der neue Rektor, der, wie kaum anders zu erwarten, P. Clemens Faller war, mit 150 Stadtschülern und 90 deutschen internen Zöglingen des Pensionats das Schuljahr. Aber wieder sollte schon nach zwölf kurzen Jahren dem Kolleg der Todesstoß versetzt werden. Das liberale, staatsmonopolitisch denkende Wiener Parlament konnte sich eine staatliche Schule unter Leitung von Jesuiten und mit deren Lehrplänen nicht weiter vorstellen. Die 1856 gegebene Ermächtigung wurde 1868 entzogen. Nur das Vertrauen und die Treue der deutschen Eltern ermöglichten den Fortbestand des Kollegs. Mühselig mußte ein eigenes, privates Gymnasium aufgebaut werden. Obwohl die deutschen Schüler nach wenigen Jahren zur Abitursvorbereitung wieder nach Deutschland, meist nach Ravensburg und nach Vechta, zurückkehrten, wuchs die Zahl der Kollegschüler in Feldkirch zusehends. Aber erst nach dreißig Jahren hatte die »Stella Matutina« – so hieß das Kolleg nach einem Ehrentitel Mariens aus der lauretanischen Litanei – 1898 die staatliche Anerkennung des österreichischen Gymnasiums durch Wien errungen und wieder erst nach weiteren zweiunddreißig Jahren 1930 die staatliche Anerkennung des deutschen Gymnasiums durch das Deutsche Reich. 1932/33 war das Kolleg stolz auf dem Höhepunkt angelangt mit der Höchstzahl von Schülern, nämlich 498, und zwar 234 Österreichern mit 26 Maturanten und 252 Deutschen mit 24 Abiturienten. Es war längst international bekannt – und stand vor dem Ende.

Wieder erschütterten politische Stürme das Kolleg in den Fundamenten. Wieder wird es zur Auswanderung – in die Heimat – gezwungen. Wieder spielt – Ironie der Geschichte? – ein P. Faller, P. Otto Faller aus dem Schwarzwald, die Mosesrolle beim Umzug nach St. Blasien. »Schon seit Jahren entstand der Plan, neben Feldkirch in Deutschland selbst ein Kolleg zu eröffnen, es schien jetzt durch die Not die Zeit gekommen zu sein«, teilt P. Faller 1933 mit. Ein zweites Kolleg war freilich aus finanziellen Gründen unmöglich. Die »Not« aber war die Machtergreifung in Deutschland durch das nationalsozialistische Regime 1933. Gewiß gab es »Heim ins Reich!«-

Sehnsüchte im Feldkircher Kolleg, schließlich war man im Ausland. Eine Heimkehr hätte freilich den österreichischen Teil der Stella in arge Bedrängnis gebracht. Gewiß gab es Spannungen zwischen den deutschen und österreichischen Schülern; feierten doch die deutschen Schüler am 21. März 1933 schulfrei am Rundfunk und mit einer vaterländischen Rede des Schulleiters den Tag von Potsdam, am 15. Oktober nahmen umgekehrt die österreichischen Schüler am feierlichen Dankgottesdienst in Rankweil für die Rettung ihres Kanzlers Dollfuß teil, der Hitler scharf bekämpfte. Gewiß schien die reichsdeutsche Strafaktion für das »Mißverhalten« Österreichs, die »Tausendmarksperre« bei nach Österreich Einreisenden, eine echte Bedrohung zu sein. Aber »all diese Schwierigkeiten allein hätten niemals zu diesem Schritt (der Umsiedlung) bewegen können«, betont P. Faller in einem Schreiben an den deutschen Generalkonsul in Innsbruck. Die wirklichen Gründe nennt er deutlich in einer Mitteilung an die Eltern vom 24. August 1933: »Von Seiten des Reichs wird begreiflicherweise die Zusammenfassung aller volksschulpflichtigen Kinder auf dem Boden des Reichs aus Gründen einer einheitlichen nationalen Erziehung gewünscht. Da sich nun unsere Auslandsschule zum größten Teil aus reichsdeutscher Jugend zusammensetzt, würde durch den Abzug des volksschulpflichtigen Alters über die Hälfte der Anstalt entzogen und damit die Schule unmöglich gemacht.«

Ein zweiter Grund wird beigefügt, die Unterbindung »nicht wichtiger« Zahlungen aus dem Reich ins Ausland, da die Devisenlage des deutschen Reiches dazu zwingen könnte. Diese Gefahr drängt nun einen Mann zum Handeln, der letzten Endes die treibende Kraft der Verlegung des deutschen Teils der Stella nach St. Blasien wurde. Der Industrielle Dr. jur. Dr. phil. Albert Hakkelsberger, Besitzer der Firma Konservengläser Weck & Co. in Öflingen/Baden, Zentrumspolitiker in Baden, Reichstagsabgeordneter des Zentrums in Berlin, ein genauer Kenner der politischen Lage, hatte Beziehungen zu den Landes- und Reichsbehörden, arbeitete als gläubiger Katholik am Reichskonkordat 1933 mit, und steht in engem Kontakt mit dem Kolleg in Feldkirch. Dort hat er seine Söhne den Jesuiten zur Erziehung anvertraut. Dr. Hackelsberger war von der badischen Regierung auf Grund früher ihm schon geglückter Sanierungen beauftragt worden, sich auch um die brachliegenden Spinnereigrundstücke in St. Blasien zu kümmern. In der Unterredung mit dem Reichsinnenminister Dr. Frick erfährt er, daß das Jesuitenkolleg in Feldkirch auch aus devisenrechtlichen Gründen aufgelöst werden müsse. So regt er an, die Grundstücke in St. Blasien für eine Aufnahme des deutschen Gymnasiums in Feldkirch verwenden zu lassen. Eine Zusage der Reichsbehörden zur Errichtung des Kollegs war durch die Aussicht erleichtert worden, daß auf diesem Wege Devisen im Lande blieben, ja Devisen aus dem Ausland über die ausländischen Schüler ins Land kämen, endlich, daß St. Blasien aus seiner wirtschaftlichen großen Not erlöst werden könnte, in welche die Stadt in der Weltwirtschaftskrise durch den Konkurs der Spinnerei A.G. geraten war. Dr. Hackelsberger gibt diese Anregung an den Provinzial P. Hayler weiter, ebenso an die Schulleitung in Feldkirch. Er wird dazu noch vom Erzbischof von Freiburg, Dr. Conrad Gröber, bestärkt, der drängte, für das altehrwürdige Kloster Erben zu finden, die dieser Stätte entsprächen. Die Finanzierung des Planes mußte, so hoffte man, wenn schon nicht aus eigenen einheimischen, so doch bei der Solidarität des internationalen Ordens aus ausländischen Geldquellen erreichbar sein.

Dr. Hackelsberger reist am Pfingstsamstag, den 3. Juni 1933, nach Feldkirch. Er nimmt zur Besprechung gleich die Baupläne aus St. Blasien mit. Er kann offenbar überzeugen; denn schon tags darauf fährt P. Faller, der Schulleiter der beiden Gymnasien, nach München zu Provinzial P. Hayler. Dieser empfängt ihn am Hauptbahnhof mit den Worten: »Timeo Danaos et dona ferentes« – »Auch wenn sie Geschenke bringen, fürchte ich die Danaer«. P. Hayler trägt die letzte Verantwortung, er ahnt die großen Schwierigkeiten, er zaudert. Aber die Zeit, der Winter und der feste Termin des Schuljahrsbeginns April 1934 drängen. Es drängt auch Dr. Hackelsberger: »Ich möchte aus den Ihnen bekannten Gründen nur die Stella in St. Blasien haben, da ich sonst den Untergang der deutschen Schule in Vorarlberg sehe, und das würde ich bei der Tradition der

Stella Matutina überaus bedauern. Das Ministerium in Karlsruhe ist geradezu begeistert über das Projekt. Politische Schwierigkeiten haben Sie also in keiner Weise zu erwarten. Es ist eine Großtat, die sich reich auswirken wird.« Am 14. August 1933 sagt P. Hayler »ein wenig mit schwerem Herzen« zu. Am 16. August wird zwischen der Oberdeutschen Ordensprovinz S.J. und der Spinnerei St. Blasien A.G. in Liquidation der Kaufvertrag geschlossen. Durch gute Beziehungen der Schweizer Ordensmitbrüder, durch gute Dienste bei alten Schweizer Freunden können billige Kredite über Schweizer Banken aufgenommen werden. Dazu kommt ein termingebundener Reichszuschuß zur Förderung von Um- und Neubauten für Wohnungen. Mit viel persönlichem Einsatz der beiden Herrn Dr. Hackelsberger und Dr. Ernst Dobler vom Aufsichtsrat der Spinnerei, beide von der Oberdeutschen Provinz bevollmächtigt, werden die Geldgeschäfte bald überraschend flott, bald stockend über die Devisenstellen in Berlin und Karlsruhe abgewickelt. Der Gesamtaufwand belief sich schließlich auf über eine Million RM. Die Darlehen wurden durch Hypotheken auf die Grundstücke des Kollegs in St. Blasien gesichert. 1949 errechnete man eine Schuldenlast von ca. 250 000 DM, an der die Oberdeutsche Provinz und das Kolleg jahrelang zu tragen hatten.

Umzug aus der »Kaserne« in das »Kloster«

Mitte September 1933 setzt, glücklicherweise bei langen schönen Herbstwochen, mit täglich bis zu 200 Bauarbeitern von Firmen in und um St. Blasien die Bautätigkeit ein, in einem Tempo, das Aufsehen erregt. Die letzten Mieter ziehen aus, die evangelische Gemeinde verläßt ihren Betsaal über der Abteipforte, der Kindergarten im Erdgeschoß des Nordflügels sucht neue Unterkunft: bittere Schläge, da die Zukunft dunkel ist. Aber die evangelische Gemeinde kommt so endlich zu einer schönen Kirche, der Kindergarten zu einem eigenen Heim, die Bürger weithin zu neuer Arbeit und zu Verdienst durch das Kolleg, die Stadtgemeinde nach Auflösung der getrennten Fabrikgemeinde zur Einheit.

Unter dem örtlichen Bauleiter E. Eckert werden im Laufe weniger Monate im Wettlauf mit Kälte und mancherlei unliebsamen technischen Überraschungen aus »einer einzigen Müllgrube«, aus »Klein-Italia« mit hängenden Blumen und Wäschestücken in den Gängen des Nordflügels, aus vielen durch eingezogene Gipswände gewonnenen Kleinsträumen rings um den Abteihof weite und lichte Gänge und Säle, die Freude wecken und an die fürstliche Weite des Erbauers erinnern. Der östliche Konventhof wartet auf späteren Umbau, der Westhof aber steht am 20. März 1934 zur Aufnahme der Möbel bereit, die zwanzig Lastzüge aus Feldkirch heranfahren. Wenige Tage darauf treffen die Patres und Brüder aus der Stella ein. »In der Palmprozession im Dom (am 25. März) schreiten dreißig Priester und Brüder mit Lorbeerzweigen in den Händen, voran die hohen »Palmen« der Schwarzwälder und an der Spitze die Kinder. Aus der Tiefe der Chorkirche schallt den Einziehenden feierlich entgegen: Benedictus, qui venit in nomine Domini. Uns klingt dies in den Ohren, als sei heute die Rückkehr der Mönche von St. Blasien, ganz feierlich ist ihr Kommen. Und doch denkt man an die trüben Stunden vor 123 Jahren, den Auszug nach St. Paul (in Kärnten)«: so ein Augenzeuge. Der Abt von St. Paul des Jahres 1934 aber freut sich über den Einzug der Jesuiten in St. Blasien: »Möge unser altehrwürdiges Mutterstift, dessen glorreiche Traditionen zu übernehmen und fortzusetzen Gottes gütige Vorsehung ihre Hochwürdige Sozietät berufen hat, in seiner neuen Form der Bestimmung einer glücklichen Zukunft und neuen Blüte entgegengehen.«

Ohne Pomp beginnen am 18. April 1934 »wie üblich« rund 300 Schüler, davon 190 aus der alten Stella in Feldkirch, das neue Schuljahr im neuen Kolleg. P. Viktor Hugger S.J. stellt sich beim Gottesdienst als den ersten Kollegsrektor vor. Er dankt der Stadtgemeinde für die freundliche Aufnahme der neuen Kollegsgemeinde. Bekräftigend singen die »Altstellaner« ihre gewohnte Kollegshymne: Stella Matutina, hehre Himmelskönigin. Die Mutter des Herrn soll ja auch in St.

Blasien Patronin sein. Den Kollegsnamen »Stella Matutina« beläßt man freilich der Mutterschule in Feldkirch, sich selbst nennt man einfach und bescheiden »Kolleg St. Blasien«. Am 21. Mai 1934 weiht Erzbischof Dr. Gröber das Kolleg ein. In den Ansprachen beim Festakt vor dem Dom sind Freude und Sorge gemischt, Freude über das neue Leben, Sorge um seine Bedrohung von Anfang an. Am Nachmittag erfährt Dr. Hackelsberger in seiner Villa in Höchenschwand die verdiente Ehrung. Aus Rom kommt die Nachricht, der Geehrte habe auf Antrag des Freiburger Erzbischofs die päpstliche Auszeichnung des Kreuzes des Gregoriusordens erhalten. Die Stunde dieser Ehrung wies deutlich auf die großen Verdienste um das Kolleg hin.

Böse Andeutungen von Leuten, die auf die noch schmutzigen Wände der Klostergänge das Hakenkreuz und den bösen Wunsch »Tod den Jesuiten!« gepinselt hatten, werden langsam Wirklichkeit. Zunächst ist das gesamte Lehrer- und Erzieherkollegium des deutschen Teils der Stella in Feldkirch genehmigt worden, Lehrpläne und Abitur bleiben wie bisher. Ein Jahr darauf verspürt man, daß die deutschen Behörden vom Kolleg nur volkswirtschaftlichen Nutzen, aber keine Konkurrenz in Leistung und Disziplin mit ihren staatlichen Schulen wollten. Mit Papierwust, bespitzelnden Fragebogen, Nachforschungen in die geheimsten Winkel des vergangenen Lebens, Unterrichtsentzug bei nicht gleichartig ausgebildeten Lehrkräften fällt man über Lehrer und Erzieher her. Das Abitur 1936 wird zur rigorosen Schulfremdenprüfung in Freiburg, im Munde der Abiturienten ist sie »Heldenabitur« genannt worden; denn alle hatten bestanden. Nach eingehender Besichtigung der Kollegsschule durch die Schulbehörde in Karlsruhe wurde zwar deren Antrag auf staatliche Anerkennung nach Berlin weitergegeben, dort aber nie beantwortet. Das Schuljahr 1938/39 wird zum Warten auf den Untergang: alle Lehrerverträge werden vom Kolleg bis Ostern 1939 begrenzt, vorzeitige Verwendungszeugnisse werden ausgestellt, die Schüler werden auf den Schulwechsel vorbereitet, den Eltern geht eine Liste empfehlenswerter Schulen und Schülerheime zu. Noch 1938 sterben zuverlässige Freunde des Kollegs, der Bürgermeister Stengele, der Stadtpfarrer Lamy. Das Kolleg in Bad Godesberg ist schon geschlossen, der Oktober bringt die schockierende Nachricht: die Stella ist tot. Das Kolleg in St. Blasien hat längst den üblichen belastenden »Devisenskandal«. Schon im Februar 1936 ist P. Rektor Hugger nach siebenstündigem Verhör für fünf Wochen in Waldshut inhaftiert. Der Fall kommt nach Berlin. Rechtsanwälte sprechen dort von ungeklärter Aktenlage. Unversehens wird P. Hugger ohne jede Begründung und ohne Paßentzug freigelassen. Er hatte nie etwas mit dem Finanzierungsgeschäft am Kolleg zu tun gehabt. Nach einer Karlsruher Verordnung bleibt ihm dennoch jede Tätigkeit am Kolleg untersagt, gesundheitlich geschädigt gibt er sein Amt auf.

Endlich kommt am 9. März 1939 die aus der fast unerträglich gewordenen Spannung erlösende Mitteilung, die 1934 gegebene Genehmigung der Schule werde mit Ende des laufenden Schuljahres aufgehoben. Die feige, nichtssagende Begründung lautete: »da die Voraussetzungen, unter denen die Genehmigung erteilt worden sei, heute nicht mehr als gegeben anzusehen sind«. Erzbischof Dr. Gröber protestiert in Karlsruhe, an das Kolleg schreibt er einen rührenden Abschiedsbrief. Am Kolleg gibt es ergreifende Abschiedsszenen. Briefe von Eltern und Schülern versichern das Kolleg ihrer Trauer und Treue. Als wollten die Nazibehörden der Kreisstadt noch nachträglich eine handfeste Begründung der Aufhebung aufstellen, verleumden sie ehrenrührig P. Alois Grimm, der am Kolleg Lehrer war. Zwei Spitzel verfolgen ihn ins Exil nach Feldkirch, wo P. Grimm seelsorglich tätig ist. Unter dem Vorwand seelsorglicher Anliegen erpressen sie »volksverräterische« Antworten, zeigen ihn in Innsburck an. P. Grimm kommt vor den Volksgerichtshof in Berlin, wird verurteilt und 1944 in Berlin-Brandenburg enthauptet.

Es mag unverständlich sein, daß das Kolleg die Hitlerjugend eingeführt hat. Die Beurteilung der wirklichen Lage aus der Ferne, von Feldkirch aus, und Stimmen aus dem Reich mögen den Beschluß veranlaßt haben. Man glaubte, die staatliche Anerkennung der Schule in St. Blasien, ein Hauptgrund für das Einverständnis der Eltern zu einer Umsiedlung, nicht ohne das Zugeständnis der HJ erreichen zu können. Man wollte die dringenden Wünsche von Eltern nicht abschlagen, die ohne Mitgliedschaft ihrer Söhne bei der HJ für ihre berufliche Stellung fürchteten. Man meinte, die Abiturienten würden als Nichtmitglieder große Schwierigkeiten beim Hochschulstudium und Berufsantritt bekommen. Und schließlich erwartete man sich von einem zuvorkommenden Angebot Vorteile. Tatsächlich war eine einmalige Lösung bei der HJ-Gefolgschaft im Kolleg möglich geworden. Außer der einzigen Verbindung nach außen durch einen harmlosen Gebietsführer war die Kollegs-HJ völlig unabhängig geblieben. Die Führer bestimmte die Kollegsleitung, der Dienst verlief innerhalb der Kollegsfreizeit, die HJ-Mitglieder konnten zugleich Mitglieder der Marianischen Kongregation im Kolleg sein. Über den Beitritt zur HJ entschieden nicht das Kolleg, nicht der einzelne Junge, sondern die Eltern. Der Internatsleiter P. Dold stellte fest, daß er keinen schädigenden Einfluß auf Geist und Sitte im Kolleg durch die HJ habe sehen können. Nur eines war nicht oder zu wenig bedacht worden: die offene katholische Jugend der Diözesen sah sich durch das von ihr nicht zu praktizierende Beispiel des Kollegs und die verfälschende Pressepropaganda über den HJ-Beitritt des Kollegs arg in die Enge getrieben. Das Kolleg mußte sich bei Diözesanleitungen entschuldigen. Natürlich verursachte die HJ auch im Kolleg vereinzelt Spannungen, aber im Vergleich zu ihren Kameraden in der Stella in Österreich, die als »Ostmärkische Sturmscharen« oder »Schweizer Sturmscharen« mit wehenden Fahnen und begeisternden Reden am Feuerstoß für die vaterländische Politik eintreten konnten, mußten die Jungen am Kolleg St. Blasien, wollten sie ehrlich sein, sich sehr zurückhalten.

Die ersten fünf Jahre des Kolleg haben seine Jugend auf die nahe Zukunft vorbereitet, viele Nachrichten und Briefe bezeugen dies. Gefahren rufen nach Abwehr. Die harte, alle ohne Ausnahme fordernde Pionierarbeit des äußeren Aufbaus des Kollegs, der auf allen, Lehrern wie Schülern, lastende Druck der Behörden, die Jesuitengemeinschaft, selbst in Verteidigung und einig in der Aufgabe der Vorbereitung der Jugend auf den zu erwartenden Kampf, der Zusammenhalt und die Treue der Eltern, die an Pfingsten 1938 auffallend zahlreich zu Besuch waren: dies schweißte die Kollegsgemeinschaft zusammen, gab Kraft, die Prüfung zu bestehen. Wenn Opfer das Zeugnis dafür sind, daß Prüfungen bestanden wurden, die Opfer des Kolleg waren außerordentlich groß: P. Rektor Hugger inhaftiert und aus dem Kolleg gewiesen, P. Grimm verleumdet, verurteilt und hingerichtet, P. Delp, Erzieher in Feldkirch und St. Blasien, hingerichtet, weil er Jesuit war, wie Eugen Gerstenmaier, sein Mitgefangener, bekundet, Dr. Hackelsberger, im Zusammenhang mit seinem Einsatz für das Kolleg verhaftet, und vor Überführung nach Berlin, im Gefängnis in Freiburg 1940 erkrankt und gestorben, und schließlich viele hundert Schüler an der Kriegsfront, 130 gefallen, viele vermißt. Zur Kraftquelle und zum Zeichen dieser »heroischen« Zeiten des Kollegs wurde auch ein Bild, eine byzantinische Ikone, seit dem 13. Jahrhundert im Westen, in Santa Maria Maggiore in Rom hoch verehrt, Maria mit dem Kind. Im Jesuitenkolleg in Ingolstadt hatte eine Kopie dieses Bildes von P. Jakob Rem S.J. den Titel »Dreimal Wunderbare Mutter« erhalten. P. Dold, ein charismatischer Erzieher in St. Blasien, hatte mit viel persönlichem Einsatz die Kollegsjugend in den drückenden Jahren nach 1934 zur Gestalt dieses Bildes, das er in der Hauskapelle aufhängen ließ, zur Mutter Jesu als einem Weg zu Christus hingeführt. Ungezählte Briefe bezeugen, welche umwandelnde und tröstende Kraft von diesem Bilde ausgegangen ist.

Der zweite Einzug in St. Blasien

»Es ist eine großartige Geste dieser Wunderbaren Mutter, daß sie trotz aller Gebete und Opfer es für besser fand, das Kolleg einstweilen untergehen zu lassen« so lesen Eltern und Schüler im Abschiedsbrief des Internatsleiters. »Einstweilen« war das leere Kolleg an die Wehrmacht für ein Reservelazarett vermietet worden, einstweilen hatten sich wenige Patres und Brüder in den Franzosenbau zurückgezogen, das Haus, das verstaute Mobiliar, die Bücher, die Geräte des Kollegs zu hüten, die Landwirtschaft weiterzuführen oder im Lazarett Dienst zu tun, wenn sie nicht zum Militär eingezogen waren. Der Großteil der Patres war in alle Welt zu neuen Aufgaben zerstreut. Nach sieben langen Jahren war das Ende des Krieges und des »tausendjährigen« Spuks der Naziherrschaft gekommen. Schon einen Monat nach der Kapitulation meldete P. Faller aus Rom, wo er im Auftrag Pius XII. als Flüchtlings- und Hilfskommissar des Vatikans tätig geworden war, dem Heimatobern seine Bereitschaft an, nach Deutschland zurückzukehren. Er fragte an, »wie es mit den Aussichten für unsere Kollegien stehe«. Obwohl das Wort Erzbischofs Dr. Gröber die Runde machte: »Stella Matutina in silvis nigris numquam peritura« – »Morgenstern im Schwarzwald, du sollst nie untergehen« – war eine Wiedereröffnung des Kollegs in St. Blasien keineswegs so sicher. Lange Monate überlegte die Provinzleitung des Ordens, ob nicht statt eines Internats ein Externat in einer der großen Diasporastädte Süddeutschlands den Apostolatsgrundsätzen des Ordens besser entspräche, die Arbeit in die Mittelpunkte gesellschaftlichen Geschehens zu verlegen und die eigenen Kräfte möglichst planvoll und wirksam einzusetzen. Hatte doch die Oberdeutsche Provinz von allen deutschen Ordensprovinzen die meisten Kriegsopfer bringen müssen. Aber die Verlegenheit mit dem nun früh frei gewordenen und leer stehenden Haus in St. Blasien, das auf Verwendung wartete, und die Bitten der Eltern und Freunde des alten Kollegs drängten zu einem Neubeginn eben in St. Blasien. P. Faller, der Brückenbauer über Grenzen und Zeiten hinweg, wird als neuer Rektor und Schulleiter in einer Person gerufen und erscheint am 10. April 1946 in einem vatikanischen Wagen im Schwarzwald. Schon am 3. April hatte die badische Regierung den Neubeginn des Kollegs genehmigt, am 3. Juli die französische Militärregierung. Provinzial P. Fr. X. Müller, selbst ehemaliger und später nochmals Lehrer am Kolleg, öffnet am 31. Mai 1946 in Anwesenheit Erzbischofs Dr. Gröber, des »Gründerbischofs«, wie P. Faller ihn genannt hatte, die Tore des wiedererstandenen Kollegs. Die äußere Not der ersten Jahre war freilich groß; 200 und dann über 400 interne Schüler sollten verpflegt werden. Von weither, über Zonengrenzen hinweg mußte unter großen Schwierigkeiten einer Besatzungsmacht Fleisch, Mehl, Kartoffel, Gemüse und Obst zusammengeholt werden. Stürmischen Beifall erntete am 31. Juli 1946 eine Nachricht, die mitten in die erste Schlußfeier platzte: Vatikanische Lastwagen mit Lebensmitteln seien eben angekommen. Die bald berühmt gewordenen »Papstwecken« nach weiteren päpstlichen Einfuhren ließen über Monate hinweg im Mund der Schüler das Wasser zusammenlaufen. Das Mobiliar für ehedem 500 Schüler war während des Krieges in verschiedenen Händen zusammengeschrumpft; was Br. Spohn mit seinen Schreinern neu angefertigt hat, ist fast unglaublich. Bei allen Mängeln fehlte eines nicht: die Schüler. Noch Februar 1948 gab der Kollegbrief bekannt, nur noch unverbindliche Vormerkungen und zwar erst für Herbst 1949 seien möglich. Kleine schriftliche Wettbewerbsprüfungen in Speyer, Karlsruhe, München und St. Blasien mußten den gewaltigen Zustrom an Bewerbern eindämmen. Für äußerste Notfälle erfand man in der Sparkasse St. Blasien bei Familie Osner eine »Außenstelle« des Internats, wo die Kleinsten schlafen konnten, während sie in Studiensälen, Spielsälen, Speisesälen immer noch zusammenrücken konnten.

Im regulären ersten Schuljahr 1946/47 mit Herbstbeginn zählte das Kolleg 453 Schüler, darunter 41 externe, 12 Patreslehrer und 13 weltliche Kräfte, mit 15 Klassen als Vollanstalt geführt; nicht weniger als 126 Sextaner (Jahrgang 5) drängten in die Schulbänke. Erfreulich klang die schulbehördliche Nachricht, das Abitur werde künftig, »wie bei der Begründung der Anstalt vereinbart wurde«, an der Schule selbst von den eigenen Lehrern als Prüfern unter Vorsitz eines Ministerialkommissars abgenommen. Leider war die Rechnung ohne den Wirt, die französische Militärregierung, gemacht worden. Ihr war nur das französische Zentralabitur genehm. War man schon wieder in der Nazizeit? Es kommt zu Schülerprotestschreiben, es droht Streik. Mit allen Beruhigungsmitteln sucht P. Faller den Aufruhr zu dämpfen. 1949 erscheint im Kolleg eine siebenköpfige Kommission zur mündlichen Prüfung, Jahresergebnisse werden nicht angerechnet. Neu wird eine Prüfung zum Eintritt in die Oberstufe eingeführt und löst bei Lehrern und erst recht Schülern große Unruhe aus.

P. Faller hatte die schlechten Erfahrungen des staatlichen Schulmonopols noch gut in Erinnerung, nutzte die Chancen einer Neuorientierung des deutschen Schulwesens nach dem Kriege, um die Privatschule, wie man die Schule in freier Trägerschaft nannte, aus der unpädagogischen Abhängigkeit zu befreien. Über seine engen Beziehungen zum Staatspräsidenten Wohleb und in Zusammenarbeit mit dem Leiter der Lenderschen Anstalt in Sasbach, Benz, mit Georg Picht vom Birklehof, mit Rechtsanwalt Hellmut Becker, dem späteren Leiter des Max-Planck-Instituts für Bildungsforschung in Berlin, bereitete er in einer Arbeitsgemeinschaft das erste Privatschulgesetz für Baden 1951 vor, das erste in Deutschland und Vorbild für spätere ähnliche Gesetze in anderen Bundesländern. 1956 wurde das Gesetz durch die wichtige Ergänzung über die staatliche Mitfinanzierung der freien Schulen erweitert. An dieser Sicherung und Festigung der Existenz dieser Schulen hat das Kolleg St. Blasien auch nach P. Faller all die kommenden Jahrzehnte mitgearbeitet.

Der »Kollegbrief Nr. 1« vom 31. Juli 1946, die erste Nummer der entstehenden Schulzeitschrift des Kollegs St. Blasien, die Nummer, die ganz allein P. Faller geschrieben hat, beginnt mit den Worten: »Ein herzliches Grüß Gott allen Altsanktblasiern und deren lieben Eltern!«. In den weiteren Nummern fällt auf, in welcher Ausführlichkeit von und über die Altschüler berichtet wird. Das Kolleg hatte sich unmittelbar nach dem Krieg über alte Adressen bei ihnen wieder gemeldet und schon traf Post mit freudiger Begrüßung aus allen Richtungen ein. »Ich kann von mir behaupten, daß mich St. Blasien sehr nachhaltig ergriffen hat. Es ist nach zehn Jahren einer wahren Odyssee wieder zum Ausgangspunkt für mein Leben geworden« (Aus einem »Heimkehrer«-Brief 1948). P. Faller suchte Rückverbindung mit dem Kolleg von 1933–1939, glaubte und hoffte, irgendwie müsse das ehemalige Kolleg, dessen Lebensfaden 1939 mit Gewalt abgeschnitten worden war, mit seinen Altschülern wieder lebendig werden, wenn auch mit vielen neuen Menschen, müsse den alten Geist vermitteln können, die abgebrochene Erziehung der Ehemaligen fortsetzen. Diese Aufgabe des neuen Kollegs übertrug P. Faller dem P. J. B. Wiedenmann, der das Kolleg vor dem Krieg kannte und mit dem ihm eigenen Schwung an den Auftrag heranging. Er sah den großen Kräfteeinsatz im Kolleg nicht gerechtfertigt, wenn das Ergebnis dieses Aufwandes bei den Altschülern nicht greifbare Früchte trage. So versuchte er mit führenden Altschülern ein neues Programm, eine neue Altschülersatzung aufzustellen für die vielen Einzelgruppen der Ehemaligen und zwar eine Satzung für eine Vereinigung aller Jesuitenschüler aus deutschen Kollegien. Wie der erste Anstoß zu solch einer Vereinigung von der 28. Generalversammlung der Katholiken Deutschlands 1882 in Frankfurt ausgegangen war, wo vierzig »Gründer«, Schüler der Stella in Feldkirch, einen Aufruf zur Sammlung unterschrieben, so ging ein neuer Impuls auf dem Katholikentag 1949 in Bochum vom Nachfolgekolleg in St. Blasien aus. In Erinnerung an ihre Ursprünge sollte die Sammlung »Stellanervereinigung Deutschland« heißen.

Ein Verein wollte man nicht sein noch eine Studentenverbindung noch ein dritter Orden der Jesuiten, sondern eine dynamische Bewegung in freier Form, die nicht nur Stammtischromantik pflegen, Gesellschaftsabende organisieren wollte, sondern die Ziele der Erziehergemeinschaft eines Jesuitenkollegs im Studium und im Berufsleben »durch Persönlichkeitsbildung, umfassendes berufliches Wissen und Können, reife katholische Religiosität, sichere, selbständige Kritik in Fragen der Zeit, Einflußnahme auf die Umwelt« in die Tat umsetzen sollte. Daraus erhoffte man Rückwirkung auf die Kollegien, mit denen die Ehemaligen in enger Verbindung bleiben sollten. Und so werden Leitlinien aufgestellt, beschlossen, verschickt, von St. Blasien aus. Hier nämlich, so stellte man es sich vor, könnte das Zentrum der Bewegung sein, hier ein hauptberuflicher Leiter gestellt werden, ein eigener Redaktionsstab für den »Kollegbrief« als das Verbindungs- und Mitteilungsorgan der Stellaner gebildet werden. Nach vielen Stellungnahmen zu den Leitlinien blieb indes eine endgültige Beschlußfassung auf einem Treffen in St. Blasien aus; man findet die Normen zu utopisch, die Ziele unrealistisch. So kommt es nur zu einer losen Stellanervereinigung mit vielen, oft sehr lebendigen und erfolgreichen Gruppen in den Städten der Bundesrepublik, auch zu einem gemeinsamen Mitteilungsblatt, heute »Stellaner-Informations-Dienst« genannt, zu jährlichen Hauptversammlungen, zur Verbindung mit Gruppen von Jesuitenschülern aus anderen Ländern Europas, zu deutschen Ausrichtungen europäischer Altschülerkongresse, so in München 1960, in Bad Godesberg 1965, in Berlin 1981. Die Verwirklichung der Gründerideen aus St. Blasien war nicht gelungen, die Hoffnung, die P. Faller auf einem Treffen in Säckingen 1949 ausgesprochen hatte, nicht erfüllt: »Großes ist im Werden, und wenn sich ein geeintes Europa bildet, dann wird in der ganzen Welt Frucht bringen, was in den Kollegien gesät wurde.« Die Altschülertreffen im Kolleg St. Blasien sind indes aus St. Blasien nicht wegzudenken. Das erste Altblasiertreffen aller Jahrgänge vom 23.–26. September 1949 wurde von 96 Ehemaligen besucht, 40 davon machten anschließend bei P. Dold Exerzitien. Das Kolleg lud später wiederholt zu Begegnungen aller bisherigen Jahrgänge seiner Schüler ein; 1980 waren weit über 300 Altsanktblasier gefolgt. Mehrmals im Jahr können auf Jahrgangstreffen alte Bekannte mit Frau und Kindern begrüßt werden, Kolleg und Besucher geben und empfangen dabei. Die »Kollegbriefe« nennen immer wieder neu Kontaktadressen für die Altschüler, melden Familiennachrichten. Das Kolleg stellt einen Pater als »Geistlichen Berater« der Freiburger Gruppe, diese nimmt sich der neuangekommenen Kameraden an. Aus den Reihen der Altkollegianer kommt der Kollegsnachwuchs schon aus der dritten Generation.

Den vom Privatschulgesetz den Schulen in freier Trägerschaft zugestandenen Freiraum im unterrichtlichen und pädagogischen Bereich nutzte das Kolleg weniger zu unterrichtlichen Experimenten oder pädagogischen Modellen als zur Ausrichtung von Bildung und Erziehung auf die Ziele einer Schule katholischen Charakters, die einen großen Kreis von Eltern ansprachen und sie das Grundrecht freier Schulwahl für ihre Kinder in Anspruch nehmen ließen. Diese Ziele kleideten sich in der Formulierung in das jeweilige Zeitgewand. So liest man in einem Prospekt des Kollegs aus dem Jahre 1934: »Das Kolleg stellt sich die Aufgabe, die ihm anvertraute Jugend nach den Grundsätzen der katholischen Kirche und im Geist deutscher Volksgemeinschaft zu erziehen. Als notwendige und ausreichende Mittel zu diesem Ziele werden angesehen: Pflege religiöser und vaterländischer Gesinnung, Anleitung zu gewissenhafter Pflichttreue und zu selbständiger Arbeit, Eingewöhnung in Gemeinschaftsleben und Gemeinschaftsgeist, allseitige körperliche Ausbildung zum Zweck der geistigen und sittlichen Ertüchtigung.« Den letzten Ausdruck fanden die Ziele des Kollegs 1979 in folgender Fassung: »Ziel des Kollegs ist es, jungen Menschen eine gründliche Ausbildung zu vermitteln und aus katholischer Lebens- und Weltsicht zu persönlicher Entscheidungsfähigkeit und Lebensgestaltung sowie zum Dienst an Gesellschaft und Kirche in freier Verantwortung hinzuführen. Daher sind Erziehung und Unterricht auf die Erarbeitung und das Erleben einer bewußt christlichen Glaubenshaltung ausgerichtet«. Über die Wege zu diesem Ziel setzt sich die verantwortliche Jesuitengemeinschaft am Kolleg in wöchentlichen Gesprächen auseinander, wird in Jahressymposien der Lehrer- und Erzieherschaft nachgedacht, vor dem Elternbeirat und in Elternversammlungen gesprochen. Das große Elterntreffen, jährlich an den Pfingstfeiertagen, führte den Eltern und der Öffentlichkeit leibhaft und gebündelt die jeweiligen vielfältigen Ergebnisse der pädagogischen Bemühungen des Kollegs vor. Eltern sahen immer wieder eine Anziehungskraft des Kollegs in der Tatsache, daß man sich persönlich um jeden Jungen kümmerte und die Erziehung mit viel Einsatz betrieb.

Das lebendige Kolleg ist ein Abbild des steinernen Baus: Die alten, unveränderten Fundamente, die dicken Grundmauern, tragen seit zweihundert Jahren immer noch den ganzen Bau, jedoch stößt der genaue Beobachter bei den Auf- und Ausbauten auf ungezählte Veränderungen, die bald unauffällig das gewohnte Erscheinungsbild abwandeln, bald neue Konturen setzen. Internat und Schule des Kollegs waren nie fertige Gebilde, die Kollegsjugend lebte nie im Ghetto, auch wenn die Türen zur unmittelbaren Umwelt einmal schwerer, dann wieder leichter zu öffnen waren. Immer war sie der frischen Luft der Öffentlichkeit, dem raschen Wandel der Anschauungen, den Trends und wachsenden Gefahren ausgesetzt. Es mußte unaufhörlich gesiebt, geprüft, erprobt werden, was gut war, aufgenommen, was veraltet, abgestoßen, was gefährlich, abgewehrt werden. Daher waren die Altschüler, die lebende Fortsetzung des Kollegs, die ihr Kolleg nach zehn oder zwanzig oder dreißig Jahren wieder besuchen, jedesmal überrascht vom Wandel der Formen, ob diese religiöser Natur, ob Äußerungen des alltäglichen Kollegslebens waren. Die auffallend vielen Feste des Kirchenkalenders oder der Namens- und Geburtstage, der Jubiläen und anderer Gedenktage, meist schulfrei, um sie auskosten zu können, schrumpften im Laufe der Jahre zusehends, die das Gemüt anrührenden religiösen Veranstaltungen, wie etwa die unvergeßlichen Waldmaiandachten mit der abschließenden Lichterprozession, oder das Abendgebet der großen Kollegsgemeinde vor dem Muttergottesbrunnen im Westhof am Vorabend vor Pfingsten sind schlicht durch den Bau der Umgehungsstraße und die Neugestaltung des Brunnenhofs unmöglich geworden. Aber dahinter steht auch ein geistiger Wandel, der sich seit den sechziger Jahren langsam durchsetzte. Aus der schönen äußeren Schale fand man zum Kern zurück. Echtheit und Innerlichkeit sind gewachsen. Die früher oft sehr gewohnheitsmäßigen Formen haben sich gewandelt durch Anpassung an das jeweilige Alter und die Situation, sind so wirksamer geworden. Der früher übliche Gottesdienst an Sonntagen im Dom für das ganze Kolleg ist in fünf Gottesdienste in Hauskapellen aufgelöst worden, die sehr verschieden gestaltet werden. In einem religiösen Meditationsraum hoch unterm Dach finden sich an Werktagen frei Schülerinnen und Schüler zu einem Morgengebet vor der Schule zusammen. In der Karwoche feiern ein Dutzend und mehr Kollegschüler mit Jesuiten Passion und Ostern in den Räumen des Kollegs. In Tagungshäusern der weiteren Umgebung verbringt man klassenweise aus einer Altersstufe besinnliche Tage mit einem von auswärts geladenen Pater und Kollegserziehern. Immer sind interne wie externe Schüler dabei. Die früher in festen Formen der Internatsabteilungen von einem Spiritual geleitete religiöse Führung ist ersetzt durch freie Gesprächsgruppen und viele Einzelgespräche mit Patres. Man erfand natürlich neue Anlässe und Formen von festlichen Feiern, die Anregungen kamen dann von der Jugend selbst, so etwa das beliebte Kollegsfest am Ende des Schuljahres, neuerdings gleichzeitig mit dem »Projektunterricht«, der den normalen Unterricht sprengt und auf neuen Wegen frei gewählte Themen einprägsam abhandelt. In einem Partykeller feiert man Tanzparties oder Abende, an denen man sich auch gerne mit Patres und Lehrern und Erziehern ungezwungen unterhalten möchte.

Seit den Anfängen der Jesuitenkollegien war innerhalb der großen Gemeinschaft des Kollegs eine Elitegruppe aufgebaut und gefördert worden, die unter der Führung und dem Schutz Mariens ein christliches Leben vorbildlich führen und andere Kameraden dafür gewinnen wollte. Diese Elite nannte sich »Marianische Kongregation«. Auch im Kolleg St. Blasien stand diese in Stufen gegliederte bald größere, bald kleinere Gruppe in hohem Rang. Doch Wechsel der Präsides, Wandel des äußeren Erscheinungsbildes, Änderungen im Programm und im Namen, zurücktretende Marienverehrung, die wachsende Scheu, sich zu binden, die Abneigung gegen jede Form von Elite, eine »mehr oder weniger heftig geführte Diskussion um den eigenen Sinn und Standpunkt« (KB 1967): all dies ließ schließlich die Marianische Kongregation Ende der sechziger Jahre erlöschen. Eine ihrer Einrichtungen, die sogenannte Akademie, in der Schüler außerhalb der Schule vor ihren Kameraden ihre Kenntnisse und ihre Überzeugungen auf wichtigen Lebensgebieten in Vortrag und Diskussion darstellen und verteidigen wollten, erlebte im Kolleg einmal große Tage, hing freilich ganz vom Einsatz und von der Phantasie des Akademieleiters ab. Sie wurde nach mancherlei Wiederbelebungsversuchen schließlich zu einem bloßen Forum, das kulturelle Veranstaltungen im Kolleg vorbereitet und durchführt. Unentwegt treu bis heute blieb nur eine Sektion der Kongregation, die »Vinzenzkonferenz«, die sich nach dem Krieg der vielen Flüchtlinge, später der in Not lebenden Mitmenschen, vor allem der alten Leute annahm. Neben den genannten Veränderungen fanden in den letzten Jahren die Altschüler nicht einmal mehr ihre altgewohnten Räume am alten Platz. Der Wiederaufbau empfahl pädagogisch begründete Verlagerung und Veränderung fast aller Internatsräume, das Ergebnis vieler Planungen des Internatsleiters P. Kappeler. Die derzeitige Jugend fühlt sich in den neuen, durchaus schlichten, aber mit viel hellem Holz bekleideten, warmen und freundlichen Zimmern und Sälen wohl.

Zum dritten Mal St. Blasien gewählt

Daß dennoch die fundamentalen, bleibenden Ziele des Kollegs erreicht, die Grundaufgaben erfüllt würden, dafür sahen die Eltern eine Garantie in einer gesicherten, genügend großen, ausgebildeten Jesuitentruppe von Leitern, Lehrern und Erziehern, der sich freilich mit den wachsenden Schülerzahlen immer mehr auch weltliche Kräfte anschlossen, wenn freilich die Gewinnung und der Verbleib dieser weltlichen Mitarbeiter, von vielerlei Umständen bestimmt, oft in Frage gestellt waren. Eine bisher ungewohnte Krise brach über das Kolleg herein, brachte es ins Wanken, als der Orden, auch die Oberdeutsche Provinz, durch das zweite Vatikanische Konzil veranlaßt, die eigenen Aufgaben und die zur Verfügung stehenden Kräfte überprüfte, immer neue Aufgaben auf sich zukommen, den Nachwuchs aber schwinden sah. Das Kolleg band Kräfte, die der grundsätzlichen Beweglichkeit des Ordens sich entzogen. Wieder tauchte wie 1945 die Frage auf, ob Internat im entlegenen Schwarzwald oder Externat etwa in Stuttgart, im Zentrum gesellschaftlichen Geschehens. Drei Standorte in Stuttgart waren bereits geprüft, mit der Diözese Rottenburg war schon verhandelt. Nur weil alle am Kolleg St. Blasien Interessierten von diesem Kolleg nicht lassen wollten, fanden sie einen glücklichen Ausweg und verwirklichten ihn. Ein Gemeinschaftswerk kam zustande. Ein Trägerverein e.V. nahm dem bisherigen Träger, dem Orden, die Last ab, verteilte sie auf den Orden, die Erzdiözese, den Landkreis, die Stadtgemeinde, die Eltern, Lehrer mit Erziehern und einen Förderverein. Der Orden überließ dem Verein die Gebäude und notwendigen Grundstücke kostenlos. Der Verein und die Eltern bestanden weiter auf der geistigen Führung des Kolleg durch die Jesuiten, der Orden versprach wenigstens zehn ausgebildete Lehrer und Erzieher einzusetzen, der Ordensgeneral Arrupe wünschte engere Zusammenarbeit zwischen geistlichen und weltlichen Kräften als echten Partnern und die Aufnahme einer größeren Zahl von Schülern aus weniger begüterten Schichten. Der zunächst auf zehn Jahre begrenzte Vertrag bewährte sich. Die Bemühungen des Trägervereins um eine geplante Reform des Kollegs fanden den sichtbarsten Ausdruck in einer neuen Struktur der Kollegsverwaltung und im großen Neubau des vor hundert Jahren niedergebrannten Ostflügels *(Abb. 113)*.

Das Kolleg St. Blasien war wie andere Jesuitenkollegien gewohnt, an seiner Spitze einen Pater Rektor zu sehen und als Schulleiter einen Pater Direktor. Neue und vermehrte Aufgaben über den Trägerverein und die Erfahrung, daß beide Aufgaben eines Rektors, bei den eigenen Mitbrüdern Amtsvorsteher bei ihrer Lehr- und Erziehertätigkeit zu sein und gleichzeitig ihr Oberer in persönlichen Ordensangelegenheiten, sich im Wege zu stehen schienen, verursachte die Trennung beider Ämter. Der neue »Kollegsdirektor« wurde nun übergeordneter Leiter aller Kollegsbereiche, an der Spitze der Ordensgemeinschaft dagegen steht ein Superior. Die Schulleitung wurde zum ersten Mal einer Kraft aus dem Laienstande übertragen, welche die Schule am Kolleg vor den Behörden vertritt. Der Heimleiter sollte immer ein Jesuit sein. Die Betreuung der Wirtschafts- und Verwaltungsgeschäfte übernahm ebenfalls ein weltlicher Fachmann. Bei dieser Gelegenheit muß in einer Geschichte des Kollegs unbedingt ein Mann Erwähnung finden, der ein Glücksfall für das Kolleg war. Es ist Herr Gustav Hiener, ein ehemaliger externer Schüler des Kollegs aus St. Blasien und langjähriger Stadtrat, der mit vielen Beziehungen, die er durch seine entgegenkommende Kontaktfreudigkeit gewonnen hatte, durch langjährige Erfahrungen, mit ausgezeichnetem Geschick und vor allem unermüdlichem, selbstlosen persönlichen Einsatz den äußeren Aufbau des Kollegs entscheidend geleitet hat, zuletzt als Baudirektor den Wiederaufbau nach dem Großbrand. Ein neues Feld, auf dem sich die verschiedenen Gruppen von Mitarbeitern und auch die Schüler erst sehr vorsichtig Erfahrungen sammeln mußten, waren die in der neuen Satzung vorgesehenen frei gewählten Gremien: neben der Leitung des Kollegs der Kollegsvorstand, die Kollegsversammlung, der Kollegsrat, der Elternbeirat, der Schülerrat, der Personalrat. Diese demokratischen Gehversuche, die mit Umsicht und viel Geduld eingeübt wurden, haben sich gelohnt und die Probe bestanden. Der Trägerverein hatte dem Kolleg Selbstverwaltung eingeräumt, behielt sich die Gesamtkontrolle und die wichtigsten Entscheidungen vor.

Der Aufbau des Ostflügels, den schon 1934 P. Rektor Hugger für notwendig angesehen und sehnlichst gewünscht hatte, war, obgleich vorher schon geplant, erst die nach außen weithin sichtbare Frucht des Trägervereins geworden. Die schwerste finanzielle Last trug dabei neben dem Land das Erzbistum Freiburg, ein Zeichen des Wohlwollens gegen das Kolleg, wie Erzbischof Dr. Hermann Schäufele beim Morgengottesdienst des Einweihungstages, des 30. Oktober 1973, versichert hatte. Ein maßvoll moderner, schöner Bau der Architektenfirma M. Saß in Freiburg fügt sich vollendet in die alten Klosterbauten ein. Nicht wie 1934, um mehr interne Schüler aufnehmen zu können, sondern »aus der Erkenntnis, daß die bisher große Menge junger Menschen, die hier dicht beisammen wohnen, um einer besseren Führung und Erziehung willen aufgeteilt werden müsse in kleinere, gruppendynamisch wirksamere Gruppen«, baute man. Auf einem zuerst geplanten eigenen, vom Kolleg getrennten Schul- und Wohnbau nur für die Oberstufe wurde verzichtet, damit die älteren Schüler sich nicht vom Kolleg sonderten, vielmehr, wenn auch in Einzelzimmern eines eigenen Flügels wohnend im Kontakt mit dem Kolleg sich für die jüngeren Kameraden verantwortlich fühlten. Die Fundamente für den hohen Ostbau waren schon vor Jahren vom alten Brandschutt freigelegt worden und dienten in ihren schönen Gewölben als beliebte Spielsäle. Sie mußten jetzt nur verstärkt werden. Durch diesen Neubau bekam der Altbau endlich Luft. Außerdem wurden für die Schule modern eingerichtete naturwissenschaftliche Räume geschaffen *(Abb. 118)*.

In der Erscheinungen Flucht war längst auch die Schule am Kolleg nicht mehr der ruhende Punkt. Schwerwiegende Veränderungen im Schulbereich haben die Zahl und Auswahl der Schüler mitbestimmt. In den ersten Jahren nach 1946 zwang die Not und Unsicherheit der deutschen Schulen dazu, am Kolleg neben dem humanistischen, dem altsprachlichen Gymnasium, einen neusprachlichen Zug zuzulassen. Die Doppelform schien aber bald eine gewisse Spaltung der internen Schülerschaft heraufzubeschwören, ferner den noch jungen Schulbetrieb zu überfordern. Hatte doch bereits 1946 die französische Verwaltung verlangt, daß die Sextaner neben Latein auch noch Französisch lernen sollten, daß außerdem die Oberstufe nur über eine Zulassungsprüfung erreicht werden könne. Das Kolleg zog also 1951 den neusprachlichen Typ wieder zurück. Trotz böser Erfahrungen mit der französischen Schulverwaltung in Baden fand sich P. Faller schließlich mit ihr zurecht. Er befürwortete später sogar die neue Zentralreifeprüfung. Man scheute sich auch nicht, an dem jährlichen in den Ländern der französischen Zone veranstalteten Concours Général teilzunehmen. 1951 konnten von den 700 besten Schülern der drei Länder 24 Preisträger zu einer Feierstunde in Mainz eingeladen werden, darunter der Oberprimaner Werner Knoch vom Kolleg St. Blasien, der für Südbaden als einziger den ersten Preis der drei Länder mit dem besten deutschen Aufsatz errungen hatte; Thema: »Dem jungen Menschen ist die Aufgabe gestellt, in Gesellschaft und Leben seiner Zeit hineinzuwachsen. Wie sehen Sie diese Aufgabe und welche Anforderungen ergeben sich daraus?« 1951 wurde P. Faller Provinzial der Oberdeutschen Ordensprovinz, im Kolleg von P. Adamek als Schulleiter abgelöst. Die Ämter des Rektors und des Direktors (der Schule) blieben von nun an getrennt. Mit dem neuen Träger des Kollegs übernahm 1968 eine weltliche Kraft die Leitung der Schule, Herr Lothar Hollerbach, seit Jahren schon am Kolleg tätig. Als Frucht der neuen Kollegsstruktur erwartete man eine im voraus vielbesprochene Reform der Schule. »Die Bleigewichte der Realität und der Verantwortung haben uns den verlockenden, aber auch risikoreichen Aufstieg in die Schwerelosigkeit allzu rascher Reformen verwehrt. Begrenzter Schulraum, Lehrermangel in einzelnen Bereichen, um nur die wichtigsten Faktoren zu nennen, haben uns bisher nur in Ansätzen das verwirklichen lassen, was wir gerne schon in größerem Ausmaß getan hätten... Aber ein erster Schritt in dieser Richtung wurde trotz aller Schwierigkeiten getan«, schreibt der neue Schulleiter 1969. Eine Reform war jedenfalls die Verkleinerung der Klassen durch eine Drei- ja Vierzügigkeit in allen Klassenstufen. 1971 führt das Kolleg wieder wie 1946 einen neusprachlichen Zug ein. Im Hinblick auf die letzten Ziele des Kollegs, so glaubte man, enge der alleinige altsprachliche oder neusprachliche Typ I den Kreis derer, die man erreichen wollte und konnte, zu sehr ein. Kurz zuvor war im Zuge der allgemeinen Sprachenregelung die 3. Fremdsprache in die Obertertia (Jahrgang 9) verlegt worden und dabei Griechisch oder Französisch zur freien Wahl gestellt. Nochmals wurde das Bild der Schule mit der Übernahme der »Neugestalteten Oberstufe« im Schuljahr 1978/79 wesentlich verändert. Bei einer Besetzung der Jahrgangsstufe 12 mit 77, 89, 88, 88 Schülern in den ersten vier Jahren der neuen Oberstufe ermöglichte eine hinreichende Schülerzahl ein großes Leistungskursangebot zur Wahl. Dies und ein dem Niveau der Oberstufe entsprechendes Begleitangebot im Internat schien die Oberstufe am Kolleg anziehend gemacht zu haben, die Eintritte in die oberen Klassen mehrten sich. Diese »Öffnungen« der Kollegsschule hatten ungeahnte Wirkungen.

So gehört zu den einschneidensten und auffälligsten Veränderungen das Wachstum der Schülerzahlen. Während die internen Schüler eher weniger wurden – man hatte sich auf die Zahl 450 festgelegt – stieg die Zahl der externen von 1966 bis 1981 auf das fast Sechsfache (64/376). »Die Schulpolitik des Landes beschäftigt sich auch mit dem Kolleg St. Blasien. Im Schulentwicklungsplan ist die Gegend des Hochschwarzwaldes um St. Blasien als ein Notstandsbezirk eingezeichnet; es müßten weit mehr Kinder an weiterführende Schulen gehen. St. Blasien ist nun der zentrale Ort des Gebietes. Das Kolleg, eine geschlossene Schule – nur altsprachlich, nur Jungen, fast nur interne Schüler –, könnte sich öffnen. Mit einer Öffnung aber würde sich der Charakter des Kollegs wandeln. Die entstehenden materiellen und personellen Schwierigkeiten sind nicht zu unterschätzen. Es wird zunächst nach anderen Lösungen gesucht werden müssen« (aus dem Schulbericht 1965/66). Der Ruf nach mehr Hochschülern, um die Konkurrenz mit anderen Ländern zu bestehen, war schon in aller Ohren gedrungen, der Zug zu den Höheren Schulen schon deutlich spürbar geworden. Schon vor der oben beschriebenen »Öffnung« des Kollegs war der erste Schub externer Schüler – statt bisher durchschnittlich 15 Neuzugängen plötzlich 30 – im Herbst 1967 aufgenommen worden. 1969 bei der Neubauplanung glaubte das Kolleg noch mit einer sich bald einspielenden Gesamtzahl von ca. 600 rechnen zu dürfen. In den Dörfern der Umgebung St. Blasiens hatte man lange Zeit einen Besuch der Kollegsschule gescheut, einige mutige Beispiele erfolgreicher Schülerinnen und Schüler brachen dann den Bann. Das Kolleg ist für die meisten leichter zu erreichen als die nächsten Gymnasien. Und so brach der Damm. 1981/82 waren auf dem Kolleg 376 externe bei 434 internen Schülern, zusammen 810. Die Hürden materieller und personeller Schwierigkeiten hatte der Trägerverein überwunden. Das Kolleg war zu einem wichtigen Schulmittelpunkt zwischen Titisee-Neustadt und Waldshut am Rhein geworden.

Nicht nur der Zahl nach, auch in der Zusammensetzung der Schüler hatte eine Veränderung stattgefunden. Sie begann 1965 mit der Aufnahme der ersten Mädchen. Der Zwang zur Entscheidung, einen Lehrer zu verlieren oder dessen Tochter im Kolleg zu unterrichten, war der Grund zum lange vorher schon hin und her überlegten Schritt, Mädchen zu unterrichten. Hinzu kamen Erscheinungen, daß die Kleinsten aus der Umgegend die Fahrt nach dem Gymnasium Waldshut, zweimal eine Stunde und bei einem Höhenunterschied von ca. 500 Metern, nicht verkrafteten. Durch die anschwellenden Schülerzahlen der kommenden Jahre steigerte sich auch die Zahl der Mädchen bis über 170 im Jahre 1981. Sie haben sich in das Schulleben voll eingefügt und es bereichert.

Immer schon besuchten evangelische Schüler als Externe das Kolleg. Das ökumenische Interesse beider Konfessionen, die hohe Bewertung der gemeinsamen christlichen Grundhaltungen, das Abklingen überbetonter Äußerungen katholischer Frömmigkeit ließen bald evangelische Eltern nach einer Aufnahme ihrer Söhne ins Internat fragen. In begrenzter Zahl – das Kolleg wollte keine ökumenische Schule sein – leben seit einigen Jahren evangelische Schüler auch im Internat.

Das Kolleg bemühte sich wiederholt erfolgreich um evangelische Religionslehrer für die zur Zeit immerhin 157 evangelischen externen und internen Schüler und Schülerinnen. Ökumenische Gottesdienste unterstreichen das Interesse an der Zusammenarbeit beider Konfessionen.

In den siebziger Jahren konnte man das Kolleg nicht mehr eine reine Internatsschule wie früher nennen und dennoch hat sich der Charakter kaum geändert. Das Internat prägte immer noch das Kolleg. 1933 bis 1939 waren interne und externe Schüler außer im Unterricht streng getrennt, selbst die Schulpausen schieden sie. Nach dem Krieg öffnete sich das Internat immer mehr den externen Schülern. Diese sollten keine Randerscheinung sein. Auch als sie nahe an die 50 Prozent heranrückten, wurde das Unterrichts- und Erziehungsprogramm nicht geändert, nicht eingeschränkt, etwa weil externe Schüler nur notgedrungen das Kolleg besuchten. Sie waren zu allen Programmen, ob religiöser Natur, ob kultureller Art und zu allen Freizeitangeboten eingeladen. Sie nahmen an allen ihnen zeitlich möglichen Veranstaltungen teil, bald mehr, bald weniger, da es sich ja um ihre eigene Freizeit drehte und der Weg zum Kolleg in Kauf genommen werden mußte.

Die Angebote zur Entfaltung aller Begabungen, der musikalischen, sportlichen, künstlerischen, technischen, des Werkens und Handwerkens sind in den letzten Jahren großzügig ausgebaut worden. Das Hallenbad (1966), der moderne Sportplatz (1977), die Sporthalle (1980), der Musikraum im Ostflügel (1973), der zum Jubeljahr 1983 sich glanzvoll präsentierende Konzertraum über dem Abtportal, die große neue Theaterbühne sind überzeugende Beweise dafür. Zeugen der Ergebnisse all dieser Bemühungen sind die jährlichen Elterntreffen an den Pfingsttagen, für die sich die Schüler wochenlang vorbereiten. Zeugen sind die öffentlichen Massenmedien Presse, Funk, Fernsehen, ist die kollegseigene Videokamera, deren Auge jedes Quartal »objektiv« einfängt und den Kollegbewohnern zeigt, was alles »läuft« und nicht allen bekannt ist. Zeugen sind die 52 Hefte des »Kollegbrief St. Blasien«, der Schulzeitschrift seit 1946, die in Text und Bild die Geschichte des Kollegs lebendig dargestellt hat. Dort erzählten die Schüler selbst von den Meisterschaften ihres Sportvereins, der die Vitrinen des Schulgangs mit Pokalen und Siegerurkunden füllte, erzählten von den Theaterstücken auf der Schulbühne, den Schauspielen, Komödien, Opern, barocken Jesuitendramen, ein vierhundert Jahre alter Weg aller Jesuitenkollegien, sich der Öffentlichkeit darzustellen, erzählten auch von den Klassen- und Gruppenreisen in die weite Welt, den Romreisen zum Besuch des Papstes und des Jesuitengenerals, den Reisen ins goldne Prag, den Fahrten der »Griechen« ins schöne Hellas, der »Franzosen« nach Paris oder an die Atlantikküste, des Chores und Orchesters nach Wales oder nach Loreto zum Wettbewerb, oder des Bläserensembles zum Europawettstreit nach Wien, von den vielen Austauschaufenthalten in Frankreich einmal abgesehen. Und konnten die Kollegianer nicht in fremde Erdteile reisen, holte man von dort, von Indien, von Indonesien Jesuitenmissionare, oder Schülerväter oder Fachleute ins Kolleg. Dieses wollte jedenfalls wie die Jesuiten immer weltoffen sein. Das hatte auch eine Kehrseite *(Abb. 114–117)*.

Das Kolleg war der Öffentlichkeit über die Medien jederzeit schutzlos ausgesetzt. Als Schule in freier Trägerschaft war es immer ein Unternehmen, auf Gedeih und Verderb vom guten Ruf oder dem schlechten Leumund abhängig. Es betrieb nie Schülerwerbung, Schüler kamen oder blieben aus je nach der Mund- und Medienpropaganda, an der sich Vertrauen oder Mißtrauen der Eltern orientierte. Unsicherheit des Fortbestandes 1968, landweite Pressereaktion wegen einer internen Regelung des politischen Engagements der Schüler, aufgeputschte menschliche Schwächen, Mißverständnisse und Verleumdungen ebenso wie vorurteilsfreie, lobend empfehlende bis überzeichnende Darstellung des Kollegs setzten dieses unaufhörlich einem Wechselbad von Hoffnungen und Befürchtungen aus, spornten es freilich an zur Überprüfung seiner Wege und zur Treue zu den unaufgebbaren Grundsätzen.

Am 27. Mai 1977, am Freitag vor Pfingsten, dem Elternfest des Kollegs, war dieses um die Mittagszeit durch den Rundfunk plötzlich in aller Munde gekommen. Kurz nach der letzten Schulpause war im Dach des Südwestturmes bei Schweißarbeiten Feuer ausgebrochen und, von starken Windböen getrieben, den Südflügel entlang bis zur Domwand, den Westflügel entlang bis über den Portalbau hinaus gerast. Der Großbrand hatte fast 200 Meter des Dachgeschosses eingeäschert, der Wasserschaden reichte bis in den Keller. In letzter Minute rettete die neue Steigleiter der Stadt den Dom, ein Großeinsatz der Feuerwehr bewahrte Kloster und Kolleg vor nicht mehr gutzumachenden Verlusten. Ohne Panik und Schaden hatten sich die Schüler auf den ihnen zugewiesenen Platz begeben. Einige konnten schon völlig bestürzte Eltern begrüßen, die eben ahnungslos zum Elternfest angereist waren. Die Bevölkerung St. Blasiens bot, oft mit Tränen in den Augen, vielfältige Hilfe und Nachtquartiere für die Schüler an. Die Unterstufe, die im Internat ihre meisten Räume eingebüßt hatte, beendete vorzeitig das Schuljahr, Mittel- und Oberstufe wurden auf eine Woche beurlaubt. Rund dreißig der älteren Schüler wollten unbedingt bleiben und leisteten hervorragende Aufräumhilfe. Hätte nicht das Land Baden-Württemberg zum sofortigen Wiederaufbau ermuntert und seine Entschlossenheit zur tatkräftigen und schnellen Hilfe bekundet, hätte nicht der Trägerverein, voran die Erzdiözese und der Landkreis, sich verpflichtet gefühlt, das Kolleg um jeden Preis zu retten, dann wäre dem Kolleg wohl kaum das Todesurteil erspart geblieben. So wurde vom Land das Kloster St. Blasien zum nationalen Denkmal erklärt, das Kolleg zu einer unbedingt zu rettenden Schule. Dem verantwortlichen Kollegsdirektor P. Martin, gerade erst fünf Monate im Amt, war eine schier untragbare Last aufgebürdet.

Unter großen Opfern, aber auch mit großer Hilfsbereitschaft begann der Wiederaufbau. Auf die Katastrophenmeldung hin und den Aufruf zur Hilfe waren rasch von Eltern und Freunden des Kollegs Spenden eingegangen, über deren Höhe der Finanzminister anerkennend überrascht war, Landesmittel zum Aufbau daher voll gerechtfertigt sah und die einzelnen Vergaberessorts zu wirksamen Zuschüssen ansporte, zumal der Trägerverein außerstande war, einen finanziellen Aufwand der erforderlichen Größe auch nur annähernd zu leisten. Bei fast dreißig Sitzungen einer Baukommission unter Vorsitz von Prof. Dr. h. c. Horst Linde, der bereits reiche Erfahrungen in Restaurierung und Sanierung von Kunst- und Geschichtsdenkmälern hatte, wurde in fünfeinhalb Jahren das Kloster und Kolleg wiederhergestellt. Die Architekten waren Prof. Franz Wilhelm und Frau Dipl. Ing. Barbara Wilhelm aus Lörrach, örtlicher Bauleiter Architekt Herbert Eckert, der Sohn des Bauleiters von 1934. Die wichtigen denkmalpflegerischen Aufgaben führte Kunsthistoriker Dr. Hans Jakob Wörner vom Landesdenkmalamt Außenstelle Freiburg, ein ehemaliger Schüler, durch. Baudirektor am Kolleg war Herr Gustav Hiener.

Die Mittel- und Oberstufe begann bereits eine gute Woche nach dem Brand, am 8. Juni, mit der Arbeit des Unterrichts. Kaum vorstellbar ist freilich die Tatsache, daß Schule und Internat für mehrere Jahre mitten in einer Großbaustelle lebten, wo es die ersten Tage auf die Schultische tropfte, wo Lärm ringsum das Wort ersticken ließ, wo ein Pfostenwald die Gänge einengte und Staubnebel sie trübte, wo einmal tagelang Hunderte von Ost nach West und umgekehrt durch eine einzige Tür im Erdgeschoß pendeln mußten. Am 8. August 1977 konnte das neue Schuljahr in vollem Umfang mit 777 Schülern in 30 Klassen begonnen werden. 7 Klassenräume waren provisorisch hergerichtet, 12 Klassen besuchten einen für 470 000 DM gemieteten, vor dem Ostflügel aufgebauten Schulpavillon. Nach dem Wiederaufbau hat das Kolleg St. Blasien nicht seine Ziele und Wege, nicht sein Leben geändert, wohl aber ein neues Kleid sich angelegt. Das Brandunglück vom Jahre 1977 – man nannte es einen der Jahrhundertbrände: 1322, 1768, 1874, 1977 – war Anlaß zu einem glanzvollen Wiedererwachen des von Fürstabt Martin II. Gerbert vor zweihundert Jahren großartig erbauten Benediktinerklosters St. Blasien, das nun 1983 mit seinem eben renovierten Münster, dem Dom, mit Recht jubilieren darf *(Abb. 119, 120)*.

Am Kolleg St. Blasien hatte sich in seiner Geschichte der alte Weisheitsspruch der Benediktiner zweifach bewahrheitet: Stat Crux, dum volvitur Orbis: Jedesmal, wenn die Welt die alte Wahrheit vergrub, neue Ideen emporhob, wenn politische Stürme die Verhältnisse umwälzten, stand das Kreuz Christi als Zeichen des Todes, des Untergangs hart und unverrückbar vor den

Toren des Kollegs, jedesmal aber nach allem Wandel und allem Tod schwebte wieder und immer noch das Kreuz als Zeichen der Auferstehung und Hoffnung über den Dächern des Kollegs.

Quellen- und Literaturhinweise

Aus dem Provinzarchiv Akt »St. Blasien« (München)
Akten zur Hausgeschichte 1933–39 (St. Blasien)
Personalakten 1933–39 (St. Blasien)
Dokumente (HJ) (Bleistein–München)
Korrespondenz Dr. Hackelsberger 1933–1937 (Kopien, St. Blasien)
Bautagebücher, Hauskonsultprotokolle, Annuntianda 1933–1939, 1946 ff (St. Blasien)
Aufbaubericht Schwarz 1933–34 (hrgs. in Kollegbrief St. Blasien 1963)
»Kollegbrief St. Blasien« 1946–1981 (52 Nummern) (St. Blasien)
»Aus der Stella Matutina« 1906 ff (5 Bände, als Manuskript gedr.)
Festschrift »75 Jahre Stella Matutina« Band III (Feldkirch 1931)
Jahresberichte der Stella Matutina (dt. Gymnasium) 1891–1892 und 1931–1934 (Feldkirch)
»Mitteilungen aus den deutschen Provinzen der Gesellschaft Jesu« Jhrg. 1946 und 1962 (als Manuskr. gedr. München)
Jahresbericht (Gymnasium) St. Paul (Kärnten) 1979/80

Anton Siklos

Kranken-Heilssorge[1]

Die Stadt St. Blasien und die Kranken

Der hl. Bischof und Martyrer Blasius von Sebaste (+ um 316), dessen Namen unsere Stadt trägt, wird bei Halsleiden und anderen Krankheiten angerufen. Der Blasiussegen kann lauten: »Auf die Fürsprache des hl. Blasius bewahre dich der Herr vor Halskrankheit und allem Bösen. Es segne dich Gott, der Vater und der Sohn und der Heilige Geist. Amen.«[2] Die Verehrung dieses Heiligen und seiner Reliquien in der Benediktinerabtei St. Blasien sowie die besondere Beziehung gerade dieses Ortes zu den kranken Menschen stehen in einem sinnvollen Zusammenhang.

Schon die älteste Mönchsregel des Abendlandes, die Regel des heiligen Kirchenvaters *Augustinus* (354–430), bekundet einfühlendes Besorgtsein um die Kranken. Im 9. Kapitel (erweiterter Text) der Augustinerregel lesen wir: »Mit der Sorge für die Kranken oder die irgendwie Schwächlichen, auch wenn sie kein Fieber haben, soll ein Mitbruder betraut werden. Er soll aus der Küche verlangen, was nach seinem Ermessen jeder nötig hat.«

Bei seinem Auftreten zu Beginn des sechsten Jahrhunderts konnte der *hl. Benedikt von Nursia* (geb. um 480, gest. frühestens 547) ein reiches und kostbares Erbe der Mönchsväter in dankbarer Ehrfurcht übernehmen. Die benediktinische Abteifamilie, an deren Spitze der Abt steht, erhält im 36. Kapitel der Regula folgende Weisung: »Von den kranken Brüdern. Um die Kranken soll man vor allem und über alles besorgt sein (Infirmorum cura ante omnia et super omnia adhibenda est). Man diene ihnen so, wie wenn man wirklich Christus dienen würde; er selbst hat ja gesagt: ›Ich war krank und ihr habt mich besucht‹. Und: ›Was ihr einem dieser Geringsten getan habt, das habt ihr mir getan.‹ – Die Kranken ihrerseits sollen bedenken, daß man ihnen aus Liebe zu Gott dient. Sie sollen auch nicht durch übermäßige Forderungen die Brüder, die sie bedienen, unwillig machen. Aber auch solche Kranke sind geduldig zu ertragen, da sich an ihnen ein reichlicherer Lohn verdienen läßt. Es sei also eine wichtigste Sorge für den Abt, daß die Kranken in keiner Weise vernachlässigt werden. – Man weise den kranken Brüdern eine eigene Zelle und einen gottesfürchtigen, eifrigen und besorgten Wärter zu. – Man gebe den Kranken Gelegenheit zu Bädern, sooft es für sie förderlich ist; den Gesunden aber und besonders den jüngeren, gestatte man es seltener. Auch erlaube man den ganz schwachen Kranken zur Stärkung den Genuß des Fleisches. Sobald es ihnen aber besser geht, sollen sich alle in gewohnter Weise des Fleisches enthalten. – Es liege dem Abte sehr am Herzen, daß Cellerare und Wärter die Kranken nicht vernachlässigen. Denn es fällt alles auf ihn zurück, was die Untergebenen sich zuschulden kommen lassen.«[3]

Fürstabt Martin II. Gerbert († 1793) schrieb am 3. Oktober 1785 an die K.K. Studienkommission in Wien: »Da mein hiesiges Stift selbst ein Seminarium ist, worin für die demselben einverleibten so vielen Pfarreien die jungen Geistlichen gebildet werden, kann es diesen Kandidaten an der praktischen Theologie nicht gebrechen, da dieselben von dem Noviziat an sich in dem Predigen, Katechesiren und nach Erlangung der heiligen Weihungen in Ausspendung der Sakramente, in der *Krankenhilfe* und übrigen pfarrlichen Verrichtungen täglich üben können und müssen.«[4]

1882, im gleichen Jahre, als Robert Koch den Tuberkelbazillus entdeckte, gründete Dr. Paul Haufe ein kleines *Sanatorium (Abb. 121)* für Lungenkranke in St. Blasien mit zunächst zwölf Betten. Dr. Haufe brachte seine Davoser Erfahrungen mit, richtete sein Augenmerk auf die durch eine windgeschützte Hochtallage, intensive Besonnung, die Lufttrockenheit und die aromatisierende und filternde Wirkung der Wälder bedingten besonderen klimatischen Verhältnisse in St. Blasien, 800 Meter über dem Meere. Das war zugleich der Anfang St. Blasiens als Jahreskurort. Nach mehrmaligen Erweiterungen entwickelte sich das Sanatorium zu einer führenden deutschen Privatlungenheilanstalt. Infolge des starken Rückgangs der Tuberkulose entstanden neue Aufgaben durch die ständige Zunahme chronischer Bronchitis (Asthma, Emphysem) in dem Industrieklima der großen Ballungsräume. Teilweise ähnlich verlief die Entwicklung in dem städtischen Sanatorium *Fürstabt-Gerbert-Haus (Abb. 122),* welches 1930 fertiggestellt und bis Januar 1980 von Ordensschwestern des hl. Vinzenz v. Paul pflegerisch betreut wurde. Die stationäre Tbc-Behandlung ging zurück, heute finden Herz-Kreislauf-Patienten in diesem Haus Behandlung. In der genannten Anstalt und in dem schon vor Errichtung des Fürstabt-Gerbert-Hauses bestehenden Städtischen Krankenhaus (seit 1981 Altenheim in Privatbesitz) wirkten folgende Priester als Hausgeistliche (laut Dekanatsarchiv und Standesbücher St. Blasien):

	Krankenhaus	Fü.-Ge.-Haus
Otto Wehinger	1911	
Johann Edmund Nico	1919	
Franz Anton Münch	1921	
Richard Bühler	1924	
Alois Geiger	1926	
Johann Rapp	1929–34	
Paul Bund		1930–33; 1935
Otto Brecht		1933–35
Fritz Schöner		1939

Anton Siklos: Seit 11. 1. 1967 als Seelsorger für »Sanatorien und Krankenhäuser« in St. Blasien und Todtmoos-Wehrawald (Thoraxchirurgische Klinik der Bundesversicherungsanstalt für Angestellte).

Psychosomatik sowie Psychotherapie ergänzen die Liste der vielfältigen Heilungsmöglichkeiten und Patientengruppen im nachklösterlichen St. Blasien.[5]

Die Krankheit als Ganzheitserfahrung – die Heilung als ganzheitliche Gegenerfahrung – Arzt und Seelsorger

Das existentielle Sorge-Problem bringt der »letzte Philosoph der Römer« Boethius († 525) im Frühbeginn des christlichen Abendlandes auf die elementare Formel: »Die größte *Sorge* der Sterblichen ist gerichtet auf die Erhaltung des Lebens – Cum igitur praecipua sit mortalibus vitae *cura* retinendae«.[6] Die Sorge für den kranken Menschen ist zum tragenden Thema einer patientenorientierten Medizin geworden. Eine Zeit, die Vorsorge und Fürsorge, Versorgung und Entsorgung kennt, wird die Idee der »Cura« ernster nehmen müssen.

Chefarztvisite in einer Lungenheilanstalt. Der Patient, der seit Jahren von einer Heilstätte zur anderen reiste, wird vom (evangelischen) Chefarzt folgendermaßen angesprochen: »Herr A., wie lange sind Sie schon bei uns?« Antwort (sinngemäß): Schon sehr lange. Der Arzt setzt sich zum Patienten: »Sagen Sie mal, Herr A., sind Sie katholisch?« »Ja.« »Herr A., wann waren Sie das letzte Mal bei der Beichte? ... Gehen Sie wieder mal beichten!« Je länger Patienten in einer geschlossenen Anstalt leben, um so mehr verfallen sie dem sogenannten *Hospitalismus*, unter dem ein bestimmtes durch den längeren Krankenhausaufenthalt bedingtes Verhalten verstanden wird. Zu den Symptomen des Hospitalismus gehören: Sich-immer-mehr-Zurückziehen, Untätigkeit, Verlust der Dynamik, Antriebslosigkeit, Spontaneitätsverlust, Apathie, verarmter Wortschatz, Sprachmonotonie, Mutismus = Stummheit bei vorhandener Sprachfähigkeit, mangelnde Selbstverantwortlichkeit, Unsicherheit, abnehmender Wunsch nach Entlassung und nach Kontaktaufnahme zur Außenwelt, Verlust der sozialen Anpassungsfähigkeit, Aggressivität infolge eines restriktiven Anstaltsmilieus.

Die Überzeugung, daß zwischen *Sünde und Krankheit* ein vielschichtiger Zusammenhang besteht, erlaubt uns keine Verallgemeinerung. Das 4. Laterankonzil (1215) macht die geistliche Betreuung der Kranken vorrangig vor der medizinischen Behandlung zur Pflicht unter scharfen Sanktionen (offenbar gegen mögliche Bedenken der Ärzte): »Constitutio 22. Quod infirmi prius provideant animae quam corpori. Cum infirmitas corporalis nonnumquam ex peccato proveniat, dicente Domino, languido quem sanaverat: ›Vade et amplius noli peccare, ne deterius aliquid tibi contingat‹, decreto preaesenti statuimus et districte praecipimus medicis corporum, ut cum eos ad infirmos vocari contigerit, ipsos ante omnia moneant et inducant, quod medicos advocent animarum, ut postquam infirmis fuerit de spirituali salute provisum, ad corporalis medicinae remedium salubrius procedatur, cum causa cessante cesset effectus. Hoc quidem inter alia huic causam dedit edicto, quod quidam in aegritudinis lecto iacentes, cum eis a medicis suadetur, ut de animarum salute disponant, in desperationis articulum incidunt, unde facilius mortis periculum incurrunt. Si quis autem medicorum huius nostrae constitutionis, postquam per praelatos locorum fuerit publicata, transgressor extiterit, tamdiu ab ingressu ecclesiae arceatur, donec pro transgressione huiusmodi satisfecerit competenter. Ceterum cum anima sit multo pretiosior corpore, sub interminatione anathematis prohibemus, ne quis medicorum pro corporali salute aliquid aegroto suadeat, quod in periculum animae convertatur.«[7]

Es gibt Krankheit, die der Mensch macht, und solche, die er erleidet. Was ist *Gesundheit beim Menschen?*[8] Nach der Satzung der Weltgesundheitsorganisation ist Gesundheit allgemein der Zustand völligen körperlichen, seelischen und sozialen Wohlbefindens (und das für jeden Menschen erreichbare Höchstmaß an Gesundheit eines seiner Grundrechte). Dieses Höchstmaß ist für den einzelnen nicht auf eine einfache Formel zu bringen, da Gesundheit die Summe aus metaphysischen Bezügen, aus seelisch-geistiger Einstellung und somatischer Funktionstüchtigkeit ist. Gesundheit ist nicht gleichbedeutend mit »normal«, wenn die Norm als Durchschnitt im statistischen Sinne verstanden wird. Ebensowenig ist Krankheit identisch mit Abnormität; ein bestimmter Mensch kann gesund sein, auch wenn bei ihm »Abnormitäten« gefunden werden. Erst wenn körperliche oder seelische oder soziale Vorgänge die innere oder äußere Harmonie und Ordnung des Menschen hemmen, ist seine Gesundheit in Frage gestellt; z. B. fühlt ein Industriearbeiter seine Gesundheit beeinträchtigt, weil er Schmerzen im Rücken hat (biologische Sicht); ein Beamter bei bester körperlicher Verfassung fühlt sich nicht mehr wohl, läßt in seinen Leistungen nach, seitdem er familiäre Schwierigkeiten hat (psychologische Sicht); ein Förster im Vollbesitz seiner körperlichen und seelischen Kräfte fühlt sich nicht mehr gesund, seit er zum Bürodienst im Forstamt abgeordnet wurde (soziologische Sicht). Gesundheit als Ganzheitserfahrung, Krankheit als ganzheitliche Gegenerfahrung.

Denken wir an Herrn A. im genannten Beispiel. Der Arzt erkennt, daß bei diesem Patienten Chemotherapie u. ä. nicht mehr ausreicht. Für eine utilitaristische Weltauffassung bedeutet Gesundheit nicht viel mehr als Verwendbarkeit des Menschen für beliebige Zwecke, Tauglichkeit für Zwecke. Gesundheit kann nicht mit dem Blick auf den Leib allein bestimmt werden; ihr Wesen enthüllt sich erst angesichts der Ganzheit der Person in ihrer irdischen und ewigen Berufung. Menschliche Gesundheit läßt sich verstehen als die größtmögliche Harmonie der menschlichen Kräfte untereinander, in der größtmöglichen Vergeistigung des Leiblichen und in der bestmöglichen Verleiblichung des Geistigen.[9]

Eine strotzende Vitalität des Körperlichen, die den Geist erdrückt, ist mehr in das Gebiet des menschlich Kranken gerückt als ein zwar schwächlicher, aber dem Geist in der Erfüllung echter Freiheit gefügiger Körper. Das ist gesagt gegen die Verabsolutierung des rein Vitalen, insoweit es keine echte menschliche, keine vergeistigte, der Freiheit dienende Vitalität bedeutet. »Mens sana in corpore sano« (Juvenal, Satire X, 356). Es gibt aber gesunde Seelen in einem kränklichen Leibe und vom Unheil gezeichnete Seelen in einem kraftstrotzenden Leibe.

Kranksein ist eine Weise des Menschseins. In der Krankheit wird letztlich die Grenze menschlicher Existenz und der unausweichliche Tod offenbar, die Gebrechlichkeit menschlichen Daseins zeigt sich.[10] Der kranke Mensch selber wird zu einer lebendigen Frage: zur Frage an sich selbst, an seine Umwelt und zur Frage an den Sinn des Lebens. Einige typische Fragen: »Wie lange muß ich noch...?« »Kann ich danach wieder...?« »Wie geht es zu Hause, im Betrieb weiter?« »Warum gerade ich?« »Habe ich Krebs?« »Wie habe ich das verdient? Wie kann Gott das zulassen?« Solschenyzin läßt in seiner »Krebsstation« die sonst so tüchtige Ärztin Donzawa, die nun selbst erkrankt ist, sagen: »Innerhalb weniger Tage hatte sich alles grundlegend geändert, und aus früher bekannten Elementen Zusammengesetztes wurde fremd und grauenhaft«. – »Jetzt war sie selbst hilflos. Die Erkenntnis ihres Zustandes hatte sie im ersten Augenblick fast erschlagen. Der Zusammenprall mit der Krankheit war unerträglich: Die Welt stürzte ein, die Ordnung alles Irdischen brach zusammen«. Krankheit bedeutet nicht nur die Verletzung eines Körperteils, eines Organs oder den Ausfall von Funktionen. Prinzipiell weist die Krankheit auf eine Krise des Menschen hin. Krankheit im Erleben und Verhalten des Menschen ist eine Funktion der Persönlichkeit und der Umwelt. Real-Konzept = so bin ich; Ideal-Konzept = wie ich gerne sein möchte. Der Konflikt besteht in der Divergenz zwischen Real-Konzept und Ideal-Konzept. Wie können wir diese Diskrepanzen abbauen, den Menschen befähigen, dazu Ja zu sagen?

Trotz seiner Vielschichtigkeit besitzt der Mensch in seinem Ich oder Selbst eine zentrale Mitte, die sowohl auf die immanenten wie auch auf die transzendenten Bezüge hingeordnet ist. Schon die Bibel stellt den Menschen in einen horizontalen und vertikalen Bezug (Gen 2,7): Er ist von unten aus der Erde geformt und von oben aus Gottes Geist. In vielen Krankheitssituationen wird diese Doppelnatur des Menschen getroffen, weil in ihnen nicht nur immanente, sondern auch transzendente Fehlhaltungen zum Durchbruch kommen (z. B. in den Neurosen. Die eigentliche Neurose bestimmt sich ja am besten als hartnäckiges Verfangensein im eigenen Ich).[11] Eine ganzheitlich verstandene Therapie und Pflege (als Heilung, als Bewältigung einer unheilbaren Krankheit oder als Hilfe im Sterben) darf diesen Problemen und der dabei direkt oder implizit gestellten Frage nach der Transzendenz weder ausweichen noch sie mit einer »Vertröstung auf das Jenseits« voreilig und unwahrhaftig beantworten. Für diese Aufgaben kann sicher niemand eine ausschließliche Kompetenz beanspruchen.

Jesu Sendungsauftrag an die Jünger lautete: »Verkündet das Evangelium, heilt die Kranken, treibt die Dämonen aus« (Mt 10,7.8). Hier steht noch (und heute wieder) die enge Verbindung zwischen Heilkunde und Seelsorge, die Brücke zwischen den immanenten und transzendenten Bereichen der Krankenbehandlung. Jesu Auftrag zur Offenheit für alle menschlichen Nöte und Probleme! »Es geht um die Rettung der menschlichen Person«, erklärt programmatisch das II. Vatikanische Konzil.[12] C. G. Jung schreibt: »Unter allen meinen Patienten jenseits der Lebensmitte, d.h. jenseits 35, ist nicht ein einziger, dessen endgültiges Problem nicht das der religiösen Einstellung war«. So sehr gehören Heil und Heilung zusammen.

Die Psychotherapie Viktor E. Frankls[13] hat uns die eigentlichen Gründe psychoneurotischer Erkrankungen im *Sinnverlust* aufgezeigt und die kirchliche Seelsorge ermahnt, ihre echten Seelsorgsaufgaben besser wahrzunehmen: »Aufgabe der Psychotherapie ist die seelische Heilung und Wiedergewinnung des seelischen Gleichgewichtes. Das Ziel der priesterlichen Aufgabe ist davon wesensverschieden. Sie strebt nicht bloß eine seelische Heilung oder die Aufrechterhaltung des seelischen Gleichgewichtes an, sondern einzig und allein das Seelenheil. Um des Seelenheiles willen kann das seelische Gleichgewicht sogar erschüttert werden. Es zeigt sich, daß die Religion ... dem Menschen eine geistige Verankerung und eine Geborgenheit bietet, die er anderswo schlechterdings nirgends zu finden vermöchte... Oft findet der Patient während einer psychotherapeutischen Behandlung zum verschütteten Quellgrund ursprünglicher Gläubigkeit zurück. Dies ist aber nicht das Ziel des Psychotherapeuten,[14] sondern Auswirkung einer grundlegenden Behandlung.«

Noogene Störungen des Seelenlebens haben ihren Grund im Verfehlen des Lebenssinnes oder im Nicht-suchen-Wollen nach Lebenssinn. Frankl: »Mit Hilfe dessen, was die Naturwissenschaft uns an wissenschaftlichem Rüstzeug an die Hand gibt, kann ich ein Bein amputieren; aber mit ›reiner‹ Naturwissenschaft werde ich wohl niemals verhindern können, daß der betreffende Patient auf die Amputation hin nach dieser Operation oder womöglich noch vor ihr, sich das Leben nimmt, weil er verzweifelt ist, weil er an einem Sinn des Weiterlebens mit bloß einem Bein zweifelt. Ein Chirurg z. B., der es ablehnen wollte, sich mit derartigen Dingen – wir können ruhig sagen: mit *ärztlicher Seelsorge* zu befassen und seinen Patienten auch ein Trostwort zu geben, wo er als Chirurg die Hände in den Schoß legen muß: Ein Chirurg, der darauf verzichten wollte, dürfte sich nicht wundern, wenn er einen Patienten, den er für den nächsten Tag um 8 Uhr morgens zur Operation bestimmt hat, nicht auf dem Operationstisch vorfindet, sondern auf dem Obduktionstisch, da der Kranke in der Nacht Selbstmord begangen hat. Daß dieser Selbstmord ein unberechtigter, ein unbegründeter ist, ist klar; denn was wäre das schon für ein Leben, dessen Sinn damit stünde und fiele, daß man auf zwei Beinen stehen kann; die Daseinsberechtigung eines Tieres mag davon abhängig sein, aber nicht die eines Menschen. Aber es kann geschehen, daß man dies einem verzweifelten Patienten mit wenigen Worten erst auseinandersetzen muß; denn in seiner Verzweiflung sieht er eben nicht so klar und weit... Selbstverständlich, man kann auch Arzt sein ohne all dies; aber man muß sich nur dessen bewußt bleiben, daß man sich dann von einem Tierarzt nur mehr durch eines unterscheidet, nämlich durch die Verschiedenheit der Klienten. Solange wir Nicht-Tierärzte mit nicht-tierischen Patienten es zu tun haben, gilt es, nicht nur zu helfen, solange wir helfen können und zu lindern, sobald wir lindern müssen, sondern auch zu trösten.«[15]

Der Seelsorger als Gesandter des gekreuzigten und auferstandenen Heilands ist in erster Linie aufgerufen in der existenziellen Leidensbetroffenheit des Krankseins für den psychisch-geistigen Teil des Leides, im Bereich der Sinnfragen und Wertfragen. Aber beide: Arzt und Seelsorger werden am Krankenbett mit dem eigenen und fremden existentiellen Vakuum konfrontiert. »Wer ein Warum zu leben hat, erträgt fast jedes Wie« (Nietzsche). Das heißt: wer um einen Sinn seines Daseins weiß, der ist noch am ehesten irgendwelchen Schwierigkeiten gewachsen.[16] Sinn aber kann nicht gemacht, sondern muß gefunden werden.[17]

Jesus und die Kranken[18]

»Er zog in ganz Galiläa umher, lehrte in den Synagogen, verkündete das Evangelium vom Reich und heilte im Volk alle Krankheiten und Leiden. Und sein Ruf verbreitete sich in ganz Syrien. Man brachte Kranke mit den verschiedensten Gebrechen und Leiden zu ihm, Besessene, Mondsüchtige und Gelähmte, und er heilte sie. Scharen von Menschen aus Galiläa, der Dekapolis, Jerusalem und Judäa und von jenseits des Jordan folgten ihm« (Mt 4,23–25). Jesus hat keine Heilungs- oder Behandlungsmethoden entwickelt, ausgeübt und weitergegeben. Das Heilen gehört bei ihm und bei seinem Auftrag an die Jünger (Mk 6,7; Lk 9,1 f.; Mk 6,54 f.; Mt 10,1) wesensnotwendig zum »schon jetzt« der angebrochenen Gottesherrschaft, die er ausruft und ausrufen läßt. Es hat entscheidend mit dem Glauben zu tun. Immer wieder wird berichtet, daß er leibhaft zupackt, berührt und sich berühren läßt (bei der Heilung von Aussätzigen: Mk 1,40–45; Heilung des Wassersüchtigen: Lk 14,1–6; der gekrümmten Frau: Lk 13,10–13 oder bei der Schwiegermutter des Petrus: Mk 1,29 ff.).

Die fast erschreckende körperliche Zuwendung Jesu bei der Heilung des Taubstummen (Mk 7,31–37) macht deutlich, mit welcher Intensität der Nähe Jesus die Begegnung mit dem Menschen sucht, der nicht hören und nicht sprechen kann. Er durchbricht dabei auch Konventionen und Tabus. Jesus scheut nicht die leibliche Dimension des menschlichen Elends, sondern wendet sich ihr auch leiblich zu.

Immer ist das Heilen bei Jesus auf den Menschen in seiner Ganzheit bezogen: wie er leibt und lebt. Jesus bekämpft nicht Symptome. In den Sermones des hl. Augustinus können wir lesen, daß und warum der »*Christus medicus*« heilt: »Bene scis Dominum et Salvatorem Jesum Christum medicum esse tuae salutis aeternae; et ad hoc eum suscepisse infirmitatem naturae tuae, ne sempiterna esset infirmitas tua.« »Si venit de coelo magnus medicus, magnus per totum orbem terrae iacebat aegrotus.« »Ad sanandum grandem aegrotum, descendit omnipotens medicus.«[19] Bei den neutestamentlichen Berichten ist nicht der Heilungsvorgang das Wichtige, sondern der Krafterweis, daß mit ihm das Reich Gottes hereingebrochen ist in diese leiderfüllte Welt. Die Heilungen Jesu enthalten immer wiederkehrende Haltungen gegenüber Kranken und Sündern (Zöllnern, Dirnen und Ausgestoßenen). Man kann gewisse Grundlinien seines heilenden Umgangs mit Kranken aufzeigen.

Jesus überwindet die *Isolierung*, Aussonderung von Kranken durch *Kontakt,* Nähe, heilende Begegnung. In unserer Zeit ist die Isolierung von Patienten zu einem Zeichen besonderer Behandlung geworden, die ihn oder seine Besucher vor bestimmten akuten Gefahren schützen soll. Die Dynamik der Isolierung bewirkt aber auch weithin, daß der Kranke den sozialen Tod erleidet. Immer wieder äußern Patienten, daß die soziale Isolation und Degradierung für sie noch schwerer zu ertragen ist als der körperliche Zerfall und die Schmerzen. Beispiel: Ein alleinstehender Mann verlangte in seiner langen Krankheit gerade in der Phase der Besserung nach immer stärkeren Schmerzmitteln, bis der Seelsorger ihm die feste Zusage machte, daß er ihn auch weiterhin regelmäßig besuchen würde; danach ließen die Schmerzen des Patienten nach, trotz einer erneuten Verschlechterung seines Zustandes – zum Erstaunen der behandelnden Ärzte.

Als Haltung Jesu kann man feststellen, daß er zuerst die Aussonderung des Betroffenen überwindet, auch wenn dies z. B. am Sabbat verboten oder mit der Gefahr der Ansteckung verbunden ist und selbst unrein macht (Mk 1,40–45 und par.; Mk 5,25–34 und par.). Kurz zusammengefaßt: Er geht dem Verlorenen nach (Lk 15); er rührt Unreine und Aussätzige an; er spricht das Dämonische (mitunter auch Aggressive) im Menschen direkt an; er ißt und feiert mit Ausgestoßenen; er läßt sich anfassen, ansprechen, unterbrechen, stören, einfach: unmittelbar betreffen von der konkreten Unheilssituation eines Menschen, ob es Suchende, Kranke, Besessene, Dirnen, Zöllner oder Sünder waren. Gemeinsam ist ihnen allen ein bestimmtes – oft unerträgliches – Maß an Aussonderung und Isolation. Jesus erklärt: »Der Menschensohn ist gekommen, um das Verlorene zu suchen und zu retten« (Lk 19,10). »Nicht die Gesunden brauchen den Arzt, sondern die Kranken. Darum lernt, was es heißt: Barmherzigkeit will ich, nicht Opfer; denn ich bin gekommen, um die Sünder zu rufen, nicht die Gerechten.« Hier wird angedeutet (Mt 9, 12 f.), wie nahe beieinander für Jesus *Sünde und Kranksein* liegen und wie stark sich diese Weisen des Unheilseins gerade in der Aussonderung eines Menschen äußern. Ihre Überwindung ist der erste Schritt Jesu in der Auseinandersetzung mit den Sündern: Kontaktaufnahme mit vielfältigen Zeichen der eigenen Betroffenheit (Mk 1,41: »Jesus hatte Mitleid mit ihm« – dem Aussätzigen. Andere Lesart: »wurde zornig« – über die Macht des Bösen, das sich in *dessen* Krankheit zeigt), der Nähe, der Akzeptation und der Zuwendung.

Die Dynamik des Heilvorganges beeindruckt: das Sich-finden-Lassen und das liebende Nachgehen überwindet die Aussonderung des Sünders (Joh 10,11–16: der gute Hirt). Sünde und Krankheit sind für Jesus Zeichen eines tiefen Unheils, das einer tiefen Ebene der Heilung bedarf:

Betroffenheit, Ernstnehmen der Person und Situation, mitfühlende Nähe und Zuneigung, tiefergehende Auseinandersetzung mit dem Kern der Krise. Die ganzheitliche Betrachtung von Krankheit und Sünde, das Nahesein, Pflegen und begegnendes Helfen sind Kennzeichen dieses Verständnisses von Therapie.

Theologisch steht diese Weise des Umgangs mit den Kranken in der Linie der Erfahrung Israels mit dem *mitgehenden Gott.* Israels besondere Glaubenserfahrung geht nicht auf in dem Allmacher der Gesetze des Himmels und der Erde, in der Erfahrung der Gesetzmäßigkeiten des Zyklischen (»Baal«). Ansatzpunkt der religiösen Erfahrung des Gottesvolkes ist gerade die Erfahrung der Überschreitung der Grenzen in den alltäglichen Gesetzmäßigkeiten; etwa das unverdiente und unverdienbare Herausgerufenwerden, durch das Abraham und seine Stammesangehörigen zu einer Glaubensgemeinschaft werden, die die Wüste als Lebenswirklichkeit besteht. Diese Glaubenserfahrung Israels ist bis in unsere Tage hinein von modellhaft-grundsätzlicher Bedeutung: Leben ohne befestigte Siedlungen, man richtet sich nicht fest ein, sondern wohnt in Zelten, ist rasch bereit aufzubrechen. Jahwe zieht mit (Wolke: Ex 13,21; Bundeslade: Jos 3 f.). Bei der Befreiung aus der Fremdherrschaft hat Israel auf diesen anwesenden und mitgehenden Gott zu vertrauen.

Der Glaube in der Krise von Krankheit und Sterben

Weithin wird Glauben als ein Akt des Festhaltens verstanden: Festhalten an der geoffenbarten und von der Kirche in verbindlicher Weise vorgelegten Wahrheit. Glaube als »Festgemachtsein in Gott« kennt noch einen anderen Akt, nämlich den des »Loslassens«. Die *Fähigkeit, loszulassen*, sich dem Neuen und Unbekannten anzuvertrauen, zeigt die Hoffnungsstruktur des Glaubens. Gerade diese Glaubensform hat besondere Bedeutung in den Krisen des Krankseins und Sterbens, in denen das Loslassen im Sinne von Abschiednehmen, Verlassenkönnen, Angst und Schmerz zuzulassen, als Fähigkeiten zu trauern besonders bedeutsam sind. Das Loslassen im Vertrauen auf die Nähe der Bezugsperson kommt in dem lateinischen Wort Credo = cor do = ich gebe mein Herz zum Ausdruck. Das Kind lernt laufen an der Hand der Mutter. Irgendwann kommt der Augenblick, in dem die Mutter es losläßt: »Komm! Du kannst allein gehen! Hab keine Angst, ich bin doch da!« Nur wer loslassen kann, hat freie Hände, um Neues zu ergreifen. Besonders in der Krisensituation von Kranksein und Sterben stehen Erfahrungen des Weltverlustes im Vordergrund. Ehe neue Möglichkeiten ergriffen werden können, muß das Verlorene erst innerlich hergegeben werden. Dieser Prozeß umfaßt meistens mehrere Stadien. Wer sein eigenes Sterben und seinen eigenen Tod nicht akzeptiert und in sein Leben integriert, kann kaum dem offen und helfend beistehen, der akut auf dem Weg zum Tod ist.

Wie erleben Patienten ihr Sterben? Eine erfahrene Ärztin (Dr. med. G. Strauch-Rahäuser) sagt: Wenn man einem Menschen begegnet, von dem man weiß, daß er unheilbar, vielleicht lebensbedrohlich krank ist, dann lautet die erste Frage, die man sich stellt: Weiß der Patient auch, wie es um ihn steht, muß ich ihm etwas vormachen oder kann ich ihm mit Offenheit begegnen? Diese Frage läßt sich mit einiger Sicherheit beantworten. Wie offen wir mit dem Kranken sprechen können, hängt weitgehend davon ab, inwieweit wir selbst in der Lage sind, uns mit Gedanken an Tod und Sterben auseinanderzusetzen.[20] Entgegen der landläufigen, immer noch weitverbreiteten Meinung, *weiß* es der Patient, wenn er vom Tod bedroht ist. Meistens wurde ihm dieses Wissen *nicht direkt* vermittelt. Der Patient kann es aus einem Befundbericht, einem belauschten Gespräch erfahren haben. Häufig erkennt er die Diagnose aus den an ihm vorgenommenen diagnostischen und therapeutischen Maßnahmen, wie z. B. Bestrahlungen. Es scheint auch so zu sein, daß die Kenntnis der Situation dem Patienten, in fortgeschrittenen Stadien der Krankheit jedenfalls, durch seinen Körper vermittelt wird. Ein Patient sagte, völlig gelassen übrigens: »Ich weiß, daß es nicht mehr lange dauern kann, ich spüre es doch. Ein Organ nach dem anderen hört bei mir auf zu funktionieren (womit er im übrigen recht hatte), irgendwann wird es zu Ende sein.« Nicht zuletzt wird dem Patienten sein Wissen indirekt durch die Personen seiner Umgebung vermittelt. Wir alle ändern unbewußt unser Verhalten, sobald wir wissen, daß unser Gegenüber wahrscheinlich sterben muß. Der Patient *weiß* also und er hat fast ausnahmslos das Bedürfnis sich über sein letztes großes Anliegen mitzuteilen. Aber er spürt die Ängste der anderen und spielt aus Rücksicht etwa auf den Arzt, den er nicht in Verlegenheit bringen will, oder auf den Angehörigen, den er nicht irritieren, dem er nicht wehtun will, das Versteckspiel mit.

Die weitverbreitete, immer wieder mit zäher Hartnäckigkeit – eigentlich zum Schutz der eigenen Person – vorgetragene Behauptung: der Patient könne die Wahrheit nicht ertragen, hat für diesen verhängnisvolle Konsequenzen. Der Sterbende ist dadurch trotz vielleicht noch intensiver ärztlicher und pflegerischer Bemühungen, trotz vielleicht vorhandener seelsorglicher Maßnahmen, trotz vielleicht reichlicher Zuwendung durch Angehörige, im Grunde allein.[21] Es ist heute möglich, sich über praktisch alle wichtigen Angelegenheiten dieses Lebens anderen mitzuteilen. Über Gefühle im Zusammenhang mit einer bevorstehenden Heirat, über Berufswahl, über sexuelle Probleme darf man sprechen. Wenn aber ein Mensch über das letzte große Ereignis, über seine Gefühle in Zusammenhang mit seinem Sterben, seinem Tod sprechen will, stößt er bei der Umgebung auf eine Mauer des Widerstandes.[22]

Der Kranke weiß also, das müssen wir voraussetzen. *Wie verarbeitet er nun dieses Wissen, wie reagiert er darauf?* In Amerika hat die aus der Schweiz stammende Ärztin Frau Dr. Kübler-Ross in den vergangenen Jahren in Chicago bei vielen hundert Sterbenden als Psychiaterin und Psychotherapeutin Erfahrungen gesammelt. Die deutsche Fassung ihres Buches über Tod und Sterben trägt den Titel: »Interviews mit Sterbenden«. Nach Gesprächen mit über 500 Sterbenden ist sie heute überzeugt davon, daß der Sterbende auch ohne wörtliche Aufklärung über seinen Zustand und seine Lage weiß und wenigstens einmal über sein Sterben und über seine Ängste sprechen möchte. In vielen Begegnungen hat Frau Kübler-Ross dabei *5 typische Stufen der Erlebnisse* herausgestellt, die vom Sterbenden, aber auch von seinen *Angehörigen* (!) bis zum Eintritt des Todes durchlaufen werden.[23]

Die *1. Phase,* in die der Patient beim Gewahrwerden einer lebensgefährlichen Krankheit gerät, ist die Phase der *Verleugnung* und der *Isolation*. Die meisten Menschen trifft die Kenntnis, unheilbar krank zu sein, zunächst wie ein Schock. Sie nehmen es mit dem Verstand auf, aber ihr Gefühl sagt, nein, das kann nicht sein, so etwas Furchtbares kann und darf mir nicht geschehen, das kann ich nicht ertragen. Sie verleugnen die Schwere ihrer Erkrankung. Diese Reaktion, dieses Nicht-Wissen-Wollen oder-Können stellt eine Art Selbstschutz des Patienten dar. Der Kranke kann es nicht fassen, daß er es ist, der mit der künstlichen Niere behandelt werden muß; daß er es ist, der einen Tumor oder etwa einen gefährlichen Blutbefund bei einer Leukämie haben soll. Nein, das kann nicht sein! Das muß mit einer Verwechslung des Laborzettels zusammenhängen, da muß es sich um einen ärztlichen Irrtum handeln. Im ersten Schock läßt er die aufwühlende Wahrnehmung eines Symptoms oder einer Diagnose nicht an sich heran. Er wechselt den Hausarzt oder das Krankenhaus, um in immer neuen Untersuchungen vielleicht doch die befreiende Nachricht zu hören, daß tatsächlich ein Irrtum vorlag. In seltenen Fällen kommt es vor, daß die Verleugnung bis zum Tode aufrecht erhalten wird. Dies scheint bei solchen Patienten der Fall zu sein, deren Leben so viele unbewältigte Konflikte enthält, daß der Gedanke an den Tod nur Panik auslösen könnte.

Da nun die Verleugnung nicht mehr aufrecht erhalten werden kann, kommt als nächstes die Frage: Warum trifft es gerade mich und keinen anderen? Ijob hadert mit Gott. In dieser *2. Phase* stellen sich beim Kranken Gefühle der ohnmächtigen Wut, des Zornes, der *Auflehnung* und Verzweiflung ein gegenüber der gesunden Umwelt, die nicht krank ist, die es dem Kranken plötzlich nicht mehr recht machen kann. Er empfindet seine Abhängigkeit von anderen, seine Schmerzen, sein Ausgeliefertsein an Diagnostik und Therapie, Ärzte, Schwestern, Pfleger als demütigend und reagiert mit Aggressivität. Diese Reaktion ist für die Umgebung meist schwer zu ertragen – auch für die Patienten selbst. Wenn es gelingt, den Kranken dazu zu bringen, diese Gefühle von Ärger und Zorn gänzlich auszusprechen und ihn mit seiner Auflehnung zu akzeptieren (er ist ja nicht auf den einzelnen böse, sondern auf alle), dann wird es ihm besser gehen. Diese Phase ist deshalb von großer Bedeutung, weil in ihr viele wohlgemeinte Hilfsversuche der am Krankenbett eintreffenden Personen abgeschreckt werden.

In der *3. Phase* wird der bedrängte Patient gleichsam diplomatisch. Er gibt es auf, eine Erlösung von seiner Angst durch zornige Ausbrüche zu erreichen. Er verlegt sich nun aufs freundliche Betteln und *Verhandeln*. Er denkt auf einmal an einen Höheren, der sein Leben schließlich doch in der Hand haben könnte. Wenn er auch vorher nicht gar zu fromm gewesen ist, versucht er mit dem höchsten Chef zu feilschen und verspricht ihm auch, ein besserer Mensch zu werden, ein gutes Werk zu vollbringen, falls sein Leben verlängert wird. Er glaubt, durch gute Vorsätze einen Aufschub oder mindestens eine Schmerzlinderung zu erreichen. Viele Patienten in dieser Phase versprechen den Ärzten, sie würden gern Teile ihres Körpers oder sogar den ganzen Körper der Wissenschaft zum Studium zur Verfügung stellen, wenn – so der brennende Wunsch – diese Ärzte gleichsam als Gegenleistung das Leben des Kranken verlängern könnten. Hinter derartigen Gelöbnissen steckt oft ein verborgenes Schuldgefühl im religiösen oder mitmenschlichen Bereich. Solche Ängste werden eher dem Seelsorger anvertraut als dem Arzt.

Aber dieser Zustand hält nicht lange an. Die Krankheit zum Tode schreitet fort. Der Patient fühlt seine Kräfte schwinden. Zorn und Wut weichen dem Gefühl eines unabwendbaren schrecklichen Verlustes. Es ist die *4. Phase*, die der *Depression*. Die Kranken überfällt hier eine große Traurigkeit über alles, was sie verloren: Beruf, Familie, vielleicht empfinden sie auch Trauer über ein operativ entferntes Organ (z. B. Frauen, die an Brustdrüsenkarzinom erkrankt sind). Diese existentielle Depression wird häufig verstärkt durch die Sorge über die Versorgung der Kinder, über die steigenden finanziellen Kosten der Krankenpflege, über allerlei Lebensgeschäfte, in die der Todkranke nicht mehr lenkend eingreifen kann. Hierbei kann die gesunde Umwelt dem Patienten entscheidend helfen, wenn sie ihm die Lösung derartiger Probleme aktiv abnimmt. Es ist jedoch störend, die existentielle Traurigkeit des Kranken durch Hoffnung dauernd lockern zu wollen. *Der Sterbende muß trauern dürfen*[24] und auch seine Angehörigen müssen dies jetzt aushalten. Und sie müssen die »Trauerarbeit« – wie man sagt – leisten. Dabei ist es nicht mehr notwendig, viel zu sprechen. Der Trennungsschmerz braucht kaum Worte. Zu viel Zuspruch und ebenso zu viel ärztliche Behandlung würde die seelische Vorbereitung auf den Tod beeinträchtigen. Ärzte, Pflegepersonen und Angehörige sollten diesen Zustand erkennen und sie sollten wissen, daß diese Art von Depression notwendig und segensreich für den Patienten ist, um in einem Zustand der Bereitschaft und des Friedens sterben zu können. Nur Patienten, die sich durch ihre Qual und Ängste durchgearbeitet haben, erreichen dieses Ziel. Hier kommt es eher darauf an, stillschweigend dazusein und mit einer Geste zu versichern, daß man den Schmerz kennt und teilt. Es quält den Kranken, der nun bereit wird, von seinem Dasein sich zu lösen, wenn die Angehörigen ihn nicht gehen lassen wollen, wenn sie z. B. immer neue eventuelle Möglichkeiten wie Operation versuchen und von ihm Mitarbeit, d.h. Kampf um sein Leben, erwarten.

In der *5. Phase*, im Endstadium, in dem der Sterbende sein Schicksal annimmt, in dem er weder verzweifelt, noch hoffnungslos oder zornig ist und seinem Ende mit stiller Erwartung entgegensieht, ist er meist müde und schwach. Er will ruhig dahindämmern und öfter schlafen. Sein Interessenkreis verengt sich immer mehr. Er möchte ungestört bleiben und schweigen. Besuche mit lauten Gesprächen strengen ihn zu sehr an. Der Kontakt mit ihm wird immer wortloser. Aber es ist wichtig, daß er nicht allein gelassen wird, daß jemand ihm die Hand hält oder daß man ihm einmal die Haare streichelt, einfach körperliche Nähe, Dabeisein schenkt. Es handelt sich also um die letzte Phase der *Einwilligung*, Zustimmung oder Ergebung, die nicht einfach als glücklicher

Zustand verstanden werden darf. Diese Phase ist fast frei von Gefühlen. Schmerz scheint vergangen, der Kampf ist vorbei. Nun kommt die Zeit der letzten Ruhe vor der langen Reise.

Diesseits des Todes – der Sterbevorgang mit seinen fünf Phasen: Leugnung, Auflehnung, Verhandeln, Depression und Annahme des Todes.[25] Diese psychologischen Stadien lösen zeitweise einander ab, sie können zeitweise auch nebeneinander existieren. Es kann natürlich auch jemand sterben, ohne daß er *alle* diese Phasen durchlaufen hat. Wer die Texte der Evangelien liest über das Sterben Jesu, wird selbst einige Phasen feststellen können bis hin zur letzten Annahme: »Vater, in deine Hände befehle ich meinen Geist« (Lk 23,46).

Eine grundsätzliche nützliche Regel, die für jeden gelten muß, der sich mit unheilbar Kranken auseinandersetzt, sei noch besonders hervorgehoben. Die meisten Menschen neigen dazu, Kranken gegenüber Aktivität zu entfalten. Man fühlt sich verpflichtet, etwas zu tun oder etwas zu sagen. In der Begegnung mit dem Sterbenden kommt es darauf an, eher *passiv* zu sein, darauf zu achten, was *er* möchte, vor allem, was er mitteilen möchte. Man denke wiederum an Jesu Sterben, wie Maria seine Mutter und Johannes der Lieblingsjünger sich verhalten. Am wichtigsten ist es zweifellos, überhaupt bereit zu sein, es auszuhalten. »Unter dem Kreuz Jesu *standen* (!) Maria, Johannes...« (Joh 19,25).

Was geschieht eigentlich, wenn ein Mensch stirbt? Als der junge Augustinus, er war 19 Jahre alt, einen Freund verliert, sagt er: »Factus eram ipse mihi magna quaestio – Ich selber war mir zur großen Frage geworden«.[26] Auch der Mediziner, der das Aufhören von Atmung, Herztätigkeit, Gehirnströmen feststellt, hat eigentlich keine unmittelbare Erfahrung von dem, was im Sterben geschieht. Der Tod ist jeweils der meine, und wir können gar nicht das Sterben von jemand anders, und wäre er noch so sehr unser Nächster, wirklich erfahren. Und dennoch wissen wir einiges über den Tod, das durchaus den Kern der Sache betrifft. Wir wissen z. B., daß er etwas unvergleichbar Endgültiges ist und daß im Sterben etwas nicht mehr rückgängig zu Machendes geschieht. Der Tod ist der Ernstfall schlechthin, so sagen wir. In unserem Themenzusammenhang sei nur dies betont: Die hl. Überlieferung sagt uns, daß im menschlichen Sterben nicht nur etwas *geschieht*, sondern der Mensch selber auch etwas *tut*, wenn er stirbt (gemeint ist nicht der Selbstmörder; denn auch ihm widerfährt das Sterben wie eine von fremd her kommende Überwältigung). Die neueste Theologie betont diesen Aspekt des menschlichen Sterbens wieder stärker: Der Tod ist nicht nur ein Naturgeschehen, sondern zugleich die vollkommenste Tat des irdischen Lebens überhaupt. Im Sterben *tut* der Mensch den letzten Schritt auf seinem Wege, der das Leben von innen her abschließt, ein Zuendebringen, Komplettmachen, Unterschrift, Vollzug, Akt liebender Selbsthingabe, christlich gesprochen, an Gott, ein letztes Loslassen. Paradox: Man besitzt nur das, was man losläßt. Das eigene Leben loslassen, um es in der künftigen Welt zu gewinnen, die uns verheißen ist.[27] Wir wollen nicht, daß unsere Sterbenden totgeschwiegen und von uns allein gelassen werden im Sterben, in diesem letzten, entscheidenden Akt, in der letzten Aufgabe, die zur Hingabe werden soll.

Dies alles kann zu einem Weg des Glaubens werden, wenn der »Trauernde« (im dargelegten Sinne) im Gespräch mit seinem (letztlich göttlichen) Gegenüber bleibt. Der Seelsorger muß dabei durchlässig werden für den eigentlichen Adressaten des Gesprächs: »Gott, gib mir die Gelassenheit, die Dinge hinzunehmen, die ich nicht ändern kann. Den Mut, die Dinge zu ändern, die ich ändern kann. Und die Weisheit, das eine vom anderen zu unterscheiden!« In der Begleitung von Langzeitkranken erfahren viele Seelsorger einen solchen Entwicklungsprozeß in den Fragestellungen an Gott, einen Vorgang, der erstaunliche Parallelen zu den Phasen des Sterbens aufweist.

Glaubenshilfe als Aufgabe der Seelsorge

Die Botschaft des in Jesus Christus mitgehenden Gottes verpflichtet und prägt die Heilssorge für die Kranken: Begleitende Seelsorge! Die häufigen Fragen: »Warum gerade ich?, wo ich doch ein Leben lang nur Gutes...?« »Wie habe ich das verdient; Sehen Sie doch einmal die vielen Verbrecher an, die gesund herumlaufen, während ich...« – machen deutlich: Da zerbricht ein Gottesbild, eine Gottesvorstellung. »Nach allem, was ich erfahren habe, kann ich an keinen Gott mehr glauben! Wenn es ihn gibt – wie könnte er so etwas zulassen?«[28] Dem Patienten muß geholfen werden, das Vorurteil abzubauen, den nichtdefekten Zustand seines Leibes als alleinigen Maßstab vollgültigen Lebens anzusehen. Das seelsorgliche Sich-Einlassen auf die Wirklichkeit kann den Konfliktstoff im Kontext der Krankheit nicht ausklammern, um möglichst rasch zum »Eigentlichen« in Verkündigung und Sakramentenspendung zu kommen. Die Ganzheitlichkeit des Glaubensaktes erfordert ja die freie innere Zustimmung des ganzen Menschen. Darum muß auch die Seelsorge im Krankenhaus zunächst den Kranken in seiner Krise des Krankseins begleiten und ihm helfen, seinen Glauben im Zusammenhang mit seinem Leben hier und jetzt zu entwickeln. Dazu gehört eine starke Identitätsfindung – mit sich selbst eins werden.

Krankenhausseelsorge[29] soll den mitgehenden Gott bezeugen. Dies besteht zunächst in der *Begleitung des Kranken* als freies Angebot, das auch unter dem Gesetz der Freiwilligkeit von seiten des Kranken steht. Dieses Begleiten beginnt mit dem einfachen Krankenbesuch, jenem mitmenschlichen Dienst, der sich durch seine Instrumentenlosigkeit von Behandlungszwängen im Krankenhaus abhebt. Der *schlichte Krankenbesuch* wird in der Rede Jesu über das letzte Gericht des Menschen aufgezählt: »Ich war krank, und ihr habt mich besucht!« (Mt 25,36). Gerade im Zeitalter der apparativen Medizin hat das schlichte Mitgehen (nicht allein lassen) mit dem Kranken in seinem Krankheitserleben besondere Bedeutung. Das Verstehen und verständlich Machen als Hilfe zur Selbstannahme verlangt Einübung und Sensibilisierung, die Fähigkeit sich betreffen zu lassen und in Nähe und Distanz angemessen zu begleiten. Der sog. *kursorische* Krankenbesuch (von Bett zu Bett, von Station zu Station) will gerade die Aussonderung beim Kranken überwinden helfen. In Ergänzung dazu gibt es die *Intensivbegleitung* einzelner Kranker in bestimmten Krisen des Krankseins oder im Sterben. Neben dem Einzelgespräch haben sich in der Krankenhausseelsorge auch kollektive Formen der Krankenbegleitung entwickelt, z.B. das Gruppengespräch mit Patienten (auch ökumenisch) und ausgesprochene Patientengruppen.

All diese Formen des Begleitens stehen im Horizont des Glaubens. Richtungweisend sind die Verhaltensweisen Jesu gegenüber der Krankheit wie gegenüber dem Kranken. Die *Glaubenshilfe*[30] für den Kranken ist das umfassende Thema für die Krankenhausseelsorge. Als eigenes kirchliches Angebot umfaßt sie das Gebet mit dem Kranken, die Spendung der Sakramente, insbesondere des Bußsakramentes, der Eucharistie und der Krankensalbung.[31] Die Feier der hl. Messe in der Hauskapelle oder gelegentlich im Krankenzimmer vergegenwärtigt den mitgehenden Herrn in seinem Opfer auf intensivste Weise. Im Beten mit dem Kranken soll das Sprechen eine Richtungsänderung dazugewinnen: aus dem Gegenüber von Seelsorger und Kranken wird ein Nebeneinander, aus dem Reden über Gott soll ein gemeinsames Reden mit Gott aus der erfahrenen Situation des Kranken werden. Der Seelsorger im Krankenhaus ist nicht nur Partner der Patienten.[32] Als von außerhalb der Institution des Krankenhauses (in kirchlichem Auftrag) Kommender und doch Teilintegrierter im therapeutischen Team ist er auch ihr Partner. Er hat das Anliegen des Glaubens als Lebensdimension, die Mitmenschlichkeit der Begleitung und die kritische Funktion gegenüber einer Mentalität der einseitigen Faszination vor dem Machbaren wahrzunehmen.

Die Neuordnung des Sakramentes der *Krankensalbung* in der katholischen Kirche[33] hat in vielen wichtigen Punkten Mißverständnisse dieses Sakramentes beseitigt und eine sinnvolle Annäherung an die ursprüngliche Aussagekraft dieses Heilszeichens erbracht: so z. B. die Möglichkeit der wiederholten Spendung der Krankensalbung, die Spendung in Gemeinschaftsfeiern, das Verbot der Spendung der Krankensalbung an Tote, die Adaptation des Ritus an die Situation der Kranken u.a.m. Besondere Aussagekraft hat die am Anfang der Zeichenhandlung dieses Sakramentes stehende Handauflegung auf die Stirn des Kranken. Wenn die Krankensalbung »Aufrichtung und Stärkung« zusagt (Jak 5,15), bringt gerade diese Zeichenhandlung die Sammlung, den Schutz und die Stärke des immer größeren Gottes zum Ausdruck.[34] Der berühmte »Tropfen Öl« ist selbst im Zeitalter der Maschinen noch ein Inbegriff für das Ingangbringen von Verrostetem oder Stehengebliebenem, für die Bewegung des Unbeweglichen. Öl glättet, macht geschmeidig, *löst* Verhärtungen bzw. Verspannungen. Das Heilszeichen des Kreuzes auf die Stirn und Handflächen mit dem Öl zeigt die tiefere Dimension von Lösungen: sich lösen von bohrenden Warum-Fragen und Zweifeln, sich vertrauend in die Hände Gottes legen mit Blick auf den, der sich nicht festgeklammert hat, sondern durch Leid und Tod hindurchgekommen ist, sogar durch den Tod zum Leben hindurchgegangen ist: Jesus Christus.[35]

Tote können kein Sakrament empfangen, auch nicht die *Krankensalbung.* Die drängenden Angehörigen, die jetzt noch wenigstens auf der Spendung dieses Sakramentes bestehen, sind die eigentlichen »Patienten« dieses Augenblicks. Ihnen sollte die erste Begleitung des Seelsorgers nunmehr gelten; nicht selten danach den Behandelnden, den Schwestern und Pflegern. Ein Krankenhausseelsorger sagte in einer solchen Situation zum bekümmerten Arzt: »Herr Doktor, es ist nicht Ihre Aufgabe, den Tod zu besiegen.«

Mit dem Zeichen des Kreuzes (gegebenenfalls auf die Stirn des Verstorbenen) legen wir diesen Menschen, jeden Menschen aus unseren Händen in die Hände Gottes,[36] in dem Zeichen, in dem uns Jesus vorangegangen ist, in dem auch diesem Verstorbenen und uns allen die Verwandlung des Todes zu unvergänglichem Leben bei Gott verheißen ist.

Anmerkungen

1 Zum Thema »Seelsorge«: Karl Rahner, Schriften zur Theologie III 313–328. »Mitsorge mit dem sorgenden Gott um das Heil des andern« (320). – LThK 9,579–583. »Krankenseelsorge«: LThK 6,591–594.

2 Benediktionale. Freiburg i. Br. 1978, 52.

3 Hans Urs von Balthasar (Hrsg.), Die großen Ordensregeln. Einsiedeln ³1974, 168: Augustinus; 225 f.: Benedikt; 359: Ignatius von Loyola.

4 Wolfgang Müller, I, 99.

5 Hochschwarzwald-Klinik und Weißensteinklinik für psychosomatische Erkrankungen.

6 De consolatione Philosophiae II, 4, 28.

7 J. Alberigo – J. A. Dossetti – P. Joannou – C. Leonardi – P. Prodi, Conciliorum Oecumenicorum Decreta. Bologna ³1973, 245–246.

8 Arthur Jores, Der Mensch und seine Krankheit. Stuttgart ⁴1970.

9 Bernhard Häring, Das Gesetz Christi. München 1967, III, 231–238.

10 Zum Thema »Wunder des Daseins – Sich selbst ein Rätsel«: Hans Urs von Balthasar, In der Fülle des Glaubens. Freiburg i. Br. 1980, 62 ff.

11 Bernhard Häring, Heilender Dienst. Mainz 1972, 149.

12 Pastoralkonstitution »Gaudium et spes« Nr. 3.

13 Viktor E. Frankl, Das Leiden am sinnlosen Leben. Freiburg i.Br. 1977, 11: Existentielle Frustration; 13: Noogene Neurose; 80: Der Sinn des Leidens; 85: Ärztliche Seelsorge.

14 Vgl. Karl Rahner, Schuld und Schuldvergebung als Grenzgebiet zwischen Theologie und Psychotherapie, in: Schriften zur Theologie II 279–297.

15 Viktor E. Frankl, Psychotherapie für den Laien. Freiburg i.Br. 1971, 156 f.

16 Karl Rahner, Rechenschaft des Glaubens. Freiburg i. Br. 1979, 81: »Im allerletzten ist das eine ganze Leben des Menschen in und trotz aller Vielfalt der Wirklichkeiten, mit denen es erfüllt ist, eine einzige, große, durch die Freiheit zu entscheidende Frage, ob er sich vertrauend und hoffend hineingibt in das unauflösliche Geheimnis, das wir Gott nennen, ob er sich diesem anvertraut als der heiligen, vergebenden, allem seinen letzten Sinn gebenden Liebe, die sich uns selbst schenkt.«
Ders. a.a.O. 381 f.: »Auch die Situation der Krankheit gehört zu den entscheidenden Situationen im Leben des Menschen, die – mögen sie auch zunächst sehr profan erscheinen – in seine *Heils*geschichte hineingehören, die ihn zur Entscheidung zwingen, wie er das Ganze und Eigentliche seines Lebens frei verstehen wolle, ob als Absurdität oder als dunkles Geheimnis, in dem die unbegreifliche Liebe sich ihm naht.«

17 Nachdem Thomas von Aquin gezeigt hat, daß die Freiheit des Menschen nicht auf vielerlei Arten ihre letzte Erfüllung finden kann, und die einzelnen Güter durchbesprochen hat, in denen die Erfüllung jedenfalls nicht gelingt – Reichtümer, Ehren, (Nach-)Ruhm, Macht, Gesundheit, gröbere oder feinere Wollust, innerseelische Gestilltheit – zeigt er, daß nur der unendliche Gott (universale bonum, universale verum) den sehnsüchtigen Ausblick menschlicher Freiheit erfüllen kann (S. Theol. 1–2 q 2,8). Augustinus, Civ. Dei, XIX, 26: »Ut vita carnis anima est, ita beata vita hominis Deus est.« (U. v. Balthasar a.a.O. 117).

18 Josef Mayer-Scheu/Rudolf Kautzky (Hrsg.), Vom Behandeln zum Heilen. Wien 1980, 97 ff.: Begleiten; 134 ff.: Glaubenshilfe; 138 ff.: Jesus und die Kranken.

19 Augustinus, Sermo 88,1; 175,1; 87,13.

20 Paul Sporken, Umgang mit Sterbenden. Düsseldorf 1973, 54.

21 Vgl. Franz Böckle, Menschenwürdig sterben. Einsiedeln 1979, 27–39.

22 Margaretta K. Bowers u. a., Wie können wir Sterbenden beistehen. München 1971, 13.

23 Elisabeth Kübler-Ross, Interviews mit Sterbenden. Gütersloh 1973, 16–93.

24 Albert Mauder, Die Kunst des Sterbens. Regensburg ^{2}1974, 51.

25 Concilium 10 (1974), Heft 4: Themaheft »Sterben« mit einschlägigen Beiträgen.

26 Confessiones IV, 4,9.

27 Gerhard Hildmann (Hrsg.), Jenseits des Todes. Stuttgart 1970.

28 Dazu die Pastoralkonstitution des II. Vatik. Konzils »Gaudium et spes« Nr. 10: »Die Störungen des Gleichgewichts, an denen die moderne Welt leidet, hängen mit jener tiefer liegenden Störung des Gleichgewichts zusammen, die im Herzen des Menschen ihren Ursprung haben. Denn im Menschen selbst sind viele widersprüchliche Elemente gegeben. Einerseits erfährt er sich nämlich als Geschöpf vielfältig begrenzt, andererseits empfindet er sich in seinem Verlangen unbegrenzt und berufen zu einem Leben höherer Ordnung. Zwischen vielen Möglichkeiten die ihn anrufen, muß er dauernd unweigerlich eine Wahl treffen und so auf dieses oder jenes verzichten. Als schwacher Mensch und Sünder tut er oft das, was er nicht will, und was er tun wollte, tut er nicht. So leidet er an einer inneren Zwiespältigkeit, und daraus entstehen viele und schwere Zerwürfnisse auch in der Gesellschaft.... Viele glauben, in einer der vielen Weltdeutungen ihren Frieden zu finden. Andere wieder erwarten vom bloßen menschlichen Bemühen die wahre und volle Befreiung der Menschheit und sind davon überzeugt, daß die künftige Herrschaft des Menschen über die Erde alle Wünsche ihres Herzens erfüllen wird. Andere wieder preisen, am Sinn des Lebens verzweifelnd, den Mut derer, die in der Überzeugung von der absoluten Bedeutungslosigkeit der menschlichen Existenz versuchen, ihr nun die ganze Bedeutung ausschließlich aus autonomer Verfügung des Subjekts zu geben. Dennoch wächst angesichts der heutigen Weltentwicklung die Zahl derer, die die *Grundfragen* stellen oder mit neuer Schärfe spüren: Was ist der Mensch? Was ist der Sinn des Schmerzes, des Bösen, des Todes – alles Dinge, die trotz solchen Fortschritts noch immer weiterbestehen? Wozu diese Siege, wenn sie so teuer erkauft werden mußten? ... Was kommt nach diesem irdischen Leben?« – Ähnlich in der Erklärung über das Verhältnis der Kirche zu den nicht-christlichen Religionen »*Nostra aetate*« Nr. 1: »Was ist jenes letzte und unsagbare Geheimnis unserer Existenz, aus dem wir kommen und wohin wir gehen?«

29 Concilium 12 (1976), 600–607: J. Mayer-Scheu, Seelsorge im Krankenhaus.

30 Heinrich Spaemann, Stärker als Not, Krankheit und Tod. Freiburg i. Br. 1981, 42 ff. Charakteristische Themen dieses Buches: Über die Heilung hinaus – das Heil; Beziehungsnetz Liebe: Gemeinde; Jesus – Gefährte der Alleingelassenen.

31 Josef Mayer-Scheu, Seelsorge im Krankenhaus. Mainz 1977, 45.

32 Walter J. Schraml, Psychologie im Krankenhaus. Bern ^{2}1972.

33 Manfred Probst/Klemens Richter (Hrsg.), Heilssorge für die Kranken. Freiburg i. Br. 1975, 55–69. 114–120.

34 II. Vatik. Konzil, Konstitution über die hl. Liturgie »Sacrosanctum Concilium« Nr. 73: »Die Krankensalbung ist nicht nur das Sakrament derer, die sich in äußerster Lebensgefahr befinden. Daher ist der rechte Augenblick für ihren Empfang sicher schon gegeben, wenn der Gläubige beginnt, wegen Krankheit oder Altersschwäche in Lebensgefahr zu geraten.« Artikel 11 der Dogmatischen Konstitution über die Kirche »Lumen gentium« zeigt den ekklesiologischen Aspekt aller 7 Einzelsakramente sowie den Vollzug des gemeinsamen Priestertums in ihnen. Zum Sakrament der Krankensalbung wird ausgeführt: »Durch die heilige Krankensalbung und das Gebet der Priester empfiehlt die ganze Kirche die Kranken dem leidenden und verherrlichten Herrn, daß er sie aufrichte und rette (vgl. Jak 5,14–16), ja sie ermahnt sie, sich bewußt dem Leiden und dem Tode Christi zu vereinigen (vgl. Röm 8,17; Kol 1,24; 2 Tim 2,11–12; 1 Petr 4,13) und so zum Wohle des Gottesvolkes beizutragen.«

35 Hans Urs von Balthasar, a.a.O. 205–207: Der Mensch – »der Bruder, für den Christus starb.«

36 Paul Sporken, Menschlich sterben. Düsseldorf 1972, 67.

Karl Friedrich Becker

Die Geschichte der evangelischen Pfarrei St. Blasien

Das gemeinsame christliche Erbe ist viel zu groß, als daß die konfessionellen Besonderheiten letztlich trennen könnten. Diese ökumenische Einsicht stellt Kirche und Theologen zwar noch vor viel nüchterne Arbeit, ist aber, seit dem II. Vatikanischen Konzil, heute eine schon in ihrer jetzigen Bedeutung kaum zu überschätzende Gegebenheit. Auf dem Boden dieser Gemeinsamkeit verstehen evangelische Christen auch die schreckliche Wunde, die St. Blasien mit der Zerschlagung seines Klosters zugefügt worden ist. Wir können das Domjubiläum herzlich mitfeiern. Wir sind dankbar dafür, daß die Klostermauern heute in neuer Form lebendiges christliches Leben umschließen, und wünschen Dom und Kloster für die Zukunft Gottes Schutz und Schirm und lebendiges Christentum in ihren Räumen. Gerne berichten wir in diesem Band auch von unserer evangelischen Pfarrei St. Blasien.

Vorgeschichte

Nur wenige wissen, daß die Äbte von St. Blasien nach der Reformation auch für eine Reihe von evangelischen Pfarreien zu sorgen hatten. Sie haben diese Aufgabe gewissenhaft erfüllt. Das Kloster war mit Rechten und Pflichten der Kollation (Ämterübertragung) und des Patronats (Fürsorge für eine Stelle) zuständig für die evangelischen Pfarreien Hügelheim, Blansingen, Brombach, Efringen (umstritten), Kleinkems (kurz nach 1561), Tüllingen, Obereggenen, Steinen und Weitenau.

In seiner Reimchronik beschreibt Reisner von Tüllingen (ab 1595 dort Pfarrer) eine gemeinsame Schwarzwaldfahrt zum Abt des Klosters:

»den 11. Christmon waren wir
im Closter St. Blasie sag ich dir:
Herr Brodhag, Adam Kummer und ich
auf Befelch der Oberkeit williglich.
Man hat uns herrlich da tractirt,
darnach zu gutem Bett geführt.
Es ward zu der Zeit grimmig kalt,
ein scharfer Wind kam auch drauf balt,
alles war auch ganz voll Eiß,
wir mußten gehen sanft und leis...«

Die Mitgenannten sind Brodhag von Brombach und Kummer von Hasel/Gersbach.

Für die Äbte ist die Aufgabe an den evangelischen Pfarreien keine leichte Sache. Sie müssen der neuen Glaubensrichtung den materiellen Halt geben. Natürlich gibt es hin und wieder Nöte und Streitfragen. Im großen und ganzen aber herrscht guter Rechtsfriede.

Die Grundlage ist der 1560 geschlossene Vertrag des Klosters mit Baden-Durlach. Der Abt hat das Vorschlagsrecht für die Stellenbesetzung der evangelischen Pfarreien. Der von ihm ausgewählte Bewerber wird erst dann vom evangelischen Superintendenten geprüft. Das Kloster erhält den Zehnten und hat dafür die Baupflicht.

Schon 1549, sechs Jahre vor dem Augsburger Religionsfrieden, baut das Kloster in Hügelheim ein evangelisches Pfarrhaus, drei Gemach hoch, für mehr als 650 Gulden, in Steinbauweise. 1561 baut es eine zweistöckige Pfarrwohnung in Blansingen, deren schöne Räume besonders gelobt werden. 1569 wird das Pfarrhaus in Brombach total renoviert. 1570 entsteht ein gemauertes dreistöckiges Pfarrhaus in Steinen. 1592 baut St. Blasien eines in Kleinkems. Das Abtswappen ziert als Stiftungsurkunde die Haustür. Die Bauten entsprechen allen Anforderungen.

Das Diarium des Klosters berichtet unter dem 13. 1. 1783: »Abends kam der protestantische Pfarrer von Gerspach hinter Todtmoos, von welchem Orte er nach Efringen im oberen Breisgau von seinen Herren berufen worden. Weil St. Blasien dem Efringer Pastor den Unterhalt gibt, so wollte sich deswegen dieser gute Mann unserem gnädigsten Fürsten zeigen und in diesem bestehet alles, was die Herren Pastores, die von unserem Gotteshause die Kompetenzen empfangen im Markgräfischen, zu beobachten haben«. M. a. W.: Wenn auch stärker zur Formalität geworden, ist doch festzuhalten, daß die Rechtsbeziehungen auf dem Gebiet des Patronats und der Kollation bis Ende der Klosterzeit fest bestehen und in guten Formen praktiziert werden.

Wie lebten damals evangelische Pfarrer? Johann Fecht hat die Pfarreien in drei Klassen eingeteilt. Die St. Blasier Patronatspfarreien gehören überwiegend zur mittleren Klasse. Die Pfarrhäuser bieten einfachen, soliden bürgerlichen Komfort. Doch das Leben der Pfarrer ist, wie das aller Zeitgenossen, von Unsicherheiten bedroht. Man ist stark vom Bodenertrag abhängig, denn die Pfarrfamilie lebt überwiegend von der eigenen Landwirtschaft. Gleichzeitig muß der Pfarrer wissenschaftlich qualifiziert sein. Die Kirchenbehörde prüft ständig seine Fortbildung. Die Söhne werden zuhause auf ihr Studium vorbereitet.

Die Pfarrer führen die Schulaufsicht und nehmen selbst einen Teil der Lehraufgaben wahr. Ein Pfarrer muß also ein geistig und körperlich tüchtiger Mann sein, gebildet und zugleich dem Alltag treu, um seine Aufgaben erfüllen zu können; Landwirt und Hauslehrer – das wären heute schon zwei selbständige Berufe. Dazu kommt der Schuldienst. Doch vor allem will die besondere Arbeit des Geistlichen getan sein: Zwei Predigten jeden Sonntag, am Vormittag über einen biblischen Text, am Nachmittag über einen Katechismussatz. Pro Woche zwei Betstunden und eine Abendandacht. Geburten- und Sterblichkeitsrate sind im Vergleich zu heute viel höher. Entsprechend mehr Taufen und Begräbnisse fallen an. Im evangelischen Bereich gehört die Predigt immer dazu. Hohe Krankheitsraten, Seuchen und Elend fordern viele zusätzliche Besuche, Abendmahlsfeiern in Häusern und Maßnahmen für Witwen und Waisen.

Freilich: Damals gehorchen die Menschen im großen und ganzen ihrem Pfarrer, dessen Dienst dadurch auch im Vergleich zu heute viel wirksamer sein kann.

Die nachklösterliche Zeit

Das evangelische Leben am Ort St. Blasien selbst beginnt dann in der zweiten Hälfte des 19. Jahrhunderts. Mit der Aufhebung des Klosters sind natürlich Patronats- und Kollationsrechte erloschen. Die bis heute in St. Blasien feststellbare starke Migration (Bevölkerungswanderung) bringt auch Evangelische hierher. Die Kirchenbücher beginnen 1864. Die Seelenzahl beträgt 50. Nach dem Visitationsbericht von 1889 leben dann 92 Evangelische in St. Blasien, zusätzlich 12 in den Außenbezirken (über die Gemeindefläche später).

Bis Frühjahr 1865 wird in St. Blasien nur einmal im Jahr evangelischer Gottesdienst gehalten, im Habsburgersaal des Klostergebäudes, durch den Pfarrer von Gersbach. Die Pfarrer, die als Hauslehrer bei Fam. Ernst Friedrich Krafft (1823–1898, Fabrikant, Geh. Kommerzienrat, Sohn des Landwirts Dietrich Krafft in Auggen, verheiratet mit Elisabetha, geb. Grether, Tochter des Fabrikanten Karl Wilhelm Grether aus Lörrach), angestellt sind, bringen auch eine Belebung der Gemeinde in Gang. Seit 1863 ist dies Pfarrer Friedrich Lang. Zum 1. April 1865 wird er vom Oberkirchenrat auch mit der Wahrnehmung der pastoralen Aufgaben in St. Blasien betraut. Nun ist jeden dritten Sonntag Gottesdienst. Mehrmals im Jahr ist Feier des Heiligen Abendmahls. Abendmahl und Taufe gelten im evangelischen Raum als »verbum visibile«, »sichtbares Wort«. Das Wort Gottes gilt als das Kernsakrament (Sakrament gleich heilbringendes Mittel). So ist, nach diesem Verständnis, schon der Predigtgottesdienst Vollgottesdienst.

Nach dem Weggang von Pfarrer Lang (1870) wird die Versehung der Gemeinde der Diasporapfarrei Waldshut zugeteilt. In St. Blasien ist alle vier Wochen Gottesdienst, ebenso an den zweiten Feiertagen. Zweimal im Jahr wird Abendmahl gefeiert, einmal an Ostern, einmal im Herbst. Das ist ein Rückschlag gegenüber der Zeit unter Pfarrer Lang. So beginnt ab 1871 eine intensive, schließlich erfolgreiche, langjährige Bemühung um einen besseren Status. Man richtet z. B. eine Petition an die Generalsynode um Verleihung größerer Rechte an die Diasporagemeinden.

Doch erst 1891 wird der für St. Blasien zuständige Geistliche wieder hier wohnen. Nach Pfarrer Friedrich Lang (1864–1870 in St. Blasien), wirken für St. Blasien: Pastorationsgeistlicher Wilhelm Ludwig (1870–1878 in Waldshut), P. Karl August Imgraben (1878–1881 in Waldshut), P. K. Mündel 1882–1883 in Waldshut), P. L. Reimold (1883–1886 in Waldshut), P. L. Jakob (1886–1887 in Waldshut), P. Otto Werner (1887–1891 in Waldshut). Beschwerliche, oft gefährliche Fahrten und Fußwege gehören zum Dienst dieser Pfarrer. Die unermüdliche Fürsorge der Familie Krafft hat diese Dienste in all den langen Jahren begleitet.

F. E. Krafft ist bis zum Tode Kirchenvorsteher, wie es damals hieß. Von ihm gehen auch immer wieder die Impulse zur Strukturverbesserung aus. Seit 1877 wird darauf gedrängt, die Zahl der Gottesdienste und Religionsstunden zu steigern. Erst 1891 hat das Erfolg. Im Visitationsprotokoll des Evangelischen Oberkirchenrats in Karlsruhe, vom 30. Oktober 1877, heißt es u. a.: »... Wir können nur unsere aufrichtige Freude darüber ausdrücken, daß nach den Wahrnehmungen der diesseitigen Kommission die kirchl. Verhältnisse der ev. Genossenschaft St. Blasien, so weit es die Verhältnisse gestatten, wohl geordnet sind.« Die Gemeinde nehme fleißig am Gottesdienst teil. Zwar sei der Unterricht zu knapp, aber die Eltern glichen das aus. Neben dem Geistlichen, Pfarrer Ludwig, wird vor allem Herrn Krafft gedankt.

Die Konfirmanden werden damals übrigens mehrere Monate zur Vorbereitung der Konfirmation in Waldshut untergebracht, auf Gemeindekosten, »bei guten zuverlässigen Leuten« (Prot. 26. 12. 73).

Wie später immer wieder festgestellt, ist auch damals das Verhältnis zur katholischen Gemeinde gut. Das furchtbare Brandunglück (Dom etc.) vom 7. Februar 1874 führt sofort zum Angebot der Mitbenutzung des Betsaals. Nur selten tauchen damals Hinweise auf konfessionelle Vorbehalte auf, die ja insgesamt in jener Zeit noch viel stärker verbreitet waren als heute vorstellbar. In den Kirchenbüchern der ev. Kirchengemeinde St. Blasien findet sich nirgendwo ein abwertendes Wort über den Katholizismus.

Ab 1891 wohnt aber nun der evangelische Geistliche wieder ständig in St. Blasien. In diesem Jahr zieht Lic. Karl Kühner auf, der freilich nur bis 1892 bleibt. Gottesdienst ist nun alle 14 Tage und an den hohen Festtagen. Wöchentlich werden zwei Religionsstunden gehalten. An den Sonntagen ohne Gottesdienst findet Christenlehre für die älteren Jugendlichen statt, unter besonderer Berücksichtigung der nicht am Ort wohnenden. Der Pfarrer treibt die »nötig werdende« Seelsorge in der Gemeinde und im Amtsgefängnis St. Blasien. Sehr gut sind die Beziehungen zum Sanatorium und den Kurheimen, die nun entstehen. Rasch wächst auch die Zahl der Evangelischen. Nach der Volkszählung von 1900 wohnen 207 in St. Blasien, 60 in der Umgebung. Wir erwähnen einige bekannte Namen aus den Familienbüchern: Ernst Friedrich Krafft; Alfred Krafft; Postmeister Leonhard Ewald; Oberförster Wilhelm Könige; Oberförster Karl Friedrich Wittmer;

Großherz. Bezirkssteuerinspektor Otto Beger; Sanatoriumsbesitzer Dr. med. Albert Sander, Sohn eines Kirchenrats in Mecklenburg; Oberförster Johann Friedrich Schöpflin; Dr. med. Robert Tatzel; Ratschreiber Hermann Verlhagen; Luisenheimdirektor Heinrich Vogt; Amtsrichter Fritz Michelt; Kurhausdirektor Richard Müller; Apotheker Friedrich Schulze; Dr. med. Johannes Wiswe, Oberarzt im Luisenheim; in Schluchsee: Reichsfreiherr von Ulmenstein, Fabrikant und Offizier; in Bernau: Dr. Paul August Wescher, Prakt. Arzt; in Oberweschnegg: Hauptlehrer Otto Günder. Hinzu kommen weitere Familien von Beamten, Handwerkern, Gasthaltern, Gendarmen, Steuerbeamten, Postbeamten, kaufm. Angestellten usw. Insgesamt kann man sagen, daß das damalige »bürgerliche« St. Blasien stark evangelisch geprägt ist. Es ist ganz wesentlich mit dem Namen Krafft verbunden. Familie Krafft ist ihrerseits eng mit dem Hause des Großherzogs liiert. 1894 vermerkt z. B. das Protokoll des Kirchenvorstands bezüglich der Finanzierung der geplanten »ständigen Pastoration«: »Geheimrat Krafft macht Mitteilung, daß der Oberkirchenrat und der Gustav-Adolf-Verein eine Unterstützung in Aussicht stellt. Auch S. Kgl. Hoheit der Großherzog habe ihm einen Betrag aus seiner Privatkasse zugesagt, aber er (Herr Krafft) habe es mit dem Bemerken abgelehnt, daß es Ehrensache der Gemeinde sei, die nötigen Geldmittel selbst aufzubringen«, was dann vor allem durch Fam. Krafft geschehen ist. Dieser Passus und andere Zeugnisse bekunden die enge Verbindung Krafft/Großherzog. Der Großherzog selbst bezeugt diese auch seinerseits, z. B. in seinem Nachruf zum Begräbnis von F. E. Krafft (1898), in dem es u. a. heißt: »Aber wir verlieren in diesem treuen Mann den Begründer unserer Gemeinde... Unsere Dankbarkeit verbindet sich mit derjenigen aller treuer Einwohner dieser Stadt, für die er ein großer Wohltäter gewesen ist... wahres Vorbild der Liebe, die er ohne Ansehen der Person, ohne Unterschiede der Konfession allen Menschen widmete, sobald er glaubte, helfen, heilen, aufrichten zu sollen«. So Großherzog Friedrich. (Noch 1927 finden wir folgende Taufeintragung: Dietrich Krafft, Sohn des Fabrikanten Otto Krafft. Taufpaten: Großherzog Friedrich II. von Baden in Freiburg; Exzell. Großadmiral von Tirpitz, St. Blasien; ... Arndt von Steuben, Berlin; Jutta von Müldner, Berlin...)

1891 wohnt der Pfarrer immer noch in Räumen der Fam. Krafft, wo er auch Hauslehrer ist. Bei der Visitation 1892 wird aber ein »selbständiger Pastorationsposten« angestrebt. Der Oberkirchenrat lehnt zunächst »aus materiellen Gründen« ab. 1893 erläutert der Dekan der Diözese Schopfheim, ein Pfarrer müsse 1200 Mark Jahreseinkommen und freie Wohnung erhalten. Zwar stehe die evangelische Gemeinde St. Blasien in der Opferbereitschaft dem Prozentsatz nach an der Spitze der ganzen Landeskirche. Aber die am Ort verbliebenen Summen reichten nicht aus. Die Gemeinde wird zu noch größerer Opferbereitschaft aufgerufen. 1894 steht Geheimrat Krafft dafür ein, daß jedenfalls 1100 Mark aufgebracht werden. Der Rest werde vom Gustav-Adolf-Verein und Oberkirchenrat geleistet.

Seit 1894 ist endlich sonntäglicher Gottesdienst. Es beginnt ein reger innerer Gemeindeaufbau. Mit der festen pastoralen Versorgung von St. Blasien gehen zunehmend Kurgottesdienste einher, so in Schluchsee, Höchenschwand und Menzenschwand (ab 1896). Auch der Großherzog und seine Gemahlin sind häufig im Gottesdienst.

Mit einer Spende des Gustav-Adolf-Frauen-Vereins Freiburg in Höhe von 100 Mark wird 1903 der erste Grundstock zum Pfarrhausbau gelegt. Ein Pfarrhausbaufond wird begründet.

Ökumeneprobleme von 1905: Griechisch-Orthodoxe werden mit Talar beerdigt, Juden ohne (Liebesdienst am Grabe).

1906 gibt es neben Gottesdiensten, Christenlehre, Religionsstunden und Gemeindeversammlungen eine neue Singstunde für Kinder. Es entsteht ein Männerabend. Bedenken gegen die zu große Zahl von Veranstaltungen in St. Blasien sprechen für ein lebhaftes Veranstaltungswesen in dieser Stadt.

Mit 5000 Mark befinden sich im Pfarrhausbaufonds inzwischen ein Sechstel der geschätzten Baukosten.

1907 entsteht ein Kirchenchor. Auch in Menzenschwand und Höchenschwand erhalten jetzt je drei Kinder Religionsunterricht. In Menzenschwand stellt der dortige katholische Kirchenchor sein Harmonium für den evangelischen Unterricht zur Verfügung.

Pfarrhaus

1909 beginnt die Planung des Pharrhausbaus durch den Architekten Rittmeister. Der Bau soll jetzt 43 000–45 000 Mark kosten. Zur Verfügung stehen 7000 Mark. Erwartet werden 5000 Mark des Oberkirchenrats. 14 000 Mark des Kirchenfonds sollen als innergemeindliches Darlehen hinzukommen. So wagt man den Anfang. 1910 werden die Arbeiten vergeben, nicht nur nach der Wirtschaftlichkeit, sondern auch nach der »moralischen Qualität« der Handwerker, ohne Ansehen der Konfession. Der Bau kostet schließlich 59 000 Mark. Davon gab die Familie Krafft außer dem Grundstück 31 050 Mark, zunächst als Darlehen, dann umgewandelt in Stiftungen. Die nächsthöhere private Zuwendung beträgt 200 Mark. Am Ende bleiben 1216,73 Mark übrig! – Die Wohltätigkeit der Familie Krafft hat sich nicht auf die evangelische Kirchengemeinde beschränkt.

1912 wird das Pfarrhaus von Pfarrer Alfred Dürr bezogen. Inzwischen waren folgende Pfarrer in St. Blasien tätig: 1892–1895 cand. theol. Walter Haupt; 1895–1897 Georg Hummel; 1897–1900 Friedrich Manz; 1900–1902 Eduard Gebhard; 1902–1906 wieder Friedrich Manz; 1906–1909 Friedrich Kayser; 1909–1910 Konrad Brück; 1910–1912 Johannes Müller. Zur Visitation 1912 zählt die Gemeinde 344 Seelen, davon 304 in St. Blasien.

Pfarrer Dürr über die kirchlichen Verhältnisse: »Das kirchliche Leben bewegte sich in ruhigen Bahnen. Auch zu den Katholiken des Orts stand man in gutem Einvernehmen, auch ein besonderes Verdienst von Stadtpfarrer Lamy.«

Es bestehen Chor und Frauenkreis. In den Sanatorien werden Gottesdienste gehalten.

Tirpitz, ein Mann der Toleranz

Neben dem Großherzog und der Familie Krafft ist als dritte Persönlichkeit des damaligen evangelischen Gemeindelebens Großadmiral Alfred von Tirpitz zu würdigen. Wie immer sich lokale Eindrücke gestaltet haben mögen, bleibt doch die Dimension des Mannes darüberhinaus zu beachten. Hier meinen wir nicht primär die politisch-militärische Bedeutung des Großadmirals. (Sicher gehört er in den Zusammenhang der deutschen Risikopolitik vor dem Ersten Weltkrieg, die – nach heute verbreitetem Urteil – die internationalen Spannungen mit verschärft hat.) 1905 zog Tirpitz in das heutige Haus »Bergfrieden«. Dieses war wie ein Schiff angelegt, und zwar vom Wohnzimmer bis zur Küche. – 1929 ging es in den Besitz der Kaiserswerther Diakonissen über. – U. von Hassel über Ort und Haus: »Dieser wundervolle, etwa 770 Meter über dem Meer gelegene Ort hatte es ihm angetan ... zog die Familie während der Sommermonate und Ferien jahraus jahrein, auch im Kriege, dorthin ...« Natürlich fanden ständig dienstliche Besprechungen statt. Mit Berlin bestand reger telegrafischer und telefonischer Verkehr. Man kann sagen, daß von St. Blasien aus ein gutes Stück deutscher Flotten- und Seekriegsgeschichte initiiert worden ist. Andererseits berichtet von Hassel: »Daß Tirpitz, obwohl in seinem Kopfe fast immer militärische, seepolitische und allgemeinde politische Gedanken sich drängen, doch mit den einfachen Leuten in St. Blasien sehr gut verkehren, mit ihnen ihre Angelegenheiten teilnehmend besprechen kann, ist immerhin merkwürdig. Gerade durch sein Auftreten in St. Blasien Niedrigerstehenden gegenüber, das von jeder Gemachtheit, von jeder ›Pose‹ sich fernhält, gewann er die allgemeine Zuneigung.« So hat er sich auch voll in das evangelische Gemeindeleben eingeordnet. Zum Verständnis der Konfessionen und ihrer kulturellen Bedeutung am 10. November 1917 auf einer Massenversammlung in München: »Ich bin Protestant und stehe persönlich fest auf dem Boden des Protestantismus... Ich habe gesagt, daß es treuere Anhänger ihrer Kirche, als die deutschen Katholiken nicht gibt...« Bei einem Niedergang des Katholizismus würde die Welt »in Zukunft dem nackten Utilitarismus des Anglo-Amerikanertums, wie er sich aus dem Protestantismus entwikkelt hat, ohne Gegengewicht gegenüberstehen«. Ein Mann evangelischen Glaubens, doch weit über den konfessionellen Grenzen. Er lehnt auch den Antisemitismus entschieden ab. Den Kulturkampf mißbilligt er nachträglich: »Die Folge unseres Verhaltens war das ausgezeichnete Verhältnis unserer Marine, einschließlich der protestantischen Offiziere, auch zur katholischen Kirche im Auslande. Fragen Sie die Jesuiten in Zikawai und Manila, die Fratres in Itschoufu, die Schwestern vom Sacrecoeur in Tschifu oder Schanghai oder überall sonst, wo die Marine mit der katholischen Kirche in Beziehung getreten ist, ob diese Darlegung nicht richtig ist. Eine große Zahl von Briefen würde dieses freundschaftliche Verhältnis beweisen können. Ich bin auch der Ansicht, daß je mehr die Reste des alten Kulturkampfes sich verwischen, um so stärker unser ganzes Staatengebilde von der gleichen Auffassung durchdrungen wird.« Mitgliedern des »Evangelischen Bundes« und anderen protestantischen Kräften geht von Tirpitz mit solchen Äußerungen zu weit. Um so bedeutsamer seine produktive Toleranz! Sie hat sich auch im Auftreten in der ev. Kirchengemeinde St. Blasien niedergeschlagen.

Zwei Kriege und die Folgen

Zunächst möchten wir die Pfarrerliste fortschreiben, gleich bis in die Gegenwart weitergeführt: 1912–1915 Alfred Dürr; 1915–1923 Hermann Rahm; 1923–1928 Gabriel Waag; 1928–1932 Helmuth Meerwein; 1932–1938 Maurus Gerner-Beuerle; 1938–1951 Hermann Greiner; 1951–1968 Adolf Bull; 1968–1974 Dr. theol. Christian Biedermann; seit 1975 Dr. theol. Karl Friedrich Becker.

Mit den Lazaretten im »Hirschen« und »Friedrichshaus« beginnt der Einzug der Bitterkeit des Kriegs. Hier sind auch eine Reihe von Evangelischen zu betreuen. Nach der Volkszählung 1910 wohnten in St. Blasien (303) und den Außenorten zusammen 356 Evangelische. Die Konfirmandenzahlen: 1914: 2; 1915: 1; 1916: 1; 1917: 1; 1918: 3. Zu den geläufigen Veranstaltungen kommen Kriegsbetstunden hinzu.

Nach dem Krieg kommen durch den Bahnbau evangelische Familien nach Schluchsee. Nun werden in Höchenschwand und Schluchsee Predigt- und Unterrichtsstunden eingeführt. 1924 wohnen 141 Evangelische in den Außenorten.

In der Inflationszeit gibt es auch in der ev. Kirchengemeinde manche Veränderung. So bleiben die deutschen Gäste weithin aus. Namhafte aktive evangelische Gemeindeglieder ziehen 1923–1928 weg: Prof. Dr. Edens, die Oberin des Luisenheims Fehsenbeck, eine Pfarrerstochter, Kommerzienrat Hüglin zieht nach Freiburg, Prof. Dr. Determann nach Wiesbaden, Oberamtmann Heß – nach Aufhebung des Bezirksamts – nach Freiburg. Von Tirpitz zieht nach München. Alfred Krafft starb 1924. Hinzu kommt eine beachtliche Fluktuation.

Am 15. Januar 1928 kann die neue Orgel im Betsaal eingeweiht werden, die später in die Kirchenorgel eingeht. Ein großes Ereignis in der schweren Zeit.

Damals besuchen jeden Sonntag 25–30 % der Evangelischen den Gottesdienst.

Wesentliche Veränderungen bringen dann die dreißiger Jahre. Zum 16. 9. 1932 erfolgt die erste Kündigung des Betsaals, nach genau 13 Monaten die zweite und endgültige. Die Klosteranlage war, nach Konkurs der Spinnerei, an den Jesuitenorden übergegangen. Am 22. Oktober 1933 ist Abschiedsgottesdienst im Betsaal. Freundlicherweise wird der Rathaussaal zur Verfügung gestellt.

Zum 1. April 1933 wird endgültig eine selbständige Pfarrstelle errichtet. Der Bezirk umfaßt das bisherige Gemeindegebiet.

Zum Bestand der Gemeinde gehören zum 1. 4. 1933 (in Klammer die Seelenzahlen): St. Blasien (322), Amrigschwand (20), Bernau (34), Blasiwald (35), Faulenfürst (9), Häusern (28), Höchenschwand (16), Ibach (0), Immeneich (0), Menzenschwand (24), Schlageten (0), Schluchsee (42), Schönenbach (7), Tiefenhäusern (0), Urberg (27), Wilfingen (0), Wittenschwand (12), Wolpadingen (0). Insgesamt sind das 576 Evangelische. Im gleichen Gebiet leben 10 615 Katholiken. Gottesdienstorte 1936: St. Blasien, Schluchsee, Höchenschwand, Menzenschwand. Die Gemeinde fluktuiert nach wie vor recht stark.

Bautätigkeit

Eine Kirche wird dringend benötigt. Die Planung erfolgt durch Prof. Dr. Otto Bartning, der als bekanntester evangelischer Kirchbaumeister Deutschlands in unserem Jahrhundert gilt. Er ist Schwarzwälder. Das hat große Bedeutung für seine Baugesinnung. Ein monumentaler evangelischer Kirchenbau wäre neben dem Dom geschmacklos. Bartning entwirft ein Gebäude, das sich so weit wie möglich an Konstruktion und Aussehen des Schwarzwaldhauses anlehnt. Bartning: »Bei allen Wanderungen im südlichen Schwarzwald, als Kind, als Mann, und schließlich mit meinen Kindern, hat mir das hohe und zugleich breite, dem Wind und Schnee, dem Berghang und der Sonne sich fügende und zugleich entgegenstemmende Dach der Schwarzwaldhöfe den tiefsten Eindruck gemacht.« Am 21. Juni 1936 ist Grundsteinlegung, am 25. Juli Richtfest. Die Einweihung erfolgt am 13. Dezember 1936. Die Kirche hat rd. 300 Sitzplätze. Die Gesamtkosten betragen rd. 84 000 RM. Durch Kollekten in ganz Deutschland, Sammlungen und Spenden gingen rd. 54 000 RM ein. Darlehen von 20 000 RM und ein Restzuschuß von 10 000 RM sichern die Finanzierung.

Nach dem Zweiten Weltkrieg wird 1964 die Johanneskirche in Höchenschwand mit 200 Sitzplätzen, im gleichen Jahr die Petruskirche in Schluchsee mit 100 Plätzen eingeweiht. Schon 1952 war die Andreaskapelle in Wittenschwand (36 Plätze) erworben worden. Vier Hofbauern schenkten der Gemeinde 1962 die Thomaskapelle in Blasiwald (24 Sitzplätze).

Ab 1976 wird im Erdgeschoß des Pfarrhauses die Wohnung in einen Gemeindesaal umgebaut. Himmelfahrt 1977 ist die Einweihung. 1976 erwarb die Gemeinde die 1688 von Michl Weißenbach, Vorarlberg, erbaute alte St. Martinskirche in Menzenschwand von der katholischen Gemeinde, der ihr Gottesdienstraum viel zu klein geworden war. Nach der überraschenden Entdekkung manieristischer Ornamentmalerei an Decke und Wänden erfolgte eine umfassende Sanierung und denkmalsgetreue Restaurierung. Am 4. Mai 1978 wurde das Gebäude als »Erlöserkirche« eingeweiht, weil die katholische Gemeinde ihren Kirchennamen mitgenommen hatte. Am 14. Oktober konnte in der schönen kleinen Kirche auch eine neue Weigle-Orgel in Dienst genommen werden, mit einem 250 Jahre alten Prospekt, der früher in Nufringen stand.

1980–1981 wurde ein neues Gemeindehaus (mit kleiner Wohnung) in Höchenschwand errichtet. Trotz noch anstehender Restarbeiten erfolgte die Indienststellung am 6. Dezember 1981.

Veränderungen seit 1945

Stärkste Veränderungen bewirken der Zweite Weltkrieg und die Nachkriegsereignisse. Lazarette, Heimatvertreibung und Flucht bringen wiederum neue evangelische Menschen hierher. 1947 sind es, mit Außenorten, 1339, 1950 1488. Dazu kommen Patienten, Gäste und (1950) 1350 Bewohner in Flüchtlingslagern.

Zum 1. September 1970 werden im Zuge der Neuordnung der Kirchenbezirke Schluchsee und Nebenorte ausgepfarrt und der Gemeinde Lenzkirch eingefügt. 1974 folgt noch Blasiwald.

Heute hat die Gemeinde folgende Gliederung: St. Blasien, Stadt: 682 Seelen; St. Bl.-Albtal: 54; St. Bl.-Menzenschwand: 75; Bernau: 170; Dachsberg: 129; Häusern: 262; Höchenschwand:

431; Ibach: 47. Insgesamt sind das 1850 Gemeindeglieder. Hinzu kommt der ständig gewachsene Bestand an Kliniken, Sanatorien und Kurhäusern, sowie der stark gestiegene Fremdenverkehr. Daher muß die Errichtung einer selbständigen Pfarrei Höchenschwand/Häusern, mit Pfarrhausneubau bzw. -kauf, energisch betrieben werden.

Das Verhältnis der Konfessionen zueinander erscheint uns als sehr gut. Das gilt auch von den Beziehungen zum Kolleg. Ein Zeichen für diese Beziehungen ist auch die Mitarbeit der ev. Kirchengemeinde am Domjubiläum, die auch durch den Herrn Landesbischof der Evangelischen Landeskirche in Baden mit einer bescheidenen finanziellen Geste moralisch unterstützt wurde.

Literatur

Archiv der Ev. Kirchengemeinde St. Blasien, insbesondere Familienbücher, Protokollbücher, Visitationsakten
Diarium des Klosters St. Blasien. St. Paul Hs Nr. 88/6 S. 85 b
Gerner-Beuerle, Maurus, Hg., Die evangelische Gemeinde St. Blasien, Lahr 1934
von Hassel, Ulrich, Tirpitz, Stuttgart 1920
Ludwig, Albert, Die evangelischen Pfarrer des badischen Oberlands im 16. und 17. Jahrhundert, Lahr 1934

Bibliographie

Adamek, Josef – *Wörner,* Hans Jakob, St. Blasien im Schwarzwald. Benediktinerkloster und Jesuitenkolleg. In der Reihe: Die Großen Kunstführer. München 1978

Autenrieth, Johanne, Die Domschule von Konstanz zur Zeit des Investiturstreites. Die wissenschaftliche Arbeitsweise Bernolds von Konstanz und zweier Kleriker dargestellt auf Grund von Handschriftenstudien. In: Forschungen zur Kirchen- und Geistesgeschichte NF III. Stuttgart 1956

– Bernold. In: NDB 2, 1955, Sp, 127 f.

– Bernold von Konstanz und die erweiterte 74-Titelsammlung. In: DA 14 (1958), 375–394

Bader, Joseph, Das ehemalige Kloster St. Blasien auf dem Schwarzwald und seine Gelehrten-Academie. FDA 8 (1874)

– Fürstabt Martin Gerbert von St. Blasien. Freiburg 1875

Bader, Karl Siegfried, Blasius (II.) Münzer, Abt von St. Blasien 1625–1638. Vom Weg eines Bauernsohnes der Baar zur Reichsprälatenwürde. Alemann. Jb. Lahr 1970, 132–157.

Baumann, F. L., Das Kloster Allerheiligen in Schaffhausen, in: Quellen zur Schweizer Geschichte. III. Basel 1881

Behringer, Leo, Geschichte des Dorfes Gurtweil. Säckingen 1960

Beyerle, Konrad, (Hrsg.) Die Kultur der Reichenau. München 1925 2 Bde.

Birchler, Fintan, Der hl. Fintan. Ein Muster der christlichen Vollkommenheit in andächtigen Betrachtungen. 1793.

Bilddokumentation des Ausstellungsvereins »Historische Ausstellung Kloster St. Blasien e.V.« Karlsruhe 1983 (in Vorbereitung)

Birkenmayer, A., Beiträge zur Geschichte St. Blasiens. FDA 20 (1889) 45–61

Bober, Harry, The St. Blasien Psalter. New York 1963

Booz, P. Der Barockmaler Franz Joseph Spiegler und das ehemalige Kloster St. Blasien, in: Alemann. Jb. Freiburg 65 (1964)

Brackmann, A. Regesta Pontificum Romanorum. Germania Pontificia II. Berlin 1923.

Brinkmann, Jens Uwe, Südwestdeutsche Kirchenbauten der Zopfzeit. Diss. Köln 1972

Brinzinger, Adolf, Fürstabt Martin Gerbert von St. Blasien. Stuttgart 1916

Brommer, Hermann, St. Blasien/Schwarzwald, in der Reihe: Kleine Kirchenführer. Nr. 555 (in Vorbereitung: 1983 völlig neue Bearbeitung)

Büttner, Heinrich, St. Blasien und das Elsaß, in: Veröffentlichungen aus dem Fürstl. Fürstenbergischen Archiv. Heft 4 Donaueschingen 1939

– Allerheiligen in Schaffhausen und die Erschließung des Schwarzwaldes im 12. Jahrhundert, in: Schaffhauser Beiträge zur vaterländischen Geschichte 17 (1940), 7–30

– St. Blasien und das Bistum Basel im 11./12. Jahrhundert, in: Zeitschrift für Schweizerische Kirchengeschichte 44 (1950) 138–148

Buisson, A., Zur Baugeschichte der ehemaligen Benediktinerabtei St. Blasien, in: Schau-ins-Land 1906

– St. Blasien im Schwarzwald. Freiburg 1907. 5. Aufl.

Busch, Hermann, Die Schwarz-Orgel (1913) der Dom- und Stadtpfarrkirche zu St. Blasien, in: Ars Organi 55 (Berlin 1978)

Cartular von Rheinau. Hrsg. von G. Meyer von Knonau, in: Quellen zur Schweizer Geschichte. III. 1883

Codex diplomaticus Alemanniae. Ed. Trudpertus Neugart. Tom 2. St. Blasii 1795.

Colombier, Pierre du, L'architecture française en Allemagne au 18e siècle. Paris 1956

Deichstetter, Georg, Fürstabt Martin Gerbert und die Jesuiten, in: Kolleg-Brief St. Blasien 1970, 48–50

Deissler, Alfons, Martin Gerbert und die theologische Methode. München 1940

– Fürstabt Martin Gerbert von St. Blasien und die Hl. Schrift, in: Erbe und Auftrag 47 (1971), 393–400

d'Ixnard, Pierre-Michel, Recueil d'Architecture. Strassbourg 1791

Dobler, Eberhard, Udalrichingisches Erbe im Hegau, in: Hegau 31 (1974), 53–85

Ebner, Jakob, Aus der Geschichte des Hauensteiner Dorfes Unteralpfen. Karlsruhe 1925

– Bericht des Redmanns Josef Tröndle von Rotzel über seinen Besuch in St. Blasien am 24./25. Juni 1732. Bad. Heimat. Hochrhein und Hotzenwald. Freiburg 1932, 188–191

– Die Salpeterer im 19. Jahrhundert. ebda. S. 192–203

– Die Geschichte der Salpeterer des 18. Jahrhunderts. Unteralpfen 1954

Eimer, M., Über die Basilika in Gengenbach und die sogenannte Hirsauer Bauschule, in: ZGO NF 57 (1948), 39 ff.

– Cluny, St. Blasien und Hirsau. Mss 1942 (UB Freiburg)

Enderle, Joseph, Studien über den Besitz des Klosters St. Blasien von seinen Anfängen bis ins 14. Jahrhundert. Freiburg 1909

Engelmann, Ursmar, Das Tagebuch des Ignaz Speckle, Abt von St. Peter im Schwarzwald. Stuttgart 1966. 2 Bde. Registerband 1968

– Martin Gerbert, in: Erbe und Auftrag 46 (1970), 352–358

Feger, Robert, Die Wappen des Klosters St. Blasien aus dem 17. Jahrhundert, in: Alemann. Jb. Lahr 1957, 211–223

Fischer, Wolfram, Der Staat und die Anfänge der Industrialisierung in Baden 1800–1850. 1. Bd. Die staatliche Gewerbepolitik, darin: »Ein besonderer Fall: Die Fabriken von St. Blasien« S. 209–268. Berlin 1962

Geiselmann, Josef Rupert, Bernold von St. Blasien. Sein neuentdecktes Werk über die Eucharistie. München 1936

Gerbert, Martin (nach der Liste in Pfeilschifter I, XXVII

Liste der Werke Gerberts (einschließlich der Germania sacra) in chronologischer Reihenfolge. Abweichende Angaben des Verzeichnisses bei J. Bader, Fürstabt Martin Gerbert von St. Blasien (1875) S. 165–168, sind in eckigen Klammern vermerkt. Am Schlusse stehen, wenn nötig, in runden Klammern die von mir gebrauchten Abkürzungen der Titel.

1747 1 Opus musicum. (Sumptibus Matthaei Rieger bibliopolae Augustae Vindelic.) Kl. Folio. Über diese Kompositionen vgl. Brief 6,4 auf S. 9.

1754 2 Apparatus ad eruditionem theologicam, institutioni tironum Congregationis S. Blasii destinatus. (Friburg. typis J. G. Felner. Univers. Typ.) 211 S. 8⁰.

1756 3 Theologia vetus et nova circa praesentiam Christi in Eucharistia. (Friburgi Brisg. J. G. Felner. Typogr. academ. 1756.) 548 S. 8⁰. (= De eucharistia.)

1757 4 Praxis regulae SS. Patris Benedicti. E gallico in latinum sermonem transtulit P.M.G. O.S.B. 18 + 248 S. 8⁰. (Typis Monasterii S. Blasii.)

5 Principia (I) theologiae exegeticae. Praemittuntur prolegomena theologiae christianae universae. Accedit mantissa de traditionibus ecclesiae arcanis. (Typis Monast. S. Blasii.) 454 S. 8⁰. [Augustae Vindel. et Friburgi Brisg. sumptibus J. et A. Wagner (Bader).] – Die mit I bis VIII bezeichneten Bände bilden das »Systema novum theologiae christianae universae«. Vgl. Brief 26,2 auf S. 38.

1758 6 Principia (II theologiae dogmaticae juxta seriem temporum et traditionis ecclesiasticae digesta. (Typis Monast. S. Blasii.) 451 S. 8⁰.

7 Principia (III) theologiae symbolicae, ubi ordine symboli apostolici praecipua doctrinae christianae capita explicantur asserunturque. (Typis Monast. S. Blasii.) 448 S. 8⁰. [Bader verzeichnet wieder eine Wagner-Ausgabe.]

8 Principia (IV) theologiae mysticae ad renovationem interiorem et sanctificationem christiani hominis. (Typis Monast. S. Blasii.) 465 S. 8⁰.

9 Principia (V) theologiae moralis juxta principia et legem evangelicam. (Typis Monast. S. Blasii.) 506 S. 8⁰.

10 Principia (VI) theologiae canonicae quoad exteriorem ecclesiae formam et gubernationem. (Typis Monast. S. Blasii.) 500 S. 8⁰.

11 De recto et perverso usu theologiae scholasticae. (Litteris San-Blasianis.) 204 S. 8⁰.

12 De ratione exercitiorum scholasticorum praecipue disputationum cum inter catholicos, tum contra haereticos in rebus fidei. (Litteris San-Blasianis.) 151 S. 8⁰.

1759 13 Principia (VII) theologiae sacramentalis septem sacramentorum Novi Testamenti doctrinam complexa. (Typis Monast. S. Blasii.) 600 S. 8⁰. [Sumptibus Wagner 1758 (Bader).]

14 Principia (VIII) theologiae liturgicae quoad divinum officium, Dei cultum et sanctorum. (Typis Monast. S. Blasii.) 452 S. 8⁰. [Sumptibus Wagner (Bader).]

1760 15 Demonstratio verae religionis veraeque ecclesiae contra quasvis falsas. (Typis San-Blasianis.) 736 S. 8⁰. Vgl. Brief 44,2 auf S. 69.

1761 16 De legitima ecclesiastica potestate circa sacra et profana. (Typis Monast. S. Blasii.) 808 S. 8⁰.

17 De communione potestatis ecclesiasticae inter summos ecclesiae principes, pontificem et episcopos. (Typis Monast. S. Blasii.) 640 S. 8⁰. [Bader nennt wohl durch ein Versehen eine Ausgabe von 1760.]

1762 18 De christiana felicitate hujus vitae. (Typis San-Blasianis.) 269 S. 8⁰.

19 De radiis divinitatis in operibus naturae, providentiae et gratiae. (Typis Monast. S. Blasii. 8⁰.) Dissertatio I (320 S.). Dissertatio II (342 S.). Dissertatio III (349 S.).

1763 20 De aequa morum censura adversus rigidiorem et remissiorem. (Typis Monast. S. Blasii.) 338 S. 8⁰.

1764 21 Apparatus ad eruditionem theologicam. Editio secunda, revisa et correcta. (Typis Monast. S. Blasii.) 211 S. 8⁰.

22 De selectu theologico circa effectus sacramentorum. (Typis San Blasianis.) 260 S. 8⁰.

23 De eo, quod est juris divini et ecclesiastici in sacramentis, praesertim confirmationis. (Typis San-Blasianis.) 385 S. 8⁰.

1765 24 De dierum festorum numero minuendo, celebritate amplianda. (Typis San-Blasianis.) 152 S. 8⁰.

25 Iter alemannicum, accedit italicum et gallicum. Sequuntur Glossaria theotisca. (Typis San Blasianis.) 519 + 144 S. 8⁰. (= Iter.)

1766 26 De peccato in Spiritum Sanctum in hac et altera vita irremissibili. Accedit Paraphrasis cum notis selectis in epistolam S. Pauli ad Hebraeos. (Typis San-Blasianis.) 304 S. 8⁰.

1767 27 Reisen durch Alemannien, Welschland und Frankreich. Ins Deutsche übersetzt von J. L. K[öhler]. (Ulm, Franckfurt und Leipzig. J. C. Wohler.) 478 S. 8⁰. (= Reisen.)

1770 28 Feyerliche Uebersetzung der k. k. auch herzoglich-oesterreich. Höchsten Leichen aus Ihren Grabstädten Basel und Königsfelden i. d. Schweiz nach dem fürstl. Stift St. Blasien auf dem Schwarzwald den 14. Wintermonats 1770. (St. Blasien.) 38 S. Fol.

1772 29 Codex epistolaris Rudolphi I. Romanorum regis locupletior ex Mss. bibliothecae caes. Vindobonensis editus ac commentario illustratus. Praemittuntur Fasti Rudolphini seu rerum gestarum gloria, ex ipsis cum epistolis, tum aliis antiquis monumentis et scriptoribus. Accedunt Auctaria Diplomatum, cum indice. (Typis San-Blasianis.) CLXXXIV (Fasti) und 254 S. (Codex und Diplomata) in Gr. Folio. (= Cod. Rud.)

30 Taphographia principum Austriae [= Monumenta principum augustae domus Austriae tom. IV. et ultimus] post mortem rr. PP. M. Herrgott et R. Heer restituit, novis accessionibus auxit et ad haec usque tempora deduxit. Editio secunda. (Typis San-Blasianis.) Gr. Folio. Tomus I (XXXIII, 552 S.). Tomus II (193 S. Text und CXIII S. Tafeln). (= Taph.)

31 De translatis habsburgo-austriacorum principum eorumque conjugum cadaveribus ex ecclesia cathedrali basileensi et monasterio koenigsfeldensi in Helvetia ad conditorium novum monasterii S. Blasii. (Typis San-Blasianis.) 150 S. Gr. 4⁰.

32 Praxis regulae SS. Patris Benedicti. E gallico in latinum sermonem transtulit P.M.G. O.S.B. Editio secunda. 22 + 293 S. 8⁰. (Typis Monasterii S. Blasii.)

1773 (!) 33 Iter alemannicum etc. Editio secunda. [Bader nennt wohl versehentlich eine Ausgabe von 1774.] Exemplar im Karlsruher Generallandesarchiv.

34 Pinacotheca principum Austriae [= Monumenta principum augustae domus Austriae tom. III], post mortem rr. PP. M. Herrgott et R. Heer recognovit preloque commisit Martinus Gerbertus. Editio secunda. (Typis San-Blasianis.) Pars I: LXXXVIII + 117 S. + CXII Tab. in Tolio. Pars II: 368 S. + Index in Folio. (= Pin.)

1774 35 De cantu et musica sacra a prima ecclesiae aetate usque ad praesens tempus. (Typis San-Blasianis.) Tomus I (590 S. 4⁰). Tomus II (409 S. und 112 S. Missa in Coena Domini. 4⁰). (= De cantu.) Reprograf. Nachdruck, Hildesheim 1967

1776 36 Daemonurgia theologice expensa seu de potestate daemonum in rebus humanis deque potestate in daemones a Christo ecclesiae relicta. 6 + 232 S. in 4⁰. (Ohne Angabe von Verfasser und Druckort.)

37 Vetus Liturgia alemannica, disquisitionibus praeviis, notis et observationibus illustrata. (Typis San-Blasianis.) 4⁰. Tomus I (XL u. 416 S.). Tomus II (S. 417 bis 1048). Pars I = Tomus I. Pars II = Tomus II 417–792. Pars III = Tomus II 793–1048. (= Vet. Lit.) Reprograf. Nachdruck, Hildesheim 1967

1777 38 Monumenta veteris liturgiae alemannicae. Tomus I [= Pars I. Complectitur ea, quae ad celebrationem missae pertinent]. (Typis San-Blasianis.) 500 S. 4⁰. (= Mon. Lit.)

1779 39 Monumenta veteris liturgiae alemannicae. Tomus II [= Pars II. Complectitur ea, quae ad celebrationem sacramentorum, officia quaeque ecclesiastica pertinent. Pars III. Ritualis. Pars IV. Hermeneutica]. (Typis San-Blasianis.) 354 S. 4⁰.

1783 40 Historia nigrae Silvae ordinis S. Benedicti coloniae. (Typis San-Blasianis.) 4⁰. Tomus I (512 S.).

1784 41 Feyerlichkeit des in dem fürstl. Stift St. Blasien eingeweihten neuen Tempels. (St. Gallische Klosterdruckerei.) L und 201 S. Kl. 4⁰.

42 Scriptores ecclesiastici de musica sacra potissimum. (Typis San-Blasianis.) 4⁰. Tomus I (348 S.). Tomus II (393 S.). Tomus III (402 S.). (= Scriptores.)

1785 43 Crypta San-Blasiana nova principum austriacorum. (Typis San-Blasianis.) 150 S. Gr. 4⁰. Vollständig identisch mit der 1772 erschienenen Schrift »De translatis habsburgo-austriacorum principum ... cadaveribus...«. [Bader nennt eine Ausgabe von 1772.]

44 De Rudolpho Suevico comite de Rhinfelden, duce, rege deque ejus familia ... apud D. Blasii sepulta. (Typis San-Blasianis.) 165 S. Gr. 4⁰. (= De Rud.)

1787 45 Solitudo sacra seu exercitia spiritualia octo vel decem dierum ex doctrina et exemplis sacrae scripturae et sanctorum patrum, in usum pastorum ecclesiae. 16 + 382 S. 8⁰. (Augustae Vindelicorum, apud Nic. Doll.) Aus Anlaß seines 50jährigen Profeßjubiläums seinen Mitbrüdern gewidmet.

1788 (!) 46 Historia nigrae Silvae ordinis S. Benedicti coloniae. (Typis San-Blasianis.) 4⁰. Tomus II (555 S.). Tomus III ohne Jahreszahl (450 S. + Index). (= Hist. n. s.)

1789 47 Nummotheca principum Austriae [= Monumenta principum augustae domus Austriae tom. II] post mortem rr. PP. M. Herrgott et R. Heer recognovit preloque commisit Martinus Gerbertus. Editio secunda. (Typis San-Blasianis.) Fol. Pars I: LVI + 248 S. + XLIX Tab. in Folio. Pars II: 271 S. + Index + XL Tab. in Folio. (= Num.)

48 Ecclesia militans, regnum Christi in terris, in suis fatis repraesentata. (Typis San-Blasianis.) Tomus I (368 S. 8⁰). Tomus II (368 S. 8⁰). (= Eccl. mil.)

1790 49 Germaniae sacrae Prodromus seu Collectio Monumentorum res Alemannicas illustrantium. Chronicon Hermanni Contracti etc. Ex mss. codd. collegit et illustravit P. Aemilianus Ussermann. (Typis San-Blasianis.) Tomus I (CXVIII, 394 S. 4⁰). [= Germania sacra I.] (= Germ. s.)

1791 50 Jansenisticarum controversiarum ex doctrina S. Augustini retractatio. (Typis San-Blasianis.) 180 S. 8⁰. (= Jans.)

51 Nabuchodonosor somnians regna et regnorum ruinas a theocratia exorbitantium. Prodromus Ecclesiae militantis regni Christi in terris in eos qui, quae Deus destruxit instruere, et, quae instruxit, destruere contendunt. (Ohne Angabe von Verfasser, Ort und Zeit.) 160 S. 8⁰. (= Nabuch.)

52 Codex diplomaticus Alemanniae et Burgundiae transjuranae intra fines dioecesis Constantiensis ceu fundamentum historiae ejusdem dioecesis. Edidit notisque illustravit P. Trudpert Neugart. Tomus I. (Typis San-Blasianis.) XXXV + 652 S. 4⁰. [= Germania sacra II.]

1792 53 Hermanni Contracti Chronici continuatio altera seu Bernoldi Chronicon etc. = Monumentorum res Alemannicas illustrantium tomus II et ultimus. Ab editore tomi primi (Ussermann). Enthält p. VII–LI »Martini Gerberti observationes in Bertholdi seu Bernoldi opuscula« etc. (Typis San-Blasianis.) LI + 514 S. 4⁰. [= Germania sacra III.]

1793 54 De periclitante hodierno ecclesiae statu praesertim in Gallia. Ad hierarchas in communione potestatis ecclesiasticae inter summos ecclesiae pastores, pontificem et episcopos constitutos libellus. (1793, ohne Angabe von Verfasser und Druckort.) 218 S. 8⁰. [Berlin, Kgl. Bibliothek.] [= De periclitante.]

55 Observationes in saeculum Christi(anum) tertium et quartum. (Typis San-Blasianis.) 8⁰. In keiner deutschen Bibliothek vorhanden.

56 De Sublimi in Evangelio Christi juxta divinam Verbi incarnati oeconomiam. (Typis San-Blasianis.) 8⁰. Tomus I (450 S.). Tomus II (415 S.). Tomus III (368 S.). Herausgegeben erst nach Gerberts Tod (13. Mai 1793) von seinem Nachfolger. [= De Subl.]

1794 57 Germania sacra in provincias ecclesiasticas et dioeceses distributa. Episcopatus Wirceburgensis chronologice et diplomatice illustratus opera et studio P. Aemiliani Ussermann. (Typis San-Blasianis.) XVI + XL + 512 + 143 S. 4⁰. [= Germania sacra IV.]

1795 58 Codex diplomaticus Alemanniae et Burgundiae transjuranae intra fines dioecesis Constantiensis. Edidit notisque illustravit P. Trudpertus Neugart. Tomus II. (Typis San-Blasianis.) XX + 562 + 136 S. 4⁰. [= Germania sacra V.]

1797 59 Episcopatus Curiensis in Rhaetia chronologice ac diplomatice illustratus opera et studio P. Ambrosii Eichhorn. (Typis San-Blasianis.) VIII + XXX + 368 + 204 S. 4⁰. [= Germania sacra VI.]

1802 60 Episcopatus Bambergensis chronologice ac diplomatice illustratus opera et studio P. Aemiliani Ussermann. Opus posthumum. (Typis San-Blasianis.) XLVIII + 456 + 282 S. 4°. [= Germania sacra VII.]

1803 61 Episcopatus Constantiensis Alemannicus ... cum Vindonissensi, cui successit, ... chronologice et diplomatice illustratus a P. Trudperto Neugart. I 1. (Typis San-Blasianis.) CXL + VIII + 552 + 27 S. 4°. [= Germania sacra VIII.]

1862 (!) 62 Episcopatus Constantiensis Alemannicus ... cum Vindonissensi, cui successit. ... chronologice et diplomatice illustratus a P. Trudperto Neugart. I 2. (Friburg, Brisg., Herder.) XX + 811 S. 4° [= Grmania sacra IX.]

Ginter, Hermann, Südwestdeutsche Kirchenmalerei des Barock – die Konstanzer und Freiburger Maler des 18. Jahrhunderts. Augsburg 1930

Gössi, Anton, Das Urkundenwesen der Bischöfe von Basel im 13. Jahrhundert, in: Quellen und Forschungen zur Basler Geschichte. Bd. 5. Basel 1974.

Göttweig. (Abtei als Hrsg.) Der heilige Altmann, Bischof von Passau. Sein Leben und Werk. Festschrift zur 900-Jahr-Feier 1965. Göttweig 1965.

Gombert, Hermann, Der Landkreis Müllheim im Markgräfler Land, in: Große Kunstführer Nr. 63. München 1971

Gruber, Eugen, Geschichte des Kantons Zug. Bern 1968

Gruber, Ewald, Geschichte des Klosters Ochsenhausen. Von den Anfängen bis zum Ende des 16. Jahrhunderts. Tübingen 1956

Gumpp, Ignatius, Ortus et occasus monasterii S. Blasii. GLA Karlsruhe

Hartmann, W., Bernold von Konstanz, in: Lexikon des Mittelalters 1, München – Zürich 1980, Sp. 2007 f.

Heer, Gall, Johannes Mabillon und die Schweizer Benediktiner St. Gallen 1938

– Aus der Vergangenheit von Kloster und Tal Engelberg 1120–1970. Engelberg 1975

Heider, Gustav, Liturgische Gewänder aus dem Stift St. Blasien im Schwarzwalde, dermahlen aufbewahrt im Stift St. Paul in Kärnten, in: Jahrbuch der K.K. Central-Commission zur Erforschung und Erhaltung der Baudenkmale. IV. Bd. Wien 1860.

Herrischried, Gemeindechronik anläßlich der 700-Jahrfeier. München 1982

Hilger, Franz Max, Martin Gerbert, Fürst und Abt von St. Blasien. Konstanz 1970

– Eine Fremdenherberge in St. Blasien, in: Bad. Heimat 55 (1975), 65 f.

– Benediktinerpater Lukas Meyer, in: Bad. Heimat 58 (1976) 373–381

– Georg Viktor Keller, ein Mitarbeiter von Fürstabt Martin Gerbert, in: Bad. Heimat 57 (1977), 397–399

– Die Friedhofskapelle, in: St. Blasien/Schwarzwald. Kunstführer Nr. 555 München 1980. 24. Aufl.

Hofmeister, Adolf, Die Annalen von St. Georgen auf dem Schwarzwald, in: ZGO NF 33 (1963), 165–209

Houben, Hubert, St. Blasianer Handschriften des 11. und 12. Jahrhunderts. Unter besonderer Berücksichtigung der Ochsenhauser Klosterbibliothek. München 1979

– Das Fragment des Necrologs von St. Blasien, in: Frühmittelalterliche Studien. Jahrbuch des Instituts für Frühmittelalterforschung der Universität Münster. Berlin 14 (1980) 272–298

Irtenkauf, W., Über die Herkunft des sogenannten St. Blasien-Psalters, in: Bibliothek und Wissenschaft 1 (1964), 23–49; 2 (1965), 59–84

Jakobs, Hermann, Die Hirsauer. Ihre Ausbreitung und Rechtsstellung im Zeitalter des Investiturstreites. Köln 1961

– Der Adel in der Klosterreform von St. Blasien. Köln 1968

Jaksch, August von, Die Gründung des Benediktinerklosters St. Lamprecht in Steiermark, in: Zeitschrift des Hist. Vereins Steiermark 9 (1911), 89–99

Jardot, M., Eglise et monastère de S. Blaise. Congrès arch. 105 1947. Ed. Art et Science 1949

Jehle, Edmund, Kloster St. Blasien im Schwarzwald und St. Paul in Kärnten. Selbstverlag 1968

Karn, Georg Peter, St. Blasien. Sakralbaukunst und kirchliche Aufklärung, in: Barock in Baden-Württemberg. Bd. 2. Karlsruhe 1981, 157–166

Keller, Erwin, Die Konstanzer Liturgiereform unter Ignaz Heinrich von Wessenberg, in: FDA 85 (1965)

Kläui, Paul, Hochmittelalterliche Adelsherrschaften im Zürichgau. Mitteilungen der Antiquar. Gesellschaft in Zürich. Bd. 40 Heft 2, 124. Neujahrsblatt. Zürich 1960

Kraus, Franz Xaver, Die Kunstdenkmäler des Großherzogtums Baden. I., 3. Kreis Waldshut. Freiburg 1892

Kreutter, Franz, Geschichte der K.K. vorderösterreichischen Staaten. St. Blasien 1790. 2 Bde.

Krieger, Albert, Topographisches Wörterbuch des Großherzogtums Baden. Bd. 1. Heidelberg 1904

Lamy, Theophil, St. Blasius-Büchlein. Freiburg 1914

Lenzenweger, Josef, Berthold, Abt von Garsten, † 1142. Linz 1958

– Der heilige Berthold von Garsten. Linz 1970

Lexikon für Theologie und Kirche. Freiburg 1957–1965. 2. Aufl.

Lhotsky, Alfons, Dr. Jakob Mennel, in: Alemannia 1956. Heft 1/2

Liber constructionis monasterii ad S. Blasium, in: Franz Mone (Hrsg.), Quellensammlung zur Badischen Landesgeschichte. Karlsruhe 1867. Bd. 4

Lindner, Pirmin, Fürstabtei St. Blasien, in: FDA 24 (1890)
Maurer, Helmut, Das Land zwischen Schwarzwald und Randen im frühen und hohen Mittelalter, in: Forschungen zur Oberrh. Landesgeschichte Bd. 16, Freiburg 1965
Maurer, Helmut (Hrsg.), Die Abtei Reichenau. Neue Beiträge zur Geschichte und Kultur des Inselklosters. Sigmaringen 1974
– Mönchtum, Episkopat und Adel zur Gründungszeit des Klosters Reichenau, in: Vorträge und Forschungen XX. Sigmaringen 1974
Mayer, Johann Georg, Leben und Schriften des Pater Mauritius Hohenbaum van der Meer, in: FDA 11 (1877), 1–34
Mayer, Theodor, Mittelalterliche Studien. Gesammelte Aufsätze. Darmstadt 1963
Meer, Mauritius Hohenbaum van der, Kurze Geschichte der 1000-jährigen Stiftung des freyeximierten Gotteshauses Rheinau. Donaueschingen 1778
– Reflexiones in chartam traditiones cellae albae quae nunc nomen Sancti Blasii sortitur, in: Georg Wilhelm Zapf, Monumenta anecdota. Augsburg 1785. S. 523 ff. In diesem Band sind vom selben Verfasser veröffentlicht: Historia diplomatica Monasterii Rhenaugiensis. S. 221. und Codex diplomaticus ad historiam Monasterii Rhenaugiensis. S. 431
Metz, Rudolf, Geologische Landeskundes des Hotzenwaldes. Lahr 1980
Mone, Franz, s. Liber constructionis
Morath, Matthäus, Ibach bei St. Blasien. Heimatbuch der zur Pfarrei Ibach gehörenden Orte. Konstanz 1969
Morath, Rudolf, Blasiwald im Hochschwarzwald. Heimat des Universitätsbildhauers Joseph Hörr. Blasiwald 1972. 2. erw. Aufl.
– (Hrsg.) Kurzgefaßte Regeln der Schreibkunst samt Vorschriften, zum Gebrauch der St. Blasischen Landschulen. 1772. Verkleinerte Wiedergabe des Originaldruckes. Ulm 1972
– Aus der Druckerei des Klosters St. Blasien, in: Bad. Heimat 57 (1977), 391–396
– Peter Mayer, 1718–1800. Kupferstecher der Universität Freiburg, in: Freiburger Universitätsblätter. Heft 69/70 (1980) 37 59
Mühleisen, Hans-Otto (Hrsg.), St. Peter im Schwarzwald. Kulturgeschichtliche und historische Beiträge anläßlich der 250-Jahrfeier der Einweihung der Klosterkirche. München 1977
Müller-Ettikon, Emil, Johannes Marder. Das Schicksal eines Salpeterers. Weil a. Rh. (o. Jz.)
– Die Salpeterer. Geschichte eines Freiheitskampfes aus dem südlichen Schwarzwald. Freiburg 1979
Müller, Wolfgang, Untersuchungen über die Privaturkunden des Klosters St. Blasien im 13. und 14. Jahrhundert. MiÖG 55 (1944), 1–145.
– Briefe und Akten des Fürstabtes Martin II. Gerbert von St. Blasien 1764–1793. Karlsruhe 1957 und 1962. 2 Bde.
– Fürstabt Martin Gerbert von St. Blasien und Zürich, in: Zürcher Taschenbuch auf das Jahr 1968. Zürich 1967, 50–62.
– Martin Gerbert im Umbruch seiner Zeit, in: Erbe und Auftrag 47 (1971), 105–107
– Martin Gerbert, Fürstabt von St. Blasien 1720–1793, in: Lebensbilder aus Schwaben und Franken. XII. Stuttgart 1972 100–120
Mutter, Otto, Festschrift zum 1000jährigen Bestehen der Abtei St. Blasien. Neustadt i. Schw. 1948
Neustädter, Max, Der erste Salpetererkrieg 1728–1732 im Lichte der Tagebücher von Pater Marquard Herrgott, in: Bad. Heimat. Hochrhein und Hotzenwald. Freiburg 1932, 175–185
Nicolai, Friedrich, Beschreibung einer Reise durch Deutschland und die Schweiz im Jahr 1781. Bd. XII. Berlin und Stettin 1796
Öechslin, Werner (Hrsg.), Vorarlberger Barockbaumeister. Einsiedeln 1973
Ott, Hugo, Studien zur Geschichte des Klosters St. Blasien im hohen und späten Mittelalter, in: Veröffentlichungen der Kommission für geschichtliche Landeskunde in Baden-Württemberg. Reihe B, Bd. 27. Stuttgart 1963
– Das Immunitätsprivileg Heinrichs IV. für St. Blasien vom Jahr 1065, in: ZGO NF 73 (1964), 413–430
– Die Benediktinerabtei St. Blasien in den Reformbestrebungen seit 1567, besonders unter Abt Kaspar II. (1571–1596) in: FDA 84 (1964), 142–197
– Die Vogtei über das Kloster St. Blasien seit dem Aussterben der Zähringer bis zum Übergang an das Haus Habsburg, in: ZGO 113 (1965), 30–44
– Die Klostergrundherrschaft St. Blasien im Mittelalter. Beiträge zur Besitzgeschichte. (Arbeiten zum Hist. Atlas von Südwestdeutschland 4) Stuttgart 1969
– Studien zur spätmittelalterlichen Agrarverfassung im Oberrheingebiet, in: Quellen und Forschungen zur Agrargeschichte 23. Stuttgart 1970
– Vorläufige Bemerkungen zur Geschichte des St. Blasianischen Registratur- bzw. Archivwesens. Schau-ins-Land 90. (1972), 23–36
– St. Blasien, in: Germania Benediktina Bd. V. Baden-Württemberg Augsburg 1975, 146–160; ebda. Ochsenhausen. S. 454–464
– Zu den frühen Beziehungen zwischen dem Kloster St. Blasien und dem Bistum Basel, in: Alemannica. Landeskundliche Beiträge als Alemann. Jb. 1973/75. Bühl 1976, 545–557
– (Hrsg.) Säckingen, Geschichte einer Stadt. Stuttgart/Aalen 1978
Ottobeuren, Festschrift zur 1200-Jahrfeier der Abtei. (Hrsg. Aegidius Kolb und Hermann Tüchle)
Pfaff, Maurus, Fürstabt Martin Gerbert und die Mu-

sikhistoriographie im 18. Jahrhundert, in: Erbe und Auftrag 47 (1971), 108–120
Pfeilschifter, Georg, Die St. Blasianische Germania Sacra. Ein Beitrag zur Historiographie des 18. Jahrhunderts. Kempten 1921
– Korrespondenz des Fürstabtes Martin II. Gerbert von St. Blasien. Karlsruhe 1931 und 1934. 2 Bde.
– Friedrich Nicolais Briefwechsel mit St. Blasien, in: Sitzungsberichte der Bayr. Akademie der Wissenschaft. Heft 2 (1935)
Rahner, Hugo, Fürstabt Martin Gerbert und die Jesuiten, in: ZKTh 57 (1933), 438–442
– Der Neubau der Stiftsorgel St. Blasien unter Abt Martin Gerbert durch Johann Andreas Silbermann, in: Archiv für Musikforschung Heft 1, Leipzig 1937
Robinson, I. S., Zur Arbeitsweise Bernolds von Konstanz und seines Kreises. Untersuchungen zum Schlettstädter Codex 13. in: DA 34 (1978), 51–122
– Bernold von St. Blasien, in: Verfasserlexikon, Die Deutsche Literatur des Mittelalters, hrsg. v. W. Stammler u. a. Berlin, 2. Aufl. 1978, Sp. 795–798
Rheinau, Gedenkschrift zur 1200-Jahrfeier. Rheinau 1978
Rieder, Karl, Die Aufhebung des Klosters St. Blasien. Karslruhe 1907
Rieple, Karl, Der Hochschwarzwald. Heimatbuch eines Landkreises. Konstanz 1965
St. Paul/Lavanttal. Festschrift zur 150-Jahr-Feier der Wiederbesiedlung des Benediktinerstiftes St. Paul durch die Mönche von St. Blasien im Schwarzwald. Klagenfurt 1959.
Schleich, Gottlieb, St. Blasien/Schwarzwald, in: Kleine Kirchenführer Nr. 555. München 1951. 1. Aufl.; 1980, 24. Aufl.
Schmid, Hermann, Die Säkularisation der Klöster in Baden 1802–1811, in: FDA 1978 und 1979
Schmid, Karl, Königtum, Adel und Kloster zwischen Bodensee und Schwarzwald, in: Studien und Vorarbeiten zur Geschichte des großfränkischen und frühdeutschen Adels. Freiburg 1957
– Kloster Hirsau und seine Stifter. Freiburg 1959
– Auf dem Weg zur Wiederentdeckung der alten Ordnung des Sankt Galler Verbrüderungsbuches. Über eine Straßburger Namensgruppe, in: Florilegium Sangallense. St. Gallen 1980
Schmid, Karl u. *Wollasch,* J. (Hrsg.) Memoria. Der geschichtliche Zeugniswert des liturgischen Gedenkens im Mittelalter, in: Münstersche Mittelalter-Schriften 39 (im Druck)
Schmieder, Ludwig, Das Benediktinerkloster St. Blasien. Eine baugeschichtliche Studie. Augsburg 1929
Schneider, Reinhold, Die Kuppel im Schwarzwald, in: Festschrift für W. Hausenstein. München 1952
Schreiber, Walter, Die Friedhofskapelle St. Michael in St. Blasien, in: Bad. Heimat 40 (1960), 309–323
Schuhwerk, Franz, Mit der Bezirkssparkasse St. Blasien durch ein Jahrhundert ihres Bestehens. (1859–1959). St. Blasien 1959
– Aus der Geschichte des Klosters und des Kurortes St. Blasien, in: Franz Hilger, Martin Gerbert, Fürst und Abt von St. Blasien. Konstanz 1970.
Schuster, Helmut, St. Paul 1091–1809–1959. St. Paul 1959
Schwarz, F. W., Das große Orgelwerk in der Stadtkirche zu St. Blasien. Überlingen 1924
Speckle, Ignaz, s. Engelmann Ursmar
Stallikon, 850 Jahre Stallikon 1174–1974. Stallikon 1974
Steinert, Bernhard, Sankt Blasier Land. St. Blasien 1977 und 1981 2 Bde.
Strelli, Richard und *Olbert,* Engelbert (Hrsg.), Das Benediktinerstift St. Paul in Kärnten 1809–1909. Freiburg 1910
Sutter, Konrad, Die Aufhebung der Benediktinerabtei St. Blasien und der Neubeginn in St. Paul/Kärnten, in: Bad. Heimat 57 (1977) 401–418
– Siegel und Wappen der Benediktinerabtei St. Blasien, in: »Heimat am Hochrhein« 1977, 58–79.
– Aus der Klostergeschichte von St. Blasien. Die Glocken und ihre Schicksale, in: Bad. Heimat 58 (1978), 263–278
Trende, Adolf, Die Stiftsbibliothek in St. Paul, in: Carinthia I. Heft 1–3. Klagenfurt 1952
Tumbült, Georg, Graf Eberhard von Nellenburg, der Stifter von Allerheiligen, in: ZGO NF 5 (1980), 425–442
– Die Grafschaft des Albgau, ebda. 7 (1892), 152–181
Urkundenbuch des Klosters St. Blasien. Hrsg. Hugo Ott unter Mitarbeit von J. W. Braun (in Vorbereitung)
Voellner, Heinz, Die Burgen und Schlösser zwischen Wutachschlucht und Hochrhein, in: Schriftenreihe »Heimat am Hochrhein« Waldshut 1975
Vomstein, Willi, Trudpert Neugart und die Einführung der biblischen Sprachen in das theologische Studium an der Universität Freiburg i. Br. in: Beiträge zur Freiburger Wissenschafts- und Universitätsgeschichte. Heft 23, Freiburg 1958
Vossnack, Lieselotte, P.-M. d'Ixnard (Diss. Frankfurt) Remscheid 1938
Der Kreis *Waldshut* (Hrsg. Konrad Theiss), Stuttgart/Aalen 1979 2. Aufl.
Walter, Rudolf, Der Orgelbau für die Fürstabtei St. Blasien 1772/75, in: Musicae Sacrae Ministerium. 1962
Weise, Der Bericht des sog. liber constructionis über die ältesten Klosterbauten in St. Blasien, in: ZGO NF 26 (1911), 605–620
Wernet, Karl Friedrich, Skizzen zur Geschichte des Klosters St. Blasien. Waldshut 1925
– Staatsbrauerei Rothaus. Ihre Geschichte, zugleich ein Beitrag zur Wirtschafts-, Sozial- und Volkstumsgeschichte des Hochschwarzwaldes. 1941

– Die Stellung St. Blasiens und der Grafschaft Hauenstein im vorderösterreichischen Staatsverband. ZGO 99 (1951)
– Die Grafschaft Hauenstein, in: Vorderösterreich, hrsg. von Fr. Metz, 1967
– Häusern im Wandel der Jahrhunderte. Konstanz 1971
Wischermann, Heinfried, Zur Habsburger Gruft in St. Blasien, in: Bad. Heimat 54. Jg. (1974), 333–336
Wörner, Hans-Jakob, Die ehemalige Klosterkirche zu St. Blasien. I. Teil: Planungs- und Baugeschichte, kunstgeschichtliche Einordnung. II. Teil: Die Schicksale des Bauwerkes im 19. und 20. Jahrhundert, in: Bad. Heimat 55 (1975), 35–63
– s. Adamek, Benediktinerkloster und Jesuitenkolleg
– Architektur des Frühklassizismus. München 1979
Wörsching, Joseph, Die Silbermannorgel in St. Blasien, in: Der Kirchensänger 38, Freiburg 1938
Wohleb, Leo, Ansprache zur Tausend-Jahr-Feier der Abtei und Gemeinde St. Blasien. (21. 7. 1946) in: Benediktinische Monatszeitschrift XXII (1946), 5/6, S. 1–6
Wollasch, Hans-Josef, Die Anfänge des Klosters St. Georgen im Schwarzwald. Zur Ausbildung der geschichtlichen Eigenart eines Klosters innerhalb der Hirsauer Reform, in: Forschungen zur Oberrh. Landesgeschichte, Bd. XIV, Freiburg 1964
Wollasch, Joachim, Muri und St. Blasien, Perspektiven schwäbischen Mönchtums in der Reform, in: DA 17 (1961), 420–446.
– Mönchtum des Mittelalters zwischen Kirche und Welt, in: Münstersche Mittelalter-Schriften 7. München 1973
– s. Schmid, Karl, Memoria
Zapf, Georg Wilhelm, Reisen in einige Klöster Schwabens durch den Schwarzwald und in die Schweiz 1781. Erlangen 1786
Zeggert, Gerhard, Theoger, Abt des Klosters St. Georgen/Schwarzwald 1088–1188. St. Georgen 1954

Orts- und Personenregister

Abkürzungen

Gm.	= Gemeinde	LB	= Laienbruder	SJ	= Societas Jesu (Gesellschaft Jesu)
Hl.	= Heilige(r)	P.	= Pater	St.	= Sankt
Kl.	= Kloster	Pfr.	= Pfarrer	Vik.	= Vikar
Kt.	= Kanton	OSB	= Ordo S. Benedicti		

Haas, Richard (Vik.) 351

Abbildungsnachweis

Badisches Landesmuseum, Karlsruhe 12; Bayer. Staatsbibliothek München 9; Kurt Binninger, Waldshut 71; Heinrich Dux, Freiburg 3, 27, 28, 110; Foto-Haine, St. Blasien 105–109, 111, 112, 122; Fotohaus Kunert, vorm. Rogg, St. Blasien 121; GLA Karlsruhe 10, 40–42, 57, 63–66 (Dr. Gut); Heinrich Heidegger, St. Blasien 2; Kolleg St. Blasien 114–117, 113 (F. Wacker); Kunstgeschichtliches Institut der Universität Freiburg i. Br. 77, 78, 80–83; Landesdenkmalamt Baden Württemberg 69, 70, 84–86, 88–92, 95–97; Rudolf Morath, Ulm, Umschlagbild vorne, 4, 5, 6, 14, 26, 29–36; Musée Carnavalet, Paris 79; Pfarramt (kath.) Garsten 11; Pfarramt (kath.) St. Blasien 7, 104; Alfons Rettich, Konstanz 87, 93, 94, 98; Marc Schaefer, Straßburg 62; Schmieder, Das Benediktinerkloster St. Blasien. 1929. 37–39, 43, 44 (fotografiert von P. Bachmann) 45, 59; Schnell & Steiner Verlag, München (Kurt Gramer) 8, 50–56, 60a, 72, 118–120, Umschlagbild Rückseite, (Dr. Hugo Schnell) 60, (Dr. Johannes Steiner) 48; Günter Sokolowski, Konstanz 1, 49; Martin Steim, Epfendorf 23; Bernd Sulzmann, Ettenheim 61, 68; Konrad Sutter, Waldshut 13, 15–22, 24, 25, 73–76, 99–103; Hans-Jakob Wörner, Neuenburg a. Rh. 47, 58, 67.